주역周易의 학습과 해설

上

주역周易의 학습과 해설 上

마전뱌오 馬振彪 저
송영배 宋榮培 역

學古房

머리말

중국 사람들은 언제부터 점을 쳤을까? 아마도 기원전 2000년경 신석기시대부터일 것이다. 이들은 아직 문자가 생기기 전에도 점을 쳤다. 원시의 숫자표식이 나타났을 때부터는 그 원시적인 숫자로써 점을 쳤다. 기원전 16세기 상商나라 시절부터는 짐승이나 거북 뼈를 불로 지져서, 그 갈라진 틈을 보고서 점을 쳤으며, 동시에 숫자로 시초蓍草의 홀수와 짝수, 그 밖의 소박한 수리數理에 기초하는 서점筮占 또한 유행하였다.

이른바 『주역周易』은 서점筮占에 바탕 하는데, 복희伏羲(신석기시대 말기, 약 7, 8천 년 전)에 의해 처음으로 괘卦가 생겨났다고 한다. 그리고 기원전 11세기 은殷·주周의 교체기에 활동한 문왕文王이 은殷나라 주紂왕의 제후로 있을 때, 그의 정치적, 사회적 어려움의 극복을 위하여 『주역周易』의 64괘와 384효를 만든 것으로 전해지고 있다.

중국에서는 춘추전국시대(전770-전221)에 공자(전551-전479)가 이 『주역』에 십익十翼을 부침으로써, 『주역』은 비로소 경經으로 숭앙을 받으며, 본격적으로 연구되기 시작하였다.

마전뱌오馬振彪(생년은 19세기 말쯤이고, 20세기 60년대에 서거)는 마치창馬其昶(1855-1930)의 친조카이기에, 그의 유명한 주역 연구, 즉 『비씨역학費氏易學』을 통하여, 가학家學의 전통을 이었다. 그 외에도 유원劉沅(1767-1855)과 리스전李士鉁(1851-1926) 등의 역학사상도, 『주역의 학습과 해설, 周易學說』에서 상당히 많이 나타나고 있다. 그의 생애는 어려서부터 동성파桐城派의 가학家學 전통을 받은 것에서 시작하여, 정자程子나 주자朱子학을 학습하였다. 그는 일찍이 북평北平(지금의 北京) '중국대학中國大學'의 국문학과[中國學科]에서 상빙허尙秉和(1870-1950), 까오부잉高步瀛(1873-1940), 우청스吳承仕(1884-1939) 등과 함께 가르친 적이 있다. 또한 북경의 '홍자불학원弘慈佛學院'에서도 강의를 하였다. 그 당시 황소우치黃壽祺(1912-1990)교수는 '중국대학中國大學'에서 그의 정식학생이었고, 그는 '홍자불학원弘慈佛學院'에서도 마전뱌오의 강의를 방청하였다. 마전뱌오馬振彪는 평생 학문에 종사한 유가儒家의 전형적 지식인으로 일생을 마쳤다. 그러나 그의 유고遺稿: 『주역의 학습과 해설, 周易學說』은 당시 복건福建사범대학의 부총장이었던 황소우치黃壽祺교수가 1960년대 초에 북경에서 원고를 사들여서, '복건사범대학福建師範大學'도서관에 소장시킴으로써, 지금의 파급이 이루어지게 되었다.

『주역의 학습과 해설, 周易學說』의 구조는 3부분으로 나누어진다. 첫 부분은 '역강요易綱要'이니 역학사易學史이다. 거기서 『주역』이란, 복희伏羲가 8괘를 지었고 문왕文王이 64괘를 만들고 384괘·효사卦爻辭를 지었으며 공자가 『십익十翼』을 지었으니, 『역易』을 배우려면 반드시 『십익十翼』을 근본으로 삼아야 함을 말하였다. 둘째 부분은 '역총의易總義'인데, 『역易』의 요지를 총괄하고 있다. 전통의 관점을 받아들여서, 마전뱌오馬振彪는 『역易』의 의리義理와 상수象數학파'의 관점을 수용하고 있는데 서술 분량이 1,550자字 정도이니 매우 적다. 셋째 부분에 이 책(『周易學說』)의 중점重點이 있으니, 약 60만자萬字이다. 이것은 『주역』의 체제에 따라서 상하 경經으로 나누었고, 64괘 순서대로 배열하였다. 괘마다 괘명卦名 아래에 괘상卦象 및 내외 괘명卦名, 중간의 호괘명互卦名을 실었다. 괘卦마다 괘효사卦爻辭, 내외 괘명 및 단·상사彖·象辭, 「문언文言」전, 「계사繫辭」상하전, 「설괘說卦」전, 「서괘序卦」전, 「잡괘雜卦」전 아래에 중국 역대 약 400여명의 해설을 붙였으니, 이것이 이 책의 소중한 값어치이다. 그리고 괘마다 끝에는 마전뱌오 선생의 결론적 평론을 붙였다. 이것이 참으로 인상적이다.

나는 2009년 2월 말에 서울대학교에서 은퇴를 하였다. 2010년 2학기에 당시 성균관대학교의 최영진崔英辰교수가 『천주실의天主實義』에 대한 강의를 부탁하여 그 강의에 응하였는데, 거기에서 몇몇 학생들이 내 강의를 좋아하였다. 당시 성균관대학교 박사과정에 있었던 오수록, 전현미, 김세종 등과, 서울대학교 대학원과정 중의 조정은, 이화여대 대학원과정의 인은정 등이 내가 제안한 『주역의 학습과 해설周易學說』의 강독에 참여하기로 결심을 하였고, 5년간 서울 관악구 소재의 나의 사저에서 매주 한 번 강독을 시작하였다. 그때는 이들이 학생 신분이라, 모두 열심히 강독에 참여하였으며, 이 책에서 많은 것을 배웠다. 그 뒤 박사학위를 취득하여 이들은 각자 취직 전선에 뛰어들어서, 더 이상 강독은 계속될 수 없었다. 나는 2016년경부터, 지난 작업들을 일단 끝냈으니, 이 『주역의 학습과 해설周易學說』의 번역작업을 본격적으로 추진하였는데, 지금까지 10년여의 장구한 세월이 흘렀다. 필자는 우선 이 책에 등장하는 400여명 중국인 해석자들의 생존연대를 밝혔다. 그리고 전자화 정보 시스템의 '中國哲學書電子化計劃'이나, 「電子版文淵閣四庫全書」(上海人民出版社, 1999) 등을 참조하여, 인용문헌들의 출처와 인용된 문장을 모두 찾아서 밝혀낼 수 있었다. 이런 작업을 통하여, 무엇을 조금 구체적으로 파악한 느낌이었다. 그리고는 간혹 인용된 문장의 착오점들을 발견하고 그것들을 지적하였다. 부지기수의 인용 문장들을 모두 다 직접 검색해 보고, 그 정확한 뜻을 밝히게 되었으니, 이것이 이번 번역작업의 소중한 업적이라 하겠다. 수많은 중국의 고전문헌, 춘추전국시대로부터 20세기 60년대까지 이르는 400여명 인물들의 전적사항과 인용문을 밝히는 작업이 결코 쉽지는 않았다.

『주역의 학습과 해설』은 청淸나라 이광지李光地(1642-1718)의 『주역절중周易折中』과 내용면에서 비슷하나, 이 책은 마전뱌오馬振彪의 유저遺著로서, 청淸나라 중후반기와 20세기 초반의 업적들이 또한 상당히 비중 있게 반영되었음이 두드러진 특징이다. 아무튼, 『주역』이라는 어려운 책을 소화해 내느라, 역자는 우선 까오헝高亨(1900-1986)의 『周易大傳今注』(濟南: 齊魯書社, 1987)을 주로 참고하였음을 밝힌다.

한국에서 수많은 주역 연구자 여러분에게 이 책: 『주역의 학습과 해설』이 『주역』 연구에 많은 도움이 되길 간절히 바라는 마음이다. 그 밖의 미진한 부분에 대해서는, 한국주역학계나 동료 후학들의 아낌없는 질정을 구한다.

어려운 한국 출판계의 사정에도 불구하고 이 방대한 책을 출판해 주신 학고방 출판사 하운근 사장님께 충심으로 감사를 드린다. 그리고 출판에 수고하신 편집자 추윤정 선생님 등에게 무한한 고마움을 느낀다.

2023. 8.

송영배

차례

『周易學說』 하경下經 517

綱要

『역易』의 강요綱要

(유원劉沅[1768-1855]의)『주역항해周易恒解』에서 말한다. 하夏나라의 역명易名은『연산連山』이고, 상商나라의 '역명'은『귀장歸藏』인데, 이 책들은 전해지지 않고 있다. 이 책이 (주周나라) 문왕文王, 주공周公 (때)에 이루어졌기에, 따라서『주역周易』이라 말한다. 상하 두 편으로 나누어졌다 ('위에서 삼역三易을 논함[上論三易]').

(왕충王充[27-104]의)『논형論衡』에서 말한다. "복희伏羲가 '여덟 괘[八卦]'를 지었고, 문왕文王이 발전시켜 64괘를 만들었으며, 공자가「단象」전,「상象」전,「계사繫辭」전을 지었으니, 세 성현들의 거듭된 작업이기에,『역易』은 이에 모두 충족되었다."[1]

(송宋나라의 시인) 오덕원吳德遠[吳沆, 1116-1172]은[2] 말한다. 64변變은 자고로부터 있었다. 64괘의 이름(名)은 문왕文王 때부터 시작한다. (위에서 문왕의 '괘를 겹침[重卦]'을 논함)

(서한西漢의 점복사占卜師) 사마계주司馬季主(전2세기)는 말한다. 복희伏羲가 '여덟 괘[八卦]'를 지었고, 문왕文王이 384효爻를 연역하였다.

(서한西漢의) 양자운揚子雲(揚雄, 전53-후18)은 말한다. 복희가『역易』을 지었고, 문왕이 384효를 연역하였다.

(동한東漢의 연단煉丹방사方士인) 위백양魏伯陽(190-?)은 말한다. 문왕文王은 성인이신데, (괘卦의) 몸[體]을 결성하고 효사爻辭를 풀었다.

황보사안皇甫士安(황보밀皇甫謐, 215-282)은 말한다. 문왕文王이 유리羑里에 (갇히어) 있으며, 64괘를 추연推演하였고, 7, 8, 9, 6의 효爻를 드러냈으니,『주역周易』이라 말한다.

기첨紀瞻(253-324, 자字 사원思遠)은 말한다. 포희庖犧가 '여덟 괘[八卦]'를 그리니, 음양의 이치는 다 된 셈이다. 문왕文王과 공자[仲尼]가 그 유업을 이었으니, 세 성인이 서로 이은 것이어서, 공동으로 일치한다.

공중달孔仲達(공영달孔穎達, 574-648)은 말한다. 처음에 세 획畫이 있었으니, (하늘, 땅, 사람) 삼재三才를 상징했으며, 하늘, 땅, 우레, 바람, 물, 불, 산과 못을 본떠서 내걸고 사람들에게 보였기에, 따라서 괘卦라고 한다. 단 사물이 변통하는 이치에 대하여 아직 다하지 못했기에, 따라서 다시 그것을 거듭하여 여섯 획이 되니, 만물의 형상을 갖추고서 천지天地의 가능한 일들을 다하게 되었다.

---

1) '伏羲作八卦, 文王演爲六十四, 孔子作象, 象, 繫辭. 三聖重業,『易』乃其足.',『論衡全譯』,「謝短」第三十六, (東漢) 王充原著, 袁華忠, 方家常譯注, 貴陽: 貴州人民出版社, 1993, 中冊, 780頁.
2) 吳德遠의 본명은 오항吳沆(1116-1172)이고, 字가 德遠이다.

또 (공영달은) 말한다. 『건착도周易乾鑿度』에서, "'(『역易』의) 팔괘八卦[皇策를 내림]'은 복희伏羲이고, 괘卦를 말하고 덕德을 추연推演한 것은 문왕文王이고, 명命을 이룬 것은 공자이다."라고[3] 말했다. 이것에 준하면, 복희가 괘卦를 만들고, 문왕이 말씀[辭]을 매달고, 공자가 십익十翼을 지었다. 정현鄭玄(127-200)의 학도學徒들은 아울러 이것에 의해 설명하였다. 마융馬融(79-165), 육적陸績(188-219) 등은 괘사卦辭는 문왕이, 효사爻辭는 주공周公이 지었다고 여겼다.

진희고陳希古(19세기, 청淸나라 역학자)는 말한다. 공자는, 『역易』의 흥기는 문왕과 (은殷나라) 주紂왕 때에 해당한다고 말하였고, 또 쇠락한 세상의 뜻을 말한 것임을 말하였다. 64괘의 말[辭]에, 유독 효사爻辭에는 문왕文王과 주紂왕의 일들이 있으니, 이것은 효사爻辭 또한 문왕이 지었음을 알겠다. 주공周公의 시대라면, 쇠세衰世가 될 수 없다.

이용산李隆山(李舜臣, 12세기)은 말한다. 반班(고固, 32-92), 마馬(융融)은 다만 '문왕文王이 괘卦를 추연推演했음을 말하였고, 또한 사람들이 다시 세 성인을 바꾸었으니, 복희伏羲, 문왕文王, 공자만 말했고, 주공周公은 언급하지 않았음을 말하고 있다. 마융馬融, 육적陸績에서 비로소 주공周公이 효사爻辭를 지었다는 말이 있게 되었으니, 절대로 경전 중에는 볼 수 없는 것이다.

소균보蘇均甫(蘇秉國, 1762-1829)은 말한다. 효爻와 단象전 둘은 서로 필요로 하여 쓰인다. 단象전은 상象을 말하니, 본本을 세우는 것이다. 효爻는 변變을 말하니, 때[時]를 좇는 것이다. 단象전만 있고 효爻가 없으면, 그 뜻은 아직 갖추어진 것이 아니다. 또한 효爻와 단象을 합쳐서 보아야, 그 경위는 착종하게 되니, 서로 갖추는 뜻이 상세하거나 소략하거나, 반드시 모두 괘卦를 설정하여 상象을 관찰하는 것이 처음에 예정豫定되기에, 두 때[時] 두 손[手]으로 할 수 있는 것이 아니다. 「계사繫辭」전에 의거하여 동시에 문왕文王에게 돌아가니, 비교적 사실을 얻게 된다. (위에서 '문왕文王'이 괘사卦辭 효사爻辭를 지었을 논함)

『한서漢書』, 「예문지藝文志」에서 말한다. "복희가 처음으로 '여덟 괘[八卦]'를 지었다. … 문왕文王이 … 거듭하여 '여섯 효[六爻]'로 바꿔서 상·하편을 펴냈다. 공자는 「단象」, 「상象」, 「계사繫辭」, 「문언文言」과 「서괘序卦」의 부류 10편을 만들었다. 그러므로 '『역易』의 도道가 깊어졌다.'라고 말하니, 사람들은 세 번 성인을 바꾼 것이고, 세상은 삼고三古(시기)를 거친 것이다."[4]

---

3) '乾鑿度云, 垂皇策者羲, 卦道演德者文, 成命者孔.', 『周易正義』(民國嘉業堂本01), 中國哲學書電子化計劃, https://ctext.org 참조.

4) '宓戲氏… 始作八卦. 文王…重易六爻, 作上下篇. 孔氏爲之象, 象, 繫辭, 文言, 序卦之屬十篇. 故曰: 『易』道深矣, 人更三聖, 世歷三古.', 『漢書』, 「藝文志」第十, 六冊 志 [二], 漢 班固撰, 唐 顔師古注, 北京: 中華書局, 1975, 1,704頁.

육덕명陸德明(약550-630)은 말한다. 공자가 단사彖辭, 상사象辭, 문언文言, 계사繫辭, 설괘說卦, 서괘序卦, 잡괘雜卦를 지었으니, 이것이 십익十翼이 되었다.

공중달孔仲達(孔穎達, 574-648)은 말한다. 문왕文王이 『역易』경을 상하 두 편으로 나누었으니, 단彖과 상象은 괘卦를 해석하고, 마땅히 (『역易』)경經을 따라서 나뉘었다. 그러므로 십익十翼을 세어서, '상단上彖 첫째, 하단下彖 둘째, 상상上象 셋째, 하상下象 넷째, 상계사上繫辭 다섯째, 하계사下繫辭 여섯째, 문언文言 일곱째, 설괘說卦 여덟째, 서괘序卦 아홉째, 잡괘雜卦 열째이다. 정현鄭玄의 학도學徒들은 이 설을 함께 한다. (위에서 공자가 십익十翼을지었을 논함)

고존지高存之(고반룡高攀龍, 1562-1626)은 말한다. 오경五經은 후유後儒들에 의해 주注를 달았고, 『역易』은 공자선생에게서 주注했다고 하였으니, 주注는 곧 경經이다. '설역說易'은 공자선생의 말을 밝힌 것이니, 『역易』이 분명해질 것이다.

흡현歙縣의 서재한徐在漢(17세기, 자字 天章)은 말한다. 문왕文王이 포희包犧의 『역易』을 추연推演하였고, 공자가 문왕文王의 『역易』을 빌렸다. 복희의 상象은 간편하나, 글의 말[辭]은 숨어있으니[微], 『역易』을 배우려는 자가 공자의 십익十翼을 버리면, 어떻게 상象을 관찰하고 말씀[辭]의 뜻을 완미玩味하며 변變을 관찰하여 점칠 수 있겠는가? 오직 단사彖辭가 밝혀지면 단사彖辭를 얻고, 효爻의 설명이 밝아지면 효사爻辭를 얻는다. 나누어 말하면 '세 성인(伏羲, 文王, 孔子)'의 『역易』이 되지만, 사실 공자의 『역易』이 분명하기에, 복희나 문왕의 『역易』은 '여유의 온축[餘蘊]'이 없다.

또 (서재한徐在漢이) 말한다. 문왕文王은 복희伏羲『역易』을 추연했고, 공자는 문왕『역易』을 빌렸다. 공자의 『역易』으로 말미암아서 복희, 문왕의 『역易』을 찾고자 한다면, 세 성인에게 두 가지 『역』이란 없고, 천만千萬세世에 두 가지 『역易』이 없음을 알 수 있게 된다.

진수례秦樹澧(진혜전秦惠田, 1702-1764)는 말한다. (『역易』)경經으로써 획[畫]을 해석하고, (『역易』)전傳으로써 (『역易』)경經을 해석하니, 합하면 옳고, 분리하면 그르다.

전신미錢辛楣(전대흔錢大昕, 1728-1804)는 말한다. 복희와 문왕이 (『역易』)경經을 만들고, 공재仲尼가 (『역易』)전傳을 지었다. 그러므로 십익十翼을 버리고서 『역易』을 말하면, 『역易』이 아니다.

정동부鄭東父(정고鄭杲, 1851-1900)는 말한다. 주자朱子가 만년에 『역易』을 설명함에는 (『역易』)전傳을 해석하며 말했으니, 나는 흠모[佩]하여, 바꿀 수 없다고 여긴다. (『역易』)에 합한다면, 어찌 (『역易』)경에 부합하지 않을 수 있겠는가! (위에서 『역易』을 배움에 마땅히 십익十翼을 으뜸으로 함을 논함)

總義

『역易』의 총의總義

장자莊子는 말한다. "『역易』은 음양陰陽을 말한다."[1]

육가陸賈[전240-전170]의 『신어新語』에서 말한다. "선성先聖들이 위로 천문天文을 관찰하고, 아래로 지리地理를 살피고, 건곤乾坤을 그려서 넣음으로써, 인도人道를 확정하였기에, 백성들이 비로소 깨닫게 되어, 부자父子의 친함, 군신君臣의 의리[義], 부부夫婦의 도道, 장유長幼의 순서가 있음을 알게 되었다."[2]

동중서董仲舒(전192-전104)는 말한다. "『역易』은 천지를 반영하니, 도리道理[數]에 뛰어나다."[3]

『사기史記』(「太史公自序」)에서 말한다. '『역易』에서 천지天地의 음양, 사계절[四時], 오행五行을 드러내니, 따라서 변화(를 밝힘)에 뛰어나다.'[4]

『한서漢書』, 「예문지藝文志」에서 말한다. '육예六藝의 문장: … 오상五常[仁, 義, 禮, 智, 信]의 도道는 서로 필요로 하여 갖추어지니, 『역易』이 근원이다.'[5]

범희문范希文(범중엄范仲淹, 989-1052)은 말한다. "안위安危의 '기미[幾]'는 『역易』에 있다."[6]

주자周子(周敦頤, 1017-1073)는 말한다. '『역易』은 어찌 오경五經의 근원[源]에 그치겠는가? 아마도 천지와 귀신의 오묘함[奧]이 아니겠는가!'[7]

소자邵子(邵雍, 1012-1077)는 말한다. "하늘이 변하면 사람이 그것을 본받기에, 따라서 원元, 형亨, 이利, 정貞은 『역易』의 변變이다. 사람이 행하면 하늘이 그것에 응하기에, 따라서 길吉, 흉凶, 후회함[悔], 어려움[吝]은, 『역易』의 '응답[應]'이다."[8]

....

1) '『易』以道陰陽.', 『莊子淺注』, 「天下」第三十三, 曹礎基著, 北京: 中華書局, 1992, 492頁.

2) '先聖仰觀天文, 俯察地理, 圖畫乾坤, 以定人道, 民始開悟, 知有父子之親, 君臣之義, 夫婦之道, 長幼之序.', 『新語』卷上, 「道基」第一, 漢 陸賈撰, 電子版文淵閣四庫全書, 上海人民出版社, 1999 참조.

3) '『易』本天地, 故長於數.', 『董子春秋繁露譯注』, 「玉杯」第二, 閻麗譯注, 哈爾濱: 黑龍江人民出版社, 2004, 14頁.

4) '『易』著天地陰陽四時五行, 故長於變.', 『史記』, 「太史公自序」第七十, [漢] 司馬遷撰, 北京: 中華書局, 1972, 十冊 傳[四], 3,297頁.

5) '六藝之文: … 蓋五常之道, 相須而備, 而『易』爲之原.', 『漢書』, 「藝文志」卷 第十, 漢 班固撰, 唐 顏師古注, 六冊 志[三], 北京: 中華書局, 1975, 1,723頁.

6) '安危之幾存乎『易』.', 『范文正集』, 卷九, 「上時相議制擧書」, 宋 范仲淹撰, 電子版文淵閣四庫全書, 上海人民出版社, 1999 참조.

7) '易何止五經之源, 豈天地鬼神之奧乎?', 『周元公集』, 『通書』, 「精蘊」章, 宋 周敦頤撰, 電子版文淵閣四庫全書, 上海人民出版社, 1999 참조.

8) '天變而人效之, 故元亨利貞, 『易』之變也. 人行而天應之, 故吉凶悔吝, 『易』之應也.', 『皇極經世書』卷十三, 「觀物」外篇上, 宋 邵雍撰, 電子版文淵閣四庫全書, 上海人民出版社, 1999 참조.

또 (소옹은) 말한다. '무릇『역易』은 군자를 길러내고 소인을 줄이는 도구이다.'[9]

장자張子(張載, 1020-1077)는 말한다. '『역易』의 뜻은 천도天道의 변화를 포괄한다.'[10]

정백자程伯子(정호程顥, 1032-1085)는 말한다. '이리가 있은 후에 상상이 있고, 상상이 있은 후에 수數가 있다.『역易』은 상상을 말미암아 수數를 알기에, 그 뜻을 얻으면, 상수象數는 그 가운데 있을 것이다.'[11]

이정자二程子는 말한다. "『역易』을 보되 또한 '시기[時]'를 알아야 한다."[12]

주자朱子(朱熹, 1130-1200)는 말한다. 성인은『역易』을 만듦으로써 '사회의 준칙[人極]'을 세웠다. "『역易』은 음양이 굽었다가 펴지면서, 수시隨時로 변하기에 … 성인은 바로 64괘에서 다만 음양의 홀수와 짝수로써 써내려갔다."[13] 상류象類에 의거하기 때문에 여기에는 허설虛設하였다.

(주희의)『주역본의周易本義』에서 말한다. '『역易』에서 기氣는 아래를 따라서 생긴다.'[14] '『역易』은 본래 모양形이 없으니, 미약한데서부터 드러남에 미치기에,'[15] '이 때문에『역易』은 역수逆數이다.'[16]

9) '夫『易』者, 聖人長君子消小人之具也.',『皇極經世書』卷十三,「觀物」外篇上, 宋 邵雍撰, 상동 참조.

10) '『易』之義包天道變化.',『橫渠易說』卷三,「雜卦」, 宋 張載撰, 電子版文淵閣四庫全書, 上海人民出版社, 1999 참조.

11) '有理而後有象, 有象而後有數.『易』因象以知數, 得其義, 則象數在其中矣.',『二程遺書』卷二十一上,「師說」, 宋 朱子編, 電子版文淵閣四庫全書, 上海人民出版社, 1999 참조.

12) '看『易』且要知時.',『二程遺書』卷十九,「楊遵道錄」, 宋 朱子編, 電子版文淵閣四庫全書, 上海人民出版社, 1999 참조.

13) '聖人便於六十四卦, 只以陰陽奇耦寫出來.',『朱子語類』卷九十五,「程子之書」一, 六冊, (宋) 黎靖德編, 北京: 中華書局, 1986, 2,423頁.

14) '易氣從下生.',『周易乾鑿度』卷上, 漢 鄭康成注, 電子版文淵閣四庫全書, 上海人民出版社, 1999 참조.

15) '易本无形, 自微及著,'는, '易氣從下生'(『周易乾鑿度』)에 대한 鄭玄의 注이다.

16) '數往者順, 知來者逆, 是故『易』逆數也.',『周易本義』卷四,「說卦」傳, 宋 朱子撰, 電子版文淵閣四庫全書, 上海人民出版社, 1999 참조.

上經

『周易學說』 상경上經

1. 건乾괘 ䷀

건乾은, 크고, 형통하고, 이롭고, 곧다.

[乾: 元, 亨, 利, 貞.]

(복자하卜子夏의)『자하전子夏傳에서[1]』 말한다. 원元은 처음[始]이고; 형亨은 통함[通]이고; 이利는 화합[和]이고; 정貞은 바름[正]이다.

『건착도乾鑿度』에서[2] 말한다. "유형有形은 무형無形에서 생긴다. … 태역太易에는 아직 기氣가 보이지 않는데, 태초太初는 기氣의 시작이고, 태시太始는 형形의 시작이고, 태소太素는 질質의 시작이다."[3]

(순상荀爽[128-190] 등의)『구가역九家易』에서[4] 말한다. "건乾은 순양純陽이니, … 천天의 상이다. … 원元은 기氣의 시작이다."[5]

양만리楊萬里(1127-1206)가 말한다. 덕德의 이름이 네 가지나, 실제는 하나이다. 원元에서 나와서 형통함은 사물이 비로소 통함이다. 이利가 들어가서 '바르게[貞]' 되니, 사물이 완성되면 돌아감[復]이다. 주자周子(주돈이周敦頤, 1017-1073)는 '원元과 형亨은 성誠의 통함이요, 이利와 정貞은 성誠의 복復이다.'라고[6] 말한다. 복復은 무엇인가? 일원一元에 복귀함이다.

---

1) 『子夏傳』은『子夏易傳』을 말하는데, 저자는 卜子夏(전507-전400)로 알려졌다. 姓은 卜氏이고, 名은 商이고, 字는 子夏이다.

2) 건착도乾鑿度는『역위易緯』중의 하나로「易緯乾鑿度」라고도 불리는데, 東漢 정현鄭玄(127-200)의 주석이 전해지고 있다.

3) '夫有形生於無刑. … 太易者未見氣也, 太初者氣之始也, 太始者形之始也, 太素資質之始也.',『周易乾鑿度』卷一, 漢 鄭康成注, 電子版文淵閣四庫全書, 上海人民出版社, 1999 참조.

4) 『九家易』은 순상荀爽(128-190) 등이 편찬한 九家의 易學을 말한다. 이는 荀爽, 京房, 馬融, 鄭玄, 宋衷, 虞翻, 陸績, 姚信, 翟子玄이 주석한『周易』해설서이다.

5) '乾者純陽, …天之象也. …元者氣之始也.', 荀爽,『九家易解』, #3, 中國哲學書電子化計劃, https://ctext.org 참조.

6) '元亨誠之通, 利貞誠之復.',『周元公集』,『通書』,「誠」上 第一章, 電子版文淵閣四庫全書, 上海人民出版

심선등沈善登(1830-1902)이 말한다. 『설문해자說文解字』(許慎[30-124]撰)의 건하乾下에, '위로 나감(上出)'에 을乙을 따름이니, 을에 도달함이고, 간하乱下라 했고, 간하乱下에, 해가 빛을 발하니 '간간乱乱함'이다. 라고 했기에, 건乾은 순일純一한 빛[광명]이 위로 나가는 것이니, 가볍고 맑은 기운이 위로 떠서 하늘[天]이 되고, 을乙은 사물의 달통이니, 즉 태초 기氣의 시작이다.

리스전李士鉁(1851-1926)은 말한다. 건乾은 건健(강건함)이니, 하늘[天]의 상이다. 형形으로 말하면 천天이고, 도道로 말하면 건乾이다. (공영달孔穎達[574-648]은, '천天은 구체적 몸체[定體]의 이름이고, 건乾은 체용體用을 일컬음이니, 천체天體는 건健을 용用으로 한다. 성인은 사람들에게 천天의 용用을 본받기를 가르치고, 천天의 체體는 본받지 않는다.'라고 말한다.) 천天은 양陽의 으뜸[宗]이니, 사물은 이보다 앞설 수 없고, 사물은 이보다 클 수 없기에, 따라서 一을 그어서 나타낸 것이다. 일一은 수數의 시작이고, 획은 홀수이다. 천天은 하나[一]이나 지地가 본받으면 둘[二]이다. 하나가 둘과 합하면 삼三이니, 따라서 이二는 삼三을 낳는다. 『역易』은 천天과 지地의 근원[原]을 따지니, 삼재三才[天, 地, 人]의 도道를 확립하기에, 따라서 세 획으로 일괘一卦가 이루어진다. 이것으로 음양이 변화하여 팔괘八卦를 낳고, 상과 하가 교착하여 64괘를 낳는다. 64괘는 일一에서 생기고, 도道의 대원大原은 하늘天에서 나온다.

또 (리스전은) 말한다. 이것은 (주周) 문왕文王께서 매달은[繫] 말씀이니, 단사彖辭라고 한다. 효爻 아래에 붙이신 말씀은 효사爻辭이다. 원元은 선善의 어른[長]이고, 원元은 사계절에서 봄이고, 형亨은 여름이고, 이利는 가을이고, 정貞은 겨울이다. 사계절은 번갈아 움직이니, 그래서 천天이 되며, '한 계절[一時]'을 고집해서는 천天이 될 수 없다. 오상五常(仁, 義, 禮, 智, 信)에서 원元은 인仁이고, 형亨은 예禮이고, 이利는 의義이고, 정貞은 신信이고, 지智는 그 가운데 있다. 오상五常이 분포되어 도道가 되니, '한 단서[一端]'를 고집하여 도道로 삼을 수는 없다.

마치창馬其昶(1855-1930)이 말한다. '원시의 혼돈상태[太易]'는 곧 혼륜渾侖이니[7] 이른바 원元이고, 본명本明의 몸[體]이다. 적연寂然하여 아무것도 없는 가운데, 삼시三始가 이미 갖추어지니, 따라서 원元이 형리정亨利貞 삼덕三德을 포괄한다. 건乾이 대시大始에 의지하니, 사덕四德(元, 亨, 利, 貞)은 곧 사시四始이니, 따라서 '건지대시乾知大始'라고 말한다. 이 넷[元, 亨, 利, 貞]은 건乾괘에서 순수한 천덕天德이다. 건원乾元은 순수한 양陽의 '밝은 빛[精光]'이다. 건원乾元부터 곤坤괘에 들어서니, 64괘에 퍼져나가서, (마근안馬謹案:[8]) 건원乾元은 양陽의 정精이고, 곤원坤元은 음陰의 정精

社, 1999 참조.

7) 渾侖은 우주가 형성되기 전의 迷濛(모호한) 상태를 말한다.

이다. 건곤乾坤이 대치對峙하여, 그 정기精氣가 왕래하며 상교相交한다. 무릇 여섯 자식들의 괘는, 그중 두 획이 서로 같으니, 모두 건곤乾坤을 본체本體로 한다. 한 획만 다른데, 건곤乾坤 둘은 용用이니, 원元이라 말한다. 64괘는 모두 원기元氣에서 낳은 것이니, 낳고 낳는 것을 『역易』이라 한다.) 형形을 이루고 질質을 이루니, 마침내 치우침과 온전함, 순수와 잡박雜駁함이 구분되었고, 시時와 자리[位]가 다르니 변화가 생겨났기에, 성인은 이에 각각 괘효卦爻의 상象에 대해 그것들을 설명하였다. 따라서 이 네 글자元, 亨, 利, 貞는 『역易』전체의 강종綱宗(근본)이 되었다.

또 (마치창은) 말한다. 「역위건착도易緯乾鑿度」에서 '무릇 유형有形은 무형无形에서 생겼다. 건곤乾坤은 어디에서 생긴 것인가?'라고[9] 하였다. 진실로 '태역太易'이 있고, '태초太初'가 있고, '태시太始'가 있고, '태소太素'가 있다고 한다. '태역太易'에는 기氣가 보이지 않고, 태초는 기氣의 시작이고, 태시太始는 형形의 시작이고, 태소太素는 질質의 시작이다. 기氣에는 형形과 질質이 갖추어져 분리되지 않았으니, 따라서 혼륜渾淪이라 한다. 그것을 보려 해도 보이지 않고, 들으려 해도 들리지 않으며, 찾으려 해도 얻을 수 없기에, 따라서 『역易』이라 한다. 빛은 건乾에 속하나, 빛이 기氣에 의탁하여 비로소 드러나고, 건乾이 곤坤과 교제하여 비로소 형통 한다. 그러므로 태역太易에는 기氣가 보이지 않으니, 곧 노자老子가 말한 혼성된 어떤 것이 천지天地보다 앞에서 생겨났다. 음양이 아직 나뉘지 않았으니, 보이지 않는 것이다. 태초太初에 이르러 빛이 드러나니, 이른바 물物의 달통이기에, 형亨이다. 태시太始에 기氣가 모여 형形이 있게 되니, 이利이다. 태소太素가 되면 형形이 견고하여 질質이 되니, '바름[貞]'이다.

초구효: [물속에] 잠긴 용은 활동해서는 안 된다.

[初九, 潛龍勿用.]

『자하역子夏易』전에서 말한다. '용龍은 양陽을 상징한다.'[10]

『역위건착도易緯乾鑿度』에서 말한다. '『역易』에서 기氣는 아래로부터 생긴다.'[11] 정현鄭玄

---

8) 馬謹案은, 이 책의 저자 마전뱌오馬振彪의 謹案이니, 이 책에서, '나의 견해'로 번역한다.

9) '夫有形生於无形, 乾坤安從生?', 『周易乾鑿度』卷上, 漢 鄭康成注, 電子版文淵閣四庫全書, 上海人民出版社, 1999 참조.

10) 『子夏易傳』에서 '龍所以象陽也.'는 보이지 않는다. 다만 '陽氣始生, 潛而未形, 雖德龍德, 與衆無以異也.' (陽氣가 처음으로 생기니, 물에 잠기어 모양이 아직 없으나, 덕은 비록 용덕龍德이라도, 무리들과 다를 바 없다.)라는 구절이 보인다. 『子夏易傳』卷一, 卜子夏撰, #8, 中國哲學書電子版計劃, https://ctext.org 참조.

(127-200)은 주注에서, '역易은 본래 무형无形이나, 미묘한 데부터 드러나기에, 따라서 아래[효爻]를 시작으로 한다.'라고[12] 말한다.

심인사沈驎士(419-503)는 말한다. 용龍은 빌려온 상象이다. 천지天地의 기氣는 올라가고 내려오는데, 군자의 도道는 행동과 감춤이 있다. 용龍은 날을 수 있고 물속에 잠길 수도 있으니, 따라서 용을 빌려서 군자의 덕에 비견하였다.

장리상張履祥(1611-1674)은 말한다. (초9효는) 고요함[靜]에 집중하니, 물용勿用을 말한 것이다.

유원劉沅(1768-1855)은 말한다. 양陽은 9이고, 음陰은 6인데, 1, 3, 5, 7, 9는 홀수이고, 9면 늙어서, 양陽이 늙으면 비로소 순수해지고; 2, 4, 6, 8, 10은 짝수이고, 10에서 늙으니, 음이 견고해져서 비로소 기른다[育]. 음양은 변화를 좋아하기에, 따라서 9와 6은 음양에 해당한다.

리스전李士鉁은 말한다. 양기가 처음 생기면 아래에 숨어있으니, 모름지기 흔적을 감추고 은거해서 때를 기다려야 한다. 인물이면 밤에 은거하여 정신을 기르고, 초목은 겨울에 칩거하여 꽃필 때를 기다리고, 주옥珠玉은 산천山川에 숨어있으면서 자기 광채를 기른다. (물속에) 잠기어 준동함이 없는 것은 양기[陽]를 기름이다. 오늘의 잠적은 바로 다른 날 날아다님을 보이는 근본이다. 초효初爻가 처음을 말하니, 올라가서 끝남을 알게 되는데, 한 괘의 시時를 정하는 것이다. 끝효[上爻]가 상上[끝]을 말하니, 처음은 하下임을 아는 것이, 하나 괘의 자리[位]를 정하는 것이다.

마치창馬其昶은 말한다. 괘사卦辭는 모두 본연의 상象을 단정하여 말을 결정하니, 따라서 단象이라 한다. 단象은 결단이다. 효사爻辭는 모두 장차 올 상象을 미리 논의하나, (상象의) 진퇴가 아직 정해지지 않았으니, 따라서 상象이라고 한다. 초9初九효(첫째 양효)의 양기는 처음에는 마땅히 은거해야 하고, 활동하면 음陰으로 변해 바름[正]을 잃어버린다. (나의 견해: 9는 양효이고, 6은 음효이다. 초初, 3, 5는 양위陽位이고, 2, 4, 상上은 음위陰位이다. 양효가 양위에 있고, 음효가 음위에 있으면, 모두 당위當位이다. 당위면 바름[正]이다. 음이 양(자리)에 있거나, 양이 음(자리)에 있으면, 그 위치가 부당不當이기에, 모두 부정不正이다.) 물용勿用은 변화할 수 없음을 말한 것이다.

• **나의 견해**: 음양은 변할 수 있으나, 변하느냐, 변하지 않느냐는 그 권한이 자기에게 있다. 성인聖人은 상象을 보고 맒[辭]을 이었으니, 사람들에게 마땅히 변화[當化]와 마땅히 변하지 않음[不當化]을 보여주어, 양이 선善하지 않으면 음으로 변하고, 음이 선하지 않으면 양으로 변하니, 이

---

11) '易氣從下生.', 『周易乾鑿度』卷上, 漢 鄭康成(鄭玄, 127-200)注, 상동 참조.
12) '易本无形, 自微及著, 故…以下爲始也.', 상문의 '易氣從下生.'에 대한 鄭玄의 注이다.

말을 반복적으로 완미玩味해야 함을 알 수 있다.)

구이효, 용이 밭에 나타났으니, 귀인貴人을 만나면 이롭다.

[九二, 見龍在田, 利見大人.]

정현鄭玄(127-200)은 말한다. 삼재三才에서 둘째(효)는 지도地道이고, (나의 견해: 상上과 다섯째 효는 천위天位이고, 넷째, 셋째 효는 인위人位이고, 둘째와 초효는 지위地位이다.) 땅 위는 곧 밭이니, 따라서 밭이라 말한 것이다. 92효는 95효의 대인大人을 만날 것이니, 이롭다.

왕필王弼(226-249)은 말한다. (92효는) '숨겨진 자취[潛迹]'에서 나오니 은거함을 떠나기에, 따라서 용龍이 나타남이다. (92효는) 땅 위에 처하니, 따라서 (용이) 밭에 나타났다고 말한다.

호원胡瑗(993-1059)은 말한다. 성현과 군자의 덕이 세상에 나타나니, (그가) 대재大才대덕大德의 임금을 만나니 이롭다.

왕승王昇(1067-?)은 말한다. 이 (92)효가 변하면 이離괘가 되니, 용龍의 상象이 나타난다.

채청蔡淸(1453-1508)은 말한다. 대인大人은 덕德과 자리[位]가 모두 온전함을 일컫는다. 92효가 제 자리[陰]을 얻지 못했으나, 대인의 덕이 이미 드러났다. 이른바 인仁에 머물며 의義에 말미암기에, 대인의 일이 갖추어지게 되었다.

리스전李士鉁이 말한다. 둘째 효는 강건하여 중中을 얻었으니, 임금의 자리는 없어도 임금의 덕德은 있다. 순舜임금은 몸소 질그릇 굽고 고기 잡고 농사하여, 천하의 인사들을 불러 모았고, 공자는 필부로써 3000명을 교화했으니, 성인이 나타나면, (그를) 보게 되니 다행이다.

마치창馬其昶은 말한다. 양웅揚雄(전53-후18)이 말하기를, (92효에서) 용龍이 형통하여 (물속에) 잠김에서 (위로) 올라왔으니, 옳아서 이로움[貞利]을 말한 것이 아닌가! 때가 여의치 않으면 잠적함이 또한 바른 것이 아닌가? 때가 되어 올라옴이 또한, 이롭지 아니한가? 양웅揚雄은 92, 94효는 마땅히 '바름[貞]'이고, 92, 95효는 마땅히 이로움[利]으로 보았다. 바르고[貞] 이로우니[利], 모두 건원乾元의 형통이기에, 따라서 형통한 용이라 말한 것이다. 건원乾元이 비로소 형통하니, 곧 형통은 가운데 원元을 함축 하고 있는 것이다.

93효: 군자는 종일 자강自强 불식不息하고, 저녁에도 경계하며 두려워하면, 위험은 있겠으나, 탈은 없을 것이다.

[九三, 君子終日乾乾, 夕惕若, 厲无咎.]

『회남자淮南子』에서 말한다. "'종일 자강自强 불식不息함'은, 양陽의 움직임이다. '저녁에까지 위험에 경계함'이다. 낮에는 활동하고, 밤에는 휴식하니, 도道 있는 자만이 할 수 있다."[13]

정현鄭玄은 말한다. 삼재三才에서 셋째는 인도人道이니, 건덕乾德이 인도人道에 있으면 군자의 상象이다.

조언숙趙彦肅(10세기, 송宋태조[927-976] 때의 학자)은 말한다. (93효에서) 내괘內卦가 이미 끝나니, 이에 날[日]이 끝이 남으로 간다. (그러나 93효는) 아직 가득 찬 것이 아니니, 따라서 날로 새로워짐[日新]이니 끝난 것이 아니다.

요배중姚配中(1792-1844)은 말한다. 건乾은 경계함이 끝이 없고, 변화를 두려워한다. (93효에서) 음陰이 싹틀 수 없기에, 따라서 (93효는) 탈이 없다. 위험[厲]은 한 자字로 구句가 되어야 한다.

리스전李士鉁은 말했다. 하늘의 움직임은 하루에 한 바퀴 도니, 저녁에 이르러서도 경계하면, 종일 (자강하여) 쉼이 없으니, 경계하고 두려워하지 않은 때가 없음이다. 이것이 송宋 때 유자儒者가 항시 깨어있는[惺惺] 법식이다. 건乾은 천도天道이고, 셋째 효는 인위人位이니, 이(93효)는 천天[자연]과 인人의 관계에서 위태롭고 미묘한[危微] 경계이다. (93효가) 두 건乾의 상행相行 사이에 처한다는 것은 끊음[絶]과 이음[續]의 교차이다. 괘가 셋째 효에 이르면 장차 변하는데, 이것이 변동의 여지이다. (93효는) 때[時]에 따라 두려워하므로, 따라서 천天[자연]과 인人의 끊음[絶]과 이음[續]의 교차를 유지함으로써, 출입과 변동을 방비하고 막힘을 금지[禁阻]할 수 있으니, 비록 위험이 있더라도 탈은 없을 것이다.

마치창馬其昶은 말한다. 희열喜悦과 바름[正]이 위에 위치하니, 세 번 변화가 (비록) 자리를 잃었더라도, 진실로 변화하지 않는다. 위험[厲]은 희열의 반대이다. (93효는) 자중하여 일을 행하고, 휴식할 때에 이르러서도 경계하면, 위험과 사악을 방비할 수 있다. 『백호통白虎通』에서, 양동陽動으로 건乾을 해석하고, 음정陰靜으로 '저녁때까지 두려움을 가져서 게으르지 않음[夕惕]'을 해석했으니, 『회남자淮南子』와 뜻이 같다.

유원劉沅은 말한다. '변하는 롱[變龍]'은 군자君子를 말한다. 용은 사물 중에 군자이고; 군자는 사람 중에 용龍이다. (93효는) 하괘의 끝에 있으니, 따라서 종일을 말한 것이다. (93효에서) 하효가 끝나고 상효로 이어지니, 건乾에 또 건乾인데, 강건하여 쉬지 않는 상이다. (93효에서) 약若은 어조사이다. 여厲는 위험이다. 93효는 거듭 강剛[굳셈]이나 중中은 아니니, 아래의 꼭대기에 있기

---

13) 「終日乾乾,」以陽動也,「夕惕若厲,」以陰息也. 因日以動, 因夜以息, 唯有道者能行之.', 『淮南子全譯』, 「人間」卷18, 21, 許匡一譯注, 下卷, 貴陽: 貴州人民出版社, 1995, 1,112, 1,113頁 참조.

에, 위험한 곳이다. 그러나 본성[性體]이 강건하여 조석朝夕으로 자강하고 경계[乾惕]하니, 경외敬畏하여 편안하고, (93효는) 비록 위험해도 탈이 없다.

• **나의 견해**: 『시詩』에, '일찍 일어나고 늦게 자며, 부모나 조상을 욕되게 하지 마라!'라고[14] 했다. 자강하여 저녁에도 경계하라 함은, 곧 일찍 일어나고 늦게 자서 욕됨이 없이하라는 공부이다. 태어나게 하신 (조상)들을 욕되게 하지 않아야, 탈이 없을 수 있다. 남이 보지 않는 데서 계신戒愼하고, 남이 듣지 않는 데서도 두려워해야하기 때문에 군자는 반드시 홀로 있음을 경계해야 한다.

구사효: 용이 혹 깊은 못에서 뛰더라도, 탈은 없다.
[九四. 或躍在淵, 无咎.]

공영달孔穎達(574-648)은 말한다. 혹或은 의문이다. 양기陽氣가 점차 나아감은, 용이 날으려고 하는 것과 같고, 혹은 의疑와 같다.

(주희朱熹의) 『주역본의周易本義』에서 말한다. 뜀은 연유 없이 땅에서 떨어짐이나, 아직 나는 것은 아니다. 못은 위에는 천공天空이고 아래는 동굴이니, 깊고 어두워서 측정할 수 없는 곳이다.

소병국蘇秉國(1762-1829)은 말한다. 『설문해자說文解字』에서, 연淵은 회수回水, 즉 순환하는 물이다. 용은 본래 물속 생물인데, 못에 있으면 (기회를) 빌려서 위로 도달할 수 있으니, 따라서 뛰어서 올라갈 수 있다.

임희원林希元(1481-1565)은 말한다. 9는 양효陽爻이고, 넷째[4]효는 음위陰位이다. 양은 나아감[進]을 주로 하고, 음은 물러남[退]을 주로 하니, 이는 (94효에서) 나아감과 물러남이 아직 결판난 것이 아니다. 나아가려 하나 반드시 나가는 것이 아니나, 나가지 않는 것도 아니니, 진퇴進退의 때를 잘 살펴서, (94효는) 나아갈 수 있을 때 나아간다.

유원劉沅은 말한다. (94효는) 혹或 나아가려 하나 아직 미정未定의 말이다. (94효는) 상괘의 아래에 있으면서 가볍게 나아가려 하지 않으니, 따라서 뛰어오르고 싶으나 아직 못[澤]에 있다. 점치는 이는 때를 잘 알아서 이치를 헤아리고 진퇴進退를 정하니, 무슨 탈이 있겠는가?

리스전李士鉁은 말한다. 94효는 중中도 아니고 정正도 아니니, (나의 견해: 둘째 효는 하괘의 중中이고, 다섯째 효는 상괘의 중中이니, 순수한 기氣를 얻어서, 가장 길吉하다.) (94효는) 하괘에서

---

14) '夙興夜寐, 無忝爾所生.', 『詩經譯注』, 袁梅著, 「小雅」, 小旻之什, 小宛, 濟南: 齊魯書社, 1985, 556頁 참조.

나와서 상괘로 가는 것이다. (94효는) 상괘의 아래에 처하니, 따라서 못을 나타낸다[象]. 양은 나아가서 올라가나, (94효는) 음위에 있으니 건乾이 아래에 처하여, 물의 변화를 얻어서 (아직) 못에 있으나, 하늘에 있게 될 수 있다.

마치창馬其昶은 말한다. 여섯 자식은 건곤乾坤의 변화에 말미암은 것이다. 초효에서 '활동해서는 안 됨'[勿用]을 말했고, 94효에서 뛸 수 있음을 말하고, 손巽괘의 바른 자리는 넷째 효에 있지 초효에 있지 않음을 밝히고 있다. 넷째 효의 움직임이 바르면, 그다음에 다섯째 효를 받들 수 있다. 용이 날자면, 먼저 못에서 뛰어오른 연후에 하늘에 오를 수 있다. 못은 용의 바탕이다. 초효의 잠적은 덕을 밀고서 나가는 바탕이다. 94효의 뛰어오름은 업業을 닦는 바탕이다. 혹지或之는 의심스러움이다. 의지하는 것이 두텁지 못할 까하여, 따라서 (94효에서) 뛰어올라 시험하는 것이다.

- **나의 견해**: 『논어論語』에서, '(공자의 얼굴) 색이 달라지니, (꿩들이 하늘로) 날아오르고 (한 바탕 돌고 난) 뒤에 모여 앉았다.'를[15] 말하였으니, '혹 못에서 뛰어오르기도 함'(或躍在淵)과 같기에, 모두 진퇴의 시기[時]를 잘 앎이다. 그러므로 공자가 시기[時]를 감탄한 것이다.

구오효: 나는 용이 하늘에 있으니, 대인大人을 만남이 이롭다.
[九五, 飛龍在天, 利見大人.]

양웅揚雄의 『법언法言』에서 말한다. '용이 (물속으로) 잠적하거나 (높이 하늘로) 올라가면 중中을 얻지 못한다. 중中을 지나치면 경계하고, 중中에 못 미치니, (95효는) 중中에 가까울까?'라고[16] 주석에서 말한다. 92와 95효가 중中을 얻었으니, 따라서 만나보면 이로운 점이다.

정현鄭玄은 말한다. 삼재三才에서 95효는 천도天道이니, 하늘은 청명하나 형체가 없는데, 용이 거기에 있으니, 나는[飛] 상象이다.

공영달孔穎達이 말한다. 양기가 왕성하여 하늘에 이르니, 성인이 용의 덕을 가지고 비등飛騰하여 하늘의 자리에 있는 것과 같다.

호원胡瑗(993-1059)이 말한다. 오직 성인의 자리에서 반드시 대재大才대덕大德한 사람의 도움

---

15) '色斯擧矣, 翔而後集.', 『論語譯注』, 楊伯峻譯注, 「鄕黨」제10(10:27), 香港: 中華書局, 1992, 108頁 참조.
16) '龍之潛亢, 不獲其中矣. 是以過中則惕, 不及中則躍, 其近於中乎!', 『法言義疏』十二, 「先知」卷第九, 汪榮寶撰, 上冊, 北京: 中華書局, 1996, 305頁.

을 받아서, 천하의 다스림을 이루어 낸다.

왕안석王安石(1921-1086)이 말한다. 92와 95효의 사辭는 모두 대인을 만남이 이롭다고 했으니, 두 효가 서로 찾음을 말한 것이다.

(주자朱子의)『주자어류朱子語類』에서 말한다. 왕소소王昭素(904-982)가 송宋태조太祖(趙匡胤, 927-976)에게 항시 이 물음을 점치게 하니, '폐하는 하늘에서 날아다니는 용이고, 신하들은 대인大人을 만나게 되면 이롭다.'라고 말했다. 이 설명이 최고 좋다.『역易』은 용도가 끝이 없다.

포빈包彬(18세기, 청淸나라 때 사람)이 말한다.『역易』에서 이로운 일을 말할 때는, (95효처럼,) '대인을 만나니 이롭다利見大人.'에서 비롯한다.『중용中庸』에서 이로움[利]은 의宜[적절함]라 말하니, 현인을 존숭함은 큰일이기에, 이것을 말함이다.

유원劉沅은 말한다. 하늘은 용의 바른 자리이니, 양덕陽德이 매우 성하여, (95효는) 나는 용이 하늘에 있는 상이다. 점치는 이가 이 효를 얻으면, 임금 자리에 있으면 덕 있는 대인大人을 만나게 되니, (95효의) 이로움은 요堯임금이 순舜을 만난 것과 같고; 신하 자리에 있으면 유덕한 (천자天子) 자리에 있는 대인을 만나서 이로우니, 순舜이 요임금을 만나는 것과 같다.

리스전李士鉁은 말한다. 95효는 강건하고 중정中正하여 괘에서 존귀한 자리에 있으니, 변화하고 비등飛騰하여 천하에 은택을 베풀게 되니, 따라서 (95효는) 나는 용이라 일컫는다.

상구효, 높이 올라간 용은 후회함이 있다.
[上九, 亢龍有悔.]

가의賈誼(전200-전168)는 말한다. 높이 올라간 용은 가서 돌아오지 못하니, 따라서 후회함이 있다. (초9효에서 물속에) 잠적한 용은 (물속에) 들어가서 활동할 수 없기에, 따라서 '물용勿用'[활동하지 않음]이다. (상9효처럼) 용의 신비함은 아마도 '나는 용[飛龍]'일 것이다!

순상荀爽(128-190)은 말한다. (상9효의 경우,) 올라감이 극단이면 마땅히 내려와야만 하니, 따라서 후회함이 있다.

유렴劉濂(15세기, 명明때 인물)은 말한다. 양이 매우 왕성하면 음이 생기니, 용은 일단 날며 (물속으로) 잠기는 것을 생각함, 이것이 자연의 이치이기에, 따라서 (상9효에서) 후회함이 있음을 말한 것이다.

장리상張履祥(1611-1674)은 말한다. (상9효는) 후회하니, 이에 (너무) 높이 올라감이 없다.

요배중姚配中(1792-1844)은 말한다. (상9효는) 여섯 효의 끝에 있으니, 활동하여 가는 것이 9이니, 따라서 너무 올라감[亢]이다. (상9효는) 끝에서 (자기) 자리를 잃었으니, 따라서 후회함이 있다.

유원劉沅은 말한다. 상上은 맨 끝 한 효를 이름이니, 높음에서 끝났으니 항亢이다. 높아서 위태롭고, 가득하면 기우니, 따라서 (상9효에서는) 후회함이 있다. (왕숙王肅[195-256]은 말한다. 나아갈 줄은 알고 물러남을 잊었으니, 따라서 후회함이다.)

리스전李士鉁은 말한다. (상9효는) 과도한 강건剛健함으로 (제) 자리에 있지 못하니, 도움도 없고 호응도 없다. (나의 견해: 초효와 넷째 효가 응하고, 둘째와 다섯째가 응하고, 셋째와 끝(上)효가 응한다. 또한, 반드시 일음一陰일양一陽이 '서로 느껴야[相感]' 그다음에 호응이 있다. 모두 음, 모두 양이면 호응하지 않는다.) 그러므로 높이 올라간 용은 후회함이 있다. (상9효에서) 강건함이 너무 지나침을 경계한 것이다.

마치창馬其昶은 말한다. 이는 상효上爻는 마땅히 '변화해야 할 것'을 말한 것이다.

통구通九, 여러 용이 나타났으나, 용왕은 없으니, 길하다.
[用九, 見群龍无首,[17] 吉.]

유향劉向(전77-전6)은 말한다. 『역易』에서, '용왕은 없으니 길함', 이것은 임금의 공평함이다. 천하에 공평함은 임금의 덕이 큰 것이다. 이것을 미루어서, 저것에 시행함이다. (마치창馬其昶: 건원乾元이 곤坤(괘)에 들어가니, 그 수령은 보이지 않는다. 여러 괘에 흩어져서 각각 건원乾元을 가지니, 이것이 곧 이것을 미루어 저것을 시행하는 것이다. 원元은 선善의 어른[長]이니, 오吳선생[吳澄[1249-1333]은, 유향劉向[전77-전6]이 무수无首를 공평으로 본 것은 선善을 사람들에게 부여함이 같다는 뜻이라고 말한다.) (이것을) 만백성들이 싣고 있으니, 후세 (사람들이) 법칙으로 삼은 것이다.

주자朱子(1130-1200)는 말한다. 용구用九와 용육用六은, 구양수歐陽脩(1007-1072)에 의하면 설시揲蓍(시초蓍草를 넷씩 셈)에 의한 변괘變卦의 범례이다. 양효는 모두 (숫자) 9를, 음효는 모두 6을 쓰고, 7이나 8을 쓰지 않는다. 다만 건곤乾坤, 즉 순양과 순음은 편 머리에 있기에, 이것[통구通九나 통육通六]으로 발동한다.

진응윤陳應潤(14세기, 원元나라 사람)은 말한다. 건곤乾坤은 『역易』의 온축이니, 건乾은 스스로

---

17) 用九는 漢帛書『周易』에, 「동구逈九」이다. 逈은 通이다. 用九는 通九와 같다. 見은 現으로 읽는다. 首는 首領이니, 龍王이다. 『周易大傳今注』, 高亨著, 濟南: 齊魯書社, 1987,(이하, 高亨으로 인용) 60頁 참조.

건이고, 곤坤은 곤이니, 어째서 변화의 묘妙가 신기한가? 따라서 『역易』의 효는 모두 변동에서 뜻을 얻는다. 건의 용구用九나 곤의 용육用六은 효변爻變의 온축이다.

(이광지李光地[1642-1718]의) 『주역절중周易折中』에서 말한다. 건乾이 비록 변하지 않아도, 용구用九의 도리는 스스로 있으니, 따라서 건원乾元은 단서가 없으나, 즉 머리 없는[无首] 미묘함이다. 곤坤이 비록 변하지 않아도, 용육用六의 도리는 스스로 있으니, 따라서 곤은 바르고 안정할 수 있으니, 곧 영원히 바른 도道이다.

호후胡煦(1655-1736)는 말한다. 구九의 '쓰임[用]'은 곧 형통[亨]이다. 모든 괘의 유래, 각 괘에서 몸을 이루는 것은, 모두 원元의 형통함에서 말미암는 것이다. 9는 무엇에 쓰이는가? 곤坤에 쓰인다. 6은 무엇에 쓰이는가? 건乾에 쓰인다.

요배중姚配中은 말한다. 용구用九즉 通九는 건원乾元의 용구用九이다. 양은 모두 건원乾元의 '쓰임[用]'이고, 음은 모두 곤원坤元의 '쓰임[用]'이다.

유원劉沅은 말한다. 상효上爻의 '항룡유회亢龍有悔'를 받아서 말한 것이다. 여러 용은 (물속에) 잠긴 데서 뛰어서 날아오름을 보인 용龍들이다. 괘의 초효는 다리[足]이고, 상효는 머리[首]이니, 상9上九효는 여러 용의 머리이다. 머리가 보이지 않음은 유약柔弱이 강건함을 도운 것이니 진퇴進退와 존망存亡에 바름[正]을 잃지 않음이다. 상9효에 있으면 9가 쓰임이 있게 되니, 용구用九할 수 없으면 따라서 너무 올라감[亢]에 이르게 된다. 용구9를 쓰면를 할 수 있으면 끝[上]에서 다하여 하下로 내려오니, 나는 것[飛]은 변하여 잠수[潛]하게 된다. 건원乾元의 도리는 시종이 순환하니, 이롭지 않음이 없다. 양효의 관례[通例]를 널리 말한 것이 아니다.

리스전李士鉁은 말한다. 『역易』에서 양효는 9를 쓰고[用九], 음효는 6을 쓰니[用六], 따라서 건곤乾坤의 두 괘는 요점을 보이어 점을 쳤다. 9는 노양老陽이니, 나누면 모두 하나[一]이나, 합치면 하나는 없다[无一]. 양기는 두루 퍼져 있으니, 일원一元으로 그 속에 숨어있고 보이지 않기에, 따라서 '여러 용은 우두머리[首]가 없음'[群龍无首]에서 상을 취했다. 여러 용이 동시에 보이나 우두머리가 없으니, 성인은 자신을 쓰지 않으나, 여러 현인을 쓰니, 따라서 길吉하다. 하늘의 도道가 사계절로 나뉘어 드러나니, 사계절은 '자연[天]'이라 부르지 않으나, '자연의 도[天道]'가 아닌 것이 없다. 건乾의 원元은 여섯 효에서 발휘되는데, 여섯 효는 원元이라 하지 않으나, 원元의 쓰임이 아닌 곳이 없다. 성인의 정치는 여러 신하에게 책임을 나누어주는데, 성인의 이름은 없으나, 성인의 공이 아닌 것이 없다. 9는 양수의 왕성함이나 과도할 수 없고, 과하면 또 하나[一]가 되는 것이, 이른바 끝나면 곧 시작됨이다. 양의 도道는 순환하여 단락이 없고, 반복하여 그침이 없으니, 오직 끝남도 없고, 따라서 시작도 없다. 노자老子는 말한다. '맞아드려도 그 머리는 볼 수 없고, 따라가도 그 등은 보이지 않는다.'[18] 이것이 9를 쓰나 머리가 없는(보이지 않는) 이유이다.

마치창馬其昶은 말한다. 건곤乾坤 두 괘는 오직 9를 쓰고[用九], 6을 쓰나[用六], 조화의 본래의 뿌리이고, 64괘는 이것으로 말미암아 이루어졌다.

● **나의 견해**: 양은 9를 써서 음이 이루어지고, 양에 치우치지 않는다. 음은 6을 써서 양이 이루어지고, 음에 치우치지 않는다. 음양이 교차하여 서로 쓰임이 되니, 신명 나게 변화하는 이유이며, 그 쓰임은 끝이 없다. 건곤乾坤 2괘가 변하여 64괘가 되니, 그 쓰임은 크도다! 사계절의 음양변화는 자연[天]의 용구用九와 용육用六이다. 성인은 사람들에게 자연[天]을 본받으라고 가르쳐서 자연의 쓰임을 신비롭게 한다. 성인만이 자연[天]에 합치할 수 있다.

단象전에서 말한다. "건원乾元은 위대하다! 만물들이 그곳에서 시작하니, 자연[天]을 통괄한다. 구름이 움직이고 비가 내리니, 만물들이 형태를 갖추어 움직인다. 태양이 시종始終 (존재)하니, 상하사방[六位]이 이루어지고, 이에 육룡六龍을 타고서 하늘을 주름잡는다.[19]

[象曰: 大哉乾元! 萬物資始, 乃統天. 運行雨施, 品物流形. 大明終始, 六位時成, 時乘六龍以御天.]

유환劉瓛(5세기, 남제南齊[479-502]나라 사람)은 말한다. 단象은 결단이니, 한 괘의 바탕을 결단하는 것이다.

주진朱震(1072-1138)은 말한다. 문왕文王께서 괘 아래에 내린 말씀이 단象이니, 공자가 그 단象의 뜻을 서술하였으며, 따라서 그편을 단象이라 이름한다. (나의 견해: 여조겸呂祖謙[1137-1181]의 설에 바탕 한다.)

석수도石守道(石介, 1005-1045, 字는 守道)는 말한다. 공자가 여섯 효보다 앞서서 「단象」과 「상象」을 지었으나, 「소상小象」(효爻마다에 부친 상象)은 효 아래에 부쳤다. (그러나) 건乾괘에서만 ('단'과 '상'을) 모두 뒤에 의탁한(屬) 것은 양보讓步이다.

순상荀爽은 말한다. 64괘가 모두 건괘에서 시작하는 것은 만물의 생성이 본래 자연[天]에 바탕하는 것과 같다. (오여륜吳汝綸[1840-1903]은 말한다. "『예통禮統』에서, '천지天地는 원기元氣에서

---

18) '迎之, 不見其首; 隨之, 不見其後.', 『老子』14장 참조.
19) 까오헝高亨(1900-1986)에 의하면, 이것은 비유이며, 晝夜와 四時(사계절)을 의미한다. 高亨, 54頁 참조.

생긴 것이니, 만물의 조상[祖]이다.'라고"[20] 말하니, 원기에서 하늘이 생기고 땅이 생겼기에, 따라서 하늘[자연]을 통괄하고 하늘[자연]을 제어한다.)

주자朱子는 말한다. 원元은 네 덕[元, 亨, 利, 貞]을 포괄하고 머리[首]이며, 천덕天德의 시종을 관통하니, 따라서 자연[天]을 통괄한다고 말한다. 이 수首는 원元의 뜻을 해석한 것이다. 운우雲雨 두 자는 건乾의 형통[亨]을 해석한 것이다.

양만리楊萬里(1127-1206)는 말한다. 「단彖」은 형통함을 말하지 않으니, 구름이 가고 비가 내리는 것은 기氣의 형통이고, 품물品物의 변형은 모양[생김]의 형통이다.

항안세項安世(1129-1208)는 말한다. 원기元氣가 한 번 움직여, 모이면 구름이 되고, 흩어지면 비가 되니, 모두 천일天一인 물水에서 생기고, 원元에서 형통함은 이것을 나타내는 것이다.

우번虞翻(164-233)은 말한다. 구름과 비는 감坎괘이다. 큰 밝음은 이離괘이다. 건괘이면서 감坎괘와 이離괘를 들어 올리는 것은 그 변화를 말한 것이다.

후과侯果(侯行果, 8세기, 당唐나라 중기)는 말한다. 대명大明은 태양이다. 태양은 밤과 낮으로 시작과 끝을 삼는 것이다. 『주역건착도周易乾鑿度』에서, '해와 달의 도道, 음양의 경經은, 만물은 끝나면 시작하게 하는 것이다.'라고[21] 말한다.

오징吳澄(1249-1333)은 말한다. 공자께서 「단彖」전을 전함에, 다만 12괘에 대하여 요지를 게시하여, 때[時]와 시의時義[시정時政에 대한 견해], 시용時用[치세治世의 재주]의 큼[大]을 알려주었다. 한 괘卦에도 한 시時, 한 효爻에도 한 시時가 있어, 각각 자기 값어치를 가지며, 한 사물의 원칙을 끌어서 비슷한 사물에 확대하니 만 가지가 변하며 무궁하다. 내가 그때[時]를 때에 맞출 수 있는 까닭은 하나[一]일 뿐이다.

심기원沈起元(1685-1763)은 말한다. 『예기禮記』(「禮器」편)에, '태양[大明]은 동쪽에서 생긴다.'라고 하니,[22] 정현鄭玄의 주석에, 대명大明은 태양이다. 진晉괘의 「단彖」전에, '(땅은) 순종하여 태양에 붙어있음(順而麗乎大明)'이다.

주자朱子(1130-1200)는 말한다. 끝나지 않으면 시작할 수 없으니, 바르지[貞] 않으면 원元이 될 수 없다. 여섯 효가 이것[元]에 말미암아 성립되니, 각각은 자기 때[時]를 따라서 이루어진다.

----

20) '『禮統』云,「天地者, 元氣之所生, 萬物之祖也.」', 『莊子集釋』卷五上, 「天地」第十二, 第二冊, 淸 郭慶藩撰, 北京: 神華書店, 1997, 403頁.

21) '日月之道, 陰陽之經, 所以終始萬物.', 『周易乾鑿度』卷上, 漢, 鄭康成注, 電子版文淵閣四庫全書, 上海人民出版社, 1999 참조.

22) '大明生於東.', 『禮記今註今譯』, 「禮器」篇, 上冊, 王夢鷗注譯, 臺北: 臺灣商務, 1974, 326頁.

조언숙趙彦肅(10세기, 송宋태조[927-976] 때의 학자)은 말한다. 여섯 마리 용을 탄 것은 건원乾元이다.

유원은 말한다. 단象은 (주周) 문왕文王의 말씀이다. 공자가 밝히어 전傳으로 만들었으니, 후대 사람이 단왈象曰 두 자를 보태어서 구별하였다. 문왕은 다만 점상占象을 말했으나, 공자는 복희伏羲 문장의 미진함을 밝혔는데, 이것은 천도天道로써 건乾(괘)의 뜻을 밝힌 것이다. 만물[品物]은 사물 각각의 분류이다. 유형流形은, 사물들이 생겨나고 끊이지 않아 모양을 이룸이다. 종시終始는 음양이 짧아지고 길어짐[消長]의 기미幾微이다. 시時는 음양과 한서寒暑의 시時이다. 건원乾元은 비록 형상은 보이지 않으나, (그것에서) 실로 형상들이 스스로 생겨난다. 이기理氣는 지순至純하고 '지극히 순일純一[至粹]'하여, 실로 자연[天]을 통괄하고 그 강건함을 이룬다. '자연[天]'은 하나의 원元일 뿐이고, 하나의 원元의 도리가 순환함을 그치지 않는다. 사물들을 생기게 하고 모양을 이루며, 이에 끝[終]과 시작[始]이 갈라지지만, 음양의 도리는 진실로 종시終始가 없다. 때때로 천기天機를 제어하나, 건원乾元의 자연스러운 쓰임 아닌 것이 없다.

심선등沈善登(1830-1902)은 말한다. 양陽은 빛이고, 음陰은 기氣이다. 기가 빛을 얻으면 신령해지니, 이것은 시종 광명이 일할 수 있게 한다. 이것은 모든 유가儒家 경전의 관례를 든 것이다.

마치창馬其昶은 말한다. 음양은 하나의 기氣일 뿐이다. 기氣가 모여 빛이 생기면 양이 발동한다. 기가 굳어져 바탕[質]을 이루면 음이 뭉친다. 빛은 기氣를 떠날 수 없고, 또한 기로 섞일 수 없다. 하늘에서는 성명聖明한 명령이 되고, 사람에게는 명덕明德이 되며, 『역易』에서는 광명이 된다.

• **나의 견해(1):** 단象은 건원乾元의 큼[大]을 말하니, 하늘을 통괄하여 개괄하지 않는 것이 없기에, 이는 전체이다. 건원乾元이 곤坤의 중위中位에 들어가기에 미치면, 감坎괘의 물이 되어 구름과 비가 되고, 이로 인해 원기元氣가 서로 교차하게 된다. 곤원坤元이 건乾괘의 중위中位에 들어가면 이離괘의 불이 되어 태양[大明]이 되는데, 만물을 처음에서 끝까지 (주관하고) 변화하고 흘러서 쉼이 없으니, 자연[天]을 제어할 수 있고, 포섭하지 않음이 없다. 이것이 대용大用이다. 통괄하여 제어할 수 있으니, 원기元氣가 한 것이다. 감坎괘는 홀로 건괘 '중화中和의 기[中氣]'를 얻고, 이離괘는 홀로 곤坤괘 '중화의 기'를 얻었으니, 치우치거나 기울지 않고, 여섯 자식[坎, 離, 震, 巽, 艮, 兌] 가운데 뛰어나 그 작용을 신비롭게 한다. 이것이 체용體用이 서로 돕는 뜻, 즉 건곤乾坤과 감리坎離의 미묘함이다. 단象은 여기에서 먼저 이점[此]을 밝히고 있다.

• **나의 견해(2):** 통천統天은 포괄하지 않음이 없으니, 그 기백이 큼을 말한다. 어천御天은 통하지 않음이 없으니, 변화의 신비를 말한 것이다.

천도天道[乾道]의 자연변화에 따라, (만물) 각각은 속성과 수명을 바로 하였다. (사계절이) 크게 순조로우니[太和], 만물들에 이롭다.

[乾道變化, 各正性命, 保合太和, 乃利貞.]

(주자의)『주역본의周易本義』에서 말한다. 태화太和는 맑고 화평한[沖和] 기氣가 모이는 것이다. 각각 바름[各正]은 생명의 처음에 얻는다. 보합保合은 생명이 있는 다음에 온전해진다. (나의 견해: 변變은 점차적 변화이다. 화化는 변화가 이루어짐이다. 사물이 품수 받은 것이 성性이고, 하늘이 준 것이 명命이다. '보합태화保合太和'는 천지天地의 만물들이 모두 그런 (자연스러운) 것이다. 천지天地는 만물에서 큰 것이고, 만물은 작은 천지이다.) 이것으로 '이롭고 바름[利貞]'의 뜻을 해석하는 것이다.

항안세項安世(1129-1208)는 말한다. 정통正統[本統]을 미루어 건원乾元이라 말하고, 변화를 정점으로 건도乾道라고 말한다. 건원乾元에서 시작하고 태화太和에서 끝나니, 만물들은 원元에서 나와서, 원元으로 들어간다. 이것이 원元이 크다는[大] 근거이다.

설선薛瑄(1389-1464)은 말한다. 건원乾元에서 시작하니 도道의 체體이고, 수만 가지 다름[萬殊]의 근본이다. 변화가 각각 바름[各正]은 도道의 용用이니, 하나의 근본이 만 가지 다름[萬殊]이 된다. 그러나 체體와 용用은 둘로 나뉠 수 없다.

유원은 말한다. 건도乾道가 건원乾元이다. 본초本初[本始]로 말하면 원元이고, '지극한 도리[至理]'로 말하면 도道이다. 건원乾元은 진실로 하늘의 도리이고, 태화太和를 보합保合하니 사람들이 하늘의 도道를 받드는 이유이다. 이것은 사람들이나 사물들이 각각 건도乾道를 얻어서 생명[性命]을 이름이다. 각각이 바른 다음에 보합保合할 수 있다.

심선등沈善登은 말한다. 천지 사이를 채우는 것은, 빛[光]과 기氣의 변화로 이루어진 것이다. 빛과 기氣는 서로 길러주고 서로 발산하니, 이에 생물들을 변화시킬 수 있다. 건원乾元이 시작의 바탕이니 '본성[性]'이고, 곤원坤元은 생生의 바탕이니 명命이다. 하나의 큰 영험한 빛[靈光]이 고요 속에 허명虛明하니, 큰『역易』의 전체이다. 빛이 한번 이루어져 불변하니, 따라서 하나에서 모양[形]이 이루어졌기에, '본성[性]'이라 한다. 기氣가 모여 모양[形]을 이루니, 따라서 도道에서 나뉜 것을 명命이라 한다. 전체에서 나눠진 모양[形]을 만드니, 이것이 '각각이 발라서[各正] 보합保合하게 되는 것'이다.

처음으로 만물이 생겨나니, 온 나라가, 모두 편안하다.

[首出庶物, 萬國咸寧.]

유환劉瓛(5세기)은 말한다. 양기陽氣는 만물의 시작이기에, 따라서 '처음으로 생겨남'[首出]이라고 한다.

(정이의) 『이천역전伊川易傳』에서[23] 말한다. '하늘은 만물의 본원[祖]이고, 왕王은 만방의 종주宗主이다. 건도乾道에서 처음으로 만물이 생겨나니 만물이 형통하여, 군도君道가 하늘의 자리에 높이 군림하기에 사해四海가 복종한다. 왕王은 천도天道의 몸체이니, 따라서 만국이 모두 편안하다.'[24]

굴대균屈大鈞(1630-1696)은 말한다. 건괘의 원元은 제帝이니, 제帝는 진震(괘)에서 나오는 것이다.

유원은 말한다. 건도乾道가 건원乾元이다. 본초本初로 말하면 원元이고, 지극한 도리로 말하면 도道이다. 변變은 점차적 변화이고, 화化는 변화의 완성이다. '본성[性]'은 삶[生]의 도리이다. 명命은 모양[形]의 근본[原]이다. 각정各正은 각기 충족하여 치우치지 않음이다. 보保는 지킴[存守]이다. 합合은 융합이다. 건원乾元은 하늘의 도리[理]이다. '보합保合태화太和'는 사람들이 천도天道를 받드는 이유이다. 복희伏羲는 건괘로써 천도天道를 밝히셨고, 문왕文王은 원元, 형亨, 이利, 정貞으로 하늘을 본받기를 사람들에게 가르쳤다. 공자께서는, 이 2성인[伏羲·文王]들이 건도乾道의 왕성함에서 적극 도움을 발동하시어, 성인들이 하늘의 열렬함을 이렇게 받듦에로 귀결하시었다.

마치창馬其昶은 말한다. 건원乾元은 크기에, 여섯 아들[감坎, 이離, 진震, 손巽, 간艮, 태兌]을 자기 속에서 통괄한다. 그러므로 구름과 비는 감坎괘의 물이다. 대명大明은 이離괘의 태양이다. 구름이 가면 손巽괘의 바람이 움직인다. 비가 내리면 태兌괘의 못에 내리는 것이다. '태화太和를 보합保合함'은 간艮괘의 마침을 이루고 시작을 이룬다. '처음으로 만물이 생김'[首出庶物]은 하느님[帝]이 진震괘에서 나온 것이다. '바름[貞]'이 아래에서 원元을 일으키니, 만물들은 이에 (활동을) 시작하는 것이다.

(유원劉沅 『주역항해周易恒解』의) 『부해附解』에서 말한다. 천天은 일원一元일 뿐이다. 일원一元의 이理는 시종이 없다. 일원一元의 기氣는 음양으로 왕래하며 만물들을 낳고, 바탕[質]을 받아서 모양[形]을 이루고, 이들의 시종을 판결한다. 자시資始라는 (단象의) 첫째 구句는, 건원乾元이라는 일리一理를 밝히니, 혼연한 본체本體이다. 운우雲雨라는 둘째 구는, 건원乾元이 포화布化하고 '각기 구별되는[散殊]' 공용功用을 밝혀준다. 대명大明이라는 셋째 구句는, 건원乾元의 일기一氣가 고

---

23) 정이程頤(1033-1107)의 『伊川易傳』을 『程傳』이라고 한다.

24) '天爲萬物之祖, 王爲萬邦之宗. 乾道首出庶物而萬彙亨, 君道尊臨天位而四海從. 王者體天道, 故萬國咸寧.', 『伊川易傳』卷一, 「周易」上經, 乾卦, 宋 程子撰, 電子版文淵閣四庫全書, 上海人民出版社, 1999 참조.

무고무(鼓舞)되는 것을 밝히고 있다. 건도乾道라는 넷째 구句는 사람이나 사물이 각각 건도乾道를 얻어서 생명[性命]을 이룸이다. 바름[正]이라야 태화太和할 수 있다. 성인은 한 사람의 생명으로 만물의 생명을 바로 잡을 수 있으니, 태화太和가 보합할 수 있다. 이 문단에서 공자께서는 이미 천도天道와 인도人道를 다 설명했으나, 복희伏羲는 一을 그어 건乾자를 여는데 그쳤고, 아직 문왕文王의 '원元, 형亨, 이利, 정貞', 네 자를 좇아가 발명하지 못했는데, 「문언文言」에 이르러서야, 문왕의 뜻을 자세하게 발휘하고 있는 것이다.

상象전에서 말한다. "자연[天]의 운행은 강건强健하니, 군자들은 (자연을 본받아) 스스로 노력하고 쉬지 않는다.
[象曰 : 天行健, 君子以自强不息.]

우번虞飜(164-233)은 말한다. 건乾괘는 강건剛健하기에, 강하다. 하늘은 하루 낮, 하루 밤에 한 바퀴 도니, 따라서 스스로 노력하고 쉬지 않는다. 『노자老子』에, '자신의 [약점]을 극복한 자는 강하다.'라고[25) 말한다. (나의 견해: 천리天理를 따르고 인욕人欲을 따르지 않음, 이것이 자승自勝이다. 욕심이 없으면 강건하다.)

공영달孔穎達(574-648)은 말한다. 이것은 (괘卦의 기본관념에 의거하여, 사물의 변화나 인사人事현상을 확대하여 설명하는) 대상大象이다. 한 괘를 총괄적으로 나타내니, 따라서 대상大象이라 말한다. (유원劉沅은 말한다. 공자께서 『역易』을 밝힘에 있어, 일단 「단象」전으로 괘명卦名과 괘사卦辭를 해석하고 또한 대상大象을 보태었다. 단象은 문왕文王의 『역易』에 [보인다.] 대상大象은 상하 두 괘의 상이니, 복희伏羲의 『역易』이다.) 강건함[健]은 건乾괘의 설명이다. 건乾을 말하지 않고 건健[강건함]을 말한 것은, 건乾괘를 높이어 다른 괘들과 구별한 것이다. 군자는 스스로 노력하며 쉬지 않음, 이것은 인사人事로써 '자연[天]'을 본받음이다. (유원劉沅은 말한다. 여섯 효가 모두 강건함은, '자연[天]의 운행은 쉼이 없음'(天行不息.)을 나타낸다. 군자가 스스로 노력하고 쉬지 않으면, 강건하여 외물外物에 의해 꺾이지 않으니, 인도人道를 다한 다음에 자연[天]에 닿을 수 있는 것이다.) 군자라 칭한 이는, 천자天子, 제후諸侯, 공경公卿, 대부大夫 등 토지를 가진 이들을 말한다. 천자天子에게만 베풀면 선왕先王이라 부른다. 후后라 칭해지는 이는, 모두가 제후이다.

유초游酢(1053-1123)는 말한다. 지성至誠으로 쉼이 없으면, 하늘의 활동이 강건함이니, 문왕文

---

25) '自勝者强.', 『老子』 33장 참조.

王의 덕처럼 순수함이다. 쉬지 않을 수 없는데 쉬지 않음은 군자가 스스로 노력한 것과 같으니, 안회顔回가 석 달 동안 인仁을 어기지 않음과 같다.

(주자의)『주역본의周易本義』에서 말한다. 군자는 '자연[天]'을 본받는다. 인욕으로 천덕天德의 강건함을 해치지 않으면 스스로 노력하고 쉬지 않음이다.

채청蔡淸(1453-1508)은 말한다. 대상大象은 성인의 재능을 나타내니, 의리義理가 무궁하여, 괘에 따라서 발동하는 것이다.

최사훈崔師訓(1550-1613)은 말한다. 이 마음은 선명하여, 만물의 표면을 넘어서고, 만물들을 변화시킬 수 있으나, 만물의 변화를 받지 않으며, 스스로 노력을 한다. 시시각각 이와 같으니, 쉬지 않음이다.

하해何楷(1594-1645)는 말한다. 지성至誠하여 쉬는 것이 없으니, '자연[天]'에 통한다. 스스로 노력하여 쉬지 않음은 자연의 일을 본받는 것이다. 쉬지 않음에서 시작하여, 쉬지 않음에서 끝나니, 군자가 장엄하게 공경하며 매일 노력하니, 스스로 노력하는 법도이다.

또 (하해가) 말한다. 건괘는 64괘의 첫째이니, 따라서 그 언사言辭가 특이하다.『춘추春秋』에서 첫해를 일년一年이라 하지 않고 원년元年이라 하며; 첫째 달을 일월一月이라 하지 않고 정월正月이라 말하는 것과 같다.

쌍홍즈張洪之(1881-1969)는 말한다. 요堯임금은 계戒에서, '전쟁에서 두려워서 떨며 매일 근신함'을 말했고, 문왕文王은 '아침부터 해가 정오에서 기울 때까지 식사할 틈이 없었고, 주공周公은 머리를 들고 동트기를 기다렸으며, 공자는 분노하고 즐기면서 늙음이 오는지를 몰랐으니, 누가 스스로 노력하여 얻지 않은 이가 있는가? 하늘의 명命을 이어서, 아, 아름다움이 그치지 않으니, 군자는 '자연[天]'을 앙모仰慕하여, 광명을 우러러볼 뿐이다.

• **나의 견해**: 강건함은 '자연[天]'의 본체本體이고, 다님[行]은 '자연'의 묘용妙用이다. 지극히 강건함은, 다닐 수 있는 근거이다. 체體와 용用은 나뉠 수 없다. 행건行健 두 자는 천도天道 전체를 덮을 수 있으나, 말은 지극히 평범하고, 도리[理]는 지극히 정밀하다. 군자가 스스로 노력함은 '자연[天]'의 강건함을 본받는 것이고, 쉬지 않음으로써 '자연'의 행동을 본받음이니, 이는 성인이 '자연[天]'과 합치는 것이다. 탕湯임금이 쟁반에 '날로 새로워지고 또한 새로워진다.'라고 명문銘文을 새긴 것은, '스스로 노력하여 쉬지 않음'[自强不息]의 뜻이다.

(역경易經, [건乾괘] 초구初九효의)「물속에 잠긴 용은 움직임이 없다.」(潛龍勿用)는, 양陽효爻가 아래

에 있기 (때문에, 은거함)이다. (92효에서)「용이 밭에 나타났다.」(見龍在田)함은, (대인大人이 백성들에게) 덕을 크게 베푼 것이다. (93효에서 군자가)「종일토록 근면 노력함」은 (바른) 도리의 반복이다. (94효에서)「깊은 물에서 펄쩍 뛰기도 하네.」는, 탈 없는 경지에 들어섰음이다. (95효에서)「하늘에서 날아다니는 용이다.」(飛龍在天)함은, 대인大人의 활약상이다. (상9효의)「항룡亢龍은 후회가 있다.」라는 것은, 교만하고 자만하여 오래 갈 수 없음이다. (효가)「모두 구九」는, (나타난 모든 용에는 수령首領이 없고) 모두 천덕天德을 가졌으니, 수령[우두머리]은 없음"이다.

[“潛龍勿用”, 陽在下也. “見龍再田”, 德施普也. 26) “終日乾乾”27), 反復道也. “或躍在淵”, 進無咎也. “飛龍在天,” 大人造也. 28) “亢龍有悔,” 盈不可久也. 29) “用九”30), 天德不可爲首也.]

공영달은 말한다. 이것은 공자가 여섯 효의 상사象辭를 해석한 것이니, 소상小象이라 말한다.

호병문胡炳文(1250-1333)은 말한다. 건乾괘, 곤坤괘 초효에서 음양 두 자를 들었으니, 『역易』의 큰 뜻을 밝히려 함이다.

육희성陸希聲(801-895)은 말한다. 양기가 밭으로 나타나면, 생육과 번식이 백성들에게 이롭다. 성인이 세상에 나타나면 사람들에게 교화가 점차 발전한다. 따라서 덕德이 두루 시행되는 것이다.

양인梁寅(1309-1390)은 말한다. 자기를 바로잡아서 사물이 반듯해진다. 소문을 듣고 일어나니 덕의 베풀음이 아닌 것이 없다.

(정이의) 『이천역전伊川易傳』에서 말한다. 양기가 아래에 있으니, '군자가 미미한 곳에 처하여 쓰임이 없다.'라고 헤아려지면 나아가고; 때에 적합하면, 탈은 없다.

마치창은 말한다. 진進자는 약躍(뛰어오름)자를 해석한 것이다. 변화하고 겸손함은 진퇴進退이니, 아직 결과는 없다. 때에 미침에 힘쓰기 때문에, 나아가도 탈은 없다고 말한다.

유향劉向은 말한다. 성인이 임금 자리[上位]에 있으면 부류를 이끌고서 조정에 모인다. 『역易』에서, '나는 용이 하늘에 있다.'라고 말한 것은, 대인大人이 모이는 것이다.

마치창馬其昶은 말한다. 대인大人만이 현자賢者와 천자天子의 자리[天位]를 함께할 수 있다.

---

26) 高亨에 의하면, 普는 부溥(광대함)의 뜻이다, 上同, 57頁.

27) 高亨에 의하면, 乾乾은 근면노력이다. 상동 57頁.

28) 孔穎達(574-648)과 朱熹(1130-1200)는 造를 爲[활동]으로 보았다. 高亨, 상동 59頁.

29) 高亨에 의하면, 盈은 滿이고, 亢龍은 아주 높은 지위에 올라간 통치자의 비유이다.

30) 漢帛書『周易』에는 用九가 형구迥九이다. 迥은 通이다. 用九는 通九이니, 모두 九라는 말이다. 상동, 59-60頁.

● **나의 견해**: 대인大人은 '시대의 추세[時勢]'를 만들 수 있다. 시대의 성쇠盛衰 치란治亂의 기운을 유지하고 풍속을 바꾸는 것, 모두가 대인이 만들어 놓은 결실이니, 큰 은덕의 자연조화이다. 대인만이 조화할 수 있으니, (하늘을) 난다고 말할 수 있다.

최사훈崔師訓(1550-1613)은 말한다. 이것은 여섯 효의 덕德을 해석하고 있다.

곡가걸谷家傑(16세기, 명明대 역학자)은 말한다. 봄은 12월月이 끝나면 (오고); 초하루[朔]는 그믐[晦]이 끝나면 (온다.) 요컨대 끝을 모르면, 시작을 어디에서 끌어올 것인가? 더욱이 머리로 삼을 수 있는 것이 없다.

(이광지李光地의『주역절중周易折中』에서 말한다. '머리가 될 수 없음'[不可爲首]과 '준칙이 될 수 없음'[不可爲典要]은 어세語勢가 비슷하나, '계신戒愼'하라는 말[辭]은 아니다. 정이程頤(1033-1107)는, 동정動靜은 두서頭緒[端]가 없고, 음양은 시작이 없으니, 머리가 될 수 없음의 뜻이라 말한다. 이른바 두서가 없음[端倪]은 사리를 변별할 수 없음이다.

유원은 말한다. 이것 이하에서 소상小象은 상象을 명시明示하지 않으나, 위 문장을 잇고 있다. (초9효는) 양이니 9이고, 아래 효이니, (물속에) 잠김이다. 양이기에 따라서 용龍이라 칭하며, 아래 효이기 때문에 '활동하지 않음'[勿用]이다. 양陽, 이 한 글자는 덕을 드러내니 본래 쓰일 수 있으나, 다만 때[時]에 제한을 받는다. 재在자는 마땅히 반복해서 이해해야 한다. 덕은 정중正中인 용龍의 덕이다. 반복反復은 왕복 순환의 뜻이니, 종일 '스스로 노력하고 쉬지 않음[自强不息]'이고, 이에 왕복 순환하여 도道에 게으르지 않아야 하니, 근심하고 두려워함만을 말하는 것이 아니다. 94효는 본래 나아갈 때이니, 나갈 수 있어도 쉽게 (멋대로) 나가지 않음은, 지극한 신중이기에, 따라서 탈이 없음이요, 나가지 않는 것이 아니다. (상9효는) 찼으면 곧 너무 올라간 것(九)이다. (이런 상태는) 오래 갈 수 없으니, 후회할 수 있기 때문에, (꽉) 참[盈]에 처할 때를 심히 경계한 것이다.

또 (유원이) 말한다. 건乾괘는 본래 천덕天德을 (가진 것이다.) 여섯 효가 모두 양이니, 천덕天德이 지순至純하여, 아아, 아름답고 끝이 없으니, 따라서 건강健剛함[剛]에 치우치지 않았다. 이것이 사람들에게 통구通九[用九]의 도道를 가르침이다.

마치창馬其昶은 말한다. 천덕天德은 순수하고 굳세나[純剛], 머리는 될 수 없음은, 양陽이 홀로는 낳을 수 없기 때문이다.

「문언文言」전傳

문언文言에서 말한다.[31] "원元"은 첫째가는 선善이다. "형亨"은 아름다움[美]이 모인 것이다. "이利"는 의義에 화합[和]하는 것이다. "정貞, 즉 정正"은 모든 일의 기둥이다.
[文言曰: "元"者善之長也.[32] "亨"者嘉之會也.[33] "利"者義之和也.[34] "貞"者事之干也.[35]]

혜동惠棟(1697-1758)은 말한다. 「문언文言」은 괘·효사를 가리킨다. 괘·효사는 (주周) 문왕文 王이 제정했기에, 따라서 문언文言이라 말한다.

유원은 말한다. 「문언」에는 처음에 네 가지 [元, 亨, 利, 貞] 덕德의 설명이 있으니, 문왕文王의 말 씀을 다 의리義理에 귀결시키고 있다. 후세의 유자儒者가 이를 처음으로 사덕四德으로 이름 하였 다. 이 설명은 『자하역전子夏易傳』(卜子夏撰)에서 비롯하고, 한漢나라, 송宋나라(시대)에도 이것을 따랐다.

(정이의) 『이천역전伊川易傳』에서 말한다. 다른 괘들에는 「단彖」과 「상象」전만 있을 뿐인데, 유 독 「건乾」「곤坤」에는 「문언文言」을 더 실정하여서 그 뜻을 설명하고 있다.

(주자의) 『주역본의周易本義』에서 말한다. 이편은 「단彖」、「상象」전을 펼쳐서 「건·곤」 두 괘의 함축을 다 하고 있다.

또 (『주역본의』에서) 말한다. 원元은 생물生物의 시작이고, 계절[時]로는 봄이고, 사람(의 도리) 로는 인仁이니, 모든 선善들의 으뜸[長]이다. 형통[亨]은 생물의 소통[通]이고, 계절로는 여름이고, 사람들에게는 예禮이니, 모든 아름다움의 모임이다. 이利는 생물에 적절함[宜]이고, 계절로는 가 을이고, 사람들에게는 의義이기 때문에, 그 계절의 조화를 얻음이다. '바름[貞]'은 생물의 충족함을 이루니, 계절로는 겨울이고, 사람들에게는 지智이니, 여러 일의 근간이다.

(주자의) 『주자어류朱子語類』에서 말한다. 원元, 형亨, 이利, 정貞이 모두 선善이다. 원元은 이

---

31) 여기 「문언文言」에서는, 건乾괘의 괘사卦辭를 설명하고 있다. 高亨, 60頁.
32) 善之長은 善之首과 같다. 高亨, 상동.
33) 『說文解字』(許愼撰)에, 嘉는 美이고, 會는 합이다. 嘉之會는 美의 集合과 같음을 말한다. 高亨, 상동.
34) 노래를 시작하는 것이 唱이고, 노래를 따라하는 것이 和이다. 唱이 있은 뒤에 和가 있고, 義가 있은 뒤에 利가 있으니, 따라서 利는 義의 和이다. 高亨, 60~61頁.
35) 「師, 象傳」에, 貞은 正이다. 干은 幹으로 읽으니, 나무기둥[木株]이고, 지금은 主幹의 뜻이다. 高亨, 상동.

넷의 우두머리[長]이고, 의義에서 불화不和가 의심되면, 그렇다면 그것을 처리하여 각각 자기 처소를 얻어 조화롭게 만드니, 조화가 바로 이利이다. (유원劉沅은 말한다. 이른바 이利는 사람들에게 자신을 이롭게 하라고 가르치는 것이 아니다.)

항안세項安世(1129-1208)는 말한다. 이理는 하나이나 네 가지 이름이 있으니, 일의 시초는 좋은 것[善]이고, 선이 많아지면 기쁜 일[嘉]이고, 여러 사람이 적절함을 얻으면 의義이고, 의義가 세워지는 것이 일[事]이다. 그러므로 나누면 넷으로 원元, 형亨, 이利, 정貞이다. 친근하면 둘이 된다. 건원乾元은 처음으로 형통함이고, 이정利貞은 성정性情을 말한다. 혼합하면 하나가 되니, 건乾괘는 처음에 미리 미리美利로써 천하를 이롭게 하나, 이로운 바를 말하지 않으니, 위대하도다!

호병문胡炳文(1250-1333)은 말한다. 『역易』의 괘卦로 점을 치면 형통[亨]이 많고, 원형元亨은 적다. 효爻로 점치면 길吉은 많으나, 원길元吉은 적다. 원형元亨은 크게 선善하여 형통함이다. 원길元吉은 크게 선하여 길함이다. 사람들이 일함에, 좋은 것은 100중에 하나이고, 크게 선함은 1000중의 하나이기에, 따라서 원元으로 귀하게 여긴다. 터럭 하나만큼의 불선不善함이 있으면 원元이 아니며, 한순간이라도 불선한 것이 있으면 원元이 아니다.

혜동惠棟(1697-1758)은 말한다. 양陽이 음陰과 통하면, 뜻이 결혼하여 합쳐지는 것이니, 따라서 기쁜 일의 모임이라 한다,

유원劉沅은 말한다. 큰일이나 작은 일이나 따질 것 없이, 올바른 일이면 이익이 없어도 또한 행해야 하고, 올바르지 않으면 비록 이롭더라도 또한 행하지 않음이 적절하다. 이것을 주로 삼으니, 나무의 줄기[幹]와 같다.

● **나의 견해:** 원덕元德은 본연의 선善이라, 여러 선한 것들이 이것에서 나오니, 따라서 선善의 어른[長]이라 한다. 양덕陽德이 음陰과 통하여 크게 형통하니, 결혼하여 합치는 일이 있기 때문에, 따라서 즐거움의 모임[結婚]이다. 이로움[利]과 의義는 서로 같지 않은 것 같으니, 그래서 이로움이 사적인 것[私]에 봉사하여 의義를 해치면 이롭지 않으나, 이익이 공공에 퍼지면 의義와 화합하여 대리大利를 이룬다. 나무는 줄기로써 설 수 있고, 일은 바름[貞]으로써 성공한다. 이롭고 바르다면, 그 일이 성공하니 곧 형통하게 되고, 그 일이 성공하면 곧 원元이 된다.

군자가 인仁을 실행하니 사람들의 군장君長이 될 수 있고, (군자가) 덕을 향유享有하니 예禮에 합치할 수 있고, 사람들을 이롭게 하니 의義와 화합할 수 있고, 정도正道를 견지하니, 일을 (완만히) 처리할 수 있다. 군자가 이 네 가지 덕을 시행하기에, 따라서 (『역경易經』에서) 말하였다. "건乾괘는,

원元[첫째가는 선善], **형亨**[미美의 모임], **이利**[의義와 화합], **정貞**[정도正道]이다."

[君子體仁足以長人,36) 嘉會足以合禮, 利物足以和義,37) 貞固足以干事.38) 君子行此四者, 故曰: "乾, 元, 亨, 利, 貞."]

『건착도乾鑿度』에서 말한다. "만물은 처음에 진震괘에서 시작하니, … 양기陽氣가 처음으로 생기고, … 따라서 동쪽이 인仁이다. 이離괘에서 이루어지니, … 양陽은 위에서 바름[正]을 얻고, 음은 아래에서 바름을 얻으니, 존비의 상象이 정해지기 때문에, 따라서 남쪽은 예禮이다. 태兌괘에 들어가서, … 음이 일하게 되고, 만물들이 적절함을 얻으니, … 따라서 서쪽은 의義이다. 점차 감坎괘가 (되니), …음기가 왕성해져서, 양기가 폐쇄되어, 믿음의 부류이니, 따라서 북쪽은 신信이다. 사방의 뜻이 모두 중앙에 통합이 되니, 따라서 건乾, 곤坤, 간艮, 손巽의 자리[位]는 사방四方[四維]에 있다. 중앙은 사방의 행동을 유지하는 근거이니, 지혜[智]의 결단이기에, 따라서 중앙은 지智이다. … 이 다섯 가지는 도道와 덕德의 구분이고, 자연[天]과 인류[人]의 구분인 것이다."39)

이정조李鼎祚(8세기, 唐당中期중기)는 말한다. 자연[天]은 사계절에 따라서 운행하여 만물을 생성하며, 임금은 오상五常[仁, 義, 禮, 智, 信]을 법도로 삼아서 사람들을 교화한다. 인仁은 춘생春生을 주관하고, 예禮는 하양夏養을 주관하고, 의義는 '가을의 거둠[秋成]'을 주관하고, '바름[貞]'은 일의 근간이 되어 지知에 배당되고, 지知는 '겨울의 거둠[冬藏]'을 주관한다. 북쪽은 물이기에, 따라서 '아는 자[知者]'는 물을 좋아한다. 신信은 흙[土]을 주관하는데, 흙은 중궁中宮에 있으니, 사계절에 나누어 왕 노릇한다. 물[水], 불[火], 금[金], 나무[木]는 흙이 아니면 실릴 데가 없다.

주자朱子(朱熹, 1130-1200)는 말한다. (「문언文言」에서) 선장善長의 사구四句는, 천덕天德의 자연을 말한 것이고, (군자君子) 체인體仁의 사구四句는, 인사의 당연當然함을 말한 것이다. 군자는 지극히 강건剛健하여, 이것들을 행하지 않음이 없으니, 따라서 건괘는 원元, 형亨, 이利, 정貞이라고 말한 것이다.

왕응린王應麟(1223-1296)은 말한다. '바름[貞]'은 원元의 바탕[本]이다. 주공周公(周武王의 동생,

---

36) 體는 履로 읽으니, 실천함, 行함이다. 高亨, 상동.

37) 利物은 실제로 利人을 가리키고, 利德이 바로 利人이다. 高亨, 상동.

38) 貞固는 正하고 堅함이니, 正道를 堅持함이다. 高亨, 상동.

39) '夫萬物始出於震, …陽氣始生, …故東方爲仁. 成於離, …陽得正於上, 陰得正於下, 尊卑之象定, …故南方爲禮. 入於兌, …陰用事, 而萬物得其宜, …故西方爲義. 漸於坎, …陰氣形盛, 陽氣含閉, 信之類也, 故北方爲信. 夫四方之義 皆統於中央, 故乾坤艮巽位在四維. 中央所以繩四方行也, 智之決也, 故中央爲智. … 五者道德之分, 天人之際也.', 『周易乾鑿度』卷上, 電子版文淵閣四庫全書, 上海人民出版社, 1999 참조.

몰: 기원전 1,032)에 의하면, 겨울에 얼고 폐색되는 것이 굳건하지 않으면, 봄과 여름에 초목의 성장이 무성하지 않다고 했으니, 정도正道를 붙잡음이 견고[貞固]한 설명이다.

여남呂柟(1479-1542)은 말한다. 이것은 공자[仲尼]가 자연[天]과 인류[人]는 하나임을 말한 것이다.

이광지李光地(1642-1718)는 말한다. 인仁은 큰 덕이고, 예禮는 인仁에서 드러나며, 의義는 적절한 용처[用]이니, 지知는 용처[用]에 감추어져 있다.

마치창馬其昶은 말한다. 지知와 신信, 이 둘은 떨어질 수 없다. (왕통王統[584-617]의)『문중자文中子(중설中說)』에서 말한다. '원元, 형亨, 이利, 정貞의 운행이 공핍 하지 않은 것은 지知의 공로이다.'라고[40] 말한다. 지知는 곧 '원시原始 혼돈의 상태[太易]'에서 광명이 발생하는 곳이다. 이런 신령한 빛이 고요하게 상존常存하니, 이것이 신信이고, 성실[誠]이다. 천도天道는 성誠이 근본[本]이고, 밝음[明]은 용用이다.

• **나의 견해**: 군자는 위로 천덕天德을 본받고, 이를 실천하는 것을 귀히 여긴다. '하늘의 운행이 강건剛健하니', 군자는 하늘을 본받아서 또한 강건하게 실행한다. 행行자가 아주 중요하니, 인도人道를 다하여 천도天道와 합친다. 이것이 곧 천天과 인人이 하나가 되는 뜻의 발명이다. 자연[天]과 인人이 하나로 관통하니[一貫], 군자가 곧 자연[天]이다.

초구初九**효에서 말한다.**[41]"물속에 잠긴 용龍은 움직임이 없다."무엇을 말한 것입니까?
공자가 말하였다. "용龍은, 재덕이 있으나 은거한다. (지조를) 세상 때문에 바꾸지 않고, 명예를 이루려고 하지 않으며, 은거하여도 고민이 없고, (세상이 자기) 옳음을 보지 못해도 걱정하지 않고, 즐거우면 실행하고, 근심되면 피한다. (자기 뜻을) 확고히 하고 바꾸지 않으니, (군자는) 물속에 잠긴 용이라 할 수 있다."

[初九曰 :「潛龍勿用。」何謂也 ? 子曰 :[42] "龍, 德而隱者也. 不易乎世[43] , 不成乎名, 遯世而無悶 , 不見是而無悶 , 樂則行之 , 憂則違之.[44] 確乎其不可拔[45] , 潛龍也."]

---

40) '元亨利貞, 運行不匱者, 知之功也.',『中說』,「問易」篇, 王通(584-617)撰, 阮逸(11세기)註, 電子版文淵閣四庫全書, 上海人民出版社 1999 참조.
41) 여기부터 제2단이며, 人事로써 각 爻의 효사爻辭를 설명한다.
42) 子는 孔丘이다. 이것은 孔子의 말씀에 거짓으로 위탁[僞托]한 것으로, 易傳전체가 동일하다. 高亨, 62頁.
43) 易은 移(옮기다)와 같다. 高亨, 상동.
44) 違는 避이다. 高亨, 상동.

정현鄭玄은 말한다. (초9효는) 마땅히 은거할 때이니 자신을 다르게 보이지 말고, 이름[名]을 이룰 것이 없어야 한다.

왕필王弼(226-249)은 말한다. (초9효에서는) 세상 때문에 바뀌지 말아야 한다.

(정이의)『이천역전伊川易傳』에서 말한다. 도道를 지킴에 때[時]에 따라서 변하지 말고, 행동을 엄폐하되 때[時]에 따라 지知를 찾지 말아야 한다. 자신을 믿고 스스로 즐기며, 가능성이 보이면 나아가고, 어려움을 알면 피하고, 굳게 지키어 빼앗기지 않는 것이, (초9효에) 숨어있는 용[潛龍]의 덕이다.

유초游酢(1053-1123)는 말한다. 세상에 따라 변하지 말고, 쓸 것인지 버릴 것인지는 나에게 달려 있으니, 따라서 세상에서 은둔해도 고민할 필요가 없다. 명성을 이루지 못하는 것, 비난과 칭찬은 사물들에 있지 않기에, 따라서 (초9효에서 나에 대한) 옳은 평가가 보이지 않아도 고민할 필요가 없다.

(주희의)『주역본의周易本義』에서 말한다. 여섯 효의「문언文言」은 모두 성인으로 (뜻을) 밝힌 것이니, (자신의 명성이) 잠적이나 드러남은 있어도, 얕고 깊음(의 차이)는 없다.

채청蔡淸(1453-1508)은 말한다. (不見是而)无悶의 두 구句는 (세상을) 바꾸지 말고[不易]의 두 구句보다 중하고; 낙행樂行 두 구句는 무민无悶 두 구句보다 더욱 중요하니, 반드시 할[必] 의도가 없다. 용龍의 덕을 은폐함을 논함에, 반드시 옳은 것[是]에 이르러야 하고 그 다음에 (할 일을) 다 하는 것이다.

유원은 말한다. 성인의 신명神明은 추측할 수 없으니, 따라서 (초9효에서) 용덕龍德이 아래 자리에 숨어있음을 말한 것이다. 사람들에게서 지知를 찾아서 이름을 이루려고 하지 말고, 세상에 (자기가) 쓰이지 못하니 스스로 터득해야 하는데, 도道는 본래 옳은 것이나 세속에서 '옳은 것'으로 보지 않아도, 따라서 (초9효는) 고민할 필요가 없다. 도가 나타나면 즐겁고, 도가 어두워지면 슬프다. 행行은 때[時]에 (맞추어) 도를 행함이다. 위違[어김]는 자신이 세속을 따라서 숨는 것이다. 잠룡潛龍은 탄미歎美하는 말이다. (나의 견해: 가可한 것도 없고 불가不可한 것도 없으니, 쓰이면 실행하고, 버려지면 숨는다.)

마치창馬其昶은 말한다. 불역不易(乎世)의 두 구句는 행함을 말한 것이고, 둔세遯世(无悶) 두 구句는 마음을 말한 것이고, 낙행樂行 두 구句는 자취를 변화시킨 것이다.

---

45) 確은 堅定이고, 拔은 移이다. 高亨, 63頁.

● **나의 견해:** 건乾괘 초효는 양덕陽德이니, 아래에서 (물속에) 잠적하여 숨을 수 있으니 귀한 것이다. 숨었으나 덕이 있고, (남이) 몰라도 화내지 않고 원망하지 않고 책하지도 않으니, 무슨 고민이 있겠는가? (초9효는) 부귀해도 넘치지 않고, 빈천해도 (한쪽으로) 치우치지 않고, 위력이나 무력에도 굴하지 않으니, (초9효는) 돌기突起할 무슨 필요가 있겠는가? 확실한 자립自立이다. 이 효의 상象은 공자나 맹자는 충분히 감당할 수 있다. 노자老子는 '잘 세운 것은 뺄 수 없다.'라고[46] 했고, 공자는 노자老子를 용과 같다고 찬탄하였고, 『사기史記』에서는 그(老子)를 숨은 군자[隱君子]라 칭했고, 도道와 덕德을 말한 5000자를 책으로 쓰고 떠나버렸으니, (사람들은) 그의 끝을 모른다. (그 노자老子는) 잠룡의 뜻을 깊이 얻어서 쓰임을 당하지 않은 사람이다!

구이九二효에, "용이 밭에 나타났다."라고 했으니, 무엇을 말한 것입니까?
공자가 말하였다. "용龍 같은 사람이라면, '올바른 중용[正中]'의 도를 가진 사람이다. 올바른 중용의 말씀, 이것을 믿고서; 올바른 중용의 행동, 이것을 부지런히 실행하니, 사벽邪僻을 방지하고 성실함을 가졌으며, 세상 사람들을 좋은 일로 이끌고 자기는 자랑하지 않으니, (베풀어준) 덕이 커서 (사람들을) 감화시킨다. 『역易』에서, '밭에 용이 보이니, 큰 덕을 (백성들에게) 베풀 것이다.'라고 말한 것은, (은자隱者)가 임금의 덕을 가진 것이다."
[九二曰: "見龍在田 , 利見大人", 何謂也? 子曰: "龍, 德而正中者也. 庸言之信 , 庸行之謹[47] , 閑邪存其誠[48] , 善世而不伐[49] , 德博而化. 『易』曰: '見龍在田 , 利見大人', 君德也.']

『역위·건착도易緯·乾鑿度』에서 말한다. "대인大人은 성聖과 명덕明德을 갖추었다."[50]
왕필은 말한다. 비록 임금 자리에 있지 않으나, (92효는) 임금의 덕인 것이다.
(정이의) 『이천역전伊川易傳』에서 말한다. (92효는) 평범한 신용, 평범한 근면이니, 깜빡하는 순간에도 반드시 이에 응한다. 선善을 자랑하지도 않고 선함이 없더라도, 덕이 널리 교화하니, 자신을 바로 하며, 남들도 바르게 되는 것이다.
이순신李舜臣(12세기, 남송南宋때 역학자)은 말한다. (속이) 채워졌으면 성실하고, 비어있으면 공경한다. 그러므로 건乾의 92효는 성실[誠]함을 말하고, 곤坤의 62효는 공경[敬]을 말하는 것이다.

---

46) '善建者不拔.' 『老子』54장 참조.
47) 正中의 言이 庸言이고, 正中의 行이 庸行이다. 之는 이것[是]과 같다. 高亨, 상동.
48) 李鼎祚(8세기), 『周易集解』에, 閑은 防(막다)이다. 高亨, 상동.
49) 善世는, 세상 사람들을 좋은 일에 이끎이고, 伐은 뻐김[자랑, 夸]의 뜻이다. 高亨, 64頁.
50) '大人者, 聖明德備也.', 『周易乾鑿度』卷上, 恒䷟卦, 電子版文淵閣四庫全書 상동 참조.

항안세項安世는 말한다. 음양이 자리에 합당하며 바르니, 92와 95효는 중中이다. 92효는 아래 괘에 있고 '양의 자리[陽位]'는 아니니, 따라서 중위中位는 못 되나 중덕中德을 가졌다. 「문언文言」에서 두 번 군덕君德을 일컬었으나 분명히 임금 자리는 아니다. 이것은 용덕龍德의 중용[中]을 말한 것이지, 분명히 용위龍位의 중용[中]을 말한 것은 아니다.

풍의馮椅(1140-1232)는 말한다. 『역易』은 이학理學의 핵심이다. 자사子思와 맹자는, 성誠이 천도天道[나의 견해: (천도天道는) 천지天地 자연自然의 이리理이다.]라고 말했고,[51] 선유先儒들은 성경誠敬이 성학聖學의 원천이니, 모두 이곳에서 나왔다고 말했다.

유원劉沅은 말한다. (92효는) 평범한 말, 평범한 행동이나, 또한 성신誠信, 근신謹愼은 방비와 금조禁阻와 같으니, (92효는) 지극한 정성[誠]이다. 아래 괘의 92효는 바로 그 중中에 합당하고, 도道는 하나의 중中이니, 중中은 곧 평범함[庸]에 있다. 자고로 대신들은 군덕君德을 가지고 있어서, 나중에 임금을 도와서 치세를 이룬 것이다.

마치창馬其昶은 말한다. 95효에서, '성인작聖人作'을 말하니, 분명 95효는 대인大人이다. 92효의 '이利가 나타남[利見]'은 95효를 보인 것이다. 92효에서 군덕君德을 말하니, 분명 92효는 대인大人이다. 95효의 '대인大人'은 92효를 나타낸 것이다.

• **나의 견해**: 건乾괘 92효는 중中에 있으나, [음위이기 때문에] 자리는 바르지 않으나, (92효의) 덕은 중中이고 바르다[正]. 성신하고 근신하여 방지하기에, 정중正中한 본체와 합치할 수 있다. 세상을 좋게 하고 교화를 널리 하는 것이 정중正中의 묘용妙用을 이루게 하는 것이다. 자기도 이루고 남도 이루게 하는 것이 한 몸에 갖추어지니, 92효의 순양純陽하며 사심 없는 덕으로 말미암아, (92효는) 비록 대인大人의 자리는 아니나, 대인大人의 덕을 가지고 있다. (주周나라) 문왕께서는 임금이 될 큰 덕을 가지고 임금 섬기기에도 공순恭順하였으니, 때때로 성신誠信하고 근신하여 대비책을 가졌으며, 세상을 좋게 하였으나 뽐내지 않았기에, 따라서 덕이 넓게 교화되었다. 공자가 (문왕을) 지극한 덕이라고 칭찬했으니, 그(文王)라면 나타난 용의 상象에 합당하지 않을까?

구삼九三효에서, "군자는 종일토록 근면 노력하고, 저녁까지 두려워하며 조심하면, (사정이) 위급하다 해도, (큰) 탈은 없을 것이다."한 것은, 무엇을 말한 것입니까?
공자가 말하였다. "군자는 품덕品德을 높이고 사업을 다스린다. 충신忠信을 말하는 것은 '품성品性[品

51) '誠者, 天之道也.' 『中庸』 20장; '誠者, 天之道也.' 『孟子』, 「離婁」상편, 7・12 참조.

德'을 높이려는 것이고, 말씀을 꾸미는 것은 성실함을 확립해서, 사업을 이루려는 것이다. (장차) 도달할 지점을 알면 도달할 수 있으니, 일의 기미幾微를 말할 수 있다. (군자는 사업의) 결과를 미리 알기에 (그것을) 끝마칠 수 있으니, 사업은 (바른) 뜻을 논의할 수 있다. 이 때문에 (군자는) 높은 자리에 있어도 자만하지 않고, 낮은 자리에 있어도 근심하지 않는다. 따라서 근면하게 노력하며 시기를 좇아서 조심하니, 비록 위험해도 탈은 없을 것이다."

[九三曰: "君子終日乾乾, 夕惕若, 厲, 無咎", 何謂也? 子曰: "君子進德脩業. 忠信所以進德也, 脩辭立其誠, 以居業也.52) 知至至之, 可與言幾也.53) 知終終之, 可與存義也.54) 是故居上位而不驕, 在下位而不憂. 故乾乾因其時而惕, 雖危而無咎矣."]

왕필王弼은 말한다. (93효는) 하체下體의 위에 있고, 상체上體의 아래에 있다.

유목劉牧(11세기, 북송北宋대 인물)은 말한다. (93효에서) 지知가 미칠 수 있어서, 이를 것을 알고 난 뒤에 그것을 이르게 할 수 있으니, 아는 것이 먼저 이고, 따라서 미칠 수 있다. 이른바 조리에서 시작하는 것이 아는 일이다. 일단 끝을 알면 진력하여 그것을 끝내고, 그것을 지키는 일은 나중에 있으니, 따라서 (93효는) 더불어 의義를 가질 수 있다. 이른바 조리를 끝내는 일은 성聖의 일이다.

(주자의)『주자어류朱子語類』에서 말한다. 충신忠信은 마음이다. 공부하는 것[修業]은 일이다. 마음에 쌓아두면 일로 나타나니, 일에서 닦으면 마음을 기를 수 있다. 성학聖學공자의 학은 안과 밖으로 병진하지만, 두 가지 일이 아니다. 지식을 배우는 일[修業]은 공업功業에 안주安住[居業]하니, 다만 하나의 뜻이다. 덕을 나아가게 하여 매일매일 새로워지니, '공업功業에 안주安住'[居業] 또한 이와 같다.

또 (『주자어류』에서) 말한다. (93효에서) 올 것을 알면 마땅히 오게 되고, 끝을 알면 마땅히 끝나게 되니, 모름지기 앎[知]이 본本이다. 앎이 깊어지면, 행동은 반드시 오게 된다.

유염兪琰(1253-1316)은 말한다. (93효에서) 일이 이루어지면 업業이라고 한다. 업이 아직 이루

---

52) 今本에는 言자가 없다.『周易集解』에는 言자가 있다. 文意로 보면, 言자가 있는 것이 옳다. 지금 이를 보충한다. 高亨, 상동.

53) 知至는 사업의 발전이 장차 어느 지점에 도달할 것을 아는 것이다. 至之는 어느 지점에 이르는 것이다. 與는 以와 같다.「繫辭」下편에, "幾者, 動之微, 吉凶之先見者也."라 했고,『廣雅・釋詁』에, 幾, 微也라 했다. 사업은 微小한데서 시작하여 巨大한 것에 이르니, 노력을 하면, 발전할 수 있으니, 사업의 幾微를 말할 수 있다. 高亨, 상동.

54) 知終은 사업의 장래 결과를 미리 아는 것을 말하고, 終之는 그 결과에 도달함이다.

어지지 않았으면 닦아서 이루게 하여야 하니, 업業이 이미 이루어졌다면 그것에 거주하여 그것을 지켜야 한다. 군자는 사특한 것을 막고 성실함을 가지면 작은 생각이라도 '바르지 않을[不正]' 수가 없다. 문사文辭에 성실하면 한마디도 불실不實한 말이 없다.

장제생蔣悌生(14세기, 명明나라 학자)은 말한다. 시時자는 효사의 종일終日의 뜻을 바르게 해석하여, 공자의 성찰省察을 나타내니, (93효에서) 분명한 말이 적지 않다.

채청蔡淸(1453-1508)은 말한다. (93효에서) 성誠은 곧 충신忠信이다. 밖의 사특함을 막기 위한 존성存誠의 공부가 없으면, 문사文辭는 밖으로 성실함을 세우는 공부가 없는 것이다. 덕을 진작시키기 위한 수업을 합치면, 모두『중용中庸』의 성신誠身이고,[55]『대학大學』의 성의誠意, 정심正心, 수신修身이다.[56]

전징지錢澄之(1612-1693)는 말한다. (93효에서) 생각 하나라도 자기를 속이려 하지 않고 진실에 힘을 쓰는 것은 덕을 진작시키는 일이기 때문이다, 한 마디도 자기를 속이려 하지 않으면 말[言]과 행동[行]이 합일하니, 이것은 공업功業에 있게 되는 일이다.

유원劉沅은 말한다. 덕이란, 마음에서 이理를 얻음이다. 충신忠信은, 성誠이 속[內]에서 주관한다. (나의 견해: 덕이 중中에 있으면, 마음을 바르게 하고 몸을 닦는 것이다. 밖으로 공업功業이 발산하면, 집안을 가지런히 하고[齊家] 나라를 다스리며[治國], 천하를 평안하게 하는 것이다.)

요준창姚濬昌(19세기, 청淸대 학자)은 말한다. 여厲(위급함)는 효상爻象이고, 건乾괘가 두려워하니 위급함에 처하는 방법인데, 이것은 그때[時]로 인한 것이다. 『역易』에서 일을 말할 때, 모두 그때[時] 때문이니, 이것은 또한 범례이다.

심선등沈善登(1830-1902)은 말한다. (93효에서) 이를 곳[지점]을 앎[知至]은, 「악기樂記」편에서,[57] '외물이 오니, 지능이 응접함'[物至知知]을[58] 말하고 있다. '지지至之'는 마침 오는 것과 같은 한계이다. '미지未至'[아직 오지 않음]는 알아서 맞힌 것이 아니고, '이미 왔음'[已至]은 자신을 속인 것이 아니니, 홀로 있음을 삼가 하여 기미幾微를 안 것이다. 끝남을 앎은 구극究極를 미루어본 것이다. 끝냈으면, 자기 분량을 다 한 것이다. 더불어 도의道義를 보전保全함은 자기 겸손이다.

---

55) 『中庸』 20장 참조.
56) 『大學』 1장 참조.
57) 『禮記』, 「樂記」 제19편 참조.
58) 至는 來(오다)이다. 王念孫(1744-1832)에 의하면, 知知에서 앞의 知는 心智의 知이고; 아래의 知는 應接의 뜻이다. 『禮記今註今譯』, 下冊, 臺北: 臺灣商務印書館, 1982, 493頁 注1;『禮記正義』(『禮記注疏』卷 第三十七, 「樂記」第十九편, 形은 見(나타남)과 같다. 1,262頁 참조.

마치창馬其昶은 말한다. (93효에서) 내괘는 덕을 진작시키고, 외괘는 공업功業을 닦는 것이다. 93, 94효에서, 진進(德)과 수脩(業)을 서로 말하고 있으나, 뜻은 각자 중시하는 것이 있다. 자신[己]과 남[人]이 접촉하면 공업功業[공작의 성과]이 이에 나타나고; 남과 자기 사이에는, 말[辭]이 아니면 자기 성실함에 도달할 수 없기에, 따라서 말을 닦아서 자기 성실함[誠]을 세운다고 한다. 닦는 바는 덕을 진작시키는 일이다.

또 (마치창이) 말한다. 상구上九효가 구삼九三효와 교차하여 시작되니, 따라서 (93효에서) '이르는 것'[결과, 到]을 알 수 있다고 말한다. 하괘는 93효에서 이루어지니, 따라서 '끝을 앎'[知終]이라 말한다.

• **나의 견해**: 군자는 낮에 강건하고 저녁에 두려워하나, 오직 덕이 나아가지 못하고, 공업功業을 닦지 못함을 걱정한다. 주자周子(周敦頤, 1017-1073)에 의하면, 성聖의 도道는 마음에 있고, 그것이 쌓이면 덕성德性이 되고, 그것을 발전시키면 사업이다. 덕은 사업[業]으로 드러난다. 사업의 조치는 덕성을 바탕[本]으로 삼으니, 덕이 진척되면 공업功業을 닦는 여지가 되는 것이다. 진進(德)수修(業)에는 각각 그때[時]가 있다. 마땅히 덕을 진척시킬 때에는, 광명이 반드시 강건하게 행함이 필요하니, (93효에서) 이는 그 때에 따라서 두려워함이다. 마땅히 공업을 닦을 때에 강건하게 행함이 반드시 광명에 바탕[本]을 두어야 하니, 또한 그 때에 따라서 두려워함이다. 스스로 노력함이 이르게 할 수 있는 것이고, 쉬지 않음이 끝[終]을 낼 수 있는 근거이다. 성인은 따름[因]을 잘 쓰기에, 따라서 때[時]에 따라서 중용[中]에 처할 수 있다. (『중용中庸』에 군자君子는) '현재 있는 자리에서 최선을 다하고, 그 밖의 것을 바라지 않음'이니,[59] 들어가서 스스로 터득하지 못 하는 것이 없다. 때때로 (덕에) 나아가고 (공업功業을) 닦으며, 때때로 두려워하고 위급해도, 탈이 없는 이유가 된다. 앎이란 광명을 씀이다. '이를 것을 알고[知至]' '끝날 것을 앎[知終]'이니, 이것이 앎에 밝지 않음이 없음이다. 이르도록 하고 끝내려고 하면, 이것이 행동에 강건하지 않음이 없음이다. 건乾괘의 '강건하게 행함'은 곧 건괘가 광명이 되는 근거이다. 93효의 처한 위치는, 상괘의 처한 도道를 알지만 교만하지 않고, 하괘의 처한 도를 알면서 근심하지 않으니, 오직 때[時]와 함께 모두 행할 뿐이다.

구사九四효에서,"깊은 물에서 뛰기도 하니, 허물이 없을 것이다."한 것은, 무엇을 말합니까?

---

59) '君子素其位而行, 不願乎其外.', 『中庸』14장 참조.

공자가 말했다.“(용이) 위에 있기도 하고 아래 있기도 하여 일정치 않은 것은, 괴팍해서가 아니다. 나아가기도 하고 물러나기도 하는 것은, 무리가 떠나는 것이 아니다. 군자도 (이런 용과 같으니) 품성[品德]을 닦고 사업을 키우니, (행동이) 때에 미치려는 것이요, 따라서 잘못은 없다.”
[九四:“或躍在淵, 無咎,”何謂也？子曰:“上下無常, 非爲邪也. 進退無恆, 非離群也. 君子進德脩業, 欲及時也, 故無咎.”]

왕필은 말한다. (94효는) 하괘의 끝을 떠나서, 상괘의 아래에 있으니, 건도乾道가 변혁할 때이다. 마음을 쓰되 공공에 두어야 하니, 나아가도 사심이 없으면, 따라서 (94효는) 탈이 없을 것이다.

호원胡瑗(993-1059)은 말한다. (94효는) 위로 나아감을 함께 하는 것이니, (물에서) ‘뛰어오르기도 함’[或躍]의 뜻이다. (94효가) 아래로 물러남과 함께 함은, ‘못에 있음’[在淵]의 뜻이다.

항안세項安世(1129-1208)는 말한다. (94효에서) 올라감 내려감[上下], 나아감과 물러남[進退]은 자필自必하는 것이 아니고, 때를 보아서 행동하는 것이니, 이른바 ‘자신의 시도[自試]’이다. 대체로 위와 아래가 교차하면 모두 의심스럽고 위험할 여지가 있기에, 따라서 93효에서 위태[厲]한 것이 94효에서 오히려 의심스럽다.

유원은 말한다. 용이 뛰어오르면 날므로[飛] 반드시 못에는 없으니, 못 속에 있으면 잠수하기에 (초9효에서는) 반드시 뛰어오른다고 말하지 않는다. 94효의 효상은 이와 같지 않으니, 따라서 위로든 아래로든 일정하지 않고, (94효는) 나아감 물러남이 항구하지 않은 상이다. 상하上下는 자리[位]로 말한 것이고, 진퇴는 시時로 말한 것이다. 자리를 넘어서 몫을 초월했으면 ‘나쁨’[邪]이라 말하고, 세속을 바로 고치겠다는 것은 무리를 떠남을 말한다. 이(94)효는 이치에 밝고 시時를 따르며, 오직 덕업德業을 닦지 못할까를 걱정하니, 위로 나아감에 조급하지 않고 아래로 물러남에 의심하지 않는 것과 비슷하다. 이 (94)효는 또한 밝히 나아가면 탈이 없음의 뜻을 펴고 있다.

마치창馬其昶은 말한다. 93과 94효는 아래와 위에 함께 동거하는 관계이다. 93효는 바른 자리[陽位]를 얻었기에, 따라서 처하는 것이 모두 합당하다. 94효는 양위를 잃었으니 삐뚤음[邪]이나, 지금의 반듯함[正]은, 따라서 ‘삐뚤음’은 아니다. 셋째, 넷째 효는 모두 인위人位이니, 인人은 아래로 땅과 가깝고, 94효를 중中(으로 보면) 인人에는 있지 않으니, 무리를 떠난 것 같다. 『역易』에서 예를 들면, 64효라면 95효를 받들면 길吉하나, 넷째 효가 물러나 음이 되었으며, 바로 나아가서 95효를 받들고자 하면, (음의) 부류를 끊어버리고 위로 좇아가야 하니, 진실로 무리를 떠나는 것이 아니다. (94효에서 군자가) 덕을 진척시키고 공업을 닦으려면 93효를 ‘계승하는 것[蒙, 繼承]’을 말하는 것이다. 바른 자리로 가서 양을 추대하는 것은, 곧 94효가 실사實事를 진척시키고 닦는 것이니, 따라서 탈이 없다.

- **나의 견해(1)**: (93, 94) 두 효가 중中을 말하고, 93과 94효가 시時에 말미암아[因時] 시時에 미쳤음[及時]을 말하니, 곧 군자의 시중時中의 도道이다. 인시因時는 평시의 공부[用功]이고, 급시及時는 잘 살피고 선택함[審擇]이다.
- **나의 견해(2)**: 셋째, 넷째 효는 인위人位이니, 모두 진덕進德하고 수업修業하기에 적합하다. 대체로 덕과 업은 대부분 '삐뚤음[邪]'에서 실패하고, 94효 자리[位]는 바르지 않으나[음위임] 잘 살펴서 처할 수 있기에, 삐뚤게 되지[邪] 않는다. 덕업德業을 진척시키고 닦음은 대부분 무리에게 의지하게 되니, 94효는 93효 위에 있으니, 무리를 떠난 것 같아 보이나, 여전히 위로 95효를 이어받으니 급하게 올라가는 것도 아니고, 또한 무리를 떠난 것이 아니다. 이것(94효)이 혹 올라가고 혹 내려가도, 혹 나아가고 혹 물러나도, 모두 자기 덕업을 이루려는 것이다. (94효는) 때[時]가 정해지지 않았으니 상하, 진퇴도 또한 정해지지 않았기에, 이것이 혹或의 뜻이다. (94효에서) 뛰어올랐으나 혹或이라 말한 것은, 또한 우리가 이것을 아직 믿을 수 없다는 뜻이다.

> **구오九五효**에서, "하늘에서 날아다니는 용이다."한 것은, 무엇을 말합니까?
> 공자가 말했다. "같은 소리면 서로 대응하고, 기氣가 같으면 서로 찾는다. 물은 습한 데로 흐르고, 불은 마른 곳으로 나아간다. 구름은 용을 쫓아가고, 바람은 호랑이를 쫓아간다. 성인이 작동하니, 만인들이 따랐다. 하늘에 바탕을 둔 (해, 달, 별들)은 하늘과 친하고, 땅에 바탕을 둔 (금수禽獸나 초목草木)들은 아래의 땅과 친한 것처럼, 각각 자기의 부류와 친밀하다."
> [九五曰: "飛龍在天, 利見大人,"何謂也? 曰: "同聲相應, 同氣相求. 水流濕. 火就燥. 雲從龍, 風從虎. 聖人作, 而萬物睹.[60] 本乎天者親上, 本乎地者親下, 則各從其類也."]

동방삭東方朔(전154-전93)은 말한다. 호랑이가 포효하면 골짜기 바람이 불고, 용이 일어서면 상서로운 구름이 흘러가니, (95효는) 사물의 부류들이 서로 느낌을 말하는 것이다.

왕포王襃(전90-전51)는 말한다. 호랑이가 포효하면 바람 (소리)가 처량하고, 용龍이 일어서면 구름 기운을 불러오며, 귀뚜라미가 가을 노래를 기다리며, 하루살이는 음陰에서 나온다. 『역易』의 (건乾괘의 95효)에, '하늘에 나는 용이 있으니, 대인을 만남이 이로움'이란, 부르는 소리[鳴聲]가 서로 응하며, 9의 부류가 서로 쫓으며, 사람들이 뜻에 따라 합쳐지고, 사물은 부류로써 같아지며,

---

60) 朱熹는 物을 人으로 보았다. 睹는 마땅히 著로 읽어야 하니, 著는 附(붙다)이다. 高亨, 65~66頁.

착한 군자들 (중)에 가까이 오는 사람들이 많음이다.

공영달孔穎達(574-648)은 말한다. (95효에서는) 많은 사물이 서로 감응함을 크게 펼쳐 보임으로써, 성인들의 작동과 만물들이 (서로) 쳐다봄[瞻睹]을 밝히고 있다,

(정이程頤의) 『이천역전伊川易傳』에서 말한다. (95효에서는) 상上은 하下에 응대하고, 하는 상을 좇는다. 상이 일단 하를 보였으면, 하 또한 상을 보이는 것이다.

(주희의) 『주자어류朱子語類』에서 말한다. 진짜 용과 호랑이면, 반드시 바람을 생기게 하고 구름을 불러온다. 동물은 머리는 위로 향하니, 이것은 위쪽과 친한 것이니, 인류가 그렇다. 식물은 본래 아래를 향하니, 이는 아래와 친밀한 것이니, 초목들이 이와 같다. 짐승들은 머리가 대부분 가로로 태어나니, 지능[智]이 없기 때문이다. 이것은 본래 소강절邵康節(邵雍, 1011-1077)의 학설이다.

항안세項安世는 말한다. (95효에서는) 성인은 우리 마음[心]이 같다는 것을 먼저 터득했기에, 따라서 소리[聲]가 같으면 기氣가 같음의 뜻이 된다. 성인은 사람에게는 또한 (같은) 부류이니, 따라서 각자 자기 부류를 좇음의 뜻이 된다.

혜동惠棟(1697-1758)은 말한다. 이 효는 92, 95효가 상응하는 도리를 말한 것이고, 95효가 '대인을 봄의 이로움'의 뜻의 근거를 밝힌 것이다.

요배중姚配中(1792-1844)은 말한다. (95효는) 위와 친하고 아래로 친하여, 음양은 각각 부류로서 부류를 좇으니, 이에 동류同類는 서로 부름의 이유(所以然)를 밝혀주는 것이다.

유원劉沅(1768-1855)은 말한다. (95효에서는) 동류同類는 서로 친함과 자연의 도리를 힘을 다해 설명하여, 대인大人 성취의 뜻을 확장한다.

심선등沈善登(1830-1902)은 말한다. 심체心體는 본래 순일純一한 광명이니, 상하에 관통한다. 성인이 작위作爲하면 만인들이 보게 되니, 마음으로 마음에 부합하기에, 뿌리가 같고 한 몸이기 때문이다.

마치창馬其昶(1855-1930)은 말한다. 95효는 상괘에서 정중正中이니, 92효가 스스로 변화하여 상응하기에, 이른바 상응相應이고 상구相求(서로 찾음)이다. 이 효는 두 효(92, 95효)가 똑같이 '대인을 만남이 이로움[利見大人]'의 뜻을 설명하고 있다.

• **나의 견해**: 95와 92효는 대응하고 (서로) 찾음의 뜻이 있다. 요堯[唐], 순舜[虞] 세상에서는, '많은 현인[群賢]'이 서로 도우니, 만인들은 정성[誠]으로 서로 만났으며, 위와 아래 (사람들의) 마음에

마음이 서로 각인되었으니, 요堯와 순舜 임금은 우禹, 고皐, 직稷, 설契 등 여러 신하를 얻었으며, 사람들이 모두 우러러 보았으니, 마침 이 효에 합당한 상象이다. 95와 92효는 모두 중위中位에 있고, 상응하고 상구相求하니, 95효는 또한 괘의 주인으로서 장차 건乾, 곤坤, 감坎, 이離괘의 뜻을 들어서 이들을 대비하여 말한 것이다. 물과 불은 감坎, 이離괘의 몸임을 말하고, 천지天地에 근본을 둔 것이 감坎, 이離의 용用을 말한다. 이른바 본本은 건천乾天과 곤지坤地에 바탕[本]을 두고, 처음으로 감坎·이離의 몸을 이루었으니, 모두 득중得中하여 그들의 용用을 신비롭게 한다. 이離의 용用은 곤원坤元이 건乾괘에 들어가서, 그 본本을 체體로 삼으면 건천乾天이 된다. 그러므로 불은 건조한 곳으로 나아가니 위[上]와 친할 것이다. 감坎의 용用은 건원乾元이 곤坤괘에 들어가서 그 본本을 체體로 삼았으니 곤지坤地가 되었다. 그러므로 물이 습한 데로 흘러가서 아래[下]와 친하게 되었다. 성인은 그 부류에서 나오니, 그 무리에서 뛰어나서, 만인들이 기뻐하고, 가슴 속에서 사모하고, 함께 눈부신 광명을 바라보는 것이다.

> **상구上九효에서, "항룡亢龍[끝까지 오른 용]은 후회가 있다."라고 한 것은, 무엇을 말합니까?**
> **공자가 말했다. "존귀하나 (임금의) 자리는 없고, 높은 신분이나 (다스릴) 백성들이 없고, 현인賢人이 아래 자리에 있으나 (더 이상) 보좌하지 않으니, 이 때문에 활동을 하여도 후회가 있다."**
> [上九曰: "亢龍有悔," 何謂也? 子曰: "貴而無位, 高而無民, 賢人在下而無輔, 是以動而有悔也."]

『회남자淮南子』에서 말한다. '성인이 임금(자리)에 있어, 백성들은 떠나고 변화했으니, 민심을 먼저 (움직이려) 하였다. 임금께서·명령을 내렸으나, 아래 (백성들이) 응하지 않으니, (백성의) 실정과 (임금의) 명령이 다른 것이다. 그러므로 『역易』에서 말한다. "높이 올라간 용은 후회가 있다."[61]

순상荀爽(128-190)은 말한다. 위에 있기에 따라서 고귀하니, (임금) 자리를 잃으면 따라서 (임금) 자리는 없다. 93효는 덕이 바르니 현인이고, 두 양(93과 상9)효는 응하지 않기에 따라서 도움이 없다.

유원劉沅은 말한다. 이 (상9)효는 꽉 차면 오래갈 수 없다는 것을 설명하는 것이다.

마치창馬其昶은 말한다. 귀하기로는 상9효보다 귀한 것은 없으나, 높기로는 한 괘의 끝보다 높

---

61) '聖人在上, 民遷而化, 情而先之也. 動於上, 不應於下者, 情與令殊也. 故『易』曰: 亢龍有悔.', 『淮南子全譯』 上册, 「繆稱」卷十, 554頁 참조.

은 것은 없다. 상9효는 천위天位에 자리하지만, 끝[上]효는 다시 지나친 것이니, 비록 귀하나 마땅히 맡을 일이 없기에, 따라서 귀하나 자리가 없음이다. 자리가 없으면 백성들은 자기 백성이 아니니, 따라서 높으나 백성이 없다고 말한다. 93효는 (양)위를 얻었으나, 바뀌면 현명치 못하고, 불변하여도 또한, 끝[上]효와는 상응할 수 없기에, 돕는 이가 없다. (상9효는) 백성도 없고 도와주는 이도 없기 때문에, 그 자리는 높지만 실정은 통하지 않는다. 후회하여 사정을 먼저 알려도, 백성들은 떠나고 변한 것이다. 건乾괘의 항九은 '기쁨[兌說, 兌는 기쁨이다.]이 되니, 모두 후회의 힘[力]이다. 높이 올라가 후회하는 것, 이것이 항룡亢龍이다.

> (초9효에서)"물속에 잠긴 용은 하는 바가 없다."라고 한 것은, (은거한 군자가) 아래 자리에 있음이다. (92효에서)"용이 밭에 나타났다."라는 것은, (대인大人이) 잠시 (민간에) 머무름을 비유한 것이다. (93효에서)"(대인은) 종일토록 근면하고 부지런하,"는 것은, (대인이) 일하시는 모습이다. (94효에서)"(용이) 깊은 물에서 뛰기도 한다."라는 것은, 스스로 (재능을) 시험한 것이다. (95효에서) "하늘에서 날아다니는 용이다."한 것은, (대인이) 위에서 나라를 다스림을 비유한 것이다. (상9효에서) "항룡은 후회가 있다."라고 한 것은, (높이 있는 임금도 신민臣民을) 떠나면 곤궁의 재난을 불러올 수 있음을 비유한 것이다. 건원乾元에서 용구用九(양효陽爻를 통 털어 말함)는, (제후들만으로), 천하가 다스려짐이다.
> ["潛龍勿用", 下也.[62] "見龍在田", 時舍也.[63] "終日乾乾", 行事也. "或躍在淵", 自試也. "飛龍在天", 上治也. "亢龍有悔", 窮之災也.[64] 乾元"用九,"[65] 天下治也.]

(정이程頤의) 『이천역전伊川易傳』에서 말한다. 이것은 아래로써 건乾괘의 때[時]를 말한 것이다.

(주희의) 『주역본의周易本義』에서 말한다. 사舍는 아직 시용時用[때에 맞게 쓸 수] 없음을 말한다.

---

62) 여기부터 제3단段이다. 人事로써 乾괘 각 효의 爻辭를 설명한다. 王弼(226-249)曰: "潛龍勿用, 何乎? 必窮處於下也." 王弼본에는 원래 處자가 있었던 것 같다. 군자가 아래 자리에서 은거하여, (그가) 하는 바가 없기에, 따라서 「處下也」라고 말한 것이다. 高亨, 66~67頁.

63) 范長生(?-318)注에 의하면, 舍는 居이다. 「見龍在田」은 大人이 民間에서 활동하여, 잠시 거주함을 비유하여, 따라서 「時舍」라 한 것이다. 高亨, 67頁.

64) 높이 있는 임금이 臣民을 떠나면 곤궁의 재난을 불러올 수 있음을 비유한 것이다. 高亨, 상동, 참조.

65) 乾元은 하늘[天]의 元德이니, 하늘의 善德이다. 用九의 효사에 "見群龍無首, 吉."은, 제후들이 (각각) 나라를 나누어서 다스리니, 그들에게 天子는 없으나, 각각이 하늘의 元德을 갖고 있으니, 天下 또한 편안히 다스려짐을 비유한 것이다. 高亨, 68頁.

호병문胡炳文(1250-1333)은 말한다. 양陽은 아래에서는 기氣로 말한 것이고, 이곳에서는 인人으로 말한 것이다.

(정이程頤의)『이천역전伊川易傳』에서 말한다. 행사는 덕을 진작시키고 (군자는) 공업功業을 닦음이다.

유염兪琰(1253-1316)은 말한다. 시도함은, 뛰어오름[躍]을 해석한 것이니, 하루의 성찰이나 달마다 시도함과 같다. 스스로 자기의 옅고 깊음을 알려는 것이다.

곡가걸谷家傑(16세기, 명明대 역학자)은 말한다. 남이 보는 것은 옅고, 스스로 보는 것이 깊으니, 반드시 자신을 시험하여 그 다음에 결판을 낸다.

호방胡方(1654-1727)은 말한다. 시試는 따져서 징험함(考驗)이다. 공자는 조짐[兆]을 예시했고, 『중용中庸』에서는 '서민들에게서 징험[徵]을 찾은 것,'[66] 이것이다.

주진朱震(1072-1138)은 말한다. 막히면 변하고, 변하면 통한다. 막혔는데도 변할 줄 모르면, 막힘의 재앙이다.

소준蘇濬(1541-1599)은 말한다. 상치上治는 성대한 정치[盛治]와 같다. 오제五帝와 삼왕三王(의 시대)는 모두 상치上治였다.

최사훈崔師訓(1550-1613)은 말한다. 이것은 여섯 효의 자리를 해석한 것이다.

유원은 말한다. 이 효는 또한 효상爻象의 자연스러운 발전 추세를 밝힌 것이다.

요배중姚配中(1792-1844)은 말한다. 9의 효[양효陽爻]는 모두 원元의 쓰임[用]이다. 건乾괘의 원元은 스스로 쓰지 못하고, 여러 양陽을 합쳐서 용用으로 삼는 것이다.

"물속에 잠긴 용은 하는 바가 없다,"한 것은, 양기陽氣가 잠복하여 드러나지 않음이다. "용이 밭에 나타났다."라는 것은, 천하가 무늬 놓은 듯 (아름답고) 광명함이다. "(대인은) 종일토록 근면하고 부지런하다,"는 것은, (대인이) 계절과 함께 일을 함이다. "(용이) 깊은 물에서 뛰기도 한다."라는 것은, 하늘의 도[天道]가 변혁함이다. "하늘에서 날아다니는 용이다."한 것은, 자연의 공덕이 이루어진 것이다. "항룡은 후회가 있다."라고 한 것은, 계절과 함께 끝점에 오른 것이다. 건원乾元의 용구[양기陽氣의 모든 효를 합쳐서 말하자면], 이에 '자연[天]'의 법칙이 드러난 것이다.

["潛龍勿用"[67], 陽氣潛藏. "見龍在田", 天下文明.[68] "終日乾乾", 與時偕行. "或躍在淵", 乾道乃革. "飛龍

---

66) '徵諸庶民.'『中庸』29章.

67) 여기부터 제4段이다. 天道의 사계절[四時]의 변화로 각 효의 爻辭를 설명하고 있다. 하늘의 陽氣가 계절의 순서를 따라서 上昇함을 말한 것이다. 이것은 先秦시대 陰陽家의 설명에 가깝다. 初九는 양효가 맨 아래에

在天", 乃位乎天德.69) "亢龍有悔", 與時偕極. "乾元用九", 乃見天則.]

(정이程頤의)『이천역전伊川易傳』에서 말한다. 이것 이하에서는 건乾괘의 뜻을 말한 것이다.

마융馬融(79-166)은 말한다. 초9효는 (하력夏曆으로) 11월이니, 양기가 (땅속) 황천黃泉에서 준동하니, 잠복과 같다.

이정조李鼎祚(8세기, 당唐중기中期)는 말한다. (땅속에서) 양기가 위로 (올라와) 땅에 도달하면 모든 풀이 싹이 트니, 따라서 문채가 광명하다. (마치창馬其昶은 말한다. 이離괘로 변화하니 문채가 밝다.)

(이광지의)『주역절중周易折中』에서 말한다. 계절[時]과 함께 가니, 노력하여 강건하지 않을 때가 없다.

공영달은 말한다. (94효는) 내괘를 떠나서 외괘로 들어가니 '바꿈'[革]이라 말한다.

임율林栗(1120-1190)은 말한다. (94효에서는) 초효의 잠潛을 바뀌어서 '뛰어오름'[躍]이 되었다.

조여매趙汝楳(13세기, 남송南宋 학자)는 말한다. (94효는) 괘가 혁도革道이니 또한 바꿈으로, 이 효는 오로지 상上과 하下 괘의 교차를 해석한 것이다.

유염俞琰은 말한다. (94효는,) 건乾의 하괘가 이미 끝나고, 상괘가 방금 시작했으니, 천도天道가 다른 일을 시작할 때이다.

원태백袁太伯(1세기, 동한東漢사람)은 말한다. 천天은 말을 하지 않고 그 도道를 현자의 마음에 심는다. 대인大人의 덕은 천덕天德을 본받는다.

마치창馬其昶은 말한다. 95효는 천위天位이니, 천덕天德을 (가진) 자가 자리할 수 있는 이유가 있다. (나의 견해: 95효는 천위天位에 있으나, 천위를 자리 삼지 않고, 천덕天德을 자리로 삼으니, 따라서 천덕에 자리한다고 한다. 따라서 반드시 용의 덕을 가져야 날 수 있으니, 이에 천덕天德에 자리한다고 말할 수 있다.)

최사훈崔師訓은 말한다. 이 효는 여섯 효의 때[時]를 말한 것이다.

곡가걸谷家傑(杰)(16세기, 명明대 역학자)은 말한다. 본받음은 표준이 있으니 지나치지 않음의

있으니, 陽氣가 땅속에 숨겨진 모습이다. 이때는 대략 周曆으로 正月과 二月이다.

68) 九二효는 양효가 한 층 올라왔으니, 양기가 지상에 나타났음이다. 이때는 周曆으로 三月과 四月이다. 초목이 처음으로 나왔으니, 大地가 무늬 놓은 듯 光明스럽다.

69) 位는 마땅히 立으로 읽어야 한다. 立은 成이다. 이때는 周曆으로 九月十月이다. 초목들이 長成하였으니, 자연의 덕[天德]이 이미 이루어졌으니, 용이 하늘을 나는 모습이다. 高亨, 69頁.

뜻이다. 용구用九는 천天의 표준을 바로 잡으니 과도하지 않음이다.

장진연張振淵(17세기, 명明대 역학자)은 말한다. 여섯 효를 통괄하여 원元에 귀속하였다. '건원乾元용구用九'는 건도乾道변화의 칙則을 보인다고 할 수 있다. (왕인지王引之[1766-1834]는 말한다. 칙則은 상常이다.)

유원은 말한다. 이 효는 또한 효상爻象에서 '천인합일天人合一'의 도리를 펼친 것이다. 덕과 자리[位]가 모두 융성하니, 대인大人의 상象이 적절하다. 군자는 자연[天]을 본받고, 계절[時]과 함께 가며 게으르지 않다. 때[時]가 정점頂點에 처했으나, 건원乾元의 이치에서 용구用九를 쓰니, 비록 시時가 정점이라도 도道는 그와 정점이 아니니, 천도天道의 자연법칙을 보인 것이다.

• **나의 견해**: 불변은 '자연[天]'의 법칙이니, 변화에 이름[至變者]은 '자연[天]'의 용용이다. 자연은 천고千古의 '불변하면서 항상 있음[不變而有常]'을 본받으니, 따라서 변화에 이르러도 그 작용을 신비롭게 하여 자기의 '항상 됨[常]'을 잃지 않는다. 변하지 않으면 보이지도 않기 때문에, 반드시 용구用九라야 볼 수 있다. 이는 불변의 도道가, 실제로 지극한 변화 가운데 깃들어있는 것이다.

건乾은, "원형元亨"이니, (하늘[자연]이 만물들을) 처음으로 낳고 형통 시킨다. "이롭게 하고 바르게 함[利貞]이, (하늘[자연]이 만물들의) 성정性情을 바르게 하였다. 하늘[乾]이 처음으로 아름답게 하고 이롭게 하여 천하(만물)들을 이롭게 하였으나, 이롭게 한 것을 말하지 않은 것이, 위대하도다! [「乾」"元"者,[70] 始而亨者也. "利貞"者, 性情也.[71] 乾始能以美利利天下, 不言所利, 大矣哉!]

우번虞翻(164-233)은 말한다. 건乾괘에서 처음으로 개통하여, 양이 음과 통하니, 따라서 처음으로 형통하다.

또 (우번이) 말한다. '자연[天]'이 무엇을 말하는가? 사계절이 가고, 온갖 사물이 생겨나고, 따라서 이로움이 크다.

간보干寶(286-336)는 말한다. 베풀어서 만물의 생명을 이롭게 변화시키고, 순일純一로써 만물

---

70) 여기부터 제5단이다. 天德으로 乾卦의 괘사와 효사를 해석한다. 王念孫은 乾元아래에 마땅히 亨이 있어야 한다고 말한다.

71) 조우전푸周振甫(1911-2000)에 의하면, 乾괘의 利貞은, 하늘이 만물을 化生함에, 만물로 하여금 性情의 바름[正]을 얻기에 이롭게[利]하였음을 말한다. 『周易譯注』, 北京: 中華書局, 1991(이하에서 周振甫로 인용), 10頁, 注36 참조.

의 실정을 바르게 한다. (나의 견해: 원기元氣가 이르면 만물들이 형통하니, 이것은 원元이 형통의 시작이다. 원기의 성정性情은 보이지는 않으나, 만물들에서 보이니, 이것은 원기가 만물의 성정을 (자기의) 성정으로 삼는 것이다.)

유염兪琰(1253-1316)은 말한다. '본성[性]'은 그(원기의) 고요함을 말하고, 정情은 그(원기의) 활동을 말한다. 활동은 고요함에서 생기고, 고요함 속에 활동이 있다. 원元은 바름[貞]의 아래에서 일어나니, 원元은 잇대[繼]이다. 끝나면 다시 시작하니, 낳고, 낳는 도道는 무궁하다.

호병문胡炳文(1250-1333)은 말한다. 강건함은 건乾괘의 성향이고, 정情은 그것이 드러난 것이다. 성정性情은 이것이 시작함을 말한다. 단象전에서는 성명性命, (즉 본성本性)을 말한다. 여기서는 성정性情을 말한다. '본성[性]'을 말하고 명命을 말하지 않는 것은, '본성[性]'을 아는 재주[才]를 가리키는 것이 아니고; '본성[性]'을 말하고 정情을 말하지 않은 것은 '본성[性]'을 아는 작용[用]이 아니다.

여남呂柟(1479-1542)은 말한다. 시작하는 것이 원元이고, 형통 하는 것도 원元이다. 이정利貞은 곧 건乾괘 원元의 성정性情[품성禀性과 기질氣質]이다.

임희원林希元(1481-1565)은 말한다. 공功을 건시乾始에로 귀결시킴은 그 공이 큼을 찬미한 것이니, 곧 자연[天]을 통솔하는 설명이다.

내지덕來知德(1525-1604)은 말한다. 봄에 (만물이) 생기고 여름에 자라니, 모든 생물은 모두 (타고난) 품성과 기질[性情]이 있으나, 다만 살려는 의지가 충분하지 않은데, 가을과 겨울에 이르러서는 각기 양육과 취합을 바르게 한다. 한 생명은 각각 타고난 품성과 기질[性情]을 갖추었으니, 그러므로 이롭고 바름[利貞]은 곧 건원乾元의 품성과 기질이기에, 이정利貞은 원元이 아니고서는 시작할 수가 없다.

유원劉沅(1768-1855)은 말한다. 건원乾元 곧 '자연의 덕[天德]'이다. 일원一元의 도리는 기氣가 처음으로 의탁한 것이니, 크게 형통하여 만물들을 낳는다. 만물들은 각각 건원乾元의 순수함을 얻어서 생겨나니, 반드시 바름에 이롭고 그런 다음에 건원乾元의 바름을 잃지 않는 것이다. 사람들이 건원乾元의 도道를 온전하게 하려면, 또한 오직 바름[貞]으로써 그 원元을 보전하여 합치해야 할 뿐이다.

심선등沈善登(1830-1902)은 말한다. 건도乾道가 변화함에는, 밝음의 정점에서 빛을 발하여, 변화할 수 있다. 기氣가 모여서 모양을 이루고, 모양이 굳어져서 질質이 생기면, 변하게 된다. (건乾괘의) '아름답고 이로움[美利]'은 내용이 충실하여 빛을 발하니, 미치지 않는 곳이 없음을 말한다.

(건乾괘는) 두루 미치니, 따라서 말할 만한 일방一方이 없기에, 건乾괘는 진실로 둘이 될 수 없다. (이는) 곧 이른바 세상을 좋게 하나 자랑하지는 않는 것이니, (건乾괘에서) 덕은 넓게 교화하는 것이다.

마치창馬其昶은 말한다. 건원乾元은 곧 '무한히 허무한 우주 상태[太易]'이다. '무한히 허무한 우주 상태[太易]'는 기氣를 보게 하지 않으면 말을 할 수가 없다. (건乾괘는) 시작이 없는 시작이니, 이것이, 원元이 크게 되는 이유이다. 건시乾始는 곧 건원乾元이니, 원元이라 말하지 않는다. 나중에 단象전에서 '원형이정元亨利貞'을 해석함에, 이利를 말하지 않으면 또한 원元을 말하지 않았으니, 모두 여기에서 예例가 발동한 것이다.

● **나의 견해**: 『노자老子』에서 말한다. '무명無名은 천지天地의 시작이다.'[72] 또 말한다. '어떤 것이 뭉쳐서 이루어졌는데, 천지天地보다 먼저 생겼다.'[73] 이것이 곧 건시乾始의 뜻이다. (『노자老子』에서) 또 말한다. '유명有名은 만물의 어머니이다.'[74] 이것이 곧 아름답고 이로움으로 천하를 이롭게 함의 뜻이다. (『노자老子』에서) 또 말한다. '보아도 보이지 않는 것이 희미함[希]이고; 들어도 들림이 없는 것이 이夷이고, 쥐어도 쥘 수 없는 것이 미微이다.'[75] (이것은) 곧 이로운 바의 뜻을 말하지 않음이다. 『중용中庸』에서 '"자연[天]'의 일은 소리도 없고, 기미氣味도 없음은 지극한 것이다!'[76]라는 것을 말하고 있으니, 또한 이 뜻이다. 건乾괘는 순양純陽이 활동할 수 있어서, 활동하여 변화를 일으키고, 변하면 화육化育하는 것이다. 이롭게 할 수 있음은 변화의 시작이고, 이롭게 됨은 변화에서 이루어진 것이다. 천하를 이롭게 하였으나 이롭게 한 바를 모르며, 또한 자신을 이롭게 할 수 있음을 모르면서도, 사물들을 위함에는 두 (마음)이 없으니 만물들을 살아가게 해도 헤아리지 않았으나, 할 수 없는 것이 또한 없으니, 무엇을 더 말하겠는가?

위대한 '자연[天]'이여! 강건強健하고 또한 중정中正하니, 순수하고 정미精美하다. 여섯 효爻들의 움직임은 (천도天道와 인도人道에) 광통廣通한다. "태양이 여섯 마리 용을 타고서", "'자연[天]'을 제어한다." "구름이 흘러가고 비가 내리니", 천하가 태평하다.

[大哉乾乎! 剛健中正, 純粹精也. 六爻發揮, 旁通情也.[77] "時乘六龍"[78], 以"御天"也. "雲行雨施", 天下平也.]

---

72) '无名, 天地之始.', 『老子』1장

73) '有物混成, 先天地生.', 『老子』25章

74) '有名, 萬物之母.', 『老子』1章

75) '視之不見, 名曰希; 聽之不聞, 名曰夷; 搏之不得, 名曰微.', 『老子』14章

76) 「上天之載, 無聲無臭.」至矣!', 『中庸』33章

순상荀爽(128-190)은 말한다. 음양이 조화가 공평하여 각각 바름을 얻기에, 따라서 천하가 태평하다고 말한다. (요배중姚配中[1792-1844]은 말한다. 원元의 작용 아닌 것이 없다.)

(순상 등) 『구가역九家易』에서 말한다. "계절[時]에서 원기元氣가 왕王(의 역할)을 실행하여, 여러 효를 실행시키니, 이것이 여섯 마리 용을 탄 것이다."[79]

공영달孔穎達은 말한다. (건乾괘에서) 여섯 효가 모두 양이니, 이것들은 순수하다. 순수하여 잡된 것이 없으니 정精이다. 흩트리고 분산하여, 만물들의 실정에 넓게 통한다. (왕인지王引之[1766-1834]는 말한다. 방旁은 부溥[넓다]이다.)

소식蘇軾(1037-1101)은 말한다. (건乾괘는) 강건하고 중정中正하며, 순수하고 정精하니, 크고 완전한 건乾괘이다. 그것이 분산되어 유위有爲하고, 분열하여 네 곳으로 나가니, 각각 얻음이 있기에, 효爻이다.

(이광지의) 『주역절중周易折中』에서 말한다. 정원貞元은 체體이고, 형리亨利는 용用이다. 그런데, 곧 체體와 곧 용用은 서로 떨어질 수 없고, 곧 용用은 곧 체體이니 둘인 적이 없다. '자연의 도[天道]'가 이와 같으니, 왕도王道 또한 그러하다. 요컨대 천지天地의 '낳고, 낳는[生生]' 마음을 몸[體] '으로 하니, 인仁으로 하여금 천하天下를 뒤덮게 하여도 그것이 그렇게 됨을 모르게[莫知] 된다. 공자선생[夫子]께서 천덕天德과 왕도王道를 표명[發明]하니, 이에 이르게 된 것이다.

유원劉沅(1768-1855)은 말한다. 건괘乾卦의 뜻을 묶어서 인도한[贊] 것이다.

마치창馬其昶(1855-1930)말한다. 순수純粹한 정精[핵심]은 밝음의 정점에서 빛을 발하는 체상體相을 나타내는 근거이니, 주석에서 정精은 광명光明이라 말한다. 『관자管子』에서, '일기一氣가 변할 수 있는 것이 정精(氣)이다.'[80] 『춘추번로春秋繁露』(董仲舒撰)에서는, '기氣가 맑은 것이 핵심[精]'이 된다.'[氣之淸者爲精.]라고 말한 것이다.[81] 따라서 천기天氣를 말함에, 모두 빛을 받들어서 말을 한 것이다. (이를) 빛[光]으로 말하고, 밝음[明]으로도 말하니, 그것이 나뉠 수 없음을 말한 것이다. 여섯 효는 건乾괘의 여섯 효를 말한 것이다. '자연[天]을 제어함[天御]'은, 건원乾元이 양기를

---

77) 『廣雅·釋詁』에 의하면, 揮는 動이고, 旁은 廣이다. 高亨, 71頁.

78) 時는 마땅히 明이어야 한다. 象傳에, 「時乘六龍」은 大明, 즉 태양을 가리킨다.

79) '謂時之元氣, 以王而行, 履涉衆爻, 是乘六龍也.', 荀爽, 『九家易解』, #16, 中國哲學書電子化計劃, https://ctext.org 참조.

80) '一氣能變曰精.', 『管子』, 「心術」下편, 여기서는 『管子校注』, 黎翔鳳撰, 北京: 中華書局, 2004, 中册, 780頁.

81) 『春秋繁露』, 「通國身」第二十二편, 董仲舒撰, 『春秋繁露譯注』, 閻麗譯注, 哈爾濱: 黑龍江人民出版社, 2004, 109頁.

타고서 상하와 사방四方을 다니니, 64괘의 양효를 이루는 것이다.

● **나의 견해**: 공자가 건乾괘를 찬미하여, 세 번 그 큼을 말했다. (건乾괘 단象전에서 말한) '건원乾元은 위대하다! 만물들이 그곳에서 시작하니, 자연[天]을 통괄統括한다.'[大哉乾元, 資始統天.]는 건괘의 체體를 말한 것이다. (「문언文言」에서 말한) '건乾괘는 처음으로 아름답고 이로우나, 이롭게 해주는 바를 말하지 않으니, 위대하다!'[乾始美利, 不言所利, 大矣哉!]는 건乾괘의 용用을 말한 것이다. (또 「문언」에서) '위대한 하늘이여! 순수하고 정미精美하다.'[大哉乾乎, 純粹精也.]는, 건乾괘의 체용體用이 둘이 아님을 합하여 말한 것이다. 강건한 덕으로 몸을 굳게 하기에, 따라서 '자연을 통괄[資始統天]'할 수 있다. 중정中正의 덕으로 건乾괘의 용用을 넓게 하니, 따라서 아름답고 이롭게 함을 말하지 않을 수 있다[美利不言]. 건乾괘의 위대함을 모두 칭송해도 그 미묘함을 다할 수 없기에, 따라서 또 '순수하고 정미함[純粹精也]'을 말한 것이다. '자연[天]'은 모든 정미[精]함을 쌓아서 스스로 강건하고, 성인은 지극히 강건함을 쌓아서 스스로 노력[自强]하니, 원元을 체용體用으로 삼지 않을 수 없다. 순수하고 정미精微하여, 건괘 빛의 정점을 찬양하니, 무량無量하고 무변無邊하다. 이것이 건乾괘의 위대한 바이다.

> **군자는 덕업을 이루려고 행동하니, 매일 그의 행동(의 결과)을 보게 된다.[82] (초9효에서) "물속에 있다."라고 한 것은, 숨어서 보이지 않는 것이고, 행동으로 이루어진 것이 아니니, 이 때문에 군자가 (눈에 보이는) "행함"이 없음이다.**
> [君子以成德爲行, 日可見之行也. "潛"之爲言也, 隱而未見, 行而未成, 是以君子弗"用"也.]

(주희의) 『주역본의周易本義』에서 말한다. (건乾괘에서) 처음에 진실로 덕을 이루는데, 단 그 행함은 보이지 않는다. (유월俞樾[1821-1907]은 말한다. 일日은, 마땅히 왈曰이다.)

(주희의) 『주자어류朱子語類』에서 말한다. 덕은 행동의 바탕[本]이니, 덕은 그 속에서 행함이 있음을 말한다. 행동하나 아직 성취가 없으면 단지 사업이 나아가지 못한 것이다.

유원은 말한다. (건乾괘의) 아래에서는 군자가 건乾괘의 일들을 몸[體]으로 함을 말한다. 초9효는 수시로 은거하며 흔적을 감추니, 용用으로 펼칠 수 없다.

마치창馬其昶은 말한다. (초9효는) 사물과 아직 접촉하지 않았으니, 따라서 광명이 아직 나

---

82) 여기부터 제6단이다.

타나지 않는다. 덕은 자기에게서 이루어지며, 행동이 이루어지려면 시간[時]이 있게 된다. 덕을 이루는 것을 행동으로 삼으면, 이는 곧 또한 '정치함'[爲政]의 뜻이다. 군자는 할 수 있는 것을 행하니, 반드시 행동해야 하는 것은 필요치 않다.

> **군자는 학습으로 (지식을) 쌓고, 물어서 (시비是非를) 가리고, 넓게 '마음 씀[心]'을 가지며, 어진 마음[仁]으로 일을 한다. 『역易』에서 말하였다. (92효에서) '밭에 용이 보이니, 큰 덕을 (백성들에게) 베풀 것이다.'라고 말한 것은, 임금의 덕행을 (말한) 것이다.**
>
> [君子學以聚之 , 問以辯之 , 寬以居之 , 仁以行之. 易曰: "見龍在田 , 利見大人", 君德也.]

(정이의) 『이천역전伊川易傳』에서 말한다. (92효에서는) 성인이 아래 (자리)에 있으면, 덕을 진작시키고 공업功業을 닦을 뿐이다. 묻고 분별함을 배우고 모으는 것이 덕을 진척시키는 일이다. 너그럽게 있으며 인仁을 행함이 수업修業이다.

오징吳澄(1249-1333)은 말한다. (92효에서) 묻고 분별함[問辯]은 배움이 모인 뒤에 마땅히 할 바를 자세하게 분석함이다. (92효에서) '넓게 마음 씀[寬居]'은 인仁을 실천하기에 앞서 이미 아는 것을 저장하는 것이다.

유원은 말한다. (92효에서) 이理는 천天을 바탕으로 하고 일함에 흩어놓는 것이니, 배우고 묻는 일[學問]이다. 하나를 행하여 천리天理로써 돌아오면, 순수하여 잡박雜駁하지 않으니, 어찌 반드시 천위天位에 있을 것인가? 덕이 충분히 보충되게 될 때면 하나의 임금의 덕[君德]이 되는 것이다.

> **구삼九三효는 강剛이 겹쳐있으나 (상하의) 중간에 있지 않으니, 위로 하늘(의 자리)에 있지 않고, 아래로 밭[즉 땅의 자리에] 있지 않으니, 따라서 "근면 부지런하고", 수시로 "두려워하니," 비록 위태해도, "탈이 없을 것이다."**
>
> [九三重剛而不中 , 上不在天 , 下不在田, 故"乾乾", 因其時而"惕", 雖危, "無咎"矣.]

우번虞翻(164-233)은 말한다. (93효에서 아래의) 건乾이 (위의) 건乾을 접하니, 따라서 강剛이 겹침이다. (93효의) 자리가 92효도 95효도 아니니, 따라서 중中이 아니다.

공영달孔穎達(574-648)은 말한다. (93효는) 하늘에 있지 않으니, 95(효의) 자리에 있지 않음을 말한다. (93효가) 밭에 있지 않음은 92효의 자리가 아님을 말한다. 위태한 경지에 있으니, (93효는) 근면 부지런하고 저녁까지 두려워하면 탈이 없을 것이다.

유원劉沅은 말한다. (93효는) '수시로 함[因其時]'은 종일에서 저녁에까지 미친다.

구사효는 강剛이 겹쳐있으나 중간에 있지 않으니, 위로 (95효처럼) 하늘(의 자리)에 있지 않고, 아래로 (92효처럼) 땅에 있지도 않고, 가운데로 (93효처럼) 인위人位에도 있지 않으니, 그래서 "혹或"이라 한 것이다. "혹"이라 한 것은, 의심한 것이나, "탈은 없다."

[九四, 重剛而不中, 上不在天, 下不在田, 中不在人, 故"或"之. 或之者, 疑之也, 故"無咎".]

우번虞飜은 말한다. (94효는) 자기 자리[양위陽位]가 아니라, 따라서 의심을 한다. (장진연張振淵(17세기, 명明대 학자)은 말한다. 의疑는 자세하게 '살피고 관찰審察'함'이다.)

공영달孔穎達은 말한다. 93과 94효는 모두 인도人道이다. 사람 아래는 땅에 가깝고, 94효는 위로 하늘[天]에 가까우니, 사람이 거처할 곳이 아니기에, 따라서 '가운데로 인위人位에도 있지 않음'을 말한다.

채연蔡淵(1156-1236)은 말한다. (94효에서) 중강重剛은 강건함의 겹침[重乾]이다.

유원劉沅은 말한다. (94효는) 중中이 아닌데 중中은 92와 95효의 중中이다. 중中이 사람 속에 있지 않으니, 여섯 효 가운데 중中이다. 이 두 (93, 94)효는 모두 군자가 위급함에도 잘 처신하는 도道이다.

마치창馬其昶은 말한다. 93, 94효는 모두 건乾을 몸으로 하니 호체互體로도 건乾이기에, 따라서 모두 강건함이 중하다. 이것은 호체互體를 따짐에 매우 현저한 것이다. 우번虞飜(164-233)의 접접은 곧 호체互體의 호互이다.

(95효의) "큰 사람[大人]"은 천지天地의 (삶을 좋아하는) 덕德과 상합하고, (그의 명찰明察은) 해나 달처럼 밝고, (그의 은위恩威는) 사계절[四時]의 순서와 합하고, (상벌은) 귀신의 길흉과 합치하며, 하늘보다 (앞서) 나가나 하늘도 (그의 예견豫見을) 어기지 않고, 하늘보다 뒤에 가도 하늘[자연]의 순서를 받든다. 천상天象도 그를 위배하지 않는데, 하물며 인간이야 어떻겠는가? 하물며 귀신이야 어떻겠는가?

[夫"大人"者, 與天地合其德, 與日月合其明, 與四時合其序, 與鬼神合其吉凶, 先天而天弗違, 後天而奉天時, 天且弗違, 而況於人乎? 況於鬼神乎?]

『회남자淮南子』에서 말한다. (95효에서) 대인大人은, '중화中和의 기운을 가지고, 풍속을 바꾸고 백성들을 감화하여 선善으로 나아가게 하고, 마치 자기에게서 생긴 것처럼, 신비롭게 감화'시킨다.[83]

공영달孔穎達은 말한다. (95효에서) 천시天時보다 앞서서 행해도 천天을 어기지 않으니, 이는 하늘과 합하는 대인大人이다. 천시天時보다 늦게 행해도 천시天時를 받드니, 이는 대인大人이 하늘과 합하는 것이다.

(주희의) 『주역본의周易本義』에서 말한다. 사람과 천지天地, 귀신과는 본래 두 가지 도리[理]가 아니고, 다만 나의 사심에 의해 가려진 것이다. 이 때문에 몸[形體]을 수갑 채우면 상통할 수가 없다. 대인大人은 사심이 없으니, (나의 견해: 『예기禮記』에, 공자는, '하늘은 사사로이 덮어줌이 없고, 땅은 사사로이 싣고 있음이 없으며, 일월日月은 사사로운 비춤이 없다.'라고[84] 말했으니, 이것이 세 가지 무사無私이다.) (95효에서) 도道를 몸으로 삼았으니, 어떻게 피차彼此나 선후先後를 말할 수 있겠는가?

유원劉沅이 말한다. 천지天地는 하나의 도道이니, 일월日月은 정수精髓를 말한 것이고, 사계절은 운행을 말한 것이고, 귀신은 영특함[靈]을 말한 것이다. (95효에서) 덮어주고 실음에 사심이 없으니 덕이라 하고, 비춰줌에 사심이 없으니 밝음[明]이고, 생식과 번식에 사심이 없으니 차례[序]이고, 화복禍福에 사심이 없으니 길흉일 뿐이다. (95효에서) 합덕合德은 두루 길러주는 인仁을 포함한다. (95효에서) 합명合明은 정의精義로움이 입신入神한 지智이다. (95효에서) '(사계절의) 순서와 합합함'은 변화를 진작시키는 가르침이다. (95효에서) 길흉에 합당하고, 상을 내리고 형벌의 위엄이 합당해야 한다. '자연운행의 순서[天時]'보다 먼저 어그러져도 안 되니, '자연[天]'이 아직 한 것이 아니고, 이미 했다면, 도道와 투합하니 '자연'이라도 어길 수 없다. (95효에서) '자연운행의 순서[天時]'보다 늦게 계절[時]을 받드니, 천리天理가 밝히 드러나기에, 내가 이것을 받들어 행함은, 천심天心에 순종하는 것이다. '자연[天]'은 하나의 이理일 뿐이며, 이理가 지극히 정밀해지면, '자연[天]'이 곧 내我이며, 내가 곧 '자연[天]'이니, 따라서 선후와 피차彼此를 말할 수 없다. (95효에서) 대인의 덕이 이와 같음을 힘들여 말함은, 세력 있는 자리[勢位]가 건乾괘를 몸으로 함만을 말하는 것은 아니다.

마치창馬其昶은 말한다, (95효에서) 선先이란, 건원乾元이 하늘을 통괄함이니, 원元이 형통함이다. 후後는, 태화太和의 보합保合인, 이롭고 바름[利貞]이다. 95효는 건괘의 주인이니, 덕이 「단象(전)」에서와 같다.

---

83) '執中含和, 變習易俗, 民化而遷善, 若性諸己, 能以神化也.', 『淮南子全譯』, 卷二十 「泰族」, 下冊, 1181頁.

84) '天無私覆, 地無私載, 日月無私照.', 『禮記今註今譯』下冊, 第二十九 「孔子閒居」편, 夢鷗註譯, 臺北: 臺灣商務印書館, 1974, 670頁.

(상구上九효의) "너무 높이 감[亢]"은, 나갈 줄만 알고 물러날 줄 모르고, 존속만 알고 멸망은 모르며, 얻을 줄만 알고 상실을 모른다. (이는) 어리석은 자이다! 물러나고 나가고 존속하며 멸망을 알며 올바름을 잃지 않는 자만이, 성인이로다!

["亢"之爲言也 , 知進而不知退 , 知存而不知亡 , 知得而不知喪. 其唯聖人乎![85] 知進退存亡而不失其正者 , 其爲聖人乎!]

채택蔡澤(전?-전238, 진秦나라 인물)은 말한다. (상구上九효에서) '너무 높이 올라간 용은 후회가 있음'[亢龍有悔], 이것은 올라갔으나 내려오지 못하고, (몸을) 폈으나 굽히지 못하며, 가서 돌아올 수 없음을 말한다.

주진朱震(1072-1138)은 말한다. (상구上九효에서) 높이 올라감[亢]은 끝에 처하여 돌아올 줄 모름이다. 만물의 이치는 나아가면 반드시 물러서며, 존재하면 반드시 망하고, 얻으면 반드시 잃는다. 항亢은 하나만 알고 둘은 모르니, 따라서 도道가 막히어 재앙을 불러온다.

(주희의) 『주역본의周易本義』에서 말한다. 사리의 발전추세가 이와 같음을 알고서, 도道로써 처하는데, 사익을 세워서는 진실로 해를 피할 수는 없다. (상9上九효,) 그것이 오직 성인인가만 다시 말하니, 처음에는 묻지만, 마침내 (상9上九효에서) 스스로 대응을 한 것이다.

호병문胡炳文(1250-1333)은 말한다. (상9上九효에서) 정貞은 바름[正]이니, 건원乾元은 돌아가 머물 곳을 씀이다. 성인은 건乾(괘)를 몸으로 하고 바름[正]에 돌아간다.

진침陳琛(1477-1545)은 말한다. 성인이란 하늘을 즐기고 운명을 알고서 도리에 달통하여 권력에 도달한 사람이다. 보통 사람은 밝기가 기미[幾]를 보기에 부족하고, 마음은 사물에 연루됨을 면하지 못하기에, 따라서 (상9上九효는) 할 수가 없다.

유원劉沅은 말한다. (상9上九효에서) 진퇴는 몸으로 말하고, 존망存亡은 자리[位]로써 말하며, 얻고 잃음은 사물로써 말한다. 건乾괘의 여섯 효는 모두 천덕天德(을 가졌으니,) 군자가 그것을 몸으로 하면 길하지 않은 것이 없는데, 상9효에서 '항룡유회亢龍有悔'를 말함은 무엇 때문인가? 무릇 나가면 반드시 물러남이 있고, 있으면[存] 반드시 없어짐[亡]이 있고, 얻으면 반드시 잃어버림이 있으니, 오직 성인만이 지식이 분명하고 처세가 합당하니, 이理의 바름[正]을 잃지를 않았다면, '너무 올라감'[亢]에 이르지 않기에, 또한 후회함이 없다. (상9上九효에서) '그는 성인인가!'[其唯聖人乎!]를 두 번 말하고, 항亢에 처함이 쉽지 않음을 바로 말한 것이니, 건원乾元은 하늘의 법칙[天

---

85) 여기서 聖人은 王肅(195-256)에 의하면 愚人이다. 高亨, 73頁.

則을 보이는 것이다.

마치창馬其昶은 말한다. (상9上九효에서) 기미幾微[幾]는 미묘한 움직임이고, 길흉을 먼저 보이는 것이다. 효는 움직임[活動]을 말한다. 움직임이 드러나지 않았을 때, 진퇴의 권한[權柄]은 자기[己]에 말미암고, 성인은 사람들에게 기미幾微를 잘 살피는 배움을 보여준다. 양이 상9효에 이르면, 막히어 (더) 나아가지 못하고, 그 자리도 바르지 않게 된다. (상구上九효에서) 물러나 소음少陰이 생기면 (양은) 바른 것[正]으로 가니, 이것이 그 바름을 잃지 않음이다. 『역위·건착도乾鑿度』에서, '음양이 바르지 않으면[不正], 모두 자리[位]를 잃게 된다.'라고[86) 말한다.

● **나의 견해(1):** 공자가 (『예기禮記』의) 「공자한거孔子閒居」편에서 말한, '하늘은 사사로이 덮어주지 않고, 땅은 사사로이 싣지 않고, 일월日月은 사사로이 비추지 않음', 이것이 '세 가지 사심 없음[三無私]'이다.[87) 사사로움이 없으니 지극히 성실함이 神과 같다. 기미[幾]를 앎이 신비하니, 크게 변화함이 성聖이고, 거룩하며[聖] 알 수 없으니 신神이라 한 것이다.

● **나의 견해(2):** (『역易』의) 「계사繫辭」편에, '장차 망할 것이로다! 장차 망할 것이로다! 무성한 뽕나무에 의탁해야 한다.'라고[88) 해석하니, 안위安危, 존망存亡, 치란治亂의 도리를 논의하는데 미친 것이기에, 이는 '항용유회亢龍有悔'가 있음[存]을 알고, 없어짐[亡]을 모르며, 얻는 것을 알고 잃는 것을 모르는 것을 말하는 것이다. 그것은, '군자는 편안해도 위급함을 잊지 말고, (자리[位]에) 있어도 망하는 것을 잊지 말며, 다스려져도 혼란을 잊지 말 것을 말하니, 이른바 성인은 진퇴와 존망을 알며 자기 바름[正]을 잃지 않음이다. (성인은) 알면 높이 올라, 항亢하지 않는다. 자기 바름을 잃지 않으니, 비록 안락에 처하더라도 아침으로 강건하고 저녁으로 두려워하여, 환난의 때를 잊지 않는다. 성인은 양덕陽德이 있으니, 잠수하거나 드러나도 모두 바름을 잃지 않으니, 모두 알 수 있기에, 이것이 건도乾道가 크게 광명光明하는 이유이다.

(유원劉沅의) 『주역항해周易恒解』에서 말한다. 천지가 아직 나누어지지 않았으면, 온전히 순정純正하여 명상名象할 수 없다. 천지가 분리되면 이 온전한 순정純正함이 천지 안에 깃드니, 만물의

---

86) '陰陽不正, 皆爲失位.', 『周易乾鑿度』卷上, 漢 鄭康成 注, 電子版文淵閣四庫全書, 上海人民出版社, 1999 참조.
87) '天無私覆, 地無私載, 日月無私照. … 此之謂三無私.', 『禮記今註今譯』, 「孔子閒居」篇, 王夢鷗註譯, 下 冊, 상동, 670頁.
88) '其亡! 其亡! 繫於苞桑.', 『周易大傳今注』, 高亨著, 濟南: 齊魯書社, 1987, 574頁.

표면에까지 유행한다. 복희伏羲가 위로 (하늘을) 살피고 아래로 (땅을) 엎드려 살피니, 밝게 드러난 상수象數로써 천지의 정미精微함을 천명闡明하여, 건곤 두 괘가 (성립하니 이것이) 만물의 부모이다. 공자께서 진실로 중복하여 (말씀하시며) 마음을 집중하였다. 그러니 땅은 하늘에 통괄되고, 하늘[天]은 이기理氣 수數의 종합이니, 따라서 건乾괘에 더욱 상세하다. 단象이나 상象(전)은 모두 앞선 성인들의 본래의 뜻을 설명하고 그 학설을 추연 하였다. '대재건원大哉乾元'의 첫 단락은 이미 천도天道와 인도人道를 다 설명하였으니, 그러하니 복희가 괘를 그린 건乾자 '하나'만을 천명했다. 「문언文言」전에 이르러 문왕文王의 '원형이정元亨利貞' 네 자의 뜻을 상세하게 설명하였다. 본지本旨라면, 「단象」, 「상象」전이고, 추연한 것은 「문언文言」전이다.

● **나의 견해**: 정현鄭玄(127-200)에 의하면, 『역易』은 이름은 하나이나 세 가지 뜻을 포함하니, '역易의 간략함[易簡]'이 첫째이고, '역易은 변함이다[變易]'가 둘째이고, '바뀌지 않음[不易]'이 셋째이니, 이것이 천지天地 자연의 『역易』이다. 성인이 괘를 그리니, 천지와 만물의 형상을 나타내기에, 64괘 속에 포괄된다. 천지와 만물이 실제 변화를 다 하여, 384효 안에 드러내었다. 「계사繫辭」전에서 역도易道는 변동하고 (가만히) 있지 않으니, 상하와 사방을 두루 다니며, 도道에 변동이 있기에, 따라서 효爻라고 말하였다. 천도天道에는 일월日月과 주야晝夜의 변동이 있고, 지도地道에는 강유剛柔와 조습燥濕의 변동이 있고, 인도人道에는 다님과 멈춤[行止], 동정動靜과 선악善惡의 변동이 있다. 성인은 효爻를 설정하여 삼자[天道, 地道, 人道]의 변동을 나타내었다. 움직이면 변하고, 변하면 감화化되니, 길흉吉凶과 회인悔吝이 움직임[활동]에서 생긴다. 성인은 그 활동에 있어서, 변하려 하나 아직 감화되지 않았을 때, 「상象」과 「계사繫辭」전을 보고서 사람들에게 '마땅히 변할지, 아닌지'를 보여주니, 따라서 견주어서 변화를 이룬다고 말한다. 괘에는 「단象」사辭가 있으니, 본연의 상象을 결단한다. 효에도 「상사象辭」가 있어서, 장차 닥칠 상象을 견주어 본다. 모두 문왕文王이 지은 것이니, 이른바 경經이다. 공자는 일단 단사象辭를 해석하였고, 또 양兩 괘[건, 곤괘]의 중요한 상[大象]을 해석했고, 또한 여섯 효의 상[小象]을 해석했으니, 이른바 전傳이다. 나는 마치창馬其昶선생이 저술한 『역비씨학易費氏學』을 처음에 읽고, 한 번 다시 보았으나 막연하였다. 오래되지 않아 남에게 가르침을 부탁하고, 따라서 들어가는 방법을 찾았다. 마치창馬其昶선생은 이 (『역』)경經에 수십 년의 공력으로 궁구하여, 여러 학설을 수집搜集하고, 모으고 절충하여, 책으로 간행한 지 이미 10년이 넘었으니, 다시 보태고 빼면서 원고를 자주 바꾸었는데, (뜻이) 더욱 정밀하고 깊어졌으니 그 도리는 이에 더욱 현저하게 되었다. 큰 뜻은 10익翼을 근거로 하여 (『역』)

경經을 이해한 것이고, 비씨費氏[費直]의[89] 가법家法을 따른 것이다. 이편을 다시 훑어본 뒤에야 『역易』의 쓰임이 지극히 신비함을 감탄하게 되었다. 가깝게 취하거나 멀리서 취해도, 모두 믿을 만한 상상象이 있으니, 이에 (『역易』경은,) 사람들이 응당 탐구하고 연구할 책이기에, 현리玄理를 높이 당당하게 논한 것이고, 허황하여 내용이 없는 것이 아니다. 특히 복희伏羲가 세 획 가운데 괘를 그리고, 음양으로 나누고 여덟 (괘)를 만들었고, 또 이것을 겹쳐서 64(괘로) 하였으니, 그 상상象이 지극히 간략하고, 그 도리는 지극하게 완비되었다. 문왕文王이 단象(전)과 효사爻辭를 붙일 수 있었고, 공자만이 이 언사들을 해석하여 10익翼을 이루었다. '10익翼'을 떠나서 『역易』을 해석하면, 그것은 『역易』의 뜻에 해당하지 않는다. 64괘의 변화는 파악할 수 없으니, 일동一動 일정一靜이 뿌리가 되었으니, 음양 소장消長[성쇠]의 도리를 넘지 않는다. 음양의 수는 9와 6으로 끝나니, 그 상상象은 건곤乾坤(괘)에서 처음으로 드러난다. 건원乾元은 양의 정精(기)이고, 곤원坤元은 음의 정精(기)이다. 건원乾元은 9로서 곤坤(괘)과 교섭하고, 곤원坤元은 6으로 건乾(괘)와 교섭한다. 무릇 여섯 자식의 괘들은, 그중 양 획은 서로 같으니 모두 건곤乾坤의 본체이며, 한 획만 홀로 다르니 이에 건곤乾坤(괘)의 두 가지[二] 용用이고, 이른바 원元이다. 64괘는 모두 원기元氣에서 생겨났다. 건원乾元과 곤원坤元이 서로 바뀌니, 384효의 자리는 마침내 건곤乾坤(괘) 속에서 이루어지는데, 천하의 사물의 이理를 다할 수 있다. 만류萬類[만물]는 음양을 떠날 수 없고, 만상萬象은 모두 천지 天地에 포괄되고, 음은 양에 통괄되고, 땅은 '자연[天]'에 통괄되니, 곧 만사만물은 모두 건乾(괘)에 통괄된다. 그러므로 「단象」(전)에, '건원乾元은 위대하다! 만물들이 그곳에서 시작하니, 자연[天] 을 통괄한다.'[大哉乾元! 萬物資始, 乃統天.]라고 말하였다. 공자는 건乾(괘)을 찬미하여, 세 가지로 건乾괘의 큼[大]를 말하였으니, 체용體用이 둘이 아님을 통합하여 논하였다. (마치창馬其昶)선생 은, 건원乾元은 순양純陽의 정광精光이라고 말하였다. '형리정亨利貞'은 건원乾元의 빛이 곤坤(괘) 에로 열리어 통하여 형질形質을 이루는데, 만물들은 각각 '자기 생명[性命]'을 바르게 함[正]을 말한 다. (음양의 분화分化가 아직 출현하지 않아서 광대무변한 허공이니, 광명이나 형상이 없는 적정 寂靜하고 무형無形한) 태역太易 전체는 곧 이른바 원元이기에, 본래 밝음[本明]의 체體이다. 고요하 여 아무것도 없는 속에서, 삼시三始가 이미 갖추어졌으니, 따라서 원元은 '형리정亨利貞'의 삼덕三 德을 포괄한다. 건乾(괘)가 대시大始를 갖췄으니, 사덕四德은 곧 사시四始이다. '원형이정元亨利貞' 네 자는 『역易』 전체의 핵심이다. 나는 일찍이 이 학설을 마음에 각인시키고, 마멸될 수 없는 핵 심으로, 『역易』 전체의 요점으로 찬탄하였다. 빛으로 건乾(괘)을 말한 것은 더욱이 특별한 표지이

---

89) 비직費直(전 1세기)은 西漢시대 古文 易學을 전수한 사람이다.

다.『역易』에서 빛을 말한 것은 자주 보이니, 이는『역易』에 나아가서『역易』을 논한 것이다. 배우는 이들이, 마치창馬其昶선생의 책을 취하여 읽으면,『역易』을 배우는 방도는 알게 될 것이다. 옛날의 문장 중에, 공자가『역易』을 말한 것보다 큰 것은 없다. 사물이 서로 섞였기에 따라서 문文이라 하지만, 공자가『역易』을 엮을 때 건곤 두 괘에「문언文言」수 백자를 더 보태어서, 왕복으로 설명하고 (그 뜻을) 다 풀어냈다. 짝이나 운韻이 모두 속에 갖추어 있으니, 실로 천지간에 지극한 문장이다. 이것이 완원阮元(1764-1849, 시諡호 文達)이 천고千古 문장의 시조로 칭찬한 이유이다.

2. 곤坤괘 ䷁

곤괘는, 선善하고 미덕美德이 있으며, 암말이 (달림에) 올바르니, 이롭다.
[坤: 元,[1] 亨, 利牝馬之貞.]

우번虞飜(164-233)은 말한다. 음陰이 다 되어 양陽이 생기니, 건乾(괘)가 곤坤의 형태로 변화하고, 곤(괘)가 광대함을 품어서, 건원乾元을 굳게 하니, 만물이 모두 형통함에, 따라서 좋게 형통한다[元亨]. 곤坤은 암컷이다. (요배중姚配中(1792-1844)은 말한다. 건원乾元이 시작을 마련하니, 부도父道이다. 곤원坤元이 생生을 마련하니, 모도母道이다. 원元에서 준비하니 매번 건乾이라 부르고, 건원乾元을 곤원坤元 속에 감춘다.)

항안세項安世(1129-1208)는 말한다. 암컷은 순종함을 취하고, 말[馬]은 다님[行]을 취한다. 순종은 곤원坤元이니, 다님[行]은 곤坤의 형통[亨]이다. 이로움은 이것에 적절하며, '바름[貞]'은 이것을 닦는 것[修]뿐이다.

유원劉沅(1768-1855)은 말한다. 곤坤은 땅이니, '자연[天]'과 덕을 합쳐서 만물을 기르니, 따라서 곤坤의 '선善하고 형통함'은 건乾(괘)와 같다. 건乾은 순양純陽이니 변화의 상象이기 때문에, 따라서 용龍과 같다. 곤坤은 순음純陰이니, 건덕乾德을 잉태하고, 속에 강건함을 함축했기에, 따라서 암말[牝馬]이다. 곤坤은 순종을 덕으로 삼으니, 건강乾剛을 회임하고서, 하나의 원元에 의지하여 '용用을 씀[施用]'이 무궁하며, 바르기[正]가 암말이 복종하여 지극히 강건하기에, 군자도 이것을 몸으로 하니, 또한 강건함을 순종에 붙임이 합당하다.

리스전李士鉁(1851-1926)은 말한다. 곤坤은 건乾에 의해 변화된 것이니, 두 물건이 아니다. 건乾은 '기의 시작[氣始]'이고, 곤坤은 형태의 시작이다. 건(괘)가 '강건함'은 양을 체體로 하기 때문이고, 곤(괘)가 순한 것은 양陽을 용用으로 (쓰기) 때문이다. 양은 홀수이고 음은 짝수이니, 짝은 벗

---

1) 元은 善이고, 亨은 美이다. '元亨'은 지地가 善美의 덕이 있음을 말한다. 貞은 正이다. 高亨, 76頁.

[朋]의 상象이다. 곤坤이 음붕陰朋을 상실하고 양陽을 따르니, 신하가 붕당을 버리고 임금을 섬기며, 아내가 어버이를 버리고 남편을 섬김과 같다. 도道가 바르면[正], 음이 이롭다.

마치창馬其昶(1855-1930)은 말한다. 곤원坤元은 순음純陰의 정기精氣이다. (곤坤은) 형통하면 건乾에 통하고, 광기光氣가 혼합되니, 만물을 화육化育하고 생장生長하게 한다. 특히 건乾은 시작을 마련하나 (보이는) 형상[形]이 없고, 곤坤은 생장[生]을 마련하니, 기氣가 응결하여 바탕[質]을 이룬다. 그러므로 건乾에서 '원형이정元亨利貞'만을 말하고, 곤坤에서는 '원형빈마지정元亨牝馬之貞'만 말했다. 말[馬]은 곤坤의 상징[象]이다. 건乾이 베풀고, 곤坤이 이를 보합保合하여, 마침내 형질이 이루어진다. (곤坤괘는) 이른바 보합하여 크게 화합[太和]하니 이에 이롭고 반듯하다[利貞]. 이는 음양의 화육化育하는 공적[功]이니, 이에 곤坤의 온전한 덕이라 말한다. 건곤은 (원형이정의) 네 덕을 함께 갖추고 있는데, 그러나 원형元亨은 건乾에 속한 것이 많고, 이정利貞은 곤坤에 속한 것이 많다. 그러므로 아래에서는 다시 이정利貞 두 가지 덕에 나아가서 분석하여 말한 것이다.

• **나의 견해**: 건乾은 용龍을 말하고, 곤坤은 말[馬]을 말하니, 문왕文王께서는 용과 말이 도圖를 (등에) 졌다는 뜻에 근거하여 건곤乾坤을 설정한 것은 지혜의 절정이다. 용과 말이 도圖를 (등에) 졌으니, 천지天地의 정밀하고 깊은 도리는 용과 말을 빌려서 그 상징을 드러낸 것이기에, 보통의 만물로는 비견될 수 없다. 용은 신비롭게 변화하여 하늘에 올라갈 수 있고, 말은 무거운 것을 끌고서 땅에서 갈 수 있다. 용과 말을 합쳐서 하나의 상징으로 하니, 이는 실로 천지天地의 정밀하고 영특한 기운이 좋은 풍토에서 우수한 인재人才를 길러냄을 이루기에, 건乾은 강건하고 곤坤은 순종하는 도리가 곧 이에 깃든다. 문왕文王께서는 용의 상象으로 건乾을 말하고, 말의 상象으로 곤坤을 설명했으니, 곧 하도河圖에 보인 것을 말한 것이다. 건양乾陽이 활동을 주관하니, 용의 변화가 무궁함을 취하여 건도乾道 변화의 무궁함을 알리고 있다. 곤음坤陰은 고요함을 주관하니, 암말의 최고의 유순함을 취하여, 곤도坤道의 최고의 유순함을 알리고 있다. 곤원坤元은 유순함을 바름[貞]으로 하니, 따라서 '암말의 올바름이 이로움[利牝馬之貞]'을 말한 것이다.

군자가 길을 감에, 우선 길을 잃었으나 나중에 주인을 만나니, 이롭다.
[君子有攸往, 先迷, 後得主, 利.]

노씨盧氏(나의 견해; 이름[名]은 경유景裕[?-542]이고, 남북조南北朝사람)는 말한다. 곤坤은 신도臣道이고 처도妻道이니, (곤坤괘는) 뒤에 서지 앞에 있지 않으며, 앞서면 길을 잃으니, 따라서 (곤

坤괘에서) '먼저 길을 잃음[先迷]'이라고 말한다. 음은 양을 주인으로 삼으니, 마땅히 뒤에 서며 순종하면 이로우니, 따라서 (곤坤괘는) '나중에 주인을 얻으면 이로움'[後得主, 利.]으로 말한 것이다.

항안세項安世(1129-1208)는 말한다. (곤坤괘는) 주인을 얻음에 이롭고, 주인 되는 것은 이롭지 않다.

유염兪琰(1253-1316)은 말한다. 곤坤은 건乾을 따라서 행하는데, 건乾보다 앞서면 미혹되어 길을 잃으니, (곤坤괘는) 건乾보다 뒤에 서며 건乾을 얻어서 주인으로 삼으면 이롭다.

오여륜吳汝綸(1840-1903)은 말한다. 이利는 한 자字의 구句이다. (양웅楊雄의) 『태현太玄』경에서, '도둑이 집에 가까이 왔으니, 도망감이 유리함'[寇諲其戶逃利]은,[2] 이 문장과 유사하다.

마치창馬其昶은 말한다. 군자가 갈 데가 있음은 곧 형통함이다. 이것은 원형元亨을 이어서 화육化育하는 일을 말한 것이다. 양이 먼저 선도하고, 음이 나중을 잇는 것이 이롭다. 이 때문에 음양에는 존비의 차례가 있다. 그 차례[순서]를 얻으면 이롭다. (곤坤괘가) 먼저 (길을) 잃은 이유는, 양이 밝고 음이 어둡기 때문이다.

• **나의 견해**: 원기元氣에서 하늘이 생기고 땅이 생기니, 하늘은 형태가 없고 땅은 형태가 있다. 형形이 있는 것은 형이 없는 것에서 생기기에, 하늘이 실제로 먼저 있었고, 땅은 하늘을 있은 다음에 형질을 드러냈으니 하늘보다 늦고, 하늘보다 앞설 수가 없다. (곤坤괘는) 마땅히 앞서지 않아야 하는데 앞서면 미혹되니 이롭지 못하다. (곤坤괘는) 마땅히 뒤에 있은 다음에, 뒤에 서서 주인을 만나면 이롭다. 『노자老子』에서, '천하 사람보다 앞서지 않음'을[3] 말했고, 또 (성인은) '자기 몸을 뒤로하여 자기가 앞서게 되며, 자기 (몸을 밖에 두어[置之度外]) 자기 몸이 존재함'을[4] 말했으니, 아마도 선후의 도道를 밝게 이해하여, (노자老子는) 그 주된 것을 얻은 바가 아니겠는가?

서남쪽으로 가면 붕우를 얻고, 동북쪽으로 가면 붕우를 잃는다. 옳음에 안주하면 길하다.
[西南得朋, 東北喪朋. 安貞吉.]

양진楊震(54-124)은 말한다. 곤坤(괘)는 음의 정화精華이니, 마땅히 안정安靜하여 양陽을 받든다.

2) '寇諲其戶, 逃利.'. 『太玄校釋』, 「逃」次三, 揚雄 原著, 鄭萬耕校釋, 北京: 北京師範大學出版社, 1989, 148頁.
3) '不敢爲天下先.', 『老子』 67章.
4) '後其身而身先, (外其身)而身存.', 『老子』 7章.

왕숙王肅(464-501, 남북조南北朝)은 말한다. 서남쪽은 음류陰類이니, 따라서 (곤坤괘는) 붕우를 얻는다. 동북쪽은 양류陽類이니, 따라서 (건乾괘는) 붕우를 잃는다.

최경崔憬(7세기, 당대唐代의 역易학자)은 말한다. 서쪽은 곤坤(괘)와 태兌(괘)이고, 남쪽은 이離(괘)와 손巽(괘)이니, 서남 두 곳은 모두 음이기에, 곤坤과 동류이다. 동쪽은 간艮(괘)과 진震(괘)이고, 북쪽은 감坎(괘)과 건乾(괘)이니, 동북 두 곳은 모두 양이어서, 곤坤과 부류가 다르다. (나의 견해: 손巽, 이離, 태兌는 하나의 음효가 주인이고, 감坎, 간艮, 진震은 하나의 양효가 주인이다.)

장준張浚(1097-1164)은 말한다. 붕우를 얻음은 신하의 기회요, 붕우를 잃음은 신하의 마음[心]이다. 일을 세우고 업적을 이룸으로써 붕우를 얻음이 이롭다. 동류에서 뛰어나지만 사사로움을 잊기에는, (곤坤괘에서) 붕우를 잃는 것이 이롭다.

장유악張維嶽(16세기, 명대明代인물)은 말한다. 곤덕坤德은 곧 건덕乾德이니, 이에 유순柔順으로 받아서 끝맺을 뿐이다. (곤坤괘에서) 붕우를 얻음은 부류를 이끌고서 양陽을 따르는 것이고; (곤坤괘에서) 붕우를 잃음은 동류同類를 뛰어넘어서 양陽을 따름이다. 이것들은 모두 바른[正] 음도陰道여서, 그것에 편안해하니, 따라서 (곤坤괘는) 길하다.

(이광지의) 『주역절중周易折中』에서 말한다. 곤坤이 건乾을 대리하여 일하는데, 붕우를 얻음은 주인의 일을 끝내려는 이유이기에, 곧 주인을 얻는 일이다. 붕우가 동류여서 사심私心이 없기에, 따라서 (곤坤괘는) 반드시 붕우를 잃고서야 다음에 주인을 만난다, 『역易』의 효爻에 '붕우가 합치면 빨리 오고[朋盍簪], 붕우가 이르면[朋至], 붕우가 오니[朋來], 자기 부류[其彙], 자기 이웃[其鄰]'이 있기에, 모두 붕우를 얻음의 뜻이다. '붕우가 없어짐[朋亡], 자기 무리를 흩음[渙其群], 동류를 넘어섬[絶類]'에는 모두 붕우를 잃음의 뜻이 있다.

유원劉沅(1768-1855)은 말한다. 곤坤의 자리는 서남쪽이고 태兌, 이離, 손巽 세 딸이 함께, 하니, '점보는 사람[占者]'은 붕우를 얻어서 길하다, 만약 동북쪽이면 건乾의 자리이니 진震, 감坎, 간艮 세 아들은 모두 곤坤의 짝이 아니기에, 점보는 사람은 붕우를 잃는 상象이다.

마치창馬其昶은 말한다. 이것은 음양이 길고 짧아지는 기미[幾]를 말한 것이다. 곤원坤元의 형통함이란, 서남쪽의 양기가 극성한 때부터, 하나의 음[一陰]이 처음으로 싹터서 차츰 크고 차츰 드러나니, 음기가 극성해지면 동북쪽에서 양陽이 다시 살아나서, 형통하고 이롭고, 바르게 됨에 말미암아서, 땅의 공로가 이에 이루어지게 되기에, 따라서 '편안하여 바르면[安貞] 길함[吉]'이라 말한다. 『역易』은 음양을 말함에, 음양의 뜻은 세 가지이니, '함께 화합하여 기름'[合同化育]이 하나이고, '존비尊卑와 선악善惡[淑慝]을 구분함'이 둘이고, '바꾸어서 길어지고 짧아짐'[迭爲消長]이 셋이다. 건乾괘의 단象(전)에서 네 가지 덕[四德: 元亨利貞]을 설명하고, 곤坤괘의 단象(전)에서 다시 사덕四德[元, 亨, 利, 牝馬之貞]에 나아가서, 음양의 큰 뜻인 '세 가지[三端]'을 설명하고 있다. 이후 모든 괘가 뜻을 취함은 모두 이것을 기본으로 한다.

• **나의 견해**: 곤坤은 순음純陰이니, 하늘보다 뒤에 서쪽과 남쪽 사이에 자리한다. 서쪽은 태兌이고 남쪽은 이離와 손巽(괘)이다. 곤원坤元이 건乾괘의 초효와 교섭하여 손巽(괘)를 이루어, 큰딸[長女]이 된다. 건乾괘의 중中효와 교섭하여 이離(괘)가 되니 작은 딸[中女]이 되는 것이다. 건乾의 상효上爻와 교섭하여 태兌(괘)가 되니 막내딸[少女]이 된다. 이것은 모두 곤원坤元의 일한 것이니, 음과 동도同道라 붕우가 되고, 얻음이 있는 상象이다. 동쪽의 진震이 큰아들[長男]이고, 북쪽의 감坎이 둘째 아들[中男]이고, 동북쪽의 간艮이 막내아들[少男]이면, 모두 건원乾元이 일을 하여 곤坤과 교섭한 것인데, 이에 양의 붕우가 되기에, 음과는 도道가 같지 않아서, 자기 붕우가 아니기에, 따라서 '붕우를 잃음'[喪朋]이라고 한다. 붕우를 잃으며 자기의 작은 붕우는 잃으나 큰 붕우[大朋]을 이루었으니, 자기의 사사로운 붕우를 잃고서 천하의 '공공의 붕우[公朋]'을 이룬 것이다. 따라서 (곤坤괘에서) '붕우를 얻음[得朋]'도 길吉이고, '붕우를 잃음[喪朋]'도 또한 길吉이 된다. 교중화喬中和(16세기 말, 17세기 초엽, 명대明代, 萬曆[1573-1620], 崇禎[1628-1644]연간 사람)의 '모두 길함'[皆吉]의 설명이 뜻을 얻은 것 같다.

단象전에서 말한다. 지극하구나, 곤坤의 원시元始여, 만물들이 의지하여 생겨나니, 천도天道를 따른 것이다.

[象曰: 至哉坤"元," 萬物資生,5) 乃順承天.]

(순상荀爽 등의) 『구가역九家易』에서 말한다. "'패기覇氣를 뒤집은 것은 지극한 곤坤(괘)이기에, 만물들은 (그 힘에) 의지하여 생겨난 것이다."6)

공영달孔穎達(574-648)은 말한다. (곤坤괘는) 처음으로 기운을 받는 것을 '시작'[始]이라 하고, 모양[形]을 이루면 '삶'[生]이다.

유원劉沅은 말한다. 지至는 극極이다. 건도乾道는 큰데, 곤坤괘가 받았으니, 건乾이 온 것이고, 곤坤도 역시 지극한[至] 것이니, 따라서 곤坤의 덕이 지극함[至]을 찬미한 것이다. 곤원坤元은 하나

---

5) 資는 賴(의뢰, 의지하다)와 같다. 高亨, 76頁.
6) '飜覇氣至坤, 萬物資寶以生也.', 荀爽, 『九家易解』, #17, 中國哲學書電子化計劃, https://ctext.org 참조.

의 건원乾元이니, 원元이 아니라면, 곤坤을 이룰 수 없다. 땅이 '자연[天]'에 통괄되니, 지덕地德은 '자연의 덕[天德]'과 하나이다.

마치창馬其昶은 말한다. (곤坤괘에서) '지至'는 (반고班固著, 안사고顏師古주注의) 『한서집주漢書集注』에는, 실實이다. 의지하여 생겨서 나니 따라서 (곤坤괘는) 실實하다.

땅[坤]은 후덕하여 만물들을 신고 있고, 곤덕坤德은 (자연[天]처럼) 무강無疆하며, 넓고 크게 (만물들을) 포용하여, 만물들이 모두 "형통"한다.
[坤厚載物 , 德合無疆. 含弘光大[7] , 品物咸"亨".]

순상荀爽(128-190)은 말한다. 하늘과 땅이 교섭하니, (곤坤괘에서) 만물들이 생겨나기에, 따라서 '모두 형통'[咸亨]하다.

촉재蜀才(成漢范, 219-318)는 말한다. 자연[天]은 무강无疆한 덕을 가졌고, 곤坤이 '자연[天]'과 합하였다. '함홍含弘'은 넓게 용납容納함이다. '광대光大'는 왕성한 발산이다.

채원정蔡元定(1135-1198)은 말한다. '함홍含弘'은 곤坤괘의 일이다. '광대光大'는 건乾괘의 일이다. 덕이 건乾(괘)와 합치기에, 따라서 (곤坤괘) 또한, 광대光大하다.

심선등沈善登(1830-1902)은 말한다. 건乾은 '밝음'[明]을 말하고, 곤坤은 '빛'[光]을 말하니, 밝음이 체體이고 빛은 용用이다. 『역易』 전체에서 기氣를 말한 것은 여섯 번 보이고, 광명光明을 말한 것은 20번이 넘는다. 기氣만 말하고 광光을 얘기 않는 것은, 근본에 어두운 것이리라!

마치창馬其昶은 말한다. '자연[天]'은 만물을 생성함을 마음으로 삼고, 땅은 곧 '자연[天]'을 계승하여 만물들을 화육化育하고 생성하기에, 따라서 '덕이 합하여 무강無疆하다.'라고 말한다.

• **나의 견해**: 말[馬]이 물건들을 (수레에) 실을 수 있는 것은 사람을 순하게 받드는 것이다. 곤坤은 만물들을 실음[載]은, '자연[天]'을 순하게 받드는 것이다. 그 덕이 지극히 두텁고, 높고 큰 산을 신고도 무겁게 느끼지 않고, 강과 바다 (물)을 진동시켜도 물이 새나가지 않는다. 만물들을 실었기에, 따라서 (곤坤의) 덕은 (건乾과) 덕을 합침에 무강无疆하니, '자연[天]'과 같은 양量이다.

"암말[牝馬]은 땅의 부류이니, 지상에서 한없이 뛰어 따니며, 유순하여 "달리기에 이롭고 올바르다.""

---

7) 『爾雅·釋詁』에, 弘은 大이다. 含弘은 땅이 弘大하게 포용함이다. 光은 廣을 차용한 것이다. 高亨, 77頁.

"군자"는 행동함에, "먼저 미혹되어" 길을 잃을 수도 있으나, "나중에는" 순리대로 바른길을 "얻는 것"이 상리이다.

["牝馬"地類, 行地無疆, 柔順"利貞."8) "君子"攸行,9) "先迷"失道, "後"順"得"常.]

왕필王弼(226-249)은 말한다. 건乾은 용龍으로 천天을 통어하고, 곤坤은 말[馬]로써 땅 위를 달린다.

공영달孔穎達은 말한다. 암말은 유순하기에, 따라서 지류地類라고 말한다.

후과侯果(侯行果, 8세기 당唐시대 인물)는 말한다. 말이 멀리까지 갈 수 있는 까닭은 유순하고 사람에게 복종하기 때문이다. 또 암말은 지극히 순하다. 신하들이 마땅히 지순至純해야 함을 경계한 것이니, 『역易』을 지은이는 그 상象을 취한 것이다.

(정이의) 『이천역전伊川易傳』에서 말한다. 음이면서 양보다 앞서면 미혹하여 착오를 일으키니, (곤괘는) 뒤에 있어야 정상을 얻는다.

마치창馬其昶은 말한다. 말은 유순하여 부지런히 갈 수 있으니, 곤坤(괘) 형통의 뜻에 더욱 맞는다. 말이 땅에서 다님은 자기 힘을 씀이다. 군자가 다니는바(나의 견해: 유攸는 소所이다.)는 도道에 순종함이다. (곤坤괘에서) 질서를 따르면 나중에 이롭고, 길고 짧음[消長]에 순종한 다음에 바르게 되니[貞], 이것이 유순柔順이다.

"서남西南쪽으로 가면 친구를 얻어서는", 같은 부류의 사람과 함께 감이다. "동북東北으로 가면 친구를 잃을 것이나", 마침내는 좋은 일이 있게 된다. (정도正道에) "안정하여" "행복[吉]한 것"은, 땅의 광대하고 무변無邊함에 적응한 것이다.

["西南得朋," 乃與類行. "東北喪朋," 乃終有慶. "安貞"之"吉," 應地无疆.]

두업杜鄴(전?-전2, 서한西漢시대)은 말한다. 곤坤은 땅을 본받고, 흙을 어머니로 삼고, 안정安靜을 덕으로 삼는다.

(정이의) 『이천역전伊川易傳』에서 말한다. 단象(전)에 세 가지 '끝없음[无疆]'이 있으니, (곤坤의) '덕의 합슴이 무강无疆'하여, '자연[天]'은 끝남이 없고; '땅에 응함에 끝없음[无疆]'이고, 땅이 끝없음

---

8) "利貞"은 암말들이 사람에게 순종하고, 올바르게 달리기에 이롭고, 놀라게 하거나 날뛰는 일이 없음을 말한다. 高亨, 상동.

9) 유攸는 所이다. 周振甫, 14頁, 注2.

[无疆]이고; '땅에 다님[行地]이 끝없음[无疆]'이니, 말[馬]의 다님이 강건剛健하다.

왕신자王申子(13세기, 송말宋末원초元初의 역학자)는 말한다. 음이 음을 따르면 동류同類와 함께 가는 것과 같다. 음이 양을 따르면 나중에 경사스러운 일[慶]이 있다.

하해何楷(1594-1645)는 말한다. (곤坤괘에서) 음이 양에 저항하기에, 따라서 방향을 몰라서 도道를 잃게 된다. 음으로써 양에 순종하기에, 따라서 주인을 만나니 강상綱常을 잃지 않는다. (곤坤괘에서) 붕우를 얻음은, 여러 음이 합쳐서 양을 따른 뒤이니, 마침[終]을 대신한다. 붕우를 잃음은, 여러 음을 수렴하여 앞선 양을 피하게 되니, 성과가 없다.

오여륜吳汝綸(1840-1903)은 말한다. 『회남자淮南子』, (권卷14「전언詮言」편)에, '양기陽氣는 동북쪽에서 일어나서, 서남쪽에서 다하고; 음기陰氣는 서남쪽에서 일어나서 동북쪽에서 다한다. 음양의 시작은 모두 비슷하다. 날로 자기 부류가 자라나고, 점차 멀어진다.'라고[10] 말한다. 이는 아마도 옛날 역가易家의 학설이다. 곤坤괘 남쪽에서 붕우를 얻음은, 음기가 서남쪽에서 일어남이다. 동북쪽에서 붕우를 잃음은, 음이 다하고 양이 일어남이다.

마치창馬其昶(1855-1930)은 말한다. 『예기禮記』, (「향음주의鄕飮酒義」第四十五편)에, '천지天地의 매우 찬 기운은 서남쪽에서 시작하여 서북쪽에서 왕성하며'; '천지의 온후溫厚한 기운은 동북쪽에서 시작하고 동남쪽에서 왕성함'을[11] 말한다. 왕숙王肅(464-501, 南北朝) 및 『회남자淮南子』의 뜻은 이것에 기본을 둔다. '붕우를 잃었으나 마침내 경사스러운 일이 있음'[喪朋, 乃終有慶.]은 음은 줄어들고 양이 자라나니, 곤坤은 큰 것[大]으로 끝난다. 지地의 덕은 방정方正하니, 매우 편안하고 바르다[安貞]. 군자는 평안하고 바른[安貞] 길운[吉]이 있는 것은, 지덕地德에 응했기 때문이다. 음양의 대의大義는 세 가지이니, 첫째가 '화육化育의 끝없음'이고, 둘째가 '질서의 끝없음'이고, 셋째가 '길고 짧음[消長]의 끝없음'이다.

● **나의 견해:** (곤坤괘에서) 얻고 잃는 도리는 흔적으로 더럽힐 수 없다. (곤坤괘에서) '붕우를 잃었으나' 끝내는 경사스러운 일이 있음을 말했으니, 이는 비록 잃었더라도 얻음에 방해가 되지 않는다. 잃은 것은 붕우요, 얻은 것은 주인이니, 끝의 말에 경사스러운 일이 있음에 주의해야 한

---

10) "陽氣起於東北, 盡於西南; 陰氣起於西南, 盡於東北. 陰陽之始, 皆調適相似. 日長其類, 以侵相遠.", 『淮南子全譯』, 下冊, 劉安 等 原著, 許匡一譯注, 貴陽: 貴州人民出版社, 1995, 868頁.

11) "天地嚴凝之氣, 始於西南而盛於西北; … 天地溫厚之氣, 始於東北而盛於東南." 『禮記正義』, (「鄕飮酒義第四十五」편), (十三經注疏 整理本), 北京: 北京大學出版社, 15冊, 1901頁, 참조.

다. (곤坤괘에서) '붕우를 잃었으나 경사스러운 일이 있음'은 그 무리들의 원元을 발산한 것이다.

상象전에서 말한다. 땅의 형세는 순하다. 군자는, (땅을 본받아) 두터운 은덕으로 만물을 화육한다.
[象曰: 地勢坤.12) 君子以厚德載物.]

(반고班固의)『한서漢書』,「서전敍傳」에, '곤坤(괘)가 땅의 형세를 만드니, 밭은 상중하 9등급이다.'라고13) 말한 것이다.

송충宋衷(2세기?-219)은 말한다. (곤坤괘에서) 형세形勢로써 땅의 성질을 말한 것이다.

(주희의)『주역본의周易本義』에서 말한다. 땅의 형세가 순함을 말하면, 땅의 높낮이가 서로 이어지는 무궁함을 보이니, (땅은) 지순至順하고 매우 두터우니 싣지 못할 것이 없다.

임희원林希元(1481-1565)은 말한다. 군자는 한 몸으로 천하의 책임을 맡으며, 만백성들이 나에 의지해 편안해지고, 조수鳥獸나 곤충, 초목들이 나에 의지해 생활한다. (곤坤괘에서는) 후덕하여 천하 만물을 받아서 실었으니, 후덕하지 않으면 어떻게 구제하겠는가?

유원劉沅은 말한다. 하늘은 기氣로써 활동함이 운행[行]이고, 땅은 모양[形]을 이루니 세勢이다. 높은 곳에서 낮은 곳으로 나가니, 그 세력[勢]이 지순至順하기에, 따라서 거듭하여 곤坤을 나타내었다.

• **나의 견해**: 군자가 만물을 포용함에, 그의 덕이 땅처럼 두텁다. 스스로 노력하고 쉬지 않음은 높이 하늘을 본받은 것이고, 두꺼운 덕은 아래로 땅을 본받은 것이다. 공자는 군자가 된 까닭[所以]을 설명하여,「계사繫辭」전 속에서 재차로 밝히고 있다.

초육효: 서리를 밟으니, 두꺼운 얼음이 왔다.
[**초육**: 履霜, 堅冰至.]

(허신許愼의)『설문해자說文解字』에서 말한다. 육六은『역易』의 음수陰數가 6에서 변하여, 8에서 바르게 된다.

---

12)「說卦」에, 坤은 順이다. 高亨, 78頁.
13) 劉德(河間王, 漢 景帝의 아들)에 의하면, 九則은 土田은 上中下 9등급이다. 高下는 地形이다. '坤作地勢, 高下九則.',『漢書』,「敍傳」第七十下, 班固撰, 顏師古注, 北京: 中華書局, 1975, 第12冊, 4,243頁.

(정이의)『이천역전伊川易傳』에서 말한다. (초6효에서) 음이 처음으로 아래에서 생길 때 지극히 미약하다. 성인이란, 음에서 처음으로 응결凝結하여 서리[霜]가 되면 앞으로 자라남[長]을 경계하여, 음陰이 점차 왕성하여 견고한 얼음[冰]에 이르게 됨을 마땅히 알아야 할 것이다. 소인小人들은 비록 미소하지만, 자라난다면 점차 왕성함에 이르게 되니, 따라서 (초6효에서) 처음[初]을 경계하는 것이다.

도혈都絜(12세기, 남송南宋 역학자)은 말한다. 이것(초6효)은 곤坤(괘)의 지괘之卦가 복復(괘)이다. (나의 견해: 여섯 효 전체를 주로 하여 말한 것이다. 지之는 지괘之卦를 가리킨다.) (『예기禮記』의)「월령月令」에, '맹동孟冬'에는 '물이 처음으로 얼음[冰]이 되고, 땅은 비로소 언다.'라고 했고, '중동仲冬'에는 '얼음이 더욱 장성壯盛함이다.'라고[14] 말했다. (초6)효爻에, '서리를 밟음[履霜]'을 말했으니, 곤坤은 10월月괘이다. (초6효에) '단단한 얼음[堅冰]이 온다.'라고 했으니, 체體가 복復(괘)로 변한 것이니, 11월月괘이다. (후왠쥔胡遠濬[1869-1931]은 말한다. 비와 눈의 내림은 천기天氣에 말미암은 것이고, 서리와 이슬은 지기地氣에 말미암은 것이기에, 따라서 곤坤(괘)는 서리에서 상象을 취했다.)

왕응린王應麟(1223-1296)은 말한다. 건乾(괘) 초9효(의 지괘之卦)는 복復(괘)이나, '숨은 용은 활동해서는 안 됨'[潛龍勿用]이니 곧 폐색의 뜻이다. 곤坤(괘) 초6효(의 지괘之卦)는 구姤(괘)이니, '서리를 밟았으니, 단단한 얼음이 올 것이다.'이기에,[15] 곧 여자가 장성壯盛하게 됨을 경계함이다.

(이광지의)『주역절중周易折中』에서 말한다. 이 (초6)효는 대체로, 요堯, 순舜, 우禹임금의 '위태롭고 미약[危微]'한 때의 대비함[微]을,『대학大學』과 『중용中庸』의 '홀로 있음에도 삼가 함'[愼獨]의 경계,『춘추春秋』경經에서 명분名分의 방비防備를 말하고 있으니, 서로 표리表裏가 되지 않는 것이 없다. 64괘에서 음양 관계를 말할 때, 모두 마땅히 이 (곤坤괘 초6)효를 살펴야 한다.

유원劉沅은 말한다. 음이 처음으로 아래에서 생기는데, 그 개시는 매우 미미하였으나, 그 세력이 점차 왕성해졌다. 서리가 밟혔으니 일단 '단단한 얼음[堅冰]'이 온다는 것을 알고, 조기에 그것을 처리한다. 만약 서리를 밟았는데 그것을 홀시忽視하면, 어찌 위험하지 않겠는가!

리스전李士鉁(1851-1926)은 말한다. 서리는 상실喪失이니, 양기가 사라져서 서리가 내려온다. 음기 막 생길 때 그것을 막기가 또한 쉽다. 음기가 한 번 응결되면, 조작할 수가 없다. 건乾이 얼

---

14) '孟冬之月, … 水始冰, 地始凍; … 仲冬之月, …氷益壯, 地始坼.',『禮記正義』, 卷十七,「月令」, 北京: 北京大學出版社, 13冊, 632, 635頁과 634, 645頁 참조.

15) '履霜, 堅冰至.', 坤괘 초6의 효사이다.

음이 되고, 곤坤도 또한 얼음이 되는 것은, 건은 술해戌亥의 땅(나의 견해: 천시天時보다 늦게 일하는 천의 자리[天位]이다.)이기에, 따라서 얼음이 되고, 곤은 건해建亥[夏曆十月]의 달[나의 견해; 천시天時보다 앞서는 곤坤의 자리]에 얼음이 되니, 음양 합덕合德의 뜻을 올바르게 보이게 되는 것이다.

● **나의 견해:** 건乾(괘)의 94효가 음위에 있으니, 못[淵]의 상象을 취하여, 경계하였다. 곤의 초음初陰은 양위陽位에 있으니 '서리를 밟음'[履霜]의 상象을 취해서 경계하였다. 모두 처한 곳이 합당하지 않아서, 자리를 잃은 것이다. 경계할 바를 알 수 있다면, 못에 있더라도 끝에는 못에 빠지는 일에는 이르지 않았을 것이니, '서리를 밟는 이'는 이미 먼저 닥칠 것을 아는 것이고, (초6효에서) 환난을 생각하고 미리 그것을 예방할 수 있을 것이다.

> **상象에서 말한다.** "서리[霜]를 밟고 얼음이 단단하니, 음기陰氣가 처음으로 응결한 것이다. (자연의) 도리를 따라서, "굳게 어는데"에 이른 것이다.
> [象曰: "履霜堅冰"16), 陰始凝也. 馴致其道,17) 至"堅冰"也.]

동중서董仲舒(전179-전104)는 말한다. 천기天氣가 서서히 오면, 따라서 추위도 얼지 않고 더위도 더위를 먹지 않으니, 여유가 있어서 천천히 오면, 돌연 죽는 일은 없다. 『역易』(의 곤坤괘)에서, '서리를 밟았으니, 단단한 얼음이 오리라.'라고 한 것은, 공순恭順[遜]을 말한 것이다.

(유안劉安 등의) 『회남자淮南子』에서 말한다. "(『역易』 곤坤괘 초6효에서) 「서리를 밟았으니 단단한 얼음이 올 것이다.」라고 말했으니, 성인께서 처음의 은미한 흔적을 보고 결과를 예견한 것이다."18)

왕충王充(27-약 97, 동한東漢의 사상가)은 말한다. 음양은 사물의 기운이고, 스스로 처음과 끝을 가지고 있다. '서리를 밟고서' '단단한 얼음이 오리라는 것'을 이미 아는 것은, 천도天道이다.

공영달孔穎達(574-648)은 말한다. 순馴(길들임)은 순하게 길들임과 같다. 음의 유도柔道에 순종

---

16) 『三國志, 魏志, 文帝紀』에서, 許芝는 「初六履霜」으로 인용하고 있다. 朱熹, 頂安世, 惠棟 등이 모두 이를 따른다. 堅冰은 삭제한다. 高亨, 79頁.

17) 『周易集解』(李鼎祚撰)에서 『九家易』을 인용하여, 순馴(따르다)은 順과 같다고 한다. 致는 推와 같다. 大는 衍文이다. 高亨, 79頁.

18) 『易』曰: "履霜堅氷至." 聖人之見終始微言!', 『淮南子全譯』, 許匡一譯注, 卷十一「齊俗」편, 上冊, 600頁.

하여, 익히고, 끝이지 아니하기에, 이에 단단한 얼음에 이르게 된다. (초6효에서) 서리를 밟음에 단단한 얼음을 경계하고 영접하니, 점차 미미한 것을 생각하고, 처음에 끝을 신중함을 예방하는 것이다.

사마광司馬光(1019-1086)은 말한다. '서리를 밟고[履霜] 단단한 얼음[堅冰]'에서 군자는 악惡을 싹트기 전에 없애고, 화禍를 싹이 나오기 전에 막는다.

구부국邱富國(13세기, 송말宋末의 역학자)은 말한다. 건乾괘는 처음에 양陽이 아래에 있음을 풀었고, 곤坤괘는 음陰이 처음에 비로소 응결함을 풀었으니, 성인은, 9와 6이 음양이 됨을 밝히려고 했기에, 그러므로 건곤에서 초획初劃을 말하고 있다.

호병문胡炳文(1250-1333)은 말한다. (『역易』)경에서, '단단한 얼음이 올 것이다.'를 말함은 그 끝을 맞으려는 것이다. '굳게 어는데 이른 것임'[至堅冰]을 (상象)전에서 말함은, 그 처음[始]을 추구하는 것이다.

마치창馬其昶은 말한다. 기氣의 변화는 점차 쌓여서 이루어지니, 사람들의 선악도 또한 점차 쌓여서 이루어진다. 그 시작은 미미하나, 그 끝은 매우 요원하다. 곤坤과 복復(괘)의 교섭은 음양과 생사生死의 기미[幾]이다. (곤坤괘 초6효가) 양陽으로 변화하면 (복復괘가) 되고 양으로 변화하지 못하면 죽는다. 이것은, 곤坤가 처음에 진震(괘)로 적절하게 변화해야 함을 말한다. (나의 견해: 내괘의 3획劃을 주로 한 말이다.) '서리를 밟았을' 때에, '단단한 얼음'의 때를 예언豫言한 것이다. 미약한 양陽은 처음 복復(괘)에서 굳세게 자라는 것이 기쁜 것이나, '단단한 얼음'은 또한 두려워해야 할 것이다. 『상서尚書』, (「대우모大禹謨」편)에, '인심人心은 위태롭고, 도심道心은 밝히기 어렵다.'라고[19] 말했다. 선악의 쌓임은, 사람들이 스스로 그렇게 함이다. 처음의 말에 '추측하여 정[擬定]'했을 뿐이니, 따라서 길흉 둘은 점치는 데 끼일 수 없다.

육이효: (사람의 덕행이) 곧고 바르면, (일이나 환경에) 익숙하지 않아도 불리할 것이 없다.
[六二: 直方,大不習,[20] 无不利.]
상에서 말한다. 62효의 움직임은, "곧고" 또한 "바르니"; "(일이나 환경에) 익숙하지 않아도 이롭지 않을 수 없으니", 땅의 도리[地道]가 광대廣大하다.
[象曰: 六二之動, "直"以"方"也; "不習無不利", 地道光也.[21]]

....

19) '人心惟危, 道心惟微.', 『今古文尚書全譯』, 江灝, 錢宗武譯注, 貴陽: 貴州人民出版社, 1990, 43頁.
20) 方은 正이다. 直方은 사람의 덕행이 곧고 바름이다. 不習은 일이나 환경에 익숙하지 못함이다. 高亨, 79頁.
21) 以는 且(또한)과 같고, 光은 廣의 가차이다. 62는 음효이니, 땅을 나타내고 땅의 바른 자리[正位]이기에,

정현鄭玄(127-200)은 말한다. 곧고[直], 바름[方]은 땅의 성질이다. 이 (62)효가 중기中氣를 얻었으니 땅 위에 있다. 자연의 성질은 만물들을 널리 살게 하기에, 따라서 (62효는) 생동生動이 곧고 또한 방정方正하다.

공영달孔穎達은 말한다. 이 (62)효는 중中에 있으며 (음)위를 얻었으니, 지체地體에 극진極盡했기에, 따라서 (62효는) 땅의 뜻에 극진하다.

(정이의)『이천역전伊川易傳』에서 말한다. (62효는) 아래에서 중정中正하니, 지도地道이다. 익히지 않은 것이 자연自然이다. 곤坤(괘)에서는 하지 않으면서[莫爲]도 하는 것[爲]이니, 성인이라면 조용히 중도中道를 좇을 뿐이다.

항안세項安世(1129-1208)는 말한다. 건乾괘에서는 95효, 곤坤괘에서는 62효가 주효主爻이니, 중中이면서 또한 바르고[正], 또한 95효는 하늘이고 62효는 땅이니, 건곤의 본위本位에 바르게 합치[正合]한다.

오징吳澄(1249-1333)은 말한다. 건乾괘 95효는 강건하며 중정中正하기에, 따라서 건원乾元의 큼[大]이 된다. 곤坤괘 62효는 유정柔靜하면서 강건하고 방정方正하기에, 따라서 곤원坤元의 지극함[至]이 된다.

채청蔡淸(1453-1508)은 말한다. 곤坤(괘)의 62효만 유순柔順하고 중정中正하여, 홀로 곤도坤道의 순수함을 얻었으니, 곤괘 전체를 감당하기에 충분하다.

(이광지의)『주역절중周易折中』에서 말한다. 건乾괘 95효는 건도乾道의 순수함을 얻었으니, (건乾괘의「문언文言」)전에서, '천덕에 자리 잡음'[位乎天德]을 말한다. 곤坤괘 62효는 곤도坤道의 순수함을 얻으니, (62효의 상象)전에서, '땅의 도리가 광대함[地道光]'을 말한다. 명확히 건곤乾坤의 주인 됨은 이 두(건乾괘 95, 곤坤괘 62)효에 있다.

유원劉沅은 말한다. 이 (62)효는 음의 '바른 몸[正體]'이며, 바른[正] 곤덕坤德과 합치하고, 천리天理의 자연에 순종하기에, 따라서 '익숙하지 않더라도 이利와 통하지 않을 수 없다. 곧음[直]은 건덕乾德의 기본이고, 곤坤은 천天을 순종하여 받들기에, 고요함[靜]을 몸으로 하여 활력活力이 있으면 활동하니, 건乾에 순종하여 움직이며, 따라서 건덕乾德을 가질 수 있다. (62효는) 곧아서 자기의 방정方正함을 이루는 것이다.

리스전李士鉁(1851-1926)은 말한다. 곧음[直]은 건乾의 덕인데, 곤坤이 그것을 본받는다. 하늘은 크니, 땅만이 하늘과 짝하기에, 따라서 (62효에서) 큼[大]이라 칭한다.

....

地道가 넓다[廣]라 했다. 高亨, 상동.

마치창馬其昶은 말한다. 여기서 움직임은 괘를 그리는 활동이라 말하니, 효가 변하여 다른 괘로 가는 것이 아니기에, 따라서 62효의 활동이라 한다. 천광天光은 땅 위에서 발생하나, 곧게 달達하여 막힐 것이 없으니, 그 행동이 지극히 빠르다. 건乾은 그 움직임 또한 곧으니, 곧음은 양陽의 빛이다. 광기光氣가 혼합되니, 건乾은 곧고 곤坤도 또한 곧다. 익숙하지 않음은 둘(건과 곤)이 감坎으로 변화하지 않음을 말한다. 감坎(괘)는 험난하고 막힘이나, 물이 (흘러) 가면, 감坎은 반드시 숙달되기에, 따라서 '감坎에서 익숙함'[習坎]을 말하게 된다. 곤坤은 천天을 순종하여 받드니, 다님에 의심 갈 곳이 없기에, 따라서, (62효는) 익숙하지 않은 것[不習]이다.

육삼효: (사람이) 잡박한 무늬를 가지고 있으나, (일하면) 바른 것으로 될 수 있다. 혹 임금의 일을 따른다면, 성공은 할 수 없으나 결과는 좋다.
[六三: 含章, 可貞. 或從王事, 无成有終.]
상에서 말한다. "(사람이 안에) 잡박한 무늬를 가져서, (하는 일이) 바르게 됨"은 때에 맞춰서 발동한 것이고; "혹 임금의 일을 따른다고 함," 지혜가 광대한 것이다.
[象曰: "含章可貞," 以時發也; "或從王事," 知光大也.22)]

『회남자淮南子』에서 말한다. "『시詩』에, '고삐 줄을 잡고 말을 모는 것이 실타래에서 옷감 짜는 것 같다.'라고 말했고; 『역易』에서는, '잡색의 무늬이지만, (일은) 바르게 할 수 있음'이니, (곤坤괘 63효에서) 자기 미덕을 수양하면, 멀리까지 영향을 끼칠 수 있는 좋은 결과를 얻을 수 있다."23) (라고 말했다.)

우번虞翻(164-233)은 말한다. (63효에서) 음이 양을 포괄하니, 따라서 장章(才質. 美德)을 포함[含章]함이다. (유원劉沅은 말한다. 음 속에 양이 있으니, 따라서 함장含章의 상象이다. 장章은 원래 어둠을 기뻐함[喜晦]이니, 어둠이 드러나니 비로소 귀貴하게 된다.) 셋째 효가 (양의) 자리를 잃었으나, 바르게 발동하면 따라서 바를 수 있다. (리스전李士鉁은 말한다. [63효는] 자리가 중정中正하지 않으니, 반드시 때[時]를 기다림을 가지고 발동해야 한다. 혹或은 의문사이다. 셋째 효는 중中이 아니니, 따라서 그것을 의심한다.)

---

22) 합장含章은 번잡한 무늬를 속에 가짐이다. 貞은 正이다. 知는 智로 읽어야한다. 光大는 廣大이다. 高亨, 80頁.

23) 『詩』曰: "執轡如組." 『易』曰: "含章可貞." 運於近, 成文於遠.", 『淮南子全譯』, 許匡一譯注, 上冊, 貴陽: 貴州人民出版社, 1995, 555頁.

조언숙趙彦肅(10세기, 송宋태조[927-976] 때의 학자)은 말한다. 양이 음에 베풀면 음은 그것에 따른다. 양이 처음에 선도하면 음은 그것을 끝맺는다.

호병문胡炳文(1250-1333)은 말한다. 건乾괘 94효는 양이 음(의 자리)에 있고, 곤坤괘 63효는 음이 양(의 자리)에 있기에, 따라서 모두 혹或을 말함은, 진퇴進退가 아직 확정되지 않은 관계이다. 물러서면 못[澤]에 있으니, '함장含章'이라 하여, 나아가면 모두 '혹或'이라 하니, 성인은, 사람들이 나아감에 또한 이렇게 급하지 않기를 바란 것이다.

리스전李士鉁은 말한다. (63효에서) '무성无成'은 감히 자기가 이루고자 하지 않음이다. '유종有終'은 양을 대리하여 그 일을 끝냄이다. 건乾은 대시大始이고, 곤坤은 대종大終이다. 천天이 하나[一]이면 지地는 6으로 끝을 내고, 천天이 5이면 지地는 10으로 그것을 끝낸다.

마치창馬其昶은 말한다. (63효에서) 음으로 나눠지고 양으로 나눠지니, 유柔와 강剛을 바꿔가며 쓰기에, 따라서 『역易』은 여섯 자리를 가지고 장章을 이룬다. 장章은 음양이 섞여져 이루어진다. 구姤괘▤는 5함장含章이니, 양이 음을 포함한다. (나의 견해: 이것은 곧 음 가운데 양이 있고, 양 가운데 음이 있음의 뜻이니, 따라서 서로 포함하여 만물을 생산함이다.) 공자께서, '음과 양은 덕이 합하며, 그 합한 덕은 서로 함축하니, 따라서 때때로 발생하여 올바름으로 간다.'라고 말하였다. 간艮의 바른 자리는 셋째 효에 있다. '혹 임금의 전쟁을 따른다함'은, (곤坤이) 건乾을 따라서 변하고, 건乾이 왕王임을 말한다. 만물들은 간艮에서 끝을 이루고 시작을 이루니, 곤坤은 자기 이룸[成]을 간艮에 붙인다. 곤坤은 스스로는 이룰 수 없고, 양이 주主가 되어 음은 그를 따르는 것이다. 광光은 일을 하고 기氣는 일을 하지 않으니, 모든 운행은 모두 큰 광명光明 속에 있기에, 따라서 '지혜는 광대하다.'라고 말한다. 『회남자淮南子』(「무칭繆稱」편)에서, '자신을 수양하되 지성으로 함'[運於近]은 곤체坤體가 장차 변함을 말하고; '깊고 멀리까지 영향을 줌'[成文於遠]은[24] 간艮(괘)을 변화시킴은 광명임을 말한 것이다.

● **나의 견해**: 셋째 효는 변화하지 않으니 음위가 양陽을 품고 있기에, 함장含章의 바른길[正道]이다. (곤坤의) 셋째 효가 변화하여 양이 되면, 이것은 임금을 따라서 그 일[전쟁]을 끝냄이다. 혹 변화하든, 혹 변화 안 하든, 각각 자기 때에 (따른)다. 공자께서는 건乾의 셋째 효의 뜻을 발동하여, '때에 따라 두려워함'[時惕]을 말하였으니, 이는 덕을 진작시키는 일이고, 그때를 잃지 않는 것을 귀히 본 것이다. 곤坤의 셋째 효의 뜻을 발동하면 '때에 맞은 발동'[時發]이니, 이것은 수업의 일

----

24) '運於近. 成文於遠.', 『淮南子全譯』, 許匡一譯注, 上冊, 貴陽: 貴州人民出版社, 1995, 상동.

인데, 반드시 그때를 기다림을 귀히 보는 것이다. 시時의 쓰임은 위대하다!

육사효: 주머니를 묶었다. (이렇게 되면) 나쁜 점도 없고 좋은 점도 없다.

[六四: 括囊. 无咎无譽.]

상은 말한다. 주머니를 묶었으니 나쁜 점이 없으니, 신중하여 해됨이 없다.

[象曰: 括囊无咎, 愼不害也.]

우번虞飜은 말한다. (64효에서) 괄括은 묶음이다. 곤坤은 주머니이다.

(유안劉安 등의)『회남자淮南子』에서 말한다. "속마음을 신중히 지키고, 외면을 주밀하게 폐쇄閉鎖해야 하는데, 많이 알면 실패할 수 있다. 보지도 말고 듣지도 말고, 정신을 조용하게 포용하면, 몸은 장차 자연히 스스로 바르게 될 것[自正]이다." 자신에서는 할 수 없으나 다른 사람들을 이해할 수 있음은 있을 수 없는 일이다. 그러므로『역易』에서 말한다. "주머니를 묶어놓으면, 나쁜 점도 없고 좋은 점도 없다."[25]

이순신李舜臣(12세기, 남송南宋때 역학자)은 말한다. 좋은 점은 나쁜 점을 불러온다. 64효의 '나쁜 점이 없는'[无咎] 까닭은, 좋은 점이 없기 때문이다. 세상에서 은둔에 의탁하여, 이름[名]을 찾고자 하는데, 이름은 한 번 나가면, 세상 길흉의 근심이 장차 압박할 것이니, (그것을) 쫓아버리려 해도 떠나지 않을 것이다.

유원劉沅은 말한다. 곤坤은 속[中]이 비었으니, 따라서 주머니이다. 64효가 위의 곤坤(괘)으로 들어가니, 겹쳐진 음陰이 응결하여 막았으니, 묶음의 상象이다. (64효에서) 겹친 음이 중中이 아니니, 상하가 막히고 폐쇄되어 지혜의 어둠과 빛을 감출 수 있어서, 나쁜 점도 좋은 점도 둘 다 없다. (64효에서) 자기 주머니의 부유함도 잊고, 묶은 흔적을 결코 노출하지 않게 되니, 곧 죄로 나쁜 점을 불러오지 않고, 또한 이름도 찾지 않으며, 다른 사람의 원한도 불러오지 않는다.

왕덕월汪德鉞(1748-1808)은 말한다. (64효에서) 곤坤에 좋은 점이 없으니, 곧 건乾은 이름을 이룰 수가 없다. 천지가 닫힐 때, 명예가 찬란하면, 군자는 그것이 (64효에서) 불행[禍]에 미칠 가를 두려워한다.

소병국蘇秉國(1762-1829)은 말한다. (64효에서) '나쁜 점이 없음'[无咎]은 자기를 깨끗이 함 때문

---

25) "愼守而內, 周閉而外, 多知爲敗; 毋親毋聽, 抱神以靜, 形將自正." 不得之己而能知彼者, 未之有也. 故『易』曰: "括囊, 无咎无譽.",『淮南子全譯』, 許匡一譯注, 卷十四「詮言」편, 下冊, 貴陽: 貴州人民出版社, 1995, 831頁.

이고, '좋은 점도 없음'[无譽]은 화禍를 면하는 이유 때문이니, 모두 주머니를 묶은 결과이다.

주조웅朱兆熊(18세기, 청淸대 역학자)은 말한다. 62효와 64효는 공功은 같으나 자리가 다르니, 62효는 좋은 점[譽]이 많기에, 따라서 64효에는 좋은 점[譽]이 없다.

리스전李士鉁은 말한다. 하괘는 주머니이고, 64효는 주머니 위에 처해있으니, 밖으로부터 폐쇄되어 있어, 묶음의 상象이다. (64효는) 아래에서 땅을 볼 수 없고, 위에서 하늘을 보지 못하는데, 어두움의 관계이니, (64효는) 재화才華가 스스로 보일 수 없다. 이렇게 신중하고 비밀을 지켜야, 영예가 없는 것[无譽]이 허물도 없는[无咎] 이유이다.

마치창馬其昶은 말한다. 초목이 번성함은 봄여름의 계절이다. 천지가 막힌 것은 가을과 겨울의 계절이다. (64효에서) 주머니를 묶음은 수확의 상象이고, 천지의 기운은 가을겨울에 수렴되며, 인사人事도 가을겨울에 이르러서야 또한 갈무리를 꾀하게 된다. 64효가 활동하여 양위로 변화하면 (음의) 자리를 잃게 된다. 곤坤(괘)의 활동함은 열리는 것이나, (64효에서) 주머니를 묶음은 열지 않는 것이다.

육오효: 노란 치마를 (입으니), 크게 길하다.

[六五: 黃裳, 元吉.]

상에서 말한다. "노란 치마를 (입었으니) 크게 길함"은 무늬가 속에 있음이다.

[象曰: '黃裳元吉,' 文在中也.]

『춘추좌전春秋左傳』에서 말한다. (나의 견해: 남괴南蒯가 반란을 일으키려고 하면서, 이 효爻를 점쳤는데, 자복혜백子服惠伯이 말하였다. (임금께) 충신忠信하는 일이면 가능합니다만, 그렇지 않으면 반드시 패할 것입니다.) 노랑은 속옷의 색깔이고, 치마는 아래 (옷)의 꾸밈이고, 원元은 선善의 으뜸이다.[26] (임율林栗[1120-1190]은 말한다. 건乾은 옷[衣]이고, 곤坤은 치마[裳]이다. 65효는 귀하지만, 건乾과 짝하니 아래가 되는 것이다.)

정현鄭玄(127-200)은 말한다. 순舜이 천자天子에 임용되면, 주공周公은 섭정攝政한 것이다. (공영달孔穎達은 말한다. 곤坤은 신도臣道이니, 65효는 존위尊位이다. 이것은 중화中和함으로써 신직臣職에 있음이다.)

---

26) '南蒯… 曰: "黃裳元吉." …惠伯曰: "…忠信之事則可, 不然必敗." 『春秋左傳注』(下), 昭公十二年, 楊伯峻 著, 臺北: 源流文化事業有限公司, 1982, 1337頁.

곡가걸谷家傑(16세기, 명明대 역학자)은 말한다. (65효에서) 중中이 속에 갖추어졌으니 '노랑 색깔이 중中'이라 말하고, 속의 것이 밖으로 보인 것이 '노란 치마'[黃裳]이다. 속에 문채가 있으니, 어둔 것이 나타나기에, 눈에 띠지 않는 문채이다. 즉 아름다움이 속에 있다는 뜻이다.

유원劉沅은 말한다. 65효는 곤덕坤德의 바름[正]을 잡고서 그의 중순中順한 본체를 잃지 않는다. 『춘추좌전春秋左傳』에서 남괴南蒯가 서점筮占으로 이 효를 얻었는데, 자복혜백子服惠伯이, '충성되고 믿음직한 일이라면 가능하고, 그렇지 않으면 반드시 실패한다.'라고[27] 말한 것은 이 뜻을 깊이 얻은 것이다.

(유원劉沅『주역항해周易恒解』의)『부해附解』에서 말한다. 사람들이 천성天性을 다하고 천명天命을 세우려는 것은, 다만 중中에서 받은 본연本然을 온전하게 할 뿐이다. 성인이 천성天性의 공효[性功]를 사람들에게 가르치고, 가운데[中]에 있는 혼융한 체體를 보존하여, 고요함이 정점에 달하여 나에게 태극, 즉 곤원坤元의 고요함이 있게 된다. (65효에서) 이 순수한 무아无我의 내심을 확충하여, 활동이 정점에 달하여 태화太和가 봄이 된다. (이것이) 곧 건원乾元의 활동이다.

또 (유원의 『부해』)에서 말한다. 황제黃帝, 요堯임금, 순舜임금이 의상을 늘어뜨리고 다스린 것은 건곤乾坤에서 취한 것이다. 의상衣裳의 꾸밈은, 천지의 찬란함을 발동하여, 인도人道가 이것에서 성립됨이니, 모든 문채가 이것에서 일어나는 근거이다. (65효에서) 의衣는 건乾을 본받고, 상裳은 곤坤을 본받은 것이니, 몸에 맞는 문채는 이것보다 앞서는 것이 없다.

리스전李士鉁은 말한다. 땅의 색은 노랑이고, 65효는 중中을 얻었으니 존귀하기에, 따라서 노랑의 바른 색을 가지고 있다. 건乾은 순수한 군도君道이기에, 따라서 92효 또한 군君이라 칭한다. 곤坤은 순수한 신도臣道이니, 따라서 65효 또한, 신하이다. 건원乾元은 95효에 몸을 의탁하고, 곤坤은 65효를 건원乾元에 응결시키니, 지地는 천기天氣를 함축한 셈이고, 달이 해의 빛을 빌리는 것처럼, 신하는 임금의 공적[功]을 이루는 것이다.

마치창馬其昶은 말한다. (65효에서) 사물들이 서로 섞이기에 따라서 문채라고 말한다. 무릇 양효가 음으로 변하고 음효가 양으로 변하면, 문채가 생긴다. 건乾의 92효가 이離(괘)로 변하면 문채 있는 밝음이고, 곤坤의 65효가 감坎으로 변하면 문채는 속에 있게 되니, 이離와 감坎(괘)는 천지의 중기中氣를 얻었기 때문이다.

---

27) '惠伯曰: "…忠信之事則可, 不然必敗.", 『左傳全譯』昭公十二年, 王守謙 等譯注, 貴陽; 貴州人民出版社, 1990, 1,219頁.

상육효: 용들이 들판에서 싸우니, 그 피가 푸르고 누런 혼합[玄黃]색이다.

[上六: 龍戰于野, 其血玄黃.]

상에서 말한다. "용들이 들판에서 싸움하니," 그 방도가 곤궁하다.

[象曰: "龍戰于野," 其道窮也.]

(허신許愼의)『설문해자說文解字』에서 말한다. (천간天干의 제9위位인) 임壬은 북쪽에 위치하고, 험난險難의 정점에서 양陽이 생기니, 따라서 『역易』(곤坤괘 상6효)에서, "용龍이 들판에서 싸운다."라고 말한다. (유원劉沅은 말한다. 용은 양의 사물이니, 즉 건乾이다. 피는 음의 사물이다. 음양은 한쪽으로 이길 수 없다. 음양은 한쪽으로 이길 수 없으니, (치우쳐서) 극히 왕성하게 되면 전투하여 다친다.)

주목朱穆(100-163)은 말한다. 역경易經(곤坤괘 상6효)에서, 용이 싸우는 모임에는, 양도陽道가 장차 승리하며, 음도陰道는 질 것을 말하는 것이다.

공영달孔穎達(574-648)은 말한다. (이것은) 곧 「설괘說卦」전의 '싸움은 건乾[戰乎乾]이다.28) (건乾)괘 밖에서 전투하니, 따라서 (곤坤괘 상6효에서) '들판에서'[于野]라고 말한다. 음양이 서로 상했으니, 따라서 '푸르고 누런 혼합[玄黃]색'이라 말한다.

진식陳植(14세기, 명明조 인물)은 말한다. 곤坤괘 상6효는 용龍을 칭하니, 음이 극성하면 변화하여 양陽이 되는 것이다.

요배중姚配中(1792-1844)은 말한다. (곤坤괘 상6효에서) 왕성한 음이 양으로 모이니[凝], 양陽이 나와서 '성공할 수 없기에[不遂]', 따라서 (곤坤괘 상6효에서) 싸우는 것이다. (『예기禮記』의)「월령月令」편에서, '음력 11월月[仲冬]'에, '낮이 가장 짧아지면, 음양이 다툰다.'라고29) (말했다.)

리스전李士鉁(1851-1926)은 말한다. (상6효에서) '싸움하는 용'이라 말하지 않고 '용이 싸운다.'라고 말하는 것은, 양이 정벌하는 것이지, 음이 양을 적敵으로 삼지 않음이니, 신하가 임금을 적으로 삼지 않음과 같다. 피는 음陰의 상징이고, 현玄은 하늘의 색이다. (상6효는) 하늘 위에 있기에, 따라서 현玄이다. 노랑은 땅의 색이다. 곤坤은 땅이기에, 따라서 누렇다.『역易』에서 궁窮하면 변하니, 초6효는 음으로 양을 제거한 것이고, 상6효는 양이 와서 음을 정벌한 것이니, 음은 양에 대적할 수 없기에, 따라서 (상6효는) 다쳐서 피를 흘리는 것이니, 천지天地의 잡색雜色을 보이게

---

28) '戰乎乾.',「說卦」傳, 高亨, 613頁.

29) '日短至, 陰陽爭.',『禮記正義』(『禮記注疏』第十七「月令」편), 北京: 北京大學出版社, 13冊, 649頁.

된다.

마치창馬其昶(1855-1930)은 말한다. 변화하는 일에는, 천天과 인人의 힘이 각각 그 반쪽을 얻는다. 곤坤괘 64효는 적절한 변화가 아니기에 따라서 '주머니를 묶음'[括囊]이니, 이것은 사람이 천天을 반드시 이김이다. 상6효가 비록 변화하려 하나 할 수 없는 것, 이것은 또한 '자연[天]'이 반드시 사람을 이김이다.

용육用六효: 오랜 기간의 정직함에 이로움이 있다.

[用六:30) 利永貞.]

상에서 말한다. "용육用六효에서 오랜 기간의 정직함"은, (덕업德業이) 광대한 결과이다.

[象曰: "用六永貞," 以大終也.]

정형程逈(12세기, 남송南宋시대의 학자)은 말한다. 건乾은 원元을 본본으로 하니, 개시開始할 수 있는 근거이다. 곤坤은 바름[貞]을 주主로 삼기에, 큰 결과[大終]를 가질 수 있다.

주자朱子(1130-1200)는 말한다. 오랜 기간 바름에 이로움이 있음은, 곧 건乾(괘)의 '바름에 이로움'[利貞]이다. 건乾(괘)의 길吉함은 '우두머리가 없음'[无首]에 있고; 곤坤(괘)의 이로움은 '오랜 기간 바름'[永貞]에 있다. 이것은, '2(건곤) 괘가 변괘變卦를 쓰되, 양은 큰 것[大]이고, 음은 작은 것[小]이니, 음이 변하여 양이 됨을 설명한다. 이른바 대종大終은 시작은 작으나 결과가 큼을 말한다.

● **나의 견해:** (곤坤이) 변하여 건乾이 되면, 그 쓰임은 큰 것[大]이다.

호병문胡炳文(1250-1333)은 말한다. 양은 음보다 앞서나, 양의 정점에서 머리[首]가 될 수 없다. 음은 작고, 양은 크나, 음은 정점에서 큼[大]으로 끝이 난다.

고헌성顧憲成(1550-1612)은 말한다. '용구用九(효)에는 머리가 없음'[用九无首], 이것은 건이 곤에 들어감이니, 곤坤이 건乾을 숨긴 것이다. '용육用六(효)은 오랜 기간 바름'[永貞]이고, 이것은 곤坤으로 건乾을 받드는 것이니, 건은 곤의 임금이다.

장혜언張惠言(1761-1802)은 말한다. 양陽은 대大를 일컫고, 지도地道는 끝[終]을 대신하기에,

---

30) 用은 마땅히 逈으로 읽어야 하며, 逈은 통通이다. 筮占에서 여섯 효가 모두 6이면, 用六의 爻辭로 일을 판단해야 한다. 高亨, 82頁.

(곤坤괘는) 따라서 큼[大]으로 끝맺음이다.

유원劉沅은 말한다. 곤坤은 건乾의 일을 끝내는 것이니, 상6효는 음이 왕성하나 스스로 극복할 수 없으면, 끝을 낼 수 없다. 바르면 번성한 곳에 처하여도 막힘이 없으니, (곤坤괘는) 오랜 기간 바르면[永貞] 불궁不窮할 뿐만 아니고, '자연[天]'의 대덕大德과 짝하여, 만물을 생산하기에 쉼이 없으니, 사람들에게 쓰일 뿐이다.

리스전李士鉁은 말한다. 양은 나아감을 주관하니, 따라서 7을 쓰지 않고 9를 쓴다. 음은 물러남을 주관하니, 따라서 8을 쓰지 않고, 6을 쓴다. 곤도坤道는 건乾을 받드니, 건乾은 일一에서 나오고, 곤坤은 6으로 끝을 낸다. 만사와 만물은 건乾의 하나[一]에서 나오며, 곤坤의 6으로 끝나지 않는 것이 없다. 용육用六(효)은 음의 정도正道이니, 건원乾元에 순종하고 그 쓰임을 끝내는 근거이다. 건乾의 '하나[一]'는 이른바 원元이니, 정점을 9에로 밀어 올리면 그 원元을 볼 수 없으나, 원元이 아닌 데로 갈 수 없다. 곤坤의 하나[一]는 이른바 바름[貞]이니, 정점을 6으로 밀어내면 바르지[貞] 않은 때[時]가 없기에, 따라서 '오랜 기간 바르면 이롭다[利永貞].' 건乾의 용구用九(효)는 '우두머리 없음[无首]'을 큰 시작[大始]으로 삼는다. 곤坤의 용육用六(효)은 '오랜 기간 바름[永貞]'을 대종大終으로 삼는다. (건乾괘는) 시작이 없으니[无始] 따라서 대시大始가 되고, 건乾을 끝내기에 따라서 대종大終이 된다. 무릇 수數는 홀수에서 생기고 짝수에서 이루어지니, 9는 곧 一획의 완결이고, 6은 곧 一一 획의 완결이다. 9와 6은 천지자연의 수數이다. 또 괘는 삼(획)으로 성립되니, 그 3을 세 곱하면 9이고, 그 3을 두 곱하면 6이니, 이른바 삼천三天 양지兩地의 수數가 세워진다.

마치창馬其昶은 말한다. (곤坤괘는) 태화太和를 보합保合하니 이에 바르면 이롭다[利貞]. (곤坤괘에서) '오랜 기간 바르면 이로움[利永貞]'은 유구하여 끝이 없음이다. (곤坤괘에서) 널리 두터움[博厚]은 만물을 싣기 때문이요, 유구悠久는 만물을 이루어줌 때문이다.

● **나의 견해**: 건원乾元은 곤坤에 들어가고, 곤원坤元은 건乾에 들어가니, 이것이 곧 천지의 대용大用이다. 64괘 음양 변화는 9와 6의 묘용妙用으로 하지 않은 것이 없으니, 곧 모두 건곤乾坤의 원기元氣가 한 것이다. 고씨顧氏(顧憲成, 1550-1612)가 말한 바는 곧 「설괘說卦」(전)의 '건乾괘는 (하늘같이) 만물들에 군림君臨하며, 곤坤괘는 (땅처럼) 만물을 받아들여 저장한다.'는[31] 것에 의거依據하여, 그 뜻을 밀고 나가는 것이다.

....

31) "乾以君之 , 坤以藏之.", 「說卦」傳, 高亨, 611頁.

「문언文言」전傳

「문언文言」에서 말한다. "(땅은 영원히 하늘에 순종하기에) 곤坤은 지극히 유순하며 활동은 (만물을 생양生養하니) 강건하며, (곤坤은) 지극히 고요하면서도 그 덕은 방정方正하며, (하늘에 순종한) 후에야 주관하게 되고 (만물을 생양生養하는) 법도[常]을 갖게 되고, 만물들을 포괄하며 (그들을) 화생化生하는 것이 매우 광대하다. 곤坤의 도리는 순종이다! (땅은) '자연[天]'을 받들며 사계절은 움직인다.

[「文言」曰: 坤至柔而動也剛, 至靜而德方, 後得主而有常, 含萬物而化光.[32] 坤其道順乎! 承天而時行.]

(순상荀爽 등)『구가역九家易』에서 말한다. (곤坤괘에서) "음이 활동하여 양陽을 낳기에, 따라서 (곤坤괘의) 활동 또한 강건하다."[33]

양만리楊萬里(1127-1206)는 말한다. (곤坤괘에) 신도臣道가 있으면 신하의 절도[臣節]가 있다. 신하의 절도는 순종함에서 실패하기에, 따라서 (곤坤괘는) 강건해지고 방정해지고자 하는 것이다.

왕종전王宗傳(12세기, 남송南宋시대 학자)은 말한다. 임금[主](의 마음)을 얻는 데는 규칙[常]이 있으니, 순종으로 규칙을 얻는 뜻을 펼친다. (곤坤괘는) 만물을 함축하고 빛에 동화하니, 함축은 넓고 광대하여 만물이 형통하는 뜻을 펼친다.

오징吳澄(1249-1333)은 말한다. 굳셈[剛], 방정[方]은 곧 62효의 이른바 곧음[直], 방정[方]이다. 건乾의 95효는 강건剛健할 뿐만 아니라, 중정中正할 수 있기에, 따라서 건원乾元의 큼[大]이 된다. 곤坤의 62효는 '부드럽고 조용[柔靜]'할 뿐만 아니라 '굳세고 방정[剛方]'하기에, 따라서 곤원坤元의 큼[大]이 되는 것이다.

하해何楷(1594-1645)는 말한다. (곤坤괘의) 부드럽고 고요함[柔靜]은 체體이고, '굳셈과 방정[剛方]'은 용用이다.

주식朱軾(1665-1736)은 말한다. 이것은 곤坤이 건乾에 순종함을 극찬한 것이다. 사덕四德(元, 亨, 利, 貞)을 나누어 해석하지 않았으니, 곤坤의 원元형亨이利정貞은 곧 건乾의 원元형亨이利정貞이다.

강영江永(1681-1762)은 말한다. (곤坤괘에서) 땅의 덕은 방정[方]이고, 모양은 원圓을 본받았다.

---

32) 光은 廣의 가차이다. 高亨, 84頁.

33) '陰動生陽, 故動也剛.', 荀爽,『九家易解』, 中國哲學書電子化計劃, https://ctext.org 참조.

유원劉沅은 말한다. 건乾은 굳셈[剛]이고 곤坤은 부드러움[柔]이니, 건은 활동[動]하고 곤의 고요함[靜]은 정해진 몸[體]이다. 그러나 곤坤은 진실로 지극히 부드러움[至柔]이니, 건乾의 베풀음[施]을 받들고, 활동하여 만물을 낳음을 본받은 것이기에, 그 기틀은 막아서 그치게 할 수 없으니, (곤坤은) 또한 지극히 강건하다. 곤坤은 진실로 지극히 고요[至靜]한데, 그러나 건乾에 감화되어서, 덕이 넓게 생성할 수 있으니, 형기形氣는 각각 부속한 데가 있으나 또한 (곤坤은) 지극히 방정[至方]하다. 건乾이 주主가 되기에 공功을 건에게 양도하고, (곤坤은) 늘 뒤에 있는 것 같으나, (곤坤괘는) 실제로 주인을 얻어서 일상이 된다. (나의 견해: 일상이 됨[有常]은 곧 이利자字의 뜻이다.) 그러므로 (곤坤이) 만물을 함축하고 양육하여, 화생化生하며, 끊임이 없으니, 광휘光輝가 퍼져서 드러나고, 천도天道에 순종하고 본받으며 계절에 맞게 시행[時行]하는데, 계절보다 앞서서 시행할 수 없고, 계절보다 늦을 수도 대응하지 않을 수도 없으니, 하늘과 짝함이 무궁하기 때문이다.

좋은 일을 쌓은 집에는 반드시 넘쳐나는 복이 있고, 못된 일을 쌓은 집에는 반드시 넘쳐나는 재앙이 있다. 신하가 임금을 시해하고, 자식이 아버지를 시해하는 일은 하루아침 하루 저녁의 일이 아니고, 그 조성은 점차로 쌓인 것이다. (그것의) 분별을 일찍 못한 것이다."『역易』(곤坤괘 초6효)에서 말하였다. "서리가 내리면, (곧) 단단한 얼음이 닥친다." 이것은 (자연의) 순서이다.
[積善之家, 必有餘慶. 積不善之家, 必有餘殃. 臣弑其君, 子弑其父, 非一朝一夕之故, 其所由來者漸矣. 由辯之不早辯也. 『易』曰: "履霜, 堅冰至." 蓋言順也.]

『예기禮記』(「경해經解」第二十六篇)에서, '예禮의 교화는 눈이 (띠지 않을 정도로) 작다고 할지라도, 사악함이 아직 형태를 잡기 전에 금지하고, 죄를 멀리하게 하고, 지각하지 못할 때 매일 선善한 일로 다가서게 해야 한다. 『역易』에서 말하였다. 군자는 시작을 신중하게 하니, 터럭 한끝만큼 (작은 차이가) 나도, 오류는 천리千里에 (이른다.)'라고[34] 말한 것이다.

(사마천의)『사기史記』에서 말한다. "『춘추春秋』경經에 (말한), '임금 죽이기 36번, 망한 나라 52'는 … 그런 까닭을 살피면, 모두 근본을 잃은 것뿐이다."[35]

공영달孔穎達(574-648)은 말한다. (곤坤괘에서 사람이) 음험한 도道를 순조롭게 배우고, 미세한

---

34) '故禮之敎化也微, 其止邪也於未形, 使人日徙善遠罪而不自知也, 是以先王隆之也. 『易』曰:「君子愼始, 差若豪氂, 繆以千里.」', 『禮記正義』,(「十三經注疏 正理本」), 北京: 北京大學出版社, 2000, 15冊, 1,603頁.

35) '『春秋』之中, 弑君三十六, 亡國五十二, … 察其所以, 皆失其本已.', 『史記』, 傳 [四], 十冊, [漢] 司馬遷撰, 北京: 中華書局, 1972, 3,297頁.

잘못을 쌓아나가 그치지 않으면, 이에 (임금을) 시해하고 해치기에까지 이른다고 말한 것이다.

여조겸呂祖謙(1137-1181)은 말한다. (곤坤괘에서) 삐뚠 마음과 사념邪念이 순조롭게 나아가면 이르지 못할 곳이 어디인가? 순조로움을 말한 구절을 더욱 경계해야 함이다!

장진연張振淵(16, 17세기, 명明대 학자)은 말한다. 곤도坤道는 지극히 순한데, 순한 것이 변하면 반대로 거슬리게[逆] 된다. 그러므로 성인은 그(곤坤의) 이로움을 깊이 들어내어 신하들의 큰 명분을 밝혔으며; 그들의 반역의 화禍를 깊이 연구하여 임금과 아버지의 큰 방비를 세웠다.

유원劉沅은 말한다. 선善은 양의 부류이고; 불선不善은 음의 부류이다. 착한 것과 착하지 않은 것의 쌓임은 한 생각에서 생겨나고, 점차로 불러옴에서 이루어진다. 공자께서, '서리를 밟으면 (장차) 단단한 얼음이 올 것'을 말한 것은, 좋은 것과 좋지 않은 것의 쌓임은 반드시 경사慶事가 있은 나머지나, 재앙의 나머지에 있음을 탄식한 것이다. 또한, 재앙이 큰 것은, 그것이 하루의 조석朝夕에서 (이루어진 것이) 아님을 밝히셨고, 사람들이 일찍이 선을 쌓고, 불선不善이 미미할 때 경계해야함을 바랐다. (나의 견해: 촉의 임금[蜀帝]이 후주後主에게, '악은 작아도 해서는 안 되며, 선은 작아도 하지 않아서는 안 된다.'라는 말은 자못 그 뜻을 얻은 것이다.) (곤坤괘에서) 순종을 말하니, 곤坤은 진실로 순종을 덕으로 삼아서, 공리公理에 순종하고 사사로움[私]에는 순종하지 않으니, 사사로움에 순종하면 단단한 얼음이 이를 것이로다! 내來씨[지덕知德, 1825-1604]이 '순順은 곧 순馴(따름)자의 뜻'이라 말한 것은 매우 옳다.

마치창馬其昶은 말한다. 서리가 결합하여 단단한 얼음이 되는 것은, 기후가 반드시 그렇게 되는 것이기에, 성인을 기다려서 알 필요가 없다. 그러므로 음이 비록 더욱 왕성해도, 양은 이미 그 가운데로 복귀할 것이다! 미약한 양陽도 순수한 건乾이 되니, 이른바 적선積善이다. 만약 선심善心의 싹을 꺾어버리면, 음은 자라나는 것을 그치지 않으니, (곤坤괘) 상6효에 이르면 반드시 용들이 전투하는 화禍가 있게 될 것이다! 이것이 불선不善의 쌓음이다. 양은, 단단한 얼음이 오는 때에 복귀하니, 성인은 '서리를 밟을 때'에 일찍이 분별하는데, 이것이 '처음과 끝에서 미묘함을 봄'을 말한 것이다.

• **나의 견해**: 『역易』과 『노자老子』는 서로 통하니, '선을 쌓으면 경사가 있음'은 복이 생기는 기반이고; '선을 쌓지 않으면 재앙이 있음'은 재앙이 생기는 태반胎盤이다. 불선不善은, 음이 비로소 응결하는 상이다. 재앙에 나머지는 곧 단단한 얼음의 상이다. 공자께서 효사爻辭를 해석하여, '불선不善은 점점 쌓임'을 말 하셨고, '선善은 점차로 쌓임'을 특히 먼저 말씀하심은 바른 뜻[正意]을

이끌어 내려는 것이다. 소인들은 '작은 선善은 무익하니 하지 않고, 작은 악惡은 해칠 것이 없으니 버리지 않으니, 따라서 악이 쌓여서 엄폐할 수 없게 되면, 죄는 커져서 풀 수가 없게 된다.' '크게 옳지 않은 일을 범하여 시역弑逆하는 재앙을 이룸에 이르게 됨에 미치게 되는 것'은, 모두 '좋지 않은 생각 하나'에 말미암은 재난의 단서이다. 이것은 '서리를 밟음'의 시작에, 음이 점차 응결하여 더욱 심해지는 것과 무엇이 다른가? 이것이 오래됨에 미치게 되면, 진실로 음의 극심한 한랭이 순조롭게 따라오니, 결합 된 얼음이 더욱 굳어져서 풀 수 없게 된다. 사람들은 대부분 점차적인 유래를 홀시하기에, 주시하여 살피지 않는데, 성인이라면 일찍이 분별할 것이니, 이것이 계율을 내림에 깊이이다!

> **(육이효에서, 땅이 천도天道를 따르는) "곧음"[直]은 정확하며, "방정함"은 적합[義]하다.**
> **군자가 (마음에) 공경을 가지면 속이 반듯해지고, 의로운 일을 하여 밖에서 방정하니, 공경과 도의가 확립되면 덕은 외롭지 않다. "곧고 방정하면, 비록 (환경에) 익숙지 않더라도, 이롭지 않음이 없다."라고 함은, (사람들이 군자가) 실행한 것을 의심하지 않는 것이다.**
> ["直"其正也 , "方"其義也. 君子敬以直內 , 義以方外 , 敬義立 , 而德不孤. "直方, 大不習, 無不利",36) 則不疑其所行也.]

왕통王通(584-617)은 (그의) 『문중자중설文中子中說』(간칭簡稱 『중설中說』)에서 말한다. "천성天性으로 정情을 제압할 수 있는 자는 드물 것인데, 나는 기로岐路에 있으면서 돌아오기를 유예하지 않는 이를 아직 보지 못했다. 『역易』에서 말한다. '곧고 방정함이 큰데, 익숙하지 않고도 이로움이 없지 않음'이라면, 자기가 행할 바를 의심하지 않는다."37)

(정호程顥‧정이程頤의) 『이정유서二程遺書』에서 말한다. (62효는) '공경[敬]과 의리[義]를 함께 가지고, 곧장 여기부터 위로 천덕天德에 도달한다.'38)

(정이程頤의) 『이천역전伊川易傳』에서 말한다. (62효에서는) 공경이 서면 속[內]이 곧바르고, 적합함[義]이 나타나기에 밖이 방정하다. 밖으로 적합함이 나타나면 잘못은 밖에 있지 않다. 공경과

---

36) 大자는 衍文이고, 군자는 공경[敬]을 마음에 담고 속이 정직하며, 義롭게 일을 행하니 밖에서 방정하면, 사람들은 모두 (그 군자가) 행한 것을 믿고서 의심이 없음을 말한다. 高亨, 85頁.

37) '子曰: "以性制情者鮮矣, 我未見處岐路而不遲迴者. 『易』曰: 直方大, 不習, 无不利. 則不疑其所行也.", 『文中子·中說譯注』, 王通撰, 鄭春潁譯注, 哈爾濱: 黑龍江人民出版社, 2002, 171頁.

38) '敬義夾持, 直上達天德自此.', 『二程遺書』卷五, 宋 朱子編, 電子版文淵閣四庫全書, 上海人民出版社, 1999 참조.

적합함이 일단 성립하면, (62효에서) 그 덕은 왕성해질 것이니, (62효는) 큰 것을 기대하지 않아도 스스로 커질 것이며, 씀에는 두루 하지 않음이 없고, 베풂음에 이롭지 않은 것이 없으니, 어찌 의심할 수 있겠는가?

장근張根(1062-1120)은 말한다. (62효는) '홀로'가 아니니, 큼[大]이다.

(주희의) 『주자어류朱子語類』에서 말한다. (62효에서) 공경[敬]은 곧음[直]자字를 풀고, 의義는 방정함[方]자字를 풀고 있다. 사람들에게 베푼다면, 임금 섬김에 충성하고, 어버이 섬김에 기쁘게 하고, 벗들과 교제함에 믿음성 있고, 숙달됨을 기다리지 않아도 이롭지 못한 점이 하나도 없다.

황간黃幹(1152-1221)은 말한다. 건乾은 덕德과 업業을 말하고, 곤坤은 공경[敬]과 의義를 말하니, 실은 서로 조리를 이룬다. (62효에서) 종일토록 강건함은 공경하며 수양하는 근거이니, 공경과 의義에 힘을 써서, 큰 것[大]에 이르게 된다. (62효에서) 대大란, 덕이 날로 새로워지고, 일[業]이 부유富有하게 됨이다.

왕응린王應麟(1223-1296)은 말한다. 『단서丹書』에, 경의敬義에 대한 해설(이 있는데),[39] 공자께서도 이것에서 발의하고 있다.

호병문胡炳文(1250-1333)은 말한다. (62효에서) 공경을 위주로 함이 배우는 요점이니, 선善을 쌓는 것이 강학講學의 요점이다.

설선薛瑄(1389-1464)은 말한다. (62효에서) 내심을 곧게 함[直內]은 계신戒愼하고 두려워[恐懼]하는 일이다. (62효에서) 밖에서 방정함[方外]은 기氣를 기르는 일을 알고서 말한 것이다.

채청蔡淸(1453-1508)은 말한다. (62효에서) 곧음[直]은 곧 충신忠信을 위주로 하고, 방정[方]은 곧 의로운 일에로 마음을 바꿈[徙義]이다.

유원劉沅은 말한다. (62효에서) 곧음[直]은 하늘의 '베풂음'을 받드는 것이니, 생물은 (그렇게) 하지 않을 수 없으며, 그것이 바르면 되는 것이다. 방정함[方]은 방정함을 따르고자 함이니, 사물이 각각 자기 자리를 얻어서, 그것이 의롭다면[義] 되는 것이다. 내심이 자기 곧음을 바라면, 공경함으로써 마음에 머무른다. (62효에서) 밖으로 방정하고자 하면, 의義로써 일을 한다. 공경[敬]과 의義는 내외內外를 서로 꾸며주는 공효이고, 인심人心과 자연의 도리를 채워준다.

마치창馬其昶은 말한다. 곤坤괘의 단彖(전)에서, 이롭고 바름[利貞]을 가장 중시한다. 62효가 일단 중中하고, 또한 바르니[正], (62효의) 덕은 단彖(전)과 같은데, (62)효에서는 다만 직방直方만 말

---

39) 『丹書』에, "敬勝怠者, 吉. 怠勝敬者, 滅. 義勝欲者, 從. 欲勝義者, 凶."이 나오는데, 공경[敬]과 태만[怠]을, 의義와 욕欲을 대립시키고 있으며, 공경[敬]과 의義를 긍정 평가하고 있다. https://zh.m.wikisource.org 참조.

하고, 이정利貞은 말하지 않았으니, 따라서 공자께서 이것을 펼치어 밝히신 것이다. 62효의 곧음[直]은 그것이 바름[正]이고, 62효의 방정[方]은 그것이 의義임을 말한다. 정貞은 바름[正]이고, 이利는 의義의 화합[和]이다. 그러므로 '곧고 방정함[直方]'은 곧 '이롭고 바름[利貞]'이라 하겠다. 덕은 원元을 말하고, 곤원坤元은 건원乾元에 통하니, 따라서 '홀로'가 아니다. 홀로가 아닌 연후에 커지고[大], 이것은 또한 '이롭고 바름[利貞]'이 바로 원형元亨의 일을 끝내는 근거임을 말한다.『문중자文中子』에서, '천성[性]으로 정情을 통제함'을[40] 말했으니, 양으로서 음을 통제한 것이다. 양은 一이나, 음은 갈라지니[岐], 양을 받들고 갈림길의 미혹이 없으니, (62효에서) 어찌 의심할 바가 있겠는가? 정이程頤(1033-1107)는, 곧게 위로 천덕天德에 도달[達]하고, 천덕은 곧 건원乾元이고, 달達은 형통[亨]이다.(라고 말한다.)

(육삼효): 음효가 비록 아름답지만, "(은殷나라를) 정벌함"은 (무)왕의 (국가) 대사에 따르더라도, (자신이) 성과를 낼 수 없다. 지도地道는, 아내의 도리, 신하의 도리이다. 지도地道가 (자신의) "성과가 없다"해도, 그 대신 (천도의) "결과"가 있기 마련이다.

[陰雖有美, "含"之以從王事[41], 弗敢成也. 地道也, 妻道也, 臣道也. 地道"無成", 而代"有終"也.]

송충宋衷(2세기?-219)은 말한다. (63효에서) 땅은 하늘의 공능[功]을 끝내고, 신하는 임금의 일들을 끝내고, 아내는 남편의 하던 일[業]을 끝내니, 따라서 '대신 끝낸다.'[代終]라고 말한 것이다.

(정호·정이의)『이정유서二程遺書』에서 말한다. 천지天地 일월日月과 같이, 달의 빛은 해의 빛이다. 땅속에서 사물을 생기게 하는 것은 모두 천기天氣이다. (63효에서) 끝냄을 대신하여 이룰 수 없는 것이 지地의 도道이다.

채청蔡淸(1453-1508)은 말한다. (63효에서) 감히 이룰 수 없는 것은 곧 미질美質을 포함하는[含章] 도道이니, 왕사王事에 종사하는 자들에게 쓰이는 것이다.

하해何楷(1594-1645)는 말한다. (63효에서) '대신하여 끝냄'은 바로 건乾(괘)의 시작에 대하여 한 말이다.

곡가걸谷家傑((16세기, 명明대 역학자)은 말한다. (63효에서) '대신하여 끝냄'을 말한다면, 끝냄과 더불어 또한 곤坤(괘)가 감히 가질 수 있는 것이 아니다.

....

40) '以性制情者鮮矣,' 앞의 주33『中說』인용 참조.
41) 事는 天子나 諸侯들의 나라의 큰일(예 祭祀, 會盟, 전쟁 등)을 말한다.『漢語大詞典』https://www.hanyucidian.org

유원劉沅은 말한다. '공功을 이루지 않음'이 지도地道의 통례이다. 땅은 하늘에 통괄되기에, 자기 공을 가질 수 없고, 이룰 수도 없다. 그러나 (63효에서) 하늘을 대신하여 사물을 낳으니, 사물은 이루어지지 않는 것이 없다. 천공天功은 실로 (곤坤에) 의지하여 끝을 내니, 이것이 땅이 자기의 큼[大]을 이룰 수 있고 하늘과 공로가 같을 수 있는 근거이다.

● **나의 견해**: 동중서董仲舒가 말한, '지도地道는 하늘에 귀속함'이 곧 '감히 이룰 수 없음'[不敢成]의 뜻이다.

(육사효): 천지가 변화하며, (음양이 서로 어울리니), 초목들이 번성한다. (음양이 어울리지 못하면) 천지가 폐쇄되고, 현인들이 은거하게 된다. 『역易』에서 말하였다. "주머니를 묶어두었으니, 탈도 없고 칭찬도 없음"은, (현자들이 은거하여) 근신함을 말함이다.
[天地變化, 草木蕃. 天地閉, 賢人隱. 易曰: "括囊, 無咎無譽," 蓋言謹也.]

유목劉牧(1011-1064)은 말한다. 곤坤 '활동의 개시[闢]'는 62효의 덕에 응한 것이다. 고요하고 화순和順한 것은 64효의 자리에 대응한 것이다. 천지天地가 막히어 통할 수 없을 때 (64효에서) 현인은 자기 재지才智를 (남에게) 보이지 않는다.

이광李光(1078-1159)은 말한다. (64효에서) '주머니를 묶음'은 현인들이 은거하는 때이니, 대신들은 자기 변호하려고 잡아끌어서는 안 된다.

장준張浚(1097-1164)은 말한다. (64효에서) '주머니를 묶음'은 속으로 자기 덕을 채우고, 때를 기다려 (일을) 하려는 것이다. 앞에서는 막혔으나 뒤에서는 느슨하여, 낳고 변화하는 공능이 이것에서부터 나오니, 따라서 공자께서는 천지가 닫힘의 뜻을 내신 것이다.

굴대균屈大鈞(1630-1696)은 말한다. 이것은 곤坤이 (64효에서) 고요하게 화순和順하여 넓게 생기게 하는 때이다. (64효는) 음이 겹치는 시작인데, 천지 또한 그 주머니를 묶었으니, 하물며 현인들은 어떻겠는가! (『예기禮記』의) 「월령月令」편에, 중동仲冬(음력11월)에는, '천지의 방房을 개발하지 말라!'라고42) 했으니, 방房은 주머니이다.

유원劉沅은 말한다. 상하 2괘로 말하면, 상上은 하늘이고, 하下는 땅이다. 64효는 상하 괘가 바

---

42) '土事毋作, 愼毋發蓋, 毋發室屋, 及起大衆, 以固而閉. 地氣沮泄, 是謂發天地之房, 諸蟄則死, 民必疾疫」, 『禮記正義』(十三經注疏正理本), 北京: 北京大學出版社, 13冊, 646頁 참조.

꿰는 교차에 있으니, 바로 천지 변화의 때이기에, 좋은지 나쁜지를 아직 점쳐보지 않았고, 허물도 명예도 없다. (64효에서) 신중하게 몸을 숨기고, 천지의 뜻을 얻으라고 말한다. 변화하여 태평하며, 초목들 또한 번창하니, 사람들은 말[言]을 기다리지 않는다. 변화하여 나쁘면 천지가 막히고 현인들은 은거하니, (64효에서) 어찌 조급하게 활동하겠는가?

(육오효): 군자가 "황색 옷을 안에 입은 것"은 (그가) 사리에 통달하고, 있는 자리가 반듯하며 예禮에 합당하며, 미덕이 자기 마음에 있고, 팔다리[四肢]에 통하며, 사업에서 나타나니, 아름다움이 지극함이다.

[君子"黃"中通理, 正位居體,43) 美在其中, 而暢於四支, 發於事業, 美之至也.]

(순상荀爽 등의) 『구가역九家易』에서 말한다. "(65효에서) 천지가 교제하니, 만물들이 생겨난다. (65효에서) 양덕陽德이 잠기어 숨겨져 있으나, 변하니 (65효에서) 발현된다고 말한다. 만약 65효의 활동이 '접근하게[比]' 되면, 이에 사업이 번창하게 된다."44)

우번虞翻(164-233)은 말한다. 노랑은 땅의 색이다. (65효에서) 건乾으로써 곤坤에 통하니, 따라서 통하는 도리[通理]라고 불린다. 65효는 바로 양위陽位이기에, 따라서 '바른 자리[正位]'라고 말한다. 몸[體]은 사지四肢이니, 다리와 팔이다. (나의 견해: 원수元首는 높고, 팔다리는 낮다.)

조언숙趙彦肅(10세기, 송宋태조[927-976] 때의 학자)은 말한다. (65효는) 바른 65효의 자리이니, 곤의 몸[體]에 있다.

정여해鄭汝諧(1126-1205)는 말한다. 옛날 복제服制는 12장章인데, (위의) 의衣에는 그림[繪]을 그렸고 (아래의) 치마[裳]에는 수繡를 넣었다. 『주례周禮 · 고공기考工記』에서, '다섯 가지 채색을 갖추면 수繡라 한다.'라고45) 말한다. 치마는 다섯 가지 채색을 갖추었으니, 지극히 아름답고 지극한 무늬가 있다.

호병문胡炳文(1250-1333)은 말한다. (65효에서) 속이 곧음[直內]은 곧 '중간의 황색'[黃中]이고, '밖의 방정함'[方外]은 곧 공통의 도리[統理]이다. 이 둘은 내외가 함께 협력하고, 둘이 그 힘을 일으킨다. (65효에서) 다섯[五]이라면 내외를 관통하니, 그 힘을 받지 않는 곳이 없다.

---

43) 體는 禮의 가차이니, 居體는 居禮이다. 高亨, 86頁.

44) '天地交而萬物生也, 謂陽德潛藏, 變乃發見. 若五動爲比, 乃事業之盛.', 荀爽, 『九家易解』, #24, 中國哲學書電子化計劃, https://ctext.org 참조.

45) '五采備, 謂之繡.', 『周禮今註今譯』, 「冬官考工記」第六, 林尹註譯, 臺北: 臺灣商務印書館, 1974, 451頁.

(이광지의)『주역절중周易折中』에서 말한다. (6)2효에서는 곧고 방정함[直方]을 말하고, (6)5효에서는 중정中正을 말하고 있다. (65효에서) 중中하면 이에 곧음이 이르고, 바르면[正] 이에 방정함[方]이 이른다.

유원劉沅(1768-1855)은 말한다. 땅은 천天의 원기元氣를 함축하고 있고, '자연[天]'은 진실로 무궁하다. 사람은 이것을 본받았으니 노란색[黃]으로 속[中]에 머물고, 뜻은 정성스럽게 마음은 바르게 되니, 몸 또한 닦아질 것이다. '자연[天]'은 위에 자리하며 천명[命]을 감추고 있다. 생명[性命]의 뿌리는 태극太極에서 생기고, 토덕土德만 이를 함축하고 생육하니, 몸에 윤이 나고, 덕 또한 날로 새로워진다. (65효에서) 성인께서 땅에게 넓고 두터움[博厚]을 배속한 이유를, 맹자孟子는 '충실함의 아름다움[充實之謂美]'이라[46] 말 한 것, 또한 이 뜻이다.

마치창馬其昶(1855-1930)은 말한다. (65효에서) '아름다움이 그 속에 있음'은 음 가운데, 양을 함축함이다. 사지四肢를 펼치고 사업을 발동하니, 아름다움이 이르면 양으로 변화하는 공로가 쓰인 것일 것이다! 이理에 통달함은 이理가 모인 데에 직접 도달함이니, 이것은 '황黃'의 뜻을 해석한 것이다. (군자가) 바른 자리에 몸이 있으니, (65효에서) 치마[裳]의 뜻을 해석한 것이고, 분명히 65효가 변화하여 양이 되었으나, 여전히 순수한 신하임을 잃지 않았다.

• **나의 견해:** (6)5효는 곤坤의 상괘의 가운데[中]이니, 음도가 무궁하기에, 따라서 중中이며 통한다. 또한, 위로 호체互體의 정점에 있으니, 63, 64효와 체體를 이루고 곤坤의 자리를 바르게 하기에, 따라서 있음에 바르다. 63효가 함축하는 바나, 64효가 통괄하는바, 모두가 그것들의 속에 (있는) 아름다움이다. 한 몸으로 말하면 사지四肢에 통달하고, 천하로 말하면 사업으로 발전한다. 통달한다고 말하는 것, 발전한다고 말하는 것들은 모두 그것들이 중中의 아름다움에서 기반을 두어, 때에 따라서 발동하는 것이다. 「문언文言」(전)에서, 건乾괘 95효에서 대인大人의 사업을 설명하고, 곤坤괘 65효에서 군자의 사업, 즉 내성內聖과 외왕外王의 도道를 설명하니, 하나로써 관통한다고 하겠다.

(상육효): 음이 양에 비견되니 (상6효이면) 반드시 "싸울 것"이고, (상6효의 세력이) 양陽과 비견되기 때문이니, 따라서 "용龍"이라 부른 것이다. 아직 자기 부류를 떠나지 않았으니. 따라서 (음류인) 피[血]라 한 것이다. "검고 누렇다."라고 한 것은, 하늘과 땅의 색깔이 섞였으니, '하늘은 검고 땅은

---

46) '充實之謂美.',『孟子譯注』, 楊伯峻譯注,「盡心」章, 下篇(14:25), 北京: 中華書局, 1996, 334頁.

누렇다.'라고 한 것이다.

[陰疑於陽必"戰,"47) 爲其嫌於無陽也,48) 故稱"龍"焉. 猶未離其類也, 故稱"血"焉. 夫"玄黃"者, 天地之雜也.49) 天玄而地黃.]

간보干寶(286-336)는 말한다. 음이 상6효에 있으면, 10월(나의 견해: 양월陽月[즉 음력陰曆]이다.)의 때이다. 괘가 건乾에서 이루어지는데, 건체乾體는 순수한 강건剛健이기에, 음의 왕성함을 감당할 수 없으니, 따라서 '용들이 싸운다.'라고 말한다. 술해戌亥날에 건乾이 모이니, 따라서 용이라 일컫는다. (상육효는) 아직 음류陰類를 떠난 것은 아니기에, (나의 견해: 기氣는 양이고 혈血은 음이다.) 그러므로 피[血]라 말했다. 음양의 색이 섞이니, 따라서 (상6효에서) '검고 누렇다.'[玄黃]라고 말한다.

곽옹郭雍(1106-1187)은 말한다. 상6효의 싸움은, 그것을 밝혀줄 용龍이 없으면, 그(음)가 양과 싸우는지 알지 못하기에, 따라서 용龍을 일컫은 것이다.

유염兪琰(1253-1316)은 말한다. (상6효에서) 피는 '검고 누름'[玄黃]을 말하고, 천지天地가 섞인 부류이니, 음양이 구별되지 않는다. 그러나 그들의 (음양으로) 나뉨은 끝내 바뀔 수 없고, 또한 나누어 말하면, '천지天地의 현황玄黃'이라 말한다.

정유악鄭維嶽(17세기)은 말한다. (상6효는) 싸우니 용龍이라 칭하며, 음의 뜻과 양을 함께 연구하지, 음을 적으로 보는 것은 허용되지 않는다.

유원劉沅(1768-1855)은 말한다. 이 (곤坤)괘는 본래 순음純陰이라, 양陽을 가진 적이 없다. 그러나 양은 스스로는 없는 때가 없다. 양과 싸움하니, 싸우는 것은 음이다. 양은 괘 밖에 있고, 음은 곧 괘체卦體이니, 따라서 싸움이라 말한다. (상6효에서) 음양이 서로 싸우기에 이르니, (이것은) 이미 천지天地의 통례[常]는 아니다. (상6효에서) 싸워서 다치고 피가 흐르니, '검고 누른 색'[玄黃]이 모두 있다면 천지는 모두 다친 것이니, 천지 또한 그의 천지天地로 될 수 없는데, 하물며 인간들에게는 어떠하겠는가? 양이 매우 왕성하면, 양은 반드시 다치게 되고, 음 또한 홀로 온전할 수 없다. 성인은 곧 (이런) 상象으로 도리를 밝히셨으니, 이른바 '오래도록 바르면, 이로움'[利永貞]은, 천지가 스스로 자기 평상에 안주하고, 사람의 마음[人心] 또한 그 옛날과 항상 (같으니), 모두 크게

---

47) 疑는 마땅히 의擬(모방하다)이다. 高亨, 87頁.
48) 『周易集解』에는 荀爽본에 의거하여, 無자가 없다. 『說文解字』에 의거하여, 혐嫌(싫어함)은 疑라고 王引之는 말한다. 疑는 擬이다. 高亨, 상동.
49) 『說文解字』(許愼撰)에, 雜은 五色이 섞인 것이다. 高亨, 88頁.

화합(太利)하는 것이다.

　마치창(馬其昶)은 말한다. (상6효에서) 음이 응결하여 양과 어그러지니 양의 출동을 방해한다. (나의 견해: 의疑는 고문古文에서 응凝[엉김]이다. 정이천程伊川은, '음이 왕성하여 양과 함께하니, 이것이 양에 의疑이다.'라고 말했다. 주자朱子는, '의疑는 대등이니 크고 작음의 차이가 없음이다.'라고 말했다. 유원劉沅선생은, '의疑란 비슷함[似], 대등함이다.'라고 말했다.)

● **나의 견해:** 상6효는 음의 끝이니, 바로 '얼음이 단단해짐'의 때이다. 음이 매우 왕성하여 양陽에 엉기니, 양의 출동을 방해하고, 양의 출동을 방애하니 양은 음과 싸움을 하지 않을 수 없다. 이것이 (『예기禮記』의) 「월령月令」편에서 말한, '음양이 투쟁하고, 사생死生이 갈라짐'이다.[50] 이것은 해가 가장 긴 하지夏至 때에, 양은 장차 죽어가고 음은 점차 생기니, 곧 건乾괘 상9효의 '항룡亢龍'의 뜻이다. 또 '음양이 다투고, 여러 생물이 다투어 싹 트일 때'이다.[51] 이것은 낮이 가장 짧은 동지 때이니, 음이 점차 쇠퇴하고 양이 처음으로 회복되니, 곧 곤坤괘 상6효의 '용의 싸움'의 뜻이다. 음양은 서로 함축하니, 건乾괘 상9효는 항룡亢龍을 나타내며, 순양純陽 가운데 극미한 음을 포함한다. 곤坤의 상6효는 용의 싸움을 나타내니, 순음純陰 가운데 극미한 양을 포함한다. 천지는 합치고 음양은 분리되지 않으니 천지는 섞이고 음양이 시작한다. 이른바 잡雜이란, 바로 천지天地의 기운[絪縕]으로 만물 변화의 도道이니, 이와 같지 않을 수 없다. 순양 순음의 체體를 따져보면, 본래 서로 섞인 적이 없으니, 따라서 '하늘은 검고 땅은 누렇다.'라고 말한 것이다.

　(유원劉沅의 『주역항해周易恒解』의) 『부해附解』에서 말한다. 천지가 아직 나누어지기 전에는 태극太極이 천지天地의 시초이다. 천지로 나누어지니, 태극은 천지 속에 있다. 천지天地는 태극의 몸이다. 하늘은 땅을 포괄하고, 땅은 '자연[天]' 가운데 있으니, 천지를 왜 억지로 갈라놓아야 하는가? 다만 사람들은 천지 속에 있으며, 상하의 모양으로 말하면, '자연[天]'은 높고 땅은 아래이니, 건乾·곤坤이 갈라진다. 그러나 건乾은 땅속을 다니며 실제로 곤坤의 밖을 다스린다. 곤坤은 '자연[天]' 안에서 잉태되니, 또한, 천원天元을 싣고 있다. 복희伏羲가 괘를 그릴 때, 순양純陽과 순음純陰에서 천지天地의 상을 취하였으니, 천지의 음양은 한쪽이 다른 쪽을 이길 수 없기에, 따라서 (이것은) 만세가 되더라도 무너질 수 없다. 건乾은 강건하고 곤坤은 순하니, 강건한 것은 순함에

---

50) '陰陽爭, 死生分.', 『禮記正義』, (『禮記注疏』卷第十六 「月令」편, 北京: 北京大學出版社, 13冊, 590頁 참조.
51) '陰陽爭, 諸生蕩.', 『禮記正義』, (『禮記注疏』卷第十七 「月令」편, 北京: 北京大學出版社, 13冊, 649頁.

의지하여 거두고, 순한 것은 강건함에 의지하여 정립[立]하니, 64괘가 모두 건곤乾坤에서 나왔다. 천지天地의 도리[理]는 온전히 사람에게 있으니, 사람이 천성을 다하여 (자기) 명命을 세우는 것은, 다만 전적으로 중中의 본체本體를 받을 뿐이다. 성인은, '명命을 세우고 천성[性]을 다함으로써 사람들을 바라보기에, 따라서 괘효卦爻가 변하여 다르게 됨[變異]에 성실하게 경계를 보이시고, 건乾·곤坤의 합덕合德에 하나하나 자세하게 설명하였다. 문왕文王께서 복서卜筮의 길흉에 대해 말씀하시고, 공자께서는 도리[理]에 따라 하나하나 인용하신 것은 그 (『역易』의) 뜻을 펴시려고 한 까닭이다.

• **나의 견해:** 『중용中庸』에서, (땅은) '넓고 두터워서[博厚] 만물을 싣고', (하늘은) '높고 밝아서 [高明] 만물들을 덮어주고', (천지天地는) '유구悠久하게 만물들을 이루어준다.'라고[52] 말하였다. 무릇 천하의 사물은 땅이 싣고 있지 않은 것이 없으며, 곧 하늘이 덮어주지 않는 것이 없다. 천지가 사물을 낳는데 헤아릴 수 없고, 천지가 사물들을 이루어내 더욱 끝이 없다. 유구悠久는 끝이 없음을 말함이다. 하늘에는 무강无疆한(끝이 없는) 덕이 있고, 곤坤은 이와 합할 수 있다. 건乾의 기운이 곤坤에 이르면, 만물들은 (이를) 받아서 생겨나니, 따라서 '자연[天]'을 순조롭게 받든다. 동중서董仲舒는 『춘추번로春秋繁露』에서, '땅에서 구름이 나오니 비가 되고, 기氣를 일으키어 바람이 된다.'라고[53] 말하였다. 바람과 비는 땅이 만든 것이나, 땅은 감히 그 공功을 갖지 못하고, 이름을 반드시 위로 '자연[天]'에 올리기에, 따라서 '자연'의 바람[天風], '자연'의 비[天雨]라고 말한다. 땅에서 부지런히 수고하나, 이름은 한 결 같이 '자연[天]'에 귀속되니, 지극한 뜻이 있지 않고서야, 누가 이것을 행하겠는가? 공경[敬]과 의義가 확립되면 덕은 외롭지 않으니, 곤坤의 덕은 후덕하기가 어떠한가! 포윤抱潤[馬其昶, 1855-1930]선생은 '곤원坤元은 순음純陰의 정기精氣여서, 형통하면 건乾에 통하고, 광기光氣와 혼합하여, 만물들을 화생化生하고, 기氣가 엉기어 바탕[質]을 이룬다.'라고 말한다. 땅은 두텁기에, 따라서 넓게 포괄하여 잉태하니 '넓게 포용[含弘]'할 수 있다. 오직 (곤坤은) '넓게 포용[含弘]'하기에, 따라서 왕성하게 발할수록 넓고 클 수가 있다. 곤坤의 빛[光]은 곧 건乾의 빛을 얻어서 빛으로 삼는다. 심선등沈善登(1803-1902)은 『설문해자說文解字』에 의거하여, '해가 나올 때 빛이 속으로 번쩍임'의 뜻을 말했으니, 건乾은 순일純一한 광명이 위로 나

---

52) '博厚, 所以載物也; 高明, 所以覆物也; 悠久, 所以成物也.' 『中庸』 제26章 참조.

53) '地出雲爲雨, 起氣爲風.', 「春秋繁露今註今譯」, 「五行對」第38篇, 董仲舒撰, 賴炎元註譯, 臺北: 臺灣商務印書館, 1987, 279頁.

오는 것을 말한다. 건乾은 밝음[明]을 말하고, 곤坤은 빛[光]을 말하니, 밝음[明]은 체體이고, 빛[光]은 용用이다. 『역易』 전체에서 광光과 명明을 20여 번 이르렀는데, 건乾이면 '큰 밝음이 처음과 끝[大明終始]', '일월은 밝음을 같이 함[日月合明]'을 말하였고; 곤坤에는, '빛이 큼[光大]', '땅의 도道는 빛남[地道光]', '땅이 빛나고 큼[地光大]', '만물들을 포함하고 변화하는 빛[含萬物而化光]'을 말하였다. 특히 건곤 두 괘에서 광명光明 두 글자를 잡아내서 『역易』 전체의 총의總義로 삼았다. (건곤) 두 괘의 단사彖辭에는, (원元, 형亨, 이利, 정貞의) 사덕四德을 고안하여, 모든 괘의 뜻을 찾는 근본으로 삼았다. 다시 곤坤괘 단사彖辭의 사덕 가운데는, 음양의 대의大義를 만들었다. (포윤抱潤마치 창)선생의 말씀에는, 『역易』에서 음양을 말하는데, 음양의 큰 뜻은 세 가지이다. 하나는 화육化育함에 끝이 없음[化无疆]이고, 둘은 질서의 끝이 없음[秩序无疆]이고, 셋은 '늘어나고 줄어듦[消息]'에 끝이 없음[无疆]이다. 내가 일찍이 그 뜻의 실마리를 끌어내어, '음양의 합덕合德, (천지天地) 기운의 교감, 변화의 무궁無窮'을 말하였으니, 이것이 화육化育의 '끝없음[无疆]'이고, 이것이 이른바 '덕합德合의 끝없음[无疆]'이다. 존비尊卑 선악善惡을 구분하여, 하늘에서 상象을 이루고, 땅에서 형形을 이루며, 귀천이 자리 잡고, 강유剛柔가 구분되고, 길흉의 생김, 이것들이 질서의 '끝없음[无疆]'이며, 이것이 이른바 땅에서 다님에 '끝없음[无疆]'을 지고 양을 포괄하니, 음 속에 양이 있고, 양 속에 음이 있으며, 음이 정점에 이르면 양을 낳고, 양이 정점에 이르면 음을 낳으니, 이것이 줄어들고 늘어남[消長]의 '끝없음[无疆]'이니, 이것이 이른바 땅에 응함에 '끝없음[无疆]'이다. 단象에서 말한, '위대하다, 건원乾元이여; 지극하다, 곤원坤元이여!'는, 그것[乾]이 덮지 않음이 없음을 크게 말하여, 그것[坤]이 신고 있지 않음이 없음을 말하는데 이르렀으니, 모두 하나의 원元이 한 것이다. 원기元氣가 하늘을 낳을 수 있고 땅을 낳을 수 있으니, (원형이정의) 사덕四德에서 원元이 머리이니, 이름은 넷이나 실제는 하나이다. '바름[貞]'이 아래에서 원元을 일으키니, 다시 원元에로 돌아갈 뿐이다. 하늘의 활동은 순환하니, 가서는 돌아오지 않는 것이 없고, 용龍의 피가 검고 누르스름한 상象을 보고서, 박剝괘䷖는 정점에서 반드시 복復괘䷗가 되는 틀[機]을 깨달을 수 있다.

3. 준屯괘 ䷂

준屯: 크게 형통하고, 바름에 이롭다. 가서는 안 되며, 제후를 세우면 이롭다.
[屯, 元亨, 利貞. 勿用有攸往, 利建侯.]

(『국어國語』의)「진어晉語」에서 말한다. (준屯의 내괘인) '진震(괘)은 우레의 주인이니, 우두머리[長]이기에, 따라서 원元이라 말한다. (예豫괘의 내괘가 곤坤이기에) 여럿이 (곤坤이라) 순하니, 기쁘고, 따라서 형통[亨]하다. (준屯의 내괘인) 진震은 우뢰이니, 따라서 바르면 이롭다[利貞].'1) 작은 일도 해결 못 하면 막히니, 따라서 '가서는 안 된다.'[勿用有攸往.]라고 말한다. 한 남자의 행동에 무리가 순종하니 위무威武가 있기에, 따라서 (준屯괘에서) '제후를 세움이 이롭다.'라고 말한다.

우번虞飜(164-233)은 말한다. (준屯의 내괘인) 진震괘는 제후이다.

유원劉沅(1768-1855)은 말한다. (상괘인) 물[坎]은 하늘에서 첫 번으로 생긴 기운이다. (내괘인 진震은,) 건乾이 아래에서 곤坤과 교섭하여 (곤坤이) 하나의 양을 잉태한 것이고, (외괘인) 감坎은 건乾의 정효正爻를 얻은 것이다. 곤坤은 위로 건乾을 본받아서, 하나의 양이 활동하니, 진震은 봄의 생기生氣가 되는 것이다. 준屯자는 좌屮[풀이 처음 나온] 모양 같아서 땅은 뚫었으나 펴질 수는 없다. (『역易』의)「서괘序卦」전에서, '천지 사이를 채우는 것은 오직 만물'이고, '준屯은 채움[盈]이다.'라고2) 했으니, 준屯은 처음으로 생긴 사물이다. 천지 사이에 만물 아닌 것은 없으니, 만물이 처음 생겨서 아직 펴지지 못했으나, 그 기운은 이미 꽉 차 있으니, (준屯괘는) 다만 험난함에 막히어서 형통할 수 없을 뿐이다. (이렇기에) 나라에 어려운 일이 많지만, 제후를 세워서 백성들을 다스리면, 비록 곧 형통하지는 못해도, (준屯괘에서) 이미 형통할 이치가 있다.

리스전李士鉁(1851-1926)은 말한다. 준屯괘는 초목이 처음 생겨나는 것 같으니, 기氣는 찾으나,

----

1) '主震雷, 長也, 故曰元. 衆而順, 嘉也, 故曰亨, 內有震雷, 故曰利貞.', 『國語』下冊, 「晉語」四, 上海: 上海古籍出版社, 1978, 362頁.
2) '盈天地之間者唯萬物, 故受之以屯. 屯者, 盈也.', 「序卦」傳, 高亨, 643頁.

엉기어 맺히지 못해서 통하지 않기에, 그러므로 (준屯괘는) 어렵다. (준屯괘는) 험난하나 찬 것이다. 준屯은 인도人道이다. 내괘의 진震이 —을 그어서 남자를 얻었으니, 강건함[剛]과 부드러움[柔]이 처음으로 교섭한 것이니, 사람을 낳는 시작이다. 외괘인 감坎은 건乾의 가운데 획을 얻었으니, 곧 경험과 실천에서 얻은 건乾이다. 이것이 준屯이 건곤乾坤을 이은 이유이다. 사람이 태어나서 처음에는 준屯함은, 이른바 사람은 우환에서 생겨남을 말한다. 그렇다면, 『역易』은 진실로 우환의 책인가?

마치창馬其昶(1855-1930)은 말한다. 진震괘는 처음에 하나의 양이 먼저 나오니, 원元이다. (준屯괘) 64효의 호체互體인 곤坤은 무리[衆]이고 순종[順]이니, (준屯괘에서) 처음의 (초)9효와 64효가 서로 응하니 형통함이다. 제후[君]를 세움이 이롭다. 뜻이 올바로 행해지는 것이 '바름[貞]'이다. 모두가 진震을 위주로 하는 것이다.

단象전에서 말한다. 준屯괘는, 강한 것과 부드러운 것이 처음으로 교류하니 어려움[難]이 생긴다. (준괘는 아래는 진震, 위는 감坎이니, 아래는 우레[雷], 위는 물[水]이고, 아래는 동動이고 위는 험險이다.) (우레와 비가) 험한 데서 활동하나, 크게 "형통하는 점괘"이다. 우레와 비가 (하늘에) 가득 차서 움직이면, 하늘은 초목들을 길러서 낸다. "제후들을 건립함"이 적절하여 크게 편안하다.

[象曰: 屯, 剛柔始交而難生. 動乎險中, 大"亨貞". 雷雨之動滿盈, 天造草昧.3) 宜"建侯"而不寧.4)]

(반고班固 등의) 『백호통白虎通』에서 말한다. "왕이 즉위하면 먼저 현자들에게 (작위를) 봉하고, 백성들의 위급함을 염려한다. 그러므로 열사列士에게 땅을 주는 것은 제후를 위한 것이 아니고; 관청을 세우고 부府를 설치하는 것은 경卿과 대부大夫들을 위한 것이 아니고, 모두 백성들을 위한 것이다. 『역易』(의 준屯괘)에, '제후를 세움이 이롭다.'라고 한 것, 이것은 이점을 따져서 이롭다고 한 것이다.5)"

순상荀爽(128-190)은 말한다. 우레가 진동하고 비가 촉촉하게 적시면 만물들은 가득 찰 만큼 생겨난다. 천지가 처음으로 열릴 적에, 세상에는 오히려 험난함이 있었다. 진震이 건乾을 받드니, 따라서 제후를 세움이 적합하다.

---

3) 章炳麟에 의하면, 草昧는 草木의 假借이다. 高亨, 92頁.

4) 不는 마땅히 丕(크다)로 읽어야 한다. 상동.

5) '王者卽位, 先封賢者, 憂民之急也. 故列士爲疆非爲諸侯, 張官設府非爲卿大夫, 皆爲民也. 『易』曰:「利建侯.」此言因所利.', 『白虎通疏證』, 上, 卷四, (淸) 陳立撰, 北京: 中華書局, 2019, 141, 142頁.

구양수歐陽修(1007-1072)는 말한다. 준屯의 세상에 있으면, '가서는 안 되는 것'은 중인衆人이다. 험한[屯] 때를 다스림에는, 행동이 험난해도 그것을 다스리는 포부와 재능은 대인大人과 군자들이다. 따라서 '제후를 세움이 이롭다.'라고 말한 것이다.

왕종전王宗傳(12세기, 남송南宋의 역학자)은 말한다. 천지天地를 이어서 일을 하는 것은 큰아들[震]이다. 그다음은 감坎[둘째아들]이다. 또 그다음은 간艮[막내아들]이다. 이 세 아들이 서로 이어서, 혼돈되고 몽매한 중에 만물을 만드는 날[日]에 수고를 한다. (오상인吳翔寅[20세기, 청淸대 학자]은 말한다. 초매草昧는 『한서漢書』에 좌매屮昧로 인용되었다. 『설문해자說文解字』에는 좌屮를 철徹로 읽고, 초목이 처음 생겨남이다. 준屯괘는 좌屮를 따라서 일관一貫하니, 풀의 싹이 땅을 뚫고 올라옴을 나타낸다. 동우董遇(3세기, 三國시대 학자)는 말한다. 매昧는 고문古文에서 말末로 쓴다. 『설문해자說文解字』에는 목木 위면 末이라 하니, 나무를 따라서 一이 위에 있다. 一은 곧 땅이다. 『시詩』경의 (공영달孔穎達)소疏에는, 매昧는 나무에 생긴 뿌리이다.) 궁벽한 곳을 개간하고, 지맥地脈을 다스리고, 처음으로 생명을 싹트게 하니, 만물의 도리를 알고 도리대로 일하여 성공하는 도道를 다한 것이다.

장리상張履祥(1611-1674)은 말한다. 천지天地가 일단 자리를 잡으면, 사람들의 관직이 나누어진다. 준屯괘는 공정工程[司空]이다. 몽蒙괘는 토지와 교화敎化[司徒]이다. 수需괘는 농사[司農]이다. 송訟괘는 형옥刑獄[司寇]이다. 사師괘는 군무軍務[司馬]이다. 비比괘는 봉토封土를 정하고 나라를 세움[封建]이다. 축축畜괘는 (백성들을) 양육함이다. 이履괘는 가르침[敎]이다. 『주역周易』을 다만 '주周나라 관직[周官]'이라 말할 수 있다.

유원劉沅은 말한다. 강유剛柔는 건乾곤坤이다. 진震괘는 ─을 그어 남자를 얻었기에, 따라서 처음의 교섭이다. 음양이 자리를 바꾸면 환난이 이것에서 생기니, 이 괘의 이름이 준屯이다. 천지가 교섭하여 우레와 비가 만들어지고, 생물들이 순조롭게 커가니, 비록 환난[屯]이라 해도 오래가는 환난은 아니다.

요배중姚配中(1792-1844)은 말한다. 건원乾元이 곤坤과 교제하여, 처음으로 나온 것이 진震을 이루니, (진震은) 처음의 교제가 된다. (진震에서) 음이 양에 엉기니, 따라서 어려움이 생긴다.

오여륜吳汝綸(1840-1903)은 말한다. (단象전의) '而不寧'을, 정현鄭玄(127-200)은 '而曰能'으로 읽었으니, 안安으로 풀었다. '먼데 사람을 부드럽게 대하고 가까운 데 사람을 편안하게 함'[柔遠而能邇]의 능能과 같은 것이다.

리스전李土鈴은 말한다. 감坎은 건乾의 뒤에 완성되었고, 진震은 건乾의 큰아들이기에, 따라서 건乾괘의 사덕四德(元亨利貞)을 가졌다. 이른바 '하늘의 일[天工]'을 사람이 대신함이다. (준屯괘에서) 초9효인 진震은 제후이고, 95효의 임금이 어려움을 구救하려 하니, 이 양강陽剛의 재주[才]를 이용하여 제후를 세움이다. (준屯괘의) 호체互體인 곤坤은 토지[土]이고 백성[民]이니, 토지를 갖고 백성을 가졌기에, 토지를 쪼개어 후侯로 봉하는 상象이다. 혼돈된 상태에서 처음 세우려는 때에 나누어 다스리면, 다스려지나, 홀로 다스리면 어렵다. 왕王이 천하에서 이득을 보려는 마음이 없고, 각각 주관하는 이들에게 맡기면 천하는 다스려질 것이다. 이것이 봉건封建의 개시이다. 유종원柳宗元(773-819)은, '봉건은 원시 야만의 세상에서 시작했다.'라는 것은 이런 뜻을 가지는 것이다.

마치창馬其昶은 말한다. 건원乾元의 기운은 관철하지 못할 것이 없으니, 따라서 처음으로 교제하여 준屯괘를 이룬다. (원형이정의) 사덕四德을 온전히 갖추고, 원元을 변하게 하니 대大라 말하고, 대大는 양陽이다. 건원乾元이 곤坤과 교제하나 보이지는 않고, 곧 변하여 양陽이 될 뿐이다. 맹자孟子가, '(좋은 점이) 충만하면 아름다움이고, 충만하고 빛이 나면[光輝] 큼[大]이라 한다.'라고[6] 말했으니, '아름답고 큼'[美大]은 모두 양陽을 일컬음이다.

상象전에서 말한다. 구름과 우레가 (아직 하늘에 있으니, 지금은) 어려운 형세다. 군자를 기다려 (세상일은) 다스려질 수 있다.
[象曰: 雲雷, 屯. 君子以經綸.[7]]

공영달孔穎達(574-648)은 말한다. 경經은 날줄과 씨줄[經緯]이고, 윤綸은 강륜綱綸이다. (유원劉沅은 말한다. 실을 다루듯이, 씨줄[經]로서 그 얼개를 잡아당기고, 윤綸[굵은 실]로써 실마리를 다스리는 것이다.) 군자는, 이 준屯괘의 상象이 유위有爲할 때를 본받아서, 천하를 경륜하고 사물들을 단속함을 본받는 것을 말한 것이다.

(장재張載[1020-1077]의) 『횡거역설橫渠易說』에서 말한다. 구름과 우레는 모두 기氣가 모이는 곳이다. 준屯은 모임이다.

곽옹郭雍(1106-1187)은 말한다. 감坎이 위에 있으면 구름이고, 감坎이 아래에 있으면 비[雨]다.

---

6) '充實之謂美, 充實而光輝之謂大.', 『孟子譯注』 楊伯峻譯注, 상동, 「盡心」下(14:25), 北京: 中華書局, 1996, 334頁.

7) 經綸은 다스림이다. 우레가 하늘에 있으나, 아직 우레와 비가 내린 것이 아닌 모습이며, 經綸은 다스림이다. 周振甫, 22頁, 注6.

(우번虞飜[164-233]은 말한다. 위의 감坎은 구름이고, 아래의 감坎은 비이다.)

짱흥즈張洪之(1881-1969)는 말한다. 군자에게는 어려움을 해결하는[濟屯] 재능이 있으니, 옛날의 성인들은 논할 것이 없다. 우禹임금이 물을 다스리고, 직稷이 농사짓기를 가르치니, 비로소 주거가 정해졌기에, (이것이) 경륜이다. 주공周公이 예악禮樂을 정비하니, 경륜이 지극함이라 하겠다!

초9효: 방황하니, 정도正道에 거주함이 이롭다.
[初九, 磐桓, 利居貞, 利建侯.]
상에서 말한다. 비록 "방황하더라도", (군자의) 뜻과 행동이 바르다. 귀한 분으로 낮은 사람들에게 겸하謙下하기에, 크게 인심을 얻는다.
[象曰 : 雖"磐桓", 志行正也. 以貴下賤 , 大得民也.]

유향劉向(전77-전6)은 말한다. 임금은 천하를 평탄하게 다스리려면, 반드시 현인을 높이고 선비[士]들에게 겸하해야 한다. 『역易』(의 준屯괘 초9효)에서, '귀인이 아랫사람들에게 겸하하면, 크게 인심을 얻는다.'라고 말하였다.

마융馬融(79-166)은 말한다. (초9효에서) 반환磐桓은 서성임[旋]이다.

순상荀爽(128-190)은 말한다. (초9효에서) 양은 귀하고 음은 천하다.

우번虞飜(164-233)은 말한다. (초9효에서) (하괘인) 진震에서 일어나고 (호체互體인) 간艮에서 멈추니, 험난險難함 속에서 활동하기에, 따라서 방황하는 것이다. (초9효에서) 바름[正]을 얻고 백성을 얻으니, 따라서 '반듯함에 거처하기에 이롭다[利居貞].'

왕필王弼(226-249)은 말한다. (초9효에서) 고요함으로 환난을 그치게 하고, 군주[侯]로서 고요함을 지킨다. 백성을 편안하게 하는 것은 (임금의) 바름[正]에 있고, 넓게 바르게 함[弘正]은 겸손에 있다. 준屯괘의 어려울 때 음은 양에서 구하고, 약함은 강함에서 구하니, 백성들이 그들의 임금을 그리워할 때이다. (초9)효爻에는 이런 의義가 있으니, 백성들을 적절하게 얻는 것이다.

(정이程頤의)『이천역전伊川易傳』에서 말한다. (초9효에서) 막 준屯괘의 처음에 방황하지 않고서 급히 나아가면 '어려움[難]'을 만나게 될 것이니, 따라서 (임금은) 적절히 바르게 있으며, 뜻을 굳게 하는 것이다.

호병문胡炳文(1250-1333)은 말한다. (초9효에서) 건괘와 곤괘는 초효初爻에서 음양을 말했으니, 이것은 귀천貴賤을 나눈 것으로, 임금과 백성에게 음양의 뜻은 더욱 엄하다.

유원劉沅은 말한다. (준屯괘) 초9효의 하나의 양一陽]은 험난함[屯]을 해결하는 주인[主]이니, 재능[才]은 (발휘)할 만하나, 시기는 아직 기다려야 하기에, 따라서 그냥 나아갈 수는 없고, 거동은 바름[正]이어야 하고 (다짐을) 고쳐서는 안 됨이 이롭다. '제후를 세움'[建侯]은 곧 어려움[준屯]을 해결하는 근거이니, (제후를) 막 세웠으나 그 공적은 아직 드러나지 않았기에, 방황함의 뜻을 얻음이다. 공자께서는, 방황을 유예猶豫함으로 잘못 알까 두려워하여, 제후를 세워서 위력으로 복종하게 한 것이니, 따라서 '비록 방황하나, 마음은 세상을 구하려는 것이니, 백성들을 편안하게 하려는 뜻과 행동은 바름[正]'이라고 말한다. (초9효에서) 제후를 세움은 아래로 백성들의 소망을 따른 것이니, 귀인貴人으로 아랫사람들에게 겸하여, 이렇게 백성들이 다스려짐을 바라는 마음을 크게 얻음이다.

리스전李士鉁(1851-1926)은 말한다. 초9효는 진震의 주인이니, 우레[震]는 백리百里까지 (사람들을) 놀라게 하기에, 제후의 상象이다. (초9효에서) 양으로써 음에 (자신을) 낮춘 것은 또한 위로 호체互體인 곤坤을 받드는 것이니, 토지를 갖고 백성들을 갖는 상象이다. 강이나 바다가 물[水]에게 (자신을) 낮추는 것은 모든 강물이 그곳으로 흘러감이고; 군자가 백성들에게 (자신을) 낮추는 것은 사방(의 백성)들이 귀결하는 곳이다. 초9효는 제후의 자리는 아니나, '제후의 도[侯道]가 있기에, 따라서 (초9효에서 제후를) '세움이 이롭다.'

마치창馬其昶(1855-1930)은 말한다. 초9효는 양이 괘를 주관하는 것인데, 변화된다면 바름[正]도 잃게 되기에, 따라서 (초9효에서) '바르게 있음이 이롭다.' (초9효에서) 방황함은 시기를 기다림이니, 활동하나 변동하지 않음의 상象이다.

62효: (많은 사람이) 몰려오나 돌아서고, 말 타고서 돌아가니, (겁탈하려는) 도적은 아니고, 혼인하려는 것이다. 여자가 반듯하나, (정혼하지) 못했으니, 10년 (뒤면) 할 수 있다.
[屯如邅如, 乘馬班如, 匪寇, 婚媾. 女子貞不字, 十年乃字.8)]
상에서 말한다. "62효"가 어려운 것은, (부드러움[陰]이) 강건함[陽]을 올라탔기 때문이다. "10년이 돼서야 결혼을 허락함"은, 정상의 일이 아니다.
[象曰: "六二"之難 , 乘剛也. "十年乃字", 反常也.]

마융馬融은 말한다. (62효에서) 전여邅如는 가지만 나아가지 못하는 모양이다.

---

8) 字는 결혼을 허락함이다. 高亨, 94頁.

우번虞飜은 말한다. 진震은 말[馬]이고 다리[足]이다. (호체互體인) 곤坤은 수數로 열[十]이다.

또 (우번이) 말한다. 도적[寇]은 (준屯괘의) 95효이고, (준屯의 외괘인) 감坎은 소란 피우고, 도적질함이니, (62효는) 감坎에 대응하기에, 따라서 도적은 아니다. 음과 양의 덕이 바르니, 따라서, 혼인이다.

양시楊時(1053-1135)는 말한다. 초9효가 양으로서 음에게 자신을 낮추었으나, 62효가 상규대로 대응하며 따르지는 않는다. 그 수數가 정점에 이르면 '평상[常]'과 반대[反常]이니, 임금과 신하들이 바름[正]을 분리하기에, 따라서 10년이 (있어야,) 이에 결혼이 허락되는 것이다.

장준張浚(1097-1164)은 말한다. 62효가 어려운 세상에서 뜻을 품고 절개를 지키나, 의義에 맞지 않으니, 이것이 '여자의 올바름'[女貞]이다.

(주자의) 『주자어류朱子語類』에서 말한다. '정불자貞不字'는 시집가는 것을 허락하지 않음이다. (나의 견해: 반班을, 정현鄭玄은 반般으로 보았다. 『설문해자說文解字』에서, 반般은 벽辟이니, 배[舟]가 선회하는 모양이다.)

이광지李光地(1642-1718)는 말한다. (62효에서) 무릇 강剛을 탄다고 함은, 양성陽性이 진동하여, 음이 그것을 탄다면, 스스로 편안할 수 없으니. 그 상이 그렇다는 것이고, (초9와 62효의) 두 효가 서로 해치는 실정이라는 것이 아니다.

유원劉沅은 말한다. (상괘인) 감坎은 험난險難이니, 따라서 도둑이라 의심을 받는다. 그러나 95효는 62효의 바른 대응[正應]이니, 양으로서 음을 따르기에, 따라서 혼인婚姻의 상이 있다. 10년은, 수數가 찬 것이니, 여자가 이에 남자에게 응한다. 동도同道가 서로 해결하는 상례에 반反하나, 62는 이에 95효에 응하는 것이다.

주조웅朱兆熊(18세기, 청淸대 역학자)은 말한다. 62효에서 '여자女子'를 칭했고, 자字를 칭했으니, (여자가) 확실히 아직 시집가지 않았다는 말이다. 95효에, '준고屯膏[은택이 아래에 베풀어지지 않음]'가 있으니, 아래로 62효에서 구하지 않았기에, 따라서 62와 95효는 본래 아직 정해진 본분이 없다. 양一의 뜻을 따라서, 여인들을 책망할 수는 있으나, (실제로) 여자는 책망할 수 없다. (62효에서) 초9효를 버리고서 또한 어디에서 회임함[字]에로 돌아갈 수 있겠는가? 회임懷妊[字]은 오륜五倫(의 하나)이나, 회임은 처음에는 본분은 아니었다. 본분은 아니나 오륜[常]을 잊어서는 안 되기에, 따라서 상象(전)에서 '평상의 일이 아님'[反常]을 말하고 있다.

마치창馬其昶은 말한다. 62효에는 중정中正의 덕이 있으니, (그것은) 변할 수 없다. 『역易』에서 '62와 95효의 상응'을 중시하니, 무릇 '도적이 아니라 혼인'을 말한 것은, 모두 중中과 합하지 않으나 '그들이 합칠 수 있는 도道를 가졌음'을 밝힌 것이다.

● **나의 견해**: 62효는 아래로 초9효를 따르지 않고 위로 95효에 상응한다. 초9효와 비록 가까우나 서로 응하지 않으니, '여자는 바르나 혼인을 허락하지 않음'[女貞不字]의 뜻과 합한다. 95효가 비록 멀리 있으나, 기다려서 행하니, 느리고 또한, 오래 지속하기에, 몸으로 사람을 따름에 '10년 (후)에 혼인을 허락함'[十年乃字]의 뜻과 합하는 것이다.

육삼효: 사슴을 쫓는데 짐승을 담당하는 관리[虞]가 없으니, (사슴이) 숲 안으로 들어갔으나, 군자는 (사슴을) 찾는 것이 (그것을) 버리는 것만 못하니, (잡으러) 간다 해도 그만두는 것만 못하다.
[六三: 即鹿无虞, 惟入于林中, 君子幾不如舍, 往吝.]

정현鄭玄(127-200)은 말한다. (63효에서) 기機는 활시위[弦]을 거는 고리이다.

우번虞飜(164-233)은 말한다. (63효에서) 즉即은 나아감이다. 우虞는 짐승 담당하는 관리이다. (호체互體인) 간艮은 산이고, (상괘인) 감坎은 '무더기진 나무[叢木]'이다.

유원劉沅은 말한다. 사슴은 양陽의 짐승이니 95효이다. (준屯의 하괘인) 진震과 (상괘인) 감坎은 모두 나무에서 상象을 취했으니, 따라서 '숲속[林中]'이라 말한다. 인吝은 (물자가) 적어서 곤란함[색난嗇難]의 뜻이다. '군자지기君子知幾'는 '…하는 것만 못하니 또한 버리는 것'으로 본 것이고, (잡으러) 간다면 반드시 얻을 것이 없을 것[吝]이다.

리스전李士鉁은 말한다. 우인虞人은 짐승들을 관리하는 사람이다. 63효가 타고 받드는 것과 대응하는 것은 모두 음효이니, 따라서 인도할 우인虞人이 없는 것이다. (내괘인) 진震과 (외괘인) 감坎은 두 가지 나무들이니, 숲의 상象이다. 기機는 짐승 잡는 도구요, 감坎은 활촉[弓矢]이기에, 따라서 기틀을 나타낸다. (63효의) 음陰은 미혹되어 해결할 수 없으면, 그치고 자신을 온전하게 하는 것만 못하니, 일은 귀한 것이고 힘은 헤아려야 하는 것이기 때문이다.

마치창馬其昶은 말한다. 기幾를, 정현鄭玄은 기機로 보았다. (『예기禮記』,) 「치의緇衣」편에. "우인虞人이 기틀[機]을 펼치면"[若虞機張]에서, (공영달孔穎達의) 소疏(에는,) '우인虞人이 짐승을 쏘는데, 노쇠의 결쇠를 이미 잡아 다렸다.'라고[9] 말했다. 군자는 진震이 일어섬을 기틀을 펼치는 것으로 여기나. (호체互體인) 간艮으로써 멈추어서 짐승을 버리는 것만 못하다고 여겼다. 기機와 사슴는 대립문장[對文]이다.

---

9) '虞人之射禽, 弩已張.', 『禮記正義』(「十三經注疏整理本」), 상동, 15冊, 1,764頁.

상에서 말한다. 사슴을 쫓는데 (도와주는) 우관虞官이 없어도", 짐승을 쫓는다. "군자는 (짐승을) 버려두니", "쫓아가도 (잡기) 어려운 것"은 (잡을 방도가) 궁색한 것이다.

[象曰: "即鹿無虞", 以從禽也. "君子舍"之 , "往吝"窮也.10)]

『회남자淮南子』에서 말한다. "군자는 인의仁義를 잃을까를 두려워하고, 소인들은 이득을 잃을까를 두려워한다. 그들이 두려워하는 바를 보면, 각각 다름을 알 수 있을 것이다. 『역易』의 (준屯괘 63효)에, '사슴을 쫓는데, (도와주는) 우관虞官이 없는데도, (사슴이) 숲속으로 들어갔다. 군자는 (잡기) 어려우니 그것을 포기하는 것만 못한 것인데, 계속 잡으려면 어렵게 된다.'라고"11) 말했다.

이청식李清植(1690-1744)은 말한다. 봄 사냥을 올바르게 행하여, 예禮가 (있으려면 반드시) 우인虞人이 있어야 한다. 우인이 없는데 또한 사슴을 쫓는 것은, 뜻으로써 짐승을 잡으려 쫓는 것이다.

마치창馬其昶은 말한다. 수렵에는 짐승들을 모는 수레가 있고, 가벼운 수레를 몰아서 짐승들을 놀라게 하고, 짐승이 거꾸로 포위를 뚫고 밖으로 나갔으면 내버려 두고, 순하게 포위 속으로 들어온 것들을 쏜다. (짐승들이) 숲으로 들어가면, 궁한 짐승들이 달려가려고 애쓰니, 이른바 소인들이 이득을 잃을까 두려워하는 것이다. 군자가 버리는 것은 곧 도리를 거역함이니, 앞서 가버리는 짐승들을 잃는 것은 인의仁義를 잃을까 두려워하는 것이다. (진국晉國의) 조간자趙簡子(? - 기원전 476) 임금은 왕량王良(조양자趙襄子의 마부)을 폐해嬖奚와 함께 수레에 타게 하고, 달리게 하는 시범을 보이게 하였으나 한 마리도 잡지 못했는데, 정당치 못하게는 열 마리를 잡았으나, 소인들과 함께 타는 것을 사양하였다. 왕량은 끝까지 추구하여 다 취하지는 않았으나, 예법禮法에 어긋나게 잡은 것들을 주는 것을 '유감으로 여긴 것[吝]'은, 『역易』의 도道를 얻은 것이니, 이 단象전에서 말하는 바는 (준屯괘 첫 구절의) '가서는 안 됨[勿用有攸往.]'이다.

육사효: 말을 타고 빙빙 도니, 혼인을 찾으려는 것이다. 가면 길할 것이다.

[六四: 乘馬班如, 求婚媾. 往吉, 无不利.]

상에서 말한다. 찾는 것을 (알고) 갔으니, (혼인의 뜻이) 명확하다.

[象曰: 求而往, 明也.]

---

10) 舍는 捨(버리다)의 가차이고, 吝은 難이다. 상동.

11) '君子懼失仁義, 小人懼失利; 觀其所懼, 知各殊矣. 『易』曰: "即鹿无虞, 惟入林中. 君子幾不如舍, 往吝.",
『淮南子全譯』, 卷十「繆稱」편, 下冊, 상동, 544頁.

호원胡瑗(993-1059)은 말한다. 반드시 남을 기다림에는 자기에게서 구해야 하니, 그다음에 가서 대응한다. 군자가 천성을 닦아서 지혜롭고 밝지 않으면, 어찌 이런 것과 함께 할 수 있겠는가?

유목劉牧(1011-1064)은 말한다. 초9효는 강건剛健한 준屯괘의 주인으로, 64효를 바르게 얻어서 그와 응대하며, 찾는 것을 보고서 갔으니, 명확하게 될 이유가 있다.

조언숙趙彦肅(10세기, 송宋태조[927-976] 때의 학자)은 말한다. (64효는 초9효를) 찾은 후에 갔으니, 음陰의 예例이다.

조여매趙汝楳(13세기, 남송南宋학자)는 말한다. 초9효는 남자가 (자신을 낮추어) 여자에게 겸하謙下한 것이니, 양이 음에게 구하였기에, 따라서 혼인을 구한 것이다.

유원劉沅(1768-1855)은 말한다. 95효는 양으로 강건하고 중정中正하니, 준屯괘를 구제하려는데, 현인賢人을 찾아서 스스로 보충한다. 64효는 95효에 가까이 접함으로, 가서 그[95효]를 따르고, (준屯괘 상효인) 감坎은 말[馬]이니, 95효의 양과 64효의 음은, 임금과 신하로 우연히 합치니, 혼인의 비유이다. 윗사람의 요구를 기다려서 다음에 나아가니, 진퇴進退를 명백히 이해했고, 이에 곤란[屯]을 해결할 수 있다.

마치창馬其昶(1855-1930)은 말한다. 바르게 응대하고 서로 합하니 혼인이며, 응하지 않았으나 합쳤다면, 도둑은 아니고 혼인이다. (준屯괘의) 64효와 95효는 호체互體로는 간艮이니, 간艮은 광명이다. 64효는 밝고 95효는 빛이나 멀리까지는 미치지 못하는데, 95효는 감坎의 주인이 되니, 감坎은 함정陷穽이기에, 따라서 빛이 미치지 못한다.

구오효: 기름진 고기를 쌓아두었으나 (베풀지 않았으니) 작은 일에는 바름을 얻으나, 큰일은 흉하다.
[屯其膏, 小貞吉, 大貞凶.]

상에서 말한다. "기름진 고기를 쌓아두었지만", 베풂은 넓게 못하였다.
[象曰: "屯其膏", 施未光也.[12]]

곡영谷永(전1세기-전8)은 말한다. 백성들이 굶어도 관리는 구제하지 않고, 백성은 곤궁해도 부렴賦斂은 과중하였으니, 『역易』(의 준屯괘 95효)에서, '기름진 고기를 쌓아둠'[屯其膏]을 말했다.

우번虞翻은 말한다. (95효에서 상괘인) 감坎은 비이니 기름짐[膏]이다.

(부항傅恒 등이 건륭乾隆20년[1755]에 펴낸)『어찬주역술의御纂周易述義』에서 말한다. (95효는,)

---

12) 屯은 聚이니, 屯積이고, 膏는 肥肉이다. 光은 廣의 가차이다. 高亨, 95~96頁.

음의 함정에 빠진 호괘互體인 간艮이니, 멈추어있고 움직이지 못하는 것이다.

유원劉沅은 말한다. 95효는 (상괘인) 감坎의 주인이기에, 기름진 고기를 백성들에게 베풀려고 하나, 함정 가운데 빠져있으니, (베풀지 못하고,) 따라서 '기름진 고기를 쌓아둠'이다. '베풀음'이 아직 넓지 못하니, 마땅히 족적을 감추고 숨어서 시국의 곤란을 구해야함을 말하고 있다.

리스전李士鉁은 말한다. (95효에서) 음은 작으니. 작으면 신하의 상象이다. 작은 것에 채움[屯]이니, 신하들은 베풀음을 오로지하지 않기에, 따라서 그 원류를 풍부히 하고 그 세력을 쌓아두면 따라서 길吉하다. 양陽은 큼[大]이니, 큼은 임금의 상이다. 큰 것에 채움이니, 기름진 고기가 아래로 백성들에 가지 못하기에, 가득 참은 재앙이 되니, 따라서 흉이다. (나의 견해: 녹일鹿壹과 거교鉅橋[은殷나라 주紂왕의 양창糧倉]는, (그곳에) 원한이 몰리는 부서이다.) 감坎은 물이니 작아서 모이기 적절하나, 크면 (물이) 새기에 적합하니, 이것은 정해진 이치이다.

마치창馬其昶은 말한다. (95효에서) 은택을 베푸는 것이 빛처럼 널리 비친다면, 넓고도 또한 크다. 지금 아직 빛이 안 나는 것은, 백성들을 구제하는 (나의 견해: 초9효를 말함.) 주인이 아직 작동하지 않은 것이다. 만물이 혼돈 몽매한 가운데서 처음 만들어질 때 임금(侯)이 아래에서 일어나니, 거기서[준屯괘 초9효에서] '임금을 세움이 이롭다[利建侯].'라고 말한 것인데, 유종원柳宗元(773-819)은, '군중의 우두머리는 나아가서 천명天命을 따를 뿐'이라 말했다. (왕부지王夫之[1619-1692]의)『주역외전周易外傳』에 (의하면,) '진震은 우레를 주관하니, 우두머리[長]'이다. 준屯괘의 우두머리가 일단 (내괘인) 진震 초9효의 주인이니, 95효는 괘의 주인이 아님을 알 수 있다. '기름진 고기가 쌓여 있음'[屯其膏]을 말하니, 괘의 때[時]를 나타낸 것이다. (상괘의) 감坎의 비[雨]는 기름짐[膏]이고, 호체互體인 간艮은 멈추게 함이니, '기름진 고기가 쌓임'이다. 95효에서 쌓이는 것이 아니니, 때가 아직 온 것은 아니다. 95효는 이때에 부드럽게 변화하면 길吉하고, 강건하면 흉凶하다. 95효가 변화하여 감坎의 험난[險]으로 변하면 곤坤은 순하게 되니, 또한 부드러워 강건함[剛]을 받아드릴 수 있어서, 초9효가 또 95효로 올라가서 어려움[屯]을 풀 수 있을 것이다. 무릇 역례易例에서 대소大小는 모두 음양을 말한다. '곧으니 길함[貞吉],' '곧으니 흉함[貞凶]'은 모두 길흉을 점차로 불러옴을 말한 것이다.

상육효: 탄 말이 배회하니, 눈물이 끊이지 않음이다.
[上六: 乘馬班如, 泣血漣如.]
상에서 말한다. (색시가) "끊임없이 울고 있지만", 오래 갈 수 있을까?
[象曰: "泣血漣如"13), 何可長也.]

우번虞飜은 말한다. (상괘인) 감坎은 말[馬]이다.

(순상 등의) 『구가역九家易』에서 말한다. (상9효는) "감坎을 체體로 했으니 피눈물[血]이다."[14]

왕필王弼(226-249)은 말한다. (상9효는) 험난함의 정점에서 아래에서는 대응하는 지원이 없으니, 나아가도 갈 곳이 없기에, 비록 95효(의 중요함)에 비견되나, 95효는 '기름진 고기를 쌓을' 뿐이고, 더불어 서로 얻지를 못하니, 따라서 (상9효는) '피눈물이 끊이지 않음'[泣血漣如]이다.

유원劉沅은 말한다. 감坎은 근심을 더 함이니, 혈血이고, 물이기에, '피눈물이 끊이지 않음'의 상이다. (상9효의) 재주는 약세弱勢의 정점에 있으니, 어떻게 오래 동안 생존할 수 있을까?

또한 (유원은) 말한다. (상9효에서) 눈물은 비탄의 소리에서 나오고, 피가 나옴에는 소리는 없다. 비탄해서 소리는 없으나 눈물은 또한 흘러나오니, (상9효는) '피눈물'[泣血]이라 말한 것이다.

리스전李士鉁은 말한다. (내괘인) 진震은 말[馬]이고, (외괘인) 감坎 또한 말이다. 62효는 초9효를 타고 있고, 64효는 진震 위에 있으니, 상6효는 95효 위에 있기에, 따라서 모두 말을 타고 있다.

마치창馬其昶은 말한다. 준屯[어려움]을 당한 처음에, 상6효는 62, 64효와 함께 말 하나에 탄 것이다. 진震에서 임금[侯]을 세우니, 62, 64효는 떠나버리고, 상6효는 홀로 대응이 없고, 초9효와 멀리 떨어져 있으니, 짝을 향하여 피눈물 흘리는 것이 진실로 적절하다.

(유원, 『주역항해周易恒解』의) 『부해附解』에서 말한다. 이(준屯)괘는 양陽이 막 활동하여 곧 험난함을 만나니, 따라서 준屯(곤란함)괘이다. 그러나 그 활동은 유위有爲하여, 험난함을 구하는 재능이 있다. 성인은 어려움[屯]을 해결하기를 바라나, 그러나 아직 활동하지는 않으니, 따라서 괘전체에 경계하는 말이 많다. 95효에 이르러 말하니, 양이 함정[坎] 속에 떨어졌으니, 어려움이 이루어진 셈이다. (준屯)괘를 통 털어 말하자면 양강陽剛이 유위有爲함이, 어려움[屯]을 해결할 방도이다. 이는, 초9효가 괘주卦主이고, 95효도 어려움[屯]을 해결하지 않는다고 말할 수는 없다. (이광지의) 『주역절중周易折中』에서 말한다. '초9효는 스스로 처음의 준屯[어려움]이기에, (해결할) 덕德은 작동할 수 있으나 때가 오지 않았음이니; 62효는 저절로 준屯괘의 62효가 되었으니, 합칠 때를 기다림이 합당하다; 95효는 자신이 준屯괘의 95효이니, 은택을 멀리까지 펼 수는 없기에 점차로 함이 적합하다.'라고 말하고 (나의 견해: 점漸은 곧 바름[貞]의 뜻이다. 마치창馬其昶의 설: '점차로 오게 함'은 타당하다.) 천자에서 서민에 이르기까지 모두 어려움[屯]이 있다. 성인께서 언

---

13) 읍혈泣血은 눈물 흘림이고, 연여漣如는 연연漣然이니, 끊임없이 눈물흘림이다. 高亨, 96頁.

14) '體坎爲血.', 荀爽, 『九家易解』, #33, 中國哲學書電子化計劃, https://ctext.org 참조.

급하시어, '그 도리를 내걸었으니 천하의 사람들이 그것을 쓰기를 바라는 것'이니, 반드시 하나를 고집하여 구할 것은 아니다.

● **나의 견해**: 괘가 어려움[屯]의 상을 취했으니, 여섯 효가 모두 어려움의 때에 처해 있다. 초9효와 95효가 비록 어려움을 해결하기 위해 쓰일 수 있으나, 아직 그 쓰임을 베풀 수는 없다. 초9효는 양위陽位를 얻어서 진震, 즉 임금[侯]의 재주는 있으니, 공을 세우기에는 이롭다. 그러나 여러 음 아래에 엎드려있으니, 공을 급히 세우기는 어렵고, 서성이며 바르게 거처하고 가다리는 수밖에 없다. 95는 양위에 있으나 거듭된 음 가운데에 떨어졌으니, 기름진 은택이 있지만, 또한, 아래로 내려 보낼 수는 없다. 모두 때[時]의 어려움으로 그렇게 된 것이다. 62, 64, 상6효는 모두 '말들을 타고 있으며,' 말은 달릴 수 있다고 말하나, 62와 64효가 호체互體인 곤坤이니, 위 또한 곤음坤陰의 부류이기에, 모두 (달려서) 감이 적절하다. 그러나 62효는 음으로 강剛 위에 타고 있으니, 형세가 초9효의 양을 서로 핍박하고, 95효의 양에 응답하고 결혼하려 하나, 그 지역이 아주 멀어서, '허락하지 않음'[不字]의 바름을 올바르게 적절히 지킴이다. 느려지고 또 느려져서, 모름지기 10년을 기다렸으니, 시기[時]는 변화에 맞으나, 상례常例와는 대립되는 것이다. 허락함이 급한 것이 아니고, 여전히 '바름'[貞]이 위주이다. 상6효는 음과 같은 부류이니, 감坎 험난險難의 극심한 지경에 처하여, 피눈물을 흘리고 자신을 상하게 하니, 또한 어려움[屯]에서 끝날 뿐이다. 64효만 호체互體인 곤坤에 있으니, 홀로 말을 타고서 가서, 덕이 중인衆人의 바람을 믿고 따라갈 수 있다. 위에서 찾으면 64효는 95의 양을 받드니 주인[主]을 얻게 됨이고; 아래에서 찾으면 64효가 초9효의 양에 응답하니 현명함을 얻는다. 주인이 위에서 (짝을) 찾아서 그와 결합하면, 결혼과 같다. 현명함이 (짝을) 아래에서 찾아서 이와 결합하면, 또한, 혼인과 같다. 상하가 서로 필요로 하고, 가서 이롭지 않음이 없다. 그러므로 어려운 세상에 처하여, 여러 효는 모두 '가서는 안 됨'[勿用有攸往]이니, 64효만이 진퇴의 길을 분명히 알아서. 홀로 길점吉占을 얻은 것이다. [62, 63과 64의] 세 효에 이르러서는, (호체互體인) 곤坤은 군중들 속에서 순종하고, 간艮 그치어[止] 다니지 못함의 자리에 들어가서, 여러 사람[衆人]이 사슴을 쫓는 것처럼, 쇠뇌[弩]의 장치를 품고서, 어려움을 뒤집어쓰고 나아가니, 반드시 '어려움[吝]'이 있을 것이다. 군자는 기미[幾]를 비추는 것이니, 그가 기틀[機]로써 기틀에 대응하는 것이면, 진실로 기심機心을 없애고 기뻐하는 것만 못하다. 준屯괘는 본래 어려움이 많은 가을이니, 가는 곳에서 궁핍하게 되니, 성인께서 '어려움에 대처하는'[處屯] 방도를 가르친 것이기에, 지극하다고 하겠다!

4. 몽蒙괘 ䷃

몽괘는 아름다움이다. 내가 우매한 사람을 찾은 것이 아니고, 우매한 이가 나를 찾았다. 처음 서점筮占으로 (길吉함을) 알렸는데, (믿지 못하고) 두세 번 점치면, 점치는 이[筮人]가 무시당하게 되니, 무시당하면 알리지 않는다. 바르면 이롭다.
[蒙, 亨. 匪我求童蒙, 童蒙求我. 初筮告, 再三瀆,[1] 瀆則不告. 利貞].

정현鄭玄(127-200)은 말한다. 몽蒙은 몽치蒙稚[어둡고 유치함]이니, 사물이 처음 생긴 모양으로, 아직 피지 못한 것을 말한다. 사람이 유치하면 동童[어리석은 아이]이라 말하는 것이다.

순상荀爽(128-190)은 말한다. 재삼再三은 삼三과 사四를 말한다. (몽蒙괘에는) 양이 (음괘 위에) 올라탔으나 (그 양을) 공경할 수 없으면, 독瀆이라고 말한다.

우번虞飜(164-233)은 말한다. 동몽童蒙은 65효를 말하고, (외괘인) 간艮이 어리석고 유치함[童蒙]이다. 나我는 92효를 말하고, (호체互體인) 진震이 활동하여 미워지는 것이 65효이다. 그러므로 (몽蒙괘에서) '내가 우매한 이를 찾는 것이 아님'이라 말한다.

서기徐幾(13세기, 남송南宋시대 학자)는 말한다. (몽蒙괘에서) 내괘[감坎]는 처음의 서점筮占이고, 외괘[간艮]는 두 번째 서점이다.

유원劉沅은 말한다. (『역易』의) 「서괘序卦」전에서, '몽蒙괘는 어리석음[蒙]이니, 사물의 어린 것이다.'라고[2] 말한다. 사물은 생길 때 반드시 어리숙하니, 따라서 준屯괘 다음에 자리한다. 어리석은 아이[童蒙]는 (외괘인) 간艮이다. 감坎은 아래[내괘]에 있으나, 강건함이 가운데 있어서 주인이 되기에 나我이다. 65효는 92효와 응하니 나를 찾는 상象이다. 서점[筮]이란, 어리석기에 신명神明한 일을 찾게 되니, 처음에는 지극한 정성으로 오로지 하나가 되는데, 두세 번 (서점을 하게 되면) 오만하여 존중하지 않게 된다. 문왕文王께서는, 사람들이 무지하여 자안自安하며, 남을 버릴까를

---

1) 독瀆은 독嬻(남을 무시하고 존경尊敬하지 않음)의 가차이다. 高亨, 99頁.
2) '蒙者, 蒙也, 物之稚也.'「序卦」傳, 高亨, 760頁.

염려했기에, '무지해도 끝내는 무지할 수 없으니, 형통할 수 있는 도리'를 말하였는데, 다만 모름지기 사람이 스스로 자기 몽매함을 버려야, 내가 이에 그 몽매함을 계발할 수 있음이라고 하였다.

리스전李士鉁은 말한다. 준屯괘는 임금의 도道[君道]이고, 몽蒙괘는 스승의 도[師道]이다. 임금으로 만들고, 스승으로 만들음은, 성인이 천지天地를 이어서[繼] 일으키는 것이다. 또 준屯괘는 큰아들, 둘째아들 괘이고; 몽蒙은 둘째아들, 막내아들 괘이다. 건곤乾坤은 열리면서 다시 돌아오니, 천지天地는 자기 일을 다 함에 세 아들에게 부탁할 것이다. 세상일의 책임은 무엇에 맡길 것인가? (몽蒙괘는,) 92와 65효가 교섭하니, 음양이 통하기에, 따라서 형통한다. 공자께서, '마음에서 알려고 하나, 할 수 없는 경우가 아니면 지도하지 않고; 말하려고 하나, 하지 못하는 경우가 아니면 계발시키지 않는다.'라고3) 말씀하셨다. 맹자는, '마음이 곤고하여 사려가 막힌 뒤에, 분발하여 작동하고; 얼굴색에 나타나고 말로 토해낸 뒤에야, (남들이) 알게 된다.'라고4) 말하였다. 선유先儒는, '크게 의심하면 크게 깨우치고; 작게 의심하면 작게 깨우치고; 의심하지 않으면 깨우치지 못한다.'라고5) 말하였다. 이것이 몽蒙괘가 형통하게 되는 까닭이다. (상괘인) 간艮은 막내아들이고, 65효는 음陰효여서 어둡고 몽매하기에, 따라서 아이 같은 어리석음[童蒙]이다. 92의 양효는 개명開明하여, 따라서 65효의 몽매함을 계발할 수 있다. 92와 65효가 바르게 상응하니, 92효가 65효를 찾은 것이 아니고, 65효가 92효를 찾은 것이다. 이른바 '예禮가 있음을 듣고서 가서 배움'이지, '찾아가서 가르침'은, 듣지를 못했다. 스승은 엄하기에, 그런 다음에 도道가 높이어 진다. (스승은) 무시당하면 알려주지 않으니, 도道를 무시할까 두려운 것이다. (하괘인) 감坎은 (죄인을 가두는) 가시덤불 울타리이니 중기中氣를 얻어서 드러내는 상象이기에, 따라서 서점[筮]이다. 『시詩』(의 「소민小旻」편)에, '자주 점치면 영귀靈龜(영특한 거북)가 싫증을 느껴, 길흉의 도道를 나에게 알리지 않음'이라6) 했다. 곧 존중하지 않으면 알려주지 않음의 뜻이다. (호체互體인) 진震의 처음 획은, 처음 서점筮占의 상象이다. (하괘인) 감坎의 둘째 획, (상괘인) 간艮의 셋째 획은 재삼再三의 상이다. 92는 호체互體인 진震의 처음 획이고, 65효는 64, 63효를 지나 92효에 이른 것이니, 이른바 처음의 서점[初筮]이다. 63효는 감坎(에 속)하니 두 번째 서점이고, 64효는 세 번째 서점이니, 모두 바른 대응이 아니기에, 따라서 알려주지 않는 것이다. 그러나 어려움은 아니고, 쌓아놓고서 매우

---

3) '不憤不啓, 不悱不發.', 『論語譯注』, 楊伯峻譯注, 「述而」第7(7:8), 상동, 68頁.

4) '困於心, 衡於慮, 而後作; 徵於色, 發於聲, 而後喩.', 『孟子譯注』, 楊伯峻譯注, 「告子」下(12:15), 상동, 298頁.

5) '大疑大悟, 小疑小悟, 不疑不悟.', 『博山和尚參禪警語』, 「示初心做工夫警語」에서 https://m.fodizi.tw 佛弟子文庫 참조.

6) '我龜既厭, 不我告猶.', 『詩經譯注』, 袁梅著, 濟南: 齊魯書社, 1985, 548頁.

통하기를 구하는 것이니, 한 마디로 깨닫는 것인데[頓解], 따라서 알려주지 않고 (답을) 기다리는 것이다. '한 귀퉁이를 들었는데, 세 모퉁이가 돌아오지 않으면, 번복하지 않는 것'이,[7] 교육하는 방법[道]이다. 이른바 할 가치 없는 가르침, 이것 또한 가르침이다.

● **나의 견해**: 정貞에는 바름[正]의 뜻이 있고, '점차'의 뜻이 있다. 바름으로 몽매함을 가르치고, 또한 마땅히 '차츰차츰[漸次]' 해야, 그 이로움은 클 것이다!

단전에서 말한다. 몽蒙괘는, 산 아래에 위험이 있으니, (이것이) 몽蒙[상황 파악이 안됨]이다. 몽蒙괘는 "순통하니", 순통하는 행동은 그 시기와 바름[正]을 얻었기 때문이다. (『역易』에서) "내가 몽매한 아이를 찾는 것이 아니고, 몽매한 아이가 나를 찾는다."라고 함은, (쌍방의) 뜻이 합치한 것이다. "처음 서점筮占으로 물은 것"은, 강건剛健하고 올바른[中正] 일이었다. (점을 보려는 이가 우매하여) "점치는 이를 재삼 모독하니, 모욕을 받고 (결과를) 알리지 않은 것"은, (신령을) 모독한 것이며 몽매한 짓이다. 몽매해도 올바름을 길러서, (올바로 파악하는 일은) 성인의 공효功效인 것이다. [彖曰：「蒙」, 山下有險, 險而止, 「蒙」. 「蒙」"亨", 以亨行時中也.[8] "匪我求童蒙, 童蒙求我," 志應也.[9] "初筮告," 以剛中也. "再三瀆, 瀆則不告," 瀆蒙也. 蒙以養正, 聖功也.]

(반고班固가 편찬한)『백호통白虎通』에서 말한다. '천자天子의 태자太子나 제후諸侯의 세자世子[적장자嫡長子]는 모두 밖의 스승에게 갔으니, 스승을 높이 보고 선왕先王의 도道를 중시한 것'이다.[10] 그러므로 (『예기禮記』의)「곡례曲禮」편에, (예禮에는) '와서 배움은 들어보았으나, 가서 가르침은 듣지 못했음'이라[11] 했고, 『역易』(몽蒙괘 단象전)에서는 '내가 몽매한 아이를 찾는 것이 아니고, 몽매한 아이가 나를 찾는다.'라고 말하였다.

정현鄭玄(127-200)은 말한다. 형통은 양陽이다. 호체互體인 진震이 중中을 얻었으니, 좋은 모임에 예禮가 통하기에, 양은 스스로 자기 중中을 발동하여, 덕이 지도地道 위에 베풀어지고, 만물들은 상응하여 싹이 트니, 가르침을 베푸는 스승은 거기에서 상을 취한 것이다.

---

7) '擧一隅不以三隅反, 則不復也.', 『論語譯注』, 「述而」篇(7:8), 楊伯峻譯注, 상동, 68頁.

8) 中은 바름[正]이다. 高亨, 99頁.

9) 應은 合과 같다. 高亨, 100頁.

10) '天子之大子, 諸侯之世子, 皆就師於外者, 尊師重先王之道也.'『白虎通疏證』, 卷六「辟雍」, 上冊, (淸) 陳立撰, 北京: 中華書局, 2019, 255頁.

11) "禮聞來學, 不聞往敎.", 『禮記正義』, 「曲禮」상편, 상동, 12冊, 15頁.

순상荀爽(128-190)은 말한다. (몽蒙괘에서) 92와 65효는 뜻이 서로 응한다. 높이지 않음[瀆]은 양陽을 높일 수 없기에, 몽매한 기운이 제거되지 않았음이니, 따라서 모독은 우매한 짓[瀆蒙]이다.

(정이의)『이천역전伊川易傳』에서 말한다. (몽蒙)괘가 시중時中이니, 형통을 불러오는 방도로서, 중中을 얻고 때에 맞다. (몽蒙괘에) 순일純一함이 아직 발생하기 전의 몽매함으로 (몽蒙괘가) 그 바름을 양육하니, 이에 성인을 만드는 공적功績이 있다. 몽蒙괘의 여섯 효에서 두 양효가 몽매함을 다스리니, 네 음은 모두 몽매함에 처한 것이다.

(주희의)『주역본의周易本義』에서 말한다. (몽蒙괘의) 92효는 강건하며 중中을 얻었기에, 따라서 알려줄 수 있고 절제가 있다.

호병문胡炳文(1250-1333)은 말한다. 천지天地가 있으니, 곧 임금이 있고 스승이 있다. 준屯괘에서 진震의 '일양一陽'이 주인이고, '제후를 세움이 이롭고, (이것이) 군도君道이다.'라고 말하는데; 몽蒙괘에서는 (하괘인) 감坎의 일양一陽이 주인이고, '아이가 몽매하여 나를 찾음'이라 말하니 사도師道이다.

유원劉沅은 말한다. (몽蒙괘에서) 형통할 수 있음은 나에게 있고, 때가 중中이니 몽매함을 계발하기에, 한쪽으로 쏠림과 고집이 없다. 알림과 안 알림 사이에 시중時中이 있게 되니, 바로 몽매함을 잘 길러서 그것을 바르게 할 수 있다.

오여륜吳汝綸(1840-1903)은 말한다. 패란敗亂[瀆]은 몽매함[蒙]을 말한다. (몽蒙괘에서) 알려주었으나 여전히 몽매하기에, 따라서 알려주지 않음이다.

리스전李士鉁은 말한다. 몽매함을 키우는 방도는 반드시 바름[正]에서 나와야 하니, 털끝만큼도 부정하게 하면, (몽蒙괘는) 그 근원을 맑게 하고 그 본본을 단정하게 해야 한다.

짱홍즈張洪之(1881-1969)는 말한다. 임금이나 스승은 천지를 보조함에 못 미치니, 따라서 건곤 뒤에 준屯과 몽蒙괘가 이어졌다. 『예禮』에는, '사도師道가 서면 착한 사람들이 많음'을[12] 말했고; 『상서尙書』에는, '스스로 스승을 얻을 수 있는 이가 왕王이다.'라고[13] 말했다. 태갑太甲(? -전 1,557, 상商나라 5대 임금)은 이윤伊尹(전1,649~전1,549)을, 성왕成王(재위: 전1,042-전1,021)은 주공周公을 스승으로 가졌기에, 어리석은 미몽으로부터 성명聖明(한 임금)으로 변했다.

마치창馬其昶은 말한다. 자연은 혼돈 미몽하고, 산천은 험준하며, 인적은 서로 교통이 없기에,

---

12) '師道立則善人多.'는 『禮』에는 보이지 않고, 『通書』, 「師」第七(『周元公集』), 周敦頤撰에서 보인다. 電子版 文淵閣四庫全書, 上海人民出版社 참조.
13) '能自得師者王.', 『今古文尙書全譯』, 「仲虺之誥」, 江灝, 錢宗武譯注, 貴陽: 貴州人民出版社, 1990, 120頁.

따라서 미몽이라 한다. (몽蒙괘는) 형통하니, (호체互體인) 진震이 감坎이 된다. 일단 험하고 멈춰 있으니 몽蒙인데, 이 몽롱을 계발하려는 이는 반드시 먼저 (호체互體인) 진震을 움직여서 개통開通을 해야, 이에 시중時中의 가르침을 실행할 수 있다. 무릇 괘에는 처음의 서점[筮]이 있고, 본래의 서점[原筮]이 있다. 원原은 다시[再]이다. 처음 서점[初筮]에서 8괘는 소성小成이고, 재서再筮에는 18번 변하여 한 괘가 성립될 것이다. '처음 서점에서 알려줌'[初筮告]은, 초서初筮에서 92효를 얻었으니, 마땅히 몽蒙괘의 소임을 알리기에 충분하다. 92효는 강건하며 중中이니 가볍게 볼 수 없고, 가볍게 보면 (내용을) 알리지 않을 것이기에, 따라서 정성스럽게 —(양)을 귀히 여기게 되니, 처음 서점[初筮]에서 '정성스러움이 양陽이기[誠—]' 때문은 아니다.

● **나의 견해**: (『예기禮記』의) 「학기學記」편에, (학생이 20살쯤 되어) '마땅히 배울만한 시기[時]라 말함'이라고[14] 했으니, 곧 바름을 기르는 공부이고; 절도를 넘어서지 않는 '베풂'이니, 곧 시중時中을 행한 것이다. 대인大人은, 그 어린아이 마음을 잃지 말아야 하니, 어린이 마음은 본래 바르기에, 길러서 그것을 잃지 말아야 큰 사람[大人]이 될 수 있다. 대인은 성인聖人이니, 그 공력은 어린아이 때부터 기초한다. 92와 65효가 상응하니, 92효의 양강陽剛으로 65효의 음유陰柔를 변화시킴, 이것이 '바르게 기름'[養正]이다.

상전에서 말한다. 산 아래서 나오는 물이, 몽蒙괘이다. 군자는 행동을 과감하게 하여 덕성을 기르는 것이다.
[象曰: 山下出泉 ,「蒙」. 君子以果行育德.[15]]

(주돈이周敦頤의) 『통서通書』에서 말한다. (몽蒙괘는) 산 아래 샘에서 나오니, 고요하고 맑다. 혼탁混濁하여 어지러우니, 어지러우면 해결 방법이 없다. (몽蒙괘에서) 신중해야 하니, 오직 때가 맞아야 할 것[時中]이다!

(주희의) 『주역본의周易本義』에서 말한다. 샘은, 물이 처음 나오는 곳이니, 반드시 흐름이 있어야 하나, 차츰차츰[漸次] 해야만 하는 것이다.

진덕수陳德秀(1178-1235)는 말한다. 과단한 행동은, 물이 반드시 흐름과 같고, 덕을 기름[育德]

---

14) '其可之謂時.',『禮記正義』,「學記」第十八篇, 상동, 14冊, 1,237頁.
15) 李鼎祚의 『周易集解』에서, 果는 과감히 결단함이다. 高亨, 100頁.

은 물이 바탕[체]을 가짐과 같다.

혜동惠棟(1697-1758)은 말한다. 샘에서 처음으로 나오는 것이 몽蒙이다. (『태평어람太平御覽』에서 황석黃奭[1809-1853]이 편집한) "『예두위의禮斗威儀』에, '정치가 태평하면 몽수蒙水가 산에서 나온다.'라고 하였다. 송균宋均(? - 76)에 의하면, '몽蒙은 작은 물이니; 나오면 관주灌注할 수 있기에, (곡식들을) 심지 않을 수 없다."라고[16] 말했다. 이(몽蒙)괘가 허무하지 않은 상象임을 알 수 있다.

유원劉沅은 말한다. 이것은 또한 몽매함을 형통하게 하는 것을 말한 것이니, 사람들이 형통하게 되기에 힘쓸 것을 바람이다. 군자는, (내괘인) 감坎의 강중剛中을 몸으로 하여, 스스로 닦음으로써 자기 행동을 실현하면, 두려운 곤란은 없어지고 편안할 것이며; (외괘인) 간艮의 멈춤을 본받아서, 인仁에 머무르는 자기 덕을 기르니, 급하게 효과를 구하지 않으면, 몽매함을 형통하게 할 근거가 나에게 있을 것이다.

또 (유원은) 말한다. 오직 성인이 임금의 스승이라면 몽매함이 형통하게 하는 것 또한 필연일 것이다. 과감하면 반드시 흐르게 되고, 기르는 이들도 급하게 달성하려 하지 않는다면, 괘상卦象을 따라서 사람들에게 덕을 진작시키라고 독려할 것이니, 단象전의 뜻과 또한 구별될 것이다.

● **나의 견해**: 『중용中庸』에서, '광대하고 유심幽深한데, 때로 (밖으로) 나오는 것이다.'라고[17] 하니, (몽蒙괘는) 곧 다니는 데서 점차적이고, 지나친 것도 없고 못 미치는 것도 없으니, 중도中道와 합치하는 것이다.

초육효: 백태를 제거하여 (볼 수 있으니), 죄인에게 이로우며, 수갑과 족쇄를 벗어난다. 가면 어렵다.
[初六: 發蒙, 利用刑人, 用說桎梏, 以往吝.[18]]

정현鄭玄(127-200)은 말한다. 나무가 발[足]에 있으면 족쇄[桎]이고, 손에 있으면 수갑[梏]이다. (나의 견해: [유원劉沅의]『주역항해周易恒解』에는 수질手桎과 족곡足梏으로 하였다.)

우번虞飜은 말한다. 진震은 발[足]이고 간艮은 손인데, 호체互體(인 진震)와 감坎이 연결하니, 따

---

16) 『禮斗威儀』曰:「君乘土而王. 其政平則蒙水出於山.」宋均曰:「蒙, 小水也; 出加爲灌注, 无不植也.」,『太平御覽』卷八百七十三, 休徵部, 水, 宋 李昉等撰, 電子版文淵閣四庫全書, 上海人民出版社, 1999 참조.

17) '溥博淵泉, 而時出之.',『中庸今註今譯』, 31章, 宋天正註譯, 臺北: 臺灣商務印書館, 1980, 65頁.

18) 發은 除去이고, 用說은 以脫과 같다. 인吝은 난難[어려움]이다. 高亨, 101頁.

라서 족쇄와 수갑[桎梏]이라 부른 것이다.

간보干寶(286-336)는 말한다. 열說은 풀어줌[脫]이다.

유원劉沅은 말한다. 몽蒙은 불선不善에 가려졌으니, 족쇄나 수갑과 같다. 형刑을 쓰는 이는 자신을 새롭게 함을 깨닫게 되니, 족쇄와 수갑을 벗어 던지고, 떠나서 가버림과 같다. 이는 자기가 바란 것이 아니고, 가르침이 막혀서 그다음에 형刑을 쓰게 된 것이니, 따라서 안타까운 일이다. 안타까움[吝]은 색난嗇難(아깝고 곤란함)의 뜻이다.

리스전李士鉁은 말한다. 초6효는 발동[發]이고, (내괘인) 감坎은 형刑이고, 열說은 곧 벗어남[脫]이니, 감坎은 나무를 뚫음[穿木]이다. 사물은 생기면 반드시 몽매하고, 따라서 과수果樹[열매가 여는 나무]는 (열매를) 외피나 하얀 막으로 싸고 있다. 사람이 몽매하고 아는 것이 없으면 또한 (껍질로) 싸버린 것과 같다. 나무의 외피는 스스로 벗어날 수 없고, 우레를 기다려서 벗어나며, 사람의 몽매함도 스스로는 벗어날 수 없고, 사람을 기다려서 벗어날 수 있다.

상에서 말한다. "죄인들의 (수갑을) 풀어줌에 이로움"은, 법도의 올바름 때문이다.
[象曰: "利用刑人",[19] 以正法也.]

석개石介(1005-1045)는 말한다. 92효는 양陽으로 아래로 초6효를 비추니, 따라서 초6효의 몽매함이 깨어나게 되는 것이다.

유원劉沅은 말한다. 형刑이란 예교禮敎를 유지하게 하니, 이것으로 법도를 바르게 하여, 마침내 예교禮敎에로 귀결시키나, 형刑을 숭상하는 것이 아니다.

마치창馬其昶은 말한다. 『주례周禮』에, '정월正月 초하루 길일吉日에, 나라의 도성과 변방에 형법刑法을 선포하고, 이에 문자로 된 형법을 성문 높은 곳에 걸어놓고, 백성들이 그것을 보도록 하게 한다.'라고[20] 하였다. 이것이 곧 말하는 바는 형인刑人을 이용함이다. 정월의 길일에 형법을 반포하니, 따라서 초6효가 이것을 나타낸다. 무릇 만민 중에 죄와 잘못이 있으면, 법에 의거하지 않았으나, 향리에 해를 끼치는 자는, (죄가 가벼우면) 족쇄나 수갑을 채워서 돌 위에 앉히고 죄수 담당관[司空]에 의해 노역을 하게 한다. 죄가 중하면 13일을 대질하고, 노역을 1년 하게 한다. 그

---

19) 利用은 …에 이로움이고, 用說은 以脫과 같다. 高亨, 101頁.
20) '正月之吉, 始和, 布刑于邦國都鄙, 乃縣刑象之法于象魏, 使萬民觀刑象.',『周禮今註今譯』, 卷九「秋官司寇」第五, 林尹註譯, 臺北: 臺灣商務印書館, 1974, 364頁.

다음은 9일 대질하고 아홉 달 노역시킨다. 다음은 7일 대질하고 일곱 달 노역시킨다. 그다음은 5일 대질하고 다섯 달 노역시킨다. 그 아래의 죄는 삼일 대질하고 석 달 노역시킨다. 주州의 '관리[吏]'에 맡기면 (죄가 가벼운 자들을) 방면하고 용서한다. 이것이 곧 족쇄와 수갑에서 벗어남이다. 형벌로 가르치고, 또한 약한 벌로 징계하면 몽매함은 계발될 것이다. 족쇄와 수갑으로 간다면, 이는 끝내 변화되지 못하니, 따라서 가여운 것이다. 이 (초6)효는 마땅히 양으로 변화하여 92효를 본받음이다. 『설문해자說文解字』에서는 이 (『역易』)경을 두 번 인용하나, 모두 '이왕인以往吝'[떠나가니 어려움]으로 구절을 끊고 있다.

> **구이효**: 요리사가 몽매하니, 어렵다. 남자가 아내를 취하니 길하다. 남자가 가정을 이루는 것이다.
> [九二: 包蒙吉, 納婦吉, 子克家. 21)]
> **상에서 말한다.** "남자가 (아내를 취해) 결혼함"은, 강유剛柔가 만남이다.
> [象曰 : "子克家", 剛柔接也. 22)]

왕필王弼(226-249)은 말한다. (92효는) 포괄하며 거절하지 않으니, 멀고 가까움이 모두 오기에, 따라서 몽매함을 품어도 길하다. 아내는 자기의 짝으로 덕을 이룬 자이다.

전징지錢澄之(1612-1693)는 말한다. 『역易』의 도道는 하늘이 땅을 포용하고, 양이 음을 포용하며, 군자는 소인들을 포용한다. 태泰괘의 '포황包荒'[속 빈 표주박], 구姤괘의 '얇은 것으로 감싼 물고기[包魚]'나 몽蒙괘의 '우매함을 포용함[包蒙]'은 모두 92효를 주로 하였으니, 강중剛中이다. 강건하지 않으면 힘은 포용할 수가 없고, 중中이 아니면 양量에서 포용할 수 없다.

유원劉沅은 말한다. (92효는) 강중剛中이니 여러 음의 주인이 되고, 자기가 덕이 있기에 또한 사람들을 포용할 수 있으니, 반드시 자기 몽매함을 좋게 변화시킬 수 있다. (하괘인) 감坎은 둘째 아들이니 건乾괘의 바른 효[正爻]를 얻었기에, 따라서 아들[子]은 반드시 가정을 이룰 수 있다. 아내와 자식들이 반드시 모두가 현명하지 않으나, 덕이 있는 이들만이 감화할 수 있으니, 이것이 포몽包蒙의 뜻이다. 접接이란, 여러 음이 말을 듣고서, 그 속에서 조화롭게 화합함이다.

---

21) 包는 아마도 포庖(요리사)의 가차이다. 蒙은 몽矇(몽매함)의 가차이다. 몽蒙 아래의 吉은 마땅히 인吝이다. 형태가 비슷하여 생긴 오류이다. 吝은 난難[어려움]이다. 納婦는 자식을 위해 그 아내를 취함이다. 克은 이룸[成]이다. 高亨, 101頁.

22) 92는 양효이니 剛하고, 63은 음효이니 柔한데, 92가 63의 아래에 있으니, 이것이 "剛柔接"이니 남녀가 서로 짝하는 형상이다. 高亨, 102頁.

리스전李士鉁은 말한다. 성인의 도량은 포용하지 않음이 없으니, 천하에 가르칠 수 없는 사람은 없다고 보아, (이로써) 우리의 도道가 크게 되는 것이다. (『논어論語』에 공자께서), '나에게 약간의 박례薄禮를 보이면, 나는 가르쳐주지 않은 적이 없다.'라고[23] 했다. 이런 마음이 이르면, 이렇게 그것을 받을 뿐이니, 비록 호향互鄕지방의 어린아이나 묵자墨者인 이지夷之에게도 버려두고 가르치지 않은 적이 없다. (이것이) 포몽包蒙이다. 아내[婦]는 초효를 가리키고, 양존陽尊음비陰卑이니, 남자는 귀하고 여자는 천하며, 남자로서 여자를 취하니, 이는 음양의 호합이고, 부부夫婦가 순조로워서 가도家道가 이루어지기에, 따라서 (92효는) 길하다. 92효의 호체互體인 진震은 큰아들이라, 아버지가 가정을 다스리지 않고, 큰아들이 대신한다. 하늘은 사람을 가르칠 수 없으니 성인이 대신하기에, 따라서 성인은 하늘의 적장자[宗子]이다.

마치창馬其昶은 말한다. 무릇 주괘主卦의 효는 그 뜻이 다분히 단상전과 같다. 초6, 65효는 모두 몽매한데, 92효는 초6효에 비해 65효에 응대하니, 따라서 '몽매함을 포용[包蒙]하기에 길함'[包蒙吉]의 상을 갖는다. 단象에서 말한 '몽매한 아이가 나[我]를 찾음'이다. 63효 또한, 92효에 비견되니, 92효가 취하지 않은 여자이기에, 따라서 또한 아내를 맞이하는 길한 상象이다. 단象에서 말한 '무시당하면 알려주지 않음'이다. 92효가 65효에 가니, 사도師道가 있고, 또한 자도子道가 있다. 강유의 접接이란, 65효의 부드러움으로 92효에 접하는 것이다. 『역易』에서는 92와 65효의 응대를 중시하니, 이것은 우선으로 그런 예例를 세운 것이다.

육삼효: 여자를 취하는 행사는 하지 않고, (여자가 지참금으로 가져온) 구리만 보이는데, 남편은 장차 죽을 화禍가 있으니, 이로울 바가 없다.

[六三: 勿用取女, 見金, 夫不有躬, 无攸利.[24]]

상에서 말한다. "여자를 아내로 맞지 말라!" (이것은,) 일이 순조롭지 않음이다.

[象曰: "勿用取女"[25], 行不順也.]

우번虞飜(164-233)은 말한다. 금金과 남편[夫]은 둘이니, 양陽은 금金[즉 銅]이고, (호체互體인)

---

23) '自行束脩以上, 吾未嘗無誨焉.', 『論語譯注』, 「述而」편(7:7), 楊伯峻譯注, 상동, 67頁.

24) 取는 취娶[장가들다]의 가차이고, 金은 동銅이지 황금이 아니다. '구리[銅]'는 여자가 시집 올 때 가져오는 귀중한 물건이다. '夫不有躬'은 夫가 장차 '목숨을 잃을[喪身]' 禍가 있다. 高亨, 102頁.

25) 63은 음효, 92는 양효인데, 63효가 92효 위에 있으니, 柔가 剛을 올라탄 형국[柔乘强]이니, 여자가 남자를 능멸하는 형상이다. 그래서 여자를 아내로 취하지 않음이라 했다. 高亨, 상동.

진震은 남편[夫]이다. 63효가 92의 양을 올라탔으니, 다니는 것이 순조롭지 않다.

(장재의) 『횡거역설橫渠易說』에서 말한다. "금金과 부夫는 둘이다. (남편이) '목숨을 잃을 수도 있음[不有躬]'은 바르지 않음을 행한 것이니, 하나에 고정될 수는 없다."[26]

심해沈該(12세기, 남송南宋[1127-1279]의 학자)는 말한다. (몽蒙)괘가 변하면 고蠱괘이니, 여자가 남자를 유혹하는 것이다.

심기원沈起元(1685-1763)은 말한다. 몽매한 아이[童蒙]는 전적으로 65효를 가리킨다. 63효는 중中도 아니고 바르지 않으니, 몽매하나 아이는 아니다.

유원劉沅은 말한다. 호체互體인 곤坤은 손巽이나, 태兌로 변하니, (나의 견해: 손巽은 초6, 92, 63효를 말하고, 태兌는 92, 63, 64효를 말함.) 모두 여자의 상象이다. 간艮은 양陽이고 건乾효이니 구리[銅]이고, 막내아들이기에 따라서 금부金夫로 칭한다. 그러나 상9효는 (상괘인) 간艮으로 그침[止]이니 63효에 구하지 않고, 63효는 음으로 중中도 아니기에, 스스로 상9효에서 구한다. 지극히 몽매함은 인욕으로 천리天理를 소멸함보다 심한 것은 없고, 구리를 가진 남편[金夫]은 보이나, 자신을 지킬 수 없기에, 지극히 몽매함일 것이니, 더욱 어디에 이로움이 있겠는가? 순順은 순리順理이다.

요배중姚配中(1792-1844)은 말한다. (『예기禮記』,) 「방기坊記」편에, '남녀는 중매인 없이는 사귈 수 없고, 예물 없이는 상견할 수 없음은, 남녀의 구별이 없을까 해서이다. 이 고을의 백성으로써, 백성이 저절로 (멋대로) 자기 몸을 바칠 수 있다.'라고[27] 하였다. '금 같은 남편을 보고 목숨을 바치지 않음[見金夫, 不有躬]'은 스스로 자기 몸을 바치는 일이다. 『예禮』에는, '여자를 (아내로) 취하지 않는 다섯 가지가 있다.'가[28] 있다.

정안丁晏(1794-1875)은 말한다. 신도臣道, 처도妻道는 모두 마땅히 이것(63효)을 경계해야 한다. 사대부士大夫가 입신하려면 반드시 먼저 염치로 근본을 삼아야 하는 것이다.

리스전李士鉁은 말한다. 호체互體인 곤坤은 여자를 지칭하고, 63효는 태兌에 속한 효이니 막내딸이다. (63효에서) 곤坤 몸을 궁躬이라 하니, 음이어서 허虛하기에, 따라서 갖지 않음이다. (63효는) 가까이 92효와 친하니, 탐욕이 있으나 숨기고, 음으로 양에 올라타니, 또한 부부夫婦의 정도正

---

26) 金夫, 一也. 不有躬, 履非其正, 則不能固於一也.', 『橫渠易說』卷一, #81, (宋) 張載撰, 中國哲學書電子化計劃, https://ctext.org 참조.

27) '男女無媒不交, 無幣不相見, 恐男女之無別也. 以此坊民, 民猶自獻其身.', 『禮記正義』(十三經注疏 整理本), 15冊, 상동, 1656頁.

28) '女有五不取.', 『大戴禮記』, 「本命」第八十, 高明註譯, 臺北: 臺灣商務, 1977, 468頁.

道는 아니기에, 따라서 (자기) 몸을 가질 수 없다. 이것은 음탕한 여자이다. 『시詩』에서, '아, 처녀여! 부디 남자와 섞여 놀지 말라!'라고 하였으니,[29] 이것을 말함이다. 63효에 유독 몽매함을 말하지 않은 것은 양을 올라타고 양상구효九爻에 응하였으니, 몽매하다고 할 수 없다. (63효는) 중中도 아니고 바르지도 않으니, 또 가르치기에도 부족하다. 그러나 (63효에서) '이로울 바 없음[无攸利]'이라고 일러준 것 또한 가르침일 것이다!

마치창馬其昶은 말한다. (63효는) 초6효에 대응이 없으니, 92효에 비하여 적절하다. 63효는 바로 상9효에 응하니, 뜻은 마땅히 전일專一해야 하고, 지금 또한 92효에 친히 가까이 하면, 무시당하며 간 것이니, 따라서 버림받은 여자가 된다. (호체互體인) 곤坤은 순하게 양陽을 받드니, 지금 (63효가) 92효 위에 올라탄 것은 곤坤의 순한 도道를 잃은 것이기에, 따라서 (63효가) 하는 것이 순조롭지 않다. 92효에서 '아내를 맞음'[納婦]과 63효에서 '여자를 취하는 행사를 하지 않음'[勿用取女], 이들 모두 혼인을 주로 하여 말한 것이다. 『백호통白虎通』에서 말하였다. 『대대례기大戴禮記』, 「보전保傳」편에서, '삼가 자식을 장가들여 아내를 취해옴에 반드시 세상에 인의仁義를 가진 자를 택하여, 남자가 제멋대로 (여자를) 취하지 못하고, 여자가 제멋대로 시집을 가지 못하게 하여, 반드시 부모에 말미암고, 필수로 중매꾼을 기다려서, 치욕을 멀리하고 음일淫佚을 막는 것이다.'라고[30] 하였다.

육사효: 곤경에 처하고 우매한 이는 어렵다.
[六四: 困蒙, 吝.[31]]
상에서 말한다. "우매한 사람이 곤란에 처했으니," "곤란함"은, (그가) 실제상황에서 유독 멀리 떨어졌기 때문이다.
[象曰: "困蒙"之"吝", 獨遠實也.]

왕필王弼은 말한다. (64효에서) 양陽은 내용[實]이다. (64효는) 홀로 양에서 멀리 있고 두 음의 가운데 처하니, 몽매함으로 곤란하기에, (나의 견해: 열어줄 사람이 없음) 현자를 따라서 그 뜻을 계발할 수 없으니, (64효는) 또한 고루할 것이다.

29) '于嗟女兮! 无與土眈.', 『詩經譯注』, 「衛風」, 「氓」, 袁梅著, 상동, 207頁.
30) "禮保傳記曰: '謹爲子嫁娶, 必擇世有仁義者.' … 男不自專娶, 女不專嫁, 必由父母, 須媒妁…. 遠恥防淫泆也." 『白虎通疏證』卷十, 「嫁娶」, 下冊, 陳立撰, 北京: 中華書局, 2019, 451, 452頁.
31) 蒙은 朦朧의 가차이니 우매함이다. 吝은 어려움이다. 高亨, 103頁.

호병문胡炳文(1250-1333)은 말한다. 64효가 있는 곳, 친한 것, 대응하는 것이, 모두가 음이다.

채청蔡淸(1453-1508)은 말한다. 63과 64효는 자포自暴자기自棄한 것이니, 비록 성인과 함께 있더라도, 변화하여 들어갈 수가 없다.

유원劉沅은 말한다. 초6과 63효는 92효의 양陽과 친(比)하고, 65효는 상9효의 양과 친하여, 초, 3, 5효는 (음이지만) 모두 양陽의 자리[位]이고, 63과 65효가 또한 양과 응하고 있다. 64효만 응대하는 것은 모두 음이니, 따라서 '홀로 멀다.'[獨遠]라고 하는 것이다. 64효는 음위이고, 상하가 모두 음이니, 몽매 중에 곤란하기에 (빠져) 나올 수가 없다. 인吝은 어려움이고, 치욕恥辱이다. 성실한 도道에서 홀로 멀리 있기에, 스스로 현명함을 찾아서 몽매함을 깨우치지 않는 것이다.

요배중姚配中은 말한다. (64효가 양으로) 변하면 바른 (자리)를 잃고서 미제未濟괘를 이루기에, 변화하지 않으면 몽매한 기운은 제거되지 않으니, 이 때문에 곤궁하여 어렵다[困吝].

리스전李士鉁은 말한다. (64효에서) 못[澤]의 물은 곤궁한데, 산 아래의 물 또한 곤란한 뜻이 있다. (몽蒙)괘에서 64효 하나만이 (음위의) 바름[正]을 얻었기에, 양에서 홀로 멀리 있으니, 마침내 곤궁에 이른 것이다. (64효는) 아름다운 바탕[美質]도 믿을 수 없음을 보였으니, 현명한 스승과 벗을 마땅히 급히 찾아야 할 것이다.

마치창馬其昶은 말한다. 63효는 강건한 악惡이요, 64효는 유순한 악惡이다.

육오효: 몽매한 아이도 (대인大人의 가르침을 받아서) 길하다.
[六五: 童蒙, 吉.]
상에서 말한다. "어리고 우매한 자"가 (대인의 보호를 받으면) "좋다[吉]함"은, 유순하게 복종함 때문이다.
[象曰: "童蒙"之"吉", 順以巽也.32)]

순상荀爽(128-190)은 말한다. (65효는 주周나라) 성왕成王께서 주공周公과 소공召公을 쓰심과 비슷하다.

우번虞飜은 말한다. (65효는) 귀한 데 처하여 상9효를 받들고, 또한 92효에 대응하니, 따라서 (65효는) 길하다.

(정이의)『이천역전伊川易傳』에서 말한다. (65효에서) 아이[童]는 아직 계발되지 않음(나의 견

---

32) 「雜卦」에서, 巽은 伏이라 했으니, 엎드려 복종함이다. 高亨, 상동.

해: 순전한 하나로 계발이 아직 안 됨이다.)을 취한 것이니, 남에게 의존함이다.

항안세項安世(1129-1208)는 말한다. (65효에서) 호체互體인 곤坤은 순종[順]이다.

양석여梁錫璵(1697-1774)는 말한다. 성聖과 몽蒙은 반대이나, 어린애의 마음은 잃어버리면 안 된다. 좋구나! 가의賈誼(전200-전68)가 추론하여, '인정은 매우 서로 멀면 안 되니, 일찍이 가르치고, 보좌를 세우는 것이 가장 급함'을 말하였다.

유원劉沅은 말한다. (외괘인) 간艮은 막내아들이니, 따라서 아이[童]이다. 몽매함이 아이에게 있는 것은, (아이에게는) 천성에서 벗어나지 않았으니, 날로 나아가 명백히 깨달음이 어렵지 않기에, 따라서 (65효는) 길하다. (65효에서) 호체互體인 곤坤은 순順이다. 손巽으로 변하니 겸손이다. (65효는) 위로 상9효와 가까우니 순종이다. (65효는) 아래로 92효와 응대하니, 겸손[巽]이다. 모두 자기를 비우고 현자에게 자신을 낮추는 상이다.

오여륜吳汝綸(1840-1903)은 말한다. 손巽괘는 들어감[入]이다. 어려서 이루어진 것이니 천성天性과 같아서, 따라서 (65효는) 쉽게 들어간다.

마치창馬其昶은 말한다. 몽매하나 바르게 양육함은 65효를 말한 것이다. 65효가 바르지는 않으나, 92효와 대응하여 그 바름을 길러서 낸다.

상구효: 우매함을 공격한다. 침략적 진공進攻은 불리하고, 자위적 방어는 이롭다.

[上九: 擊蒙. 不利爲寇, 利禦寇.33)]

상에서 말한다. "침략을 방어하면" "이로움"은, 윗사람들과 아랫사람들이 화순和順하기 때문이다.

[象曰: "利"用"禦寇", 上下順也.]

(주희의) 『주역본의周易本義』에서 말한다. 강건함으로 상9효에 있으니, 몽매함을 다스림에 강剛이 과하기에, 따라서 몽매함을 공격하는 상象이다.

오징吳澄(1249-1333)은 말한다. 92효는 굳건하며 중中을 얻었으니, 너그럽게 다스림이고; 상9효는 굳건함이 정점이나 중中은 아니니, 다스림이 맹렬하다.

내지덕來知德(1526-1604)은 말한다. (내괘인) 감坎은 도둑이다.

장리상張履祥(1611-1674)은 말한다. 가르침은 하나이다. 벗어남을 순종으로 여기는 자도 있고,

---

33) 격몽擊蒙은 우매한 사람이나 혼란한 나라를 공격함이다. 위구爲寇는 침략적 진공進攻이다. 어구禦寇는 자위적 저항이다. 高亨, 103-104頁.

공격을 순종으로 여기는 자도 있다. (상9효에서) 공격하면 순조롭지 못하나, 공격하지 않으면 이길 방도가 없다. 아이와 곤궁함에서 베푸는 것은 공격뿐일 것이다.

양석여梁錫璵는 말한다. 몽蒙괘 92효는 (토지와 인민의 교화를 담당하는) 사도司徒이다. 상9효는 (형옥刑獄과 규찰糾察 등의 일을 담당하는) 사구司寇나 (군대의 일을 담당하는) 사마司馬이다. 요순堯舜시대에는 군대도 (금령禁令과 형옥刑獄을 담당하는) 사사士師가 겸하였다. 군대와 형벌은 모두 교화를 보조하였다.

유원劉沅은 말한다. 하괘인 감坎은 도둑이고, 접합은 무기[戈兵]이고, (상괘인) 간艮은 손이다. (상9효는) 손으로 무기를 잡고 치는 상이다. 몽매한 이가 오면, 나는 강건함으로 그를 방어하니, 어쩔 수 없는 것이다. 만약 침공하면 스스로 몽매함에 처하게 되니, 무엇으로 난리를 끝낼 수 있겠는가? 또한 (상9효에서) 사람들이 일찍이 몽매함을 변화를 못시킬까 두려워서, 자위적인 방어를 할 수 있기에, 따라서 '자위적 방어를 하면 이롭다.'[利用禦寇.]라고 말한 것이다. 92효는 여러 음을 이끌고 몽매함을 계발하니, 상9효는 강건함으로 몽매함을 계발하는 책임을 맡는다. 상과 하가 모두 순조로우니, 인사人事에서 위로 천심에 순종하고, 아래로 민정에 순종한다.

리스전李士鉁은 말한다. (몽蒙)괘중에 두 개의 양이 있으니, 모두 음의 몽매함을 열 수 있다. 92효의 굳셈[剛]은 중中을 얻었으니, 따라서 포괄할 수 있다. 상9효의 굳셈은 중中을 지나쳤으니, 따라서 공격이다. 『상서尚書』에서, '오상五常의 교육을 조심스럽게 시행하고, 관후寬厚해야 한다.'라고[34] 말했다. 상9효의 공격은 진실로 92효의 포용만 못하니, 그래서 할 수 없어서 나온 것이다. 공격은 거짓[邪]으로 바름[正]을 치는 것이고, 자위적 방어[禦寇]는 바름으로 거짓을 치는 것이다. 몽蒙괘는 끝에서 자위적 방어, 즉 형벌은 교화를 보조함의 뜻을 말하였다. 시서예악詩書禮樂은 바른 가르침이고; 부월斧鉞과 갑병甲兵은 변화된 가르침이다. 그들이 사람들에게 선善을 시행하기에 힘쓰라는 뜻은 한 가지이다.

마치창馬其昶은 말한다. 몽매한 아이는 적절히 길러져야 되니, 순종 못하는 몽매함은 공격해야 한다. 이윤伊尹이 태갑太甲(? -전1,557, 상탕商湯의 장손)의 몽매함을 계발한 것은 공격의 부류이나, 그의 뜻은 순조로웠다. 『맹자』에서, '이윤伊尹의 뜻은 괜찮다.'라고 한 것은[35] 상하의 명분에서 순조롭지 않은 것이 없음이다.

----

34) '敬敷五教, 在寬.', 『今古文尚書全譯』, 「虞夏書·舜典」, 江灝, 錢宗武譯注, 貴陽: 貴州人民出版社, 1990, 29頁.

35) '放太甲于棟, 民大悅.', 『孟子譯注』, 楊伯峻譯注, 「盡心」章 上篇(13:31), 상동, 315頁 참조.

(유원의『주역항해周易恒解』의)『부해附解』에서 말한다. 어떤 사물이든 태어나면 반드시 우매하니, 성인은 우매함을 계발하고자 마음먹었기에, 시중時中의 덕을 가졌으면 인재를 이룰 수 있고, 그를 임금의 스승[君師]으로 삼으면, 우매함이 형통하게 되는 것은 필연일 것이다. 괘상卦象에 따라 사람을 독려하여 덕을 진작시키면, 단象(전)의 뜻과 또한 구별된다. 주렴계周濂溪(周敦頤, 1017-1073)는 단象과 상象을 합하여 하나의 학설을 만들었으니, 그에 따라서 본문을 해석할 수는 없다.

• **나의 견해**: 자사子思가, '군자가 하는 것은 중용과 합하니, 군자는 때에 맞게 중도를 지킨다. 소인이 하는 것은 중용에 위반되니, 소인은 꺼리는 것이 없다.'라고[36] 말했다. 우매함을 다스리는 데는 '때에 맞음'[時中]이 어려운 일이다. 출신을 들추면 대부분은 몽매하니, 왕왕 멋대로 이고, 거리낌이 없으니, 양강陽剛하여 분명한 결단을 내릴 인재가 아니라면, 여러 음陰의 몽매함을 격파하기에 부족하다. 92와 상9효는 모두 양으로 음을 이긴 것이니, 우매함의 포용은 너그러움을 주로 하고, 우매함의 격파는 엄격을 주로 하니, 관용과 엄격함이 서로 문제를 해결하여, 우매함을 다스리는 방도는 준비될 것이다. 92효만 홀로 중中을 얻어서, 초6과 65효의 우매함을 포용하여, 변화를 실시한다. 초6효는 92효를 받드니, 우매함이 계발될 수 있고, 계발되며; 65효는 92효에 응대하여, 우매해도 키울 수 있으면 양육한다. 이것은 모두 덕을 기르는 일이니, 포용할 수 있으면 격파해서는 안 되기에, 군자의 '때에 맞음'[時中]과 합한다. 63효의 우매함 같으면, 몸을 갖지 못했으니 행동이 순조롭지 않아서, '미치고 미혹됨[狂惑]'이 정점에 달할 것이다. 64효의 우매함은 곤궁하여 실재[實]에서 멀리 떨어져 있으니, 함정에 빠짐이 심각하여; 절대 포용할 도리가 없으니, 모욕 받고 몽매하여도 (해결방도를) 일러줄 수 없다. 그렇게 되면 모욕당하면 당할수록 더욱 몽매해지니, 세상인심이 큰 혼란에 빠지게 되기에, 성인은 그것을 깊이 염려하여, 미친 미혹이 마침내 함정에 빠지는 것을 앉아서 볼 수만 없어서 그 몽매함을 격파하지 않을 수 없었다. 포용하려 하나 포용할 수 없기에, 따라서 격파하는 것은 곤궁함을 구제하는 일이다. 도둑들이 싸움에서 승리하려 하니, 상9효가 그 몽매함을 격파하고, 63과 64효의 사람들을 격파하여 멋대로 흘러가도록 내버려 두어서, 살 사람들을 빠진 함정에서 구출하고, 그들 고유의 좋은 점을 발동하여, 바른 인도人道에 복귀

---

36)『中庸』2장에는 다음과 같이 나와 있다. "仲尼曰: '君子中庸, 小人反中庸. 君子之中庸也, 君子而時中; 小人 之反中庸也, 小人而無忌憚也." 馬振彪의 인용과 대동소이하다.『中庸今註今譯』, 宋天正註譯, 臺北: 臺灣 商務印書館, 1980, 7頁.

시키려는 것이다. 이것은 과감한 행동을 하는 일이다. (이것은) 소인들의 중용에 반하는 화[禍]를 구하는 것이다. 여기에서 성인이 계몽하는 고심이란, '시기에 따라서 방책을 쓰되, 중용의 도道가 아니면 갈 곳이 없음'을 아는 것이다.

5. 수需괘 ䷄

수需괘는 믿음이 있어서 빛나고 형통하며 바르니 길吉하고, 큰 내를 건넘이 이롭다.
[需, 有孚, 光亨, 貞吉. 利涉大川.[1)]

우번虞飜(164-233)은 말한다. 부孚는 95효를 말한다. (호체互體인) 이離괘는 해[日]이니 빛이다.

(주자의) 『주자어류朱子語類』에서 말한다. (물을) '건넘이 이로움'[利涉]은 (하괘인) 건乾이다. 큰 내[大川]는 (상괘인) 감坎이다.

유원劉沅(1768-1855)은 말한다. (수需괘에서) 건덕乾德이 중中하고 정正하니, 급히 나아가지 않고서 기다리는 마음[需]으로 기다리므로, (괘)명이 수需이다. (수需괘에서) 수기水氣가 하늘에 있으면 구름이 되는데, 방금 구름이 되어 아직 비가 내리지 않을 때 수증기가 '천지 사이의 충화沖和의 기氣[太和]'를 기르는 것도, 또한 수需괘의 상象이다. (『역易』의) 「서괘序卦」전에 "사물이 어리면 (그것을) 길러주지 않을 수 없으니, 따라서 이것을 수需[기름, 養]괘가 이어서 받았다.[2)] (상괘인) 감坎卦의 '가운데 효[中爻]'는 건乾의 올바른 몸을 얻어 마땅히 기다려야 할 때 기다리니, 이는 성신誠信하여 서로 믿는 상象이다. (하괘인) 건乾은 양陽이므로 빛나고[光], 강건하게 다님[行]이기에 형통[亨]하기에, (수需괘는) 바르고 길吉하다.

또한 (유원이) 말한다. 수需괘는 양덕陽德을 가지고 있어 험함을 만나더라도 능히 기다릴 수 있으니, 이는 덕德이 있어 구차하게 나아가지 않는 것이다. (수需괘는) 조용[從容]하고, 화평하고, '물러서서 양보[退讓]'하니, 공경 근신[敬愼]하여 천하에 하지 못할 것이 없다. 후세에 '수需는 일의 적賊이다.'라고 말하는 자들은, 다만 반절의 도리만을 말한 것일 뿐이다.

리스전李士鉁(1851-1926)은 말한다. '못의 물[澤水]'이 하늘 위에 있어 모여서, 새지 않기 때문에

---

1) 需는 괘명이고; 부孚는 부俘(포로)이다. 그러나 『역전易傳』의 독법에 의하면, 孚는 신신이고, 光은 광명이고; 亨은 아름다움[美]이고; 貞은 바름[正]이다. 高亨, 105頁.
2) '物稚不可不養也, 故受之以「需」.', 「序卦」傳, 高亨, 상동, 644頁.

쾌夬괘이다. (그러나 상괘인) 감坎 물[水]은 하늘 위에서 쉬지 않고 흐르기 때문에 [水天]수需괘이다. (이 수需괘가) '우아하게 노닐고 함양함'[優游涵養]은, 수需괘 때문이다. 95효는 강건[剛]하고 중中하기에, 가다릴[需] 만한 실질이 있다. '자연[天]'이 한 번 수水를 낳으면 감坎과 건乾이 덕이 같아지기에, 이 때문에 (수需괘에서) 믿음이 있게 된다. 호체互體인 이離괘는 빛나고 밝은 상象이다. 일은 조급하고 절박함에서 무너지고, 정치는 구차함에서 어그러지는데, 임금다운 임금은 오랫동안 도道를 지켜서 변화[化]하여 이루어서, 눈앞에서 자기의 공功을 헤아리지 않고, 또 자신이 그 효과를 거두는 것에 기필하지도 않은 채, 천천히 점차 물들게 하여 백성들이 날마다 선善에 옮겨가면서도 스스로는 알지 못하기에, 이 때문에 (수需괘는) 광대하고 형통하며 올곧으면서도 길하다. (『논어論語』에서) 공자가 말했다. "빨리 하려 하면 목표에 도달할 수 없다." "만약 왕 될 사람이 일어난다면, 삼십년 뒤에 반드시 인장仁政이 있을 것이다."[3] 등과 같은 말씀은 이것을 이른 것이다. 강을 건너는 방법은 편안하면서도 고요하게 때를 기다리는 것이 마땅하고, 어려운 시기를 지나는 방법은 조용하면서 절박하지 않게 하는 것이 귀하다. 이것이 수需에서 (큰 내를) 건너는 것이 이로운 까닭이다.

● **나의 견해**: 우禹와 직稷이 몸소 농사를 지으면서도 천하를 소유했고, 문왕文王께서는 천하의 2/3를 소유하고도 은殷을 섬겼는데, 이들은 모두 수需(괘)의 뜻을 얻은 것이다.

단전에서 말한다. 수需괘는, (적당한 시기를) 기다림이다. 앞에 위험이 있다 해도, 강건하여 (위태함에) 빠지지 않으니, 적절하여 곤궁할 수 없을 것이다. 수需괘는, (군자가) "진실, 광명, 형미亨美와 비름[貞正]"의 덕으로, 왕위王位에 있고, 올바른 중용의 덕으로써, "큰물을 건너도 이로우니," (앞으로) 나가면 공적이 있을 것이다.
[象曰:「需」, 須也. 險在前也, 剛健而不陷, 其義不困窮矣.[4]「需」, "有孚, 光亨, 貞吉," 位乎天位, 以正中也.[5] "利涉大川," 往有功也.]

------

3) '子曰: 欲速則不達.'; '子曰: 如有王者, 必世而後仁.', 『論語譯注』, 楊伯峻譯注, 「子路」(13:12; 13:17), 상동, 137, 139頁.

4) 須는 待(기다림)이고, 義는 宜(적절함)로 읽어야 한다. 需괘의 상괘는 坎이니 險[위태]이고, 수需괘의 하괘는 乾이니, 健[강건함]이다. 수需의 卦象은 강건한 덕을 가진 사람은 앞에 위험을 만나면, (돌파할) 시기를 기다리기에, 적절하여 곤궁을 만나지 않을 것이다. 高亨, 105頁.

5) 位는 立이니, 處의 뜻이고, 天位는 최고의 위치이니 王位를 말한다. 그 사람이 王位에 있으면서, 믿음직[有孚]하고, 밝고[明], 美를 즐기고[亨], 곧바른[貞正] 덕을 가졌기 때문에 吉하다. 高亨, 106頁.

후과侯果(侯行果, 8세기, 당唐 중기中期의 학자)는 말한다. (하괘인) 건乾의 몸은 강건하니, 험난함을 만나도 통할 수 있고, 험하지만 함정에 빠지지 않으니, (수需괘의) 뜻이 끝이 없다.

장준張浚(1097-1164)은 말한다. 수需(괘)에서 천하 (사람들은) 모름지기 양육되어야 한다. 천하를 위해 모름지기 해야 하니, 강건하고 믿음성 있는 군자가 아니라면, 어찌 천하(사람)를 양육하고 혜택을 주어 천하(사람)를 채워서 빛나게 할 수 있겠는가? (수需괘는) 바르고 길하니, 중정中正하기에 길하다. (수需괘가) 중정中正하면, 도道는 하늘이 낸 사람[天]에게 협조하니, 광대하게 다스려지는 것이다.

(주희의) 『주자어류朱子語類』에서 말한다. 수需(괘)는 인내忍耐이다.

정여해鄭汝諧(1126-1205)는 말한다. (상괘인) 감坎의 95효는 중中에 처하여 높고, 강덕剛德으로 건乾(괘)와 같으니, 덕이 같다면 건乾은 95효를 필요로 하고, 95효 또한, 건乾을 필요로 한 것이다.

채청蔡淸(1453-1508)은 말한다. (수需괘는) 강건하여 가라앉아도 군세니[堅毅] 인내할 수 있으므로, 이른바 (하괘인) '건乾은 천하의 지건至健이니, 덕행은 항상 『역易』으로써 험함[險]을 알게 됨'이다.

이광지李光地(1642-1718)는 말한다. 수需(괘)의 뜻은 험한 곳에 처하는 데 있는 것만이 아니니, 모든 일을 마땅히 순리에 따라서 완성해야 하기에, 따라서 수需괘에 기름[養]의 뜻이 있다. 95효가 양실陽實하여 믿음성이 있고, 중덕中德은 빛이고, 바름[正]에 있기에 곧고[貞], 이런 것들 때문에 (수需괘가) 천위天位에 자리를 잡으면 다스림의 공로를 일으키고 큰 변화를 이루는 것이다.

유원劉沅은 말한다. (수需괘에서) 천위天位는 바로 건체乾體이다. (상괘인) 감坎의 '가운데 효[中爻]'는 건乾괘 가운데 효爻의 참된 양陽을 그대로 따랐다. 그래서 (수需괘의 단象전에서) '중中하고 정正하다[中正].'라고 하였다.

마치창馬其昶(1855-1930)은 말한다. '배와 노[舟楫]'의 이로움은 바로 천지天地의 큰 쓰임[大用]과 같다. 내를 건넌다고 말하는 것은 모두 그 상象을 건乾, 곤坤, 감坎, 손巽의 네 괘에서 취했는데 그 뜻은 이른바 멀리까지 미쳐서 천하를 이롭게 한다는 것이지, 험난함을 건넘의 비유가 아니다. 그러나 큰 내를 건넘이 이롭지 않다는 것은 바로 험난한 상象을 취했을 뿐이다. 이것은 모두 감체坎體에 있다. 이른바 '물은 능히 배를 띄울 수 있고, 능히 배를 뒤집을 수 있음'은6) 감坎괘의 험난함 때문이다.

---

6) '傳曰: 君者舟也, 庶人者水也. 水則載舟, 水則覆舟. 此之謂也.', 『荀子簡釋』, 「王制」篇, 梁啓雄著, 臺北: 木鐸出版社, 1983, 102頁.

상전에서 말한다. 구름이 하늘 위에 있으니, (때를 기다리면 비가 오는 것이) 수需괘의 괘상이다.

[象曰: 雲上於天 ,「需」. 君子以飮食宴樂.7)]

경방京房(전77-전37)은 말한다. (수需괘에서) 구름이 하늘 위에 있으니, 음에 응결하여 양을 기다리기에, 따라서 (수需괘는) '기다림[需]'이라 하는 것이다.

송충宋衷(?-219, 동한東漢말의 학자)은 말한다. (수需괘는) 때를 기다려서 내려주는 것이다.

사마광司馬光(1019-1086)은 말한다. (수需괘에서) 구름이 하늘 위에 있으니, 만물은 그 그늘에 있고; 큰비가 오면 아래에 베풀어주니, 모든 것들이 물을 마신다. (수需괘에서) 풍성하고 비옥하게 하고, 영화롭게 하고 생장시키니, 따라서 (수需괘에서) 군자들은 음식으로 잔치를 즐긴다.

(정이의)『이천역전伊川易傳』에서 말한다. (수需괘에서) 구름 기운[雲氣]이 증발하여 하늘로 올라가면 반드시 음양이 화합한 연후에 비가 만들어진다. 그러므로 (수需괘는) 기다림의 뜻이 된다. (수需괘는) 먹고 마심으로써 그 기체氣體를 기르고, 잔치를 열어 즐김으로써 그 심지心志를 화평하게 하는 것이다.

유원劉沅은 말한다. (수需괘에서) 먹고 마심으로써 그 몸을 기르고, 잔치를 열어 즐김으로써 그 정신[神]을 기르는 것은 모두 스스로 '천지 사이의 충화沖和의 기氣[太和]'를 온양醞釀하는 일이니, (수需괘는) 바로 마치 구름이 하늘에 오르는 때와 같다.

초구효: 교외에 머무르면서, 오래되어도 이로우니, 탈이 없다.

[初九: 需于郊, 利用恒, 无咎.8)]

상에서 말한다. (경문에서 말한) "교외에 머무름"은, 어려운 일을 하지 않음이다. (어려운 일을 하지 않고) "오래 머물러도 이롭고 탈이 없음"은, 상도常度를 잃지 않음이다.

[象曰 : "需于郊", 不犯難行也. "利用恆無咎", 未失常也.]

공영달孔穎達(574-648)은 말한다. (초9효에서) 교郊는 경계상의 땅이니, 물에서 멀다.

(정이程頤의)『이천역전伊川易傳』에서 말한다. 군자가 때를 기다림에는, 안정安靜하게 자신을 지키며 장차 생을 마치는 것처럼 태연하다. (초9효가) 비록 진보하지 못해 뜻이 움직였다면, 정상

---

7) 需는 기다림[待]이고, 宴은 安이다. 수需괘의 상괘는 坎, 즉 雲이고, 하괘는 天이니, 卦象은 "하늘 위에 구름이 있음"[雲上於天]이기에, 시기를 기다려 비가 내림이 괘상이다. 高亨, 상동.

8) 需는 기다릴 필요 없이 정주停駐함이고; 郊는 읍 밖 평원의 들판이다. 恒은 오램[久]이다. 高亨, 106頁.

定常을 편안히 여기지 못한 것이다.

항안세項安世(1129-1208)는 말한다. (초9효가) 일상을 씀은 건乾의 상례常例를 씀이다.

임계운任啓運(1670-1744)은 말한다. 초9효는 어려운 일을 행하지 않으니, 항시 쉽고 어려움을 아는 덕은 진실로 이와 같다.

유원劉沅은 말한다. 교郊는 넓고 먼 지역이다. (초9효는) 하나의 양陽을 여러 효爻의 바깥 성곽으로 삼았으니 들판[郊]의 상象이 있다. 초9효는 험함으로부터 아직 멀고, 양덕陽德은 가벼이 나아가지 않으니, '들에서 기다림'의 상象이 되는 것이다.

리스전李士鉁은 말한다. (내괘인) 건乾은 성 밖[郊]이 된다. 초9효는 기다림의 시작이며 자리가 아래에 처하고 있어 (외괘인) 감坎의 험함으로부터 멀리 있기에 들에서 기다림이다. (내괘인) 건乾의 덕은 그치지 않기 때문에 '항상 됨[恒]'이 이로운 것이다. 양덕陽德이 아래에서 작은 빛을 기르며 때를 기다리면서도 그 뜻을 변치 않으면 (수需괘는) 험난함을 만나지 않는다.

마치창馬其昶은 말한다. 수需괘에는 '기름'[養]의 뜻이 있고, 또한 나아가지 못하고 그 자리에 멈춰 섬의 뜻이 있다. 천지天地가 처음 열렸을 때, 홍수가 범람하여, 백성들은 일정한 거소居所가 없었다. 우禹임금이 물을 다스려, 험난한 막힘이 일단 멀리 가자, 그런 다음에 사람들은 평지를 얻어서 살게 되었으니, 이것이 교외에서 기다림[需于郊]이다. '오래 써도 이로움[利用恒]'은 항산恒産이 있게 되어 항심恒心이 있게 되니, 상도常道[彝倫]가 베풀어져서, 따라서 (초9효에서) 상도常道를 잃지 않게 되었음을 말하는 것이다. 상常은 곧 '상리常理[彝倫]'이다.

또한 (마치창은) 말한다. 『이아爾雅』에, '읍邑 바깥을 교郊라 한다.'라고[9] 하였다. 『설원說苑』에서, '노魯나라 사람들이 비鄪땅을 공격하자, 증자曾子가 비鄪의 군주에게 사직하며 말하기를, "청컨대 일단 피했다가 적군들이 물러간 후에 돌아오리라."라고 하였다.'라고[10] 하였는데, 이는 『맹자孟子』에서, 증자曾子가 무성武城에 머물며 있었던 일과 서로 같은 부류이니, '들에서 기다림'의 의미이다. 『맹자』의 내용은 다음과 같다. '위衛나라에 제齊나라가 침략하였을 때, 자사子思가 위衛나라를 떠나지 않았는데, 맹자가 말하기를, "증자曾子는 스승이고, 자사子思는 신하이다. 증자와 자사의 상황이 서로 바뀌었다면, 모두 그렇게 했을 것이다."라고 하였다.'[11] 여기서 말하는 바

---

9) '邑外謂之郊.', 『爾雅』, 「釋地」第九, 9.039, 管錫華譯注, 北京: 中華書局, 2014, 431頁.

10) '魯人攻鄪, 曾子辭於鄪君曰: "請出, 寇罷而後復來.", 『說苑校證』, 「尊賢」, (漢)劉向撰, 北京: 中華書局, 1987, 199頁.

11) 曾子居武城, 有越寇. 或曰: "寇至, 盍去諸?" 曰: "無寓人於我室 毀傷其薪木." 寇退, 則曰: "修我牆屋, 我將反." 寇退, 曾子反. 左右曰: "待先生如此其忠且敬也, 寇至, 則先去以爲民望; 寇退, 則反, 殆於不可."

는 상도常道를 잃지 않음이다.

  • **나의 견해**:『중용中庸』에 말하기를, '[군자는] 자신이 처하여 있는 자리에 따라 행하고 그 밖의 것을 원하지는 않는다.'라고12) 하였다. (초9효에서) 처한 자리에 따라 행함은 바로 '항상 됨[恒]'을 써서 상常을 잃지 않는다는 뜻이요, 그 밖의 것을 원하지 않음은 바로 어려움을 범하여 행하지 않는다는 뜻이다.

> **구이효**: (걷기는 어려우나 빠져나갈 수 있는) 모래땅에는 작게는 비난하는 말이 있으나, (떠났기에) 탈이 없다.
> [九二, 需于沙, 小有言, 終吉.13)]
> **상에서 말한다**. (경문에서 말한) "(달아나야 할) 사막에 머무른 것"은, (그 사람, 자신의 잘못)이다. 비록 "작은 문책을 받았어도", (떠났기에) "좋은 일"로 "끝난 것"이다.
> [象曰: "需于沙," 衍在中也.14) 雖"小有言," 以"吉""終"也.]

순상荀爽(128-190)은 말한다. (92효에서) 앞에 사막이 있음을 알고서는, 나아가지 않는다. (내괘인) 건乾이 비록 아래에 있으나, 마침내 마땅히 위로 올라가니, 따라서 (92효는) 마침내는 길하다.

우번虞翻은 말한다. (92효에서) 연衍은 흐름[流]이다.

주진朱震(1072-1138)은 말한다. (상괘인) 95효의 감坎은 물이고, 물이 흘러가서 그 굳센 것이 못에 잔류했으니, 굳센 92효가 못 안에 있기에, 강건하나 부드러우니, 모래[沙]의 상이다.

유원劉沅은 말한다. 사沙는 물가이다. 92효는 (상괘인) 감坎과의 사이에 아직 93효를 사이에 두고 있어서 모래에서 기다리는 상象이 된다. 호체互體인 태兌괘는 입과 혀가 되니 말하는 상象이다. 점차 험함으로 나아가니 헐뜯는 말이 없을 수가 없다. 그러나 (92효는) 양강陽剛이고 중中하

沈猶行曰: "是非汝所知也. 昔沈猶有負芻之禍, 從先生者七十人 未有與焉." 子思居於衛, 有齊寇. 或曰: "寇至, 盍去諸?" 子思曰: "如伋去〈 君誰與守?" 孟子曰: "曾子、子思同道. 曾子, 師也 父兄也; 子思, 臣也, 微也. 曾子、子思 易地則皆然."『孟子』,「離婁」下 31(8:31).『孟子譯注』, 楊伯峻譯注, 상동, 201-202頁 참조.

12) '君子素其位而行, 不願乎其外.'『中庸今註今譯』14장, 宋天正註譯, 상동, 21頁.

13) 사沙는 '걷기는 어려우나 빠져나갈 수 있는 땅'을 말한다. 言은 견책이다. 高亨, 상동, 107頁.

14) 沙[사막]은 걷기 힘들어서 도망쳐야 할 땅이다. 今本에 吉終으로 되어 있으나, 그것이 잘못이고, 終吉[마침내 길함]이다. 공광삼孔廣森(1753-1786)에 의하면, 衍은 건愆[허물, 과실]의 가차이다. 中은 內와 같으니, 그런 사람 자신이다. 高亨, 상동.

고 정正함으로써 끝내는 해칠 수 없다. 이미 함부로 나아가지 않고 또한 헐뜯는 말들로도 마음을 움직이지 않으므로 (92효는) 길吉함으로써 마치는 것이다.

이도평李道平(1788-1844)은 말한다. 『설문해자說文解字』(許愼撰)에 의하면, 연衍은 물이 바다로 흘러가는 것이다. 수水를 따르고 행行을 따르니, 따라서 '흐름[流]'이라 말한다. 92와 95효의 응應에는, 95효에 중中덕이 있어서, 은덕을 92효에 유포함이다.

리스전李士鉁은 말한다. 92와 95효는 음양의 응應이 아니라, 나아가더라도 갑자기 나아가지 않고 평평하고 곧은 곳에 서서 때를 기다림이다. 92효는 중中을 얻어 감坎과 응하여 험해도 험함에 미치지 않으므로, '모래[沙]에서 기다림'이다. 모래[沙]는 물가의 평평하고 완만한 곳이다. 64효의 음陰이 작고, 호체互體인 태兌와는 서로 입과 혀가 되어 말을 하니, 64효는 92효가 나아감을 두려워하여 그를 막고 방해하므로 헐뜯는 말이 없을 수가 없고, 92효가 (음위이기에) 정正을 잃었기 때문에 '말이 조금은 있음'이다. 그러나 (92효의) 강건하고 중中한 덕은 비록 헐뜯는 말을 만나더라도, 조금 기다려서 끝내는 반드시 화합함이 있다.

마치창馬其昶은 말한다. 유목하는 지역에서는 물과 풀을 쫓아다니며 생활한다. 그러나 사막은 자주 물이 모자라니, 92효는 사막을 가다가 샘물을 만났으니 조금 쉴 수 있다.

또한 (마치창은) 말한다. 사막에는 물이 결핍되니, 갈 수 없다. 물은 땅속으로 흐르는데, 92효는 가운데에 있어서 바다까지 흐르는 냇물이 통한다. 그러나 92효는 (음의) 자리를 잃고서도 변하지 않으므로, 말[言]이 조금 있는 것이다. 단彖(전)에서, "'큰 내를 건넘이 이로움'은 가면 공功이 있다는 것이다."라고 하였다. 지금 (92효에서) 기다리기만 하고 가지 않으므로, 반드시 그것을 의론할 자가 있을 것이다.

구삼효: 진흙탕에서 기다리니, 도적들을 불러올 것이다.

[九三, 需于泥, 致寇至.15)]

상에서 말한다. (경문에서 말한) "더러워 아무것도 할 수 없는 곳에 머무르는 것"은, 재앙이 (자기) 밖에 있는 것이다. 내가 "도적을 불러왔지만", 조심하여 (방어하니) 실패하지는 않는다.

[象曰: "需于泥," 灾在外也. 自我"致寇," 敬愼不敗也.]

순상荀爽은 말한다. (93효는) 친히 (상괘인) 감坎과 접해 있으니, 따라서 진흙탕[泥]이라 부른

---

15) 니泥는 더러워서 갈 수 없는 땅이고; 치致는 오게 함이다. 사람이 더러워서 다닐 수 없는 환경에 있으면, 도적을 불러올 것을 비유한 것이다. 高亨, 108頁.

것이다.

최경崔憬(7세기, 당唐대 역학자)이 말한다. 감坎은 (수需괘의) 외괘이다.

유원劉沅은 말한다. 사람에게는 반드시 험하고 핍박받을 이치가 없을 것이라고는 보장할 수 없지만, 자기에게 있는 것을 믿는 자는 공경하고 조심하여서 자신을 보전한다. 진흙탕이 비록 물을 핍박해도 실제로는 아직 물은 아니다. (상괘인) 감坎은 (수需괘의) 외괘外卦이니 이것은 재앙이 밖에 있다는 것으로, 물(속)에서 기다리는 것과는 같지 않다. (93효는) '자신 때문에 도둑을 불러옴'은 강건하기에 험함이 가까운 것이다. 그러나 93효는 바로 건덕乾德이고 그 정正을 잃지도 않았다. 마음 씀을 공경히 하고 행사를 조심하면, (93효는) 패하지 않을 것이다.

리스전李士鉁은 말한다. 도둑은 바깥에 있으나 93효가 스스로 불러들인 것이다. 그래서 (93효의) 상象(전)에, 도둑에 대처하는 방법을 말하였다. (하괘인) 건乾은 공경함이다.

마치창馬其昶은 말한다. 『역易』에서 상象(전)은 예제禮制에 대부분 바탕 한다. 여기 93효 및 95, 상6의 두 효爻는 모두 자신이나 사신使臣으로 천자를 예방함[朝聘]이나 잔치[燕饗]의 일이다. 『국어國語』에서, 선單나라 양공襄公이, '적국[敵]의 손님이 이르자 문지기[關尹]가 고告하였는데, … (공정工程을 맡은) 사공司空은 도로를 정비하였고 (사법을 맡은) 사구司寇는 죄인들을 심문했다.'라고[16] 하였다. 『좌전左傳』에서는 '자산子産이 말하였다. "진晉 문공文公은 제후들을 접대하기 위한 객관을 웅장하게 지었고, 사공司空은 때맞춰 길을 닦아서, 빈객들이 진晉나라에 오는 것을 마치 자기 집으로 돌아가는 듯이 여겨, 도적을 두려워하지 않았고 또한 (실어오는) 물건들이 마르거나 축축해질 것을 근심하지 않았다."라고[17] 하였다. 지금 앞에 진흙탕이 있는 데서 기다리기만 하는 것, 이것은 (공정工程에 책임 있는) 사공司空이 (진흙탕의) 길은 보지 못하고 습기만 근심하기 때문이다. 도적이 이르렀는데, 이것은 (사법 담당의) 사구司寇가 심문조차 하지 않았다. 다른 나라의 재앙이므로 바깥에 있다고 말하였는데, 93효는 도적을 이르게 한 것이 자기 때문이라고 말하였으므로, 재앙으로 인해서 자기의 '항상[恒] 됨'을 바꾸지도 않았고, 또한, 남을 탓하지 않고 자기를 탓하였으니, 이것을 공경하고 조심한다고 말한 것이다. (93효는,) 그 뜻이 곤궁하지 않았으므로, 따라서 흉凶하거나 허물이 있다고 말하지 않은 것이다.

---

16) '敵國賓至, 關尹以告. … 司空視塗, 司寇詰姦.', 『國語』, 「周語中」, 上海古籍出版社, 上冊, 1978, 71頁.

17) "僑(子産)聞文王之爲盟主也,, ……以崇大諸侯之館, … 司空以時平易道路. ……賓之如歸, …不畏寇盜, 而亦不患燥濕.", 『左傳全譯』, 「襄公」31年, 王守謙 등譯注, 貴陽: 貴州人民出版社, 1990, 1,064頁.

육사효: 피 투기는 험흉險凶**한 속에 있었으나, 요행히 빠져나왔다.**

[六四, 需于血, 出自穴.18]

상에서 말한다. (경문에서 말한) "피 흘리며 (굴속에 있었으나)" (도망칠 수 있었던 것은) 순종하여 (명령을) 들었기 때문이다.

[象曰: "需于血", 順以聽也.]

이정조李鼎祚(8세기, 당唐[618-907] 중후기)는 말한다. (외괘인) 감坎은 구름이고, 또한 혈血괘이다. 피로 음을 비유하는데. 음의 체體는 마땅히 양을 따라야 하기에, 따라서 (64효는) '혈흔 속에서 기다림'[需于血]이다.

주진朱震(1072-1138)은 말한다. 64효는 감坎과 태兌 사이에 거처하고, 93효의 양은 아래로부터 올라와서 나아간 것이니, 따라서 (64효에) '구멍에서 (요행히) 도망쳐 나옴[出自穴]'이라 말한 것이다.

오징吳澄(1249-1333)은 말한다. (64효에 상괘인) 감坎 속의 짝이 그림으로 구멍을 나타낸 것이다.

유원劉沅은 말한다. 감坎은 혈血괘가 되고, 또 숨어 엎드림이 되니, 구멍의 상象이다. 64효는 감체坎體이고 이미 감坎에 있으므로, '피 속에서 기다리는 것이다[需于血].' 95효는 감坎의 올바른 상象이 되고, 64효는 순하게 복종하여 그와 험하게 싸우지 않으니, 해害를 끼치지 못하므로 구멍으로부터 빠져나오는 것이다[出自穴].

리스전李士鉁은 말한다. 혈血은 음陰의 상象이다. 음陰은 양陽을 따르는데 64효의 음은 95효를 순하게 따르므로, 피에서 기다리는 것이다. (호체互體인) 태兌 입이 구멍[穴]이 된다. 혈穴은 구름이 나오는 곳이다. 64효가 바로 태兌괘 입이니, 구름이 구멍에서 나와 하늘로 올라가므로 장차 단비가 내릴 것이다. 64효는 능히 통하면 아래의 정情으로써 위까지 도달할 수 있고, 나오면[出] 땅의 기氣로써 하늘에 이를 수 있으니, (64효에서) 기다림[需]의 도道가 곧 이루어질 것이다.

마치창馬其昶은 말한다. 수需라는 것은 먹고 마시는 길이다. 상고시대에는 동굴과 들에 거처하면서 털도 뽑지 않고 피도 빼지 않은 고기를 먹고 마셨다. 피에서 기다림은 육식肉食한 것이다. 구멍으로부터 나옴은 장차 조정의 자리에 나아가 집에서는 식사하지 않으므로 길吉하다. 옛날에는 사냥하여 생활했으므로, 천하에 육식하지 않도록 강요할 수가 없었고, 다만 그에 맞는 절도가 있었을 뿐이었다. (사냥하여) 제례祭禮에 이바지하고, 임금의 창고를 채우고, 빈객을 접대하는 것

---

18) '需于血'에서, 혈血은 크게 피가 몰아치는 지역에 머무름이고; '出自穴'은 구멍에서 도망쳐 나옴이다. 이 효는 사람이 먼저 험흉險凶한 일을 겪었으나 요행히 빠져나온 象이다. 高亨, 108頁.

은 백성의 욕구를 바탕으로 그들을 이롭게 인도하여, 그들이 임금을 높이게 하고 윗사람과는 친하게끔 하였는데, 만물의 명命을 불쌍히 여기는 뜻도 또한, 그 가운데에 깃들어 있었다. 노魯나라 사람들이 사냥물을 쟁탈[獵較]하였고 공자도 또한 사냥물을 쟁탈하였는데, 공자는 먼저 제기祭器를 장부에 적힌 대로 갖추었으며[簿正], 사방四方에서 나는 음식으로는 제사에 이바지하지는 않았으며, 순하게 따르는 도道를 얻었다. 64효는 (음의) 자리를 얻어서 95효를 이어받으므로 이러한 상이 있는 것이다.

또한 (마치창은) 말한다. 64효는 자리를 얻어 95효를 이어받으니 변할 수 없다. 그러므로 기다리는 것이 당연하다. 『황제내경黃帝內經』에 '사람이 누우면 피가 간肝으로 모인다. 간이 피를 받아서 능히 볼 수 있고, 발이 피를 받아서 능히 걸을 수 있고, 손바닥이 피를 받아서 능히 쥘 수 있고, 손가락이 피를 받아서 능히 당길 수 있다.'라고[19] 하였다. 이는 곧 피에서 기다린다는 뜻이다. 받는다[受]는 것은 기다림[需]이다. 또 (『황제내경黃帝內經』에서), '밖에 나가 누워있는데 바람이 불 경우, 피가 피부에 엉기면 마비가 오고, 맥脈에서 엉기면 눈물이 나고, 발에서 엉기면 기절한다.'라고 하였다. 이 세 가지는 피가 흐르되 그 빈 곳으로 돌아가지 못해서 저리고 기절하는 것이다.[20] 그 주注에, '공空은 피가 흐르는 길이니, 큰 터널이다.'라고 하였다. 이는 곧 구멍으로부터 나온다는 뜻이다. 공空은 구멍[穴]이다. 피가 순하게 기氣를 따르면 몸이 건강해져서 질병에 걸리지 않는다. 64효는 몸을 기르고, 95효는 천하를 기르는 것이다.

구오효: 술과 밥을 기다리는 것은, 바르고 길하다.
[九五, 需于酒食, 貞吉.]
상에서 말한다. (경문에서 말한) "술 먹고 밥 먹으며, 점쳐 물으니 좋다고 함"은, (그 사람이) 속이 바르기 때문이다.
[象曰: "酒食貞吉," 以中正也.]

순상荀爽은 말한다. 호체互體는 이離괘요, (상괘) 감坎인 물이 불 위에 있으니, 술과 식사의 상象인 것이다.

---

19) '人臥, 血歸於肝, 肝受血而能視, 足受血而能步, 掌受血而能握, 指受血而能攝.', 『黃帝內經』, 「五藏生成」篇第十, 牛兵占 等 編著, 石家莊市: 河北科學技術出版社, 1996, 256頁.

20) '臥出而風吹之, 頁凝於膚者爲痺, 凝於脈者爲泣, 凝於足者爲厥. 此三者血行而不得反其空, 故爲痺厥也.', 『黃帝內經』, 「五藏生成」篇第十, 上同.

사마광司馬光(1019-1086)은 말한다. (95효에는) 신임이 있고, 광명이 형통하고, 바르고 길하니, 임금이 천하의 도道를 기다려야 하는 까닭이 있다. 95효가 중中하고 바름[正]을 밟고서, 천하의 기다림을 대하니, 중中이면 때를 다하여 조치가 적절함이고, 바르면 늘 오래되어 '끝임이 없음'이다.

왕봉王逢(1319-1388)은 말한다. 술과 식사는 덕택德澤을 말한다. 95효는 임금이니, 마땅히 '자연[天]'이 중정中正하여, 백성들에게 은덕을 베푸는 것이다.

곽옹郭雍(1106-1187)은 말한다. (95효는) 현인들과 만민을 양육했으니, 천하의 기다림에 응한 때문이다. 과거시험을 치르게 하는 임금은 술과 식사의 도리를 기다리니, '자연[天]'이 보장하는 복이기에, (95효는) 이른바 바르고 길하다.

유원劉沅은 말한다. (상괘인) 감坎 물[水]은 술의 상象이다. 호체互體인 태兌는 음식의 상象이다. 호체互體인 이離는 물이 불 위에 있으니, 아직 덜 익어서 술과 음식을 기다리는 상象이다. 술과 음식은 잔치를 열어 즐기는 재료이다. 95효는 양강陽剛하고 중정中正하여, 높은 자리에 있으면서 기다린다. (95효에는) 다스림이 갖춰져서 번창하고 밝아야 마땅할 때에 생활을 안정시키고, 천하에 은혜를 베풀면서도, 가까운 공功을 구하지 않는다. (95효는) 몸을 닦는 데 있어서는 도와 덕이 화평하고, 한가하면서도 배불리 먹으니 모두 술과 음식으로 기다리는 상象이다. 오직 올바르면 길吉함은 중中하고 정正하기 때문임을 말한 것이지, 즐거움을 탐한 것이 아니다.

리스전李士鉁은 말한다. 95효는 양강陽剛하고 중정中正하니, 도道는 천하를 기르기에 충분하다. 인의仁義을 점차 수양하고, 덕화德和를 먹고 마시니, 왕도王道가 오래되면 변화하여 저절로 이루어지므로, (95효는) 올바르고 길吉한 것이다.

마치창馬其昶은 말한다. 술과 음식으로 기다리는 것은 곡식穀食이다. 오곡五穀을 뿌리고 심어, 오곡이 익으면 백성이 먹고 살 수 있다. 95효의 은택은 천하가 받는데, 자꾸 쌓아서 이루어지는 것이다. 대체로 정길貞吉, 정흉貞凶은 모두 자꾸 쌓아서 길吉하고, 자꾸 쌓아서 흉凶함을 말한다. 아래에 길흉吉凶에 매인 것들은 '바름[貞]'이 이긴 것들이다. 이 예例에 나아가 살펴봐야 한다. 이以라는 것은 용用이니, (95효에서는) 이 중정中正한 덕을 써서 변하지 말아야 함을 말한 것이다.

상육효: 방에 들어오니, 초청하지 않은 손님 셋이 오니, 그들을 정중히 대했으니, 마침내 길하다.
[上六, 入于穴, 有不速之客三人來,21) 敬之, 終吉.]

---

21) 穴은 山洞이니, 古人들은 山洞에 살았으니, 穴居이다. '入于穴'은 지금의 '방에 들어옴'이다. 速은 부름[召]이니, 초청이다. 高亨, 109頁.

상에서 말한다. (경문에서 말한) "초대하지 않은 손님들이 오니, 그들을 존중하니 마침내 좋았다."함은, (상육효가) 자리가 맞았기에, 크게 실수하지는 않았음이다.

[象曰: "不速之客來 , 敬之終吉", 雖不當位22) , 未大失也.]

마융馬融(79-166)은 말한다. (상6효에서) 속速은 부름[召]이다.

순상荀爽(128-190)은 말한다. (상6효에서) 세 사람은 아래의 세 양효陽爻이다.

심해沈該(12세기, 남송南宋의 학자)는 말한다. (상6효가) 변하면 손巽이 되니, (손巽은) 들어감[入]이다.

유원劉沅은 말한다. (상6효는) 가장 높은 곳에 있어서 다시 기다릴 만한 것이 없으므로 수需라고 말하지 않았다. 자기가 주主가 되고 응應하는 이가 객客이 되는데 상6효는 아래로 93효와 응應하고, 92효의 양陽과 더불어 기다림이 지극하여 함께 나아가니 청하지 않은 손님 세 사람이 오는 상象이 된다. 자리에 합당하지 않으나 크게 잃지 않는다는 것은 사람들이 사후에 도와서 구원해 주기를 바라는 뜻일 것이다.

마치창馬其昶은 말한다. (『주례周禮』), 「추관사구秋官司寇」편의 '사의司儀'부분에서, '여러 공公이 서로 손님이 되어, …… 잔치 벌이는 것을, … 마치 폐백 올리는 의식처럼 한다.'라고23) 하였다. 주注에, '초청한 손님을 대접한다.'[나의 견해: 이는 95효의 상象이다.]라고 했다. (『의례儀禮』), 「공식대부례公食大夫禮」에는, '알리기만 하고 청하지 않는다.'[戒, 不速](나의 견해: 이 효爻는 그것을 본받았다.)라고 하였다. 알림[記]에서,24) '미리 알리지 않은 경우이다. 알렸으면 서둘지 않았다.'라고25) 하였다. 주注에 말하기를, 「식례食禮는 가벼운 것이다. 손님의 아침을 대접할 때에 일찍 일어나 알리는데, 손님은 알림이 있은 후에는 다시 부르지 않는다. 삼일 전에 알리고, 다시 하루 전에 알리는 것을 숙宿이라고 이른다. 계戒는 다만 일러주어 알리는 것이니 청하지 않는 것이다. '활과 깃발[弓旌]'의 초청에 자기를 낮추어 바위 동굴[巖穴] 속에 들어간 이후에야 올 수 있었으니, 선비는 청하지 않으면 이르지 않는다.」라고 하였다. 식례食禮에, '잔치에 자리할 때는 스스로

---

22) 速은 召(부름)이다. 그리고 상6효는 陰位이니, 바로 當位이다. 아마도 不當位의 不은 오자이다. 高亨, 상동.

23) 『周禮今註今譯』, (『周禮』卷第九, 〈秋官司寇〉第五, 〈司儀〉절, '凡諸公相爲賓, ……, 饗食,…如將幣之儀.', 臺北: 臺灣商務印書館, 1974, 407頁.

24) 『儀禮』17편중에서, 記의 내용은 혹 禮義를 해설거나, 혹 經文에 없는 儀節을 보충하거나, 혹 禮의 變異를 싣거나, 혹 傳聞을 기록하였으니, 왕왕經義와 같지 않은 점이 있다. 『儀禮』, 彭林譯注, 北京: 中華書局, 2018, 33頁, 注1 참조.

25) 『儀禮』, 彭林譯注, 상동, 337頁.

감히 공경하는 마음을 잊지 않는 것이 중요하다.'라고 하였다. [나의 견해: 숙宿과 함께 모두 기다림의 뜻이다.] 기다림[需]이라는 것은 본획本畫을 기다려 변하지 않는다. 상6효에 이르러 기다림이 지극해져서 변할 수가 있기 때문에 수需라고 하지 않았다. [나의 견해: 기다리지 않으므로, 청하지 않는다. 건양乾陽의 기氣는 위로 올라가는데, 상6효도 또한 변화하여 그것과 기氣가 같아지는 것이다.] 자리에 합당하지 않다는 것은 이미 변한 후에 근거하여 말한 것이다. 비록 자리에 합당하지 않더라도 크게 잃지는 않기 때문에 변할 수 있다. [나의 견해: 공경하면 마침내는 길하다는 것은 식례食禮가 가볍다고 해서 공경함을 잃지 않아야 함을 말하는 것이다.]

• **나의 견해**: 『역易』에 있는 각 괘는 많은 뜻을 갖고 있어서, 하나에 집착하여 뜻을 구해서는 안 된다. 수需는 기다린다[待]는 뜻이 있고, 공경한다[敬]는 뜻이 있고, 기른다[養]는 뜻이 있고, 구한다[求]는 뜻이 있는데 모두 효상爻象 속에 포함된다. 초9와 92효는 위험을 무릅쓰고 가벼이 나아가서는 안 되기 때문에, 이들은 기다린다는 수需이다. 93효는 도둑이 이르러도 패敗하지 않으므로, 이는 공경한다는 수需이다. 64효는 순하게 들음[聽]으로, 이는 스스로 기른다는 수需이다. 95효는 술과 음식을 차려놓고 바르면 길吉하므로, 이는 어진 사람을 길러서 천하에 응應하기를 구하는 수需이다. 이들은 모두 훌륭한 수도需道를 얻은 것이다. 상6효의 경우는 기다리지 않으면서도 또한 크게 잃지 않으니, 마침내는 공경恭敬에서 벗어나지 않는다. 64효에서 구멍으로부터 나오고, 상6은 구멍에 들어가는데, 한 번 출입하는 사이에 가는 데마다 공경하지 않음이 없다. (상6효는) 비록 감坎의 험한 지역에 속해 있으나, 그의 뜻이 스스로 곤궁한 데에 이르지는 않는다. 이것이 믿음이 있는 수需가 빛나서 형통하여 내를 건넘이 이로운 까닭이다. 『좌전左傳』에서, "'의심하며 지체하면[需]' (큰)일은 망친다[賊]."라고[26] 말한 경우는 게으르다는 의미의 수需이니, 공경함이 아니어서 본괘本卦에서 채택되지 않았다. 수需의 바른 의미는 공경함을 주主로 삼으니, [風地]관觀괘의 '손만 씻고 제수를 올리지 않았을 때처럼 하는 것이다.'라는 의미와 같다. 곧 올리겠지만 급하게 올리지 않으니 역시 이것도 공경함으로 기다리는 것이지 감히 게으른 것이 아니다. 또 『시詩』, 「국풍國風」「소남召南・채번采蘩」의 '낭자머리 단정함이여 벌써 집에 돌아왔네.'와[27] 의미가 같다. 곧 물러날 것이지만 천천히 하여 급하게 물러나지 않으니, 역시 이것도 공경함

26) '需, 事之賊也.', 『左傳全譯』哀公十四年, 王守謙, 金秀珍, 王鳳春譯注, 貴陽: 貴州人民出版社, 1990, 1,554頁.
27) '彼之祁祁, 薄言還歸.', 『詩經譯注』, 「召南」, 「采蘩」, 袁梅著, 상동, 100頁.

으로 기다리는 것이지, 감히 게으른 것이 아니다. 예禮에는 불경不敬함이 없고 제사의 의미에 있어서는, 더욱 엄격한데, 조빙朝聘과 연향燕饗은 역시 예禮 중에 큰 것이므로, 감히 공경하지 않을 수 없다. 포윤抱潤선생[馬其昶]이 『회통會通』, 「전례典禮」의 말에 근거하고, 『좌전左傳』의 내·외전을 인용하여 93효를 해석하였고, 『예경禮經』을 인용하여 상6효를 해석하였으니, 이는 수需의 의미를 넓힌 것이다.

6. 송訟괘 ䷅

송訟괘는 포로라면 무서워 떨 것이나, 중간은 길하다가 나중은 흉하다. 대인을 만나면 이롭고, 큰 내를 건너면 불리하다.

[訟, 有孚, 窒惕, 中吉終凶. 利見大人, 不利涉大川.[1]]

우번虞飜(164-233)은 말한다. 부孚는 둘[二]이다. 질窒은 막혀서 그침이다.

(주희의) 『주자어류朱子語類』에서 말한다. (송訟괘의) 92효는 바로 95효와 응대하니, (송訟괘의) 95효 또한 양이어서, 따라서 숨이 막힌다[窒].

내지덕來知德(1525-1604)은 말한다. (호괘互體인) 손巽은 나무이고, (하괘인) 감坎은 물인데, 세 개의 강剛이 위에 있으니, 배[舟]가 무거우면 위험하다.

유원劉沅(1768-1855)은 말한다. 송訟은 쟁론爭論이다. (송訟의) 괘상卦象으로 말하면, 천天은 위에서 운행하고 물[水]은 아래에서 흐르니, 그 행함이 서로 어긋나므로 송訟의 상象이다. 괘덕卦德으로 말하면, 위[乾]는 강건[剛]으로 아래를 제압하고, 아래[坎]는 험險으로 위를 살핀다. 한 사람의 경우로 말하면, 안은 험하고 밖은 강건하며, 두 사람의 경우로 말하면, 이 사람은 험하고 저 사람은 강건하다. 험함과 강건함이 서로 버티고서 각각 이기고자 하니, 모두 송訟의 도道이다. 「서괘序卦」전에 '먹고 마시는 데에는 반드시 송訟이 있으므로, 송訟으로서 받는다.'라고[2] 하였다. 백성에게 욕심이 생기면 반드시 다투니, 수需를 이어서 송訟을 둔 것은 형세가 그러하다. '다툼[訟]'을 전변轉變하여 '양보[讓]'로 삼는 것은 성인의 마음이다. 그러므로 (송訟)괘에 경계하는 말이 많다. 92와 95효는 모두 강剛하고 중中하므로 '믿음이 있다.[有孚]'. '막힘'[窒]은 빽빽하게 막혀 통하지 않음이니, 양陽이 곤坤 속에 빠짐을 이른다. (내괘인) 감坎은 근심을 더함이 되니, 또 두려움 속에 있

---

1) 부孚는 옛날 부俘(포로)字이다. 질窒은 가차하면 질怪(모질은 성품)이니, 구懼(두려워함)이다. 척惕은 警惕이다. 高亨. 113頁.
2) '飲食必有訟, 故受之以訟.', 「序卦」傳, 高亨, 644頁.

는 상象이다. 상9효는 지나치게 강剛하여 끝내 송訟이 있는 상象이다. 송訟은 부득이한 것이니, 마땅히 중간에서 스스로 두려워하면 길吉할 것이다. 만약 그 송訟을 끝까지 하고자 한다면, 반드시 흉凶할 것이다. 대인大人은 덕이 있는 사람이니, (상괘인) 건乾의 95효이다. 대천大川은 감坎의 험함으로 행하기 어려운 상象이다. 송訟을 경계하는 자는 다툼을 그쳐야 한다.

리스전李士鉁(1851-1926)은 말한다. 송訟은 다툼이다. (송訟이라는) 글자가 언言과 공公을 따랐으니, 공적인 자리에서 말하여 곡직曲直을 분별하는 것이다. 천도天道는 왼쪽을 숭상하여 해와 달이 서쪽으로 이동하고, 지도地道는 오른쪽을 숭상하여 물길이 동쪽으로 흐른다. 물은 본래 하늘에서 생겨난 것인데 한 번은 왼쪽으로 가고 한 번은 오른쪽으로 가서, 그 나아감이 서로 어긋나므로 송訟이다. 험하지 않으면 송訟이 없고, 강건하지 않으면 송訟할 수 없다. (상괘인) 건乾은 강건剛健과 중정中正으로 아래의 험險을 다스리니, 청송聽訟의 도道이다. 송訟의 도道는 반드시 그 실정이 있다. 『상서尙書』에, '법관이 오형五刑의 법률조문[五辭]를 심리하고, 오형五刑의 법률조문[五辭]은 사실을 따져서 검증한다.'라고3) 하였고, 공자는 '실정實情이 없는 자는 자기 말을 다 할 수 없다.'라고4) 하였으니, 송訟에는 마땅히 실정이 있어야 함을 말하였다. 믿음이 있기 때문에 먼저 그 허실虛實을 살필 수 있다. 막혔기 때문에 반드시 그 진정을 통해야 한다. 두려워하기 때문에 감히 판단에 있어 가볍지 않다. 중간까지는 길吉하기 때문에 감히 한쪽을 비호하지 않는다. 끝에서는 흉凶하기 때문에 감히 연루되거나 얽혀들지 않는다. 대인大人을 만나는 것이 이롭기 때문에, 감히 재주 없고 덕이 없는 몸으로 직접 공문서를 접하지 않는다. 대인은 청송聽訟의 재주가 있어서 더욱이 백성들로 하여금 송訟이 없게 하는 도道가 있다. 백성의 뜻을 크게 두렵게 대하면, 대인이 될 수 있다.

> **단전에서 말한다. 송訟괘는, (건乾이 상上이고 감坎이 하下이기에) 위는 강하고 아래는 험하며, 험하나 강건하기에 소송을 벌린다. 송訟괘는, (경문에서 말한) "진실하나, (속이) 막혀도 조심하여, (일의) 중반에서 좋아지니", 강건하여 중정中正의 도를 얻은 것이다. "마침내 흉함"은, 쟁송이 성공할 수 없음이다. "대인을 만나보니 이로움"은, 중정中正의 덕을 높이 본 것이다. "큰 내를 건너는 것이 이롭지 않음"은 깊은 못에 빠져들어 감이다.**
>
> [象曰: 「訟」, 上剛下險, 險而健, 訟. 「訟」, "有孚, 窒惕, 中吉", 剛來而得中也.5) "終凶", 訟不可成也. "利見大人", 尙中正也. "不利涉大川", 入于淵也.]

---

3) '師聽五辭, 五辭簡孚.', 『今古文尙書全譯』,「呂刑」, 江灝, 錢宗武譯注, 상동, 441頁.

4) '子曰: "無情者 不得盡其辭.", 『大學今註今譯』, 宋天正註譯, 臺北: 臺灣商務印書館, 1980, 17頁.

5) 得中은 中正의 道를 얻음이다. 周振甫, 31頁, 注2.

공영달孔穎達(574-648)은 말한다. (92효가) 아래에 있으니 내來라 말한 것이고, 또한 '내來'라 말한 것은 모두 이류異類에 의거해 온 것이다. 92효가 음 가운데 있으니, 따라서 '내來'라고 말했다.

유목劉牧(1011-1064)은 말한다. 92효는 본래 강직剛直한데, 내려와 부드러움[陰] 속에 있으니, 자기 성질을 굽힐 수 있다. (92효는) 중위中位에 있으니, 중도中道를 잃지 않고 있다.

(주돈이周敦頤의) 『통서通書』(혹은 『易通』)에서 말한다. "실정인지 허위인지[情僞] 애매하나 그 변화는 만 가지이니, 중정中正하여 확실히 과단하지 않으면, 다스릴 수 없다. 송訟괘에서, '대인을 만남이 이롭다.'고 했으니, 굳셈[剛]으로 중中을 얻은 것이다. 서합噬嗑괘에서, '옥獄을 씀이 이로움[利用獄]'이라 했으니, 활동하여 명백함이다. 오호라!, 넓게 형벌을 주관하는 이는 백성들의 목숨을 주관하는 자이니, '맡기고 씀[任用]'에 신중을 안 할 수가 있겠는가!"[6]

(주희의) 『주역본의周易本義』에서 말한다. (송訟괘에서) 위는 강剛으로써 그 아래를 제어하고, 아래는 험險으로써 그 위를 살피니, 또 안은 험險하고 밖은 강건하며, 자기는 험險하고 남은 강건함이 되니, 모두 송訟의 도道이다. 92효는 중中을 얻었으나 실제로 응應이 없으니 또 근심을 더함이 되며, (92효는) 하괘下卦의 가운데에 위치하여 믿음이 있으나 막히고, 능히 두려워하면서, 중中을 얻은 상象이다. 상9효는 강剛이 지나쳐서 송訟의 지극한 곳에 자리하고 있으니, 송訟을 끝냄이 있는 상象이다. 95효는 강건剛健하고 중정中正하여 높은 위치에 자리하니 대인大人의 상이다. (송訟괘는) 강剛으로써 험함을 타며, 실實로써 함정을 밟으니, 큰 내를 건너는 것이 이롭지 않은 상이다.

유원劉沅은 말한다. 인정은 험險하면 헤아리기 어렵고, 강건하면 반드시 다툰다. (송訟괘의) 괘체卦體는 위는 강剛하고 아래는 험險한데, 험하면서 강건하므로 이름이 송訟이 되니, 대개 탄식함이다. 믿음이 있으나 막혀서 두려우니 중간까지는 길吉하다는 것은 모두 92효를 이른 것으로, 양陽이 험險에 빠졌으나 중中에 자리하였으니, 중정中正의 몸[體]을 얻은 것이다. 95효는 중정中正의 덕이 있다. 소송하는 자는 강剛을 믿어 모험을 하여 연못에 빠짐이 있는 상象이다.

상전에서 말한다. 하늘과 물이 반대로 흐르는 것처럼, 송사가 생긴다. 군자는 (송사를 그치게 할) 방책을 생각해내야 한다.

[象曰: 天與水違行[7], 「訟」. 君子以作事謀始.]

---

6) '情僞微曖, 其變千狀, 苟非中正明達果斷者, 不能治也. 訟曰: 利見大人, 以剛得中也. 噬嗑曰: 利用獄,以
   動而明也. … 嗚呼, 廣主刑者, 民之司命也, 任用可不愼乎!', 『周元公集』, 『通書』, 意與十一章略同, 宋
   周敦頤撰, 電子版文淵閣四庫全書, 上海人民出版社, 1999 참조.

(정이의)『이천역전伊川易傳』에서 말한다. 하늘은 위에 있고 물은 아래에 있으니, 서로 엇갈려서 가서, 두 물체가 엇갈리니, 쟁송[訟]의 연유이다. 군자가 상象을 보니, 무릇 일을 함에 반드시 그 처음을 모색하고, 일의 시작에서 쟁송의 실마리를 자른다[絕]면, 쟁송은 일어날 이유가 없어질 것이다.

이광지李光地(1642-1718)는 말한다. 도리가 본디부터 밝았다면, 쟁심爭心은 생기지 않았을 것이고 쟁단爭端도 일어나지 않는다.

유원劉沅은 말한다. 송訟이 일어나는 것은 이미 일어난 일에 있지 않고, 아직 일이 일어나지 않은 때에 있다. 일찌감치 그 기미를 살핀다면 험험險함을 겪지 않을 것이다.

초육효: 하는 일이 오래지 않아 중지될 것이며, 작은 견책이 있으나, 끝에는 길하다.
[初六, 不永所事. 小有言, 終吉.8)]
상에서 말한다. "일은 오래 끌 수 없다,"함은, 송사는 오래 갈 수 없음이다. 비록 "(관리의) 견책이 조금 있었지만", 담판으로 (시비가) 분명해졌다.
[象曰: "不永所事"9), 訟不可長也. 雖"小有言", 其辯明也.]

우번虞飜(164-233)은 말한다. (초6효는) 변하여 바르게 되니, 따라서 끝내는 길하다.

왕필王弼(226-249)은 말한다. (초6효에서) 송사에 처한 처음에는 송사가 끝날 것 같지 않으나, 따라서 (초6효는) 오래지 않아 그 다음은 길하다.

장준張浚(1097-1164)은 말한다. (초6효에서) 호체인 이離가 앞에 있으니, 이離괘는 밝음이다.

호일계胡一桂(1247-1314)는 말한다. (초6효에서) 작은 견책이 있음은, 이 초6효가 (양으로) 움직이면 태兌가 이루어지는 것이다.

유원劉沅(1768-1855)은 말한다. 일은 소송하고자 하는 바의 일이다. 효爻의 말은 다만 상象을 가지고 말했고, 부자夫子[공자]께서는 이로 인하여 그것을 경계하셨다. (초6효에서) 일하는 바를 길게 하지 않는다는 것은 다만 그것이 유약柔弱할 뿐만 아니라 송사訟事는 본래 길게 할 수 없기

---

7)『周易集解』(李鼎祚撰)에서 순상荀爽을 인용하여, "하늘은 서쪽으로 돌고, 물은 동쪽으로 흐르니, 위와 아래에서 다르게 흐르는데, 爭訟하는 모습이다."라고 했다. 옛사람들은 日月星辰은 모두 동에서 서로 운행하며, 물은 동류한다고 여겼다. 하늘과 물이 반대로 흐르는 것처럼, 사람과 사람이 반대로 흘러서, 송訟이 난다고 여겼다. 군자는 이것을 보고서 대책을 세워서 쟁송을 막아야 한다. 高亨, 114頁.

8) '不永所事'는 '하는 일이 오래지 않아 중지됨'이다. 言은 견책譴責이다. 終은 결과이다. 高亨, 115頁.

9) 여기서 事는 訟事이고, 言은 관리의 譴責이다. 辯은 談判이다. 高亨, 상동.

때문이다. 길게 하지 않으면 다치지 않는다. 비록 조금 견책이 있겠지만, 그 분별이 오래되면 당연히 저절로 밝아지므로, (초6효는) 끝내는 길吉하다.

마치창馬其昶(1855-1930)은 말한다. 초6효는 자리를 잃고 변하기 때문에 일하는 바가 길지 않다. (초6효에서) '조금 견책이 있는 것[小有言]'은 태兌로 변한 상象이다. 수需괘의 92효에서 조금 견책이 있으나 (호체互體인) 태兌의 체體는 불변不變하는 상象이다.

구이효: (노예주가) 패소하고, 돌아와서 도망을 가니, 그 읍인 300호는 재난을 면했다.
[九二, 不克訟, 歸而逋, 其邑人三百戶, 无眚.[10])]

마융馬融(79-166)은 말한다. (92효에서) 생眚은 재앙이다.

정현鄭玄(127-200)은 말한다. 소국小國의 하대부下大夫는 채지采地로 하나를 이루는데, 그 정해진 세금은 300가家이니, 따라서 300호戶이다.

호일계胡一桂(1247-1314)는 말한다. 읍邑은 본래 곤坤의 상象이다. 63효는 300호戶의 상象이다.

내지덕來知德(1525-1604)은 말한다. (하괘인) 감坎은 재앙이니, (92효가) 변하여 곤坤이 되면, 재앙은 없다.

심몽란沈夢蘭(19세기, 청淸대의 학자)은 말한다. 『국어國語』에, '30가家는 읍邑이 되고,'[11]) 300호戶는 1솔率의 토지이니, (사마양저司馬穰苴의) 『사마법司馬法』에 의하면 삼통三通이다. 『주례周禮』의 '비려比閭'[比=5家, 5比=1閭]의 조직법으로 형벌하고 경상慶賞하여, 서로 미치고 서로 공유하였다. 두 세력이 승소할 수 없으면 돌아와서 도망을 가니, 따라서 그 읍인邑人들은 재앙을 면하였다.

유원劉沅은 말한다. (하괘의 감坎이) 곤坤으로 변하면, (하괘의) 세 효가 모두 음陰이니 300호戶의 상象이 된다. 위로부터 아래로 내려오므로 귀歸라고 하였다. 감坎이 곤체坤體가 되므로 읍邑이 된다. 또 호체互體인 이離괘는 호戶의 상象이다. 92효는 강剛하고 중中하여 홀로 소송함에 나머지 두 음효가 모두 함께하지 않기 때문에, 모두 재앙이 없다. 스스로 취하는 것이지, 남을 탓하기에 충분하지 않음을 말한 것이다.

---

10) 극克은 승勝[이김]이다. 극승克勝은 요즘의 승소勝訴와 같다. 포逋[달아남]는 도逃이다. 생眚은 재앙이다. 高亨, 115頁.

11) '三十家爲邑.', 『國語』卷六, 「齊語」, (吳) 韋昭 注, 電子版 文淵閣四庫全書 上海人民出版社 참조.

리궈송李國松(1877-1951)은 말한다. '읍인邑人들이 재앙을 면함'은 죄를 줌에는 연좌제連坐制가 아님을 밝힌 것이다.

상에서 말한다. (관인이) "송사에서 패소했음", "돌아와서 도망침"은 탈주한 것이다. 아랫사람이 윗사람에게 송사를 했으나, (세금을 백성들에서 추렴하니 재력이 충족해져서) 문제가 해결됐다.
[象曰: "不克訟," "歸逋"竄也. 自下訟上, 患至掇也. 12)]

순상荀爽(128-190)은 말한다. (92효에서) 아랫사람들과 윗사람들의 싸움이니, 곧 환해患害를 취함, 작은 것을 철습掇拾(줍다)함(나의 견해: 자취自取이다.)이다. 둘은 하체下體의 임금[君]들이다. 임금들이 다투지 않으면, 백성들은 손해가 없다.

(정이의) 『이천역전伊川易傳』에서 말한다. 양兩강剛은 서로 간여하지 않는데, 92효는 강剛으로 험險에 처했으므로, 쟁송의 주인이 되어, 이에 95효와 적이 되었고, 95효는 중정中正으로 임금 자리에 있으니, (92효가) 대적할 수 있겠는가? 이것이 쟁송[訟]이며 뜻은 이길 수 없음이다.

정여해鄭汝諧(1126-1205)는 말한다. 괘를 이루면 각각 주장하는 바가 있으니, 쟁송하는 까닭은 둘이다. 초6과 63효는 비록 험체險體이니, 붙어 있다. 따라서 (92효에서) 반드시 이길 수 없음이 둘에는 깃들어있다.

혜사기惠士奇(1671-1741)는 말한다. 춘추春秋시대 (위衛나라의) 손림보孫林父는 신하로 임금과 싸워서 이겼으나, 친척들에게 배반하고 저항하였으니, 방축된 것이다. 계찰季札(전576-전484)은, '말은 잘하나 덕이 없으면 반드시 살육하게 되니, 선생[孫林父]이 여기에 있다면, 장막 위의 제비집 같습니다.'라고 말하였다. (이렇게) 말은 잘하나 덕이 없으면, 아랫사람이 윗사람을 소송하는 것이고; 장막 위에 제비 집은 환난이 와서 습취하기에 이르는 것이다. 아랫사람이 윗사람을 소송하는 것은 신하가 아니며, 신하가 아니면, 재앙이 그 몸에 미치게 되니, 자식이 아니면 그 세대에 죽게 된다. 역상易象이 이루어지니, 난신적자들이 두려워 떨 것이다!

리스전李士鉁은 말한다. 92효는 하괘의 주인이니 자리는 대부大夫가 된다. 300호戶는 대부의 식읍食邑이다. 92효가 감히 95효와 송사하는 것은 아래로써 위를 업신여기는 것이며 신하로써 군주를 범하는 것이니, 반드시 큰 화를 취하여 자기의 집안을 보전하지 못할 것이다. [나의 견해: 근

---

12) 克은 勝이니, 克訟은 勝訴이다. 포逋는 逃(도망)이다. 至는 止이고, 철掇은 마땅히 철輟이니, 止(그침)이다. 高亨, 115-116頁.

심과 해害가 오는 것은 그가 스스로 취한 것이다.] 오직 이기지 않고 돌아가 달아나야만, 자기의 사읍私邑을 보전하여 재앙이 없을 수 있다. 92효는 양陽으로써 음위陰位에 자리하므로 이기지 못한다. 생眚은 재앙이다. (92효에는) 다투지 않기 때문에 재앙은 없다. 대체로 송사는 다툼에서 일어나니, 욕심내어 얻고자 하면 반대로 갖고 있던 것마저 잃게 된다. 92효가 달아나는 것이 92효의 다행이다.

리귀송李國松은 말한다. 찬야竄也의 2자가 구句이다. 『상서尙書』에, '삼묘三苗를 (삼위三危지방으로) 쫓아냄.'이라고[13] 했다. 소疏에 의하면, 찬竄은 쫓아버림[投棄]을 이름이다. 92효의 돌아와서 도망침은 95효로 말미암아 도망침이다. 아랫사람이 윗사람을 소송하는 문제[患]는 이와 같다.

육삼효: 고유한 미덕을 닦고, 점쳐서 위험한 지를 물으면, 끝내는 길하다. 혹 누가 왕을 위해 일을 하면, 이루지 못할 것이다.
[六三, 食舊德, 貞厲, 終吉. 或從王事, 无成.[14]]
상에서 말한다. "고유한 미덕을 닦았음"이니, 윗사람에 순종했기에 (마침내) 좋아졌다.
[象曰: "食舊德",[15] 從上"吉"也.]

우번虞翻(164-233)은 말한다. (송訟괘의 63효에서) 도道가 이루어지지 않았으나 대신 끝이 있어서, 곤坤의 63효와 같은 뜻이다.

유목劉牧(1011-1064)은 말한다. (63효는) 비록 자기 (양陽의) 자리를 잃었으나, 전심專心으로 상9효에 응하였기에, 따라서 옛 은혜를 보전할 수 있고, 옛 덕을 닦을 수 있다.

주진朱震(1072-1138)은 말한다. 옛날에는 분전分田으로 녹봉을 정하니, 공경公卿 이하에서는 반드시 규전圭田[제사祭祀용으로 쓰인 토지]이 있었다. '고유한 미덕을 닦음[食舊德]'은 옛 물건을 잃지 않았음을 말하는 것과 같다.

항안세項安世(1129-1208)는 말한다. 옛 덕은 곤坤괘이다. 곤坤이 움직여 감坎을 이루니, 초6과 63효는 모두 옛 효이다. (63효에서) '바름'이라 말하고, '혹 왕사王事를 따르지만 이룸은 없음'이라고 말하는 것은, 모두 63효의 옛 효사[곤坤괘 63효의 효사]이다. (63효가) '위를 따르더라도 길하다'는 것은 상9효를 따름을 이른다.

---

13) '竄三苗于三危.', 『今古文尙書全譯』, 「舜典」, 江灝 등 譯注, 상동, 27頁.
14) 食은 칙飭의 가차이니, 수修이다. 貞은 占問이다. 여厲는 危이다. 高亨, 116頁.
15) 食은 칙飭(정비하다)의 가차이니, 修(닦음)이다. 舊德은 고유한 美德이다. 상동.

유원劉沅은 말한다. 감坎은 곤체坤體에 근본 하여 가운데에 건乾을 품고 있으니, 63효는 곤체坤體를 그대로 따르므로 이 효는 바로 곤坤의 63효이다. 신하가 군주의 일을 맡고서 스스로는 그 일의 성공에 자리하지 않으니, (63효는) 바로 유순하여 바르게 하는 도道이다.

장혜언張惠言(1761-1802)은 말한다. (허신許慎[약30-124]의)『오경이의五經異義』에서, '춘추좌씨春秋左氏의 설명에는, 경대부卿大夫는 세록世祿을 얻었고, 세위世位를 얻은 것은 아니어서, 아버지가 대부大夫로 죽었으면, 자식은 옛날 채지采地를 얻어서 먹고 살았으니, 만약 (자식이) 현재賢才를 가졌으면 아버지의 옛 지위에 회복되었다.'라고16) 했다. 『역易』의 효위爻位에 의하면, 삼三은 삼공三公이고, 이二는 경卿과 대부大夫이다. 『맹자』에, '(옛날) 문왕文王께서 기岐땅을 다스림에 … 관리들은 녹봉이 있었다.'라고17) 했다. 이것에 의하면, '식구덕食舊德'은 '아버지의 구록舊祿을 먹음'이고; '혹종왕사或從王事'는 아버지의 옛 지위를 회복함이다.

정고鄭杲(1851-1900)는 말한다. 63과 상9효가 뜻이 응했으니, (63효가) 응했다면 어그러지는 것이 아니다. 송사는 어그러짐에서 생긴다.

리스전李士鉁은 말한다. 63효의 자리는 공公이 되니 봉읍封邑이 있는 것이 마땅하다. (63효는) 성질이 본래 음유陰柔한데 또 손순巽順함을 체득하여, 분수에 편안해 하며 옛 것을 지키고, 탐내어 구하려는 마음이 없기 때문에, (63효는) 다투고 소송함이 없는 상象이다. 『시경詩經』에, '질투하지 않고 욕심도 내지 않는데, 어찌 착하지 않으리오.'라고18) 한 것은 63효를 이름이다. 옛 덕을 지키는 자는 이익을 다투지 않고, 이룸이 없으면 아울러 공功을 다투지 않기 때문에 이 효爻만이 홀로 송訟을 말하지 않았다.

마치창馬其昶은 말한다. 63효는 내괘內卦와 외괘外卦가 만나는 사이에 있으니, 옛 덕을 지킨다는 것은 처하되 구하기를 헛되이 하지 않는다는 것이고, 이룸이 없다는 것은 나아가되 공功을 자랑하지 않는다는 것이니, (63효는) 송사 하는 때에 있어 능히 곤순坤順의 도道로써 스스로를 지탱하기 때문에 비록 위태롭더라도 끝내는 길하다. '혹 왕사王事를 따른다.'는 말은 곤坤괘와 같으나 강유剛柔의 쓰임이 다르다. 곤坤은 본래 순하니, 63효가 마땅히 양陽으로 화化하여서 상9효에 응應하며, 송訟은 본래 어긋나는데, 63효가 화化하지 않아야 능히 상9효에 응할 수 있다. 그러므로

---

16) '春秋左氏說, 卿大夫得世祿, 不世位, 父爲大夫死, 子得食其故采地, 女有賢才, 則復父故位.' ('電子版文淵閣四庫全書'에 『五經異義』는 없고, 이를 반박한 鄭玄의 『駁五經異義』의 '補遺'편에 위의 문장이 보인다. 『駁五經異義』,「補遺」, 漢 鄭玄撰, 電子版文淵閣四庫全書, 上海人民出版社, 1999 참조.

17) '昔者文王之治岐也, … 仕者世祿.',「孟子譯注」,「梁惠王」下장, (2..5), 상동, 36頁.

18) '不忮不求, 何用不臧?',『詩經譯注』.「邶風」,「雄雉」, 袁梅著, 상동, 142頁.

(63효에서는) '이룸[成]이 없다.'라고 말하고, '마침[終]이 있다.'라고는 말하지 않는다. 곤坤이 간艮으로 변하면 마침이 되니, 이것은 변하지 않는다.

구사효: 송사를 이길 수 없어서, 돌아와 임금의 명령을 따라서 알리니, 정도正道에 안정하면 길하다.
[九四, 不克訟. 復卽命, 渝, 安貞吉.19)]
상에서 말한다. (패소하고) "돌아와서 윗사람의 고시告示에 따르고", "바른 길에 안주하여" 잘못이 없음이다.
[象曰: "復卽命渝", "安貞"不失也.]

마융馬融(79-166)은 말한다, (94효에서) 투渝는 변變이다.

우번虞飜은 말한다. (94효에서) 투渝, 즉 변하여 움직여서 자리를 얻으니, 따라서 정도正道에 안정하니 길하다. (94효에서) 변하여 손巽괘가 이루어지는데, 손巽은 명령이다.

왕안석王安石(1021-1086)은 말한다. 95효가 송사의 주인인데, (94효는) 송사를 이길 수 없으면, 스스로 돌아와서 듣는 이의 명령에 친근해야 한다.

항안세項安世는 말한다. 94효가 64효로 변하면, 부드러움[柔]으로 부드러움에 처하니, 안정되고 또한 바르게 되기에, 송사를 좋아하는 과실은 오랜 동안 없을 것이다.

오징吳澄(1249-1333)은 말한다. 명령은 윗사람으로부터 나오는 것이다. (94효에서) 즉명卽命은 명命을 받는 것이다.

유원劉沅은 말한다. 94효는 강강剛하지만 중中하지 않으니, 본래 송訟이 있는 상象이다. 그러나 (94효는) 아래로 초6효에 응하는데 초6효는 유손柔遜하며, 위로는 95효와 이웃하는데, 95효는 중정中正하니 장차 누구와 송사를 하겠는가? 그러므로 (94효에서는) 송사를 이기지 못하고, 도리어 송사의 주主가 되는 대인大人에게서 명령을 듣는다. 이것은, 그 처음에는 본래 송사하고자 하였으나, (94효는) 변하여 정正에 편안해 하고, 능히 의리義理로 스스로를 다스리므로 길하다. (94효에서) '잃음'은 자기를 잃는 것이니, 사람이 스스로 굽히는 것을 혐오스러운 것으로 여기는 것을 두려워하였으므로, (94효는) '돌아와 (대인大人의) 명령에 나아가서 변하여 편안하고 바르게 한다.'라고 말했는데, 이것이 바로 자기를 잃지 않은 까닭이다.

리스전李士鉁은 말한다. (94효는) 다투려는 마음을 바꾸어 다투지 않고 순順하니, 강강剛을 변화

---

19) 復은 返(되돌아옴)이다. 卽은 從과 같다. 투渝는 유諭(알림)로 읽는다. 高亨, 116頁.

하여 유柔가 되게 하는 것이다. 그러므로 (94효는) 편안하고 고요하며 바르고 굳세어 길하다.

마치창馬其昶은 말한다. 94효가 음陰으로 변화하여 95효를 받들면, 대인大人을 만나는 것이 이롭다. 우虞나라와 예芮나라가 시비를 가리려다가 (문왕文王의 통치에 감동하여) 화해함[虞芮質成]의 고사가 바로 이 상象이다. '잃지 않음'은 자리가 본래 바르지 않아, 변한 이후에 바르게 되니, 바로 「문언文言」전에서 말한, '그 정도正道를 잃지 않음'이[20] 이것이다.

• **나의 견해**: 94효는 중中하지 않고 정正하지 않아서, 중정中正한 95효를 대적할 수 없으므로, 송사에서 이길 수 없는 것이다. 오직 변해서 자리를 얻어 95효로부터 명령을 들으면 길하다. 95효는 중정中正의 덕이 있어서 94를 변화하게 하여, 그로 하여금 송사가 없게 할 수 있다. 92효가 송사를 이기지 못하는 것은 이치가 바르지 않기 때문이니, (92효는) 위로부터 쫓김을 당한다. 94효가 송사를 이기지 못하는 것은 마음으로 복종하기 때문이니, (94효는) 위로부터 감동을 받는다. (94효가) 변하여 손巽괘를 이루면, 아래가 위에 '순종[順]'하여 오직 명命하면 이에 따르게 되니, 무슨 잃음이 있겠는가? 그러므로 (94효는) 변한 이후에 길하다.

구오효: 송사하면 크게 길하다.
[九五, 訟, 元吉.[21]]
상에서 말한다. "송사의 (판결)이 좋음"은, 중정中正의 도 때문이다.
[象曰: "訟元吉", 以中正也.]

왕숙王肅(195-256)은 말한다. (95효는) 중정中正의 덕으로써 분쟁의 풍속을 가지런히 하였으니, 크게 길하다.

왕필王弼(226-249)은 말한다. (95효는) 중정中正으로 굽고 곧음을 판단하니, 중中하면 지나침이 없고, 바르면[正] 사뜻함[邪]이 없다.

장이기張爾岐(1612-1678)는 말한다. 95효는 양강陽剛으로 중정中正하여, 송사를 들음에 공평함을 얻을 수 있는 자이다. 믿음이 있으나 막힌 사람이 이것을 만나면 자연히 펼 수 있게 된다.

이광지李光地(1642-1718)는 말한다. (95효는) 대인의 덕이 있기에, 따라서 아직 송사를 안 해

---

20) '不失其正者, 其唯聖人乎.', 乾괘 「文言」, 高亨, 73頁.
21) 元은 大이다. 高亨, 117頁.

도, 감동하여 변화하고, 이미 소송을 했으면 나가면 곧을 것이다.

요배중姚配中(1792-1844)은 말한다. 원元은 건원乾元이다. 건원乾元이 자리를 95효에게 위탁하였으니, 이른바 '대인을 만나면 이로움'[利見大人]이다.

리스전李士鉁은 말한다. 천하에서 큰 것은 인정人情일 뿐이고, 천하를 다스리는 도道는 그 정情을 다스리는 것뿐이다. 정을 다스리지 못하면 다투게 되는데, 작게는 말로, 크게는 무기로 다투니, 모두 송訟의 상이다. (송訟)괘에서 오직 95효 하나의 효만이 자리가 합당하고, 중정中正하여 높은 곳에 자리하여 한 괘의 주主가 되니, 천하에 더불어 다툴 자가 없다. 그러므로 곧바로 송訟이라 말하고 다른 말은 없다. 중中하면 지나치지 않고, 정正하면 기울지 않아서 이것으로 송사를 하면 이치를 얻고, 이것으로 송사를 들으면 다툼을 그치게 하고 그들의 정情을 다스릴 수 있다. (95효에서) 인심이 다스려지면 천하가 다스려지니, 길하게 됨이 클 것이다!

상구효: (왕이) 혹 허리띠를 선물로 주었더라도, 종일 세 번이나 그것을 빼앗을 것이다.
[上九, 或錫之鞶帶, 終朝三褫之.22)]

상에서 말한다. 송사 (뒤에 상賞으로) 옷을 받았으나, (뺏김을 당하니), 또한 존중받은 것도 아니다.
[象曰: 以訟受服, 亦不足敬也.]

왕필王弼은 말한다. 송사의 정점에 서면, 강건함으로 상9효에 있는데, 송사하여 이긴 자이다. 송사로 선물을 받았으나, 이 영화를 어찌 보전할 수 있겠는가? 따라서 (상9효에서) 종일토록 혁대를 뺏기는 일이 세 번이다.

왕안석王安石은 말한다. 소송으로 상을 받으면, 모욕으로 그것을 침탈하는 이들이 많다. (상9효에서) 세 번은 많다는 말이다.

(주희의)『주역본의周易本義』에서 말한다. 송사를 끝낼 도리가 없는데 혹 승리했더라도, 얻은 것을 마침내 반드시 잃게 된다. (상9효에서) 성인이 경계한 뜻이 깊도다!

이심전李心傳(1167-1244)은 말한다. 소송으로 꺾인 자는 반드시 징계당할 것이고 다른 생각은 없다. 92효에서, '재앙 없음'을 말했으니, 화는 이것으로 끝나는 것이다. 송사에서 이긴 자는 장차 자만自滿자대自大할 것이나 후에는 근심이 있게 된다. (상9효에서) '세 번 뺏김이 있다는 것'은, 근

---

22) 錫은 사賜(주다)의 가차이다. 반대鞶帶는 가죽으로 만든 허리띠이다. 終朝는 終日과 같다. 치褫는 뺏음[奪]이다. 高亨, 117頁.

심이 끝나지 않은 것이다.

초굉焦竑(1540-1620)은 말한다. (상9효에서) 언외言外의 뜻을 발명하여 전하니, 비록 약탈을 안 당해도 또한 공경할 것은 아니다. (나의 견해: 이것은 곧 비록 얻었으나, 군자들은 그것을 귀하게 여기지 않는다는 뜻이다.)

유원劉沅은 말한다. 반대鞶帶는 큰 띠이니, 명命을 받을 때 입는 옷의 장식이다. 남자는 반대鞶帶, 여자는 반사鞶絲이다. 혹或은 반드시 그러하지는 않는다는 말이다. 치褫는 빼앗음이다. 상賞 주지 말아야 할 곳에 상을 주었으니, 받더라도 또한 오래가지 못한다. (상9효에서) 뜻 밖에 예禮를 어기면서 (상을) 주었으니, 이긴 자와 하사한 자 모두 부끄러울 만하다.

리스전李士鉁은 말한다. 건乾은 하늘이 되니, 하늘은 하루에 한 바퀴 운행한다. 건乾이 끝나기 때문에 아침이 끝난다. 새벽으로부터 식사할 때에 이르기까지가 종조終朝이다. (호체互體인) 손巽은 먹줄이 되니, 띠의 상象이다. '혹 준다.'는 것은 반드시 주지 않아도 되는데 주는 것이다. 올바르지 않은 방법으로 얻은 자는 곧 올바르지 않은 방법으로 잃을 수 있다.

● **나의 견해:** 하늘[天]이 한 번 물[水]을 낳으니, 물의 쓰임은 변화가 같지 않고 상象을 취함도 또한 다르다. 물이 하늘 위에 있으면 기다림이 있어 서로 대기하고[需], 물이 하늘 아래에 있으면 서로 어긋나 송사를 이룬다[訟]. 송訟은 아름다운 일이 아니어서 성인이 경계하셨다. 모든 일은 강건하게 나아감이 길吉함이 되고, 강건하게 송사함은 흉凶함이 된다. 초6, 92, 94효는 송사를 하지만 마치지 못하고, 63효의 덕은 어기지 않고 따른 것이니, 모두 95효의 대인大人이 중정中正의 덕을 갖추어 능히 송사를 다스려서 그들을 변화하게 한다. 건乾괘와 송訟괘는 모두 대인大人을 만나는 것이 이롭다고 말했는데, 건乾괘의 92와 95효는 양덕陽德이 서로 드러나기 때문에 두 효를 나누어서 말했다. 송訟괘의 92와 95효는 비록 역시 양효陽爻이긴 하지만, 다만 92효가 험險[坎] 가운데에 빠져 있어 대인大人의 덕이 없는데 95효는 청송聽訟하는 '주인[主]'이기 때문에, 92효가 만나서 이로운 대인大人이 된다. 그러므로 효爻로써 말하지 않고, 괘卦의 단사彖辭에서 만나서 이로운 뜻을 드러내었다. 상9효가 강건하고 지극하게 송사를 한다면 이것이 이른바 끝내 흉凶하다는 것이다. 비록 영화로운 베풂을 받았더라도, 그 동기가 선善함에 있지 않고 흉덕凶德에 있다면, 비록 얻더라도 군자는 귀하게 여기지 않는다. 경계하여 말하기를 '공경할 만한 것이 못 된다.'라고 하였으니, 또한 '반드시 송사가 없게 할 것이다.'라는 뜻이겠는가!

7. 사師괘 ䷆

군사들[師]이 모두 바르니, 임금은 길하고 탈이 없다.
[師, 貞, 丈人吉, 无咎.[1]]

정현鄭玄(127-200)은 말한다. 다수는 군軍으로 이름하고, 다음은 사師로 이름하고, 소수는 여旅로 이름 한다. 사師는 중中을 들어 올리는 말이다. 장丈은 장長을 말하고, (어른, 長은) 많은 사람들[衆人]을 부릴 수 있고, '바른 사람[正人]'의 덕을 행사하고, 법도로써 사람들의 우두머리[長]가 된다. (사師괘는) 길하면서 탈이 없으니, 천자天子나 제후諸侯로서 군軍의 주인이다.

왕필王弼(226-249)은 말한다. (사師괘에서) 부역을 일으키고 민중을 움직여서 공功이 없다면 죄이다. 그러므로 (사師괘는) 길하며 탈이 없다.

양시楊時(1053-1135)는 말한다. 비교하자면, (사師괘에서) 중인衆人들이 안에 있고, 하나의 양陽이 위에서 주인이 되었으니, 임금의 상象이고; 군사라면 여럿들이 외부에 있는데, 하나의 양陽이 아래에서 주인이라면 장수將帥의 상이다.

유초游酢(1053-1123)는 말한다. 사師의 도道는 규율[律]을 주로 삼는다. 장인丈人은 늙은이의 존칭이고, 법도가 의지하는 바이다. 『시詩』에는, '방숙方叔은 원로元老'라고[2] 칭하였다.

유원劉沅(1768-1855)은 말한다. (사師괘에서) 하나의 양이 하괘의 가운데 있고, 65효의 음이 이를 따르니, 장수가 병사를 통솔하는 상이다. 92효는 강중剛中으로 아래에 있으면서, 65효는 부드러움[柔]으로 위에서 (아래의) 92효에게 맡겼으니, 임금이 장수에게 명령하여 군사가 출동하는 상이다. 「서괘序卦」전에, '송訟괘는 반드시 민중이 일어남이 있으니, 따라서 사師괘로써 받는다.'라고[3] 하였다. 군사는 싸움 때문에 일어나니, 따라서 송訟괘를 잇는 것이다. (사師)괘의 덕은 안은 험險하고 밖

---

1) 장인丈人은 大人이다. 『易經』중에 大人은 모두 귀족을 말한다. 師는 衆이고, 大人은 國君이다. 高亨, 119頁.
2) '方叔元老.', 『詩經譯注』, 袁梅著, 「小雅」, 「采芑」, 상동, 467頁.
3) '訟必有衆起, 故受之以師.', 「序卦」傳, 高亨, 644頁.

은 순順하니, 험도險道이면서 순하게 시행하는 것이, 사師괘의 뜻이다.

리스전李士鉁(1851-1926)은 말한다. 정征은 정正을 말한다. (사師괘에서) 정正으로 부정不正을 정벌하니, 천하는 모두 그 '바름[正]'을 바랄 뿐이다. 장인丈人에게 관장官長의 재능이 있으니, 재주가 천만 사람을 능가하여 비로소 천만 사람들을 만족시킬 수 있다. 허물이 없음은 허물 있는 이들을 적합하게 한다. 병兵은 상서롭지 않으나 어찌할 수 없어서, 그것을 쓰는 것이다. 다행히 승리해도 이미 천지天地의 조화를 상하게 하였고; 불행히 패한다면 곧 종사宗祀에 화禍를 내린 것이다. 그러므로 군사를 씀은 공을 탐해서가 아니라, 다만 탈이 없기를 바랄 뿐이다.

천한장陳漢章(1864-1938)은 말한다. (응소應劭[140-206]의)『풍속통風俗通』을 인용한『의림意林』에서, "『역易』에서 사師괘는 바르니, 관장官長[丈人]은 길함'은 그저 존로尊老하는 것이 아니라, 반드시 덕행이 앞선 사람을 말한다. (『좌左』전傳에, '의지할 것은 믿음성[信]만한 것이 없음'이라[4] 했으니, 그 은덕이 믿을 수 있고 의지할 수 있음을 말한 것이다."[5]

단전에서 말한다. "사師"의 (뜻은) 많은 사람이다. "정貞"은 바름[正]이다. 많은 사람들을 올바르게 할 수 있으니, 왕업을 이룰 수 있다. (92효가) 강하면서 (하괘의) 중간 자리에 있어 (음효들에) 대응하고, (큰 인물이) 험난함을 거치면 순통해지니, 이것으로 천하를 다스리면, 백성들이 따르므로, "길할 것"이니 어찌 무슨 "탈"이 있을 것인가!

(동한東漢) 응소應劭의『풍속통風俗通』에서 말한다. '『역易』의 사師괘는 많은 사람[衆]이다. 사士가 가운데[中]에 많은 것은 물[水]만한 것이 없다. 중衆은 사師이다.'[6]

(정의의)『이천역전伊川易傳』에서 말한다. 길吉은 반드시 이김을 말하니, '허물없음'[无咎]은 합合의 뜻을 말한다. (군대의) 사師와 여旅(의 편제編制)를 일으키자면 재물을 망치고 사람을 해치지 않을 수 없으니, 그러나 민심이 그에 따르는 것은 그것이 의義를 움직였기 때문이다.

(주희의)『주역본의周易本義』에서 말한다. (하괘인) 감坎은 험險이고 (상괘인) 곤坤은 순順이며, 감은 물이고 곤은 땅이다. 옛날에 농사[農]에 무기[兵]를 의탁하고, 지극한 험난함[至險]을 크게 순

4) '杖莫如信.',『左傳全譯』, 襄公八年, 王守謙 等譯注, 上同, 790頁.

5) 『易』曰:「師貞丈人吉.」, 非徒尊老, 須德行先人也. 傳曰:「杖德莫如信.」, 言其恩德可信杖也.',『意林』卷四,「風俗通」第三十一卷(應劭), 唐 馬總撰, 電子版文淵閣四庫全書, 상동 참조.

6) '『易』, 師, 衆也. 土中之衆者莫若水. 衆者, 師也.',『風俗通義』卷八,「風伯」, 漢 應劭撰, 電子版文淵閣四庫全書, 上海人民出版社, 1999 참조.

함[大順]에 숨겼으니, 예측할 수 없음[不測]을 지극한 고요함[至靜] 가운데에 숨긴 것이다. 그러므로 그 괘가 사師이니, 이以는 좌우로 가게 함을 말한다. (사괘에서) 하나의 양이 하괘 가운데 있으니, 다섯 음이 모두 할 배[所以]를 함이다. (사괘에서) '험險을 행함'은 위도危道를 행함이고, 순順은 인심人心을 따름이다.

항안세項安世(1129-1208)는 말한다. 『역易』(사師괘)에서 병兵을 말함에, 반드시 정의롭고[正], 반드시 관장官長[丈人]이 이끌어야 하고, 반드시 왕도王道에서 나와야 하니, 그런 다음에 길吉을 획득하고 나중에 화禍가 없다.

유원劉沅(1768-1855)은 말한다. (단象에서) 중지衆志를 합하여 하나로 해야 하고, 사師를 이루고, 백성을 위로하고 죄를 벌주는 인의仁義의 일을 바로 함을 말했다. 천리天理에 순종하여 사람들이 하늘과 더불어 함에 귀의하면, 천하에 왕 노릇할 수 있다. 독毒은 해침이다. 군사를 이용하여 난을 그치게 함은 약藥을 써서 질병을 공격함과 같으니, 어찌할 수 없어서 그것을 쓰는 것이니, 실제로 백성들의 마음을 편안하게 해야 하고, 그저 무기를 좋아해서는 안 된다. 이것으로 난을 다스리면 백성들은 반드시 따를 것이다.

왕인지王引之(1766-1834)는 말한다. 『광아廣雅』에 의하면, 독毒은 안安이다. 『노자老子』에, '정지亭之독지毒之.'는, 또한 '평탄하게[平之] 편안하게[安之] 함'이다.[7] 『맹자』에, '무왕武王(文王)이 또한 한 번 노하시니 천하의 백성들이 평안하였다.'라고[8] 말했다.

상전에서 말한다. 땅에 물이 있는 것이, 사師괘이다. 군자가 백성들을 포용하고 뭇사람들을 기른다.
[曰: 地中有水, "師". 君子以容民畜衆.[9]]

(정의의) 『이천역전伊川易傳』에서 말한다. (사師괘에서) 백성들을 관용하고 애호하여, 민중들을 기른다.

(주희의) 『주역본의周易本義』에서 말한다. 물은 땅 밖에 있지 않고, 병사는 백성들 밖에 있지 않다. 그러므로 (사師괘에서) 백성들을 양육할 수 있으니, (나의 견해: '양육[養]'과 '가르침[敎]'이 같이 옴.) 민중을 얻을 수 있다.

---

7) 『老子繹讀』, 任繼愈著, 51章, 北京: 北京圖書館出版社, 2007, 112頁.
8) '而武王亦一怒而安天下之民.', 『孟子譯注』, 「梁惠王」下篇(2:3), 楊伯峻譯注, 상동, 31頁.
9) 사師괘는 내괘가 坎이고 외괘는 坤이니, "땅에 물이 있는 형국"이다. 畜은 養이다. 師괘 상象전, 高亨, 120, 121頁.

유미소劉彌邵(1165-1246)는 말한다. 산다면 향리鄕里[比閭]와 족당族黨의 백성이고, 군역軍役을 하면 다섯 명, 두 명의 군대의 군졸이다. 중衆이 곧 백성이다. (나라에) 일이 없을 때에 포용하고 기르며, 일[事]이 있는 날에는 쓰이는 것이다.

유원劉沅은 말한다. 보통 때는 백성들이 군사[兵]이고, 비상 시 군사가 곧 백성이다. 백성을 포용하고 보호하는 것이 곧 병사를 기르고 모으는 것이다.

리스전李士鉁은 말한다. 『노자老子』에, '천하에 물보다 유약한 것이 없으나, 굳고 강한 것을 공격하는 것은 (물을) 이길 것이 없다.'라고[10] 하였다. 『손자孫子』에서, '군대의 형태는 물과 같다. 물은 높은 곳을 피하고 아래로 내려가며; 군대의 형태는 실을 피하고 허한 데를 공략한다. 물은 땅에 따라 흐름을 제압하고 군대는 적(의 상황)에 따라 승리를 취한다.'라고[11] 말한다. 병법은 여기에 깃들어 있다.

짱홍즈張洪之(1881-1969)는 말한다. (호체互體인) 진震은 포용[容]이고 (호체互體인) 곤坤(나의 견해: 호체互體를 말함.)은 양육함이다. 많은 병사는 백성들에게 잘 급식하게 하고 백성들은 이에 의지해서 (나라를) 보위한다. 제갈량諸葛亮[武侯]은 위남渭南에 둔병屯兵하여 병사들을 민간들에 섞이게 하였고; 분양汾陽에서는 하남河南땅을 둔전屯田하여, 스스로 100무畝 땅을 경작하고, 장교는 이런 식으로 차등을 지우니, 들에는 황무지가 없어지고, 군대는 양식이 남아돌았는데, 곧 이런 뜻이다.

초육효: 군대는 기율로써 출동하고, (기율을) 지키지 않으면 흉하다.

[初六: 師出以律, 否臧凶.[12]]

상에서 말한다. "군대는 기율로써 출동함"이니, 기율을 잃으면 (결과가) "흉측"하다.

[曰: "師出以律," 失律"凶"也.]

『춘추좌전春秋左傳』에서 말한다. '일 하는데, (장수의 명령을 들으면) 사명은 완성되어 좋은데; (장수의 명령을) 어기면 좋지 않게 된다. 중심衆心이 흩어지면 (역량은) 약해지니, 냇물은 막혀서 못이 되는 것과 같다. (군대가) 기율紀律이 있어서 자기와 같이 움직이면, 따라서 기율이 있는 것

---

10) '天下莫柔於水, 而攻堅强者莫之能勝.', 『老子繹讀』, 任繼愈 著, 78章, 상동, 171頁.

11) '夫兵形象水, 水之行避高而趨下, 兵之形避實而擊虛. 水因地而制流, 兵因敵而制勝.', 『孫子譯注』, 「虛實」篇, 蔣玉斌譯注, 哈爾濱: 黑龍江出版社, 2003, 36頁.

12) 師는 군대이고; 律은 기율이다. 부否는 不로 읽고; 장臧은 준遵(좇다)로 읽는다. 高亨, 121頁.

이다. (장졸들이 기율을) 듣지 않으면 기율은 고갈되고, 가득 찬 (물)이 고갈되니 흉이다. 통행이 안 됨이 "임臨"괘이다. 장수는 있어도 그의 말을 따르지 않는다면, 이 "임臨"괘보다 더 나쁜 것이 무엇이겠는가?'라고[13] 하였다. 임림(林栗, 1120-1190)주注에, 여如는 따름이다. 법이 시행되고 사람들이 법을 따르는데, 법이 패하면 법이 사람을 따른다. 감坎이 변하면 태兌이니, 이것이 법의 패敗이다.

(순상荀爽 등의)『구가역九家易』에서 말한다. (초6효에서) "감坎은 법률이다."[14]

왕안석王安石(1021-1086)은 말한다. 율律은 (음악의) 율려律呂와 같으니 군軍의 소리를 듣는 규칙이다. (『사기史記』의)「율서律書」에, '육율六律」은 만사의 근본이다.'라고[15] 하였다. 이것은 병기兵器(제작)에서 더욱 중시되었다.

유염兪琰(1253-1316)은 말한다. 율律은, 조화, 즉 불화하면 좋지 않고 군사를 잃어버리는 도道를 말한다. 옛날에 군대가 출동하면 반드시 율律을 불었으니, 율이 화합하면 사졸士卒이 같은 마음임을 알았다.

채청蔡淸(1453-1508)은 말한다. '좋고 나쁨(否臧)이 흉하다.'라고 말하지 않고, (초6효에서) '기율을 잃은 것이 흉함'이라고 말하니, '좋고 나쁨은 기율을 잃은 것이 됨'은 명확하다.

심몽란沈夢蘭(18세기, 청淸건륭乾隆[1736-1795] 연간의 학자)은 말한다. 율律은 음률音律 9x9의 수이고, (군대편제의) 5인[伍], 100인[卒]의 법이다. 기율을 잃으면 5인 편제를 잃게 되니, 좋고 나쁨(否臧)에서 흉할 것이다.

유원劉沅은 말한다. 초6효는 음유陰柔이니, 군사출동의 처음에 있고, 기율을 우선하니, 따라서 특별히 그것을 경계한 것이다.

리스전李士鉁은 말한다. 감坎은 법률이다. (초6효는) 위로 호체互體인 진震을 받든다. 초6효는 군사의 출동이니, 근엄하게 시작하기에, 따라서 기율로 삼는다. 율律은 법法이다. 대오隊伍를 진열하고 호령하는 일, 앉거나 동작하거나 진퇴進退하는 절도가 정치精致하고 엄숙함이 군사출동의 근본이다.

마치창馬其昶(1855-1930)은 말한다. 물[水]은 많은 사람[衆]을 나타낸다. (하괘인) 감坎이 변하니

---

13) '執事順成爲臧, 逆爲否. 衆散爲弱, 川壅爲澤, 有律以如己也, 故曰律; 否臧, 且律竭也. 盈而以竭, 夭且不整, 所以凶也. 不行之謂臨; 有帥而不從, 臨孰甚焉?', 『左傳全譯』,「宣公」12年, 王守謙 等譯注, 상동, 525頁.

14) '坎爲法律也.', 荀爽,『九家易解』, 中國哲學書電子化計劃, https://ctext.org 참조.

15) '六律爲萬事根本焉.',『史記』,「律書」第三, 司馬遷撰, 四冊, 北京: 中華書局, 1972, 1,239頁.

냇물이 막히고 민중들이 흩어진다. (이것은) 초6효가 변할 수 없음을 말한다. 군사는 있으나 (기율을) 따르지 않으니, 이것이 법패法敗이고, 법패는 불화不和에서 연유한다. 그러므로 음률을 부는 것은 그 소리가 화합하는지, 아닌지를 시험하는 것이니, 곧 그 군사들에 법이 있는지 없는지를 알 수 있다. 율律은 상징이니, 군사의 출동은 절제를 근본으로 삼는다는 뜻이다.

구이효: (몸이) 군대 가운데 있어서 길하고, 탈이 없으니, 왕께서 3번 (장상獎賞을) 내리는 명령을 하신다.

[九二: 在師中吉, 无咎, 王三錫命.16)]

상에서 말한다. "군대에 (하늘의 총애가) 있어 길함"이란, 하늘의 사랑을 받음이다. "왕이 (그 사람에게) 세 번씩 상을 내림으로써", 모든 나라를 초치招致한 셈이다.

[象曰: "在師中吉", 承天寵也. "王三錫命", 懷萬邦也.17)]

『역위건착도易緯乾鑿度』에서 말한다. '『역易』에는, 임금에게 다섯 호칭이 있는데, 제帝는 하늘의 호칭이고; 왕王은 미행美行이다. … 왕王은 천하 사람들이 귀의하려 가는 곳이다.'18)

육적陸績(188-219)은 말한다. (92효에서) '군대에 있으니 길함[在師中吉]'은, 양陽으로 92효에 있음이다.

간보干寶(286-336)는 말한다. 명령을 내림은 사사로운 일이 아니고, 만방萬邦을 편안케 하려는 것이다.

(정의의) 『이천역전伊川易傳』에서 말한다. 92효는 사師괘의 주인이니, 그 일을 '독단으로 전행[專制]'한다. (92효는) 사師괘에서 전제專制하며 중도中道를 얻었으니, 따라서 길하고 탈이 없다. 무릇 군사의 도리는 위세와 화합이 함께 오면 길하다. 65효는 전적으로 의탁하고 맡기니, 다시 그 총애 받는 수數를 두텁게 한다. 예禮가 걸맞지 않으면 위세가 무겁지 못하고 아랫사람들이 신임하지 못한다.

항안세項安世는 말한다. 92효의 승리는 자기의 공功이 아니고, 65효와 함께 응한 것이라, 임금의 은총을 얻은 것이다. 65효에서 하사下賜는 자기가 승리함을 기뻐한 것이 아니라, 92효의 중中

---

16) 석錫은 사賜(주다)의 가차이다. 錫命은, 왕이 신하에게 獎賞하는 명령이다. 高亨, 121頁.

17) 承은 受(받다)이고, 寵은 愛이다. 錫은 賜(하사함)의 가차이고, 懷는 招來(불러오다)이다. 高亨, 상동.

18) '『易』有君人五號, 帝者天稱也, 王者美行也. … 王者天下所歸往.', 『周易乾鑿度』卷上, 漢 鄭康成注, 電子版文淵閣四庫全書, 上海人民出版社, 1999 참조.

덕분으로 내 백성들을 품을 수 있음이다. 장차 이것을 안다면 공功을 내세우는 마음이 없을 것이고; 임금이 이것을 알면 백성들을 '내쫓고 죽이는[竄殺]' 장군을 상주지 않을 것이다.

유원劉沅은 말한다. 하늘은 곧 왕王이다. 왕은 65효를 말한다. 아래로 92효에 순종하니, 명을 받은 '현명한 장수[賢將]'의 상象이다. (92효에서) 셋[三]은, 곤坤의 3효이니 모두 순順하다. 만방萬邦을 가슴에 품으니, 따라서 사랑으로 맡긴 것이고, 권력을 준 것이 아니다. 신하들이 총애를 독점하고 제멋대로 하는 폐해를 심히 경계한 것이다.

리스전李士鉁은 말한다. 92효는 하나의 양陽으로 여러 음들의 장수이니, (군대의) 전권을 위탁한 것이나, 권력은 타인에게 빌려줄 수 없다. 92효는 병兵을 거느린 장수이고; 65효는 장수를 임명한 임금이다. (장수[92효]는) 상賞을 박하게 주면 군사軍士들을 얻을 수 없고, 군력이 가벼우면 군중들을 대면하기에 부족하다. 명령으로 (장상獎賞을) 3번 주기에 이른 것은, 상이 두터운 것이오, 전적으로 신임한 것이다.

마치창馬其昶은 말한다. (92효에서) 재在는 '보고 있음'[在視]의 재在처럼 읽음이다. '재사在師'는 '군사를 시찰함'[視師]이다. 중길中吉은, 가는 중에 길함을 말한다.

• **나의 견해**: (92)효爻의 뜻을 전송함에, 장병을 들어서 장수를 제어하는 것으로 분석하였다. 상호 경계하려는 뜻이 깊다.

육삼효: 군사가 (출정하여 패하니) 수레에 혹 주검을 싣고 (돌아오니), 흉이다.
[六三: 師或輿尸, 凶.19)]
상에서 말한다. "군사가 혹 주검들을 싣고 옴"은, 전혀 전공戰功이 없는 것이다.
[曰: "師或輿尸", 大無功也.]

우번虞翻(164-233)은 말한다. (하괘인) 감坎은 수레이고, 질병이 많다. (63효는 강剛의) 자리를 잃고, 강剛에 올라탐, 응應함이 없기에, 따라서 수레에 주검을 (실었으니) 흉하다고 하겠다.

왕필王弼(226-249)은 말한다. (63효는) 음으로 양(자리)에 처하니, 유柔로써 강剛을 올라타고, 나아갔으나 응應이 없으니, 물러나도 지킬 수 없다. 이런 식으로 군사를 쓰면, 수레에 주검을 싣는 흉함을 얻기에 적합하다.

---

19) 여輿는 수레에 실음이고; 시尸는 주검[시屍]으로 읽는다. 高亨, 122頁.

범대성范大性(14세기, 원元[1271-1368]시대 학자)은 말한다. 92효가 괘주卦主인데, 63효는 자리를 잃은 유柔로써 92효를 올라탔으니, 이것은 사師괘가 매우 기피하는 것이기에, 따라서 군軍을 무너뜨리는 상이다. 수레에 주검을 실음은 관棺을 싣고 따름과 같다. 혹或은 어느 때는 그렇다는 말이다.

장리상張履祥(1611-1674)은 말한다. 92효 위에 있으면서 권력을 나누려는 자가 63효이다. (63효는) 군대를 가로막고 분란을 일으켰으니, 어떤 흉함이 이와 같을까? 호체互體인 곤坤이 수레의 상이다.

양석여梁錫璵(1697-1774)는 말한다. 옛날 전쟁에서 비록 패했더라도, 주검을 버릴 수 없어서, 따라서 (63효는) 수레에 주검을 실었다. (63효는) 백성에게는 재앙이고 나라에는 화禍이니, 흉함이 이것보다 심한 것은 없을 것이다!

유원劉沅은 말한다. 군대는 통일을 귀하게 여기는데, (63효에서) 수레에 주검을 싣기에 이르렀는데도, 생각이 못 미쳤으니, (63효는) 크게 공이 없다할 것이다! 매우 탄식함이다.

리스전李士鉁은 말한다. (하괘인) 감坎은 수레이고, (상괘인) 곤坤은 죽음이다. 죽음이 감坎 위에 있기에, 따라서 (63효는) 주검을 수레에 실음이다. 63효는 중中이 아니니, 따라서 '혹或'이다. 옛날에는 차전車戰을 중시했으니, 수레는 본래 전쟁의 도구이다.

육사효: 군대가 왼편에 머무르니, 재앙이 없다.
[六四: 師左次,20) 无咎.]
상에서 말한다. (군대가) "왼쪽에 머무르면 재앙이 없다."함은, 아직 상도常度를 잃지 않은 것이다.
[象曰: "左次無咎", 未失常也.21)]

왕필王弼은 말한다. (64효에서) 대응이 없으면 갈 수 없고, 자리를 얻었으면 머무를 수 있다.

(정의의)『이천역전伊川易傳』에서 말한다. (64효에서) 좌차左次는 물러나 쉼[退舍]이다. 가능하다고 나아가며, 어려움을 알고 물러남이 군대의 상도이다. 이길 수 없음을 헤아려서 군대를 보전하는 것이 패배보다 훨씬 낮다. (64효에서) 나아갈 수 있으나 물러나니, 이에 재앙이 된다.『역易』에서 이런 뜻을 발동하여 후세에 보이니, 그 인仁이 깊다고 하겠다!

---

20) 次는 사舍이니, 주駐(머무르다)이다. 高亨, 122頁.
21) 常은 常道이다. 상동.

도혈都絜(12세기, 남송南宋시대 역학자)은 말한다. 음양의 운행은 동쪽에서 서쪽으로 가고, 『역易』의 자리는 아래에서 위로 올라가니, 따라서 무릇 『역』의 말[辭]들은 위의 오른편[上右]이거나 아래의 왼쪽[下左]이다. (64효에서) 좌차左次는 앞으로 나가지 않고 물러남이다.

이순신李舜臣(12세기, 남송南宋 때 역학자)은 말한다. 군대의 일이 생기면 오른쪽을 높이니, 따라서 되돌아와서 '높고 험한 곳에 진을 침[左次]'이다. 『좌전左傳』에서, '군대가 3일 묵는 것[宿]이 차次이다.'라고[22) (한다.)

유원劉沅은 말한다. 64효는 음으로 음위에 있으니, 부드러우면서 바름을 얻었으니, 군사를 행진시킴에 어려움을 알고서 물러나게 하는 상이다. 군사는 신중함을 상법으로 여기니, 아마도 사람들은 물러남을 두려워함으로 여기기에, 따라서 '상도를 잃지 않음'으로 말한 것이다.

오여륜吳汝綸(1840-1903)은 말한다. 『좌전左傳』에서, '조맹趙孟이, 우리들이 왼쪽으로 돌아서 송宋나라로 들어가면, 우리들을 어찌하겠는가?'라고[23) 말했는데, 이것이 '높고 험한 곳에 진지를 침[左次]'의 설이다.

리스전李士鉁은 말한다. 군례軍禮에는 오른쪽을 높이니, 편장군偏將軍은 왼쪽에 서고 상장군上將軍은 오른쪽에 서니, 따라서 왼쪽[左]이 뒤이다. 64효는 음에서 정正을 얻었으니, 전군대가 물러나 피해도, 감坎의 험난함을 막아서며, 곤坤의 땅에 의거하였으니, (64효에서) 비록 이긴 것은 아니나, 또한 패배를 불러오지 않았기에, 따라서 재앙은 없음이다. 92효의 길함은 없으나, 또한 (64효에는) 63효의 흉도 없다.

육오효: 사냥하여 새와 짐승들을 얻었다. 말[言]을 집행했으니 이롭다. 맏아들이 (주장으로) 군대를 이끌었고, 둘째아들은 (패하여) 수레에 주검을 날랐으니, (비록) 정당함을 얻었어도 또한 흉하다.

[六五: 田有禽. 利執言, 无咎. 長子帥師, 弟子輿尸, 貞凶.24)]

순상荀爽(128-190)은 말한다. 전田은 사냥이다.

우번虞翻(164-233)은 말한다. (65효에서 호체互體인) 진震은 92효를 말하고; 둘째 아들은 63효

----

22) '次于句澨, … 三宿而逸.', 『左傳全譯』文公十六年, 王守謙 等譯注, 455頁 참조.
23) '趙孟曰: "吾左還入于宋, 若何?"', 『左傳全譯』襄公二十七年, 王守謙 등 譯注, 상동, 992頁.
24) 田은 엽렵(獵)(사냥)이고, 有는 得과 같고, 금금은 鳥獸를 이름이다. 『周易集解』에서는, 荀爽을 인용하여, 執言을 '그 말을 집행함'이라고 말한다. 弟子는 둘째 아들(次子)이다. 貞은 正이니, 貞은 '長子帥師'를 가리키고, 흉은 '弟子[次子]輿尸'를 가리킨다. 高亨, 122-123頁.

이다.

하해何楷(1594-1645)는 말한다. 군대에서 사냥을 말한 것은, 옛날에 일 년에 3번 사냥했으니, 무사武事를 연습하는 수단이다. 반맹견班孟堅(班固, 32-92)에 의하면, 금禽은 조수鳥獸를 이름이다.

서문정徐文靖(1667-?)은 말한다. 이것(65효)은 사냥으로 전투를 가르침을 말한다. 사냥하면 봄여름으로 금수禽獸를 헌납하고 가을겨울로 조수鳥獸를 잡아오는 일이니, 따라서 '조수鳥獸를 얻음'이라 말한다. 사냥하면 '군대의 제사[表貉]'나 백성들에게 경계함, 독서讀書맹약[契], 일을 운송하는 호령, 민중의 경계가 있는데, 모두 말[言]에 의거해서 선포하니, 따라서 (65효에서) '말을 지킴이 유리함[利執言]'이라 했고, 이것을 지킴이 이로움으로 백성들을 가르치니, 이것이 이른바 가르침이고 뒤에 전투함이다.

유원劉沅은 말한다. (65효에서) 전田은 땅에 물이 있음이다. (상괘인) 곤坤과 (하괘인) 감坎은 상象이다.

리스전李士鉁은 말한다. 65효는 부드러움으로 높은데 있으니, 군대의 장수로 적을 대적할 수는 없고, 바른 말로 적의 죄를 토벌할 수 있으니, 따라서 (65효는) '말[言]을 지킴에 이롭다.'라고 한다. (호체互體인) 진震은 '말[言]이 있음'의 상이다.

마치창馬其昶은 말한다. 『주례周禮』에, "대사마大司馬는 겨울에 이르러 대열을 가르침에, '앞선 기[前期]'에는 많은 관리들은 중서衆庶들에게 경계하여 전법戰法들을 수련하게 하고, …사냥하는 날, 많은 관리들은"25) 진陳의 앞에서 맹서를 듣게 했음이 이것이다.

상에서 말한다. "맏아들이 군대를 이끈 것"은, 바른 도리를 쓴 것이다. "동생은 수레에 (병사의) 주검들을 실었다."고 함은, (장수를) 씀에 합당치 않은 것이다.

[象曰: "長子帥師", 以中行也.26) "弟子輿尸, 使不當也.]

송충宋衷(2세기?-219)은 말한다. 63효는 의거할 데가 아닌 것에 처했으니, 군중들이 명령을 듣지 않았기에, 군사들이 나눠지고 패배하여, 주검을 수레에 싣고 돌아오니, 그 직분을 감당하지 못한 것이다.

....

25) '中冬, 教大閱: 前期, 羣吏戒衆庶脩戰法. ……田之日, …羣吏….', 『周禮註疏』(十三經注疏 整理本), 第二十九, 大司馬, 8冊, 上同, 910-911頁.

26) 中은 正이다. 高亨, 123頁.

(정이의) 『이천역전伊川易傳』에서 말한다. 65효는 임금 자리이기에, 따라서 군사를 일으키고 장수를 임명하는 도道를 말한 것이다.

요배중姚配中(1792-1844)은 말한다. 『공양전公羊傳』에서, '장군의 지위가 높고 군사가 많으면, 누가 군대의 장수임을 칭한다.'라고[27] 했다. 92효가 맏아들이고 지위가 높기에, 따라서 군사를 다스린다고 말했다.

마치창馬其昶은 말한다. (65효에서) 맏아들로써 군사를 다스릴 수 있고, 동생으로 하여금 반드시 주검을 싣고 오게 하니, 이들을 그렇게 시킴으로써 경계를 하게 한 것이다. 재앙은 자기로 말미암아 일어나니, 이것이 바른 것이 흉凶하게 됨이다. 65효는 본래 곤坤의 몸인데, 또한 63효와 같은 일[功]을 하여 곤坤이 되었으니, 따라서 '오롯한 마음[專心]'으로 92효에 응하도록 힘쓰며, 63효를 해害쳐서는 안 된다.

상육효: 천자께서 명령을 내려, (제후의) 나라를 열거나 대부大夫로 임명하나, 소인들은 임용될 바가 없다.
[上六: 大君有命, 開國承家, 小人勿用.[28]]
상에서 말한다. "천자가 (봉토와 상급을 내리는) 명령이 있음"은, 상과 공을 바로잡는 것이다. "소인들은 임용될 수 없음"은, (임용시키면) 반드시 나라를 혼란시키기 때문이다.
[象曰: "大君有命", 以正功也. "小人勿用", 必亂邦也.]

순상荀爽은 말한다. (상6효에서) 개국開國은 제후諸侯에 봉함이고; 승가承家는 대부大夫로 세움이다.

우번虞翻은 말한다. 승承은 받음이다.

(정이의) 『이천역전伊川易傳』에서 말한다. 이것은 군사를 끝냄의 뜻[義]을 말한 것이다.

(주희의) 『주역본의周易本義』에서 말한다. (상괘인) 곤坤은 땅이니, 따라서 나라를 열고 대부大夫의 가읍家邑을 받는 상이다. (상6효는) 사師괘의 끝이라 순함의 정점이니, 공功을 따지고 상을 줄 때이다.

양간楊簡(1141-1226)은 말한다. 바른 공로라면, (상6효에서는) 상賞에는 반드시 공에 합당해야

'將尊師衆, 稱某率師.', 『春秋公羊傳全譯』, 梅桐生譯注, 貴陽: 貴州人民出版社, 1997, 34頁.

28) 命은 賞을 내리는 명령이고; 開國은 나라를 열어서 諸侯에 명하니 邦國이 비로소 있게 됨이다. 承은 받음이다. 承家는 大夫로 봉해 짐이다. 用은 쓰임이다. 高亨, 123頁.

함을 말한 것이다.

호병문胡炳文(1250-1333)은 말한다. 여섯 효 가운데, 출사出師, 군사의 주둔[駐師], 병사의 조절[將兵], 장군의 조절, 죄를 따져 물음[伐罪], 공에 상을 내림[賞功] 등등 싣지 않은 것이 없으며, 그 처음과 끝의 절차가 엄하다. (상6효에서) '소인들은 임용하지 않음'을 끝에서 말했다면, 또한 경계한 말이다.

웅량보熊良輔(1310-1380)는 말한다. 공이 이루어지고 다스림이 안정되는 것이 군사 도리[師道]의 끝이라 하겠다. 이것으로부터 나아가 (상6효에서) '소인들을 임용하지 않음'으로 경계를 하면, 무궁하게 편안함을 보전할 것이다.

왕부지王夫之(1619-1692)는 말한다. 대군大君은 65효이다. 임금은 일 밖에 있으니, '군대[師旅]'의 일에 참여하지 않고, 군사들이 공을 논하니, 65효는 작위를 정하고 상을 내리는 것을 명령한다.

서문정徐文靖은 말한다. (상6효에서) '임용하지 않음'이란, 천자가 명령하는 말이다.

유원劉沅은 말한다. 군대가 나아갈 때, 다만 쓸 만한 재료와 도구들을 취하고, 반드시 사람들은 모두 군자君子일 필요는 없다. 공을 이루어 상을 내리기에 이르러 소인들도 중록重祿으로 보수를 받게 되나, 나라나 가읍家邑을 줄 수는 없다. 군대의 출동으로 '변란[變]'을 해결하는 것이니, 평상과는 다르다. 공을 바르게 함은 공에는 멋대로 줌이 없다. 재주는 있으나 덕이 없으면, 따라서 반드시 나라를 어지럽힐 것이다! 92와 65효는 난리를 서로 구제하고 평정하여, 아름다움과 경계[戒]를 불러오니, 반드시 변통 없이 건乾으로 천자를 이해할 필요는 없다.

리스전李士鉁은 말한다. 상6효는 땅이 자기 집으로 되돌아가니, (마치) 물이 자기 물길로 되돌아감이니, 순함의 이룸이기에, 군대가 들어옴[入]이다. 군사를 조절하려면 상벌로 삼군三軍에게 쓰고, 천자는 상벌로써 장수를 씀이다. 장수가 비록 공이 있어도, 반드시 천자의 명령을 들어야 하니, 이른바 예악禮樂정벌征伐이 천자로부터 나옴이다. 군대는 이어서 공적을 적는데, 공을 이룬 자는 물러나되 각기 병권을 놓고서 봉토 받은 곳으로 가며, 공이 크면 제후諸侯가 되고, 그 다음은 대부大夫가 된다. 곤坤은 나라[國]가 되니, 상괘인 (곤坤) 또한 나라가 되고; 92효는 가읍家邑이 되고, 상괘 또한 가읍이 된다. 시종 소인으로는 참여할 수가 없다. 위에서 홀로 군대를 말하지 않은 것은, 갑옷을 벗어놓고서 밭으로 돌아왔으니, 군대의 상은 이미 볼 수 없음이로다! 처음에 벌罰을 말했고, 끝에서 상을 말했으니, 병법兵法은 벌을 앞세우고 상을 뒤로 한다. 상上은 괘의 끝이니, 사師괘가 이미 공功을 거둔 때이다.

● **나의 견해**: 옛날에는 무기를 농사에 기탁했으니, 백성이 곧 군사[兵]이다. 무기로 백상들을 보위하니, 백성들을 망치는 것이 아니었고; 무기로 나라를 보위하니 나라를 어지럽히는 것이 아니었다. 천하의 덕이 모인 곳이 왕王이라 하고, 왕의 군대는 정벌은 있으나 전투는 없었다. 동쪽을 정벌하면 서쪽이 원망했고, 남쪽을 정벌하면 북쪽이 원망하니, 백성들의 소망이 무지개와 같아서, 그들의 따름이 시장으로 사람이 모여드는 것과 같았다. 이른바 민중이 바름으로써 이에 왕 노릇할 수가 있었다. 이[사師]괘는 군사[師]에서 상象을 얻어서, 단彖전에서 군사를 쓰는 총의總義를 발전시켰고, 효에서 군사가 출행하는 분도分途를 열거하였으니, 군사[師]의 뜻이 크게 갖추어졌다. 초6효에서 군사에는 절제를 귀하게 여기고 백성을 어지럽혀서는 안 됨을 말했다. 둘째 효에서는 전승戰勝하는 군사는 백성을 품고서 총애를 독점하지 않음을 말했다. 셋째 효에서는 전쟁에서 패배한 군사는 공은 없고 백성을 해침을 말했다. 넷째 효에서는 물러나는 군사는 세력은 쓰되 백성을 다치게 함을 참을 수 없음을 말했다. 한 번은 죽을 처지에 놓이고, 한 번은 살 길에서 나오며[出動], 주장主將이 어떻게 군사를 쓸 것인가를 주시할 뿐이다. 그러므로 다섯 번째 효에서는 장병을 명령함에 반드시 사람을 간택해야 하고 함부로 써서는 안 됨을 말하였다. 장병들이 밖에 있으면 임금의 명령은 받지 않을 수 있다. 외성外城 밖에서는, 장군이 (군무를) 주관하며, 그 권한은 특히 중하다. 만약 소인을 기용하면 반드시 전쟁에 착오를 일으켜서 백성들에게 재앙을 입힌다. 상6효에 이르러 총결적인 경계로는 '소인들을 임용하지 않음'이다. 65효는 장군을 제어하는 방략이요, 상6효는 군사를 쓰는 도道를 온전하게 한다. 이것은 그 끝을 중요시해서 한 말이다.

8. 비比괘 ䷇

비比괘는 길하다. 사람이 원대元大하고, 형미亨美하고, 영원히 바른 덕이 있으면 재앙이 없다. 편안치 못한 나라에서 왔으니, 늦게 온 이는 흉하다.
[比: 吉. 原筮元. 永貞无咎. 不寧方來, 後夫凶.[1)]]

"(복자하卜子夏의)『자하역전子夏易傳』에서[2)] 말한다. 땅이 물을 얻었으니 부드럽고, 물이 땅을 얻었으니 흐르는데, 비比괘의 상이다. 흉은 분쟁에서 생기는데, 지금은 일단 친근하여 붙어 있으니, 따라서 '비比는 길함'이라 말한다."[3)]

순상荀爽(128-190)은 말한다. (비比괘에서) 늦게 이른 남자는 상6효이다. (비比괘 상6효는) 예禮를 어기고 양에 올라탔으니, 성왕聖王에 비견되지 않는데, 그 뜻은 마땅히 죽은 것이다.

주진朱震(1072-1138)은 말한다. (비比괘에서) 원原은 다시[再]이니, 원잠原蠶, 원묘原廟의 원原과 같다.

오징吳澄(1249-1333)은 말한다. (『주례周禮』), 「고공기考工記」에서, '너희들 안순安順하며, 공덕功德있는 제후들이여, 저들 안순하지 못한 제후들과 같지 않음'이라[4)] 말했는데, 불순한 제후諸侯들은 조공朝貢하지 않은 자이다.

....

1) 比는 卦名이고, 보좌輔佐함이다. 원서原筮는 원래 있는 占筮이다. 元 아래에 마땅히 亨자가 있어야 한다. 元은 大이고, 亨은 美이다. 貞은 正이다. 영녕永寧은 安이고; 方은 邦과 같다. 後夫는 '나중에 온'[後至] 사람이다. 高亨, 126頁.
2) 四庫全書의『子夏易傳』을 검색해도, 이런 인용구는 검색되지 않고, 李鼎祚의『周易集解』에 인용문 전체가 보인다.
3) '子夏傳曰:「地得水而柔, 水得地而流, 比之象也. 夫凶者生乎乖爭, 今旣親比, 故云比吉也.」',『周易集解』卷三, 比 ䷇, 李鼎祚撰, 電子版文淵閣四庫全書, 상동 참조.
4) '惟若寧侯, 毋或若女不寧侯.',『周禮今註今譯』,「冬官考工記」下, 林尹註譯, 臺北: 臺灣商務印書館, 1974, 466頁.

유원劉沅(1768-1856)은 말한다. 「서괘序卦」전에서, '뭇사람들이 있게 되면 반드시 견주게 되니, 따라서 이것을 비比(친근함)괘가 이어 받았다.'라고[5] 한다. (비比괘는) 만물들을 한 몸으로 연합하고, 군생群生들을 스스로 있게끔 받아드리니, 성인의 마음은 천지天地와 같아서, 비比괘에서는 그 길함을 감탄하는 바이다. 한 괘를 통해 보면 길하고, 효를 각각 나누어보면, 어느 것은 길하고 어느 것은 길하지 않으니, 이 효와 저 효를 서로 비교하면 이것도 길하고 저것 또한 길한데, 저 효만을 말하면 또한 혹 길하지 않을 수 있다. 후부後夫는 늦게 이른 자이다.

유월俞樾(1821-1907)은 말한다. (비比괘에서) 방方은 평열平列이다.

리스전李士鉁(1851-1926)은 말한다. 옛날에는 군인軍人과 백성이 일치했으니, 나가면 2명, 5명의 군사요, 집에 있으면 동리의 족당族黨이기에, 따라서 비比괘와 사師괘는 서로 반대이면서 서로를 받드는 것이다. 서로 붙은 사물은 틈 없음에 비견되니, 물이 땅 위에 있음 같은 것은 없다. 음이 양을 지아비[夫]로 삼으니, 상6효는 홀로 양을 올라타고 내려오지 않으니, 밖으로부터 이룸을 낳고, 호체互體인 간艮은 등[背]이 되니, 상6효는 등 뒤에 있게 되기에, '늦게 이른 자[後夫]'의 상象이다. 일설에 늦게 이른 자는 죽임을 당한다 하니, 우禹임금이 방풍防風을 죽인 것 같은 것이, 이 것이다.

단전에서 말한다. 비比괘는 길하니, 비괘는 신하가 (임금을) 보좌함이다. (임금이) "원대元大하고, 형미亨美하며 영원히 바른 덕을 가지어 탈이 없음"은, (임금이) 강건하고 바르기 때문이다. (큰 공후公侯의 나라나 작은 자남子男의 나라도 천자와 화합하니) "평안하지 않은 나라도 (천자에게) 조회함"은, 위와 아래가 화합한 것이다. "나중에 (조배하는) 제후는 흉할 것임"은, (그런 나라는 해결) 방도가 궁색함이다.

[象曰:「比」, 吉也;「比」, 輔也, 下順從也. "原筮元永貞無咎,"[6] 以剛中也. "不寧方來," 上下應也. "後夫凶," 其道窮也.]

사마광司馬光(1019-1086)은 말한다. 무릇 사물은 외로우면 위태하고, 여럿이면 강하다. 비比괘는 상하가 서로 친하여, 밖에서 침입할 수 없는 것이다. 그러므로 (비比괘는) 길하다.

---

5) '衆必有所比, 故受之以比.',「序卦」傳, 高亨, 644頁.

6) 元 다음에 마땅히 亨자가 있어야 한다. 즉 "原筮元亨永貞無咎"이니, 임금은 元大하며, 亨美하고 영원히 바른[永遠貞正] 덕을 가지니 탈이 없는 것이다. 95의 효상은 양효이기 때문에, 임금이 강건하고 바른[剛中] 덕을 가진 것이다. 高亨, 126頁.

(정이의) 『이천역전伊川易傳』에서 말한다. 백성은 스스로 보전할 수 없으니, 임금을 받들고서 평안을 구함이고; 임금은 홀로 설 수 없으니, 백성을 보전함을 평안으로 여긴다.

주진朱震(1072-1138)은 말한다. '친밀(比)'하여 길함은 95효를 말한다.

양간楊簡(1141-1226)은 말한다. (비比괘는) 원元을 몸으로 하여 '독자적으로 결정[專斷]'하며, 하늘과 함께 쉬지 않으니, 천하 사람들과 화목할 수 있는 근거이다.

풍의馮椅(1140-1232)는 말한다. 비比괘나 췌萃괘는, 하괘가 곤坤으로 같은데, 상체上體는 물과 못[澤]이니, 서로 매우 먼 것은 아니기에, 췌萃괘의 94효는 권세를 나누었으니, 따라서 '원元은 영구히 바름[元永貞]'을 95효에서 말했는데, 비比괘는 '원元은 영구히 바름[元永貞]'을 단彖전에서 말하고 있다.

구부국邱富國(13세기, 남송南宋시대 역학자)은 말한다. 몽蒙의 내괘內卦인 감坎은 초서初筮이기에. 단彖에서, '강중剛中'이라 하니, 92효를 말한다. 비比의 외괘外卦인 감坎은 재서再筮이니, 단彖에서, '강중剛中'이라 하니, (비比괘의) 95효를 말한 것이다.

왕신자王申子(13세기, 원元대 중후中後기의 역학자)는 말한다. 64효의 음은 95효를 따르고, 95효는 아래로 64효 음을 도우니, 따라서 '상하가 응한다.'라고 말한다.

유원劉沅은 말한다. 이른바 비比괘는 덕으로 상보함을 귀히 여기고, 사사로이 부합하지 않으니; 말[言]이 마음의 정성[誠]에서 나오고, '왕래 교제를 끌어드리는 것[要結]'이 아니다. 몽蒙괘의 강중剛中은 하괘에 있으니, 따라서 '초서初筮'라고 했으나; 비比괘의 '강중剛中'은 상괘에 있기에, 따라서 '원서原筮'[즉 再筮]라고 했다. 사람들이 유덕자를 믿고 따르기를 바라나, 재서再筮로써 '굳건한 사람[堅人]'의 도움[比]을 말한 것이다. 불녕不寧은 '그가 갈 바의 사람'을 얻지 못했음이고; 방래方來는 '와서 아직 다하지 않음'[未艾]이다. 상하의 응應은 초6, 62, 63, 64효가 모두 95효에 응하여 귀부歸附함이다. 그 도道가 막힘은, 상6의 음유陰柔가 '너무 높이 올라가서[高亢]', 덕이 없이 교만하니, 나중에 온 장부[夫] 같아서, 정세가 궁박하여 귀의할 곳을 잃음이다.

리스전李士鉁은 말한다. 도道를 얻은 이는 도움이 많고, 천하 사람들이 순종한다. 『시詩』에, '제사 드리려고 오지 않을 수 없고, 왕王께 조배하러 오지 않을 수 없다.'라고[7] 했으니, 길吉임을 알 수 있다. 95효의 일양一陽은 건乾의 중中효로써, 곤坤은 존위尊位에 있으며, 아래에서 위와 친하고, 위도 또한 아래에 친하니, '친근한[比]' 까닭이다.

마치창馬其昶(1855-1930)은 말한다. 비比괘는 곤坤을 본받는다. 곤坤은 '영원히 곧아서 이로움[利

---

7) '莫敢不來享, 莫敢不來王.', 『詩經譯注』, 「상송商頌」, 「은무殷武」, 袁梅著, 상동, 1,052頁.

永貞'이고, 건원乾元은 9를 써서 곤坤에 통하기에, '원元은 영원히 바름[永貞]'이라 할 것이다!

● **나의 견해**: 이는 곧 『상서尙書』(「대우모大禹謨」편)의, '민중은 임금이 없으면 누구를 옹립할 것인가? 임금은 백성이 없으면 누구와 나라를 지킬 것인가?'의[8] 뜻이다. 이것으로 돕고 순종하는 뜻을 해석하는 것이 가장 정확하다.

상전에서 말한다. 땅위에 물이 있는 것이, 비比괘이다. 선왕께서 수많은 제후국[萬國]을 세워서, 제후들과 친밀하였다.

[象曰: 地上有水,「比」. 先王以建萬國, 親諸侯.]

(주희의) 『주역본의周易本義』에서 말한다. (비比괘는) 땅위에 물이 있으니, 물이 땅에 가깝고, 간극이 허용되지 않는다. 나라를 세우고 제후와 친함은 선왕께서 세상과 친하여 틈이 없게 한 까닭이다.

이순신李舜臣(12세기, 남송南宋 때 역학자)은 말한다. 사師괘에서 옛날 정전井田법을 얻었고, 비比괘에서 봉건封建법을 얻었다.

왕종전王宗傳(12세기, 남송南宋시대 역학자)은 말한다. (비比괘에서) 나라를 세우고 제후들과 친하며, 상하 원근으로 맥락이 상통하게 하면, 군신의 세력이 서로 교차하여 친해질 것이다.

유원劉沅은 말한다. (비比괘에서) 95효가 아래로 곤坤의 땅에 임하는 것은 만국을 세우는 상이다. (비比괘에서) 일양一陽이 아래로 여러 음들을 안무하니, (비比괘는) 제후들과 친한 상이다. 국본國本을 세움은 백성들과 친함에 바탕 하니, '제후들과 친밀함[親諸侯]'이라 말함은, 제후와의 친밀, 즉 친민親民하는 것이다. 제후는 덕의 뜻을 선포하면, 군생들의 귀의가 정점에 달하니, '천하는 한 집이요, 중국中國은 한 사람의 도道'가, 이것에 있을 것이다.

초육효: 신실한 덕으로 도와주니 재앙이 없다. 보물이 장군[缶]에 가득 차나, 나중에 근심이 있을 것이나, 길할 것이다.

[初六: 有孚. 比之无咎. 有孚盈缶, 從來有它, 吉.[9]]

---

8) '衆非元后, 何戴? 后非衆, 罔與守邦?', 『今古文尙書全譯』, 江灝, 錢宗武譯注, 상동, 43頁.

9) 위의 부孚는 부俘(포로)이고, 比는 보輔(돕다)이다. 아래의 孚는 보寶[보물]로 읽는다. 부缶는 陶器인 장군이다. 來는 어조사이고; 它는 의외의 근심이다. 위의 孚자字는 信實이다. 高亨, 127-128頁.

『자하역전子夏易傳』에서 말한다. (초6효는) 응應이 아니니, 타它라 칭한다.

이현李賢(7세기, 당唐초의 역학자)은 말한다. (하괘인) 곤坤은 흙으로 빚은 장군[缶]의 상이고, (상괘인) 감坎은 물과 비[雨]의 상이다. (비괘에서) 감坎이 곤坤 위에 있으니, 따라서 (초6효에서) '보물이 장군 안에 가득하다[有孚盈缶].'라고 말한다.

노공魯恭(32-112)이 흉노匈奴를 치자고 간언하는 소疏에서 말한다. (비比괘에서) 인도人道가 아래에서 안정하니 음양이 위에서 화합한다. 상풍祥風[하지夏至 뒤의 온화한 바람]이 때마침 비를 내려서 먼 지방에도 혜택을 내린다면, 이적夷狄들이 남쪽의 황폐한 땅에도 올 것이로다!『역易』(비比괘)에서, '보물이 장군에 가득하면, 근심이 있으나 끝내는, 길할 것임'을 말했다. '단 비[甘雨]'가 나의 장군에 가득 차면, 진실로 근심이 있어도, 길할 것임'을 말한 것이다.

고반룡高攀龍(1562-1626)은 말한다. 『역易』(비比괘)에서 초효를 중시한다. 초初는 아직 변하지 않은 마음이다. 그러므로 (초6효에) '진실이 있음[有孚]'이라고 말하는 것이다.

유원劉沅은 말한다. '장군[缶]'은 토기로, 가운데가 비어있다. (하괘인) 곤坤은 흙으로 가운데가 비었으니, (상괘인) 감坎, 물이 아래 흙으로 흘렀고, 곤坤은 비어서 받을 수 있기에, 따라서 가득 찬 장군[缶]의 상이다. 종終은 시始에 대비되어서 한 말이다. 종래終來는 사람들이 와서 나를 도움이다. 무릇 비比[친밀함]로 묶이지 않은 것은, 시始에 신중하지 않음이다. 처음[始初]의 비比괘는 성신誠信하여 서로 믿을 수 있다면, (초6효에서) 남이나 내가 크게 길함이다. 타길它吉은 의외의 길吉이다.

황식삼黃式三(1789-1862)은 말한다. 초6효는 62효에 순종함으로 95효에도 순종하기에, 따라서 길하다. '타它가 있음'은 62효를 가리킨다.

리스전李士鉁은 말한다. 초6효는 백성의 자리이니, 마땅히 비比괘의 시작에 해당하는데, 음으로 순하기에, 비록 바르지 않아도, 재앙이 없을 수 있다. 『시詩』(「상송商頌」「현조玄鳥」)에, '봉토인 기畿가 천리千里이니, 중민衆民들이 거주하는 땅이다.'라고[10] 했으니, 백성들이 모두 오기를 원함을 말한 것이다. 물의 흐름은 흙을 시원始源으로 삼고; 왕도王道의 성립은 백성을 바탕으로 삼는다. 초6효는 64효에서 바르게 응하니, 성신誠信의 정점에서 95효에 응하지 않으나, 끝에서는 95효로 되돌아오니, 따라서 (초6효는) 근심이 있으나 길하다.

마치창馬其昶은 말한다. 초6효에 성신誠信이 있기에, 따라서 끝에는 와서 95효를 돕는다. 건蹇괘의 여러 효와 함께 95효에 의거하여 동례同例를 말한 것이다.

---

10) '邦畿千里, 維民所止.', 『詩經譯注』, 「商頌」, 「玄鳥」, 袁梅著, 상동, 1,041頁.

또 (마치창은) 말한다. 『설문해자說文解字』(許愼撰)에 의하면, 부稃는 왕겨이다. 단옥재段玉裁 (1735-1815)에 의하면, 부孚는 부稃(왕겨)의 가차이다. 화풍和風에 단비가 오면 곡식이 장군에 가득 차니, 따라서 노공魯恭(32-112)은, '단비에 내 장군이 가득 찬다.'라고 말했다. 초6효가 95효를 돕는 것은 결합시켜 이루어진 것이 아니고, 다만 때가 조화롭고 풍년 들어서, 스스로 귀순한 것뿐이다.

상에서 말한다. 비比괘의 초육효는, "다른 변고가 있어도 길할 것이다."

[象曰: "比"之初六 ,"有他吉"也.]

유목劉牧(1011-1064)은 말한다. (초6효가) '순종[順]'의 머리[首]에 있으니, 비比괘의 앞이 된다.

(정이의) 『이천역전伊川易傳』에서 말한다. 비比괘의 초6효에는, 비比의 도道가 처음[시작]에 있음을 말한다. 처음에 성신誠信[孚]이 있으면 끝에는 다른 길함을 불러온다. 시작이 성신誠信하지 않은데, 끝내 어디에 길함이 있겠는가? 상6효의 흉은 머리가 없기[无首] 때문이다.

반상潘相(1713-1770)은 말한다. 내來는 곧 '안정하지 않아도[不寧] 장래[方來]에'의 내來이다. 62, 64효가 95효를 돕는 것은 어렵지 않으나, 어려움은 비比의 초6효에 있다. (초6효에서) 아래 끝에서 먼데에 이르려 하면, 사다리나 배로 와야 하는데, 위에서는 반드시 몸소 해야 된다.

유원劉沅은 말한다. 비比괘가 끝내지 못함은 모두 처음의 신중하지 못함 때문이다. 이것(초6효)은 처음에 신중하게 끝 낼 것을 매우 찬미한 것이다.

마치창馬其昶은 말한다. 비比괘는 여러 음들이 양을 돕는 것이다. 초6효는 (양陽의) 자리를 잃었으나, 변하지 않았으니, 재앙이 없기에, 따라서 비比괘의 초6효라고 말하는 것이다

● **나의 견해**: 초6효는 음이 비로소 엉기는 상이니, 시작으로 말미암아 끝을 생각하고, 성신誠信하게 서로 믿으면, 끝에는 또한, 반드시 다른 근심은 없고 다른 길함이 있을 것이다.

육이효: (신하들이) 조내朝內에서 (임금을) 도우니, 정도正道를 지키면 길하다.
[六二: 比之自內, 貞吉.[11]]
상에서 말한다. "신하가 (조정) 안에서 보좌함"이니, (바른 도리를) 스스로 잃지 않는다.
[象曰: "比之自內", 不自失也.]

----

11) '比之自內'는 조내朝內에서 임금을 도움이다. 貞은 正이다. 高亨, 128頁.

(정이의) 『이천역전伊川易傳』에서 말한다. (62효에서) '자내自內'는 '나로 말미암아[由己]'이다. 재능을 선택하여 씀이니, 비록 임금 자리[上]에 있으나, 몸소 나라를 허여하는 것이기에, 반드시 자기에게서 말미암는다. 중정中正의 도로써, 임금의 요구에 대응하니, '안으로부터[自內]'이고, 자신을 잃음이 아니다. (62효에서) 급급하게 도움을 구하는 것은 군자가 자신을 중시하는 도가 아니다.

유원劉沅은 말한다. (62효에서) 부드러움은 중정中正에 순종하며, 위로 95효를 응대하니, 속에서부터 밖을 돕는 것이다. (62효에서) 지키는 것이 바르기에, 따라서 돕는 바가 바르다.

요배중姚配中(1792-1844)은 말한다. (62효는) 변화하지 않기에, 따라서 (62효는) 자신을 잃지 않는다.

리스전李士鉁은 말한다. 62효가 안[內]에서 95효와 대응하니, 중中을 얻고 정正을 얻음이다. (62효는) 자기의 도를 다하고 위와 합하니, 참으로 '친근함[比]'이다.

• **나의 견해**: (62효에서) '정도를 지켜 길함'[貞吉]은, 바름을 지켜서 길한 것이고, 자기 지킬 것을 스스로 잃은 것이 아니다. 강태공姜太公이 문왕文王에게, 이윤伊尹이 탕湯임금에게, 제갈량諸葛亮이 '앞의 임금[先主, 즉 劉備, 161-233]'에게 대한 것은, 모두 중정中正의 도로써 임금께서 친함을 구하고 서로 도움을 구한 것이니, 안에서 자기를 잃지 않으면서, 속으로부터 바른 도로써 (했으니) 길한 상이다.

육삼효: 보좌를 받는 임금이 현명하지 못하니, (흉)하다.
[六三: 比之匪人.12)]
상에서 말한다. "현명하지 못한 임금을 보좌함"이니, 또한 손해 보지 않을 수 있을까?
[象曰: "比之匪人"13), 不亦傷乎?]

왕필王弼(226-249)은 말한다. (63효는) 가까우나 서로 얻을 수 없고, 멀면 응대할 수 없으니, 친근한 이들은, 모두 자기와 친하지 않음이다.

왕안석王安石(1021-1086)은 말한다. (63효는) 비比괘의 양陽이 아니다.

---

12) 비匪는 非로 읽는다. 왕숙王肅本에는 구말句末에 흉凶자가 있다. 高亨, 128頁.
13) 漢帛『周易』에는 非이다. "比之非人"은, 보좌하는 임금이 현명하지 못함을 말한다. 高亨, 상동.

조언숙趙彦肅(12세기, 남송南宋시대 역학자)은 말한다. 초6효는 95효를 도우니, 먼저요; 62효는 대응이고; 64효는 받들음이다. 63효에 이런 세 가지 뜻이 없다면, 장차 95효를 돕지 못할 것이다.

유씨劉氏는 말한다. '무릇 사는 이웃은 학자의 벗이고, 벼슬 사는 이들의 동료이니, 모두 마땅히 경계해야 한다.'[14] (이는) '현명하지 못한 이[匪人]'의 중상이다.

유원劉沅은 말한다. (63효는) 음유陰柔여서 중정中正이 아니기에, 받들음[承], 올라탐[乘], 응대[應]에서 모두 음이니, 가까운 것은 모두 그 사람이 아닌 상象이다. 상상傷은 애상哀傷이니, 곧 슬픔[哀哉]의 뜻이기에, 깊이 애련哀憐하고 탄식한다.

리스진李士鉁은 말한다. 63효는 인도人道가 되니, 음으로써 양을 제거하여, 인위人位에까지 이르게 되니, 비否괘의 단사彖辭와 같다. 가자賈子[賈誼, 전200-전168]는, '바른 사람[正人]과 함께 사는데 익숙하면, 바르게 되지 않을 수 없고; 올바르지 않은 사람과 사는데 익숙하면 부정不正하게 되지 않을 수 없다.'라고 말한다. 63효는 부정不正이니, 따라서 '현명하지 못한 임금[匪人]을 보좌함[比]'을 알 수 있다. 초6효가 95효에 이르면 박剝괘를 몸으로 삼으니, 따라서 상함[傷]이다.

육사효: 밖에서 (임금을) 보좌함이니, 정도正道이면 길하다.
[六四: 外比之, 貞吉.[15]]
상에서 말한다. 현군에게 "밖에서 보좌함"은, 임금에게 순종함이다.
[象曰: "外比"於賢, 以從上也.]

우번虞翻(164-233)은 말한다. (64효가) 외체外體에 있으니, 따라서 밖[外]이라고 말한다.

간보干寶(286-336)은 말한다. (64효는) 위로 성주聖主에 비견되고, 아래로 열국列國들을 제어하니, 방백方伯의 상이다. (64효는) 밖으로 (왕기王畿 이외의) 아홉 지역의 현덕賢德있는 군주들과 친하고, 임금의 뜻을 적합하게 함에 힘을 쓰니, 만방萬邦을 편안하게 하는 것이다.

장준張浚(1097-1164)은 말한다. 64효는 (내괘인) 곤坤 위에 있으면서 63효를 거느리고 95효를 따르니, 이것이 바름[貞]이다. 비比괘를 드러내는 공功이 64효로부터 이루어진다.

이광지李光地(1642-1718)는 말한다. 64효가 95효를 받드는 것은 모두 길하니, 하물며 '친근함

---

14) 劉氏는 누구인지 확실하지 않음. 그러나 이 인용구는: '凡居者之鄰, 學者之友, 仕者之同僚, 皆所當戒也.'. 『주역본의효미周易本義爻微』,「下睡」#80, 淸 吳曰愼撰 https://ctext.org에서 보인다.

15) '외비지外比之'는 신하가 조정 밖에서 임금을 보좌함이니, 대장大將의 출정出征이나, 대신의 출사出使 등과 같은 것이다. 高亨, 129頁.

[比]'괘의 때에, 무엇을 말하겠는가?

유원劉沅은 말한다. 62효는 바르게 안[內]에 대응하고 보좌하니, 자기를 닦음이 올바르다. 64효는 서로 가까이에서 밖을 보좌하고, 사람을 따름에서 올바르다. 밖과 안이 서로 다르나[異], 비比괘의 바름을 얻은 것은 하나이다.

마치창馬其昶은 말한다. 62와 64효가 모두 95효를 얻어 보좌하는데, 62효는 내체內體에 있기 때문에, 따라서 몸으로 나라를 허여하는 뜻을 발동하고; 64효는 외체外體에 있기 때문에 따라서 민중을 이끌고 왕에게 귀부하는 뜻을 발동한다. 임금[上]은 95효이고, 현賢은 안녕을 가져온 제후를 말한다.

● **나의 견해**: 64효의 자리는, 당우唐虞시대에는 사악四岳이고, 춘추春秋시대에는 (제齊) 환공桓公, (진晉) 문공文公이고, 청淸나라에서는 직예直隸의 총독이다.

구오효: (신하가) 광명의 도道로써 (임금을) 보좌함이다. 임금이 세 번 (수레로 금수들을) 몰아냈으나, 앞에 있던 금수들을 잃게 되었는데, (신하의 광명한 도道 덕분에) 읍인邑人들이 (짐승들을) 놀라게 한 것이 아님이 (알려졌으니) 길하게 되었다.
[九五: 顯比, 王用三驅, 失前禽, 邑人不誡, 吉.16)]
상에서 말한다. (신하가) "밝은 도리로 (임금을) 도와서" "길한 것"은, (신하가) 바른 도리에 서있는 것이다. 대들고 도망치는 짐승을 버리고 순종하는 짐승을 잡으면, "마차 앞으로 오는 짐승들을 잃게 됨"이다. "읍邑사람들도 벌 받지 않았음"은, 임금의 관리들이 정직한 것이다.
[象曰: "顯比"之"吉", 位正中也. 舍逆取順, "失前禽"也. "邑人不誡", 上使中也.17)]

정현鄭玄(127-200)은 말한다. 왕은 수렵으로 군사훈련을 배우며 짐승들을 몰아서 쏜다. 세 가지면 끝나니, 군례軍禮를 법 받는다. (95효에서) 앞에 있는 짐승들을 잃었음은, 앞에서 돌아가지 않으면 활로 쏘았고, 옆으로 가버리면 또 쏘지 않는 것인데, 뒤로 도망치면 순조롭게 쏘았으니, 맞지 않으면 그쳤다. 이것이 모두 (짐승들을) 잃어버린 이유이다. 병졸을 쓰는 법 또한 이와 같으

---

16) 현顯은 光明이다. 顯比는 신하가 光明의 道로써 임금을 보좌함이다. 禽은 鳥獸의 總名이다. 계誡는 해駭(놀라게 함)로 읽어야 한다. 高亨, 129頁.

17) 계誡는 해駭(놀라게 함)이니, 不駭는 鳥獸를 놀라서 달아나게 하지 않음이다. 誡에는 懲罰의 뜻도 있다. 位는 立이고, 舍는 捨(버림)이다. 使는 아마도 吏의 가차이다. 엽인獵人에게 덤벼드는 것이 逆이고, 사냥꾼에게 대들지 않는 것이 順이다. 高亨, 129-130頁.

니, 항복하는 자는 쏘지 않고, 도망치는 자는 막지 않았다. (95효에서) 모두 적이나 자기를 적으로 하지 않았으니, 인은仁恩으로 위세를 기르는 도를 더 보태었다.

왕필王弼은 말한다. (95효에서) 읍인邑人들이 우려憂慮가 없으니, 따라서 경고警告도 안 한다.

육희성陸希聲(801-895)은 말한다. (95효는) 양陽으로 높은데 있으니, 비比의 도道를 밝게 보이고 있다. (95효에서 짐승들을) 세 번 몰아낸 예禮는, 해害를 제거하고 살생을 좋아하지 않은 것이기에, 지인至仁의 도를 보임으로써 천하를 보좌한 것이다.

왕안석王安石(1021-1086)은 말한다. 상하가 서로 보좌하니, 강강強은 약약弱을 능욕하지 못하고, 많은 수가 적은 무리에게 거칠게 못하니, 비록 읍인邑人이라도, 경계할 필요가 없다. 민심은, 중中은 아니나, 오직 이 중中에 있기에, 따라서 (95효에서) '임금의 관리는 중中이다.'라고 말한다.

장준張浚(1097-1164)은 말한다. 상6효는 음으로 밖에 있으니, 앞에 있는 금수들을 잃게 된 셈이다. (하괘인) 곤坤이 아래에서 읍인邑人이 되니, 곤坤은 순함으로 경계할 필요가 없다. (95효에서) 앞의 짐승들을 잃었으나, 후손들은 아직 귀순하지 않았으니, 그들을 관용으로 안무하여 그들을 살도록 해야 한다.

양만리楊萬里(1127-1206)는 말한다. 왕은 천하를 보좌하니, 대중大中하고 지정至正한 도를 명시明示할 뿐이다. 천하를 보좌할 수 있으나 천하에 보일 수는 없다면, 왕은 말미암을 수 없다. 그러므로 (95효에서) '광명한 도로써 (임금을) 보좌함'[顯比]이라고 말하는 것이다.

유원劉沅은 말한다. 현顯은 광명의 뜻이다. 상하가 서로 보좌하니, 지공至公하고 사사로움이 없기에, 따라서 '광명한 도로써 보좌함'[顯比]이라 한다. 현비顯比는 위에서 공정하고 무사無私함으로 아래를 보좌하니, 아래 또한 그러하다. 95효는 임금 자리이고 건체乾體이기에, 따라서 '왕王'이라 말한다. (하괘인) 곤坤은 큰 수레이고, 95효가 그것에 올라타고, 아래로 4개의 음을 접수하고 있기에, (짐승들을) 3번 모는 상이다. '앞에 있는 짐승들을 잃었다함'은, 그물 한 쪽을 열어놓은 것이니, 각박하게 찾은 것은 아니다. 먼 변방에 (살면서) 교화를 받으려하지 않는 무리들을 관용으로 살게 함이 '앞에 있는 짐승들을 잃었다함'[失前禽]의 뜻이다. 95효의 강중剛中의 덕은 여러 음을 통제하니, 덕이 왕성하여 백성이 따른다. 알지 못하는 사이에 제력帝力을 서로 잊으니, 임금의 덕화德化로 말미암아 그렇게 된 것이다. 중中은 곧 정중正中의 중中이니, 임금은 이것으로 백성들을 보좌하고, 백성들 또한, 이것으로 응답한다.

이도평李道平(1788-1844)은 말한다. (95효에서) 삼구三驅는, 겨울 둘째 달 대규모 검열의 법法이다. 『주례周禮』, 「대사마大司馬」편에, '중동中冬에 대 검열을 하였다. (산택山澤과 원유苑囿를 담당하는) 우인虞人이 밭으로 쓰는 들에 제초하고 표시하였다. 또한 50보步를 일표一表로 하였다.

밭가는 날, 사마司馬가 (밭의) 표表 가운데에 깃발을 세우고 … 차도車徒를 진열하니, …'라고[18] 하였다. 뜻은 교육과 전투가 주이고, 짐승들을 잡는데 있지 않았으니, 따라서 사師괘 95효에서 '밭에 짐승들이 있음'을 말했고, 비比괘 95효에서 '앞에 있는 짐승들을 잃음'을 말했다. 사師괘에서 는 뜻[義]을 주로 삼았고, 비比괘에서는 인仁을 주로 삼았다.

오여륜吳汝綸(1840-1903)은 말한다. (양웅楊雄의) 『태현太玄』경에서, 비比를 밀密로 추측했으 니, 말하는바 양기는 하늘[天]과 친밀하니, 95효가 위에 있음을 상징한다.

리스전李士鉁은 말한다. 95효의 양陽이 비比괘의 주인이다. 현비顯比는 광명하고 정대正大한 상 이다. 해와 달의 밝음이 비추어 임하지 않는 곳이 없다. 『상서尚書』(「요전堯典」)에서, '빛은 사방 四方 밖으로 덮고 있다.'라고[19] 말했고, 『시詩』(「周頌」, 「烈文」)에서, '너희들의 미덕과 선행을 현 양하니, 모든 나라의 임금이 전형典型으로 받들 것이다!'라고[20] 말했으니, 이것을 말한 것이다. (95효에서) 쫓아내는 것은 3번을 넘지 않으니, 절도가 있음을 보인 것이다. 수렵의 예禮에 의하 면, 천자天子는 포위를 하지 않는다. 오는 것을 막지 않으니, 따라서 순조로움을 취했고; 가버리면 쫓지 않았으니, 따라서 맞아드리는 것을 버린 것이다. 왕은 천하로써 이득을 보려하지 않고, 백성 을 교화하는 덕과 함께 하면 다스려지고, 함께 하지 않는 자는 억지로 다스리지는 않는다. '앞에 있는 짐승들을 잃음'은 '왕의 마음[王心]'이 광대함을 보이는 것이고; 경계하지 않음은 민정民情이 크게 순함을 보이는 것이다. 『시詩』에, '이런 군자들이 출정出征하는데, (군軍의 무리들은) 침묵해 들리는 소리가 없다.'라고[21] 했다. 읍인邑人들이 경계조차 하지 않은 것이다.

마치창馬其昶은 말한다. (95효에서) 3번 몰았으나 앞에 있던 짐승들을 잃음은, 상6효가 밖에 있 고, 95효는 억지로 시켜서 보좌하지 않은 것이다. 아래의 64효의 음은 읍인邑人들을 나타내고, 상 6효의 음은 앞에 있던 짐승들을 나타낸다. 정현鄭玄(127-200)의 설명에 의하면, '앞에 있던 짐승 들을 잃음은, 앞에 있는 것조차 쏘지 않은 것이고, 옆으로 가버린 것들을 쏘지 않았고, 뒤로 도망 치는데 쏘아서 맞지 않은 것 또한 쏘지 않았다는 것'은 모두 상6효 하나를 가리킨다. 임금[니]이 보좌하지 않음에는 또한 여러 가지 단서가 있으니, 따라서 이것이 모두 잃어버린 까닭이라고 말 한다. (95효의) 상象에서, '대드는 짐승들을 버리고 순종하는 짐승들을 잡았다.'[舍逆取順]라고 말

---

18) '中冬, 教大閲. …偶人來所田之野, 爲表, …爲三表, 又五十步爲一表. 田之日, 司馬建于後表之中, …乃陳
車徒.', 『周禮註疏』(十三經注疏 整理本), 第二十九, 8冊, 상동, 910-911頁.

19) '光被四表.', 『今古文尚書全譯』, 「堯典」, 江灝, 錢宗武譯注, 상동, 14頁.

20) '不顯維德, 百辟其刑之.', 『詩經譯注』, 「周頌」, 「烈文」, 袁梅著, 상동, 943頁.

21) '之子于征, 有聞无聲.', 『詩經譯注』, 「小雅」, 「車攻」, 袁梅著, 상동, 474頁.

했는데, 순順은 '몰아냄에 순종하여 포위(망)에 들어온 것'을 말한다. 이것은 '앞에 있던 짐승들을 잃음'을 '대드는 것들을 버림'으로 이해했기에, 이은 문장이 순종을 취함에 미쳤기에, 사냥의 법도를 밝힌 것인데, 순종하는 것을 취했음은 아래의 4음陰을 취했다고 말한 것은 아니다. (95)효爻는 다만 '짐승들을 잃음'을 말했지, 짐승들을 취했다고 말하지 않았으며, (95효에서) 괘중에 반드시 별도로 짐승들을 취했던 상象을 취할 필요가 없었다.

상육효: (신하가 임금을) 도왔으나 (살해되고,) 머리가 땅에 떨어졌으니, 흉하다.
[上六: 比之无首, 凶.22)]
상에서 말한다. (신하가 임금을) "보좌함에 머리가 잘림"은, (좋은) 결과가 없음이다.
[象曰: "比之無首", 無所終也.]

순상荀爽은 말한다. (상6효는,) 양陽이 '땅에 떨어짐[无首]'을 바라나, 음은 크게 끝을 낸다. (상6효는,) 음이면서 '땅에 떨어짐[无首]'이니, 크게 끝나는 것은 아니기에, 따라서 흉하다.

우번虞翻은 말한다. (상6효에서 임금이) 도道를 미혹되어 잃었으니, 따라서 끝낼 바가 없다.

왕안석王安石은 말한다. (상6효에서) 음은 양을 머리로 삼았으니 끝내는 바가 있고, (상6효는) 95효를 올라탔으니 받들 바는 없기에, (신하가) 보좌했으나 머리는 잘린 것이다.

장준張浚은 말한다. 상6효의 자리는 감坎이니 자신을 위험하게 하기에, 보좌함은 끝났으나, 자신은 홀로 따를 바를 잃었으니, 천지 사이에서 용납될 곳이 없기에, '머리가 없음'[无首]이라 말한다.

(왕유돈汪由敦 등의)『어찬주역술의御纂周易述義』에서 말한다. (비比괘는,) "4개의 음이 모두 위로 95효를 보좌하니, 이것은 '머리 있음'[有首]이다. 상6효는 95효 위에 있으니, … 머리가 없음이다. … 건乾은 머리가 없어도 길함은, 양陽은 자신을 머리로 보지 않기에, 임금의 도[君道]를 얻는데; 비比괘는 머리가 없으니 흉함은, (상6효의) 음은 양을 머리로 삼을 수 없기에, 신도臣道를 잃은 것이다."23)

리스전李士鉁은 말한다. 상上이면 또한 머리의 상인데, (상6효는) 음이라 허虛하기 때문에 (머리가) 없는 것이다. 초6효에는 병사를 이끌고서 먼저 돌아가는 상이 있었으니, 따라서 길하였다.

---

22) '比之无首'는, 신하가 임금을 도왔으나 살해되어 머리가 땅에 떨어짐이니, 흉하다. 高亨, 130頁.
23) '四陰皆上比五, 是爲有首. 上在五上, …无首也. … 乾无首吉者, 陽不自以爲首, 得君道也; 比无首凶者, 陰不以陽爲首, 失臣道也.',『御纂周易述義』卷一, 比卦, 傅恒 等撰, 電子版文淵閣四庫全書, 상동 참조.

상6효에는 험난함에 의지하여 신하로 복종하지 않는 상이 있으니, 따라서 흉하다. 대동大同(의 이상)사회에도 또한 완고한 자들이 있기에, 따라서 성왕은 밖을 변화시킴에 정을 쏟지 않고, 신하가 안 되겠다는 자를 억지로 신하로 만들지 않는다.

• **나의 견해**: (비比괘는) 땅 가운데 물이 있으니, 포용의 뜻을 취한 것이다. 나라라는 날카로운 무기는 남에게 보여서는 안 되니, 이것이 사師괘가 길한 이유이다. 땅위의 물은 서로 친밀함의 뜻을 취한 것이다. 맥락이 모이고, 은덕과 정의情誼가 두루 퍼졌으니, 이것은 비比괘가 길한 이유이다. (비比괘의) 초6효는 '재앙 없이 지성至誠으로 서로 친함'이고, 62효는 '속이 바름으로써 바름을 지켜서 상친相親함'이고, 64효는 '밖으로 보좌하여 제후들과 친하고 크고 작은 서로 연관된 정의情誼를 얻음'이고, 95효의 '밝은 도리로 도움'[顯比]은 '만국에 도달하여 내외內外일체一體의 공功을 이룸'이니, 이것들 모두는 대공大公하고 무사无私하니, 따라서 모두 길한 점占을 얻는 것이다. 63효가 나쁜 이들을 도와서, 당파가 같은 이들과 부화하면, 친밀함을 잃기 때문에, 이것은 소인들이 서로 돕고 두루 하지 못함이다. 상6효는 흉함을 도우니, 이른바 '늦게 오는 자[後夫]'가 흉한 것이다. 궁색함을 받아서 궁박한 것이 아니니, 이름은 반드시 욕이 되며; 의거할 곳이 아닌데 의거하니, 몸은 반드시 위태하다. 묘苗족이 명命을 거슬리고, 방풍防風씨가 늦게 옴과 거의 같은 부류이니, 형세는 반드시 궁박해져서 끝날 곳이 없다. 그러나 '밝은 도리에서 돕는 자'는 대공大公무사无私의 마음을 보임으로써 한 결 같이 밖으로부터의 생성生成에 맡기니, 일찍이 강박하여 순종하게 함이 없는 것이다. 이는 서로 친한 가운데에 혹 나에게 친하지 않은 이도 동시에 서로 용납한다는 뜻을 취하게 되기에, 또한 물이 땅위에서도 흐르고, 또한 땅속에서도 흘러가는 것과 같다. 성인이 위에 있으니, 천하가 공평하고, 그는 내외나 가깝고 멀음에 본래 친소親疏의 구별이 없다고 본 것이다. (95효에서) 세 번 (짐승들을) 구축함에 그치고, 오는 것은 막지 않고, 앞에 있던 짐승들도 놓칠 수 있고, 도망 가버린 것은 뒤쫓지 않았으니, 이렇다면 밖을 법 받고 인仁을 베푼 것이기에, 다시 서점筮占을 보는 근거이고, 원元은 영원히 정도正道[貞]이니, 재앙은 없을 것이다.

9. 소축小畜괘 ䷈

소축小畜괘: 일이 형통한다. 구름은 짙은데 비는 안 오는데, 나의 서쪽 교외로부터 (올 것이다.)
[小畜: 亨. 密雲不雨, 自我西郊.]

이정조李鼎祚(8세기, 당唐 중후기)는 말한다. (소축小畜괘) 92효의 호체互體는 태兌이니, 서쪽 교외의 상이다.

호원胡瑗(993-1059)은 말한다. 음양이 교제하여, 빗물이 이에 펼쳐진다. 양기가 위로 올라가면 음기는 닫히고 고루하여 막힐 수만은 없으나, 비는 안 오고; 음이 비록 고루하여 양기와 교섭하지 않으면, 또한 당연히 비는 안 온다. 솥과 시루[甑]의 기氣처럼, 물로 덮어두면 증발하여 물이 된다.

진고陳皐(11세기, 북송北宋시대)는 말한다. 문왕文王께서는, 자기 덕이 펼쳐지지 못했다고 스스로 말씀하셨다.

(주희의)『주역본의周易本義』에서 말한다. 문왕文王은 유리羑里에서 『역易』을 기초하셨는데, 기주岐周를 서쪽으로 보았으니, 정확히 소축小畜의 때이다.

호일계胡一桂(1247-1314)는 말한다. 비가 오지 않는 것은, (상괘인) 손巽이 흩어놓은 것이다.

왕부지王夫之(1619-1692)는 말한다. 비가 내림은, 모두 지기地氣가 위로 올라갔는데, 천기天氣가 그것을 덮어서 흩어질 수가 없으니, 이에 다시 내려와서 비가 된다. 이(소축小畜)괘는 음이 위로 건乾보다 올라가니, 양기가 아래에서 왕성하기에, 내려올 수 없는데, 다만 (상괘인 손巽에서) 위로 두 양이 막으니, 빽빽한 구름이 될 뿐이다.

유원劉沅(1767-1855)은 말한다. 작은 것은 음이고; 축畜은 그침[止]이다. (소축小畜괘에서) 64효는 하나의 음으로 '많은 양[衆陽]들'을 그치게 하니, 따라서 '작은 것들의 그침[小畜]'이다. 인사人事에서 (상괘인) 손巽은 순順하나 강剛을 그치게 하니, 부드러움[柔]으로써 강강强强을 제압한다. 「서괘序卦」전에서, '친근하게 되면 반드시 (재물을) 저축하게 되니, 따라서 이것을 소축小畜괘가 이어받았다.'(라고[1] 말한다.) 음이 하늘 위에 있으니, 구름의 상이다. (64효는) 음으로 음(자리)에 있으니, 빽빽한 구름의 상이다.

리스전李士鉁(1851-1926)은 말한다. 축畜은 모이다(聚), 기르다(養)이다. (나의 견해: 정현鄭玄설에 바탕 하는 것이다.) (하괘인) 건양乾陽의 강건剛健의 덕을 부드러운 (상괘인) 손巽으로 기른다. 손巽은 음괘이니, 따라서 바람[風]과 하늘[天]이 소축小畜괘이다. 간艮은 양괘陽卦이니, 따라서 산[艮]과 하늘[乾]은 대축大畜괘☷이다. (소축小畜괘에 하나의 음을 그어서 64효에 있으니 (음의) 자리를 얻어서 위로 행하고, 다섯 양陽들이 이에 응대하며, (상괘인) 손巽의 순한 덕을 몸으로 하니, (호체互體인) 태兌 못으로 모이는 상이어서, 아래로 세 양陽을 기르고 있다. 음이 괘의 주인이니, 따라서 소축小畜이라 이름 한다. 대축大畜은, 임금이 신하들을 기름이다. 소축小畜은 신하들이 임금을 기름이다. 『맹자』에서, 「임금을 좋아하는데 무슨 잘못이 있는가? '임금을 기름[畜君]'은 임금을 좋아함이다.」라고²⁾ 했다. 신하가 임금을 기를 수 있고, 임금이 신하를 따를 수 있으니, 형통한 것이다. 일음一陰이 위에 있고, 손巽, 이離, 태兌 3음괘가 모두 준비돼 있으니, 밀운密雲의 상이다. 건乾은 교외[郊]이고, 호체互體인 태兌는 서쪽에 자리 하니, 그러므로 '나의 서쪽 교외로부터[自我西郊]'이다. 내我는 문왕文王 스스로를 말함이다. 문왕은 신하로써 순하게 주紂왕을 섬겼는데, (문왕文王은) 임금의 양덕陽德이 아직 이루어지지 않아, 은택이 천하에 못 미치었다. 문왕은 주紂왕을 배척할 수 없었고, 또한 임금(의 덕)을 기름도 이루어지지 않았으니 자기 과오로 치부했다. 양덕陽德이 이루어지지 않음은 음의 과실이고; 임금의 덕이 이루어지지 않음은 신하의 잘못이다. 비 내리기를 깊이 바라지만 황제의 뜻을 바꿀 힘이 없음이 한스럽다! '빽빽한 구름인데 비가 안 온다.'하니, 임금을 그리워함이 절실함이기에, 왕께서 거의 개혁할 것이니, 나는 그것을 날로 바라노라. '나의 서쪽 교외로부터'라고 하니, 자신을 책망함이 심하고, 이른바 신하의 죄는 마땅히 죽어야 하니, 천왕天王은 성명聖明하도다!

후왠쥔胡遠濬(1869-1933)은 말한다. 왕씨王氏[王夫之]가 말씀하신 것은 천문가天文家들이, 지기地氣는 더우면 올라가고 차면 내려옴과 바로 합치한다.

단전에서 말한다. 소축小畜괘는, 부드러움[柔]이 자리를 얻은 것인데 상하에서 (군자들이) 호응한 것이니, "작은 저축"(小畜)이라 한 것이다. (군자들이) 강건하고 겸손하여, 굳세고 반듯하니 뜻이 실행된다. 이에 (일이) "형통"한다. "구름이 빽빽하지만 비는 안 옴"이란, (구름이) 위로 올라감이다.

---

1) '比必有所畜也, 故受之以「小畜」.',「序卦」傳, 高亨, 644頁.

2)「畜君何尤?, 畜君者, 好君也.」,『孟子譯注』,「梁惠王」章下(2:4), 상동, 33頁.

"나의 서쪽들판부터"는 (구름이) 펼쳐있으나 아직 (비는) 안 옴이다.

[象曰: "小畜," 柔得位而上下應之, 曰 "小畜,"3) 健而巽, 剛中而志行, 乃 "亨." "密雲不雨," 尙往也. "自我西郊," 施未行也.4)]

장준張浚(1097-1164)은 말한다. 95효는 강중剛中인데, 64효가 도와서 그를 받드니, 그 뜻이 행해져서 이에 형통하다. '비가 오지 않음'은 덕택이 베풀어짐이 아니다. 신하들의 성의誠意가 비록 임금에게 통했으나, 임금의 덕이 신실信實하지 못하니, 천기天氣가 아직 응답하지 않은 것이다.

(주희의)『주역본의周易本義』에서 말한다. '오히려 갈만함[尙往]'은 기름[畜]이 아직 정점은 아니나, 그 기운은 앞으로 나아갈 것 같다.

호병문胡炳文(1250-1333)은 말한다. (소축小畜괘에서) 아래가 위를 양육하고, 작은 것이 큰 것을 기름은 바로 문왕文王과 (은殷나라) 주紂왕의 일과 같다. 다만 (상괘인) 손巽의 유柔한 도道로써 악惡을 키움을 그치게 했으니, 끝내 크게 할 바는 없었다. 그러므로 문왕文王은 상象을 보고서, 자기가 맞이한 일로 말한 것이다.

조포刁包(1603-1669)는 말한다. 이것은 재앙을 끌어드려 자신을 문책한 것이고, 그가 두 기氣를 조화하여 천하에 덕택을 베풀지 못했음을 부끄러워한 것이다.

유원劉沅은 말한다. (소축小畜괘에서) 부드러움이 자리를 얻었으니, 6[陰]이 넷째 자리[位]에 있음을 말한다. 상하에 다섯 양陽이 모두 '굴복해 있음[所屈]'을 말한 것이다.

마치창馬其昶(1855-1930)은 말한다. 대축大畜, 소축小畜괘는 모두 건乾을 기름[飼養]이다. 양은 크고 음은 적으니, 따라서 간艮 양陽이, '건乾을 키움[畜乾]'이 대축大畜이고, 손巽 음陰이 '건乾을 키움'이 소축小畜이다. 소축小畜괘에는, 일음一陰으로 힘이 적어, 믿을 만하지 못하니 95효가 천하에 미치지 못하나, (95효는) 진실로 '강중剛中이기에 뜻이 행해지니, 이에 형통하다.'라고 말한다. 내乃는 감탄사이다.

상전에서 말한다. 바람이 하늘에서 부니, 소축小畜괘이다. 군자들은 문덕文德을 찬미한다.

[象曰: 風行天上, "小畜," 君子以懿文德.5)]

---

3) 小畜은 '積蓄(쌓아둠)이 적음'이다. 64효가 음효여서 柔이니, "柔得位"이다. 그러나 상하의 다섯 효가 양이니 剛이라, 5剛이 1柔를 상대하니, "上下應之"이다. 柔는 才德없는 소인이고, 剛은 才德있는 君子이다. "柔得位而上下應之"는 소인이 得位하니, 상하의 군자들이 응답하여 보좌함인데, 일에 저축이 있게 되지만, 그것은 작을 뿐이다. 따라서 小畜이다. 高亨, 133-134頁.

4) 尙은 上과 같고, 施는 布(펴다)이다. 高亨, 상동.

5) 소축小畜의 상괘는 巽이고, 하괘는 乾이니, 巽은 風이고 乾은 天이다. 하늘에 바람이 부는 형상이니, 風은

양시楊時(1053-1135)는 말한다. 소축小畜괘는 부드러움으로 굳셈[剛]을 기르고, 굳셈을 기르자면 문덕文德보다 큰 것은 없다. 멀리 있는 사람들이 복종하지 않으면, 문덕을 닦아서 그들을 오게 한다.

유초游酢(1053-1123)는 말한다. 바람의 부드러움은 들어가지 못할 곳이 없으니, (소축小畜괘는) 땅[地]과 같은 부류이기에, 따라서 문덕文德을 가진 상이다. 순舜임금이 묘苗족을 불러온 것은 문덕文德의 아름다움이다. (『시詩』에,) '중산보仲山甫의 (고상한) 도덕은, 온화하고 선량함의 준칙이고, 풍도는 우아하고 화색은 기쁨이라!'라고[6] (했다.) (주周나라) 선왕宣王을 기른 것은 문덕文德일뿐이다.

유원劉沅은 말한다. 의懿는 아름다움이다. 상괘의 손巽은 아름다움[懿]의 상이고; 하괘의 건乾은 덕德의 상이고; 호체互體인 이離괘는 문文의 상이다. 도道가 궁행躬行으로 드러나면 대덕大德이라 하고, 도가 예의禮儀형식[儀文]으로 드러나면 소덕小德이고, 무늬[文]가 있으면 반드시 덕德이라 하니, 무늬만 보이면 덕의 꽃이다.

오여륜吳汝綸(1840-1903)은 말한다. 의懿는, 『설문해자說文解字』에 의하면, 전적으로 오래되어 아름다움이다.

• **나의 견해**: (소축小畜괘에서) 문덕文德의 아름다움은 그 가운데에 있다. 사지四肢를 펴는 것은 소덕小德이고; 사업을 발전시킴이 대덕大德이다. 덕이 천지天地와 짝하고, 따라서 천하를 경영함이 문文이라 말한다. 『시詩』에, '예법禮法 문치文治의 덕을 시행하고, 사방의 나라들과 동심同心협화協和함이다.'라고[7] 했다. '고르면 가난함이 없고, 화합하면 적지 않고, 편안하면 무너지지 않으니', 모두 문덕文德으로 말미암아 일어나기에, 따라서 사방의 나라들이 협화協和할 수 있는 것이다.

초구효: 올바른 길로 (옛집에) 돌아오니, 무슨 재앙이 있겠는가? 길하다.

[初九: 復自道,[8] 何氣咎, 吉.]

<hr>

德敎이고 天은 조정이니, 德敎가 조정에서 행해지니, 그 효과가 점차 쌓일 것이니, 괘명이 小畜이다. 의懿는 아름다움이다. 高亨, 134-135頁.

6) '仲山甫之德, 柔嘉維則. 令儀令色.', 『詩經譯注』, 「大雅」, 「蒸民」, 袁梅著, 상동, 888頁.

7) '矢其文德, 洽此四國.', 『詩經譯注』, 「大雅」, 「江漢」, 袁梅著, 상동, 908頁.

8) 復은 반返(돌아오다)이고; 道는 정로正路이다. 高亨, 135頁.

상에서 말한다. "바른 길로 (옛집에) 되돌아감"이니, 그것은 마땅히 "좋은 것"이다.

[象曰: "復自道", 其義"吉"也.9)]

순자荀子(전313-전238)는 말한다. 『역易』(의 소축小畜괘 초9효)에서, '올바른 길로 (옛집에) 돌아오니, 무슨 재앙이 있겠는가?'라고 했다. 『춘추春秋』전에서, '(송宋) 목공穆公을 현명하다고 했으니, 그가 개혁[變]할 수 있었기10) 때문이었다.

동중서董仲舒(전192-전104)는 말한다. 노魯 환공桓公은 (권력을 찬탈하고도) 자기의 우환을 잊어버렸으니 재화災禍가 자기 몸에 미쳤고; 제齊 환공桓公은 자기의 우환을 걱정하여 공명을 세웠다. 미루어 보면, 무릇 사람은 근심이 있으나 근심을 알지 못하는 자는 흉하고, 근심이 있으나 그것을 깊이 염려하는 자는 길하다. 『역易』(소축小畜괘 초9효)에서, '바른 길로 되돌아가면, 무슨 재앙이 있겠는가?'라고11) 말했다. 이것을 말함이다.

왕부지王夫之는 말한다. 하何는 본래 부하負何[무엇을 짊어졌는가?]의 하何이니, 건건乾健이 양육養育을 시행할 수가 없다면, 건乾의 뜻이 아니다. (소축小畜괘의) 초9와 64효가 응하여 그 양육을 받았으니, 재앙은 장차 돌아올 것이다. 그러나 자리가 숨겨져 있으니, 되돌아옴으로써 미약한 양陽을 길러내어, 그 도道를 굳게 한다. 의롭고 바르니 재앙은 사양할 수 없으나, 군자는 의義를 가지고 되돌아가지 않는다면, 천하의 의심과 비방을 받게 되기 때문에, 그 끝에는 길함이 반드시 되돌아올 것이다.

오여륜吳汝綸은 말한다. (초9효에서) 은퇴하는 초기에 양陽은 또한 건乾의 초9효로 돌아가니, 이는 다시 돌아가 도道를 따르는 것이다. 자自는 따름[從]이다. 『여씨춘추呂氏春秋』에, '말[言]은 근본과 다르지 않으니, 움직임은 끝에 가서는 기쁜 일이 있을 것이다.'라고12) 했다. 본本은 건乾이다. '활동은 끝에 기쁨이 있음[動卒有喜]'은, 활동이 다시 건乾으로 복귀하는 것이다.

마치창馬其昶은 말한다. 순자荀子는 (소축小畜괘 초9효에서) '이기능변以其能變'으로 '(송宋) 목공

---

9) 義는 宜이다. 高亨, 상동.

10) '先君以寡人爲賢, 使主社稷, 若棄德不讓.', 『左傳全譯』隱公3年, 王守謙 等譯注, 상동, 17頁 참조.

11) '魯桓忘其憂而禍逮其身, 齊桓憂其憂而立功名. 推而散之, 凡人有憂而不知憂者凶, 有憂而沈憂之者吉. 『易』曰: "復自道, 何其咎." 此之謂也.' 『春秋繁露譯注』, 「玉英」第四, 閻麗譯注, 哈爾濱: 黑龍江人民出版社, 2004, 35頁.

12) '以言本无異, 則動卒有喜.', 『呂氏春秋譯注』上, 「有始覽」第一, 「務本」, 張玉春 등 譯注, 哈爾濱: 黑龍江人民出版社, 2004, 321頁.

穆公의 과오를 후회함'을 말한 것이지, 효변爻變을 말한 것이 아니다. 초9효의 자리는 본래 발랐으나, 늙어서 생각이 변하여, 64효의 응답을 받는데 그쳤으니, '올바른 길로 되돌아옴'[復自道]이다. 소축小畜괘는 '비가 오기' 때문에, 하늘의 기가 위로 가버리고 아래와 교섭하지 않은 것이다. 95효의 재앙은 초9효의 재앙이 아니니, 초9효는 그것을 맡을 수 있기에, 먼저 양육함이다. (송宋) 목공穆公의 과오를 후회함이나, 제齊 환공桓公의 자기 근심을 우려함은, 모두 이른바 재앙을 감당함이다. 재앙을 감당하니 이렇게 도道를 따를 수 있는 것이다. 단象전에서, '구름은 빽빽하나 비는 안 오니, 나의 서쪽교외로부터'라고 말했는데, (초9효에서) 또한 이른바 '재앙이 무엇이냐'라는 말이다.

• **나의 견해**: 순舜임금이 '죄를 지고 잘못을 끌어옴'이나, '주공周公이 의심과 비방을 만났으나 자기 정도를 잃지 않음'은 모두 '무슨 재앙을 얻었느냐?'라는 뜻이다. (초9효에서) 반드시 무슨 재앙도 도道와 합치하니, 이것이 길함을 갖게 되는 뜻이다.

구이효: 이끌려 되돌아 왔으나, 길하다.
[九二: 牽復,13) 吉.]
상에서 말한다. (누가) "끌어서 (옛집에) 되돌아감"이나 정당하니, 또한 실수가 없다.
[象曰: "牽復"在中14), 亦不自失也.]

(주희의)『주역본의周易本義』에서 말한다. (92효 상象에서,) 역亦은 위로 (93)효爻의 뜻을 받들음이다.

왕신자王申子(13세기, 송말宋末에서 원초元初에 이르는 역학자)는 말한다. 초9효는 음에 의해 양육되었으니, 또한 복復[돌아옴]이다. 92효는 아래에서 중中을 얻었는데, 위에서 또한 (95효의) 응함이 없기에, 따라서 양육됨을 기다리지 않으니, 즉 같은 부류와 연결되어 되돌아옴이기에, 이는 스스로 그 가운데를 잃은 것은 아니다.

유원劉沅은 말한다. 92효는 강중剛中이요, 초9효와 함께 돌아오니, 3양陽이 몸을 같이 하기에, 따라서 '이끌림'[牽]이라 한다.

마치창馬其昶은 말한다. 92와 64효는 돕고[比], 응하는[應] 뜻이 없으니, 초9와 93효는 다시 함

---

13) 견牽은 이끌려옴이다. 高亨, 135頁.
14) 中은 正이다. 상동.

[復]이고, 92효는 그 가운데 있으니, 이끌려서 '다시 함'[復]이다. '또한 스스로 과실過失함이 아님'이라 하니, 음으로 변화하여 자기의 굳셈[剛]을 잃은 것이 아니다.

● **나의 견해**: 92효는, 초9효가 64효에 응하기 때문에 이끌려서 '다시 함'[復]이니, 또한 초9효를 돕고 92가 95효에 응하여 도움을 삼는 것과 같다.

구삼효: 수레와 차축車軸을 고정시키는 나무가 빠졌으니, 부부가 반목하는 것과 같다.
[九三: 輿說輻, 夫妻反目.15)]
상에서 말한다. "부부가 반목하게 되면", 집안을 바르게 할 수 없음이다.
[象曰: "夫妻反目," 不能正室也.]

(허신의)『설문해자說文解字』에서 말한다. (93효에서) 복輹은 (수레에) 차축車軸을 묶음이다.

우번虞翻(164-233)은 말한다. (상괘인) 손巽은 흰색이 많은 눈[眼]이다.

유원劉沅은 말한다. (93효에서) 복輻은 바퀴살이니, 바퀴 중에 곧게 뻗은 나무이다. 건乾은 둥그니 바퀴의 상이다. 호체互體인 태兌는 부러짐이니, 바퀴살이 탈락한 상象이다. (상괘인) 손巽은 장녀長女이니, 건강乾剛이 그에 가깝고자 하기에, 부부夫婦의 상이다. 그러나 셋[초9, 92와 93효]이 합쳤다 해도, 반대로 64효가 (그들 위에) 올라탄 바가 되어, 그에 의해 양육되고 제어되니, 이는 정실正室[嫡妻]이 될 수 없다. 무릇 굳셈[剛]을 잃은 자신으로 유柔에 제압당한 자는 이것에 준한다. (호체互體인) 이離는 눈(目)이 되는데, (상괘인) 손巽은 하얀색이 많은 눈이니, 반목反目의 상이다. 반목하면 서로 마주보지 않는다.

리스전李士鉁은 말한다. 93과 64효는 음양이 도우면서 합친 것이니 부부夫婦의 상이다. 하괘의 건乾이 지아비[夫]이고, 상괘의 손巽이 장녀이니 아내[妻]이다. 93, 64효는 양괘가 서로 접할 때에, 일음一陰일양一陽이니, 손巽과 호체인 이離가 가정을 이룬 사람들이기에, 또한 부부夫婦의 상이다. 호체인 이離는 눈이고, 활동하여 위로 가니, 눈의 모양이 바르지 않고, (상괘인) 손巽은 또한 흰색이 많은 눈이니, 반목하는 상이다. 아내는 마땅히 안에 있고 지아비는 마땅히 밖에 있는데; 아내는 마땅히 아래에 있고 지아비는 마땅히 위에 있어야 한다. (그러나) 지금 지아비가 안에 있고 아내가 밖에 있으며, 아내 또한 지아비를 올라탔으니, 반목하는 도道이다. 93효는 중정中正이

---

15) 여輿는 수레이고; 說은 탈脫로 읽는다. 복輻(바퀴살)은 복輹, 수레와 차축을 고정하는 나무이다. 高亨, 136頁.

아니고, 지아비로써 아내를 바로 잡을 수도 없고, 반대로 아내에게 견제를 받으니, 이것은 둘이 서로 굴복하지 않고 반목하는 것이다. '집안을 바르게 할 수 없음'은, 지아비를 책망하는 것이다.

마치창馬其昶은 말한다. 복輻은, 『자하역전子夏易傳』, 마융馬融, 정현鄭玄, 우번虞翻에 의하면 모두 복輹[수레와 차축을 고정시키는 나무]이다. 수레에서 바침 나무를 빼면, (수레를) 다니지 못하게 할 수 있다. 손巽인 아내가 건乾 남편[夫]에 올라탔고, 또한 93, 64효는 호체互體인 화火와 못[澤]이니 규睽☲괘이기에, 따라서 부부夫婦가 반목하는 상이다. 초9효는 양육되어 64효에 응하니, 92효의 양육[畜]은 중中에 있으며, 93효의 '양육養育[畜]'은 음에 절박하게 가까우니, 음의 제제를 받는다. '집안을 바르게 못함'은, '93효가 스스로를 추스르지 못하여 음에 의해 압제 받음'을 죄주는 것이다. 역례易例에서, 두 효爻가 절실하게 친하나, 유柔가 강剛에 올라탐은 모두 이롭지 못하다. (그러나) 이체異體가 상응하는데, 거리가 멀고 유柔가 위에 있다고, 싫음을 받을 일은 없다.

육사효: 믿음이 있으니, 근심은 떠나가고, 멀리 떠나도 재앙은 없다.
[六四: 有孚, 血去, 惕出无咎.16)]

상에서 말한다. (사람이) "믿음성 있으면 (근심이 없어지고), 멀리 출행할 수 있음"은, 오히려 뜻이 합치하는 것이다.
[象曰: "有孚惕出", 上合志也.]

순상荀爽(128-190)은 말한다. 64효는 음이니, 신하의 상이고, 95효를 믿고 순종한다.

우번虞翻은 말한다. 척惕은 근심[憂]이다. (64효는 음의) 자리를 얻었고 95효를 받드니, 따라서 재앙이 없다.

(정이의)『이천역전伊川易傳』에서 말한다. 64효는 임금의 자리에서 가까운 곳에 있으니, 임금을 기리는 것이다. 안으로 믿음과 정성이 있으면 95효는 그 양육을 따른다. 95효가 일단 뜻을 합하니, 여러 양陽들이 따를 것이다.

곽옹郭雍(1106-1187)은 말한다. 사람으로 하늘을 기르고, 부드러움[柔]으로 굳셈[剛]을 기르려고 하면, 천하의 지성至誠이 아니면, 어떻게 이 일에 참여할 수 있겠는가?

조언숙趙彦肅(12세기, 남송南宋시대 경학자)은 말한다. (64효가) 위로 순종하고 아래를 기르며, 상傷함도 없고 두려움도 없으면, 임금의 대덕大德이 있거나, 임금을 섬기는 소심小心함이 있는 것

---

16) 孚는 信이다. 血은 恤[근심하다]의 가차이니, 근심함[憂]이다. 척惕은 적逖(멀다)의 가차이니 멀음이다. 高亨, 136頁.

이다.

유원劉沅은 말한다. (소축小畜괘는,) 다섯 양陽들은 모두 실實한데, 일음一陰이 중中에 있고 비어[虛] 있다. 중허中虛는 성신誠信의 바탕이니, 따라서 믿을 수 있다. 감坎을 안치하면, 휼恤이 되어, 근심을 보태니, 우려하고 두려워[恤惕]하는 상이다. (64효는) 허중虛中하기에 겸손[巽]이 따르니, 95효 또한, 기름을 편안히 받기에, 따라서 재앙이 없다.

리스전李士鉁은 말한다. 92에서 상9효에까지, 서로 중부中孚 괘를 이루니, (상괘) 손巽과 (호체互體인) 태兌는 모두 신실信實[孚]한 상이다. 음의 힘은 양을 기르기에 부족하나, 그것이 95효에 믿음이 있기에, 군신君臣이 서로 믿으니, 양육의 도道[畜道]가 이에 이루어진다. 그러므로 공자는, '신임을 받으면 간언諫言할 수 있으나, 신임 받지 못하면 자기를 비방한다고 여긴다.'라고[17] 말하였다. 피는 음陰의 상象이다. (호체互體인) 태兌는 못[澤]이니 또한 피가 된다. 음이 양에 의해 상傷하면 피 흘리게 되고, 양에 믿음이 있으면 상하게 한 것은 떠나니, 따라서 피는 떠나버린다. 건乾은 공경하여 두려워하게 되고, 음이 두려워하는데 양이 침입하면 두려워 떨게 되지만[惕], 양에 믿음이 있으면 경계하고 두려워하는 마음은 사라질 것이니, 따라서 (64효에서는) 두려워함이 떠나버린다.

마치창馬其昶은 말한다. 양은 기氣이고, 음은 피가 되며; 양은 기쁨을 주로 하고 음은 근심을 주로 한다. 64효의 일음一陰이 (상괘인) 손巽의 주효主爻이니, 또한 호체互體인 태兌는 올바른 가을이 되기에, 가을은 근심하는 모양[초초愀愀]을 말한 것이니, 근심하고 두려워하는[憂惕] 상이다. 사람이 근심이 많으면 피가 응고하여 병환이 되고, 음은 양을 의심하니 반드시 싸우게 된다. '피가 떠남'[血去]은 손巽 바람이 흩트림이다. 피가 기氣를 얻어 다니게 되면, 뭉쳐지지 않는다. 음이 순하게 양을 받드니, 양을 의심하지 않으니, 모두 믿음이 있어서 이루어진 것이다. 믿음이 쌓여서 뜻이 통행하니, 뜻이 행해진 뒤에 피가 떠나고 두려움도 나가니, 단象전에서 말한 강중剛中하여 뜻이 행해지기에, 이에 형통함이다. 피가 떠나고 두려움이 나갔으니 형통이고, 문왕文王께서 비록 신실[孚]했으나, 위로 (주紂왕과) 뜻을 합칠 수 없었으니, 따라서 빽빽한 구름이라 비를 내릴 수 없었다. 뜻이 크게 통행하지 않으면, 또한 종신 우환일 따름이다. 내 벗인 정고鄭杲(1851-1900)는, '태사공太史公은 문왕文王께서 음으로 착한 일을 행했다고 말했으니, 문왕이 어찌 양덕陽德이 없었겠는가?'라고 말했는데, 임금[君]은 양이고, 신하는 음이다. 제왕[皇]이 정점에 있지 않으면, 왕풍王風은 제후들에게서 일어난다. 한 결 같이 유순柔順으로 행동함이 신도臣道이다. 호안정胡安定[호원胡瑗, 993-1059]은, '문왕文王의 뜻은 어려움을 만난 현인賢人재사才士[明夷]들에게 있고, 도道

---

17) '信而後諫; 未信, 則以爲謗己也.', 『論語譯注』, 「子張」篇(19:11), 楊伯峻譯注, 香港: 中華書局, 1984, 201頁.

는 소축小畜괘에 있다.'라고 말했다.

• **나의 견해**: 주周나라의 덕德은 곧 신실한 덕이니, 공자가 '지덕至德'이라 일컬은 것이다.

구오효: (사람의) 믿음이 한 줄로 엮여지면, 재물이 이웃사람들에게까지 미친다.

[九五: 有孚攣如, 富以其鄰.18)]

상에서 말한다. "신의가 연속되면", (부가 이웃에게까지 미치니) 홀로 부자일 수가 없다.

[象曰: "有孚攣如," 不獨富也.]

마융馬融(79-166)은 말한다. 연攣은 연連(이어짐)이다.

우번虞飜은 말한다. (95효에서 상괘인) 손巽은 줄[繩]이니, 따라서 (줄처럼) 이어진 줄과 같음이다.

(순상荀爽 등의)『구가역九家易』에서 말한다. (95효의) "이웃은 64효이다."19)

주진朱震(1072-1138)은 말한다. 『역易』에서 교접[交如]을 말하는 것은, 이체異體의 사귐이고, '이어짐[攣如]'은 동체同體의 사귐이다. 64효는 허虛하고 95효는 실實하니, 95효는 64효와 함께 자리를 공유하여 녹祿을 먹고, 64효는 자기 마음을 다할 수 있어서, 부富로써 자기 이웃에게 쓸 수 있다.

(주희의)『주역본의周易本義』에서 말한다. 이以는 『춘추春秋』전에 '어떤 스승[某師]의 이以'와 같다.

유원劉沅은 말한다. 95효는 성신誠信을 아래에 미루니, 따라서 (95효에서) 믿음이 있기에, 아름다움을 기르는 것이다. (상괘인) 손巽은 이로움[利]에 가까워서, 매매가 3배이니, 부유[富]의 상이다. 아랫사람들이 허심虛心으로 윗사람에게 응하고, 윗사람이 실심實心으로 아랫사람들을 대하니, 따라서 (95효는) 이어짐[攣如]의 상이다. 64효는 95효에 신하로서 이웃인 상이다.

리스전李士鉁은 말한다. (95효에서) 기름[畜]의 도道는 믿음에서 이루어진다. 서로 도우니 이웃이 되고, 군신君臣이 같은 몸이니, 따라서 이웃이라 칭한다.『상서尙書』에, '대신大臣은 가장 친근한 이웃[鄰]이다.'라고20) 말했다. 95효는 부富하나, 홀로 부한 것이 아니고, 64효와 함께 부하니,

---

18) 연여攣如는 연연攣然과 같으니, 줄로 묶음이다. 以는 及이다. 高亨, 137頁.

19) "鄰爲四也.', 荀爽, 『九家易解』, #48, 中國哲學書電子化計劃, https://ctext.org 참조.

20) '臣哉鄰哉! 鄰哉臣哉!', 『今古文尙書全譯』, 「益稷」, 江灝, 錢宗武譯注, 상동, 59頁.

음양이 사귐에 진실하여, 군신君臣이 일덕一德이고, 천위天位를 함께 공유하고, 천록天祿을 함께 먹으니, 이른바 '자기 이웃 때문에 부한 것'이다.

마치창馬其昶은 말한다. 95효는 64효 위에 있으니, 그 기운은 위로 가고 아래로 교섭하지 않는데, (95)효는 자기가 64효에 믿음성 있기에 힘을 쓰게 되니, 64와 95효가 미더워지고 기르는 도는 이루어질 것이다. 길점吉占이 없다하나, (그것을) 그리워하는 말이니, 95효가 할 수 있는 바가 아니다. 『주례周禮』에, '태재太宰는 … 여덟 가지 권위로 왕을 보좌하여 군신群臣들을 통어統御하고, … 둘째는 녹祿으로 현신賢臣들을 권려勸勵하고, 여섯째는 뺏는 것으로 죄신罪臣을 벌주어 가난하게 하였다.'라고[21] 하였다. (『예기禮記』,)「왕제王制」편에는, '제후로서 공이 있으면 간전閒田의 부세賦稅를 취하여 녹을 주었고, 죄 있는 제후에게는 봉지封地를 깎아서 그것을 간전閒田으로 돌렸다.'라고[22] 하였다. '그 이웃으로써 부유함'[富以其鄰]은 곧 간전閒田에서 취한 것이고, 『주례周禮』에서 말하는 녹祿이다. '그 이웃으로 부유하지 않음'은 간전閒田에 귀속시킴이다. 그 이웃으로 부유하지 못함은 곧 땅을 잘라서 간전閒田으로 귀속시킴이니, 『주례周禮』에서 말하는 '빼앗음'[奪]이다. 상벌이 합당한 뒤에 민중들을 쓸 수 있으니, 따라서 부유해지느냐, 아니냐는 모두 그 이웃 때문이다.

● **나의 견해**: 공자는 주周나라 덕을 지덕至德이라 칭했다. 64효는 신위臣位로써 믿음직한 덕이 있었으니, 이에 95효의 믿음직함을 이루었다. 요순堯舜임금은 신하인 이웃에게 천하를 양여했으니, 이는 홀로 부富한 것이 아니라 하겠다.

상구효: 비가 왔다 그쳤다하니, (길은 걷기 나쁘지만, 타인을 만나서 짐이나 자신을) 수레에 실었다. 부인婦人은 비록 정정貞正의 덕을 지녔으나 속아서 겁박당하는 위험이 있다. (때는) 기망旣望[16일에서 23일 사이]이니, 군자가 출정하면 흉하다.
[上九: 旣雨旣處, 尙德載. 婦貞厲. 月幾望, 君子征凶.[23]]
상에서 말한다. "비가 내리다가 비가 그침"이니, (다른 사람의 도움을) 얻어서 (물건과 자신이 수레에) "실렸다." (그러나) "군자가 전쟁함에 패할 것임"은, (결정을 못하고) 의구심이 있기 때문이다.

---

21) '八柄詔王馭羣臣, … 二曰祿, 以馭其富, … 六曰奪, 以馭其貧.', 『周禮註疏』(十三經注疏 整理本), 第二, 大宰, 李學勤主編, 北京: 北京大學出版社, 1999, 7冊, 35頁.

22) '諸侯之有功者, 取於閒田以祿之. 其有削地者, 歸之閒田.', 『禮記正義』, 第十三「王制」, (十三經注疏 整理本) 13冊, 상동, 507頁.

23) 處는 그침[止]이고; 德은 得으로 읽는다. 得載는 타인을 얻어서 수레에 실음이다. 厲는 위험이고; 幾는 기旣로 읽는다. 高亨, 137頁.

[象曰: "旣雨旣處", "德"積"載"也. "君子征凶", 有所疑也.]

우번虞翻은 말한다. (상9효에서) 기幾는 가까움이다. 위에서 감坎이 이루어지니, (호체互體인) 이離괘와 서로 바라본다.

유목劉牧(1011-1064)은 말한다. (상9효는,) 양陽은 늙었고 음은 길고 끝나지 않았으니, 정점에 가면 양으로 돌아오는데, 빽빽한 구름은 끝나지 않았으나, 끝내는 비가 된다.

(정의의) 『이천역전伊川易傳』에서 말한다. 64효는 '부드럽고 겸손한[柔巽] 덕을 써서, 가득 쌓고 이루기에 이룸에 이른다. (상9효에서) 재載는 가득 쌓음[積滿]이다.

심해沈該(12세기, 남송南宋[1127-1279]시대 경학자)는 말한다. (상9)효가 변하여 감坎이 되니, 일단 비 내림의 상이다.

오징吳澄(1249-1333)은 말한다. 월月의 기망旣望에는 음이 왕성하다. 『역易』에 월月의 기망旣望으로 나타내는 것은 셋인데, 모두 음이 주主인 괘들이다.

귀유광歸有光(1507-1571)은 말한다. 비가 왔다가 그치니, 유쾌하다. 달[月]의 기망旣望때에는 위태롭다. 그러므로 문왕文王이 주紂왕의 때와 함께하면, 이상異常이다.

이광지李光地(1642-1718)는 말한다. 작은 것으로 큰 것을 길러서 이룸[成]에 이르는데, 물러나서 살지 않음이 가능하다. (상9효에서) 의심함[疑]은 음이 양을 의심함의 의疑이다.

유원劉沅은 말한다. (상9효에서) 음의 덕이 바르게 왕성할 때, 일단 음을 경계하여 덕을 높이고, 또한 양陽의 망동妄動을 경계한다.

리스전李士鉁은 말한다. 달[月]은 음의 정화精華이다. (호체互體인) 태兌는 달이 장차 보름이 됨을 나타내고, 아래로 호체互體인 이離 해[日]에 응하니, 달은 해의 빛을 얻어서 보름[望]이 된다.

마치창馬其昶은 말한다. 상9효는 기름[畜]의 정점에서 통하니, 비가 안 오나, 일단 비올 것이니, 위로 간 것은 일단 멈춘다. '상덕재尙德載'에서, 상尙은 돕는 것[助]이다. 음은 양공陽功을 도와서, 쌓아서 가득함에 이르니, 달은 기망旣望이라는 상이다. '부인은 바르나 위험함'[婦貞厲]은 64효를 위해 말한 것이다. 비록 두려움은 나갔어도 (부인이) 바르지만 위험함을 잊지 않고서, 조금도 소홀하고 게으름 없이하니, 문왕께서 그렇게 하였다. '군자가 충정하니 흉함'은 95효가 위로 가니, 가는 것을 경계한 것이다. 소축小畜괘는 음이 응결하는 괘이니, 음덕이 일단 가득한데, 양은 그대로 아래와 사귀지 않으니, 백성에게 혜택을 베풀 뜻이 아니고, 흉하지 않을 수가 없는 것이다. 상9효는 마침내 이루는 끝이니, 따라서 갖추어서 들어내는 것이다. 서백西伯[文王]이 여黎나라를 이긴 뒤에 조이祖伊가 주紂왕에게 아뢰기를, '하늘은 우리 은殷나라를 멸망하려 하네! … 대왕大王께서 술 즐기며 호색好色하여 멸망을 자취自取했으니, … 지금 우리 백성들은 대왕이 멸망하기 바라지 않는 이가 누가 있는가?'라고[24] 고告했다. 이것은 은殷나라가 장차 망할 것을 당시에 모두 알고 있었다. 문왕文王께서 『역易』을 묶으며, 생각마다 잊지 않게 경계하셨으니, 반대로 다시 은殷나라를 위해 꾀하신 것은 지덕至德이라할 것이다!

• **나의 견해**: 축畜에는 겸용하고 아울러 포괄함의 뜻이 있고, 성덕聖德이 넓고 광대해서 양量에서 포용하지 못함이 없다. (소축小畜괘에서) '지극한 양육[至畜]'은 작다[小]지만, 그 안에 강건剛健하고 순전純全한 덕을 가지고, 밖으로 '문채文彩나고 밝으니[文明]' 겸손[巽]하고 순리로 처한다. (소축小畜괘에서) 힘은, 함有爲에는 부족하나, 일음一陰으로 여러 양陽들을 기르고, 뜻은 실행할 수 없으니, 크게 실시할 수는 없다. 그러나 스스로 실행할 수 있는 도道를 가지니, 천하가 그 은택을 입지는 못하나, 반대로 자신에게 요구하여 자책한다. 덕으로 하늘을 움직이려 하나, 빽빽한 구름이 비를 안 내림은 하늘의 재앙이 아니고, 실로 나의 덕이 미덥지 않은 것이다. 초9효의 '무슨 재앙인가?'는 이른바 신하가 성왕聖王을 책망하는 것이다. 92효에서 '가운데[中]에 스스로 잘못하지 않음[不自失]은 이른바 '공경하고 신중하여 자기 덕이 정직함'이다. 93효가 외괘에 가까워서, 손巽을 몸으로 하고 호체互體는 이離이니, 손巽은 바람이고 이離는 불이기에 가인家人䷤괘여서, 집안을 가지런히 함은 나라를 다스림보다 어렵다. '차축을 고정시키는 나무가 빠졌다.'함은 썼으나 해결할 수 없음이고; '반목했음'이라 말하는 것은 정情이 통하지 않음이다. 군자가 양육하면, 서서히 도모하여 감화시키니, 적처嫡妻에게 모범이 되어, 형제들에게 이르고, 집안이나 나라를 통제한다. 덕이 오래 쌓인 다음에 신실信實해지니, 양육[畜]이 아니면 무엇으로 해결하겠는가? 64효는 유유로써 (음의) 자리를 얻었으나, 아래에서 호체로 태兌가 성립하는데, 태兌는 부러뜨림이니, 혈상血傷의 상이다. 위에서 호체로 이離가 성립되니, 이離는 갑주甲胄나 과병戈兵이 되고, 때로 경계하는 마음이 있으니, 두려움[惕懼]의 상이다. 그러나 피가 떠나가니 다친 데가 없고, 두려움이 나가니 두려울 바가 없어졌고, 모두 64효로 말미암아 허중虛中하여 위로 덕을 받들어 신실信實하게 되었으니, 재앙은 또한 면할 수 있는 것이다. 임금[上]의 뜻은 비록 나와 합치하지 않으나, 나의 뜻은 임금과 합하지 않음이 없으니, 이것이 지행志行이 형통함이다. 64효가 겸손하고 순한 덕을 기름으로써 95효의 강중剛中을 받드니, 95효는 신실信實한데, 64효가 신실하여, 64와 95효

24) '天旣訖我殷命. … 惟王淫戲用自絶,… 民罔弗欲喪.', 『今古文尙書全譯』,「西伯戡黎」, 상동, 193頁.

는 동덕同德으로 한 몸으로 이어지니, 따라서 '이어짐'[攣如]의 상이다. 재물을 쌓는 것은 덕을 쌓음만 못하고, 부유[富]하나 인仁하지 못하고, 사방 이웃의 제후들이 아름다운 덕을 듣지 못하고 화폐를 중시함을 들었으니, 이는 '홀로 부유함'[獨富]이다. 64효는 은택을 베풀음으로써 95효를 바라보니, 하늘에서 비가 안 오는데 비를 희망하는 것과 같다. '이웃 때문에 부유함[富以其鄰]'은 대도大道가 공公이 되어 사재私財의 뜻을 감히 갖지 못하니, 뜻을 기름이 멀리까지 가니 큼을 현시顯示한 것이다. 상9효는 겸손과 순함의 정점이니, 64효의 편안함이 소박하여, 이에 이르러 끝내 성대한 은택의 때가 있게 된다. '일단 비가 오고 일단 그침'은 64효의 양육으로 정점에서 통함이다. 선善을 쌓고 공功을 누적하고, 덕을 높임이 더욱 두터워서 신지 않음이 없게 된다. 어려운 일을 만났으나 정직하고, 위험한 땅에 있으나, 또한 덕을 몰래 행하였으니, 도道를 기르고 자신을 지켜서, 쇠락한 세상이 무너지고 달이 차고 기우는 현상을 보고도, 다시 위를 보려는 자들은 미미함을 관찰할 수 있었고, 덕은 어두우나 위험한 기망旣望(의 시기)를 경계하였고, 덕을 닦음에 정벌은 흉하여 불가함을 경계하였다. 이것이 (문왕은 영토의) 2/3가 보였으나, 일[事]에 복무하는 마음을 고치지 않은 것이다. 거대하다, 순수한 문왕文王의 덕이! 문文이 문文이 됨은, 실로 속은 건실하고 밖은 순함이다. 공자께서 『역易』을 묶으시며, '문덕文德을 아름답다.'하셨으니, 문왕께서 도道를 육성하심을 깊이 보고서, (공자는 소축小畜괘는) '작은 것으로 크게 기르고, 신하로써 임금을 기르는 것이니, 가서 형통하지 않은 데가 없으니, 그 덕이 지순至純하고 지미至美하도다!'라고 말하였다.

10. 이履괘 ䷉

(이履괘): 호랑이꼬리를 밟았으나, (호랑이가) 사람을 물지 않았다. 형통이다.
[(履): 履虎尾, 不咥人.[1] 亨.]

마융馬融(79-166)은 말한다. 질咥은 깨물음[교齧]이다.

(정이의)『이천역전伊川易傳』에서 말한다. 이履는 밟다[踐]이다.

(주희의)『주역본의周易本義』에서 말한다. 이履는 밟고 나아감의 뜻이다.

유원劉沅(1768-1855)은 말한다. 이履자 위에 마땅히 이履자가 있어야하는데, 전사傳寫하다가 착오로 빠진 것이니, 단象전을 보면 알 수 있다.

또 (유원은) 말한다. 이履괘는 예禮이다. 예禮는, 사람들이 밟고 이행하는 것이다.「서괘序卦」전에서, '물건이 쌓인 다음에 예禮가 있게 되니, 따라서 이것을 이履괘가 이어 받았다.'라고[2] 했다. 안으로는 조화하니 기쁘고[和悅] 밖으로는 강건剛健하니, 예禮는 엄하고 화합하는 도道이다.

리스전李士鉁(1851-1926)은 말한다. 꼬리는 몸의 끝[末]이다. (이履괘는), (하괘인) 태兌가 (상괘인) 건乾괘 아래 있기에, 따라서 몸에는 못 미치고 그 꼬리를 밟은 것이다. 63효는 태兌의 주인이니, 인人의 자리에 있기에, 따라서 인人이라 칭한 것이다. 태兌는 입[口]이 되니, 따라서 깨물음[咥]이다.

마치창馬其昶(1855-1930)은 말한다. 백호白虎는 서쪽에서 잠을 자니, 건乾의 자리는 서쪽이고, 호랑이 상象이다. 사람이 호랑이 뒤를 밟아서, 호랑이를 쫓아서 멀리 보냈으니, 멀면 (호랑이가) 깨물 수 없고, 63효는 친밀하여 호랑이와 접하니, 따라서 (호랑이가) 깨문다.

단전에서 말한다. 이履괘는, 부드러움이 강함을 밟고 있음이다. 기쁨으로 강건함에 대응하니, 이

---

1) 이履는 천踐(밟다)이고; 질咥은 깨물음[嚙]이다. 高亨, 140頁.
2) '物畜然後有禮, 故受之以「履」.'「序卦」傳, 高亨, 644頁.

때문에 (역경에서 사람이) "호랑이꼬리를 밟고 있으나, (호랑이가) 사람을 물지 않았다."라고 하였다. "형통함"이란, (구오九五효가) 강건하며 중정中正한데, 임금 자리에 있으니, 재앙이 없고, (만사가) 형통함이다.

[象曰: "履, 柔履剛也.[3] 說而應乎乾, 是以"履虎尾, 咥人." "亨,[4] 剛中正, 帝位而不疚, 明也.]

양시楊時(1053-1135)는 말한다. 예禮에서, 화합을 귀하게 여기고, 기뻐서 응함이니, (이履괘는) 지극한 화합이다.

여조겸呂祖謙(1137-1181)은 말한다. 공부를 밟고 이행하려면, 모름지기 지극히 위험하고 지극히 어려운 곳에서 시험을 해야 하나, (이履괘의) 처음에는 가서 이롭지 않은 데가 없다. 임금의 자리[帝位]를 밟는 데서 미루어보면, 높은 데서 저급한 데로 미친다. 호랑이꼬리를 밟는 것에서 (이履괘를) 미루어보면, 위험한 데서 편안한 곳에 미친다. 천하의 때와 자리는 모두 그 가운데에 있을 것이다.

왕종전王宗傳(12세기, 남송南宋의 역학자)은 말한다. 이履(밟음)괘는 덕의 기반이다. 길과 흉은 서로 멀지만, 모두 밟는 것에서 처음을 시작한다. 이 때문에 군자는 두려워하며 경계하니, 넘어지는 일이 없다. 『상서尙書』에, '호랑이꼬리를 밟음과 같음'이라[5] 했다.

호병문胡炳文(1250-1333)은 말한다. 『역易』의 위험한 말로는, 위험이 호랑이꼬리를 밟는 것보다 위험한 것은 없다. 아홉 괘가 우환에 처했는데, (호랑이꼬리를) 밟음이 첫째이다. (이履괘는) 기뻐서 (상괘인) 건乾에 응하니, 태兌를 하체下體로 삼고, 상체上體인 건乾에 응한다.

혜동惠棟(1697-1758)은 말한다. 「서괘序卦」전에 의하면, '이履는 예禮이다.'[6] 『순자荀子』에서, '예禮란 사람이 실행하는 것이다. 밟을 데를 잃어버리면 자빠지고 구렁텅이에 빠진다. 조금 잘못하여도 혼란이 큰 것이 예禮이다.'라고[7] 했다 이 때문에 (이履괘는) 호랑이꼬리에서 뜻을 취했다.

----

3) 履괘의 初九와 九二효가 양효이고, 六三효가 음효라, 柔이니, 63효가 92와 초9효 위에 있으니, 이것이 양효를 밟고 있음[柔履剛]이다. 사람과 호랑이[虎]를 비교하면, 사람은 柔이고 호랑이는 剛이다. 이것이 사람이 호랑이 꼬리를 밟고 있는 모습이다. 履괘의 下卦는 兌, 즉 기쁨[喜悅]이고, 상괘는 乾, 즉 강건[健]함이다. 履괘는 희열하는 태도로 강건한 자를 대하니, 强暴한 자가 傷害할 수 없음을 말한다. 高亨, 140頁.

4) 亨은 九五효가 양효로 剛이고, 상괘의 중간에 있으니, 하늘의 바른 자리[正位]에 있음을 말한다. 帝王은 正中의 덕을 가졌다. 光明은 형통이다. 임금이 제 자리에 있으니, 재앙이 없고, 만사가 형통한다. 高亨, 141頁.

5) '若踏虎尾.', 『今古文尙書全譯』, 「君牙」篇, 상동, 425頁.

6) '履者,禮也.', 「序卦」傳, 高亨, 644頁.

7) '禮者, 人之所履也, 失所履, 必顚蹶陷溺. 所失微而其爲難大者, 禮也.', 『荀子集釋』, 「大略」篇第二十七,

유원劉沅은 말한다. (하괘인) 태兌의 자리는 서쪽이고, 금金은 호랑이이고, (태兌의) 셋째 효는 말효末爻이니, 그러므로 꼬리라고 칭했다. (63효는) 일음一陰으로 두 개의 양을 밟고 있고 위로는 건강乾剛을 밟은 것이기에, 위험해 보이나, 실제로는 편안함은 위험한 경지에서 유순柔順으로 대처한 것이다. (이履괘에서) 강剛하고 중정中正한 것은 오로지 상괘를 말함이고, 95효의 제위帝位는 덕이 있으니, 마음에는 우려가 없다. 광명이 (상괘인) 건乾의 본체이다.

허계림許桂林(1779-1822)은 말한다. (이履괘에서) 건乾은 호랑이이고, 태兌는 뒤를 따라가서 그것을 밟았기에, 따라서 '유柔가 강剛을 밟음'이라 말한다. 무릇 음陰의 '이로움[利]'은 뒤에 있으니, 뒤를 따라서 꼬리를 밟았기에, 따라서 물리지 않을 수 있었다.

리스전李士鉁은 말한다. 몸이 세간에서 위기가 아닌 것이 없으니, 가지고 생존할 수 있는 것은 예禮뿐이다. 예禮가 있으면 편안하고, 예가 없으면 위험하다. 『시詩』에, '사람으로 예禮가 없으면, 왜 빨리 죽지 않는가?'라고[8] 했다. 예禮가 있는 것이 죽지 않는 까닭이다. 예禮에는 공경을 주로 하니, 호랑이꼬리를 밟았으나, 매우 공경하였을 것이다! 예禮는 또한 조화[利]를 귀하게 여기니, 사람을 물지 않은 것은 지극한 화和이다. (이履괘에서) 기쁜 모임은 예禮와 합치하니, 그것을 실천하면 형통할 수 있다.

양쩡신楊增新(1864-1928)은 말한다. 『맹자』에서, '하나의 불의不義를 행하고, 하나의 죄 없는 사람을 죽이고서, 천하를 얻는 일은, 모두 하지 않겠다.'라고[9] 했다. 반드시 이와 같은 다음에 우환 없는 광명이라 말할 수 있다.

상전에서 말한다. 위가 하늘[乾]이고 아래가 못[兌]이 이履괘이다. (이것으로) 군자는 상하를 구분하고 백성의 뜻을 안정시켰다.

[象曰 : 上天下澤,, 履. 君子以辯上下, 民志.]

유목劉牧(1011-1064)은 말한다. 존비가 질서 잡히면 백성들의 뜻이 정해지니, (이것이) 예禮의 쓰임이다.

사마광司馬光(1019-1086)은 말한다. 이履는 사람이 밟는 것이다. 백성들은 태어나면서 욕심이 있고, 나아가기를 즐겨하고 얻음에 힘을 쓰면서 싫어하지 않으니, 예禮로써 절제하지 않으면 탐

李滌生著, 臺北: 臺灣學生書局, 1986, 621頁.

8) '人而无禮, 胡不遄死?', 『詩經譯注』, 「鄘風」, 「相鼠」, 상동, 190頁.

9) '行一不義, 殺一不辜, 而得天下, 皆不爲也.', 『孟子譯注』, 「公孫丑」上(3:2), 楊伯峻譯注, 상동, 63頁.

욕과 사치가 끝이 없다. 이 때문에 선왕先王이 (예禮를) 만들어서, 예禮로써 다스리니, 존비에 차등이 있게 되고, 장유長幼에 순서가 있게 되니, 그 다음에 상하는 각기 그 직분에 안주하고, 분수에 맞지 않는 욕심의 마음이 없게 되었다. 이것이 선왕의 세상을 제압하고 풍속을 제어하는 방식이다.

(정의의) 『이천역전伊川易傳』에서 말한다. 하늘은 위에 있고, 못은 아래에 있으니, 군자가 이履괘를 보는 상으로, 상하의 구분을 변별하고, 백성의 뜻을 확정한다. 상하의 구분이 명확해야, 그 다음에 백성의 뜻이 정해지고; 백성의 뜻이 확정되면, 그 후에 다스릴 수 있다. 옛날에 공경公卿, 대부大夫 이하는 자리가 각각 그의 덕과 걸맞았고, 종신토록 살았으니, 그 직분을 얻었다. 농부, 공인工人, 장사치[商賈]들은 자기 일에 근면했고, 누리는 것은 한계가 있었다. 그러므로 모두 뜻이 확정되니, 천하의 마음을 하나로 할 수 있었다. 후세에는 여러 선비[士]로부터 공경公卿에 이르기까지 매일 높은 영예[尊榮]에 뜻을 두었다. 농부, 장공匠工, 장사치[商賈]들은 많은 재부財富에 뜻을 매일 두었다. 수많은 이들의 마음은 이익으로 서로 달려가니, 천하가 어지럽게 되었으니, 어떻게 하나로 할 수 있겠는가? 혼란이 일어나지 않게 하는 일은 어려울 것이로다!

왕응린王應麟(1223-1296)은 말한다. 여성공呂成公(呂祖謙, 1137-1181)에 의하면, (이履괘는) 위에는 하늘 아래는 못이니, 이것이 『역易』에서 예禮를 말한 것이고; 우레는 땅에서 나와 (공덕을 노래하는) 음악이니, 이것이 『역易』에서 말한 음악[樂]이다. 『한서漢書』에 바탕을 두고, '위로는 하늘 아래는 못으로, 봄의 우레가 발양되니, 선왕先王은 상象을 보고서, 이에 예악禮樂을 제정하였다.'[10]

방공소方孔炤(1590-1655)는 말한다. (이履괘에서) '하늘 아래 못이 있고, 못이 하늘 아래에 있음'이라 말하지 않고, '위는 하늘이고 아래는 못'이라 말한 것은 엄격하고 크게 나눈 근거이다. 가의賈誼(전200-전168)는, "세勢가 분명하면 백성들(의 마음)이 정해지고, 일도一道에서 나오니, 따라서 사람들은 다투어 재상은 되려고 하나, 세자世子를 위해 나쁜 짓은 안 한다. 재상이 높고 세자世子가 낮은 것이 아니며, 재지才智로써 (높은 자리를) 구해서도 안 되고, 용력勇力으로 해서도 안 된다."라고[11] 말했다.

---

10) '上天下澤, 春雷奮作, 先王觀象, 爰制禮樂.', 『漢書』, 「敍傳」第七十下, (漢) 班固撰, (唐) 顔師古注, 北京: 中華書局, 1975, 傳[六], 4,241頁.

11) '勢明則民定, 而出於一道, 故人爭爲宰輔, 而不奸爲世子. 非宰相尊而世子卑也, 不可以智求, 不可以力爭也.', 『新書』, 賈誼撰, 卷十, 「立後義」 2, 中國哲學書電子化計劃, https://ctext.org 참조.

심몽란沈夢蘭(18세기, 청淸건륭乾隆년간의 경학자)은 말한다. 예禮는 음으로 말미암아 만들어
지니, 따라서 이履괘에서 취했다. 악樂은 양陽으로 말미암아 오는 것이니, 따라서 예豫괘에서 취
했다.

유원劉沅은 말한다. 상하에 정해진 몫[分]이 있으니, 정리定理가 있다. 자리는 각각 그 덕에 걸
맞고, 선비[士]는 자기 학업을 닦고, 사람은 각각 자기 직분을 공경하고, 예禮는 그것들 사이에 존
재한다.

짱홍즈張洪之(1881-1969)는 말한다. (이履괘) 상象전의 두 말[語]이 『의례儀禮』 전책을 포괄할
수 있다. 『예기禮記』에, '군신君臣 상하上下나, 부자父子 형제兄弟는 예禮가 아니면 결판을 낼 수 없
다.'라고[12] 말했으니, 환난을 예방하려는 것이다.

초구효: 흰 (문채文彩 없는) 신발을 신고 가니, 재앙은 없다.

[初九: 素履往, 无咎.[13]]

상에서 말한다. "소박한 신발"을 신고 (일을) "거행"하니, 혼자 자기 소원을 실행할 수 있다.

[象曰: "素履"之"往," 獨行願也.]

호원胡瑗(993-1059)은 말한다. 『예禮』에 따르면 바탕이 소박한 것이 본本이다. (초9효에서) 가
자면 밟고서 가는 것을 말한다.

(정이의)『이천역전伊川易傳』에서 말한다. 편안히 소박한 신발을 신고 가는 이는 홀로 자기 뜻
한 바를 행할 뿐이다. (초9효에서) 귀해지려는 마음과 도를 실행하려는 마음이 속에서 다투면, 어
찌 소박한 신을 신고 편안하겠는가?

(주희의)『주역본의周易本義』에서 말한다. 양이 아래에 있으니, 이履괘의 초9효에 있어서, 아직
사물에 의해 옮겨진 것은 아니니, 그 바탕을 따른 것이다.

유원劉沅은 말한다. 이履괘의 초9효에 있으니, 따라서 바탕[素]이라 말한 것이다. 양이 나아감
을 주재하니, 따라서 (초9효에서) 감[往]이라 말한 것이다. 자리에 바탕 하여 감이니, 응應도 아니
고 친근함[比]도 아니니, 따라서 (초9효의 상象전에서) '홀로'[獨]라고 말한다.

리스전李士鉁은 말한다. 비탕[素]이니 꾸밈이 없다. (초9효에서) 이도履道의 시작이라, 자리가

---

12) '君臣上下, 父子兄弟, 非禮不定.', 『禮記正義』, 「曲禮」上第一,(十三經注疏 定理本), 12冊, 상동, 16頁.

13) 소素는 백색으로 문채文彩가 없음이고; 이履는 신발이다. 高亨, 142頁.

없는 땅이고, 밖으로 응應을 찾지 않고, 안으로 실정失正이 아니니, 바탕 그대로의 자리에서 가기에, 꾸밈을 빌리지 않는다. 『예기禮記』, (「예기禮器」편)에, '감미甘味는 중미衆味의 근본이고, 백미百味를 조화할 수 있다.'라고[14] 했으니, 초9효의 바탕[素]이 예禮의 본本이다.

마치창馬其昶은 말한다. 바탕의 이履는 불화不化를 말한다.

● **나의 견해:** 『중용中庸』에서, '군자는 (지금) 그 자리에서 할 수 있는 것을 (다) 하고, 그 밖의 것은 바라지 않는다.'라고[15] 했으니, 곧 이 (초9)효의 뜻이다.

구이효: 밟는 길이 평평하고, 죄인이 (감옥을 벗어나서) 정도正道를 지키니 길하다.
[九二: 履道坦坦, 幽人貞吉.[16]]
상에서 말한다. "죄수가 점쳐 물으니 길吉함"은, 정도를 지켜서 스스로 혼란을 일으키지 않음이다.
[象曰: "幽人貞吉," 中不自亂也.[17]]

우번虞翻(164-233)은 말한다. 92효는 (자기) 자리를 잃었고, 변하여 생긴 진震은 대도大塗[큰길]이다.

양인梁寅(1309-1389)은 말한다. 길을 가는 사람은 가운데로 말미암으면 평탄한데, 옆을 따르면 높낮이가 불평不平하다.

유원劉沅은 말한다. 변하여 생긴 진震은 발[足]이 되고, 큰길이며, 밟는 길은 평탄한 상이다. 92효의 양은 음위에 있으니, 죄인의 상이다. (92효는) 중덕中德을 가졌기에, 바르다.

리스전李士鉁은 말한다. 양은 사람인데, 92효는 못 가운데 있으니, 일음一陰이 가리고 있어서, 유폐幽蔽의 상이다. (92효에서) 이履괘가 중도中道를 얻어서, 모험을 부려 이利를 찾는 일이 없으니, 유폐된 것으로 보이나, 자기 지절志節을 지켜서 변하지 않기에, 따라서 (92효는) 바르고 길하다. 『시詩』(「고반考槃」)에서, '물가에서 판을 두드리며 노래하니, 미남자는 온후하고 대방하네. 꿈속에서 속삭이니, 마음에 새겨져 잊지 못하겠네!'라고[18] 했다. 이 죄인은 바르니, (92효는) 길하다.

---

14) '甘受和, 白受采.', 『禮記注疏』, 「禮器」, (十三經注疏 定理本), 상동, 13冊, 889頁.
15) '君子素其位而行, 不願乎其外.'. 『中庸』14章.
16) 이履는 밟음이고; 탄탄坦坦은 平이다. 유幽는 수囚(죄인)이다. 高亨, 142頁.
17) 貞은 점쳐서 묻는 것이다. 中은 正이다. 상동.
18) '考槃在澗, 碩人之寬. 獨寐寤言, 永矢不諼.', 『詩經譯注』, 「衛風」, 「考槃」, 袁梅著, 상동, 200頁.

마치창馬其昶은 말한다. 63효는 하늘과 못의 구분을 어지럽힌다. 92효는 이들과 동체同體이니, 자화自化의 정正이며, 위로 95효에 응하니. 따라서 (92효에서) '중中은 스스로 혼란할 수 없다.'라고 말한다. 양은 밝고 음은 어두우니, 음으로 화하여 죄인[幽人]이 된다.

육삼효: 장님이 보거나, 절름발이가 걷는다. 호랑이꼬리를 밟아서, 잡혀 먹혔으니, 흉하다. 무인武人이 (나라를 다스리는 재주는 없어도) 큰 나라 임금은 될 수 있다.
[六三: 眇能視, 跛能履. 履虎尾, 咥人. 凶. 武人爲于大君.[19]]

후과侯果(8세기, 당唐대의 학자)는 말한다. 63효는 태兌이나, 호체互體에 이離와 손巽괘가 있다. 이離는 눈이고 손巽은 넓적다리이니, (63효에서) 몸은 갖추었으나 바르지 않고, 비록 보고 밟을 수 있어도, 장님과 절름발이다.

경남중耿南仲(11세기-1129)은 말한다. (63효에서) 보는 것은 바르려고 하고, 행동은 중간을 원한다. 귀매歸妹괘☳의 초9효는 중中이 아니니 절름발이이고, 92효는 장님이다. 이履괘 63효는 중中도 아니고 정正도 아니기에, 따라서 절름발이고 장님을 겸했다. 귀매歸妹괘나 이履괘는 모두 태兌가 아래[下]이다.

주진朱震(1072-1138)은 말한다. (하괘인) 태兌는 훼손이다.

유원劉沅은 말한다. 세 번째 사람의 자리가 태兌 입에 있다. 사람이 호랑이 입에 있으니, 사람이 물린 상이다.

리스전李士鉁은 말한다. (63효는) 자리가 태兌 입이 열릴 때이니, 또한, 호체互體인 이離는 붙음[麗]이고, 손巽은 들어감[入]이 되니, 잎 속으로 붙어서 들어가기에, 따라서 사람이 물리는 것으로 흉하다. (이履)괘 전체를 따지면, 태兌 입이 가운데[中]에 엎드렸으니, 따라서 사람을 무는 것이 아니다. (그러나) 이 (63)효는 태兌 입에 바로 해당되니, 따라서 사람을 물음이다. 세 번째 효는 사람의 자리인데, (호체互體인) 손巽은 다되어 조급한 괘가 되니, 따라서 무인武人이라 부른다. 양은 차분하고 음은 비참하나, 무자武者는 일음一陰의 상이고, 이離는 밝음을 향하여 다스리니, 대군大君의 상이다. 63효는 음이고 중中은 아니나, 한 괘의 주인이니, 『역易』에서 젊은 이[少者]가 주인이면, 확실히 강위剛位를 가지니, 여러 양들로 하여금 귀속하게 한다. 무인武人이 대군大君의 자리를 밟으려 하면, 세력을 올라타고 대군大君으로 행세하는데, 후세의 항우項羽나 안록산安祿山의 무리

---

19) 묘眇는 장님이고, 能은 而로 읽는다. 이履는 밟다[踐]이다. 高亨, 142頁.

와 같은 것이니, 무부武夫가 제호帝號를 칭하니, 곧 이런 상이다.

마치창馬其昶은 말한다. (하괘인) 태兌의 자리는 서쪽이고, (63효에서) 그 기운은 엄혹한 기분이니[肅殺], 따라서 무인武人이라 칭한다.

> **상에서 말한다. "한 쪽 눈이 멀어서 (사물을) 보니", 똑똑히 볼 수 없을 것이다. "절뚝거리며 걸으니 (호랑이꼬리를) 밟게 됨"은, 제대로 걸을 수 없는 것이다. (호랑이가) "사람을 무니" "흉사다"는, (능력이) 자리[位]를 감당하지 못함이다. (무능한) "무사가 임금에게 하는 짓거리"이니, 뜻만 괴팍하다.**
> [象曰: "眇能視," 不足以有明也. "跛能履,"[20] 不足以與行也. "咥人"之"凶", 位不當也. "武人爲於大君," 志剛也.]

왕필王弼(226-249)은 말한다. 단象은 한 괘의 몸[體]을 통론하는 것이다. 63효는 태兌의 주인이니, (상괘인) 건乾에 응하니, 따라서 단象전은 그 응을 차례지었으니, 비록 위험하나 형통하다. (63효의) 상象전은 일효一爻의 덕을 지목하여 설명하기에, 따라서 (63효는) 위험하니 물림 당함을 본 것이다.

간보干寶(286-336)는 말한다. 괘에는 모두 음이 없는데, 63효가 스스로 자기 임무로 여겨서, 이履괘를 참월하고, (63효는 음의) 자리도 아니니, 물림이 적절하다.

공영달孔穎達(574-648)은 말한다. 63효의 미미함으로 95효의 뜻을 실행하려니, (63효는) 매우 '완고하고 비열[頑劣]'하고 우둔하다. 이간李簡(?-631)은 말한다. 단象전에서, '사람을 물지 않았으니, 형통함'이라 말한 것은, 물리지 않음에 그치지 않고, 또한 천하의 형통함을 말한 것이다. (63)효爻에서, '사람을 물었으니 흉함'을 말한 것은, 물림을 보임에 그치는 것이 아니라, 또한 천하의 흉함을 보인 것이다.

요내姚鼐(1732-1815)는 말한다. 소인들은 진실로 음유陰柔하니, 그들이 발동하면 심히 두렵다. 그들이 일단 천하를 제압했다면, 그 길흉은 아직 결판나지 않는다. 예羿는 급히 망했고, 오奡가 (자기) 자식에게 (권력을) 전했으나, 후세에는 자식에게 (권력을) 전하는 데만 그치지 않는다. 성인은 이 말을 '사람을 물었으니 흉함' 아래에 두었는데, (63효에서) 다하지 못한 말도 그와 같을 것이다. 실은 이것은 바른 실천을 실천하는 까닭은, 성인은 스스로 다 말하지 않으려함이다.

유원劉沅은 말한다. (63효는) 음으로 양자리에 있으니, 상괘인 건乾의 굳셈[剛]에 뜻을 둔 것이다. 대군大君의 일을 맡고 모든 것이 합당한 것은 아니나, 그 뜻은 이와 같다. (무능한 무사가) '대

---

20) 履는 천踐(밟다)이다. 상동.

군大君에게 하는 짓[爲于大君]'을 대부분 '대군 노릇함[爲大君]'으로 풀었다. 왕신자王申子(13세기, 송말宋末에서 원元의 중기의 역학자)의 설이 '…에게 함[爲于]' 두 자에 처음으로 안치되었으니, 그것을 따랐다.

마치창馬其昶은 말한다. 63효의 자리는 중정中正이 아니나, 여러 양들을 돌연 점거하니, 활동하여 대응함이 있다. '임금大君에게 (하는) 짓[爲于大君]'은 그가 임금을 잠칭潛稱하는 뜻을 가졌음을 말한다. 위爲는 만들음[造]이다. 건강乾剛은 임금[大君]이다. 63효의 뜻은 (상괘인) 건乾을 변화하려 하나, 그 흉함의 심함을 모르는 것이다. 성인이 사람을 두려워함은, 그가 충분히 밝을 수 있고, 충분히 함께 행동할 수 있으나, 망령妄倿됨이 붙은 것이기에, 따라서 그 말을 반복하여 펼쳐 말하니, 번잡하나 싫어하지 않음이 이(63효)와 같다.

구사효: 호랑이꼬리를 밟았으니, 두려웠으나, (대비를 잘하니) 끝내는 길하다.
[九四: 履虎尾, 愬愬, 終吉.21)]
상에서 말한다. (호랑이꼬리를 밟고서) "두려워하고 (대비를 잘) 하면 마침내 길할 것임"은, 뜻이 실현됨이다
[象曰: "愬愬終吉", 志行也.]

마융馬融(79-166)은 말한다. (94효에서) 소소愬愬(마치창馬其昶에 의하면, 『설문해자說文解字』에는 혁혁虩虩으로 인용됨)는 두려움이다.

고유高誘(?-212)의 『여람呂覽』주注에서 말한다. (94효에서) '예禮로써 거처하고, 공경으로 행하고, 두려워하고 계신戒愼하면, 호랑이꼬리를 밟더라도, 마침내는 반드시 길할 것이다.'

주진朱震(1072-1138)은 말한다. (94효는) 활동하여 진震괘를 이룬다. 진震은 두려움이고, (94효는) '두려움[愬愬]'이다.

왕종전王宗傳(12세기, 남송南宋의 역학자)은 말한다. (이履)괘에서, '호랑이꼬리를 밟았으나, 사람을 물지 않았으니, 형통함이다.'라고 한 것은, 아마도 94효를 말함인가?

유염兪琰(1258-1327)은 말한다. 이履괘는 화합으로 나아감이니, 따라서 63효의 뜻은 겨우 강剛인데, 94효의 뜻은 실행함[行]이다.

유원劉沅은 말한다. 63효는 재주는 유암柔暗에 바탕 하나, 뜻은 강맹剛猛하여 화禍에 저촉된다.

---

21) 소소愬愬는 두려움이다. 高亨, 143頁.

94효는 재주는 강명剛明에 비탕 하나 뜻은 두려워하니, 화禍를 면할 것이다. 초9효의 '홀로 행함' [獨行]은 임금을 멀리함이다. 94효 뜻의 실행은 임금을 가까이 함이다. 명明과 암暗은 밟는 것이 같지 않으나, 그 길은 모두 길하다.

리스전李士鉁은 말한다. 요堯임금은, '두려운 것이 날로 커져 하루가 되니, 산에서 넘어짐 같은 것은 없으나, 개미집에도 넘어진다.'라고 말했다. 94효의 길함은 꼬리를 밟은 두려움에서 온 것이다. 63효는 흉이 많고, 또한 음으로 양(자리)에 있는 것이고; 94효는 두려움이 많은데, 양으로써 음(자리)에 있는 것이기에, 따라서 63효는 흉하고, 94효는 마침내 길하다.

마치창馬其昶은 말한다. 94효는 호랑이꼬리이고, 63효는 그 뒤를 밟은 것이니, 94효는 그 위를 밟은 것이다. 그러니 (94효는) 두려움을 잊고 오래 처할 수 없다. 「잡괘雜卦」전에서, '이履괘는 '(한 곳에) 있지 않음[不處]'이다.22) 94효는 '(자기) 자리가 아닌 곳[즉 陰位]'에 처하여 63효와는 친밀[比]하지 않으면서, 변하여 95효를 받들기에, 따라서 (94효는) 마침내 길하다.

구오효: 신발은 헤졌으니, 정도正道를 걸었어도 위험하나 (무사할) 것이다.
[九五: 夬履, 貞厲.23)]
상에서 말한다. "떨어진 신발을 (신었으나) 정도를 행하니 어렵지만 (무사할) 것이다."라고 함은, (95효의) 자리가 바르고 정당하기 때문이다.
[象曰: "夬履貞厲," 位正當也.]

간보干寶는 말한다. (95효에서) 쾌夬는 결決(터짐)이다. 온 나라들이 밟고 있는 곳이, 앞에서 하나가 터지면, 항시 두렵고 위험하다.

(주희의) 『주자어류朱子語類』에서 말한다. (95효에서) '헤진 신발을 신었으나, 정도正道를 행했으니, 어렵지만 (무사할) 것이다[夬履貞厲].'는, 소동파蘇東坡(蘇軾, 1037-1101)가 말한 이른바, '다스려진 세상을 걱정하니, 밝은 임금[明主]을 위태롭게 하는 것'이다.

양인梁寅(1309-1389)은 말한다. (상괘인) 건乾은 천하에서 지건至健한 것이니, 덕행은 항상 쉬운데서 험난함을 아는 것이다. 95효는 지극한 굳셈[健]이니, 험난함을 알라는 계명을, 어찌 신중히 하지 않을 수 있을까!

(이광지의) 『주역절중周易折中』에서 말한다. 95효는 중정中正의 덕을 가지는데, 위험하다는 마

---

22) '履, 不處也.',「雜卦」傳, 高亨, 660頁.
23) 쾌夬는 터짐[決]과 통하니, 찢어짐[裂]이고, 파破이다. 이履는 신발이다. 여厲는 위험이다. 高亨, 144頁.

음을 항상 가질 수 있다. 이것은 『서경書經』(「君牙」편)에서 말한, '마음에서 위난危難을 근심함은 호랑이꼬리를 밟은 것 같다.'라고[24] 말하였다. (이것은) 제위帝位를 밟고도 우려하지 않는 이유인 것이다.

리스전李士鉁은 말한다. 못과 하늘은 쾌夬괘[䷪]이니, 하늘과 못[이履괘]도 또한 터짐[夬]의 상을 가진다.

마치창馬其昶은 말한다. '부드러움[柔]이 95효의 강剛을 올라탐'은, (이履)괘가 쾌夬[터짐]괘의 뜻을 취한 것이다. (말하자면) '유柔가 95효의 강剛을 밟은 것'은 주효主爻가 쾌夬괘의 뜻을 취한 것이다. (이履괘의) 95효는, 단象전에서 말한, '강剛이 중정中正하여 제위帝位를 밟은 자는, 위험을 알기에, 이에 우려하지 않고도 광명할 수 있음'이다. 그러므로 쾌夬괘 또한 '그 위험은 빛이다.'라고 말한다. (이履괘는) 위는 하늘이고 아래는 못 가운데서, 일음一陰이 막고 있으니, 자리는 '자리가 합당한' 95효이고, 자리를 터주는 것은 '자리가 맞지 않는[不當]' 63효이다. (이履괘의) 단象전에서, '제위帝位를 밟음'을 크게 쓰고 특별히 쓴 것은 '정명正名하여 정분定分한 것이기에, 무인武人이 대군大君되는 것을 퇴출시킨 것인데, 또한 (이것은) 춘추春秋의 뜻과 같다.

상구효: (행위가) 심신審愼하고, 고려가 주도하고, 주선周旋이 원만하니, 크게 길함이다.
[上九: 視履考祥, 其旋元吉.[25]]
상에서 말한다. "크게 길함"이 윗자리[上九]에 있으니, 큰 경사가 있을 것이다.
[象曰: "元吉"在上, 大有慶也.]

왕필王弼은 말한다. (상9효에서) 화복禍福의 조짐은 밟는 것에서 생긴다. (상9효는) 이履괘의 정점에 처했으니 이도履道는 이루어질 것이기에, 따라서 밟을 곳을 관찰하여 조짐을 다질 수 있다.

왕안석王安石(1021-1086)은 말한다. (상9효는) 크게 길함에 귀결된다.

곽충효郭忠孝(?-1128)는 말한다. (행위가) 심신審愼함은, (『상서尚書』의) 「홍범洪範」편의 오사五事와 같다. 고상考祥은 각종 징후를 생각함이다. '주선이 원만하니 크게 길함其旋元吉'은 오복五福의 향용과 같다.

....

24) '心之憂危, 若踏虎尾.', 『今古文尚書全譯』, 「君牙」, 江灝, 錢宗武譯注, 상동, 425頁.
25) 視는 審察이고; 고考는 考察이고; 祥은 상詳의 가차이니, 周密이다. 선旋은 주선周旋이다. 조우전푸周振甫, 45頁.

유원劉沅은 말한다. 이履괘가 끝날 때를 당해, (상9효에서) 앞으로는 밟을 바가 없을 테니, 밟은 것들을 되돌아볼 수 있다. 상9효는 양으로 음(자리)에 있으니, 이것은 강덕剛德인데 소심할 수 있음이다. 대경大慶은 크게 길함[元吉]이니, (상9효에서) 끝을 신중히 함이 처음과 같음을 기뻐한 것이기에, 따라서 그것을 아름답게 보는 것이다.

왕덕월汪德鉞(1748-1808)은 말한다. 이履는 예禮이다. 『좌전左傳』에, "백성들은 천지(의 기운)을 받는 가운데 사는데, 동작에 예의禮儀와 위의威儀의 법칙이 있으면 천명天命을 고정할 수 있다. 이런 법칙을 행할 수 있는 자는 복福으로써 길러지고, 행할 수 없는 자는 실패하여 화禍를 취한다."라고[26] 말했다. 따라서 (상9효에서)「(행위가) 신중愼重[審愼]하고, 고려가 주도하고, 주선이 완만함」을 말한 것이다.

리스전李士鉁은 말한다. (상9효에서) 시視는 살펴봄[覽]이다. 고考는 관찰이다. 상祥은 조짐[禨]이니, (상9효에서) 길함을 먼저 보이는 것이다. 63효의 불선不善함을 살펴보고, 선으로 다시 돌아서니, '자기를 극복[克己]하고 예로 돌아감[復禮]이고, 사람도리를 다하고 하늘과 합쳐지니, 이도履道가 이루어지고 건덕乾德이 순수해질 것이다.

리궈송李國松(1877-1941)은 말한다. 이것은 상9효로써 괘의 뜻을 끝냄이다. (상9효에서) '(행위가) 신중[審愼]하고 고려가 주도함[視履考祥]'은 활동하여 바름[正]으로 가고, 63효와 응하지 않음이다. 곧 63효는 믿는 것을 잃고서, 또한 '크게 길함'[元吉]에 같이 돌아갈 수 있었다. 유자정劉子政(劉向, 전77-전6)이, 상서祥瑞를 깊이 헤아림[考祥]으로 복福에 응하고, 재앙의 화를 면하여, 당세의 변화를 맞추어서, 영악한 당파들을 멀리 쫓아내고, 여러 잘못된 문로를 막고서, 시비로 하여금 타올라서 알게 하여, 각종 요이妖異들이 소멸되고, 여러 좋은 것들이 함께 오니, (이것이) 아마도 이 효의 뜻일 것이다'라고 말했다

• **나의 견해**: 사람은 자기가 밟는 대로 각자 자기 뜻을 행한다. 뜻이 광명하면 밟는 것 또한 정대正大하고 광명이다. 안을 살펴서 질병이 없고 뜻에 악惡이 없으며; 뜻은 보이지 않으나, 밟은 자취는 보인다. 백성의 뜻을 정함, 즉 밟을 것을 결정하려 하면, 따라서 상하의 구분은 갈라보지 않을 수 없다. 나눠짐이 확실한 것은, (이履괘에서) 위의 하늘과 아래의 못이다. 상上의 밟는 것은 천건天健의 무사無私함과 같고, 하下의 밟는 것은 못의 기쁨에 어그러짐이 없음과 같으면, 백성의

---

26) '民受天地之中以生, 所爲命也. 是以有動作禮義威儀之則, 以定命也. 能者養之以福, 不能者敗以取禍.', 『左傳全譯』, 成公十三年 , 王守謙 等譯注, 상동, 673頁 참조.

뜻은 크게 안정되니, 이른바 밝고 나니 후에 편안함이다. '꼬리를 밟았으나, 물지 않음'이니, 이것은 '험로를 평지처럼 걸음이기에, 도道를 얻으면 어떤 사물도 해칠 수 없음'을 말한 것이다. '꼬리를 밟으니 사람을 물음', 이것은 '예禮가 아니면 이행하지 말고, 길을 잃은 다음에는 반드시 화가 있게 됨'을 말한 것이다. 『이천역전伊川易傳』에서, '뜻을 정함은 분수를 밝힘에 있고, 설명이 중요하니, 호랑이가 물지 않음과 무는 연고를 알 수 있음이다.'라고 말했다. 이 (이履)괘 95효의 양은 모두 길하니, 이도履道를 얻은 것이다. '본래의 자리에 바탕 하고, 죄인으로 맹세하고, 두려워서 신중하고, 정도로써 위험함에도 유지하고, 보고 사고함[視考]으로써 끝을 냄'이니, 모두 이른바 '안을 관찰하여 질병이 없고, 뜻에 악惡함이 없음'이다. 63효만이 일음 一陰이니, 자기자리가 아닌 곳에 처했고, 중中도 아니고 정正도 아니기에, 그 식견의 밝음과 그 힘의 행함을 따질 때, 모두 부족한 곳에 처한 것과 같다. 그러니 (63효의) 음유陰柔는 해로운 것이고, 뜻은 헤아릴 수 없고, 고집을 부려 자신을 옳다고 하고, 꼬리가 커서 버릴 수 없는 우려가 점차 이루어지는 것이다. 왕망王莽과 조조曹操가 권력을 쥐고 황위皇位를 훔쳤으니, 밖으로 우유優柔함을 보인 것은 아닌가? (이들은) 겸손하고 공손하게 자기를 억제했으나, 마음은 본분으로는 가질 수 없는 것을 바랐고, 엄연히 호시탐탐하며, 그들의 욕심을 좇았으니, 흉함을 다 말할 수가 있었겠는가? 성인은 이履괘에서 상을 취해서, 악을 억제하고 선을 권면하였다. 선을 염려하여 행동하니, 활동에는 길하지 않음이 없었다. 그러므로 상하의 다섯 양효陽爻에게, 밟아야 될 도道를 제시하였고; 가운데의 음효 하나에게, 밟아야할 흉凶을 경계하였다. 환난을 생각하여 예방하면, 처음을 보고 끝남을 따지게 되니, 선을 쌓아가며 변화시키고, 불선不善을 쌓은 자들도 함께 선으로 귀결시켰어야, 이도履道는 온전할 것이다! 원元은 선善의 우두머리[長]이니, 따라서 상9효에서 '크게 길함元吉'을 붙이고, (상9효의) 상象전의 말은 '크게 경사가 있음[大有慶]'으로 끝을 맺었다.

11. 태泰괘 ䷊

태괘: 작은 것은 가고 큰 것이 오니, 길하고, 형통하다.

[泰: 小往大來, 吉. 亨.]

정현鄭玄(127-200)은 말한다. 태泰는 통함[通]이다.

우번虞飜(164-233)은 말한다. (태泰괘에서) 곤坤 음陰이 밖으로 쫓겨나니 '작은 것이 감'[小往]이고, 건乾 양陽이 속[內]을 믿으니 '큰 것이 옴'[大來]이다.

유원劉沅(1767-1855)은 말한다. 「서괘序卦」에서, '이행[履]을 편안이 한 다음에 안정되니, 따라서 이것을 태泰괘가 이어 받았다.'라고[1] 했다. 사람들은 반드시 예禮를 실행하고 후에 상하의 각자는 조화를 얻기에, 따라서 태泰괘가 이어서 실천한다. 안에서 밖으로 가는 것이 왕往이고, 밖에서 안으로 가는 것이 내來이다. 기화氣化로 말하면, 음양이 교섭하여 만물들이 통하는 것이 천지天地의 태泰이다. 인사人事로 말하면, 양은 임금이요, 음은 신하이니, 상하의 뜻이 통하는 것이 조정朝廷의 태泰이다. 대大는 안에 있고, 소小는 밖에 있으니, 각각 자기 장소를 얻어서, 음양에 따라서 화평으로 가는 것이 천하天下의 태泰이다.

나택남羅澤南(1807-1856)은 말한다. 태泰는 정월正月의 괘이니, 음은 줄어들고 양은 자라나기에, 따라서 '작은 것은 가고 큰 것이 온다[小往大來].'라고 말한다.

리스전李士鉁(1851-1926)은 말한다. 건천乾天은 위에 있으나 와서 아래에 있고, 곤지坤地는 아래에 있으나 가서 위에 있다.

마치창馬其昶(1855-1930)은 말한다. (태泰괘는) 형상으로 말하면, 땅은 아래에서 하늘을 가지고, 다만 아래의 땅에서 보면 하늘은 그대로 위에 있다. 이것 또한 '하늘은 높고 땅은 낮은 자리'가 정해진 이유이다.

---

1) '履而泰然後安, 故受之以「泰」.', 「序卦」傳, 高亨, 645頁.

단전에서 말한다. "태泰괘는, 못난 사람은 떠나고 큰 인물이 오니, 길하고, 형통함"이라 했으니, 이는 하늘과 땅이 교류하고 만물이 형통함이니; 위와 아래가 교류하여 그들의 뜻이 합치하는 것이며; 속은 (건乾이니) 양이며 밖은 (곤坤이니) 음이고; 안은 군자인데 밖은 소인이니, 군자의 도는 자라나고 소인의 도는 쇠락함이다.

[象曰: "「泰」: 小往大來 , 吉, 亨." [2] 則是天地交而萬物通也; 上下交而其志同也; 內陽而外陰 , 內健而外順; 內君子而外小人 , 君子道長 , 小人道消也.]

유향劉向(전77-전6)은 말한다. (태泰괘에서) 소인의 도는 줄어드니, 정치는 날로 다스려지기에, 따라서 태泰[편안]이다. 태泰란 통하여 다스려짐이다.

촉재蜀才(成漢范, 219-318)는 말한다. (태泰괘에서) 천기天氣는 내려오고 지기地氣는 올라가니, 음양이 교류하여 만물이 통하기에, 따라서 (태泰괘는) 길하고 형통함이다.

소옹邵雍(1011-1077)은 말한다. 하늘은 본래 위에 있고, 땅은 본래 아래에 있으니, 태泰괘는, 건乾이 아래이고 곤坤이 위이니, 이것은 천지天地의 쓰임이다. 또한 불은 본래 위로 타오르고, 물은 본래 아래로 달려가니, 기제既濟괘██는 물이 위이고 불은 아래 이니, 물과 불의 작용이다.

항안세項安世(1129-1208)는 말한다. 단象전에는 세 가지 뜻이 있으니, 첫째 음양 두 기에는 '누르고 올림[抑揚]'이 없으니, 그들의 교류만을 취한다. 둘째 내외內外를 명분으로 하면, 내內는 중하고 밖[外]은 가벼우니, 이미 '아래로 내림과 위로 올림[抑揚]'이 있게 된다. 끝으로 '줄어들기와 자라남[消長]'을 원칙으로 삼는다면, 온전히 양을 좋아하고 음을 미워함이다.

왕응린王應麟(1223-1296)은 말한다. 순舜임금과 탕湯임금은 고요皐陶와 이윤伊尹을 천거하였고, 인仁하지 못한 자들을 멀리 하였다. 소인의 도는 작아지니, 소인을 변화시키면 군자가 된다.

유원劉沅은 말한다. '즉시則是'라 말한 것은 단사象辭를 가지고 추론한 것이다. 음양은 본래 서로 교섭할 수 없는 것이 아닌데, 이 [태泰]괘에서는 더욱 (교섭이) 현저하게 드러난다. 천시天時나 인사人事에서 모두 함께 화합하고 서로 구제함을 아름답게 여기니, 따라서 아름다움에 감탄하고 추론한 것이다.

리스전李士鉁은 말한다. 곤기坤氣는 상승하여 천도天道를 이루는 근거가 된다. 건기乾氣는 하강하여 지도地道를 이루는 근거가 된다. 두 기가 상교하여 음양이 통하니 만물들이 생긴다. (태泰괘에서) 앤內卦의 양은 만물을 낳는 근원이다. 밖[外卦]의 음은 만물을 완성하는 근거이다. 안으로

---

2) 小는 묘소渺小한 보통사람이고, 大는 높은 賢人을 가리킨다. 형亨은 亨通이다. 高亨, 147頁.

굳셈[內健]은 건乾이 하는 일의 근본이다. 밖으로 순함[外順]은 일을 이루는 근거이다. 안으로 군자는 변화를 일으키는 사람이고; 밖으로 소인은 순화順化의 근거이니, 따라서 (태泰괘는) 길吉하고 형통하다.

• **나의 견해**: 달도達道로 말하면 도道는 사람들이 함께 말미암는 것이다. 그러나 군자만이 본성을 따라서 행하니 이것이 도道라고 말한다. 소인들은 도를 등지고 달려가니 이런 도가 없다. 도술로서 말하면 도는 이에 군자와 소인의 길이 나뉜다. 군자에게는 군자의 도가 있고; 소인에게는 소인의 도가 있다. 그러므로 한유韓愈(768-824)는, '도에 군자와 소인이 있는 것은, 덕에 길이 있고 흉이 있는 것과 같다.'라고 말했다. 도道는 성쇠盛衰하니, 피차 서로 줄어들고 늘어나는데, 이것은 태泰괘와 비否괘로 나누어짐이다.

상전에서 말한다. 하늘과 땅이 교류함이, 태泰괘이다. 임금은 자연[天地]의 도리를 만들어 내어, 천지를 적절히 도움으로써, 백성들을 지배한다.
[象曰: 天地交, "泰." 后以財成天地之道, 輔相天地之宜, 以左右民.3)]

정현鄭玄은 말한다. (태泰괘 상象전에서) 재財(나의 견해: 순상荀爽은 裁(마르다)로 보았다.)는 절도節度이다. '도움[輔相]'이나, '좌우左右'는 도움[助]이다.

주진朱震(1072-1138)은 말한다. (태泰괘에서) '이룸[成]을 마름질하고 도움[財成輔相]'은 인도人道로써 천지天地와 교류함이다.

장준張浚(1097-1164)은 말한다. 기자箕子가 홍범洪範을 펼치니, 오행五行에서 오복五福, 육극六極, '이룸[成]을 마름질하고 도움[財成輔相]'의 도道에 이르기까지, (그는) 그 가운데에서 이루어서 갖춘 것이다.

(주희의) 『주역본의周易本義』에서 말한다. (태泰괘에서) 마름질하여 그 지나친 것을 억제하고, '도움[輔相]'으로 못 미치는 것을 보충하는 것이다.

유원劉沅은 말한다. 재財는 재재(마름질하다)와 같다. 도道는 그 몸[體]의 자연스러움으로써 말한 것이다. 의宜는 씀의 당연當然으로 말한 것이다. 좌우左右는 붙들어서 기름[扶植]의 뜻이다. (태

---

3) 李鼎祚의 『周易集解』에서 虞翻은, 后는 君이라 했다. 『經典釋文』에서 荀爽은 財는 재재(마르다)라 했다. 鄭玄은, 보輔는 相이고 助(돕다)라 했다. 左右는 지배이다. 高亨, 148頁.

泰괘에서) 붙들어서 기르니 생명이 발전함은, 천지天地가 관후寬厚하게 통달함과 같다. 양은 왼쪽, 음은 오른쪽이니, 민생이 각각 이루어짐은 음양의 조화로움과 같다. 마름질하여 이루어지고 '도움[輔相]'은 마땅히 인성人性을 다하고 물성을 다하여 경세經世하여 백성을 구함이다. 반드시 천지天地의 도가 있는 다음에 (사람들은) 마름질하고 서로 도울 수 있다.

짱홍즈張洪之(1881-1969)는 말한다. 기화氣化의 유행이 서로 이어지니, 성인이 그것을 제재하고 사계절로 나누었다. 지형과 경위經緯가 교착하니, 성인이 그것을 제재하여 사방四方으로 구별하였다. 봄에는 밭 갈기에 적합하고, 가을은 추수에 적합하고, 높은 데는 기장[黍]에 적합하고, 낮은 데는 벼[稻]에 적합하니, 성인은 자연에 따라서 보조하니, 태泰의 상이 나타난 것이로다!

또 (짱홍즈는) 말한다. 조화의 권병[權]은, 그것을 조정하는 것이 나에게 있어서, 통변通變하고 신화神化하니, 왕성하여 쇠락함이 없다할 수 있고, 사람이 하늘을 이김을 정하니, 하늘보다 앞서나 하늘을 어기지 않고, 태연함[泰]을 늘 가질 수 있고, 기氣의 운동에 구애받지 않는다. 명明나라 고경양顧涇陽(17세기, 명明대 만력萬曆[1573-1620]연간의 학자)은, '2제帝3왕王은[4] 모두 기운氣運을 돌릴 수 있었고, 아래의 이것은 기운에 구애됨을 면할 수 없었다.

• **나의 견해**: 『주관周官』 한 책에 사람과 사물의 본성[性]을 다하지 않음이 없으니, 천지를 마름질하여 이룸에 보조하였을 뿐이다. (『예기禮記』의)「월령月令」편에서, '먼저 왕王이 총재冢宰에게 명하여 덕을 민중들에게 내리니,'[5] 또한 이른바 백성들을 도운 것[左右]이다.

초구효: 띠의 뿌리까지, 그 부류를 뽑아내야하니, 정복하면 길하다.
[初九: 拔茅茹以其彙, 征吉.[6]]

정현鄭玄은 말한다. (초9효에서) 휘彙는 부류部類이다. 여茹는 잡아끌음이다.

우번虞翻은 말한다. 초9효는 64효에 응한다.

주진朱震(1072-1138)은 말한다. (초9효의 호체互體인) 진震은 무성茂盛하고 선명함이다.

오징吳澄(1249-1333)은 말한다. 3양은 부류[彙]이다. 띠가 비록 본本을 공유하지 않으나, 그것

---

4) 二帝는 당요唐堯, 우순虞舜이고; 三王은 하우夏禹, 상탕商湯, 주무왕周武王을 말한다.

5) '侯王命冢宰, 降德於衆兆民.', 『禮記今註今譯』,「內則」, 王夢鷗註譯, 上冊, 臺北: 臺灣商務印書館, 1974, 359頁.

6) 모茅는 띠이고; 여茹는 띠의 뿌리이고; 휘彙는 類이다. 以는 及과 같다. 高亨, 148頁.

을 뽑으면 그 뿌리가 서로 이어져 올라온다.

상에서 말한다. "띠는 (뿌리까지) 뽑아버리듯이 (적국敵國을) 정벌함이 길함"은, (임금의) 뜻이 외국을 (정벌함에) 있다.
[象曰: "拔茅征吉," 志在外也.]

유향劉向은 말한다. (초9효에서) 현인賢人이 임금 자리에 있으면, 그 부류를 이끌고서 조정에서 모인다. (초9효에서 현인賢人이) 아랫자리에 있으면 그 부류와 함께 모두 진출할 것을 생각한다.

우번虞飜은 말한다. (초9효의) 밖은 64효를 말한다.

왕필王弼(226-249)은 말한다. 3양들이 모두 뜻을 밖에 두니, 초9효는 부류의 머리로, 자기를 들어서 따르며, 위로 순종하고 응하며, 복종하니, 따라서 (초9효에서) 정벌하면 길하다.

이순신李舜臣(12세기, 남송南宋 역학자)은 말한다. (태泰)괘는 기氣로써 교섭하고, 위에서 아래로 가니, 따라서 온다고 말하며, 상象을 빌려서 태泰괘와 교섭함을 보인다. 효爻는 자리로써 올라가고, 아래로부터 위로 가니, 따라서 정벌이라 말하며, 음양을 바르게 함으로써 자리를 구분한다.

리스전李士鉁은 말한다. 띠의 뿌리가 여茹이고, 초9효는 지하에 있으니, 따라서 뿌리[茹]라 칭한다. 띠가 총생叢生하기에 따라서 비否괘나 태泰괘의 초효는 모두 거기에서 상象을 취한다. 띠는 사람만이 쓰는데, (그것을) 쓴다면 종묘宗廟에 올라가고, 쓰이지 않으면 산림山林에서 늙어간다. 띠는 스스로 달성할 수 없고, 반드시 사람을 기다려서 뽑혀진다. 뽑힘은 뽑혀짐[탁擢]이다. 현인을 쓰는 자는 먼저 대현大賢을 천거하면, 여러 현인들이 그를 따른다. (호체互體인) 진震의 효는 정벌인데, 양은 나아감을 주로 하기에, 따라서 정벌이다. (초9효에서) 때를 얻어 응하니, 등용을 먼저 축하하기에, 따라서 (초9효는) 길하다.

마치창馬其昶은 말한다. 음양의 뜻은 서로 느껴서 응한다. 초9효는 64효에 응함에 뜻을 두었다면, 그 양은 변할 수 없다. 그 부류 때문이라 말한다면 3양들이 같은 뜻을 밝힘이다. 93효가 (호체互體인) 진震을 만들어서 띠로 삼았는데, 93효가 위에서 먼저 뽑히면, 초9와 92효가 그것에 붙어서 일어난다. 유원劉沅이, '하위下位에 있으면 그 부류들과 함께 나아감을 생각한다.'는 것이 이것이다.

구이효: 큰 표주박이 있어서, 그것으로 강을 건넜는데, 벗을 멀리서 버리지는 않고, (함께 건너서), (그가) 아직 죽지는 않았으니, 길에서 (친구로부터) 상賞을 받았다.
[九二: 包荒, 用馮河, 不遐遺朋, 亡, 得尙于中行.7)]

상에서 말한다. "박이 커서 (쉽게 내[川]를 건넜으니) 도중에서 상賞을 얻었음"은 (의로운 행위는) 광명하고 정대正大하다.

[象曰: "包荒, 得尙於中行," 以光大也.]

순상苟爽(128-190)은 말한다. (92효에서) 중中은 65효를 말한다.

우번虞飜은 말한다. (92효에서) 풍하馮河는, 강을 건넘(涉河)이다.

(정이의) 『이천역전伊川易傳』에서 말한다. (92효에서) 양강陽剛이 중中을 얻었으니, 위로 65효에 응한다. 65효는 유柔로써 중中을 얻었으니, 아래로 92효에 응한다. 92효는 비록 신위臣位이나, 태泰괘 다스림을 주로 한다.

주진朱震은 말한다. (호체互體인) 태兌는 못이니, 강(河)의 상이다. (초9효의) 양陽과 (92효의) 양陽은 벗이 된다.

용인부龍仁夫(1253-1335)는 말한다. (92효에서) 건乾이 곤坤을 포괄하니, '큰 표주박'[包荒]이라 말한다.

전일본錢一本(1539—1610)은 말한다. 92와 65효는 뜻이 같으니, 교섭하여 쓰임을 이룬다. (92효에서) 극점에 실은 것들도 다스리고, 먼저 하늘이 덮은 것들과 교접하니 그것들을 감싼다. 황荒은 '온전한 곤[全坤]'의 형세[勢]이고, 포包는 '온전한 건[全乾]'의 양量이다.

굴대균屈大均(1630-1696)은 말한다. (92효에서) 하늘이 땅 아래에 있는데, 땅이 크지만 하늘은 더욱 크다. 92효는 하늘이다. 65효는 그 속에 있으니, 포괄하는 상이다.

이광지李光地(1642-1718)는 말한다. (92효에서) 포황包荒[큰 표주박]은 천지天地의 마음이다.

유원劉沅은 말한다. 3양陽이 같은 몸[同體]이다. 92와 65효는 태泰괘가 교감하는데 주인이다. (92효에서) 건乾괘는 '튼튼한 몸[健體]'으로, 큰 표주박[包荒]의 열매를 가졌고, 용기와 지혜를 먼 곳에 잃지 않았으며, 붕당의 견해도 없기에, 중행中行과 합한다.

왕인지王引之(1766-1834)는 말한다. (양웅楊雄의) 『태현太玄』경에서, '(성인은) 대중大中의 도道를 잡고서 천하를 다스릴 수 있기에, 따라서 팔방의 황원荒遠한 지방을 포괄하고, 사해四海 밖을 내심에서 순복順服시킬 수 있다.'라고[8] 말했다. (진晉의) 범망范望(3세기)의 주注에, '포包에는 사

---

7) 包는 포匏(박)의 가차이니, 호瓠(표주박)이다. 황荒은 大이다. 풍馮을 가차하면 빙淜(걸어서 물을 건넘)이 되니, 물에 떠서 강을 건넘이다. 하遐는 멂[遠]이다. 유遺는 버림[棄]이다. 붕朋은 벗이다. 亡 앞에 弗자가 빠졌으니, 弗亡은 未死이다. 尙은 賞의 가차이다. 行은 道이다. 中行은 道中이다. 高亨, 149頁.

8) '包荒以中, 克. 測曰, 包荒以中, 督九夷也.', 『太玄校釋』, 大, 楊雄著, 鄭萬耕校釋, 北京: 北京師範大學出

방의 황원荒遠한 땅[四荒]을 포함한다.'라고 말한다.

리스전李士鉁은 말한다. 65효는 중中을 세우는 임금이니, 65효는 유柔이고 92효는 강剛이다. 천지의 조화를 이루고 65효를 도와서 중中을 행할 수 있는 것은 92효의 힘이기에, 따라서 중행中行으로 나아감[尙]을 얻는다. 상尙은 위로 나아감이다. (나의 견해: 『이아爾雅』에 의하면, 상尙은 우右이다.9))

또 (리스전은) 말한다. 한 나라를 받아드릴 수 있는 자는 비로소 한 나라를 다스릴 수 있다. 천하를 받아드릴 수 있는 자는 비로소 천하를 다스릴 수 있다. '박이 큼[包荒]'은 태泰를 가져올 수 있는 근본[本]이다. 사해四海가 한 집이니, 어찌 멀다고 할 수 있겠는가? 그러므로 멀리에 두는 것이 아니다. 대도大道는 공유[公]이니, 벗을 말해 무엇 하랴? 그러므로 벗은 없다. 『상서尙書』에서, '무릇 서민들에게는 사악한 당파도 없고, 백관百官들에게는 서로 (사사롭게) 들러붙는 행위가 없다.'라고10) 하였다.

또 (리스전은) 말한다. (92효에서) 당파도 없고 치우침도 없으니, 왕도王道는 평평하다. 일중一中이 정점이어서, 천하에는 사심이 없고, 태泰[편안하고 자유로움]가 있다.

마치창馬其昶은 말한다. 하遐는 상6효이다. 92효는 곤坤을 포괄하고, 64를 넘어서 65효에 응하니, (92효는) 상6효를 잃지 않는다.

또 (마치창은) 말한다. 『설문해자說文解字』(許愼撰)에서 인용하여 황流이라 하니, '물이 넓음[水廣]을 말한다. (92효에서) 사방의 황원荒遠한 땅에 물이 막혀버리면 천자天子의 성위聲威와 교화敎化가 통하지 않는다. 건乾은 가서 곤坤을 포괄하고, 반드시 걸어서 태兌 못을 건너니, 강을 건넘[用馮河]이고, 멀리서 잃지 않기 때문에, 이것은 큼[大]을 말한다. 땅이 넓고 크면 여럿으로 나뉘고, 여럿으로 나뉘면 사유私有가 있게 되니, 사유가 있으면 싸운다. 멀리서 잃음이 없어서 벗도 없게 되니, 이것은 사심이 없이 빛남이다. 빛이 나고 또 크니, 그 다음에 매우 '태평한 세상[泰世]'이 된다. 『상서尙書』에, '아아! 순舜임금이여, 온 천하에 해내海內의 백성에 이르기까지,'라고11) 말했다.

구삼효: 기울지 않은 평평함은 없고, 돌아옴이 없는 감은 없다. 걱정하지 마라, 성신誠信하면 먹는데 복이 있다.

[九三: 无平不陂, 无往不復. 艱貞无咎. 勿恤, 其孚于食有福.12)]

版社, 1989, 138頁.

9) '尙, 右也.', 『爾雅』, 「釋詁」第一, 管錫華譯注, 北京: 中華書局, 2018, 57頁.

10) '凡厥庶民, 无有淫朋, 人无有比德.', 『今古文尙書全譯』, 「洪範」, 江灝, 錢宗武譯注, 상동, 237頁.

11) '帝, 光天之下, 至于海隅蒼生.', 『今古文尙書全譯』, 「益稷」, 江灝, 錢宗武譯注, 상동, 60頁.

상에서 말한다. "가서 돌아오지 않는 것이 없음"은, 자연의 법칙이다.

[象曰: "無往不復", 天地際也.13)]

우번虞飜은 말한다. (93효에서) 피陂는 기울음이다.

관랑關朗(5세기, 북위北魏[404-534]시대 학자)은 말한다. 상상象에서 정수定數가 생기니, 길흉에는 전기前期가 있는데, 변하여 통하니, 따라서 (93효에는) 다스림과 혼란이 바뀔 수 있는 도리가 있다. 사람들의 모책은 위대하니, 천지天地와 함께 끝나고 시작하는가?

공영달孔穎達(574-648)은 말한다. (93효에는) 휼恤은 근심이다.

(장재의) 『횡거역설橫渠易說』에서 말한다. (93효는) 교유交游[交與]하는 관계이기 때문에 경계[戒]를 드러낸다.

항안세項安世(1129-1208)는 말한다. (93효는) 어려우면 쉽게 할 수 없고, 바르면 조급하게 할 수 없다. 건乾의 93효는 진실로 노력하여 밤늦게까지 염려하니, 비록 위태해도 재앙이 없음은 태연하게 있음이니, 또한 (93효는) 마땅하지 않은가?

주식朱軾(1665-1736)은 말한다. 평평함[平]은 태泰괘이고, 기울음[傾]은 비否괘이다. (93효에서) 태연함은 음이 가서 밖에 있기 때문이다. (93효에서) 음은 오랫동안 갈 수는 없으나, 가서 돌아오지 않는 이는 없다.

유원劉沅은 말한다. 평평함과 기울음은 상괘[坤] 지형地形의 험이險易를 말한 것이고, 가고 돌아옴[往復]은 하괘[乾] 천기天氣로 왕래往來를 말한 것이다. 93효는 태泰괘 가운데 여러 양의 위에 있으니, 태泰[태연함]괘가 정점에서 비否괘로 가는 상이기에, 따라서 평평함과 기울음[平陂], 왕복往復으로 경계한 것이다. 천지天地의 도리는 왕성이 정점에 이르면 반드시 쇠하니, 인심人心에 온전하게 의지하여 만회하려는 것이다. 마땅히 극성한 때에 어려움에도 올바로 처신하면 재앙은 없을 것이다. 천지를 법칙으로 보면, 그 다음에 태연[泰]하게 되니, 또한 천지를 법칙으로 볼 때 곧 왕복往復이 있게 된다. (93효에서) 야也는 심히 탄식하는 말이니, 어려움에도 정도正道를 지키라는 뜻을 권면함이 말[言] 아래에 있다.

왕인지王引之(1766-1834)는 말한다. 진震(나의 견해: 호괘互卦를 가리킴)은 맏아들로서 제祭를

---

12) 피陂(비탈)는 파坡(고개)이니, 기울음[傾]이다. 復은 반返(돌아옴)이다. '艱貞无咎'는 간난艱難에 처했으나 바름[正]을 지녔으니, 无咎함이다. 勿恤은 물우勿憂이다. 부孚는 信이다. 高亨, 150頁.

13) 高亨에 의하면, 際는 마땅히 채蔡로 읽어야 한다. 『爾雅·廣詁』에, 蔡는 法이다. 高亨, 상동.

주관한다. (『주례周禮』의)「대종백大宗伯」편에서, '익힌 음식으로 선왕先王께 제사드림'이니,[14] (제관祭官이) 성신誠信하여 먹는데 복이 있다. (이것은) 귀신이 와서 잡수심을 말한 것이다. 『시詩』에서, '(위로 신께) 바치고 제사지내며,… 큰 복을 기구祈求합니다.'라고[15] 말한다.

리스전李士鉁은 말한다. 93효는 중中을 지났으니, 양은 이미 정점이고 음이 장차 올 것이니, 하괘는 끝이 나고 상괘가 올 것이다. 세상이 이미 평평하다고 말하지 마라, 진실로 기울지 않는 평평함은 없다. 때가 이미 가버렸다고 말하지 말라, 진실로 돌아오지 않는 감은 없다. 다스림이 정점이면 혼란을 방지하고, 반드시 어려움에서 편안하려 하지 말고, 바르고 확고[固]하며 '분란紛亂해도 변역變易[紛更]하지' 말아야, 재앙이 없을 것이다! 93효가 태泰괘 속에 있으니, 이룸을 지키는 상이다. 어려우나 바름은 이룸을 지키는 좋은 방책이다. 『상서尙書』에서, '군자는 관리官吏일 때, 안일安逸하지 말라!'고 함은,[16] 어려움을 말한 것이다. 『시詩』에, '잘못도 저지르지 말고, 혼망昏忘하지 말며, 선왕先王의 전제典制와 법도를 준수해라.'함은[17] 바름[貞]을 말함이다. 건乾은 곧으니[直] 평평함이고, (93효는) 중中이 아니니 기울음[陂]이다. 하괘를 나오니 감[往]이고, 호체互體인 진震은 돌아옴[復]이다. 그러므로 '평평함과 기울음[平陂],' '가고 옴[往復]'의 상이 있다. 건乾은 반대로 돌아오는 도道이고, 천지는 순환하니, 굽히고 펴짐[屈伸]은 서로 의지한다. 93효는 마땅히 변화하는 것이니, 천지의 사이이고, 따라서 다만 여기에서 그 도리를 찾았으니, 사람들로 하여금 때[時]에 따라서 행위 하는 도이다. (93효에서) '근심하지 말음'은 적절히 근심함이다. 실제와 덕이 감통感通하니, 그 생각은 신실信實할 수 있다. (호체互體인) 태兌는 입이니, 그것을 받들면 먹는 것이고, 건乾은 복福이니, 3공경公卿의 자리에서 봉읍封邑을 얻어먹으며, 때는 태중泰中이니, 따라서 (93효는) 먹음에 복이 있다. 93효는 높은 하늘에서 땅으로 내려왔으니, 높은 양에서 음보다 겸하한데, 찼으나 넘치지 않았기에, 항상 '부유함富'을 보유하는 것이다. (93효는) 높으나 위태롭지 않고, 그러니 항상 귀함을 가진 것이다. 이 때문에 태泰에 처하여 복을 얻는 것이다.

마치창馬其昶은 말한다. 이것(93효)은 태泰인 때에는, 하늘에 영구한 생명을 기구祈求할 수 있다고 말한다.

---

14) '以饋食享先王.' 『周禮註疏』, 卷第十八, 大宗伯, (十三經注疏 整理本) 八冊, 540頁.

15) "易享以祀, … 以介景福.", 『詩經譯注』, 「小雅」, 「北山之什」, 「楚茨」, 袁梅著, 상동, 619頁.

16) '君子所, 其無逸.', 『今古文尙書全譯』, 「無逸」篇, 江灝, 錢宗武譯注, 상동, 337頁.

17) "不愆不忘, 率由舊章.", 『詩經譯注』, 「大雅」, 「生民之什」, 「假樂」, 袁梅著, 상동, 795頁.

육사효: 교묘한 말로서 속이니, 재부를 잃고서, 그 이웃에게도 (손실이) 미쳤으니, 진실로써 알리지 않은 것이다.

[六四: 翩翩, 不富以其鄰, 不戒以孚.18)]

상에서 말한다. (많은 재물을) "날렵하게 써버리고 (지금은) 부자가 아님"은, 모두 재물을 잃어버린 것이다. "약탈당해도 대비하지 않았음"은, 마음속이 교활했기 때문이다.

[象曰: "翩翩不富," 皆失實也. "不戒以孚, 中心願也.19)]

우번虞翻은 말한다. (64효는) 음이라 허虛하고 양이 없으니, 따라서 부유하지 않다. 유원劉沅은 말한다. (64효에서) 편편翩翩은 날라서 움직이는 모양이다. 이웃[鄰]은 65와 상6효이다. 계戒는 약정의 끝이다. (상괘인 곤坤에서) 3음이 같은 부류이니, 그 이웃들로는 부유해질 수 없고, 한 마음으로 양과 교섭하여 통하니, 약정하지 않아도 (하괘 건乾의) 3양들과 함께 서로 믿을 수 있다.

왕인지王引之는 말한다. (64효 상象전의) '진실로서 알리지 않음[不戒以孚]'에서, 이以는 이而와 같다.

이도평李道平(1788-1844)은 말한다. 『시모전詩毛傳』에 의하면, '편편翩翩은 왕래하는 모양이다.'20)

리스전李士鉁은 말한다. (64효에서) 편편翩翩은 가볍게 거동하는 모양이다. '부자가 아님[不富]'은 (64효에서) 음으로 음위에 있으니, 겸허하게 물러나 겸손하고, 비록 현달한 자리에 있으나, 스스로 차거나 크다고 여기지 않는다는 것이다. (64효가) 음으로 양에 올라탄다면, 자기 위급함을 방어해야 하니 경계함이 적절하다. 93과 64효는 안과 밖으로 상접하니, 사귐에 반드시 믿음으로 한다. 64효의 뜻이 아래로 돌아감에 있으니, 따라서 신실信實함으로써 경계하지는 않는다. 신실한 도는 안은 충실하고 밖으로 허虛하며, (하괘 건乾의) 3양들은 실하니, 따라서 그것은 믿을 수 있다. 64효는 음으로 허虛하더라도, 따라서 믿을 수 있다.

마치창馬其昶은 말한다. 태泰괘는 64효에 이르면 이미 중中을 지나쳤으니, 상賞이 넘치고 벌이 행하여지지 않음을 걱정한다. 64효는 65효를 도와서 법을 유지한다. '부富가 그 이웃에까지 미치지 못함[不富以其鄰]'은 제도로써 절제하고, 인심人心에 합당하여, 따라서 그 중인衆人들을 쓸 수

---

18) 편편翩翩은 마땅히 편편諞諞으로 읽어야 하니, 교묘한 말로 사람을 속임이다. 앞이 以는 及이며; 아래의 以는 用이다. 戒는 고告[알림]이다. 孚는 믿음이다. 高亨, 150頁.

19) 편편翩翩은 빨리 나는 모습이나, 사람이 재물을 빨리 소진하는 모습이다. 實은 재물이다. 孚는 옛날의 부俘(포로)이니, 약탈이다. 以는 因이다. 願은 원原(약다)의 가차이니, 교활狡猾의 뜻이다. 高亨, 151頁.

20) '翩翩, 往來貌.', 『毛詩正義』,(十三經注疏 整理本), 「小雅」, 「節南山之什」, 卷第十二(十二之三), 「巷伯」, 900頁.

있음이다. '모두 실실實을 잃음[皆失實]'은, 예전에 봉토를 깎으면 모두 한전閒田(아직 봉토로 주지 않은 땅)으로 귀결시켰고, 천리千里의 왕기王畿 밖에서, 봉토를 더해주었으니, 곧 이것에서 취한 것이다. 비록 자주 깎았다고 했으나, 천자는 여유를 보이지 않았다. 가의賈誼(전200-전168)는, '한 치의 땅이나, 한 사람의 무리도, 천자는 (자신에게) 이롭게 하지 않았고, 성심으로 제도를 정했을 뿐이니,' 따라서 천하에서 모두 폐하의 청렴함을 알았다. 이것이 '불계이부不戒以孚'[약탈당해도 대비하지 않았음]이다. 관중管仲이, '백씨伯氏 병읍駢邑의 300호戶의 채지采地를 뺏었으나, (백씨로 하여금) 거친 양식만 먹고, 죽을 때까지 원망하는 말이 없었다.'라고21) 했으니, 이와 가깝다. 상6효에서 '군대를 쓰지 않음'[勿用師], '읍邑에서 명命을 청함'[自邑告命] 또한 상벌을 위주로 말한 것이다.

육오효: (은殷나라 황제) 제을帝乙이 막내딸을 (주周문왕文王에게) 시집보내니, 복을 받아서, 크게 길하다.

[六五: 帝乙歸妹以祉, 元吉.22)]

상에서 말한다. (결혼을) "축복하니 크게 길함"은, (마음) 속에서 빌은 것이다.

[象曰: "以祉元吉", 中以行願也.]

(반고班固 등)의 『백호통의白虎通義』에서 말한다. 제을帝乙은 (상商나라를 건국한) 성탕成湯이다.

『역위건착도易緯乾鑿度』에서 말한다. "태泰는 정월正月의 괘이고, 양기陽氣가 처음으로 통하니, 음도는 순종에 집착하는데, 따라서 이로 말미암아 탕湯임금이 누이를 시집보내니, 천지의 도道에 순종하고, 교도와 훈계[敎戒]를 세울 수 있었다."23)

정현鄭玄(127-200)은 말한다. 65효는 지지地支로 (넷째인) 묘卯에서 (다섯째인) 진辰이고, 봄은 양중陽中이라, 만물이 생겨난다. 생육生育은 혼인에서 귀한 것이다. 봄의 달에 남녀의 예禮로 혼인하면 복록이 있고 대길大吉하다.

『후한서後漢書』의 「순상荀爽」전에서 말한다. '탕湯임금은 가례嘉禮를 열어, 누이를 제후에게 시집보냈다.'24)

---

21) '奪伯氏駢邑三百, 飯疏食, 沒齒無怨言.', 『論語譯注』, 「憲問」篇(14:9), 楊伯峻譯注, 상동, 148頁.

22) 제을帝乙은 은殷나라 황제의 이름이니, 주紂의 부친이다. 귀歸는 시집보냄이다. 妹는 '막내딸[少女]'이다. 지祉는 복이다. 高亨, 151頁.

23) '孔子曰: "泰者, 正月之卦, 陽氣始通, 陰道執順, 故因此以見湯之嫁妹, 能順天地之道, 立敎戒之義也.", 『周易乾鑿度』上, (漢) 鄭康成注, 電子版文淵閣四庫全書, 上海人民出版社, 1999 참조.

24) '言湯以娶禮, 歸其妹於諸侯也.', 『後漢書』, 「荀爽」傳, 宋 范曄撰, 唐 李賢等注, 七冊 傳[六], 北京: 中華書

육희성陸希聲(801-895)은 말한다. 65효는 유柔로써 위에 있으니 황제의 딸의 상이다. 92효와 짝하니, 아래로 시집가는 상이다. 하늘이 아래로 내려가니, 남자가 여자보다 아래인 것과 같다. 하늘은 위로 되돌아감이고 땅은 아래로 되돌아감이니, 천지의 큰 뜻이다. 땅은 순종하여 하늘을 받든다. 65효의 뜻은 순종이니, 따라서 복을 얻는 것이다. 중中에서 뜻을 내리니, 따라서 '속에서 빌은 것'[中以行願.]이다.

곽옹郭雍(1106-1187)은 말한다. 65효는 겸허하게 자처하니, 노랑치마[대길大吉의] 도를 얻었으니, 아래의 92효로써 자기 정치를 이루니, 이른바 상하의 교섭이다.

양만리楊萬里(1127-1206)는 말한다. 임금의 딸의 귀함은 자기가 귀함을 갖는 것이 아니라 남편을 귀하게 하는 것이다. 임금의 높음은 자기가 높은 데에 있지 않고 자기 현명함을 높이는 것이다. 자기 신하에게 맡기어 태평을 이루니, 임금의 바람 중에, 무엇이 이것보다 큰 것인가? 유원劉沅은 말한다. 탕湯임금이 누이를 시집보내며 하는 말에서, '천자의 부유함으로써 제후들에게 교만한 일은 없다.'라고 말했다. 음이 양을 따르고, 여자가 남편에게 순종함은 천하의 의義이다, 황제의 딸이 아래로 시집가는 예禮는 탕湯임금에 이르러서 비로소 갖추어졌다. 65효는 황제의 자리이고, 호체互體는 진震이니, '황제는 진震에서 나오는데[帝出乎震],' 곤坤이 을乙을 받았기에, 따라서 제을帝乙을 나타낸다. 음이 존위尊位에 있으니, 황제의 자매姊妹들이 아래로 시집가서, 이것을 감당한 것이다. 65효는 유중柔中으로써 아래로 92효의 강중剛中에 응함으로써, 존尊으로 비卑보다 자신을 낮추니, 자신을 비워서 현인보다 자신을 낮추었기에, 임금의 딸이 아래로 시집을 가서 길함을 얻은 것과 같다. 92와 65효는 모두 중정中正이니, 태泰괘의 주인이 되어서, 중中으로 중中과 사귄 것이니, 자기가 바라던 것을 행하고 태평[泰]를 이룬 것이다. 음양의 바름[正]이 천지天地의 뜻이다.

짱루삐張汝弼(1898-1995)은 말한다. 호체互體인 태兌와 진震은 귀매歸妹䷵괘의 몸이다. 리스전李士鉁은 말한다. 호체互體인 태兌는 막내딸이고, 호체인 진震은 장남이니, 92효로부터 65효에 이르기까지, 호체互體로 귀매歸妹괘가 이루어지니, 따라서 (65효)의 효사는 귀매의 65효와 같다. 65효가 진震 뒤에 있으니, 따라서 누이[妹]가 됨을 알 수 있다. 여자기 시집가는 것을 귀歸라 말한다. (65효는) 음효이니, 큼[元]이라 칭하고, 곤坤은 건원乾元에 엉긴다.

마치창馬其昶은 말한다. 준屯괘 이하로부터, 괘는 모두 강유剛柔가 교섭하여 이루어졌으니, 따라서 원元을 말하면, 모두 건원乾元과 곤원坤元을 겸한다. 육가陸賈(전240-전170)의 『신어新語』에서, '건곤乾坤은 인仁으로써 화합하고, 8괘는 의義로써 서로 이어졌다.'라고[25] 말하였다. 인仁으로

局, 1973, 2,053頁.

써 화합하니, 원元으로써 서로 사귄다. 건곤乾坤의 원元은 처음 사귐에 어려움이 생기나, 태泰괘에 이르러서 각자 건곤의 몸으로 환원되니, 기氣가 크게 통하여, 만물들이 복을 입게 되니, 따라서 '축복하여 크게 길함[以祉元吉]'이라 말한다.

또 (마치창은) 말한다. 제을帝乙은 곧 천을天乙이니, 자연히 성탕成湯을 가리킨다. 『좌전左傳』에, '진晉나라 조앙趙鞅이 정鄭나라를 구할 것인지 점을 쳤다. …… 양호陽虎가 『주역周易』으로 서점筮占을 보니, 태泰䷊괘에서 수需䷙괘로 갔다. … 미자계微子啓가 제을帝乙의 큰아들[元子]이었다.'라고[26] 했다. 미자微子는 송宋나라에 봉해졌고, 상商나라 제사를 주관하였는데, 탕湯임금의 큰아들[元子]이라 칭하는 것은, 효손孝孫이니 증손曾孫이라 말하는 부류와 같은 것이기에, 모두 통칭通稱일 뿐이다. 그러므로 미자微子에 미쳐서(及), 『역易』의 말씀을 끌어다가 점占을 판단하는 것은 이것과 교묘히 합치한다. 경經의 제을帝乙을 해석하는 것이 과연 아니라면, (이는) 곧 미자微子의 부친인 제을帝乙이다.

상구효: 성城이 기울어 해자垓子로 쓰러지려하는데, 읍邑에서는 (임금의) 명령을 기다리니, 정도正道를 지켜도 어렵다.

[上六: 城復于隍, 勿用師, 自邑告命, 貞吝.[27]]

상에서 말한다. "성이 해자로 무너져 내림"은, (전쟁) 명령이 혼란되었기 때문이다.

[象曰: "城復於隍," 其命亂也.]

(복자하卜子夏의) 『자하역전子夏易傳』에서 말한다. "해자[隍]를 파는 것은, 성城에서 아래[下]를 취하여 위[上]을 위한 것이라 여긴 것이다. 그 끝은 다시 해자일 것이다. 아래가 위를 위한 것은 사자使者가 자기 뜻을 전하는 것이다. 자기 명령을 통할 수 없으면 혼란인 것이다."[28]

우번虞翻은 말한다. 성 아래 도랑에 물이 없으면 황隍이고, 물이 있으면 지池이다. 곤坤은 읍邑

---

25) '乾坤以人和合, 八卦以義相承.'『新語』卷上,「道基」第一, 漢 陸賈撰, 電子版文淵閣四庫全書, 上海人民出版社, 1999 참조.

26) '晉趙鞅卜救鄭. … 陽虎從周易筮之, 遇泰之需, … 微子啓, 帝乙之元子也.',『左傳全譯』, 王守謙 等譯注,「哀公」9年, 1,526-1,527頁.

27) 복復은 복覆(뒤집히다)으로 읽어야하니, 기울어 쓰러짐[傾倒]이다. 황隍은 해자垓子인데, 물이 없으면 隍이고, 물이 있으면 池이다. 告命은 請命이니, 명령을 구함이다. 인吝은 難이다. 高亨, 151-152頁.

28) '塹隍以爲城取下以爲上也. 其終則復隍矣. 下爲上, 使者通其志也, 終不能通命, 亂者也.',『子夏易傳』卷二, 上經泰傳第二, 卜子夏撰, 電子版文淵閣四庫全書, 上海人民出版社 1999 참조.

이다.

정이程頤(程子, 1033-1107)는 말한다. 성 밑 도랑에 흙을 쌓아서 성城을 만드는 것은, 치도治道를 쌓아서 태평[泰]를 이루는 것과 같다. 태평[泰]괘가 끝나면 비否괘로 돌아가니, 성이 무너져 다시 도랑이 됨과 같다.

(주희의)『주역본의周易本義』에서 말한다. (상6효에서) 명령이 혼란되니, 따라서 비否괘로 돌아간다. 고명告命은 다스리는 근거이다.

내지덕來知德(1526-1604)은 말한다. (상6효에서) 명命은 정령政令과 같다.

심기원沈起元(1685-1763)은 말한다. (태泰괘 상6효에서) 곤坤의 흙은 위에 있는데, 가운데 효爻인 진震이 움직여서 태兌가 훼손된다. 담은 높은데 기반은 낮고, 뿌리가 흔들리며 바탕이 갈라지는 상이다.

유원劉沅은 말한다. (상괘인) 곤坤의 흙이 밖으로 높으니, 성城의 상이다. 3음들이 아래로 교섭하니, 해자垓子로 돌아가는 상이다. 곤坤은 많음[衆]이니, 군대[師]의 상이다. 태평[泰]이 아주 왕성하고 오래 가면 쇠퇴하니, 성城이 기울어 파괴되었기에, 무인[武]들을 쓴다 해도 진작시킬 수 없으니, 따라서 '군대를 쓰지 않음'[勿用師]이다. 곤坤은 읍邑이고, 또 무늬[文]이며, 호체互體인 태兌는 입이니, '하명을 청하는 것'[告命]이다. 태평[泰]의 쇠락 또한 점차적이니, 명령이 혼란해져서 이에 이런 것들을 일으킨다. 『역易』 전체가 가르치는 것은, 모두 소심하게 근신하며 왕성함을 지켜서 쇠락함을 유지하는 것이다. 이 (태泰)괘는 사람들이 꼭 방비를 하게 하여, 사람이 자기 태평을 잘 이루기를 바라지, 그 태평에 의지만하지 말 것을 바란다.

리스전李士鉁은 말한다. 정치가 비록 아름답지만, 오래 동안 닦지 않으면 막힌다. 성城이 비록 견고하나 오래 동안 다스리지 않으면 무너진다. 이것은 태평[泰]이 정점이면 비否괘가 오는 상이다. 곤坤은 많음이니, 호체互體인 진震은 맞아들이는 군대의 장수이기에, 군대를 쓰는 상이다. 그러나 성이 이미 무너져서, 방어할 수 없으니, 어떻게 전투를 하겠는가? 내정內政이 아직 닦이지 않았는데, 어찌 외적을 막을 수 있겠는가? 하물며 권력이 아래로 이동했고, 내우內憂가 바야흐로 큰데, 만약 더욱 공을 탐내고 무력을 함부로 쓰면서, 나라 밖에서 복을 구하는 것은, 더욱 망하기를 재촉하는 것이니, 따라서 '군대를 쓰지 말라[勿用師]!'는 것이다. 진震은 명령이고, 태兌는 입이다. 세상이 장차 다스려지면 명령은 위에서 내려오고, 장차 어지러워지면 명령은 아래에서 위로 돌아간다. 천하에 도道가 있으면 서인들은 말하지 않는다. 태평[泰]이 장차 비否로 이루어지면, 따라서 읍인邑人들이 와서 명령을 고발하고 떠들어댄다.

마치창馬其昶은 말한다. (상6효에서) 바르나 위태함[貞厲], 바르나 어려움[貞厲]은, 모두 마땅히 '바르니 길함[貞吉],' '바르니 흉함[貞凶]'의 예를 따른 것이니, 그 유래가 점차적이며, 이런 위태함과 어려움을 일으킨 것이다. 왕공王公들이 험로를 설정하여 나라를 지키는데, 성에는 해자가 복구되나, 다스림이 오래 가면 부수어지는 상이다. 무장의 대비가 느슨해지면, 어찌 군대를 쓸 수 있겠는가? 자기 읍邑에 경계를 발하며, 못쓰는 것들을 수리하고 강함을 도모하고, 치욕을 잊지 않으면 되는 것이다. 이 때문에 나라가 전쟁을 잊어버리면 반드시 위태해지고, 전투를 좋아하면 반드시 망한다. 태泰괘가 끝에서 이것을 말하니, 그 훈계가 깊도다!

• **나의 견해:** 건곤의 형체는 본래 상하의 정해진 자리가 있다. 이것을 기화氣化로 말하면, 따라서 천기天氣가 하강하여 땅으로 들어올 수 있고, 지기地氣가 위로 올라가 하늘에 달한다. 천지가 지극히 정성스러워서, 화육化育의 공용功用이 되니, 다만 음양 2기 뿐이다. 2기가 통하면 태평[泰]하게 되는데, 태泰는 통通이다. 후에 재물이 이루어져 서로 돕는 것은 천지의 화육化育을 돕고, 지나치게 과過한 것을 덜어내어, 못 미치는 것을 보충하고, 그런 후에 만물이 관통하는 상이다. 혹 왼쪽으로 가고 혹 오른쪽으로 가니, 천하를 경륜하는 대경大經이고, 천하의 대본大本을 세우니, 천하 화육化育의 공용功用은 그 양을 충족하게 되니, 모두 백성의 총계總計가 될 수 있다. 초9효는 진현進賢을 주관하니, 태평[泰]를 일으키는 기반이요, 백성의 소망을 따름이다. 92효는 대동大同을 주관하니, 태평[泰]과 합하는 증표[符]이기에, 그 가운데를 잡으니, 멀고 가까움이 한 몸이요, 이는 스스로 천하에 복을 줄 수 있으니, 비록 한 몸이 고생으로 피로하여도, 또한 우려할 바는 아니다. 순舜임금이 바람과 우뢰에도 미혹되지 않았으며, 우禹왕 손발의 굳은 살, 문왕文王은 밥 먹을 시간도 없었음, 주공周公이 현명한 하사下士들을 예우禮遇하였으니, 각자 자기 직분을 다하였는데, 단지 천지天地를 위하여 마련하고 도와서 백성을 보호한 것일 뿐이다. 본인이나 (자기) 가정에까지 셈이 미쳤겠는가? 공功은 천하에 있으니 공에 감히 자처하지 않았으며, 다만 재앙이 없기를 바랐을 뿐이니, 이것은 모두 하나의 성신誠信이다. (93효에서) '성신誠信하면 먹는데 복이 있다[其孚于食有福.].'라고 말했으니, 복이 있음을 보인 것은 온전히 먹음에서의 신실信實함에 의지한다. 백성은 먹는 것[食]을 하늘로 여기니, (『상서尙書』의) 「홍범洪範」편의 8정政에 '식食'을 우선으로 하였고, 노魯나라사람이 전한 『논어論語』에는, '소중한 것은 민식民食임'을[29] 말했고, 『상서尙書』에는, '백성에게 곡식과 조수鳥獸의 고기를 보내니, … 백성들은 안정하였다.'라고[30] 하였다.

---

29) '所重: 民, 食, 喪, 祭.', 『論語譯注』, 「堯曰」篇(20:1), 楊伯峻譯注, 상동, 209頁.

먹는 것에 관련된 것은 중대하니, 반드시 이것을 급무急務로 여기고, 백성들을 궁핍하게 하지 말고, 원근에서 서로 믿고서, 천지의 관계를 유지할 수 있어서 (상하가 격隔이 지지 않아) 태교泰交를 이루는 상象인데, 이것이 민생民生을 안정시키는 근거이다. 64효는 건순健順 사이에 처하니, 안으로 민지民志를 안정시키고, 밖으로 민정民情에 순종하며, 초9효와 상응한다. 초9효는 용인用人하는 도를 말했고, 64효는 이재理財의 방법을 말하였으니, 둘은 모두 태泰괘의 운수를 유지하는 대단大端이다. (64효에서) '교묘한 말로 속여서 재부財富를 잃었음[翩翩不富]'을 말하였으니, 후에 그 재물을 가질 수 없음이다. '이웃에까지 미침[以其鄰]'을 말하였으니, 천하의 재물을 천하의 쓰임에 제공할 수 있다. 성심誠心으로 천하를 믿었으니, 서약한 행위에서 취한 바가 없으니, 천하 사람들은 모두 대공大公하고 무사無私한 뜻을 분명히 아는 것이다. (65효에서) '마음속에서 빌었음[中心願]'이라 해석했으니, 이것은 민심을 얻은 것이다. 65효가 92효에 응하였으니, 각각 천지의 중中을 얻어서 행하였고, 중화中和를 일으키면 천지天地는 자리 잡고, 만물들은 길러진다. 92효에서 백성의 동포同胞인 사물과 양量을 함께 함을 말했고, 65효는 배필配匹은 화육化育의 근원이라고 말했다. 귀매歸妹는 여자의 끝이나, 아내[婦]의 시작이니, 부부夫婦에서 시작하여, 지극함은 천지天地를 살핌에까지 미친다. 65효는 음으로 양을 따라서, 아래로 92효에 응했으니, 음양이 배우配偶가 되어, 제을帝乙의 딸을 취하는 상이기에, '축복하여 크게 길함'[以祉元吉]'을 말하게 되었고, '곤원坤元이 이에 생겨나니', 어찌 건원乾元이 시작하지 않을 수 있겠는가? 성인은 지극한 인륜人倫이고, 왕王은 존귀尊貴들 중에 지친至親이니, 인도人道의 최상의 법칙을 보이시고, 만상萬象의 태평한 운세[泰運]가 이것으로 말미암아 열린다. (모두가) 복지福祉를 받았으니, 모두 큰 길함이기에, 이것은 민중의 준칙을 세우는 것이다. 상6효의 태평함[泰괘]의 끝에 이르면, 다스림의 정점에서 장차 혼란해지게 되니, 그런 기틀이 잠복한다. 그러나 상6과 93효가 응하니, 비록 기울지 않은 평평함은 없고, 성이 해자垓子로 되돌아감의 상象이 있으나. 바른 덕을 유지하고, 무위武威를 떨치지 않고 문교文敎에 힘쓴다면, 돌아옴이 없으면 감도 없을 것이다. 성인이 쇠같이 단단한 성城을 가지고 있으니, 영구하게 유지하고, 실패하지 않기를 바라며, '운명이 혼란됨'을 경계하였으니, '명命은 혼란될 수 없음'을 보인 것이다. 명命을 신중히 하여, 이렇게 난難을 그치게 하니, 이것이 민환民患을 방지하는 것이다. 태泰괘의 단象 전체는 모두 백성의 도道를 보좌하여, 천지와 서로 통하고, 이렇게 해서 천지와 더불어 나란히 서는 것일 것이다!

---

30) '奏庶艱食鮮食, … 烝民乃粒.'『今古文尙書全譯』,「益稷」篇, 江灝, 錢宗武譯注, 상동, 57-58頁.

12. 비否괘 ䷋

(비否괘): 나쁜 짓을 하는 이는 나쁜 사람이다. 군자가 점을 보면 이롭지 못하다. 큰 것은 나가고 작은 것이 온다.
[(비否): 否之匪人, 不利君子貞, 大往小來.[1)]]

우번虞飜(164-233)은 말한다. (비否괘에서) 음이 와서 양을 멸하니, 따라서 군자는 바르나 이롭지 못하다. 음을 믿고서 양을 쫓아내니, 따라서 큰 것은 가버리고 작은 것이 온다.

여대림呂大臨(1044-1991)은 말한다. (비否괘는) 막혀 통하지 않는 세상에서 '바름[正]'을 미워하고 직直을 싫어하니, 군자들이 바름[正]을 지키기에 불리하다.

왕종전王宗傳(12세기, 남송南宋시대 역학자)은 말한다. (비否괘에서) 비인匪人은 이른바 군자君子의 사람이 아님이다. (비인匪人들은) 자기와 같으면 이롭게 하고, 자기와 다르면 불리不利하게 한다.

유원劉沅(1767-1855)은 말한다. 「서괘序卦」전에서, '사물은 내내 순통順通할 수 없기에, 따라서 이것을 비否[막혀서 불통함]괘가 이어받았다.'라고[2)] 말했다. 괘상卦象이나, 괘덕卦德이 모두 태泰괘와 서로 반대이다. 사람은 천지天地의 마음이다. 선인善人이 많으면 천지의 정기正氣가 펼쳐지고, 음양이 화평和平하다. 천지가 '없어지고[無]' '막혀서 통하지 못할[否]' 때[時], 인도人道를 잃어버리면 나쁜 사람[匪人]이 많아서 천지가 '막히어 불통'[否] 하기에, (이러하면) 천지가 과연 막히고 통하지 않는 때가 아니겠는가? 성인이 세도世道를 보조輔助하며 구세救世하려는 성망聲望이 있다고 해도, 따라서 여기에서 천도天道를 중시하지 않으니, 소인들이 군자를 빠르게 해치기에, 마침내 비운否運이 이루어지는 것이니, 큰 것은 떠나가고 작은 것이 오게 되는 것이다.

---

1) 否는 폐閉(닫힘)이고 색塞(막힘)이다. 匪는 非로 읽는다. 君子는 才能있는 현인賢人을 말한다. 高亨, 154, 155頁. 之는 이것이다. 匪人은 나쁜 사람이다. 周振甫, 51頁 .
2) 비否는 막혀서 통하지 않음[閉塞不通]이다. '物不可以終通, 故受之以「否」.', 「序卦」傳, 高亨, 645頁.

요배중姚配中(1792-1844)은 말한다. '막히어 통하지 못함'[비否]이 되게 하는 것은 나쁜 사람[匪人]에게 (일을) 맡긴 것이다. 현인賢人을 얻으면 번창하고, 현인을 잃고 나쁜 사람들에게 맡기면 망하는 것이다.

나택남羅澤南(1807-1856)은 말한다. 비否는 7월月괘이니, 양은 줄어들고 음이 자라나기에, 따라서 '큰 것은 떠나가고 작은 것이 옴'[大往小來]이다.

리스전李士鉁(1851-1926)은 말한다. (비否괘에서) 양陽은 사람이고, 셋째 효는 인도人道이다. 양이 줄어들어 셋째 효에 이르면, 생기生氣는 끊어져 없어지니, 따라서 나쁜 사람들이 (있게) 된다. 양생陽生은 사람을 살리는 근본이다. 현재賢才는 나라의 양기陽氣이다. 양기가 밖으로 넘어가면 몸은 죽으니, 현재賢才가 멀리 떠나가면 나라는 망한다. 『시詩』에서, '현량賢良한 사람들이 떠나가고 없으니, 나라는 위급하고 원기元氣가 크게 상했다.'라고[3] 말했다. 그 (합당한) 사람을 얻어서 쓸 수 없고, 쓰인 이는 그 사람이 아니니, 세상이 '막히어 통하지 못함'[否]이 이루어지는 이유이다. '소인들에게 이롭다.'라고 말하지 아니했으니, 군자의 화禍는 또한 소인의 복이 아니다.

단전에서 말한다. (현인들을) "막아서[비否] 나쁜 사람들만 남고, 점쳐서 물으니 군자[天子, 諸侯와 大夫들]에게 이롭지 않으며, 큰 인물들은 떠나고 소인배들만 온다."는 것, 이것은 하늘과 땅이 소통하지 못하여 만물들이 형통할 수 없고; 임금과 아랫사람들이 소통되지 않기에, 천하에 (존속할) 나라들이 없게 되는 것이다. 내괘가 음이고 외괘는 양이니, 부드러움[음기]이 안에 있고 밖이 강건剛健[양기]이다.

[象曰: "否之匪人, 不利君子貞, 大往小來." 則是天地不交而萬物不通也; 上下不交而天下無邦也. 內陰而外陽; 內柔而外剛.]

하타何妥(6세기; 수隋나라 때의 학자)는 말한다. 사람의 뜻이 같지 않으면, 반드시 (그들을) 분리[離散]하여 나라를 혼란하게 한다.

유염兪琰(1253-1314)은 말한다. (비否괘의) 건순健順은 덕이다. 강유剛柔는 바탕(質)이다. 부드러우면 쉽게 친해지고, 굳세면[剛] 쉽게 멀어지는 것이다.

유원劉沅은 말한다. '즉시則是'라고 말한 것은, 단사彖詞에 대해 크게 탄식한 것이다. 말한 대로, 인도人道를 잃게 되면 천운天運 또한 그릇된 것이다. 교류하지 못하고 통하지 않으니, 조화造化를 이룰 수 없다. 어느 나라와도 교류하지 않으니, 세계가 이루어지지 않는다.

---

3) '人之云亡, 邦國殄瘁.', 『詩經譯注』, 「大雅」, 「蕩之什」, 「瞻卬」, 袁梅著, 상동, 925頁.

리스전李士鉁은 말한다. 건乾이 위에, 곤坤이 아래에 있으니, 태泰괘와는 반대로 비否괘를 이룬 것이다. 천기天氣가 위로 올라가고 아래로 내려오지 않으며, 지기地氣는 깊게 내려가고 위로 올라 오지 않으니, 이른바 천지天地가 막히고 현인賢人은 숨는다. (그러나) 양은 오고 음이 떠나니, 계 절로는 봄이라면, 만물이 생겨나니, 따라서 태평[泰]괘이다. (그런데) 양이 떠나고 음이 왔기에, 계절로는 가을이 되고, 만물들이 생겨나지 않으니, 따라서 비否괘이다.

● **나의 견해**: 군자의 교류는 담담하기 물과 같으니, 따라서 쉽게 소원해진다. 소인의 교류는 달 콤하기 단술과 같으니, 따라서 쉽게 친하게 되는 것이다.

안에 소인배들만 있고 군자들은 배척받는 (모습)이다. 소인의 도리는 커지고 군자의 도리는 쇠멸하 는 것이다.
[內小人而外君子. 小人道長 , 君子道消也.]

유향劉向(전77-전6)은 말한다. 아첨하고 헐뜯어서 출세하면 현인들이 물러나고, 간사한 무리가 왕성하면 바른 선비들은 줄어든다. 소인의 도가 늘어나서, 군자의 도는 줄어들게 되면, 정치는 날 로 혼란되고, 따라서 막히게 된다[否]. 비否괘는 막히어 혼란함이다.

교중화喬中和(16세기 말, 17세기 초엽)는 말한다. 군자는 바름[正]으로 자처하고, 때에 따라서 숨기도 나타나기도 하니, 무슨 이롭지 못한 일이 있겠는가? 또한, 소인들은 군자들의 바름[貞]에 불리하다. 이 때문에 군자가 떠나가고 소인이 오면 천하는 막힐 것[否]이다. 비否로 말미암아 태泰 괘로 가는 것이 자연[天]이고; 태泰로 말미암아 비否괘로 가는 것이 사람[人]이다.

유원劉沅은 말한다. 소인의 도가 자라나고, 군자의 도가 줄어드는 것은 올바른 도리가 아니다. 음양이 서로 이루는 것이 공功이다. 선유先儒는 음을 누르고 양을 키웠으니, 양은 군자이고, 음은 소인이라 말했다. (군자는) 음양의 화평和平을 모르고도 공업功業과 교화敎化를 이루는 것이다. 부자夫子[공자선생님]께서는 태泰비否 두 괘에서, 음양은 한쪽으로 폐기될 수 없다는 뜻을 피웠고, 또한 그 득실을 이렇게 추론하셨다.

● **나의 견해**: 천하에서 만물은 바른 도리를 얻으면 통하고, 잃으면 불통이다. 합당한 세상이든 아니든, (비否괘에서) 만물의 사리는 정도正道와 서로 배치되지 않는 것은 하나도 없다. 교통이 날로 매우 편리해지고, 문화는 날로 개통함을 보이고, 통하면 기호嗜好와 욕망欲望은 이에 진공進

攻을 하여 탈취하려는 단서가 수천 번 변화해도, 각기 그 방도를 내놓으나, (비否괘에서) 시행되는 것은 막을 수 없고, 실로 멋대로 하여 생명을 해치는 일 아닌 것이 없게 되는데, (사람들이) 천지天地의 본성과 서로 격하여 크게 차이가 나게 되니, 이에 (비否괘에서) 만물의 혼란한 모습이 통하기를 구하면 구할수록, 더욱 소통할 수 없게 될 것이다. 천하에 나라가 없는 적이 있었는가? 상하가 쟁탈하면, 감정의 '지향과 흥취[志趣]'를 서로 믿지 못하게 되니, 온 나라들이 미친 것 같아서, 비록 나라가 있으나 나라 없는 것과 마찬가지이다. 나라가 존속하는 것은 다행이요, (나라가) 천지 사이에 자립할 수가 없게 된다. (비否괘에서) 군자의 도가 줄어드니, 비否의 시기에 처해서는, 도는 시행될 수 없고, 소인들이 왕성하게 커나가는 것만 못 하다. 사실 군자의 도는 그대로 있는 것이니, 결코 줄어든 적이 없다. 군자의 도가 과연 줄었다면, 비否의 운세가 무엇으로 말미암아 태泰가 되겠는가? 이것[비否괘]은 소인의 도가 자라남에 대하여 말한 것에 불과하다.

상전에서 말한다. 하늘과 땅이 통하지 않는 것이, 비否괘이다. 군자는 검덕儉德을 (받들고 단지) 환난만 피하려고 하고, (나라의) 봉록을 영화롭게 여길 수 없다.

[象曰: 天地不交,「否」. 君子以儉德辟難, 不可榮以祿.]

양만리楊萬里(1127-1206)는 말한다. 천하에서 참아낼 수 없는 궁핍함을 참아낼 수 없다면, 천하에서 피할 수 없는 고난苦難도 피할 수 없다. 참아낼 수 없는 궁핍함이 지극한 유혹이다. 던져진 유혹에는 화禍가 따른다. 녹봉祿俸으로 영화로울 수 없을 때만, (화를) 면할 것이다. (주희의) 『주역본의周易本義』에서 말한다. 자기 덕을 수렴하되, 밖으로 보이지 않게 해야, 소인들의 난難을 피할 수 있다.

항안세項安世(1129-1208)는 말한다. (비否괘에서) '영화롭게 여길 수 없음[不可榮]'은 '할 수 없어서 영화롭지 못함'을 말함과 같다.

심기원沈起元(1685-1763)은 말한다. (비否괘에서) 검덕儉德은 곧 '주머니를 묶음'[括囊]의 뜻이다.

유원劉沅은 말한다. 검덕儉德은 '자기 덕을 묶고서 밖으로 화려하게 하지 않음'이다. (하괘인) 곤坤은 인색함이니, 검소함[儉]의 상이다. 피난辟難은 소인들의 화禍를 피함이다. 3양이 밖[外卦]에 있으니, (비否괘는) 피난의 상이다.

짱홍즈張洪之(1881-1969)는 말한다. 난세에 생명[性命]을 보전하려면 제후에게 현달顯達함을 찾지 말고, 때를 알아야 한다. 이이곡李二曲(1627-1705)은 (임금으로부터) 자주 불림을 받았으나 관직에 임하지 않았고, 섬서陝西총독總督에 이르러서 병자의 침대를 옮기고 관서官署[公廨]를 살피고서, 엿새 동안 곡식을 끊고 먹지 않았으니, 집으로 돌아갈 수 있었다. 이에 고염무顧炎武(1613-1682, 亭林先生)는 스스로 탄식하며, '내 이름을 살리려면 내 몸을 죽여야 하니, 이는 모두 잘못을 고치고 자신을 새롭게 함에 아직 주밀周密하지 않은 것인데, 재능은 자신을 숨김으로는 할 수 없는 것이다.'라고 말하였다. (이이곡李二曲은) 문을 닫아걸고 엄하게 잠갔기에 자신이 옳은 것이라 여겼으나, 고염무顧炎武만이 이르러서, 그것을 보았다.

• **나의 견해:** 『좌전左傳』양공襄公22년에, 정鄭나라의 자장子張(전?-전551, 공손흑굉公孫黑肱이라고도 함)이 자기 자식에게 훈계하여, '난세에 태어나서, (자리가) 높으나 청빈할 수 있고, 백성들에게 요구하지 않으면 나중에 망할 수 있다. … 경계하며 생존하며, 부유하지 않아야 한다.'라고4) 말하였다. 검덕儉德하면 난難을 피할 수 있다는 뜻을 얻은 셈이다.

초육효: 띠의 뿌리 및 그 부류를 뽑아버리면, (그 일은) 바른 것이니 길하다. (시행하면) 통하는 것이다.

[初六: 拔茅茹以其彙, 貞吉. 亨.5)]

상에서 말한다. "잡초를 (뿌리까지) 뽑아내어, 옳게 되니 길함"이란, (그런) 뜻이 임금에게 있음이다.

[象曰: "拔茅貞吉," 志在君也.]

호일계胡一桂(1247-1314)는 말한다. 호체互體인 손巽은 띠[茅]이다. 태泰괘는 3양陽이 뿌리를 상징하고, 비否괘는 3음陰이 뿌리를 상징하는 것이다.

유원劉沅은 말한다. 3음이 이어진 부류로서 나아가니, 또한, 띠가 뿌리까지 이어졌기에, (초6효는) 그 부류까지를 뽑아냄을 나타내는 것이다. 그러나 소인이 처음 진출하면 반드시 바로 군자를 해치는 것은 아니다. 특히 왕성한 세력이 일어나려 할 때 (소인들은) '바름[正]'을 해害하고 나라를 비뚤게 하는 것이다. 성인이 경계하여 이를 유도하니, (소인들이) 바름[正]을 지키고 나라를 복되게 하고 백성을 이롭게 하여 길하게 되니, 천하가 복福을 입고, 자신들도 또한 (혜택을) 받아서 형

---

4) '生於亂世, 貴而能貧, 民無求焉, 可以後亡. … 生在敬戒, 不在富也.', 『左傳全譯』, 襄公22年, 王守謙 等譯注, 상동, 913頁.

5) 모茅는 띠이고; 여茹는 뿌리이다. 王引之에 의하면, 以는 及과 같다. 휘彙는 類이다. 貞은 正이고, 형亨은 通이다. 高亨, 156頁.

통하게 된다. 이것이 (초6효에서) 소인을 이끌어서 바르게 하는 뜻이다.

양가수楊家洙(19세기, 청淸대말의 역학자)는 말한다. (비否)괘의 처음에는 그 뜻을 아직 전이轉移시킬 수 있다. 양陽은 음陰의 임금이니, 초6효는 (자신이) 변하여 임금을 따를 수 있어서 바르게 되니, 어떻게 길吉이 그들(小人들)과 같아지겠는가?

리스전李士鉁은 말한다. 초6효는 아래에서 위로 응하니, 따라서 위에서 이를 뽑아낸다. 초6효는 3음의 뿌리이니, 그것을 뽑으면 반드시 그 부류에까지 미친다. (비否괘의) 단象전에서 양이 줄어드는 것을 경계하였으나, (초6)효爻는 양을 받드는 것을 아름답게 여긴다. 비否괘에서 뽑는 자는 아래에서 위를 위해 쓰이니, 음은 양의 득得이 된다. (초6효에서 음을) 만약 뽑아버린다면, 어떻게 '바르고 길함[貞吉]'이 되겠는가?

마치창馬其昶은 말한다. 비否와 태泰의 초효는 모두 용인用人을 주로 하여 말한 것이니, 초사初辭는 '본뜨는 것[摹擬]'이다. 태泰괘일 때 '군자의 도는 자라나니, 뽑은 것은, 모두 바르며', '정복하면 길한 것[征吉]'이라 하였고, '바르면 길[貞吉]하다.'라고 하지 않음은, 그 나아감을 빨리한 것이다. 비否괘일 때는 '군자의 바름[君子貞]에는 이롭지 않으니,' '바르면 길하고 형통함[貞吉亨]'은 선모羨慕하는 것이다. (태泰괘처럼,) 초6효를 변화시켜 양이 되면, 이에 길하고 형통[吉亨]할 수 있다. 뜻은 임금에게 있고, 뜻은 양에 있다. (그런데,) 비否괘가 언제 전환할 수 없는 적이 있었는가? 또한, 뽑힌 사람이 바른지, 아닌지를 볼뿐이다.

육이효: (사람들이) 징계할 마음을 가졌으나, 서인들은 길리吉利로 전환할 수 있고, 대인大人은 '막혀서 곤[否困]'한데 처해도, 형통한 것이다.
[六二: 包承, 小人吉, 大人否. 亨.6)]
상에서 말한다. "대인들이 막혔지만 (조금은) 형통할 수 있음"은, (신하들의) 무리를 혼란하게 할 수는 없음이다.
[象曰: "大人否亨," 不亂群也.]

순상荀爽(128-190)은 말한다. 대인大人은 95효를 말하는데, 62효와 95효가 상응하니, (62효에서) 비否괘의 뜻이 통할 수 있기에, 따라서 '비否는 형통한다.'라고 말한 것이다.

유원劉沅은 말한다. 군群은 3음이다. 62효가 95효를 받드니, 소인들과 무리를 짓지 않기에, 따

---

6) 包는 포抱(품다)이다. 승承은 징懲(징벌)의 가차이니, 징계懲戒이다. 형亨은 通이다. 高亨, 157頁.

라서 비否이지만 형통한 것이다. (62효에서) 쉽게 군자를 위해 도모하니, 따라서 대인大人을 전적으로 아름답게 본 것이다.

팽신보彭申甫(1807-1887)는 말한다. 받들음[承]은, 62효가 95효를 받들음이다. 포包는, 95효가 62효를 포용함이다.

리스전李士鉁은 말한다. 62효는 땅의 가운데에 있고, 천기天氣를 포괄하니, 땅은 하늘을 받들고 그 기氣를 받는다. 소인이 군자를 받들고 그 마음에 순종하니, 음의 도를 얻기에, 따라서 소인이 길하다.

후왠쥔胡遠濬(1869-1931)은 말한다. (62효에서) 무리를 어지럽히지 않으면, 상하는 각자 자기 직분에 편안하다. 군자가 아래에 있으면서, 때[時]에 안주하며 도를 지킨다면, 비否라 해도 형통하지 않겠는가? 무리를 감히 어지럽힌다면, (62효에서) 기운 것을 구할 수 있겠는가! 받들음을 품는 것이 비否괘에서 드러남은, 성인의 뜻이 깊다고 하겠다!

마치창馬其昶은 말한다. 태[泰]괘가 건乾에서 말씀[言]을 포용하니, 하늘이 땅을 포용함을 나타낸다. 비否괘가 곤坤에서 말씀[言]을 포용하니, 땅이 하늘에 의해 포용됨을 나타낸다. 대인이나 소인이 모두 자리로써 말한다. '막힘[비否]'을 당할 때, 95효가 위에서 포용하고, 62효가 아래에서 받들며, 중정中正하여 변하지 않으면, 95효가 (비로소) 이에 응대하니, 대인大人은 비否라도 형통하게 만든다. 비否괘의 효가 대부분 바름[正]을 잃었으나, 유독 62, 95효의 음양이 혼란되지 않으면, 괘의卦義에서는 사귀지 못하나, 효위爻位에서 바름[正]을 얻는 것이다. '소인은 길하고, 대인은 막힘[비否]이나 형통함'은 화복禍福의 관계를 보인 것이며, 62, 95효가 적절히 교류함이다. '무리를 어지럽히지 않음[不亂群]'은 중정中正함이 '막힘[비否]'를 구제하고, 62, 95효가 다시 변할 수 없음을 보인 것이다.

육삼효: (마음에) 수치심을 품고 있다.

[六三: 包羞.7)]

상에서 말한다. "마음에 수치심을 품음"은, (육삼六三효의) 자리가 맞지 않음이다.

[象曰: "包羞," 位不當也.]

왕안석王安石(1021-1086)은 말한다. (63효가) 신하의 왕성한 자리에 있으면서, 자기 임금을 바

---

7) 包는 포抱(품다)의 가차이다. 荀爽의 注나, 王弼의 注에 의하면, 수羞는 수치羞恥의 羞로 읽었다. 63효는 음효이나, 陽位에 있으니, '位不當'이다. 高亨, 158頁.

로 잡을 수 없으면, 이는 수치이다.

(장재의)『횡거역설橫渠易說』에서 말한다. 비否괘에 처하여도 나아가고, 자기 지위가 아닌 데도 행하면, 알지 못하는 것이니, (63효는) 수치이다.

곽옹郭雍(1106-1187)은 말한다. (63효가) 봉록을 공으로 먹고 자기 직분을 다하지 못하며, 나라에 곡식이 없다고 말하니, (63효는) 수치이다.

유원劉沅은 말한다. (63효는) 여러 음 위에 있으면서, 62와 초6효를 포괄하니, 소인들이 되돌아옴이다. (63효는) 음으로 유柔하면서도 중정中正이 아니기에, 수치羞恥가 오는 것이다. (63효에서) 심히 탄식하여 중정中正하게끔 경계하는 것이다.

마치창馬其昶은 말한다. 63효 또한 위에서 포용됨을 보인다. (63효는) 하체의 맨 위에 처하여, (음)자리가 (양자리에) 맞지 않으니, (호체互體인) 간艮은 정지로서 떠나가지 않기에, (63효는) 수치를 품는 것이다. 소인의 도가 자라날 때, 63효의 하는 바는 혹 흉구凶咎가 없는 것이다. 그러나 군자는 그것을 수치로 여긴 것이다.

● **나의 견해**: (수욕羞辱을 참고 받는다는) 포수包羞 두 자는 소인의 정황을 다 포괄한다. 63효는 중中도 아니고 정正도 아니니, '막힌 세상[否世]'을 당하여 자리를 훔치고서 녹은 받아서, 숫자를 채우고 몸은 온전하게는 하였으나, 그것이 수치인 줄은 스스로는 모른다. (63효가,) '자리가 합당하지 않다.'라고 했으니, 합당하도록 분투하여, 소인으로 자처하는 것을 부끄럽게 생각하지 않도록 하라.

구사효: 천명天命이 (안배하니), 재앙은 없고, 수명壽命이 복에 붙어 있다.
[九四: 有命, 无咎, 疇離祉.8)]
상에서 말한다. "천명이니, 재앙 없음"은, '뜻의 시행[志行]'이다.
[象曰: "有命無咎," 志行也.]

순상荀爽은 말한다. (94효는,) '여러 음陰[群陰]' 위에서 뜻이 시행됨을 말함이다.

(순상 등의)『구가역九家易』에서 말한다. (호체인) "손巽은 명命이다."9) 주疇는 유類이니, 음류

---

8) 命은 天命이다. 주疇는 수壽의 가차이니, 수명壽命이다. 離는 여麗의 가차이니, 부附(붙다)이다. 지祉는 福이다. 高亨, 158頁.

9) '巽爲命.', 荀爽, 『九家易解』, #59, 中國哲學書電子化計劃, https://ctext.org 참조.

陰類가 모두 복지福祉에 붙어있음을 말한다.

(주희의) 『주역본의周易本義』에서 말한다. 비否괘가 (94효에서) 가운데를 지났으니, 장차 구제받을 때이다. 명命은 천명天命이다.

항안세項安世(1129-1208)는 말한다. 태泰괘의 93효는, '재앙이 없음'[无咎]과 아래에서 복 있음을 말했고, 비否괘 94효는 '재앙이 없음'[无咎]과 아래에서 '수명에 복이 있음'[疇離祉]을 말했으니, 이 두 효는 천명이 변할 때, 바른 군자들이 과실過失을 보충해야 함을 말한다. (나의 견해: 2효는 태泰의 93효와 비否의 94효를 말한 것이지, 둘째 효를 말한 것이 아니다.) '막힘[否]'의 때를 당해서, 천명天命이 없다고 해도, 94효는 뜻이 있으니, 어떻게 할 것인가? 태泰괘는 난리에 고蠱▤괘를 이루라고 명령하고, 비否괘는 익益▤괘를 이루라고 명령한다. 명命은 하늘이 명命하는 바이니, 군자들이 만든다. 도道의 흥폐興廢는 어찌 하늘의 뜻이 아니겠는가? 세상의 다스려짐과 혼란은 어찌 임금(의 짓)이 아니겠는가?

호병문胡炳文(1250-1333)은 말한다. 태泰괘가 비否괘를 바꿈은 쉬우니, 따라서 (비否괘의) 내괘內卦[坤]로 말한 것이고; 비否괘가 태泰괘를 바꿈은 어렵기에, 따라서 외괘外卦[乾]를 비로소 말한 것이다.

유원劉沅은 말한다. 94효는 양강陽剛이니, 임금 자리에 가까이 있고, '막힘[否]'을 구제하는 재주가 있으니, 높은 자리에 있는 자이다. '막힘[否]'의 때를 당하여, (94효는) 아래의 3음과 결연하지 않고, 95효에 의지하는 것이다. 이는 범사가 임금의 명령[君命]에서 나와야, '막힘[否]'을 구제하고 복에 붙을 수 있는 것이다. (94효에서) '뜻의 시행[志行]'이란, '막힘[否]'을 구제하는 뜻은 임금의 명령을 얻어야 시행되니, '스스로 쓰지[自用]' 않도록 경계함을 말한다.

리스전李士鉁은 말한다. 건乾은 복福이고, 호체互體인 간艮은 그침[止]이니, 복에서 그침이다. 94효는 하늘을 받들고 땅에 베풀었으니, 땅 위의 사물은 복을 받지 않은 것이 없다. (호체互體인) 손巽은 명령을 다시 하여 일을 행한다. 무릇 명命이란, 천도天道이면 천명天命이 되고, 인도人道이면 군명君命이 되니, 임금에게서 나온 것이 곧 명命이다. 하늘에 합치하지 않으면 사람을 변화시킬 수 없다. 왕(의 신임)을 얻지 못하면 백성을 다스릴 수 없다. 대신大臣들은 난리 나서 분산될 때를 당하여, 오히려 인심人心을 수습하고, 사기士氣를 굳건히 하고, 큰 공을 진헌進獻하고 임금의 명령을 의지할 수 있다. 천자天子의 조서詔書 1자[尺]가 내려오면, 배반하려는 군졸軍卒들도 감읍感泣한다. 왕조의 역법曆法[正朔]을 받들고, 많은 서민들이 성심誠心으로 귀부歸附한다. 명命이 매인 곳이 중대하도다!

마치창馬其昶은 말한다. (상괘인) 건乾은 하늘이고, 건乾이 (호체互體인) 손巽으로 변하면 천명天命이다. (94효에서) 정正으로 가서 양陽을 받들고, 위로부터 낮은 것보다 낮아지니, 천명天命을 얻고, 군명君命을 받들고, 실제로 은혜가 초6효에 미치니, 비否괘가 전환되어 익益괘가 되기에, 이것은 군자가 그 뜻을 시행할 때라 하겠다. '동류同類[疇]'는 초6효를 말하고, '복에 붙음'[離祉]은 익益괘▦▦를 받음이다.

• **나의 견해(1)**: '막힘[否]'의 세상에는 소인들이 뜻을 얻는데, 그러나 군자의 뜻은 각자 그 옳음을 시행하지 않은 적이 없으니, 소인들과 인연을 맺는 것이 아니다. 이런 뜻이 항상 행해지니, 곧 '막힘[否]'을 전환하여 태泰의 기반[基]이 된다. 이것이 곧 천명天命에 기탁을 하는 바이니, 천하를 위하여 복리福利를 만들고, 소인들 또한 자기 동류同類를 이끌고서 그것에 달라붙는다. 94효의 뜻은, 위태로움을 부축하고 기울어짐을 구제하니, 진실로 자기가 갈 바를 의심하지 않는다.

• **나의 견해(2)**: 94와 초6효가 응하니, 따라서 길하다. '동류同類[疇]'는 초初이다.

구오효: 비운否運이 (오는 것을) 두려워하니, (근면하고 근신하여), 대인이 (이와 같으니) 길하다. (나는) '장차 망할 것이니, 망할 것이니' 하나, (그 사람이나 나라는) 무성한 뽕나무처럼 견고하다.
[九五: 休否, 大人吉. 其亡其亡, 繫于苞桑.10)]
상에서 말한다. "대인大人"은 "길吉함"은, (구오九五효의) 자리가 정당하기 때문이다.
[象曰: "大人"之"吉," 位正當也.]

경방京房(전77-전37)은 말한다. 뽕나무에는 사람을 입히고 먹이는 공功이 있고, 성인은 하늘을 덮고 땅을 덮을 만한 덕이 있으니, 따라서 (95효에서 뽕나무에) 비유한 것이다.

왕부王符(83-170)는 말한다. 『역易』(비否괘 95효)에서, '장차 망할 것이니, 장차 망할 것이니 하며 (근신하면), 무성한 뽕나무처럼 견고할 것이다.'라고 일컬었다. 이 때문에 수명壽命을 기르는 선비는 병에 앞서 약을 복용하는 것이다. 세상을 기르는 임금은, 난亂에 앞서 현인賢人에게 (정권을) 맡긴다. 이 때문에 몸은 항시 편하고 국맥國脈은 영원하다.

육적陸績(188-219)은 말한다. (95효에서) 포상苞桑은 총생叢生하는 뽕나무이다.

육희성陸希聲(801-895)은 말한다. (95효에서) 포상苞桑의 경계는, 뜻이 아래의 백성에게 있고

----

10) 휴休는 출恷(두려워함)과 같으니 공구恐懼이다. 비否는 막힘[閉塞]이다. 王引之에 의하면, 其는 將(장차)과 같다. 계繫는 격䫜과 같으니 격䫜은 견고堅固이다. 포苞는 무茂(우거짐)이다. 高亨, 159頁.

그 근본을 굳게 하려는 것이다.

(장재의)『횡거역설橫渠易說』에서 말한다. 망亡은 두려움[懼]이니, 따라서 그 '막힘[否]'을 정지시킬 수 있다.

장준張浚(1097-1164)은 말한다. (호체互體인) 손巽은 나무이니 무성한 뽕나무이고, 손巽은 줄이니 묶는 것[繫]이다.

(주희의)『주역본의周易本義』에서 말한다. (95효는) 양강陽剛하고 중정中正이니, 존위尊位에 있으며, '막힘[비否]'의 때를 멈추게 할 수 있으니, 대인大人의 일이다.

유원劉沅은 말한다. 95효는 임금의 자리이다. 9는 양덕陽德이다. '막힘[否]' 때를 당하여, 덕이 있고 임금 자리에 있는 자만이 '막힘[비否]'을 멈추게 할 수 있다. 대인大人은 비否를 멈추게 할 도리가 있으니, 늘 장차 망할 것임, 장차 망할 것임의 생각을 가지고, 사물을 묶는 것처럼 그렇게 유지를 한다. 이離가 변하여 잠복한 감坎은 (범인을 가두는) 총극叢棘이 되니, 포상苞桑의 상象이다. '정당正當'은 힘씀[勉勵]이다.

리스전李士鉁은 말한다. 혼란한 국면을 다스려 정상을 회복하는 일이 임금의 임무이다. 대인만이 난亂을 끝낼 수 있다. 공자는 춘추(시대)의 난을 다스릴 수 없었고, 덕은 있었으나 그 자리가 없었다. 걸桀과 주紂는 하夏나, 상商나라가 망함을 구할 수 없었으니, 자기 자리는 가졌으나 그 덕이 없었다. 이(비否괘 95)효를 당한 자는 탕湯왕이나, 무武왕인가? 대인의 덕을 가지고, '막힌[비否]' 때에 건乾의 두려움[惕]을 몸으로 하고, 망할 것을 깊이 염려한 것이니, 망하지 않은 이유가 곧 여기에 있다.

천한장陳漢章(1864-1938)은 말한다.『시詩』에, '진펄속의 뽕나무 얼마나 아름다운가!'라고[11) 했는데, 정현鄭玄전箋에서, '진펄 속[隰中]'의 뽕나무는 사람을 가려줄 수 있으니, 당시 현인賢人군자가 쓰이지 않고 재야在野에 처했으나, (서인들을) 비호하고 양육하는 덕을 가진 것을 비유한 것이다. 이것은『역易』에도 그 뜻이 통함(을 말한 것이다.) 무성한 뽕나무[苞桑]는 진펄속의 뽕나무[隰桑]와 같으니, 진펄이 아래에 있음은 곧 62효가 무리를 이룬 사람들을 어지럽히지 않음이다. 묶어준 것은 95효이니, 62효와 상응한다. (왕부王符[83-170]의)『잠부론潛夫論』에서 '현자賢者에게 맡김'의[12) 뜻과 서로 인증될 수 있다.

---

11) '隰桑有阿.',『詩經譯注』,「小雅」,「都人士之什」,「隰桑」, 袁梅著, 상동, 692頁.
12) '先難任賢, 是以身常安而國脈永也.',『潛夫論』卷一,「思賢」第八, 漢 王符撰, 電子版文淵閣四庫全書, 上海人民出版社 1999 참조.

마치창馬其昶은 말한다. '대인이 길'하면, 양陽은 변할 수 없다. '기망其亡'이라 말한 것은, '천하가 장차 위태하여 망할 것이니, 현인賢人에게 급박하게 맡기어 민심을 묶어두지 않으면 안 됨을 말한 것'이다. 62효가 아래에 있음은 무성한 뽕나무의 상이다. 무성한 뽕나무는 더욱이 민심을 묶어주는 것이다. 대인이 천하의 막힘[否]을 멈추게 하려면, 반드시 민심으로 하여금 묶어두게 하여야, 후에 군중을 어지럽히는 무리들이 이에 작동하지 못한다. 62효에서 소인들이 길함이 있으니, 이렇게 95효의 '대인의 길함'이 있게 된다. 두 효의 뜻은 서로 발동한다.

● **나의 견해:** 건乾괘 92효의 이로움은 (비否괘) 95효의 대인大人을 보이게 하니, 95효의 이로움은 92효의 대인을 보이게 하는 것인데, 이는 상하가 덕을 합하여 서로 봄이다. 비否괘 95효가 62효를 포용하고, 62효는 95효를 받드니, 이는 음양이 상응하고 상교相交하는 것이다. 막힌[否] 세상에서 본래 상하는 사귀지 않는데, 62, 95효는 은밀하게 천지의 백성과 사물들의 기반을 묶어주니, 이것은 '막힘[비否]'이 막힘[비否]으로 끝나지 않는 이유이다.

상구효: 막힘[否]은 경각頃刻의 시간이니, 먼저는 (꽉) 막히었으나 나중은 기쁠 것이다.
[上九: 傾否, 先否後喜.13)]
상에서 말한다. "막힘[否]"이 끝나는 것은 "눈 깜짝할 순간"이니, 어찌 오래일 수 있겠는가!
[象曰: "否"終則"傾," 何可長也!]

(정이의) 『이천역전伊川易傳』에서 말한다. 상9효는 비否괘의 끝이다. 물리物理는 정점에서 반드시 돌아오니, 따라서 비도否道가 기울어 자빠지면 변한다. 먼저는 막힘[否]이 정점이나, 나중에는 기쁨으로 기우는 것이다.

주진朱震(1072-1138)은 말한다. 비否[막힘]괘가 건乾을 허물고 태兌를 이루니 기쁨이 되는 것이다.

왕종전王宗傳(12세기, 남송南宋 역학자)은 말한다. (상9효에서) '기울어지는 비否괘'라고 말하고, '비괘가 기울어짐'은 말하지 않으니, 사람의 힘이 많은 것이다.

유원劉沅은 말한다. '막힘[비否]'에는 오래 가는 '막힘[비否]'의 도리는 없고, 다만 '막힘[비否]'을 기울게 하는 자는 덕이 있고 재주가 있음에 의지할 뿐이라고 말한다. 사물에는 종시終始가 있으

---

13) 경傾은 경頃의 가차이니, 경각頃刻(눈 깜빡할 사이)의 시간이다. 否는 닫힘[閉塞]이다. 高亨, 159頁.

나, 태화太和의 도리에는 종시가 없다. 하나의 원元이 운동하며 변화하는데, 어찌 막힌 때[否時]가 있겠는가? 인사人事를 닦지 않았기 때문에, 태泰가 전화하여 막힘[否]이 되나, 천도天道의 상법常法에 마침내 위탁하게 된다. 성인께서 쇠락함을 북돋우고 세상의 성망聲望있는 인사를 구제하니, 따라서 비否괘에는 천도天道를 무겁게 보지 않는다. 오해가 스스로 온 것이니, 음양은 한쪽으로 없어질 수 없다는 뜻을 알지 못한 것이다. 그러므로 (공자)선생님께서 두 괘[泰와 否]를 지어내었고, 이와 같이 득실을 추론하였다.

마치창馬其昶은 말한다. (비否괘가) 어떻게 오래 갈 수 있겠는가? 마땅히 변하여 바른 데로 간다고 말하였다.

• **나의 견해**: 비否괘는 3음이 안에서 폐결閉結했으니, 띠와 뿌리가 엉켜서 함께 나아가며, 아래를 포용하고 위를 받드니, 스스로 '길吉하다.'라고 여기나 수치를 모르니, 비否괘가 군자의 바름[貞]을 보지만, (사람들은) 불리不利하다고 여긴다. 군자는 스스로 도가 있는데 처하니, 초6효에는 이른바 '불리함'[不利]이 없다. 정도正道[貞]로 지키고 활동에 길하지 않음이 없으니, 막힘[否]에 처하나 스스로는 형통하다고 보기에, 결코 난잡하거나 소인들의 무리에 들어가려고 하지 않는다. 검소한 덕으로 간요簡要하니, 실수가 적고, 군자가 닫힘[否]의 도에 처함을 바르게 한다. 닫힘[否]의 세상에는 녹봉을 중시하고 덕을 중시하지 않으니, 사람들이 모두 녹祿을 영광으로 여기고, 난리가 쉽게 올 것을 모른다. 군자라면 덕에 처하고 녹봉은 사양한다. 환난을 멀리하려 하고 욕을 받지 않으려 하니, 반드시 먼저 이록利祿을 가벼이 여기고 그 영광됨을 선모羨慕하지 않는다. 녹봉이란 혼란을 유인하는데, 소인들이 그것을 탐내니, 수치스러운 일이다. 검소함은 법도의 증거물이니, 군자들이 그것을 지키는데, 오랫동안 형통할 수 있다. 이 내괘의 3(음)효는, 모두 소인의 도는 자라나고 군자의 도는 줄어드는 때이니, '막힘[비否]'의 상이 이루어질 수 있는 것이다. 그러나 줄어들음[消]과 커감[長]은 서로 의존하니, 외괘의 3양陽이 병진竝進하기에, 막힘[否]의 세상에서 전환할 수 있는 기반이 없는 것은 반드시 아닌 것이다. 천명天命이란 실제로 인심人心에 묶이어 있으니, 인심은 천명으로 통할 수 있다. 매사에 화禍가 변하여 복福이 되는 기반을 심게 되면 천명天命에 기탁을 하여 수명壽命이 복에 붙을 뿐이로다! 때때로 '없어짐'[亡]을 바꾸어 '있음'[存]으로 되게 하는 염두를 받아드리면, 인심은 굳건해지고 막힌 운세[否運]도 그치게 될 것이다! 95효는, 대인이 위에 있으니, 양강陽剛이고 중정中正하여, 이에 건乾을 돌리고 곤坤을 바꾸는 사람이 된다. 상9효는 '비否를 쓰러지게 함'[傾否]이니, '쓰러뜨림'은 난세를 평정하여 바른 것[正]으로 되돌

리는 것이다. 닫힘[否]이 정점이면 태운泰運이 장차 열리고, '천하의 근심을 먼저 걱정하고, 천하의 즐거움을 나중에 즐김이다.'[14] 천지天地의 기화氣化에는 본래 스스로 닫힘[否]이 없으니, 곧 있을 때가 있으나 닫힘[否]도 또한 장구하게 닫히는[否] 도리로 끝날 수는 없다. 그것을 전환하는 데는 반드시 도道가 있을 것이로다!

---

14) '先天下之憂而憂, 後天下之樂而樂.', 『范文正集』, 「岳陽樓記」, 宋 范仲淹撰, 電子版文淵閣四庫全書, 上海人民出版社 1999 참조.

13. 동인同人괘 ䷌

(동인괘:) (신민臣民들이) 들에서 찬동하니, 형통하다. 큰 내를 건넘이 이롭다. 통치자가 바르니 이롭다.
[同人于野, 亨. 利涉大川. 利君子貞.[1)]]

소식蘇軾(1037-1101)은 말한다. 야野는 (아무것도) 찾을 수 없는 땅이고, 무릇 내[我]를 따르는 자들은 모두 진정으로 같은 것이다.

유원劉沅(1767-1855)은 말한다. 하늘(天)은 위에 있고, 화염火炎은 위로 올라가 하늘과 함께 하는 것이다. (하괘인) 이離괘는 태양도 되고 불꽃도 되는데 태양은 바로 불꽃의 정수精髓이다. '선천도先天圖'의 건위乾位가 바뀌어서 '후천도後天圖'에서는 이위離位가 된다. 이離는 불[火]로 위로 타올라, 하늘과 응하니 이는 인심人心이 그 근본을 아는 데 어둡지 아니함이므로 동인同人괘가 된다. 겉모양[시은 같지 않으나 마음[心]은 같으니, 마음이 같으면 천하의 사람 모두가 함께할 수 있다. 「서괘序卦」전에 '사물은 비否괘로 마칠 수 없으므로 동인同人괘로 받았다.'라고[2)] 했는데, '막힘[비否]'를 구제하는 것은 동인同人괘가 아니고는 불가함을 이른 것이다. 천하를 한 집안으로 삼고, 중국中國을 한 사람으로 삼아 정情을 믿고 은혜를 두루 미치게 하니, 바로 들[野]에서 사람과 함께함의 뜻이다. 성인은 사람들이 함께함[同]을 귀하게 여기고, 또한, 사람들이 함께 (행동)하도록 하는 가운데에서도, 사람들이 같음[同]에서 차이를 구별하여 '다름[異]'을 동同으로 변화시키고자 하는데, 그러므로 군자의 바름[貞]을 취하고 또 소인의 모습을 나열하였으니, 이는 사람들이 중정中正에 힘쓰도록 하게 함일 뿐이다.

또 (유원이) 말한다. 땅과 하늘 사이를 '야野'라 말하고, 사람과 하늘 사이를 '들판에서'[于野] 라

---

1) 동인同人은 찬동贊同이니, 타인에게 화답함이다. 野는 교외郊外의 땅이다. 형亨은 通이다. 君子는 才德있는 통치자이다. 貞은 正이다. 高亨, 163頁.
2) '物不可以終否, 故受之以同人.', 「序卦」傳, 高亨, 645頁.

고 말하는 것이다.

리스전李士鉁(1851-1926)은 말한다. 동인同人에는 '내[我]'가 없다. 불은 사물에 의지하여 생기지만 그 몸체는 또 안이 허虛하므로 '내[我]'가 없다. '내[我]'가 있으면 사람들과 함께 할[同] 수가 없다. 사람들은 서로 보기를 하늘[天]의 마음)으로 하고, 만물은 이離(밝음)에서 서로 볼 수 있으니, 하늘[天] 아래에 있으면서 보이지 않는 것이 없으므로 함께하지[同] 못함이 없는 것이다.

또 (리스전은) 말한다. (상괘인) 건乾은 야野가 되니, 62효의 지도地道 역시 야野라 칭한다. '야野'는, 시력이 미칠 수 있는 범위이니, 땅이 하늘과 연결되는 곳이다.

마치창馬其昶(1855-1930)은 말한다. 야野는 조야朝野의 야野가 되는데, 62효는 땅의 자리[地位]에 속하므로 야野의 상象이다.

단전에서 말한다. 동인同人괘의 (육이효는), 부드러움[柔]으로 음위陰位를 얻었고 (하괘의) 중간[中]을 얻었는데, (상괘인) 건乾에 대응하는 것이 동인同人괘이다. "민중들을 들판에 모이게 하니, (일이) 형통하여, 큰 내를 건너는 일도 이롭다."함은, 임금의 도리를 말한 것이다. (동인同仁괘는) 빛나고 밝으면서도[離] 강건[乾]하여, (육이효가) 중정中正하면서 (구오九五효에) 대응하니, 군자의 올바름이다. (그래서 백성들을 관찰하여) 군자만이 천하의 뜻에 관통할 수 있다.

[彖曰:「同人」, 柔得位得中, 而應乎乾 曰「同人」. "同人"曰:3) "同人于野, 亨, 利涉大川",4) 乾行也.5) 文明以健, 中正而應, 君子正也.6) 唯君子爲能通天下之志.]

(유안劉安의)『회남자淮南子』에서 말한다. "황제黃帝가 말한다. 「모호하고 밝지 않으니, 천도天道를 따르며, 원元과 같은 기氣이다.」 그러므로 지극한 덕을 가진 이는 같은 법도[同略]를 말하고, 일은 주지主旨가 같으며, 상하가 한마음이고, '갈림길[岐道]'이나 측면에서 본 것[旁見]이 없다. 사악邪惡은 저지하고, 착한 것에로 개도開導하니, 백성들은 정도正道에로 귀향한다. 『역易』(의 동인同人괘 단象전)에서, 「사람들을 들[野]에 모이게 하니, 큰 내를 건넘에 이롭다.」라고 말했다."7)

....

3) 朱熹에 의하면, 同人曰은 衍文이다. 高亨, 164頁.
4) 同은 취聚(모이다)와 같다. 亨은 通이다. 六二효는 柔이니 陰位를 얻었고, 下卦의 中爻이니, 得中이다. 高亨, 163頁.
5) 乾은 임금을 가리키고, 乾行은 君行이니 君道를 말한다. 周振甫, 54頁, 注3.
6) 상괘의 乾은 剛健이고, 하괘의 離는 '무늬 있고 밝음[文明]'이다. 동인괘의 六二효가 九五효와 대응한다. 高亨, 164頁.
7) '黃帝曰: "芒芒昧昧, 從天之道, 與元同氣." 故至德者, 言同略, 事同指, 上下一心, 无岐道旁見者. 遏障之

(정이의)『이천역전伊川易傳』에서 말한다. '동인왈同人曰' 세 글자는 연문衍文[羡文]이다. 천하의 뜻은 매우 다르지만 이理는 하나이다. '문채가 나고 밝으니[文明]' 이理를 밝히므로 능히 대동大同의 뜻을 밝힐 수 있다. 강건剛健하여 자기를 이기므로 대동大同의 도道를 다할 수 있다.

장준張浚(1097-1164)은 말한다. (동인同人괘에서) 이離는 불[火]로 사람에게 있어서는 마음[心]에 속하고, 뜻[志](의 의미)이다.

유원劉沅은 말한다. '동인왈同人曰'에서는, 문왕文王이 곧바로 '동인同人'이라 말하지 않고,「동인우야同人于野」라고 말한 까닭을 밝힌 것이다. 동인同人괘나, 대유大有괘■에는, 강剛이 다섯이고 유柔가 하나이니, 모두 유柔로서 주主를 삼은 것이다. 대유大有괘는 중中을 얻었으나, 동인同人괘는 자리[位]까지 얻어서 (상괘인) 건乾에 응하여 사람으로서 하늘에 합한다. (동인同人괘의 상괘인) 건乾은 하늘이고, (하괘인) 이離는 텅 빈 밝음이니 인심人心이다. (동인同人괘에서는,) 건乾은 이離 위에 있으니 사람 마음속의 하늘이다. 사람의 겉모양[시]은 같지 않으나 그 마음속의 하늘[天]은 같다. 반드시 지공至公, 지명至明, 지성至誠, 지허至虛의 국량이 있어야만 비로소 천하와 합하여 하나가 될 수 있으니, 이것(동인同人괘)이 '들에서 사람들과 같이 함[同人于野]'이 형통해 질 수 있는 까닭이다. 오직 군자만이 정正으로써 (천하의 뜻을) 통할 수 있으니, '바른[正]' 자는 감感하여 통하고 '바르지 않은[不正]' 자도 화化하여 통하게 되니, 어디를 간들 함께하지[同] 않겠는가?

리스전李士鉁은 말한다. (동인同人괘에서) 건乾은 큰 내[大川]가 되니, 호체互體인 손巽 나무[木, 배]를 타고서 건너는데, 마음을 가지런히 모으고 힘을 합하여, 함께 배를 타고 건너감이다. 군자는 진실한 성정性情을 갖고 있어서 사사로운 희노喜怒가 없이 중정中正의 덕으로 사람들과 함께 하니[同], 천리千里나 백리百里 밖에서도 어깨를 나란히 한 듯 비슷하고, 선성先聖과 후성後聖이 부절符節을 합한 듯이 비슷하니, 이 마음[心]과 이 이치[理]가 같다. 이것이 동인同人괘의 바름[正]이다.

마치창馬其昶은 말한다. 건행乾行은 강건한 시행[行]이다. 내를 건너면[涉川], 사해四海 내의 모두가 와서 함께 하는 것이다.

또 (마치창은) 말한다. 곤원坤元이 건乾괘 92효의 자리에 의탁하여 동인同人괘가 된다. (동인同人괘에서) 곤坤은 순하게 하늘[天]을 받들므로, 건乾에 대응한다.'고도 말하고, (동인同人괘 62효가) '중정中正하여 응한다.'라고도 말하니, 지도地道와 신도臣道가 그러하다. 함께하기를 야野에서

於邪, 開道之於善, 而民向方矣. 故『易』曰: "同人于野, 利涉大川.",『淮南子全譯』,「繆稱訓」, 劉安 等著, 許匡一譯注, 上冊, 상동, 543頁.

함은 바로 건乾의 92효가 들[野]에 있음이니, 그것의 형통함은 덕으로써 함이지 자리[位]로써 함이 아니므로, 군자라고 칭했다. 이 상象은 공자와 맹자가 그것으로서 하였다. 진희이陳希夷(871-989)가, '동인同人괘는 궁窮하여 아래에 있고, 대유大有괘는 통달하여 위에 있다.'라고 말하였다.

상象전에서 말한다. (상괘의) 하늘과 (하괘의) 불이 (합친 것이), 동인同人괘이다. 군자는 종류들을 구분하고 사물들을 가려낸다.
[象曰: 天與火, "同人." 君子以類族辨物.8)]

정현鄭玄(127-200)은 말한다. (동인同人괘에서) 하늘은 위에 있고, 불꽃은 올라가서 그것을 따르니 이것이 불의 성질이 하늘과 같은 것이다. (동인同人)괘체卦體에 (호체互體인) 손巽이 있으니, 불[火]은 바람을 얻은 연후에 불꽃이 더욱 살아난다. 바람은 두루 미치지 않는 곳이 없으니, 두루 미치면 회통會通의 덕이 크게 행해진다.

우번虞翻(164-233)은 말한다. '방方은 유類로 모이고, 물物은 무리[群]로 나뉜다.'9) 군자는 화합하나 같지 않으니, 그러므로 동인同人괘에서는 유족類族으로 사물을 가른다[辨].

(순상荀爽 등의)『구가역九家易』에서 말한다. (동인同人괘에서 상괘인) "건乾은 (하괘인) 이離(위)에 머무니, 하늘과 해[日]는 밝음을 함께 하여 아래를 비춘다."10)

유원劉沅은 말한다. '후천도後天圖'의 이離의 자리[位]가 곧 '선천도先天圖'의 건乾의 자리[位]이다. 하늘은 태양으로 밝음을 삼고, 불로 쓰임을 삼았으니, 그 사물[物]은 같지 않으나 그 '본성[性]'은 같다. 이것은 사람과 사람은 같지 않으나 그들의 도道가 같고 그들의 취지[趣]가 같음과 유사하다. 군자는, 하늘[乾]의 덮음은 사사로움이 없어 나누어진 무리에 대해서는 같은 유類로서 모으고, 서로 같지 않은 것에 대해서는 그들을 함께하게 함을 본받는다. 군자는 또 불꽃[離]이 고르게 비추어 유별난 사물[物]들에 대해서는 그것들을 분별하여 가르고, 같은 것에 대해서는 그것들을 구분함을 본받는다. 같지 않을 수 없는 것을 같게 하고, 다르지 않을 수 없는 것을 다르게 함으로, 동同의 큼이 된다.

짱홍즈張洪之(1881-1969)는 말한다. 군자는 천하를 통 털어서 일가一家로 보고, 사람들을 똑같이 대우하니, 어느 족族이 모이지 않겠는가? 지혜가 만물에 적합하니, 다른 점을 세찰細察하여 같

---

8) 類는 分과 같고, 族은 종류이다. 高亨, 165頁.
9) '方以類聚, 物以群分.',「繫辭」上傳,『周易譯注』, 周振甫譯注, 北京: 中華書局, 1991, 230頁.
10) '乾舍於離, …天·日同明以照天下.', 荀爽,『九家易解』, #65, 中國哲學書電子化計劃, https://ctext.org 참조.

음[同]을 불러오니, 유실遺失할 것이 없다.

이광진李光縉(1549-1623)은 말한다. (동인同人괘에서) 무리가 함께 하면[族類], 다투지 않게 되어 천하의 모든 무리[族]를 합할 수 있다. 사물[物]이 분별되면[物辨], 문란하지 않게 되어 천하의 모든 물건[物]을 하나 되게 할 수 있다. 이것을 일러 대동大同이라 한다. '수레에서 바퀴 축이 같고, 책에서 문자가 같고, 행실에서 인륜이 같음'은 주周나라의 융성한 시대에 이러한 상象이 있었다.

마치창馬其昶은 말한다. 『열자列子』의 주注에, '유類는 동同이다.'라고 하였다. 『주서周書』의 주注에, '족族은 군群과 같다.'라고 하였다. '종류들을 구분하고 사물들을 가려냄[類族辨物]'은, 그 무리는 대동大同이면서도, 또 그 사물[物]은 자세하게 분별함이다.

초구효: 궁문宮門 밖의 사람들에게 찬동하니, 재앙이 없다.

[初九, 同人于門,[11] 无咎.]

상에서 말한다. "(궁궐) 문을 나가서 사람들을 모으니", 또한 누가 "탓"할 수 있는가!

[象曰: "出門同人," 又誰"咎"也.]

채원정蔡元定(1135-1198)은 말한다. 문門은 62효이다.

유원劉沅은 말한다. 초9효는 양강陽剛이며 사사로움이 없다. 62효는 옆에 있는 획畫으로 가운데가 비어있으니 문門의 상象이다. 초9효는 62효와 가깝고, 62효는 중中하고 정正하니, 이는 동同할 수 있는 사람이 바로 문에 있는 것이다. '누구'[誰]는 93, 94효를 말한 것이다. 93효는 총생叢生한 초목에 엎드려있음[伏莽]이고, 94효는 담[墉]에 올라 있으니, 모두 사람이 '함께 하는 것[同]'을 꺼려서, 그것을 허물하고자 함이다. 초9효가 62효와 함께 하면 93, 94효가 능히 허물하지 못한다.

리스전李士鉁은 말한다. (동인同人)괘의 다섯 효爻가 모두 62효와 함께 하는 것으로 뜻을 삼는 것이다. 초9효의 자리는 (62효와) 서로 닿아 있어서 가장 먼저 함께 하니, 구차스럽게 함께 하는 것이 아니다.

마치창馬其昶은 말한다. 초9효는 문 안에서 62효와 함께 하니, 아마 집안사람일 것이다. 집 안에서 형제兄弟, 장유長幼의 차례는 매번 다른 취지가 많은데, 그들을 함께 하게 하는 것이 그들을 가지런하게 하는 것이다. 이 (초9)효爻에서 '우문于門'이라 말한 것은 초9효와 62효를 두고 한 말이다. (상象)전에서 말한 '출문出門'은 62효 밖의 효爻를 미루어 말한 것이니, 또한 함께 하지 않는

---

11) 同人은 다른 사람들에게 찬동하여 화합함이다. '同人于門'은 문밖의 사람들에게 찬동함이다. 高亨, 166頁.

자가 있지 않다. 종족宗族에서 효도한다[孝]고 일컫고, 향당鄕黨에서는 공경한다[弟]고 일컬으니, 다른 사람이 도리어 그를 미워함이 있겠는가?

● **나의 견해**: 내괘內卦는 이離가 되고, 호체互體는 손巽을 이루니, 풍風화火 가인家人괘의 상象이 있다.

육이효: 종족宗族들을 모이게 하니, 어려울 것이다.
[六二: 同人于宗, 吝.12)]
상에서 말한다. "군중을 모으는데 종족만으로 (국한)하니", "곤란한" 방도이다.
[象曰: "同人於宗," "吝"道也.]

허신許愼(58-147)은 말한다. (62효는) '종족宗族으로 사람들을 모았으니, 어려울 것이다.'는 '동성同姓의 사람들이 서로 취하면, 어려운 도[吝道]가 될 것'을 말한 것이다.

풍당가馮當可(馮京, 1021-1094)는 말한다. (62효는,) 괘체卦體로 말하면, 대동大同의 뜻을 가진다. (62효에서) 효의爻義로 말하면, 간사하고 공정하지 못함을 경계한 것이다.

혜동惠棟(1697-1758)은 말한다. (『국어國語』의) 「진어晉語」에서, 서신胥臣(전 ?-전622)은, '성姓이 다르면 덕德도 다르니, 덕이 다르면 다른 부류[類]이다. 남녀가 시집가고 장가가면 백성들이 생긴다. 성이 같으면 덕이 같고, 덕이 같으면 마음이 같고, 마음이 같으면 뜻[志]이 같다. 뜻이 같으면 비록 멀리 있어서, 남녀가 서로 시집가고 장가가지 못하면, 그 부류를 저주할까 두렵다. 무시하면 원망이 생기고, 원망하고 난리가 나면, 재앙을 키우고, 재앙이 키워지면 '본성[性]'이 없어진다.'라고13) 말했다. 이 때문에 아내를 얻는데 동성同姓은 피하는 것은 재앙을 키울까 두렵기 때문이다.

유원劉沅은 말한다. 62효가 변하면 건乾을 이룬다. (62효는) 95효와 서로 응應하니, 부류[類]로써 서로 따르면 좁게[狹] 된다. 동인同人괘는 넓히고자 하고, 사사롭게 하지 않으니, 따라서 (62효는) 어렵다[吝].

---

12) 宗은 종족宗族이다. 인吝은 어려움[難]이다. 高亨, 166頁.
13) '異姓則異德, 異德則異類. 異類雖近, 男女相及, 以生民也. 同姓則同德, 同德則同心, 同心則同志. 同志雖遠, 男女不相及, 畏黷敬也. 黷則生怨, 怨亂毓災, 災毓滅姓. 是故娶妻避其同姓, 畏亂災也.', 『國語』, 「晉語」四, 下冊, 上海古籍出版社, 1978, 356頁.

리스전李士鉁은 말한다. 음陰은 양陽으로서 종宗을 삼는다. 62효는 (동인同人)괘卦의 주主가 되어 여러 양陽이 모두 그와 함께 하고자 한다. 62효는 95효에 매여 있어 그를 종宗으로 삼고 함께하니, 세상을 대동大同하게 할 수는 없어서, 대동大同의 도道가 미진하므로 어려운 것이다[吝].

마치창馬其昶은 말한다. 『공자가어孔子家語』에서, '위공衛公이 계씨季氏에게 혼인을 청함에 환자桓子가 공자께 예禮를 물었는데, 공자께서 말씀하시길, "동성同姓은 종宗이 되어 족族을 합하는 뜻이 있다. 비록 백세百世를 혼인하더라도 통通하지 않을 것이니, 주周나라의 도道가 그러하다."라고[14] 하셨다.'라는 구절이 있다. 이에 근거하면 종宗은 동성同姓을 이름이 분명하다. 건乾괘 92효가 변한 것이 동인同人괘이니, 건乾이 (동인同人괘) 62효의 근본[宗]이다. 62효는, 괘획卦畫이 중정中正하고 불변不變함에 있어서 건乾에 응함이 된다. (62)효爻가 늙어서 장차 변하여 양陽이 되는 데에 이른다면, (동인同人)괘卦가 다시 건乾괘를 이루니, 이에 건乾과 함께함이다. 62효가 변하면 정正을 잃고, 또 95효와 응하지 못하므로 경계를 보인 것이다. 동인同人괘의 뜻은 혼인보다 더 간절한 것이 없으니, '다른 성姓과 혼인을 하는 것'은 '함께 하지 않는 것을 함께 하게 함'이니 바로 대동大同이다. 만약 동同에 전일하면, 사적으로 법을 왜곡하는[阿黨] '싫증[嫌]'이 있게 되므로 동성同姓간 서로 결혼하는 데에서 상象을 취하였다. (『예기禮記』의) 「곡례曲禮」편에, '아내[妻]를 취함에 동성同姓은 취하지 않는다.'라고[15] 하였고, (『예기禮記』의) 「대전大傳」편에도 또한 '엮는 것을 같은 성姓으로써 하여 달리하지 않으니, … 비록 백세百世가 지나더라도 혼인이 통하지 않는 것은 주周나라의 도道가 그러하기 때문이다.'라고[16] 하였다. 두우杜佑(735-812)의 『통전通典』에는, '은殷나라 이전에 혼인을 함에 동성同姓을 배격하지 않았으나, 주周나라 제도는 종족宗族과는 혼인하지 않았다.'라고[17] 하였다. 이것의 의미를, 문왕文王은 『역易』의 상象에서 드러냈고, 주공周公은 제도로 완성하여 「곡례典禮」로 삼았다. 이른바 '뜻을 잘 계승하고, 일을 잘 이었다.'라는 것이다.

---

14) '衛公使其大夫求婚於季氏. 桓子問禮於孔子. 子曰: "同姓爲宗, 有合族之義. … 雖百世婚姻不得通, 周道然也.', 『孔子家語』, 魏 王肅註, 電子版文淵閣四庫全書, 上海人民出版社 1999 참조.

15) '取妻不取同姓.', 『禮記正義』(十三經注疏 整理本), 「曲禮」上, 상동, 12冊, 59頁.

16) '繫之以姓而不別, … 雖百世而昏姻不通者, 周道然也.', 『禮記正義』(十三經注疏 整理本), 「大傳」, 상동, 14冊, 1171頁.

17) '殷以上不隔同姓. 周制則不娶宗族.', 『通典』, 唐 杜佑撰, 電子版文淵閣四庫全書, 上海人民出版社 1999 참조.

• **나의 견해(1):** 건乾괘 92의 양효陽爻가 음陰으로 변하여 이離괘를 이루면 하늘[天]과 불[火]의 동인同人괘가 되는 것이다.

• **나의 견해(2):** 초효初爻에서, '문門에서 사람과 함께 한다.'라고 말한 것은, 문 안에서 '함께 함[同]'이니, 한집안 사람이 기운이 같아 서로 친한 상象이다. 62효는 '종중宗中에서 사람과 함께 한다.'라고 말한 것은, 종宗을 공경하고 족族이 화합하도록 행하는 것은 옳지만, 혼인의 경우는 이성異姓을 취하고 동성同姓은 취하지 않는다. 『좌전左傳』에, '남녀가 성姓이 같으면 그들의 후생後生이 번창하지 않는다.'라고[18] 하였으니, 이는 주周나라의 제도이다. 문화는 날로 열리고, 생육生育의 이치가 천명闡明됨은 더욱 조심스럽고 더욱 엄격하여 전대前代를 훨씬 넘어섰다. 동同으로서 어려움[吝]을 삼았으니, 바로 이른바 무리[族]를 '함께 하게[類]' 하여 능히 사물[物]을 분별하는 것이다.

구삼효: 병기(를 든 병사)를 풀숲들 속에 매복시키면, (적의 눈에 띄지 않지만) 산봉우리에 올라가면 (눈에 띄게 되니) 3년이 되어도 일어설 수 없다.
[九三, 伏戎于莽, 升其高陵,[19] 三歲不興.]
상에서 말한다. "풀숲에 무기를 감추었으나,"는, 적이 강력함이다. "삼년간 일어날 수가 없음"이니, 무엇을 해볼 수 있겠는가?
[象曰: "伏戎於莽," 敵剛也. "三歲不興," 安行也.[20]]

우번虞翻은 말한다. (93효에서 호체互體인) 손巽은 엎드림(伏)이고, 높음(高)이다. 이離는 무기(戎)이다.

최경崔憬(7세기, 당唐대 역학자)은 말한다. (93효는) 62효와 비교되니, 그 주인을 미워하고 95효를 원망한다. 1효爻는 1년年이니, 3에서 5년에 이르기까지, 자주 강한 적[剛敵]을 만난다.

이정조李鼎祚(8세기, 당唐 중기학자)는 말한다. (호체互體인) 손巽은 초목이 된다.

(정이의) 『이천역전伊川易傳』에서 말한다. (동인同人)괘에 음陰은 오로지 하나이니, 여러 양陽들이 모두 그(62효)와 함께 하고자 하는데, 93효는, 또 62효와 더불어 돕고[比] 있고, 굳세고 강함으로

---

18) '男女同姓, 其生不蕃.', 『左傳全譯』僖公23年, 王守謙 等譯注, 상동, 293頁.
19) 복伏은 매복埋伏이다. 융戎은 병기이다. 망莽은 풀, 잡초이다. 승升은 오르다(登)이다. 능陵은 영嶺(산봉우리)이다. 高亨, 166頁.
20) 安은 何와 같고, 行은 作爲이다. 高亨, 167頁.

써 62효와 95효 사이에 있으니, 빼앗아 함께 하고자 한다. 그러나 95효는 굳세고 또 바르니[正] 빼앗을 수 있겠는가? 그러므로 (93효는) 두려워하고 꺼려하면서 엎드려 숨은 것이다.

이순신李舜臣(12세기, 남송南宋 때 역학자)은 말한다. 천하의 이치는, (사람이나 사물이나) 모이면 반드시 싸운다. (동인同人)괘는 '같음'[同]으로 의의義를 삼았으니, 93효는 94효를 매복시키고 성城의 담에 올라가며, 95효는 큰 군사와 서로 만날 수 있다. 그러므로 (93효는) 쉬운 가운데서 반드시 험한 것[險]을 알아야 하고, 간단한 가운데 반드시 험요險要한 곳을 알아야 한다.

왕부지王夫之(1619-1692)는 말한다. 산마루에 오름은 95효를 말한다. (93효에서) 높은 곳에 의탁하나, 그 정형을 훤하게 보니, 93효가 병기를 감추었으나 쓸 데가 없게 되니, 3년에 이르면 반드시 궤멸할 것이다. 이것은 95효가 큰 군사로 이길 수 있는 근거이다.

이광지李光地(1642-1718)는 말한다. 같음도 정점에 가면 반드시 달라지는 것이 인정의 상도이다. 93효는 하괘의 끝에 있으니, 지나치게 강剛하나 대응이 없으니, 매우 불화不和하다.

유원劉沅은 말한다. 93효는 강剛하지만, 중中하지 않은데, 스스로의 재주를 헤아리지 않고 강剛한 95효와 다투려고 하니, 세력이 또한, 중정中正한 95효와 적수가 되지 못한다. 호체互體인 손巽은 숨어 엎드리고 또 음지의 나무가 되니 '우거진 숲[莽]'의 상象이다. 변하여 (호체互體인) 간艮이되면 높은 언덕이 된다. 93효는 (하괘인) 이離의 수數이다.

리스전李士鉁은 말한다. (하괘인) 이離는 무기, 병사, 갑옷, 투구가 되니, 군사[戎]의 상象이 있다. 또 (호체互體인) 손巽은 진퇴進退에 과감하지 않음이 되므로 일어서지 못한다. 천하의 일이 합해짐이 지극해지면 다툼이 시작된다. 동인同人괘 가운데에는 반드시 '같지[同] 않음'이 존재한다. 그러므로 93, 94효가 모두 다투는 상象이고, 동인同人을 말하지 않는다.

마치창馬其昶은 말한다. (93효에서) 안행安行은 그것이 나아가도 위에 응하지 못하고, 물러나도 다시 62효와 돕지[比] 못하며, 변화하여도 또 자리를 잃음을 말한 것이다.

● **나의 견해**: 여기서 안安을 훈訓하여 하何로 삼았으니, '무엇을'을 말한 것이다. '무엇을 나누어 가지고 행할 것인가?'[安分而行]의 풀이와 비교하면 더욱 분명하다.

구사효: (남의 나라) 성城의 담에 올라가서, 승리는 못하더라도, (계속 공격해야) 길할 수 있다.
[九四, 乘其墉, 弗克攻,21) 吉.]

---

21) 乘은 좋(오르다)이고; 용墉은 성城의 담이다. 극克은 城을 취함이다. 高亨, 167頁.

혜동惠棟(1697-1758)은 말한다. (『이아爾雅』의)「석궁釋宮」편에서, '담[墻]은 용용埔[담]이다.'라고[22] 했다. 마융馬融(79-166)은 재재梓材주注에, '낮으면 원垣이고, 높으면 용埔이다.'라고 말했다.

유원劉沅은 말한다. 이離는 가운데가 비고 밖이 둘러싸여 있어서 담[墻]의 상象이니, (雷水)해解괘䷧의 상6효가 변하면 이離가 되는데 그것을 '담[墻]'이라 말하는 것과 같은 뜻이다. 93효는 하괘下卦의 위에 있으면서 62효의 '담[墻]'이 된다. 94효는 상괘上卦에 있으니, 언덕 아래를 내려가려는 뜻이 있어서 담 위에 올라 아래를 공격하는 상象이 된다. 93효는 62효의 담이 되고, 95효는 강강剛하고 중中함으로서 62효에 응하니, 공격한다 해도, 어찌 이길 수 있겠는가? 그러나 62효와의 거리가 더욱 멀어지고, (94효는) 강강剛이 유柔의 자리에 있으므로 능히 공격하지 못하지만 길吉하다.

리스전李士鉁은 말한다. 호체互體인 손巽은 담이 되고, 94효는 손巽의 맨 위가 되므로 그 담에 오른 것이 되는 것이다.

상에서 말한다. "성벽에는 올라갔으나", 도리에서 "함락시키지는 못했다." (그래도 계속 공격하면) "좋음"은, (적이) 곤궁을 당하면서 (생각을 자주) 뒤집었기 때문이다.
[象曰: "乘其墉," 義"弗克"也. 其"吉," 則困而反則也.[23]]

소식蘇軾(1037-1101)은 말한다. 62효는 95효와 같으니, 93, 94효가 모두 그것[95효]을 갖고자 한다. 94효는 95효와 가까우니, 그 담에 올라가고, 그 형세가 매우 '죄다 없어지니[之盡]' 움직일 수 없는데, 비록 62효를 다툴 뜻은 있으나, 무기를 들은 흔적은 없기에, 따라서 곤란함을 알고도 공격하지 않았음을 알 수 있다. 93효는 95효에서 약간 멀어서 멋대로 하여, 비록 그 법칙으로 돌아간다 해도, 할 수가 있겠는가?

유원劉沅은 말한다. (94효에서) 칙則은 법칙이다.

리스전李士鉁은 말한다. 94효는 능히 공격하지 못하고, 곤궁해져서 돌아갈 것을 생각하니, 스스로 의義를 편안히 자부한다. 또 93효는 흉凶이 많고, 94효는 두려움이 많으니, 93효는 이離의 건조함[燥]을 체體로 삼고, 94효는 건乾의 두려워함[惕]을 체體로 삼기 때문이다. 93효는 62효와 가깝고, 자리의 형세가 반드시 싸우게 된다. 94효는 62효와 멀고, 어려움을 두려워하여 그친다. 그래서 능히 돌아갈 수 있어서 길吉하다.

---

22) '墻謂之墉.', 『爾雅』, 「釋宮」第五, 管錫華譯注, 상동, 343頁.
23) 義는 道義이고, 則은 側의 가차이니, 反側은 무상하게 반복함이다. 高亨, 상동.

마치창馬其昶은 말한다. 94효는 62효와 함께 하고자 하여 95효를 받들지 않으므로, 다툰다. (94효가) 그 담에 오르면 95효가 그 위에 걸터앉아[踞] 있다. 아래에서 높은 곳으로 나아가는 자는 힘이 모자라고, 높은 곳에서 아래로 내려가는 자는 형세가 순順하다. 95효는 94효 위에 타고서 형체를 바로잡고 세력을 금지시키기 때문에, 94효가 능히 공격하지 못한다. 그러나 94와 95효의 승부에서 한 편은 이기고 한 편은 이기지 못하는 것은 세력 때문이 아니라, 의義의 법칙이 그러한 것이다. 리궈송李國松(1877-1941)이 말하기를, '변화하여 손巽이 되면 순順하니, 옳게 가는 것은 법칙으로 돌아감이 된다.'라고 하였다.

● **나의 견해**: 선산船山(王夫之, 1619-1692)은 언덕에 오르는 것을 일러 95효라 하였는데, 이것이 93효가 숲에 매복하여 일어서지 못하는 까닭이다. 포윤抱潤(馬其昶, 1855-1930)은 담에 올라가면 95효가 그 위에 걸터앉아 있다고 하였는데, 이것이 94효가 공격하고도 이기지 못하는 까닭이다. 스스로 여러 풀이에 익숙하여 오름[升]과 올라탐[乘]이 본효本爻(94효)를 가리킨다고 여긴다. 어째서인가? (94효는) 95효로 주主를 삼아 능히 적敵을 이기기 때문이고, 또 62효가 (95효에) 응應하기 때문이다.

구오효: 타인들과 응화應和하는데 찬동하였고, 먼저는 크게 울었으나 나중에는 기뻤으니, 큰 군대가 승리하여 서로 만나는 것이다.
[九五; 同人, 先號咷而後笑, 大師克, 相遇.24)]
상에서 말한다. "사람들을 모아놓고" "먼저" (비통해 했으나, 그러나) 중정中正한 마음을 가졌다. "큰 군대가 서로 합치니", 서로 "승리할 수 있음"을 말한 것이다.
[象曰: "同人"之"先", 以中直也. "大師相遇", 言相"克"也.25)]

대연代淵(9세기, 당말唐末시대 학자)은 말한다. 93, 94효가 강강剛强한 것을 대적하니, (95효는) 큰 군대를 일으키어야 비로소 승리할 수 있다. 『좌전左傳』에, '두 임금이 전투하는 것과 같으니, 따라서 극克[승리함]이다.'라고26) 말했다.

---

24) 同人은 타인과 응화應和하는데 찬동함이다. 호도號咷는 大哭(큰소리로 울음)이다. 극克은 이김(勝)이다. 高亨, 167-168頁.
25) 95효이기에, 中正할 수 있어서, 克은 勝함이다. 상동.
26) '如二君, 故曰克.', 『左傳全譯』隱公元年, 王守謙 等譯注, 상동, 5頁.

(장재의)『횡거역설橫渠易說』에서 말한다. (95효에서) "군자軍師가 곧고 정직하고, 의의義가 같으니, 반드시 승리를 한다."27)

장준張浚은 말한다. (95효에서) 마음이 틈 사이를 통하니, 걱정이 앞선다. (95효가) 길을 억제할 수 있으면, 틈이 무엇을 할 수 있겠는가? 62, 95효가 모두 중위中位를 얻었으니, 중직中直하면 군신君臣의 마음이 본래 상통하니, (95효는) 어떤 근심을 만나지 않을 수 있을까? (95효에서) 지성至誠하고 간절한[惻怛] 뜻이 밖으로 나타나면, 크게 운다. (95효에서) 군신들이 서로 만나고, 도가 천하에 행해지면, 충분히 즐거우니, '나중에는 웃음'이라 말한다.

(주희의)『주역본의周易本義』에서 말한다. (95효가) 중정中正하여 상응하니, 마음이 같은 것이다. 의리義理가 같으면 사물은 틈이 생길 수 없다.

호일계胡一桂(11247-1314)는 말한다. 일음一陰은 다섯 양陽들과 반드시 다투는 것이다. 93효는 중中이 아니고, 94효는, (자리가 음이니) 바르지 않고 또한, 그 사이에 끼었기에, (95효는) 반드시 큰 군대가 승리한 뒤에 만나는 것이다.

유원劉沅은 말한다. 95와 62효는 중中하고 정正하여 서로 함께하니, 나를 속일까 미리 짐작하지 않고, 나를 믿어주지 않을까 억측하지 않지만, 93과 94효는 중中을 좇아 그것을 막았으니, 함께하고자 하여도 함께 할 수 없기 때문에, (95효는) 울부짖는 것이다. 그러나 마침내는 사이가 갈라질 수 없기 때문에 나중에는 웃는 것이다. 극克은 이김이니, (95효가) 93과 94효를 이김에 이른다. 우遇는 (95효가) 62효와 만남이다.

장혜언張惠言(1761-1802)은 말한다. (95효에서) 음양이 같지 않으니, 따라서 (95효는) 군사軍師로서 승리한다. 『주례周禮』에서, '군례軍禮로써 방국邦國의 제도를 통일함'을28) 말했으니, 이것을 말함이다.

왕인지王引之(1766-1834)는 말한다. '동인同人' 앞에서 문장이 생략되었다. 직直은 바름[正]이다.

리스전李士鉁은 말한다. 62효와 95효는 중中으로 중中에 응應했는데, 자취는 같지 않지만, 마음은 같다. (하괘인) 이離는 갑병甲兵이 되고, 만물은 (상괘인) 건乾에서 다투니, 건乾도 또한 병융兵戎의 상象이다. 62효에서 95효까지는 호체互體로 (天風)구姤괘이니, 만남이다. 피차彼此가 마음이 같으니, 마침내는 93과 94효의 방해를 제거하고 서로 만날 수 있다.

마치창馬其昶은 말한다. 95효는 (동인同人)괘의 주主가 되니, 먼저 울부짖는 것은 93효의 패도

---

27) '師直而壯, 義同必克.',『橫渠易說』卷一, 上經, 否, 電子版文淵閣四庫全書, 상동 참조.
28) '以軍禮同邦國.',『周禮注疏』, 卷十八,「大宗伯」, (十三經注疏 整理本), 상동, 8冊, 548頁.

悖道를 아파함이다. 대동大同의 때가 되었는데 군사를 써서 서로 다투기 때문에, 그(95효)의 중中하고 직直한 마음이 울부짖지 않을 수 없는 것이다.

• **나의 견해**: 『노자老子』(69장에는), 쌍방의 군이 대등할 때, '비분하는 쪽이 이긴다.'라고[29] 말했다. 범문정范文正(범중엄范仲淹, 989-10520)은, '천하가 근심하기 전에 먼저 근심하고, 천하가 즐거워한 후에 즐거워한다.(「岳陽樓記」)'라고[30] 말했다. 모두 이 뜻이다.

> **상구효: 교외에서 타인들과 찬동하니, 후회는 없으나, (뜻은 이룰 수 없다.)**
> [上九, 同人于郊, 无悔.]
> **상에서 말한다. "가까운 교외 사람만 모았음"은, (후회는 없었으나) 뜻은 이룬 것은 아니다.**
> [象曰: "同人於郊," 志未得也.]

왕필王弼(226-249)은 말한다. 동인同人괘의 때에 처하여, 밖에서 취합하면, 동지를 얻지 못하니, 내쟁內爭을 멀리하기에, 따라서 (상9효에서) 후회할 재앙은 없겠으나, 또한 뜻을 얻지 못 하는 것이다.

유원劉沅은 말한다. (상괘인) 건乾은 교외[郊]가 되는데, 상9효는 괘의 밖에 자리하니 또한 교郊의 상象이다. 도성 밖을 교郊라 하고, 교郊 밖을 야野라고 한다. 야野에서 사람과 함께 하면 형통하겠지만, 교郊는 야野처럼, 넓고 멀지 않으니, 이는 천하의 뜻을 통하게 하지 못한 것이다.

마치창馬其昶은 말한다. (동인同人괘) 단象전에서, '야野에서 사람들과 함께 한다.'는 것은 자리[位]의 상하上下에서 상象을 취한 것이다. (상9)효爻에서 '교郊에서 사람과 함께 한다.'는 것은 (동인同人)괘卦의 내외內外에서 상象을 취한 것이다. 아래에 있는 자는 위에 응應함이 있기 때문에 자기의 사사로움을 두려워한다. 밖에 있는 자는 안에 있는 자와 응應함이 없기 때문에 뜻을 얻지 못한다. 교郊에서 사람들과 함께 하는 것은 열국列國이 회맹會盟하는 상象이다. 『춘추春秋』에서 '모공某公이 모인某人을 만나서, 모지某地에서 회맹함'이라고 한 것이 이것이다. (동인同人괘는) 원망을 버리고 좋아함을 닦으므로 후회가 없다. 만일 신뢰를 이어가지 못한다면 회맹會盟이 무익해지기 때문에 또한, (동인同人괘는) 뜻을 얻지 못한다고 말할 것이다. 효爻에서 비평을 허락하는 것

---

29) '哀者勝矣.', 『老子繹讀』, 任繼愈著, 상동, 155頁.

30) '先天下之憂而憂, 後天下之樂而樂.', 『范文正集』, 「岳陽樓記」, 宋 范仲淹撰, 電子版文淵閣四庫全書, 上海人民出版社 1999 참조.

은, 그 신뢰를 돕고 힘쓰는 것이다.

● **나의 견해:** (雷風)항恒괘 풀이에, '반드시 지공至公, 지명至明, 지성至誠, 지허至虛의 국량이 있어야만 비로소 사해四海를 합하여 한 사람으로 삼을 수 있다.'라고 하였으니, 아마도 동인同人괘의 요의要義를 매우 깊이 이해한 자일 것이다. (동인同人)괘卦의 상象을 하늘[天]과 불[火]에서 취하였음을 가만히 생각해 보니, 하늘의 체體는 지성至誠이고 그 용用은 지공至公이며, 불의 체體는 지광至廣이고 그 용用은 지명至明이다. 사람의 심리도 또한 그러하다. 항상 그 지성至誠하고 지허至虛한 체體를 간직하고 그 지공至公하고 지명至明한 용用을 확장시키면, 천하의 뜻이 같아져서 통하지 않는 곳이 없을 것이다. 군자가 하늘을 본받아 행함이 강건하고, 마치 불을 보는 것처럼 빛남이 밝은 것이다. (동인同人괘에서) 이離괘의 중효中爻는 비어있어서, 위로 건乾괘의 채워진 중효中爻와 응應하기에, 중정中正한 마음이 서로 감응한 것이다. 사람으로서 사람과 함께 하는 것은, 실제로는 사람으로서 하늘과 함께 하는 것이다. 요순堯舜은 옛일을 헤아려 하늘과 함께하여, 백성들이 화합하는 변화를 이루어, 배와 수레가 이르는 곳과 사람의 힘이 통하는 곳 어디든, '함께 하지 않는 이'가 없었다. '야野에서 사람과 함께 한다.'라고 말하는 것은 수레와 책이 대동大同하다는 뜻이 있다. '큰 내를 건넘이 이롭다.'라고 말하는 것은 배를 함께 타고 같이 건너간다는 뜻이 있다. 함께 할 수 있는 자에게 함께 할 것을 요구하는 것은 한 집 안에서는 친근한 사이로부터 소원疏遠한 사이에까지 미치는 것이다. 초9효의 '문門에서 사람들과 함께함'과 62효의 '종중宗中에서 사람들과 함께함'은 그 무리를 함께하게 하여 그들과 함께함이다. 함께 할 수 없는 자에게도 또한, 함께 할 것을 요구하는 것은 한 나라 안에서 혹은 숲에 엎드려 기회를 엿보고, 혹은 담 위에 올라가 가만히 지키고 있으나, 오로지 지성至誠으로 감화시키고 지공至公으로써 대접하니, 마치 하늘이 덮어주지 않는 곳이 없는 것과 같을 것이고; 지허至虛로써 용납하고 지명至明으로 밝히니, 마치 불빛이 비추지 않는 곳이 없는 것과 같다. 이러한 쌓임이 오래되면 나를 대적하는 자가 마침내는 일어서지 못할 것이며, 나를 공격하는 자가 곤궁해져서 스스로 돌아갈 것이다. 93과 94효는 비록 함께하기가 지극히 어렵지만, 역시 분주히 함께 오지 않을 수가 없을 것이다. 이것이 사물[物]을 분별하여 함께 함이다. 95효는 강강剛하고 중中하여 62효와 응應하여, 위아래가 덕德을 함께 하니, 큰 군사로 대동大同의 화化를 이루기를 재촉하여, 싸움에 이겨서 서로 만난다. '이김[克]'을 말하는 것은 다만 군사를 써서 승리를 다툴 뿐만이 아니라, 반드시 먼저 자기를 이겨 스스로 승리하는 도道가 있어야만, 남과 더불어 서로 바라보기를 하늘(의 마음)으로 할 수 있는 것이다. 자기

마음에 너와 내가 서로 속이지 않을까 하는 생각을 떨쳐버려야만, 함께 지성至誠에 돌아갈 수 있다. 자기 마음에 사사롭고 이롭게 하려는 마음을 떨쳐버려야만, 함께 지공至公에 돌아갈 수 있다. 자기 마음에 가득 찬 거짓들을 떨쳐버려야만, 함께 지허至虛에 돌아갈 수 있다. 자기 마음에 어둡고 가려진 것을 떨쳐버려야만, 함께 지명至明에 돌아갈 수 있다. 이러하면 천하의 뜻이 통하는 것이다. 여기에 혹시라도 통하지 않는 자가 있다면, '천하의 근심을 앞서 근심하고 천하가 즐거워한 후에 즐거워하는' 마음을 근본으로 삼고, 남과 함께 하기를 잘하는 국량을 가득 채우며, 인仁하고 의義로운 군대가 정벌은 있어도 전투는 없고, 큰 군대가 승리함이 서로 보기를 하늘의 마음으로 하지 않음이 없으니, 다시 무슨 후회가 있겠는가? 그러나 비록 후회는 없더라도 겨우 교郊에서 사람들과 함께하여, 오히려 대동大同의 국량을 다하지 못하기에, 이것이 자기를 닦아 백성을 편안하게 하며, 널리 베풀어 백성을 구제하고도, 요순堯舜이 오히려 근심으로 여기신 것이다. 교郊는 야野에 비해서는 가까우니 '뜻을 얻지 못했다.'라고 말하는 것이다. 여기에서 뜻이 야野에서 사람들과 함께하는 데에 있음을 알 수 있다. 이는 (동인同人)괘卦 첫머리의 말이니 이 때문에 처음에 말하기를, '사람들과 함께하기를 야野에서 하면, 형통하다.'라고 한 것이다. 반드시 이와 같아야만, 형통하는 도道를 얻을 수 있다.

14. 대유大有괘 ䷍

대유大有괘: 크게 형통하다.
[大有: 元亨.]

오징吳澄(1249-1333)은 말한다. 대大는 양陽이다. 유有는 '매우 많음'[盛多]의 뜻이다. 『시詩』에, '순수하여 좋고 또한 많구나[旨且有]!'가[1] (있으니,) 『경전석문經典釋文』(陸德明撰)에 의하면, '유有'는 '다多'와 같다.

유원劉沅(1767-1855)은 말한다. '대유大有'에서 '유有'도 대大이다. 동인同人괘에서는 이離괘가 아래에 있으니, 인심人心이다. 대유大有괘에서는 이離괘가 위에 있으니, 임금의 마음[君心]이다. 햇빛이 아래로 비치니, 만물들이 번창한다. 임금의 마음이 아래와 사귀고자 하니, 현재賢才가 많이 나온다. 인물이 많으니, 임금은 모두를 가지는 것이다. 그러므로 대유大有가 된다. 「서괘序卦」전에, '(다른) 사람들과 (마음과 행동이) 같으니, 사물들이 반드시 (내게로) 돌아오니, 따라서 이것을 대유大有[크게 가짐]괘가 이어서 받았다.'라고[2] 말한 것이다.

또한 (유원은) 말한다. (대유大有괘에서) 일음一陰이 허虛하고 중中하여 현명함에 (자신을) 낮추니, 많은 양陽이 따라오고, 높은 데에 있으나 스스로는 만족하지 않는다. 비比䷇괘는 양陽[이]으로 95효인데, 이에 응하는 (대유大有의) 65효가 음이라면, 서민庶民의 상이다. 이에 응하는 것이 (비比괘처럼) 95효의 양陽이면, 현인賢人의 상이다. 현인들이 이에 응하니, 있는 것 중에 무엇이 이보다 큰 것인가? 그러므로 (대유大有괘는) 크게 형통함이다.

리스전李士鈐(1951-1926)은 말한다. (대유大有괘에는) 이離는 불이니 건乾 하늘 위에 있기에, '문채가 나고 밝으며[文明]' (그것이) 멀리까지 미치어, 비추어주지 않는 곳이 없다. 일음一陰이 높은 데 있고, 다섯 양陽이 모두 가진 바를 행하니, 따라서 '대유大有'라고 부른다. 『노자老子』에서

---

1) '旨且有.', 『詩經譯注』, 「小雅」, 「白華之什」, 「魚麗」, 袁梅著, 상동, 445頁.
2) '與人同者, 物必歸焉, 故受之以「大有」.', 「序卦」傳, 高亨, 645頁.

는, '천하의 만물은 유有에 생기고, 유有는 무無에서 생긴다.'라고[3] 말했다. (대유大有괘에서) 65효가 허虛하고 중中하며 한 괘의 주인이니, 가진 것이 없기에, 따라서 갖지 않는 것도 없다. 천체天體는 비어[虛] 있지만, 바람, 구름, 해, 달과 비, 이슬, 우레雷, 천둥霆이 모두 거기에 있다. 심체心體는 비어있으나, 사유하고 지각하는 온 몸[百骸]과 오관五官들이 모두 거기에 묶여있다. 그러므로 군자는 마음을 비우고 사물을 받아드리면, 포용할 수 없는 것이 없다. 학자가 허심虛心하게 도리를 찾으면, 얻지 못할 도리가 없다. 왕후王侯가 허심하게 현인들을 찾으면, 이르지 못할 현인들이 없다. 모두 이러한 도道이다.

● **나의 견해:** '대유大有'괘는 갖지 않은 것이 없으니, 하늘과 같은 분량이다. (『시詩』, 「小雅」, 「北山之什」, 「北山」에), '온 천하에 왕토王土가 아닌 곳이 없고; 사해四海 안에 왕신王臣이 아닌 사람이 없다.'라고[4] 하였다. 덕이 있으면 이런 사람이 있으니, 사람이 있으면 이런 선비가 있고, 땅이 있으면 이런 재물이 있고, 재물이 있으면 이런 쓰임이 있으니, 하나가 있으면, '있지 않은 것'이 없다. 다섯 양陽이 모두 실제로 있으니, 일음一陰이 위에서 허심하게 받기에, 건원乾元의 덕이 있게 되어, 따라서 (대유大有괘는) 형통한 것이다.

단전에서 말한다. 대유大有괘는, (육오효가) 유柔로써 존귀한 자리[位]에 있어 크고 중中을 얻었으니, (나머지 다섯 양효가) 위아래에서 대응하는 모습이, 대유大有괘이다. 그 괘의 덕은 (하괘[乾]가) 강건하고 (상괘[離]가) '문채가 나고 밝으니[文明],' (이離는) 천도를 밝히 살펴서[明察] 적절히 때에 맞추어 실행하니, 이 때문에 "크게 형통하는 것이다."
[彖曰: "大有," 柔得尊位大中, 而上下應之, 曰"大有." 其德剛健而文明, 應乎天而時行, 是以"元亨."]

우번虞飜(164-233)은 말한다. (대유大有괘에서) 65효는 해[日]로서 하늘에서 다님을 말한다. 건乾으로 곤坤을 형통하게 하니, 이 때문에 (대유大有괘는) 크게 형통함이다.

요규姚規(6세기, 남북조南北朝시기의 역학자)는 말한다. (대유大有괘에서) 호체互體인 태兌는 못이니, 바로 가을[正秋]에 자리를 잡는다. (하괘의) 건乾은 삶을 베풀며, 못[澤]이면 습윤濕潤을 유포하고, (상괘인) 이離이면 무성하게 자라나게 해서, 가을이면 수확물을 거두니 크게 부유하다. 대유大有괘라면 크게 형통하다.

----

3) '天下萬物生於有, 有生於無.', 『老子繹讀』, 40章, 任繼愈著, 상동, 90頁.
4) '溥天之下, 莫非王土. 率土之濱, 莫非王臣.', 『詩經譯注』, 「小雅」, 「北山之什」, 「北山」, 袁梅著, 상동, 604頁.

사마광司馬光(1019-1086)은 말한다. (대유大有괘는) 유柔하면서 밝지 않으면, 앞에서 헐뜯어도 보이지 않고, 뒤에 도둑[賊]이 있어도 모른다. (대유大有괘는) 밝으나 강건剛健하지 않으면, 착한 이를 알아도 추천하지 못하며, 악한 이를 알아도 버리지 못한다. 둘은 모두 어지럽히고 망하게 하는 단서이다. (대유大有괘는) 밝되 그것을 밝히고, 강건하되 결단을 하며, 있는데 중中을 잃지 않고, 행하되 때를 잃지 않는다. 그다음에 그 무리를 보유하게 되니, (대유大有괘는) 크게 길하다.

장준張浚(1097-1164)은 말한다. 건乾의 중中을 얻은 것을 '대중大中'이라 한다. '대유大有'의 세상을 당하여, 유柔를 쓰지 않으면 천하의 현재賢才를 얻을 수 없고, 현재를 얻지 못하면 천하의 대업大業은 보증할 수 없다.

정동경鄭東卿(1157-?)은 말한다. 대유大有괘의 때에는 왕성한 덕이 불에 있고, 만물들은 모두 아름다운 모임에 투입되는 것이다.

항안세項安世(1129-1208)는 말한다. 동인同人괘는 일음一陰의 아래에 있으니, 세력이 많을 수 없었는데, '건乾에 응하고 나의 응應을 밝혀야 한다.'라고 말했다. 대유大有괘에서는 '상하가 응함'을 말하니, 남이 나에게 응함을 밝힌 것이다. 이履☰괘는 유柔가 아래에 있으니 또한 '건乾에 응함'을 말하고, 소축小畜☰괘는 유柔가 위에 있으니 또한 '상하가 응함'을 말한 것이니, 이것은 괘례卦例에서 (미루어 본) 것이다. 동인同人괘에서는 이離가 아래에 있으니 '건乾에 응함'을 말하였는데, 그 덕에 응함이다. 대유大有괘에서 '이離가 위에 있으니,' '하늘에 응함은 자기 명命에 응함이다.'라고 말한다. 이履괘에는 '태兌가 아래에 있으니,' '건乾에 응함'을 말하며, 대축大畜☰괘에는 '간艮이 위에 있으니', '하늘에 응함'을 말했는데, 또한, 괘례卦例이다.

임계운任啓運(1670-1744)은 말한다. 건乾의 원형元亨을 나누어 '대유大有'괘에 속하게 하고, 이정利貞을 '대장大壯'☰괘에 속하게 하면, 이것들이 장대함을 갖게 되니, 모두 건乾의 대大이다.

유원劉沅은 말한다. (대유大有괘에서) 상하는 다섯 양陽이다. 안으로는 (건乾이니) 강건剛健하면 자기 사사로움을 이길 수 있고, 밖으로는 (이離이니) '문채가 나고 밝으니[文明],' 자기 이치를 훤히 밝힐 수 있다.

리스전李士鉁은 말한다. (상괘인 이離는) 곤坤효로서 건원乾元을 가지니, 따라서 원元이다. (대유大有괘는,) 음양이 교통하고, '문채가 나고 밝음[文明]'이 강건剛健하니, 따라서 형통하다. 65효는 곤坤으로 허虛하여, 자만自滿자대自大하지 않으니, 천하를 밝게 비추는 것이다. (대유大有괘는) 스스로 가진 것이 없으면 천하의 소유를 모두 가지게끔 하는 것이다. 스스로 쓰지 못하면, 천하의 현재賢才를 모두 쓰이게끔 한다. 그러므로 (대유大有괘는) 원元을 몸으로 하여 만물들 위에 나오게 하고, 형통하게 하고 천하의 정情을 통하게끔 한다.

마치창馬其昶(1855-1930)은 말한다. 대유大有괘는 건乾에 본本을 둔다. 건원乾元이 곤坤괘에로 개통하고, 곤坤 또한, 건乾에 6(음陰)을 쓰니, 마침내 대유大有를 이루기에, 따라서 '크게 형통함'을 말한 것이다.

상전에서 말한다. 불이 하늘 위에 있는 것이, 대유大有괘이다. 군자는 악을 막고, 선을 드러내며, 하늘의 아름답고 좋은 운명을 따르게 된 것이다.
[象曰: 火在天上, "大有." 君子以竭惡揚善, 順天休命.5)]

양만리楊萬里(1127-1206)는 말한다. 하늘은 죄진 자를 징치懲治하고, 내[吾]는 하늘로써 그것을 막는다. 천명天命에는 덕이 있으니, 나는 하늘로서 그것을 드러내니, 내가 무엇에 관여하겠는가?

(주희의) 『주역본의周易本義』에서 말한다. 천명에는 선善이 있고 악은 없으니, 따라서 악을 막고, 선을 드러내기에, (대유大有괘는) 하늘에 순종하는 것이다. 몸에 이것을 돌려주게 되면, 또한 이와 같을 뿐이다.

굴대균屈大均(1630-1696)은 말한다. 불은 해[日]이다. 해를 말하지 않은 것은, 천자天子는 신명[神]으로 다스리니, 해가 자기 불[火]을 씀과 같다. 해의 빛은 불의 신명[神]이다. 불이 하늘 위에 있으니, 만물들이 이룬 것을 알린다. 불의 공功이 이루어지면, 하늘의 덕 또한 이르게[至] 된다.

유원劉沅은 말한다. (대유大有괘에는) 해가 하늘에 붙어있어서 비추지 않는 곳이 없다. 군자는 이것을 법 삼아서, 비록 밝음이 비추지 않는 곳이 없지만, 악惡에서 그것을 막아서 선善으로 돌아가게 하고, 선한 것에는 그것을 선양하여 선으로 끝나게끔 하니, 그래서 하늘의 아름다운 명령에 순종하고 '크게 가짐[大有]'을 오래 보존하게 하는 것이다.

짱홍즈張洪之(1881-1969)는 말한다. 고요모皐陶謨가 말하기를, '하늘은 덕이 있는 이를 임명하시니, (천자天子, 제후諸侯, 경卿, 대부大夫, 사士의) 예복禮服으로 다섯 종류의 사람들을 표창하였다.' '하늘이 죄진 자들을 징벌하시니, (묵墨, 의劓, 비剕, 궁宮, 대벽大辟의) 다섯 형벌로 범인들을 다스렸다!' (고요모皐陶謨는 말한다.) '나는 덕이 있는 자들을 고무하는데, 큰 업적은 표창하니, 하늘이 다스리는 순서는 너의 몸에 있다.'라고6) 하였다. 「태서泰誓」에서는, '상商나라 죄가 가득 차서 꿰뚫고 있으니, 하늘의 명령으로 내가 벌을 내린다.'라고7) 했다. 그 뜻을 미루어보면, 아마도

---

5) 『爾雅・釋詁』에, 알遏(막다)이고. 休는 美이다. 高亨, 172頁.
6) '天命有德, 五服五章哉! 天討有罪, 五刑五用哉!.', 『今古文尚書全譯』,「고요모皐陶謨」, 江灝, 錢宗武譯注, 상동, 54頁.

임금[元首]이 하늘의 일을, 대신하여, 상선賞善하고 벌악罰惡하는 것이 지공至公하며, 선한 자에게 복 주고 음란한 자에게 화禍를 주는 도리와 은밀하게 합하니, 따라서 자주 천명天命 두 글자로 일 깨우는 것이다. 선으로써 자기를 다스리니 더욱 각자 생명을 바르게 하기에, 태화太和의 근본과 보합하는 것이다.

마치창馬其和(1855-1930)은 말한다. (대유大有괘에는) 해가 하늘에 붙어있으니, 불을 땅에서 쓴 다. '해가 하늘 위에 있다.'라고 말하지 않고, '불이 하늘 위에 있다.'라고 말하니, 해와 불은 하나 임을 알 수 있을 뿐이다.

● **나의 견해:** 순舜임금이 악을 숨기고 선을 드러낸 것은, 곧 하늘의 아름다운 명령에 따른 것이 다. 선善과 사람은 같으니, 동인同人괘의 도리를 얻은 것이다. 사람들과 함께 선을 행하니 대유大 有괘의 뜻을 얻은 것이다. 순舜임금과 문왕文王, 공자孔子는 그 도리가 하나이니, 모두 강건剛健하 고 '문채가 나고 밝으니[文明]' 하늘에 응하여 때에 맞게 행한 이들인 것이다.

초구효: (사람들이) 서로 해치지 않으니, 재앙은 없고; 어려우면 (서로 도우니) 재앙은 없다.
[初九: 无交害匪咎, 艱則无咎.8)]
상에서 말한다. 대유괘의 초구효는, 서로 해침이 없음이다.
[象曰: 「大有」初九, 無交害也.]

황순요黃淳燿(1605-1645)는 말한다. 9이양陽로 초9효에 있으니, 초심初心이 아직 변하지 않았기 에, (초9효에는) 사귐이 없고 따라서 해害도 없다. 이것을 지나 사귐이 있으면 해害가 있으니, 어찌 끝을 신중하게 하여 처음과 같을 수 있으며, 하나로써 '어려운 일[艱]'에 처할 수 있겠는가?

유원劉沅은 말한다. (상괘인) 이離는 무기[戈兵]들이고, 불은 (하괘의) 건乾 쇠붙이[金]를 녹일 수 있으니, 해害가 오는 상이다. 이것은 처음의 재앙은 아니다. 대유大有괘의 초9효이니, 이離괘와는 아직 멀기에, (초9효에는) 사귐이 없는 것이다. 반드시 간난艱難에 처해서, '대유大有'를 보존하면, 재앙이 없을 수 있다.

오여륜吳汝綸(1840-1903)은 말한다. (초9)효에서 왕성한 처음에 처하여, 서로의 해함이 없으니,

----

7) '商罪貫盈, 天命誅之.', 『今古文尚書全譯』, 「泰誓」上, 江灝, 錢宗武譯注, 상동, 207頁.
8) 交害는 상해相害이다. 匪는 非의 가차이다. 高亨, 172頁.

재앙이 될 것이 없음을 말한 것은, 따라서 (초9효는) '어려움을 맞으면 재앙이 없음'을 말한 것이다. 이 (초9)효의 때에, '서로 해침은 아직 오지 않았음'을 말한 것이다. (초9효에는) 서로의 해침이 아직 오지 않았으니, 서로의 해침은 재앙이라 말한 것은 그것을 경계한 것이다. 이것[서로 해침]과 (초9)효는 서로 일어나는 것이다.

리스전李士鉁은 말한다. '재앙이 없음[匪咎]'은 초9효의 실정을 관용함이고, '재앙이 없음'[无咎]은 초9효를 가르치는 도道이다.

마치창馬其昶은 말한다. '서로 해침'[交害]은 양이 발동하여 음과 사귀는데, 해害는 음이라고 말한다. 대유괘에서 초9효로부터 94효에 이르기까지, 모두 변함은 의당宜當하지 않아서, 음으로 변하면 (초9효는) 그 큼을 이룰 수가 없다.

• **나의 견해**: 사물과 사물이 사귀는데 그것들을 끌어내면[引], 끝[已]이다. 초심初心이 아직 변하지 않았으면 사물들과 서로 사귄 것이 아니니, 따라서 (초9효에서) 끌어내면 해칠 것이 없다. 또 (나는) 말한다. 이것은 곤坤의 초음初陰과 더불어 비로소 같은 뜻으로 응집한다. 서리를 밟는 처음에는 딱딱한 얼음은 아직 오지 않았으니, 굳은 얼음이 오도록 면려勉勵해야 하는데, 군자는 미미한 것도 방비해서 점차 변함을 막으니, 늘 그 처음을 신중히 해야 할 것이다.

구이효: (사람이나 물건들을) 큰 수레에 싣고서, (앞으로) 간다면 재앙은 없다.
[九二: 大車以載, 有攸往无咎.]
상에서 말한다. "큰 수레에 (사람과 짐을) 싣다."라고 함은, (수레 안에) 물건을 적재해도 부서지지 않음이다.
[象曰: "大車以載," 積中不敗也.9)]

왕필王弼(226-249)은 말한다. (92효는) 무거운 것을 짊어져도 위태롭지 않음이다.

공영달孔穎達(574-648)은 말한다. (92효는) 강건함이 중中에 있으니, 몸이 위임을 받은 것은, 큰 수레에 물건들을 적재한 것과 같으니, 수레의 자재資材가 강장强壯한 것들이기에, 쓰러질 위험이 없다. 큰 수레는 소가 끄는 수레이다.

유목劉牧(1011-1064)은 말한다. (92효는) 중위中位를 얻었으니 편안하다. 65효는 허중虛中으로

---

9) 積中은 수레 안에 짐을 실음이다. 高亨, 173頁.

아래를 받으니, 가면 거절할 수 없기에, 따라서 (92효에는) 재앙은 없다.

내지덕來知德(1526-1604)은 말한다. (92효는) 양덕陽德을 쌓아서 가운데에 있음을 말한 것이다.

유원劉沅은 말한다. (92효에서) 건乾은 원이 되고 바퀴가 되며, 또한 말[馬]이 되니 큰 수레의 상이다. 3양陽들이 위로 멀리 가니, (수레에) 싣고서 가는 상이다. 92효는 강중剛中인데 위로 65효에 응하니, 여러 현인이 합하여 한 사람을 모시고, 무거운 것을 졌으나 집중한 것은 아니고, 공을 65효에 양여하기에, 따라서 (92효는) 재앙이 없다. 양陽들이 많은 괘는 모두 '쌓인다.'라고 말한다. 양들을 쌓고 65효에 응하니, (92효는) 실패할 도리가 없다.

마치창馬其昶은 말한다. 건乾은 말이고 이離는 소이니, 무거운 것을 끌고서 멀리 가니, 따라서 (92효는) 큰 수레의 상이다.

또 (마치창은) 말한다. 큰 수레가 있으면 쌓은 물건들이 많음이다. 이것은 92효의 양기가 가운데에 쌓여서, 변화할 수 없음을 말한 것이다.

구삼효: 공후公侯는 천자天子의 잔치를 받을 수 있으나, 서민들은 그렇게 할 수 없다.
[九三: 公用亨于天子, 小人弗克. 10)]
상에서 말한다. "공후公侯는 천자의 잔치에 참여하나," "소인들"은 (참여한다면) 해를 입는다.
[象曰: "公用亨於天子," "小人"害也.]

『좌전左傳』에서 말한다. (진晉 문공文公이) 복언卜偃을 시켜서 (주周나라 천자天子를) 호송하는데, "'대유大有'䷍괘가 규睽䷥로 변해가는 괘를 만났다. … '천자天子가 잔치를 베풀어 초대하는' 괘를 만났으니, 전쟁에서 이기어 왕께서 잔치를 베푸는 것이기에, 이것보다 길리吉利가 있겠는가?'라고11) 했다.

경방京房(전77-전37)은 말한다. (93효에서) 형亨은 봉헌奉獻이다.

『역위건착도易緯乾鑿度』에서 말한다. "천자天子는 … 하늘을 아버지로, 땅을 어머니로 함으로써, 만민들을 기르시니, 지극히 높은 호칭이다."12)

---

10) 이 형亨은 마땅히 향饗(잔치하다)으로 읽어야 하니, 연회宴會이다. 小人은 庶民의 통칭이다. 弗克은 不能이다. 高亨, 173頁.
11) '遇大有之睽, … 「公用亨于天子」之卦, 戰克而王享, 吉孰大焉?', 『左傳全譯』, 僖公25年, 王守謙 登譯注, 상동, 314頁.

손염孫炎(220-265)은 말한다. 초9효는 원사元士이고, 92효는 대부大夫이고, 93효는 제후諸侯이다.

(주희의) 『주역본의周易本義』에서 말한다. 형亨은 「춘추春秋」전傳에는 '향享(누리다)'이니, (천자天子에게 바치는) 조헌朝獻이다. 옛날에는 형亨, 향享, 팽烹은 모두 亨자이다.

전징지錢澄之(1612-1693)는 말한다. '대유大有'괘의 때에, 조회朝會에서 관리의 승강升降의 전례에 따라서, 천자가 현명한 제후들을 대접하고, 그 총애를 밝혔다. (93효에서) 못난 자들은 벌이 있었고, 잔치에 참여할 수 없었다.

유원劉沅은 말한다. 93효는 하괘의 상이니, 공후公侯의 상象이다. 임금께 봉사함으로써 갖는 것을 사유하지 않았으니, 충실히 받드는 일에 본을 두었다. 소인들이 강정剛正한 덕이 없이 헌물獻物하여 아첨하면, 이것을 감당할 수가 없다.

리스전李士鉁은 말한다. 93효는 밖에 있는 공公의 자리이다. 천자는 65효를 가리킨다. 이것은 제후들이 천자에게 조헌朝獻하는 상이다. 양陽은 실實이고, 건乾은 좋은 말, 금金, 옥玉이 되니, 모두 조정朝廷의 실물이다. 65효가 이離의 밝음으로 비추니, (호체互體인) 태兌의 기쁨으로 접수하는 것이기에, 따라서 (93효는) 그 즐거움을 받는 것이다. 공후公侯는 천자에게서 명命을 받으니, 공후들이 가진 것은 모두 천자의 소유이고, 공후들은 스스로 가질 수가 없다. 공후들은 스스로 가질 수 없기에, 따라서 천자의 소유를 나누어 가질 수 있다.

마치창馬其昶은 말한다. 93효의 양기가 이미 왕성하여, 두 물체의 사이에 끼이니, 그것이 위로 도달하면, 94효가 실제로 인도引導 된다. '공후들의 쓰임'[公用]은 94효의 쓰임이다. 정鼎䷱괘 64효에서, '공후公侯의 죽[餗]을 엎지름'[履公餗]이니, 역불易祓(1156-1240)은, '94효는 임금[君]에 가까우니 공후公侯의 상이다.'라고 말한 것이 이것이다. 93효의 자리는 흉凶이 많으니, 음陰으로 변화하면 해롭고, 소인은 음이라 말할 수 있다.

• **나의 견해**: 형亨과 향享은 통용된다. 경京은 (제후들이 천자天子에게 바치는) 조헌朝獻을 말하고, 전錢은 (천자가 베푸는) 잔치이다. 조정에 와서 조정에 헌례獻禮를 하면, (천자의) 잔치를 받을 수 있는 예禮이다. 헌례獻禮로 인하여 잔치를 베푸니, 이것은 곧 상하의 사귐이고 그들의 뜻이 같아지는 것이다.

....

12) 隨卦: '天子者, 父天母地以養萬民, 至尊之號也.', 『周易乾鑿度』卷上, 漢 鄭康成注, 電子版文淵閣四庫全書, 上海人民出版社, 1999 참조.

구사효: 사악하고 비뚤어진[邪曲] 사람들을 배척하니, (자연히) 재앙이 없다.

[九四: 匪其彭,13) 无咎.]

상에서 말한다. "삐뚠 것을 배척하여 재앙이 없는 것"은, 밝히 분별하여 명확한 것이다.

[象曰: "匪其彭無咎," 明辯晢也.14)]

육덕명陸德明(약550-630)은 말한다. 자하子夏는 (팽彭을) '곁[旁]'으로 보았다. 요신姚信(3세기, 삼국三國시기 역학자)은, '팽彭은 방旁이다.'라고 말한다.

항안세項安世(1129-1208)는 말한다. 94효는 (상괘인) 이離의 처음에 있으니, 초9효에서 밝힐 수 있고 변석辨晢할 수 있다.

유월俞樾(1821-1907)은 말한다. (94효에서) 비匪는 분별의 뜻이 있다. 『주관周官』에서 비반匪頒의 주석에서, 「비匪는 '나누어 줌[分]'이다.」라고 말하고 있다.

야오융푸姚永樸(1861-1939)는 말한다. 『주비산경周髀算經』, '방지旁至'의 주석에는, "방旁은 옛 날의 사邪자이다."15)

마치창馬其昶은 말한다. 94효는 자리를 잃었으니, 아마 변화할 수도 있다. '대유大有'괘의 때에 있어서, 양기가 왕성하고 크니, 곁의 잡것이 있을 수 없다. 방旁은 곧 이른바 해침[害]이니, 음陰이 다. 그 곁을 분별할 수 있으면, 잘하는 이는 명석할 것이기에, 이것은 명백한 분석이 아니면 안 되 는 것이다.

육오효: 그(통치자)들은 믿을 수 있으니, 명찰함이 담백하고 위엄이 사나우니, (따라서) 길하다.

[六五: 厥孚交如威如,16) 吉.]

상에서 말한다. "그(통치자)들은 믿을 수 있고 분명코 두려우니", 분명한 뜻으로 믿게 하려는 것이 다. "위엄이 있으면" "좋은 결과"이니, 평안하고 고됨이 없게 되는 것이다.

[象曰: "厥孚交如," 信以發志也. "威如"之"吉," 易而無備也.17)]

---

13) 匪는 非의 가차이니, 배척, 반대의 뜻이다. 팽彭은 왕尪의 가차이니, 왕尪은 사곡邪曲이다. 高亨, 174頁.
14) 明은 察이다. 辯은 辨의 가차이다. 석晢은 석晰이다. '明辨晢'은 변별辨別을 고찰하여 명확함이다. 高亨, 상동.
15) '旁, 此古邪字.', 『周髀算經』卷上之二, 漢 趙君卿注, 唐 李淳風注釋, 電子版文淵閣四庫全書, 상동 참조.
16) 궐厥은 其이니, 통치자를 가리킨다. 孚는 信이다. 交는 또한 皎의 가차이다. 皎는 皎然과 같으니, 明察하 는 모습이다. 威如는 威然과 같으니, 위엄 있는 모습이다. 高亨, 174頁.
17) 發은 明이고, 易은 平安이고, 備는 憊(고달프다)의 가차이니, 病困이다. 高亨, 175頁.

왕필王弼은 말한다. (65효는) 유柔로써 높은 데 있고, 중中으로 크게 처하며, 사물에 사사로움이 없고, 상하가 그에게 응하니, 따라서 그 믿음성이 담백하다. 사물에 사사로움이 없으니, 사물 또한 공정하다. 사물에 의심이 없으니, 사물 또한 성실하다. 일단 공정하고 또 신용이 있으니, 무슨 곤란에 대비해야 할까? 말하지 않아도 가르침이 행해지니, 무엇을 한들 위엄이 없겠는가?

양시楊時(1053-1135)는 말한다. (65효는) 이른바 덕에 위엄이 있으니 두렵다.

(주희의) 『주역본의周易本義』에서 말한다. (65효에서) 한 사람(통치자)의 신용이 상하의 뜻을 믿게 함에 충분하다.

채청蔡淸(1453-1508)은 말한다. (65효는) 상하가 서로 믿을 수 있으니, 본원을 미루어보면 상으로 말미암아 그 믿음이 발동하였다.

유원劉沅은 말한다. 상하의 세력은 차가 크니, 사귀지 못할까? 의심이 든다. 65효만이 높은데 거하고 비어있고 중中하니, 형체는 없으나 믿음이 있고, 엄하지 않으나 위세가 있으니, 따라서 (65효는) 위엄이 있다. 유柔와 굳셈[剛]을 겸하여 발휘하니, 따라서 (65효는) 길하다. (65효는) 정성으로 사물들을 움직일 수 있고, 사람 스스로도 믿을 수 있으니, 이것이 크게 중中하면서 상하가 응해주는 것이다.

리스전李士鉁은 말한다. 65효는 일음一陰으로 여러 양陽에게 믿음이 있으니, 여러 양들도 또한, 그를 믿어준다. 한 효에 성신誠信함이 믿음성이 있게 되었고, 여러 양陽에게 믿음성 있으니 그[一陰]의 믿음성이 되었다. (호체互體인) 태兌에 믿음의 상이 있다. (65효는) 허중虛中으로 아래와 접촉하니, 상하가 서로 믿기에, 따라서 (사귐이) 담백하다. (하괘인) 건乾은 위압적이고, (상괘인) 이離는 불기운이 맹렬하니 또한 위압적인데, 65효는 유도柔道로서 높은 데 있으니, 밝기가 먼데를 비출 수 있고, 자신을 공경하고 무위無爲하며, 위세가 있고 상징이 있으니, 따라서 (65효는) 위엄이 있다. 불의 몸은 본래 허虛하나, 그 불꽃을 보면 그것을 두려워하지 않는 이가 없다. 임금의 덕이 자체로 부드럽지만, 그 빛을 보고는 흠모하지 않는 이가 없다. 그러므로 '임금이 의관衣冠을 바로 하고, 그를 높이어 바라보면, 사람은 엄연히 바라보고 두려워하는 것이다. (65효는) 담백하여 친함이 부모와 같고, 위엄은 높기가 하느님과 같다. 담백하면 말하지 않아도 믿게 되고, 위엄이 있으니 분노하지 않았는데, (65효에서) 백성들은 부월斧鉞보다 더 위세를 느끼니, (65효는) 길함을 알 수 있다. 이離는 해이다. 겨울에 해는 사랑스러우니, 담백한 상이다. 여름에 해는 두려우니, 위엄의 상이다.

마치창馬其昶은 말한다. 다섯 번째 효가 건乾의 주인인데, (65효에서) 건원乾元이 곤坤에 통하여 그 속에 숨어있기에, 이에 95효가 변하여 65효가 되었다. 건乾이 일단 곤坤과 교섭하여 대유大

有괘를 이루었고, 65효 하나의 유유柔가 중中에 있으며, 또한 여러 양陽들과 교류하며 서로 발동하여, 건乾을 변화시키어 이離괘로 되었으니, 불타는 태양이 비추며 임臨하기에, 빛이 무성하여 위엄이 생기는 것이니, 모두 큰 형통의 결과와 같다. 처음부터 교차하여 해침을 방비하여, 65효에 이르게 되니 서로 믿을 수 있게 되었다. 이易는 다스림이다. (65효에서는) 스스로 엄하게 다스리니 경계하고 대비함도 소용이 없다.

● **나의 견해:**『맹자』에서, '깊이 갈고 김을 매어 잡풀을 없앤다.'(深耕易耨)고 (말했으나),[18] (또) '밭을 다스리다.'(易其田疇.)라고[19] 했으니, 모두 '역易'을 다스림(治)으로 풀었다. 권한(權)은 믿음 만한 것이 없고, 사람들과 정성[誠]으로 서로 만나고, 신용으로 발동해야 하니, 따라서 (65효에서는) 엄하지 않아도 다스려진다.『예기禮記』에서, '충신忠信으로 갑주甲冑를 삼고, 예의禮義로써 방패[干櫓]를 삼는다.'라고[20] 했으니, 대비함이, 어디에 쓰일 것인가?

상구효: 하늘로부터 도와주니, 길하여. 이롭지 않음이 없다.
[上九: 自天祐之,[21] 吉, 无不利.]
상에서 말한다. 대유大有괘에서 "위에 있는 자"는 길함이란, 하늘의 도움을 말한다.
[象曰:「大有」"上"吉, 自天佑也.[22]]

곽옹郭雍(1106-1187)은 말한다. (임금이) 순종함을 믿고서 현재賢才를 높이니, 65효의 임금은 실로 이것에 힘을 다한다. (상9효에서) 위에 있는 자에게는 '대유大有'괘의 길함이 있으니, 이것으로 끝을 낸다. '대유大有'괘에서 '위에 있는 자는 길하다.'라고 말했으니, 단지 상9효의 길함에 그치지 않는다.

정여해鄭汝諧(1126-1205)는 말한다. 65효는 괘의 주인이 된다. 상上은 그것의 끝이다. 65효의 덕은 이런 복을 적절히 얻었으니, 끝에서 증험證驗될 수 있다.

조여매趙汝楳(13세기, 남송南宋학자)는 말한다. 상9효는 하늘의 상이고, 또한 현명함의 상이다.

---

18) '深耕易耨.',『孟子譯注』,「梁惠王」上篇(1:5), 楊伯峻譯注, 상동, 10頁.
19) '易其田疇.',『孟子譯注』,「盡心」上,(13:23), 楊伯峻譯注, 상동, 311頁.
20) '忠信以爲甲冑, 禮義以爲干櫓.',『禮記正義』(十三經注疏 整理本),「儒行」第四十一, 상동, 15冊, 1848頁.
21) 우祜와 우佑(돕다)는 같으니, 도움이다. 高亨, 175頁.
22) 上은 위에 있는 사람이다. 상동.

현인이 임금 위에 있으니, 그 상은 사부師傅이다. 65효 이하의 여러 효가 응하니, 사람들의 도움이 되고; 위로 한(상9)효가 응하니, 하늘이 돕는 것이다. 하늘이 돕고 사람들이 도우니, 마땅히 65효는 길하여 이롭지 않음이 없다.

호병문胡炳文(1250-1333)은 말한다. 65효의 믿음성은 믿음을 지킴이다. (65효는) 유중柔中이니, 생각이 순조롭다. (65효는) 상9효의 일양一陽을 높이니, 상현尙賢이다. 따라서 그 끝은 하늘로부터 도움을 받으니, 길하며 이롭지 않음이 없다.

유원劉沅은 말한다. 상9효는 대유大有괘의 정점에 있으니, 과심過甚한 것이 아니겠는가! 상9효는 길하니, 그것은 아래의 여러 양陽과 함께 65효에 순종하여 천리天理와 합하니, 하늘로부터 도움을 받는다. 「계사繫辭」상上전에서, '신용을 지키고, 사상이 순조로우니, 또한, 현인賢人을 존숭했기에, 이 때문에 하늘이 도운 것이기에, 길하여 이롭지 않음이 없다.'라고[23] 하였다. (상象전에서 말한,) '대유大有괘에서 "위에 있는 자"는 길함'은, 「계사繫辭」전에 의거하여, 65효의 뜻을 해석한 것은 진실로 아니나, (그러나) 「계사전」(의 말)을 쓰지 않았으나 달리 말한 사람이 있다고 보는 것도 또한 아니 된다.

● **나의 견해(1):** 「계사繫辭」상上전에, '(만물을 생장시켜) 부유富有하게 함이 대업大業이고, 매일 새롭게 하는 것이 큰 덕[盛德]이다!'라고[24] 말했다. 대업大業의 부유富有함은 실로 왕성한 덕이 날로 새로워짐에서 말미암는다. '대유大有'는 그 대업大業을 가짐이다. 65효는 유도柔道로써 존위尊位에 있고, 하늘에 응하며 스스로 사람들에게 순종한다. 내외에서 다섯 양陽이 모두 순종하고 부유한 대업大業을 이루었으니, 실로 65효는 허중虛中으로 선善을 받아서, 만방萬方을 밝게 비추기에, 해가 하늘을 받드는 것과 같다. 이離는 해이다. 건乾은 하늘이다. 이離와 건乾을 합쳐서 대유大有괘의 상을 이루고, 65효를 주효主爻로 하고, (대유大有괘에서) 곤원坤元이 건원乾元과 사귀니, 덕은 천심天心에 응한다. 해[日]는 옛날부터 지금까지 늘 새로워지고, 하늘은 사심 없이 (만물들을) 덮어주고 있다. 원元은 선善의 우두머리이고, 기氣는 하늘에서 원元이 되고, 사람에게는 선善이 된다. 선善은 드날리지[揚] 않을 수 없으니, 원기元氣가 사방에 충만하게 퍼져서 어그러짐이 없기에, 따라서 '크게 형통하다[元亨].'라고 말한다. 선善은 중中에 부합하지 않은 적이 없다. 백성은 천지의 중中을 받아서 사는 것이, 이른바 명命이다. (사람이) 때때로 선을 드날리는 것을 마음

---

23) '履信, 思乎順, 又以尙賢也, 是以自天祐之, 吉无不利也.', 「繫辭」上傳, 高亨, 541頁.
24) '富有之謂大業 , 日新之謂盛德!', 「繫辭」上傳, 高亨, 515頁.

으로 하면, 곧 하늘의 '좋은 명령[休命]'에 순종하는 것이다. 휴休는 선善이다. 선이 그 분량을 채우면, 반드시 악惡을 막는 것을 우선으로 하고, 악이 다 없어지면, '좋은 생각[善念]'이 스스로 생긴다. 군자는 천하의 무거운 책임을 맡으니, 사람들과 선善을 하지 않을 수 없을 뿐이다. 둘을 잡고서 중中을 쓰니, 순舜임금이 큰 지혜를 이룰 수 있음이고, 또한 하늘의 해가 임하여 비추는 것 같이, 빛이 사방에 미치고, 그러므로 '큰 중中이 상하에서 그에 응하는 것'이라 말한다. 그것[대유大有괘]이 초9효에 있으면, 본래 사귐이 없으니, 또한, 손해 볼 것이 무엇인가? 최초의 선심善心을 가지고, 아직 싹 트기 전에 인욕을 막으려 하니, 재난을 면하려 하면, 고난이 (크지) 않으면 안 된다. (「대유大有」괘 초효의) 경經에, '(사람들이) 서로 해치지 않으니,'라고 한 것은. 비록 사귐은 없으나 혹 해가 있을까를 염려한 것이다. (「대유大有」괘 초효의 상象)전傳에서, '사귐에 해침이 없음'은 해를 끼칠 자와 서로 사귀지 않음을 말한다. 사물과 사물의 사귐에는 끄집어 다림이 있는 것이다. 92효의 '중中에 쌓음'[積中]은 무거운 짐을 지고 멀리에 가는 인재이다. 93효의 '(천자天子의) 잔치를 받을 수 있음'[用亨]은 대공大公하고 사심이 없음[無私]의 도량이다. 모두 선善은 이미 다 드러나 마땅히 표양表揚된 것이다. 이어서, '소인들은 할 수 없음'을 말한 것은, 소인들이 군자를 방해할 수 있으나, 반드시 소인들의 악을 막아버려서, 군자의 선이 이에 표양表揚될 수 있음이다. 94효의 친구와 나쁜 사람들[邪]을 변별함은, 선악의 나눠지는 길을 살펴서, 서로 섞이게끔 하지 않음이다. 막고 표양하는 권력[權柄]을 위로 사용하여 잘못 씀이 없음, 이것은 이離의 밝은 상이다. 천하를 다스림은 선을 좋아하고 악을 싫어함이니, 말하지 않아도 믿게 되고, 분노하지 않아도 위엄이 있다. 65효의 '신용을 지키고 사색의 순조로움[履信思順]'은 자기 마음을 비워서 천하를 믿은 것이니, 사귀지 않았으나 스스로 사귐이 없는 것이 아니고, 위엄을 보이지 않아도 스스로 그 위엄을 보인 것이다. (65효에서) '여如'라고 한 것은, 설상을 가상한 말이다. 상9효에서는 '대유'괘의 성공을 모아서 도왔으니, 하늘에 순종할 수 있는 이는 하늘이 반드시 그를 돕는다. 사람들에게 공을 이루면 실제로 덕은 하늘에 새겨지니, 그것의 내원을 알지 않을 수 없다. 『시詩』에, '군자를 칭송하고 찬미하니, 그의 선덕善德은 뚜렷하여 찬양하는 것이다. 서민들을 안무按撫하고 현인賢人을 선임善任한다. 복록은 하늘에서 받고, 천명天命이 보전保全하며 도와주며, 반복하여 하늘이 복을 준다.'라고[25] 하였다. 이것이 곧 이런 뜻이다.

- **나의 견해(2)**: 동인同人, 대유大有의 두 괘는, 모두 하늘과 불을 취한 상이다. 선후하여 하늘

---

25) '假樂君子, 顯顯令德. 宜民宜人. 受祿於天. 保右命之. 自天申之.', 『詩經譯注』, 「大雅」, 「生民之什」, 「假樂」, 袁梅著, 상동, 795頁.

[天] 괘위卦位를 합치니, 건乾괘와 이離괘는 일방一方에 함께 있다. 선천先天으로 정남正南이면 본래 건건乾健의 몸이 된다. 곤坤이 중中에서 사귀니, 후천後天이면 이에 이離괘는 밝음의 용用이다. 사람이 후천後天에 있으면, 시시때때로 그 이離의 명明을 잃지 않으니, 비로소 그 선천先天의 건건乾健한 몸을 회복할 수 있다. 건乾괘와 이離괘가 덕을 합치면, 강건剛健하고 독실篤實하여 빛을 발산하고, 체용體用이 서로 필요하여, 착종하면, 천화天火[同人괘]나 화천火天[大有괘]의 상이 된다. 『역易』에서, 이 두 괘는 그 뜻을 상호 발전시키면, 선후先後의 체용體用이 이에 더욱 밝아지는 것이다. 후세에 '나라의 표지[國徽]'가 하늘과 해로 표시되었으니, 혹 또한, 이 상象을 취한 것인가?

15. 겸겸괘 ䷎

겸謙괘는 형통하니, 군자에게 '좋은 결과[終]'가 있으리라.

[謙, 亨, 君子有終.[1]]

정현鄭玄(127-200)은 말한다. 형亨은, 잔치모임의 예禮이다. (겸겸괘는) 겸손함[謙]으로 주主를 삼았으니 자기를 낮추어 남보다 낮게 함이다. (겸겸괘에서) 오직 (하괘인) 간艮의 견고함과 (상괘) 곤坤의 후순厚順함이라야 이에 '좋은 결과[終]'가 있을 수 있다.

우번虞翻(164-233)은 말한다. 군자는 93효를 말한다. (하괘인) 간艮은 만물로 끝이 나는 것이다.

풍의馮椅(1140-1232)는 말한다. 일양一陽이 맨 위와, 맨 아래에 있는 것이, 박剝䷖괘이고 복復䷗괘이니, 양기陽氣의 줄고 자라남[消長]과 같다. (일양一陽이) 중中에 있으면 사師䷆괘와 비比䷇괘가 되니, 여럿이 '돌아감[歸]'을 상징[象]한다. 93, 64효가 (상하) 두 체 사이에 있기에 이르러서는, 여섯 획畫들의 중中에 해당하니, 따라서 그 (일양一陽이) 위에서부터 아래로 물러나 있는 것이 겸䷎괘이고, 아래에서 위에로 분출한 것이 예豫䷏괘이다.

유원劉沅(1767-1855)은 말한다. '소유하고도 살지[居] 않음'이 겸겸괘라고 말한다. (겸겸괘의 하괘인) 간艮은 안[內卦]에서 그치고, (상효인) 곤坤은 밖[外卦]에서 순하니, 겸손[謙]의 뜻이다. 땅[地]은 아래로 낮고, 산[山]은 높고 크지만, (그 산이) 아래에 있으니 겸겸의 상象이다. 숭고한 덕德을 갖고 있으면서 낮은 아래에 처하여 있으니 겸겸의 뜻이다. 「서괘序卦」전에 '크게 소유한 자[大有]는 가득 채울 수 없기 때문에 겸겸으로 받았다.'라고[2] 하였다.

또 (유원이) 말한다. 건乾의 맨 위효가 곤坤과 사귀어[交] 간艮이 된다. 93효는 (겸겸)괘를 이루는 주主가 되는데, 건乾괘의 93효에 근본하기 때문에 군자라 칭했다. 곤坤으로써 크게 마치고, 간艮은 시始와 종終을 이루니, 오직 군자라야 겸손할 수 있고, 오직 겸손해야만, 끝내 그것이 됨을

---

1) 겸謙은 괘명이나, 겸허謙虛의 뜻이 있다. 형亨은 통이고; 종終은 좋은 결과이다. 高亨, 177頁.
2) '有大者不可以盈, 故受之以謙.', 「序卦」傳, 高亨, 645頁.

이룰 수 있다.

리스전李士鉁(1851-1926)은 말한다. (겸謙)괘의 획畫은 하나의 양효陽爻[93효]가 셋째 자리에 있으니, 물物의 시작이 되지 못하고 남들보다 윗자리에 있지도 못하며, (그 효는) 결코 둘째와 다섯째의 정위正位에 있지도 못하는데, 인도人道의 바름을 얻었으니, 역시 겸謙의 뜻이다. (93효는) 하나의 양효陽爻로서 여러 음효陰爻의 주主가 되면서도 하괘下卦에 숨어있으니, 비록 높으나 드러나지 않기에, 이것이 그의 높음을 보전할 수 있는 까닭일 것이다.

또 (리스전은) 말한다. (겸謙괘에서) 마침[終]을 이루는 것은 간艮만한 것이 없고, 만물은 곤坤에서 일을 다 하기 때문에 마침이 있다.

단전에서 말한다. 겸謙괘는, 형통 한다. 천도天道는 아래로 흘러 (만물들을) 이루어주고 밝게 빛나며, 지도地道는 낮은 곳에서 위로 가는 것이다.
[彖曰: 謙, 亨, 天道下濟而光明, 地道卑而上行.]

오징吳澄(1249-1333)은 말한다. 건乾이 곤坤과 사귀어 간艮괘를 이루고, 양陽이 아래[下卦]에서 음을 구제하니, 하늘의 빛이 아래로 임하는데, 따라서 간艮은 광명이다. (겸謙괘에서) 위로 가면, 곤坤이 상괘上卦에 있다고 한다.

양명시楊名時(1661-1737)는 말한다. 무릇 양陽은 하늘이다. 그러므로 겸謙䷎괘에는 일양一陽이 있으니, 하늘이라 칭한다. 구姤䷫괘에는 일음一陰이 있으니, 땅이라 칭한다.

유원劉沅은 말한다. (겸謙괘에서) 간艮은 곤체坤體에 바탕을 두고서 건乾의 양효陽爻 하나가 내려와 그와 사귀[交]므로 '아래에서 구제함'[下濟]이 된다. 땅[地]이 상괘上卦에 있기 때문에 상행上行이 된다. 하늘[天]이 아래로 내려와 사귐은 겸손함[謙]이니, 광명光明하고 형통하다. 땅[地]의 낮음이 겸손함[謙]이니, 위로 행하면 형통하다. 이는 겸謙괘가 반드시 형통함을 풀이한 것이다.

천도天道는 가득 찬 것은 덜어내지만, 겸손한 것에 보태준다.
[天道虧盈而益謙.]

최경崔憬(7세기, 당唐대 역학자)은 말한다. 해가 (하늘의) 가운데로 오면 기울고, 달은 차면 일그러진다.

지도地道는 가득 찬 것은 무너뜨리지만 겸손한 것은 흐르게 하는 것이다.

[地道變盈而流謙.]

(주희의)『주역본의周易本義』에서 말한다. (겸겸괘에서) 변變은 기울어 망가지는 것이다. 유流는 모여들어서[聚] 귀결함이다.

귀신鬼神은 가득 찬 것에는 해害를 끼치지만 겸손한 것에는 복福을 주는 것이다.

[鬼神害盈而福謙.]

최경崔憬은 말한다. (귀족과 호부豪富들의) '붉게 칠한'[朱門] 집[家]에는, 귀신이 그 방[室]을 엿보는 것이다.

인도人道는 가득 찬 것은 싫어하지만 겸손한 것은 좋아하는 것이다.

[人道惡盈而好謙.]

채연蔡淵(1156-1236)은 말한다. 천도天道는 기氣를 가지고 말한 것이니, 일월日月의 음양陰陽이 이것이다. 지도地道는 형形을 가지고 말한 것이니 '산[山], 골짜기[谷], 내[川], 못[澤]'이 이것이다. 귀신鬼神은 이理를 가지고 말한 것이니 재상災祥과 화복禍福이 이것이다. 인도人道는 실정을 가지고 말한 것이니, '주고 뺏기'[予奪]와 진퇴進退가 이것이다.

유원劉沅은 말한다. (겸겸괘 단상전의) 네 구절은 하늘[天], 땅[地], 귀신鬼神, 사람[人]이 모두 겸손을 좋아함을 통합하여 말한 것이니, 겸謙이 형통한 까닭을 풀이한 것이다.

• 나의 견해:『춘추좌전春秋左傳』에, '충검忠儉한 대인大人은 그를 믿고 따르며 친근하지만, 지나치게 사치스러운 자는 법에 따라서 처벌한다.'라고[3] 하였으니, 바로 가득 찬 것을 싫어하고 겸손한 것을 좋아한다는 뜻이다.

겸허는 덜어내어 빛이 남이다.

[謙尊而光.]

---

3) '大人之忠儉者, 從而與之; 泰侈者, 因而斃之.',『左傳全譯』, 襄公30年, 王守謙 等譯注, 상동, 1057頁.

왕인지王引之(1766-1834)는 말한다. 존尊은 '절제[撙節]하고 퇴양退讓함'의 '누름, 억제[撙]'(의 뜻)이다. 존尊은 '덜음[損]'이니, 작아짐을 말하는 것이다.

낮은 자리에 있어도 참월僭越하지 않으니, "군자"는 (결과가 좋게) 끝난다.
[卑而不可踰. 君子之終也.]

(한漢, 한영韓嬰의)『한시외전韓詩外傳』에서 말한다. "덕행德行은 관유寬裕하니, 공손함[恭]으로 써 지키는 자는 영화롭다[榮]. 토지土地는 광대廣大하더라도, 검소함[儉]으로써 지키면 편안하다 [安]. 녹위祿位는 높고 성대하니, 낮춤[卑]으로 지키는 자는 귀하다[貴]. 사람이 많고 병력이 세도, 두려운 마음[畏]으로 지키는 자는 이긴다[勝]. 총명하고 예지睿知하더라도, 우둔함[愚]으로 지키는 자는 현명하다[哲]. 견식이 넓고 잘 기억하는 자는 얕은 것으로도 그것을 지키니 지혜롭다[智]. 그 러므로『역易』에는 하나의 도道가 있으니, 크게는 충분히 천하를 지킬 수 있고, 보통으로는 충분 히 자기의 국가를 지킬 수 있으며, 가깝게는 자기 몸을 지킬 수 있으니, 바로 겸謙을 말한 것이다. (그러므로)『역易』에서, '겸謙괘는 형통하니, 군자가 마침내는 길吉하리라.'라고 말하였다."[4]

왕부王符(83-170)는 말한다. 천도天道는 가득 찬 것은 덜어내지만 겸손을 조화시킨다. 그러므 로 사람이 의義를 그것에 낭비하면, 하늘은 이것에 보상한다. 사특함으로 앞에서 취하면, 하늘은 뒤에서 그것을 모아준다. 이것은 가득 참을 가지는 도道로써 떠내어 덜어내면, 항룡亢龍의 후회 함, 즉 건곤乾坤의 과실을 면할 수 있다.

사마광司馬光(1019-1086)은 말한다. 군자의 덕은 진실로 성대하니, 업적도 클 것이나, 겸손하 지 않음으로 그것을 유지하면, 그 끝을 보전할 수가 없다.

(정이의)『이천역전伊川易傳』에서 말한다. 덕德을 갖고 있으면서도 (그에 합당한 자리에) 있지 않음을 겸謙이라 이른다. 이理를 통달했기 때문에 천명을 즐기며 경쟁하지 않고, 안이 충만하기 때문에 물러나 사양하면서도 거만하지 않다. 겸謙을 편안히 행하여 종신토록 바꾸지 않으니, 이 른바 군자가 마침이 있다는 것이다. 하늘의 도道는 그 기氣가 아래와 교제하기 때문에 만물을 화 육化育할 수 있다. 땅의 도는 그 처한 곳이 낮기 때문에 그 기氣가 위로 행하여 하늘과 교제하는

---

4) "吾聞德行寬裕, 守之以恭者, 榮. 土地廣大, 守之以儉者, 安. 祿位尊盛, 守之以卑者, 貴. 人衆兵强, 守之 以畏者, 勝. 聰明睿智, 守之以愚者, 哲. 博聞强記, 守之以淺者, 智. 夫此六者, 皆謙德也. 故『易』有一道, 大足以守天下, 中足以守其國家, 小足以守其身, 謙之謂也. …『易』曰: '謙, 亨, 君子有終吉.",『韓詩外傳 集釋』第三, 第三十一章, (漢)韓嬰撰, 許維遹校釋, 北京: 中華書局, 2019, 117, 118頁.

것이다. 모두 낮추고 내려옴으로써 형통한 것이다.

유원劉沅은 말한다. 유踰[넘어섬]는 지나감[過]이다. 낮아도 넘지 못한다는 것은 땅과 같다. 그 시작은 굽힌 것 같지만 그 마침은 반드시 펴지니, 겸謙을 잡고서 시종 변하지 않기 때문에 군자가 된다.

● **나의 견해**: 『한시외전韓詩外傳』에서, '크게는 족히 천하를 지킬 수 있고[大足以守天下]...'의 세 구句는 『중용中庸』의 '지성至聖유림有臨'이라는[5] 한 단락의 어법을 모방했다.

상전에서 말한다. 흙 가운데 산이 있는 것이, 겸謙괘이다. 군자는 많은데서 덜어내어 적은 것을 보태주며, 사물을 저울에 달아서 고르게 베풀어준다.
[象曰: 地中有山, "謙." 君子以裒多益寡, 稱物平施.[6]]

육덕명陸德明(약550-630)은 말한다. 정현鄭玄, 순상荀爽, 동중서董仲舒, 촉재蜀才(成漢范, 219-318)는, 부裒를 부捊(거두어들임)로 보았으니, '거두다'[取]라고 말한다. 자서字書에는 부捊라 하니, 『광아廣雅』에는, 부捊는 감減(덜음)이다.

(정이의) 『이천역전伊川易傳』에서 말한다. 지체地體는 낮은데, 높고 큰 산이 땅 속에 있으니, 밖은 낮고 안에 쌓인 것은 높아서 큰 상象이므로 겸謙이 된다.

(주희의) 『주자어류朱子語類』에서 말한다. 사람은 자기에게 있는 것은 높고 남에게 있는 것은 낮게 보는 경우가 많은데, 겸손하면 자기를 높게 보는 것을 덜어서 남보다 낮추게 되니, 바로 이 것[겸謙괘]이 공평함[平]이다.

마치창馬其昶(1855-1930)은 말한다. 산도 바로 땅이다. 땅이 낮다[地卑下]라고 말해서는 그 겸손함을 드러내기에 충분치 않으므로, 반드시 땅 속에 산이 있고, 인하여 그 지세地勢의 공평함을 잃지 않아야만 이것이 땅의 겸손함이다. '가득 참'은 덜어냄을 부르기 때문에 많으면 반드시 덜어내고, 겸손함은 보태줌을 받기 때문에 적으면 보탤 수 있다. 적음이 겸謙이다. (양웅楊雄의) 『태현太

---

5) '唯天下至聖, 爲能聰明睿知, 足以有臨也; 寬裕溫柔, 足以有容也; 發强剛毅, 足以有執也; 齊莊中正, 足以有敬也; 文理密察. 足以有別也.' 『中庸今註今譯』31장, 宋天正註譯, 臺北: 臺灣商務印書館, 1980, 65頁 참조.

6) 부裒는 부捊(거두어들이다)의 가차이고, 稱은 형형衡(저울대)이니, 지금의 칭秤(저울)이다. 施는 予(주다)이다. 高亨, 180頁.

玄』경에, '적음으로써 겸손함을 헤아리다.'라고7) 하였으니, 그 뜻을 얻은 것이다. 사람의 국량局量
은 본래 천지天地와 똑같이 커서 만족시킬 수 없는데, 다만 사람이 스스로 많다고 여기는 데에는
병고病苦가 있을 뿐이다. 겸손한 자는 항상 그의 적음을 깨닫기 때문에 '보태준 것을 취함'에 무
궁할 수 있다. (겸謙괘에서) 물物을 헤아려 베풂을 공평히 하니, 공평하면 이른바 많음이 없을 것
이다.

짱홍즈張洪之(1881-1968)는 말한다. (겸謙괘는) 불평不平한 것을 덜어서 평평한 데로 귀결시키
고, 모두 그 양量을 재어보면, 사물들과 어김이 없다. 순舜임금이 우禹를 현인이라 여겨, '근면하
고, 검약하고, … 자랑하지 말라! 고 하였고, … 공능을 다투지 말아야 한다.'라고8) 말하였다. 겸謙
괘 93효는 아마도 우禹왕의 일로 증명하는데, 그렇게 할 수 있다. 공자는 온몸이 겸손[謙]이니, 성
인은 하늘이 방임放任한 것을 본받았으며, '나는 나면서 안 것이 아니고,9) 성聖과 인仁같은 것을
내가 어찌 바랐겠는가?10) 군자의 도道는 네 가지인데 (나는) 하나도 할 수 없다.11) 배우는데 싫증
을 안 느끼고, 가르침에 권태롭지 않으니, 나에게 이런 것들 무엇이 문제이겠는가?'라고12) 말했
다. 풍이馮異(?-34)는 여러 장수들을 지나가서 공을 논하는데, 큰 나무 아래에로 물러나 있었고;
곽자의郭子儀(698-781)는 (자기) 공적을 잊고서 다시 노력하였으니, (이러한 겸손은) 모두 사람들
이 행하기 어려운 일들이다.

● 나의 견해: 『노자老子』에서, '천도天道는 마치 활시위를 당기는 것과 같은가? 높으면 억누르
고 낮은 것은 들어올리며, 남는 것은 덜고, 부족한 것은 보충한다. 천도天道는 남는 것은 덜고 부
족한 것은 보충한다.'라고13) 말했다. 이는 바로 많은 것은 덜고 적은 것은 보탠다는 의미이다.
『관자管子』에서, '되[斗斛]가 가득차면 사람이 그것을 평평하게 고르고, 집의 베풂이 가득차면 하

---

7) '自少不至, 謙不成.'(적음[少]이 이르지 않으면, 겸손[謙]은 이루어지지 않음)이, 揚雄의 『太玄』경에 보이니,
   아마도, '적음[少]'으로써 '겸손[謙]'을 헤아린 것이다. 『太玄校釋』, 少괘, 揚雄原著, 鄭萬耕校釋, 상동, 21頁.
8) '克勤…, 克儉, 不自滿假, …不矜…不伐, 天下莫與汝爭功.', 『今古文尚書全譯』, 「大禹謨」, 江灝, 錢宗武譯
   注, 상동, 43頁.
9) '我非生而知之者.'. 『論語』, 「述而」篇(7:20) 참조.
10) '若聖與仁, 則吾豈堪?', 「述而」篇(7:34) 참조.
11) '君子之道四, 丘未能一焉.', 『中庸』13章 참조.
12) '學而不厭, 誨人不倦, 何有於我哉?', 「述而」篇(7:2) 참조.
13) 天之道, 其猶張弓歟? 高者抑之, 下否擧之, 有餘者損之, 不足者補之. 天之道, 損有餘而補不足.', 『老子繹
    讀』, 77章, 任繼愈著, 상동, 169頁.

늘이 그것을 평평하게 고른다.'라고[14] 하였다. 이는 바로 물物을 헤아려 베풂을 공평히 한다는 의미이다. 군자는 하늘을 본받을 따름이다.

초육효: 겸손하고 또 겸손한 군자가 (조심하며) 큰 내를 건너니, 길하다.

[初六: 謙謙君子,[15] 用涉大川, 吉.]

상에서 말한다. "겸손하고 겸손한 군자"는, 낮춤으로써 자신을 지킨다.

[象曰: "謙謙君子," 卑以自牧也.[16]]

정현鄭玄은 말한다. (초6효에서) 목牧은 기름[養]이다.

순상荀爽(128-190)은 말한다. 초6효가 맨 아래에 있으니, 겸손이다. 93효는 (호체互體인) 감坎을 몸으로 하니, 따라서 (초6효는) 내를 건넘이다.

공영달孔穎達(574-648)은 말한다. (초6효에서) 군자의 의義는 항상 겸손하고 낮춤으로써 스스로 자기의 덕德을 기른다.

왕안석王安石(1021-1086)은 말한다. (물을) 건넘에 이로움은 그 재주가 건너는데 이로울 뿐이다. (초6효에서) 용섭用涉은 이것으로 (물을) 건너니, 그 다음에는 길하다.

호일계胡一桂(1247-1314)는 말한다. 내를 건넘에는 근신하고 자중함이 귀하니, (초6효에서) 겸겸謙謙이란 앞서려고 다투지 않아, 스스로 잘못함이 없음이다.

유원劉沅은 말한다. 6[陰]은 유柔하니 겸손한 덕이다. 초6효初爻는 낮으니 겸손한 자리이다. 겸손한 덕으로써 낮은 자리에 처하고 있으니, 겸손하고 또 겸손하여 군자의 일이다. 93효는 하괘下卦의 맨 위에 있으면서 수고[勞]가 있으면서도 겸손하니, 위에 있는 군자로써 높으면서 빛난다. 초6효는 하괘下卦의 아래에 있으면서 겸손하고 또 겸손하니, 아래에 있는 군자로서 낮아도 넘을 수 없다. 그러므로 (초6효는) 군자의 마침이 된다.

오여륜吳汝綸(1840-1903)은 말한다. 『국어國語』에, '겸겸嗛嗛의 덕德' 주注에서, '겸겸嗛嗛은 소소小小와 같다.'라고[17] 말한다. 무릇 『역易』중에 중복되는 문장은 모두 황況자의 모양이다.

리스전李士鉁은 말한다. 산이 땅 아래에 있으니 겸謙괘가 된다. 초6효는 또 산의 아래에 있기

---

14) 이런 뜻의 문장은 『管子·樞言』편에는, 「釜鼓滿則人槪之, 人滿則天槪之.」로 되어 있다.

15) 겸겸謙謙은 겸손하고 또 겸손함이다. 高亨, 180頁.

16) 牧은 지킴이다. 高亨, 상동.

17) '嗛嗛之德.', 注22: '嗛嗛, 猶小小也.', 『國語』, 「晉語」一, 상동, 257頁, 注22 259頁.

때문에 겸손하고 또 겸손하다. 군자는 남보다 높기를 열망하지 않으니, 겸손하여 스스로 군자의 도道가 있다.

마치창馬其昶은 말한다. 『역易』(겸괘 초9효)에서, '내를 건넘이 이롭다[利涉].'라고 말하는 것은 땅을 넓히고 공功을 도모하는 뜻을 취한 것이니, 겸손한 자가 숭상하는 바가 아니다. 그러므로 그 문장을 바꾸어 '용섭用涉'이라 하였다. 호체互體인 감坎은 앞에 있는데 초6효는 오히려 뒤에 있는 것 같아서 겸퇴謙退의 도道이니, 바로 이를 써서 '내를 건넘[涉川]'이 역시 길吉하다. 움직여서 양陽으로 변화하는 것을 길吉로 여기지는 않는다.

육이효: 이름이 있으나 겸손하고, (행동이) 바르니 길하다.
[六二, 鳴謙, 貞吉.18)]
상에서 말한다. "명성이 겸손하며 반듯하고 길함"은, 마음에서 바름을 얻음이다.
[象曰: "鳴謙貞吉", 中心得也.19)]

요신姚信(3세기, 삼국 중 오吳[222-265]나라의 역학자)은 말한다. 93효는 (호체互體인) 진震을 몸으로 하니 잘 울고, 62효는 진震괘를 잘 받드니, 따라서 '울며 겸손함'[鳴謙]이다. 덕은 바로 중中에 처해 있으니, 따라서 반듯하고 길함이다.

(정이의)『이천역전伊川易傳』에서 말한다. 겸손한 덕이 속에 쌓이면 밖으로 발發하여 성음聲音과 안색顏色에서 드러나니 이를 '겸손함이 울린다.'라고 말한다. 62효의 바르고 길吉함[貞吉]은 저절로 있는 것이지 힘써 하는 것이 아니다.

유원劉沅은 말한다. 62, 65효는 모두 중中으로 그들의 마음을 서로 얻었기 때문에 겸손한 덕이 합해져서 길하다. 이는 (겸손함이) 울려서 그 응應함을 얻은 것이다.

마치창馬其昶은 말한다. 벼락[震]은 백리百里를 놀라게 하니, 우레[雷]의 울림이다. 그래서 한퇴지韓退之[韓愈, 768-824]는 '우레[雷]로써 울리는 것은 여름이다.'라고 말하였다. 예豫(雷地)괘는 '우레가 떨침으로써 음악을 짓는다.'라고 하였으니 또한 울림[鳴]의 뜻을 취하였다. 우레의 울림은 양陽이 음陰에 도달하는 데에서 발생한다. 겸謙괘에서 우레가 되는 것은 93효인데, 62효는 도와주며[比], 상6효는 응應하니 모두 울리는 것이다. 예豫괘는 94효가 우레가 되는데, 초6효가 그에 응

---

18) 명鳴은 이름이다. 鳴謙은 이름이 있으나 겸손함이다. 貞은 正이다. 高亨, 상동.
19) 中心得은 心의 得中이다. 상동.

應하여 또한 울린다. 겸겸괘에서는 62효는 그 중中이 자득한 바에 울리고, 상6효는 그 중中의 부득이함에서 울린다.

- **나의 견해**: 62효는 스스로 울리지는 않고 93효의 선善함으로 인하여 울린다. 그러나 겸손함을 알면 스스로 인仁하다는 소문이 있게 되어, 62효가 스스로 울릴 뿐만이 아니다.

구삼효: 공로가 있으나 겸손하며, 군자는 좋은 결과를 갖게 되니, 길하다.
[九三, 勞謙, 君子有終,20) 吉.]
상에서 말한다. "공로 있으나 겸손한 군자"는, 만민들이 복종한다.
[象曰: "勞謙君子," 萬民服也.]

순상荀爽은 말한다. (93효는) 감坎을 몸으로 하니 공로이다.

왕필王弼(226-249)은 말한다. (93효는) 하체下體의 가장 높은 곳에 처處하여 합당한 자리에 서 있으며, 위아래에 그 백성을 나누어 가질 다른 양陽이 없기에, 여러 음陰들이 '으뜸[宗]'으로 여기는 바이니, 높음이 이보다 앞서는 것이 없다. (93효는) 위는 계승하고 아래는 접接하고, 수고가 있어도 겸손하여 나태하지 않으니, 이 때문에 길吉하다.

(정이의) 『이천역전伊川易傳』에서 말한다. (93효는) 수고가 있으면서도 겸손한 덕을 잡고 있으니 주공周公이 이런 경우이다. (주공周公은) 자기는 천하의 큰 임무를 맡으면서, 위로는 유약한 군주君主를 받들며, 삼가 두려워하는 듯하였다.

왕종전王宗傳(12세기, 남송南宋시대 역학자)은 말한다. 93효는 실로 (하괘인) 간艮의 '몸[體]'이니, (상괘인) 곤坤의 아래에 멈추어서, 숭고함을 낮은 아래에 쌓으니, 땅속에 산이 있는 것과 같다.

내지덕來知德(1525-1604)은 말한다. 8괘가 자리가 바른데, (하괘의) 간艮은 93효에 있으니, (93)효가 매우 좋은 이유이다.

유원劉沅은 말한다. (93효는) 하나의 양陽으로 다섯 음陰의 요구를 대하니 수고함이 있다. 93효는 강정剛正한 덕이 있어 상위上位에 있는 것이 마땅하나 아래에 머물러 있으니, 수고가 있으면서도 겸손한 자로써 오직 군자라야 이를 감당한다. (하괘인) 간艮은 마침을 이룬다. 군자가 수고가 있으면서도 겸손하여 오래도록 변치 않으면 여러 음陰들이 모두 모여들기 때문에 만민이 따른다

---

20) 노勞는 공노功勞이다. 終은 좋은 결과이다. 高亨, 181頁.

고 말하였다.

리스전李士鉁은 말한다. (호체互體인) 감坎은 수고의 뜻의 괘이다. 노勞는 공功이니, 일에 공이 있음을 '수고함[勞]'이라 말한다. 93효는 (겸謙)괘의 주主가 되어 양효陽爻이면서도 높은 자리를 피한다. 그러므로 (겸謙괘의) 단사彖辭와 같다. 『상서尙書』에서, '네가 자랑하지 않는다면, 천하에 너와 공功을 다툴 자가 없을 것이다.'라고[21] 하였는데, 이것이 군자가 능히 마칠 수 있는 까닭이다.

- **나의 견해(1)**: 주공周公은 한 번 목욕할 때 머리카락을 세 번 쥐었고, 한 번 식사할 때 먹던 것을 세 번 뱉어냈으니, 공公이 자기 몸을 수고롭게 한 것이다. 삼왕三王을 겸兼하고 네 가지 일을 베풀며 날마다 일하며 새벽을 기다리니, 공公이 자기 마음을 수고롭게 한 것이다. '공손公孫이 미남이라니, 염치가 없구나! 명예에 흠이 없다고 하니, 사람들이 저주하네!'[22] (이런데) '겸손[謙]'은 또한 무엇이겠는가?

- **나의 견해(2)**: 큰 임무를 맡은 자는 수고가 있어도 마치는 경우는 드문데, 덕德이 부족해서이다. 수고가 있으면서 겸손한 것은 덕음德音에 티가 없어서, 수고가 있을수록 더욱 겸손하고 수고가 있으면 바로 겸손해야 하니, 지도地道는 이룸은 없어도 대신하여 마침이 있기에, 이 때문에 길吉하다. 93효는 건체乾體의 마침에 근본하고서 간체艮體의 맨 위에 있다. 군자는 하늘의 행건行健을 본받아 자강불식自强不息하며 종일토록 굳건히 하다가[乾乾] 저녁에 마음을 다 쓰듯이[厲] 두려워한다. (그러나 허물은 없다.) 간艮은 그침이니 생각이 (자기) 자리를 넘지 않고, 활동과 머묾이 적절하여 도道가 빛나고 밝으니, 군자가 그것을 쓴다. 호체互體로써 논論하면, 아래 호체互體에서 93효는 '곤란 중에 배우고 성장함[習坎]'의 가운데에 있고, 위 호체互體에서 93효는 진震 활동[動]괘의 초효初爻에 있으니, 모두 수고가 있는 상象이다. 비록 수고가 있더라도 인하여 겸손하니, '공功은 천하天下에 있고,' '자랑하지도 않고 자부하지도 않으며,' '백성의 일에 힘을 다하고,' '먼저하고 수고롭게 하되 게으름이 없으며,' '능히 그 마침이 있는 것'이니 이 때문에 만민萬民이 기뻐하며 따르는 것이다.

육사효: 이롭지 않음이 없는 것은, 덕을 베풀며 겸손함이다.

[六四, 无不利, 撝謙.[23]]

---

21) '汝惟不伐, 天下莫與汝爭功.', 『今古文尙書全譯』, 「大禹謨」, 江灝, 錢宗武譯注, 상동, 43頁.
22) '公孫碩膚, 德音不瑕.' 『詩經譯注』, 「豳風」, 「狼跋」, 袁梅著, 상동, 402頁.

상에서 말한다. "(사람들에게) 이롭게 하지 않음이 없음은, 베풀어주었어도 겸손함"이니, 법도를 어긴 것이 아니다.

[象曰: "无不利, 撝謙," 不違則也.]

경방京房(전77-전37)은 말한다. (64효에서) 상하가 모두 통함을 휘겸[撝謙]이라고 한다.

주진朱震(1072-1138)은 말한다. 64효는 유순柔順하고 바르니, 위로 65효의 임금을 받들고, 아래로 밑의 93효를 수고하게 하고 겸손한 신하에게 자신을 낮추니, 상하가 모두 적절함[宜]을 얻은 것이다. 휘겸撝謙은 겸손의 도道를 베풀어 퍼트리니, 상하에 분포된 것이다.

원추袁樞(1131-1205)는 말한다. (64효는) 먼저 '이롭지 않음이 없다.'라고 말했으니, 겸손함을 휘두름으로 인해 그 뒤에 이롭지 않음이 없다는 것이 아니다.

여수구黎遂球(1602-1646)는 말한다. (64효는) 곤坤의 순함 아래에 있기에, 따라서 이롭지 않음이 없다.

유원劉沅은 말한다. 휘撝는 휘揮(휘두름)와 같다. (64효는) 위에는 겸덕謙德의 군주가 있고, 아래에는 겸덕謙德의 신하가 있으니, 성주聖主와 현신賢臣의 사이에 처處하고, 처處하는 곳마다 이롭지 않음이 없으니, (64효는) 겸손함을 휘두름이다.

리스전李士鉁은 말한다. (하괘인) 간艮은 손이 되므로 휘두른다. (64효는) 위로는 64효로써 65효를 따르니 군주에게 공功을 양보하는 아름다움이 있고; 아래로는 음陰으로써 양陽을 따르니 현자賢者에게 지위를 양보하는 마음이 있다. (64효는) 존현尊顯을 받는 대신大臣으로써 마음을 비움이 이와 같으니, 대신大臣 이하는 양보하지 않음이 없다.

마치창馬其昶은 말한다. 93효와 64효는 하늘과 땅의 사이이다. 93효는 천도天道가 아래로 내려와 해결함이고, 64효는 이른바 지도地道가 위로 행行함이다. 하늘과 땅이 사귀므로 이롭지 않음이 없으니 이것이 그 때이다. (64효는) 군주와 가까운 자리에 있으면서 상하上下를 통하게 하는 겸손함을 휘둘러 간격이 있지 않게 하니, 이것이 그 덕德이다. 64효의 겸손[撝謙]이 아니면 93효가 어찌 밖에서 수고를 이룰 수 있겠는가? 93효에 있어서는 수고가 있지만 겸손하다는 점에 어려움이 있고, 64효에 있어서는 이롭지 않음이 없는 때이지만, 능히 겸손해야 한다는 점에 어려움이 있다. 배우지 않아도 이롭지 않음이 없는 것은 곤坤의 상법[常]이다. 법칙을 어기지 않음은 자기의 상常을 지켜 변하지 않음이다. 즉則이라는 것은 상常이다.

---

23) 휘撝는 베풂임(施)이다. 휘겸撝謙은 사람들에게 덕을 베풀데 겸손함이다. 高亨, 181頁.

● **나의 견해**: 『좌전左傳』에, '범선자范宣子가 사양하니, 그 아래 모두가 사양했다.'라고[24] 하였는데, 역시 이 뜻이다. 이선생님(李師)[李士鉁]의[25] 說을 미루어보면, '순임금[虞]의 조정에서는 여러 신하들이 모두 서로 사양하였다.'라는 것은 모두 64효의 의미를 얻어 겸손[撝謙]의 법칙을 어기지 않음이다.

육오효: (내가) 부유하지 않은 것은 그 이웃이 (재물을 약탈했기) 때문이니; (이웃의) 침벌을 이용하면 이롭지 않음이 없다.
[六五, 不富, 以其鄰, 利用侵伐, 无不利.[26]]
상에서 말한다. "침략하고 정벌을 이용함"은, 복종치 않는 자를 정벌하는 것이다.
[象曰: "利用侵伐," 征不服也.]

왕안석王安石은 말한다. (65효에서) 존위尊位를 얻었으나 응이 없기에, 따라서 복종하지 않음을 정복한다는 말이다.

주진朱震은 말한다. 정征은 윗사람이 아랫사람을 정벌하는 것이다. 『사마법司馬法』에서, '험준함을 믿고서 복종하지 않으면 침략한다.'라고[27] 말하였다. 성인은 후세에 간과干戈로 망동할 것을 염려하여, 따라서 (65효에서) '복종하지 않는 이를 정복한다.'[征不服]라는 것을 말한 것이다.

풍의馮椅(1140-1232)는 말한다. 잠복한 군대는 '침侵'이라 하고, 죄를 성토하면 '벌伐'이다.

양명시楊名時는 말한다. (65효에서) 겸손할 수 있으면 비록 병력을 쓴다 해도 또한 괜찮다. 교만한 병력은 패하고, 두려워하는 병사들은 이긴다.

심몽란沈夢蘭(19세기, 청淸대의 경학자)은 말한다. 천도天道를 세움에 음양을 말하고, 인도人道를 세움에 인의仁義를 말한다. 양陽은 인仁이니, 인仁으로써 은恩을 미루어 얻는다. '이웃으로 부유함'은 은택[恩]을 미루어 가까운데서 시작하는 것이다. 소축小畜☴괘의 95효에서, '포로를 얻어서 묶었음'[有孚攣如]이다. 음陰은 의義이고, 의義로써 법을 집행한다. '이웃이 (약탈)했기에 (내가) 부유하지 못함'[不富以其鄰]은 법의 집행이 공평함이다. 겸謙괘 65효에서 '(이웃을) 이용하여 침벌'[利用侵伐]한 것이다. 모두 임금의 도[君道]이다.

---

24) '范宣子讓, 其下皆讓.', 『左傳全譯』, 襄公13年, 王守謙 等譯注, 상동, 835頁.
25) 李師는 앞에 나온 리스전李士鉁을 가리킨다.
26) 以는 因이다. 이웃이 재물을 약탈하기 때문에 자기도 부유하지 못하다. 자기도 富하지 못하고, 이웃도 부하지 못하면, 이것은 남도 해치고, 자기도 해침을 당하니, 크게 不義한 것이다. 남이 침벌하면, 이롭고 불리함이 없다. 高亨, 182頁.
27) '負固不服則侵之.', 『司馬法今註今譯』, 「仁本第一」, 劉仲平註譯, 臺北: 臺灣商務印書館, 1986, 2頁.

유원劉沅은 말한다. 정征은 정正이다. 침벌侵伐은 다투는 일이니, 오직 겸덕謙德한 군주라야 그에 마땅하다. 65효의 겸손함이 드러나는 것은 억지로 용납하는 것이 아니기 때문에 덕德이 성대한 것이다.

리스전李士鈔은 말한다. 65효는 유순柔順하면서 높은 자리에 있어서 스스로를 환하게 보니, 천하를 소유하고도 그것을 자부하지 않기 때문에 부유하지 않다. (65효에서) 음효陰爻는 비어서 부유하지 않음이 된다. 군주가 나라를 소유했다는 것으로 부유하다 여기지 않으면 신하는 집안을 소유했다는 것으로 부유하다고 여기지 않기 때문에, 65효가 부유하지 않으면 그의 이웃도 역시 그와 함께 한다(부유하지 않음). 62효부터 상6효까지는 호체互體로 (地水)사師괘이므로 침벌하여 따르지 않는 자를 정벌함이 이로운 것이다. 종고鐘鼓가 없는 것을 침侵이라 말하고, 종고鐘鼓가 있는 것을 벌伐이라 말한다. 겸덕謙德에 근본 하여 병사를 쓰고, 크게 순종하는 것을 체體로 하고서 따르지 않는 자를 정벌하므로, (65효는) 이롭지 않음이 없다. 겸손하면 보태줌을 받고 가득 차면 덜어냄을 부르니, 묘苗족을 정벌[征]할 때 이를 써서 발동하였다. 물러남으로 나아감을 삼고, 부드러움으로 굳셈을 이기니, 이것이 병가兵家의 중요한 도道이다.

마치창馬其昶은 말한다. 예악禮樂은 양陽에 속하고, 병형兵刑은 음陰에 속한다. 부유하지 않으나 그 이웃으로써 한다는 것은 음도陰道도 쓸 수 있어서 반드시 양陽으로 변화해야 하는 것은 아님을 보인 것이다. 전쟁은 신묘하게 빠름을 귀하게 여기고, 기습하는 것을 귀하게 여기니, 침侵·벌伐이라 말하는 것은 전쟁의 기틀이 있음이다. 공자는, '내가 전쟁하면 이길 수 있다.'라고[28] 하였다. 대개 왕王의 전쟁은 출동함에 만전을 기하고 또 뒷날의 화禍가 없기 때문에 '씀이 이로움'[利用]의 뒤에 또 '이롭지 않음이 없음'[无不利]이라고 (말씀을) 이었다.

상육효: 유명하고 겸손함을 이용하여 출병出兵하면 읍국邑國을 정벌할 수 있다.
[上六, 鳴謙, 利用行師征邑國.[29]]
상에서 말한다. "명성이 있고 겸손하나", 뜻은 아직 이루지 못 했다. "출병하여", (굴복하지 않은) 읍이나 나라를 정벌할 수 있다.
[象曰: "鳴謙," 志未得也. 可"用行師," 征邑國也.]

---

28) '我戰則剋.', 『孔子家語』卷十, 「子貢問」第四十三, 魏 王肅注, 電子版文淵閣四庫全書, 上海人民出版社, 1999 참조.
29) 명겸鳴謙은 곧 명겸名謙이니, 이름이 있고 겸손함이다. 행사行師는 出兵이다. 邑國은 大夫의 邑이니, 諸侯의 나라이다. 高亨, 182頁.

우번虞翻은 말한다. (상6효는 호괘互體인) 진震에서 응하니, 따라서 '겸덕謙德을 밖으로 나타냄[鳴謙]'이다. 사師䷆괘를 몸으로 하니 (호체互體인) 진震이 나가는 상이다. (상괘인) 곤坤은 읍국邑國이다.

왕필王弼은 말한다. 여섯 효爻들이 비록 어떤 것은 자리를 잃고, 어떤 것은 응應함도 없으며, 어떤 것은 강剛을 타고 있지만, 모두 흉구凶咎나 '후회[悔]'나 '어려움[吝]'이 없는 것은 겸손함을 주主로 삼았기 때문이다.

이강李綱(1083-1140)은 말한다. (상6효에서) 겸손함이 정점이면, 군대 출동을 쓰지 않고서는 공을 이룰 수 없고; 군사師를 이룸에 경계하지 않으면, 소인들은 다스림을 보전保全할 수가 없다.

(주희의)『주자어류朱子語類』에서 말한다.『노자老子』에서, '대국大國이 소국小國에게 겸하謙下하면 소국(의 신뢰)를 취하고; 소국이 대국에게 겸하면 대국(의 신뢰)를 얻는다.'라고[30] 하였다. 또 '쌍방군사가 대등할 때, 비분하는 쪽이 이긴다.'라고[31] 하였다. 대저 겸손함은 용병用兵하는 도이니, 한 걸음 멈추고 물러남에 처함이다.

항안세項安世(1129-1208)는 말한다. 무릇 울림[鳴]은 모두 뜻[志]을 말한 것이다. 뜻에 근심이나 즐거움이 있으니, 모두 울림에 기탁한 것이다.

유원劉沅은 말한다. (겸謙괘에서 상괘인) 곤坤과 (하괘인) 간艮은 모두 흙이니, 그 덕은 박후하여 공평하다. 땅보다 자기를 낮출 수 있어 자기의 우뚝한 것을 고르게 하고, 자기의 높은 것을 억누르지만 바름을 잃지 않기 때문에, 여섯 효가 온전히 길하다. 성인은 사람들이 겸손하기를 바라니 실재로는 천지의 덕이 본래 이와 같은 것이다.

마치창馬其昶은 말한다. 아래에서 곤읍坤邑을 바탕으로 삼으니, 93효는 가서 그것을 정벌하는데, 수고가 있으면서도 겸손하여 아래에 있고, 상6효는 그에 응하는 울림이다. 뜻을 얻지 못함은 그 겸손함을 바르게 함이다. 대개 군사軍師를 행진시킴에 반드시 자기를 죄주는 조서詔書를 갖고서 자신을 표현한다. 겸손한데 어찌 반드시 자신을 알리는가? 다만 군사를 동원하여 읍국邑國을 정벌할 뿐이다. 군사를 편성하여 묘苗족을 바로잡았다는 것도 '겸덕謙德을 밖으로 드러냄[鳴謙]'의 효과이다. 따르지 않는 자를 정벌함은 전쟁의 일이 된다. 읍국邑國을 정벌함은 다만 죄를 성토하기만 하고 갑자기 공격하지는 않는 것이니 또한 겸손한 뜻이다. 그러므로 (地天)태泰괘에서 '군사를 쓰지 말아야 하고 읍邑으로부터 명령을 고한다.'라고 말하였고, (澤天)쾌夬괘에서 '읍邑으로부

---

30) '大國以下小國, 則取小國. 小國以下大國. 則取大國.',『老子繹讀』, 61章, 任繼愈著, 상동, 134頁.
31) '抗兵相加, 哀者勝矣.',『老子繹讀』, 69章, 任繼愈著, 상동, 155頁.

터 고하고 출병하면 이롭지 않다.'라고 말했다.

● **나의 견해**: 겸謙괘의 도道는 공평함을 얻는 것을 귀하게 여긴다. 군자가 베푸는 바는 반드시 사물에 알맞다. 겸덕謙德이 안에 쌓여 그 그칠 바를 얻으니, 내괘內卦의 간艮 산山이 이것을 본떴다. 겸謙괘는 높아서 빛난다는 것은, 높은 산을 억눌러 그치게 하는 의미가 있다. 겸덕謙德이 밖에 부합하여 가는 곳마다 공평하지 않음이 없으니, 외괘外卦의 곤坤 '순함[順]'이 이것을 본떴다. 낮아도 넘을 수 없다는 것은 응하는 땅에 한계가 없다는 의미가 있다. 도道는 비어[沖] 있어서 그것을 사용함에 혹 차지 않기도 하는데, 가득 차면 일을 조장하는 데 미움을 받는다. 천지天地와 '조상의 신령[人神]'은 오직 겸손해야 도와주니, 이 이치는 혹시라도 어긋나는 경우가 없다. 군자가 '땅과 산山'의 상象을 관찰하여 덜어내고 보태주는 것은 그것의 고름을 조절하는 것이니, 사물[物]의 마땅함을 헤아려 그 베푸는 바를 넓히는 것이 아님이 없다. 요임금[陶唐] 시대에 (요임금이) 진실하고 공손하여 양보하니, (백성들이) 임금의 법칙을 따라 다투는 곳이 없었고, 그 공功을 이룸에 미쳐서는 사양할 것도 없어졌다. 군자는 덕德으로써 사람들을 따르게 하지만, 때로는 역시 병사를 쓰지 않을 수 없다. (옛날 상商나라에서 주周 문왕文王이) 완阮나라를 침략하고 공共나라를 공격했으니, 한 번 성내어 백성을 편안하게 하였다. 주공周公이 동쪽을 정벌함에 사방의 나라가 임금으로 여겼으니, 힘으로 다툰 것이 아니라, 따르지 않는 자를 정벌한 것이다. 그가 군사를 씀에, 뜻은 비록 얻지 못했지만 겸덕謙德을 구제하여 그 용用을 묘妙하게 하여, 천하에 공평하지 않은 것을 공평하게 하였으니, 하나로 공평한 데에 돌아오게 하였다. 그러므로 65, 상6 양효兩爻에서 정벌征伐을 말하였다. 덕德은 진실로 남음이 있고 힘도 또한 부족하지 않으니 이에 가는 곳마다 이롭지 않음이 없어서, 오직 그 알맞게 헤아림[稱]이다. 그렇지 않다면 사람들은 다투는데 내가 양보한다고 한들, 어찌 그 마침을 영원하게 할 수 있겠는가? 괘의 처음에 '겸謙은 형통하니, 군자가 마침이 있으리라.'라고 말한 것은 겸양하느라 여가가 없게 되는 폐단을 예방한 것이다. (군자에게는) 반드시 마침이 있으니, 이에 겸손하면 보탬을 받는다고 말할 수 있다.

16. 예豫괘 ䷏

예豫괘: 후侯에 봉하고 (제후)국國을 세우거나 출병함이 이롭다.

[豫, 利建侯行師.[1])]

정현鄭玄(127-200)은 말한다. 예豫는 기쁘고 즐거운 모양이다. (상괘인) 진震은 우레가 되니 제후의 형상이다. 곤坤은 대중[衆]이 되니 군사를 부리는 형상이다.

구부국邱富國(13세기, 남송南宋시대 학자)은 말한다. 준屯괘에서는 제후를 세운다고 말했는데, (하괘인) 진震은 있고, 곤坤은 없다. 겸謙괘에서 출병을 말했는데, (상괘인) 곤坤은 있고 진震은 없다. 여기(예豫괘)에서는 곤坤과 진震을 합하여 (예豫)괘를 이루었기에, 따라서 (예豫괘는 곤坤과 진震을) 겸해서 말한 것이다.

유원劉沅(1767-1865)은 말한다. 예豫는 화락和樂함이다. 양기陽氣가 땅속에 잠복하였다가 움직여서 소리를 내어 생기를 잘 통하게 하니, 때가 화락함이다. 일양一陽이 쓰이고 다섯 음陰이 따르니, 자리[位]가 화락함이다. (예豫괘는) 이치를 따라서 움직이니 사람이 화락함이다. 「서괘序卦」전에, "큰 것을 소유하고도 겸손하면 반드시 즐거움으로 예豫괘로 받았다."라고[2]) 하였다. (하괘인) 곤坤은 대중이 되고, 진震은 그 우두머리가 된다. (하괘인) 곤坤은 나라가 되니, 사람이 사랑하여 받들면 임금이 서게 되고, 대중이 한마음이 되어 군사가 출병하니, 공功이 있게 된다. 그러므로 (예豫괘에서) 제후를 세우고 출병함이 이로운 것이다.

단전에서 말한다. 예豫괘는, (5음효들이) 1강剛에 응답하여 (임금의) 뜻이 통행됨이다.

[彖曰: 豫, 剛應而志行.]

후과侯果(侯行果, 8세기, 당唐나라의 역학자)는 말한다. 94효는 괘의 주효主爻가 되고, 다섯 음

---

1) 건후建侯는 후侯에 봉하여 나라를 세움이다. 行師는 출병出兵이다. 高亨, 185頁.

2) '有大而能謙必豫, 故受之以豫.', 「序卦」傳, 高亨, 645頁.

陰들이 거기에 응應하니 강강剛한 뜻이 크게 행해진다.

　유원劉沅은 말한다. 94효는 하나의 양陽으로써 심복心腹의 교차점에 있으면서, 여러 음陰에 응應하여 진동震動하고, 대중[衆]의 뜻은 모두 (94효에 의해) 힘입어 행해진다.

순조롭게 움직이니, 예豫괘이다. 예豫괘는 순조롭게 움직이니, 따라서 하늘과 땅도 (임금의) 뜻에 따르는데, 하물며 "제후들을 임명하고 출병하는 일"쯤 이야!

[順以動, "豫."3) "豫"順以動, 故天地如之4), 而況"建侯行師"乎?]

　『국어國語』에서 사공계자司空季子는 말한다. '예豫는 즐거움이다. … "후侯를 세우고 출병함에 이로움"은 즐거움에 있고, 위세를 보임을 말한 것이다.'5)

　(순상 등의)『구가역九家易』에서 말한다. "제후를 세워서 이利를 일으키고, 출병하여 해害를 제거하니, … 백성들이 기뻐서 즐기는 것이다."6)

　사마광司馬光(1019-1086)은 말한다. 도리를 거슬러 움직이는 자는 마음이 피로하고 일이 어렵게 되나, 그런 이유로 순종하여 움직이면 즐거워질 것이다.

　리스전李士鉁은 말한다. 곤坤은 순順하고 진震은 움직인다[動]. 움직이고 모두 순順한 것이 예豫괘의 도道이다. 제후를 세워서 안을 다스리고, 군사를 행하여 밖을 물리친다.

　요영박姚永樸(1861-1939)은 말한다. 여如는 따름[從]이다.

　마치창馬其昶(1855-1930)은 말한다. 악樂과 위세威勢는 모두 94효를 가리킨다. 94효는 안과 밖의 교차점에 있으니, 안[內]에 있으면 진震 후侯가 되어 곤坤 읍邑을 안정시키기 때문에 즐거움에 있고, 밖[外]에 있으면 장남長男이 되어 곤坤의 무리를 통솔하여 군사를 행하기 때문에 위엄을 드러낸다.

---

3) 豫는 樂(즐거움)이다. 豫괘의 94효는 양효이니 剛이지만, 그의 上下 다섯 효가 음효이니 柔이다. 상하의 5柔가 1剛에 대응하니, 이것이 剛應이다. 이는 임금이 臣民들의 추대를 받아서 應和하는 모습과 같으니, 이렇게 되면 임금의 뜻은 얻어진 셈이다. 豫괘는, 아래가 坤이고 상괘는 震이다. 坤은 順이고, 震은 動이니, 豫괘의 괘상은 "순조롭게 움직임[順以動]"이다. 高亨, 186頁.

4) 『說文解字』(許愼撰)에는, 如는 隨從이다. 상동.

5) '豫, 樂也. …"利建侯行師." 居樂, 出威之謂也.',『國語』下, 上海古籍出版社, 상동, 362頁.

6) '建侯所以興利, 行師所以除害, … 民所豫樂.', 荀爽,『九家易解』, #75, 中國哲學書電子化計劃, https://ctext.org 참조.

● **나의 견해:** 여기에서는 내외內外를 해석하면서 상하上下의 두 괘로써 호언互言하였으니, 더욱 원만하고 철저하다.

하늘과 땅이 순조롭게 움직이니, 따라서 해와 달도 틀림없이 움직이기에, 네 계절이 잘못된 움직임이 없다.

[天地以順動, 故日月不過, 而四時不忒.]

정현鄭玄은 말한다. 특忒은 어긋나는 것이다.

우번虞翻(164-233)은 말한다. 과過는 법도[度]를 잃었음을 말한다.

풍의馮椅(1140-1232)는 말한다. 일월日月의 다님에, 그림자가 길어도 남쪽의 육지를 넘지 않고, 그림자가 짧아도, 북쪽의 육지를 넘지 못하니, 따라서 춘분, 추분, 하지, 동지[分至]와 입춘, 입하, 입추, 입동[啓閉]에도 그 순서는 차이가 없다.

유월俞樾(1821-1907)은 말한다. 천지天地가 순조롭게 움직인다는 것은 옛날 학설이다. 『문서文選』의 주注에는, '춘추원명포春秋元命苞'를 인용하여, '하늘은 왼쪽으로 선회하고, 땅은 오른쪽으로 구른다.'라고 말했다. 『하도河圖』에서, '땅에 4유游가 있는데, 동지冬至에 땅은 위로 가니, 북서쪽으로 3만萬리; 하지夏至에는 남동쪽으로 3만萬리; 춘분春分, 추분秋分에는 그 가운데 일 것이다. 땅은 항시 움직이고 그치지 않으나, 사람들이 모르는 것은, 배(의 창窓)을 닫고서 다니게 하면, 배가 가는 것을 못 느끼는 것과 같다. 하늘의 움직임 또한 움직임이다.

● **나의 견해:** 이것은 아마도 이광지李光地(1642-1718)의 설說에 나아가서 말한 것인 듯하다.

성인 같은 임금이 순조롭게 활동하니, 형벌이 청명하여 백성들이 복종한다. 예豫괘는 (즐거이) 그 시기를 얻었으니, 그 의의는 매우 크도다!

[聖人以順動, 則刑罰淸而民服. 豫之時, 義大矣哉!]

공영달孔穎達(574-648)은 말한다. 무릇 말이 뜻을 다 표현하지 못하는 것은 글과 말을 번거롭게 할 필요가 없다. 그러므로 탄식하여 실정失情을 나타냄으로써 나중에 태어난 사람으로 하여금 그 나머지의 온축된 뜻을 생각하여 뜻을 얻고 말을 잊게 하고자 한 것이다.

하해何楷(1594-1645)는 말한다. 『역易』에는 때[時], 쓰임[用], 의의[義]가 있으니, 64괘는 때[時]일 뿐이라 하겠다. 일에는 얕고 깊은 뜻이 있으니, '시의時義가 중요할 것이다!'라는 말은 사람들이 그

점을 생각하기를 바란 것이다. 아름다운 일이 어느 때 혹 쓰인다는 것이 아니고, '때에 (맞게) 씀이 크다!'라고 말한 것은 사람들이 그것을 구별할 것을 바란 것이다. 큰 일 큰 변화라면, '때[時]가 큰 것이다.'라고 말했으니, 사람들이 그것에 부지런히 해주기를 바란 것이다.

이광지李光地는 말한다. (예豫)괘를 찬양함은 모두 때[時]를 말한 것이고, 효爻를 찬양함은 '자리[位]'를 말한 것이다. 시時와 위位 2자는 괘卦와 위位가 설 수 있는 근거이다.

유원劉沅은 말한다. 예豫괘는 이치를 따라서 화락和樂함을 말하니, 천지天地와 성인이 모두 그렇다. 천지天地는 그 일상의 운행을 따라서 움직이고, 성인은 이치를 따라서 민심에 순종하여 움직인다. 의義하면서 때(時)라고 하였으니. 때에 적중한 후에 뜻이 정밀해진다.

야오융까이姚永概(1866-1923)는 말한다. 옛날에는 병사를 형벌하여 통솔했다. 그러므로 (예豫)괘에서는 출병[行師]을 말하였고, (단彖)전傳에서는 형벌刑罰을 말하였다.

상전에서 말한다. 우레가 나오니 땅이 진동하는 것이, 예豫괘이다. 선왕은 음악을 만들고 덕을 받들어, (그것을) 하느님에게 성대하게 받치고, 조상들에게도 올렸다.
[象曰: 雷出地奮, 豫. 先王以作樂崇德, 殷荐之上帝, 以配祖考.[7]]

유향劉向(전77-전6)은 말한다. 우레는 2월月에 나온다. 그 괘를 예豫라고 한 것은 만물이 우레를 따라서 땅에서 나와 모두 편안하고 즐거움을 말한 것이다.

(허신의)『설문해자說文解字』에서 말한다. '성대한 악무樂舞를 짓는 것을 은殷이라 칭한다.'[8]

정현鄭玄은 말한다. 분奮은 움직임[動]이다. 우레가 땅위에서 움직이니, 만물은 이에 기뻐한다. 숭崇은 '(가득) 참充'이고; 은殷은 왕성함이고; 천薦은 나아가게 함[進]이다. 왕王은 공이 이루어지면 악樂을 짓는데, 학문이나 예술[文]로 그것을 얻었으면 '피리 불고 춤을 춤'[籥舞]이고, 무예武藝로써 얻었으면 만무萬舞를 지었으니, 각각 자기 덕을 채우고 제도로 삼았다. 천제天帝에게 기도하고 선조先祖들게 배향配享한 것은 하늘과 함께 공로[功]에 제사한 것이다.

사마광司馬光(1019-1086)은 말한다. 예豫는 기쁘다는 뜻이다. 음악音樂을 지은 것은 기쁨을 꾸

---

7) 『周易集解』(李鼎祚撰)에서 鄭玄을 인용하여 말하는데, 奮은 動이고, 殷은 盛이고, 薦은 進이다. 高亨에 의하면, 崇은 尊이니, 崇德은 덕을 존숭하여 歌頌함이다. 配配는 헌헌(바침)이다. 예괘는 상괘가 震, 하괘는 坤이다. 震은 雷(우뢰)이고 坤은 땅이다. 날씨가 따뜻해져서, 우레가 땅 밖으로 나오면 만물들을 震動시키니, 때가 봄이라, 만물들은 모두 기뻐한다. 高亨, 187頁.

8) '作樂之盛稱殷.', 『說文解字』冎部, 東漢 許愼著, 中冊, 北京: 九州出版社, 2006, 671頁.

민 것이다. '하느님[上帝]'께 올리고 조고祖考에게 배향함은 음악을 씀이 성대한 것이다.

(주희의) 『주역본의周易本義』에서 말한다. 우레가 땅에서 나와 분발함은 화和가 지극한 것이다. 선왕先王이 음악을 지어 이미 그 소리를 형상하고, 또 그 뜻을 취하였다.

굴대균屈大均(1630-1696)은 말한다. 인성人聲은 천성天聲을 바탕으로 한다. 우레는 하늘의 소리요, 순강純剛하여 무욕无欲하니, 원음元音이다.

진혜전秦蕙田(1702-1764)은 말한다. 이것이 악樂을 지은 원본原本이다. 『악기樂記』에, '무릇 소리[聲]는 양陽이다.'라고[9) 말했다. 양陽의 움직임은 소리에서 발동하여 우레가 된다. 이는 우주에서 무릇 소리의 움직임은 모두 우레의 상이다. 악樂의 쓰임은 제사에서보다 중한 것이 없으니, 성인이 본래 천신天神에게 제사 드림을 말한 것이고, 땅의 신 지祇의 제사에는 인귀人鬼, 모두를 통합한다.

유원劉沅은 말한다. 덕德이 마음속에 온축되어 드러나, 소리가 되니 음악音樂의 뜻이다.

(하괘인) 곤坤은 순順하고 (상괘인) 진震은 발동하니 음악의 형상이다. 호체互體인 감坎괘는 또한 음률[樂律]의 형상이 있다. 양陽은 덕德이 되는데 다섯 음陰이 한 양陽을 향하므로 덕을 높이는 형상이다. 제帝가 진震에서 나왔으므로 상제上帝라고 일컬은 것이다. 가운데 효爻인 간艮은 (궁궐의) 문궐門闕이 되고, (호체인) 감坎은 숨어 엎드린 것이 되니, 종묘宗廟와 조종祖宗의 형상이다. 선왕先王은 천지天地의 의義를 법 받고 인심人心의 덕을 아니, 바로 하늘과 사람과 땅을 함께 관통하는 바로서, 이로 인해 음악을 지었다. 만물은 하늘에 근본하고, 사람은 조상에 근본 하니, 음악으로 그 덕음德音을 펴고 천지天地의 즐거움을 본받아 사람으로 하여금 덕德을 높이게 하였다. 이에 '하느님[上帝]'께 성대하게 올려 '하느님'이 그 화和에 이르고, '돌아가신 할아버지[祖考]'에게 성대하게 (제사를) 올리니, '돌아가신 할아버지[祖考]' 또한 덕을 천지天地에 덕을 짝하게 하고자 하였으니, 모두 천天·지地·인심人心의 자연스러운 기쁨에 근본 하여 하늘과 돌아가신 할아버지[祖考]'에게 통한 것이다.

왕인지王引之(1766-1834)는 말한다. 이以는 '···에 배향配享함'(配之以)의 이以이니, 이而와 같다.

짱홍즈張洪之(1881-1968)는 말한다. 공적이 이루어져 악樂을 지음에, 하늘에 기도하는 것보다 큰 일이 없고, 더욱 어버이에게 제사지냄보다 절박한 것이 없다. 『효경孝經』에, '(주공周公께서는) 후직后稷을 교외에서 제사하고 하늘에게 배향配享했으며, 명당明堂에서 문왕文王을 조상으로 제사[宗祀]하고, 상제上帝에게 배향配享하였다.'라고[10) 말했다. 후직后稷과 문왕文王의 덕을 하느님

---

9) '凡聲, 陽也.', 『禮記正義』, 「郊特牲」第十一,(十三經注疏 整理本), 상동, 13冊, 901頁.

[上帝]에게 배향配享하고, 왕王은 인효仁孝로써 천하를 가르친다는 뜻을 모두 말했으니, 여기에서 보인다고 하겠다.

● **나의 견해:** 노천老泉(蘇洵, 1009-1066)의 「악론樂論」에 이르기를, 성인이 "이에 천지天地의 사이를 관찰하여 지극히 신묘神妙한 기틀을 얻어서 음악을 만들었다."라고 하고, 또 이르기를 "'신묘함[神]'을 썼으며, '씀[用]'에는 소리보다 신묘한 것이 없기에, 따라서 성인이 소리로 인해서 음악을 만들었다."라고[11] 하였으니, 대개 예豫괘의 상象의 정밀한 뜻을 얻었다.

또 (나는) 말한다. 『예기禮記』에, "오직 성인만이 상제上帝를 흠향하게 할 수 있고, 효자孝子라야 어버이를 흠향하게 할 수 있다."라고[12] 말하였다. 올리고 배향함은 곧 '인仁하고 효孝하는 일이니, 모두 은혜에 보답하고 근원을 잊지 않는다[報本反始].'라는 것이다. 만물은 하늘에 근본하고, 사람은 조상에 근본 한다. 선왕先王은 천조天祖에게 올려 천하天下를 가르치므로 엄숙하지 않아도 이루어지고, 엄嚴하지 않아도 다스려지니, 선왕先王이 말미암은 것은 근본이다.

초육효: 유명하고 향락하니, (장차 황음荒淫해지고 실패하여 그르칠 것이니) 흉하다.

[初六, 鳴豫,[13] 凶.]

상에서 말한다. "초6효에서는 이름이 나서 향락하니," 뜻이 막히게 되고 (결말이) 흉할 것"이다.

[象曰: "初六鳴豫," 志窮"凶"也.]

우번虞翻은 말한다. (초6효는 상괘上卦인) 진震에 응하여 잘 울리니, (초6효는 양의) 자리를 잃었기 때문에 흉하다.

왕필王弼(226-249)은 말한다. 예豫괘의 초6효에 처하여, 특히 위에 뜻을 얻으니, 즐거움이 지나쳐 음탕해지고, 뜻이 막히면 흉하다. 즐거움[豫]이 어찌 울릴[鳴] 수 있겠는가?

채연蔡淵(1156-1236)은 말한다. 초6효는 기쁨(悅豫)이다. 62효는 일에 앞선 '기쁨[豫]'이다. 63효

10) '周公郊祀后稷以配天, 宗祀文王於明堂, 以配上帝.', 『孝經註疏』, (十三經注疏 整理本), 「聖治」章第九, 唐 李隆基注, 宋 邢昺疏, 상동, 26冊, 34頁.

11) '(聖人) …於是觀之天地之間, 得其至神之機而竊之以爲樂. … 以神用, 用莫神於聲, 故聖人因聲以爲樂.', 『嘉祐集』卷六, 「樂論」, 宋 蘇洵撰, 電子版文淵閣四庫全書, 上海人民出版社, 1999 참조.

12) '唯聖人爲能饗帝, 孝子爲能饗親。謂祭之能使之饗也.', 『禮記正義』, 「祭義」第二十四, (十三經注疏 整理本), 상동, 15冊, 1531頁.

13) 명鳴은 名이다. 豫는 오娛(즐거워하다)의 가차이니, 향락이다. 高亨, 187頁.

는 '망설여 결행하지 않음[猶豫]'이다. 상6효는 '멋대로 즐기며 놂[逸豫]'이다.

왕응린王應麟(1223-1296)은 말한다. (초6효에서) '겸손함을 밖으로 표현하면[鳴謙]' 길吉하고, '과분하게 즐기면[鳴豫]' 흉凶하다. (초6효에서) '울림[鳴]'은 마음의 소리가 나온 것이다.

유원劉沅은 말한다. 초6효는 94효와 응應하는데, 94효는 예豫괘의 주효主爻가 되니 임금을 가까이하면서 권력을 얻는다. 초6효는 중정中正하지 않고 상하上下와 아주 떨어져 있으므로 본디 덕德이 없으나, 94효를 믿어서 후원자로 삼아 서로 화답하여 즐거움을 삼고자 하되, 자기 자신에게서 구하지 않고 남에게서 구하니, 그 뜻이 반드시 궁하기 때문에 (초6효는) 흉凶하다.

리스전李士鉁은 말한다. 초6효는 음효陰爻이니, 본래 즐거울 만한 것이 없고, 또 아랫자리에 있으면서 94효의 즐거움을 말미암아 응應하고 화和하니, 소인이 뜻을 얻었으나, 사치가 지나치고 욕심이 지나친 상象이다.

마치창馬其昶은 말한다. 자하子夏는, '악樂과 음音은 서로 가까우나 같지 않다.'라고 하였다. 초6효의 '과분한 즐거움[鳴豫]'은 바로 자하子夏가 이른바 '음音에 빠진 것[溺音]'이므로 흉凶하다고 하였다. "정鄭나라 음악은 좋으나 음란한 뜻이 넘치고, 송宋나라 음악은 여색女色에서 편안함을 느끼고 그 속에 심지心志가 빠져들어 가고, 위衛나라 음악은 절주節奏가 급속急速하여 뜻이 번거롭고, 제齊나라 음악은 거만하고 사특하여 뜻이 교만하다. 이 네 가지는 모두 색色에 음란하고 덕德에 해롭다. 이 때문에 제사祭祀에 쓰지 않는다."[14]

육이효: 돌 같이 단단하나, 하루를 넘지 못하고 (부수어진다. 그러하나,) 바르면 길하다.
[六二, 介于石, 不終日,[15] 貞吉.]
상에서 말한다. "(견고함이) 하루가 가지 않아도, 올바르면 길할 것"임은, 중정中正하기 때문이다.
[象曰: "不終日貞吉," 以中正也.]

우번虞翻은 말한다. (호체互體인) 간艮은 돌[石]이다.

공영달孔穎達은 말한다. (62효에서) 일의 처음 시작 기미를 알면, 화복禍福이 생기는 곳을 밝히 아니, 구태여 안락安樂을 찾지 않는다.

(주희의)『주역본의周易本義』에서 말한다. 즐거움은 쉽게 사람을 빠지게 하나, 상하上下가 다

---

14) '鄭音。好濫淫志. 宋音燕女溺志。齊音趨數煩志. 齊音敖辟驕志. 此四者, 皆淫於色而害於德. 祭祀不用也.',
『禮記正義』,「樂記」(十三經注疏 整理本), 상동, 14冊, 1,311頁.
15) 개개는 개砎(단단함)의 가차이니, 견고함이다. 于는 如와 같다. 高亨, 188頁.

즐거움에 빠졌으나 62효만 홀로 중정中正으로 자신을 지켜서 그 덕德이 안정安靜하고 '확고부동[堅確]'하기 때문에, 사려思慮가 밝고 상세하여 하루가 마치기를 기다리지 않아도, (62효는) 모든 일의 기미를 보는 것이다.

구부국邱富國(13세기, 남송南宋시대 학자)은 말한다. 예豫괘는 이어지는 바가 없으니, (62효는) 응하면 길하다.

방공소方孔炤(1590-1655)는 말한다. 62효를 도와서 기미를 알게 되니, (62효는) 미미함을 말한 것이다.

예원로倪元璐(1594-1644)는 말한다. 돌[石]은 여러 음音들이 의지하는 바이니, 하나로 일곱을 총괄한다. (62효에서) 돌로써 분석하기에, 따라서 개개라고 한다. 정음正音에는 한도가 있으니, 따라서 (62효는) 하루 동안도 아니다.

유원劉沅은 말한다. 초6효는 즐거움을 울림으로써 94효를 돕고, 63효는 올려보고 기뻐함으로써 94효를 바라보는데, 62효는 그 사이에 처하였으니 지조를 바꾸지 않는다. (62효가) 하루를 마치지 않고 곧 떠나는 것은 정情에 어긋나지 않고 풍속을 어그러뜨리지 않아야, 비로소 예豫괘의 중정中正에 처할 수 있음이다.

리스전李士鉁은 말한다. 62효는 중中을 얻고 (자리[位]가) 정正에 있으니, 안정되어 자신을 지킨다. (62효는) 마치 돌이 정지해서 움직이지 않는 것과 같으니 권세에 의해서 움직이지 않고, 마치 돌이 고요하여 욕심이 없는 것과 같으니, (62효는) 영리榮利에 유혹되지 않는다.

마치창馬其昶은 말한다. 『백호통白虎通』에, "간諫한 일이 이미 행해진 자는 마침내 떠나서 머물지 않고, 무릇 추방을 기다리는 자는 군주가 그의 말을 쓰기를 바랄 뿐이다."라고[16] 하였다. 일이 이미 행해져 재난이 장차 이를 것이므로 머물 수는 없다. 『역易』(예豫괘 62효)에서 "돌처럼 굳은 의지가 있어 하루를 마치지 않고 떠나가니, 바르고[貞] 길吉하다."라고 하였다. 대개 예豫괘의 때에는 무리가 모두 즐거움에 빠지는데 62효가 홀로 재난이 장차 이를 것이라는 이유로 마침내 떠나고 머물지 않으니, 그 절개가 돌 소리를 내는 경磬이 분별이 있는 것과 같다. (『예기禮記』,) 「악기樂記」편에, "돌 경磬의 소리가 쟁쟁하여, 듣기에 분명하나, (책임은 분명한 것이니) 그것으로써 (살 수도) 죽을 수도 있다."라고[17] 하였고, 정현鄭玄의 주注에 "절의節義에 분명分明하다."라고 하

---

16) '所諫事已行者, 遂去不留. 凡待放者, 冀君用其言耳.', 『白虎通疏證』卷五, 「諫諍」, 上冊, (淸) 陳立 撰, 상동, 230頁.

17) '石聲磬, 磬以立辨, 辨以致死.', 『禮記今註今譯』, 「樂記」, 下冊, 王夢鷗 註譯, 臺北: 臺灣商務印書館,

였고, 공영달孔穎達의 소소疏에 최선崔譔(3세기, 동진東晉시대)을 인용하여 "모든 사물을 맑게 분별할 수 있으면 분명하게 분별辨別한다."라고 하였다. 「계사繫辭」전傳에 이 (62)효爻의 뜻에 대해 말하기를 "은미함을 알고 드러남을 알며, 유柔를 알고 강剛을 안다."라고 하였으니, 능히 변별辨別한 것이다. 또 말하기를 "만부萬夫가 우러른다."라고[18] 하였으니 절의節義를 세운 것이다. 63효는 하루를 마쳤으며, 따라서 62효는 하루를 마치지 않은 상象이 있다.

● **나의 견해**: 공자께서 노魯나라를 떠나실 때는 면류관을 벗지 않고 떠나시고, 제齊나라를 떠나실 때는 밥을 지으려고 담가놓았던 쌀을 건져가지고 떠나가셨으니, 모두 하루를 마치지 않았다는 뜻이다. 『중용中庸』에서 "먼 것이 가까운 곳에서 시작함을 알며, 바람이 일어나는 곳을 알며, 은미한 것이 드러남을 안다."라고[19] 하였으니, 능히 변별辨別할 수 있는 것이 곧 이른바 "은미함을 알고 드러남을 알며, 유柔를 알고 강剛을 안다."는 것이다. 『맹자孟子』에 "백이伯夷의 풍모를 들은 자는 완악한 지아비가 청렴해지고, 나약한 지아비가 뜻을 세우게 된다."라고[20] 하였으니, 그 의절義節을 세운 것이 곧 "만부萬夫가 우러른다."는 것이다. 62효의 중中하고 정正함으로써, 지킨 것으로부터 미루어서 절개가 돌[石]과 같다는 뜻을 얻어서 '큰 뜻을 일으켜 굳게 지키면서 하나하나 결단성 있게 행해 나가는[發强剛毅]' 데에 이르렀으니, 족히 잡음이 있고, 돌 소리가 변별辨別을 세운다는 뜻을 얻어서 마침내 '글의 이치를 정밀히 살핌[文理密察]'에 이른 것이니 족히 분별이 있을 것이다. 지극한 성인이 총명예지聰明睿知의 전량全量을 채운 것은 중정中正으로부터 그 기초를 세우지 않음이 없기 때문에, 「계사繫辭」전에 그(62효의) 뜻을 '왕성하게 자라나게[暢發]' 하였다.

육삼효: 해가 막 떠오를 때에 향락하면, 후회할 일이 더디나, 또한 올 것이다.
[六三, 旰豫, 悔, 遲有悔,[21]]
상에서 말한다. "해가 막 돋아날 때 향락하였으니, 후회가 있을 것"임은, (63효의) 자리가 맞지 않기 때문이다.
[象曰: "旰豫有悔", 位不當也.]

1974, 55頁.

18) '君子知微知彰, 知柔知剛, 萬夫之望.' 「繫辭」下傳, 高亨, 576頁.

19) '知遠之近, 知風之自, 知微之顯.', 『中庸』33章 참조.

20) '聞伯夷之風者, 頑夫廉, 懦夫有立志.', 『孟子, 盡心章下』15 참조.

21) 우旰는 우盱의 가차이고, 盱는 욱旭(돋는 해)와 같으니, 해가 처음으로 나옴이다. 豫는 향락이다. 회悔는 작은 불행이다. 지遲는 완緩(느림)이니 시간을 말한다. 有는 又이다. 高亨, 188頁.

육덕명陸德明(약550-630)은 말한다. (63효에서) 우肟는 위를 쳐다봄[睢盱]이다.

(주희의)『주역본의周易本義』에서 말한다. 일을 할 때 빨리 뉘우쳐야 하니, (63효에서) 만약 뉘우치기를 더디게 하면, 반드시 후회할 일이 있을 것이다.

오징吳澄(1249-1333)은 말한다. (63효에서) 위의 회悔자는 '잘못을 인지하고 고침[改悔]'이고; 아래의 회悔자는 '후회[悔]'와 '어려움[吝]'이다.

유원劉沅은 말한다. 변괘變卦인 손巽은 눈에 흰자위가 많이 있음이니, (63효에서) '쳐다보는 것[盱]'을 형상한 것이다. 또한 (63효에서) 과단성이 없음이니, 따라서 더딤을 나타낸다.

학의행郝懿行(1757-1825)은 말한다. 우肟는 위로 쳐다봄이다. (63효에서) 음陰은 유柔하며 중中이 아닌데 고위高位에 있으니, 그 즐거움을 이기지 못하고, 높고 거만한 곳을 쳐다보니, 따라서 회한悔恨이 있음이 옳다. 울림[鳴]은 소리에서 발동하고, 위로 쳐다봄은 눈에서 나타난다.

리스전李士鉁은 말한다. 63효는 중정中正도 아니면서 94효에 가까워 음陰으로써 양陽을 받드니 순順하여 그[94효]에게 아첨한다. (63효는) 과연 뉘우칠 줄 아니, 이것은 곧 한 줄기의 영명靈明이 오히려 행실을 고쳐서 해害를 멀리할 수 있는 것이다. 『맹자孟子』에 "만일 그것이 옳지 않다는 것을 안다면, 빨리 그만두어야 한다."라고22) 말하였으니, 떠남이 빠르지 않기 때문에 거듭 뉘우치게 된 것이다. 무릇 음陰은 양陽을 얻는 것으로 아름다움을 삼는다. 예豫괘의 초6효는 양陽에 응應하나 흉凶하고, 63효는 양陽을 받드나 뉘우치니, 길吉함이 도리어 더불어 서로 응應하지 않는 62효에 있다. 대개 중정中正하지 않으면서 기쁨을 구하는 것은 성인이 싫어하는 바이고, 중정中正하면서도 기쁨을 구하지 않는 것을 성인은 좋아하는 바이다. 이것이 (63효가) 사邪를 물리치고 정正을 높이는 뜻이다.

마치창馬其昶은 말한다. 63효는 자리를 잃고 응應함이 없으니, (호체互體인) 간艮이 그치고 화化하지 않기 때문에 후회가 더디다. (주희의)『주자어류朱子語類』에서 '해가 막 떠오를 때에 즐거워함[盱豫]'을 끊어 구句로 하였으니 옳다. 속석束晳(261-300)의 『현거석玄居釋』에서 "선생은 '해가 막 떠오를 때에 즐거워함[盱豫]'에 참회讒悔가 더딤[悔遲]를 알지 못한다."라고23) 하였으니, 위진魏晉시대 이전에는 바로 이와 같이 읽었다.

---

22) '如知其非義, 斯速已矣.',『孟子』,「藤文公」下편 8 참조.

23) '先生不知盱豫之讒悔遲.',『玄居晳』, 晉 束晳撰,『晉書』卷 五十一, 列傳卷第二十一, 束晳傳, 電子版文淵閣四庫全書, 上海人民出版社, 1999 참조.

구사효: 사냥은 향락이니, 얻음이 크다. 벗이 말이 많으니 험담함을 의심하지 말라!

[九四, 由豫, 大有得. 勿疑朋盍簪.24)]

상에서 말한다. "사냥하며 즐기고 크게 수확했음"은, 뜻이 크게 실행됨이다.

[象曰: "由豫大有得," 志大行也.]

우번虞翻(164-233)은 말한다. (예豫괘는) 다섯 음에 의거하여, (하괘인) 곤坤은 무리로서 순종하니, 따라서 (예豫괘에서) '크게 얻음'[大有得]은 여러 음들을 얻음이다. (호체互體인) 감坎은 의심이 되니, 따라서 의심하지 말라한 것이다.

왕필王弼은 말한다. 합盍은 합合이다. 여러 음陰들이 그로 말미암아 그 즐거움을 얻으므로 크게 얻음이 있다. (예豫괘에서) 다른 사람[物]에 대해 믿지 않으면, 다른 사람들도 또한 의심하기 때문에, 의심하지 않으면 벗이 모여든다.

육덕명陸德明은 말한다. 잠簪은, 순상荀爽(128-190)은 근본[宗]으로 보았으며, 우번虞翻은 '모임[㨥]'으로 보았다. '모임[㨥]'은 총합叢合이다.

후과侯果는 말한다. (94효는) 강剛한 '충후忠厚이고 착실함[心直]'을 몸으로 하니, 뜻에는 회의가 없고, 따라서 (94효에서) 여러 사물들이 의지하고 귀결함을 얻게 되니, 벗들이 따라서 크게 합해진다.

유목劉牧(1011-1064)은 말한다. 여러 음陰이 멈춰서 막혀 있고 홀로[94효]만이 양강陽剛을 본받아 움직이는 처음에 있기에, (94효는) 여러 음陰을 움직여 발동하게 한다.

경남중耿南仲(?-1129)은 말한다. (94효는) 상象으로 말하면, 만물이 우레에 말미암아 즐겁지 않은 것이 없다. 효로 말하면, (94효에서) 다섯 음陰이 양陽으로 말미암아 즐겁지 않은 것이 없다.

양인梁寅(1303-1390)은 말한다. 94효는 임금 가까운 땅에 있으니, 여러 음들이 (94효에) 순종하여 붙으면, (임금은) 마땅히 성심誠心을 열어서, 공도公道를 반포하고, 광대한 법도로써 기다리면서, 그 다음에 인심人心을 불러 모으면, 모두 복종할 것이다.

유원劉沅은 말한다. 94효는 두려움이 많으니, 호체互體인 감坎이 의심이 있는 상象이다. 또 호체互體인 간艮은 그치기 때문에 의심하지 말라고 경계한다. 음陰은 양陽을 얻음으로써 벗을 삼는다. 비녀는 머리털을 묶는 것이니, (94효는) 하나의 양陽으로 다섯 음陰을 가로질러 꿰뚫었음으로

---

24) 由는 아마도 田의 오자이니, 田은 사냥[田獵]이다. 豫는 향락이다. 합盍은 합嗑의 가차이니, 多言이다. 잠簪은 참讒의 가차이다. 高亨, 189頁.

비녀로써 머리털을 묶은 형상이다. 94효는 (예豫)괘를 이루는 주효主爻가 된다. 한 양陽(94효)이 여러 음陰의 도움을 크게 얻어 그 뜻이 크게 행해진 것이다.

리스전李士鉁은 말한다. 사람들이 즐거워하는 것을 즐거워하는 자는, 사람들도 또한 그의 즐거움을 즐거워한다. 즐거움을 사람들과 함께하면 얻지 못할 것이 없다. 94효는 강한 신하로써 약한 군주를 받드니, 천하天下가 자기를 의심하여 감히 오지 않을까 염려하기 때문에 (94효에서) '의심하지 말라'고 한 것이다.

마치창馬其昶은 말한다. 시戠는 식埴과 같으니, 식埴은 모임이요, 붙임이다. 『광아廣雅』에 종宗은 모임[聚]이다. (『의례儀禮』의) 「사상례士喪禮」편 정현鄭玄주注에, '잠簪은 잇다[連]'이다.[25] 연連과 취聚, 총합叢合은 뜻이 모두 서로 가깝다.

또 (마치창은) 말한다. 이(94효)는 제후를 세우고 군사를 출동하는 효爻다. 즐거움에 거居하고 위엄을 내기 때문에, (94효는) 크게 얻음이 있다. (예豫괘에서) 한 양陽[94효]이 용사用事하니 변화하면 양陽이 없다. 94효는 의심받는 자리이므로 '의심하지 말라!'라고 하였으니, (94효는 자기) 자리를 잃었다고 의심하여 변화할까 두려워한 것이다.

• **나의 견해**: 94효는 양강陽剛으로 욕심이 없으니, 자기 도道로 말미암아 얻는 것이다. 내괘內卦[坤]를 대한다면 대중의 마음이 합合하여 거처함에 즐거울 수 있고, 외괘外卦[震]에 대하여서는 사기士氣가 떨치고 나아가는 위엄이 있으니, 이 예豫괘가 능히 말미암는 것이다. 건乾괘의 94효에서 "혹或"이라고 한 것은 의심한 것이니, 이것은 실정失情을 살펴서 행하고 감히 가벼운 마음으로 흔들리지 않는 것이다. 예豫괘의 94효에서 "크게 얻음이 있으니 의심하지 말라"라고 하였기에, 이것은 도道를 곧게 하여 행하고 감히 두 마음을 품어서 잃지 않는 것이다. 그러므로 (94효에서) "뜻이 크게 행해진다."라고 하였다. 『맹자孟子』에, "천하天下의 대도大道를 행하여 뜻을 얻으면 백성과 함께 도道를 행하고, 뜻을 얻지 못하면 홀로 그 도道를 행한다."라고[26] 말하였으니, 자못 이른바 대장부大丈夫이다. 이윤伊尹의 지위에 처處하면, 모두 의심하지 말고 그 뜻을 크게 행하는 것이다.

---

25) '潛, 連也.', 『儀禮註疏』, 「士喪禮」第十二, (漢) 鄭玄注(十三經注疏 整理本), 11冊, 상동, 761頁.
26) '行天下之大道; 得志, 與民由之; 不得志, 獨行其道.', 『孟子譯注』, 「藤文公」下章(6:2), 楊伯峻譯注, 상동, 141頁.

육오효: (사람의 지행志行이) 바르면 재해를 만나도, 오래 동안 죽지 않는다.

[六五, 貞疾,27) 恒不死.]

상에서 말한다. "육오효는 바르기 때문에 (비록) 재해를 만남"은, 강건함을 침범했기 때문이다. "오래 살며 죽지 않음"은, 정도正道를 아직 잃지 않았기 때문이다.

[象曰: "六五貞疾," 乘剛也.28) 恆不死," 中未亡也.]

우번虞飜은 말한다. (호체互體인) 감坎은 질병이다.

양시楊時(1053-1135)는 말한다. 65효는 강剛을 올라탄 것이니, 법가法家의 보필하는 인사가 있어서 나라 밖의 환난을 감당함을 말한다.

정여해鄭汝諧(1126-1205)는 말한다. 62, 65효는 즐거움[豫]를 말하지 않는다, 63효는 물러나 은퇴하고 벼슬 살지 않으니, 즐거움일 수 없다. 65효는 (94효를 올라탔으니) 강剛에 올라탄 것이기에, 즐길 수가 없다. 사람이 하나의 고질병을 얻으면, 자신에게 유쾌할 수 없으니, 또한 자기 삶을 오래할 수가 없으니, 경계심을 갖게 된다.

뇌사雷思(13세기, 원元나라 초기의 학자)는 말한다. (65효에서) 중中은 강충降衷, 즉 강복降福의 충衷, 즉 복福이다.

양명시楊名時(1661-1737)는 말한다. 풍豊[䷶]과 예豫[䷏]괘에는, 여러 효에 위태로운 말[危辭]들이 많아서, 옛날부터 성현들이 덕德을 진작시켰으니, 매번 근심과 위험 가운데에도, 조상의 유산이 많아서 생활이 부유하다면, 그곳에 함몰되는 자들이 많았을 것이다. 이것이 성인이 경계한 것이다.

유원劉沅은 말한다. 호체互體인 감坎은 마음의 병[心疾]이 된다. 65효는 높은 자리에 있으니 의당 즐거워해야 하나 94효에게 제지를 받으니 마음의 병이 있다. 항상 사람의 즐거움이 자기로 말미암지 않음을 병으로 삼고, 또 자기의 즐거움이 자유를 얻을 수 없음을 병으로 삼기 때문에 (65효에서) '바르더라도 질병이 있음[貞疾]'이라고 하였다. 그러나 병 때문이면 경계하여 교만하고 넘치는 것을 덜어내고, 두렵고 신중함[慎]을 더하여, 우환憂患 속에서 살기 때문에 항상 죽지는 않는다.

리스전李士鉁은 말한다. 호체互體인 감坎은 병[疾]이 되고, (하괘인) 곤坤은 죽음이 되며, (상괘인) 진震은 껍질을 뒤집어쓰고 나옴[反生]이 되기 때문에 (65효는) 죽지는 않는다. (상괘인) 진震

---

27) 疾은 재해이다. 高亨, 190頁.

28) 乘은 능凌(침범하다)이고, 恒은 久이고, 中은 正이다. 高亨, 상동.

은 또한 항상 됨이 있는 형상이다. 사람이 병이 있으면 감히 멋대로 욕심을 부리지 못하고, 멋대로 욕심을 부리지 않으면 항상 죽지 않는다. 아래에 강강強한 신하가 있으면 항상 경계하는 마음을 품으니, 경계하는 마음이 있으면 나라가 망하지 않는다. 65효가 죽지 않는 것은 '바른 질병[貞疾]'이 있기 때문이다.

● **나의 견해:** 장재張載가 말하기를, "빈천과 걱정은 너를 옥玉처럼 갈고 연마하여 완성시키는 것이다."라고[29] 하였으니, 경계하는 마음이 있어야 하는 줄을 알면 하늘은 진실로 어둡지 않을 것이다.

상육효: (해는 이미 떨어져) 어두운데도 즐기고 있으니, (일은 이미) 혹 실패할 것인데, (먼저의 실패에서 교훈을 얻었다면) 재앙은 없을 것이다.
[上六, 冥豫, 成有渝,[30] 无咎.]
상에서 말한다. "(해가 져서) 어두운 데도 즐기고 있으면서" "윗자리"에 있으니, 어찌 오래 가겠는가?
[象曰: "冥豫"在"上," 何可長也?]

『이아爾雅』에서 말한다. '명冥은 저녁(晦)이다[저녁은 어둠이다.].'[31]

마융馬融(79-166)은 말한다. (상6효에서) 어두운 데도 향락에 빠짐이다.

호원胡瑗(993-1059)은 말한다. 기쁨과 즐거움이 지나치게 심하면 정情이 방탕해지고 '본성[性]'이 어두워지니, 어찌 장구할 수 있겠는가? (상6효는) 변하면 허물이 없음을 말한다.

심해沈該(12세기, 남송南宋시대 역학자)는 말한다. (상6효에서) 유柔가 여러 음중에 어른[長]이니, '늦었는데 즐김'[冥豫]의 상이다. 이 효가 이離로 변하면 (예豫)괘가 진晉䷢괘로 변하니, 밝은 빛[明]이 땅위로 나오므로, 밝음[明]이 이름이니, 변화[渝]가 있는 상이다.

유원劉沅은 말한다. 상6효는 예豫괘의 마지막에 있으니, 즐거움에 빠진 일이 이미 이루어졌으나, 다행히 진체震體가 움직여서 변하니, 아침에 뉘우쳐 깨달아, 그 할 바를 다 돌이키면 허물이 없는 데로 돌아간다. 그러므로 (상6효는) 허물이 없다.

-----

29) '貧賤憂戚, 庸玉汝於成.'「西銘」, 『張載集』, 張載著, 北京: 中華書局, 1978, 63頁.

30) 명冥은 日暮이다. 冥은, 사람이 저녁 해가 이미 덜어졌을 때에 처함을 비유한 것이다. 豫는 향락이다. 有는 或으로 읽어야 한다. 투渝는 패敗이다. 高亨, 190頁.

31) '冥, 晦也'는 『爾雅』에는 '晦, 冥也'로 나온다. 『爾雅』, 「釋言」第二, 2.230, 管錫華譯注, 상동, 237頁 참조.

리스전李士鉁은 말한다. 인정人情은 즐거움이 극에 이르면 어두워지기 때문에 예豫[향락]의 마지막에는 반드시 어둡다. (상6효에서) '이룸成'은 (예)괘의 마지막이요, 투渝는 변함이다. 이것은 사람이 허물을 고치는 방법을 보여준 것이다.

마치창馬其昶은 말한다. (상6효에서) '이룸成'은 음악을 말한다. 『주례周禮』, 「대사락大司樂」에, "무릇 음악의 연주가 끝나면 (왕에게) 완비됐음을 알린다."라고[32] 하였다. 정현鄭玄의 주注에 "'이룸成'은 연주하는 바가 한 번 마침을 이룬다."라고 하였고, 또 말하기를 "음악의 한 악장의 연주가 끝나면 다시 연주한다."라고 하였다. 여기에서 "이루어지면 변함이 있다."라고 하였으니, 또한 음악의 한 악장의 연주가 끝나면 마땅히 변해야 하는 것을 본뜬 것이다. (상9효가) 비록 자리를 잃었더라도 허물은 없다.

(유원劉沅의) 『주역항해周易恒解』의 『부해附解』에서 말한다. 예豫괘에 대해 귀하게 여기는 것은 천지天地의 화和요, 마음의 덕德이 통함이요, 인륜人倫의 즐거움이지, 한갓 오락을 탐닉할 뿐만은 아니다. 성인이 예豫괘에서 그 시時와 의의義의 큼을 깊이 밝혔다. 초6효는 처음에 그 악惡을 막은 것이고, 상6효는 마지막에 그 선善을 열어놓은 것이다. 62효는 즐거움에 빠지지 않고, 94효는 많은 사람들의 즐거움을 합하여 즐거움을 삼았으니, 모두 아름답게 여긴 것이다. (63효의) '막 해가 떠오를 때의 즐거움盱豫'의 회悔는 분수가 아닌 즐거움을 바라서 즐거움을 삼았고, 65효의 '바르면 재해를 만나도 죽지 않음貞疾不死'은 즐겁지 않음으로 인因하여 깊이 경계하고 두려워하였으니, 곧 즐거움에 처하는 방법을 알 수 있다. 오직 성인만이 도道가 천지天地와 합하니, 천지天地의 화기和氣로써 인심人心의 화기和氣에 순종한다. 학자가 진실로 중中에 이르고 화和에 이르는 데[致中致和]에 종사하지 않는다면, 또한 어찌 예豫괘의 시時와 의의義가 큼을 알겠는가?

• **나의 견해(1):** 우레가 땅 속에서 떨쳐 나오니, 양기陽氣가 속에 울결鬱結되었던 것이 밖으로 떨쳐져 나온 것이다. 대개 음양陰陽의 자연의 기氣가 발하는 것을 순순히 하여 소리가 되었으니, 그 쓰임이 지극히 신령스럽다. 성인은 그 지극히 신령스러운 기틀을 얻어서 하늘의 소리에 근본하고 사람의 소리에 통달하여 음악을 제정하였으니, 그 덕德을 편 것이다. 그 음악을 듣고 그 덕을 알게 되니, 음악이 성대한 자는 덕이 더욱 높다. 큰 음악은 천지天地와 더불어서 함께 화합하니, 인민人民을 화합하는 것이 바로 천조天祖를 감통感通시키는 것이다. 예豫괘라는 것은 화합하는 형상이다. (내괘인) 곤坤이 안에서 순順하니 나라가 편안하다. 이것은 즐거움에 거居하여 제후

---

32) '凡樂成, 則告備.', 『周禮今註今譯』, 「春官宗伯」下, 大司樂, 林尹註譯, 상동, 237頁.

를 세움이 이로운 까닭이다. (외괘인) 진震은 밖에서 활동하여 나라에 방비가 있으니, 이것은 위엄을 내어 군사를 출동함이 이로운 까닭이다. 혹은 제후를 세우고 혹은 군사를 출동하되 향向하는 바가 뜻과 같지 않음이 없으니, 예豫괘의 덕德이 이로써 높아지고, 예豫괘가 바로 이로 말미암아 '말한 것[名]'이다. 94효는 예豫괘의 주효主爻가 되니, (예豫괘에서) '일양一陽[94효]'이 진동하고 여러 음陰이 따르니, 마치 음악의 화함이 조화롭지 않음이 없는 것과 같아서 사람들이 모두 순종하되, 각각 그 도道에서 말미암는다. 94효는 (94효의 상象전에서) "말미암아 즐거워함으로 크게 얻음이 있다[有豫大有得]."라고 하였으니, 양陽이 응應함을 얻어서 뜻이 행해진 것이다. 내괘內卦[坤]는 세 음陰이 '한 양陽[94효]'의 아래에 있다. 초6과 63효는 모두 중정中正하지 않다. 즐거움의 도道를 잃어버렸기 때문에 흉凶하고 또 뉘우친다. 오직 62효만이 중정中正하니, 홀로 방정方正하고 '정직하여 아첨하지 않기에[耿介]', 자신을 지키면서 즐거움에 안주하지 않기 때문에 길吉하다. 외괘外卦[震]는 두 음陰이 '한 양陽[94효]'의 위에 있다. 65효는 병이 있어서 우환憂患으로써 살아가며, 안락安樂함으로써 죽지는 않는다. 이것은 사람에게 즐겁지 않은 지경에서 잘 처신하는 것을 보여준 것이다. 상6효는 비록 어두워졌을지라도 생각을 바꾸어 옮겨서, 극한 즐거움에 처處해도 돌이킬 줄 안다. 이것은 사람들에게 끝내 즐거움에 뜻을 빠뜨리지 말 것을 가르친 것이다. 이 두 효爻는 권면과 경계를 겸兼하여 사용하였으니, 하나는 막힌 것[湮鬱]을 펴서 천화天和를 기를 수 있는 방법을 얻고, 하나는 장님과 벙어리[瞽聾]를 진작시켜서 스스로 새로워지는 길을 주었으니, 모두 화평和平의 지역에 이르도록 한 것이다. 음악音樂의 쓰임은 덕德이 성대하여 변화가 신묘하니 즐거움이 무엇이 이보다 크겠는가!

• **나의 견해(2)**: 사람은 순조로움[順]과 거스름[逆]의 처지에서 산다. (예豫괘의) 괘卦와 효爻가 서로 발동하여 즐겁고 즐겁지 않은 두 길로써 묶을 수 있다. 『역易』을 배우는 사람은 마땅히 그 이치를 밝혀서 그 도道를 통해야 한다. 오직 65효 한 효爻가 보여준 바가 더욱 정밀하니, 다시 사람에게 몸을 닦고, 명命을 세우고, 마음을 보존하고, 성품을 기르는 공功을 가르쳤으며, 뜻이 더욱 깊고 절실하다. 대체로 즐거움의 지경에서 병이 들기가 가장 쉬우나, 오직 '기운을 전일專一하게 하고 몸을 부드럽게 하면[專氣致柔]' 바로 병을 물리칠 수 있다. 그러므로 65효가 (94효의) 강剛을 탐(乘)으로 인하여, 두려워한다. 굳세고 강한 것은 죽음의 부류이니, 오직 그 중中을 잘 기르면 혈기가 화평和平하여 수명壽命이 장구해진다. 65효는 이미 자기를 비워서 중中에 있기 때문에, (노자老子의) '계곡의 신[谷神]'은[33] 죽지 않는 도道임을 보여주었다. 몸의 병은 제거하기 쉽고, 마음

---

[33] '谷神不死, 是謂玄牝.『老子繹讀』6章, 런지위任繼愈(1916-2009)는, "'谷'은 산골짜기의 곡谷이니, 즉 허공

의 병은 버리기 어려우니, 몸이 죽지 않는 것도 진실로 쉽지 않으나, 마음이 죽지 않는 것은 더욱 어려움이 된다. '바른데도 아픈 것[貞疾]'이 몸에 있음을 알면서도 제거하지 않는다면 근심하고 두려워해도 무익無益하니, 대개 근심을 전환하여 기뻐하는 데 있다. 오직 백성은 하늘이 내려준 품성을 지녀 일정한 성품이 있는 듯하니, 잡으면 보존되고 놓으면 잃게 된다. 본성이 그 일정함을 잃지 않으려면 '그 가운데를 잡지[允執厥中]' 않으면, 안 된다. 이것은 곧 본성을 다하는 배움이니, 사람이 살면서 명命을 세우는 기반이 된다. 명命이 이미 섰으면 아침에 도道를 듣고 저녁에 죽어도 좋다. 사람은 죽지 않는 몸은 없으나 죽지 않는 '본성[性]'은 있다. (65효에서) "중中을 잃지 않았다[中未亡也]."라고 말한 것은 그 '본성[性]'을 다하여 본심을 잃지 않았음을 말한 것이다. "항상 죽지 않는다[恒不死]."라고 말한 것은 오래 살아서 오래 보는 도道를 말한 것이다. 몸은 비록 죽을지라도 '본성[性]'은 항상 죽지 않으니, 일찍 죽고 오래 사는 것에 두 마음을 두지 말고, 자신의 덕德을 닦아 천명天命을 기다려야 한다. '본성[性]'이 나로 말미암아 다한다는 것은 바로 명命이 나로 말미암아 서는 것이다. (65효의 상象)전傳에서 "굳셈에 올라탐[乘剛]"으로 "바르더라도 병든 것[貞疾]"을 해석한 것은 사람들에게 몸을 닦고 명命을 세우는 방법을 알도록 가르친 것이다. 중中을 잃지 않는 것을 '항상 죽지 않는 것[恒不死]'으로 해석한 것은 사람들에게 몸을 닦고 명命을 세우는 방법이 실로 마음을 보존하고 본성을 기르는 것을 통해서 얻어진다는 것을 알도록 가르친 것이다. 천도天道를 즐거워하고 천명天命을 아니, 예豫괘의 시時와 의義가 크도다!

이다. 谷神은 만물을 낳는 근원이니 '아득한 암컷[玄牝]'이다.'라고 설명을 한다. 상동, 14頁.

17. 수隨괘 ䷐

수隨괘: (사람이) 원대하고, 형미亨美하며, 이로운 물건이며, 정정貞正의 (덕을) 가졌다면, (사람들이 모두 따를 것이니,) 재앙이 없다.
[隨, 元亨, 利貞,[1] 无咎.]

정현鄭玄(127-200)은 말한다. (수隨괘에서) 천하가 그 행실을 사모하여 그를 따른다. (수隨괘는) 능히 ① 선善으로써 길러주고, ② 그 아름다운 예禮를 통하게 하며, ③ 의義로써 화합하고, ④ 바름으로써 행하면, 공功을 이루어 복福이 있을 것이다. 만약 이 네 가지 덕德이 없다면 흉구凶咎가 있을 것이다. 초공焦贛(焦延壽, 전1세기의 역학자)이 말한 '한漢 고조高帝가 항적項籍(字는 羽)과 함께 함'이 그것의 밝은 증거[徵]이다.

유원劉沅(1767-1855)은 말한다. (수隨괘는) 소녀少女[兌]가 장남[震]을 따르니 수隨의 뜻이다. 강효剛爻(陽爻)가 모두 유柔(陰爻)에게 자기를 낮추어, 움직이면서도 기뻐하고, 기뻐하면서 움직이니 모두 수隨의 뜻이다. 자기만 옳다고 여기지 않고 자기를 굽혀 남을 따르기 때문에, (수隨괘는) 크게 형통할 수 있다. 그러나 만약 바르지 않다면 잘못 따르는 것이 되므로, 반드시 바름에서 이로워야만, 허물이 없다. 『춘추좌전春秋左傳』에서,[2] 목강穆姜(?-전564, 노魯 선공宣公의 부인)의 말은 점법占法을 얻은 것이다. (나의 견해: 목강穆姜이 건乾괘 「문언文言」의 말을 인용하여 말하기를, '네 가지 덕德이 있는 자는 수隨괘를 얻어도 허물이 없다. 나는 이것(四德)들이 모두 없으니 어찌

---

1) 수隨는 괘명卦名이고, 따름의 뜻이다. 元은 큼이고, 형亨은 아름다움이다. 利는 이로운 물건[利物]이다. 貞은 正이다. 高亨, 193頁.

2) 『春秋左傳』, 魯襄公九年: 夏. 季武子如晉. 報宣子之聘也. 穆姜薨於東宮. 往而筮之. 遇艮之八. 史曰: "是謂艮䷳之隨䷐. 隨其出也. 君必速出." 姜曰: "亡 . 是於『周易』曰: '隨, 元, 亨, 利, 貞, 无咎.' 元, 體之長也; 亨, 嘉之會也; 利, 義之和也; 貞, 事之幹也. 體仁足以長人, 嘉德足以合禮, 利物足以和義, 貞固足以幹事. 然, 故不可誣也, 是以雖隨无咎. 今我婦人而與於亂. 固在下位而有不仁, 不可謂元. 不靖國家, 不可謂亨. 作而害身, 不可謂利. 棄位而姣, 不可謂貞. 有四德者, 隨而無咎. 我皆无之, 豈隨也哉? 我則取惡, 能无咎乎? 必死於此, 弗得出矣." 참조.

수隨괘의 괘사卦辭에 부합하겠는가?'라고 하였다.) 여기의 이른바 사덕四德은 본지本旨가 아니다.

리스전李士鈴(1851-1926)은 말한다. (상괘인) 태兌 막내딸[少女]이 (하괘인) 진震 장남長男을 따르니, 남을 따르는 뜻이다. 세 음陰과 세 양陽은 건곤乾坤의 체體이니, 건乾이 와서 곤坤과 사귀어 '하느님[帝]'이 진震에서 나와 만물의 시작이 된다. 그러나 95효가 중中에 자리하여 응應함이 있고 건원乾元을 체득하고 있으므로, 원元이다. 음양陰陽이 서로 통하고 천지天地의 기氣가 교류하므로 '형통[亨]'이다. 강유剛柔가 서로 이루어주므로 '이로움[利]'이다. 62와 95효가 정正을 얻었으므로 정貞이다. 이와 같을 수 있다면, 비록 남을 따르더라도 허물이 없다.

단전에서 말한다. 수隨괘는, 강건함이 왔으나 부드러움에 겸하謙下하니, (임금의) 움직임에 (하민들이) 기뻐하는 것이, 수隨괘이다. (임금이) 아름답고 반듯한 덕을 가져서 탈이 없음이 위대하니, 천하 사람들이 그 시기를 따른 뜻이 위대하도다!

[彖曰: "隨," 剛來而下柔, 動而說, "隨."3) 大"亨貞無咎,"4) 而天下隨時,5) 隨時之義大矣哉!]

우번虞飜(164-233)은 말한다. (수隨괘의 상괘에서) 건乾의 상9효에서 오는 것이 곤坤의 초6효이다.

(정이의)『이천역전伊川易傳』에서 말한다. 군자의 도道는 때를 따라 움직이고 마땅함을 따라 알맞게 변하니, 일정한 규칙[典要]은 되지 못하나 도道에 나아감이 깊고 기미를 알아 권도權道에 능한 자가 아니면, 이와 같이 할 수 없으므로, 이를 찬미한 것이다. 이는 사람들로 하여금 의義의 큼을 알아서 그것을 익숙하게 알도록 하고자 함이다.

곽충효郭忠孝(?-1128)는 말한다. (하괘인) 진震은 동쪽의 괘卦이니 만물이 이를 따라 생긴다. (상괘인) 태兌는 서쪽의 괘이니 만물이 이를 따라 이루어진다. 따라서 봄에 생生하고 여름에 자라나고[長] 가을에 이루어지고[成] 겨울에 갈무리 하는[藏] 것이 모두 수隨이다. 성인도 동東에서 일어나고 서西에서 완성되니, 역시 수隨이다.

양만리楊萬里(1127-1206)는 말한다. 시時는 성인에게서 나오므로 천하가 성인을 따르고; 시時가 천하에서 이루어지므로, 성인은 천하를 따른다.

....

3) 수隨괘의 하괘가 震이니 剛이고, 상괘는 兌이니 柔이기 때문에, 괘상은 柔 아래에 剛이 있는 모양이다. 高亨, 193頁.
4) 亨은 美이고, 貞은 正이다. 高亨, 상동.
5) 湯이 桀을 정벌하니 夏사람들이 湯을 따랐고, 武王이 紂를 정벌하니, 殷나라 사람들이 무왕을 따른 것이, 모두 그 때를 얻은 것이다. 高亨, 194頁.

조언숙趙彦肅(12세기, 남송南宋시대 학자)은 말한다. 막혀서 통하지 못하여, 양陽이 와도 사귀지 못하니, 따라서 음陰이 따른다. 사귐의 정점에서 이에 수隨괘▤가 이르니, 크게 형통하고 바르고, 양덕陽德이어서 준屯괘▤와 같다.

이순신李舜臣(12세기, 남송南宋시대 역학자)이 말한다. 무릇 단彖전에서 말한바 '강剛이 옴'은 모두 일양一陽이 건乾에서 와서 곤坤과 사귐이다. 이른바 '유柔가 옴'은 모두 일음一陰이 곤坤으로부터 와서 건乾과 사귐이다.

유원劉沅은 말한다. (수隨괘는) 진震 '굳셈[剛]'이 아래에 있고, 태兌 '부드러움[柔]'이 위에 있으니, 강효剛爻(陽爻)가 모두 유효柔爻(陰爻)에게 자기를 낮춘 것이므로 수隨의 뜻이다. 이치가 있는 곳을 따라서 때에 따라[隨時] 중中에 처하는 방법으로 처신하니 의義에 자세하고 신묘함에 들어간 자가 아니면 할 수 없다.

리스전李士鉁은 말한다. 제帝는 진震에서 나오므로 만물이 이를 따라 나오는데, 음陰보다 자기를 낮추어 주主가 되지 않으니, 『노자老子』에서, '감히 천하天下의 앞에 하지 않으므로 그릇의 으뜸이 될 수 있다.'라고[6] 말했다. (하괘인) 진震은 동쪽에 자리하고 (상괘인) 태兌는 서쪽에 자리하여 해와 달이 출입하고 사계절이 번갈아 운행하며 만물이 그에 따르니, 때를 따르는 뜻이다.

마치창馬其昶(1855-1930)은 말한다. 이 (수隨)괘는 오로지 건乾의 사덕四德[元, 亨, 利, 貞]이 여러 괘에서 사용되는 것은 시時일 뿐이라는 것을 발하여 밝혔다. 원형이정元亨利貞은 시時의 운행이다. 괘卦와 효爻가 놓여있는 자리는 반드시 각각 그 시時를 따른 연후에 허물이 없게 된다. 단전彖傳에는, '크게 형통하여 바르고[貞], 허물이 없다.'라고 말했고, 원元과 이利를 말하지 않은 것은, 큰 것은 원元이라 이르고, 따르며, 허물이 없는 것이 바로 이利이기 때문이다. '건乾이 비로소 아름다운 이利로써 천하를 이롭게 하면서도 이로운 바를 말하지 않으니, 크도다.'라는 것도 역시 통례通例이다. 여섯 효가 의義를 취하면 모두 괘례卦例의 변화가 드러나서 『역易』의 도道가 나타나니, 시時가 큰 것이 된다.

• **나의 견해**: (주희의) 『중용中庸』서序에서, '군자君子는 시중時中'이라[7] 하였는데, 중中이라는 것은 경도經道이고 시時라는 것은 권도權道이다. 수시隨時의 뜻[義]은 대개 권도權道에 통달하여 중中에서 벗어나지 않는 것이다. 내외內外의 도道를 합하기 때문에 때[時]에 따라 시행하는 것이

---

6) '我有三寶, 持而保之. 一曰: 慈, 二曰: 儉, 三曰: 不敢爲天下先.' 『道德經』67장 참조.
7) '君子時中.' 『大學·中庸集註』, 「中庸章句序」, 朱熹撰, 成百曉譯註, 서울: 傳統文化硏究會, 1991, 54쪽.

마땅하다. (『예기禮記』의)「예기禮器」편에, '요堯는 순舜에게 주고, 순舜은 우禹에게 주었다,'는[8] 것은 이른바 시時가 성인에게서 나오므로 천하가 성인을 따른다는 것이다. '탕湯이 걸桀을 추방하고, 무왕武王이 주紂를 토벌한 것은 시時이다.'라는[9] 것, 이것은 이른바 시時가 천하에서 이루어지니, 성인은 천하를 따른다는 것이다. 공자孔子는, '당우唐虞[요순堯舜]는 선양禪讓하고 하夏·은殷·주周는 (자손들이) 계승하였으니, 그 뜻은 하나이다.'라고[10] 하였다.

상전에서 말한다. 못 가운데 우레가 있는 것이, 수隨괘이다. (날씨가 추운 계절이니) 군자는 늦은 저녁에는 입실하여 휴식한다.
　　[象曰: 澤中有雷, "隨." 君子以向晦入宴息.[11]]

적현翟玄(5세기)은 말한다. 우레는 양기陽氣이니 봄과 여름에 일을 하는데, 지금 못[澤] 속에 있다는 것은 가을과 겨울이다.

　　주진朱震(1072-1138)은 말한다. 수隨괘의 때[時]를 따르는 도道는 드러나서 쉽게 보이니, 밤낮을 따르는 것만 못하다.

　　장준張浚(1097-1164)은 말한다. 잠복하여 신묘하고 지극히 고요한 땅이니, 나중에 활동하여 기쁨을 다할 수 있는 도道를 다할 수 있다.

　　풍의馮椅(1140-1232)는 말한다. 우레는 진震 봄에서 발동하고, 거둠은 태兌 가을에 소리를 내니, 진震으로 말미암아 태兌로 가면서 우레가 연못 속에 숨는다. 해는 동방의 진震에서 나오고 서방의 태兌로 들어가니, 진震으로 말미암아 태兌로 가면서 밝음으로부터 어두움으로 향한다. 천지天地의 따름은 주야晝夜가 되고, 한서寒暑가 되고, 고금古今이 된다. 군자의 따름은 '활동과 휴식[動息]'이 되고, '말함과 침묵[語黙]'이 되고, 실행함과 저장함[行藏]이 된다.

　　유원劉沅은 말한다. 우레는 2월에 움직이고 8월에 그친다. 연못 속에 우레가 있으니, 양기陽氣를 수렴하고 기다림이다. 대체로 음양陰陽의 동정動靜은 자연스러운 조화造化이니 바로 인사人事의 당연함이다. 향嚮은 향向과 같고, 회晦는 흐리고 어두움이며, 연宴은 편안함이고, 식息은 쉼이다.

----

8) '堯授舜, 舜授禹.', 『禮記正義』, 「禮器」第十, (十三經注疏 整理本), 상동, 13冊, 838頁.

9) '湯放桀, 武王伐紂, 時也.', 『禮記正義』, 「禮器」第十, (十三經注疏 整理本), 상동.

10) '孔子曰: 唐虞禪, 夏后殷周繼. 其義一也.', 『孟子』, 「萬章」上편((9:6) 참조.

11) 『經典釋文』(陸德明撰)에, 嚮은 또한 向으로 쓴다고 말한다. 向은 嚮의 俗字이다. 晦는 冥(어둡다)이니, 모야暮夜(늦은 저녁)이다. 宴은 安이니, 宴息은 休息과 같다. 高亨, 194頁.

짱홍즈張洪之(1881-1969)는 말한다. 곤坤은 어두움이며 편안함이고, 손巽은 들어감이며, 간艮은 그침이다. 위에서 와서 곤坤으로 들어가니 하루에도 밝음과 어두움이 있고, 나가서 일으킨 자는 들어와서 쉰다. 도道가 행해지는 때가 아니면 의義는 마땅히 숨으니, 신야莘野, 위계渭磎, 융중隆中(모두 고사故事와 관련된 지명地名으로, 이름이 드러나지 않은 채 처음 모여 모의를 하던 곳)의 고사故事들은 덕德을 품고서 은거하여 즐거이 행하면서 근심을 떨쳤으니, 또한 어두움을 향하여 휴식에 든다는 뜻이다.

초구효: 관리가 혹 실패해도, 바른 도리를 따르면 길하다. 문을 나서면 모두 공功을 갖게 된다.
[初九, 官有渝, 貞吉. 出門交有功.12)]
상에서 말한다. "관리가 혹 실패해도" 바른 도리를 따르면 (결과는) "길할 것"이다. "문밖으로 나오면 모두 성공함"은, 실패가 없음이다.
[象曰: "官有渝," 從正"吉"也. "出門交有功," 不失也.]

유염俞琰(1253-1314)은 말한다. 관官은 지킴[守]을 주로 하고, (수隨괘의 하괘인) 진震은 초9효를 주主로 한다. 수隨괘의 여섯 효는 서로 돕고[相比] 서로 따르니[相隨], 응應을 취하지 않고, 초9효는 62효의 바름[正]을 버릴 수는 없고, 94효의 부정不正함을 따른다.

전징지錢澄之(1612-1693)는 말한다. (초9효에서) 투渝(실패함)는 때[時]의 당연함이니, 그러므로 투渝는 '따름[隨]'이 되는 까닭이다.

유원劉沅은 말한다. 관官은 주인을 얻어 권위가 있는 것을 일컫는다. (하괘인) 진震 맏아들[長子]은 기물[器]을 주관하니 관官의 상象이다. 62효는 호체互體로 간艮이니 문門의 상象이다. 62효가 중정中正에 자리하니 초9효는 62효를 따르며, 바름[正]을 얻어 길吉함이 된다.

황식삼黃式三(1789-1862)은 말한다. 비否괘[☷☰]에서 건乾의 위(상9효)가 곤坤의 초9효로 왔으니, 이것이 수隨괘[☱☳]이다. (수隨괘 하괘[震]에서) 양이 음의 주인이 되니, 따라서 관리[官]라 칭한다. 비否괘에서 상하가 사귀지 못하였으나, (수隨괘에서) 이것을 바꾸어 바르게 하니, 따라서 (수隨괘 초9효에는) 사귐에 공功이 있는 것이다.

리스전李士鉁은 말한다. (수隨괘 초9효는) 강剛(陽爻)으로써 음柔(陰爻)에게 (자신을) 낮추니, 강유剛柔가 서로 이루어주므로 공功이 있게 된다.

---

12) 官은 관리官吏이다. 有자는 漢나라 『帛書周易』에는 或으로 되어 있다. 有는 마땅히 혹或이다. 投渝는 패敗이다. 交는 구俱(갖춤)이다. 高亨에 의하면, 官은 옛날의 관館이다. 高亨, 195頁.

마치창馬其昶은 말한다. 곤坤의 초효初爻가 변하여 진震이 되는데, (진震은) 나감[出]의 뜻이 있으므로 이른바 제帝가 진震에서 나온다고 하였다. 진진震辰이 묘방卯方에 있는데, 『설문해자說文解字』(許愼撰)에서 묘卯는 모冒(나아가다)라고 하였다. 만물은 땅을 머리에 이고서 나오는데 문을 여는 모양을 형상하므로, 2월이 천문天門이 된다. 관官에 변함이 있다는 것은 괘卦를 이루는 상象이다. 곤坤의 초효初爻가 정正을 잃어 건도乾道로부터 변화하여 하나로 엮어(양효陽爻로 만들어) 진震을 이루면, 정正을 따르게 되어 (수隨괘 초9효는) 길吉하다. 이미 진震이 되었으면 만물이 출생하므로 문을 나선다고 말한다. 간艮은 궐문闕門[대궐大闕의 문]이 되는데 문이 닫힌 것을 형상하고, 간艮을 덮는 것이 진震이 되는데, (진震은) 문이 열린 것을 형상한다. 나감에 공功이 있게 되기 때문에 초9효가 62효를 따라도 (바름을) 잃지 않게 된다. 초9효는 은밀히 나가는 것이 마땅하니, 이것이 초효初爻의 변례變例이다.

육이효: (포로를 잡아서) 어린 사내는 묶었으나, 성년 남자를 놓쳤다.
[六二, 係小子, 失丈夫.13)]
상에서 말한다. "어린애는 묶어둠"은, (어른 포로들을) 함께 갖지 못 함이다.
[象曰: "係小子," 弗兼與也.14)]

공영달孔穎達(574-648)은 말한다. 초9효는 낮은 자리에 처하므로 소자小子라고 칭한다. (62효는) 초9효의 근속近屬이기에, 95효에 가서 응할 수 없다.

왕봉王逢(1005-1063)은 말한다. (62효가) 중정中正으로 하나에 묶였으니, 다른 것들은 갖지 못했으나, (이런) 이유로 '흉하고 후회[悔]와 어려움[吝]이 있다.'라고 말하지는 않는다.

유원劉沅은 말한다. 굳셈[剛]으로 남을 따르는 것을 수隨라 이르고, 부드러움[柔]으로 남을 따르는 것을 계係라 이른다. 수隨하면 공공公共[公]으로 잃음이 없고, 계係하면 사사로워져서 잃음이 있다. 이것을 따르면 저것은 잃게 되니, 둘 다 옳은 이치는 없다. 양효陽爻는 성숙한 남자[丈夫]가 되고, 음효陰爻는 어린 아이[小子]가 된다.

리스전李士鉁은 말한다. 세 음효陰爻가 모두 계係라고 말하였는데, 호체互體인 간艮 손[手]과 손巽 줄[繩]이 계係가 된다. 초9효의 양陽이 아래에 있으니 어린 아이[小子]가 되고, 95효의 양陽은 위

---

13) 係係는 밧줄로 묶는 것이다. 小子는 미성년의 남자이고; 丈夫는 성년 남자이다. 高亨, 195頁.
14) 與는 有와 같다. 상동.

에 있어, 건장한 남자[丈夫]가 된다.

마치창馬其昶은 말한다. 여섯 효爻 중에 오직 62와 95효만 응應함이 있는데, 62효가 남편[夫]인 95효에 응하지 않고 소자小子인 초9효를 따르는 것은, 인사人事로써 비유하면, 이는 부인婦人이 아들을 따르는 뜻이다. 공자孔子는, '아내는 (예禮로써) 사람에게 복종한다.'라고[15] 말했다. 이는 자기 마음대로 제어하는 뜻이 없이 삼종三從의 도道가 있어서, 집에서는 아버지를 따르고, 시집간 사람은 남편을 따르며, 남편이 죽으면 자식을 따라서, 감히 스스로 이룸이 없는 것이다. 『역易』은 62와 95효의 응함을 중시하는데 여기서는 감히 응하지 않았으니, 이는 62효의 변례變例이다. (나의 견해: 『예禮記』, 「교특생郊特牲」편에서는, '어려서는 부형父兄을 따르고 시집가서는 남편을 따르고 남편이 죽으면 아들을 따른다.'라고[16] 하였다. 정현鄭玄의 주注에 '종從은 그 가르침과 명령에 순응함을 이른다.'라고 하였다.)

육삼효: 어른 포로들은 묶어두고, 어린 아이는 놓쳤다. (잃은 것을) 추구하면 얻을 것이다. 정도正道를 지키니 이롭다.
[六三, 係丈夫, 失小子, 隨有求. 得. 利居貞.[17]]
상에서 말한다. "어른 포로들을 묶음"은, (값어치가) 낮은 것을 버리려는 뜻이다.
[象曰: "係丈夫," 志舍下也.[18]]

우번虞飜은 말한다. 수隨괘는 음을 집으로 삼고 양을 따르니, 63효는 위로는 응應이 없으니, 94효를 묶어두고 초9효를 잃었다.

왕필王弼(226-249)은 말한다. (63효는) 초9효를 버리고 94효와 묶였으니, (63효는) 94효와 함께 있으나 (94효가) 응應이 없는데, 또한 자기는 따를 것을 바라기에, 따라서 (63효는) 좇으면 찾는 것을 얻는다 해도, (94효의) 응應은 바름이 아니니, 어찌 (63효는) 망령妄倿을 부릴 수 있는가? 그러므로 (63효는) 정도正道에 있으면 이롭다.

육희성陸希聲(801-895)은 말한다. 63효는 (양의 자리이기에) 바르지는 않으나 좇아가니, 그 뜻

---

15) '婦人伏於人也.', 『大戴禮記今註今譯』, 「本命」第八十, 高明註譯, 臺北: 臺灣商務印書館, 1977, 467頁.

16) '婦人, 從人者也. 幼從父兄, 嫁從夫, 夫死從子.', 『禮記正義』, 「郊特牲」, (十三經注疏 整理本), 상동, 13冊, 950頁.

17) 수隨는 뒤좇음[追逐]이다. 有는 以와 같다. 貞은 正이다. 正道를 지키니 이롭다. 高亨, 196頁.

18) 舍는 捨(버리다)의 가차이다. 高亨, 상동.

은 높을 수 있고, 양을 받들고 순종한다.

사마광司馬光(1019-1086)은 말한다. 63효는 중정中正한 덕은 없으나, 흉하지 않고, 좇는 바는 그 사람을 얻은 것이다.

유원劉沅은 말한다. 장부丈夫는 94효이고, 소자小子는 62효이니, 63효는 의리상 마땅히 94효를 따라야 하므로 그 뜻이 아름답다. 뜻이 아래를 버린다는 것은 초9효와 62효를 따르지 않는 것이다.

리스전李士鉁은 말한다. 호체互體인 손巽은 시장에서 세 배 이득[利]이 되니, (63효는) 얻는 것이 있는 상象이다. (63효는) 양陽을 받들고 정正을 얻었으므로, 바름[貞]에 거居함이 이롭고, 잘못 따라서 이익을 추구해선 안 된다.

마치창馬其昶은 말한다. 음양陰陽의 정情은 가까워서 서로 얻는다. 초9효는 양효陽爻[剛]로 63과 62, 두 음효陰爻[柔]에게 자기를 낮추고, 63효는 초9효에 가깝지 않고 의리상 위로 94효를 따르는 것이 마땅하다. 초9효는 62효를 따르고 95효는 상6효를 따르니, 모두 음효陰爻[柔]가 양효陽爻[剛]를 탄 것이다. 오직 63효와 94효의 '따름[隨]'은 양陽을 받드는 뜻을 얻었으니, 이것이 그 바름[貞]이다. 그러나 63효는 근본적으로 (양陽)자리를 잃었고, 초9효의 소자小子를 버리고 94효를 따른 것이다. 94효도 역시 (양)자리를 잃었는데, 인사人事로써 비유하면, 그것은 아마도 남편을 따라 순장殉葬을 당하면서도 (자신을) 돌아보지 않는 자일 것이니, 인仁을 구하여 인仁을 얻은 경우와 함께, 그의 바름[貞]을 인정하지 않을 수 없다. 효爻에서 자리가 마땅하지 않음을 말한 것이 16번인데, 63효에서만 10번이다. 그러나 수隨괘의 63효는 효爻의 뜻이 도리어 선善하니, 이는 63효의 변례變例이다.

구사효: (짐승을) 좇는 데는 덫이 있어야 하는데, (행동은) 반듯했으나 (결과는) 흉하였다. 정도正道에 신임을 가졌고, 명찰明察로써 했으니 무슨 재앙이 있겠는가!

[九四, 隨有獲,[19] 貞凶. 有孚在道, 以明何咎!]

상에서 말한다. "(짐승들을) 모는데 덫을 침"은, (결과가) "흉할 수 있다." "길에서 벌을 줄 때", 그 일을 "잘 살펴야 한다."

[象曰: "隨有獲," 其義"凶"也. "有孚在道," "明"功也.[20]]

....

19) 수隨는 좇아감[追逐]이다. 획獲(얻다)은 마땅히 획擭(잡다)으로 읽어야 하니, (짐승 잡는) 덫이다.

20) 隨는 짐승들을 모는 것이고, 획獲은 마땅히 획擭(덫)으로 읽어야 한다. 義는 宜로 읽어야 하고, 孚는 罰이고, 明은 明察이다. 功은 事이다. 高亨, 196-197頁.

우번虞飜은 말한다. (94효는) 63효를 잡는 것을 말한다.

왕필王弼은 말한다. (94효는) 강강剛을 몸으로 하고 기쁨에 있으니, 민심民心을 얻은 것이고, 일상의 뜻[常義]에 위배되기 어렵고, (94효의) 뜻은 사람을 구제함에 있으니, 마음에 '공공연한 정성[公誠]'이 있는데, 무슨 재앙이 있겠는가?

(정이의)『이천역전伊川易傳』에서 말한다. 94효는 양강陽剛의 재질[才]로써 신하의 가장 높은 자리에 처하여, 민심이 자기를 따르므로 위험하고 의심받을 수 있다. 옛날 이윤伊尹, 주공周公, 제갈공명諸葛孔明이 모두 덕德이 백성에게 미쳐 백성들이 그들을 따랐다. 그 다음으로 당唐의 곽자의郭子儀(698-781)는 위엄이 군주에게까지 떨쳤지만 군주가 의심하지 않았으니, 또한 마음에 신뢰와 성실함을 두고 처신하여 심한 실수가 없었으니, 명철明哲하지 않았다면 이와 같을 수 있었겠는가?

장준張浚(1097-1164)은 말한다. (호체互體인) 간艮은 광명이다.

왕안석王安石(1021-1086)은 말한다. (94효에는) 밝으면 공功을 가짐을 말한다.

원추袁樞(1131-1205)는 말한다. (94효에는) 그 뜻은 흉한데, 흉한 이치가 있다. (94효에는) 처하여 그 도道를 얻으면, 재앙은 없을 것이다!

마치창馬其昶은 말한다. 초9와 62효가 서로 따르고, 95와 상6효가 서로 따르는데, 근본이 같아 한 몸이다. 63과 94효는 체體가 다르고, 따르지 않을까 두려워하므로 이 두 효는 모두 분명하게 수隨괘라고 말한다. 63효는 94효를 원하고, 94는 63효를 얻었으니, 이는 수隨괘가 얻음이 있는 것이다. 그러나 군자君子의 자리에 처하여 백성을 얻고서 함부로 행동해서는 안 되는데, 63효는 (하괘인) 진震을 체體로 하여 활동하기를 잘하므로 그것을 경계하여 가면 흉하다[征凶]라고 말한 것이다. 음양陰陽이 서로 느끼는 것이 '신뢰[孚]'이니 94효가 63효에게 신뢰가 있어[孚] 간艮[그침, 止]을 이룬다. 하나의 양陽이 위로 그치니 빛나고 밝은데, 그치면 함부로 움직이지 않게 되니, 양陽이 주主가 되고 음陰이 그것을 따른다. 그 그침과 그 밝음은 강강剛이 위에 있고 유柔가 아래에 있는 도道를 얻었으니, 또한 무슨 허물이 있겠는가? 94효는 유柔로 변화하여 양陽을 받드는 것을 길吉함으로 여기는 경우가 많은데, 여기서는 화化하지 않아도 허물이 없으니, 이는 94효의 변례變例이다.

● **나의 견해**: 그 의義가 흉凶한 것은 얻음이 있다고 가볍게 따라서는 안 됨을 말한 것이고; 밝은 공功은, 도道의 믿음[孚]에서 반드시 따르는 것이 마땅함을 말한 것이다.

구오효: (사람의) 믿음이 선善을 지킴에 있으면 길하다.

[九五, 孚于嘉,21) 吉.]

상에서 말한다. "선善한 일을 믿음직하게 지키면 길함"은, (군자가) 정중正中의 도리에 서있기 때문이다.

[象曰:"孚於嘉吉," 位正中也.22)]

내지덕來知德(1525-1604)은 말한다. 8괘의 정위正位인 (상괘인) 태兌는 6[음]에 있으니, (95)효爻는 선善하고 아름다운 것이다.

주식朱軾(1665-1736)은 말한다. (95효에서) 수隨를 말하지 않고 믿음[孚]를 말했으니, 95효는 중정中正하여 높은 데에 있으니, 정성[誠]으로 사물을 움직인다. 상上을 믿음이 선善에 대한 믿음이 되니, 현자賢者를 숭상하여 천하가 따르기에, 선善의 모임이다.

혜동惠棟(1697-1758)은 말한다. 우번虞翻(164-233)은, '수隨괘는 음陰을 집으로 하고 양陽을 따른다.'라고 말하였고, (양웅楊雄의)『태현太玄』경에서는, '따름[從]으로 추측'하며, 또한 '해의 아내인 달이 따른다.'라고23) 말하였다. 음이 양을 따르니, 부부夫婦의 도道이고, 혼인예절[嘉禮]에 합치한다.

리스전李士鉁은 말한다. 95효는 양강陽剛하고 중정中正하여 이 괘에서 존귀하다. 믿음[孚]이 상象을 취함이 94효와 같은데, (95효는) 천하의 주인으로서 따라야 할 바가 없다. 그러나 가까이 상6효를 받들고, 자리를 얻은 양陽으로서 자리가 없는 음陰에게도 자신을 낮춘다. (95효에서) 음양陰陽이 덕德을 합함에 그의 존귀함을 믿지 않으니, 이른바 옛날의 어진 왕이 선善을 좋아하여 권세를 잊었다는 것이다. 95효는 스스로 자기의 실덕實德을 갖고 있어서 상6효에게 신뢰를 받으므로 '따른다[隨之].'라고 말하지 않고 실제로 '신뢰 받는다[孚之].'라고 하였으니, 남에게 신뢰받는 것이 아니라 실제로 선善에 믿음직스러운 것이다. 『상서尚書』에서, '덕德은 일정한 스승의 가르침[師法]이 없이, 선善을 주主로 함이 사법師法이 된다.'라는24) 것은 수隨괘를 말하지 않으면서 도道의 길吉함을 따른 것이니, 이 뜻을 넘지 않는다.

마치창馬其昶은 말한다. (상괘인) 태兌의 상6효는 곤坤의 용육用六의 효爻이니, 음양陰陽이 서

---

21) 孚는 믿음[信]이고; 가嘉는 善이다. 高亨, 197頁.

22) 位는 立과 같다. 孚는 信이고, 嘉는 美이다. 상동.

23) '日嬪月隨.',『太玄校釋』,「從」, 楊雄著, 鄭萬耕校釋, 北京: 北京師範大學出版社, 1989, 61頁.

24) '德無常師, 主善爲師',',『今古文尚書全譯』,「咸有一德」篇, 江灏, 錢宗武譯註, 상동, 149頁.

로 형통한 것이다. 따라서 아름다움[嘉]이라 말했다. 순수한 [重澤]태兑의 95효에서, '깎는데도 믿는다[孚于剝]'에서는, 태兑가 바른 가을의 뜻이 됨을 취한 것이다. 수隨괘의 95효에서, '아름다움을 믿는다[孚]'는 것은 음양陰陽이 서로 따르는 뜻을 취한 것이다. 『역易』의 배열에서 65효는 상9효에 '친밀함[比]'이 되어 어진 이를 숭상하고 어진 이를 기르는 상象이 많은데, 만약 95효가 상6효와 '친밀[比]'하면 높은 사람으로서 소인小人을 총애하여 누累가 된다. (그러나) 수隨괘의 95효는 상6효에게 신뢰받아 길吉하니, 이는 95효爻의 변례變例이다.

● **나의 견해**: 여기서는 음陰이 양陽을 따름을 말하였으니, 부부夫婦의 도道이며 마치 62와 95효의 상응相應을 주로 하여 말한 듯하다. 62효의 음陰이 95효의 양陽을 따르니 모두 바른 자리에 거居하였고, 또 태兑는 막내딸[少女]이고 진震은 장남長男인데 62와 95효가 중中을 얻었으니 또한 부부夫婦가 서로 따르는 도道이다. 리스전李士鉁은, '이미 주인이 된 95효가 상6효에게 신뢰받는 아름다움'이라고 주注를 달았고, 또 혹자或者가 말한, '아름다움에 부孚[信]한다는 것은 62효를 가리켜 말한 것이다.'를 인용하였다. 62와 95효가 바르게 응應하고, 음양陰陽이 조화롭고 중中을 얻었기 때문에 아름답다[嘉]라고 칭하였다.

> **상육효**: (주周나라 문왕文王을) 구금하였다가, 또 석방해주니, (그는) 급히 도망갔다, (문文)왕은 (호경鎬京 서쪽의) 기산岐山에서 (감사하는) 제사를 드렸다.
> [上六, 拘係之, 乃從, 維之. 王用亨于西山.25)]
> **상에서 말한다.** (임금이) "구속되고 묶임"은, 임금이 곤경을 받는 것이다.
> [象曰: "拘係之,"26) 上窮也.]

『역위건착도易緯乾鑿度』에서 말한다. "수隨괘는 2월月의 괘이니, … 만물들이 양陽을 따라서 나오기에, 따라서 상6효는 95효를 기다리며, 이를 구금하여 묶어두고, 유지하고자 하니, 밝음은 양陽에 의해 화化하고 음陰은 이를 따라가려고 한다."27)

---

25) 구拘는 구금拘禁이다. 계係는 묶음이다. 내乃는 우又(또한)와 같다. 從은 종縱으로 읽어야 하니, 석방이다. 유維는 유樵로 읽어야 하니, 유樵는 분분(분奔, 달아나다)이니, 급주急走(급히 달아남)이다. 서산西山은 호경鎬京 서쪽의 기산岐山이다. 형亨은 형제亨祭이다. 高亨, 198頁.
26) 上은 君上이니 王이다. 高亨, 상동.
27) '隨者, 二月之卦, … 萬物隨陽而出, 故上六欲待九五, 拘繫之, 維持之, 明被陽化而陰欲隨也.', 『周易乾鑿度』卷上, 隨卦, 漢 鄭康成注, 電子版文淵閣四庫全書, 上同 참조.

우번虞翻은 말한다. 왕王은 95효를 말한다. (상괘인) 태兌는 서쪽이고, (호괘互體인) 간艮은 산이다.

여조겸呂祖謙(1137-1181)은 말한다. (수隨괘에서) 구금하고 묶었으니 풀 수 없는 것은 수隨괘의 정점[상6효]이다. 『시詩』에서, '그것을 얽어매고 그것을 묶어두다.'라고[28] 말했다.

용인부龍仁夫(1253-1335)는 말한다. 간艮과 감坎은 모두 북방의 음유陰幽한 괘이다. 주자朱子는 일찍이 '감坎에는 귀신의 상象이 있고, 감坎은 일양一陽이 두 음陰 가운데 엎드리고 있으니, 귀신이다.'라는 말을 했다. 간艮은 일양一陽이 존고尊高하니 종묘宗廟이다. 태兌는 무당[巫]으로 제사를 주관하니, 무릇 제사 지냄은 3괘(坎, 艮, 兌)를 통 털어 취한 상이다.

유원劉沅은 말한다. 괘는 서로 따르는 것을 의義로 여기고, 수隨괘는 시중時中을 아름다운 것으로 여긴다. (상6효에서) 막힘[窮]은 (수隨)괘의 마지막에 있음을 이른다. 상6효는 태兌 기쁨[說]의 주主가 되어 수隨괘의 지극한 곳에 처하여, 따르는 바 없이 멀리까지 행하니[擧] 얽어매지 않으면 어진 이[賢]를 잃게 된다. 95효는 믿음[孚]으로 따르니 어진 이를 숭상하고 덕을 높인다. 초9효는 강강剛하면서도 62효의 유柔에게 자기를 낮추는데, 95효의 강강剛도 역시 상6효의 유柔에게 자기를 낮춘다. 따라서 95효의 아름다움에 믿음[孚]은 상6효를 따름이다. 상6효를 얽어매는 것은 95효인데, 얽어맬 수 있는 것은 그 까닭이 상6효가 재재自在하기 때문이다. 이것이 '아름다움을 믿음[孚于嘉]'이 태兌의 '깎는 데에 믿음[孚于剝]'과는 다른 것이다.

오여륜吳汝綸(1840-1903)이 말한다. (상6효에서) 내乃는 잉仍으로 읽으니, '내종乃從'은 '또한 따름(又從)'이다.

리스전李士鉁은 말한다. 호체互體인 간艮 손(手)이 구속[拘]이 되고, 호체互體인 손巽 줄(繩)이 묶음(係)이 되니, 두 얽어맴을 일컬어 유維라고 한다. 상6효는 유약柔弱하여 자리를 잃게 되는데, 95효의 양陽에 매여 있어야 떨어지지 않으니, 수隨괘의 지극함이다. 왕王은 95효를 가리키니, 상6효가 자기 자리에 있지 않고 뜻으로 왕에게 매이길 원한다. 문왕文王이 서산西山의 제후諸侯가 되어 주紂왕에게서 명命을 듣고 경내境內의 산에서 제사지낼 수 있었는데 이때에 유리羑里에 구금되어 곤궁함이 지극했으나, 마음은 왕실王室에 두어 결심을 풀지 않고 주紂왕을 깊이 원망하며 자신의 마음을 살펴 자기 도道를 사용하였다.

마치창馬其昶은 말한다. 완일阮逸(11세기, 북송北宋의 음악가)은, '『역易』은 인사人事를 기록하였는데 모두 상商과 주周나라를 주로 하였다.'라고 하였으니, 이는 옳다. (공부孔駙(공자의 9대손

---

[28] '繫之維之', 『詩經譯注』, 「小雅」, 「祈父之什」, 「白駒」, 袁梅著, 상동, 492頁.

이 지은)『공총자孔叢子』에서, "자사子思가, 「내가 자하子夏에게서 들으니, 은殷나라 제을帝乙왕 때에, 왕계王季는 (관작官爵의) '아홉 등급[九命]'으로 백伯이 되었고, 규찬圭瓚[술잔], 옥玉, 울창주 [창鬯]의 하사를 받았다.」라고[29] 하였다. 심약沈約(441-513, 남북조시대)은『죽서기년竹書紀年』을 주석하며, 역시 "왕王이 계력季歷의 공功을 표창하려고, 술잔[규찬圭瓚]과 울창주[거창秬鬯]를 하사 하고 (관작官爵의) '아홉 등급[九命]'으로 백伯이 되게 하였는데, 곧이어 창고가 막혀서 계력季歷이 곤궁하게 있다 죽었다."라고[30] 말하였다. 또『여람呂覽』(『呂氏春秋』), 「수시首時」편에서는 "왕계 王季가 곤궁하게 죽었는데 문왕이 그것을 괴로워했다."라고[31] 하였다. 고유高誘(?-212)의 주注에 서 '계력季歷이 나라 일을 근면하게 수고하다가 죽었는데, 문왕이 슬퍼하며 고통스러워했다.'라고 하였다. 이 몇 가지 이야기에 근거하면, 이 효爻는 바로 문왕이 슬퍼하며 고통스러워한 말이다. 왕王은, 은殷나라의 왕王을 이르고, 이로써 서산西山에서 제사[亨]한다는 것은 왕계王季가 규찬圭 瓚을 하사받았음을 이른다.『주례周禮』(「秋官司寇」掌交)에서, '아홉 목牧의 (제도에서 얻은) 관계 [九牧之維]'라고[32] 하였고, 또 (「夏官司馬」大司馬)에서, '주목州牧을 세우고 국가를 감찰하는 임금을 세워서 큰 나라와 작은 나라를 연결한다.'라고[33] 하였고, (「춘관종백春官宗伯」, 대종백大宗伯)에 서, '구명九命으로 제후의 백伯을 세운다.'라고[34] 하였으므로 좇아가서 얽어맨다고 말하였다. 임 금[上]이 궁窮한 것에 얽어 매이니, 군신君臣의 '뜻[義]'은 달아날 곳이 없음을 밝혔으므로 마침내는 파면당하지 않은 것이다. 다른 괘의 상효上爻는 일 밖에 있는 경우가 많은데 수隨괘의 상6효는 95 효에 묶여 있어서 떠날 수 없으니, 이는 또 상9효上九爻의 변례이다.『역易』이 일정한 규칙[典要] 이 될 수 없음이 이와 같아서, 시時가 같지 않으면 의義가 변하니, 때에 맞는 의義가 크도다. (나의 견해: 구계拘係라는 것은 세력으로 서로 다그치는 것이고, '따라서 유지[從維]하는' 것은 예禮로써 서로 엮는 것이다. 한 번 뒤바뀌어 시간이 변하면, 시時와 세勢가 같지 않아서 처한 바의 의義도 또한 다르게 된다. 제사지내는 데 이르러서는 높이는 데에도 도道가 있다. 95효는 이미 자기 자리

---

29) '子思曰: "吾聞諸子夏曰, 「殷王帝乙之時, 王季以九命作伯, 受瓚鬯之賜.」", 『孔叢子』卷上, 「居衛」第七, 電子版文淵閣四庫全書, 上海人民出版社, 1999 참조.

30) '王嘉季歷之功, 賜圭瓚秬鬯, 九命爲伯, 旣而執諸塞庫, 季歷困而死.', 『竹書紀年』, 梁 沈約注, 電子版文淵 閣四庫全書, 上海人民出版社, 1999 참조.

31) '王季歷困而死, 文王苦之.', 『呂氏春秋譯注』(上), 「孝行覽」第二, 「首時」, 張玉春 等 譯注, 哈爾濱: 黑龍江 人民出版社, 2002, 344頁.

32) '九牧之維', 『周禮注疏』(十三經注疏 整理本), 「秋官司寇」掌交, 상동, 9冊, 1232頁.

33) '建牧立監以維邦國.', 『周禮注疏』(十三經注疏 整理本), 「夏官司馬」大司馬, 상동, 8冊, 892頁.

34) '九命作伯.', 『周禮注疏』(十三經注疏 整理本), 「春官宗伯」大宗伯, 상동, 8冊, 557頁.

에 있으나, 어진 이에게 자신을 낮추고 상6효를 따르고, 상6효는 또한 갑자기 마음을 바꾸어[幡然] 95효를 따랐다.)

• **나의 견해:** 수隨괘는 못[澤]과 우레[雷]를 취하여 의義를 삼았는데, 하늘에 있어서는 거두어야 할 때임을 따라서 그 소리를 거두고, 사람에게 있어서는 어두워야 할 때임을 따라 들어가 쉰다. 때의 마땅함을 따른다는 것은 따를 만한 지를 헤아려보고서 따르는 것이다. 따르는 중에는 스스로 따르지 않는 자도 있으니 속여서 따르게 하는 것이 아니다. 포윤抱潤 마치창馬其昶선생은 여섯 효爻의 변례變例로 훈訓을 달아, 여러 효의 예例에서 비比와 응應이 같지 않은 것을 논하였으니, 이는 수隨괘의 뜻은 진실로 선善으로, 변화를 종宗으로 삼았는데, 비록 변하더라도 그 일정함을 잃지 않는다는 것이다. 수隨괘의 자리에 처하여 아래로써 위를 따르고 뒤로써 앞을 따르며, 천하보다 먼저 하지 않았으니, 수시隨時의 뜻을 얻은 것이다. 초9효는 62효를 따르고, 63효는 94효를 따르며 95효는 상6효를 따라서, 서로 짝이 되는 것이 수隨괘이기에, 이미 각자 자기의 도道가 있다. 그러나 또 번갈아 나아가는 것이 수隨괘이니, 62효가 또한 63효를 따를 수 있고, 94효가 또한 95효를 따를 수 있으며, 상6효는 따를 것이 없어서 95효에 매여 내려와 서로 따르지 않을 수 없으니, 이는 따르지 않음이 따르는 것으로 또한 가는 곳 마다 수시隨時로 중中에 처함이 아님이 없다. 초9효에서는 사귀는 도道를 논하였으니, 바른 사람과 사귀는 것이 마땅한데, 62효는 '바른 자리[正位]'에 있으며, 초9효의 양陽으로써 62효의 음陰을 따르니, 양陽은 음陰을 따르지 않는 상례常例를 바꾸었다. 따라서 '변함이 있으나 잃지 않는다[有渝不失].'라고 말하였다. 62효는 아녀자의 도道를 논하였는데, 초9효를 잃고 63효를 따르니, 남편을 대신하여 아들을 위로하는 뜻인데, 이는 남편이 죽으면 자식을 따르는 것이 수隨괘이다. 63효는 절개가 세찬 도道를 논하는데, 62효를 잃으면 94효를 따르니, 아들 없이 남편이 죽은 뜻이 있다. 이는 남편을 따라서 죽는 것을 수隨괘로 삼은 것이다. 94효는 함께할 사람을 취하는 도道를 논한 것인데, 63효가 이미 94효를 구求하고, 94효는 63효를 얻었으니, 음양陰陽이 서로 따른 것이다. 이는 상례常例이다. 그러나 63효는 내괘內卦에 있고, 94효는 외괘外卦에 있어 간艮은 그침[止]의 상象을 이루니, 63효를 따르지 않고 내외의 구분을 엄격히 하는 것이 마땅하다. 94효는 자리가 중정中正하지 않은데, 95효는 중정中正하고 믿음[孚]이 있어 (호체互體인) 손巽의 순順한 상象을 이루니, 95효를 따라서 '같은 기[同氣]'가 서로 구求하는 마땅함을 연결하는 것이 마땅하다. 만약 의義와 이利의 구분이 밝지 못하여 63효를 얻고서 바로 가면 반듯[貞]하더라도 또한 흉凶하다. 94효는 태兌의 기쁨[說]이 처음에 자리하는데 믿음의 도[孚道]를 귀하게 여겨 기뻐하고, 얻는 것은 기뻐하지 않는다. 힘써 노력하여 도道를 행하면

덕德이 날로 열려서 크게 공功이 있을 것이니, 오직 앎이 밝기 때문에 처신하는 것이 마땅하다. 마땅함을 바르게 하고 이로움을 도모하지 않으며, 도道를 밝히고 공功은 헤아리지 않으니 이에 도道를 담는 그릇이 된다. 이는 따르는 데에 구차하지 않은 가운데 스스로 마땅히 따라야 할 바가 있는 것이다. 95효는 혼인婚姻의 도道를 논하였는데, 95와 94효는 유류가 같아 서로 따르는 것이 마땅하다. 그러나 95효의 양陽으로써 상6효의 음陰을 따르니 이는 또 상례常例가 바뀐 것이다. 95효는 중정中正의 도道를 얻고서 간艮의 그침[止]의 위를 타고 태兌 기쁨[說]의 사이에 처하여, 양陽으로써 음陰을 따라서 그치니, 기쁨[說]과 남자가 여자에게 낮추는 뜻[義]을 얻었다. 이는 중정中正의 도道로써 서로 따라서, 실제로 아름다운 예禮를 믿은[孚] 것이다. 상6효는 거취去就의 도道를 논하였는데 수隨괘의 지극한 곳에 거居하여 궁窮하여도 따를 바가 없다. (상괘인) 태兌는 서쪽의 정위正位가 되고, 산山은 은둔하는 자가 사는 곳이다. 자기 몸을 영토 밖에 두고서 왕후王侯를 섬기지 않았으니 본래 남을 따르는 뜻이 없는 것이다. 그러나 95효가 믿음[孚]으로써 서로 얽어매었는데, 95효는 높은 자리에 처하였으니, 왕王의 상象으로써 어진 이를 기르고 제사를 지내어 흰 망아지[白駒]와 빈 골짜기[空谷]의 생각을 두어,35) 상대의 음성을 금옥金玉같이 아껴서 자기를 멀리하는 마음을 두지 않기를 바란 것이니, 이른바 (마음 속) 그 사람이 움직이지 않으나 기뻐[說]하는 것이다. 매고 엮어서 지금의 조정朝廷을 오래 가게 하는 것이니, 이는 서로 따르는 가운데 마음을 비우고 사물의 변화에 순순히 따르지 않음이 없게 하는 것이기에, 또한 수시隨時의 뜻을 얻은 것이다. 군자는 일동一動 일정一靜이 모두 수시隨時에 따라 중中에 처하며, 오직 알맞게 변하여 반드시 원형이정元亨利貞의 사덕四德을 갖춤으로써 비로소 따라가도 허물이 없다고 말할 수 있다. 덕德이 없으면 함부로 따라서 허물을 면할 수 없다. 덕德이 있으면 잘 따라서 가는 곳마다 따르지 않는 경우가 없어서, 가는 곳마다 중中하지 않음이 없으니, 시중時中의 성인으로써 벼슬 살고[仕], 그만두고[止], 오래 동안[久]이나, 빠르거나[速]에 가可함도 없고 불가不可함도 없다. 시時로 인해 의義가

----

35) 皎皎白駒(교교백구): 희고 흰 망아지
   在彼空谷(재피공곡): 저 빈 골짜기에 있다.
   生芻一束(생추일속): 싱싱한 꼴풀 한 다발
   其人如玉(기인여옥): 그분은 옥 같은 얼굴이로다!
   毋金玉爾音(무금옥이음): 그대 명성 금옥같이 여겨
   而有遐心(이유하심): 나를 멀리하려는 마음 갖지 말아요. 『詩經』,「小雅」,「白駒」참조.
   白駒空谷 -해석: 白駒는 白色駿馬이니, 현능賢能한 이를 비유한 것이다. 현능한 이가 재야에 있으며 출사出仕하지 못함을 비유한 것인데, 나중에 현능한 이가 출사하면 골짜기는 빈다는 것을 비유한 것이다.

되려면 건곤乾坤의 크고 가운데이며[大中], 지극히 바른[至正] 도道 밖에 있어서는 안 된다. 이는 수隨괘의 뜻이 특별히 건곤乾坤의 덕德에 부합하며, 단사彖辭에서는 처음에 사덕四德의 온전함으로써 말한 까닭인 것이다.

18. 고蠱괘 ䷑

고蠱괘는 크게 아름다움이다.

[蠱, 元亨.[1)]]

『좌전左傳』에서 말한다. "문자文字에서 기명器皿속의 독충이 고蠱이다. … 『주역周易』에서 여자가 남자를 유혹하고, '태풍[風]'이 (불어) 산의 (초목들이) 떨어지는 것[落山]'을 고蠱라고 말한다."[2)]

복만용伏曼容(421-502)은 말한다. 고蠱는 미혹하여 어지럽히는 것(惑亂)이다. 만사는 미혹에서 생겨나니, 따라서 고蠱 때문에 일이 만들어진다. (복생伏生의)『상서대전尙書大傳』에서, '오사五史에게 오제五帝의 곤혹스런 일들[蠱事]를 쓰도록 명命하였다.'라고[3)] 말한다.

소보邵寶(1460-1527)는 말한다. 미혹된 일들[蠱]을 다스리는 것이 '고蠱'이니, 난亂을 다스리는 것을 '난亂'이라 말하는 것과 같이, 황량荒涼함을 다스리는 것을 황荒이라 말하는 것과 같기에, 따라서 고蠱는 '변고가 일어남[有事]'이 된다.

유원劉沅(1767-1855)은 말한다. 장녀長女[巽, 風]로서 막내아들[艮, 少男[山]에게 자신을 낮추니 그 실정[情]이 어지럽다. (고蠱)괘의 덕德으로써 말하면, 위에 있는 자[艮]가 그쳐 쉬면서 움직이지 않고, 아래에 있는 자[巽]는 착하고 순하여 따르기만 한다. 완성된 것을 무너뜨리는 것은 고蠱 때문이다. 만물[物]이 무너지면서 '고蠱[곤혹스런 일]'가 생기고, 범사凡事가 실패하고 무너진 후에 일이 있다. 「서괘序卦」전에서는 '기쁨으로써 남을 따르는 자는 반드시 일이 있기 때문에 고蠱로써 받았다.'라고[4)] 하였다. 고蠱라는 것은 일을 설명하는 것이 아니라, '변고[事]'가 있는 것이니, 일이 무너지는 것이 빨라야 모름지기 다스려지고 편안해져, 험하고 위태로움이 구제되는 것이다.

---

1) 元은 큼이고, 형亨은 美이다. 高亨, 200頁.
2) '於文, 皿蟲爲蠱, …在『周易』, 女惑男, 風落山, 謂之蠱.', 『左傳全譯』昭公元年, 王守謙 등 譯注, 상동, 1,107頁.
3) '乃命五史以書五帝之蠱事.', 『尙書大傳』卷三, (漢) 伏生撰, 下卷, 濟南: 濟南出版社, 2018, 2b頁.
4) '以喜隨人者必有事, 故受之以蠱.', 高亨, 645頁.

리스전李土鉁(1851-1926)은 말한다. (고蠱괘에서) 풍風이 산山 아래에 있어, 산을 만나면 회오리바람을 일으켜 만물이 모두 어지러워지니, 고蠱의 상象이다. 공손하게 들어가서 그 난리를 그치게 하니, (그것이) 고蠱를 다스리는 방법이다. 이 (고蠱)괘는 건乾과 곤坤, 즉 부모의 상象을 본받았다. 강剛(陽爻)이 위에 머물고 유柔(陰爻)가 아래에서 들어가니, 건곤乾坤의 체體가 이미 무너졌고, 음양陰陽이 자리를 잃었으며, 강유剛柔가 서로 만나지 않으니, 부모가 자기 일을 하지 않아서 자식들이 그것을 대신하는 것과 같다. 상괘上卦의 간艮은 막내아들[少男]이고 하괘下卦의 손巽은 맏딸[長女]이며, 호체互體인 진震은 맏아들[長男]이고 호체互體인 태兌는 막내딸[少女]이며, 큰 감[大坎]은 둘째아들[中男]이고 '큰 이[大離]'는 둘째딸[中女]이니, 여섯 자녀가 모두 드러났으나 부모의 상象은 반대로 숨어있어서, 자녀가 일어나 다스린다. 그러므로 (고蠱괘의) 효爻는 부모의 고蠱를 바로잡는 데에서 상象을 취하였다.

큰 내를 건넘에 이로운 날은, 갑甲보다 3일日 빠른 날(신일辛日)이거나, 갑甲보다 3일日 늦은 날(정일丁日)이다.

[利涉大川. 先甲三日, 後甲三日.[5]]

유염俞琰(1253-1314)은 말한다. 갑甲은 호체互體인 진震을 가리키는데, 진震은 동방이니, 갑甲에 속한다.

유원劉沅은 말한다. 선갑先甲은 일이 있기 전이고, 후갑後甲은 이미 일이 일어난 것이다. 천지天地가 태어나는 기틀이 나무에 있어서, 이것으로 인사人事에 비유했다. 삼일三日은 삼 개월과 같으니, 『시詩』, 「빈풍豳風」, 「7월七月」에서는, '동짓달[一之日], 섣달[二之日]'이라고[6] 하였다. 갑목甲木은 봄에 왕성하고 물은 나무를 살리니, 그 근원은 겨울 세 달에 있다. 사월巳月(음역陰曆 사월四月)에 이르면 (기운이) 차고[盈], 자식은 어미의 기원[母氣]을 뺏으니, 정력의 쇠퇴衰退는 여름 석

---

5) 옛날 曆法에 따르면, 每月은 三旬이 있다. 每旬은 10日이니, 甲, 乙, 丙, 丁, 戊, 己, 庚, 辛, 壬, 癸로 日을 기록했다. 先甲三日은 辛日이고, 後甲三日은 丁日이다. 甲날보다 3日앞선 辛日과 甲날보다 3日뒤인 丁日에 제사하기 좋다. 高亨, 200頁.

6) 朱熹의 『詩經集傳』의 주注에서, '一之日謂斗建子一陽之月, 二之日謂斗建丑二陽之月也. 變月言日言, 是月之日也, 後凡言日者放此.' (一之日은 두병斗柄이 자방子方을 가리키는 달을 이르니 일양一陽의 달(동짓달)이요, 二之日은 두병斗柄이 축방丑方을 가리키는 달을 이르는 2양二陽의 달(섣달)이다. 월月을 바꾸어 일日이라고 말한 것은 이달의 날을 말한 것이니, 뒤에 모든 日을 말한 것은 이와 같다.)라고 말한다. 『詩經集傳』卷八, 豳一之十五, 成百曉譯註, 서울: 傳統文化硏究會, 1998, 322쪽 참조.

달[夏三月]에 있다. 갑甲날보다 3일日 빠른 날[先甲三日]에 고蠱를 다스리는 자는 마땅히 아직 싹트지 않은 데에서 기미를 살펴서 아직 고蠱하지 않았을 때에 바로 고蠱를 미리 구원하는 경우를 말한 것이다. 갑甲날보다 3일日 뒤인 날[後甲三日]에 고蠱를 다스리는 자는 마땅히 앞으로 쇠衰할 기미를 살펴서 막 고蠱할 때에 바로 고蠱를 미리 막는 방법을 말한 것이다. 이 (고蠱)괘에서 (상괘인) 간艮은 위에 자리한다. 양陽은 겨울에 생겨나니 갑목甲木은 생겨날 기틀을 머금고 있으나, 간艮으로써 그것을 막아, 한 해의 공功을 이루니, 바로 다음 해 봄 풍경을 여는 것이다. (하괘인) 손巽은 아래에 자리하고 있다. 음陰은 여름에 생겨나니 갑목甲木은 앞으로 다할 조짐이 있으나, 손巽으로써 그것을 움직여, 만물이 모두 깨끗해져서 서로 바라보니 실제로 배출하여 남음이 없다. 대부분의 일이 미리 생각하여 대비하는 것은, 이 뜻을 본받은 것이다.

리스전李士鉁은 말한다. 선갑先甲, 후갑後甲이라는 것은 일을 함에 반드시 날짜를 점치는 것이니, 이른바 외사外事에는 강剛을 쓰고 내사內事에는 유柔를 쓴다는 것이다. 갑甲은 십간十干의 첫 번째로, 고蠱의 때에 오래된 것을 제거하여 다시 새롭게 하는 것이기 때문에 갑甲을 쓰는 것이다. 호체互體인 진震은 맏아들[長子]이니, 아버지를 대신하여 일을 맡기 때문에 갑甲에서 상象을 취하였다. 선후先後는 진퇴進退의 상象이니 (하괘인) 손巽이 진퇴進退가 된다. 예禮를 다스릴 때에는 잘 살펴야 하니, 앞뒤를 둘러보아 두루 생각하고 멀리까지 대비한다. 선삼일先三日이라는 것은 일에 앞서 먼저 경계를 보이는 것으로 『주례周禮』(「夏官司馬」大司馬)에서 말한, "(대 검열) 며칠 전에, 관리들이 '여러 병졸들[衆庶]'에게 경계를 내리고 전법戰法을 배우게 한다."와[7] 같다. 후삼일後三日이라는 것은 일이 있은 후에 친절하게 알리는 것[丁寧]으로 『주례周禮』(「天官冢宰」大宰 10 외에 여러 곳)에서 말한 '10일 뒤에 거두어들인다.'와[8] 같다. (『상서尙書』의)「반경盤庚」세 편篇을 보면, (도읍을 은殷땅으로) '옮기기 전에 공고[誥]하고, 옮긴 후에 공고[誥]한다.'라고 했는데, 바로 선후先後 삼일三日의 도道이다. 갑甲 앞의 삼일은 신辛, 임任, 계癸이고 갑甲 뒤의 삼일은 을乙, 병丙, 정丁이니, 오직 무戊, 기己, 사巳만이 보이지 않는다. 대개 토土는 만물의 부모이니, 토土가 보이지 않아도 금金, 목木, 수水, 화火가 모두 일어나는 일이 있다. 토土는 사계절에 의탁하여 왕성旺盛(王을 旺으로 해석)하니, 토土가 지위가 없지만 춘하春夏 추동秋冬이 공功을 이루고, 아들이 아버지를 대신하여 일을 다스리는 것으로 진실로 자연스러운 상象이다.

마치창馬其昶(1855-1930)은 말한다. (고蠱)괘에 손巽, 간艮, 진震이 있으니, (상괘인) 간艮은 동

7) '前期, 群史戒衆庶, 修戰法.', 『周禮今註今譯』, 「夏官司馬」第四, 林尹註譯, 상동, 298頁.
8) '挾日而斂之.', 『周禮今註今譯』, 「天官冢宰」第一, 林尹註譯, 상동, 10頁.

북쪽이고, (하괘인) 손巽은 동남쪽이며, (호체互體인) 진震은 그 가운데(동쪽)에 자리한다. 동방東方은 봄이기 때문에 춘春을 주로 하여 갑甲을 말했다. (『예기禮記』의)「월령月令」에, '맹춘孟春에는 왕성한 덕德이 나무에 있다.'라고 하였는데, 그 날짜는 갑을甲乙이며, 중춘仲春과 계춘季春에도 그 날짜는 모두 갑을甲乙이기 때문에 갑삼일甲三日이라고 말했다. 선갑先甲 삼일三日은 겨울이니 간艮이고, 후갑後甲 삼일三日은 여름이니 손巽이다. (나의 견해: 이것은 삼일三日에 대한 해석이니, 유원劉沅이 말한 석 달[三月]과 같다.)

단象에서 말한다. 고蠱괘는 강剛이 위에 있고 유柔가 아래에 있으니, 겸손하게 정지靜止한 것이 고蠱괘이다.

[象曰: 蠱, 剛上而柔下, 巽而止, 蠱.9)]

초씨焦氏(초공焦贛, 전1세기)는10) 말한다. 겸손하나 활동이 없으면, 자연히 무너짐[壞]에 이른다.

양회楊繪(1027-1088)는 말한다. 고蠱는 인仁으로써 구제하는 것이 마땅한데, 갑甲이 목木에 속하니 인仁이다. (하괘인) 손巽은 지나치게 유柔하여 위엄과 엄함으로 일을 맡는 것이 마땅한데, 경庚이 금金에 속하는 뜻[義]이다. (나의 견해: 경庚이 금金에 속한다는 것은 호체互體인 태兌에 근거하여 말한 것이다.)

소식蘇軾(1037-1101)은 말한다. 기器는 항상 쓰이길 바라고, 체體는 항상 수고롭길 바라며, 천하天下는 항상 일이 있기를 바란다. 따라서 공손하게 그쳐 있는 것이 고蠱라고 말했다. 무릇 아래가 공손하면 어그러질 일이 생기지 않고, 위가 그쳐 있으면 하는 일이 없어서[無爲], 쇠란衰亂의 싹이 일어난다.

팽신보彭申甫(1807-1887)는 말한다. 『설문해자說文解字』에서, '이런 독충毒蟲[蠱]은 밤중의 음란淫亂한 때에 생긴다.'라고11) 하였다. 또 '바람이 움직이면 벌레가 생긴다. 따라서 벌레는 8일에 변화된 모양이 된다.'라고12) 하였다. 『좌전左傳』(昭公元年)에서는, '(큰) 바람이 산에서 나무를 떨어

---

9) 고蠱는 卦名이다. 蠱는 事이다. 고蠱의 상괘는 艮이고, 하괘는 巽이다. 艮은 양괘陽卦이니 강剛이고, 巽은 음괘陰卦이니 유柔이다. 巽은 겸손이고, 艮은 그침[止]이다. 高亨, 201頁.

10) 焦氏의 『易林註』가 『春秋』나, 『史記』 등에 인용되고 있으니, 作者 焦氏는 焦延壽(焦贛)이다.

11) '蠱, …誨淫之所生也.', 『說文解字』, 蟲部, 東漢 許愼著, 下冊, 상동, 1,103頁.

12) '風: 風動蟲生. 故蟲八日而化, 从虫, 凡聲.', 『說文解字』, 許愼著, 下冊, 北京: 九州出版社, 2006, 1,104頁.

지게 하는 것을 고蠱라 이른다.'라고[13] 하였다. 대개 고蠱는 어미가 없는 것이 많아 바람에 느낌[感]이 있어서 생기고, 바람이 산에서 나무를 떨어뜨리면, 음산함이 쌓여 '독충[蟲]'이 생긴다. 그래서 공손하게 그쳐있는 것이 고蠱라고 하였다.

(나라를 다스리는) 일은 크고 아름다우면 천하가 다스려진다.

[蠱元亨, 而天下治也.]

(주희의) 『주역본의周易本義』에서 말한다. 고蠱를 다스려 크게 형통하는 데에 이르면, 난리가 났다가 다시 다스려지는 상象이다. 난亂의 끝남은 다스림의 시작이니 천운天運이 그러하다.

굴대균屈大均(1630-1696)은 말한다. 고蠱가 크게 형통하다는 것은 나무가 비록 벌레 먹었다 하더라도, 속은 아직 큰 것이 있어 그것을 다스릴 수 있다면, 형통할 수 있다는 것이다. 이 (고蠱)괘는 초효初爻와 상효上爻가 변하여 건곤乾坤을 이루지 못했으니, 부모의 고蠱이다. 초효初爻가 변하여 음효陰爻[巽]가 되고 상효上爻가 변하여 양효陽爻[艮]가 되어, 모두 자기 자리를 잃었으니, 바로잡는 것[幹]은 진震 맏아들[長男]의 일이다.

유원劉沅은 말한다. 고蠱하더라도 일할 수 있음을 알아, 고蠱하다고 버리지 않는다면, 반드시 기틀[機]을 보는 밝음이 있어 난亂의 핵심을 살필 수 있다. 고蠱는 고蠱에서 끝나지 않기 때문에 (단사彖辭에서) '고蠱는 크고 아름다워서 천하가 다스려진다.'라고 하였다.

'큰 내를 건넘이 이롭다함'은 과거[往]에 일을 했음이다. '갑일甲日에 앞선 3일, 갑일보다 뒤의 3일'[총 7일]은 끝나면 또 시작하니, 천도天道이다.

['利涉大川,' 往有事也. '先甲三日, 後甲三日,' 終則有始,[14] 天行也.]

양만리楊萬里(1127-1206)는 말한다. 난亂은 스스로 다스려질 수 없고, '(곤혹스런) 일[蠱]'은 스스로 정돈될 수 없고, (해결책이) 수립되지 않으면 설 수도 없으니, 따라서 과거[往]에 (곤혹스런) 일이 있었음이다.

유원劉沅은 말한다. (고蠱괘에서) 그 시작을 살피고 그 마침을 삼간다. 대개 마치면 시작이 있으니, 천도天道 순환의 자연스러움이다. 그것을 본받으면 길吉하다.

---

13) '風落山, 謂之蠱..', 『左傳全譯』昭公元年, 王守謙 등 譯注, 상동, 1,107頁.

14) 有는 又로 읽어야 한다. 王引之에 의하면, 天行은 天道이다. 高亨, 201頁.

마치창馬其昶은 말한다. 고蠱는 동방東方을 대비하는 괘이다. 이른바 원元이라는 것은 천지天地의 인仁한 기氣이다. 고蠱를 다스리는 도道는 반드시 생기生氣가 열리고 통[開通]하도록 해야 하는데, 손巽의 동남쪽으로부터 태兌의 서쪽까지, 태兌의 서쪽으로부터 간艮의 동북쪽까지 하늘이 한 바퀴를 운행하기 때문에, 고蠱는 크게 형통하여 천하가 다스려짐을 말한다. '갑일甲日보다 앞선 삼일三日'[先甲三日]은 봄으로부터 겨울로 거슬러 올라가니, 전 해의 마침이다. '갑일보다 늦은 삼일'[後甲三日]은 봄으로부터 여름으로 가니 금년의 시작이다. 그러므로 마치면 시작이 있다고 말한다. 앞의 실마리를 종終이라 이르고, 가운데서 일어나는 것[中興]을 시始라 이른다. 춘추春秋의 법法에, '선군先君이 그 마침을 바르게 하지 않으면, (그를) 이어받은 군주[嗣君]는 즉위卽位라고 쓰지 않는다.'라고 하였는데 이는 일[蠱]을 잘 처리하는[幹蠱] 큰 뜻[大義]이다.

• **나의 견해**: 고蠱의 외괘外卦는 건체乾體에 바탕을 두니, 그(乾) 초효初爻의 양陽이 위로 올라가 간艮의 끝에 자리하여 고蠱괘의 끝[終]이 되었으니, 실제로는 건체乾體의 시始에 근본 한다. 내괘內卦[巽]는 곤체坤體에 바탕을 두니 그 세 번째 효의 음이 아래로 내려가 건乾의 처음에 자리하여 고蠱괘의 시始가 되었으나, 실제로는 곤체坤體의 끝[終, 상9효]에 바탕을 둔다. 종終과 시始는 서로 순환하여, 시작이 있으면 반드시 끝이 있으니 (하괘인) 손巽 나무[木]가 따라서 (호체互體인) 진震의 갑甲 뒤에 자리하게 되는 것이다. 마침이 있고서 시작하지 않았던 것은 없으니, (상괘인) 간艮 토土가 따라서 진震의 갑甲 앞에 있는 것이다. 괘위卦位의 종시終始는 이로써 정해지고, 인사人事의 종시終始는 바로 이로부터 미루어 나간다. 갑甲에 앞서는 것이 갑甲의 근본인데 근본에는 반드시 시작하는 곳이 있으니, 시작을 알지 못하면 역시 마침도 알 수 없어서, '하늘보다 앞서 있는[先天]' 도道를 행하지 못한다. 갑甲보다 뒤에 있는 것은 갑甲의 끝인데 끝에는 반드시 마침이 있으니, 마침을 알지 못하면 더욱이 시작을 알 수 없어 '하늘보다 뒤에 있는[後天]' 도道를 행하지 못한다. 따라서 마침이 있으면 시작이 있다는 것은 바로 하늘이 운행하는 도道이다. 하늘의 운행에 도道가 있음을 알면, 고蠱를 다스리는 일은 바로 크게 형통한 가운데에 부쳐 있게 되니, 천하가 어찌 다스려지지 않음을 걱정하겠는가? 그러므로 『대학大學』에서, '만물에는 본말本末이 있고, 일에는 종시終始가 있으니, 먼저하고 뒤에 할 바를 알면, 도道에 가까울 것이다.'라고[15] 말했다.

---

15) '物有本末, 事有終始, 知所先後, 則近道矣.', 『大學今註今譯』, 宋天正註譯, 臺北: 臺灣商務印書館, 1980, 2頁.

상전에서 말하였다. 산 아래에 바람이 부는 것이, 고蠱괘이다. 군자는 백성들을 가르치고 덕교德教를 기른다.

[曰: 山下有風 , "蠱". 君子以振民育德.16)]

이간李簡(?-631)은 말한다. (고蠱괘는,) 산 아래 바람이 있으니, 사물을 진작시키는 상이다. 고蠱의 때에는 민덕民德이 무너질 것이니, 무너지면 교육하여, 반드시 이들을 진동振動시켜서 옛날 관습에서 떠나게 하는 것이, 바람이 사물들을 요동치게 하는 것과 같기에, 적합하게 그들을 길러주는 바이다.

하해何楷(1594-1645)는 말한다. 고蠱의 때에는 모든 것이 폐기되고 아직 천거되는 것은 없으니, (고蠱괘에서) 홀로 민덕民德을 앞세우면, 성인의 베풀음이 물상物象에 기탁됨을 볼 것이다.

유원劉沅은 말한다. 산의 나무는 바람에 꺾이니, 해쳐서 파괴함[蠱敗]의 상象이다. 백성을 진작시키는 것은 진작하여, 오직 새롭게 하는 상象이다. (고蠱괘는,) 손巽 바람[風]이 아래에서 행해져서 함양하여 확충하는 상象이다. (상괘인) 간艮 산山이 위에 그쳐있으니, 자기를 이루고 남을 이루어주는 것이 모두 이 뜻이다.

짱홍즈張洪之(1881-1969)는 말한다. (고蠱괘에서) 해어지지[敝] 않으면 새로워지지 않으니, 해지기 때문에 앞으로의 일이 있다. 따라서 고蠱라고 이름 하였다. 민덕民德이 쇠퇴하여 무너지는 것은 백성을 진작시키고 덕德을 기르는 일에 공功이 있지 못해서가 아니다. 낙읍洛邑의 완고한 백성은 주紂임금의 악습惡習에 물든 것이 깊었는데, (문文)왕이 삼후三后(세 제후)에게 명命하고 다스림을 이어가게 하여, 모두 삼기三紀(1紀=12년)를 거친 후에 세상이 변하고 풍속도 변하였으니, 오직 주공周公만이 신중하게 시작할 수 있었고, 오직 군진君陳(주공周公의 아들, 자字는 和中)만이 그 중간을 조화롭게 할 수 있었으며, 오직 필공畢公(文王의 15번째 아들, 이름은 高)만이 그 마침을 이루었다. '옛 것을 버리고 새롭게 혁신하는 것[鼎新革故]'은 백성을 진작시키고 덕德을 기르는 것이 먼저이니, 이는 새로운 백성[新民]을 만드는 뜻이다.

마치창馬其昶은 말한다. 산 아래의 땅은 양기陽氣가 막혀 있고 햇빛이 닿지 않아서 다만 바람만이 진작시켜 움직여 기를 수 있다. 이 바람이 고蠱를 낳을 수 있고, 또한 고蠱를 바로잡을 수 있다.

---

16) 진민振民은 백성을 가르침이다. 山은 賢人에 비견되고, 風은 德教에 비유된다. '山下有風'은 현인이 임금 자리에 있으며, 백성에게 德教를 베풀음이 적절함을 말한다. 高亨, 202頁.

● **나의 견해(1):** 고蠱의 상상象이 이루어지는 것은 백성들이 진작하지 않는 데에서 말미암는데 실제로는 민덕民德이 밝지 않은 데에서 말미암는다. 그 백성들을 진작하여 새롭게 하고자 한다면, 먼저 덕德을 기르는 것을 마땅히 중시해야 하는데, 사람들로 하여금 모두 각각 자신의 덕을 밝히게 하면, 백성들이 새로워질 수 있다. 이로써 (『상서尙書』의) 「강고康誥」편에서 말한 '신민新民을 만듦'의 뜻을 알 수 있으니, 자기 국민들의 '곤혹스런 일[蠱]'들을 다스릴 수 있다. 요堯(號는 방훈放勳)는, '(그들을) 독촉하고, 그들을 바로 잡고, 그들을 도와주고, 그들로 하여금 자기 살 곳을 얻게 한다.'라고[17] 말하였으니, 곧 덕을 기르는 일이다. '또한 따라서 제휴하고 가르친다.'는[18] 것은 곧 백성을 진작시키는 일이다. 그것이 『시詩』(「소아小雅」, 「北山之什」大田)에서, '멸구, 메뚜기의 해害를 없애고, 땅강아지, 해충을 제거해야, 우리 밭의 어린 벼 싹에 해가 없을 것이다.'라고[19] 말했다. 『좌전左傳』(隱公六年)에서, '악惡을 제거할 때는 마치 농부가 잡초를 제거하는 데 힘쓰듯이 해야 하니, 그 근본을 잘라서 자라나지 못하도록 하면, 선善한 것이 믿음직스러워질 것이다.'라고[20] 말했다. 모두 고蠱를 다스리는 방법을 알 수 있다.

● **나의 견해(2):** '곤혹스런 일[蠱]'의 유類는 지극히 번잡하고 심오해서, 쌓인 것이 깊이 저장됨은 마치 산의 그윽한 계곡과 어두운 골짜기 같고, 악영향[流毒]이 왕성하게 뻗음은 마치 바람이 움직임을 고무시키고 전파하는 것과 같다. 만물에 있어 모양이 있는 '곤혹스런 일[蠱]'은 다스리기 쉬우나, 사람에게 있어 모양이 없는 '곤혹스런 일[蠱]'은 다스리기 어렵다. 물욕物欲에 어두워지고 가려져서 마음이 몸에게 부림을 당하는 것이 마음의 '곤혹스런 일[蠱]'이다. 오장五臟이 조화를 잃어 온갖 병이 모두 생겨나는 것이 몸의 '곤혹스런 일[蠱]'이다. 혼인의 예禮가 없어져 부부 사이의 도道가 힘들어지고, 음란하고 편벽된 죄가 많아지는 것이 집안의 '곤혹스런 일[蠱]'이다. 마을에서 술 마시는 예禮가 없어져 장유長幼가 질서를 잃고 자꾸 다투어 소송이 많아지는 것이 마을의 '곤혹스런 일[蠱]'이다. 상례喪禮와 제례祭禮가 없어져 신하와 자식이 은혜를 가벼이 여기고 죽음을 함부로 여겨 삶[生]을 잊어버리는 자가 많아지는 것과, 빙문聘問하여 찾아뵙는 예禮가 없어져 군신君臣이 자리[位]를 잃고 제후諸侯가 악행惡行을 하며 서로 배반하고 침략하여 업신여기는 쇠퇴

---

17) 放勳曰: '勞之來之, 匡之直之, 輔之翼之, 事自得之, 又從而振德之.', 『孟子譯注』, 「滕文公」上(5:4), 楊伯峻譯注, 상동, 125頁.

18) '又從而振得之.', 『孟子譯注』, 「滕文公」上(5:4), 楊伯峻譯注, 상동.

19) '去其螟등螣, 及其모蟊賊, 无害我田稚.', 『詩經譯注』, 袁梅著, 상동, 639頁.

20) '見惡, 如農夫之務去草焉, …絶其本根, 勿使能殖, 則善者信矣.', 『左傳全譯』隱公六年, 王守謙 등 譯注, 상동, 33頁.

함이 일어나는 것이 나라의 '곤혹스런 일[蠱]'이다. 오행五行이 잠겨버리고 인윤人倫[彛倫]을 싫어하며, 육기六氣가[21] 조화롭지 못하여 재해災害가 한꺼번에 이르는 것이 천하의 '곤혹스런 일[蠱]'이다. 같은 종류를 충족시켜 의義에 이르는 방법을 다하게 하여,[22] '곤혹스런 일[蠱]'이 일을 따라서 생겨나는 것이 끝이 없으면, 모두 천지 사이 원기元氣의 좀[蠱]벌레가 된다. 그런데 무엇으로 형통할 것인가? 군자가 다스리는 데에는 도道가 있으니, 바로 백성을 진작시켜 '곤혹스런 일[蠱]'의 흐름을 막고, 또 덕德을 길러서 '곤혹스런 일[蠱]'의 근원을 맑게 해야 한다. 건乾을 돌리고 곤坤을 돌려서 일에 따라 줄기[幹]를 세운다. 수시로 커다란 신묘함을 묵묵히 움직여서, 하늘을 위해 기울어진 것을 보태고 쓰러진 것을 구원하며, 천지의 원기元氣를 조화시켜 형통하게 하여, 음양陰陽으로 하여금 이理를 바꾸어 '곤혹스런 일[蠱]'의 상象이 온전히 사라져서 건곤乾坤이 각각 자기의 자리를 얻으면 태泰[地天 泰]괘가 열려서 천하가 다스려진다. 동파東坡(蘇軾, 1037-1101)가 논한 바가 가장 밝고 간절하였으니, (이를) 발전시켜 이와 같이 채운 것이다.

초육효: 아버지의 독충을 제거하려는데, 자식이 있으면, 아버지는 재앙이 없을 것이니, 위험은 하더라도 마침내 길하다.
[初六, 幹父之蠱, 有子, 考无咎, 厲終吉.[23]]
상에서 말한다. (자식이) "아버지의 일을 함"이란 뜻은 "아버지[의 일을 계승하는 것이다.
[象曰: "幹父之蠱," 意承"考"也.[24]]

우번虞翻(164-233)은 말한다. 간幹은 '곤혹스런 일[蠱]'을 바르게 함이다. 태泰괘의 건乾이 아버지인데, 변하여 (고蠱괘 초6효에서) 바름을 얻었기 때문에 허물이 없다.

왕필王弼(226-249)은 말한다. 일을 처리하는 첫째는 선례先例를 받들어, 그 책임을 맡을 수 있어야 하니, 따라서 (고蠱괘 초6효에서) '자식이 있다.'라고 말한 것이다.

공영달孔穎達(574-648)은 말한다. 아버지가 죽으면 고考라 칭하는데, 흩어서 말하면 살아있어

---

21) 六氣 - ①하늘과 땅 사이의 여섯 가지 기운. 곧, 陰 陽 風 雨 晦 明. ②사람의 여섯 가지의 氣質. 곧, 好 惡 喜 怒 哀 樂. ③陰陽의 여섯 가지 기운. 곧, 寒 暑 燥 濕 風 雨이다.

22) 충류지진充類至盡. -【解釋】充類: 推究同類事理; 至盡: 到極精密處. 指就事理作充分的推論.【出處】『孟子·萬章下』: "夫謂非其有而取之者, 盜也, 充類至義之盡也."

23) 간幹은 제거이다. 고蠱는 毒蟲이니, 小人의 비유이다. 考는 아버지이다. 여厲는 위태危殆함이다. 高亨, 202頁.

24) 간幹은 함(爲)이고, 고蠱는 事(일)이다. 상동.

도 또 고考라 칭한다. (『상서尙書』의)「강고康誥」편에서, '크게 아버지의 마음을 상하게 하였다.'라고[25] 말했다. (초6효에서) 간幹은 마땅히 일을 헤아려서 적절함을 제정하고, 뜻으로 아버지를 받들 뿐이다.

소식蘇軾은 말한다. 그릇[器]이 오랫동안 쓰이지 않아 벌레가 생긴 것을 '곤혹스런 일[蠱]'이라 이르고, 사람이 오랫동안 즐거움에 빠져 질병이 생긴 것을 '곤혹스런 일[蠱]'이라 이르며, 천하가 오랫동안 편안하여 하는 일이 없어 폐단이 생긴 것을 '곤혹스런 일[蠱]'이라 이른다. '곤혹스런 일[蠱]'의 재앙은 하루 정도의 일이 아니라, 반드시 세대가 지난 후에서야 드러나기 때문에, (초6)효爻에서 모두 부자父子를 가지고 말했다.

이광李光(1078-1159)은 말한다. 천하가 미혹되고 파괴되었으니[蠱壞], 잘 이을 수 있는 자식들을 얻을 수 없고, 그들을 분기奮起시키기에 부족하다. (주周나라) 선왕宣王(재위: 전828-전782)은 여왕厲王(재위: 전890-전828)을 계승하여, 거마車馬를 수리하고, (군대의) 기계器械를 갖추었으며, 다시 동도東都에서 제후들을 소집했기에, '자식이 있다.'[有子]라고 말할 수 있겠다. 중흥中興의 과업은 다 대신大臣들에게 맡기기 어려우니, 고蠱괘에서는 특히 부자父子를 이와 같이 칭하였다.

(주희의) 『주역본의周易本義』에서 말한다. 간幹은 나무의 줄기[幹]와 같으니, 가지와 잎이 붙어서 설 수 있다. 고蠱라는 것은 앞 사람이 이미 무너뜨린 실마리를 자식이 능히 다스리면, 바로잡히고 다스려져서 떨쳐서 일어난다.

양계신楊啓新(15, 16세기, 명明나라 역학자)은 말한다. 승고承考란 성인이 자식의 현선賢善함을 아버지에게 귀결시킴이다.

유원劉沅은 말한다. 간幹은 나무의 몸통이다. 나무는 줄기가 있은 다음에야 가지와 잎을 매달 수 있고, 사람은 재질이 있은 다음에야 집안의 명성을 떨칠 수 있다. 앞의 잘못을 덮을 수 있고, 자식이 있으면 죽은 아버지도 또한 허물이 없어진다. 아버지를 답습하는 데에 기필하지 않는 것이 바른 것이기 때문에 (초6효는) 죽은 아버지를 잘 계승한 것이다.

리스전李士鉁은 말한다. 아버지가 다투는 자식을 두면 불의不義에 빠지지 않는다. 그러므로 (초6효에는) 죽은 아버지에게 허물이 없는 것이다.

마치창馬其昶은 말한다. 건乾이 음효陰爻[六]에서 허물어진 것이 고蠱괘의 초6효가 되니, 가장 먼저 위험을 알았기 때문에 (초6효는) 변하여 끝나니, 길吉할 수 있다.

---

25) '大傷厥考心.', 『今古文尙書全譯』, 「康誥」篇, 江灝, 錢宗武譯注, 상동, 280頁.

구이효: (자식이) 어머니의 일을 했는데, (어머니는) 바를 수가 없었다.

[九二, 幹母之蠱,26) 不可貞.]

상에서 말한다. (자식이) "어머니의 일을 함"이란, 바른 도리를 얻은 것이다.

[象曰: "幹母之蠱", 得中道也.27)]

공영달孔穎達은 말한다. (92효는) 중中에 있고 내괘內卦에 처했으니, 이는 어머니의 일을 함이다.

유원劉沅은 말한다. 65효가 음효陰爻로써 유柔이면서 높은 곳에 있으니 어머니의 상象이다. 92효는 강강剛하면서도 유柔한 자리에 처하여 위로 65효에 응應하니, 자식이 어머니의 '곤혹스런 일[蠱]'을 바로잡는 상象이다. 바로 잡으면 애정을 손상시키고, 바르게 하지 않으면 의義를 손상시키니, 이것이 '곤혹스런 일[蠱]'을 바로잡는 더욱 어려운 점이다. 따라서 (92효는) 정도正道[貞]로써 자신만을 믿어서는 안 된다. 마땅히 공손함[巽]으로써 이루어야 하니, (92효는) 오직 정도正道[貞]만을 의지하지 않기에, 따라서 중中을 얻는 것이다.

리스전李士鉁은 말한다. 어머니의 잘못을 구원하는 데에는, 안에서는 잘못을 숨기는 데에서 실수가 있는데, 마땅히 세세한 부분에서는 권도權道로써 해야 하니, 정도正道로써 바로잡아서는 안 되는 것이기에, 마치 『시詩』(「패풍邶風」의) 「개풍凱風」에서, 부모님의 잘못은 작은데, 작음은 숨기는 일[隱]이다. 「개풍凱風」의 어머니는 잘못이 있으면 집 안에서 숨겨주고, 내실에서의 말은 말할 수 없기 때문에 이 시詩에서 '완곡하게 권고[諷諭]'하여, 실정은 말하면서도 이치는 말하지 않았으니, 이것이 어머니의 고蠱를 바로잡음에 바르면[貞] 안 된다는 것이다. (『詩』, 「小雅」, 「小旻之什」의) 「소변小弁」 같은 시詩는 아버지의 잘못이 천하에 드러났기 때문에 드러내어 정도正道로써 다툼이다.28)

마치창馬其昶은 말한다. 부모는 건곤乾坤이니, 건곤乾坤이 변하여 고蠱괘가 되면 여섯 효爻가 모두 '곤혹스런 일[蠱]'을 바로잡는 자식이 되니, 어떤 효爻가 아버지가 되고 어머니가 되는지를 분속分屬하지 않았다. 92효는 강강剛하고 중中하여 '곤혹스런 일[蠱]'을 바로잡으나 정正[貞]하기만 해

---

26) 간幹은 함[爲]이며, 蠱는 事이다. 貞은 正이다. 高亨, 203頁.

27) 中은 正이다. 高亨, 상동.

28) 「凱風」은 일곱 명의 아들을 둔 어머니가 바람이 나서 집안을 편안히 여기지 않자, 아들들이 자신들이 어머니를 잘 봉양하지 못해서라고 자책한 詩라고 한다. 「小弁」은 幽王이 申나라에 장가들어 太子 의구宜臼를 낳았는데, 幽王이 뒤에 보사褒姒를 얻고 그녀에게 미혹되었으며, 보사褒姒가 아들 伯服을 낳자 그의 참소하는 말을 믿고는 申后를 축출하고 의구宜臼를 쫓아내니, 이에 宜臼가 이 詩를 지어 스스로 원망한 것이다.

서는 안 되니, 변해서도 안 됨을 말하였다. 92효가 (음陰으로) 변하여 간艮으로 되면 상하가 모두 그침[止]이 되어, '곤혹스런 일[蠱]'이 더욱 심해질 것이다. (『詩』, 「齊風」의) 「의차猗嗟」의 시詩의 서序에서, "제齊나라 사람들이, 노魯 장공莊公이 … 예禮로써 자기 어머니를 '방비防備하여 금지[防閑]'하지 못하니, 자식의 도리를 잃었음을 슬퍼한 것이다.'라고[29] 하였으니, (92효가) 강剛하고 중中하면서도 '곤혹스런 일[蠱]'을 바로잡는 도道를 잃어버림을 말한 것이다. 자기 골육骨肉의 은혜는 온전히 하고, 자기 '곤혹스런 일[蠱]'을 이루어지지 못하게 하니, 92효가 중도中道를 얻음이 이와 같을 뿐이다.

● **나의 견해:** 어머니의 '곤혹스런 일[蠱]'이 반드시 어떠어떠하게 한 이후에야 중도中道를 얻을 수 있다는 것은, 근래에 여러 학자들이 말한 것이 모두 자세하게 분석되었으나, '바르게 할 수 없음不可貞'의 뜻에 대해서는 더욱 간절하기에, 대개 (사람이) 마음을 붙잡고 위험을 고려한다면, 우환이 깊어지기 때문에 (92효에서 비로소) 달통하게 되는 것이다.

> **구삼효:** (자식이) 아버지의 일을 하게 되면, (작은 잘못을 범하여) 작은 후회는 있으나, 큰 재앙은 없다.
> [九三, 幹父之蠱, 小有悔, 无大咎.]
> **상에서 말한다.** "아버지의 일을 함"이란, 마침내 "탈이 없음"이다.
> [象曰: "幹父之蠱," 終"無咎"也.]

유원劉沅은 말한다. 후회는 마음으로써 말한 것이고, 허물은 이치로써 말한 것이다. 93효는 양강陽剛의 재질로써, 아버지의 '곤혹스런 일[蠱]'을 바로잡을 수 있는 자이다. 다만 (93효가) 스스로를 씀에 강剛이 지나쳐 조금 후회가 있는 것을 면치 못하지만, 뜻은 '곤혹스런 일[蠱]'을 바로잡는 것을 주主로 하고 있어, 큰 허물이 없다. (리스전李士鉁: 호체互體인 태兌가 소소小小이다. 불의不義에서 아버지를 구원하니, 비록 조금 후회는 있지만, 끝내 큰 허물은 없다.) 성인이 사람들을 가르칠 때는 그 작은 후회도 아울러 또한 없게 하고자 하니, 사람의 자식은 부모의 아름다움을 완성하는 것을 효孝로 여긴다. 그러므로 (93효에서) 끝내 허물이 없음을 인정하여, 천하(사람들)에게 권면한다.

---

29) '齊人傷魯莊公… 不能以禮防閑其母, 失其子之道.', 『毛詩註疏』卷第五, 「猗嗟」, 『毛詩正義』(十三經注疏整理本), 毛亨傳, 鄭玄箋, 孔穎達疏, 四冊, 상동, 415頁.

마치창馬其昶은 말한다. 93효는 (호체互體인) 진震 맏아들[長男]을 체體로 하여, 앞 사람의 '곤혹스런 일[蠱]'을 자기 몸에 모으기 때문에, 조금 후회가 있다. 만물은 (호체互體인) 진震에서 시작하여 (상괘인) 간艮에서 마치는데, 진震의 아래 일양一陽이 있으니, '곤혹스런 일[蠱]'의 시작[元]이 여기에 의탁한다. (93효에서) 끝내 허물이 없다는 것은 마칠 수 있어 허물이 없는 것이니, 이른바 마치면 시작이 있다는 것이다.

육사효: (자식이) 아버지의 일을 확대하면, (앞으로) 가다가 어려움을 볼 것이다.
[六四, 裕父之蠱, 往見吝.30)]

상에서 말한다. (자식이) "아버지의 일을 확대하면", (자식이) 앞서 나가서 (일처리가) 합당하지 않을 것이다.
[象曰: "裕父之蠱," 往未得也.31)]

우번虞翻은 말한다. (64효는) 너그러워서 간쟁하지 못한다. (『효경孝經』에서) 공자는, '아버지가 간쟁하는 아들을 두면 몸이 불의不義에 빠지지 않는다.'라고32) 하였다. (앞으로) 가서 자리를 잃기 때문에 얻지 못하는 것이다.

장준張浚(1097-1164)은 말한다. 고蠱괘가 64효에 이르면, (하괘인) 손巽이 정점이어서 그친다. (호체互體인) 태兌 기쁨[說]은 너그러움[裕]이 되는 것이다.

유원劉沅은 말한다. (64효에서) 강강强强함으로써 일을 세우는 것이 간幹이고, 나태하여 일을 내버려두는 것이 유裕이니, 서로 정반대이다. 64효는 음陰으로서 음陰의 자리에 있어 (일을) 할 수는 없으나, 태만하면 '곤혹스런 일[蠱]'이 더욱 심해져서 '곤혹스런 일[蠱]'을 다스리는 뜻을 이루지 못하게 되니, 대개 (64효는) 그 재질의 부족함이 애석하다.

리스전李士鉁은 말한다. (64효는) '곤혹스런 일[蠱]'을 바로잡는 방법에, 격激하지 않고, 따라가지 않아야 하니, 강剛에 치우치거나 유柔에 치우치는 것은 모두 중도中道가 아니다. 초6, 92, 65, 상9효는 모두 강剛과 유柔가 서로 구제하는 뜻이 있다. 93효는 중中하지 않고 강剛이 지나치므로 후회한다. 64효는 중中하지 않고 유柔가 지나치므로 어렵다[吝]. 그러나 아버지의 명령만을 따른다면, 어찌 효孝가 되겠는가? 64효의 너그러움[裕]은 본래 93효의 바로잡음[幹]에 미치지 못한다.

---

30) 유裕는 확대擴大이고; 고蠱는 事이다. 高亨, 204頁.
31) 得은 일처리가 합당한 것이다. 高亨, 상동.
32) '父有爭子, 則身不陷於不義.'『孝經註疏』,「諫爭」章(十三經注疏 整理本), 상동, 26冊, 57頁.

마치창馬其昶은 말한다. 64효는 변하면 이미 정正을 잃고, 변하지 않으면 또 아래로는 응應해줄 양陽이 없으니, 위로는 계승할 양陽이 없이 그저 순종하는 것으로 일관해서, 아마 그 부모로 하여금 향리鄕里나 주여州閭에서 죄를 짓게 하는 자일 것이다. 그러므로 (64효는) 가면 어려움[吝]을 당한다고 말했으니, (64효는) 가면 남들에게 업신여김을 당한다고 말한다.

● **나의 견해**: 부자父子가 선善을 요구하는 것은 은혜를 해치는 큰 것이니, 이것이 격激하게 되고, 악惡을 기르고 그릇된 것을 이루어 부모를 불의不義에 빠뜨리는 것, 이것이 '순종[隨]'이 되니, 반드시 둘 사이에서 절충하여 기미를 보고 간언諫言하며, 부모의 뜻을 어기지 말아서, (64효는,) 비록 수고롭더라도 원망하지 말아야, 이에 중도中道가 된다.

육오효: (자식이) 아버지의 일을 하면, 명예가 있게 된다.
[六五, 幹父之蠱, 用譽.]
상에서 말한다. (자식이) "아버지의 일을 해서 명예가 있음"은, (아버지의) 덕을 이은 것이다.
[象曰: "幹父用譽," 承以德也.]

순상荀爽(128-190)은 말한다. (65효는) 화和를 몸으로 하고 중中에 응하니, 양陽을 받들어 결실이 있으니, 이것으로 일을 하는 것이 영예榮譽의 길이다. (나의 견해: [65효는 호체인] 태兌 기쁨 위에 있으니, 따라서 화和를 몸으로 한 것이고, 92효와 상응하니 이것이 중中에 응함이다.)

항안세項安世(1129-1208)는 말한다. (65효는) 존위尊位를 얻었고, 크게 중中을 실행하니, 미명美名으로 앞선 사람들의 과실을 덮는데, 재주로 하는 것이 아니고, 덕으로 일을 한 것이다.

유원劉沅은 말한다. 65효는 음효陰爻[柔]로써 양효陽爻[剛]의 자리에 있으나, 또 중中을 얻었는데, 그 '곤혹스런 일[蠱]'을 바로잡음에 신중하게 계속하고 신중하게 따르니[述], 허물을 인용하여 부모님을 아름다운 데로 돌아가게 하고, 아버지의 실수가 드러나지 않게 하였으니, 사람들이 이로 인해 자식으로써 자기 아버지를 기린 것이다. 그러므로 이로써 칭찬하는 것이니, 이것이 '곤혹스런 일[蠱]'을 바로잡는 가장 좋은 것이다.

리스전李士鉁은 말한다. 65효는 음효陰爻[柔]가 양효陽爻[剛]의 자리에 있는 것이다. 강剛하면 '곤혹스런 일[蠱]'을 바로잡는 재질이 있는데, (65효는) 유柔하니 순응하기를 잘하여 일을 처리하고, 또 중中을 얻어 드러나는 자리에 있으니, 앞사람의 잘못을 충분히 덮을 수 있다. 『효경孝經』에서, '입신立身하여 도道를 행하고, 후세에 이름을 떨쳐서[揚名], 부모를 드러나게 하는 것이 효孝의 마지막이다.'라고[33] 하였다. 대개 자기에게 아름다운 명성이 있으면 부모도 또한 아름다운 소문이 있게 된다. 예를 들면 순舜임금과 우禹임금은 아버지의 '곤혹스런 일[蠱]'을 바로잡고, 지위가 높아져 천하의 아버지가 되는 데에 이르러 하늘과 짝하였으니, 그 영예榮譽[用譽]가 크도다. 아버지에게 '곤혹스런 일[蠱]'이 있음에 자기가 그것을 바로잡았는데, 이는 사람의 자식이 차마 말할 바가 아니지만, 반드시 칭찬이 이르는 것이니, 아버지의 '곤혹스런 일[蠱]'이 보이지 않고, 아울러 자기의 바로잡음도 또한 보이지 않지만, 도道는 여기에서 지극한 것이다. 호체互體인 태兌가 입[口]이니 칭찬이 있는 상象이다.

• **나의 견해**: 곤鯀(우禹왕의 아버지)이 9년 동안 치수治水했으나 이루지 못한 것을 우禹가 물길을 바로잡아 성공했으니, 그 명예名譽가 앞 사람의 유감스러운 점을 보충하기에 충분하였다. 그러므로 후세에 그것을 기려서, '아름답도다! 우禹의 공功이 덕德을 밝혔다.'라고 말하였다. 리스전李士鉁의 설說이 이것을 인용하여 증거로 삼고 또 지극히 은미한 것까지 미루어 드러내었으니, 훌륭하고 훌륭하도다. 또 단지 나라 사람들만 훌륭하다고 칭찬한 것이 아니라, 자식이 있는 사람들이 이와 같이 칭찬하였으니, 효孝라고 이를 만하다.

상구효: (백이伯夷와 숙제叔齊는 주周나라의) 왕후王侯를 섬기지 않았으나, 그 뜻은 고상하다.
[上九, 不事王侯, 高尙其事.[34]]
상에서 말한다. "왕이나 제후를 모시지 않음"은, 그런 사람의 뜻은 본받을 만하다.
[象曰: "不事王侯," 志可則也.[35]]

『예기禮記』(「표기表記」편)에서 말한다. 공자는, 「임금을 섬김에 있어서, 군대에서는 어려움을 피하지 않았고, 조정에서는 낮은 지위를 사양하지 않는다. 그 자리에 처하여 그 일을 제대로 하지 않으면 어지러워진다. 그러므로 임금이 신하를 부릴 때, (신하는) 뜻을 얻으면 생각을 삼가 따르고, 그렇지 않으면 숙고하여 따르니, 일을 마친 후에 물러나는 것이 신하의 두터움이다. 『역易』에

---

33) '立身行道, 揚名於後世, 以顯父母, 孝之終也.', 『孝經註疏』, 「開宗明義」章,(十三經注疏 整理本), 상동, 26
冊, 4頁.

34) 아래의 事를, 僞「孟子外書文說」편에서 인용하여 志자로 썼으니, 반드시 근거가 있는 것이니, 그것을 따랐다. 高亨, 205頁.

35) 則은 法이니, "志可則"은 그 사람의 뜻은 본받을 만함의 뜻이다. 高亨, 상동.

서, '왕후王侯를 섬기지 않고 그 일을 높이 숭상한다.'」라고[36) 말하였다. 정현鄭玄의 주注에서, '신하가 버슬을 마치고 떠나니, 임금이 오히려 그가 했던 일들을 높인다.'라고 하였으니 그 공功이 높고 큼을 말한 것이다.

(반고班固 등의) 『백호통白虎通』에서 말한다. "이것은 '왕王이 관직을 떠나는 신하에게 말한 것에 의거한 것'이다."[37)

순상荀爽은 말한다. 나이는 많고 일은 끝났으니, 그 자리에 있는 것이 부당하여, (상9효에서) 간艮을 체體로 하여 (관직을) 그치는 것이니, 그러므로 '왕후王侯를 받들지 않음'이다.

석개石介(1005-1045)는 말한다. (상9효는) (고蠱)괘가 끝나는 데서 일은 이루어진다. 괘 위에서 받들 것이 없으면, 몸은 물러나는 것이다. (상9효는) 외괘外卦에 있으면서 마음이 앤[內](의 일)에 연루되지 않았으면, (상9효의) 뜻이 높은 것이다.

호병문胡炳文(1250-1333)은 말한다. 자식은 부모의 일에 대해서는 일 밖으로 핑계대어 도망할 수 없지만, 왕후王侯의 일은 군자가 섬기지 않을 수 있다. 이 때문에 군자의 출처는, 일 속에 있으면 힘을 다하여 바로잡는 것이 오점이 되지 않고, 일 밖에 있으면 몸을 깨끗이 하고 물러나는 것도 잘못은 아니다.

전징지錢澄之(1612-1693)는 말한다. 상9효에서 다스리는 것은 사대부士大夫 심지心志의 '곤혹스런 일[蠱]'이다. 백이伯夷의 '풍속교화[風敎]'를 들었다면, (욕심 많은) 완부頑夫도 청렴해지고, 겁쟁이도 뜻을 세운다.

장리상張履祥(1611-1674)은 말한다. 천하의 고蠱는 귀해지려는 사람들은 많으나 일을 성공시키는 자들은 적다. 왕후王侯를 받들지 않더라도, 또한 (상9효에서) 백성들을 진작시키고 덕을 길러야하는 것이다.

유원劉沅은 말한다. (하괘) 손巽은 높음이고, (상괘) 간艮은 산이니, 상9효는 간艮의 맨 위에 있기 때문에 고상高尙한 모양이다. 일이 있는 때를 당하면 상9효는 높지만 지위가 없어서 왕후王侯의 일을 하지 않으니, 대개 왕후王侯의 일보다 더 높은 것이다. 사람은 일하는 것을 일로 여기는데, 임금은 일하지 않는 것을 일로 여기니, (임금이) 일하지 않는 것을 일삼는 것은 일하는 것보다

---

36) '事君, 軍旅不辟難, 朝廷不辭賤. 處其位而不履其事, 則亂也. 故君使其臣, 得志則愼慮而從之. 終事而退, 臣之厚也. 『易』曰:「不事王侯, 高尙其事.」,『禮記正義』,「表記」第三十二,(十三經注疏 整理本), 상동, 15 册, 1741頁.

37) '此據言王之致仕臣也.',『白虎通義』卷下,「王者不臣」, 漢 班固撰, 電子版文淵閣四庫全書, 上同.

높음으로, 그를 높임이 마땅하다. 위로는 받들기[事奉]를 일삼고, 아래로는 일[事體]을 하는 것이다. 천하에는 일의 '곤혹스런 일[蠱]'이 있고, 마음의 '곤혹스런 일[蠱]'이 있다. 일의 고蠱는 한 때이지만 마음의 고蠱는 만세萬世에 걸친다. 임금은 일 밖에 있는 몸으로써 도道를 품은 채 자리하여, (신하들과 달리) 일의 고蠱는 다스리지 않고 마음의 고蠱를 다스리며, 한 때의 고蠱는 다스리지 않고 만세의 고蠱를 다스린다. '그 일을 높이 숭상한다.'는 것은 바로 맹자孟子가 말한, '인仁에 거居하고 의義로 말미암으며, 뜻을 숭상하는 일이니,'[38] 만물 바깥으로 정情을 방탕하게 하는 것을 고상함으로 여기는 것이 아니다. 그러므로 '뜻을 본받을 만하다.'라고 말하였다. 천지에 '곤혹스런 일[蠱]'이 없는 때에 인심人心에 '곤혹스런 일[蠱]'이 있는 것은, 천지의 이치를 계승해야만 하는 이치를 잃어버려서 이니, 이에 '곤혹스런 일[蠱]'이 생긴 것이다. 마음의 '곤혹스런 일[蠱]'이 한 몸에서 드러나 만사萬事에 나타나니, 아버지를 섬김과 임금을 섬김이 모두 바름을 얻지 못한 것이다. 성인聖人은 '곤혹스런 일[蠱]'을 구원하는 것으로 마음을 먹고, '곤혹스런 일[蠱]'을 다스리는 것으로 일을 삼았기 때문에 원형元亨으로써 매었고, 간고幹蠱로써 본떴다. 부모의 '곤혹스런 일[蠱]'을 바로잡는 것이 이와 같으니, 임금의 '곤혹스런 일[蠱]'을 바로잡는 것도 이와 같이 볼 수 있다. 상9효에서는 그가 한 일은 높이 숭상을 받으니, 숭상 받는 것은 한 세대의 인심人心을 고무시켜서 만고의 훌륭한 가르침을 보존하고, 충애忠愛의 마음을 하루도 잊지 않았기 때문이다. 그러므로 뜻을 본받을 만하다고 말하였다. (나의 견해: 공자와 맹자는 모두 왕후王侯를 섬기지 않았으나, (공자는) 『춘추春秋』를 지어서 왕도王道를 밝혔고 (맹자는) 『맹자孟子』 일곱 편을 지어서 인심人心을 바르게 하였으니, 바로 이 일이다. 앞의 것을 지키고 뒤에 오는 것을 대접하였으니, 그것을 쓰면 편안하고 풍부하며 높고 영화롭고, 그것을 따르면 효도하고 공경하고 충성하고 진실하니, 대인大人의 일이 모두 뜻을 숭상함으로 말미암아 온다. 인仁에 거居하고 의義에 말미암는 것은 대인大人의 일이 갖추어짐이다. 유원劉沅이 충애忠愛의 마음을 하루도 잊지 않았다고 하였는데, 대개 그 뜻함[志]이 바로 그 일[事]에 있는 것이다. 『시詩』(「陳風」, 「衡門」)에서는, '(사람들이) 어찌 멋대로 놀 수 있는가? …어떻게 서로 그리워하는 배고픔을 치료할 수 있나?'라고[39] 하였는데, 그 지행志行의 높음을 알 수 있으니 이에 가히 숭상할 수 있다.)

리스전李士鉁은 말한다. 왕王은 65효를 가리키고, 후侯는 93효를 가리킨다. 상9효는 65효를 타

---

38) '王子墊問曰: "士何事?" 孟子曰: "尙志." 曰: "何謂尙志?" 曰: "仁義而已矣. 殺一無罪非仁也, 非其有而取之非義也. 居惡在? 仁是也, 路惡在? 義是也. 居仁由義, 大人之事備矣.", 『孟子』, 「盡心」上상(13:33) 참조.

39) '可以棲遲, 可以樂飢.', 『詩經譯注』, 「陳風」, 「衡門」, 袁梅著, 상동, 352頁.

고서 낮추지 않고, 또 93효와 똑같이 강강剛이어서, 서로 응하지 않는다. 또 지위 밖에 있으면서 간艮의 그침[止]을 몸으로 하므로, 왕후王侯를 섬기지 않는다. '곤혹스런 일[蠱]'을 다스리는 날에 여럿이 일어나 공功이 있는데, 상9효는 홀로 (그) 자리에 있지 않고 초연히 만물(萬事)을 겉돌며, 자기가 할 바를 하면서 왕후에게 굽히지 않으니, 이른바 천자天子가 (그를) 신하삼지 못하며 제후가 벗하지 못한다는 것이다. 천하에 일을 다스리는 사람이 있으면, 바로 높은 덕德으로 은거하는 사람이 없을 수가 없다. 백이伯夷의 맑음은 진실로 이윤伊尹의 맡음과 함께 성聖으로 일컬어지는데, 백대百代 아래에서도 그 풍모를 들어 일어나니, 세상에 공功이 있음이 크도다. 여럿은 일의 가운데에 처하여 '곤혹스런 일[蠱]'을 다스리는데, 저것(상9효)은 일의 바깥에 처하면서도 또한 '곤혹스런 일[蠱]'을 다스린다. 거듭해서 '그 일'이라고 말한 것은, 높은 덕德을 가지고 은거하여 스스로 닦는 일이지, 일이 없는 것이 아니다. 상9효가 홀로 '곤혹스런 일[蠱]'을 말하지 않은 것은 이미 그것을 다스리는 사람이 있어서 상9효가 참여하지 않아도, 괜찮음을 알 수 있다. 부모를 말하지 않고 왕후王侯를 말한 것은, 부자父子는 천리天理로써 합했음으로 일을 (남에게) 위탁할 수 없지만, 군신君臣은 인의人義로써 합했음으로 일을 하면 몸을 숙여 힘을 다하고, 일을 하지 않으면 몸을 깨끗이 하여 스스로만을 보전하는 것이다. 상9효는 일 밖에 있기 때문에 부모의 일이 아님을 알 수 있다.

마치창馬其昶은 말한다. 여기서는(상9효) 간艮의 마침[終]에서 뜻을 취하였으니, 임금의 일을 마치고 또 부모의 일을 마쳤다. (간艮에는) 하나의 양陽이 위에 있으니 본받을 만하고, 변變해서는 안 된다.

• **나의 견해**: 고蠱괘는 수隨괘의 다음이니 천인天人의 서로 잇는[相承] 이치를 입증할 수 있다. 수隨괘는 비否괘의 상9효로 말미암으니, 건원乾元으로서 초효初爻의 곤원坤元과 사귀어, 음양陰陽이 서로 바뀌면 비로소 수隨괘가 된다. 그러므로 수隨괘의 단상彖象에서, '강강剛이 와서 유유柔에게 자기를 낮춘다.'라고 하였으니, 이는 천시天時가 옮겨지는 것이다. 고蠱괘는 태泰괘의 초효初爻로 말미암으니, 건원乾元으로써 상효上爻의 곤원坤元과 사귀어, 음양陰陽이 서로 바뀌면 비로소 고蠱괘가 된다. 그러므로 고蠱괘의 단상彖象에서, '강강剛이 올라가고 유유柔가 내려온다.'라고 하였으니, 이는 인사人事가 변경變更된 것이다. 시중時中의 묘용妙用을 얻고, 만사가 응하여 궁하지 않으니, 수隨괘가 수隨괘가 되는 이유가 여기에 있다. 때에 맞는 처리[時措]의 모든 마땅함을 잃고, 만사가 무너져도 알지 못하니, 고蠱괘가 고蠱괘가 되는 이유가 여기에 있다. 그러나 '공손하며[巽] 그쳐있는 것[艮, 그침]'이 고蠱라 하였으니, 건곤乾坤 일원一元이 변화된 것이 아닌 것이 없어서, '곤혹스런 일[蠱]'을 다스리는 도道는 원元과 형亨 밖에 있지 않다. 원元이라는 것은 인仁이다. 인仁에

는 효孝보다 간절한 것이 없으니, 효제孝弟[孝悌]는 인仁을 행하는 근본이다. 만물은 봄에 태어나니, 모두 천지의 화化를 얻는데 갑목甲木이 맨 앞에 자리한다. 만리萬理는 인仁에 통섭되니, 모두 천지의 원元을 포함하고 있는데, 효행孝行이 맨 앞에 자리한다. 선왕先王은 효孝로써 천하를 다스렸고, 실제로 천경天經 지의地義의 큰 근원이 된다. 그러므로 '고蠱는 크게 형통하여 천하가 다스려진다.'라고 말하였다. '곤혹스런 일[蠱]'이 상象을 취한 것은, 그 시작[資始]의 도道를 잃어 건乾이 허물어져 손巽이 되고, 그 큰 마침의 도道를 잃어 곤坤이 허물어져 간艮이 됨으로 말미암았으나, 실제로는 건곤乾坤은 일찍이 허물어진 적이 없다. 그것을 허물게 한 것은 실제로 인사人事가 닦이지 않았기 때문이니, 건곤乾坤은 자신의 유감[闕憾]을 채울[彌] 수 없고, 반드시 인사人事에 힘입어 바로잡고 시행하는 것이다. 건乾을 '아버지'라 칭하고 곤坤을 '어머니'라고 칭하며 사람은 그 가운데에 처하여, 부모의 '곤혹스런 일[蠱]'을 바로잡으니, 바로 그 도道를 미루어서 천지 가운데의 '곤혹스런 일[蠱]'을 바로잡을 수 있다. 이것이 천지의 유감[闕憾]을 채울 수 있는 까닭이다. 부모에게 효孝를 다하는 것은 실제로 천지天地에게 효孝를 다하는 것이다. 지극한 효孝는 신명神明에게까지 통하여 사해四海에 빛나니 통하지 않는 곳이 없다. 그러므로 '큰 내를 건넘이 이롭다는 것은 가면 일이 있다는 것이다.'라고 말했다. 효孝는 부모를 섬기는 것에서 시작하여 입신立身하는 데에서 끝나니, 효孝의 시작과 끝이 없으면서 미치지 못할까 근심하는 자는 있지 않다. 이는 자연스러운 운행이기 때문에, '마치면 시작이 있는 것이 하늘의 운행이다.'라고 하였다. '곤혹스런 일[蠱]'을 바로잡는 것을 효孝라고 하였으니, 이것으로 시작하면 이것으로 끝난다. 아버지 섬기는 것을 바탕으로 어머니를 섬기니 사랑함[愛]이 같고, 아버지 섬기는 것을 바탕으로 임금을 섬기니 공경함[敬]이 같다. 사랑함과 공경함은 오직 아버지만 겸兼하므로 효사爻辭에서 아버지를 주主로 하여 말한 것이 많다. 부모를 섬기는 것이 효孝의 시작이지만, 임금을 섬기는 것이 효孝의 마침은 아니다. 그러므로 효爻에서 '왕후王侯를 섬기지 않는다.'는 말로 마쳤으니, 스스로 마치는 도道를 갖고 있음을 알 수 있다. 초6효는 손巽의 초효初爻에 자리하여, 아버지의 '곤혹스런 일[蠱]'을 바로잡아 순하게 받드니, 죽은 아버지가 허물이 없는 것은 자식이 두루 조심하기 때문에 그러한 것이다. 순舜은 삼가고 두려워하며[夔夔] 재계하고 조심하였는데 이로써 뜻으로 아버지를 받들었다. (순舜의 아버지인) 고수瞽瞍마저도 기쁘게 하여 천하가 화化하였는데, 천하의 부자지간이 함께 안정되어, 모두 뜻으로써 아버지를 받들어야함을 알았기 때문에, 끝내 길吉하였다. 92효는 (호괘互體인) 태兌의 초효初爻에 자리하여 부모님을 기쁘게 하면서도 도道가 있으나, 스스로는 바르다[貞]고 여기지는 않았다. 93효는 (호괘互體인) 진震의 초효初爻에 자리하여 부모님을 받들면서도 오직 삼가 부모님으로 하여금 큰 과실過失이 있지 않게 한 것이다. 이는 모두 안에서 '곤혹스런 일[蠱]'을 바로잡는 도道이니, 백성들의 덕德이 나날이 두터운 데로 돌아가게 하는 것이다. 64효는 간艮의 초효初爻에 자리하여 그쳐서 옮기지 않고, 너그러움으로 완성하니, 부모가 불의不義에 빠지면 자식의 도리를 잃는 것이다. 고蠱괘가 유족裕足해서는 안 되는 것은 마치 겸謙괘가 울면 안 되는 것과 같다. 그것을 경계하여 말하기를 '가면 어려움[吝]을 당한다.'라고 하였으니, 이는 '곤혹스런 일[蠱]'을 바로잡는 도道를 얻지 못한 것이다. 65효는 (호괘互體인) 진震의 맨 위에 자리하여, 두려워함으로써 복福이 이르는 것이니, 법도를 잘 지켜 부모에게 돌아가게 하고 이름을 날려 부모를 드러내었으니, 이는 효덕孝德의 마침이다. (주周나라) 무왕武王과 주공周公이 효孝에 통달하여 훌륭한 칭찬이 끝이 없었으니, 진실로 덕德으로써 받든 것이다. 상9효는 고蠱괘의 마지막에 자리하였으니, 마침을 이루는 것은 (상괘인) 간艮이다. 임금 섬기는 것을 거듭 설명하였는데, 비록 효孝로부터 미루어 나간다 하더라도, 왕후王侯를 섬기는 것은 효孝의 마침이 되기에 충분치 않다. 그 일을 마치고자 한다면 왕후王侯의 위로 높게 솟아남이 있어야 한다. 뜻[志]을 계승하고 일을 전술하여, 무궁한 유감[闕憾]을 채우는 것[彌]은, 반드시 입신立身하여 행도行道함으로써 마침을 삼아야 하니, 그 뜻함과 바람이 넓고 깊으며 반드시 법칙이 있어야만 천하의 본보기가 되어 후세後世에 전해질 수 있다. 다만 부모님의 '곤혹스런 일[蠱]'만을 바로잡는 것은 한 사람, 한 집안의 일이니, 효孝의 마침이 될 수 없다. 효孝는 마침이 없는 것으로 마침을 삼으니, 백성은 동포이고 만물은 함께 하니 천지의 법칙이 된다면, 그 뜻[志]은 곧 상하上下와 고금古今에 관철될 것이니, 이는 모두 밖에서 고蠱를 바로잡는 도道이기에, 건부乾父 곤모坤母가 내 몸을 낳으셨다는 사실을 져버리지 않는 것이다. 천지는 사람의 큰 부모가 되고, 군자는 바로 천지의 큰 효자가 된다. 부모의 '곤혹스런 일[蠱]'은 오직 효자라야 능히 바로잡을 수 있고, 천지 중 만상萬象의 '곤혹스런 일[蠱]'은 오직 군자라야 바로잡을 수 있다. 먼저 스스로 자신의 덕德을 기르는 것으로써 백성을 진작시키는 근본으로 삼고, 나중에는 백성을 진작시키는 일로써 덕德을 기르는 공功을 거둔다. '곤혹스런 일[蠱]'이 천하에 드러나는 것은 무궁한데, '곤혹스런 일[蠱]'을 바로잡는 국량으로 천하를 주유周遊하는 자도 또한, 그와 함께 다함이 없다. '곤혹스런 일[蠱]'을 바로잡을 수 있다면 천하는 다스려지지 않음이 없을 것이다. 바로잡기를 일로써 하는 것은, 실제로는 바로잡기를 원元으로써 하고, 바로잡기를 인仁으로써 하고, 바로잡기를 효孝로써 하는 것이다. '크게 형통하여 천하가 다스려진다.'는 것은 바로 효孝로써 천하의 일을 다스리는 것이다. 이는 『효경孝經』이 '어지러움을 그치게 하는 책[已亂之書]'이 되는 까닭인 것이다.

19. 임臨괘 ䷒

임臨괘: 백성을 다스림에는 원대元大하고, 형미亨美하며, 이롭게 하고, 바른 덕을 가져야
한다.
[臨, 元亨, 利貞1).]

유원劉沅(1767-1855)은 말한다. 천하의 사물에서, 가깝고 긴밀하게 서로 면대하는 것은 땅과
물만한 것이 없기에, 땅위에 물이 있으면 협조(比)하고, 못 위에 땅이 있으면 큰 것[大]이다. 「서괘
序卦」전에서, '일이 있은 뒤에 크게 될 수 있으니, 따라서 임臨괘로 받았다.'라고2) 말했다. 임臨은
12월月의 괘이니, 임臨은 크다. 한강백韓康伯(韓伯, 5세기, 동진東晉[317-420] 시기 현학자)은, '커
질 수 있는 사업은 일에서 생긴다. (임臨괘에서) 2양효陽爻가 막 자라나서 성대盛大해지니, 따라
서 고蠱괘 다음에 자리한다.'라고 말했다. 하괘下卦는 태兌이니 기쁨으로 사람을 감동시키고, 덕
으로써 사람들에게 임하는 상象이며; 상괘上卦는 곤坤이니 순순하여 (위의) 자리로써 사람들에게
임하나, 또한 (임臨괘는) 반드시 인정에 순종하여, 사람을 가르치는 뜻이 깊도다.

리스전李士鉁(1851-1926)은 말한다. 땅과 물은 가장 가까이 면대하고 또한 가장 성대하기에,
(임臨괘에서) 땅위의 물은 협조하고, 땅위의 못[澤]으로 모여드니, 땅 가운데 어부漁夫[水師]가 있
고, 땅 가운데 못이 크다.

8월에 이르러 (비가 안 오니) 흉하다.
[至于八月有凶.3)]

---

1) 임臨은 卦名이나, 臨은 臨民의 뜻이니, 백성을 다스림이다. 元은 큼[大]이며; 형亨은 美이고; 利는 利物이고;
   貞은 正이다. 高亨, 207頁.
2) '有事而后可大, 故受之以臨.', 「序卦」傳, 高亨, 645頁.
3) 『禮記』「玉藻」편에, "至于八月, 不雨, 君不擧."라 했으니, 八月은 가뭄의 증상이 있다. 周振甫, 73頁.

저중도褚仲都(5세기, 남북조시대 역학자)는 말한다. (임臨괘는) 건인建寅[正月]부터 건유建酉[八月]에 이르는 여덟 달이다.

정형程迥(12세기, 남송南宋시대 역학자)은 말한다. 양陽의 정점은 9이고 소음少陰은 8에서 생기니, 음陰의 뜻을 달[月]에 짝지었다. 음陰의 정점은 6이고 소양少陽은 7로 돌아오니, 양陽의 뜻은 날[日]에 짝지었다.

진혜전秦蕙田(1702-1764)은 말한다. 문왕文王의『역易』단彖전에서 하夏나라 역력歷에서는 정월正月을 따르고, 옛날에는 삼정三正[建寅, 建丑, 建子의 三正]을 병용하였으니, 따라서 (하왕夏王인) 계啟는 유호씨有扈氏의 죄를 세어서 삼정三正을 '업신여기고 버렸다[怠棄]'라고 말하였는데,『일주서逸周書』에, '하수夏數가 천天을 얻었으며 모든 왕들[百王]이 같았다.'라고[4] 말하였으니, 육경六經[『詩』,『書』,『禮』,『樂』,『春秋』,『易』]에서 삼정三正은 오해誤解한 것이고 하정夏正[夏曆]을 씀이 많았다. 「설괘說卦」전에도, (하괘인) '태兌는 정추正秋[陰曆 八月]이다.'라고[5] 말하며, 또한 하력夏曆을 썼다.

유원劉沅은 말한다. (임臨괘에서) 막 왕성함에 곧 쇠약해짐을 경계하는 것이 왕성함을 오래 보전하는 도道이다.

리스전李士鉁은 말한다. 8월은 본효本爻에서 일어나 7을 거쳐서 다시 본효本爻에 이르니, 8은 본효를 지나서 음陰에 이른다. 음陰이 왕성하면 양陽은 쇠하기에, 따라서 흉凶하다. 8은 음수陰數이고, 월月은 음상陰象이다.

단전에서 말한다. 임臨괘는, (군자의) 강건함이 점차 자라나며, (백성들이) 기뻐하며 순종하니, (군자의) 강건함이 바르며 신민들이 (이에) 응대한다. 바른 덕으로 "형통함"이 크기 때문에, 하늘의 도道이다.
[彖曰:"臨," 剛浸而長, 說而順, 剛中而應.[6] 大"亨"以正 , 天之道也.]

---

4) '夏數得天, 百王所同.',『逸周書』卷六,「周月解」第五十一, 晉 孔晁注, 電子版文淵閣四庫全書, 上海人民出版社, 1999 참조.

5) '兌, 正秋也.',「說卦」傳, 高亨, 613頁.

6) 침침浸은 漸(점차)이고, 임괘의 처음 2효는 양이고, 나머지는 모두 음이다. 하괘가 兌이니 悅(기쁨)이고, 상괘인 坤은 順이다. 그리고 六五의 음[順]이 九二의 剛에 대응하니, '剛中而應'이다. 임금이 正中의 덕으로 臣民들에 응답하는 것이다. 高亨, 207, 208頁.

우번虞翻(164-233)은 말한다. 강중剛中은 92효를 말하니, 네 음들이 모두 이들에게 응한다. (유원劉沅은, '92효는 강중剛中의 덕이니, 65효가 이에 응하면, 여러 음들이 응하지 않음이 없다.'라고 말한다.)

호원胡瑗(993-1059)은 말한다. (임臨괘에서,) 둘[초9와 92효]은 네 (음)효로써 만민을 무육撫育하고, 만물을 생장시키니, 천도天道이다. (유원劉沅은, '하늘[天]은 만물을 생성하는 도道이다.'라고 말한다.)

(주희의)『주자어류朱子語類』에서 말한다. 침침浸은 점차[漸]이다.『음부경陰符經』에서, '천지天地의 도道는 점차적이니, 따라서 음양이 이긴다.'라고[7] 하니, 이(임臨괘)는 바로 길흉에서 바른 것이 이기는 도리이다.

"8월에 이르면 (양기가 소멸되어) 흉흉하게 되니," 곧 소멸할 것이다.

["至於八月有凶,"[8] 消不久也.]

정현鄭玄(127-200)은 말한다. 임臨은 큼[大]이니, 양기陽氣는 여기서부터 점차 크게 자랄 것이다. (임臨괘는) 4덕德[元, 亨, 利, 貞]을 가지고, 건乾에 같은 마음으로 협력하니, 왕성함의 정점이다. 인정이 성성盛하면 사치奢侈하고 음일淫逸해지는데, 사치하고 음일하면 장차 망할 것이니, 따라서 (임臨괘는) 흉으로 경계한 것이다.

(정이의)『이천역전伊川易傳』에서 말한다. 양도陽道가 왕성하려는 때에, 성인이 미리 경계하여, '양이 비록 왕성하나, (음력) 8월에 이르면 그 도道는 쇠할 것이다.'라고 말하였다. 대체로 성인이 경계함에는 반드시 막 왕성하려 할 때이니, (임臨괘에서) 그 가득 참을 예방하여 영구하기를 도모한다. (나의 견해: 8월이 되면 흉할 것이니, 양陽이 왕성함에 그 쇠할 것을 예방한다. 곤坤괘 초6효를 미루어서 '서리를 밟으면 굳은 얼음이 이름'을 (예방하니), 음이 비록 미약해도 그 왕성함을 예방하는 것이다. 모두 환난을 생각하고 예방하는 도道이다.) 만약 일단 쇠한 다음에 경계하면 또한 미치지 못할 것이다. 자고自古로 천하는 오래 동안 난亂이 없었던 적이 없으니, 편안함과 부유에 길들이면 교만과 사치가 생기며, 즐거움과 안녕이 풀어지면 강기綱紀가 무너지고, 화란禍亂을

---

7) '天地之道浸, 故陰陽勝.',『陰符經解』, 中篇, 宋 朱子撰, 電子版文淵閣四庫全書, 上海人民出版社 1999 참조.

8) 양기가 점차 자라는 것은 봄이다. 8월에 이르면, 仲秋이니, 양기는 쇠퇴하여, 초목이 시들고 벌레들도 죽으니, 어찌 凶하지 않을 수 있는가? 高亨, 상동.

잊어버리고, 화해禍害가 싹트니, 이는 점차 음란해져서, 난리가 오는 것도 모르는 것이다.

이순신李舜臣(12세기, 남송南宋시대 역학자)은 말한다. 임臨괘에서 '8월에 흉함이 있음'을 말한 것은, 마땅히 임臨괘의 수數로부터 보아야 할 것이니, 임臨☷괘 다음에 마땅히 관觀괘☶에 이르는 수數를 헤아려야 하는데, 임臨괘와 관觀괘는 음양이 반대로 소장消長하는 상리常理이다.

조여매趙汝楳(13세기, 남송南宋시대 역학자)는 말한다. 구姤☴와 쾌夬☱의 상반相反으로 일음一陰의 소장消長을 논하고; 복復☳과 박剝☶의 상반相反으로 일양一陽의 소장消長을 논하고; 태泰☷와 비否☶의 상반으로 3陽의 소장消長을 논하며; 임臨☷과 관觀☶의 상반으로 2양陽의 소장消長을 논했다.

왕신자王申子(13세기, 원元대 역학자)는 말한다. (임臨괘가) 63효로부터 8번 변하여 관觀괘에 이르니, 8월괘가 된다. 임臨괘에서는 2양陽이 아래에서 자라나고 관觀괘에서는 2양陽이 아래에서 줄어든다.

양명시楊名時(17세기, 청淸대 초기 역학자)는 말한다. 관觀괘는 실제로 음이 왕성한 괘이니, 흉함이 적절하다. (그러나) 문왕文王께서는 관觀괘에서 특별히 한 뜻을 취했기에, 그러므로 여기(임臨괘)에서는, 8월의 흉함이란 '다스림을 불러옴에, 아직 혼란 없음을 경계하는 것'으로 여겼다.

유원劉沅은 말한다. (임臨)괘는 양陽이 성盛함을 취하여 뜻으로 하였으니, 마땅히 자子[지지地支의 첫째]에서 건양乾陽에 이르는 양陽의 정점에서 음陰이 생겨나는 설을 따랐는데, 바야흐로 쇠락[消]이 오래 가지 않는 뜻과 합치된다. 이른바 8월은 복復괘로 말미암아 계산하면, 문왕文王이 은殷나라 세상에 있으면서 역법曆法을 고쳐서 6월을 8월로 했다는 것은 아니다.

리스전李士鉁은 말한다. '지우至于'는 '그것이 이름[其至]'을 예방하기에 '이름[至]'이 아직은 아니다. 사물은 크게 왕성해짐을 거리끼니, 따라서 왕성할 때에 그 쇠락함을 고려하고, 자라날 때에 그것의 소멸을 아는 것이다. 또한 임臨과 관觀 2괘는 상반하니, 임臨은 건축建丑[12]월月이고, 관觀은 건유建酉[8]월月이니, 임臨에서 8[월月]을 지나가서 관觀에 이르니, 임臨이면 양이 자라나고, 관觀이면 양이 줄어드니, 성인은 이것을 두려워한 것이다.

마치창馬其昶(1855-1930)은 말한다. 임臨괘는 강剛이 점차 자라나는 것으로부터 장차 소멸하기에 이르니, 종시終始를 중요하게 말하였고, 따라서 또한 4덕德[元, 亨, 利, 貞]을 갖추어 실시한다. (임臨괘의) 여섯 효란 모두 4덕의 종시終始를 밝히는 것이다.

• **나의 견해**: 『노자老子』에서, "사람을 섬기든, 하늘을 받들든, '농사짓기'[嗇, 즉 穡]만한 것은 없다."라고[9] 말했으니, 색嗇은 사치하지 않고 음탕하지 않음을 말한 것이지, 인색함이 아니다. 사

치하면 경제가 무너지고, 음탕하면 정신이 고갈되며, 나라에서나 몸에서나 모두 강성할 때에 그가 흥해지는 조짐이 있다. 때가 (음력) 8월에 이르면 양陽의 세력은 줄어들지 않을 수 없다. 누가 그것을 줄이는가? 하늘이 그것을 줄인다.

상전에서 말한다. 연못 위에 땅이 솟아있는 것이 임臨괘이다. 군자는 민중을 가르치고 관심을 가짐에 끝이 없고, 민중들을 포용하고 보호함에 한계가 없다.
[象曰: 澤上有地, "臨." 君子以敎思無窮,[10] 容保民無疆.]

주진朱震(1072-1138)은 말한다. (백성을) 힘[勢]으로 다스리면, '힘'에는 한계가 있다. 그들을 가르침으로 가깝게 대하면, 가르침에는 그침이 없다. 끝없이 백성들을 보호하고 포용하는 것이 (상괘인) 곤坤의 덕德이니, 지극히 두텁다. 삼대三代[하夏, 은殷, 주周]의 백성들이 선왕先王의 덕택을 잊지 못하는데, 삼대 이하에서는 한 번 (일이) 터지면 (재해가) 횡행할 것이다.

조여매趙汝楳는 말한다. 못[澤]이 땅에는 윤택하게 하고 마르지 않게 차니, 그러므로 군자는 생각을 가르침이 무궁하다. 땅(에서 물이) 못으로 가면, 받아드리고 거절함이 없기에, 따라서 (임臨괘에서) 군자는 백성을 포용하고 보호함이 무궁하다.

유원劉沅은 말한다. (임臨괘에서) 땅이 크고 못을 포용하니, 못은 (꽉) 차서[滿] 땅과 같으니, 큼[大]의 뜻이다. 군자는 이것을 법 받아서 이 백성들을 교화한다. (임臨괘에서) 지성至誠하여 측은惻隱한 마음이 무궁하니, (임臨괘는) 태兌 못과 함께 연못[淵]처럼 깊고; 이 백성을 용납하고 공고하게 보위하니, (군자는 아직 다스리는) 강역疆域은 없으나, 곤坤 흙과 그 박대博大함을 함께 한다. 이것으로 서로 임하면, 임臨괘는 지극히 클 것이다.

짱홍즈張洪之(1881-1969)는 말한다. 효爻로 말하면 큰 것이 작은 것에 임臨하고, 상상象으로 말하면 상上이 아래[下]에 임臨한다. (호체互體인) 진震은 말[言]이 되고, (하괘下卦인) 태兌는 입[口]이 되니 강습講習이고, (임臨괘의 상괘上卦인) 곤坤은 생각[思]이고, (호체互體인) 진震은 너그러워[寬] 얼굴[容]이 되며, (호체互體인) 곤坤은 백성이 된다. 맹자孟子는, '백성을 편안히 하여 왕王이 되고,'[11] '잘 가르침은 민심民心을 얻는다.'라고[12] 말하였다. 옛날 우禹왕께서 '덕으로 가르침[聲敎]'은

---

9) '治人事天, 莫若嗇.', 『老子繹讀』59章, 任繼愈著, 상동, 129頁.

10) 敎思는 백성을 가르치고 관심을 갖는 것이고, 민중을 포용하여 다스리는 것이다. 高亨, 상동.

11) '保民而王.', 『孟子譯注』, 「梁惠王」上章(1:7), 楊伯峻譯注, 상동, 14頁.

12) '善敎得民心.', 『孟子譯注』, 「盡心」上章(13:14), 楊伯峻譯注, 상동, 306頁.

사해四海에 끝까지 미쳤고, 한漢나라 황제의 명령은 효도孝道와 농업을 숭상했으며, (서한西漢시기의 명신名臣인) 황패黃霸(전130-전51)는 교화敎化에 힘을 쏟았고, 학습을 제일第一로 하였으며, (한漢) 무제武帝는 군국郡國들에 명령하여 문옹文翁(전187-전110)이라는 군수郡守가 촉蜀땅에서 학교를 세운 것을 모방하게 하였으니, 고풍古風이 남아 있었다.

마치창馬其昶은 말한다. (임臨괘는) 땅의 아래에서 (물이) 흐르고 퍼져서 관통하니, 군자의 가르침의 은택이 사람에게 깊고, 또한 크게 들어감이, 그것(임臨괘)과 같다.

• **나의 견해**: 가르침에는 많은 방법이 있으니, 많은 방식으로 성과를 얻는 고심苦心이 귀하고, 백성을 볼 때 서로 피차의 강역을 구분함이 없어야 한다. 강역 없음을 영구히 보전하면 생각 또한 그와 함께 무궁하다. (임臨괘에서) 땅도 크고 못도 크니, 성인이 사람을 가르치는 마음 또한 그 크기가 같다. 공자는 '사람을 가르침에 권태로움을 몰랐고,'[13] 실로 가르치려는 생각이 무궁하였다. '가르침에는 유류有類가 없었으니,'[14] 실로 애민愛民함이 무강하였다.

초구효: (임금이) 감화感化로 (백성을) 다스리니, (임금의 행동은) 바르기에 길하다.
[初九, 咸臨,[15] 貞吉.]
상에서 말한다. (군자가) "감화시키는 도리로 (백성들에게) 군림하되 올바르니 길함"은, (군자의) 뜻이 올바름을 행함에 있다.
[象曰: "咸臨貞吉," 志行正也.]

우번虞飜이 말한다. 함咸은 감感이다. (초9효는) 바름[正]을 얻고 64효에 응하니, 따라서 바르니 길하다.

이순신李舜臣(12세기, 남송南宋시대 역학자)은 말한다. 산과 못이 기氣를 통하니, 그러므로 산 위에 못이 있기에, 그 괘는 함咸☱이다. (임臨괘에서는) 못 위에 땅이 있으니, 초9와 92효가 또한 함咸괘를 말하는 것은, 음양의 기氣가 '서로 느낀 것[相感]'이다.

유원劉沅은 말한다. (임臨괘에서) 초9효는 양강陽剛의 재주[才]로써 바르게 느껴서, 인심人心이 기쁘게 따르니 따라서 (초9효는) 길하다. 양은 강건剛健하기에 따라서 '간다[行]'고 말하고, 호체互

---

13) "誨人不倦", 『論語譯注』, 「述而」편(7:34), 楊伯峻譯注, 상동, 76頁.
14) '子曰: "有敎無類.", 『論語譯注』, 「衛靈公」편(15:39), 楊伯峻譯注, 상동, 170頁.
15) 함咸은 感의 가차이다. 高亨, 209頁.

體인 진震도 또한 감[行]이다.

마치창馬其昶은 말한다. 2양陽이 점차 커지니, 모두 '감화로 다스림'[咸臨]이라 말한다. 함咸은 건원乾元의 기氣이니, 형통하여 감통感通하는 것이다. 초9효의 양기가 (땅속의) 황천黃泉에서 발동하였으니, 곧 만물들을 관철貫澈할 수 있기에, 각각 자기 생명을 바르게 할 수 있다. '지행志行이 바르다.'말하니, 음으로 변화하여 정正을 잃을 수 없음이 분명하다.

구이효: (군자가) 형위刑威로써 (백성들을) 다스리니, 길하고, 이롭지 않은 것이 없다.
[九二, 咸臨,16) 吉, 无不利.]
상에서 말한다. "형벌의 위협으로 (백성들에게) 임하면 (나쁜 짓을 못하니) 길하여 이롭지 않음이 없음"은, (백성들이 아직) 명령에 순종한 것은 아니다.
[象曰: "咸臨吉無不利," 未順命也.]

우번虞翻은 말한다. (92효는) 중中을 얻어서 명예가 많고, 겸하여 4음陰을 가졌으니, 다시 초9효의 원길元吉을 몸으로 하였기에, 그러므로 (92효는) 이롭지 않음이 없다.

이광지李光地(1642-1718)는 말한다. (92효에서) 명命의 '무상無常함[靡常]'을 알면 명命에 순종할 수 없으니, 명命을 세우는 도道는 그러므로 왕성하나 스스로 자만하지 않고, 쇠했더라도 만회挽回할 수 있어야 한다.

안사성晏斯盛(1689-1752)은 말한다. (92효에서 군자는) 아직 명命에 순종하지 않았기에, 8월에 대하여 흉이 있다고 말한다. (하괘인) 태兌는 기쁨이고 (상괘인) 곤坤은 유순함이니, (92효가) 유순함에 의심을 했다면, [즉 형위刑威를 썼다면,] 성인의 뜻은 깊은 것이다.

마치창馬其昶은 말한다. 92효의 양기가 발육하여, 길吉함에 이롭지 않은 것이 없으니, 이는 스스로 형통하고, 이로운 기틀[機]이다. (군자가 92효에서) 아직 명命에 순명하지 않았다면, 양도陽道는 점차 자라나는 명命이기에, 8월에 흉이 있음도 또한 명命이다. 그러나 그 안에 인사人事가 있으니, 군자는 명命이라 말하지 않는다. (92효는) (임臨)괘에 있을 때는 굳셈[剛]이 막 점차 자라나고, 효의爻義에 또한 양陽이 늙어가고 장차 변하는 염려가 있다. 92효가 그 양陽을 가지고 있고 변하지 않는 것, 이것이라면 굳셈[剛]이 자라는 것이 비록 천명天命에서 말미암는다 해도, 그 변화는 인사人事이다. 92효가 왕성할 때에 (군자는) 명命에 자연히 순응하지 않았으니, 비록 8월에 이르

---

16) 여기서 咸은 아마도 威로 보아야 한다. 威臨은 형위刑威로서 다스림이다. 高亨, 209頁.

러 흉이 있다고 하나, 또한 사람이 하늘을 이기는 도道로써 (군자는) 반드시 화禍를 복福으로 전화할 수가 있다.

육삼효: 강제로 압박하여 (백성을) 다스리면 이로울 바가 없으니; 일단 그것을 너그러운 화합으로 (고친다면), 재앙은 없을 것이다.

[六三, 甘臨, 无攸利; 旣憂之,17) 无咎.]

상에서 말한다. "강제 압박으로 (백성들에게) 임하는 것"은, (도리와 임금의) 자리가 합당하지 않다. "일단 (백성들을) 너그럽게 대한다면," "해害"는 커질 수 없다.

[象曰: "甘臨," 位不當也. "旣憂之," "咎"不長也.]

우번虞飜은 말한다. 곤坤은 흙이니, 흙에서 농사를 지으면 맛있게 된다. (63효에서) 활동하여 태평[泰]이 이루어지니, 그러므로 (63효에서) 재앙은 없다[无咎].

석개石介(1005-1045)는 말한다. (63효는) 점차 자라나는 굳셈[剛]을 도와서 변할 수 있으니, 이 때문에 (63효는) 무구无咎하다.

왕종전王宗傳(12세기, 남송南宋시대 역학자)은 말한다. (상괘인) 곤坤은 순종하고 (호체互體인) 진震은 활동하는데, 일단 근심하면, 마음을 바꾸어서 물러나 (63효는) 들으며, 지성至誠으로 군자에게 순종하니, 음은 줄어들고 양은 자라나서, (63효는) 순복順服하여 태평[泰]을 불러올 수 있다.

호병문胡炳文(1250-1333)은 말한다. 절節괘䷻ 95효는 중정中正이니, 단맛을 만들면 길하다. 임臨괘 63효는 중정中正하지 않으니, 단맛을 만들어도 이로울 바가 없다.

유원劉沅은 말한다. 호체互體인 진震은 두려움이니, 건乾으로 변하여 두려워했기에, 따라서 우려憂慮하는 것이다. (63효는) 자리[位]가 합당하지 않고, 음陰으로 유柔하기에 중정中正도 아니다. 재앙은 길지 않으니, (63효는) 일단 근심이 있으면 반드시 잘못을 고치고, 그저 걱정만 할 것은 아니니.

장문호張文虎(1808-1885)는 말한다. 『설문해자說文解字』에 의하면, "감甘은 '좋은 맛[美]'이다."18) 입에서 일一을 머금은 것이다. 태兌는 입이고 기쁨이니, 아마도 이 일음一陰(63효)에서 (임臨괘가) 즐거움에 빠졌기에, 따라서 (63효는) 이로울 바가 없음이다. 근심[憂]은 '8월에 흉한 일이 있

---

17) 감甘은 마땅히 겸拑(재갈을 먹이다)으로 읽어야 하니, 강제로 압박함이다. 憂는 마땅히 우優로 읽어야 하니, 너그러운 화합[寬和]이다. 高亨, 210頁.

18) '甘, 美也.', 『說文解字』甘部, 東漢 許愼著, 中冊, 상동, 396頁.

음'을 근심한 것이다.

리스전李士鉁은 말한다. 단맛이 지나면 쓴맛이 반드시 오고, 기쁨이 지나면 근심이 반드시 생긴다. 성대함을 (오래) 지닐 수 없음을 알고, 흉구凶咎가 어느 때 옴을 두려워하며, 멋대로 방종할 수 없으니, 따라서 (63효는) 재앙이 없다. (이것이) 곧 안락에서 죽고 우환에서 산다는 뜻이다.

마치창馬其昶은 말한다. (하괘인) 태兌는 음력 8월[正秋]이고, 63효는 태兌의 주인이니, 바로 8월의 상이다. 4덕德[元, 亨, 利, 貞]은 이利를 주관하며 음양은 서로 기뻐하니 단맛에 이르러, (63효가) 이利에 빠지면 곧 불리不利함이 엎드려있는 것이다. (호체互體인) 진震은 후회함에 있으니, (63효는) 후회할 수 있기에 따라서 변할 수 있다.

육사효: (임금이) 친림親臨하여 (백성들에게) 임臨하니, 재앙이 없다.

[六四, 至臨,19) 无咎.]

상에서 말한다. (임금이) "친히 (백성들에게) 임하면 해가 없어질 것임"은, (64[음]효의) 자리가 합당한 겟[음위]이다.

[象曰: "至臨無咎," 位當也.]

왕필王弼(226-249)은 말한다. (64효는) 순종함에 처하고 양陽에 응하니, '강하게 자라남[剛長]'을 꺼리지 않기에, 이에 (64효는) 응함이 있어서, '친히 실천하여[履]' 자기 자리를 얻었으니, 자기 지극함을 다한 것이다.

장준張浚(1097-1164)은 말한다. '이르는 겟[至]'은 곤坤덕이다. 64효의 자리는 임금과 가까우니, (상괘인) 곤坤의 중中을 몸으로 갖추고, (64효에서) 한 마음으로 양에 응하니, 그 나아감을 막지 못한다.

유원劉沅은 말한다. (64효는) 위로 65효의 임금에게 가까우니 신임을 받고, 아래로 초9효의 현명함에 응하니 신임이 따르고, (임금은 이런 것들이) 이른 다음에 다스리는 것이니, 강제로 복종시키는 것이 아니다.

리스전李士鉁은 말한다. 하나의 기쁨이 오면, 새가 위로부터 날아서 땅에 이른다. 64효는 위에서 초9효에 응하니, 이름[至]의 상이다.

마치창馬其昶은 말한다. '이르는 겟[至]'은 충실[實]이다. 생의生意가 이미 충실하니, 이는 (64효

---

19) 至臨은 親臨과 같으니, 임금이 친히 임정臨政하여 백성들에게 임臨함이다. 高亨, 210頁.

에서) 이利로 말미암아 바름[貞]으로 향하는 '때[時候]'이다. 「계사繫辭」전에, '충후忠厚함이 지극하다.'라고[20] 했는데, 우번虞飜의 주注에서는 '곤坤은 지극함[至]'이다.

● **나의 견해**: 곤坤괘 단象전에서, '곤坤의 원元은 지극하도다! 만물은 삶[生]에 의지하는데, 이에 하늘을 순종하고 받든다.'라고[21] 말했다. 64효는 초9효에 응할 수 있으니, 이 때문에 하늘에 순종하고 받들음이 곤원坤元의 지극함이다.

육오효: 명지明智로써 (백성을) 다스리니, 큰 나라의 임금은 적합함을 얻어서, 길하다.
[六五, 知臨, 大君之宜,[22] 吉.]
"큰 나라의 임금이 합당한 것"은, 바른 정도를 행한 것이다.
[象曰: "大君之宜," 行中之謂也.[23]]

『주역건착도周易乾鑿度』에서 말한다. "대군大君은 임금 중에 대단한 자이다. … 임臨은 큼[大]이고, 양기가 안[內, 92효]에 있으니, (65효는) 중화中和가 왕성하여, 왕성한 자리에 응하니, (65효는) 점차로 크게 변화하여, 만민들에게 행해지기에, 따라서 왕王의 자리에 적절히 처신하니, (65효는) 대화大化를 베풀고, 대군大君이 된 것이다. 신민臣民들은 변화되기를 바라는 말이다."[24]

왕필王弼은 말한다. (65효는) 존위尊位에 처하여 자기 중中을 '몸소 실천하여[履]' 얻었으니, 굳셈[剛長]을 꺼려하지 않고 그것을 맡을 수 있으면, 총명한 자는 자기가 보고 듣는 것을 다 하고, 지력知力이 있는 자는 자기의 모능謀能을 다 하니, (65효는 스스로는) 하지 않아도 이루어지고, 실행하지 않아도 지극하게 되도다!

(정이의) 『이천역전伊川易傳』에서 말한다. (65효는) 한 사람의 몸으로 넓은 천하에 임하여, 어찌 만사에 주밀할 수가 있겠는가? 오직 천하의 선善을 취할 수 있으니, 스스로 자기 지능에만 맡기지 않는다면, 그(65효)의 앎[知]은 클 것이다.

---

20) '厚之至也.', 「繫辭」傳上, 8章第4節, 高亨, 521頁.
21) '至哉坤元, 萬物資生, 乃順承天.', 坤괘의 단사彖辭, 高亨, 76頁.
22) 知는 智로 읽어야 한다. 大君은 大國의 임금이다. 宜는 합당함을 얻음이다. 高亨, 211頁.
23) 中은 正이다. 高亨, 상동.
24) '大君者, 君人之盛者也. … 陽氣在內, 中和之盛, 應于盛位, 浸大之化, 行于萬民, 故宜處王位, 爲大君矣. 臣民欲被化之詞也.', 『周易乾鑿度』卷上, 漢 鄭康成注, 電子版文淵閣四庫全書 上同 참조.

주진朱震(1072-1138)은 말한다. 92효는 강중剛中으로 위로 행하고, 65효는 유중柔中으로 아래로 행하니, 65효는 92효를 겸하여 쓴다.

(주희의)『주역본의周易本義』에서 말한다. (65효는) 유柔로써 중中에 있으니, 아래로 92효와 응하기에, 자신을 쓰지 않고 남에게 맡기니, 이에 일할 줄을 아는 것이다.

장식張栻(1133-1180)은 말한다. 대중大中의 도道를 세워서, 천하 사람들로 하여금 함께 행하게 하였으니, 순舜임금만이 백성에게 중中을 쓸 줄 알았는데, 큰 지혜가 있다할 수 있다.

진사원陳士元(1516-1597)은 말한다. 오상五常의 덕[仁, 義, 禮, 智, 信]을, (사람들은) 속에 감출 줄을 알아야 한다. (상괘인) 곤坤은 그것을 감추었기에, 따라서 (65효는) '지能[知]으로 다스린다[知臨].'라고 말한다.

유원劉沅은 말한다. 65효는 유중柔中으로써 아래에서 (92효의) 강중剛中에 응하니, 92효의 현명함을 알고서 맡긴 것인데, 이는 스스로에서 취한 것이 아니고 남에게서 취한 것이니, 또한 (65효는) 사람의 밝음[明]을 알고서 그 사람에게 임한 것이기에, 이것보다 적절한 것은 없다. 중中이 아닌데 맡겼다면 지혜로서 다스린 것이 아니니, (이것은) 적절할 수가 없다.

리스전李士鉁은 말한다. (65효는) 스스로 자기 총명을 쓰지 않았기에, 따라서 천하의 총명을 겸할 수 있다. 문을 크게 열어서 인재를 구하고 (보는) 눈을 밝게 하며, 부지런히 남에게 가르침을 청하고, 언론을 자세히 고찰했음이, 순舜임금을 큰 지혜 있게 한 것이다.『상서尙書』에서 '자신을 쓴다면[自用] 작아진다.'라고[25] 했으니, 65효는 자신을 쓴 것이 아니니, 크게 된 것이다. 음으로써 양을 쓰고, 양이 음의 소유가 되었으니, '대유大有괘'의 상과 같다.

마치창馬其昶은 말한다. 곤坤의 65효는 '아름다움을 포함[含章]'하니, 건乾의 양에 엎드리고, 광명이 가운데에 있으니, 따라서 '명지明智로써 다스림[知臨]이다.'라고 말했다. (임臨괘 65효의 상象에서) 행중行中은 곧 이른바 사지四肢에 통달하여 사업으로 발전한 것이니, 이 광명을 바탕으로 행한 것을 말한다. (상괘인) 곤坤의 '몸[體]'의 3효는 모두 변해서는 합당하지 않으니, 바름[貞]은 지能[知]과 신의[信]의 2덕을 겸해야 한다. 65효는 지知이고, 상6효는 신信이니, 모두 이른바 바름[貞]이다.

• **나의 견해**: 천하의 지성至聖만이, 총명聰明하여 예지睿知할 수 있는 이만이, (백성들을) 다스릴 수 있으니, 이것이 곧 이른바 '지혜로써 천하에 광림光臨하는 것'이다. 성인이 작위하면 만인들

---

25) '自用則小.',『今古文尙書全譯』,「仲虺之誥」, 江灝, 錢宗武譯注, 상동, 120頁.

은 보게 되니, 천하의 왕이 된다. 이것이 곧 대군大君이 되기에 적합한 것이다. 요堯임금의 빛이 천하를 덮고, 순舜임금의 예지睿智와 문채가, 모두 큰 지혜를 가졌으니, 모두 큰 지혜를 가진 것이고, 이에 천하의 지知를 합치어 지혜로 만들 수 있으니, 다스리지 못할 바가 없으며, 곧 적합하지 않은 바가 없으니, 그 (임금) 자리를 가지고 그 덕을 겸비한 것이다. (65효는) 크게 바름에 있고, 크게 하나로 통일된 것이니, 그 가운데[中]를 백성들에게 쓴 것이어서, 마땅히 임금이 된 것이다.

상육효: 후덕한 도道로써 (백성을) 다스리니, 길하고, 재앙은 없다.
[上六, 敦臨,26) 吉, 无咎.]

상에서 말한다. "후덕한 도리로 (백성들에게) 임하면" "길함"은, (군자의) 뜻이 속에 있음이다.
[象曰: "敦臨"之"吉," 志在內也.]

공영달孔穎達(574-648)은 말한다. (상6효는) 비록 상괘의 끝에 있으나, 뜻[志意]이 항상 내괘의 2양陽에 있다.

장준張浚은 말한다. (하괘인) 태兌 음이 (상괘인) 곤坤 음과 합하면, 다시 곤체坤體가 되니, '중후하게 임함[敦臨]'이다. 임臨괘에서는 아래의 2양陽은 뜻을 앤[內]에 두는 것이다.

(정이의)『이천역전伊川易傳』에서 말한다. 곤坤의 정점은 순종의 지극함이다. (상6효는) 임臨괘의 끝에 있으니, (상6효는) 다스림에 돈후敦厚하다.

(주희의)『주자어류朱子語類』에서 말한다. 상6효의 '중후하게 임함[敦臨]'은, 이로부터 지극한 곳에서 겹겹이 쌓은 것이니, 돈독한 뜻이 있다. 간艮의 상9효는 돈후한 간艮[敦艮]이라 말한다. 복復괘의 상6효는 좋지 않기에, 따라서 65효에서 그치니, '중후하게 돌아옴[敦復]'이라 말한다.

이순신李舜臣(12세기, 남송南宋시대 역학자)은 말한다. 임臨괘의 2양은 막 자라나는데, 위의 4음은 둘은 길吉하고 둘은 무구无咎한 것은 무엇 때문인가? 기뻐서 순종하고 강중剛中으로 응하기 때문이다. 양이 막 점차 자라나니, 여러 음들이 순종하며 이것에 응한다면, 둘(65, 상6효)은 서로 상傷하게 하지는 않는다.

마치창馬其昶은 말한다. 상6효는 곤坤의 끝에 있으니, 그 고요함에서 합하고, 뜻은 앤[內]에 있고, 건원乾元에 엉겨서 모이는 바가 되니, 발생의 바탕[本]이 된다. (상6효는) 합해도 두텁지 않고, 열어도 통달하지 않으니, '중후하게 임함[敦臨]', 즉 지극한 두터움이라 말한다. (상6효에서) 원元

---

26) 혜동惠棟(1697-1758)에 의하면, 돈敦은 후厚(두텁다)이다. 高亨, 211頁.

의 뜻[志]이 바름[貞]에 관통하니, '바름[貞]'의 뜻은 그 원元을 보전保全하기에, 종시終始를 조화함이 이(상6효)와 같다.

- **나의 견해(1):** (상6효는) 바름[貞] 아래에서 원元을 일으키니, 그 근본은 돈후敦厚함에 있다. 상上은 곤坤 순종의 정점에 있으며, 흙에 안주하고 인仁에 돈후敦厚하다. 그가 안에서 '중후하게 임함[敦臨]'이니, 근본이 성대하고, 지혜가 밖을 다스리고 국토는 광대하여 순종하지 않는 이가 없는 바이다. (임금의) 돈후敦厚한 양量은 무궁하고, 지혜의 양도 또한 무궁하니, 이른바 덕택이 두텁게 쌓여서 유전流傳하니 후세에 이름이다.

- **나의 견해(2):** 음양의 줄어들기[消]와 늘어남[長]의 기틀은 왕성과 쇠락이 서로 기대는 것이다. 임臨괘는 2양이 점차 자라나고 음들은 점차 줄어드니, 2양이 안[內괘]에서 주主이고, 4음은 순종하여 이것[陽]을 따른다. 이것으로 본다면, 천하를 다스리는데 흥성은 있으나 쇠락은 없으니, 무슨 흉이 있겠는가? 그러나 반드시 원元, 형亨, 이利, 정貞의 온전한 덕으로 다스려야, 이에 흉에 이르지 않으니, 그저 위세[勢]로써 다스리는 것은 아니다. (임臨괘에서) 점차로 왕성할 때를 당하여 양이 커간다고 과시해서는 안 되고, 반대로 양이 줄어듦을 염려하고, '8월에 이르면 흉이 있을 것'이라고 경계해야 하니, 이것이 환난을 생각하고 예방하는 도道이다. 8월 이후에 음이 왕성해지며 양은 쇠락으로 향하니, 아직 이르지 않은 때에 귀한 것은 '천도天道란 왕성함에 말미암아서 쇠해짐이 상리[常]임을 알고서, 마땅히 흉하게 됨을 그치게 하는 것'이다. 왕신자王申子(13세기, 원元대] 역학자)는, '8월에 관觀괘가 되고, 임臨괘에서 2양이 자라나는 것이 보이고, 관觀괘에서는 2양의 줄어듦이 보인다.'라고 말한다. 이것을 유행流行으로 말하면, 자라날 때가 있고, 곧 줄어들을 때가 있으니, 이것이 천도天道이다. 유원劉沅은 『주역항해周易恒解』에서, '8월에 자子로 말미암아 일양一陽이 생기니, 무릇 8번 달[月]이 지나면 둔遯괘의 달에 이르니, 2음이 점차 자라나서, 임臨괘에서 2양이 점차 자라는 것과 대치'한다. 이것을 대치로 말하면, 2양이 점차 자라나는 때가 있으니, 곧 2음이 점차 자라나는 때가 있기에, 이것 또한 천도天道이다. (임臨괘에서) 성인과 하늘이 덕을 합치고, 기쁨으로 (백성들을) 다스려서 덕은 인심人心을 느끼게 할 수 있으니, 순종으로 다스리면 덕은 충분히 인심을 복종시킬 수 있다. 요컨대, 주主가 되는 것은 92효의 강중剛中과 65효의 유중柔中으로써 상응하여, 변화되어 각각 바르게 되니, 태화太和를 보합保合하여, 이에 '이롭고 바르게 되는 것[利貞]'이다. 양陽이 비록 오래 가지 않아 줄어들지만, (임臨괘에서) 덕은 건원乾元과 짝하니, 스스로 함께 소멸되는 도리[理]는 없다. 따라서 내외에서 모두 그 크기를 올려다보면, (임臨괘는) 가서 형통하지 않은 것이 없으니, 바름[正]으로써 형통하는 것이다. 백성을 가르치기

에 바르면, 무궁한 생각을 하게 되고, 끝없는 영역에서 그 덕택의 큼은 두루 미치지 않는 데가 없음을 알 수 있다. 백성들을 보호하기에 바르면, (임臨괘에서) 무궁한 지역과 합하여, 끝없는 생각으로 다 모범을 보이게 되니, 그 덕량德量의 크기는 포용하지 못할 것이 없음을 알 수 있다. 내괘內卦로 말하면, 의義는 기쁨을 주관한다. 초9와 64효가 응하니, 뜻은 바름[正]을 행함에 있으니, 모두 느끼는 기틀이 있다. 92와 65효가 응하니, 도道는 중中을 얻음에 있고, 도道에 순종하나 명命에는 순종하지 않기에, 그러므로 (임臨괘에서) 모두 길하다. 63효에는 응하는 바가 없으니, 자리가 중정中正이 아니고, 단맛과 기쁨으로 근심할 수 있으나, 그러므로 무구无咎하다. 무릇 이는 모두 안[內]에서 다스리는 것이고 태兌 기쁨의 상象을 취한다. 외괘外卦[坤]로 말하면, 의義는 순종을 주主로 한다. 64효의 덕에서는 지성至誠으로 다스리니, 사람의 힘[人力]이 통하며, 하늘이 덮고 땅에 실으며, 어버이를 높이지 않음이 없으니, 이른바 '지극하다, 곤원坤元이여! 합친 덕이 무궁하다.'이다. 65효의 덕은 지극한 밝음[至明]으로 다스리니, 총명하고 예지睿知가 있으며, 범위는 구석구석에까지 이루어지며, 지혜는 만물을 둘러싸니, 이른바 '큰 것을 포함하고 성대하게 빛나며, 땅을 가되 무궁하다.'이다. 임금의 덕은 편안하게 배치하여 다스리고, 박후博厚함이 땅과 같고, '인仁한 마음 진실하고, (고요함은) 깊은 못과 같고, 넓고 넓기 하늘과 같으니,'[27] (임臨괘에서) 일원一元의 기氣가 안에 누적되어, 응결하고 흩어지지 않으니, 이것이 임臨괘의 끝일[終事]인데, 사덕四德(元, 亨, 利, 貞)을 구비하였다. 무릇 이것들은 모두 임臨괘가 외괘에서 곤坤의 순한 상을 취한 것이다. 순종하고 기뻐하니, 이 때문에 크게 형통하고; 사악한 기氣가 전부 줄어들고, 민덕民德이 후한 곳으로 돌아가니, 따라서 (임臨괘의) 효사爻辭에는 길吉이 많고 재앙은 없다[无咎].

---

27) '肫肫其仁, 淵淵其淵, 浩浩其天.', 『中庸』32章 참조.

20. 관觀괘 ䷓

관觀괘: (제사에서 술을) 땅에 부으나 (희생제물은) 바치지 않는데, (제사에) 믿음이 있으니 공경할 만하다.

[觀, 盥而不薦, 有孚顒若.[1)]

    마융馬融(79-166)은 말한다. 관盥은 술을 술잔에 따르고 땅에 부음으로써 신을 내리게 하는 것이다. 제사의 성대함은 처음에 손 씻고 강신함을 넘지 않는다. 공자가, '체禘제사에 있어서 이미 술을 땅에 부은 이후부터의 일을 나는 보고 싶지 않다.'[2)]라고 말하였다. 아래에서 위를 보아 그 '지극히 왕성[至盛]한' 예禮를 보게 되면 모든 백성들이 공경하고 믿게 된다. 그러므로 '믿음이 크도다.'라고 말한 것이다.

    정현鄭玄(127-200)은 말한다. 95효는 천자天子의 효로, (호체互體인) 간艮괘는 궁궐이 되며 천자의 종묘宗廟의 상이다.

    우번虞翻(164-233)은 말한다. 관盥은 세수를 하고 제물을 올리는 것이다. 곤坤괘는 그릇이 되고, 간艮괘 손[手]이 곤坤괘에 임하니 관盥의 상이다.

    (정이의)『이천역전伊川易傳』에서 말한다. 옹顒은 '위로 봄[仰望]'이다.

    이강李綱(1083-1140)은 말한다. (관觀괘의) 괘체卦體는 곤坤괘 땅에서 (상괘인) 손巽괘가 들어가는 것으로 '울창주를 땅에 붙는[祼䷓][3)] 상象이 있는데, 관창祼䷓은 땅에 스며들어가 음陰에서 신神을 찾는 것이니, 이른바 '(술)향기가 음陰으로 깊은 샘물[淵泉]까지 이르게 하려는 것'이다.[4)]

---

1) 관盥은 관灌[물 대다]으로 읽어야 하니, 제사 때 술을 땅에 부어서 神을 맞이함이다. 천薦은 바침[獻]이다. 부孚는 믿음[信]이다. 마융馬融에 의하면, 옹顒은 공경恭敬이다. 高亨, 213頁.
2) '子曰: "禘自既灌而往者, 吾不欲觀之矣."',『論語譯注』,「八佾」(3:10), 楊伯峻譯注, 상동, 26頁; 제禘는 천자가 정월에 종묘에서 시조신과 조상께 지내는 제사이고; 관灌은 제사를 시작할 무렵 울창주를 땅에 부어 강신을 비는 의식이다.
3) 관祼(강신제), 창䷓(울창주)은, 제사 때 울창주를 땅에 부어 강신하던 일이다.
4) "臭, 陰達於淵泉.",『禮記今註今譯』,「郊特牲」, 王夢鷗註譯, 상동, 352頁,

(주희의)『주역본의周易本義』에서 말한다. 관盥은 제사를 지내려 할 때에 손을 깨끗이 씻는 것이다. 그 깨끗하게 하려함은 스스로 가볍게 행동하려는 것이 아니다. 이 (관觀)괘는 네 음이 자라나고 두 양이 사라지니, 바로 8월의 괘이다. (관觀)괘라고 이름하고 말씀을 단 것이, (지地택澤 임臨괘와는) 다시 다른 뜻을 취하였으나 또한 양을 떠받치고 음을 억제한다는 뜻이다.

오징吳澄(1249-1333)은 말한다. (관觀괘에서) '믿음이 있음[有孚]'은 아래 네 음陰을 말한 것이다.

유원劉沅(1767-1855)은 말한다. (호체互體인) 간艮은 손[手]이고 (상괘인) 손巽은 깨끗이 씻는 것이니 관盥(손을 씻음)을 상징한다. (호체互體인) 간艮은 멈춤[止]이니 아직 제물을 올리지 않는 상이다. 옹顒은 큰 머리이고 우러름이다. 관觀괘는 다른 사람에게 보여주는 상이니 사람들이 보고 우러러보는 바가 된다. 무릇 사물을 자세히 살펴보는 것이 관觀이 되고, 아래에서 바라봄이 관觀이 된다. 두 양이 존귀하여 위에 있고, 네 음은 바라보고 우러르는 바가 된다. 「서괘序卦」전에서는, "물건이 커진 다음에 볼만 하기 때문에 관觀괘로써 받는다."라고[5] 하였다. 이것은 팔월의 괘이다.

오여륜吳汝綸(1840-1903)은 말한다. 유향劉向(전77-전6)은 '주周나라의 10월은 지금의 8월이다.'라고 말한다. 줄어드는 괘卦는 관觀괘가 되니, 이것에 의거하면 유향劉向은 임臨괘의 8월을 관觀괘로 여긴 것인데, 이것은 괘기卦氣가 '줄어들고 커감[消息]으로『역易』을 설명한 것이다.

리스전李士鉁(1851-1926)은 말한다. (상괘인) 손巽은 명령이고 (하괘인) 곤坤은 백성이다. (임금이) 명령을 베풀어 백성들이 그것을 우러러 보니 관觀의 상이다. 사람들에게 보여주는 것은 예禮보다 큰 것이 없고, 예禮에는 제사보다 중요한 것이 없다. 곤坤괘는 소[牛]이니, 천薦이라 말하며, 날 것도 바치고 익힌 것도 바친다. 손巽(바람)은 결과가 없는 것이고 또한 간艮은 멈춤[止]이니, 아직 제물을 올리지 않은 것이다. 세수를 한 후 아직 제물을 올리지 않기 전에는, 마땅히 정성을 모아 일관되게 하니, 신神과 사람이 감응하여 위아래가 믿고 복종하게 되므로, (관觀괘에서는) '진실하게 공경하도다[有孚顒若].'라고 말한 것이다.

마치창馬其昶(1855-1930)은 말한다. 관盥은 장차 울창주를 땅에 부어 넣음으로써 제물을 바치는 것이다. '제물을 올리지 않았음[不薦]'은 주저하고 중요시함이 지극해서 '공경하고 신중함[敬愼]'의 의미로 말의 뜻이 '옥사를 판결하는데 함부로 하지 않음'과 같다. 옥사는 판결하지 않는다는 것이 아니며, 관盥은 올리지 않는다는 것이 아니니, 모두 '신중한 것[愼]'이 지극함이다.

단전에서 말한다. 임금 자리에서 두루 살펴보니, (여러 신하들이) 순종하고 겸손하며, 중정中正의

5) '物大然後可觀, 故受之以觀.',「序卦」傳, 高亨, 646頁.

도道로써 천하를 관찰함이, 관觀괘이다. "(술을 땅에) 부어서 (신神을) 맞이하고 (제물을) 아직 올리지 않은 것은, (제물로 쓸) 키 큰 포로가 있기" 때문이니, 아래 사람들이 (이를) 보고서 감화된다.

[象曰: 大觀在上, 順而巽, 中正以觀天下,6) "觀," "盥而不荐, 有孚顒若,"7) 下觀而化也.]

촉재蜀才(成漢范, 219-318)는 말한다. 유유柔는 작은데 점차 자라나고, 강강剛은 큰데 위에 있으니, 그 덕은 볼만하기에, 따라서 '커서 볼만한 것이 위에 있음[大觀在上]'이라고 말한다.

호원胡瑗(993-1059)은 말한다. 군자는 위에 있으면서 천하의 표의表儀가 되며, 반드시 그 장엄하고 공경함이 지극하므로 아래에서 바라보고 교화된다.

변빈卞斌(1778-1850)은 말한다. (임금이) 명당明堂에서 기도하면 백성들은 (임금의) 효성[孝]을 알게 되니, 천하가 감화되어 변화할 것이로다.

유원劉沅은 말한다. 양陽은 크고 음陰은 작으며, 양은 위고 음은 아래이니 그러므로 (관觀괘에서) '크게 볼 것이 위에 있다.'라고 말했다. (관觀괘에서) 순順은 이치를 따르는 것이다. 손巽은 민심을 따르는 것이다. 대관大觀은 두 양陽을 총괄하여 말한 것이다. (관觀괘에서) 중정中正함으로써 보여준다는 것은 오직 95효만을 들어 말한 것이다. (관觀)괘체卦體인 양덕陽德은 여러 음陰들이 쳐다보는 것이니 바로 임금을 여러 백성들이 높이 우러르는 것과 같아서 '크게 볼 것이 위에 있음'의 상이다. 그 중정中正함으로써 천하의 중정하지 않음을 살펴서 천하가 알지 못하는 곳에서도 물에 가라앉아있는 듯하며, 믿고 말없이 계합契合한다. (관觀괘에서) 아래 사람은 위에서 행하는 것을 보고 자연히 감화된다. 무릇 '손을 씻고 제물을 올림[盥薦]'은 무늬고, 믿고 우러름이 있다는 것은 정성이다. 정성은 '예악禮樂 의제儀制[禮文]'의 앞에 있어서 제사가 아직 시작되지 않았을 때에는 정성이 일관되니 다만 신神만 이르는 것이 아니라, 사람 역시 통하게 되는 것인데, 그러한 까닭은 천지天地와 인신人神이 하나의 정성으로 관주하지 않는 바가 없기 때문이다.

하늘의 신도神道를 관찰하는 것은, 사계절(의 운행)에 착오가 없기를 바라는 것이다. 성인이 신도神道로써 가르치니, 천하 사람들이 복종할 것이다.

[觀天之神道, 而四時不忒. 聖人以神道設敎, 而天下服矣.]

---

6) 大觀은 편관徧觀(두루 봄)이고, 在上은 임금의 자리이다. 관괘의 九五는 양효로 임금이며, 상괘의 中位에 있다. 하괘가 坤이니 順이고, 상괘 巽은 겸손이다. 高亨, 213頁.

7) 관盥은 관灌(붓다)으로 읽고, 薦은 제물을 바침이다. 郭沫若은, 孚는 아마도 부부(포로)로 보았고, 옹약顒若은 顒然(몸이 큰 모양)과 같다. 高亨, 상동.

우번虞翻은 말한다. 성인은 은밀한 곳으로 물러나 몸을 숨기고 있으나 그 덕교德敎를 신묘하게 밝히니 천하가 복종할 것이로다.

왕필王弼(226-249)은 말한다. 관觀괘는 도道가 되니 형벌로써 사물을 다스리는 것이 아니라, 보임으로써 감화되게 하는 것이다. 신神은 형상이 없는 것이니 하늘을 사계절[四時]에 순환하게 하는 것은 보이지 않으나 네 계절[四時]은 어긋나지 않는다. 성인이 백성들을 부리는 것은 보이지 않으나, 백성들은 스스로 복종한다.

양시楊時(1053-1135)는 말한다. 성인은 신神과 사귀고 사람과 접촉하는 까닭은, 그의 도道가 정성[誠]에서 하나로 주관되기에, 따라서 (관觀괘에서) '밝으면 예악禮樂이 있고, 어둑하면 귀신鬼神이 있다.'라고 말하니, 이른바 신도神道는 성의誠意일 뿐이다.

조언숙趙彦肅(12세기, 남송南宋 학자)은 말한다. 하늘의 신묘함은 사계절[四時]에 깃들고 성인의 신묘함은 가르침에 깃든다.

유원劉沅은 말한다. 천도는 지극히 신묘하므로 신도神道라고 말한다. 성인의 덕은 하늘과 같아서 그 도道 역시 지극히 신묘하므로, 또한 신도神道라고 말한다. 하늘의 신묘한 도를 바라보니, 어찌 일찍이 그곳에 '말[言]'이 있고 '함[爲]'이 있어서 사계절[四時]이 어긋나지 않게 되었으니, 정성으로 행함이다. 성인은 자신의 몸을 정성스럽게 하여 하늘을 본받아 백성을 예악禮樂과 형교刑敎로 다스리니, 모두 지극한 정성을 가지고 그것을 주재하는 것이므로 '신묘한 도로써 가르침을 베풀기에 천하가 복종한다.'라고 한 것이다. 성인이 말하지 않아도 믿고, 행하지 않아도 이루어지니, 또한 '제물을 아직 올리지 않았을 때의 믿음[孚]'과 무엇이 다르겠는가?

천한장陳漢章(1864-1938)은 말한다. 하늘의 신묘한 도道로 사계절[四時]이 어긋나지 않는 것이니, 곧 예禮는 사계절[四時]에서 오행五行을 운용하여 베푸는 것이다. 성인은 신묘한 도로써 가르침을 베푸니 곧『중용中庸』에 대하여 정현鄭玄이 주를 달기를 '목신木神은 인仁, 금신金神은 의義, 화신火神은 예禮, 수신水神은 신信, 토신土神은 지知라고 하였으니, 모두 귀신으로써 가르침을 삼는다는 것뿐이겠는가.'라고 하였다.『사기史記』에서는 '『역易』은 천지의 음양과 사계절[四時]과 오행五行을 드러낸다.'라고8) 하니, 이것보다 (잘) 드러남이 없다. (『예기禮記』第25)「제통祭統」편에서, '묘廟 안은 (나라) 경내 안의 상징[象]이다.'라고9) 하였으니, 나라 지경 내의 가르침이란 곧 백성들의 가르침을 보는 것이며, 곧 하늘의 사계절[四時]이 어긋나지 않는 신묘한 도를 본받는 것이

8) '『易』著天地陰陽四時五行.',『史記』,「太史公自序」第七十, 漢 司馬遷撰, 十冊 傳[四], 상동, 3,297頁.
9) '廟中者, 竟內之象也.',『禮記正義』(十三經注疏 整理本),「祭統」第二十五, 상동, 15冊, 1578頁.

다. 『중용中庸』에서는 '도를 닦는 것을 일러 교敎'라고[10] 하였다.

● **나의 견해**: 계절이 가고 만물을 생성하는 것은 곧 하늘의 신묘한 도이며, 성인이 인도人道를 다하여 천도天道에 합하는 것이 곧 신묘한 도道로써 가르침을 베푸는 것이다. 인성을 다하고 물성을 다하면 어디를 가도 가르치지 않음이 없는 것이다. 그러나 반드시 먼저 그 본성을 다하여 위로는 천리天理를 따르고 아래로는 민심을 따르면, '크게 볼 것이 위에는' 공功이 있게 되고 이에 아래서 바라보며 교화되는 효과가 있게 된다. 무릇 자기 몸에 본바탕을 두고, 백성에게 징험을 나타내며, 귀신에게 물어서 의심이 없으니, 천지에 풀어 놓아도 이치에 어긋나지 않는다.

> **상에서 말한다. 바람[德敎]으로 각 지방을 다니며 (민정民情을 살피는 것이) 관觀괘이다. 선왕께서 각 지방을 살피려고, 민정民情을 관찰하고 덕교德敎를 수립한다.**
> [象曰: 風行地上, 觀. 先王以省方觀民設敎.[11])]

정중鄭衆(?-83)은 말한다. 세속에서 하는 바, 순한 백성의 가르침을 따랐기 때문에 군자는 사람을 다스림에 세속의 변화를 추구하지 않는다.

(정이의) 『이천역전伊川易傳』에서 말한다. (관觀괘는,) 바람이 땅위에 행하여 여러 물건에 두루 미치니, 여러 지역을 경유하여 두루 관람하는 상象이 된다. (관觀괘는) 백성들을 살펴서 가르침을 베푸니, 예를 들어 사치하면 검소함으로 묶고, 검소하면 예禮로써 행동을 보여주는 것과 같다. '생방省方'은 백성을 관찰하는 것이다. '교화敎化를 실시함[設敎]'은 백성을 위한 관찰이다.

여대림呂大臨(1044-1091)은 말한다. 바람이 땅위를 다닌다는 것은, 만물이 각각 그 교화됨을 얻는 것이다.

황단백黃端伯(1585-1645)은 말한다. 땅에는 5방方이 있어서, 각각 풍기風氣를 이루는데, 방方을 관찰하여 가르침을 세우니, 예禮는 적절함을 따르며, 각 방으로 하여금 그 풍속[俗]에 안주하게 하기에, 모두 당지當地의 풍속에 순응할 뿐이다. (관觀괘에서) 바람[風]이 가르침의 주인이니, (가르침을) 시행하고 사방에 알리는데, 이것을 선왕先王은 높이 여긴다.

유원劉沅은 말한다. 사방을 살핀다는 것은 곧 순수巡狩(천자가 나라 안을 순행함)하는 것이다.

----

10) '修道之謂敎.', 『中庸』第1章 참조.

11) 『說文解字』에 의하면, 생省은 봄[視]이고; 『爾雅·釋詁』에 의하면, 省은 찰察[살핌]이다. 方은 방邦과 같다. 바람은 德敎에 비유되고, 地上은 각 지방이다. 高亨, 214-215頁.

백성들을 관찰한다는 것은 백성들의 풍속을 관찰한다는 것이니, 마치 (민중들의) 시가詩歌를 채집하여 바치거나[陳詩]¹²⁾ 평가를 받아들이는 부류와 같은 것이다. 가르침을 베푼다는 것은 풍속에 따라서 가르침을 베푼다는 것이니 중정中正에 어긋나지 않는 것이다. (하괘인) 곤坤은 사방이 되며 사방을 살피는 상이다. (상괘인) 손巽은 명령을 내림으로써 가르침을 베푸는 상이다.

초육효: 어린아이같이 (치졸한) 관찰이니, 소인들은 탈이 없으나, 군자는 어려움이 있을 것이다.

[初六, 童觀, 小人无咎, 君子吝.¹³⁾]

상에서 말한다. "초6효는 치졸한 관찰이니", "소인들"의 (보는) 방법이다.

[象曰: "初六童觀," "小人"道也.]

왕필王弼은 말한다. 관觀의 뜻은, 보는 대상이 아름다운 것이다. ([주희의] 『주역본의周易本義』에서, '([관觀]괘는 바라보는 것으로 의義를 삼았으니 모두 95효를 보는 것이다.'라고 말하였다. 유원劉沅은, '(관觀)괘卦는 보여줌으로 의義를 삼았으니 95효가 주가 된다; (초6)효爻는 바라보는 것으로 의義를 삼았으니 모두 95효를 보는 것이다.) 그러므로 (초6효는) 가까이에서 우러러 봄으로써 숭상한다. (초6효에서) 크게 볼 것이 있는 때를 당하여, 어린아이의 봄이 된다면, 어찌 비천하지 않겠는가?

(정이의) 『이천역전伊川易傳』에서 말한다. 소인은 아래의 백성이니 군자의 도를 알 수 없기에, (초6효는) 이에 '정해진 몫[常分]'이니, 착오錯誤라고 할 수도 없다.

풍의馮椅(1140-1232)는 말한다. (관觀괘) 초효初爻의 자리는 음陰이니 아이[童]가 되며, 62효 음은 여자이다. (유원劉沅은, '호체互體인 간艮은 막내아들[少男]이니, 아이의 상이다. 초효가 아래에서 음陰에 있으니, 또한 아이의 상이다. 그러므로 62효는 음에 있으니 여자의 상을 취했다.'라고 말한다.)

유원劉沅은 말한다. 소인의 몫은, 원래 '멀고 크게 관찰함'을 따져 물을 수 없다. (초6효는) 분별 못하고 알지 못하니, (초6효에서) '하느님[帝]'의 법칙에 순종함은 백성들의 상식이다. (그런데) 만약 군자 역시 보는 바에 제한됨이 있다고 하면, (이는 초6효에서) 허물[咎]이 된다.

리스전李士鉁은 말한다. (초6효에서) 어린아이의 바라봄이란 가까이에서 흘끗 보고 돌연 멀어

---

12) 진시陳詩: 천자가 지방을 순방할 때 지방마다 太師로 하여금 陳詩[시가詩歌를 채집하고 헌납함]하게 하여 民風을 살폈다.

13) 童觀은 유치한 관찰이다. 인吝은 어려움[難]이다. 高亨, 215頁.

지는 것이니, 보는 것은 있으나 아는 것은 없다. 백성들이 아무것도 모르는 것은 본래 지각이 없어서 이니, (『논어論語』에서 말한,) 이른바 '백성은 도를 따르게 할 수 있어도 알게 할 수는 없다.'[14] 일상생활에서 모른다면 백성은 그럴 수 있지만, 군자라면 마땅히 그것(道)을 실천하여 드러내야 하는 것이고, 익혀서 그것을 살펴야하는 것이며, 이로 말미암아 자기 도道를 알아야만 할 것이다.

● **나의 견해:** 군자는 95효를 말하며, 초6효는 홀로 양陽에 응할 수 없어서 유치하고 어리석음에 편안하다. 크게 볼 것이 위에 있으나 교화가 초6효에 미치지 못하니, 음의 허물이 아니라, 양의 부끄러움이다.

육이효: (문틈으로) 보니, (보이는 것이 적으나). 여자가 바르면 이롭다.
[六二, 闚觀,[15] 利女貞.]
상에서 말한다. "(남자를) 엿보는 것은 여자가 바르다 해도", 또한 수치스런 일이다.
[象曰: "窺觀女貞," 亦可丑也.]

왕필王弼은 말한다. (62효에서) 안에 처해 있으면 보는 것이 좁으니 여자의 도이다. (62효는) 크게 볼 것이 있을 때에 처해서, (62효는) 넓게 살펴보지 못하니 진실로 추하다.

유원劉沅은 말한다. (62효에서) 규闚는 규窺(엿보다)와 같다. 호체互體인 간艮은 문門의 상象이고 (하괘인) 곤坤괘에는 방문을 닫는다는 뜻이 있다. 문을 닫고서 바라보므로, 엿보는 것이라 말한 것이다.

마치창馬其昶은 말한다. (62효에서) 음은 자리를 얻어 변하지 않으므로 여자의 정절함이 이롭다고 한다. 95효가 천하를 크게 바라보면 62효만이 이에 그 응함을 홀로 독차지하게 되어, 사사로이 엿보고 헤아려서 천賤하게 된다. 배우는 학자로 말한다면, 장자莊子가 질책하는 배움이란 한 선생의 말만을 배워 (그것을) 애지중지하면서, 사사로이 스스로 기뻐하는 것이다.[16]

---

14) "民可使由之, 不可使知之.", 『論語譯注』, 「泰伯」(8:9), 楊伯峻譯注, 상동, 81頁.
15) 규闚는 규窺(엿보다)와 같다. 규관闚觀은 문틈이나 구멍에서 보는 것이니, 보이는 것이 매우 적다. 高亨, 215頁.
16) "所謂暖姝者, 学一先生之言, 則暖暖姝姝而私自说也, 自以为足矣, 而未知未始有物也.", 『莊子淺注』, 「徐无鬼」篇, 曹礎基著, 北京: 中華書局, 381, 382頁 참조.

• **나의 견해**: 한 선생의 말은 사방으로 달통한 선비에게 말하기 어렵다. 대롱으로 하늘을 엿보고 표주박으로 바다를 헤아리는 것은 그 문구멍으로만 보이는 것을 스스로 지켜서 하늘이 높고 땅이 먼 것을 알지 못하는 것이며, 어린아이가 보는 것을 보고서도 변화되기가 더 쉽지 않아서, 마치 우물 안 개구리가 바다를 설명하지 못하고 여름곤충이 얼음을 설명하지 못하는 것과 같으니, 고루한 걸음으로 스스로 경계를 짓는 것은 유자儒者의 부끄러움이다.

육삼효: 나의 서민들을 고찰하여 (그들을) 뽑아서 임용하기도 하고, 물리치기도 한다.
[六三, 觀我生,17) 進退.]

상에서 말한다. "내가 서민들의 임용과 물리침을 살펴본다면"은, 아직 도리를 잃어버린 것은 아니다.
[象曰:"觀我生進退," 未失道也.]

유목劉牧(1011-1064)은 말한다. (63효에서) 그 도道를 보아서 때에 응하면 나아가고, 때에 맞지 않으면 물러난다.

왕신자王申子(13세기, 원元대 역학자)는 말한다. 95효는 양강陽剛하며 중정中正으로 천하에 시범示範을 보이면, 때[時]는 관찰을 기다리지 않는다. 단 (63효가) 내가 가진 것으로써 (서민들을) '선발하여 임용함[進用]'과 퇴출로 여기는 것을 보는 것이 가능하다.

주준성朱駿聲(1788-1858)은 말한다. 군자는 헤아리고 그 다음에 들어가고, 들어가지 않은 뒤에는 헤아려보니, 따라서 (63효에서 서민들을) '선발하여 임용[進用]'하기도 하고 퇴출시키기도 한다.

유원劉沅은 말한다. 나는 살았기에, 내 삶이 행동하는 이유이다. (63효에서) 마땅히 나아가고 물러나야할 때에 자기를 돌이켜 스스로 살피게 하면 도道를 잃지 않을 수 있다. (63효에서) 위로는 이미 빛나는 대신大臣을 바라봄이 있고 아래로는 관찰하여 백성들을 교화함이 있으며, 나의 행동하는 것을 보아서 나아가고 물러나니 어찌 도를 잃을 수 있겠는가? 다른 괘의 63효는 중中이 아니기에, 대부분 길吉하지 않으나 오직 본괘의 이 (63)효만은, '아직 도道를 잃지 않았다.'라고 말한다. 사람들이 참관參觀에만 힘쓰면서 자신을 살피지 못하는 것을 두려워한 것이다.

마치창馬其昶은 말한다. (63효에서,) 생生을 읽으면 '본성[性]'이 되니, '본성[性]과 행위[行]'를 말한 것이다. 63과 64효는 진퇴의 자리에 처해 있으나 63효가 움직여서 바른데[正, 즉 陽]로 가면 이離괘로 변하여 밝게 되어서 자신을 바라볼 수 있으므로, 도道를 잃지 않는다.

---

17) 관觀은 고찰考察이다. 生은 서민庶民이다. 高亨, 216頁.

● **나의 견해**: '나의 본성[性]을 고찰함[觀我生]'은 곧 '하늘의 이 밝은 명[明命]을 돌아봄'이다.[18] (『중용中庸』에서), '천명天命을 성性이라 말'하니,[19] 나의 '본성[性]'을 고찰함은 진퇴進退의 도道로 여기는 것이다. 진퇴를 잃지 않으니, 이에 나의 '본성[性]'이 부담이 되지 않는데, 이는 '혹 연못에서 뜀'과[20] 같은 뜻이다. '본성[性]을 따라서 행동하는 것'[率性]은 관觀이 아니면 안 되고, 63효의 자리가 중정中正이 아니므로 진퇴에서 때때로 도道를 잃는다. '관찰[觀]'을 닦는 자는 도道로써 저울대[衡]로 삼으면, 잃는 것이 적게 되기에, 따라서 (63효의 상象에서) '아직 도道를 잃지 않았다.[未失道]'라고 말한 것이다.

64효: (제후諸侯가) 나라의 (찬란한) 광휘光輝를 보게 되니, 왕王의 빈객이 되면 이롭다.
[六四, 觀國之光, 利用賓于王.[21]]
상에서 말한다. "나라의 광휘를 관찰함"은, (임금으로부터) "상빈上賓" 대우를 받는 것이다.
[象曰: "觀國之光," 尙"賓"也.[22]]

『좌전左傳』(장공莊公22年)에서 말한다. (관觀괘의 하괘인) '곤坤은 흙이다. (상괘인) 손巽은 바람이다. 건乾은 하늘이다. 바람은 땅위에서 하늘이 되니, 산이다. 산에는 재목들이 있고 그것을 하늘의 광명으로써 비추어 주게 되니 이에 땅위에 있게 되기에, 따라서 "나라의 빛남을 본다."라고 말한다. … 뜰에는 온갖 예물로 채워놓고 옥과 비단으로써 갖추어 놓아, 천지의 아름다운 것이 구비되어 있으니, 그러므로 "왕에게 손님되는 것이 이롭다."라고 말한 것이다.'[23]

정현鄭玄(127-200)은 말한다. 제후는 천자에게 유능한 인물을 천거하고 경卿대부大夫는 그 임금에게 유능한 인물을 천거하니 반드시 예禮로써 손님으로 대우했다.

우번虞翻은 말한다. (하괘인) 곤坤괘는 나라가 되고, 왕王은 95효의 양陽을 말한다. 『시詩』에서 말하였다. '감히 와서 공물을 바치지 않은 사람이 없으며, 감히 와서 왕을 뵙지 않은 사람이

---

18) "太甲曰: 顧諟天之明命.", 『大學今註今譯』首章, 宋天正註譯, 상동, 10頁.
19) "天命之謂性.", 『中庸今註今譯』, 宋天正註譯, 상동, 2頁.
20) 『周易』, 乾卦의 94효: "或躍在淵, 无咎." 高亨, 59頁 참조.
21) 國之光은 나라의 정적政績(정치 업적), 풍속 등의 빛이다. 賓賓은 손님이다. 高亨, 216頁.
22) 尙은 上이니, 尙賓은 上賓이다. 高亨, 상동.
23) "坤, 土也. 巽, 風也. 乾, 天也. 風爲天於土上, 山也. 有山之材而照之以天光, 於是乎居土上. 故曰: '觀國之光,…' 庭實旅百, 奉之以玉帛, 天地之美具焉, 故曰: '利用賓于王.'", 『左傳全譯』莊公22年, 王守謙 등 譯注, 상동, 152頁.

없도다.'[24]

왕필王弼은 말한다. (64효는) 바라보는 때[時]에 있으니, 지존한 것에 아주 가까이 있어서, 나라의 광명을 보는 것이다.

최경崔憬(7세기, 당唐대 역학자)은 말한다. (64효는 음의) 자리를 얻었으니 존귀尊貴함[95효]에 가깝고, 왕을 받드는 자이니, 직책은 나라의 준재俊才를 찾아서 선발하고, 백관百官들이 모여 있는 곳에 손님을 천거하니, 따라서 (64효는) 현재賢才를 추천하여 상빈上賓으로 만든다.

방공소方孔昭(1590-1655)는 말한다. (64효는) 여러 음들이 양陽을 핍박하는 형세이니, 바꾸어 제후들이 왕王을 조배하게 되는 상象이고, 볼거리가 커서 감화됨이. 바로 이 (64)효爻에 있다.

혜동惠棟(1697-1758)은 말한다. '정혼訂婚의 예[聘禮]'에는, (여자가) 시집가는 대례大禮의 날[日]을 기록했고, 관상觀賞하는 예禮가 있다. 정현鄭玄의 주注에, '이 나라를 빙문聘問하여, 종묘宗廟의 미美와 부유한 백관百官들을 보고자 한다.'라고 말한다. 『좌전左傳』에, '(진후晉侯가) 한선자韓宣子를 (노魯나라에) 파견하여 빙문聘問하게 하니, (한선자는) 태사太史에서 (진귀한) 서적들을 보았고;[25] '오吳나라 공자公子[季]찰札은 주周나라 악樂[舞蹈와 音樂]의 관상觀賞을 청하였으니,'[26] 제후들이 (천자天子인) 왕王을 조배함이 이러하였다. 이것이 '나라의 광휘光輝를 관상함[觀國之光]'이다.

유원劉沅은 말한다. 임금은 사해四海에 여러 (제후들) 나라의 정치와 교화를 관찰하였으니, 임금(자신)의 덕을 알 수 있다. 호체互體인 간艮은 빛나는 광명[光輝]이고, 64효는 때[時]를 탐[乘]에 작위作爲가 있어서, (천자天子) 나라의 흥성한 덕의 빛나는 광명을 보게 된다. 95효의 양陽은 굳세고[剛] 중정中正하여 천하에 보여줌이 되며, 64효는 95효에 가까이 있어 그 빛나는 광명에 직접 영향을 받게 된다. 현덕賢德을 숭상하면 이에 군자는 손님의 예禮로써 처하니, (64효) '상象전의 말씀[辭]'은, (천자天子) 나라의 광휘光輝를 관상觀賞함에 조급하게 앞으로 나아가는 것을 경계한 것이다.

리스전李士鉁은 말한다. 현인이란 나라와 국가의 광명이다. 64효가 양을 이어 받들어 임금이 되어도 그 나아감을 스스로 기뻐하지 않고 현인으로 나아가게 하니 제후들이 유능한 인물을 천거하는 상이다. 도덕과 의리를 갖춘 선비는 마땅히 처음에 나아가서 신하의 도로써 굽히지 않고 '손

24) "莫敢不來享, 莫敢不來王.", 『詩經譯注』, 「商頌」, 「殷武」, 袁梅著, 상동, 1,052頁.
25) '晉侯使韓宣子來聘, … 觀書於太史氏.', 『左傳全譯』昭公二年, 王守謙 등 譯注, 상동, 1,111頁.
26) '吳公子札來聘, … 請觀於周樂.', 『左傳全譯』襄公二十九年, 王守謙 등 譯注, 상동, 1,031頁.

님의 예[賓禮]로써 처한다. (『시詩』,) 「소아小雅」에서, 「녹명鹿鳴」의 '좋은 손님[嘉賓]'과27) (『주례周禮』의) 「지관사도地官司徒」편에서, '빈흥賓興'은28) 모두 (손님을) 공경함을 말한 것이다.

마치창馬其昶은 말한다. 제후가 조정에서 알현하는 일과 선비를 선출하는 일은 모두 나라의 광명함을 보는 것이다. 『주관周官』, (「지관사도地官司徒」,) 「대사도大司徒」에서, 「고을에서 삼물三物[六德, 六行, 六藝]로써 모든 백성들을 가르치고 '현자를 추천하면 그를 손님으로 대접[賓興]'하였으니,29) 고을 대부는 삼년이 되면 크게 (기량을) 비교해서 그 덕행德行과 도예道藝[學問과 技能]를 살피고, 어진 자와 능한 자를 천거하며, 현능賢能한 자들의 글을 왕에게 올리면, 왕은 다시 벼슬을 내리고 그것을 받았으니, 이것을 일러, '왕에게 손님하는 것이 이롭다.[利用賓于王]'라고 말하는 것이다. 학교와 선출選出의 제도를 바르게 알면, (하夏, 은殷, 주周) 삼대三代에 통하게 될 것이다.

구오효: 나의 서민들을 고찰해보면, 임금은 재앙이 없을 것이다.

[九五, 觀我生, 君子无咎.30)]

상에서 말한다. "내가 서민들을 관찰함"은, 백성들을 고찰함이다.

[象曰: "觀我生," 觀民也.]

왕필王弼은 말한다. 나의 서민들을 본다는 것은, 스스로 그 도道를 보는 것이다. 관觀괘의 주主가 되어, 원대하고 큰 교화를 선포하여 천하[四表]에 빛이 되니, 고찰함의 정점頂点[極]이다.

유원劉沅은 말한다. 나[我]는 95효 자신을 말한다. 일찍이 다른 사람을 바라보는 것을 구하지 않고, 오직 스스로 자신이 나의 서민들을 고찰하였으니 군자의 행동[行]이다. 95효가 바른[正] 까닭에 중정中正이 되어 천하의 본보기가 되는 것이다. (95효에서) 백성을 살펴본다는 것은 곧 자신이 중정中正하여 백성의 뜻을 살펴본다는 뜻이다.

마치창馬其昶은 말한다. 군자를 양陽이라 말하고, 95효의 양陽은 변하지 않으니 곤坤괘 백성들에게 보여줌이 된다. 공자가 말씀하셨다. '도덕신의[德義]가 존숭할 만하고, 용모와 행동[容止]이 볼

---

27) '嘉賓.', 『詩經譯注』, 「小雅」, 「鹿鳴」, 袁梅著, 상동, 404-405頁.

28) '以鄕三物敎萬民而賓興之.', 『周禮今註今譯』, 「地官司徒」第二, 林尹註譯, 상동, 99頁.

29) 『周禮今註今譯』, 「地官司徒」第二, 林尹註譯, 상동. 빈흥賓興은, 주대周代 인재를 채용하는 법이다. 대략 3년간 지방향리에서 공부를 하고 무예를 익힌 자들을 지방의 향로鄕老들이 추천하여 관리로 등용시키는 것이다. 이 때 추천받은 자들을 배웅하려고 鄕老들이 술잔치를 여는데 이 때 마시는 술이 향노주鄕飮酒이다.

30) 觀은 고찰이다. 生은 서민을 가리킨다. 君子는 國君이다. 高亨, 217頁.

만 하며, 진퇴가 법도에 맞아서 그 백성들에게 임함에 따라서 백성들이 두려워하며 사랑하는 것이니 본보기가 되고 상징이 된다.' 『시詩』(「노송魯頌」, 「반수泮水」)에서, '위의威儀를 공경하여 삼가니, 백성들의 본보기로다.'라고[31] 말씀을 하셨다. 백성들을 관찰하는 것을 말한다.

● **나의 견해**: 63효는 아래에 있으면서 나의 서민들을 관찰하고 진퇴의 도道로 여긴 것은, 곧 95효가 상위上位에서 자신의 서민들이 군자가 될지 안 될지를 본 것이다. 위로 군자의 도道가 나와 더불어 합하면 나아갈 수 있고, 합하지 못하면 물러나게 된다. 그러므로 위에서는 나의 서민들이 군자가 될 수 있음을 보았다면, 아래에서는 나의 서민들이 도道를 진퇴로 여기는 것을 보았으니, 모두 위에서 쓰이는 것이다. 95효가 중정中正으로 천하를 살펴보고, 63효는 아래에서 바라보며 교화된다. '나의 서민들'에 대한 두 가지 말은 또한 건乾괘의 92, 95효와 같이, '대인大人을 만남은 이롭다.'라고 한 것과 같으니, 무슨 허물이 있겠는가? '백성을 살핀다[觀民].'라고 말한 것은, '백성들이 바라보면 천하가 족히 복종한다,'라는 말이다.

상구효: 다른 나라 백성들을 살펴서, (대외정책이 합당하다면), 임금은 재앙이 없다.
[上九, 觀其生,[32] 君子无咎.]
상에서 말한다. "다른 나라 서민들을 고찰함"은, (내) 뜻에 아직 (분명한) 변별이 없는 것이다.
[象曰: "觀其生,"[33] 志未平也.]

(경방의) 『경방역전京房易傳』에서 말한다. 경經(임臨괘 상9효)에서 '그 백성들을 관참함[觀其生]'이라 칭한 것은, 대신大臣의 뜻은 마땅히 현인賢人들을 관찰해서, 그들의 본성과 행위를 알고서, 미루어서 (임금에게) 진헌進獻함을 말한다.

육희성陸希聲(801-895)은 말한다. 백성들의 선악은 나의 덕화에 말미암는다. 백성들의 행동을 살펴보니, 그 뜻이 편안하지 않으므로 백성들이 교화되지 못했음을 근심한다.

양명시楊名時(1661-1737)는 말한다. 문왕文王은 백성들을 아픈 자들과 같이 보았으며, 도道를 바라보아 아직 그것[道]을 볼 수 없으면, (상9효에서) 그 뜻은 편안하지 않음을 알았다.

마치창馬其昶은 말한다. 그 서민들은, 천하 사람들의 삶이다. 성인의 뜻은 반드시 아랫사람들

---

31) '敬愼威儀, 維民之則.', 『詩經譯注』, 「魯頌」, 「泮水」, 袁梅著, 상동, 1,011, 1,012頁.
32) 其는 彼와 같으니, 他國을 가리킨다. 高亨, 217頁.
33) 平은 辨(분별하다)의 가차이다. 高亨, 상동.

로 하여금 바라보고 교화가 되어 천하 모두가 군자가 되게 하는 것이니, 위대한 순舜임금의 선善은 만백성들과 더불어 같은 것이다. 뜻이 편안하지 않다는 것은 요순堯舜도 문제로 생각하였고, 추鄒와 노魯나라의 (유가儒家) 선비들이 슬프고 가엽게 여기는 마음과 같다. 아래에서 초6효의 어린아이의 (유치한) 견해[觀]는, 위에 있는 군자에게는 '어려움'[吝]이 되니, 뜻이 그러한 것이다. (상괘인) 손巽괘와 (하괘인) 곤坤괘는 남쪽 방향의 괘로, 만물은 서로 이離괘를 보기에, 따라서 (본괘는) 괘명이 관觀이 되었고, 군자와 백성, 위와 아래 모두가 서로 바라본다는 뜻이 있다.

• **나의 견해(1)**: 상9효(의 상象전)에서, '내 백성들을 보니 그들의 뜻에는 아직 변별이 없음'은, 곧 문왕文王께서 정치를 하여 인仁을 베풀어서, 백성들을 아픈 사람처럼 본다는 뜻이다. 나는 군자이나, 천하의 백성은 다 군자가 되지 못하니, 모두 나의 허물이다. 반드시 치욕을 받지 않고 태어난 (백성들)을 관찰하면, 사람은 모두 군자君子이니, 허물이 없다. 맹자는, '천하에 사람이 살아온 지가 오래되었는데, 한번 다스려지고 한번 어지러워졌다.'라고[34] 말하였다. (사회가) 어지러움을 당했는데, 천하는 평안하지 않아서, 군자의 뜻 또한 평안하지 못하다. 요堯임금, 순舜임금, 우禹왕, 주공周은, 뜻이 천하 사람들의 삶[生](의 안정)에 있었으니, 그들의 어지러움을 걱정하여 그들의 다스림을 생각하였는데, 이것에 도달하려는 위에 있는 자의 뜻은 아직 평안하지 못하였다. 공자와 맹자에게는, 뜻이 천하 사람들의 삶에 있었으니, (공자는) 두려워하여 『춘추春秋』를 지었고, (맹자는) 두려워하여 선성先聖의 도道를 익혀서 사람들의 마음을 바로 잡으려 하였으나, 이것은 막혀서 아래에 있는 자들의 뜻이 편안하지 못하였다. 우禹임금은, (백성들이 위험에) 빠질 것을 자신이 빠질 것으로 생각했고, 직稷은, (백성들이) 굶주리는 것을 자신이 굶주리는 것으로 생각했으며, 이윤伊尹은[35] 마치 천하의 백성들이 혜택을 입지 못한 것은 마치 자기가 밀어서 도랑 안에 빠진 것처럼 생각한 것이니, 모두 때때로 그 백성들의 뜻이 평안하지 못한 것을 고찰한 것이다. 천하의 백성들(의 실정實情)을 볼 수 있고, 백성은 나의 동포이며 만물은 나와 함께 한다는[36] 헤아림[量, 思慮]을 갖추고, 대도大道를 행하면, (하, 은, 주) 삼대三代의 정화精華[英]는 아직 오지 않았으나 그에 대한 뜻은 있다. 이와 같이 위에서 크게 관찰하면, 중정中正으로써 천하를 바라볼 수 있다.

---

34) '天下之生久矣, 一治一亂.', 『孟子譯註』, 「滕文公」下편(6:9), 楊伯峻譯注, 상동, 154頁.
35) 伊尹은 걸桀왕을 망하게 하고 탕湯왕을 도와서 王道정치를 펼쳤으며, 殷나라를 부흥시킨 재상이다.
36) 民胞物與는, 장재張載의 『서명(西銘)』중에 나온다.

• **나의 견해(2)**: 나의 백성을 보는 것은, 그것을 모두 본다는 것뿐만이 아니라, 반드시 성의誠意, 정심正心과 수신修身의 실제 공功이 있어야 한다는 것이기에, 이는 모두 '명덕明德을 밝히는 일'이다. 내 백성을 관찰한다는 것은 또한 그저 바라만 보는 것이 아니라, 반드시 '집안을 고르게 하고[家齊],' '나라를 다스리며[國治],' '천하를 평정[天下平]'하는 실제의 징험徵驗이 있어야 한다는 것이다. 이것은 곧 '백성을 새롭게 만드는[新民]' 일이다. (형세가) 막히면 단지 자신만을 선善하게 하지만, 진퇴가 도道에 합치하지 않음이 없고, 달통達通하면 선善을 (다른 사람들과) 겸하는 것이고, (자신의) 중정中正함은 만부萬夫의 소망이 되니, 이것이 나의 백성을 볼 수 있다는 것이다. 그 정점頂点[極]을 모아서 그 정점으로 되돌아가는 것이니, 천하의 평안하지 않은 자가 모두 자기 평안을 얻는 것이기에, 후에 나의 지원志願이 또한 그 평안을 얻어 고르지 않은 바가 없게 되니, 이것이 내 백성을 볼 수 있는 것이 되는 것이다. 이는 모두 '지극한 선善에서 멈춤[止於至善]'을[37] 말한다. 관觀괘의 도道는 여기에서 뜻을 채울 수 있으나 머뭇거릴 것이다!

• **나의 견해(3)**: 관觀괘는 양은 점점 사라지고 음은 점점 달리고[驟] 융성해짐이니, 천하가 교화를 이루기 어려움과 같다. 그러나 나를 살피고 다른 사람들이 봄에는 각각 그 도가 있으니, 정성과 공경의 마음으로써 그것을 진실하게 하면 백성들이 또한 보고 감동하여 교화될 수 있다. 천하를 가르치는 것은 자취가 아니라 신묘함으로써 하는 것이니, 신묘함을 쓰는 것은 마치 바람이 땅위에 부는 것과 같아서 지나가는 것은 교화된다. 95, 상9효의 두 양陽은 크게 볼 것이 위에 있는 것이니, 의젓함이 일월이 비추는 것과 같아서, 아래의 네 음陰은 그것을 보고 교화된다. 초6효는 몽매한 소견에 얽매이고, 62효는 엿보고 헤아리는 사사로움에 사로 잡혀서 양陽을 떠나서 오히려 멀리 있으니 이에 아래에서 바라보고 갑자기 변화될 수 없는 것이다. 63효는 진퇴의 도를 얻었고, 64효는 (천자天子의) '나라를 관상觀賞[觀國]하는' 손님으로 열지어서 양과 더불어 점차로 가까이 하는 것이니, 이에 아래에서 보는 것이 함께 변화되는 것이다. 95효의 덕德은 중정中正에 합치하는 것으로, 군자의 도道로써 스스로를 다하므로 천하가 쳐다보는 것이 됨에 충분하니, 이는 관觀괘의 본모습이다. 상9효는 관觀괘의 정점에 있으면서 군자의 도로써 사람들을 가르치는 것으로, 크고 원대한 지원志願을 품고 사람 사람마다 군자가 됨을 다 이루길 바라는 것이니 이는 관觀괘의 헤아림이다. 천하의 지극한 정성으로써 내 백성들을 관찰하여, 내 몸을 중심으로 하면 백성들의 바라봄이 되며, 또한 내 백성을 바라봄으로써 사람의 본성[人性]을 다할 수 있게 되니, 천하에 명덕明德을 밝히게 되나, 만약에 한 사람이라도 얻지 못하면 뜻에 편안하지 못함이 있게 된다. 무릇

---

37) '在止於至善.', 『大學』首章 참조.

타고난 것을 본성이라 말하고 본성의 헤아림은 천지에 두루 꽉 찼으니, 백성들은 천지의 중中을 받아서 태어난다. 이 태어남이 같기에 이런 본성도 같고, 이런 본성이 같기에 이런 바라봄도 같다. 처음에는 '여러 물건들[庶物]'이 나왔으나, 성인의 본성에는 보탤 수가 없다. 만물이 한 몸이어서 모든 사람들의 본성에는 부족함이 있지 않다. 그러나 관체觀體(볼 수 있는 주체)에는 비록 지우智愚, 고하高下의 차이가 없으나, 관觀괘의 본 내용(실제 양量)은 크고 작으며 넓고 좁음에 대한 분별이 있다. 아래[坤] 삼효는 안에 있어서 넓고 크게 봄을 말하기에 부족하다. 위[巽] 3효는 내괘에서부터 외괘로 이르는 것과 같아서, 64효는 (천자天子가 현자賢者를 손님 대접하는) 빈흥賓興의 뜻을 가지고 왕정에서 빛이 난다. 95효는 돌이켜보아 스스로를 거울삼아 큰 덕을 밝힐 수 있으니, 자기 본성[性分]에 고유한 것을 완전하게 한다. 상9효는 우주[宙合]를 밝게 보고, 백성과 만물에 대한 마음으로 자기 직분에 당연한 것을 다하는 것이니, 관觀괘의 헤아림[量]은 짐작하면 짐작할수록 그 광대함이 드러난다. 이에 (관觀괘는) 두 양이 위에서 사표師表가 되어 거느리고, 네 음은 아래에서 순종하는 까닭이니 '크게 보는[大觀]' 상이다.

21. 서합噬嗑괘 ䷔

서합噬嗑괘: (일을 하면) 형통하다. 송사訟事를 하면 이롭다.

[噬嗑: 亨. 利用獄.[1)]]

유원劉沅(1767-1855)은 말한다. 서噬는 깨물음[齧]이다. 합嗑은 합合이다. 턱 안에 사물이 사이에 끼었으니, 으깬 다음에 합쳐진다. 아래 위에 양陽이 둘이고 가운데는 비었으니, 턱의 상이다. 94효는 일양一陽으로 그 가운데 끼었으니, 턱 안에 물건이 있는 상이다. 「서괘序卦」전에, '볼[觀] 수 있으면 다음에 합하게 되니, 따라서 이것을 서합噬嗑괘가 이어 받았다.'라고[2)] (하였다.) '송사訟事를 하면 이로움[利]'이라면, 서합噬嗑괘 중의 일사一事이다. (하괘의) 진震은 위세威勢이고, (상괘의) 이離는 밝음[明]이니, 조화造化를 막는 사물이 있으면, 반드시 형옥刑獄으로써 그것을 다스린다. 65효는 송사를 다스리는 주主로, 유柔하나 중中을 얻었으니, 따라서 송사를 하는 것이 이롭다[利用獄].

단전에서 말한다. 볼[頤] 속에 무엇이 들어 있는 것이, 서합噬嗑괘이다.

[象曰: 頤中有物,[3)] 曰"噬嗑."]

우번虞翻(164-233)은 말한다. (호체互體인) 감坎은 송사訟事[獄]이고, 물物은 94효이다. 사물이 없으면 입은 씹을 수 없고, 따라서 볼 속의 물건을 먼저 처리하는 것이 서합噬嗑이다.

리스전李士鉁(1851-1926)은 말한다. 상9, 초9효는 뺨[頰]을 돕는다. 62, 63, 65효는 상하의 이빨

---

1) 서합噬嗑은 卦名이다. 王弼에 의하면, 서噬는 씹다(설齧)이고, 합嗑은 合이다. 이빨로 물건을 무는 것이 서噬이고; 입을 다무는 것이 합嗑이다. 噬嗑은 입속에 사물을 머금고 씹는 것이다. 이것은 비유이니, 서합噬嗑은 마음에 문제가 있으면, 그것을 완미玩味하고 생각하는 것이다. 형亨은 通이고; 옥獄은 송사訟事이다. 高亨, 218頁.
2) '可觀而後有所合, 故受之以「噬嗑」.', 「序卦」傳, 高亨, 646頁.
3) 이頤는 시腮(볼)이다. 高亨, 219頁.

을 나타낸다. 94효는 가운데 있으니, 물건을 나타낸다. 94효는 중정中正하지 않으니, 따라서 반드시 그것을 씹어서 버린다.

> 서합噬嗑괘는, "형통함"인데, 강剛과 유柔가 교차하고, 진동하면서 밝으며, 우레와 번개가 합하여 드러난다. (62효의) 부드러움[柔]이 가운데[中]를 얻어서 위로 올라가나, (65효는 음으로 양) 위位에 합당하지 않기에, (불리하나, 그래도), "송사에는 이롭다."
> ["噬嗑"而"亨," 剛柔分, 動而明, 雷電合而章.[4] 柔得中而上行, 雖不當位, "利用獄"也.[5]]

석개石介(1005-1045)는 말한다. (서합噬嗑괘는,) 유柔가 아래로 (내려오)고 강剛은 위로 (올라가니), 확정된 성질이나, 유柔가 65효에 있어서 위로 다니게 된다.

(장재의)『횡거역설橫渠易說』에서 말한다. "9(양)와 65효가 나뉘었으나 아래로 내려오고, 초9효와 6(음)이 나뉘었으나 위로 갔으니, 따라서 (서합噬嗑괘에서) '강剛과 유柔는 나뉜다.'라고 말한다. (서합噬嗑괘는) 합하여 뚜렷하게 되고[章], 합하여 무늬[文]를 이룬다."[6]

(정이의)『이천역전伊川易傳』에서 말한다. 군신君臣, 부자父子, 친척, 친구 사이에, 다른 마음을 가지고 서로 싫어서 벌어진 틈이 있는데, 무고하고 간사한 사람이 그 사이를 이간離間하니, (유원劉沅은, '오륜五倫은 화합和合을 귀하게 여기니, 틈을 내면 어그러질 것이로다.'라고 말한다.) 이것을 제거하면 화합할 것이다. 간격間隔은 천하의 대해大害이고, (문제를) 완미玩味하고 방책을 생각함[噬嗑]은 천하를 다스리는 대용大用이다. 천하의 간극間隙을 버리는 것은 형벌에 맡기는 데에 있으니, 그러므로 형刑을 취하여 쓰는 것이 의義가 된다. 두 몸이 밝게 비추어서 위세를 떨침이, 형刑을 쓰는 상이다.

조언숙趙彦肅(12세기, 남송南宋 학자)은 말한다. (상괘인) 이離[불, 火]가 (하괘인) 진震[우레]을

---

4) 亨은 通이고, 分은 마땅히 交이고, 章은 顯明이다. 하괘는 震(陽)이니 剛이고, 상괘는 離(陰)이니 柔이다. 剛이 아래에, 柔가 위에 있으니, '剛柔交'이다. 이는 강한 이와 부드러운 혀를 서로 써서 음식물을 씹는 것과 같다. 震은 動이고 離는 明이니, 서합괘는 '動而明'하니, 사람의 행동이 명찰한 것과 같다. 또 震은 雷(우레)이고, 離는 번개(電)이니, '우레와 번개가 합하여 분명히 드러남[雷電合而章]'이다. 高亨, 상동.

5) 六二효가 하괘의 中인데 柔요, 六五효가 상괘의 中인데 柔이다. 이렇기 때문에 '柔得中'이라 말할 수 있다. 62, 63, 65효는 모두 음[柔]이니, '柔上行'이다. 62효가 상승하여, 63, 65효가 되니, 65효는 '不當爲'이다. (65효는) 불리하지만, 訟獄에서 이길 수 있으니, '利用獄'이다. 高亨, 219-220頁.

6) '九五分而下, 初六分而上, 故曰: 剛柔分. 合而章, 合而成文也.',『橫渠易說』卷一, 上經, 噬嗑, 電子版文淵閣四庫全書, 상동 참조.

지나가면 번개[電]가 되는데, (이것들을 통하지 못하게) 막아버리면, 태양 또한 불이다. 이離가 진震과 합치고, 강剛과 유柔가 나뉘니, 움직이면 밝아진다. 그러므로 춘분春分 뒤에 우레가 소리를 내면, 번개가 비로소 오게 되니, 추분秋分에 우레가 수습되면 번개는 숨는다.

이순신李舜臣(12세기, 남송南宋시대 역학자)은 말한다. 서합噬嗑은 뺨 속의 막힘을 없애버리고, 우레와 번개는 천지天地의 막힘을 제거하고, 형옥刑獄은 천하의 막힘을 제거한다.

조여매趙汝楳(13세기, 남송南宋의 역학자)는 말한다. '송사訟事를 함이 이로움[利用獄]'은 65효의 유중柔中으로 귀결歸結되니, 그 불쌍히 여김[哀矜]은 좋은 뜻일까? 대군大君[65효]이 위에 있으니, 63효는 너그럽게 한 다음에 형형刑을 제정하는 것인데, 덕德이 비록 부드러우니, 송사訟事에는 이롭다.

호일계胡一桂(1247-1314)는 말한다. 서합噬嗑괘에서는 강유剛柔가 나뉘었고 유柔가 중中을 얻었는데, 절節괘(䷻)에서는 강유가 나뉘어서 강剛이 중中을 얻었으니, 그러므로 이 2괘에서 (각각) 그들의 뜻을 발동하는 것이다.

유원劉沅은 말한다. (하괘인) 진震은 우레[雷]이니 아래에서 활동하고, (상괘인) 이離는 번개[電]이니 위에서 밝아서, 합치면 문채文彩를 이루기에, 따라서 (서합噬嗑괘 단사象辭에서) '장章[彰]'이라 말한다. 임금이 인유仁柔를 마음에 두는데, 유柔하지 않으면 인仁을 잃고 난포해지는데, 유柔가 과도하면 인仁을 잃고서 너그럽기만 하다. 유柔가 중中을 얻어야 너그러움과 사나움이 적절함을 얻는다. 가련히 여기는[哀矜] 마음은 있고, 고식姑息적인 과실過失은 없으니, 우레 같은 결단처럼, 번개의 밝음처럼, 인술仁術로써 구제하니, (서합噬嗑괘에서) 원망의 넘침은 없을 것이다!

리스전李士鉁은 말한다. 옥獄은 흙에 둥그렇게 담을 쌓아서 (그 안에) 죄인을 있게 함이니, 상9, 초9효의 2양陽은 흙으로 둥그렇게 쌓는 상象이며, 94 한 효는 둥그렇게 담을 쌓은 흙 가운데의 죄인을 상징한다. 송사[獄]로 한 사람의 부정不正[邪]을 없애버리는 것은 곧 천하의 부정不正[邪]을 그치게 하는 것이다. 이離의 밝음[明]은 소송[獄]을 충분히 결단하고, 진震의 위세威勢는 소송에 족히 판결을 내린다. 형형刑은 '덕德으로 위세를 삼아서 두렵게 하는 것'을 말하고, 덕이 밝음으로써 밝게 하니, '소송을 하는 것이 이로움'[利用獄]일 수가 있다. 또한 (호괘인互體인) 간艮은 그침[止]이니, 위에 (있는) 사람[임금]이 무욕無欲하면 형벌은 맑아진다[淸]. 아래의 사람(서인庶人)들이 (자기가 멋대로 하는 것) 그치고 (법을) 범하지 않으면, 풍속이 바로 된다. 이것은 또한 (『상서尙書』, 「대우모大禹謨」편에서 말한) '(처음) 형벌을 주는 것은 (후에) 형형刑을 내리지 않겠다고 약정(期)'하는 깊은 뜻이[7) 아니겠는가?

마치창馬其昶은 말한다. 분分은 강상剛上과 문유文柔의 구분이니, 건강乾剛과 곤유坤柔가 일획一畫을 나누면 (건乾이) 이離를, (곤坤이) 진震을 이루니, 이는 괘변卦變을 말한 것이다.

상전에서 말한다. 번개와 우레가 서합噬嗑괘이다. 선왕先王은 형벌을 명찰하여 법률을 정돈한다.
[象曰: 電雷, "噬嗑," 先王以明罰敕法.8)]

『한서漢書·예문지藝文志』에서 말한다. '(법가法家는) 상상賞은 믿을 수 있게 하고 벌罰은 기필期必하였으니, 예제禮制를 보완輔完한 것이다. 『역易』(「서합噬嗑」괘)에서, "선왕先王은 분명한 형벌로써 법法을 조리가 있게 하였다."라고 말한다.'9)

왕부王符(83-170)는 말한다. 서합噬嗑괘는 아래는 움직임[震]이고, 위는 '밝음[明](離)'이니, 그 상象은 분명한 벌罰로써 법을 조리 있게 함이다. 게으름이 쌓이는 풍속에서는 상賞이 두텁지 못하면 선善은 권장되지 않고, 벌이 무겁지 않으면 악惡은 제지되지 않는다. 그러므로 풍속을 바꾸려하는 이는 그가 상벌을 행함에, 반드시 내심을 충분히 두렵게 한다면, 백성들은 이에 보는 방법이 달라질 것이다.

정현鄭玄(127-200)은 말한다. 칙勅은 이理(처리하다)와 같다.

후과侯果(侯行果, 8세기, 당唐나라 역학자)는 말한다. (서합噬嗑괘 하괘에서) 우레와 번개인 진震이 비치면, 만물(萬人)은 사특함[邪]을 품을 수 없다.

주진朱震(1072-1138)은 말한다. 사람들로 하여금 분명히 쉽게 피하게 하면, 번개의 밝음[明]을 본받게 되며; 법령을 바르게 하여 게으름을 경계하게 되고, 우레의 진동을 본받게 된다,

항안세項安世(1129-1208)는 말한다. (당唐나라의)『석경石經』에는 전뢰電雷로 되어 있다.

후왠췐胡遠濬(1869-1931)은 말한다. 우레와 번개는 하나의 기氣이니, 양 틈으로 오는 것은 틈을 낼 수가 없으니 반드시 합치는데, 오직 이것을 상象으로 하였다.

---

7) '刑期于无刑', 『今古文尙書全譯』, 「大禹謨」, 江灝, 錢宗武譯注, 상동, 40頁.
8) 電雷는 원래 雷電이나, 項安世가 漢나라 石經을 인용하여 수정함. 내칙를, 鄭玄은 理(다스림)으로 整(정돈)의 뜻이다. 내칙와 칙勅(정돈)이 서로 통용되니 수정 정리의 뜻이다. 상괘가 離니 電(번개)이요, 하괘가 震이니 雷(우레)이다. 電은 사람의 明察에, 雷는 刑에 비견되니, 서합噬嗑괘는 형벌을 명찰하여, 법률을 수정함의 뜻이다. 高亨, 220頁.
9) '信賞必罰, 以輔禮制. 『易』曰:「先王以明罰飭法.」', 『漢書·藝文志』, 班固撰,, 北京: 中華書局, 第六冊, 1,736頁.

유원劉沅은 말한다. 벌罰은 한 때에 쓰는 법이다. 법은 평시에 정해진 법法이다. 명明은 분변分辨이니, 경중輕重을 분변辨하기에, 번개의 밝음[明]과 같다. 칙勅은 바르게 함[正]이니, 득실得失을 바르게 함은 우레의 위세威勢와 같다. 성왕은 예악禮樂으로 천하를 교화하니, 완고하여 순종하지 않는 자는 반드시 형벌로써 다스린다. 씹는 것은 그것을 합치려는 것이고, 분명한 형벌은 가르침을 보조하는 것이지, 사나움[猛]을 높이는 것이 아니다. 벌을 받는 것은 악을 고치려는 것이니, 백성을 인애仁愛하는 마음이 아닌 점은 없다.

짱홍즈張洪之(1881-1969)는 말한다. 음양이 서로 씹어서 빛이 나면 번개[電]이고, 소리가 나면 우레[雷]이니, 이 둘은 씹어서 합쳐진 것이다.

또 (짱홍즈는) 말한다. (호괘互體인) 감坎은 벌罰이고 법法이며, 이離는 밝음[明]이며, 진震은 경계[誡]하여 삼가는 것[勅]이다. 벌은 법의 쓰임이고, 법은 벌의 몸이니, 칙勅을 밝혀서 예방하여, 백성들로 하여금 두려울 것을 알게 하여 감히 범하지 못하게 하니, 선왕先王들의 충후忠厚한 뜻이 보인다.

초구효: 족쇄를 끌고 다니기에 (주인이) 발가락을 잘라버린 것은 (가벼운 벌이니) 재앙은 없다.
[初九, 履校滅趾,[10] 无咎.]
상에서 말한다. (노예들이) "족쇄[刑具]를 끌고 다니니 발가락을 자름"은, (작은 형벌이니) 다니기에 불편할 뿐이다.
[象曰: "履校滅趾," 不行也.]

우번虞飜(164-233)은 말한다. 구履는 '꿰뚫음[貫]'이다. 지趾는 발[足]이다. (하괘인) 진震은 발[足]이고, 감坎은 형구刑具[校]이다.

왕필王弼(226-249)은 말한다. 무릇 잘못의 시작은 반드시 미미한데서 시작하여 드러난 곳에 이른다. 벌의 시작은 반드시 미약한 것에서 시작하나 반드시 죽임에 이른다. 잘못이 가벼우면 징벌도 약소하니, 따라서 (초9효에서) '족쇄를 끌어서 발가락을 없애버림[履校滅趾]'은 다니는 것을 속박하는데, 발의 징벌일 뿐이다. 교校는 곧 형구刑具[械]이다.

전징지錢澄之(1612-1693)는 말한다. 『주례周禮』(「추관사구秋官司寇」)에, '(왼쪽에 죄인을 앉히

---

10) 구履는 마땅히 누屨로 읽어야 하니, 屨는 예曳(끌다)이다. 교校는 죄인의 刑具인데, 목에 있으면 가枷[칼]이고, 손에 있으면 고梏[수갑]이고, 다리에 있으면 질桎[족쇄]인데, 이것을 통 털어 교校라고 했다. 여기서 校는 족쇄[桎]이다. 멸滅은 잘라버림[割去]이다. 지趾는 발가락이다. 高亨, 220-221頁.

는) 가석嘉石을 세우고 나쁜 백성을 교화하는데 썼다.'했으니,[11] 백성 중에 아직 법에 붙여지지는 않았으나 향리鄕里에 해害를 끼친 자는 묶어서 가석嘉石에 이르게 하여, (죄인을 다루는) 사공司空에게 복역服役하게 하였으니, 이 (초9)효가 그것을 감당한다.

유원劉沅은 말한다. 족쇄[屨校]는 발에 가죽신과 같은 형구刑具를 받는 것이다. (초9효는) 9[陽양]으로 처음에 있으니 (적절한 자기) 자리가 없는데, 하민下民의 상이다. (초9효는) 굳셈[剛]이고 유柔가 아니니, 바야흐로 활동의 처음에 그 악惡은 심하지 않다. (초9효에서) 처음에 악을 그치게 하는데, 형刑을 쓰나 가벼우니, 이른바 징계는 작고 경계는 크다. (초9효에서) 자기가 행하지 않았음을 탄식하나, 사람에게 소악小惡이기 때문에 그런 짓을 하지 말라고 경계하는 것이다. 초9효가 위로 (적절한 자기) 자리가 없음은, 형刑을 받을 사람이라는 것이고; 가운데의 94효는 고문하는[用刑] 사람이다.

리스전李士鉁은 말한다. 욕구를 막는 데는 미약할 때 그치게 하고, 혼란을 방지하는 데는 일찍이 예방해야 한다. (황제黃帝의) 『금인명金人銘』에서, '약한 불[焰焰]을 끄지 않으면, 큰 불[炎炎]이 되면, 어찌할 것인가!'라고[12] 말했다. 싹을 자르지 않으면, 도끼자루를 분질러버릴 것이다! 두렵지 않은가!

마치창馬其昶은 말한다. 초9효가 변하여 진동하면 곤坤이라 순종하게 되니, 상6과 94효라면 응한다. (하괘인) 진震은 파괴이니 따라서 통행될 수 없고, 뜻은 잘못을 고치고 위에 순종함을 취했으니, 자리를 잃었기 때문에 재앙이라 여긴 것은 아니다. (초9효에서) 발에 족쇄를 끌고 다니니, 다니는데 지장이 되고, 발가락을 자른 것은 망행妄行을 징계한 것이다. 머리에 칼을 지고 있으면 귀가 걸리니, 귀를 자른 것이고, 순통하지 못함에 죄를 준 것이다. 발가락을 자르거나 귀를 자르거나, 형벌 제정의 뜻을 설명한 것이지, 형 받음을 상징한 것은 아니다.

육이효: (노예가) 고기를 먹었으니, (주인이 그의) 코를 베어버렸는데, (조심을 할 것이기에) 재앙은 없을 것이다.

[六二, 噬膚, 滅鼻,[13] 无咎.]

상에서 말한다. (노예가) "고기를 씹었으니, (주인이) 코를 자른 것"은, (육이효가) 강건함[初九효]을 속였기 때문이다.

[象曰: "噬膚滅鼻," 乘剛也.[14]]

---

11) '左嘉石, 平罷民焉.', 『周禮今註今譯』, 「秋官司寇」第五, 林尹註譯, 臺北: 臺灣商務印書館, 1974, 377頁.
12) '熒熒不滅, 炎炎若何?', 『金人銘』#7, https://ctext.org 참조.
13) 서噬는 이빨로 씹는 것이니, 먹다[吃]이다. 부膚는 고기이다. 滅은 잘라버림이다. 高亨, 221頁.

마융馬融(79-166)은 말한다. (62효에서) 부드럽고 풍미가 있음이 '고기[膚]'이다.

유원劉沅은 말한다. 제사에는 '부가하는 찬饌[膚鼎]'이 있는데, 부드러운 고기이니, 씹으면 쉽게 입을 다물 수 있다. 62효는 부드러움[柔]을 중시하니, 뼈를 멀리 없애기에, 따라서 (연한) 고기가 되며, 호체互體인 간艮은 따라서 코[鼻]가 된다. 62효는 초9효의 굳셈[剛]을 올라타서, (초9효가) 강건하고 굳세서 복종시키기 어렵기에, 그(초9효)를 엄하게 다스린 것이다.

리스전李士鉁(1856-1926)은 말한다. (62효에서) 형옥刑獄과 (먹을) 것을 씹는 것은 비슷하여 뜻이 통함을 나타낸다. 초9, 상9효는 입 밖에 있으니, 따라서 씹는다고 말하지 않고 형刑을 말했다. 가운데 94효는 가운데 있는 굳셈[剛]이니, 따라서 형刑을 말하지 않고 씹음[噬]을 말했다. 여섯 효爻는 한 몸과 같으니, 초효는 발, 상9효는 머리, 중간은 뼈와 살이다. 94효는 가운데 있는 강剛이니, 살 중의 뼈이고; 63, 65효는 뼈와 가까운 살이며, 62효는 살가죽에 가까운 고기이다. 살가죽에 가까운 고기는 부드럽고 아름다우니 '고기[膚]'라고 한다. 62효는 유柔로써 유위柔位에 있고 중中을 얻었기에, 따라서 '고기'라고 말한다. 62효는 매우 부드러운 물건이니 본래 씹기 쉽고, 아래에서 초9효의 강剛을 올라탔다. 초9효는 사람의 '아래 이[下齒]'를 상징하는데, 사람이 음식을 먹음에, 아래 이를 움직여서 위로 씹으니, 그러므로 아래 이에 가까우면 먼저 부수어진다. 음식을 씹은 뒤에 입을 다무니, 나쁜 것이 제거된 다음에 사람은 안심하게 되기에, (62효는) 비록 굳셈을 올라타고 (초9효가) 지나치게 사납지만, 진실로 재앙은 없다.

마치창馬其昶은 말한다. 고기는 사람들이 좋아하는 것이니, 62효는 강剛을 올라타고 있으나 두려움을 알고 있으며, 그 맛을 탐욕 하는 것이 아니기에, 따라서 (62효는 주인이) '코를 잘랐으나 재앙은 없다.' 자름은 없애는 것이다. 형구刑具를 끌음은 발이 없는 것이 아니고, 굳세게 다닐 수 없기에 발이 없는 것과 같음이다. 고기를 씹은 것은, 코가 없는 것이 아니고, 냄새를 맡지 못하니 코가 없는 것과 같음이다. 『논어論語』(「鄕黨」편)에서, '날개 짓을 하며 날아 가버렸다.'라고[15] 했고, (이에 대해) 하안何晏의 주注에는, '그저 먹는 것이 아님[不苟食]'이라 했고, 황간皇侃(488-545)과 형병邢昺(932-1010) 두 사람의 소疏에, '후嗅는 코로 그 기운을 좋아함'이라 말했다. (양웅楊雄의)『태현太玄』경經에 이 구절을 본떠서, '향기香氣가 나는데 (냄새 맡을) 코가 없네, 아름답고 바르니 이로운데, 추측컨대, "코가 없음의 바름은 향기[芳가 없음"이다.'라고[16] 말했다. 온공溫公[司

---

14) 乘은 欺凌이다. 高亨, 상동.

15) '翔而後集.',『論語譯註』, 「鄕黨」篇(10:27), 楊伯峻譯注, 상동, 108頁.

16) '臭肥滅鼻, 利美貞. 測曰: 滅鼻之貞, 沒所芳也.',『太玄校釋』, 「闕」, 楊雄著, 鄭萬耕校釋, 北京: 北京師範

馬溫公, 즉 司馬光]주注에, '음식이 오면, 먼저 향기를 느끼고, 옳은 뜻을 보아야 하니, 정도正道를 잃지 않아야 한다. 공자는, "코가 없으면 향기를 맡을 수 없으니, 이는 또한 코가 없으면 냄새를 맡을 수 없다."라고 말하였다.'

육삼효: 말린 고기를 씹으니, 작은 어려움이 있음은, 독毒을 만난 일이다.

[六三, 噬腊肉,[17] 小吝, 遇毒.]

상에서 말한다. "(작은) 독毒을 만난 것"은, (63효의 음이) 자리[位, 陽]에 합당하지 않기 때문이다.

[象曰: "遇毒," 位不當也.]

정현鄭玄의 『주례周禮』주注의 납인腊人에서 말한다. 작은 물건으로 완전히 마른 것을 납腊이라 한다.

유원劉沅은 말한다. 포[腊]는 오래 동안 (말려서) 맛이 좋은 고기이다. 63효는 살 속에 있기에, 따라서 고기가 된다. (상괘인) 이離는 해[日]이니 말린 것이기에, 따라서 포[腊]가 된다. 호체互體인 간艮은 독毒이니, 사師괘(䷆)에도 또한 독毒을[18] 말하고 있다.

리스전李士鉁은 말한다. (상괘인) 이離는 또한 건乾괘가 된다. '말린 고기[腊肉]'는 지난날의 고기를 태양에 말려서 포[腊肉]가 된 것이다. 무릇 고기는 오래 두면 기미氣味가 변하여 독이 되는데, 『논어論語』에는, '(제사에 쓰인) 고기는 하루 밤을 묵어서는 안 된다.'라고[19] 경계한 것이다. 쉽게 보고 경계하지 않으면, 이것(63효)은 그 해害를 받게 되는데, 음陰이라 (해害는) 작은 것[小]이다.

천한장陳漢章(1864-1938)은 말한다. 「잡괘雜卦」전에 의하면, '서합噬嗑괘는 먹는 것[食]'이다.[20] (서합噬嗑괘의) 단象전에서, '뺨 속에 음식물이 있는 것이 서합噬嗑이다.'라고 말했으니, 따라서 가운데 94효는 모두 먹는 것[食物]을 나타낸다. (『예기禮記』) 「예기禮器」편에서, 「(태조묘太祖廟에서) '큰 잔치[大饗]'를 거행함은 천자天子의 일이니, 삼생三牲[소, 양, 돼지], 물고기[魚], 포[腊], 사해四海와 구주九州의 미미美味, 죽기竹器[籩]나 목기木器[豆]의 종류는 사계절의 화기和氣이다.'라고[21] 말

---

17) 석육腊肉은 말린 고기이다. 高亨, 222頁.
18) '以此毒天下.', 師괘 단전象傳, 高亨, 120頁.
19) '不宿肉.', 『論語譯注』, 「鄕黨」篇(10:9), 楊伯峻譯注, 상동, 103頁.
20) '噬嗑, 食也.', 「雜卦」傳, 高亨, 656頁.
21) '大饗, 其王事與? 三牲、魚、腊, 四海九州之美味也. 籩、豆之薦, 四時之和氣也.', 『禮記正義』(十三經注疏整理本), 「禮器」, 상동, 13冊, 886頁.

『周易學說』 상경上經　375

하였는데, 능정감凌廷堪(1757-1809)은, '향식饗食은 잔치의 향례饗禮였다.'라고 단정한다. 지금 미루어보면, (63효는)『역易』의 효爻와 합치하지 않은 것이 없으니, 육류肉類[膚]와 포[腊]는 아래에 (있게) 되는데, 62, 63효가 하괘下卦에 있기에, 따라서 (63효는) 육류[膚]를 상징하고 포[腊]을 상징한다.

마치창馬其昶은 말한다. 마융馬融의 주注에, '태양에 말리고 불에 구은 것'이 포[腊]이다. 고기[肉]는 독毒을 만날 수 있으니, 63효는 중정中正하지 않고, 또한, 호체互體인 감坎은 독毒이다.『시경詩經』의 모전毛傳에, 독毒은 쓴맛[苦]이다. 정현鄭玄주注의『주례周禮』에서, '독약毒藥은 쓰디 쓴 약藥이다.'라고 말했다. 무릇 불에 구우면 타는데, 그 맛이 써서 먹을 수가 없기에, 따라서 '작은 어려움[小吝]'이다. 그러나 쓰다고 먹지 않으면 다른 병환은 불러오지 않으니, 따라서 (63효에는) '허물할 것은 없다[无咎]'. 62효에서 '고기를 먹었으니, (주인이) 코를 벰'은 (고기가) 감미로우나 탐貪하지 않은 것이고; 63효에서 '포[腊]와 고기肉가 독毒이 과함'은 맛이 쓰기 때문에 버려진 것이니, 모두 예禮에 근면하여 삼가고 경계한 것이다.『국어國語』에서, '짙은맛은 실로 매우 쓴맛이다.'라고[22] 했다. 매우 쓴맛은, 사람들이 그것을 알고, 짙은맛은 좋아하는 사람이 그것에 빠지기에, 따라서 (63효는) 들어서 대비對比하여, 사람들로 하여금 (맛을) 신중하게 알게 함이다.

구사효: 건조한 뼈 있는 (짐승)고기를 씹었는데, (거기서) 구리 화살촉을 얻었으니, 어려우나 바르게 행동하면 이롭고, 길하다.
[九四, 噬乾胏得金矢,[23] 利艱貞, 吉.]
"어려운 일속에서 이로움을 얻음은 정도正道를 걸었기에 길한 것"이나, 아직 광명한 데는 들어가지 못했다.
[象曰: "利艱貞吉," 未光也.]

마융馬融은 말한다. (말린 고기에) 뼈가 있으면 '뼈있는 포[胏]'라고 말한다.

심기원沈起元(1685-1763)은 말한다. 빛은 이離의 몸[體]이다. '광명한데 아직 들어가지 못함[未光]'은 94효가 호체互體인 감坎[어려움] 가운데 있음이다.

유원劉沅은 말한다. (94효에서) 강剛이 부드러움[陰位]에 있으니, 뼈가 있는 고기이기에, 따라서 (94효는) '뼈있는 포[胏]'라 말한 것이다. 이離는 불로 그것을 덥히면, 따라서 ('포'는) 건조해진

---

22) '厚味寔腊毒.',『國語』,「周語」下, 上海古籍出版社, 상동, 92頁.
23) 자胏는 뼈 있는 고기이다. 金은 구리(銅)이다. 시矢는 촉이다. 高亨, 222頁.

다. 금시金矢는 구리로 된 화살촉鏃이다. 이離의 외효外爻는 건乾을 둘러쌓은 선이다. 건금乾金은 호체互體인 감坎으로 화살[矢]이다. 94효는 양강陽剛으로 다스리기 어려운 송사訟事[獄]를 다스리나, 굳셈[剛]으로 다 굴복시킬 수는 없으니, '구리로 된 화살[金矢]'은 다 씹을 수 없는 것과 같다. 이離는 본래 광명인데, (94효는) 이離의 시작점에 있기에 따라서 '빛에 아직 들어가지 못함[未光]'이다. 그것[94효]이 미광未光임을 알기에 어려운 데에도 정도正道[貞]로 유지하면, 또한 어려움 없이 빛[光]이 나니, 이것은 사람이 강剛을 유지하라는 뜻을 경계시킨 것이다.

천한장陳漢章은 말한다. 『설문해자說文解字』에 의하면, 자肺는 곧 자𦥑이니, (나의 견해: 𦥑와 자𦥑와 동음同音이다.) 제니𦞤䑆(나의 견해: 이䑆는 뼈가 들은 젓갈[骨醢]이다.)와 동류同類이고, 제 𦞤는 재盦라고 쓰니, 정현鄭玄주注에 오재五盦는 창본昌本[창포菖蒲의 뿌리], (나의 견해: 『주례周禮』(「天官冢宰」下篇)에 창본昌本, 미니麋䑆가[24]나온다.) 비석脾析(소牛의 천엽, 밥통[胃]), 신효[무명조개], 돈박豚拍[돼지의 겨드랑이살], 심포深蒲[물속에서 자라는 청포青蒲]이다. 또한 삼니三䑆를 말하는데, 또한 해醢(젓갈)이다. 뼈가 있으면 이䑆[뼈 있는 젓갈]이고, 뼈가 없으면 해醢(젓갈)이니, 모두 나무 제기祭器에 담았는데, (손님 접대하는) 향례饗禮에서 겸하여 먹기도 하고 겸하여 술을 권하였다. (『예기禮記』)「예기禮器」편에, '(제후들이) 안으로 들어올 때 종고鍾鼓를 연주함은 (임금과 신하들이) 화합함을 보인 것이고, … 황금이 그 다음이니, 진정을 보인 것이다. (그 다음에) 단사丹砂, 유칠油漆, 잠사蠶絲, 면서綿絮, 죽전竹箭 등이니, (천자天子와) 민중들이 이 재산들을 공유함이다.'라고[25] 말했다. 죽전竹箭은 활을 만들 수 있고, 구리[金]와 함께 열거했으니, 분명코 금시金矢나 황금黃金은 모두 향례饗禮할 때 묘당廟堂에 진열되는 진상품들이다.

마치창馬其昶은 말한다. '어려운 데도 정도正道를 행했으니 이롭고 길함'[利艱貞吉]은 예禮를 '잃을까'를 두려워한 것이다. (『예기禮記』의)「빙의聘義」편에서, '(주군主君은 또한) 향례饗禮, 식례食禮, 및 연례燕禮로서 (빈객賓客들을 접대하니, 이것들은 모두 주인과) 손님, 임금과 신하 사이의 도의道義를 나타내려는 것이었다. 따라서 천자天子는 제후諸侯들에 대하여 제도를 '합의하여 정[訂]'하고, 제후들은 매년每年 서로 소빙小聘을 하도록 하고, 3년마다는 대빙大聘을 하도록 하였으니, (이는) 예禮로써 서로 면려勉勵하게 한 것이다. 사자使者가 빙문聘問함에 (예절에) 잘못이 있

---

24) '麋䑆', 『周禮今註今譯』,「天官冢宰」下, 林尹註譯, 상동, 55頁; 이䑆는 육장肉醬인데, 뼈가 있으면 이䑆이다. 미니麋䑆는 죽으로 된 肉醬이다.

25) '內金, 示和也. … 金次之, 見情也. 丹漆絲纊竹箭, 與衆共財也.', 『禮記今註今譯』,「禮器」, 上冊, 王夢鷗 註譯, 臺北: 臺灣商務印書館, 1974, 329頁.

으면, 주군主君이 사자使者에 대해 향향饗饗, 식식례食食禮를 친친親親히 하지 않은 것은, 빙문聘問을 온 사자使者를 부끄럽게 하려한 것이다. 제후들이 예禮로써 서로를 면려勉勵하면, 밖으로 서로 침입하지 않고, 안으로는 서로 능멸하지 않았으니, 침략하지 않고 능멸하지 않게 되면,'26) 어찌 아직 옥송獄訟이 있겠는가? '빛에 아직 들어오지 않음[未光]'은 예禮을 안다고 스스로 자랑하지 않음이다. 공자는 태묘太廟에 들어가 매사每事를 물었으니, 이것이 의義인 것이다.

육오효: 마른 고기를 씹다가 (우연히) 황금알갱이를 (얻었으니, 하마터면 죽을 수도 있는) 위험한 일이었으나 정도正道를 걸었기에 탈은 없다.

[六五, 噬乾肉得黃金,27) 貞厲, 无咎.]

상에서 말한다. "정도를 걸으면 위험하지만 탈이 없음"은, (65의 효위爻位가) 합당하기 때문이다.

[象曰: "貞厲無咎," 得當也.28)]

우번虞翻은 말한다. 음은 고기를 칭하고, 이離는 해[日] 가운데 뜨거운 것이니, 따라서 마른 고기이다.

조여매趙汝楳는 말한다. 단상전에서 (65효가) 당위當位가 아님을 말했으니, 여기[62효]에서는 합당合當을 얻었으나, 저것[65효]은 (음陰의) 자리로 말한 것이고, 이것[62효]은 일[事]로써 말한 것이다.

유원劉沅은 말한다. (하괘인 진震에서) 건乾은 금金이고, (65효는) 곤坤의 중효中爻를 얻었으니, 따라서 누런 것[黃]이다. 황금黃金은 인심人心의 굳건하고 바름[堅貞]을 비유한 것이다. 득당得當은 형형刑을 씀의 '마땅함[當]'을 얻음이니, 경계한 것이다.

리스전李士鉁은 말한다. 금金의 품질은 누런 것[黃]이 위이니, (65효에서) 그 귀중함을 비유한 것이다. 고기를 씹어서 황금黃金을 얻은 것은 사악[邪]를 버리고 이에 '큰 이득[大利]'을 얻었으니, 또한 사악邪惡 속에 혹 지귀至貴한 성질이 있으니, 하나의 변화의 차이일 뿐이다.

천한장陳漢章은 말한다. '마른 고기[乾肉]'는 곧 『설문해자說文解字』에 의하면 포[脯]인데, 포[무숙膴鱐]와 동류同類이니, 모두 제기祭器에 담아내는 그릇[변실籩實]이다. 94, 65효는 이離를 몸으로

---

26) 『禮記今註今譯』, 「聘義」, 下冊, 王夢鷗註譯, 상동, 824頁.

27) '噬乾肉得黃金'은 누가 마른 고기[乾肉] 속에 黃金알갱이[粒]를 넣었는데, 그것을 먹은 사람이 이빨로 그것을 씹었으니, 황금 알갱이를 발견했다. 厲는 위험이다. 高亨, 323頁.

28) 貞은 志行이 올바름이고, 厲는 위험이다. 六五의 爻位가 상괘의 가운데이니, 합당하다. 高亨, 상동.

하는데, 이離는 건乾괘이니, 따라서 '말린 뼈있는 포[乾胏],' 건육乾肉을 나타낸다. 무릇 향례饗禮에는 연燕과 식예食禮를 겸하는데, 식례食禮에서는 먼저 식食을 바치니, 따라서 먼저 '도마와 그릇[조실俎實]'을 말했고; 연례燕禮에서 '제수祭需와 포[薦脯]를 끝으로 잡았으니, 따라서 건육乾肉을 끝으로 말했다. 향례饗禮가 비록 없어졌다고 해도, 『역易』에서는 볼 수 있다.

마치창馬其昶은 말한다. (65효에서) 모여서 함께 술 먹고 밥 먹는 데는 화락和樂을 주主로 하는데, 정도正道를 지키려는 마음을 갖게 된다. (『예기禮記』의)「빙의聘義」편에서, '술이 차가우면, 사람이 목이 말라도 마시지 않으며; 술 마시는 안주가 이미 말라버렸으면, 배고파도 먹지 않는다. 때가 어두운데, 사람이 비록 피곤해도, 용모는 가다듬고 게으름 피지 않으니, 예절禮節을 이루어, 임금과 신하가 바르게 되고, 부자父子가 친하게 되며,[29] 형제가 화합和合하고, 엄숙하여, 이에 화순和順하게 된다.「서괘序卦」전에, '음식에는 반드시 송사訟事가 있게 된다.'라고[30] 했다. 백성들이 덕을 잃게 되면, 건량乾糧마저 잃게 되는데, 그러므로 선왕先王은 신하에게 식사를 내려주는 예식禮食을 제정하여, 빈주賓主가 서로 절함으로서 다투는 풍조를 바꿔버렸다. 공자는, '송사를 심리하는데, 나는 다른 사람과 같다. 반드시 소송 사건을 없는 일로 할 것이다!'라고 말했다.[31] 서합噬嗑괘는 송사를 다루는 괘인데, 가운데 94효가 예식禮食을 들어서 설명함에, 송사를 없게 하려는 것이니, 그 뜻이 정밀하다고 하겠다.

상구효: 칼을 짊어지고 있어 귀가 잘리어나갔으니, 흉하다.

[上九, 何校滅耳,[32] 凶.]

상에서 말한다. "칼을 지고도 귀까지 잘렸음"은, 듣는 것이 명확하지 않기 때문이다.

[象曰: "何校滅耳," 聰不明也.[33]]

정현鄭玄은 말한다. (상괘인) 이離는 마른 나무이고, (호체互體인) 감坎은 나무가 귀 위에 있으니, 칼을 짊어져서 귀가 잘리는 상이다.

왕숙王肅(195-256)은 말한다. 하何는 짊어짐[擔]이다.

---

29) '酒清, 人渴而不敢飲也; 肉乾, 人飢而不敢食也; 日莫人倦, 齊莊正齊, 而不敢解惰. 以成禮節, 以正君臣, 以親父子.', 『禮記今註今譯』,「聘義」, 下冊, 王夢鷗註譯, 상동, 826頁.

30) '飲食必有訟.',「序卦」傳, 高亨, 644頁.

31) '聽訟, 吾猶人也. 必也使無訟乎!', 『論語譯注』,「顏淵」(12:13), 楊伯峻譯注, 상동, 128頁.

32) 何는 하荷와 통하니, 어깨에 짊어짐이다. 校는 칼[枷]이다. 멸滅은 잘라버림이다. 高亨, 224頁.

33) 총聰은 청聽(듣다)이다. 高亨, 상동.

주진朱震(1072-1138)은 말한다. (상9효에서) 불은 외경外景이니, 눈에는 봄[視]이다. 물은 내경內景이니, 귀에는 들음[聽]이다. (상9효에서) 보고 듣자면, 밝지 않으면 안 된다.

모박毛璞(12세기, 남송南宋시대 역학자)은 말한다. 끝에 의지하기에, 따라서 상9효에 기탁한다.

유원劉沅은 말한다. (상9효는 서합噬嗑)괘의 상上이니 머리이고, 이離는 나무줄기 위이기에 말랐으니, 칼[校]의 상이다. 하何와 하荷[짊어짐]는 통한다. 65효는 유중柔中으로 송사訟事를 판단하고 일을 다스리나, 상9효는 매우 굳센데 위에 있으니, 이는 귀는 있으나 귀 밝지 못한 것이기에, 분명한 판단을 만나도 알지 못하여, 따라서 (상9효는) 흉하다. 호체互體인 감坎은 귀이고, 또한 귀의 질병이 된다. (상9효에서) 위로 매우 밝은 세상에 있으며, 우레가 진동하는 위세를 만났는데, 악惡이 익어가도록 회개하지 않는다면, (상9효에는) 반드시 엄한 형벌이 있을 것이다.

(유원『주역항해周易恒解』의)『부해附解』에서 말한다. 65효는 송사訟事를 다스리는 임금이고, 94효는 송사를 다스리는 경卿이고, 62, 63효는 송사를 다스리는 관리이며, 초9효는, 하민下民을 위해 악惡을 그치니 '탈이 없음[无咎]'이 된다. 상上은 백성도 아니고 임금도 아니며, 성세盛世에 완악頑惡한 자이며, 재야의 광부狂夫이니, 모두 그런 부류이다. 송사를 다스리는 이는 지나친 굳셈을 경계해야 하고, 벌 받는 자는 자기 악惡을 개선해야 하니, 모두 백성을 사랑하는 마음이다.

리스전李士鉁은 말한다. 발가락을 자르면 발이 작아져 다닐 수 없으니, 오랜 기간 악을 저지른 병통을 없애야 한다. 귀가 잘리면 좋은 말도 들어올 수 없으니, 끝내 잘못을 고칠 연유가 없다. 성인이 형옥刑獄을 제정한 것은 사람에게 부끄러워 회개하는 마음을 생겨나게 한 것이고, 선善으로 가는 길을 보인 것이다.

마치창馬其昶은 말한다. 옛날에는 형刑으로써 가르침을 보좌했다. 초9와 상9효는, '정법政法으로 유도하고, 형刑으로 정돈함'이고; 가운데 94효는, '덕으로 유도하고. 예禮로서 정돈함'이다.[34] 여섯 효는 3번 위로 상응하기에, 따라서 변할 수가 없으니, 위가 변하여 이離가 무너지면, 감坎이 그 밝음을 잃기에, 따라서 '들음[聽]이 분명하지 않다.'라고 말한 것이다. 그 쪽은 스스로 자리를 얻었다고 여겨서, 변함이 없음을 고하나, 그가 깨닫지 못한 것이다. 교훈을 듣지 않고서, 초9효에서 칼을 짊어지고, 상9효에 이르러도 아직도 칼을 짊어졌으니, 이는 끝내 고치지 못한 것이다. 『주례周禮』(「秋官司寇」편)에서, '잘못을 고칠 줄 모르고 감옥에서 탈옥하면, (그가 붙잡히면) 죽었다.'라고[35] 말하였으니, 따라서 (상9효는) 흉하다.

---

34) '道之以政, 齊之以刑.',『論語譯注』,「爲政」(2:3), 楊伯峻譯注, 상동, 12頁.

35) '其不能改而出圜土者, 殺.',『周禮今註今譯』,「秋官司寇」, 林尹註譯, 상동, 385頁.

● **나의 견해:** 성세盛世에는 선을 표창하고 악을 미워하는데, 밝힘[明]과 위세[威]가 병용되었으니, 도道는 '성위聲威와 기세氣勢[聲勢]'가 맹렬하고 활동이 빠름에 있었다. 물은 연약하여, 백성들이 가볍게 보고 우습게보니, 따라서 많은 이가 (이에 빠져) 죽고; 불은 맹렬하여 백성이 바라보고 두려워하니, 따라서 죽는 일이 드물다. (서합噬嗑괘에서) 형법刑法의 제정에 불[火]과 우레를 취해 상징으로 삼은 것은 (이런) 도리가 있다고 하겠다. 그러니 유중柔中이 주主가 되어도, (불길 같은) 형벌이 형벌을 그치게 하며 형刑은 형 없기를 기대한다는 뜻을 놓쳐서는 안 된다. 노자老子는 유柔를 잘 썼으니, 『도덕경道德經』에서, '백성이 죽는 것을 두려워하지 않는데, 어떻게 죽음으로 그들을 두렵게 하겠는가?'라고[36] 말했으니, 유중柔中의 도를 얻었다고 할 수 있겠다. 가운데 94효에 대하여, 포윤抱潤선생(馬其昶)과 천한장陳漢章은, 능정감淩廷堪(1757-1809)이 예경禮經을 증거로 한 학설을 인용했으니, 모두 교통交通함의 뜻을 추론한 것이다. 괘상卦象에서 비유를 취했으니, 여전히 형刑을 씀이 위주이다.

---

36) '民不畏死, 奈何以死懼之?', 『老子繹讀』74章, 任繼愈著, 상동, 163頁.

22. 비賁괘 ䷕

비賁괘는 형통하다. 나아가는 것이 조금 이롭다.

[賁, 亨.[1] 小利有攸往.]

정현鄭玄(127-200)은 말한다. 비賁는 변화이며, 문채이니 꾸미는 모양이다.

장목張沐(1630-1712)은 말한다. (비賁괘에서) 형亨은 굳세고 형통함이다. 소리小利는 '부드러워 이익 됨[柔利]'이다.

유원劉沅(1767-1855)은 말한다. 불[火]은 하늘 위에 있어서는 해이고, 땅에서는 불이다. 해는 양陽의 정기精氣이며, 안에 음화陰火를 품었으니, 땅의 신령함이다. (비賁괘는) 화염이 산을 비추고, 산의 높음이 하늘에 닿았으니 문채 나고 밝은 상이다. 「서괘序卦」전에서는, '물건이 그저 합쳐서 있을 수 없기 때문에 비賁괘로 받는다.'라고[2] 하였다. 문채가 본바탕을 꾸미는 것은 오로지 숭상만 할 것은 아니기 때문에 다만 조금 이롭다고 말하여, 사람들이 단지 문채에만 힘쓰는 것을 경계하였다.

리스전李士鉁(1851-1926)은 말한다. 음은 작음이 주가 되니 작은 것은 커질 수 없다. 지극한 공경은 문채가 없고, 큰 예禮는 꾸미지 않는 것이니, 문채 있고 꾸미는 도道는 진실로 크게 쓰일 수 없다. 호체互體인 진震괘는 나아감이고, (하괘인) 이離는 광명이며, (상괘인) 간艮은 멈춤이다. (비賁괘에서) 문채가 크게 번잡하면 그 바탕[質]을 없애버리게 되고, 꽃이 크게 성하면 그 뿌리를 상하게 하는 것이니, 광명하다가 간艮[그침, 止]을 만나 멈추는 것은, 그 문채를 하고자 하면서도 문채보다 과장되게 채색되는 것을 바라지 않는 것으로, 따라서 (비賁괘에서) '나가는 것이 조금 이롭다[小利有攸往].'라고 하였다.

---

1) 비賁는 卦名이다. 「序卦」전에서, '비賁는 꾸밈[飾]이다.'라고 말했고; 「雜卦」전에서, '賁는 无色이다.'라고 말했다. 无는 마땅히 방尨이어야 하는데, 방尨은 雜色이다. 형亨은 通이다. 高亨, 226頁.

2) '物不可苟合而已, 故受之以賁.', 「序卦」傳, 高亨, 646頁.

• **나의 견해**: 건乾괘의 굳셈[剛]은 바탕[質]이 주가 되고 음의 유柔가 그 가운데로 들어 와서 (하괘인 이離는) 문채[文]로 그 바탕[質]을 다스린다. 곤坤괘 유柔는 문채가 주主이나 건乾괘 양이 그 위에 있으면서, (상괘 건乾은) 바탕[質]으로 문채[文]를 다스린다. 그러한 뒤에 (비賁괘에서) 문채[離]와 바탕[質, 艮]이 잘 조화를 이루고 서로 사귀어 쓰임이 되어, (비賁괘에서) 문채[文]만이 뛰어나거나 바탕[質]만이 뛰어나게 되는 폐단이 없게 되기에, (비賁괘가) 형통한 까닭이다.

단전에서 말한다. 비賁괘는 "형통"인데, (하괘인 이離괘, 즉) 부드러움이 와서 강건함[상괘 간艮]을 꾸며주니, 따라서 "형통함"이다. (강유가) 나눠지고, 강건함이 위에서 유약함을 꾸며주니, 따라서 이렇게 "진행되면 작은 것[신하나 여자 등]이 이롭다." 강유가 교착하는 것이 하늘의 무늬[天文]이다.
[象曰:「賁」"亨", 柔來而文剛 , 故"亨". 3) 分, 剛上而文柔, 故"小利有攸往." 剛柔交錯, 天文也.]

경방京房(전77-전37)은4) 말한다, (地天)태泰괘에서 상6효의 유柔가 와서 강剛을 꾸며주며[文], 92효의 강剛이 올라가서 유柔를 꾸며주니 비賁괘의 몸[體]을 이룬다.

정현鄭玄은 말한다. 강유剛柔가 뒤섞이고, 인의仁義가 합한 연후에 (비賁괘의) 기쁘고 즐거운 모임[嘉會]에서 예禮가 통하게 된다.

순상荀爽(128-190)은 말한다. 음이 와서 건乾괘의 가운데 있으면서 강도剛道를 문채하고 꾸미어 중화中和에서 서로 사귀게 되므로, (하괘인 이離는) 형통하다. 건乾괘의 두 효爻가 나누어져, 곤坤괘 위에 있으니 (상괘는) 위에서 유도柔道를 꾸미고, 겸兼하여 (상괘가) 62효의 음에 의지하게 되므로 '가는 것이 조금 이롭다[小利有攸往].'라고 말했다.

왕필王弼(226-249)은 말한다. 강유剛柔가 교착하여 문채를 이루었으니, (비賁괘는) 하늘의 문채이다.

(정이의)『이천역전伊川易傳』에서 말한다. (비賁괘는,) 건乾괘의 가운데 효가 변하여서 이離괘를 이루고, 곤坤괘의 상효가 변하여서 간艮괘를 이루었다. 이離괘는 안에 있으므로 유柔가 왔다고 말하였다. 간艮괘는 위에 있으므로 강剛이 올라갔다고 말하였다.

소식蘇軾(1037-1101)은 말한다. (비賁괘에서) 유柔가 강剛을 꾸며준 것이 강剛이 형통하게 된

---

3) 亨은 通이고, 文은 文飾이다. 상괘는 艮이니 剛하고, 하괘는 離이니 柔하다. 分은 剛柔의 分이다. 高亨, 226頁.
4) 경방京房의 자字는 군명君明이며, 전한前漢 때의 사상가이다. 양梁나라 사람 초연수焦延壽[초공焦贛]에게서 역학易學을 배웠다. 재이사상災異思想에 밝아 원제元帝의 총애를 받았다. 음률音律을 연구하여 현絃에 의한 음률측정기인 준準을 발명함으로써 60律을 산정하였다.

근거이다. 강剛이 유柔를 꾸며주면, 소小가 '가서 이롭게 되는 근거'이다.

하해何楷(1594-1645)는 말한다. 굳셈[剛]은 바탕[質]이고, 유柔는 꾸밈[文]이다. 유柔가 와서 강剛을 꾸며주니, 이는 본本이 먼저 서는 것이고, 거기에 꾸밈이 행해지면, 따라서 (비賁괘는) 형통하게 된다. 강剛한 상9효를 나눈 것이니, 강剛으로 꾸며준 것이 아니다. (비賁괘에서) 강剛이 상9효에 있어야 유柔가 비로소 그 꾸밈을 얻게 되는 것이다. 그러하지 않다면, (비賁괘는) 본本이 없는 꾸밈이니 꾸밈이 아니다.

모기령毛奇齡(1623-1716)은 말한다. 왕필王弼은 단지 (비賁괘에서) 강유剛柔가 교착하는 것으로, 유柔가 와서 강剛을 꾸며주고, 강이 올라가 유를 꾸며주는 것으로 해석했을 뿐이다. 서운徐鄖(9세기, 당唐나라 역학자)은, "'천문天文' 위에 '剛柔交錯' 네 자字를 붙인 것은 거짓[妄]이다."(라고 말한다.)

유원劉沅은 말한다. (비賁괘에서) '유柔가 온다.'는 것은 이離괘 가운데의 일음一陰이 곤坤괘로부터 왔다는 것으로, 그 강덕剛德을 꾸며서 강剛이 강剛에 치우치지 않게 하므로, (비賁괘는) 형통하다. '강剛을 나누어 올라갔다.'는 것은 상9효를 말한 것이다. 건乾괘의 중효中爻가 변하여 이離괘가 되는 것으로, 이 일양一陽을 나누어서[쪼개고] 간艮괘의 위에 있으면서 그 유덕柔德을 꾸며주니 다만 '가는 것이 조금 이롭다[小利有攸往].'(라고 비賁괘에서 말하는 것이다.)

마치창馬其昶(1855-1930)은 말한다. (비賁괘에서) 강剛은 본바탕이고 유柔는 문채라는 것은, 건원乾元이 곤원坤元의 가운데[中]에 숨어서 강剛은 안에 있으면서 본바탕이 되고, 유柔는 밖에 있으면서 문채가 된다는 것이다. 비賁괘는 문채와 본바탕의 시종始終의 운행을 말한 것이다. 『사기史記』(卷四十七, 「공자세가孔子世家」)에서, 공자께서 '하夏와 은殷왕조가 쇠하고 흥한 것을 보고 "이후에 백세의 세월이 흐를지라도 (예禮의 변화를) 알만 할 것이니, 하나는 (하夏나라의) 문채(文, 화려함)를 중시하였고, 하나는 (은殷나라의) 바탕(質, 소박함)을 중시하였기 때문이다."라고[5] 하였다. (비賁괘에서) 내괘에서는 양이 음과 통하나 음이 그것의 주主가 되니, 이는 바탕을 따라 문채로 치중하는 것이다. 외괘에서는 음이 양을 와서 따른 것이니 양이 행위의 주가 되는데, 이는 문채가 뛰어나나 바탕으로 돌이키는 것이다. 『여람呂覽』(『여씨춘추呂氏春秋』)에서는, 공자가 점쳐서 비賁괘를 얻으면 정색正色의 괘가 아니라고 말했으니,[6] 이는 '기량이 앞선 사람[先進]'을 따

5) '(孔子)觀殷夏所損益, 曰:「後雖百世可知也, 以一文一質.」', 『史記』, 「孔子世家」第十七, 漢 司馬遷撰, 六册 世家[二], 상동, 1,936頁.
6) '孔子卜, 得賁. 孔子曰: "不吉." 子貢曰: "夫賁亦好矣, 何謂不吉乎?" 孔子曰: "夫白而白, 黑而黑, 夫賁又何

르는 뜻으로 대개 주周나라 말末에 문채가 지나치게 뛰어남을 슬퍼하며 분개함을 전한 것이다(나의 견해: 선진先進한 야인野人들은 질質이 뛰어났다).

> **'문채 나고 밝음[文明]'에 머무는 것이, 인문人文이다. 천문天文을 고찰하여, 계절의 변화를 관찰하고, 인문人文을 살펴보아, 천하 사람들을 감화시킨다.**
> [文明以止,[7] 人文也. 觀乎天文, 以察時變. 觀乎人文, 以化成天下.]

호윤胡允(13세기, 원元나라 역학자)은 말한다. 해[日], 달[月], 오성五星(金木水火土)의 운행은 이십팔 경성經星(항성恒星을 황도黃道에 따라서 스물여덟으로 등분한 구획)의 자리에서 교착하여 운행하니, 이는 천문天文이기에, 곧 (비賁)괘 안에 강유가 '여섯 (효爻의) 자리[六位]'에서 교착하는 것이다. 군신, 부자, 형제, 부부, 붕우가 찬연燦然하게 예禮로서 서로 사귀는 것은 '꾸밈[文]'의 밝음이다. 가지런히[절연截然] 분수를 지니면서 서로 지키는 것이 '꾸밈[文]'의 멈춤이니, 이는 곧 (비賁)괘 안에서, 이離괘의 밝음과 간艮괘의 멈춤이다.

유원劉沅은 말한다. (비賁괘에서) 천문天文을 보아서 가지런히 서로 돕는 일이 일어나고, 인문人文을 보아서 예악禮樂의 꾸미는 법도가 자세하게 된다. 무릇 이 모두가 자연에 순종함이니 당연한 바에서 멈춘다. 이 두 (인문人文과 천문天文에 관한) 구절은 '문채 나고 밝음으로써 멈춘다[文明以止]'의 뜻이다. 그 법칙에서 멈추면 '꾸밈[文]'은 헛된 꾸밈이 아닌 것이다.

변빈卞斌(1778-1850)은 말한다. (하괘인) 이離는 달[月]을 상징하고, (호체互體인) 진震의 활동은 '북두칠성[斗]'을 상징하고, (상괘인) 간艮은 '별들[辰]'을 상징한다. 북두칠성의 전운轉運을 관찰하여 해[歲]가 돌아감을 알고; 해와 달의 '차고 비는 것[盈虛]'을 관찰하여 '중수中數[12월 중기中氣에 한 번 도니, 총 365일과 1/4일이기에, 세歲라고 말함]'와 '삭수朔數[12월 초에 한 번 도니, 총 354일이니, 년年이라 말함]'를 알게 되는데, (비賁괘에서) '계절의 변화[時變]'을 관찰하는 것이다.

● **나의 견해:** '바탕[質]'이 있은 후에 '꾸밈[文]'이 있는 것이니, 이것이 (『예기禮記』, 「예기禮器」편에서 말한) '근본이 없으면 바르지 못하다.'라는[8] 말이다. 꾸밈이 있으면 오히려 반드시 바탕으로 그것에 더해야 하는 것이니, 『시詩』(「衛風·碩人」과 「鄭風·豊」)에서 '비단옷을 입고 홑옷을 덧입

好乎?", 『呂氏春秋譯注』, 「愼行論」第二, 「壹行」, 張玉春等譯注, 下冊, 상동, 730頁 참조.

7) 하괘인 離는 '문채가 나고 밝음[文明]'이고, 艮은 그침(止)이다. 상동.

8) '無本不正.', 『禮記今註今譯』, 第十「禮器」, 上冊, 王夢鷗註譯, 상동, 314頁.

는다.'라고9) 한 것은 그 꾸밈이 드러남을 싫어한 것이다. 그 바탕을 드러내고 그 꾸밈을 드러내지 않은 후에야 꾸밈이 항상 있으면서 '해지지 않는[不敝]' 것이기에, 이것은 이른바 '문채 나고 밝음 [文明]은 기필코 멈춤'을 말한 것이다. 밝음을 멈출 수 있어야, 이에 그 비賁괘가 되는 이룸을 얻을 수 있으니, 그 뜻이 깊다. (『대학大學』3장에서는) '임금이 되어서는 인仁에 멈추고, 신하가 되어서는 경敬에 멈추고, 자식이 되어서는 효孝에 멈추고, 부모가 되어서는 자慈에 멈추고, 나라의 사람들과 더불어 사귈 때에는 신信에 멈춘다.'라고10) 하였다. (비賁괘에서) 멈춤의 뜻이 크니, 이것이 천하를 교화하여 이룰 수 있는 까닭이다.

상전에서 말한다. 산 아래에 불이 있는 것이, 비賁괘이다. 군자가 여러 행정을 명찰하지만, 송사를 함부로 재판할 수는 없다.

[象曰: 山下有火 ,「賁」. 君子以明庶政, 無敢折獄.11)]

정현鄭玄은 말한다. '절折'은 판단함이다.

오징吳澄(1249-1333)은 말한다. 사물에 달라붙어서 그 불꽃이 뜨거운 것은 유체有體의 불이다. 사물에 달라붙지 않고서 그 기氣가 따뜻하다는 것은 무체無體의 불이다. 산 아래에 불이 있다는 것은 산 속 안에 이 무체無體의 불이 있다는 것이다. 『상서尙書』(「탕고湯誥」편)에서 말하였다. '(천하天下가) 초목처럼 찬연히 번성하도다!'12) 따뜻한 기氣는 초목을 기를[長養] 수 있는 찬연히 빛나는 광명을 가졌으니, 그러므로 비賁괘가 된다.

황도주黃道周(1585-1646)는 말한다. 송사訟事[獄]는 또한 여러 정사[庶政]이니, 마음을 함부로 하면 위태롭다. 『상서尙書』(「周書·立政」편)에서, '각종 옥송獄訟 안건과 각종 교계敎戒[勅戒]의 일에 대하여 그는 물어볼 수 없었고, 문왕文王의 사업을 완성한 다음에, 문왕의 선덕善德을 버릴 수 없었다.'라고13) 말했다. 그러므로 감히 옥사를 판결하는 것은, 임금이 크게 경계해야 함이다.

유원劉沅은 말한다. 군자는 문덕文德을 펴서 여러 정사를 밝히되 옥사를 판결하는데, 꾸밈을 함

---

9) '衣錦褧衣.', 『詩經譯注』,「衛風·碩人」;「鄭風·豊」, 袁梅著, 상동, 202頁; 260頁.

10) '爲人君, 止於仁; 爲人臣, 止於敬; 爲人子, 止於孝; 爲人父, 止於慈; 與國人交, 止於信.', 『大學今註今譯』, 3章, 宋天正譯注, 상동, 13頁.

11) 明은 察이고, 庶政은 각종의 政事이다. 절옥折獄은 송사를 재판하는 것이다. 상괘가 艮, 즉 山이고, 하괘가 離, 즉 불[火]이니, 사람의 明察과 통한다. 산의 一面을 관찰함이니, 인식이 편파적이다. 高亨, 227頁.

12) '賁若草木.', 『今古文尙書全譯』,「湯誥」, 江灝, 錢宗武譯注, 상동, 124頁.

13) '庶獄庶愼, 文王罔敢知于此.', 『今古文尙書全譯』,「立政」, 江灝, 錢宗武譯注, 상동, 377頁.

부로 하지 않으니, 바로 단전象傳에서 '문채 나고 밝기[文明]에 멈춘다.'라고 하는 것을 말한 것이다.

마치창馬其昶은 말한다. 양은 덕德이 주主이고, 음은 형벌이 주이다. 조화는 따뜻한 기운을 가지고 있어서, 초목이 무성하게 자란다. 군자는 함부로 옥사를 판단하지 않는 마음을 가지고 있어서, 사람들의 살아갈 길을 뜻대로 이루게 한다. '함부로 하지 않는다.'는 것은 함부로 자기 멋대로 쓰지 말아야한다는 것이다. 무릇 '여러 정사를 밝힌다.'는 것은 책[書]을 내걸고 법률을 읽게 해서, 아직 죄를 범하기 전에 그것을 가르치는 것이다. '함부로 옥사를 판결하지 않음'은 슬프고 불쌍히 여기어 좋아하지 아니하면서, 듣고 판단하는 때에는 그것을 신중하게 하는 것이다.

● 나의 견해(1): (비賁괘에서) 산 아래에 불이 있음은, 뜨거운 힘이 땅 속에 감추어져 있음이다. 뜨거운 힘이 왕성함에 이르면 무체無體의 불이 발동하여 유체有體의 불이 되어서, 땅이 무너지고 갈라지는 일이 있게 되니, 이것이 그 증거이다.

● 나의 견해(2): '여러 정사를 밝힌다.'는 것은 바로 하괘인 이離괘의 밝은 뜻을 따라서 그것을 미루어 짐작한다는 것이다. (비賁괘에서) '함부로 옥사를 판결하지 않는다.'는 것은 상괘 간艮의 멈춤의 뜻을 따라서 미루어 짐작한다는 것이다. 작고 큰 소송에 대해서, 비록 반드시 실정으로써 살필 수는 없지만, (『대학大學』4장에서,) '진실로 그런 사실이 없는 사람이라면, (허탄한) 말로써 남을 고발할 수 없다.'는 것[14] 또한 함부로 옥사를 판결하지 않는다는 뜻이다.

초구효: (꽃신으로) 발을 꾸몄으니, (남들에게 화려한 신발을 보이려고), 수레를 버리고 걷는다.
[初九, 賁其趾, 舍車而徒.[15]]
상에서 말한다. (예쁜 신발을 자랑하려고) "수레를 버리고 도보로 걸으니," (수레를) 타지 않음이 마땅하다.
[象曰: "舍車而徒," 義弗乘也.[16]]

우번虞翻(164-233)은 말한다. (호체互體인) 감坎괘는 수레이다. 도徒는 걸어감이다. (초9효는,) 자리[位]가 아래에 있으므로 수레를 버리고 걸어가는 것이다.

----

14) '無情者不得盡其辭', 『大學今註今譯』, 4章, 宋天正譯注, 상동, 17頁.
15) 비賁는 화려한 무늬로 꾸밈이다. 지趾는 발[足]이다. '賁其趾'는 발에 꽃무늬가 있는 신을 신음이다. 사舍는 사捨(버리다)의 가차이다. 도徒는 걷는 것이다. 高亨, 228頁.
16) 義는 의宜(마땅하다)이다. 高亨, 상동.

왕필王弼(226-249)은 말한다. (초9효는,) 강강剛으로써 아래에 처하니 자리가 없음에 있으나, 불의를 버리고 걷는 것에 편안해 한 것이니, 그 뜻을 따른 자이다.

최경崔憬(7세기, 당唐대의 역학자)은 말한다. (비賁괘는,) 강유剛柔가 서로 사귀니 꾸밈을 이루는 뜻이다. 지금 (초9효에서) 62효의 도움[比]를 버렸으니, 따라서 '수레를 버림'이라 말한 것이다.

(정이의)『이천역전伊川易傳』에서 말한다. 군자는 절도를 지키고 의義에 있으니, 그 행실이 구차하지 않다. 의義에 혹 마땅하지 않으면 수레를 버리고 걸어감에 편안한 것이니, (초9효는,) 중인衆人들에게는 부끄러운 것이나 군자에게는 멋지게 꾸민 것이 된다.

도혈都絜(12세기, 남송南宋 역학자)은 말한다. 『역易』의 뜻[義]으로는, 올라타는 사람이 위에 있어야 한다. 초9효는 괘의 아래에 있기에, 탈 바가 없다.

혜동惠棟(1697-1758)은[17] 말한다. 초9효는 사士인데, 예禮에 따르면, 대부大夫라면 걸어서는 안 된다. 『상서대전尚書大傳』에서, '옛날 제왕은 반드시 명命이 있어서, 백성은 어른을 경모하고 고아를 불쌍히 여겼고, 취사取捨함에 양보를 좋아하는 자는, 그 임금께 고하고, 연후에 (수레를) 얻어서 탈 수 있고, 수레를 치장할 수 있고, 말 2필이 끌게 할 수 있으며, 채색이 있는 비단을 입일 수 있다. 명命을 받지 못한 자는 옷[官服]을 입을 수도 없고 수레를 탈 수 없었다. 타거나 옷을 입으면 벌을 받았다.'라고[18] 말한다.

유원劉沅은 말한다. (초9효는) 괘 아래이니 발이고, 호체互體인 감坎괘는 수레이며, (상괘인) 간艮괘에서는 멈춤으로 수레를 (타지 않고) 버려둠이다. 수레를 타는 것은 신분이 높은 사람들의 일이다. 초9효에서 걸어감에 편안해 하며 스스로 자기 발을 꾸미는 것이니, 대개 덕의德義로서 자신을 영예롭게 하는 것이지, 밖을 꾸미는 일에 힘쓰는 것은 아니다. 의義에 근본 하여 수레를 타지 않는 것이지, 고의로 세상의 꾸밈과 서로 어긋나려는 것이 아니다.

리스전李士鉁은 말한다. (호체互體인) 진震괘는 다님[行]이고, 큰 길이니, 걸어가는 상이다. 예禮에 따라 대부大夫에게는 수레와 말이 하사下賜된다. 62효는 대부大夫이고, 초9효는 서민庶民이니, (자기) 분수를 넘어서 대부大夫의 수레를 타서는 안 되므로 걸어서 가는 것이다. 초9효에서 예禮로써 자신을 꾸미는 것으로 스스로 자기 발을 꾸민 것이니, 예禮를 넘지 않고서 꾸밈을 구하는 것

---

17) 혜동惠棟은,『주역』,『상서尚書』등의 경서를 실증적으로 연구해 한漢나라 때 경학經學의 복원에 힘을 기울인 청淸나라 중기의 고전학자이다. 주요 저서 가운데,『주역술周易述』은 미완이기는 하나 30년의 노력을 기울인 저작으로 종래 애매하던 한漢대 易學의 실태를 정확하게 표출한 저술이라는 점에서 평판이 높다.

18) '古之帝王必有命, 民能敬長矜孤, 取舍好讓者, 命於其君, 然後得乘, 飾車騈馬, 衣文錦, 未有命者不得衣不得乘. 乘衣者有罰.',『尚書大傳』卷一,「唐傳」, 漢 伏勝撰, 鄭康成注, 7b頁.

이라, 이것이 걸어가는 까닭인가? 세상은 사치하고 참람함을 영예로움으로 여기나, 군자君子는 욕됨으로 여긴다.(나의 견해: 이 두 구절은 정이程頤의 『이천역전伊川易傳』과 함께 서로 (뜻을) 계발한다.) 예禮를 꾸민다는 것은, 도리어 예禮가 없음을 말한다.

마치창馬其昶은 말한다. 62, 64효는 수레이니, 초9효가 수레를 버리고 걸어감은, (초9효가) 강양剛陽으로 아래에 있으면서도 크게 순박함을 지키면서, 62효에 (자신을) 견주지 아니하고, 또한 64효에도 응하지 않음이다. (유향劉向의)『설원說苑』(「反質」편)에서, '공자가 비賁괘를 얻고서 우러르며 기뻐했다. 자장子張은 물었다. 비賁괘는 길한 괘이어서 그것을 기뻐하십니까? 공자가 말하였다. 붉은 옻나무는 문채하지 않으며, 백옥白玉은 새기지 않으며, 보주寶珠는 꾸미지 않는 것이니, 본바탕을 있는 그대로 남겨서 꾸밈을 받지 않음이다.'라고[19] 말하였다. 초9효가 수레를 버려둠은 또한 꾸밈을 받지 않은 것이다.

● **나의 견해**: 초9효는 호체互體인 감坎괘에 있어서 수레의 뒤가 되니, 이는 수레를 버려둠이 된다. 수레를 버릴 수 없는 경우가 있으니, 예를 들면 군자나 나이 많은 노인이 걸어가지 않는 것과 대부大夫의 뒤를 따라가서 걸어갈 수 없는 경우이니, 이는 의義에서 마땅히 타고 마땅히 버려두어서는 안 되는 것이다. 수레를 타고 발을 꾸밈은, 비록 안일하여도 (자기) 분수를 지나치는 것은 아니다. 만약에 (초9효가) 아래 자리에 있으면서 자신의 행동과 자신의 본래에 마땅하다면, 발이 수고롭더라도 (걸어가는 것은) 욕됨은 아니다. 군자가 도道를 따라서 행함에 있어서 수레를 버리고 걸어간 것이 꾸밈이 된 것이 아니라, 곧 의義를 지켜서 수레를 타지 않은 것이 꾸밈이 된 것이다. (초9효가) 걸어갈 때를 당해서는 걸어가지 않고, 버릴 때를 당해서는 버리지 않으며, 나가면서 반드시 수레를 타는 것은 본래의 걸음이 진실하지 않은 것인데, 무슨 꾸밈이 있겠는가? 현자는 걸음에 편안해하면서 수레를 대한 듯하니, '이 생[終身]'에서 몸을 욕되지 않게 하고, 의義에서 그것을 헤아려서 의義에 어긋나면 수레를 타지 않고, 비록 걸어간다 할지라도 빛나게 되니, (초9효는) 곧 자기 발을 꾸민다는 뜻이다.

---

19) '孔子卦得賁, 喟然仰而歎息, 意不平. 子張進, 擧手而問曰: "師聞賁者吉卦, 而歎之乎？" 孔子曰: "賁非正色也, 是以歎之. 吾思夫質素, 白當正白, 黑當正黑. 夫質又何也? 吾亦聞之, 丹漆不文, 白玉不雕, 寶珠不飾, 何也? 質有餘者, 不受飾也.", 『說苑今註今譯』卷第二十「反質」, 盧元駿註譯, 臺北: 臺灣商務印書館, 1988, 701頁.

육이효: (노인의) 수염을 희게 물들이니, (노인과 같다.)

　　[六二, 賁其須.20)]

　　유목劉牧(1011-1064)은 말한다. (62효에서) 수須는 '기다림[待]'이다.

　　요내姚鼐(1732-1815)는 말한다. 수須는 사俟(기다리게 됨)이다. 조趙나라 선자宣子가 잘 차려입고 조회에 나가려함에,『예기禮記』(「옥조玉藻」편))에서, '(가신家臣이 마당에서 시중드는데,) 읍揖하며 지나간다. 용모에 신채神彩가 있으며, 수레에 타니 광채가 있다.'라고21) 한다. 이는 신하가 자기 수염을 희게 물들임이다. 빈객들이 회맹會盟하고 제사드림에 이르러서는, 모두 미리 꾸미면서 기다린다.

　　● **나의 견해**:『역易』(관觀괘 단象전)에서 '(술을 땅에 붓고) 신神을 맞이하면서 (아직 제물祭物을) 올리지 않았다.'는22) 것과『시詩』(「國風·召南·」,)「채번采蘩」에서, '비녀 낀 여노女奴들은 많고도 많다.'는,23) 모두 기다림으로써 꾸밈[賁]이 된 것이다.

　　상에서 말한다. "수염이 희어버린 노인들"이, 임금을 도우니 (나라는) 일어선다.

　　[象曰: "賁其須", 與上興也.24)]

　　호원胡瑗(993-1059)은 말한다. (62효는) 93효와 더불어 뜻을 합하고 마음을 같이하여 일어선다.

　　원추袁樞(1131-1205)는 말한다. (62효에서) 유柔는 자립할 수 없으니, 굳셈[剛]을 얻은 뒤에 설 수 있다. 아래[下]는 스스로 일어설 수 없고 위[上]를 얻은 후에 일어선다.

　　유원劉沅은 말한다. 62효의 유柔가 와서 강剛을 꾸미는 것이다. 유柔가 강剛을 꾸미는 것은 강剛의 밖에서 더함이 있다는 것이 아니라, 그 부족한 것을 꾸미며 예禮를 이루는 것이다. 음은 양을 따라서 활동하고 꾸밈은 본바탕에 의지하여 행해지니, 마치 수염이 턱에 붙어서 움직이는 것과

---

20) 비賁에는 색깔이 黑, 黃, 白이 있다. 수須는 옛날 수鬚(수염)자이다. 高亨, 228頁.

21) '揖私朝, 煇如也, 登車則有光矣.',『禮記今註今譯』,「玉藻」, 王夢鷗註譯, 上冊, 상동, 395頁.

22) '盥而不薦.', 觀괘 단象전, 高亨, 214頁.

23) '被之祁祁.',『詩經譯注』,「國風」「召南」,「采蘩」, 袁梅著, 상동, 100頁.

24) 與는 助이고, 上은 임금이다. 62효는 음효이니 신하이고, 93효는 양효이니 임금과 같다. 신하가 임금을 돕는 모양이다. 高亨, 228-229頁.

같다. 위[上]는 93효를 말하니, 화염이 위로 올라가므로 일어남[興]을 상징한다. 62효는 비賁괘의 주체로 대개 강剛은 바탕이고 유柔는 꾸밈이니, 꾸밈이 바탕에 붙지 않고서, 어찌 꾸밈이 될 수 있겠는가? 성인은, 오른편을 바탕으로 하고 왼편을 꾸민다는 뜻이다.

마치창馬其昶은 말한다. (62효에서) 강剛이 가서 유柔를 꾸며주나 반드시 그 위에 있어서, 유柔가 이에 능멸하지 못하니, 위와 더불어 일어선다고 말했다. 유柔가 와서 '굳셈[剛]'을 꾸며도, (유柔는) 반드시 '굳셈' 아래 있으니, 이에 '받들 것[所承]'을 얻게 되므로, 위와 더불어 일어나는 것이라고 말했다. '(『예기禮記』제25「제통祭統」편에서), '옛날 제사는 마음이 산만한 것을 긴장시키기 위한 기간으로 7일, [이미 통제된 심경을 잘 유지하여 제례 때까지] 이르는 기간으로 3일을 지냈다.' (라고25) 하였다.) 잔치를 베풀어 손님을 대접하는 것은 삼일 전에는 금계하고, 하루 전에는 집에 머물며 금계하였으니, 모두 기다림이다. 증자曾子와 자공子貢은, 자기 마구간[廏]에 들어가서 용모를 꾸몄으니, 또한 기다림[須]이며, 공경[敬]의 지극함이다.26)

구삼효: (그 사람이) 잡색으로 채색하였고 온화하니, 오래 동안 바르면 길하다.
[九三, 賁如濡如,27) 永貞吉.]

상에서 말한다. (그 사람이) "영원히 바르면" "길할 것"이니, 마침내 아무도 깔볼 수 없다.
[象曰: "永貞"之"吉," 終莫之陵也.28)]

노씨盧氏(名은 경유景裕[?-542], 남북조시대 역학자)는 말한다. (93효는) 이離괘의 무늬로 자신을 꾸몄으니, '비여賁如'라고 말한 것이다. (호체互體인) 감坎 물로 자신을 촉촉하게 하니, 따라서 '유여濡如'라고 말한 것이다. 굳셈[剛]을 몸으로 하고 바름[正]을 밟고 있으니, 따라서 영원토록 바르니 길하다.

(정이의) 『이천역전伊川易傳』에서 말한다. 93효는 '꾸밈과 광명[文明]'의 정점에 있으니 꾸밈이 성함이다.

....

25) '散齊七日以定之, 致齊三日以齊之', 『禮記今註今譯』, 第二十五「祭統」, 王夢鷗註譯, 상동, 632頁.

26) '季孫之母死, 哀公弔焉. 曾子與子貢弔焉, 闔人爲君在弗內也, 曾子與子貢入於其廐而修容焉. 子貢先入, 闔人曰, "鄕者已告矣', 『禮記今註今譯』, 第四「檀弓」下篇, 王夢鷗註譯, 上冊, 상동, 156頁.

27) 비賁는 잡색의 무늬(文章)이다. 유濡(적시다)는 유嬬(약함)의 가차이니, 柔和이다. 如는 然과 같다. 高亨, 229頁.

28) 능陵은 능凌(깔보다)이다. 高亨, 상동.

유염兪琰(1253-1314)은 말한다. 꾸밈이 지나치면 바탕이 상하고, 바탕이 상하면 꾸밈이 무너지니, (93효는) 마땅히 영구하게 '굳세고 바른[剛正]' 덕으로써 굳게 지켜야만 길하다.

리스전李士鉁은 말한다. 산과 불이 꾸미면서 비賁괘가 되니, 93효는 그 사이에 있으므로 '분여賁如'이다. (호체互體인) 감坎 물은 적시는 것으로 불이 물을 얻어서 (문제를) 해결해주니, 찬란하게 영예로우며 또한 윤택하다. 음양이 서로 사귀고 문채와 바탕이 서로 소통함이 문채의 아름다움이다. 그 말을 꾸밈으로써, 하는 말이 따뜻하고 윤택해지며, 그 행동을 꾸밈으로써, 몸이 윤기가 나고 멋지고 우아해진다. 자신 스스로에게 사납고 무시하는 비난이 없으면 함부로 모욕하는 자가 없는 것이니, 그러므로 (93효는) 오래하고 바르니, 길하다.

마치창馬其昶은 말한다. 꾸밈과 바탕은 아울러 통솔하면서 서로 순환한다. (반고班固 등의)『백호통의白虎通義』에서, '하夏나라 왕은 충忠을 가르쳤는데, 그의 잘못은 촌스러움이니, 그 촌스러움을 고치는 데는 공경[敬]만한 것이 없다. 은殷나라 왕은 공경[敬]을 가르쳤는데 그 잘못은 귀신 섬기는 것이니 그 귀신 섬기는 것을 고치는 것은 꾸밈[文]만한 것이 없다. 주周나라의 왕은 꾸밈을 가르쳤는데 그 잘못은 천박함이니, 그 천박함을 고치는 것은 충忠만한 것이 없다.'(라고29) 말한다.) (청淸대) 진립陳立(1809-1869)의 주注에, (『예기禮記』의)「표기表記」편에서, '우虞, 하夏나라의 본바탕[質]과 은殷, 주周나라의 꾸밈[文]을 말했으니,30) 진립陳立은 스스로 '하가夏家의 꾸밈[文]은 은주殷周의 꾸밈[文]보다는 바탕[質]에 가깝고; 은, 주나라는 비록 바탕[質]이라 해도, 하가夏家의 바탕[質]보다는 오히려 꾸밈[文]과 같을 뿐이다.'라고 말한다. 초9효가 수레를 버리고 걷는다는 것, 이것은 하夏나라가 충忠을 숭상하는 것이니, 잃어버리면 거칠 것[野]이다. 62효가 수염을 꾸미는 것은 은殷나라가 공경[敬]을 숭상함이다. 93효의 유화柔和함은 주周나라가 꾸밈[文]을 숭상함이다. 예악禮樂을 명확하게 갖추고서, 어려운 것은 오래하고 바르게 하는 일 뿐이다. 93효는 바른 자리[正位]를 지켜서 변하지 않고, 마침내 그 꾸밈이 바탕에 부가附加되지 못하게 하는 것이다. 그렇게 되면, 62효가 달라붙을 데를 얻어서 일어나게 되는데, 이는 (하괘인) 이離괘의 결과[功]가 93효에서 이루어지는 것이니, 따라서 길함으로 귀결된다.

---

29) '夏人之王教以忠, 其失也, 救野之失莫如敬. 殷人之王教以敬, 其失鬼, 救鬼之失莫如文. 周人之王教以文, 其失薄, 救薄之失莫如忠.',『白虎通疏證』卷八,「三教」, (淸) 陳立撰, 上冊, 상동, 369頁.

30) '虞夏之質, 殷周之文.',『禮記今註今譯』第三十一「表記」, 王夢鷗註譯, 下冊, 701頁.

육사효: (어떤 이가 말 타고 왔는데) 그 말에 꽃무늬가 있고 흰색인데, 털이 긴 백마이다. (그는) 도적이 아니라 혼인하려는 것이다.

[六四, 賁如皤如, 白馬翰如. 匪寇, 婚媾.31)]

상에서 말한다. 육사효는, 유리한 자리[位]인지 (아닌지) 의심스럽다. "도적이 아니면 혼인하려는 것"이니, 마침내 탈은 없을 것이다.

[象曰:「六四」, 當位疑也. "匪寇婚媾," 終無尤也.32)]

정현鄭玄은 말한다. (64효에서) 한翰은 흰색[白]이다.

육적陸績(188-219)은 말한다. (64효에서) 호체互體인 진震괘는 말[馬]이다.

(정이의) 『이천역전伊川易傳』에서 말한다. (64효는) 합당한 자리인지 의심스럽다.

항안세項安世(1129-1208)는 말한다. 93효는 비도賁道의 융성에 해당하고, 64효는 비도賁道의 변화에 해당한다. 64효의 이상부터는 모두 흰색을 꾸밈[賁]으로 삼았다. 요소팽姚小彭(1072-1138)은, '상商나라 사람들은 흰색을 숭상하고, 전쟁에서 흰색 말을 탔다.'라고 말한다.

유원劉沅은 말한다. (64효에서) 손巽괘가 변해 흰색이 되며, 호체互體인 진震괘는 무릎 위가 전부 흰말이고 (이마에 흰색이 있는) 대성마戴星馬이니, 백마白馬의 상이다. 한翰은 흰색 말[馬]이다. 호체互體인 감坎괘는 도적의 상이다. 초9효와 64효는 바로 응하니[正應], 혼인婚姻의 상이다. 바탕[質]으로서 와서 돕고, 서로 기다리며 서로 맞서지 아니하여, 함께 그 꾸밈[賁]을 이룬다. 64효는 이미 (상괘인) 간艮의 몸[體]에 들어가서 무늬와 밝음[文明]이 장차 멈출 것이니, 비도賁道가 장차 변할 것이다. 그러므로 비록 일을 따라 꾸밀지라도, (64효에서) 마음은 의심과 두려움을 품고 있다. '화려하게 꾸미고 흰색이라는 것'[賁如皤如]은 꾸밈[文]과 바탕[質]의 사이에서 서로 지키며 결판나지 않음이다. 꾸밈이 바탕을 이기면 장차 변하게 되니, (64효가) 그 자리에 합당한 자는 의심하지 않을 수 없다.

마치창馬其昶은 말한다. 64효는 진퇴의 사이에 있어서 그 해당된 자리가 의심스러운 자리이다. 64효는 위태로움이 많으니, 건乾괘의 94효는 '혹 뛰어 올랐다[或躍].'라고 하였는데, (비賁괘 64효의 상象)전傳에서는, '혹或은 의심스러운 것이다'라고 말하였다. 효爻에는 오직 초9효와 94효가 서로 응하는 것이니, 따라서 64효가 마땅히 초9효를 따름이 의심되면, 또한 위의 도둑 됨을 의심해

---

31) 비는 꽃무늬(花紋)이다. 파皤는 白色이다. 한翰은 말의 털[馬毛]가 길음이다. 如는 然과 같다. 비匪는 非와 같다. 혼구婚媾는 혼인婚姻과 같다. 高亨, 229頁.

32) 當位는 유리한 지위에 있음이고, 우尤는 구咎(허물, 재앙)이다. 高亨, 230頁.

야 한다. 백마는 상上이고, 바탕[質]과 꾸밈[文]을 고치고 혁신하니, 도적과 유사하다. 사실은 강강剛이 올라가 유柔를 꾸밈으로 64, 65효의 두 음이 모두 이롭기에 그것을 좋아가니, 도적은 아니며, 혼인함이다. 그러므로 (64효에서) 초9효의 응함을 버리고 위를 따르면 마침내 허물이 없을 것이다. 대개 꾸밈이 뛰어난 때에 처해서는, 마땅히 바탕으로 돌아감이 의義이다. 『공양전公羊傳』주注에서, '후세의 왕이 일어날 때에 지도地道를 본받아서 천하를 다스리니, 꾸밈[文]이 높은 이를 높이며; 쇠폐함에 이르러서는 높은 이를 '높이 여기나' 가까이는 하지 않으니, 따라서 다시 바탕[質]으로 돌아가는[反] 것이다.'라고 말한다. 이것이 이 (64)효爻의 뜻이다.

육오효: (여가女家에서) 언덕에 있는 정원(丘園)을 꾸며놓았는데, (남가南家에서) 비단을 적게 놓았으니, (여가가 불만족스러워, 쟁의가 일어나서) 어려움에 (빠졌는데), 마침내는 길하게 되었다.
[六五, 賁于丘園, 束帛戔戔, 吝,33) 終吉.]
상에서 말한다. "육오"효는 "길할 것"이니, (결국) 기쁨이 있을 것이다.
[象曰: 「六五」之"吉," 有喜也.]

(복자하卜子夏의) 『자하역전子夏易傳』에서 말한다. (65효에서) "다섯 필匹이 1속束이다."34)

순상荀爽(128-190)은 말한다. (65효에서 상괘인) 간艮괘는 산, (호체互體인) 진震괘는 숲이니, 산과 숲의 사이가 동산과 밭이 되므로 숨은 선비의 상이다. 65효는 왕의 자리로 중中을 체體로 하고 화和를 실행하여 근면하고 현명한 임금[主]이 되니, 도道가 높은 임금이다.

설종薛綜(?-243)은 말한다. 옛날에 선비(士)를 초청함에, 반드시 속백束帛으로 하고 위에는 둥근 옥[璧]을 보태었다.

왕안석王安石(1021-1086)은 말한다. 잔잔戔戔은 덜어서 적음이니, (65효는) 검소하면서 예禮를 썼으니 중中을 잃지 않았다.

곽옹郭雍(1106-1187)은 말한다. 꾸밈[賁]이 성대함은 현자를 얻어서 멀리 미치는 것보다 나은 것이 없으니, (65효는) 나라의 아름다운 광채가 된다.

유원劉沅은 말한다. 언덕과 동산은 밖에 있으면서 가까운 것이니, 상9효를 가리킨다. (상괘인)

---

33) 이것은 혼례의 납정納徵을 가리키어 말한 것이다. 옛날 婚禮에는, 남녀 양가가 訂婚한 뒤, 男家에서 吉日을 택해, 빙물聘物을 女家에 보내는 것을 納徵이라고 하였으니, 요즘의 財禮이다. 賁는 꾸밈이다. 구원丘園은 女家가 있는 곳이다. 백帛은 비단이다. 전전戔戔은 적은 모양이다. 인吝은 어려움[難]이다. 高亨, 230頁.
34) '五匹爲束.'은 『子夏易傳』에서 검색되지 않는다.

간艮은 산이니 언덕의 상이다. 간艮은 과일과 열매가 되고, 진震은 숲과 나무이니 동산의 상이다. (65효가) 손巽괘로 변해 비단이 되고, 다섯 필匹이 1속束인데, 오五가 (비賁괘 65효의) 효수爻數이니, 따라서 속백束帛[비단]이다. 65효는 간艮 체體로 중中을 얻어, 꾸밈[文]과 밝음[明]으로 그치니, 몰래 상9효의 현명함을 도우며, 언덕과 동산丘園의 중中으로 현사賢士를 찾는 것으로 꾸민다. 비단이 자잘함은 인색함과 같은데, 예禮는 엷으나 뜻은 두터움이니, (나의 견해: 뜻과 바탕이 실實하면 꾸밈과 예의는 줄일 만하니, 만약 성의가 부족하면서 빈 꾸밈만 남아있다면, 또한 어찌 귀貴하기에 충분하겠는가? 어려우나 마침내 길한 것은 무릇 예禮는 부족하나 공경[敬]은 남음이 있다.) 꾸밈에 지나치지 않아서 마침내 길함이 있는 것이니, 기쁨과 경사스러움이 있는 것이다. 음양이 필요해서 꾸밈을 이루니, 65효는 상9효와 더불어 가까이하면서 꾸밈을 받았으니, 이는 현자를 찾아서 자신 스스로를 도울 수 있어서 비賁괘의 다스림을 이룬 자이다.

요배중姚配中(1792-1844)은 말한다. (65효는) 인문人文을 관찰하여, 천하를 변화시켜서 이룬 것이다. 현인賢人이란 나라의 꾸밈[文]이요, 변화의 근본[本]이다.

리스전李士鉁은 말한다. 곤坤괘효는 비단이 되고, (상괘인) 간艮 손手으로 그것을 묶는 것이 속束이다. 또 (『예기禮記』제21「잡기雜記」상上에서 말한 '노魯나라 사람의 죽은 자에 대한 증여로') '세 다발의 현색의 비단三玄과 두 다발의 연분홍 비단二纁'은[35] 한 묶음[一束]이 된다. 65효 밖으로부터, 62효의 음과 63효의 양은 '분홍빛 비단纁 둘과 삼현三玄[老子, 莊子, 周易]의 상이니, 65효가 높은 자리에 있으면서 그것을 사용하여 상9효의 양陽을 받든다[承]. 상9효는 자리에 있지 않아서, 마치 현인이 재야在野에 있는 것과 같으니, 따라서 비단 묶음으로써 구원丘園에 빙문聘問을 오시게 하니, 『시詩』(「國風·鄘風·干旄」)에서, '흰 실로 (정기旌旗를) 짰다.'라고[36] 말한 것, 이것이 그 상象이다. 현자賢者는 국가의 광명이고, 현자를 초빙하는 것이 예문禮文의 아름다움이다. 65효는 중中을 행하고 화和를 행하는 임금으로 꾸몄으나 바탕을 가지고 있으니, 속마음을 비우고 현자를 구하면, 언덕과 동산에 빛을 더하는 것인데, 비록 예의가 검소하고 어려우나, 성의로써 구하고, 허망한 꾸밈으로 서로 미혹하지 않는다면, 따라서 (65효는) 어려우나 마침내 길한 것이다. (65효에서) 현자는 진실로 정성으로 찾아야 하니, 물건으로 취해서는 안 된다.

마치창馬其昶은 말한다. 음의 성질은 인색하니, 65효의 음은 바름[正]을 잃었으므로 따라서 어렵다. (그런데, 65효가) 양陽을 받드니, 따라서 (65효는) 마침내는 길하다.

....

35) '三玄二纁.', 『禮記今註今譯』, 「雜記」上, 王夢鷗註譯, 下冊, 상동, 539頁.
36) '素絲祝之. 『詩經譯注』, 「國風」, 「鄘風」, 「干旄」, 袁梅著, 상동, 191頁.

상구효: 흰색 바탕에 잡색 꽃무늬를 더하니, 재앙은 없을 것이다.

[上九, 白賁,37) 无咎.]

왕필王弼은 말한다. (상9효에서) 꾸밈은 마침내 흰색(본바탕)으로 되돌아가는 것이다.

유목劉牧은 말한다. (『논어論語』, 「팔일八佾」편에서는) '그림 그리는 일은 흰 바탕이 있은 후에 한다.'라고38) 하였으니, (상9효는) 위에 있으면서 65효의 채용을 바르게 할 수 있는 것이다.

(정이의) 『이천역전伊川易傳』에서 말한다. (상9효에서) 뜻을 얻은 자가 위에 있으면서 유柔를 꾸며주니, (상9효는) 꾸밈의 공덕을 이루었다.

(주희의) 『주역본의周易本義』에서 말한다. (상9효는) 꾸밈의 정점에서 본바탕으로 되돌아가는 것이니, (상9효에서) 무색无色으로 돌아온다는 것은 잘못을 잘 보충하는 것이다.

왕우박王又樸(1681-1760)은 말한다. 「서괘序卦」전에서, '비賁는 꾸미는 것이다.'라고39) 하였으니, 62효이다. 「잡괘雜卦」전에서, '비賁괘는 색이 없다.'라고40) 하였으니, 상9효이다.

혜동惠棟은 말한다. 상9효는 비賁괘의 완성이다. (『주례周禮』의) 「고공기考工記」편에서, '그림을 그리는 일은 흰 바탕을 베푼 다음이다.'라고41) 말했다. 『논어論語』(「八佾」편)에서, '그림을 그리는 일은 흰 바탕이 있은 후에 한다.'라고42) 말하였다. 정현鄭玄이, 주注에서, '소素는 흰 색깔이다. 후에 그림 그리는 일을 하면 쉽게 때가 끼고 더럽게 되니, 이는 흰 바탕에서 공효를 이루는 일이다.'라고 말하였다.

유원劉沅은 말한다. 상9효는 간艮의 끝으로 그침의 정점이다. 그 화려함을 다 버리면 무색無色으로 되돌아오니, 따라서 '희대[白].' '희대[白]'는 꾸밈이 아니라, 꾸밈의 정점에서 '흼'[白]으로 되돌아가 '흼[白]'으로 꾸밈을 삼으니, 바로 그 꾸밈이 잘된 까닭이다. 허물이 없다는 것은 근본을 돌이켜 처음으로 되돌아가서 폐단을 바로 잡는 길이 되는 것이다. 낡은 것을 구제하고 쇠락한 것을 도와서 그 뜻을 행함을 얻는다. 바탕과 꾸밈은 서로 바탕이 되어서 꾸밈을 이루니, 유柔가 와서 강剛을 꾸밈은 강剛이 지나치면 바탕을 순수하게 함이기에, 따라서 곤坤괘의 일음一陰이 건乾괘의 가

---

37) 백비白賁는 흰색 바탕에 여러 색깔의 꽃무늬를 보탬이다. 高亨, 231頁.
38) '繪事後素.', 『論語譯注』, 「八佾」(3:8), 楊伯峻譯注, 상동, 25頁.
39) '賁者, 飾也.', 「序卦」傳, 高亨, 646頁.
40) '賁, 无色也.', 「雜卦」傳, 高亨, 656頁,
41) '凡畫繪之事, 後素功.' 『周禮注疏』(十三經注疏 整理本), 卷第四十 「考工記」上, 상동, 1307頁.
42) 상동, 주32 참조.

운데에 들어가면 이離괘가 되어서 그 강강剛을 꾸며준다. 강상剛上과 문유文柔를 나누어, 유柔가 지나치면 꾸밈[文]에 폐폐弊가 되기에, 따라서 건乾괘의 일양一陽이 올라가 곤坤괘의 끝에 있으면, 간艮이 되어 그 꾸밈을 멈추게 하는 것이다. 꾸밈[文]과 바탕[質]이 중中이니 꾸밈[賁]이 이에 좋게 된다. 천문天文과 인문人文은 모두 자연스런 당연의 도리이고, 성인이 이것을 등급에 따라 절제하니 중中에 적합하게 하면, 바탕[質]이 없어져서 꾸밈[文]도 아니니, 대개 천지자연의 꾸밈[文]을 본받음으로, 따라서 「잡괘雜卦」전에서, '(꾸밈[賁]이) 무색无色된다.'라고 한 것이다. 구부국邱富國(13세기, 남송南宋 역학자)은, '음양이 응함이 있는 것은 응함으로써 서로 꾸미는 것이며, 응함이 없는 것은 도와줌[比]으로써 서로 꾸며주는 것이니, 또한 본[賁]괘 여섯 효가 취한 상象의 뜻을 깊이 얻은 것이다.'라고 말하였다.

리스전李士鉁은 말한다. 상9효는 비賁괘의 끝인데, 현란함의 정점에서 평온하고 담담함으로 돌아가게 되니, 꾸밈[文]이 바탕[質]으로 되돌아감에 따라서 꾸밈[文]과 밝음[明]으로써 멈춘다. 뜻이 높고 인품이 깨끗해서, 산림의 밖에서 스스로 얻었으니, 비록 자리는 잃었으나 또한 허물은 없다.

마치창馬其昶은 말한다. 동중서董仲舒(전176-전104)가, '왕王의 제도는, 한번 상商나라가 되고 한번은 하夏나라가 되며, 한번은 질質이고 한번은 문文이다. 상商나라의 질質은 하늘을 주主로 하고; 하夏나라의 문文은 땅을 주主로 한다. … 하늘을 주로 하여 상商나라를 법 받고 왕이 되면, 그 도는 양陽이 넘치고, 친근한 자를 친히 받으니 인의仁義를 숭상하여 소박하다. … 땅을 주로 하여 하夏나라를 법 받아 왕이 되면, 그 도는 음으로 나아가고, 존장尊長을 존중하니 의절義節이 많게 된다.'라고[43] 하였다. 땅을 주로 한 것은 62효이며, 하늘을 주로 한 것은 상9효이다. 내괘內卦에서, "의리로는 올라타지[乘] 않음은, 상9효와 더불어 일어나고, 마침내 능멸함이 없음은, 모두 존장尊長을 존중하는 뜻이 있다."라고 말한다. 외괘外卦에서, "'혼인, 기쁨이 있음, 뜻을 얻음'은 모두 친근한 자를 친親하게 대함의 뜻이 있다."라고 말한다. 하夏나라는 흑黑을 높이 여기고, 상商나라는 백白을 높이 여기며, 주周나라는 적赤을 높이 여겼는데, 꾸밈[賁]에 백白을 높게 여기고, 문왕文王의 일 처리가 성덕盛德임을 논한 것이다.

• **나의 견해**: 비賁괘는 곤坤괘 음이 건乾괘의 가운데에 들어가고, 건乾괘 양이 바뀌어 곤坤괘의 위에 있음에, 따라서 (비賁괘가) 이루어진 것이다. 건乾괘의 강강剛은 바탕[質]이 주가 되고, 음 유柔

---

43) '王者以制, 一商一夏, 一質一文. 商質者主天, 夏文者主地,『春秋』者主人, 故三等也. 主天法商而王, 其道
伏陽, 親親而多仁朴. …主地法夏而王, 其道進陰, 尊尊而多義節.',『董子春秋繁露譯注』, 閻麗譯注, 哈爾
濱: 黑龍江人民出版社, 2003, 112-113頁.

가 그 가운데에 들어와서 꾸며줌으로써 이루어진 것이다. 곤坤괘 유柔는 꾸밈[文]이 주이고, 양陽 강剛이 그 위에 있으면서 바탕[質]으로써 이루어진다. 꾸밈[文]과 바탕[質]이 서로 사귀어 쓰임이 되어서, 꾸밈만 뛰어나거나 바탕만 뛰어나는 폐단이 없으니, 이것이 비賁괘의 꾸밈이 형통하는 까닭이다. 대개 '큰 흰 바탕[太素]'은 시작에 있으며, 그림 그리는 일은 흰 바탕이 있은 후에 하는 것으로, 바탕이 있은 후에 꾸밈이 있는 것이니, 이것이 (『예기禮記』에서), '근본이 없으면 설 수 없다.'라고[44] 말한 것이다. 그러나 꾸밈과 밝음이 날로 열려 간다면, 또한 모름지기 순박함을 돌이키고, 순수함으로 되돌아가야 하는 것으로, 꾸밈이 있으면 더욱이 반드시 질박함으로 채워야 하는 것이기에, 이에 비단옷을 입고 그 위에 홑옷을 덧입는 것은 그 꾸밈이 드러남을 싫어하는 까닭이다. 오직 그 바탕이 드러나고 그 꾸밈이 드러나지 않은 후에야, 꾸밈은 이에 항상 있으면서 낡아지지 않는 것이다. 그러므로 '꾸미고 밝아서 그치는 것이 인문人文이다.'라고 말했다. 꾸미고 밝아서 그침을 알 수 있음은 그 바탕을 잃음에 이르지 않은 것이기에, 이에 그 꾸밈 됨을 이룰만한 것이다. (『대학大學』의) 지인止仁, 지경止敬, 지효止孝, 지자止慈, 지신止信에서 멈춤의 뜻이 큰 것, 이것이 천하를 교화하고 이룰 수 있는 까닭이다. 『노자老子』에서 '유柔를 지키라[守柔]!'하였으니 그 말씀은, '멈춤[止]만이 여러 중지中止를 멈추게 할 수 있음'이니, 다름 아닌 밝음과 신중함이 요구되며, 형옥刑獄은 그중 한 가닥임을 말한 것이다. 내괘內卦에서, 모든 효는 이離괘의 밝음에 속하여 '발을 꾸밈[賁趾], 수염을 꾸밈[賁須], 화합한 꾸밈[賁濡]'은 스스로 멈출 수 있다는 뜻이 있다. 외괘外卦에서 모든 효는 간艮 멈춤에 속하여, '흰 말을 꾸밈[賁皤], 비단을 꾸밈[賁帛], 소박하게 꾸밈[白賁]'은 또한 꾸미고 밝음의 상이 있다. 삼통三統(흑통黑統, 백통白統, 적통赤統)과[45] 문文과 질質이 서로 바뀌니, (다) 돌면 다시 시작하는데, 변화를 이룸으로써 폐단을 구제하니, 비賁괘의 뜻을 관찰해보면, 전체를 포괄할 수 있다. 모든 학파들이 주석을 단 것이 상세하고 충분하나, 유원劉沅과 리스전李士鉁 두 학설이 또한 뜻이 정밀한 것이 많다. 그리고 포윤抱潤(馬其昶)선생이 인용하여 증거로 삼은 것은 더욱 명확해서 내괘의 삼효三爻를 삼통三統에 분배하였다. 포윤抱潤선생은 내괘·외괘를 음양의 변화에 통하게 하였고, 동중서董仲舒의 하늘을 주로 하고 땅을 주로 하는 설명을 그것과 더불어 서로 합치시켰고, 성심誠心으로 넓게 논의하였다. 그는 우뚝 솟아 앞선 성현들을 넘어서게 되었다. (그의 설명을) 반복하여 읽는다면 학식을 증장增長시킬 것이다.

---

44) '無本不立,'『禮記今註今譯』, 第十「禮器」, 王夢鷗譯注, 상동, 314頁.
45) 董仲舒에 의하면, 三統은 三正이니, 夏曆, 殷曆과 周曆을 말한다.

23. 박剝괘 ䷖

박剝괘: 가면 불리不利**하다.**

[剝, 不利有攸往.]

마융馬融(79-166)은 말한다. 박剝은 떨어짐이다.

조여매趙汝楳(13세기, 남송南宋학자)는 말한다. (박剝괘는) 가는 것을 경솔하게 하지 않고 나에게 있는 하나의 양陽을 보존하면 재난이 없으리니, 여기(박剝괘)로 돌아와 터전을 잡는 것이다.

유원劉沅(1767-1855)은 말한다. 박剝은 9월月의 괘卦이다. 「서괘序卦」전에서, '비賁라는 것은 꾸밈이다. 꾸미고 난 후에 형통하면 다할 것이니, 따라서 박剝괘로 받았다.'라고[1] 하였다. 인사人事가 날로 번잡해지면 본바탕[本質]이 날로 천박淺薄해지니, 형통함이 다하면 껍질이 벗겨진대[剝]. 음陰이 다하고 양陽이 없어지면 소인小人이 군자君子를 해害하는 상상象이기에, 따라서 (박剝괘에서) 가는 것이 이롭지 않음이다. (박剝괘에서 내괘인) 곤坤 순順함에 편안하고, (외괘인) 간艮 멈춤을 지켜, 재능을 숨기고 때를 기다리는 것은 다만 해害를 멀리함만이 아니다.

리스전李士鉁(1851-1926)은 말한다. 박剝괘에서 음陰이 자라나고 양陽이 줄어드니, 군자君子가 조용한 곳으로 피해 물러나고 소인小人과 다투지 않으니, 스스로 소인에게 해害를 받지 않는다. (박剝괘에서) 선류善類를 보존하는 이유는 원기元氣를 양성하여서, 하나의 양陽이 돌아옴[復]을 기다리는 것이다.

단전에서 말한다. 박剝**괘는, 쇠락**衰落[剝]**이니, 유약**柔弱**한 것이 강건함을 변화시켜서 (쇠락)한다.**

[彖曰:「剝」, 剝也, 柔變剛也.[2]]

---

1) '賁者, 飾也. 致飾然後亨則盡矣, 故受之以剝.',「序卦」傳, 高亨, 646頁.

2) 박剝괘는 다섯 陰이 아래에 있고, 1陽이 위에 있다. 다섯 柔의 세력은 매우 왕성하나, 1剛의 힘은 미약하니, 柔가 剛을 고칠 수 있다. 따라서 '柔變剛'이다. 高亨, 231頁.

왕부지王夫之(1619-1692)는 말한다. (박剝괘에서) 양陽이 물러나 어두운 곳으로 가고 음陰은 나아가서 밝은 곳으로 가니, (박剝괘는) 그 어두움과 밝음의 '항상 됨[常]'을 변화시킨다.

유원劉沅은 말한다. 박剝괘는 양陽이 떨어져나가는[剝落] 것이다. (박剝괘에서) '유柔가 강剛을 변화시킴'[柔變剛]은, 양陽이 스스로 변화하는 것을 따라 말하는 것이니, 음陰이 양陽을 좀먹어 점차 음란해져도 스스로 (그것을) 자각 하지 못하여 떨어져나감이 다하는 것에 이르는 것이다. (박剝괘에서) 하나의 양陽이 겨우 보존되나, 또한 오래지 않을 것이니, 따라서 유柔가 강剛을 떨어져나가게 함이라 말하지 않고, 강剛이 변화한다고 말하는 것이다.

(소인들이) "밀고 나가면 이롭지 못하게 됨"은, 소인들의 세력이 자라나는 것이다. (왕성한 소인 세력에) 순응하여 (군자의 세력이) 정지하는 것이, (박剝)괘상卦象을 보는 것이다. 군자는 (만물의) 소장消長과 영허盈虛의 변화를 귀貴하게 여기니, (이것이) 자연의 움직임[天行]이다.

["不利有攸往," 小人長也. 順而止之,[3) 觀象也. 君子尙消息盈虛, 天行也.]

정현鄭玄(127-200)은 말한다. (박剝괘에서) 음기陰氣가 양陽을 침범하여 위로 65효爻에 이르니, 만물이 시들어가므로, 따라서 '떨어져나감[剝]'이라 말한다. 소인小人이 극도로 왕성해지면 군자君子는 갈 곳이 없다.

유목劉牧(1011-1064)은 말한다. 소인小人이 막 왕성해지니, 거슬러서 그치게 할 수 없어서, (박剝괘에서) 순순하게 그것을 그치게 함은 (소인小人으로) 하여금 해害를 끼치지 못하게 함은 가능하다.

(정이의) 『이천역전伊川易傳』에서 말한다. 하지夏至에는 하나의 음陰이 생겨 점차 자라난다. 하나의 음陰이 자라나면 하나의 양陽이 줄어드니 건술建戌[夏曆九月]에 이르면 정점에 달해서 탈락[剝]이 이루어지는데, 이것이 음陰이 강剛을 변화시키는 것이다. 이 (박剝)괘는 순순하여 그치게 하는 상象이니, 이에 박剝의 도道에 처하여, 군자君子가 마땅히 그것을 보고 체득해야 한다.

조언숙趙彦肅(12세기, 남송南宋학자)은 말한다. (박剝괘에서) 음陰이 왕성하면 나아가지 못하니 양陽의 그침을 받고, 양陽이 은미하면 가지 않고 음陰을 멈추는 것을 기약한다. 줄어들고 늘어나며[消息] 차고 비는[盈虛] 이치에 밝지 못한다면, 누가 이것[박剝괘]을 알겠는가?

오징吳澄(1249-1333)은 말한다. (박剝괘에서) 음陰이 자라서 65효에 이르면, 겨우 하나의 양陽

----

3) 박剝괘는, 하괘가 坤이고, 상괘가 艮이니, 順하여 나가지 못함이다. 尙은 숭상, 중시이다. 高亨, 232頁.

이 보존된다. 다시 가면 그 하나의 양陽도 아울러 소멸할 것이니, 따라서 (박剝괘에서는) 가는 것이 옳지 않다. 상尙은 '귀하게 여김[貴]'과 같다.

심기원沈起元(1685-1763)은 말한다. 상象의 관찰이 바로 『역易』을 배워서 뜻을 통하는 것인데, 특히 박剝괘에서 말하는 것은 '순順하게 하여서 그것을 그치게 하는 것이니,' 곧 박剝괘의 본래의 상象에서, '괘가 좋지 못하여[不善]' 사람이 그 괘를 홀시할까를 염려하는 것이다.

양석여梁錫璵(1697-1774)는 말한다. (박剝)상을 보면, 변함에 처한 군자君子를 위하여 말한 것이다. (박剝)상象을 관찰함으로써 알 수 있는 것은 하늘[天], 자연을 알게 함이요, 줄어들고 커감[消息] 차고 빔[盈虛]을 높이 봄으로써 가르치려는 것은 '자연[天]'을 섬기게 함이다.

주준성朱駿聲(1788-1858)은 말한다. 박剝은 서리[霜]가 내리는 괘이다. 강유剛柔는, 낮밤의 상이다. '유柔가 강剛을 변화시킴[柔變剛]'은 낮을 변화시킴이 오래되어, 밤[宵]이 긴[永] 것이다. '줄어들음[消]'은 추분秋分에서부터 춘분春分에 이르기까지 태양이 매일 1도씩 지나가는 것이니 태양이 빠르면 낮이 점점 줄어드는 것을 이른다. '늘어남[息]'은 춘분春分에서부터 추분秋分에 이르기까지 태양이 매일 1도씩 못 미치는 것이니 태양이 더디면 낮이 점점 길어지는 것을 이른다. 영盈은, 24 항기恒氣가[4] 매일 143분分의 534775씩 채움을 말한다. 허虛는, (천구天球에서) 해, 지구, 달이 일직선에 있게 되면 매일 158분分의 956171씩 비움을 말한다. 군자君子 한 몸의 동정動靜과 활동[行]과 은둔[藏]함이 이것을 나타내니, 천행天行과 합한다. 『역易』에서 천행天行을 말한 것은, 모두 태양의 '자연[天]'을 말한 것이지, 항성恒星의 '자연[天]'을 가리켜 말한 것이 아니다.

유원劉沅은 말한다. '줄어들고 늘어남[消息]'은 '차고 빔[盈虛]'이 막 시작한 것이다. 영허盈虛는 소식消息이 이미 이루어진 것이다. 천행天行과 천도天道는 자연적인 운행運行이다. 괘상卦象의 이치가 당연히 이와 같음을 거듭 말한 것이다. (박剝괘에서) 갈 곳이 없음을 보인 것은 천리天理의 당연함이고, 사사로운 지혜로써, 해害나 피하는 것과는 같지 않다.

상전에서 말한다. 산山[귀족들]이 땅[서민들]에 붙어있는 것이, 박剝괘이다. 윗사람들이 하민들을 두텁게 대하고 편안히 살게 한다.
[象曰: 山附於地, "剝," 上以厚下安宅.[5]]

··

4) '恒氣'는 1태양년[365.24219日]의 길이를 균등하게 24등분하여 정한 節氣를 말한다. https://dh.aks.ac.kr 참조.

5) 上은 君上이니, 王侯大夫들을 말하고, 下는 서민들이다. 『爾雅 · 釋言』에는, 宅은 居이다. 山은 귀족들에 비견되고, 땅은 서민들에 비견된다. 高亨, 233頁.

유목劉牧은 말한다. 산은 땅을 기반으로 삼고 그 땅을 두터이 하면 산의 높음이 보존된다. (박剝괘에서) 임금이 백성으로 근본을 삼고 그들을 두터이 하면, 임금이 윗자리에서 편안하다.

사마광司馬光(1019-1086)은 말한다. 기틀이 엷으면[薄] 담장이 무너지고, 아래가 엷으면 위가 위태로우니, 그러므로 군자가 그 아래백성을 두터이 하는 것은 (박剝괘에서) 스스로 자기 거처를 편히 하고자 하는 것이다.

(정이의)『이천역전伊川易傳』에서 말한다. 아래가 '엷으면[薄]' 위가 위태로울 것이니『상서尙書』(「夏書 · 五子之歌」)에서, '백성이 나라의 근본이고, 근본이 견고하여야 나라가 편안해진다.'라고6) 하였다. (짱홍즈張洪之는, '다만 나라가 평안할 뿐이 아니라, 그 몸 또한 그것으로 편안해진다.'라고 말한다.)

풍의馮椅(1140-1232)는 말한다. (박剝괘에서) 위아래의 후박厚薄으로 상象을 취한 것이지, 음양陰陽의 줄어들고 자라남[消息]으로써 뜻을 삼은 것이 아니다.

유원劉沅은 말한다. (박剝괘에서) 산은 형세가 땅 위에 우뚝 솟아있고, 뿌리가 땅 중에 서려있다. '땅에 붙어 있으면, 훼상毀傷되기에, 따라서 박剝(수탈됨)이 된다.'라고 한다. 상上은 '백성보다 위임[民上]'을 말하니, 일양一陽이 위에 있는 상이다. 댁宅은 상上이 있는 자리[位]이다. 위에 있는 이[임금]가 백성을 두터이 하여 자기 자리를 안정시키니, (박剝괘에서) 높더라도 위태롭지 않기에, 두터움은 (하괘인) 곤坤과 같으니, 안정됨이 산과 같다.

짱홍즈張洪之(1881-1969)는 말한다. 백성을 수탈함[剝]은 실은 자신을 수탈하는 것이다.『상서尙書』(「夏書 · 五子之歌」)에서, 우禹임금은, '원망이 어찌 밝게 드러난 데에 있겠는가? 나타나지 않았을 때에도 도모하여야 한다. 내가 억만 백성[兆民]들을 대하되, 두려워하는 마음은 썩은 동아줄로 여섯 필 말을 모는 것처럼, 조심해야 한다. 백성의 윗사람이 된 자가, 어찌하여 근신하지 않는가?'라고7) 한 것이다.

마치창馬其昶(1855-1930)은 말한다. 박剝괘는 일양一陽이 위에 있는데, (그를) 대인大人, 군자君子라고 말하지 않고, '상上'이라 말했으니, 또한 (박剝)상象의 미묘한 뜻을 볼 수 있기에, 상上은 아랫사람들에 인한 명칭이다. 백성(邱民)들을 얻어서 천자天子가 되고, '백성의 위[民上]'가 되는 이는, 어찌 아래 (사람들)을 두터이 하지 않겠는가?

---

6) '民惟邦本, 本固邦寧.' 五子之歌』,『今古文尙書全譯』,「五子之歌」, 江灝, 錢宗武譯注, 상동, 97頁.

7) '怨豈在明? 不見是圖. 予臨兆民, 懍乎若朽索之馭六馬, 爲人上者, 柰何不敬?',『今古文尙書全譯』,「五子之歌」, 상동.

초육효: 상床의 다리를 떼어내니, (쓸모가 없어지고,) 정도正道를 버리면 흉하다.

[初六, 剝牀以足, 蔑貞凶.8)]

상象에서 말한다. "상다리를 없앰"은, 하부(기초)를 없애는 것이다.

[象曰: "剝牀以足,"9) 以滅下也.]

우번虞飜(164-233)은 말한다. 이것(초6효)은 곤坤이 건乾을 변화시키는 것이다.

노씨盧氏(名은 경유景裕[?-542], 남북조南北朝시대 역학자)는 말한다. (초6효에서) 멸蔑은 멸함[滅]이다. 상牀은 사람을 편하게 하는 것이고 아래에 있으므로 발이라 칭하였다. (초6효는) 먼저 아래로부터 깎아서, 점차 위로 미치는 것이다.

석개石介(1005-1045)는 말한다. 멸하滅下는 초6효를 멸滅함을 말한다.

난정서蘭廷瑞(1528-1565)는 말한다. (박剝괘는,) 일양一陽이 위에 있고, 다섯 음陰이 그것을 싣고 있으니 상牀의 상象이다. (유원劉沅은, '일양一陽이 다섯 음陰을 덮어주고 있으니, 집[宅], 주막[廬], 상牀의 상象이다.'라고 말한다. 리스전李士鉁은, '전괘全卦에서 상上이 알맹이가 있고 하下가 비어 있어 상牀의 상象이니, 효爻가 대부분 그것을 취하였다.'라고 말한다.)

임계운任啓運(1670-1744)은 말한다. 나라에 백성이 있는 것은 상牀에 다리가 있는 것과 같다. 백성을 수탈하고 자신을 높이는 자는 (백성을 다스릴 줄) 모른다.

심기원沈起元(1685-1763)은 말한다. (초6효에서) '바름[貞]'은 무엇인가? 큰 과일[碩果]이다.

유원劉沅은 말한다. (초6효에서) 멸蔑은 멸함[滅]이다. 정貞은 바름[正]이다. 음陰이 양陽을 '빼앗음[剝]'은 아래에서부터 위로 간다. 초6효는 '빼앗음[剝]'의 시작이요 소인小人이 바름[正]을 해害하여 점차 일어나면 반드시 그 바름[貞]을 소멸할 것이다. 상上은 하下로써 기틀을 삼고, 상牀은 몸을 편안하게 한다. 상牀에서 다리를 없애면, 아래가 빼앗기게 되니, 위 또한 기울 것이기에, 이로써 아래가 소멸하게 된다. 이 박剝괘의 술術이 독毒함을 한탄함은, 정도正道를 없애면 흉하기 때문이다.

왕부지王夫之(1619-1692)는 말한다. (초6효에서) 이以는 미침(及)과 같다.

리스전李士鉁은 말한다. 상牀은 다리를 의지하여 편안하고, 나라는 백성을 의지하여 세워지니, 다리가 무너지면 상牀이 장차 기울 것이고, 백성이 떠나면 나라가 장차 망할 것이다. 멸蔑은 잃음

---

8) 박剝은 걷어냄이다. 以는 之와 같다. 멸蔑은 滅이니, 떼어버림이다. 貞은 正이다. 高亨, 234頁.

9) 以는 之와 같다. 高亨, 234頁.

(失)과 같다. 음陰은 양陽을 따름으로써 바름[正]을 삼으니, 양陽이 줄어들면, 이것이 음陰의 바른 도道를 잃는 것이다.

마치창馬其昶은 말한다. 음효陰爻는 '빼앗음[剝]'을 말하니, 모두 (박剝)괘卦를 이루는 상象이다. (박剝)괘가 빼앗기는[剝] 상을 거슬러 찾아가면, (초6)효爻가 마땅히 변해야 되는 뜻을 분명히 알게 된다. 초6효가 강剛을 변화시켜 (자신이) 소멸되면; 바른데도 흉하니, 지금 마땅히 양陽으로 변화되어야함을 알 수 있다. 그리고 말하지 않은 것은 박剝괘 초6효가 할 수 있는 것이 아니다.

● **나의 견해:** 초효初爻는 본래 양陽의 자리인데, 박剝괘는 초효初爻가 양효陽爻를 변화시켜 음효陰爻로 만들었으니, 이것이 '초효가 강剛을 변화시킨 것'이다. 우번虞飜의 주注에서, '곤坤이 건乾을 변화시킴'을 말한 것은, 또한 (박괘 초6효에서) 건乾 양陽爻를 변화시켜 곤坤 음효陰爻가 된 것을 말한 것이다.

육이효: 상床의 상판을 떼어버리면, (쓸모없게 되니), 정도正道를 버리면 흉하다.
[六二, 剝床以辨, 蔑貞凶.10)]
상에서 말한다. "상판을 부수는 것"은, (임금을) 도울 (신하들)이 없는 것이다.
[象曰: "剝牀以辨," 未有與也.11)]

최경崔憬(7세기, 당唐대 역학자)은 말한다. 63효에 이르면 응이 있고, 62효는 아직 같이 할 것이 없음을 말한 것이다.

구부국邱富國(13세기, 남송南宋시대의 역학자)은 말한다. 음양陰陽이 상응相應하면 함께 하는 것이 있다. 함咸괘▤ 여섯 효爻는 모두가 응하니 감응하여 서로 관여[相與]하는데; (상효인) 간艮괘▤ 여섯 효爻는 모두 응하지 않으니, 적敵으로 응하고 서로 관여하지 않음이라 말한다.

임계운任啓運(1670-1744)은 말한다. 나라에 현인賢人이 있는 것은 상牀에 널빤지가 있는 것과 같으니, (62효에서) 현인賢人을 해치고 스스로 독재하는 것은 (나라를 다스릴 줄) 모르는 것이다.

유원劉沅은 말한다. 변辨은 상牀의 평면이니, 즉 평平이다. 예전에는 평平과 변辨을 통용通用하였으니, 『상서尙書』(「요전堯典」)에서는, '평장平章,' '평질平秩'이라고12) 하였고, 『사기史記』에서는

---

10) 剝은 버림이다. 以는 之와 같다. 변辨은 편牑(널, 상판)으로 읽어야 한다. 高亨, 235頁.
11) 與는 助다. 高亨, 상동.
12) '平章.', '平秩.', 『今古文尙書全譯』, 「堯典」, 江灝, 錢宗武譯注, 상동, 14, 15頁.

'변便'이라 하였고, (당唐 사마정司馬貞이 주석한) 『사기색은史記索隱』에서는, '『금문상서今文尙書』에서 (평平은) 변辨으로 쓰였다.'라고 말하였다. 62효는 음陰이 극도로 왕성하여 양陽이 두려워하며, 하괘下卦에 있지만 그 자리가 바르므로 상牀의 널빤지를 걷어내는 상이다. '다리를 버림[剝足]'은 음陰이 양陽을 해치는 것과 같고, '구분하고 변별함[剝辨]'은 분명히 공격하는 것이다. '정도正道를 버리면 흉함[蔑貞凶]'은, 초6효에서는 기세를 말하였고, 여기[62효]에서는 실제로 그 일이 있는 것이다. 음양陰陽이 돕고 응하면 같이 함이 있는데, 62효의 전후前後 좌우左右가 모두 음陰의 사특함이니, 서로 돕고 구해주는 양효陽爻가 없다. 군자君子의 형세가 외로워서는 안 됨을 탄식한 것이다.

변빈卞斌(1778-1850)은 말한다. (62효에서) 변辨은 편牑(평상)으로 읽는다. 『설문해자說文解字』(許愼撰)에 의하면, 편牑(평상)은 상牀의 판版이라고 하였다. (마치창馬其昶: 변辨의 음音은 편片이고, 편偏, 편牑, 편蹁이 모두 통용된다.)

리스전李士鉁은 말한다. 변辨은 발의 위이고, 무릎근처의 아래이니, 상다리와 같다. (62효에서) 상다리가 무너지면 상牀이 의지할 것이 없다. 62효는 신하의 자리이고 신하가 없으면 임금은 도움 받음이 없다. 처음에는 많은 백성들의 마음이 떠나고, 이어지면 팔다리(신하)를 다 잃을 것이니, 임금이 윗자리에서 편하고자 하여도, 가능하겠는가?

마치창馬其昶은 말한다. 92효가 떨어져나가[剝] 62효가 된 것이니, 비록 중정中正의 덕德이라도 흉한 것은, 아래가 62효가 아니면 65효에는 응이 있고, 위로는 65효가 아니면 62효에 응함이 있으나, 62, 65효에는 자연히 함께 할 것이 없으니, '빼앗음[剝]'의 상象이 이루어질 것이다. 초6효에서 '정도正道가 없으면 흉함[蔑貞凶]'은 상처 받음의 시작이고, 62효에서 '정도正道가 없으면 흉함[蔑貞凶]'은 62, 65효의 자리가 상처받음이다. 둔遯괘▤는 음陰이 자라고 양陽이 줄어드는 괘이나, (둔괘의)『단彖』전에서 '둔형遯亨'(둔괘는 형통함)이라 하니, 그 (단彖)전에서 '(상괘에서) 강剛이 자리(位)가 합당하여 응한다.'라고[13] 하였다. 둔遯괘의 형통함이 62, 95효의 응함에 말미암음을 알면; 박剝괘의 흉함은 62, 65효의 응하지 않음에서 말미암음을 알 것이다.

육삼효: (남의 나라 혹 남의 읍邑의) 토지를 부분적으로 취하나, 탈이 없을 것이다.

[六三, 剝之,[14] 无咎.]

---

13) 둔遯괘의 象傳을 보라. 高亨, 303頁.
14) 박剝은 부분을 떼어냄이다. 高亨, 235頁.

상에서 말한다. (다른 나라의 영토를) "박탈해도 탈이 없음"은, (그들이) 상하의 (지지를) 잃었기 때문이다.

[象曰: "剝之無咎,"15) 失上下也.]

순상荀爽(128-190)은 말한다. 음陰들이 모두 양陽을 빼앗으나, 63효만이 홀로 상9효와 응하니 이로써 허물이 없다.

왕필王弼(226-249)은 말한다. 상하上下에 각각 두 음陰이 있으나, 63효만이 홀로 양陽에 응하니, 상하上下를 잃은 것이다.

심해沈該(12세기, 남송南宋 학자)는 말한다. 박剝괘는, 순조롭게 그치니 선善이 되는데, 소인들 사이에서 자취를 흐리게 되면, 음陰이 군자의 응함이 되니, (63효는) 빼앗더라도 허물이 없다.

조언숙趙彦肅(12세기, 남송南宋학자)은 말한다. 63효가 65효에 응하여 친근하니[比], 모두 양을 보존하여 흉을 면할 수 있다.

유원劉沅은 말한다. 63효 또한 음陰으로써 양陽을 빼앗으니, 따라서 '빼앗음'이라고 말한다. 그러나 (63효는) 강剛(의 자리)에 거하여 홀로 상9효와 응하니, 이는 빼앗는 시기에 처함이기에, 그(음의) 부류(初六, 六二, 六四, 六五)를 버리고 양陽[상9효]을 따랐으니, 위아래의 음陰들과 다르다.

리스전李士鉁은 말한다. 63효는 여러 음陰이 양陽을 빼앗는 사이에 해당되나, 그 동류同類들을 잃어버리고 마음이 군자君子에로 돌아갔으니, 허물이 없다. 이것(63효)은 나쁜 소인들 가운데 홀로 선류善類를 유지한 것이라, 선류善類가 다 없어지지 않은 것과 같으니, 그(63효)는 무력無力하다 해도, 진실로 군자君子가 허여한 바이다.

마치창馬其昶은 말한다. 박剝괘는 유柔가 강剛을 변화시킨다. 초6효는 발을 없애버리고, 62효는 (상床의) 판을 떼어내고, 64효는 피부를 벗겨내니, 모두 본효本爻에서 강剛을 변화시켜 자신을 빼앗는 상象이다. 63효의 '그것[之]을 빼앗음[剝之]'에서 그것[之]은 본효本爻[63효]를 가리킨다. 음기陰氣의 빼앗음[剝]이 63효에 이르러 허물이 없다는 것은 양陽에 응할 수 있다는 뜻을 얻음이다.

• **나의 견해**: 63효는 곤순坤順의 끝에 있으면서 위로 간艮 그침[止]의 마지막에 응한다. 이는 겉으로는 비록 소인小人이 다섯이 되지만, 안으로는 사실 군자君子를 지원함이니, 상하上下의 음류陰類를 잃음을 얻은 것으로 여겼기에, 따라서 (63효는) 비록 빼앗겼으나[剝] 허물은 없다.

---

15) 여기서 之는 다른 나라나 다른 邑을 말한다. 高亨, 상동.

육사효: (사람이 그 위에 눕는) 상 위의 자리[席]를 없애면, (한기寒氣가 침습하여 반드시 병이 생기니,) 흉하다.

[六四, 剝床以膚,16) 凶.]

상에서 말한다. "침상의 돗자리를 뺏는 것"은, (병을 주는) 재앙에 가깝다.

[象曰: "剝床以膚," 切近災也.]

왕숙王肅(195-256)은 말한다. (하괘인) 곤坤은 상牀을 상징하고, (상괘인) 간艮은 사람을 상징하니, 상床을 빼앗김이 다해서 (64효에서) 사람 몸에까지 이르니, 해害가 이보다 심함이 없다.

(정이의) 『이천역전伊川易傳』에서 말한다. 65효는 임금의 자리이고, 빼앗음이 이미 64효爻에 미쳤으니, 사람의 경우 빼앗김이 그 피부에까지 미치는 것이니, (64효에서) 몸은 망함에 가깝다.

유원劉沅은 말한다. 64효는 상체上體에 있으니, 이에 상牀위에 있는 사람이다. 빼앗음[剝]이 아래의 피부에 가까우니, (64효에서는) 해침이 심하여 더욱 가까이 옴이다.

리스전李士鉁은 말한다. (상괘인) 간艮은 피부이고, 음陰이 양陽을 작게 함이 이미 하괘下卦에서 다하고, (64효에서는) 상괘上卦에 이르렀으니, 상牀의 떼어버림이 이미 다하고 피부에까지 미치는 상象이다. 64효는 가까운 신하의 자리이고 심복의 책임이 있으니, 이것과 아울러 빼앗김을 당하면, (임금이) 천하의 일을 아직도 물을 수 있겠는가?

마치창馬其昶은 말한다. 64효는 임금의 자리와 매우 가까우니, 이른바 귀척貴戚으로 (임금과) 친親함으로, 나라의 안락과 근심을 함께 할 수 있는 사람이다. (64효에서) 빼앗음[剝]은 스스로 제 몸을 빼앗음이다.

육오효: (임금은) 고기를 꿰듯이 빈첩嬪妾들을 차례지어진 순서대로 사랑을 해주니, 이롭지 않음이 없다.

[六五, 貫魚以宮人寵,17) 无不利.]

상에서 말한다. "빈첩들과 사랑을 나눔"에, 끝내 과실은 없다.

[象曰: "以宮人寵," 終無尤也.18)]

---

16) 剝은 취해버림이다. 以는 之와 같다. 膚는 석석席[자리]이다. 비유하면 통치자의 자리는 小臣이나 侍妾 등은 상床이다. 高亨, 236頁.

17) 관貫은 꿰뚫음(천穿)이다. 貫魚는 사람에게 배정된 순서가 있어, 그것을 뛰어넘을 수 없다. 以는 用이다. 宮人은 임금 빈첩嬪妾들의 총칭이다. 총寵은 사랑이다. 高亨, 236頁.

18) 우尤는 過失이다. 상동.

『주역건착도周易乾鑿度』에서 말한다. 공자는, '박剝괘의 65효에서,' "물고기를 꿰어 메듯, 군자君子를 받들고 있다.'라고 말하였다.[19]

우번虞飜은 말한다. (상괘인) 간艮은 궁실宮室이다.

하타何妥(6세기, 수隨나라의 음악가 및 철학자)는 말한다. 다섯 음陰은 서로 순서가 물고기를 꾀어놓은 것과 같고 물고기는 음물陰物이다. 임금의 부인과 첩은 귀천貴賤에 법칙이 있고, 임금의 은혜를 베풀음에도 순서가 있으니, 65효는 많은 음陰들의 주인이고, 물고기를 꿰는 순서가 있으므로 (65효는) 이롭지 않음이 없다.

(장재의)『횡거역설橫渠易說』에서 말한다. "음양陰陽의 사이가 가까우면 반드시 서로 돕는다. 65효는 위로 양陽에게 붙고 반대로 군음群陰들을 제압하여 음陰들로 하여금 나아가도록 핍박하지 않고, 바야흐로 박剝괘의 선善에 처할 수 있으니, 아래로는 빼앗길 근심이 없고, 위로는 양陽의 비호를 얻게 된다."[20]

심해沈該는 말한다. 순조롭게 그치는[順止] 도道로써 반대로 소인들을 제압하니, 그들이 부림에 순하고 위를 범하지 않게 되니, (65효는) 물고기를 꿰맨 것으로 말함이다.

내지덕來知德(1525-1604)은 말한다. (65효에서) 음陰이 순하면 양陽을 따를 수 있고, 간艮의 멈춤은 양陽을 빼앗지 않는다. (나의 견해: 내씨來氏[來知德]의 설說을 음미하니, '순하게 양陽을 따르면 감히 총애 받음에 의지하여 교만하지 않고, 양陽을 빼앗지[剝] 않으면 음악을 좋아하고 거칠음[荒]이 없게 되니, 화평和平하여 절도節度가 있다.'라고 말한다. 65효는 어진 왕비의 덕이 있으니, 자기 임금을 도와서 환란을 제거하니, 자기의 바른 자리로써 간艮 그침[止]의 가운데에 있으며, 그침에서 그칠 바를 아는 것이다.)

장영張英(1637-1708)은 말한다. (상9효의) 큰 열매[碩果]라는 말을 보면, 성인이 군자君子를 좋아하는 것을 알 수 있고; (65효의) '꿰인 물고기[貫魚]'라는 말을 보면, 성인이 소인들을 버리지 않았음을 알 수 있다.

유원劉沅은 말한다. 변화된 손巽은 물고기가 되며 새끼줄이 되니, 물고기들을 꿰는 상象이다. 65효는 임금의 자리인데 음陰에 있으니, 왕후王后의 상이다. 변화된 손巽은 맏딸[長女]이고, 하체

---

19) '陰貫魚而欲承君子也.',『周易乾鑿度』卷上, 剝之六五, 漢 鄭康成注, 電子版文淵閣四庫全書, 上海人民出版社, 1999 참조.

20) '陰陽之際, 近必相比. 六五能上附於陽, 反制群輩陰, 不使進逼, 方得處剝之善, 下无剝之之憂, 上得陽功之庇.',『橫渠易說』卷一, 剝, 宋 張載撰, 電子版文淵閣四庫全書, 上同.

下體가 곤坤이니, 궁인宮人의 상이다. (65효는) '위로 양陽을 받드니 왕후王后가 궁인宮人으로써 임금에게 총애를 받는 상이다. (65효는) 음유陰柔로 순하고 바르니, 군음群陰을 통솔하여 일양一陽의 명命을 듣는데, 모든 궁인宮人들을 물고기처럼 순서에 따라 꿰듯이 통솔하여 총애를 받는 것이다.

장혜언張惠言(1761-1802)은 말한다. 이것(65효)은 왕후王后나 (고귀한) 여재[女士]가 (쓰는 붉은 목간의) 동관彤管의 필법筆法이니, 음陰을 틀리게 하거나 양陽을 빼앗음이 아닌 것이다.

리스전李士鉁은 말한다. (상괘인) 간艮은 문門이고, 음陰이 문門안에 있으니, 따라서 궁인宮人이라 칭하였다. 음陰의 도道는 양陽을 받드는 것이 귀하기에, 다투지 않고 시기하지 않으며, 65효가 유순柔順하고 중위中位를 얻었으니, 많은 첩으로 하여금 순서대로 의지하고 겹쳐 나아가서, 함께 임금을 섬기는 것이니, 음陰이 편하고 양陽 또한 편할 것이다. (65효에서) 아마도 외로운 양陽은 지위가 없어 도리어 음陰에게 의탁한다. 63효는 상9효에 응하고, 65효는 상9효를 받드니, 모두 위로 의지하여 편안한 것이다. 63효는 천賤하고 양陽에서 멀기 때문에 겨우 허물이 없는 것이다. 65효는 지위가 높고 양陽과 가깝기 때문에 이롭지 않음이 없다

상구효: 큰 열매[곡미穀米, 사마絲麻, 생축牲畜 등]는 먹지 않는데, (소인들이 재물들을 받치니) 군자는 수레를 얻으나, 소인들은 냉이뿌리를 약탈해 먹는다.
[上九, 碩果不食, 君子得輿, 小人剝廬.21)]
상에서 말한다. "군자들이 수레를 얻은 것"은, 백성들이 받든 것이다. "소인들은 (좋은 것을 먹지 않고) 냉이뿌리를 캐먹어도," 끝내 임용되지는 않는다.
[象曰: "君子得輿," 民所載也. "小人剝廬," 終不可用也.]

우번虞翻은 말한다. (상괘인) 간艮은 큰 열매[碩果]이고 집[廬]이며, (하괘인) 곤坤은 수레이다.

양시楊時(1053-1135)는 말한다. (상9효에서) '큰 열매는 먹지 않음[碩果不食]'은 순종하며 가지되, 그것들을 멈추게 하는 것이다.

(주희의)『주자어류朱子語類』에서 말한다. 오직 군자君子만이 소인들을 덮어줄 수 있다. 소인小人들이 군자君子들을 박탈하면, 군자는 망하고 소인 또한 자기 몸을 맡길 곳이 없어진다.

왕종전王宗傳(12세기, 남송南宋시대 역학자)은 말한다. (상9효에서) 일양一陽이 중음衆陰의 위

---

21) 석碩은 큼이다. 과果는 곡미穀米, 사마絲麻, 생축牲畜 등을 말한다. 여輿는 수레이다. 漢 帛書『周易』에는 여려廬가 여려蘆로 되어 있다. 『說文解字』에, 여려蘆는 제근薺根(냉이뿌리)이다. 高亨, 237頁.

에 있으니, 과일이 큰 것이다. 먹지 않음은 생육生育의 싹이 바로 이것(상9효)에 의탁하기 때문이다. 땅에 떨어져 태어남은 복復괘(卦)의 초9효이니 곧 박剝괘의 상9효이다. (박剝괘 상9효에서) 일양一陽이 윗자리에 있으니, 많은 백성들이 함께 떠받드는 상이다. 박剝의 도道가 일단 끝나고도 상9효에서 다시 (양陽을) 빼앗기면, 소인小人들은 자기 몸을 보호할 수 없다.

호병문胡炳文(1250-1333)은 말한다. (상9효에서) 열매의 가운데에 씨(仁)가 있으니, 천지天地가 낳고 낳는 마음이 있다.

유원劉沅은 말한다. 백성이 떠받드는 것은, 박剝이 정점이면 장차 돌아오니, 민심民心이 군자君子를 보좌하고 안정시켜서, 군자의 안정을 바라는 것이다. (상9효에서) '끝내 임용되지 않음[終不可用]'은 자기가 보호 받을 것을 잃어버리고, 몸을 세울 수도 없는 것이다. 이전에 군자를 박해하던 것이 군자의 보호를 바라니, 일체의 음모陰謀가 소용이 없다. 옛날부터 소인은 아무 일도 없는 때에는 바름을 해치고, 일이 생기는 때에는 (해결을) 찾으려한다. 나라가 망하고 가정이 깨뜨려지는 것을 따져서 물으면, 소인은 반드시 홀로 온전하지 못할 것이니, 성인이 그것을 경계하고 한탄한 것이다. 군자를 위해 도모하는 것이, 또한 반드시 소인을 위해 도모함이 아닌 것은 아니다. 전체의 (박剝)괘卦가 군자君子가 박탈당하는 때로 나아가 말하였으니, 빼앗는 일은 소인小人들로부터 행해진 것이고, 빼앗는 폐단은 반드시 군자에게 의지하여 그것을 구제할 수 있다. 세력이 쇠하고 술수가 곤궁해지면, 군자가 뺏김을 당하는 때에 장차 어지러움을 다스리고 바름에 돌아가는 기틀이 스스로 온전하여져서, 세상을 구제할 수 있게 된다. 공자와 맹자가 분주하여 안정되지 못하고, 한 때 천하를 다스릴 수 없었으나, 만세의 천하를 다스릴 수 있었으니, 그런 후에 큰 열매(孔孟)가 세상을 위한 가르침이 큼을 알 수 있다.

리스전李士鉁은 말한다. 과일[果]을 먹지 않으면 씨[仁]가 다시 태어날 수 있으니, 박剝괘의 끝은 곧 복復괘의 시작이기에, 생성하는 도道가 혹 쉬는 때가 없고, 인仁의 이치가 보존되지 않는 곳이 없다. 『상서尚書』에서, '임금은 백성이 없으면 누구에게 일을 시킬 것이며; 백성은 임금이 없으면 누구를 떠받드는 일은 없다.'라고[22] 하였다. 군주가 아랫사람을 수탈하면, 이것은 스스로 백성들이 떠받드는 것을 잃는 것이고; 아랫사람이 군주를 박탈하면, 이것은 스스로 윗사람의 비호庇護를 잃은 것이다.

마치창馬其昶은 말한다. 이 (박剝)괘는 '자라나고 줄음[消息]'으로 뜻을 삼으니, 맨 위의 일양一陽도 끝내는 없어지지 않을 수가 없다. 군자가 수레를 얻는 것은, 양陽이 끝내는 궁해지지 않을 수

───────────────────────────────

22) '后非民罔死, 民非后罔事.', 『今古文尚書全譯』, 「咸有一德」, 江灝, 錢宗武譯注, 상동, 150頁.

없는 이치를 형상한 것이니, 위에서 박탈[剝]당하면 아래에서 돌아온다[復]. 양陽의 출입出入에 있어는 수레를 얻어 가지고 다니며; 유柔가 강剛을 변화시킴에서는, 집을 빼앗기어 그 비호庇護를 잃는 것과 같으니, 소인들은 스스로 궁해질 뿐이다. 군자는 백성이 떠받드는 것이니, (상9효에서) 일양一陽이 돌아와서, 가는 바에 이로움이 있으니, 궁박해질 수가 없다.

- **나의 견해(1):** 큰 열매는 하나의 양陽의 종자여서, 먹을 수 없으니, 그것을 먹어버리면 양陽이 끊어 없어져서, (다시) 생겨날 도리가 없다. 국가는 바른 사람을 좋아하고 보호하며, 선한 부류를 유지하여, 마땅히 때때로 원기元氣를 보존한다. 원기元氣는 만물의 종자이고 장래 세상의 도리道理와 사람 마음이 발생하는 기틀이 되니, 이 기틀은 오직 윗사람만이 그것을 잡을 수 있다. 박剝괘의 말[辭]이 처음부터 끝까지 엄하게 군자와 소인의 구별하는 것은, 오직 큰 열매와 '긴 봄[長春]'에 있을 뿐이다.

- **나의 견해(2):** 65 일효一爻는 국가의 화복성쇠에 관계하고, 상9 일효一爻는 천하 만세의 세상 도리와 인심人心에 관계한다.

- **나의 견해(3):** 박剝의 상象은 외로운 양陽이 위에 있고 다섯 음陰이 날로 진격하니 그 형세가 심히 위태롭다. 많은 백성에게 임하는 자는 썩은 새끼줄이 여섯 말을 모는 상황에서와 같이 위태롭게 여겨야 하니, 여기[박剝괘]에서 그들을 편하게 해줌에 힘써야 한다. 도道는 백성에게서 조금 취하여 그 백성을 두텁게 하는 것에 있으니, 백성이 두터우면 윗사람은 저절로 편안할 것이다. 이른바 백성을 두텁게 한다는 것이 바로 순하게 하여 그들을 그치게 하는 방법이니, 오직 민심에 순응하는 자만이 박剝의 운행을 돌릴 수 있다. 이 (박剝)괘가 소인이 빼앗음을 이루는 상象과 군자가 박탈함을 구제하는 방법을 말하였으니, 깊고 절절하게 나타내어 밝히었다. (박剝괘에서) 반드시 하괘下卦의 음陰들로 하여금 모두 양陽에게 순종하게 하여 반항하지 않게 하고; 상괘上卦는 그치게 하는 바를 알고서 박剝으로 말미암아 복復으로 돌아오는 기틀을 세우고, 임금은 자신을 덜어 아랫사람에게 더하고, 아랫사람을 덜어서 자신에게 더하지 않는다면, 민덕이 두터운 곳으로 돌아가니, 나라의 명맥命脈을 위태로움에서 안정으로 전환할 수 있을 것이다.

24. 복復괘 ䷗

복復괘는 형통하다. 출입하는데 질병은 없다. 붕우가 오나 탈이 없다. (떠났다가) 도중에
서 되돌아오니, 왕복에 7일이다. 가는 바에 이로움이 있다.
[復: 亨. 出入无疾. 朋來无咎. 反復其道,[1] 七日來復. 利有攸往.]

경방京房(전77-전37)은 말한다. (복復괘에서) '일곱째 날에 돌아옴[七日來復]'은 여섯 효의 반복
을 칭함이다.

정현鄭玄(127-200)은 말한다. 음기陰氣가 양陽을 침범하는데, 이[복復괘]에 이르러 비로소 처음
에서 회복이 생겼으니, 따라서 복復괘라 말한다.

하타何妥(6세[기, 수隨나라 학자)는 말한다. 복復은 본本으로 귀환하는 이름이니, 여러 음들이
양陽을 뺏음이 거의 다되기에 이르니, 양기陽氣가 다시 돌아와 교통함을 얻었기에, 따라서 '다시
형통함[復亨]'이라고 말한다.

이정조李鼎祚(8세기, 당唐대 역학자)는 말한다. 박剝괘의 양기陽氣가 9월 끝에서 다 되면, 10월
말에 이르러, 곤坤도 장차 다 될 것인즉, 다시 양陽이 오니, (복復괘는) 곤坤과 사이가 뜨는 한 괘
가 된다. 여섯 효爻가 6일日이니, 다시 와서 (하괘인) 진震이 이루어져 일양一陽이 생겨서, '일곱
날[七日]'이 된다.

주진朱震(1072-1138)은 말한다. 양陽이 자子에서 생기면, 음陰은 오午에서 생기어, 자子, 오午로
부터 7에 이르면 반드시 '다시 하게[復]' 되니, 건곤乾坤이 줄어들고 늘어나는 도리는, 1년1월1일이
모두 그러하지 않은 것이 없다. 『역易』에서 효爻를 년[歲] 월月 일日로 보는 것은, 복復괘에서 '일곱
째 날[七日]'이 와서 디시 시작함을 말하니, (64괘와 사계절[四時], 월령月令, 기후 등을 짝 채우는)
괘기卦氣를 밝힌 것이다.

유원劉沅(1767-1855)은 말한다. 복復괘는, 양陽이 아래에서 다시 생김이다. 5월부터 일음一陰

---

1) 復은 卦名이다. 反은 반返(돌아오다)의 가차이다. 高亨, 240頁.

이 생기고, 10월에 이르면 순곤純坤의 괘가 된다. 음양은 본래 서로 순환하니, 음의 정점에서 양이 다시 생기기에, 11월의 괘이다. 「서괘序卦」전에서, '사물은 끝까지 박탈될 수 없으니, 위가 궁하면 아래로 돌아오니, 따라서 복復괘로 받는다.'라고[2] 했다. 천지天地의 기화氣化는 양을 주로 하니, 나가서 '정성껏 키워서[撫育]' 배양培養하고, 들어오면 돌아온 것을 갈무리하니, 동정動靜이 끝이 없고, 음양의 시작이 없음은 일원一元의 이기理氣가 주류周流하고 주재하여 쉼이 없음이다. 성인은 말로 밝히기는 어렵다고 보아, 곧 이 (복復)괘로 그 기틀을 보이시니, 양이 나가서 삶[生]을 베풀고, 지금 다시 들어와서 곤토坤土에서 받아들이니, 한 번 나가고 한 번 들어오기에, 질병[疾]이나 해害가 없는 것이다. 지금 일단 (복復괘에서) 일양一陽이 와서 다시 시작하니, 다섯 음의 무리들이 그를 도우니, '벗이 와서 허물이 없음[朋來无咎]'이다. 이 두 구句는 형통하는 이유를 바로 말한 것이다. 도道는 천지天地의 이치이고, 사람들이 함께 하니, 도로가 그러한 것과 같다. 사람이 처음으로 태어남에 천지天地의 이기理氣를 얻었으며, 일단 생겨난 이후에는, 사물들이 교란시키니, 이離가 변하여 해[日]가 되고, 양효陽爻가 곤음坤陰을 주관하게 되니, 심신 안에 잡념이 있게 되어, 성정이 온전할 수 없을 것이다. 천지天地의 도리를 법 받고, 음양을 '운행 변화[運化]'하여 도道에 합치하니, '일곱째 날[七日]'에 와서 반복하게 되고, 양陽은 왕성하고 음陰은 쇠퇴한다면, 인도人道는 또한 천도天道이다. 복復이란 말 한 마디는, 특히 그 기틀에 나아가 밝힌 것이니, 어찌 참된 양陽이 '빼앗길 때, 이것에 이르러 비로소 다시 시작[復]하는 것이 아닌가! 음양의 수數는 각기 6에서 정점을 이루니, 구姤괘로부터 복復괘에 이르는 무릇 '일곱 달[七月]'은 양陽을 주主로하여 말한 것이기에 따라서 '일日'이라 말한다. (『시詩』의) 빈豳(풍風), (「七月」)에, '11월에 찬바람이 불고, 12월에 숲이 차다.'라고[3] 했으니, 옛 사람들은 대부분 월月을 일日로 불렀다.

리스전李士鈴(1851-1926)은 말한다. 천지간에 하나의 양기陽氣가 충만하여 돌면, 양이 지나간 곳이 곧 음陰이니, 음이 양을 '줄어들게 함[消]'이 아니고, 양이 스스로 가는 것이다. 가서 위에서 정점에 이르면, 와서 아래로 되돌아간다. '나가는 것[出]'은, 아래에서 진동하니, 양이 비로소 나오는 것이다. '들어감[入]'은 여러 음들 안[内]으로 들어가는 것이니, 양이 혹 늘어나는 때가 없음을 밝힌 것이다. 원양元陽이 처음으로 생기면, 음은 모두 그에 순종하니, 병이 없다면, 생기가 창성할 것이다. 양은 음을 벗으로 삼으니, 곤음坤陰이 와서 돕고, 음이 양을 보좌하여, 생의生意가 무성할 것이니, 따라서 (복復괘는,) 탈이 없다[无咎].

---

2) '物不可以綜盡剝, 窮上反下, 故受之以復.', 「序卦」傳, 高亨, 646頁.
3) '一之日觱發, 二之日栗烈.' 『詩經譯注』, 「豳」, 「七月」, 袁梅著, 상동, 380頁.

단전에서 말한다. 복復괘는, "형통함"이니, 강건함이 (안으로) 되돌아 온 것이라, 활동[震]이 순조롭게[坤] 진행된다. 이 때문에 "들고 나가도 병病에 걸리지 않고, 친구가 와도 탈이 없다.
[象曰: 「復」: "亨," 剛反, 動而以順行.[4] 是以"出入無疾, 朋來无咎."]

(정이의)『이천역전伊川易傳』에서 말한다. 양이 처음으로 생기면 그 기氣가 지극히 미약하여, 따라서 다분히 꺾인다. 병이 없으면 미약한 양이 생장하여, 해됨이 없다. 일단 그를 해치지 않으면 그 부류는 점차 나아가게 되니, 장차 형통하여 왕성할 것이고, 따라서 (복復괘는,) '탈이 없다.' 이른바 허물[咎]은 기氣에서 착오가 난 것이고, 군자에게는 억압을 받음이다.

양시楊時(1053-1135)는 말한다. (복復괘에서) 움직이나 순조롭게 다니지 못하면, 그것에 질병을 일으킴에 이르게 된다.

유원劉沅은 말한다. 반反은 다시 함復이다. (복復괘에서) 움직이는 것은 양성陽性이니, 자연히 이기理氣의 운행에 순종하기에, 조금도 강제로 함이 없다. 그러므로 (복復괘에서) 한 번 나가고 한 번 들어옴에, 동정이 자연스러우니, 음이 해 끼칠 수 없고 적절히 돕는다. 곧 (복復)괘의 몸[體]에서 우레[震]의 '움직임[動]'이 곤坤으로 순순順하여, 그 뜻을 얻을 것이다!

"그 길을 반복하니, 7일 만에 다시 옴"이, 천도天道이다.
["反復其道, 七日來復," 天行也.[5]]

(주희의)『주역본의周易本義』에서 말한다. 음양이 줄고 늘어남[消息]은 하늘의 운행이 그러하다.

장진연張振淵(1558-1611)은 말한다. (복復괘에서) '그 길을 반복함[反復其道]'은 길의 계산을 반복함을 말하니, 천운天運에 정해진 기간[定期]을 보인 것이다.

유원劉沅은 말한다. 음양은 순환하니, 두 기氣로 나눠지나, 실제는 일원一元에 그친다. 본래 종시終始가 없으나, 하늘의 완비되지 않음을 얻으면 종시가 있게 된다. 사람이라면 하늘과 같지 않으니, 천행天行을 본 받아 천리天理를 순환하면, 고요할 때 미발未發의 중中을 보존하고, 움직여서 이발已發의 조화를 드러내면, 하늘의 '7일이 와서 다시 시작함[七日來復]'과 꼭 같으니, 음이 없는 적이 없고, 음은 해를 끼치지 않으니, 품성은 정해지고 도리[理]는 순결하여, 인도人道가 곧 천행天

---

4) 剛反은 剛返(剛이 되돌아옴)이다. (복復는) 내괘가 震이니, 動이고, 외괘가 坤이니 順이다. 高亨, 240頁.

5) 王引之에 의하면, 天行은 天道이다. 天道는 운행을 순환하기에, 正月에 음기가 쇠퇴하기 시작하고, 8월에 다시 오며; 8월에 양기가 쇠퇴하기 시작하여 정월에 이르러 다시 오는 것이다. 高亨, 241頁.

行이다. 양의 쓰임을 분명히 알아서 하늘에 순종함이 자연스러우면, (복復괘에서) 움직여도 움직임이 아니니, 마땅히 고요함을 주로 하게 되는[主靜] 것이다.

"(앞으로) 나가면 이롭다함"은, (초효에서) 강건함이 자라났기 때문이다. 복復괘는, 천지의 (속)마음을 보이는 것이 아닐까?

["利有攸往," 剛長也.[6] 「復」, 其見天地之心乎?]

왕필王弼(226-249)은 말한다. (복復괘에서) 들어가면 되돌아옴이 되고, 나가면 강剛이 자라난다.

서간徐幹(171-218, 삼국三國시대 학자)은 말한다. 밝음[明]에는 자신을 보는 것보다 큰 것은 없고, 귀 밝음[聰]에는 스스로 듣는 것보다 큰 것이 없고, 깊이 밝음[睿]에는 스스로 생각함보다 큰 것은 없다. 이 세 가지는 예를 들기 매우 쉽고, 행동하기 매우 가까우나, 아무도 그것을 알지 못한다. 그러므로 지자知者는 매우 가벼운 일을 들어서 천하의 무거운 것을 맡았고; 매우 가까운 길을 걸어서 천하의 먼 곳을 끝까지 가는 것이다. 그러므로 덕이 점차 높아지면 기초는 그만큼 공고해지고, 승리가 많으면 많을수록 사랑도 그만큼 넓어진다. 『역易』(복復괘 단象전)에서, '복復괘는 형통하다. 출입에 질병이 없으면, 벗이 와도 허물이 없다.'라고 말했으니, 이것을 말함인가?

구양수歐陽修(1007-1072)는 말한다. 천지天地의 마음은 움직임에서 보인다. (복復괘에서) 일양一陽이 아래에서 처음 움직이면, 천지가 만물들을 생육함이 이것에 바탕을 두니, 따라서 '천지의 마음'이라 말한다. 천지는 만물을 생성함을 마음으로 한다.

(장재의) 『횡거역설橫渠易說』에서 말한다. "박剝괘와 복復괘는 실마리를 받아드릴 수 없으니, 잠간이라도 반복되지 않으면, 건곤乾坤의 도道는 정지되는 것이다. 따라서 가는 것[適]이 다 되면 살아난다. … 주야晝夜로 서로 이어지니, 원元은 중단되어 이어지지 않는 때가 없다. … 천지의 마음을 보인다는 것은, 천지의 마음이란 오직 만물을 태어나게 하는 것이니, (『역易』「계사繫辭」편에), '천지天地의 큰 덕은 생生이라 한다.'라고[7] 말한 것이다."[8]

---

6) 복復괘는 초효가 양이고, 그 위 5효는 모두 음이니, 유柔이다. 복復괘의 爻象은 강건함이 막 생겨나서 자라는 모습이다. 강剛은 君子의 세력이 이미 생장했기에, 앞으로 나가면 이로운 것이다. 高亨, 상동.

7) '天地之大德曰生.', 「繫辭」下篇 1章, 高亨, 558頁.

8) '剝之與復, 不可容綫, 須臾不復, 乾坤之道息也. …晝夜相繼, 元无斷續之時也. …見天地之心者, 天地之心, 惟是生物, 天地之大德曰生也.', 『橫渠易說』卷一, 上經, 復卦, 宋 張載撰, 電子版文淵閣四庫全書, 上同.

(주희의) 『주역본의周易本義』에서 말한다. (복復괘에서) 쌓인 음陰들 아래에 일양一陽이 다시 생기니, 천지天地가 만물을 생성하려는 마음은 이곳[一陽]에 이르러 다시 볼 수 있다. 사람에게는 고요함[靜]이 정점에 이르면 활동하게 되고, 악惡이 정점에 이르면 선善해지니, 본심本心이 거의 생장하면 다시 볼 수 있는 실마리가 된다.

왕응린王應麟(1223-1296)은 말한다. 복復괘는 자신을 앎으로써, 반드시 자신을 알게 되니 그 다음에 천지天地를 볼 수 있다. (자신에게) 불선不善이 있으면 알지 못할 수가 없으니, (복復괘는) 자신을 아는 밝음[明]이다.

유원劉沅은 말한다. '굳셈[剛]으로 자라나면[長], 곧 양기가 차서 왕성하다는 뜻이니, (복復괘는) 곧 일양一陽이 활동하는 곳이며, 천지가 생생生生하는 뜻을 보인 것이니, 조금도 쉰 적은 아직 없었으나, 이것이 다만 천지의 마음이라 말하지는 않는다. 천지天地는 쉼이 없으니, 복復괘를 따라 관찰하지 않는다면, 순음純陰의 때에 악惡을 저지르는 자들은 양陽이 없을 것을 거의 의심치 않을 것이다. 인심人心과 천리天理 또한 하루라도 없을 수 없으니, 본성[性]을 회복한 뒤에 관찰하지 않는다면, 악惡을 저지르는 자들은 거의 정말 본성이란 없다고 여길 것이다!

(유원『주역항해周易恒解』의) 『부해附解』에서 말한다. 복희伏義는 복復괘에서 상象을 취하여 다분히 천도天道를 주로 하였고, 문왕文王과 주공周公은 인사人事에서 이것을 인용하였으며; (복復괘 단象전에서) 공자는, '복復괘는 천지天地의 마음[心]을 보이는 것인가?'라고 했으니, 인人과 천天을 합하여 하나임을 함께 말한 것이다. 음양의 기氣는 본래 종시終始가 없는데, 사물이 '완비되지 않은 하늘[天不備者]'을 얻으면 종시終始가 있게 되나, 천지天地 일원一元의 이理는 정지한 적이 진실로 없다. 복復괘는 일양一陽이 땅 가운데[地中]서 합한 것이니, 이것은 활동의 정점에서 고요한 때이고, 고요함의 정점에서 활동하는 기틀이다. 공자께서, '활동하면 순조롭게 행하고, 양陽의 쓰임은 활동하나 움직임이 없다고 밝히셨으니, (양陽은) 늘 고요함[靜]을 주관하는 것이다.'라고 말하였다. (복復괘는) 본래 활동함이 없기에, 따라서 또한 질병과 허물이 없다. '천지天地에는 규칙적으로 운행하는 자연기능이 있음[氣機]'의 흔적에 대해 말하면, 잠시 출입出入을 말할 수 있고; 괘상卦象에 대해 말하면, 잠시 벗[朋]이 왔다고 말할 수 있을 뿐이다. 반복反復은 '자연 운행[天行]'의 상법[常]이고, '와서 다시 함[來復]'은 본괘本卦[復괘]의 상象이니, (복復괘는) 와서 천지天地의 마음[心]을 보인 것이며, 천심天心은 바로 처음부터 반복의 가운데[中]를 떠난 적이 없다. 다만 사람으로부터 '자연[天]'을 관찰하면, 이것으로 살피는 것이니, 천도天道는 사람에게 또한 이와 같은 것이다. 건乾이 곤坤 가운데서 잉태되는 것이 '본성[性]'이고, 곤이 건 가운데 숨었으니 (천天)명命이 된

다. 나중에 '자연[天]'으로부터 (받은) 성정性情이 거꾸로 되면, 인심人心은 위태롭게 된다. 순양純陽의 기氣를 길음으로서 천지天地의 이理를 온전하게 하니, 건곤은 각각 자기 자리를 얻고 천지가 자리 잡힌다. 고요함[靜] 중에 움직임[動]이 있고 움직임 속에 고요함이 있으며, 고요하면서 고요함이 없고, 움직이며 움직임이 없으니, 하나의 천심天心이 완전해지고, 하나의 천행天行이 자연스럽다. '칠일七日이면 되돌아옴'[七日來復]은 하늘에 있지 않고 사람에게 있다. 소옹邵雍은, '1년 중에 동지冬至는 하루의 밤 12[子]시와 같으니, 만물은 모두 고요한데, 다만 바로 세勢를 축적하며 (동이) 틀 때를 기다림과 같다.'라고 말했다. 천심天心을 고찰[體察]하여, 이것을 단서로 삼아서, 선천先天의 호연浩然한 기운[氣]을 기르는 것이다. '도道를 다시 시작함[反復其道]'은 곧 이른바 '칠일七日이면 되돌아옴'[七日來復]이니, 이 2구절이 '앞으로 나아가면 이로움[利有攸往]'의 뜻을 밝힌 것이다. 공자선생님이, (복復괘 단象전에서) "하늘의 운행[天行]은 강건함이 자라나니[剛長], '자연 운행[天行]'을 본 받아서 기氣를 기름"을 펼치어서 말씀하셨다. 양은 음을 통괄하고, '본성[性]'은 명命을 주관하니, 천지의 '본성[性]'은 나에게 있기에, 따라서 가서 적절하지 않음이 없다.

오여륜吳汝綸(1840-1903)은 말한다. 복復괘의 뜻은, (양웅楊雄의) 『태현太玄』경에서는 이를 '도는 것[周]'으로 '초안을 잡았으니[擬定]', 그 말[辭]에서, '양기陽氣는 신비함[神]을 도는 것이기에[周], 처음으로 돌아온 것이다.'라고[9] 하였다. 그러므로 '출입出入'으로 말하였고, '반복反復'으로 말했으니, 모두 돌아서[周] 시작으로 돌아간다는 설이다.

마치창馬其昶(1855-1930)은 말한다. 보인다는 것은 심광心光의 발로發露이다. 사람의 마음과 천지의 마음은 하나 일뿐일 것이다! (복復괘에) 질병도 없고 허물도 없으면, 본심을 해칠 수 없다. 맹자는, '해서 안 되는 일은 하지 말고, 바래서는 안 되는 것을 바라지 않는다.'라고[10] 말했다. 이것이 순행順行이고, 이것이 확충擴充이다. 서위장徐偉長(서간徐幹, 170-217)이, '천거하는 것은 매우 쉽고, 행동은 매우 가깝다.'라고 말한 것이다. 여섯 효爻가 모두 질병이 없음, 탈이 없음의 뜻을 설명하고 있다.

• **나의 견해** : (건乾괘의) '천행天行은 강건하여 쉼이 없고, 군자는 자강自強하여 또한 쉼이 없음'은 하늘과 사람을 합하여 하나로써 관통하고 있으니, 본체의 밝음은 혹시라도 쉰 적이 없으니, 다만 사람들이 스스로 보지 못했을 뿐이다. (복復괘에서) 이 마음의 광명이 쉬지 않음을 본다면,

---

9) '陽氣周神而反乎始.', 『太玄校釋』, 周괘, 楊雄著, 鄭萬耕校釋, 상동, 11頁.
10) '無爲其所不爲, 無欲其所不欲.'. 『孟子譯注』, 「盡心」章上(13:17), 楊伯峻譯注, 상동, 307頁.

이는 곧 천지의 마음을 보는 것이다.

> **상전에서 말한다. (추울 때) 우레가 땅속에 있음이, 복復괘이다. 선왕은 동지 날에 성문을 잠그고, 상인들과 여객들은 다니지 않고, 임금도 (제후의) 나라들을 시찰하지 않는다.**
>
> [象曰: 雷在地中, "復." 先王以至日閉關, 商旅不行, 后不省方.11)]

　(반고班固의)『백호통白虎通』에서 말한다. "동지 날에는 양기陽氣가 미약하나, 왕이 하늘을 받들고 사물을 다스리기에, 따라서 천하를 통솔함에 고요하고, 다시 부역을 동원하지 않으니, '미약한 기운[微氣]'을 도와서 만물들을 이루는 것이다."12) (송충宋衷[?-219, 후한後漢말기의 학자]은 말한다. 천자에서 제후에 이르기까지 천하의 일을 돌보지 않으나, 장차 양체陽體를 돕고 완수하여, 군도君道를 이루게 한다.)

　유태劉蛻(9세기, 당唐 의종懿宗때 학자)는 말한다. (추울 때) 우레가 땅속에 있으니, 왕성하게 양陽이 돌아오고, 돌아오니 천하가 빛이 나는가!

　주진朱震(1072-1138)은 말한다. 복復괘에서 동지를 말하니, 구姤괘가 하지夏至가 됨을 알 수 있고, '12월月소식消息괘'13) 또한 알 수 있을 것이다!

　(주희의)『주역본의周易本義』에서 말한다. (복復괘는) 안정하여 미약한 양기陽氣를 키운다. 월령月令은 달마다 수신하고 '스스로 경각[自警]'하여 몸을 숨기어서 음양에 의해 정해진 바를 기다림이다.

　유원劉沅은 말한다. (복復괘에서) 문을 닫는 것이 곤坤이니, 일양一陽이 이어받아서 그것을 닫는다. (하괘인) 진震은 큰 길이고, (상괘인) 곤坤은 많음[衆]이니, 많은 음들이 일양一陽에 의해 그치게

---

11) 至日은 동지冬至날이고, 閉關은 성문을 폐쇄함이고, 后는 임금이고, 省은 시찰이고, 方은 邦(나라)이다. 내괘인 震은 우레 이고, 왜괘인 坤은 地이니, 날씨가 추우면, 우레가 땅속에 있고, 더우면 우레가 땅 위로 나온다. 高亨, 242頁.

12) '冬至: … 此日陽氣微弱, 王者承天理物, 故率天下靜, 不復行役, 扶助微氣, 成萬物也.',『白虎通疏證』卷五,「誅伐」, 冬至, 漢 班固原著, (淸) 陳立撰, 上冊, 상동, 217頁.

13) 64괘 가운데 음양이 맞는 태泰, 대장大壯, 쾌夬, 건乾, 구姤, 둔遯, 비否, 관觀, 박剝, 곤坤, 복復, 임臨괘를 12벽괘辟卦, 또는 12월괘月卦라고 부른다. 十二卦消息說에 따르면, 復은 11월, 臨은 12월, 泰는 1월, 大壯은 2월, 夬는 3월, 乾은 4월, 姤는 5월, 遯은 6월, 비否는 7월, 觀은 8월, 剝은 9월, 坤은 10월이다. 陽이 점차 자라나는 復괘부터 乾괘까지가 息卦이고, 姤괘부터 坤괘까지 음이 점차로 양을 밀어내어 양이 소멸되니, 消卦라고 한다.

되니, 유동을 하는 장사치[商旅]들이 다니지 않는 상이다. 곤坤은 대지[方]인데, 양陽이 아래에서 안정하게 자라나니, 따라서 (복復괘에서) 임금은 (제후들의) 나라들을 관찰하지 않는다.

짱홍즈張洪之(1881-1969)는 말한다. (복復괘에서) 일양一陽의 몸이 이루어지니, 하늘에서 원기元氣가 다시 돌아오고, 사람에게서 양심이 다시 보인다. 소옹邵雍은, '동지가 밤 12시[子之半]'에 시작하고, 천심天心은 고쳐 움직임이 없으니, 일양一陽이 처음 움직이는 곳에 만물은 아직 생기지 않은 때이다. 그러므로 각자 다시 시작한다. '닫는다.'하는 것은 안을 닫아서 밖으로 나가지 않게 함이니, 밖으로 하여금 들어오지 못하게 하는 것이다. 이理가 머리를 덧씌우려하나, 이와 같이 조심하지 않을 수 없다. 사람은 천지天地의 마음으로 마음을 삼고, 생각이 떠오르면 움직여서, 기틀이 돌연히 일어나니, 살펴서 채우면, 왕王되기에 충분할 것이다! 이 마음의 다시 돌아옴은 고요한 저녁이나 맑은 새벽이니, 다음날 낮에는 사라진다. 배우는 이는 보이지 않고 들리지 않는 때에 함양하고, 은미隱微하고 홀로 아는 곳에서 성찰省察하여, 내외를 섞어가며 수련하니, 기틀을 기르고 그 몸을 달관하여, 이에 천지의 마음을 볼 수 있다. 곤坤은 대지[方]이니, 구姤괘▤의 상은 '임금이 명령을 사방의 나라들에 고시하고, 지금은 복復괘 아래에 숨었으니, 따라서 임금이 (제후의) 나라들을 시찰하지 않음'이다.

초구효: (사람이) 멀리 가지 않고 돌아오니, 큰 불행은 없고, (또한) 크게 길하다.
[初九: 不遠復, 无祇悔, 元吉.[14]]
상에서 말한다. "멀리 가지 않고" "다시 돌아옴"은, 몸을 수련하기 때문이다.
[象曰: "不遠"之"復," 以脩身也.]

최경崔憬(7세기, 당唐대 역학자)은 말한다. (초9효는 상괘인) 곤坤을 따라서 (하괘인) 진震으로 돌아왔는데, 복復괘(초9효)는 (64효에) 응應이 있으니, 따라서 (초9효는) 크게 길함[元吉]을 얻었다.

(정이의)『이천역전伊川易傳』에서 말한다. (초9효에서) 수신의 도道는 자기의 불선不善함을 알면, 빨리 고쳐서 선善을 따를 뿐이다.

양시楊時(1053-1135)는 말한다. 초9효의 양은 처음에 생겨나서 아직 '모양[形]'이 없으니, 활동이 미미하다. 길흉吉凶회인悔吝이 활동에서 생겨나는데, 아직 형체가 없어서 되돌아온 것이니,

---

14) 復은 반返(돌아옴)이다. 祇는 大이다. 悔는 작은 불행이다. 元 또한 大이다. 高亨, 상동.

(초9효에서) 그 돌아옴은 먼 곳에서가 아닐 것이다.

호병문胡炳文(1250-1333)은 말한다. (초9효는) 본심本心이 나타난 처음이다.

최사훈崔師訓(1550-1613)은 말한다. (초9효에서) 생각이 떠오르면 곧 깨닫고[覺], 깨달으면 곧 다시 하는 것이 아니니, (초9효에서) 생각이 약하게 움직인 처음에 돌아옴은, (자기 활동이) 멀지 않음을 말한다.

유원劉沅은 말한다. 양陽이 초효에서 활동했으니, 돌아온 것이 맨 앞이다. 한 생각이 조금은 아니라면, 몸은 (아직) 피곤해도, 생각이 막 활동하여 곧 선善으로 돌아온 것이기에, 수신함에 이것보다 길吉한 것은 없다.

리스전李土鉁은 말한다. 초효는 은미한 곳이니, 실수도 밖으로는 보이지 않고, 자각하여 관찰할 수 있으며, 일찍이 돌아옴이다. (초9효는) 일양一陽이 처음으로 생긴 것이니, 복復괘의 주인이요, 건원乾元을 가지니, 기氣를 생기게 하는 시초이기에, 곧 인仁이다. 사람들은 밖의 유혹으로부터 법도의 좋은 점을 뺏으려하나, 한 생각이 처음으로 돌아오면 인仁은 곧 보일 것이다. 공자는, '인仁은 멀리 있는가? 내가 인仁을 바라니 인仁이 왔도다!'라고[15] 말하였고, 또한 '하루라도 자신을 이기고 예禮로 돌아가면, 천하가 인仁에로 귀의할 것이다.'라고도[16] 말했다. 멀지 않아 돌아오니, 그 원元으로 돌아옴이다.

마치창馬其昶은 말한다. (초9효에서) 멀리 가지 않고 돌아옴은 성의誠意이다. 불선不善함이 있으면 알지 못할 수가 없음이니, 아는데도 다시 행할 수 없다면, 뜻이 정성스럽고 마음이 바라야할 것이다. 마음에 분노, 두려움, 호락好樂, 우환이 있으면 그 바름[正]을 얻을 수 없으니, 따라서 또한 (초9효에서) '큰 불행은 없고 크게 길하다.[无祇悔元吉.]'라고 말한다. 무릇 사람이 과실이 있기에 이에 조금 불행한 것이요, 불행하나 돌아올 수 있는 것[復]이니, 만약 돌아와서 또 실수를 하면, 반드시 또한 불행할 것이기에, 이는 스스로 불행이 많게 되는 것이다. 『경전석문經典釋文』(陸德明撰)에 의하면 기祇의 음音은 지支인데, (순상荀爽 등) 구가九家는 (이를) 다多로 썼으니, 옛날에는 다多와 기祇가 통용되었다. 『좌전左傳』에서는 다多가 소疏에 보이고, 복건服虔(3세기, 후한 말기) 본本에는 기祇로 되어 있다. 단彖에서, '출입出入함에 병이 없음[出入无疾]'을, (초9)효爻에서 '큰 불행은 없음[无祇悔]'이라고 했으니, 모두 초9효의 양陽은 돌아옴을 돕는데, 또한 변하여 바름을 잃어버리면 안 됨을 말하고 있다. (상象)전에서는, '몸을 닦으려하는 자는 먼저 자기 마음을 바로 해

---

15) '仁遠乎哉? 我欲仁, 斯仁至矣.', 『論語譯注』, 「述而」篇(7:30), 楊伯峻譯注, 상동, 74頁.

16) '一日克己復禮, 天下歸仁焉.', 『論語譯注』, 「顏淵」篇(12:1), 楊伯峻譯注, 상동, 123頁.

야 한다.'라고 말한다.

육이효: (관직을) 퇴임하고 돌아오니, 길하다.

[六二, 休復,17) 吉.]

상에서 말한다. (관직에서) "휴직하고 (옛집으로) 돌아오니" "길함"은, 어진 이에게 자신을 낮춘 것이다.

[象曰: "休復"之"吉," 以下仁也.18)]

왕필王弼은 말한다. (62효는) 자리도 얻고 중中에 처했으니, 초9효와 가장 가깝고, 인仁에 친하고 이웃에게 잘 하니, (집에) 돌아옴이 아름답다.

(주희의)『주자어류朱子語類』에서 말한다. 배움에는 인仁을 가까이함보다 편리한 것은 없고, 그 선善을 바탕으로 스스로를 보태면 힘을 수고 드리지 않아도 배움은 아름다울 것이다.

조언숙趙彦肅(12세기, 남송南宋학자)은 말한다. 초9효는 먼저 깨닫는 것이요, 62효는 그것을 바탕으로 삼은 것이니, 쉽게 공功을 만들 수 있다. 초목은 인仁하니, 종자를 땅에 퍼뜨리면, 그 생명에서 뿌리와 줄기가 창달하니, 그것을 막을 것이 없다. 62효는 초9효 위에 있으니, 기약하지 않아도 변화하니, 무엇이 이와 다를 수 있겠는가?

굴대균屈大均(1630-1696)은 말한다. 인仁은 큰 과일의 핵이다. 초9효가 아래에서 인仁이 되는데, 건乾괘의 하나이다. (혜동惠棟[1697-1758]은, '복復괘의 초효는 곧 건원乾元이니, 따라서 인仁이 된다.'라고 말한다.) 무릇 인仁에는 반드시 둘이 있어야 하기에, 따라서 62효에서 인仁을 말한다. 인仁은 과실 속에 있는데, 과일은 우레[雷]가 부수어야 핵[仁]을 내어보인다.

심기원沈起元(1685-1763)은 말한다. 인仁은 인심人心이고, 인仁은 속에 있으니, 곧 마음이 몸속에 있어서, (마음이) 넓으면 살이 찌는 아름다움이기에, (62효는) 아름답게 되고 길하게 된다.

유원劉沅은 말한다. 62효는 (음이라) 비어있고 중中인데, 관용寬容하여 기량이 있으니, 초9효의 현명함을 도와서 그것에 겸하게 대할 수 있다. 사람이 착한데, 자기도 그렇다면, 이는 스승을 가까이하고 벗을 취함으로 덕을 이룬 것이니, 단순히 유중柔中하기 때문만은 아니다.

리스전李士鉁은 말한다. 휴休는 식息이니, 한 숨에 곧 돌아온다. 초9효는 은미隱微한데로 돌아오나, 62효는 현저한데로 돌아온다. 초9효는 양陽의 초효이니, 선善이 커가기에, 곧 인仁이다. 요

---

17) 休는 退休이니, 관직을 사임하고 나라봉사를 그만둠이다. 高亨, 243頁.

18) 下는 아래 자리에 앉음이다. 高亨, 상동.

순요舜임금의 '본성[性]'은 이것을 '본성[性]'으로 한 것이고, 탕무湯武임금의 반反은 이것으로 되돌아 온 것이다.

마치창馬其昶은 말한다. 62효는 허중虛中의 덕을 가지니, 관용하고 기량을 가졌으니, 미약한 양陽을 함양하여, 그 (62효)자리는 초9효 위에 있고, 마음으로 그것에 겸하하면, 이로써 길하게 된다. 한漢나라 유자儒者들은 사람의 짝을 인仁으로 보았으니, 곧 이른바 인仁이라면 반드시 두 사람이다. 맹자는, 어린 아이가 우물에 빠지는 것을 보면 모두 측은한 마음을 갖는다고 말했으니, 또한 사람이 서로 짝 짓는 것으로 말을 하였다.

● **나의 견해**: 어린 아이도 사람이요, 이것을 본 자도 또한 사람이니, 이것은 서로 짝 짓는 것으로 말한 것이다. 이 사람과 저 사람이 서로라면, 반드시 차마 어찌할 수 없는 사람 마음을 발동하기에, 따라서 '무릇 인仁은 반드시 두 (사람)이다.'라고 말한 것이다.

육삼효: (사람이 출행했다가) 눈 섶을 찌푸리고 돌아옴은, 위험이 있음을 (알고서) 돌아온 것이니, **탈은 없을 것이다.**
[六三, 頻復, 厲,19) 无咎.]
상에서 말한다. (얼굴을) "찡그리고 되돌아 간 것"은 "어려움" 때문이니, "탈이 없음"이 마땅하다.
[象曰: "頻復"之"厲," 義"無咎"也.20)]

우번虞飜(164-233)은 말한다. (63효는) 활동하여 바른 데로 갔으니, 따라서 탈이 없다.

(정이의) 『이천역전伊川易傳』에서 말한다. (63효에서) 성인이 선善으로 바뀌는 도道를 여시니, 누구의 허물이라고 누차 고백할 수 있을까? 잘못은 실수에 있고, 다시 함復에 있지 않다.

심기원沈起元은 말한다. (하괘인) 진震에는 허물이 없음은, '작은 불행[悔]'이 있으나, (63효에서) '떨쳐서 활동[震動]'하면 공功이 많을 것이다!

유원劉沅은 말한다. 빈頻은 자주[數]이다. 63효는 진震괘의 끝에 있으니, 위로 고요한 곤坤을 접하여, 곧 움직이고 곧 고요하니, 다시 하고 또 다시 하는 상이다. (63효에서) 인심人心은 위태로우니, 따라서 어려우나; 곧 잃었다가 곧 회복할 수 있기에, 따라서 (63효는) 허물이 없다.

리스전李士鉁은 말한다. (63효에서) 잘못을 고치고 선善으로 향하면, 허물이 없다. 『기記』에서,

---

19) 빈頻은 빈顰(찡그리다)과 같으니, 눈 섶을 찌푸림이다. 여厲는 위험이다. 高亨, 243頁.
20) 義는 宜이다. 高亨, 상동.

'혹 편안히 실천함'이 초9효의 상象이고; '혹 이롭게 실천함'이 62효의 상이고; '혹 억지로 실천함'이21) 63효의 상이라고 말한다.

마치창馬其昶은 말한다. 62효는 중정中正함으로써 초9효에 가까우면서 '회복함[復]'이고, 63효는 '떨쳐서 활동[震動]'하여 선善으로 변했으므로 '회복함[復]'이다. '어려우나 탈이 없음[厲无咎]'과 건乾의 93효와는 말[辭]이 같아서, '자강自强하며 쉼 없는[不息] 도道'로써 회복함에 처하였으니, 스스로 자주 실수하는 불행이 없을 것이다. 62, 63효가 함께 '회복함[復]'이니, 이른바 '벗이 와서 허물이 없음[朋來无咎]'이다.

육사효: (남들과 함께 가다가) 중도中途에서 (나) 홀로 돌아왔다.

[六四, 中行獨復. 22)]

상에서 말한다. "중도에서 혼자만 되돌아온 것"은, 도의를 따랐기 때문이다.

[象曰: "中行獨復," 以從道也. 23)]

정현鄭玄은 말한다. (64)효가 다섯 음들 속에 있는데, 중도中途까지 (함께) 가다가, 64효만 홀로 초9효에 응하였다.

(주희의) 『주역본의周易本義』에서 말한다. 여럿(음陰)들과 함께 갔지만, (64효) 혼자만 도道를 따를 수 있는 것이다. 이때를 당해서는, 양기陽氣가 매우 미약하여, 할 바를 가질 수 없는데, 그러나 이理에는 마땅히 할 바가 있으나, 길흉은 논할 바가 안 된다. 동중서董仲舒가, "'옳음[誼]'을 바로 하고 이익을 도모하지 말며, 도道를 밝히고 공노功勞를 따지지 말아야 한다."라고24) 말했으니, 박剝괘 의 63효와 이 (복복괘 63)효에 미쳐서 보아야할 것이다. (나의 견해; 박剝과 복復은 괘나, 음양이 (서로) 거꾸로 넘어진 것이니, 박剝괘의 63효만이 홀로 상9효에 응할 수 있고, 복復괘의 64효만이 홀로 초9효의 양에 응할 수 있기에, 모두 여러 음들 중에서 스스로 그 도의道義를 행한 것이지, 어찌 공리功利에 미혹된 것이겠는가!)

무창기繆昌期(1562-1626)는 말한다. 복復괘가 복復이 되는 것은, 전적으로 초9효에 있으니, 사

---

21) '或安而行之, 或利以行之, 或勉强而行之.', 『中庸今註今譯』20章, 宋天正註譯, 상동, 35頁 참조.
22) 行은 道이니, 中行은 中道이니, 中途를 말한다. '中行獨復'은 타인과 함께 길을 가는데, 中途에 이르러, 자기 한 사람이 홀로 돌아온 것이다. 高亨, 243頁.
23) 道는 道義의 道이다. 高亨, 244頁.
24) '正其誼不謀其利, 明其道不計其功.', 『漢書』, 「董仲舒傳」, 八冊 傳[二], 班固撰, 상동, 2524頁.

람의 첫 생각과 같다. '네 음[四陰]'이 모두 이것을 반복할 뿐이다. 64효는 음 가운데 있으니, 오로지 향하는 바가 있기에, 따라서 이 뜻을 발한 것이다.

유원劉沅은 말한다. 64효는 여러 음들 가운데 있는데, 홀로 초9효와 상응하니, 밖으로 다른 것을 세우지 않고, 가운데이나 그저 같지는 않고, 독립하여 훼예毁譽와 화복禍福을 따지지 않기에, 따라서 (64효가) 길吉함을 말하지는 않음은, 굳게 홀로 회복[復]하려는 뜻 때문이다. 도道, 즉 인仁이 많이 드러나는 것으로 62효는 초9효와 가까워서 그 마음을 잘 보이니, 따라서 '아래는 인仁함'[下仁]이라 말한 것이다. 64효는 초9효와 멀지만 그 궤적을 따르는 것이니, 따라서 '도道'라 말한다. (하괘인) 진震은 '큰길[大塗]'이니, 도道의 상象을 가지는 것이다.

마치창馬其昶은 말한다. 초9효가 회복함[復]에서 멀지 않음이니, 이것이 다스릴 수 있는[克治] 요점을 성찰한 것이다. 64효는 중행中行으로 홀로 회복하니, 일에 응하고 사물을 접하는 방책이다. 초9효가 천명天命의 '본성[性]'이 되니, (64효는) 초9효에 응하여 도道를 따르는 것이다. (『중용中庸』에서) 자사子思는, '본성[性]을 따르는 것이 도道이다.'라고[25] 말했다.

육오효: (출행한 다음에는, 이것을) 고찰하고서 (결과를 알고서) 돌아왔기에, 탈이 없을 것이다.
[六五, 敦復,[26] 无悔.]

상에서 말한다. "고찰해보고 되돌아와서 후회가 없음"은, 바른 도리로 자신을 살핀 것이다.
[象曰: "敦復無悔," 中以自考也.[27]]

정현鄭玄은 말한다. (65효 상象전의) 고考는 이룸[成]이다.

공영달孔穎達(574-648)은 말한다. (65효는) 곤坤괘의 가운데에 처했으니 되돌아옴[復]에 돈후敦厚하다.

호병문胡炳文은 말한다. (65효는) 본래도 곤체坤體에 있는데, 호괘互體도 또한 곤坤이니, 두터움이 지극하다. '돌아옴이 두터움[敦復]'이니, 그 돌아옴 또한 전이轉移됨이 없어서, 덕德을 이루는 일이고; '멀지 않아 돌아옴[不遠復]'이니, 덕에 들어가는 일이다.

유원劉沅은 말한다. (65효는) 두 음陰이 높은데 있으니, 따라서 '돌아옴이 돈독함[敦復]'의 상이다.

---

25) '率性之謂道.', 『中庸』第1章 참조.
26) 돈敦은 고찰考察이다. 사람이 출행하면, 고찰한 다음에 이 출행이 不義하고 不利함을 알기에 돌아온다. 高亨, 244頁.
27) 『經典釋文』에서 向秀를 인용하여, 考는 察(살핌)이다. 中은 正이다. 高亨, 상동.

마치창馬其昶은 말한다. 복復괘는 65효에 이르러 (자신을) 이루는 것이다. 복復괘의 처음은 자신을 아는 것이고, 끝은 자신을 이루는 것이다. 초효에서 큰 재난은 없으나, 끝이 되면 재앙이 없다. 성인은 '본성을 다한[盡性]' 사람이나, 사물의 '본성[性]'을 다하기에, 모두 자기를 이룰 수 있는 것이다. 본체 밖에서 증가되는 바가 없으니, 자기 고유固有함으로 돌아간다. 길하다고 말하지 않고, 재난이 없음[无悔]을 말했으니, 그 뜻이 크도다! (『상서尚書』의)「홍범洪範」편의 구九에서, '오복五福'에 … '미덕美德을 준행遵行함[攸好德]'이 있으니, 초9효는 멀지 않아 돌아옴이고; '늙어서 잘 끝을 마침[考終命]'이[28] 있으니, 65효의 '돈독한 돌아옴에는 재앙이 없음[敦復無悔]'을 (말한 것)이다.

상육효: 길을 잘못 들어서 돌아옴이니, 재앙이 있게 되었다. 이 때 행군하면 마침내 크게 패할 것인데, 그 임금 때문에 흉화凶禍를 만났으니, 십년에 이르기까지 정벌할 수 없다.

[上六, 迷復, 凶, 有災眚. 用行師, 終有大敗. 以其國君凶, 至于十年不克征. [29]]

상에서 말한다. "길을 잃어 되돌아왔으니" (패한 것은) "흉한 것"이요, (임금이) 임금의 도리[君道]를 위반했기 때문이다.

[象曰: "迷復"之"凶," 反君道也.]

『좌전左傳』에서 말한다. "그 (초왕楚王의) 소원을 회복하려 하는데, 그의 근본을 잃어버리고, 돌아가려 해도 갈 곳이 없으니, 이것이 돌아갈 길을 잊음이니, (유원劉沅은, '미복迷復은 길을 잃어서 돌아올 줄 모름이다.'라고 말한다.) 흉함이 없을 수 있겠는가?"[30]

(복자하卜子夏의)『자하역전子夏易傳』에서 말한다. (상6효의) "'상해傷害'가 재앙[災]이고, '요상妖祥한 것'은 '잘못하여 얻은 재앙[眚]'이라고 한다."[31]

우번虞翻은 말한다. 곤坤은 어두우니[冥] 길을 잃고, 높은데 대응이 없으니, 따라서 (상6효는) 흉하다. 곤坤은 10년이다.

장식張栻(1133-1180)은 말한다. (상6효의) 음유陰柔한 재능은 강剛에서 너무 멀리 떠나있기에,

---

28) '五福: … 四曰攸好德, 五曰考終命.', 『古今文尚書全譯』,「洪範」篇, 江灝, 錢宗武譯注, 상동, 245頁.

29) 미복迷復은 길을 잘못 들어 돌아옴이다. 생眚은 재앙이다. 行師는 행군이다. 以는 因이다. 극克은 能이다. 高亨, 244頁.

30) '欲復其願, 而棄其本, 復歸無所, 是謂迷復, 能無凶乎?', 『左傳全譯』, 襄公28年, 王守謙 等譯注, 상동, 1009頁.

31) '傷害曰: 災, 妖祥曰: 眚.', 이 인용구는 『子夏易傳』에서 검색되지 않음.

(상6효에서) 이른바 사람이 욕심대로 하여 천리天理가 소멸한 것이다.

항안세項安世(1129-1208)는 말한다. 음陰이 왕성할 때에, 군도君道가 소인小人들을 위해 쓰이게 되니, 따라서 (상6효에서) '그 임금 때문에 흉함[以其國君凶.]이 있다.'라고 말한다. 가장 먼데 있는 것은 초9효이기에, 따라서 (상6효는) 혼미昏迷해지고, 혼미하면 (초9효와) 서로 원수가 된다. 곤坤의 상6효는 '용龍들이 싸우는 효'인데, (복復괘 상6효에는) 행군하는 상이 있으니, 초9효와 싸우는 것이다.

호병문胡炳文은 말한다. (복復괘 상6효는) '길을 잘못 들어 돌아옴[迷復]'이니, '멀지 않아서 돌아옴[不遠復]'과 서로 반대된다. (상6효에서) '10년 출병할 수 없음'은 또한 '7일日에 돌아옴'과 반대이다.

진법陳法(1692-1766)은 말한다. 우레가 땅 위에서 나오는 것이 예豫괘이고, 따라서 제후를 세우고 행군함이 이롭다. 우레가 땅 속에 있는 것이 복復괘이니, 따라서 행군하면 불리不利하다. 미약한 양陽이 초9효에 있는 복復괘는 태어나서 양육함에 휴식이 적절하니, 놀라게 할 정도로 위협을 무릅쓰려고 하면, 패망하지 않을 자가 없다.

리스전李士鉁은 말한다. '잘못 들어 돌아옴[迷復]'은 자기가 마땅히 돌아올 것을 혼미한 것이다. 음陰은 정점에서 '캄캄하고 유약함[昏柔]'이니, 따라서 크게 패함이 있다. 곤坤은 나라이고, (곤坤이) 외괘外卦이니 또한 나라이다. 10년은 수數의 끝이니, 시간이 장구함이다. 복復괘는 잘 생각해야 하는데, 잘 생각하는 것이 혼미해지면 거꾸로 악惡이 된다. 복復괘는 기氣를 생기게 하는데, 생기生氣가 막히면 변하여 죽임[殺]이 되니, 죽이려는 마음이 왕성하면 '생존의 희망生機'은 숨어버리고, 인욕이 멋대로 날뛰어 천리天理는 없어진다. 노자老子는 말한다. "사람 죽이기를 즐기면, 천하에서 뜻을 이룰 수 없다."[32] 공功을 탐내어 억지로 전쟁하는 것을, 하늘도 사람들도 싫어하기에, 따라서 크게 패하니 흉하다. '10년에 이르기까지 정벌할 수 없음'은 천도天道가 막힌 것이다.

마치창馬其昶은 말한다. 무릇 자기 극복하지 못한 사람은 반드시 밖에서 멋대로 할 것을 구한다. 『맹자』에서, '인仁하지 않는 이와 상의할 수 있는가?'라고[33] 말했으니, 이것이 미복迷復이다. 평안과 위태로움, 이득과 재앙 (앞에서), 나라가 패하고 가정이 망함에 이르러, 마침내 큰 패배가 있게 된다. '인仁하지 못함'은, 『좌전左傳』에서 말한바 "근본을 버림"이니, 상6효가 초9효를 떠나 절대적으로 먼 곳에 있으니, (복復괘 상6효는) 그러한 상象이겠다. 초9효의 양陽은 본래 광명을

---

32) "夫樂殺人者, 則不可得志於天下矣.", 『老子繹讀』 31章, 任繼愈 著, 상동, 70頁.
33) "孟子曰: '不仁者可與言哉?'", 『孟子譯注』, 「離婁」章上, 楊伯峻譯注, 상동, 170頁.

깨닫고 있으니, 음陰들의 임금이요, 기氣의 장수인데, (복復괘 상6효에서는) 음들이 양을 따르지 않고, 먼저 미혹되고 도道를 잃었기에, 따라서 군도君道와 반대라고 말한다. 반대는 순종하지 않음을 말하니, 순종하면 질병도 없고 허물도 없어지는데, (이와) 반대면 재앙[災眚]이 있고 대패大敗가 있게 된다.

- **나의 견해(1)**: (복復괘의) 첫째는 모두 몸을 닦음을 기본으로 삼으니, '몸을 닦음[修身]'은 인仁을 기본으로 삼는 것이다. 초9효에서 몸을 닦음, 62효에서 인仁에 겸하고, 63효에서 위험하나 별 탈이 없음이고, 64효에서 홀로 도道를 따름이고, 65효에서 가운데[中]로서 자신을 고려하니, 모두 내면으로 향하는데 힘을 썼으니, 자기에게 절박한 배움이다. 복復괘의 특성은 공功인데, 희미한 것을 잡고서 잃지 않으려는 것이다. 올라가면 밖으로 말들을 달리게 하니, 자기 특성을 해칠 수 있고, 기쁘게 군대[兵]를 들먹이고, 음모로써 이기려는 것이니, 이는 월령月令에서 말하는 천도天道를 변하게 하고, 땅의 도리를 끊어버리고, 사람의 기율을 어지럽히는 것이다. 점차 10년에 이르러도 오히려 정벌할 수 없다면, 민명民命이나 국맥國脈도 모두 다쳐서, 한 번 좌절하면 다시는 진작시킬 수 없을 것이다. 흉을 당한 사람들은 불선不善한 짓을 했으니, 날[日] 수가 부족일 것인데, 모두 하늘이 그들의 악惡이 크다고 보아서 내린 벌인 것이다. (복復괘 상6효에서) 흉을 얻지 않기 바랄 수가 있겠는가?

- **나의 견해(2)**: (복復괘 상6효에서) 멀지 않아 돌아옴은 그 처음 마음이 아직 상실되지 않음을 직접 가리킨다. 길을 잘못 들어 흉함은 망심妄心이 들어서 직접 돌아오지 않음을 직접 물리침이다. 옛날부터 군대의 흉측함과 전쟁의 위험한 일, 난리치는 적인賊人들의 화禍, 그 시작은 모두 망심妄心에서 생긴다. 하루 미혹되면 하루가 심해져서 되돌아갈 줄 모르니, 드디어 죄가 크고 악이 정점에 달하니, 집이나 나라가 동시에 그 재앙을 받는다. 『대학大學』에서, '소인이 나라를 위하여 쓰이게 되면, 재해가 함께 오는데, 비록 잘 하는 이가 있다 해도, 어떻게 해볼 도리가 없다.'라고[34] 말했으니, 이는 이른바 '재앙이나 크게 패하는 것'이다. 『맹자』에, '인仁하지 않으면서 나라를 얻은 자는 있을 수 있겠으나; 인仁하지 않으면서 천하를 얻은 이는 아직은 없다.'라고[35] 말했다. 이것은 이른바 '그 나라의 임금이 흉하여, 10년에 이르기까지 출정이 있을 수 없다.'이다. 정

---

34) '小人之使爲國家, 災害幷至, 雖有善者, 亦無如之何矣!', 『大學今註今譯』10장, 宋天正註譯, 상동, 30頁.
35) '不仁而得國者, 有之矣; 不仁而得天下者, 未之有也.', 『孟子譯注』, 「盡心」章下(14:13), 楊伯峻譯注, 상동, 328頁.

벌함은 바름[正]을 말한 것인데, 윗사람이 아랫사람들을 정벌함이다. 전씨田氏가 제齊나라를 토벌하고, 3가문이 진晉나라를 나눈 것, 모두는 나라의 군주로 좌지우지한 것이니, 천하를 얻어서 정벌의 대권을 잡고자한 것이 아닌 것 없으나, 그러나 마침내 패망으로 돌아가 오래 지속될 수가 없었다. 성인이 복復괘의 끝에서 경계를 보이시어, 그 흉함을 두 번 말했으니, '정벌할 수 없음'으로 이었고, 상象에서, '군도君道와 반대'라고 단정을 지었으니, 난적亂賊의 마음을 죽이고, 미혹됨을 파기하고 돌아옴을 부른 것이니, 또한 춘추春秋의 뜻을 실행한 것과 같다.

- **나의 견해(3):** 이 (복復)괘는 본성[性]을 알고 하늘을 아는 학學을 증명하고, 마음을 보전하여 본성을 기르는 실공實功을 가지고 있다. 안회顔回의 심재心齋는 곧 관문關門을 닫음의 뜻이다. 인도人道를 다하여 천도天道와 합치어, 이에 고유한 하늘로 되돌아갈 수 있다. 천도天道는 7일에 한 번 되풀이되니, 이는 자연의 운행이다. 사람이 도道를 다하지 않으면 쉽게 되풀이되는 기한을 가질 수 없으니, 후세에는 '별의 주기[星期]'로 돌아오는 날로 하였는데, 이 7일은 그 도道를 되풀이할 수 있으니, 선善은 마땅히 하고 악惡은 마땅히 버려야하지 않겠는가? 복復괘의 뜻을 봄에, 마땅히 자신에게 돌아가서 생각해야 한다. 여러 학설들의 '정요精要한 뜻[精義]'은 대부분 연구하지 않았고, 원본原本에만 통달하였다. 정이程頤와 유원劉沅은 '해칠 수 없으니, 외경外境을 주로 말했고,' 마치창馬其昶선생은 '본심本心을 해치지 않고 내조內照를 주로 말했다.' 인仁을 바라면 이렇게 이르니, 문을 닫지 않고서는 안 되며, 밖을 근실하게 방비할 뿐만 아니라, 마땅히 안에서 엄정하게 지켜야 한다. 만약 밖은 닫고 안은 안 닫았으면, 때 없이 출입하게 되니, 어디로 향하는지 알 수 없는데, 질병이 없고 허물이 없을 수 있겠는가? 미약한 양陽이 처음 복復괘에 한 가닥 '살려는 희망[生機]'이 되니, 이른 새벽의 기氣와 사람이 서로 가깝기가 얼마인가? 마음을 놓고 찾지 않는다면, 원양元陽의 '살려는 희망[生機]'은 장차 끊어질 것이다. 이로써 '자신을 이길 수 있으면[克己], 이에 예禮로 돌아갈 수 있음[復禮]'을 알고서, 마땅히 먼저 '네 가지 물勿[非禮勿視, 勿聽, 勿言, 勿動]'의 '결과[功]'를 써야만 한다. 공자가 안회顔回에게 인仁을 찾으라는 가르침에, 곧 이것이 문을 닫는 미묘한 비결祕訣이었다. 배우는 이는 본성[性]과 자연[天]을 함양하고, 정신을 잘못 쓰지 말고, 사려를 망령妄靈되게 하지 말고, 또한 동지 날 문 닫는 뜻을 가져야 한다. '인仁의 실천은 자기로 말미암으니[爲仁由己],' 멀지 않아서 돌아옴은 곧 정성스런 뜻으로 마음을 바로 잡아서 자기 몸을 준비하면, 본 몸[本體]이 원래 스스로 광명하게 되지만; 마음이 만약 밖으로 달려 나가 날로 멀어지면, 광명은 갑자기 사라진다. 이에 우연히 회복의 기회가 있으면 마땅히 실제에 힘을 써서, 거짓을 경계하고 성의誠意를 찾아야 한다. 군자가 '홀로 있음을 삼감[愼獨]'은 곧 '문을 닫는 것'이다. 삼

가면 깨닫게 되고, 회복된 자는 쉴 수 있고 돈독할 수 있으며; 삼가지 않으면 미혹되고, 회복되지 못하면 재앙이 되고, 패하게 된다. 초楚나라 영왕靈王이 화를 받고, 오吳나라 부차夫差가 나라를 망하게 한 것은, 모두 밖의 미혹에서 (제) 멋대로 함을 찾은 것이다. 복復괘의 상6효는 곧 곤坤괘의 상6효이니, 용龍의 피가 검고 누렇게 됨이고, 그 화禍가 모두 군도君道에 반대되어서 온 것이기에, 따라서 괘의 끝에서 경계함을 갖춘 것이다.

● **나의 견해(4)** (복復괘에서) 그 도道를 반복함은 건乾괘 93효의 '도道의 반복'과는 다르다. 건乾괘 93효에서, '하루 종일 강건剛健함'은 학문에 나아가서 독행篤行하는 것이니, 동중서董仲舒가 말한바, '복습하여 익숙하게 알고, 발전은 있되 물러남이 없고, 도道는 잠깐이라도 떨어질 수 없음'이다. 이 (복復괘의) 단象전에서, '도道의 반복[反復其道]'에서 '기其' 글자 하나를 보태니, 이것은 사변思辨에 나아가서 독행篤行을 하고, 그 도道가 된 바를 말한 것이기에, 고유한 하늘[天]에 돌아온 것이다. '7일 만에 돌아오니,' 그것을 잡으면 존속하나, 놓으면 없어지기에, 나아가고[進] 물러남[退]은 사람 '스스로 하는 것[自爲之]'에 달려 있다.

25. 무망无妄괘 ䷘

무망无妄괘는, (사람이 망령됨이 없으니, 그는) 크고 아름다우며, 이롭고 바르다. (그러
나) 그가 한 짓이 바르지 않으면 재앙이 있고, 앞으로 가면 불리不利함이 있다.
[无妄, 元亨, 利貞.[1] 其匪正有眚, 不利有攸往.]

　　육덕명陸德明(약550-630)은 말한다. 마융馬融, 정현鄭玄, 왕숙王肅은 모두 망妄(허망함, 거짓됨)
을 망望(바라다, 희망하다)과 같다고 하였으니, (무망无妄괘는) 기대하고 바라는 것이 없음을 말
한다. (리스전李士鉁은 말한다. 망妄은 허망함이다. 오직 허망함이 없으므로 기대하고 바랄 것도
없으니, 기대하고 바라는 것이 있으면 곧 허망하다.)

　　(정이의) 『이천역전伊川易傳』에서 말한다. 무망无妄이라는 것은 지극한 정성이다. 지극한 정성
은 하늘의 도[天道]이다.

　　(주희의) 『주자어류朱子語類』에서 말한다. 무망无妄은 본래 무망无望으로, 기약하지 않고 있는
것이니, 주영朱英(1417-1485)이 말한 무망无望의 복福이 이것이다.

　　유원劉沅(1767-1855)은 말한다. 『중용中庸』에서 말한 '지성至誠'과 맹자孟子가 말한 '대인大人은
'어린 아이[赤子]'의 마음을 잃어버리지 않음'은 모두 무망无妄의 뜻이다. 마음의 운용을 지각할 수
없으므로 선천先天 무망无妄의 '본성[性]'일 뿐이다. 무망无妄은 성실하여 허망함이 없는 것이니,
이理에 따라서 움직이면 하늘[天]이 되고 인욕人欲에 따라서 움직이면 욕[欲]이 된다. 상괘인 건乾
괘는 천성이 되고, 하괘인 진震괘는 건乾괘의 초효를 얻어서 활동하여 천리天理와 합한다. 「서괘
序卦」전에서, '다시 시작하여 망령됨이 없으므로 무망无妄괘로 받았다.'라고[2] 말하였다. 천리天理
에서 시작함으로써 따라서 망령妄靈됨이 없으니, 이것이 (무망无妄)괘의 바른 뜻이다. '기其'자는
무망됨을 가리키니, 망령됨이 없으나 활동이 바름[正]에 합하지 못하면 이롭지 않게 된다. 무망无

---

1) 무망无妄은 괘명이다. 곡사曲邪유란謬亂이 망妄이다. 元은 大이고; 亨은 아름다움이다. 이利는 利物이다.
　　貞은 正이다. 高亨, 246頁.
2) '復則无妄矣, 故受之以无妄.' 「序卦」傳, 高亨, 646頁.

妄은 정성된 이치이니, 단지 진실한 마음으로 일을 행하지 않으면 이치에 합하지 않는 것뿐만이 아니다.

리스전李士鉁(1851-1926)은 말한다. 하늘 아래에서 우레가 움직이고, 양陽기운은 널리 미쳐서 만물이 자연히 생겨나니, 기대하고 바라는 바 없이도, 그러하기에 무망无妄이다. 만물의 생성함은 지극히 진실한 이치에 근원하여 털끝만큼도 허망함이 없으므로, 따라서 무망无妄이다. (무망无妄괘는) 상괘는 건乾괘이고 하괘는 진震괘로 천天으로써 활동하니 무망无妄하는 도道이다. (『중용中庸』에서), '성誠은 사물의 시작과 끝이니, 성誠하지 않으면 사물이 있을 수 없다.'라고[3] 했으니, 이것이 만물을 만드는 자연의 이치이다. (무망无妄)괘는 복復괘를 이었으니, 복復괘는 본성을 다하는 길이고, 무망无妄괘는 명命을 불러오는 길[道]이다.

오여륜吳汝綸(1840-1903)은 말한다. 『사기史記』(「春申君列傳」)에서 '세상에는 바라지 않는[无望] 복이 있고, 또한 바라지 않는[无望] 화禍도 있다.'라고[4] 말하였다. 무망无妄은 말에 의도가 없음과 같다. 곡영谷永(전1세기-전8)은 소疏에서, 무망无妄의 괘운卦運을 만났다고 하였고, 채옹蔡邕(133-192) 또한 무망无妄의 운運에 빠졌다고 말했으니 모두 옛 학설을 말한 것이다.

● **나의 견해**: 성誠은 충신忠信하고 돈후篤厚하고 경숙敬肅함으로써 (남쪽과 북쪽의) 만맥蠻貊 (오랑캐)이라도 행할 만하므로, 따라서 무망无妄은 사덕四德[忠信篤敬]을 갖출 수 있다. 진실로 충신忠信하지 않다면, 비록 고을 안에서일지라도 행할 수 있겠는가? 그러므로 (무망无妄괘는) '나아가는 것이 이롭지 않음.'이다.

단전에서 말한다. 무망无妄괘는, 강건함이 외괘外卦에서 왔으나 (초효初爻가 양이니) 안을 주재하는 형세로, 활동함[震]에 강건[乾]하고, (95효에서) 강건剛健함이 중위에 있고 (62효가 이에) 대응하고 있다. 정도正道로써 크게 "형통함"이, 천명天命이다. "올바르지 않다면 재앙이 있게 되고, (밀고) 나가면 불리하니", 망령妄侫된 행동이 어디로 갈 것인가? 천명이 돕지 않는다면, 실행될 수 있을까?
[象曰:「無妄」, 剛自外來而爲主於內, 動而健, 剛中而應.[5] 大"亨"以正, 天之命也. "其匪正有眚, 不利有攸往," 無妄之往何之矣?[6] 天命不佑, 行矣哉?]

---

3) '誠者, 物之終始, 不誠無物.', 『中庸』25章 참조

4) '世有毋望之福, 又有毋望之禍.', 『史記』, 「春申君列傳」第十八, 漢 司馬遷撰, 七冊 傳[一], 상동, 2,397頁.

5) 무망无妄괘는, 外가 乾이니 剛이고, 內가 震인, 震의 초효의 剛은 외계에서 온 것이니, '剛自外來'이다. 九五가 중中효에 있으니 中이고 六二가 대응하니 '應'이다. 高亨, 246頁.

왕종전王宗傳(12세기, 남송南宋 역학자)은 말한다. 초9효는 강剛으로, 건乾괘가 곤坤괘에서 취해서 진震괘가 되고, 무망无妄괘의 외괘는 또한 건乾괘이므로, 따라서 '강剛이 밖으로부터 왔다.'라고 말한다. 무망无妄괘에 있어서는 내괘內體[震]가 주인이므로, 따라서 '안에서 주인이 되었다.'라고 말하였다.

곽충효郭忠孝(?-1128)는 말한다. (무망无妄괘는) 하늘[乾] 아래에서 우레[雷, 震]가 치니, (무망无妄괘는) 그 움직임이 '계절[時]'에 맞는다. 춘분이 되면 (양陽의 기운이) 나오니, 만물이 그것을 따라 나온다. 추분이 되면 (양 기운이) 들어가니, 만물이 그것을 좇아서 들어간다. (무망无妄괘에서 누가) 명령을 내린 일이 없으나 (만물이) 항상 '스스로 그러하게 되니[自然]', 따라서 (건乾괘의 단전象傳에서) '건도乾道가 변하고 화합함에 각각은 자기의 생명[性命]을 바르게 한다.[乾道變化, 各正性命.]'라고 말하였다. 혹 감응의 정正과 부정不正이 있는 것과 '그것을 기름(養)에 혹은 얻고 혹은 잃는 것'은, 요절夭折하거나 오래 살거나, 재앙[災眚]이 되는 원인이 되는 바이다. 이것이 바르지 못하면, 재앙이 되는 도리[理]가 있게 된다.

진법陳法(18세기, 청淸조 학자)은 말한다. (무망无妄괘는) 바르게 함으로써 크게 형통하니, '자연[天]'의 바른 명命이다. '자연의 명命[天命]'이 돕지 않으면 '바른 명[正命]'은 아니다. (무망无妄괘에서) 일단 이미 '망령됨[妄]'이 없다면, 맞닥뜨린 일은 '바른 명[正命]'이 아니어도, 또한 그것에 편안해할 뿐이다.

유원劉沅(1767-1855)은 말한다. (무망无妄괘가) '주인이 됨'은, (무망无妄괘가) 진震괘 활동으로 주인이 되는 것이다. (무망无妄괘에서) 굳세[剛]며 중中하기에 95효는 (62효와) 응應하니, 함께 강건함으로 움직이고 응하는 것이다. 움직이면서도 강건할 수 있음은 건乾괘 본성의 본연을 잃지 않음이다. 95효는 강중剛中으로 62효에 응하며, 천도가 강건하게 운행하니 만물에서 유행하게 되는 까닭이다. (이것은) 바르게 함으로써 형통하는 것이니, 만약 천리의 바름을 어기면서, 도리어 망령됨이 없기를 바란다면, 덕스럽고자 한들, 어디로 갈 것인가? 천명은 이미 돕지 않는데, 아직도 실행할 수 있을 것이라 (여기니), 그 점을 한탄하며 깊이 경계하는 것이다! (나의 견해: '이정以正'은 하늘의 명命이니 곧 하늘이 그것을 도와줘서 행하면 크게 형통함을 얻을 수 있는 것이다. '바르지 못하면 재앙이 있음'은 또한 하늘이 명하는 것으로 바로 도와주지 않아서 행하면 불리하니, 사람이 어찌 하늘을 거슬러 행하면서 형통함을 바랄 수 있겠는가?)

리스전李士鉁은 말한다. 하늘이 만물을 낳으니 모두 자연에 근본하나, 혹 감응의 정正과 부정不

---

6) 생眚은 재앙이다. 高亨에 의하면, '無妄'에서 無가 衍字이다. 高亨, 247頁.

正이 있으니, '오래 사는 것[壽]'과 '요절夭折'은 '같지 않은 것[不同]'이다. 화복禍福과 요상妖祥을 알수는 없으나 아마 상리常理 밖에서 나옴이 허여許與되니, 따라서 '바르지 못하면 재앙이 있다[匪正有眚].' (하괘인) 진震은 행동함이나 (호체互體인) 간艮의 그침을 만나므로, 따라서 '가는 것이 이롭지 않다[不利有攸往].' 또한 (거짓[妄]이 없는) 무망无妄은 '자연스러운 것[自然]'을 말함이니, '허망함이 없이 감[往]', 이것은 희망이 없는 때를 당해서 '희망이 있는' 마음인 것이다. 인욕이 일어나서 천명天命에 편안하지 못하면 하늘의 도움이 없을 것이니, 따라서 '가는 것이 이롭지 않음'이다. 무망无妄괘 하나가 천명天命을 밝게 드러낸 것이다. 원元, 형亨, 이利, 정貞은, 임금이 (천天)명命을 받았다는 근거이다. (임금이) 바르지 못하면 재앙이 있다는 것은 천명에 편안해 하는 근거이다. '가는 것이 이롭지 않음'이 천명을 기다리는 근거이다. (천)명을 알지 못하면서 군자가 될 수가 없으니, 이것을 『역易』(무망无妄괘)에서 진실로 분명하게 보인 것이다.

마치창馬其昶(1855-1930)은 말한다. 무망无妄괘는 천명天命을 말한 것이다. 그러므로 위진魏晉[3-5세기]시대 이전에 유자儒者들은 모두 천운天運과 기수氣數로써 천명을 말하였다. 「잡괘雜卦」전에서, '무망无妄은 재앙이다'라고[7] 하였으니 역시 운수運數를 말함이다. 대개 천명天命에는 바름이 있고 변화가 있으니, 원형이정元亨利貞은 하늘의 '바른 명[正命]'이다. 바르지 못하면 재앙이 있다는 것 또한 천명天命이다. 『맹자』에서는 '명命이 아님은 없으나, 받는 것은 '바른 명[正命]'이어야 한다.'라고[8] 하였다. 또 『맹자』에서는, '(정치가 맑은 경우와 어두운 경우) 이 두 가지 상황은, 하늘(에 의해 결정)된다. 하늘에 순종하면 생존하고, 하늘에 거스르면 망한다.'라고[9] 하였다. (무망无妄괘) 여섯 효가 모두 이 뜻이다. 『역易』이라는 책은, 천지天地와 덕德을 합치하는데, 사람의 힘으로 이길 수 있는 자에게 길吉이 좋아가고 흉凶을 피하는 방법을 보여준다. 인력人力으로 할 수 없는 것에는 마음 가는대로 명운命運의 안배에 따르는 길을 알려준다. 성인은 '할 수 있는 것[能]'을 이룰 수 있으니, 천지天地의 화육化育을 도울 수 있는 근거가 여기(무망无妄괘)에 있다.

• **나의 견해**: 95효의 강중剛中이 62효의 유중柔中과 상응하여, 모두 그 바른 자리[正位]를 얻었으니 이른바 '천명天命이 본성[性](天命之謂性)'이다.[10] '바르지 못함이 있음'에 이르게 되면, 곧 수

7) '无妄, 灾也.',「雜卦」傳, 高亨, 655頁.

8) "莫非命也, 順受其正, 是故知命者不立乎巖牆之下. 盡其道而死者, 正命也, 桎梏死者, 非正命也.",『孟子』,「盡心」上篇, 2장 참조

9) "天下有道, 小德役大德, 小賢役大賢, 天下無道, 小役大, 弱役強. 斯二者, 天也. 順天者存, 逆天者亡.",『孟子』,「離婁」上篇 7장 참조.

數의 막힘[窮]이니, 재앙[眚]을 면할 수 없다. 성인은, '천명天命이란 돕지 않음[天命不祐]이니, 도리로 보아 마땅한 행동이 아닌데 그것을 행하면 곧 천리天理를 어기는 것임은, 이理를 말한 것이지 운수를 말한 것이 아님을' 아는 것이다. 이 (무망无妄)괘는 사람들에게 도리를 밝혀서 운수에 편안할 것을 가르치는 것이지, 단지 운수에 얽매여서 도리를 말하지 않는 것이 아니다. 군자는 편안히 (천天)명命을 기다리고, 감히 망령되게 행동함이 없다. 평안한데 있으면서 감히 요행으로 위험한 일을 행하지 않는 것이니, 이는 망령됨이 없이 그 외의 것을 바라지 않는 것이다. 『맹자』(「만장萬章」상장上章)에서는, '이렇게 되라고 한 것이 없는데도 그렇게 된 것은 하늘[天](의 뜻)이요, 이렇게 되라고 하지 않았는데도 이리된 것은 명命이다.'라고[11] 말했다. '함이 없는 것[莫爲]'과 '이르게 하지 않았음[莫致]'은 곧 스스로 그러해서 그러한 것이지, 바라고 기대한 것이 없는 것이다.

상전에서 말한다. 하늘 아래에서 우레가 유행하니, 만물들(의 생명)이 펼쳐지는 것이, 무망无妄괘이다. 선왕들은 열심히 노력하며 계절에 대응하여 만물들을 양육하였다.

[象曰: 天下雷行, 物與, 「無妄」. 先王以茂對時育萬物.[12]]

마융馬融(79-166)은 말한다. (무망无妄괘에서) 무茂는 면勉(힘씀)이다. 대對는 배配(짝함, 맞춤)이다.

(순상 등의)『구가역九家易』에서 말한다. "(무망无妄괘에서) '하늘 아래에서 우레가 유행함[天下雷行]'은, 양기陽氣가 두루 퍼져서, 그것을 받지 않은 것이 없음이다."[13]

조언숙趙彦肅(12세기, 남송南宋학자)은 말한다. (무망无妄괘에서) 양陽이 활동하니, 만물이 모두 응하기에, 이것이 물여物與(만물이 더불어 있음)이다. (전징지錢澄之[1612-1693]는, '여與는 응應과 같음'이라 한다. 장희헌張希獻[17세기]은, '우레가 운행하면 사물이 응하는 것이 옳다.'라고 말한다.)

오징吳澄(1249-1333)은 말한다. 무茂와 무懋(힘쓰다)는 통한다. 위로 천시天時를 받들고 정령政

---

10) 『中庸』第1章 참조.

11) "莫之爲而爲者, 天也; 莫之致而至者, 命也.", 『孟子譯注』, 「萬章」上(9:6), 楊伯峻譯注, 上同, 222頁.

12) 與는 서舒(펴다)로 읽으니, 신전伸展(펼쳐 나감)이다, 무茂는 무懋(노력하다)로 읽으니, 면勉(힘쓰다)이다. 초순焦循(1763-1820)에 의하면, 對는 應과 같다. 상괘는 乾이니 하늘이고; 내괘는 震이니 우레雷이다. 高亨, 상동.

13) '天下雷行, 陽氣普遍, 无物不與.', 荀爽, 『九家易解』, #84, 中國哲學書電子化計劃, https://ctext.org 참조.

슈을 실행하여, 일민一民이라도 자기 있을 곳을 얻지 못하게 하지 말고, 일물一物이라도 살아가지 못하게 하지 말아야 한다.

허계림許桂林(1779-1882)은 말한다. 봄 농사[東作], 여름 농사[南訛], 가을 곡식익음[西成], 연말연초에 옛것을 없앰과 갱신[朔易]이 네 계절에 대립하고, 백성과 조수鳥獸들이 양육되지 않음이 없다. 선왕先王을 요堯라 하면, 이것은 요임금이 제작한 것이니, 하夏나라의 소정小正과 주周나라의 시훈時訓은 그것에 의탁한 것이다.

유원劉沅은 말한다. (무망无妄괘에서) 하늘[天]은 순양純陽이고, 우레[雷]는 양기陽氣를 싣고서 운행하니, 만물은 각각 그 기氣를 얻어서 살고 있다. 일성一誠이 흩어지면, 사물들이 무망无妄의 이理로써 함께 하는데, 이른바 천명天命이다. 선왕先王은, 성인이 천덕天德을 얻어서 제위帝位에 임하는 자이고; 대對는 하늘[天]과 더불어 둘이 되는 것이다. 덕이 왕성하고 계절[時]이 운행하니, '자연[天]'의 때[時]와 짝하는 것은, '자연'이 만물을 기름과 같고, 예악禮樂의 교화敎化가 모두 그 속에 있음과 같도다.

짱훙즈張洪之(1881-1969)는 말한다. '자연[天]'이 계[절]時을 가지니, 선왕先王은 이보다 앞서거나 뒤설 수 없고, 이를 대면하여 따를 뿐이다. 사물이 이 생명을 갖는데, 선왕은 이것을 더 하거거나 덜할 수 없고, 그것을 길러서 이룰 뿐이니, 왕성한 덕이 아니라면, 이에 미칠 수 있겠는가?

● **나의 견해**: 『중용中庸』에서, '인도人道를 다함으로써 천도天道와 합한다.'라고[14] 하였으니, 선왕이 힘쓰면서 행한 까닭은 인도를 다하지 않음이 없음이다. 천시天時에 상대하여 짝할 수 있음이 곧 천도天道에 합하는 것이다. 지성至誠으로써 만물을 기르면 곧 그 본성을 다하는 것으로 사람과 만물의 본성을 다하는 것이니, 천지天地의 화육에 도울 수 있다면, 천지(의 화육)에 더불어 참여할 수 있다.

초구효: 망령되지 않은[올바른] 길로 나아가니, 길하다.
[初九, 无妄往, 吉.]
상에서 말한다. "망령됨이 없이" "나아가면", 뜻을 얻을 것이다.
[象曰: "無妄"之"往," 得志也.]

---

14) '誠者, 天之道也; 誠之者, 人之道也.', 『中庸』20章; "唯天下至誠, 爲能盡其性; 能盡其性, 則能盡人之性; 能盡人之性, 則能盡物之性; 能盡物之性, 則可以贊天地之化育; 可以贊天地之化育, 則可以與天地參矣.' 『中庸』22章 참조.

(정이의) 『이천역전伊川易傳』에서 말한다. 초9효는 양강陽剛으로 안에서 주인이 되었으니 안이 성실하여 망령되지 않은 것이다. 무망无妄으로 가니, 어느 곳인들 길하지 않겠는가?

하해何楷(1549-1645)는 말한다. (하괘인) 진震괘의 양陽인 초9효는 활동하여도 성일誠一이 나누어지지 않았으니, 이것이 무망无妄이다. 이렇게 가면, (초9효가) 활동하여도 하늘[天]과 합한다.

유원劉沅은 말한다. (초9효에서 하괘인) 진震의 활동이 (만물을) 자라나게 함으로 마음을 삼고, 성일誠一한 성질로, 하늘에 맡기고 활동하니, 만사를 관통할 수 있다. 초9효는 성일誠一하게 나가므로, 따라서 뜻을 얻지 못함이 없다.

리스전李士鉁은 말한다. (초9효에서) 명命을 받아 처음 나올 때에는 구하는 것도 없고 하고자 하는 것도 없다. (초9효가) 이 길로 나아간다는 것은, 현재 있는 자리[位]를 지키고 있으면서 행하며, 그 밖에 바라는 것이 없으니, (초9효가) 길한 까닭이다. 진震괘는 감[往]이다.

마치창馬其昶은 말한다. 초9효는 양陽의 원元으로 정위正位를 얻었으나, 94효와 응함이 없으니 기대하고 바라는 것도 없다. (무망无妄괘에서) '바르지 않다는 것[匪]'은 '가는 것이 이롭지 않음[不利有攸往]'이다. 초9효는 정위正位를 얻었으니 어느 곳을 간들 이롭지 않겠는가? 『맹자』에서, '천하에 도가 있으면 덕이 적은 사람이 덕은 많은 사람에게 부림을 받고; 조금 현명한 사람이 크게 현명한 사람에게 부림을 받는다.'라고[15] 하였으니, 따라서 (초9효 상象전에서) '뜻을 얻음[得志]'이라 말하였다.

육이효: 씨 뿌리고 거두지 않고, 거친 밭에 씨 뿌렸거나, 곡식이 여문 밭을 경작하지도 않았으니, (상업이나 다른 사업을) 하여, (다른 곳으로) 가면 이롭다.
[六二, 不耕穫, 不菑畬,[16] 則利有攸往.]
상에서 말한다. "농사하여 수확을 못 얻으면," 부유富裕해질 수 없다.
[象曰: "不耕穫," 未富也.]

(『예기禮記』의) 「방기坊記」편에서 말하였다. "공자가 말씀하셨다. 「예禮를 폐백보다 먼저 하는 것은 백성들이 일을 먼저하고 녹祿을 뒤에 하도록 하고자 함이다. 재물을 먼저 하고 예禮를 뒤에 하면 백성들이 이로움만을 탐하고, 사양함이 없이 마음대로 행하면 백성들이 다투게 된다. 그러

---

15) "天下有道, 小德役大德, 小賢役大賢.", 『孟子』, 「離婁」上(7:7) 참조.
16) 경耕은 곡식을 심음이고; 획獲은 곡식을 거둠이다. 치菑는 황전荒田에 씨 뿌림이고; 여畬는 곡식이 여문 밭을 경작함이다. 高亨, 248頁.

므로 군자는 물건을 보낸 자에게 자신이 볼 수 없을 때에는 그 물건을 받지도 않는다.」『역易』(무망无妄괘)에서, '밭을 경작하지 않고 수확하고, 1년 된 밭을 개간하지 않고서도 3년 된 밭이 되니 흉한 일이다.'라고 했다."[17] (마치창馬其昶은 말한다. 『예기禮記』에는 흉凶자가 연자衍字이고 또 '가는 바를 둠이 이롭다.'는 구절을 뺐다. 『삼가역三家易(맹희孟喜, 초공焦贛, 경방京房)』에 가깝다. 유향劉向은, 삼가三家의 경전이 혹 탈자脫字를 하였는데 오직 비費씨[費直] 경전만이 고문古文과 같다고 말했으니, 이러한 분류는 옳다.) 이 '골목[坊, 里巷]'의 백성으로 말하면, 백성은 오히려 녹祿을 귀하게 여기고 행동을 천하게 여긴다.

정현鄭玄은 말한다. 밭이 일 년 된 것을 치菑라 하고, 이년 된 것을 신전新田이라 하고, 삼년된 것을 여畬라고 한다.

우번虞翻(164-233)은 말한다. (무망无妄괘의 하괘인) 진震은 벼와 곡물이다.

(주희의) 『주역본의周易本義』에서 말한다. (62효는) 유순柔順하고 중정中正하여, 때[時]에 따르며 도리[理]에 순응해서, 사심私心으로 기약期約하여 바라는 마음이 없다. 부富해도 '부富하지 않음'과 같으니, 천하의 부富는 이득을 따져서 하는 것이 아니다.

반상潘相(1713-1790)은 말한다. 62효는 중정中正으로, 천명의 당연함을 따라서 털끝만큼도 결과나 이익을 생각함이 없어서, 밭 갈고 수확하는 일을 하지 않고, 1년 된 밭이 3년 된 밭이 되기를 꾀하지 않는 것이니, 내가 좋아하는 것을 따를 뿐이지 부를 구하지 않는 것이다.

유원劉沅은 말한다. 방금 밭을 갈고서 수확을 바라고, 방금 1년 된 밭을 개간하고서 3년 된 밭을 바라는 것은 다만 수확과 3년 된 밭을 바라는 것만이 모두 허망할 뿐만 아니라, 밭 갈고 1년 된 밭의 공효 또한 황폐해지는 것이다. 62효는 유순柔順하고 중정中正을 얻어서 조급한 마음이 없으므로, 따라서 결과나 이익을 따지지 않는 상象이 있다. 진震괘인 나무가 곤坤괘인 땅에 임하니 밭 가는 상象이다. 진震괘는 곡식 농사이고, (호체互體인) 간艮괘는 손[手]이니 수확하는 상象이다. 초9효는 땅의 자리이다. 62효는 땅위에 있어서 밭이 되므로 1년 된 밭[菑]과 3년 된 밭[畬]을 취하는 상이다.

리스전李士鉁은 말한다. (무망无妄괘의) 호체互體는 (風雷)익益괘䷩가 되니, 익益괘는 곡식을 경작하는 상이 있다. (무망无妄괘) 62효는 음허陰虛이고 중정中正함으로, 본래 부富를 구하는 마

<hr />

17) '子云: 禮之先幣帛也, 欲民之先事而後祿也. 先財而後禮, 則民利; 無辭而行情, 則民爭. 故君子於有饋者, 弗能見則不視其饋. 『易』曰:「不耕穫, 不菑, 畬, 凶.」', 『禮記今註今譯』下冊, 「坊記」편, 王夢鷗註譯, 상동, 684頁.

음이 없고, 마음에는 평탄함을 가졌으니 어디를 간들 옳지 않겠는가? (『논어論語』, 「위령공衛靈公」31장에서,) 이른바 '도道를 도모하고 밥을 도모하지 않으니, 녹禄이 그 가운데에 있다.'는[18] 것이다.

마치창馬其昶은 말한다. 익益괘의 내체內體는 진震으로, 초9효에는 곡식을 경작하는 상이 있고, 초9효는 선비이고 백성이다. 무망无妄괘에서 (하괘는) 진震인데, 62효는 대부大夫가 되어, 밭을 갈지 않고도 수확하는 것이 있다. '죽거나 이사함에 고향을 벗어남이 없는 자'가[19] 농부이다. 62효는 대부大夫이니, 어디를 간들 이롭지 않겠는가? 양陽의 실實은 부富가 되고, 음陰의 허虛는 양陽으로 변화되지 않아서 부富가 아니다. 농사짓고 채소 가꾸는 일은 소인의 일이고 군자는 도道를 도모하고 밥을 도모하지 않으니, 그러므로 (『예기禮記』의) 「방기坊記」편에서는 이를 인용하여, 먼저 일하고 뒤에 녹을 구하는 뜻을 보였다. 동중서董仲舒(전179-전104)가, '옛날에 부여한 녹祿을 가진 자들은 노동으로서 다시 먹을 것을 얻지 못하게 하였고, 말단末端(상업과 공업 등)에 힘쓰지 못하도록 하였다. 이는 큰 것을 받은 자는 적은 것을 취해서는 안 된다는 것이다.'라고[20] 말하였다. 사람들이 기대하고 바라는 것은 오직 이익과 녹祿에만 심할 뿐이나, 62효는 부富를 구하는 마음이 없어서 천명天命을 아는 것이다.

> **육삼효:** 무망无妄은 뜻밖의 재앙이니, 혹 소를 매어 놓았다 하더라도, 행인이 얻음은 고을 사람들의 재앙이로다.
>
> [六三, 无妄之災, 或繫之牛,[21] 行人之得, 邑人之災.]
>
> **상에서 말한다.** "길 가던 사람이 얻은 것"은 소이고, (이것은 소를 매어놓고 돌보지 않은) "읍내 사람의 재앙"이다.
>
> [象曰: "行人得"牛, "邑人災"也.]

(장재의)『횡거역설橫渠易說』에서 말한다. (63효에서) "'소를 묶어놓음'이라는 설명은, '밭 갈고

---

18) "君子謀道不謀食. 耕也, 餒在其中矣.", 『論語』, 「衛靈公」31장 참조.

19) "死徙無出鄉", 『孟子』, 「滕文公」章句上(5:3) 참조.

20) '古之所予祿者, 不食於力, 不動於末, 是亦受大者不得取小.', 『漢書』, 「董仲舒」傳, 班固撰, 八冊 傳[二], 상동, 2,520頁.

21) 无妄의 災는, 그 재난이 삐뚤어진 잘못에서 생긴 것이 아니고, 거친 마음에서 생겼음을 말한다. '或繫之牛'에서 之는 其와 같다. 邑人이 그 소를 某處에 묶어놓고, 떠나버려 아무도 그것을 지키지 않으니, 소가 도망쳤는데, 지나가는 행인이 그것을 얻었다. 그러나 邑人은 거친 마음이라 자기 소를 잃어버렸다. 高亨, 249頁.

수확을 얻음'에 따라서 생긴 말이다."22)

주진朱震(1072-1138)은 말한다. (63효에서 하괘인) 진震괘는 큰 길이고, 발[足]이니, 행인이다.

(주희의)『주역본의周易本義』에서 말한다. 괘의 여섯 효가 모두 무망无妄괘(에) 속하나, 63효는 처함에 바름[正]을 얻지 못했으므로, 까닭[故] 없이 재앙이 있다.

호일계胡一桂(1247-1314)는 말한다. (63효에서) 소는 이離의 상象이다.

호병문胡炳文(1250-1333)은 말한다. 62효는 정위正位를 얻어서, 무망无妄괘의 복福을 갖는 것은 '때[時]'(때문)이다. 63효는 정위正位를 잃어서, 무망괘의 화禍가 있으나 또한 '때[時]' 때문이다. 「잡괘雜卦」전에서, '무망无妄괘는 재앙이다.'라고23) 하였으니, 이것을 말하는 것인가?

혜동惠棟(1679-1758)은 말한다. (『산해경山海經』의)「해내경海內經」)에서, "후직后稷은 백곡百穀을 파종했고, 직稷의 자손인 '숙균叔均'이라 하니, (그가) '소로 밭을 가는 것[牛耕]'을 시작했다."라고24) 했는데, 무망无妄의 시대에는 출정出征한 자들도 소득이 있어서, 경작하지 않고 밭을 개간하지도 않았으니, 그러므로 재앙이 된다.

유원劉沅은 말한다. 곤坤괘는 소이고, 이離괘로 변해도 또한 소이다. 엎드려진 감坎괘는 도적이고, 호체인 손巽괘는 밧줄이니 매어 놓는 상象이고, 또한 나무이다. 진震괘는 다리[足]이다. 63효는 사람의 자리로 행인의 상이다. 건乾괘는 행인이고 곤坤괘의 토土이니, 고을사람[邑人]이다. 뜻밖의 우환을 말하였으니, 비록 무망无妄괘로써 활동할지라도, 반드시 그 때[時]를 살펴야 한다.

리스전李士鉁은 말한다. 읍인邑人은 63효를 가리키고, 행인은 94효를 가리킨다. 곤坤괘는 읍邑이고, 건乾괘는 다님[行]이다. 63효의 음허陰虛는 잃음이고, 94효의 양실陽實은 얻음이다. (63효는) 의거해서 소유하니 소를 끌고 갔으며, 길 가는 사람은 얻음을 기약하지 않았으나 얻게 되었고, 읍인邑人은 잃음을 기약하지 않았으나 잃게 되었으니, 이른바 무망无妄괘의 재앙은 63효의 운명이다. 그러나 63효만이 유독 중정中正하지 않으니, 그러므로 '올바르지 않음[不正]'의 느낌을 불러 온 것이다. 비록 천명天命이라고 말하나, 또한 인사人事이다.

마치창馬其昶은 말한다. 63효가 활동하여 (양효로 변하면) 이離괘를 이루니, 행인이 소를 얻음이다. 소를 잃어버리면 읍인邑人이 밭을 갈 수가 없으니 읍인의 재앙이다. (하괘인) 진震괘가 무

---

22) '繫牛爲說, 緣耕獲生詞.'『橫渠易說』卷一, 无妄, 宋 張載撰, 電子版文淵閣四庫全書, 상동.

23) '无妄, 災也.',「雜卦」傳, 高亨, 655頁.

24) '后稷是播百穀. 稷之孫曰叔均, 始作牛耕.',『山海經校注』,「海內經」, 袁珂校注, 上海: 上海古籍出版社, 1991, 469頁.

너지는 까닭에 곡식 농사가 이루어지지 않는다. 이는 훔치고 빼앗는 세상에서 진震괘가 이離괘로 변하니, 이에 소를 얻었으나 농사를 실패하는 상이다. 그러나 63효는 자리를 잃었으니 마땅히 변한 것이다. 재앙을 피할 수 없으니, 이에 무망无妄의 재앙이라고 말한다. 천하에 도가 없으면 작은 것이 큰 것을 부리게 되고, 약한 것이 강한 것을 부리게 되니, 그 재앙을 면할 수 있겠는가?

> **구사효: (덕행이) 바를 수 있으면, 허물은 없다.**
> [九四, 可貞, 无咎.]
> **상에서 말한다. "올바른 (덕을) 가졌기에 허물이 없음"은, 진실로 바른 덕을 가졌음이다.**
> [象曰: "可貞無咎," 固有之也.]

우번虞飜은 말한다. (94효는) 활동하면 바르니 그러므로 '정도正道일 수 있음[可貞]'이다. (94효는) 95효를 받들고 초9효에 응하므로 허물이 없다.

유원劉沅은 말한다. 94효는 강강剛이면서 불중不中이나 '정도正道일 수 있다[可貞]'라고 한 것은, '망령됨이 없는 것[无妄]'이 하늘의 본성이기 때문이다. 94효는 (상괘인) 건乾의 초효로, 사람에게는 천성天性의 처음이 되고, 고유한 도리이니, 따라서 정도正道일 수 있기에[可貞],' '허물없음[无咎]'을 얻은 것이다.

마치창馬其昶은 말한다. 곤坤괘 63효의 음이 (자기)자리[陽]를 잃었고, 이 효[94효]도 양陽이기에 (자기)자리를 잃었으니, 모두 바르지[貞] 않다. 그러나 음양은 서로 그 근본이 되니, 양陽 안에 본래 음이 함유되어 있고, 음陰 안에 본래 양이 함유되어 있으니, 그러므로 두 효는 모두 '정도正道일 수 있음[可貞]'이라고 말할 수 있다. 이 효가 바름[正]을 얻은 후에야 95효를 받들 수 있으니, 95효는 하늘이고; 초9효에는 응할 수 있기에, 초9효는 천명天命의 '본성[性]'이다. 『맹자孟子』(「고자告子」章句上篇6장)에서, '본성[性]'을 논하며, "(인의예지仁義禮智가) 밖으로부터 나를 녹여 들어오는 것이 아니라, 내가 본래 소유하고 있다."라고[25] 말하였으니, 곧 『역易』(무망无妄괘)의 뜻을 이용한 것이다. 본래 고유한 것을 회복하는 것이니, (94효는) 허물이 없는 도道이다.

• **나의 견해:** 곤坤괘의 63효 음이 양陽의 자리에 있으니, 안에 양을 함유하고 있다. 이 (무망无妄)괘 94효의 양은 음의 자리에 있기에 안에 음을 함유하고 있다. 괘의 자리가 음양을 함유하고

---

25) "仁義禮智, 非由外鑠我也, 我固有之也.", 『孟子譯注』, 「告子」章句上(11:6), 楊伯峻譯注, 상동, 259頁.

있는 것은 모두 그 본래 고유하고 있던 것으로, 생명[性命]이 각각 바르게 되니, 태화太和를 보합하여 이에 이롭고 바르다[利貞]. 그러므로 하나는 (곤坤괘 63효에서) '빛남을 머금으니 바를 수 있음[可貞]'을 말하였고, 하나는 (무망无妄괘 94효에서) '바를 수 있으니 허물이 없다[可貞无咎].'라고 말하였다. 이는 모두 '바를 수 있는[可貞] 원리'를 발명하였으니, 뜻에 있어서 제일 정밀하다.

구오효: (부주의하여 생긴) 무망无妄의 병은 약을 먹지 않아도 (병의 원인을 제거하면 나으니) 기쁘다.
[九五, 无妄之疾, 勿藥有喜.26)]

상에서 말한다. "망령됨이 없는데 병이 났으면", 약은 쓸 필요가 없다.
[象曰: "無妄"之"藥," 不可試也.27)]

공영달孔穎達(574-648)은 말한다. (95효에서) 약을 쓰지 않으면 기쁜 일이 있다는 것은, 질병이 마땅히 스스로 줄어드는 것이기에, 꼭 치료하고 근심하며 애쓰지 않아도, 또한 자기 본성을 반대로 다치게 할까를 두려워하게 됨이다.

(주희의) 『주역본의周易本義』에서 말한다. (95효에서) 시試는 조금 시험함을 말한다. (나의 견해: 통달하지 않으면 감히 시험하지 않는 것으로, 의술이 삼세三世(『黃帝針灸』, 『神農本草』, 『素女脈訣』라는 삼부三部의 고의서古醫書)에 통달하지 않으면, 그 처방한 약을 복용하지도 않으니, 모두 시험할 수 없다는 뜻이다.)

이광지李光地(1642-1718)는 말한다. (95효에서) 물勿은 경계하는 말이니, 화복禍福과 이해利害로 마음이 움직여서는 안 되는 것이다. 만약 약간의 재앙과 우환이 있어서 곧바로 벗어나고 면하고자함을 구한다면, (95효에서) 이로 인해 망령됨이 일어나서 또 재앙을 더할 뿐이다.

장영張英(1637-1708)은 말한다. 천하에 바라지 않는 그러한 복은 없고, 또한 바라지 않는 그러한 화도 없으니, 군자는 이 두 가지를 앎으로써, 그러므로 (95효에서) 모든 일을 있는 그대로 내버려 두는 것이다.

유원劉沅은 말한다. 호체互體인 감坎괘는 마음의 병이니, 질병의 상이다. (95효에서) 가운데 호체인 손巽은 나무고 (호체인) 간艮은 돌[石]이니, 약藥의 상이다. 95효는 (상괘인) 건乾의 '본성[性]'

---

26) '无妄之疾'은, 그 병이 妄行이나 妄動에서 생긴 것이 아니고, 過飮이나 過食처럼, 부주의해서 생긴 것을 말한다. 약藥은 복약服藥이다. 高亨, 249頁.

27) 傳의 문장이 안 통한다. 아마도 '無妄之疾, 藥不可試也.'인 것 같다. 陸德明에 의하면, 試는 用이다. 高亨, 250頁.

의 본체로, 강중剛中으로 정위正位에 있기에 무망无妄괘의 지극함이다. 정靜에 오로지하는 것이 건乾괘의 본성이니, (95효는) 활동하면서 활동함이 없다. 뜻밖의 우환은 우환이 되기에 부족하니, (95효에서) 사람이 저절로 무망无妄으로 돌아옴이 있으면, 우환은 뜻밖으로 나간다는 것이니, 그 자연스러움을 따라서 우환이 곧 스스로 멎게 됨이다. 약을 쓰면 도리어 망령되어 질병에 이르게 되니, (95효에서) 지혜를 써서 다른 허물이 생기지 말게 해야 한다.

리스전李士鉁은 말한다. 95효는 중정中正하여 저절로 보호되니, 본래 질병을 불러올 길이 없으나, 만약 무망无妄의 병에 무망无妄의 약을 가볍게 쓰게 되면, 혹 도리어 고질병으로 변하게 되어 치료할 수 없게 된다. 군자는 '본분本分[義命]'을 스스로 지키고, 내[我]도 화禍를 취할 방도가 없으니, 비록 화가 이르더라도 두려워하지 않는다. 만약 두려워서 벗어나고 면하고자함을 구한다면, 반드시 도를 어기게 되고 망령된 짓이 일어나게 되니, (95효는) 지킬 것을 잃어버리게 된다. 그러므로 (95효에서) 무망의 질병은 오직 약을 쓰지 않는 것이 기쁜 일이 있게 되는 까닭이다. 『시詩』(「大雅 · 文王之什 · 綿」)에서, '비록 분노하는 적敵을 아직 소멸시키지 못했으나, 또한 아직 주조周朝의 위의威儀는 잃지 않았다.'라고[28] 하였으니, 이는 문왕文王이 '약을 쓰지 않고도 기쁜 일이 있음'이다. (『시詩』에서), '공손公孫나라가 잘난 척하니, 뻔뻔하기 그지없도다! 명예에 흠이 없다하니, 모든 이가 저주하네!'라고[29] 하였으니, 이는 주공周公이 '약을 쓰지 않아도, 기쁜 일이 있음'이다. 「가경賈瓊이 물었다. '어떻게 해야 비방[謗]을 쉬게 할 것입니까?' 문중자文中子(王通[584-617])는 답하였다. '남과 쟁변爭辯하지 말라!' (가경이) 말했다. '어떻게 해야 원망[怨]을 그치게 할 것입니까?' (문중자가) 답하였다. '남과 다투지[爭] 말라!'라고[30] 하였으니, 또한 (95효는) 약을 쓰지 않는 기쁨을 얻은 것이다.

마치창馬其昶은 말한다. 건원乾元은 95효에게 자리를 맡겼으니, 강剛으로 밝으며 중정中正하여, 본래 질병은 없으니, 원기元氣가 충실하고, 사악함은 저절로 소멸되니, 따라서 기쁜 일이 있다고 말한다. 무망无妄의 약藥은, 기약하고 바라는 바가 없는 약이니, 질병에 상응하지 않음을 말한다. 『한서漢書 · 예문지藝文志』에서, '약미藥味를 빌려서 증가시키고, …, 막힌 데를 통하게 하고 뭉친 데를 풀어서, …그 적절함을 잃은 곳에 미쳐서는, 열熱에는 열熱을 더하고, 추위寒에는 추위를 더

---

28) "肆不殄厥慍, 亦不隕厥問.", 『詩經譯注』, 「大雅 · 文王之什 · 綿」, 袁梅著, 상동, 727頁.

29) "公孫碩膚, 德音不瑕!", 『詩經譯注』, 「豳風 · 狼跋」, 袁梅著, 상동, 402頁.

30) 賈瓊問: "何以息謗?" 子曰: "無辯!" 曰: "何以止怨?" 曰: "無爭!", 文中子『中說』, 隋 王通撰, 鄭春穎譯注, 哈爾濱: 黑龍江人民出版社, 2004, 99頁 참조.

한다. … 그러므로 속담에, 「병을 다스리지 못하나 늘 의술에는 맞는다.」는 말이 있다.'라고[31] 말한다. 이는 무망无妄의 약은 쓸 수 없다는 설명이다. 초9효는 감[往]에 길하고, 62효는 가는 것이 이롭다는 것은, 모두 (무망无妄괘) 단象전에서 말하는 형통하고 이로움이니, 94효라면 자리에서 바름[貞]을 구하고, 95효라면 안에 원元을 감춘 것이다.

상구효: 망령된 행동을 하면 재앙이 있으니, 이로울 바가 없다.

[上九, 无妄行,[32] 有眚, 无攸利.]

상에서 말한다. "망령된" "행동"은, 소통되지 못한 죄이다.

[象曰: "無妄"之"行," 窮之災也.[33]]

우번虞飜은 말한다. (상9효는) 천명天命이 돕지 않는데도, 행해지겠는가?

조언숙趙彦肅은 말한다. (상9효는) 일이 항룡亢龍과 유사하다.

항안세項安世(1129-1208)는 말한다. 상9효는 때와 자리의 막힘을 당해서 행할 수 있는 도리가 없으므로, (상9효는) 궁극의 재앙이니, 바로 항룡亢龍의 효사이다.

유원劉沅은 말한다. (무망无妄괘의) 여섯 효 모두 무망无妄으로 뜻을 삼았으나, 때[時]가 같지 않다. 만일 무망无妄만을 믿고 (상9효가) 때를 택하지 않고 활동한다면, 질병과 재앙이 있게 될 것이니, 그러므로 무망无妄괘에서는 정성을 귀하게 여기나, (또한) 시중時中을 귀하게 여긴다. 단象사에서는, 사람들이 무망하면서도 천리에 근본하지 않음을 경계하였고, 효사에서는 사람들이 무망하면서도 시중時中의 마땅함을 얻지 못함을 경계하였으니, 그러므로 (상9효에서) 바르지 않으면 재앙이 있다는 것으로 깨우쳐주었다. (상9효에서) 때가 다하고 형세가 극해서 망령되이 행하면 재앙이 있게 되기에, (상괘인) 건乾괘의 항룡亢龍이 같은 뜻이다. 그러므로 (무망无妄괘 상9효의) 상전象傳의 말과 같다.

리스전李士鉁은 말한다. 상9효는 중中도 아니고 바르지[正]도 않아 '지나친 양[亢陽]'이라 (자기) 자리가 없고, 명命이 이미 다하였으니, 가고자 하면 따라서 (상9효에는) 재앙이 있고 이로울 바가 없다. 군자君子는 때에 맞게 행하고 때에 맞게 멈추니, 명命에 편안한 가운데 스스로 명命을 창조

---

31) "假藥味之滋. … 以通閉解結, 反之於本. 及失其宜者, 以熱益熱, 以寒增寒, … 故諺曰:「有病不治, 常得中醫.」,『漢書』, 「藝文志」, 六冊, '志'三, 北京: 中華書局, 1975, 1778頁.

32) 여기서 无는 연자衍字로 보아야 한다. 생眚은 재앙이다. 高亨, 250頁.

33) 無妄의 無는 마땅히 衍字이다. 窮은 不通이다. 高亨, 상동.

하는 도道가 있기에, 평이平易한데 있으면, 명命을 기다릴 수 있겠다. (그러나) 소인은 위험한 짓을 행하면서 요행을 바라니, 이로운 것이 없다.

마치창馬其昶은 말한다. (무망无妄괘의) 상9효의 항亢은 건乾괘와 같지만, 건乾괘의 상9효는 변할 수 있으나 무망无妄괘의 상9효는 변할 수 없으니, 때[時]에 맞게 그것을 행함이다. (상9효가 음으로) 변하면 63효와 응함이 없어져서 더욱더 궁박해지니, 이것(상9효) 및 63효가 모두 바르지 못하면 재앙이 있고, '더 가는 것이 이롭지 않다[不利有攸往].'는 뜻이다. 무망无妄괘의 효사는 질병, 재앙, 곤궁, 재난을 많이 말했으나, 대개 천운天運의 '불통[否]'은 항상 '태평[泰]함'에 많으니, 군자에게 요절과 장수함은 둘이 아니어서, 몸을 닦고서 그것을 기다릴 뿐이다.

• **나의 견해**: 무망无妄괘는 사덕四德[元, 亨, 利, 貞]이 모두 갖추어져 있으니, 점상占象이 건乾괘의 말[辭]과 같다. 다만 건乾괘의 덕은 선천先天에 나아가서 말한 것으로, 태어나는 처음 순간에 갖추어지게 되니, 선천先天은 미발未發의 중中이다. 무망无妄괘는 후천後天에 나아가 말한 것으로, 태어난 후에 드러나게 되니, 후천後天은 발하여 중절中節하고 불변不變의 화和가 됨이다. 사람은 '자연운행[天行]'에 합할 수 있고, 때때로 이 사덕四德[元, 亨, 利, 貞]을 지키고 간직해서 잃지 않으면, 사람은 '자연[天]'과 하나가 된다. (무망无妄괘의) 내괘[震]는 우레와 천둥에서 상을 취했으니, 망동하지 않으나 과분한 희망이 있다. 외괘[乾]는 호천昊天에서 상을 취했으니, 때[時]로 망령됨을 제거하고, 이른 새벽의 경계를 두려워하니, 또한 어떻게 너무나 높은 희망을 가질 수 있겠는가!

26. 대축大畜괘 ䷙

대축괘: 정도正道를 지키니 이롭다. 집에서 식사하지 않고 (밖에서 먹으니) 길하다. 큰 내를 건넘이 이롭다.
[大畜: 利貞. 不家食吉.[1] 利涉大川.]

정현鄭玄(127-200)은 말한다. 93효부터 상9효에 이르기까지, (대축大畜괘는) 턱[頤]이 밖에 있는 상이니, 이는 집에서 식사하지 않음이 길吉하고 현명함[賢]을 기름이다.

(주희의)『주역본의周易本義』에서 말한다. 대大는 양陽이다. (상괘인) 간艮으로 (하괘인) 건乾괘를 기르니, (대축大畜괘는) 축적[積, 聚]이 큼이다.

하해何楷(1594-1645)는 말한다. (호괘互體인) 진震이 (호괘互體인) 태兌 앞에 있으니, (대축大畜괘는) 내를 건너는 상이다. (리스전李士鉁은 말한다. 건乾은 큰 내이고, 태兌 또한 내의 상이 있으며, 턱[頤]은 몸이니 배[舟]의 상을 가지며, 배가 내[川] 위에 있으니, 따라서 (내를) 건넘이 이롭다.)

유원劉沅(1767-1855)은 말한다. 축畜의 큰 것[大]에는 3가지 뜻이 있는데, 하늘이 산 가운데 있으면, 축畜의 모임[聚]이고; (상효인) 간艮이 건乾에서 그치면 축畜의 그침[止]이고; 굳셈[剛]이 위에서 현인[賢]을 높이면 축畜은 '기르는 것[養]'이다. 「서괘序卦」전에, '무망无妄하면, 재물이 다음에 쌓일 수 있으니, 따라서 대축大畜괘로 받았다.'가[2] 있다. 하늘은, 실로 산이 쌓고 그치게 할 수 있는 바가 아니며, 다만 그 덕을 길러서 할 수 있는 상이다. (대축大畜괘는) 실하며 빈 것이 아니기에, 쌓을 수가 있으니, 따라서 무망无妄괘 다음이다.

리스전李士鉁(1851-1926)은 말한다. 『역易』에서 괘에 이름 붙임에는, 모두 실상實象을 취한다. (대축大畜괘에서) '하늘이 산 속에 있음'은 아마도 이런 상은 없을 것이고, 천기天氣가 없는 곳이 없으니, 산 몸통의 가운데 빈곳은 기氣를 축적할 수 있는지 모른다. 『예기禮記』에, '하늘에서 때에 맞는 비를 내려주시고, 산과 내에서 구름이 나온다.'라고[3] 말했다. 땅에서 산천山川의 후미진 구

---

1) 대축大畜은 괘명이다. 貞은 正이다. '不家食'은 집에서 식사하지 않고, 밖에서 식사함이다. 高亨, 252頁.
2) '有无妄, 物然後可畜, 故受之以大畜.', 「序卦」, 高亨, 647頁.

석을 잡은 것이니, 산 속의 하늘은 이에 산이 축적한 기운으로 구름과 비를 일으킨다. 활을 쏘는 것과 같으니, 굳건하게 잡으면 잡을수록 힘은 더 많아짐과 같고; 물을 쳐올리는 것과 같으니, 막는 것이 급하면 급할수록 세력이 멀리 가는 것과 같다. 소축小畜괘는 (상괘인) 손巽으로 (하괘인) 건乾을 쌓는데, 손巽은 음괘이니, 따라서 '작다'[小]라고 하니, 신하가 군자君子의 도道를 쌓는 것이다. 대축大畜괘는 (상괘인) 간艮으로 건乾을 쌓는데, 간艮은 양괘이니, 따라서 '큼'[大]이라 하고, 임금이 신하들을 쌓는 도道이다. 93효에서 상9효에 이르는 것은 턱[頤]이니, 먹는 상을 갖고, 호체인 태兌는 입[口]이니, 또한 먹는 상이다. 92효는 집을 칭하며, 턱의 상象이 밖에 있기에, 따라서 집에서 밥 먹지 않는다. 현인은 집에서 밥 먹지 않고, 조정에서 양육되니, 각종 술과 생황笙簧(음악)이 나오며, 왕가王家에서 식사하니, 길함을 알 수 있다.

마치창馬其昶(1855-1930)은 말한다. 건乾과 간艮은 북방 괘이니, 계절로는 겨울이고, 양기가 속에서 숨어서 길러지니, 대축大畜괘가 된다. 집에서 밥 먹지 않음은, 현자들과 함께 하는 것이기에, 왕王에게는 '사적인 집[私家]'이 없음을 말한 것이다.

• **나의 견해**: 왕은 사식私食을 집[家]으로 여기지 않으니, 현인들이 집에서 밥 먹지 않고 조정에서 식사함과 뜻이 서로 통한다.

단전에서 말한다. 대축大畜괘는, 강건[乾] 독실[艮]하여, 휘날림이 날로 새롭다. 그 덕은 강건함이 위에 있어서 현인을 받들음[尙]에 있고, 강건하여 그 상태에 머무름이니, 크게 바르다.
[象曰:「大畜」, 剛健篤實, 輝光日新.[4] 其德剛上而尙賢, 能止健, 大正也.[5]]

공영달孔穎達(574-648)은 말한다. (하괘인) 건乾은 강건하여 위로 나아가며, (상괘인) 간艮은 위에서 그치게 하고, 강건함을 그치게 할 수 있으니, 따라서 대축大畜괘라 한다. (하괘인) 건乾은 강건하고, (상괘인) 간艮은 독실하기에, 따라서 (대축大畜괘는) 영광을 빛낼 수 있고 그 덕을 날로 새롭게 한다.

....

3) '天降時雨, 山川出雲.' 『禮記今註今譯』下冊, 王夢鷗註譯, 상동, 670頁.

4) 대축大畜괘는, 상괘가 艮이니 山이요, 하괘가 乾이니 天이다. 天道는 剛健하고, 山의 성질은 厚實하니, 天山은 剛健篤實하여 서로 휘날리니, 매일매일 새로운 기상이 있다. 高亨, 253頁.

5) 高亨에 의하면, '能止健'은 '健能止'이어야 한다. 能은 而로 읽어야 한다. 艮, 즉 양괘가 乾 위에 있으니 '剛上'이다. 이것이 임금의 '尙賢'이다. 高亨, 상동.

(장재의) 『횡거역설橫渠易說』에서 말한다. (대축大畜괘는) 양陽괘가 위에 있고, 상9효가 또한 그 위에 있다.

곽충효郭忠孝(?-1128)가 말한다. 강건함은 천덕天德이고, '강건함에 머무름'[止健]은 천덕天德을 키움이다. 대유大有괘는, 현명함이 있는 괘이다. 대축大畜괘는 현명함을 기르는 괘이다.

장준張浚(1097-1164)은 말한다. 소축小畜괘와 대축大畜괘가 다른 것은 95효뿐이다. 소축小畜에서는 강중剛中으로 길러지고, 대축大畜에서는 유중柔中으로 현명함을 키운다.

마치창馬其昶은 말한다. (육덕명陸德明의) 『경전석문經典釋文』, 『석경石經』에는 휘輝로 되어 있고, (허신許慎의) 『설문해자說文解字』에는 휘輝자가 없다. '바름은 이롭다[利貞].'는 덕을 키움이고; '집에서 식사하지 않음'은 현인을 키움이다. '강건剛健과 큼'은 모두 양陽의 칭호이고 강건함을 기르고 멈출 수 있으니, 그 다음에 생명이 각각 바르게 되는 것이니, 이는 '바르면 이로움'[利貞]의 뜻을 해석한 것이다.

유원劉沅은 말한다. (대축大畜괘는) 안에서 강건함으로 '주인을 그리워함[存主]'을 말하고, 밖은 독실함으로 실천을 말한 것이다. (상괘인) 간艮은 양으로 밖이 밝음이니, 휘광輝光의 상이다. 65효는 빈 가운데[虛中]이니 위를 따르며, '스스로 씀[自用]'이 아니기에 따라서 크며, 현인을 높인다. 그러므로 (대축大畜괘는) 바르다. 건乾의 천덕天德은 건乾의 덕을 갖고 하늘에 응한다.

● **나의 견해**: (하괘인) 건乾은 강건하여 쉬지 않으니 따라서 강건하고, (상괘인) 간艮은 흙이 돈후敦厚하기에 따라서 독실하다. 간艮은 산이고, 산의 재질을 갖고서 천광天光으로 비추기에, 따라서 (대축大畜괘는) 빛이 난다. 군자의 덕으로 이것을 상징하면, 날로 새롭고 또한 새로울 뿐이다. (대축大畜괘에서) 현인을 높이고 덕을 돕는다면, 기른 것이 아주 커지고 바름을 얻게 된다.

> (현인들은) "집에서 식사하지 않으니 길하다함"은, 현인들을 길러내는 것이다. "큰 내를 건너도 이로움"은, 자연[天]에 순응한 것이다.
> ["不家食吉," 養賢也. "利涉大川," 應乎天也.]

『예기禮記』에서 말한다. "임금을 섬기되, 대언大言이 들어오면 대리大利를 바라고, 소언小言이 들어오면 소리小利를 바란다. 그러므로 군자는 소언小言으로 대록大祿을 받지 않고, 대언大言으로 소록小祿을 받지 않는다. 『역易』(대축大畜괘)에서, '집에서 밥 먹지 않음이 길하다.'라고[6] 말했다." 정현鄭玄주注에서, '임금은 큰 축적이 있어서, 집에서 밥 먹는 것과 다를 뿐이니, 반드시 현자에게 녹祿을 주는 것이다.'라고 말했다. 현인에게 대소大小가 있으니, 녹봉에도 많고 적음이 있다.

여대림呂大臨(1044-1091)은 말한다. 이利가 천하에 미치고, 은택이 만세萬世에 미치는 것은 대리大利이다. 선善 하나로 나아가고, 관직의 일 하나를 다스리는 것은 소리小利이다.

유원劉沅은 말한다. 임금을 섬김에, 반드시 임금과 백성에게 이로움이 있음을 찾아야 하고, 아마도 녹을 받는 것을 부끄러워해야 한다. 『역易』(대축大畜괘 단彖전)에서, '집에서 밥 먹지 않으니 길함[不家食吉]'은, 녹祿을 받는 것이 영광이라는 것만은 아니다. 『맹자』에서, '가난하여 (관직을 갖되) 높은 자리는 사양하고 낮은데 앉으며, 후록厚祿은 거절하고 빈한한데 처한다.'라고[7] 말했으니, 이것이 그 뜻이다. '대언大言으로 소록小祿을 받지 않음'에는, 맹자가, '어디에 군자가 돈을 받고 매수하겠는가?'라고[8] 했으니, 그러므로 벼슬을 살되 바로 녹祿을 안 받고, 도道가 시행되지 못하면 몸을 깨끗이 하려고 떠난다는 뜻이다. '내를 건넘이 이롭다.'함은 65효에서 호체互體인 진震은 나무인데, (호체互體인) 태兌 못[澤]이 보태지니, 아래로 (하괘인) 건乾에 응하여, 하늘은 강역疆域이 없기에, 내를 건너면 아무리 먼 곳이라도 가보지 않은 곳이 없으니, 하늘의 강역 없음에 응한 것이다. 이것 또한 기름[畜]이 정점에 달하여 통하는 상이다.

상전에서 말한다. 하늘의 광명이 산속에 있는 것이, 대축大畜괘의 상象이다. 군자는 마음속에 옛사람들의 언행을 많이 간직하고, 그들의 덕을 길러준다.
[象曰: 天在山中, "大畜." 君子以多識前言往行, 以畜其德.[9]]

(정이의) 『이천역전伊川易傳』에서 말한다. (대축大畜괘에서) 사람의 쌓음[蘊蓄]은 배움에서 말미암아 커지니, 앞선 옛날 성현들의 말과 행동들을 많이 들어서, 흔적을 살피고 그 쓰임새를 관찰해야 하고, 말을 살펴서 그 마음을 찾아야 하며, 그 마음을 이해하고 얻어서 자기 덕을 기르고 이루어야 한다.

양시楊時(1053-1135)는 말한다. (대축大畜괘에서) '앞에 있던 말[前言]'과 '지나간 행동[往行]'들을 많이 이해하고, 그저 듣고 보는 것만이 아니고, 덕을 길러야 한다. (대축大畜괘에서) 덕을 기른다

---

6) '事君, 大言入則望大利, 小言入則望小利. 故君子不以小言受大祿, 不以大言受小祿. 『易』曰:「不家食吉.」', 『禮記正義』(『十三經注疏』整理本), 「表記」第三十二, 15冊, 1,738頁.

7) "爲貧者, 辭尊居卑, 辭富居貧.", 『孟子譯注』, 「萬章」下篇(1):5), 楊伯峻譯注, 상동, 243頁.

8) '焉有君子而可以貨取乎?', 『孟子譯注』, 「公孫丑」下篇(4:3), 楊伯峻譯注, 상동, 93頁.

9) 識은 마음속에 기록하는 것이고, 前言往行은 古人들의 言行이다. 高亨, 254頁.

면 기른 것이 크도다!

　장청자張淸子(13세기, 남송南宋학자)는 말한다. (대축大畜괘에서) 하늘이 산 가운데 있으니, 그 기氣를 기른다. 무릇 산속에 우레, 비, 바람, 구름의 기氣가 있으니, 모두 하늘이다. (고염무顧炎武[1613-1682]는 말한다. 장담張湛[4세기]주注『열자列子』에서, '땅위로부터 위로는 모두 하늘이다.'라고 말했다.)

　방공소方孔炤)(1590-1655)는 말한다. (대축大畜괘는) 산속에서 하늘을 보는 상象이니, 곧 실實한데서 빈 데[虛]를 알고자 하기에, 따라서 공자는 '깨닫다.[悟]'를 말하지 않고, 배움[學]을 말했다. (『공총자孔叢子』에서,) 자사子思가, '내가 일찍이 깊이 생각하였으나 아무 것도 얻지 못했고, 배워서 깨달았다.'라고[10) 말하였다. 이것이 많이 이해하여 덕을 기르는 학설이다.

　유원劉沅은 말한다. 덕은 하늘에 근본하고, '앞서한 말[前言]'과 '과거의 행위[往行]'는 모두 덕이 드러나 보이는 바이다. 많이 이해하고 길러주며 대덕大德을 키워서 이루면, 하늘의 성대盛大함과 같다.

　짱홍즈張洪之(1881-1969)는 말한다. (『논어論語』에서 말한,) '50살에 『역易』을 배우면 큰 잘못은 없을 것이고,'11) 반드시 분개하여 늙음도 잊으며, 신명을 다하고 변화를 알면, 비로소 지덕至德이 되는 것이다.

　● **나의 견해:** 『중용中庸』에서 군자는, "하늘에서 받은 '바른 도리[正理]'를 공경하여 받들고 학문을 강구講求하여 치지致知함"을12) 말했다. 덕성德性을 (하늘에서 받아) '바른 도리[正理]'를 공경하여 받드는 것은 빈 것을 들고서[虛懸] 어두운데서 얻는 것이 아니며, 반드시 학문에 연유하여 오는 것이기에, 허무한 경지에 떨어지는 폐단이 없어야 한다. 이것은 『대학大學』에서 말한, 명덕明德을 밝게 하여 반드시 '사물에 격식대로 지식을 모아서 기초를 세우는 것'이다.13) 공자는, '생각함은 무익하니, 배움만 못하다.'라고 하셨고; '나는 태어나면서 안 사람이 아니고, 옛 것을 좋아하여 재빨리 그것을 찾은 자이다.'라고14) 하셨다. 배움[學]은 언행言行을 많이 이해함에서 들어가고, 뚫고

---

10) '吾嘗深有思而莫之得也. 於學則寤焉.', 『孔叢子譯注』, 「雜訓」第六, 白冶鋼譯注, 上海: 上海三聯書店, 2014, 85頁.

11) '五十以學易, 可以無大過矣.', 『論語譯注』, 「述而」편(7:17), 楊伯峻譯注, 상동, 71頁.

12) '尊德性而道問學.'『中庸今註今譯』27장, 宋天正註譯, 상동, 55頁.

13) '欲明明德於天下者, … 先致其知, 致知在格物.', 『大學』首章 참조.

14) '以思, 無益, 不如學也.', 『論語譯注』, 「衛靈公」篇(15:31); '我非生而知之者, 好古, 敏以求之者也.', 「述而」

서 통해야 한다. 덕은 이렇게 길러져서 다시 하나로 귀결된다. 많이 이해하고 덕을 기르는 것이 곧 하나로 관통하는 뜻이다. 이렇게 자공子貢에게 알려준 것은, 많이 배우고 이해하라가 아니고, 또한 나아가서 덕을 키우라는 것이다.

초구효: (일이) 위험하니, (그것을) 그침이 이롭다.
[初九, 有厲, 利已.15)]

상에서 말한다. "(일이) 위험하면 정지시킴이 이로우니", 재앙을 안 당한다.
[象曰: "有厲利已," 不犯災也.]

왕필王弼(226-249)은 말한다. (초9효에서) 나아가면 위험이 있고, 그치면 (일을) 그침이 이롭다.

(주희의)『주역본의周易本義』에서 말한다. (하괘인) 건乾의 3양陽은 (상괘인) 간艮에 의해 그치는 바가 되니, 따라서 (대축大畜괘에서) 내외의 괘는 각각 자기 뜻을 취한 것이다.

유염兪琰(1253-1314)은 말한다. 수需䷄괘의 초9효는 어려움을 범하지 않았기에 감坎 물의 위험이라 하였는데, 이것(대축大畜괘 초9효)이 재앙을 범하지 않았음은 (상괘인) 간艮 산이 '막아준 것[阻]'이다.

하해何楷(1594-1645)는 말한다. (하괘인) 건乾의 초9효를 실행함에, 실행하나 이루어짐이 없으니, (초9효는) 바로 잠행潛行해야 하는 시기이다.

유원劉沅은 말한다. 초9효는, 64효가 양육함에 그치는 바가 되니, 펴질 수가 없어서, 가볍게 나아가면 위험하기에, 따라서 그침에서 이롭다. 다른 괘들은 상응相應을 상접相接으로 여기는데, 이 (대축大畜)괘는 상응을 서로 그침[相止]으로 여긴다. 어려움은 곧 재앙이니, 양육함에서 그치고 가지 않으면, (초9효는) 재앙을 범하지는 않는다.

마치창馬其昶은 말한다. 92, 93효는 모두 '수레를 (끄는) 말[輿馬]'을 기름이다. 초9효는 백성의 상이고, 나가는데 수레는 없고, 다만 걸을 뿐이다. 초9효가 64효에서 응하니, (상괘인) 간艮은 (호체互體인) 태兌 못[澤]과 교차하기에, 산천山川은 험난하여, 다녀도 도달할 수 없으니, 따라서 (초9효는,) '멈춤이 이롭다[利已].'

....

篇(7:20), 楊伯峻譯注, 168, 72頁.
15) 여厲는 위태함이다. 이已는 그침[止]이다. 高亨, 254頁.

구이효: 수레가 (몸체와) 차축車軸을 묶는 줄에서 벗어났다.

[九二, 輿說輹.16)]

상에서 말한다. "수레가 (차축과의) 연결선에서 벗어났다면", 정도正道에는 잘못이 없다.

[象曰: "輿說輹," 中無尤也.17)]

여대림呂大臨은 말한다. (92효에서 차축과의) 연결선이 벗어났다면, (수레를) 탈 수 없을 뿐이고 차체車體는 오히려 완정하다. (92효에는) 강강剛이 가운데[中]에 있으니, 스스로는 온전한데 (수레는) 나아갈 수는 없다.

소식蘇軾(1037-1101)은 말한다. 소축小畜䷈괘에서 (차축과의) 연결선을 벗어났다면, 할 수 없기에, 따라서 부부夫婦가 반목한다. 대축大畜괘(92효)에서는, 그 마음이 바라는 바이기에, 따라서 '정도正道에는 잘못이 없다[中无尤].'

심해沈該(12세기, 남송南宋 역학자)는 말한다. 92효는 임금[上]을 싣고 있는 재주이니, '나아가기 어려움[難進]'의 뜻을 지키고, 중中을 지키며 자기 분수에 편안히 하는 자이다.

이간李簡(?-631)은 말한다. 초9효는 그침에서 이롭다. 92효는 그침에서 편안하다.

유원劉沅은 말한다. (하괘인) 건乾은 둥글음[圜]이고, 교차하는 곤坤은 수레이고. 중효中爻[互體]인 태兌는 (차축과의) 연결선이 벗어난 상이다. 복輹은 차상車箱의 저판底板과 차축을 연결하여 바퀴를 받드는 것이다. (리스전李士鉁은 말한다. 복輹은 수레의 아래를 묶음이다.) 수레를 타고 가는데, 중도에서 (차축과의) 연결선이 빠지면, 잠시 앞으로 나아가지 못하니, 서로 부지하여 움직여야 하기에, 조급해서는 안 된다. 대축大畜괘 초9, 92효는 소축小畜괘와 같으니, 모두 음陰을 길러서 받는 것이 아니기에, 따라서 나아갈 수가 없다. 그러나 복輹(연결 줄)과 복輻(바퀴살)은 다르고, 바퀴살이 탈락했으면 그 탈락이 엄중하기에, 차바퀴가 흩어져서 (수레가) 갈 수 없으나; 연결선[輹]의 탈락은 그 탈락이 경미하여, 수레가 잠시 멈추고 곧 갈 수 있다. 92효는 강중剛中이라 덕을 가지며 스스로 정지하고, 그러므로 망령되이 나아가는 허물도 없다.

마치창馬其昶은 말한다. 내괘[乾]가 덕을 기르는 일은, 단象전의 이른바 '강건함에 머무를 수 있으니, 대정大正'이다. 초9효에서 재앙을 범하지 않음은 지자知者가 인仁을 이로움[利]으로 보는 것이다. 92효의 '중中에는 허물이 없음'은, 인자仁者가 인仁에 편안함이다. 인仁하고 지혜[知]로써 덕

---

16) 여輿는 수레[車]이다. 說은 탈脫로 읽는다. 복輹은 수레의 몸체와 차축車軸을 서로 묶는 밧줄이다. 高亨, 255頁.

17) 中은 正이고, 우尤는 過失이다. 高亨, 상동.

을 키우는 것이 큰 것이다.

● **나의 견해**: (92효는) 자기를 바르게 하고 남에게서 찾지 않으니, '기름에 그치는 뜻'을 지키고, 그 밖의 것은 바라지 않는다. (92효는) 가운데[中]에 건전한 덕이 있으니, 원망하고 허물할 데가 없다. 『노자老子』에서, '30개 바퀴살이 하나의 바퀴통에 집중하나, 바퀴통의 빈 곳[無]이 수레에 쓰임이 있다.'라고[18] 말하였다. 유원劉沅은 복輹[연결 줄]과 복輻[바퀴살]을 2로 나누어서 말했으니, 주의함이 적절하다.

> **구삼효**: 좋은 말로 추격하니, 4필의 말들이 훈련을 받았고 수레가 좋으니, 앞으로 나아가면 이롭다.
> [九三, 良馬逐, 日閑輿衛,[19] 利有攸往.]
> **상에서 말한다.** "나아감에 이로움"은, 바라는 바와 부합됨을 높인 것이다.
> [象曰: "利有攸往," 上合志也.[20]]

정현鄭玄은 말한다. (93효에서) 축축逐逐(나의 견해: 정현鄭玄본本에는 축逐자가 겹친다.)은 2말이 달림이다. 한閑은 배움[習]이니, 매일 병거兵車와 보졸步卒들을 연습시킨다.

우번虞翻(164-233)은 말한다. (하괘인) 건乾은 좋은 말이고, (호체互體인) 진震은 경계하고 보위함이고, 무사武事를 강습하고 병기兵器를 익히니, 따라서 (93효에서) '매일 배우고 무거武車가 보호된다.'라고 말한 것이다.

왕필王弼이 말한다. 사물은 정점이 되면 돌아오고, 양육[畜]이 정점에 달하면 통한다. 93효는, 하늘이 '복을 내려 보호함[福佑]'의 형통함에 처하여, 큰 길이 크게 통하니, 말을 빨리 달려서 (현인들을) '임직任職에 청[聘請]할' 수 있다.

장준張浚(1097-1164)은 말한다. 93효의 호체互體인 진震은 몸이고, (상괘인) 간艮 산이 앞에 있으니, 그 활동은 어려우나, (93효는) 위와 덕을 함께 하니, 나아가면 반드시 뜻을 합하게 된다.

(주희의)『주역본의周易本義』에서 말한다. 93효는 강건함의 정점에 있으니, 위로 양육養育의 정점에 있으며, 매우 통하는 때[時]이다. 또한 모두 양효陽爻이기에, 따라서 서로 길러주지 않아도

---

18) '三十輻共一轂, 當其無, 有車之用.',『老子繹讀』11章, 任繼愈著, 상동, 23頁.

19) 일日은 마땅히 四로 보아야 한다. 四는 駟의 가차이다. 한閑은 習이니, 훈련을 받음이다. 高亨, 255, 256頁.

20) 上은 尙이고, 合志는 바라는 바와 부합함이다. 高亨, 상동.

모두 함께 나아간다.

항안세項安世(1129-1208)는 말한다. (93효는) '수레와 위사衛士[輿衛]'이니, 3양陽 모두를 싣고서 '위로 나아감[上進]'을 총체적으로 가리킨 것이다.

심기원沈起元(1685-1763)은 말한다. 소축小畜괘䷈의 위[上]는, 비록 양효이나 (상괘인) 손巽은 음이기에, 음덕陰德이 바야흐로 왕성하다. 대축괘䷙의 위[上]는, (상괘인) 간艮은 양陽이기에, 따라서 건乾과 뜻을 합한다.

유원劉沅은 말한다. 93효와 상9효는 도道가 같은데, (93효는) 초9, 92효를 이끌어 함께 나아가니, '좋은 말[良馬]'이 서로 좇아감과 같다. 그러나 (93효가) 64와 65효에서 막히기에, 따라서 어려움을 극복함에 이롭기 때문에, 마음을 바꿀 수는 없고; '올바름을 굳게 함[貞固]'에 이로우니, 빨리 뜻을 가질 수 없다. 초9효는 나아감을 고려하고, 92효는 나아가지 않음을 기뻐하며, 93효는 나아갈 수 있으나 또한 가볍게 나아감을 걱정하니, 군자의 나아가기 어려움 또한, 이와 같은 것이다.

리스전李士鉁은 말한다. 축逐은 (도망가는 적을) 좇아감이다. 93효의 호체인 진震은 놀라서 달아남이니, 상9효와 함께 하는 동류同類이고, 앞에서 그것을 끌어들이기에, 따라서 (93효는) 도망가는 것을 좇아감이다. (93효는) 간艮 산이 그것을 막으니, 망령스럽게 나아갈 수는 없다. 건乾은 수레[輿]가 되고, 93효는 인위人位이니, 보호함[衛]이다. 이離괘는 해[日]이고, (하괘인) 건乾이 또한 93효에 이르니 또한 종일이 되는데, 건乾은 두려워하기에 따라서 해[日]는 닫힌다[日閑].

마치창馬其昶은 말한다. 양陽이 양육되어 93효에 이르니 더불어 나아감이라할 수 있다. 수레의 호위를 보위함[閑輿衛]은 '말과 수레 모는 것을 배움'이다. (93효는) 가서 먼저 배우지 않으면, 기물器物을 몸에 감추는 것이니, 또한 양육[畜]의 뜻이다.

• **나의 견해**: 군자는 예禮로써 나아가고, 의義로써 물러나며, 3번 읍揖하고 나아가며, 한 번 고별하고 물러나니, 이것(93효)이 나아가기 어렵고 물러나기 쉬운 방도이다.

육사효: 송아지의 (뿔에) 가로 막대를 붙였으니, 크게 길하다.
[六四, 童牛之牿, 元吉.21)]
상에서 말한다. "64효가 크게 길함"은, 기쁨이다.
[象曰: "六四元吉," 有喜也.]

----

21) 동우童牛는 송아지이다. 之는 有와 같다. 곡牿은 소뿔에 붙인 횡목橫木(가로 막대)이다. 元은 大이다. 高亨, 256頁.

조열지晁說之(1059-1129)는 말한다. 『설문해자說文解字』(許愼撰)에서, '곡특牿은 우마牛馬의 우리이다.'22) (『상서尙書』의) 「주서周書」에는, 지금 '곡특牿'은23) 우마牛馬이다.

요배중姚配中(1792-1844)은 말한다. 예禮에 따르면, 하늘에 제사지내는[祀] 소는, 어린 소를 우리에 묶어두고, 석 달간 풀을 먹인다. 그러므로 송아지의 우리가 하늘에서 향기를 맡게 되면, 하늘이 도와주므로 따라서 (64효는) 크게 길하다.

유원劉沅은 말한다. 64효는 초9효에서 양陽을 기르는데, 처음은 길러짐에서 편안해하고, 그 기름이 수고롭지 않음을 기뻐한다.

리스전李士鉁은 말한다. 큰 이離괘는 소가 되고, (상괘인) 간艮괘는 어린 것인데, 딱딱한 막대를 소[牛]의 위[上]에 단 것이 곡특牿의 상이다. 곡특牿은 뿔에 앉힌 가로 막대이니, 횡목橫木을 깍은 것으로 (사람에게) 저촉되지 않게 함이다. 『주례周禮』의 「봉인封人」편에 의하면, '제사드림에 제사에 제물로 참여하는 소[牛牲]를 깨끗이 씻고, 소뿔에는 횡목橫木을 씌운다.'24) (『시詩』의) 「노송魯頌」에서, '가을에 상嘗제사를 올리고, 여름에는 소뿔에 가로 막대를 씌운다.'(라고25) 하였다.) 송아지 뿔에 가로 막대는 그의 순일純一한 성품을 양육하는 이유이니, 하늘에 제사하기 때문이다. (나의 견해: '예禮에서, 하늘에 제사하는 일을 말하는데, 제물로 송아지를 씀은, 정성[誠]을 귀히 여긴 것이다. 지당止唐 유원劉沅은 이것을 해석하여, "(송아지는) 암수 컷의 정情을 아직 모르니, 이 순일純一한 성정은, 송아지를 길한 것으로 여긴다.'라고 말하였다.) 64효의 현자를 양육함은 그 순일純一한 덕을 기르는 이유이니, 하늘을 공경함이다. 『상서尙書』에서, '아아, 하느님을 존중하라!'하였으니,26) (64효는) 현인을 기르는 도道이다.

마치창馬其昶은 말한다. 양이 음에서 길러지면, 2음효는 모두 변할 수 없으니, 따라서 모두 그 (64)효를 받들고 있다. 64효는 건乾의 초9효에 응하고, 만물이 비롯되니, 따라서 크게 길하다. (『예기禮記』,) 「교특성郊特性」편에서, '만물은 하늘에 바탕 하여 살아간다.'라고27) 하니, 천지天地의 제사가 큰 것이니, 본원本源을 잊어서는 안 된다. 외괘外卦[艮]는 현인을 기르는 일이니, 단象전에서 말한 '집에서 밥을 먹지 않으니 길함'은 현자를 기름이다. 맹자는, '(그와) 함께 관위官位를

---

22) '牿, 牛馬牢也.', 『說文解字』, 牛部, 東漢 許愼著, 上冊, 상동, 99頁.

23) '傷牿.' 『今古文尙書全譯』, 「費誓」, 江灝, 錢宗武譯注, 상동, 454頁.

24) '凡祭祀, 飾其牛牲. 設其福衡.', 『周禮今註今譯』, 「地官司徒」第二, 林尹註譯, 상동, 124頁.

25) '秋而載嘗, 夏而福衡.', 『詩經譯注』, 「魯頌」, 「閟宮」, 袁梅著, 상동, 1032頁.

26) '籲俊尊上帝.', 『今古文尙書全譯』, 「立政」, 江灝, 錢宗武譯注, 상동, 374頁.

27) '萬物本乎天.' 『禮記今註今譯』, 第十一 「郊特性」, 上冊, 王夢鷗註譯, 상동, 342頁.

갖지 않고, (그와) 함께 정사政事를 다스리지 않고, (그와) 함께 봉록을 누리지 않았으니, 선비가 현자를 존경함은 왕공王公들이 현자를 높이는 것이 아니기에,'28) 따라서 제물[牲]을 기르는 것은 제사보다 중한 것이 없고, 현자를 기르자면 반드시 하늘에 천거해야 한다.

육오효: 거세된 돼지가 우리를 가지면, 길하다.

[六五, 豶豕之牙,29) 吉.]

상에서 말한다. "65효"의 "길함"은, 기쁨이다.

[象曰: "六五"之"吉," 有慶也.]

항안세項安世는 말한다. 아牙는, (육전陸佃[1042-1102]이 지은) 『비아埤雅』에 의하면, 나무말뚝에 돼지[豕]를 붙잡아맴이다.30)

하해何楷는 말한다. 『이아爾雅』에서, '시자豕子는 돼지이다. 불깐 돼지[豭, 豶]이다.'라고31) 말한다. '불깐 돼지[분豶]'는 돼지새끼[豕子]이다. (나의 견해: 일설一說에 따르면, 거세去勢가 '분豶'이니, 조급하게 활동하지 않는다.'라고 말한다.)

서문정徐文靖(1667-1756)은 말한다. (양웅楊雄의) 『방언方言』에 의하면, 발해渤海와 태산泰山 사이에서 돼지를 묶는 말뚝을 아牙라고 한다.

유원劉沅은 말한다. (65효에는 호체互體인) 진震은 신속함이니, 따라서 돼지(豕)의 상이 있다. 92효가 바야흐로 왕성함에, 65효는 유중柔中으로 양육하니, 엄한 법이 없다. 돼지를 금하는데 엄혹하지 않으면 서로 제압하는 혐의가 없게 되니, 서로 용납하는 아름다움이 있기에, 따라서 기쁘다. 희喜는 자기 하나를 말한 것이나, 경慶은 남과 자기를 겸하여 말한 것이니, 두(92, 65)효는 양陽을 기르는 주인이다.

요배중姚配中은 말한다. (65효는) 또한 제사를 말하니, (가축을) '기름[畜]'에는 큰 것으로 제사를 넘어서는 것은 없으니, 이른바 (65효는) 살찌고 튼튼한 놈이다.

리스전李士鉁은 말한다. 아牙는 호互와 통하니, 호互 또한 소뿔에 끼우는 나무막대[복형楅衡]에

---

28) '不與共天位也, 不與治天職也, 不與食天祿也, 士之尊賢者也, 非王公之尊賢也.', 『孟子譯注』「萬章」下篇 (10:3), 楊伯峻譯注, 상동, 237頁.

29) 분豶은 돼지의 생식기를 제거함이다. 之는 有와 같다. 아牙는 호枑(우리)의 가차이다. 高亨, 256頁.

30) '以杙繫豕也.', 『埤雅』卷六, 「豕」, 宋 陸佃撰, 電子版文淵閣四庫全書, 上海人民出版社, 1999 참조.

31) '豕子, 猪. 豯, 豶.', 『爾雅』, 「釋獸」第十八, 管錫華譯注, 상동, 638頁.

속한다. 『주례周禮』의 「우인牛人」편에서, '무릇 제사에는, 희생된 소의 고기를 들어 올리는 시렁을 공급한다.'라고[32] 했다. (65효에서) 거세된 돼지를 나무막대에 끼움은 또한 제물을 길러서 제사에 바침이다.

마치창馬其昶은 말한다. 64효는 초9효의 (소뿔에 끼운) 가로막대가 되고, 65효는 92효의 막대가 되니, 거세된 돼지를 여러 제사에 공급하는데 쓰인다. (『주례』의) 「지관地官」편에서, '제사의 제물을 나눠주기 전에, 국문國門에서 (짐승을) 묶어놓고 그것들을 키운다.'라고[33] 말했으니, 이것이다. 말[馬]은 양물陽物이어서, 양효에서 말한다. 소와 돼지는 음물陰物이니, 음효에서 말한다. '경사스러움[喜慶]'은 모두 제사에서 복을 받는 말이니, 64효에서 기쁨이 오로지함[專]이었다면, 65효에서는 기쁨[慶]이 넓은 것이다.

상구효: 하늘의 비호를 받으니, 형통하다.

[上九, 何天之衢,[34] 亨.]

상에서 말한다. "하늘의 비호를 받음"은 도가 크게 실행됨이다.

[象曰: "何天之衢," 道大行也.]

마융馬融(79-166)은 말한다. 사방으로 도달할 수 있으면 구衢(네거리)이다.

우번虞翻은 말한다. (상9효에서) 하何는 당當(당하다)이다.

장준張浚은 말한다. (호체互體인) 진震은 큰 길이니 구衢이다.

(정이의) 『이천역전伊川易傳』에서 말한다. (상9효에서) 임의로 통행할 수 있는 광활한 하늘[天衢]은 허공중에 있으니, 운무雲霧와 새[鳥]들이 왕래함이 형통하고, 크고 넓어서 막힘이 없다.

왕종전王宗傳(12세기, 남송南宋시대 역학자)은 말한다. 상9효는 현인을 기르는 때를 당하여, 65효가 올려다보는 바이다. 현인들이 벼슬할 기회를 주장하는데, 현인들이 뜻을 얻은 것이기에, 이보다 왕성할 수 없다.

조여매趙汝楳(13세기, 남송南宋시대 역학자)는 말한다. (상9효에서) 멈춘 뒤에 행하니 행동은 반드시 통하고, 양육하여 쓰니 (상9효에서) 쓰임은 반드시 성공한다. (상9효에서) 하늘의 거리를

---

32) '牛人: 凡祭祀, 共其牛牲之互.', 『周禮今註今譯』, 「地官司徒」第二, 林尹註譯, 상동, 128頁.

33) '凡散祭祀之牲, 繫于國門, 便養之.', 『周禮今註今譯』, 「地官司徒」第二, 林尹註譯, 상동, 129頁.

34) 하何는 하荷로 읽으니, 담擔(짊어짐)이나, 받음[受]이다. 구衢는 휴庥로 읽으니, 비음庇蔭(비호)이다. 형亨은 通이다. 高亨, 257頁.

말 달리듯 빨리 지나가니, 경계도 없고 끝도 없으니, 다만 바라는 바대로 이다. 현자들은 조정을 현양하고 수립하니, 언론은 먹혀들고 계획은 따르게 되니, (상9효에서) 적합하지 않은 것이 없다. 왕성하게 통하니, 어떻게 이것을 더 보탤 수 있겠는가!

유원劉沅은 말한다. (대축大畜)괘는 (상괘인) 간艮(멈춤)을 취하여 양육한다. 65효는 음으로 양을 기르니, 기름의 주인이 되며; 상9효의 양덕陽德은 65효 위에 있으니, 65효의 숭상하는 바가 되는데, 단象전에서 말하는, 강剛이 위에서 현인들을 높이는 것이다. 하何는 하荷와 통하니, 『시詩』에서, '하늘의 은총을 받는다.'라고[35] 말한다. 상9효가 양육養育의 정점에서 통하고 65효의 은총을 받으며, 현자가 벼슬 사는 길이 크게 통하니, (상9효에서) 도道는 행해지지 않음이 없다.

마치창馬其昶은 말한다. (상괘인) 건乾은 하늘이 광활하여 임의로 통행할 수 있는데, 상9효는 일양一陽이 위에 있으므로, 임의로 통행할 수 있는 광활한 하늘을 지고 있다.

(유원의 『주역항해周易恒解』의) 『부해附解』에서 말한다. 본괘의 4양陽은 모두 현인이다. 하괘 [乾]는 스스로 기름[畜]을 취했으니, 자중自重하며, 가볍게 나가는 것을 미美로 여기지 않는다. 상괘[艮]는 자기가 그것을 기름을 취했으니, 서로를 길러주며 방해가 없음을 귀貴하게 여긴다. 임금이 현자를 기름에는 한 방면이 아니니, 어려서 복습하고, 커서 교훈을 받고, 양육을 받아 변화하고, 배움이 이루어져 우수하면 녹祿을 받게 되며, 덕이 커서 제왕帝王을 보필하고 왕실자제를 가르치는 사보師保로 높게 되니, 현자를 기르는 도道가 아닌 것이 없다.

● **나의 견해**: 소축小畜괘▤는 일음一陰이 신하의 자리에 있으며, 여러 양들을 양육함에서 그치니, 이는 신하가 임금을 기르는 것으로, 날로 건양乾陽의 도道에 나아가며, 문덕文德의 미美로써 임금을 양육한다. 대축大畜괘는 일양一陽이 위에 있으며 2음의 양육에 머무름을 받으니, 이는 임금이 현인을 기르는 것이고, 날로 건강乾剛으로 달려가는 상이니, 날로 덕을 새롭게 하여 현인을 기름이다. 덕은 하늘에 응하기에, 따라서 현인의 도道가 크게 행해지며 광활한 하늘을 예시함으로 끝내니, 그 도道가 크게 빛날 것이로다!

---

35) '何天之寵.', 『詩經譯注』, 「商頌」, 「長髪」, 袁梅著, 상동, 1,045頁.

27. 이頤괘 ䷚

이頤괘: 바르니 길하다. 뺨 속에 (있는 먹을 것을) 살펴보니, (잘록하기에) 스스로 입 속에 먹을 음식물을 찾아야 한다.
[頤: 貞吉. 觀頤, 自求口實.[1)]]

정현鄭玄(127-200)은 말한다. (이頤는) 잇몸과 하악골의 이름(名)이다. (하괘인) 진震이 아래에서 활동하는데, (상괘인) 간艮은 위에서 정지하고; 입은 움직이며, 위에서 음식물을 씹어서 사람을 양육하니, 따라서 뺨[頤]이라 말한다. 이頤는 양육이니, 관이觀頤는 현인과 못난이를 양육함을 봄[觀]이다. 뺨 속의 음식물이 구실口實이니, 62효에서 65효에 이르기까지, (호체互體인) 2개의 곤坤이 있으니, 곤坤은 양육할 수 있는 물건을 싣고 있는데, 사람이 먹는 것들이 모두 존재한다. 먹을 수 있는 것들을 찾는 것을 관찰하면, 욕심을 내는지 청렴한지를 구별할 수 있다.

유원劉沅(1767-1855)은 말한다. (이頤괘의) 괘체卦體는 산 아래에서 진震 우레가 (들리니), 뿌리가 생겨나기에, 기름[養]의 상이다. (이頤괘는) 위는 정지하고 아래는 활동하니, 뺨(頤)과 아래턱(頷)의 상이다. (이頤)괘의 형태로 말하면 안에는 2음이 초9효의 양과 함께 활동을 이루고, 밖은 2음이 위의 양과 함께 멈춤을 이루니, 몸을 합치면 뺨이다. 「서괘序卦」전에서, '무엇이 쌓인 다음에 기를 수 있으니, 따라서 이頤괘로써 받았다.'라고[2)] 하였다. (크게 괘卦전체를 보는) '대상大象'에서는, (이頤괘에서) 이離가 눈[目]이 되기에, 따라서 관찰이며, 양육함이 선善한지 아닌지의 까닭을 스스로 고찰하는 것이다.

리스전李士鉁(1851-1926)은 말한다. (이頤는) 위는 덮고 아래는 받드니, 위턱(上頷)과 뺨(面頰)을 상징한다. (이頤괘의) 중간에 4획은 여러 이빨[衆齒]들을 상징한다.

마치창馬其昶(1855-1930)은 말한다. 이頤괘는 바르니 길함[貞吉], 이것은 스스로를 기름[自養]을 논한 것이다. '뺨을 관찰하여, 입에 (채울) 음식물을 스스로 구함[觀頤, 自求口實.]', 이것은 사람을

---

1) 이頤는 뺨(腮)이다. 口實은 뺨 속에 먹을 것이다. 高亨, 259頁.
2) '物畜然後可養, 故受之以頤.', 「序卦」傳, 高亨, 647頁.

기르는 도道를 논한 것이다.

단전에서 말한다. 이頤괘는 "정도正道에서 길"하니, '바름[正, 正道]'을 길러내면 길하다.
[象曰: 頤貞吉, 養正則吉也.]

송충宋衷(?-219, 동한東漢의 역학자)은 말한다. 이頤괘는 음식으로 자신을 기름이다. 군자는 '고기를 썬 것이 바르지 않으면 먹지를 않는데[割不正不食]',[3] 하물며 (이頤괘에서) 먹지를 않겠는가! (나의 견해: 鄕黨[家鄕]에서 '먹지 않는 것[不食]'이 여러 가지인데, 모두 그들의 먹을거리가 아니다.)

요신姚信(3세기, 삼국三國시대 역학자)은 말한다. (이頤괘는) 양陽으로 음陰을 기르니, 아래에서 활동하고 위에서 멈춤이기에, (상하괘가) 각각 그 바름을 얻었으니, (이頤괘는) 길하다.

유원劉沅은 말한다. 몸을 기르되 바르지 않으니, 음식을 만드는 사람이고; 현자를 기르되 바르지 않으면, 죽[餗]을 쏟아버리는 흉함이 있다. 성인은 천하에서 (백성을) 기르지 않을 수 없음을 알고, 또한 사람들이 기름[養]의 바름[正]을 잃어버릴까를 염려하기에, 따라서 (이頤괘에서) 기름의 도道를 자세히 보이고 극찬하니, 천지天地에서 성인, 백성, 만물이 길러지고 있는 곳 아닌 데가 없다.

리스전李士鉁은 말한다. 민생은 힘을 다하기에, 따라서 힘을 다하는 것이 '기르는 도[養道]'의 시작이다. 수고를 하면 쉬게 되니, 따라서 멈추는 것이 기르는 도道의 끝이다. 만물은 (하괘인) 진震에서 나와서, (상괘인) 간艮에서 이루어지는데, 사람의 시작과 끝을 생기게 하니, 곧 기르는 도[養道]의 처음과 끝이다. (이頤괘에서) 시작은 활동이고 끝은 정지이며, 바른 인도人道는 밖은 양이고 속은 음이니, 천도天道가 바름[正]이다. 사람은 중정中正을 받고서 생겨나니, 기름이 바르지 않으면 기르는 것을 잃게 되기에, 따라서 (이頤괘에서) 기르는 도道는 반드시 바름을 귀하게 본다. (나의 견해: 활동이란 지나친 정지의 곤란을 소생케 하는 것이고, 멈춤이란 지나친 활동의 궁박함을 구제하는 것이니, 서로 필요로 하여 쓰이게 되며, 몸을 기르는 도道가 이에 그 바름을 얻게 된다.)

마치창馬其昶은 말한다. '이정길頤貞吉', 여기서 '이정頤貞'은 '이어진 문장[連文]'이고, 길吉 한 자가 구句가 되니, 보통 '정길貞吉'의 예와 다르기에, 따라서 (이頤괘의 단象)전에서 이 점을 펼쳐서 말한 것이다. '곤형정困亨貞, 대인길大人吉'과 같으니 '형정亨貞'은 '이어서 읽으면[連讀]' 안 되기에,

---

3) '割不正不食.'. 『論語』, 「鄕黨」篇 참조.

(단象)전에서 또한 특히 이것을 재차 말하였다.

"볼 속에 무엇을 씹는지 보는 것"은, 자기가 양육한 것을 관찰함이다.
["觀頤," 觀其所養也. "自求口實," 觀其自養也.]

리스전李士鉁은 말한다. 볼 속의 음식물은, 실로 몸을 기르는데, 볼[頤]은 이득 되는 바가 없기에, 따라서 사람을 기르는 상이다. 그러나 몸이 길러지면 볼 또한 길러지며, 남을 길러주면 또한 자신이 길러지는 것이기에, 따라서 (이頤괘는) 자신을 기르는 상을 가진다.

마치창馬其昶은 말한다. 볼[頤]을 관찰함은, 자기가 기른 사람이 어떠한지를 보는 것이다. 남을 앞으로 해서 또한 그 사람의 자양自養을 본다면, 그가 현자인지 불초자인지를 알게 될 것이다.

"스스로 자기 입속의 내용물을 찾는다는 것"은, 자기가 양육한 것을 관찰함이다. 하늘과 땅은 만물을 길러낸다. 성인은 현인 및 만민들을 길러낸다. 이頤괘에서는 시기[時], 그 뜻이 크구나!
[天地養萬物. 聖人養賢以及萬民. "頤"之時, 義大矣哉!]

왕부王符(83-170)는 말한다. 성인은 현인과 만민을 기름[養]을 본本으로 삼으니, 임금은 신하를 기반으로 하며, 그 다음에 높아지면 존승을 받을 수 있다. 말[馬]은 살찐 다음에 먼 데에 도달할 수 있다.

적현翟玄(5세기)은 말한다. 천지는 원기元氣로써 만물을 기르고, 성인은 정도正道로써 현인과 만민을 기른다.

이순신李舜臣(12세기, 남송南宋시대 역학자)은 말한다. 도의道義를 중시하는 양육은 입과 배를 다스리니, 이것이 양육의 큰 것이다. 입과 배의 양육을 급히 하고 도의를 가볍게 보면, 이것은 작은 것을 기르는 것이다. 대체大體를 기르면 대인大人이 되고, 소체小體를 기르면 소인이 된다.

항안세項安世(1129-1208)는 말한다. 초9와 상9효, 2양陽은 곧 상하 양괘의 주효主爻이다. (이頤괘에서) 만물은 (하괘인) 진震에서 시작하여 (상괘인) 간艮에서 끝나니, 천지가 만물을 기르는 공효는 이 2괘 안에서 끝나고 시작한다. 4계절[四時]에 8괘의 쓰임은 모두 이頤괘에 포괄되기에, 따라서 (64괘와 사시四時, 월령月令, 기후 등을 짝 지우는) 괘기卦氣는 중부中孚괘▤에서 시작하여 이頤괘▤에서 끝나니, 이 이頤괘가 크게 되는 이유이다.

혜동惠棟(1697-1758)은 말한다. 『주례周禮』, 「경대부卿大夫」에, '3년에 한번 (장군將軍에 다음가는) 대교大校들의 시합이 있었고, 인민의 덕행과 도예道藝를 조사했다.'라고[4] 했으니, 이것은 스스로를 기른 일을 관찰한 것이다. 백성들로 하여금 현인을 일으키게 하고, (그들을) 입조入朝시키어 다스리게 하였으니, 이것이 현능賢能한 자者를 양성하여 만민을 오래 다스리게 한 것이기에, (이頤괘에서) 이른바 현인과 백성을 기른 것이다.

리스전李士鈖은 말한다. (이頤괘에서) 봄여름에 활동하고, 가을겨울에 정지하니, 천지가 만물을 기르는 근거이다. 해가 나오니 활동하고, 해가 그치면 그치는 것은, 사람이 삶을 기르는 근거이다. (이頤괘는) 아래에서 활동하고 위에서 그치니, 낮은 자가 높은 이를 기르는 상이다. (이頤괘는) 활동으로 시작하고 멈춤으로 끝을 내니, 젊은이가 노인을 기르는 상이다.

상전에서 말한다. 산 아래에는 우레가 있음이 이頤괘이다. 군자는 (아랫사람들의) 말을 조심시키고, 음식을 절제하게 한다.

[象曰: 山下有雷, "頤."[5] 君子以愼言語, 節飮食.]

유표劉表(142-208)는 말한다. (이頤괘는) 산이 위에서 멈추고, 우레는 아래에서 활동하니, 이頤괘의 상이다.

공영달孔穎達(574-648)은 말한다. 선유先儒가 말했다. (나의 견해: 부현傅玄[217-278]의 말이다.) '화禍는 입에서 나오고, 환난은 입으로 들어가니, 따라서 보양保養함에 조심하여 조절해야 한다.' (짱홍즈張洪之[1881-1969]는, '말은 나오면 다시 들어갈 수 없고, 음식은 들어가면 다시 나올 수 없다. 그러므로 몽蒙괘의 바른 양육은 미미한 데를 살피고; 이頤괘의 바른 양육은 가까운 데를 우선한다.'라고 말한다.)

(장재의)『횡거역설橫渠易說』에서 말한다. (이頤괘는) 산 아래에 우레가 있으니 기름[畜養]의 상象이다.

(정이의)『이천역전伊川易傳』에서 말한다. (이頤괘는) 말을 신중히 하여 덕을 기르며, 음식을 절제하여 몸을 기른다. 천하에서, 무릇 정교政敎의 명령은 자신에서 나오니, 신중하면 실수가 없

---

4) '三年則大比, 考其德行道藝.',『周禮今註今譯』,「地官司徒」第二, 林尹註譯, 상동, 118頁.

5) 이頤괘는 상이 艮이니 山이고, 하는 震이니 雷(우레)이다. 괘상은 '山下有雷'(산 아래에 우레가 있음)이다. 이는 날씨가 온난하여, 만물을 양육할 시기이다. 이것이 이頤괘의 卦名이다. 山은 귀족에, 그리고 雷는 형벌에 비견된다. 귀족들이 윗자리에서 아래에 형벌을 내리니, (사람들은) 말을 신중하고, 음식을 절제하여, 失言이나 多欲으로 귀족의 형벌을 면해야할 것이니, 이는 養德하여 保身하는 도리이다. 高亨, 260頁.

다. 무릇 재물은 사람을 기름에 쓰이니, 그것을 절제하면 해침이 없다.

유원劉沅은 말한다. 제帝는 (하괘인) 진震에서 나오며, 만물은 기름을 얻어서 생겨난다. 이루어 짐이 (상괘인) 간艮이라 말함은, 만물은 길러져서 이루어짐을 얻는 것이다. 언어와 음식은 활동 [震]의 상이고; 신중히 절제하는 것은 그침[止]의 상이다.

짱훙즈張洪之(1881-1969)는 말한다. 왕연王衍(256-311)은 청담淸談으로 나라를 잘못되게 하였고, 하증何曾(199-279)은 돈 낭비하는 음식으로 상喪을 치렀는가? 모두 신중히 절제함을 모른 자들이다. 이 때문에 후직后稷의 묘廟에는 동상銅像이 있는데, 그 등[背]에 말을 새겨 넣었으니, '옛날에 신중히 사람을 말한 것은, 경계함이다!'이었다. 공자는 '소략한 반찬에 물을 마셨으나 즐거움이 그 안에 있었고,'[6] 안연顔淵은 '대 밥그릇에 표주박으로 물을 마셨으나 그 즐거움을 바꾸지 않았으니,'[7] 또한 입이나 배를 기르는 것은 마음을 기르는 것만 못하다고 본 것이다.

마치창馬其昶은 말한다. 우레에서 소리가 나가는 것[發聲]이나, 소리를 거둠은 모두 일정한 시간의 순서[時序]가 있으니, (이頤괘에서) 발發함으로써 말[言語]이 나가는 것을 상징하고, 거둠[收]으로써 음식이 들어오는 것을 상징한 것이다.

초구효: 너의 거북 (고기)를 버리고, 나의 '저민 고기[朶, 脔]' 봉양奉養을 보라함"이니, 흉하다.

[初九, 舍爾靈龜, 觀我朶頤,[8] 凶.]

상에서 말한다. "나의 '저민 고기[脔]' 봉양奉養을 보라함"도, 또한 (내가 그것을 먹을 수 없으니) 귀하다고 할 수 없다.

[象曰: "觀我朶頤," 亦不足貴也.]

정현鄭玄은 말한다. (초9효에서) 타朶는 활동이다.

왕필王弼(226-249)은 말한다. 몸을 편안히 하는 데는, 경쟁을 하지 않는 것 만한 것이 없고, 자기를 닦는 데는 자신을 보호하는 것 만한 것이 없으며, 도道를 지키면 복이 오고, 녹祿을 찾으면 욕辱이 오는데, (초9효에서는) 현인을 길러주는 세상에 살면서, 자기 경력을 바르게 하여 자기 덕

---

6) '子曰: "飯疏食飲水, … 樂亦在其中矣.",『論語』,「述而」篇(7:16) 참조.

7) '子曰: 賢哉, 回也! 一簞食, 一瓢飮, … 回也不改其樂.',『論語』,「雍也」篇(6:11) 참조.

8) 사舍는 사捨(버리다)의 가차이다. 영구靈龜는 거북의 일종으로, 그 甲(등딱지)는 복卜치기에 적합하며, 고기는 먹을 수 있다. 타朶는 전膞(저민 고기)의 가차이니, 연脔(저민 고기)이다. 이頤는 봉양奉養이다. 高亨, 261頁.

을 온전하게 할 수 없다면, 흉은 이보다 심할 수 없을 것을 (말한 것)이다.

이강李綱(1083-1140)은 말한다. 이頤괘, 손損괘, 익益괘는, 밖이 실하고 가운데는 비었으니, (초9효는) 이離괘의 몸을 갖기에, 따라서 (초9효는) 거북을 상징한다.

소식蘇軾(1037-1101)은 말한다. (초9효에서) 사람을 기르는 것이 양陽이고, 사람에 의해 갈러지는 것이 음陰이다.

항안세項安世(1129-1208)는 말한다. 상9효가 (이頤괘의) 괘주卦主이기에, 따라서 아我라 칭했고, 여러 음들이 나를 따라서 양육을 찾았으니, 자기가 있을 곳을 안정시킨 것이다. 초9효는 본래 찾는 바가 없으니, 또한 우러러 나(상9효)를 보며, (초9효는) 신령함이 있으나 스스로를 보위하지 못하고, 귀하나 자애自愛할 수 없으니, (초9효는) 자기 흉함이 적절하다.

왕종전王宗傳(12세기, 남송南宋시대 역학자)은 말한다. '너[爾]'는 초9효를 말하며, 아我는 상9효이다.

요배중姚配中(1792-1844)은 말한다. (초9효에서) 양은 귀하고 음은 천하니, 양이 활동하여 변화하기에, 따라서 (초9효는) 또한 귀貴할 수가 없다.

유원劉沅은 말한다. '큼[朶]'은 이離를 상징하기에, 따라서 거북이라 말했다. 거북은 음물陰物이나 양을 품고 있기에 '더러운 기를 토하고 신선한 기를 마시며[服氣]' 먹지는 않는다. 이 (초9)효에서는 일양一陽이 여러 음들 아래에서 엎드려있으니, 사람 몸에 덕을 기르고, 좋은 천성天性은 이와 같으니, 이것은 성분性分의 즐거움을 알리는 것이다. '너[爾]'는 초9효이고, 나我는 64효이니, 초9와 64효가 응하는데, 활동하여 밖을 흠모하기에, 64효가 초9효에 말하는 것으로 설정하였다. 타朶는 늘어트림[垂]이다. 육류肉類식품이 입을 즐겁게 하나, 의리義理가 마음을 기쁘게 하는 것만 못하다. '너의 거북(의 고기)를 버리고, 나의 저민 고기를 보라함'은 이른바 구복口腹의 해害를 심해心害로 여긴 것이니, 따라서 (초9효는) 흉한 것이다. '귀하게 볼만한 것이 없다[不足貴]'는 것은, 사람들이 '좋은 귀함[良貴]'을 알기를 바란 것을 말한 것이다.

리스전李士鉁은 말한다. 거북은 나쁜 기를 토하고 신선한 기를 흡입하며 먹지를 않으니, 세상에서 찾을 것이 없기에, 따라서 영험할 수 있다. 초9효는 (하괘인) 진震의 활동을 체험하니, 자양自養하지 않고, 남에게서 양육됨을 찾는데, 기호와 욕망이 깊으면 천기天機가 옅게 되고, 영명靈明한 미질美質을 잃게 된다. 타朶는 볼이 쳐져서 아래에서 움직이는 모양이다. 초9효가 상9효를 우러러 보는데, 구복口腹의 욕심을 탐하면, 본체의 총명함을 잃게 되기에, 따라서 (초9효는) 흉하다. (이頤)괘의 상괘[艮]는 그침이니 무욕无欲하나, 아래[震]는 활동이니 탐욕이 많기에, 따라서 하괘는 모두 흉하고, 상괘는 모두 길하니, 욕심을 좇는 자는 경계해야 할 것이다.

　　마치창馬其昶은 말한다. 이頤괘에는, '스스로 기름[自養],' '남을 길러줌[養人]', '남에 의한 길러짐을 기다림[待養於人]'의 세 뜻이 있다. 초9효의 양이 아래에 있으니, 마땅히 '스스로 기름[自養],'이고, 상9효는 위에 있으니, 마땅히 '남을 길러줌[養人]'이고, 4음효는 모두 '남에 의한 길러짐을 기다림[待養於人]'이다. (이頤괘의) 단象전에서, 「바름에서 길함[貞吉]」이니, 「바름[正]을 길음(養正)」에서, 이것은, '자양自養하는 도道,' '반드시 올바름으로써 스스로를 기름[自養]'과 '바름을 길음[養正]에는 반드시 고요함[靜]에 의지해야함'을 논한 것이다. 『맹자』에서, '마음을 기르는데 과욕寡欲보다 좋은 것이 없다.'라고[9] 했으니, 과욕이 고요함[靜]이다. 지금 초9효는 진震의 몸에 있으나, 망동妄動하여 자리를 잃었기에, 자양自養을 못하고, 남에게서 길러짐을 찾으니, 따라서 (초9효는) 흉하다.

• **나의 견해(1)**: '너의 거북(고기)를 버림', 이것(초9효)은, 자기 덕의 아름다움을 스스로 닦아서 온전하게 보전할 수 없음이다. (초9효에서) '나의 저민 고기 봉양奉養을 보라함', 이것도 고요함으로 몸을 편안하게 못하고, 활동하여 다투어서 녹祿을 구한다는 뜻이다. (초9효에서) 복福은 오지 않고 모욕이 오니, 따라서 (초9효는) 흉하다. 사람이 기갈飢渴의 해를 '마음의 해[心害]'로 여기지 않아야, 이에 (초9효는) 귀하게 된다.

• **나의 견해(2)**: 『노자老子』에서, '만족을 알아야 곤욕을 아니 당하고, 그칠 줄 알아야 위험하지 않다.'라고[10] 말했다. 초9효의 흉은 모욕이고 또한 위험하니, 그쳐서 족足함을 모르기에 말미암은 것이다. (초9효에서) 고유한 영성靈性을 잃어버리고, 밖에서 먹을 것[饌]을 찾음은, 흉함이 이보다 클 수가 없다.

> **육이효**: (임금이 방탕하여) 민중의 양육에서 정상의 도道를 어겼고 (폭정과 폭렴暴斂을 하니, 모두가 반항심이 있어서) 출정하면 흉하다.
> [六二, 顚頤拂經于丘頤,[11] 征凶.]

---

9) '養心莫善於寡欲.', 『孟子譯注』, 「盡心」下篇(14:35), 楊伯峻譯注, 상동, 339頁.

10) '知足不辱, 知止不殆.', 『老子繹讀』44章, 任繼愈著, 상동, 97, 98頁.

11) 전顚은 전塡(메우다)의 가차이니, 증가增加이니, 덧붙임이다. 이頤는 양養이다. 불拂은 위違이다. 경經은 상常이다. 拂經은 평상의 도道를 위반함이다. 『廣雅・釋詁』에 의하면, 구丘는 중衆이다. 丘民은 衆民이다. 丘頤는 중인衆人을 기름[養]이다. 高亨, 261-262頁; '弗經于丘頤'는, '정상의 도리를 위반하고 위를 향해서

464　『주역周易』의 학습과 해설

상에서 말한다. "육이효의 정벌이 흉할 것임"은, 그 행동이 법칙을 어겼기 때문이다.

[象曰: "六二征凶," 行失類也.12)]

유표劉表는 말한다. (62효의) 불불은 어기다(違)이다.

내지덕來知德(1525-1604)은 말한다. (62효의) 전顚은 정頂(정수리)이다. 64효를 관상觀賞함에 정수리와 볼이 길吉하여 위로 빛을 발하면, 정수리는 위가 밝음을 가리킨다.

유원劉沅은 말한다. 전顚은 상괘上卦를 말하고, 구丘는 상9효를 말한다. (하괘인) 진震은 다님 [行]이니, 62효가 초9효를 버리고 상9효에서 양육됨을 찾으나, 상9효는 그런 부류가 아니다.

리스전李士鉁은 말한다. (상괘인) 간艮은 산이니, (62효는) 언덕[丘]이 된다.

마치창馬其昶은 말한다. 『설문해자說文解字』(許愼撰)에 의하면, 하늘은 전顚(산정山頂)이다. 전顚은 정수리이다. '위에 있으면서 아래에 있는 것을 기름[顚頤]'은 상9효를 가리키고, '위에서 양육을 구함[丘頤]'은 초9효를 가리킨다. (이頤괘에서) 일양一陽이 땅 아래에 걸쳐있으니, (62효는) 언덕의 상이다. 상9효는 괘주卦主이니, 62, 64효는 상9효와 '돕거나 응함[比應]'의 뜻이 없기에, 따라서 62, 64효에는 모두 '위에서 아래에 있는 것을 기름[顚頤]'이 되니, 이 두 효는 또한 마땅히 위에서 길러주는 바 됨을 밝히고 있다. 또한 일상[經常]의 도道로써 말하면, 62와 65효는 모두 중中에 있고 할 바가 있으니, 지금은 상응하지 않으나 위에서 함께 길러지니, 일상과는 어긋나기에, 따라서 62, 65 두 효는 또한 일상에 맞지 않는다고 말한다. 그러나 65효는 길하고 62효는 흉한 것은, 65효는 이頤괘의 위[상9효]와 친하고, 62효는 초9효와 친하다. 길러짐[頤]을 당할 때에 여럿 효들은 모두 위에서 길러지고, 62효는 홀로 같은 몸[同體]이기 때문에, 초9효를 거절하고 가서 (같은 몸, 同體를) 찾을 수가 없으니, (62효는) 다니는데 부류를 잃었다고 말한다. 초9효는 양강陽剛의 재질로써 아래에서 망동하여, 이에 초택草澤에서는 영웅이 되나, 자기의 사사로운 혜택이 남들에게 충분히 미치기에, 성인聖人도, 62효가 '이끄는[引導] 바'를 잃을까를 두려워하기에, 그러므로 (62효에서) 깊이 경계를 하는 것이다.

육삼효: 사람을 양육하는 도道를 어겼으니, 10년간 거동해서는 안 되어, 이로울 바가 없다.

[六三, 拂頤,13) 貞凶, 十年勿用, 无攸利.]

양육을 구함'이다. 周振甫, 97頁, 주4 참조.

12) 類는 법칙이다. 高亨, 262頁.

13) 불불은 위違(어김)이다. 이頤는 길러줌[養]이다. 불이拂頤는 양인養人의 도를 위반함이다. 마땅히 기르지

상에서 말한다. "10년간 그런 행동을 하지 않음"은, 도리가 크게 잘못된 것이다.

[象曰: "十年勿用," 道大悖也.14)]

우번虞翻(164-233)은 말한다. (호체互體인) 곤坤은 10년이다.

왕필王弼은 말한다. (63효는) 부정不正함을 이행하여 위에서 길러지고, 아첨으로 위와 교제한다. 길러짐에 처하여 이런 행동 때문에 10년이면 버려지니, (63효는) 베풀어서 이로울 바가 없다.

왕부지王夫之(1619-1692)는 말한다. 『역易』에서 10년을 자주 말하니, 모두 끝내는 말이다. 서점筮占에서 10년 이후는 점치지 않으니, 『춘추春秋』전傳에서 이 때문에 '서점筮占은 짧고 거북(점)은 길다[長]'라고15) 말한다. 성인은 사람을 초월하는 것으로 끝나지 않고, (나의 견해: 하늘은 변하지 않으니 도道 또한 변하지 않는 것은 이理로써 말한 것이다. 길흉과 득실得失의 방술은 10년간 변하지 않는 일은 없는데, 사람들이 스스로 그렇게 한 것이니, 따라서 성인은 '사람을 초월하는 것으로 끝나지 않는다.'라고 말한다.) 천도天道는 10년에 한 번 변하니, 득실과 길흉은 변화에 통달하여, 백성들로 하여금 피로를 느끼지 않게 하니, 그 뜻이 깊도다! (63효에서) 서점筮占의 짧은 것이 거북(점)의 장구함보다 낫다.

유원劉沅은 말한다. 도道를 기름에는 고요함을 주主로 하니, 여러 효爻들은 모두 동체同體에서 길러짐을 찾는 것을 의義로 여긴다. 63효는 활동의 정점에 있으니, 기르는 도道에는 어그러지고, 초9효에서 길러짐을 찾지 않으며, 상9효에서 길러짐을 구하는데, 이頤괘의 정도正道에 크게 위배된다. 중간 효爻로 호체互體인 곤坤은 10년이다. 내씨來氏[來知德]는, '입의 용모는 그친다[口容止]. 따라서 아래의 3효는 활동에서 양육되나, 모두 흉하며, 위의 3효는 멈춤에서 길러지니 모두 길하다.'라고 말하는 것이다.

리스전李士鉁은 말한다. 63효는 중中도 아니고 정正도 아닌데, 상9효를 믿고서 홀로 그와 응하고, 그의 양육을 급하게 찾는다. 음은 양에 응함을 아름답게 여기는데, 유독 예豫괘[䷏]의 초6효와 이 (이頤괘 63)효만은 반대로 양陽에 응함으로써 흉하다. 길러짐을 찾는데 도道로써가 아니고, 음험하고 아첨을 받들며, 응하여 욕심을 이룬다면, (63효는) 반드시 흉할 것이다!

마치창馬其昶은 말한다. 이頤괘는 정도正道이면 길하다. 지금 63효는 중정中正하지 않은데, 위

말아야할 사람을 기르고, 마땅히 기를 사람을 기르지 않음이다. 高亨, 262頁.

14) 用은 행동이다. 패悖는 유謬(착오)이다. 高亨, 상동.

15) '筮短龜長.', 『左傳全譯』僖公四年, 王守謙 等譯注, 상동, 207頁.

의 기름을 얻었으니, 이는 소인들이 녹祿을 탐하는 자들이고, 이이頤괘의 '바르니 길함'에 어긋나기에, 따라서 (63효는) 흉하다. 상9효는 이이頤괘의 주인이기 때문에, 만민들이 모두 양육됨을 기다린다. 63효는 사적으로 응하여 은택을 독점하니, 옛 사람이 말하는 바, '아첨으로 독단하며 앞을 막아섬[揚竈]'이니, (나의 견해: 『한비자韓非子』에서, 미자하彌子瑕가 위衛나라 영공靈公의 은총을 받아, 나라를 전횡했다. 난장이가 영공靈公을 보고서, '꿈에 부뚜막을 봄은 임금을 보는 것인데, 부뚜막은 한 사람을 따듯하게 하니, 나중 사람들은 볼 수가 없게 됩니다. 지금 혹시 한 사람이 임금을 따듯하게 하는 것입니까?'라고 말하였다. 이 설명에 따르면 요행으로 아첨꾼이 임금의 밝음을 가림을 비유한 것이다.) (63효는) 이이頤의 도리에 크게 어그러짐이다. '십년동안 그런 행동을 하지 않았음'은, 임금을 경계시키는 말이다.

육사효: 사람의 양육을 증가시킴은 길한 것이다. 호랑이가 뚫어지게 쳐다보니, 그의 욕망이 급박한 것인데, 해로움은 없다.

[六四, 顚頤, 吉. 虎視耽耽, 其欲逐逐,[16] 无咎.]

상에서 말한다. "먹을 것을 채웠으니" "길함"은, 임금의 베풀음이 넓은 것이다.

[象曰: "顚頤"之"吉," 上施光也.[17]]

우번虞翻은 말한다. (이이頤괘에서 상괘인) 간艮은 호랑이이다.

설우薛虞(2세기, 동한東漢의 역학자)는 말한다. (64효에서) 축축逐逐은 빠름[速]이다.

오징吳澄(1249-1333)은 말한다. (64효에서) 안에서 스스로 길러지는 것은 거북 같은 것이 없고, 밖에서 길러짐을 구하는 것은 호랑이 같은 것이 없다.

장림臧琳(1650-1713)은 말한다. 옛날에는 유攸와 축逐은 소리가 같았다. 유표劉表(142-208)는 (이것을) 숙攸(빠름)으로 하였다. 『설문해자說文解字』(許慎撰)에 의하면, 숙攸은 빠름이다. 속速의 뜻[訓]과 합하니, 이利를 탐내면 빠르게 하려 한다. 『한서漢書』에서, 무제武帝는 "그가 '이利를 탐[㴷㴷]했다.'라고[18] 하니, 안사고顔師古가, '유유㴷㴷는 이利를 바라는 모양'이라 말했다.

혜사기惠士奇(1671-1741)는 말한다. 64효의 호시虎視는 위를 봄이다. 초9효의 '양육을 관찰함[觀頤]'도 또한 위를 봄이다. '볼로 먹을 것을 씹음[朶頤]'은 욕구에서 움직인 것이니, 이利를 얻으려

---

16) 전顚은 전塡의 가차이니, 증가이고, 첨添(보탬)이다. 이頤는 양養(기르다)이다. 高亨, 263頁.

17) 上은 임금[君上]이다. 光은 廣의 가차이다. 高亨, 상동.

18) '其欲㴷㴷.', 『漢書』, 「敍傳」第七十下, 班固撰, 十二冊 傳[六], 상동, 4,259頁.

고 급하면[逐逐] 그 욕구를 얻는다. 『관자管子』에서, '음식飮食이란, 즐거움을 현양하는 것이고, 백성들이 원하는 것이다.'라고[19] 말했다. 그들이 욕구하는 바를 충족해주면 그들을 쓸 수 있을 것이다.

유원劉沅은 말한다. (64효에서) 탐탐耽耽은, 보는 것이 가깝고, 뜻은 오로지함이다. 64효와 상9효는 동체同體이니, 위에서 양육함을 찾기에 따라서 길하고, 하괘인 진震의 활동과 연결되었으니 따라서 (64효는) 분망한 모습이다. 임금이 나를 길러줄 마음이 있은 후에 나를 찾으니, 따라서 (64효는) 그 빛을 받으니 길하다.

리스전李士鉁은 말한다. 64효는 음에 있으니 고요하고, (음의) 자리를 얻었으니 바르고, 간艮을 몸으로 하니 그침이다. (64효는) 초9효와 응하는데, 초9효는 기를 수 없으니, 따라서 양육함을 증가시켜서 임금에게서 양육을 찾는다. (이頤괘 전체에서) '크게 본 이離[大離]'는 봄[視]이고, 곤坤은 호랑이이고, 간艮은 산인데, 64효가 산 안에 있으니, 호랑이 상象을 갖는 것이다. 성인은 사람의 욕구를 금지하지 않고, 그것을 절제하니, 따라서 순자荀子는, '욕구에는 반드시 재물이 궁해서는 안 되고, 재물도 반드시 욕구에서 고갈되어서는 안 되기에, 이 둘은 서로 기다려서 증가해야 하는데, 이것이 예禮가 생겨나게 된 것이다.'라고[20] 말했다. 욕구가 방종하지 않게 길러지면, 어찌 허물할 수 있겠는가?

마치창馬其昶은 말하다. 곤坤은 여럿[衆]이고, 63, 64효는 인위人位이며, 호체互體인 곤坤이 겹치니, 만민의 상이다. 63효는 '자리[位]'가 합당하지 않으나, 중인衆人들이 못[澤] 같은 소인들에 집중하였기에, 따라서 (63효는) 흉하다. 64효는 자리에 합당하여 길하다. 탐耽은, 『설문해자說文解字』에 의하면, 보는 것은 가깝고 뜻은 먼 것이라고 말한다. (64효는) 위와 같은 몸이기에 따라서 보는 것이 가깝고, 분망하게 베풂을 찾으니 따라서 뜻은 멀리 간다. 임금과 백성은 본래 한 몸을 함께 하니, 그들이 시끄럽게 먹이를 찾는 것이고, 그들의 허물은 아니다. 임금이 혜택을 베풂에 광명이 넓게 퍼지면, 백성들은 그 삶에 편안히 한다. 가의賈誼(전200-전168)는, '천하가 시끄러운 것은 새로운 임금의 여건이다. 나를 안무하면 임금이 되고, 나를 박대하면 원수가 된다.'라고 말했다. 그러므로 고인古人들은 다분히 호랑이를 백성에게 비유하였다.

19) '飮食者也, 佟樂者也, 民之所願也.', 『管子校注』中冊, 「佟靡」篇, 黎翔鳳撰, 北京: 中華書局, 2004, 652頁.
20) '使欲必不窮乎物, 物必不屈於欲, 兩者相持而長, 是禮之所起也.', 『荀子簡釋』, 「禮論」, 梁啓雄著, 臺北: 木鐸出版社, 1983, 253頁.

● **나의 견해:** 『논어論語』에서, '부유함과 귀하게 됨은 사람들이 바라는 것'이라[21] 말했고, (『예기禮記』의)「예운禮運」편에서, '음식은 남녀男女의 일이니, (인류의) 기본욕구에서 나온 것이다.'라고[22] 말했다. 바라는 것은 양육을 얻음이고, 임금만이 그것을 베풀 수 있으니, 따라서 (64효는) 길하며 허물은 없다. (64효에서) 또한 호랑이도 자기를 기쁘게 함을 좋아하는 것과 같으니, 해를 끼치지 않으면 도리어 소용이 있게 될 것이다.

육오효: 평상의 도道를 위반하면, (본래 좋지 않으나, 그것을 빨리 고치고,) 바르게 거처하면 길하나, 큰 내를 건너는 일은 안 된다.
[六五, 拂經, 居貞吉,[23] 不可涉大川.]
상에서 말한다. "정도에 안주하니" "길함"이란, (신민들이) 순종하여 임금을 따름이다.
[象曰: "居貞"之"吉," 順以從上也.[24]]

왕필王弼(226-249)은 말한다. (65효에서) 아래에서 응함이 없으니 임금[上]과 친해지고, 따라서 정도正道를 지켜서 임금을 따를 수 있다.

(정이의) 『이천역전伊川易傳』에서 말한다. 임금이 강양剛陽한 현명함이 있으니, 반드시 신뢰를 위임함에 돈독하면, 자기 몸을 보익輔益하게 되고, 천하에 은택이 미칠 수 있다. (65효가) '바르게 거처하니 길함[居貞吉]'은 상9효의 현명함을 굳게 순종하여 천하를 양육할 수 있음을 말한다.

(주희의) 『주자어류朱子語類』에서 말한다. (65효가) '바르게 거처하니 길함[居貞吉]'은 (『상서尙書』의) '고요함을 쓰면 길함[用靜吉]'과[25] 같으니, 용用은 흉이다.

양만리楊萬里(1127-1206)는 말한다. 상9효의 자리는 신하이나 덕은 스승과 같으니, 65효가 바르고 굳건하게 순종하며, 천하는 스스로 양육됨을 얻는 셈이다. 이것은 참 성인께서 현자 및 만민을 기르는 일이다.

구부국邱富國(13세기, 남송南宋의 역학자)은 말한다. 예豫괘의 65효에서 기쁨[豫]을 말하지 않는 것은, 권한이 94효에 말미암기 때문이다. 이頤괘 65효가 양육[頤]을 말하지 않는 것은 권한이

---

21) '富與貴, 是人之所欲也.', 『論語譯注』, 「里仁」篇(4:5), 楊伯峻譯注, 상동, 36頁.
22) '飮食男女, 人之大欲存焉.'『禮記今註今譯』, 「禮運」篇, 王夢鷗註譯, 상동, 301頁.
23) 불拂은 어긋남[違]이고 경經은 常이다. 貞은 正이다. 高亨, 263頁.
24) 六五효는 음이고, 上九효는 양이니, 이는 柔가 剛에 순종, 즉 臣民들이 임금에게 복종하는 양상이다. 高亨, 264頁.
25) '用靜吉.', 『今古文尙書全譯』, 「洪範」篇, 江灝, 錢宗武譯注, 상동, 241頁.

상9효에서 말미암기 때문이다. 예豫괘의 65효는 유柔가 강剛을 올라탔으니, 따라서 정도正道여도 병[疾]을 바로[貞] 잡았는데; 이頤괘 65효는 유柔가 강剛을 받드니, 따라서 '바르게 거처함에서 길'[居貞吉]한 것이다.

유원劉沅은 말한다. 65효는 높은데 있으며 스스로를 기를 수 있는 것이다. 그러나 (64효는) 음유陰柔로 바르지 않기에, 사람을 양육할 재주가 없으니, 위에서 기름을 기다리는데, 임금이 신하에 의해, 길러짐을 기다리는 것이기에, 양육의 상리常理에 위배되는 것과 같다. 그러나 현인 및 백성을 양육하는데, 군도君道의 바름[正]으로 하기에, 따라서 (65효는) 순종하여 임금을 따르니, 바름을 지키면 길하다. 호체互體인 곤坤은 순종하는데, 변화된 손巽 또한 순종하니, 상9효의 현명함에 순종하여 천하를 기르니, 따라서 (65효는) 길하다.

마치창馬其昶은 말한다. 65효는 양[상9효]을 받드니 순종한다. (65효는) '바름에 있으니 길함[居貞吉]'은 (호체互體인) 곤坤괘의 덕이다. (65효에서) 큰 내를 건널 수 없음은 건너지 않는 것으로 끝나지 않는다. 공손하며 겸손한 임금은 나라가 혼란을 겪은 뒤에 백성의 부담을 줄여주고 생활을 안정시키어 원기를 회복시키기에 힘쓰니, 심원한 모략에 힘쓰지 않고도, 저 스스로를 다한다.

• **나의 견해**: 65효가 길한 이유는, 비록 '정도正道에 있음[居貞]'이나, 더욱이 (65효는) 큰 내를 건널 수 없음, 즉 건너지 않음으로, (하괘인) 진震의 활동을 따르지 않고 (상괘)간艮의 멈춤을 지키니, 중中을 얻어서 현인을 양육할 수 있음이다.

> **상구효**: (임금이 신민臣民을) 보조하여 길러주면 위험을 (안정으로 바꿀 수 있으니) 길하다. 큰 내를 건넘이 이롭다.
> [上九, 由頤, 厲,26) 吉. 利涉大川.]
> **상에서 말한다.** "(임금이) 먹을 것을 보태주니, 위험한 일이나 길함"은, 크게 경사가 있음이다.
> [象曰: "由頤厲吉," 大有慶也.]

정현鄭玄은 말한다. (상9효에서) 임금은 사람을 얻는 것을 경사로 여긴다.

왕필王弼은 말한다. (상9효는) 양으로 위에 있으며, 4음을 밟았는데, 음은 홀로 주인이 될 수 없

---

26) 『廣雅 · 釋詁』에 의하면, 유由는 조助(돕다)이다. 이頤는 양육이다. 由頤는 보조하여 기름이다. '유이由頤여 길厲吉'은 임금이 신민臣民을 보조하여 길러주면, 臣民의 지지를 얻을 수 있어서, 위험을 극복하여 크게 길할 수 있음이다. 高亨, 264頁.

기에, 반드시 양에 근본 해야 하니, 따라서 (상9효에서) 양陽으로 말미암아 양육을 얻을 수밖에 없다.

(정이의)『이천역전伊川易傳』에서 말한다. (상9효는) 임금의 전권을 얻어서 책임이 무거운데, 천하의 어려움과 위험을 구제하지 못한다면, 어찌 신임을 받았다고 말할 수 있겠는가?

(주희의)『주역본의周易本義』에서 말한다. (상9효는) 자리[位]가 높고 임무가 중하니, 따라서 (상9효는) 위험하나 길하다. (상9효는) 양강陽剛으로 위에 있기에, 따라서 (상9효는) 내를 건넘이 이롭다.

유원劉沅은 말한다. 유由는 따름[從]이다. 천하에서 '기름[養]'은 모두 상9효를 따라서 길러짐이다. 위험[厲]은 임금이 알면서도 나에게 순종함이니, 권력이 높아서 급박해질까 두렵고; 백성이 나를 우러러보는데, 은택이 미치지 못하여, (임금은) 마음에 두려움이 있을까 두렵다. 임금과 백성이 모두 자기에게서 양육됨을 기다리기에, 따라서 (상9효에) 크게 경사가 있다고 말하는 것은, 임금의 뜻을 얻어서 시행함을 기뻐하는 것이고, 단지 스스로 기뻐할 것이 아니다.

마치창馬其昶은 말한다. 상9효가 (음의) 자리를 잃었기에 따라서 (상9효는) 위험하다. (상9효에) 크게 기쁜 일이 있다는 것은, 여러 음들이 모두 양陽에 의지해 구제를 받음이다. 임금은 무위無爲하고, 사람들에게 위임하여 다스린다.『상서尙書』에서, '만약 큰 내를 건너려는데, 너를 노[楫]로 만들겠다.'라고[27] 말했는데, 그러므로 65효는 (내를) 건널 수 없으나, 상9효는 이롭다. 음의 고요함[靜]과 양의 활동은 구별된다. (허신許愼의)『오경이의五經異義』에서 경방京房(전77-전37)을 인용하여, '신하의 활동은 임금을 기르는 것이니, 그 의리義理는 반드시 아래를 이롭게 함을 바람이다.'라고 말했으니, (이것은) 마땅히 이 (상9)효의 뜻을 설명한 것이다.

● **나의 견해:** 수需괘䷄에 기름[養]의 뜻이 있으니, (수需괘의) 상전象傳에서, '(군자는) 음식으로 안락 한다.'라고 말하고, 95 일효一爻가 길점吉占을 얻었고, 또한 현자 및 천하를 양육하는 뜻을 겸하여 가지고 있다. 이頤괘는 기름[養]의 뜻을 전적으로 밝히는데, 상전象傳에서, 언어言語와 음식을 말하고, 내內[震]괘의 3효가 모두 길점吉占이 없으며, 밖[艮]괘의 3효에 이르러 현인 및 만민을 기를 수 있고, 도를 얻어서 백성들과 함께 그것에 말미암으니, 모두 대길大吉을 획득한다. 축하할 일이며 크게 갖는 것이니, 관련된 것은 큰 것이다. 이履괘䷉는 위에서 크게 길한데, 크게 경사날 일이 있고, 이履의 정점에서 이履의 도가 이루어짐을 말하였고; 이頤괘는 위에서 위험한데

---

27) '若濟巨川, 用汝作舟楫.',『今古文尙書全譯』,「說命」上篇 , 江灝, 錢宗武譯注, 상동, 177頁.

길하니, 크게 경사날 일이 있는데, 이頤의 정점에서 이頤의 도가 이루어짐을 말했으니; 모두 천하의 큰 경사이다. 『노자老子』에서, '만족을 알면 곤욕을 안 만나고, 멈춤을 알면 위태롭지 않다.'라고[28] 말했으니, 무릇 욕보고 위태로운 것은 모두 그침과 만족을 모르기 때문이다. 고요함[靜]으로 움직임을 멈추며, 일단 길러짐을 스스로 얻었다면, 몸 및 천하를 기르는데, 천하의 사람들이 또한 나아가서 각자가 길러짐을 얻게 되니, 경사는 이보다 클 수가 없다.

---

28) '知足不辱, 知止不殆.', 『老子繹讀』44章 , 任繼愈著, 상동,97-98頁.

28. 대과大過괘 ䷛

대과大過괘, 용마루가 굽었으니, (그 집을) 떠나가면 이롭고, 형통할 것이다.
[大過, 棟橈,[1] 利有攸往, 亨.]

공영달孔穎達(574-648)은 말한다. (대과大過괘는) 4양陽이 가운데 있고, 2음陰이 밖에 있으니, 이는 양陽이 매우 과분한[본분을 넘어선] 것이다.

풍의馮椅(1140-1232)는 말한다. 『역易』의 (대과大過)괘에서 상하 획이 멈춰있고, 가운데서 나누어져 상반되는 상이니, 내외가 상응하지 않는 예例이기에, 이頤, 중부中孚, 소과小過괘가 모두 그러하다. 이 (대과大過)괘는 더욱 분명하다. 93, 94효가 대립이고, 92, 95효가 대립이고, 초6, 상6효가 대립이다.

유원劉沅(1767-1855)은 말한다. 큰 것은 양陽이니, 대과大過괘는 양이 음보다 과분하다, 4양괘가 또한 많으니, 이들이 가운데 서로 모여 있기에 지나치게 왕성하다. (대과大過괘는) 바탕을 습하게 하여 나무를 촉촉하게 하고, 이에 나무를 죽이기에 이르면, '큰 잘못[大過]'일 것이다. 대과大過는 과실이 큰 것과 큰 일[大事]의 '잘못[過]'이다. 성현의 도덕과 성과는 사람들보다 크게 지나치나, 도리[理]에서는 과실過失은 없다. 늘 볼 수 없는 것이기에, 따라서 대과大過라고 말한다. 「서괘序卦」전傳에, '이頤괘는 기름[養]이다. 길러주지 않으면 활동할 수 없으니, 따라서 이것을 대과大過괘로 받았다.'라고[2] 했다. 여러 효에서 양으로써 음(의 자리)에 있으면 모두 길하고, 양으로서 양(의 자리)에 있으면 모두 흉하니, 대장大壯괘䷡의 여러 효들이 뜻을 취한 것과 같다. 집의 등마루가 용마루[棟]이니, 서까래와 기와를 받치고 있고; 나무가 휜 것이 요橈이다. (64괘의 괘명卦名과

---

1) 大過는 괘명卦名이다. 동棟은 용마루이니, 동요棟橈는 용마루의 재료가 집의 덮개를 지지支持할만하지 못하고 구부러짐이다. 亨은 通이다. 용마루가 굽었으면, 집이 무너질 것이니, 집 만드는 이가 재목으로 쓸 수 없는 재목으로 용마루를 만든 것이니, 큰 일이 착오를 일으킨 것이기에, 그 집에 사는 사람은 그 집을 떠나야하기 때문에, 떠나면 이롭고, 형통해진다. 高亨, 267頁.
2) '頤者, 養也. 不養則不可動, 故受之以大過.', 「序卦」傳, 高亨, 647頁.

괘의卦義를 설명하는) 대상전大象傳에 따르면, (대과大過괘는) 감坎괘와 비슷한데, (대과大過괘의) 92, 95효는 가운데가 곧으니, 용마루의 상이다. 2음이 상하에 있으니, 감坎괘의 험한 함정과 교정矯正을 나타낸다. 또한 (대과大過)괘가 위[兌]는 결손缺損되어 있고 아래[巽]는 끊기었으니, 모두 굽은 상이다. 그러나 92, 95효는 중中을 얻었으며, 내괘는 손巽이고 외괘[兌]는 기쁨이니, 따라서 바르기에 이롭고 형통하다. 용마루가 휜 것은 괘상卦象이고, 가면 형통한 것은 (대과大過)괘의 덕과 재주이다.

왕인지王引之(1766-1834)는 말한다. 과過는 잘못[差]이나 과실過失이다. 92, 95효가 모두 양이니, 상응하지 않기에 서로 잃는다, 양효가 상실相失하니, 대과大過라고 말한다. 음효가 상실하면 소과小過라고 말한다. (양웅揚雄[전53-후18]의)『태현太玄』경經에서, '부당한 수령[差首]'이 있는데 소과小過괘를 상징하고, '수령을 상실함[失首]'이 대과大過괘를 상징한다.'(라고 말한다.)

리스전李士鉁(1851-1926)은 말한다. 비상非常한 일이 있은 다음에 비상의 결과가 있다. 호걸豪傑은 때[時]를 타고서 공명功名을 세우는데, 임무가 중할수록 재주가 더욱 나오며, 일이 어려울수록 공은 더욱 크다, 대과大過의 세상에 대과大過의 공功을 도모할 수는 없으나, 어려움을 두려워하고 편안해하면, 천하의 일은 장차 누구에게 맡길 것인가?

또 (리스전은) 말한다. (하괘인) 손巽은 나무이고, 또 바람이 만물을 휘게 한다. (상괘인) 태兌는 부러뜨림[毁折]인데, (대과大過괘의) 가운데 4양陽이 있고, 2음이 이들의 활동을 이기지 못하니, 따라서 (대과大過괘는) 휘는 것이다.

또 (리스전은) 말한다. 음이 양보다 많고, 65, 62효의 자리가 주인이 되니, 따라서 소과小過괘이다. 양이 음보다 많고, 92, 95효의 자리가 주인이 되니, 따라서 대과大過괘이다.

마치창馬其昶(1855-1930)은 말한다.『역易』의 괘명은 매번 수數의 뜻을 겸하는데, 초과[過越], 실도失度[過差], 과오過誤, 뜻은 각각 맞다. 다른 괘의 둘째, 다섯째 효는 응이 없는 것이 많은데, 여기서[대과大過괘]만은 홀로 양이 초과했거나 과실[差失]인 것이다.

단전에서 말한다. 대과大過괘는, 과오가 큰 것이다. "대들보가 휨"은, (초효와 상효가 음효이기 때문에) 근본과 끝이 약한 것이다. (92효가 음 자리에 있으니) '굳셈[剛]'이 잘못됐지만 가운데 자리에 있으니, 겸손[巽]하여 기쁨[兌]이 있어서, 행동할 수 있다. "앞으로 나가면 이롭고", 이에 "형통"한다. (그러므로) "대과大過"괘의 시기는 중대하다!
[象曰:「大過」, 大者過也. "棟橈," 本末弱也. 剛過而中, 巽而說, 行. "利有攸往," 乃"亨." "大過"之時, 大矣哉!]

정현鄭玄(127-200)은 말한다. (대과大過괘에는) 양효陽爻가 '지나치다[過].'

왕필王弼(226-249)은 말한다. (대과大過괘에서) 초6효는 근본이고, 상6효는 말末이다. 위태로우나 지지가 없으면, (대과大過괘는) 어디에 쓰일 수 있을까? 그러므로 (대과大過괘는) 가면 이에 형통하게 된다.

향수向秀(약227-272)는 말한다. (대과大過괘에서) 대들보가 휘어지면 집은 무너지니, 굽어지는 것은 초6, 상6 두 음효 때문이다.

양회楊繪(1027-1088)는 말한다. (대과大過괘에서) 의義라 말하지 않은 것은, '항상의 뜻[常義]'으로는 구속 받을 수 없다. 용用이라 말하지 않은 것은 비상非常함도 쓸 수 있음이다. 권변權變을 쓸 때는, 성패의 핵심이니, 머리털 하나도 들어갈 여유도 없기에, (대과大過괘는) 크다고 하지 않을 수 있는가!

양인梁寅(1303-1389)은 말한다. 이(대과大過괘)는 '지나치게 왕성[過盛]'하여 마땅히 무너질 때이니, 성인이 때에 맞지 않은 명령에 의탁하지 말고, (대과大過괘에는) 반드시 위험을 지탱해줄 도道를 가져야 한다.

심기원沈起元(1685-1763)은 말한다. (대과大過괘에서) 양은 음으로 집[宅]을 삼으니, 양이 과하게 왕성하면 음은 쇠한다. '집[宅]'이 수용할 수 없는데, 양이 어찌 의탁할 수 있겠는가? (대과大過괘는) 속히 구제받으면 이에 형통하니, 그러므로 대과大過괘는 죽은 괘가 된다. 사람이 죽으면, 모두 음에 의해 양이 부양될 수 없기 때문에, '강한 양[强陽]'은 '거리낌 없이 함부로 행동하게[放縱]' 되는 것이다.

유원劉沅은 말한다. 대과大過괘는 양이 지나치다. 약한 것은 음유陰柔이니, 94 양효는 양으로 가운데[中]에 있으니, 따라서 '양이 지나치다.[陽過]'라고 말한다. 가운데는 92, 95효이니, 내외內外괘의 중中이고; 93, 94효는 (대과大過)괘 전체의 중中이다. 사람은 대과大過괘의 때를 당하면, 비상한 대공大功을 세우고, 세속을 뛰어넘는 대덕大德을 이룬다. 그 때가 아니라면, 혹 그 때라도 그 덕과 재주가 없다면, 모두 대과大過괘에 핑계를 댈 수 없다. 대과大過는 지나친 것은 아니니, 대과大過괘의 때를 당하여, 보통사람이 미치지 못할 바를 '과한 것[過]'으로 여김이다. 요堯, 순舜임금은 선양禪讓을 했고, 탕湯, 무武왕은 정벌을 했고, 공자는 『춘추春秋』를 지었고, 맹자가 언변을 좋아한 것은, 모두 과한 것 같지만, 실제는 지나치지 않았다. 인仁이 성숙하고 의義가 정밀하지 않다면, 또한 대과大過괘의 때가 큼을 어찌 알 수 있겠는가?

마치창馬其昶은 말한다. (대과大過괘의) 초6효가 대들보를 바치고 있는 근거이고, 상6효는 대들보가 쓰러지는 근거이다.

리스전李士鉁은 말한다. 겸손[巽]할 수 있으며 기뻐하는 것이, 대과大過괘에 처하는 도道이다.

● **나의 견해**: 이윤伊尹, 주공周公, 제갈(양)諸葛(亮), (노魯) 선공宣公이 처한 시대에는, 모두 위험에 빠지는 고충을 유지하면서, 근신하여 진력하였으니, '크게 과한[大過]' 사람이 아니면, 누가 (그런 고초를) 감당할 수 있었을까? (대과大過괘는) 떠나가면 이롭고 이에 형통하게 되니, 전적으로 강중剛中을 믿고 겸손[巽]하게 시행하는 것이니, (대과大過괘에는) 때[時]의 뜻이 크도다!

상전에서 말한다. 연못에 나무배가 침몰[淹沒]된 것이, 대과大過괘이다. (그러나) 군자는 독립하여 두려워하지 않고, 세상에서 은둔하나 고민이 없다.

[象曰: 澤滅木, "大過." 君子以獨立不懼, 遯世無悶.]

이정조李鼎祚(8세기, 당唐의 역학자)는 말한다. 무릇 나무가 물 가까이에서 자라면, 버드나무[楊]이다. 못[澤]인 대과大過괘를 만나면, 나무는 거기에서 썩게 된다, 92, 95효는 마른 버드나무이니, 그 뜻이다,

(정이의)『이천역전伊川易傳』에서 말한다. 못[澤]은 나무를 습기지게 하고 길러주나, (지나치면) 나무를 썩어서 없어지게 함에 이르니, 매우 심한 경우이다, 군자는 대과大過괘의 상을 보고서, '크게 사람을 넘어서는[大過]' 행동을 세운다. 세상이 그를 비난해도 돌아보지 않으며, 세상에 숨어서 지식을 내보이지 않고 후회함도 없이, 이런 식으로 자신을 지킬 수 있으면, '크게 사람을 넘어설[大過] 수 있게 된다.

양시楊時(1053-1135)는 말한다. 못[澤]은 나무를 없앨 수 있으나, 나무의 곧기가 그대로이다. 군자는 이것을 체득했으니, 따라서 독립하여 두려워하지 않기에, 세상에 은둔하여 고민이 없다.

유원劉沅은 말한다. (대과大過괘는) 두려워하지 않음이니, 곤궁과 현달함을 겸하여 말한 것이고, 도리[理]를 지킴에 지극히 정밀하여, 그저 세속과 함께 하는 것이 아니다. 독립함은 손巽 나무를 상징하고 고민 없음은 태兌 기쁨을 상징한다,

초육효: (제사에) 깔개로 흰 띠[白茅]를 만들음이니, 허물이 없다.

[初六, 藉用白茅,3) 无咎.]

....

3) 자藉는 깔개이다. 백모白茅는 풀이름인데, 유연柔軟하고 결백潔白하다, 高亨, 269頁.

상에서 말한다. "흰 띠[茅]로 깔개[藉]를 만들음"은, (초6의 음효인) 부드러움이 (맨) 아래에 있는 것이다.

[象曰: "藉用白茅," 柔在下也.]

마융馬融(79-166)은 말한다. (초6효는) 아래에 있으니, '깔개[藉]'라고 말한다.

우번虞翻(164-233)은 말한다. (하괘인) 손巽은 부드럽고 흰색이니 띠(茅)이다.

오징吳澄(1249-1333)은 말한다. 옛날 제사 때 술의 찌꺼기를 없애고 (술잔을) 씻었고, 희생물을 올리고 기장[黍稷]을 올림에, 모두 띠[茅]로 자리를 만들었다.

왕준王駿(1세기, 동한東漢 역학자)이 말한다. 신하의 도道는 잘못을 고치어 자신을 새롭게 하고, 자기를 깨끗이 하여 임금을 받들고, 그런 다음에 (초6효는) 허물을 면한다.

후과侯果(侯行果, 8세기, 당唐나라 역학자)는 말한다. (초6효에서) 성의誠意로 몸을 깨끗이 하면, 비록 음식을 땅에 놓더라고, 올릴 수 있는데, 하물며 흰 띠로 깔개를 하다니? 지극히 신중한 것이니, (초6효에) 무슨 허물이 있겠는가?

호원胡瑗(993-1059)은 말한다. 일의 시작은 가볍고 쉽지 않다. 하물며 대과大過괘의 때라면, 그 일이 엄중하고, 더욱이 행함이 쉽지 않으니, (초6효에서는) 반드시 마땅히 과분하게 신중해야 한다.

양만리楊萬里(1127-1206)는 말한다. 군자는 마땅히 대과大過괘의 때에 아래에 있어야 하니, (초6효에서는) 순종하여 이어받고, 깨끗이 스스로 선善할 뿐이다. 곽임종郭林宗(郭泰, 128-169)은, '큰 집이 장차 무너지려함은, 나무 하나로 바칠 수 없다.'라고 말했다. 군소群小한 것들을 거역치 말고, 홀로 당화黨禍를 면하면, (초6효에서는) 허물은 없다.

유원劉沅은 말한다. (대과大過괘에는) 유柔[巽]는 아래에 있고, (호체互體인 건乾) 강剛이 위에 있다. 상6효가 4강剛을 받았으니, 따라서 '깔개[藉]'라고 말한다. (하괘인) 손巽은 음陰이고 나무[木]이니, 띠[茅]의 상이고; 또한 희니, 흰 띠[茅]의 상이다. (초6효는) 유柔를 잡고서 아래에 처했으니, 시작에 일을 신중히 하고, 강剛을 범하지 않았으니, 따라서 (초6효에서는) '탈이 없음[无咎]'이다.

리스전李士鉁은 말한다. 초6효는 아래에 있으면서 위를 받드니, 유柔로써 강剛을 받드는 것이고, 깔개에 하얀 띠를 쓰는 상이다. 띠[茅]는 자기 부드러움[柔]을 상징하고, 흼은 자기가 청결함을 상징한다. 띠[茅]는 작은 것이나, 귀중한 물건이니, 장차 땅에 놓더라도, 먼저 띠로 깔개로 하니, 훼손될 수 없고, 매우 조심해서 신중히 해야 한다. 그러므로 비록 자리를 잃었더라도, (초6효에서는) 허물이 없을 수 있다.

마치창馬其昶은 말한다. (대과大過)괘상卦象은 용마루가 흰 것이니, 92효의 양陽 때문에 일어난 것이고; 때[時]는 양陽이 지나침에 해당하니, 또한 활동하여 양을 변화함이 적절하지 않다. (초6)효의爻義가 허물을 면하기 어려울 것 같으나, 그러나 군자가 처하지 않을 수 없는 시위時位이니, 깔개에 흰 띠를 씀과 같은데, (초6효에) 무슨 허물이 있겠는가? 아래에서 약한 것은 초6효이니, 깔개를 만든 이도 또한 초6효라면, 왕준王駿(전1세기, 서한西漢시대)은 지나침[過]을 기쁨으로 고쳤다. 군자는 '크게 사람을 넘어서는[大過]' 행동을 가지기에, 반드시 삼가 신중함을 기반으로 해야 하니, 이것 또한 유柔를 씀에 잘 한 것이다.

구이효: 시든 버드나무에서 움이 나오는 것처럼, 늙은 남자가 소녀를 아내로 얻었으니, 이롭지 않음이 없다.

[九二, 枯楊生稊,[4] 老夫得其女妻, 无不利.]

상에서 말한다. "나이 많은 사내가 소녀를 아내로 삼았으니," 서로 배필이 된 것은 잘못이다.

[象曰: "老夫女妻," 過以相與也.[5]]

우번虞翻은 말한다. 제稊는 치穉(어린 것)이다. 손巽은 버드나무이고, 마른 버드나무가 태兌 못[澤]을 얻어서 다시 움을 살아나게 한다. (리스전李士鉁은, '제稊는 싹[芽]이다.'라고 말한다.) 92효는 건乾을 몸으로 하니 늙은 남자[老夫]라 칭하고, 젊은 아내는 상괘上卦 태兌이다.

임계운任啓運(1670-1744)은 말한다. 대과大過괘의 효에서, 92효가 변하면 함咸괘䷞가 되고; 95효가 변하면 항恒괘䷟가 되니, 따라서 부부夫婦로써 상을 취한 것이다.

혜사기惠士奇(1671-1741)는 말한다. 초6효는 지나치게 신중하고, 상6효는 어려운 일을 지나치게 접촉하나, 모두 허물이 없다. 92효가 지나치게 서로 관여하니, (왕인지王引之는, '과過는 상당相當하지 않음이라 말하고, 이以는 이而와 같다.'라고 말한다.) 또한 이롭지 않음이 없다. 대과大過의 집[家]에는, 지나치지 않은 바가 없다.

유원劉沅은 말한다. (대과大過괘에서) 나무가 못[澤] 아래에서 사는데, 버드나무가 유독 많으니, 이에 (버드나무는) 약한 나무이다. 92, 95효는 본말本末에 가까우나 약하니, 따라서 모두 버드나무 상이다. 마른 것[枯]은 대과大過괘의 시時의 뜻을 말한다. 제稊는 나무의 움이다. 92효가 아래

---

4) 제稊는 움이다. 夫는 남자이다. 女는 少女[젊은 여자]이다. 高亨, 269頁.

5) 過는 과실이고, 相與는 相配와 같다. 高亨, 270頁.

에서 양이니, 따라서 움을 나게 한다고 말하며, 움은 아래에 뿌리가 생김이다. 95효의 양이 위에 있으니, 따라서 꽃이 생긴다고 말하며, 꽃은 윗가지에서 생긴다. 움이 나오면 살겠다는 뜻이 식지 않은 것이니, 따라서 (92효가) '지나치게 서로 관여함'이라 말한다. 꽃이 피면 생의生意도 장차 고 갈될 것이니, 따라서 (92효에서) '얼마나 오래 갈 것인가?'라고 말한 것이다. 늙은 남자는 이미 결 혼한 사내이다. 태兌 젊은 여자가 응하였으니, 따라서 아내가 젊은 여자少女의 상이고, 아내가 소녀이면, 시집가지 않은 여자이다. 늙은 남자가 젊은 여자를 아내로 취하는 것은 비록 보통 일은 넘으나, 그러나 음과 양이 서로 관여함에 생육의 결과를 이루니, 지나치나 지나치지 않기에, 따라 서 (92효는) 이롭지 않음이 없다.

마치창馬其昶은 말한다. 임계운任啓運이 92, 95효에서 취한 상은 이것이다. 상을 취한 까닭을 말하는 것은 아니고, 지금 그것을 바르게 함이다. 함咸괘, 항恒괘는 부부를 상징하니, 함咸괘의 62 효는 젊어서 서로 칭함이고, 항恒괘의 92효는 늙어서 서로 칭함이다. 지금 대과大過괘는 2괘를 합 쳤으니, 늙은이와 젊은이가 지나치게 서로 관여함이다. 상6효의 태兌 젊은 여자가 이와 같고, 하 괘 간艮 젊은 남자의 상은 보이지 않고, 92효의 호체互體인 건乾의 처음의 진震효는 늙은 남자이 기에, 따라서 '늙은 남자가 젊은 여자를 아내로 얻음'이라고 말한 것이다. 초6효인 손巽 장녀는 이 와 같은데, 상괘 진震 장남의 상은 보이지 않고, 95효는 호체인 건乾 위의 간艮효이니 청년남자士 夫이기에, 따라서 '늙은 여인이 젊은 남자를 얻었다.'라고 말한다. 92효가 95효와 상6효를 넘어가 고, 95효가 92효와 초6효를 지나가니, 95효는 추醜하게 되고 92효는 이롭게 되는 것은, 대과大過 괘의 때에 음이 부족한 것이다. 지금 92효가 노양老陽으로 소음少陰을 만났으니, 나머지를 덜어내 고, 부족함을 보충한 것이기에, 이에 생육生育의 공功을 적절히 이루었으니, 따라서 (92효는) '이 롭지 않음이 없다.'

구삼효: 용마루가 휘었으니, 흉하다.
[九三, 棟橈, 凶.]
상에서 말한다. "대들보가 기울어서" "흉함"은, 보완할 수가 없다.
[象曰: "棟橈"之"凶," 不可以有輔也.]

이과李過(1600-1649)는 말한다. 하괘[巽]는 위가 실實하고 아래는 약하니, 아래가 약하면 위가 기운다. 93효는 하괘[巽]의 위에 있으니, '대들보가 휘어서 흉함'을 말하는데, 아래가 약해도 도움 이 없음을 말한다. 상괘[兌]는 위가 약하고 아래가 실하니, 아래가 실하면 (물건을) 실을 수 있다.

94효가 상괘의 아래에 있으니, (94효에서) '대들보가 기울었으나 길함'이라고 말하는 것은 아래가 실하여 굽지 않았음을 말한다.

유원劉沅은 말한다. 93, 94효는 (대과大過괘의) 괘 가운데 있으니, 대들보의 상이다. 93효는 강剛으로써 강剛(자리)에 있으니, 강함이 지나쳐서 사람들이 친히 보좌하지 않으니, 불가不可함을 개탄하며, 자기만 옳다고 하는 것을 경계한다.

리스전李士鉁은 말한다. (상괘인) 태兌는 훼손하고 절단함이니, 93효는 대들보가 비록 견고하나 지나쳐 훼손되니, (93효가) 휘게 된 까닭이다.

마치창馬其昶은 말한다. 93효는 하체下體인데 일단 약하고, 94효는 93효 위에 있으니, 도움은 될 수 없고, 도리어 압박하는 힘은 무거우니, 이는 상하가 모두 그 병病을 받음이다. 단彖전의 '대들보가 휨'은 본말本末이 약한 것이나, 93효는 그것을 감당할 수 있을 것이다.

> **구사효: 대들보가 높아 (집이 크니) 길하고; 의외의 걱정이 있으니, 어렵다.**
> [九四, 棟隆, 吉; 有它, 吝.6)]
> **상에서 말한다. "대들보가 높으니" "길하다함"은, (기둥이) 아래로 굽지 않은 것이다.**
> [象曰: "棟隆"之"吉," 不橈乎下也.]

유원劉沅은 말한다. (94효에서) 융隆은 높이 솟은 모양이다, 집은 대들보가 중심인데, 따라서 93, 94효는 모두 대들보의 상을 갖는다. 93효는 굽고 94효는 높은 것은, 93효는 강剛으로써 강剛(자리)에 있으니, 너무 굳세면 꺾이는 것이다. 94효는 강剛으로써 유柔(자리)에 있으니, 저울대의 중심이 아래에 있다. 또한 93효는 하괘에 있으니, 위가 실實하고 아래는 빈 것이고; 94효는 상괘에 있으니, 위가 비고 아래는 실하다. 94효는 이에 대신大臣의 자리이기에, 유柔(의 자리)로써 강剛을 보충[彌補]하고, 큰일을 짊어질 수 있으니, 따라서 (94효는) 높아서 길함이다. (94효가) 95효를 버리고 초6효에 응하면, 이는 의외의 걱정이니 어려움이 있다.

리스전李士鉁은 말한다. 94효가 초6효에 응하니, 초6효는 아래에서 94효를 해칠 수 없고, 따라서 94효가 휘었으나 높은 것이다. (94효에서) 융隆은 두터움이고, 무거움[重]이다. 『국어國語』(「노어魯語」)에서, '대들보가 크지 않으면, 무거운 것을 이길 수 없다.'라고7) 말했다. 무거움에는 나라

---

6) 융隆은 높음이다. 타它는 의외의 걱정[患]이다. 인吝은 어려움[難]이다. 高亨, 270頁.
7) '不厚其棟, 不能任重.'『國語』,「魯語」上, 上海古跡出版社, 상동, 180頁.

만한 것이 없고, 대들보는 덕德만한 것이 없다. 높으면 무거움을 이길 수 있으니, 따라서 (94효는) 길하다.

마치창馬其昶은 말한다. 외괘[兌]는 아래가 실한데, 또한 93효가 아래에서 도와주고 있으니, 이는 아래 때문에 휜 것이 아니다. 그러나 대과大過괘의 때를 당하면, 위가 약함이 이와 같으니, 누가 나라의 정치를 맡음에 균형을 잡아서, 어려움이 없을 수 있겠는가? 다른 것은 상6효를 말하는 것이다. 93효의 걱정은 본本에 있고, 94효의 걱정은 말末에 있으니, 위가 위태로우면 붙잡아줄 수 있고, 아래가 허虛하면 그 걱정은 오게 되는 것이다. 백성은 나라의 본本이 됨은, 이것을 말함이다.

구오효: 시든 버드나무에 꽃이 피니, 늙은 여자가 젊은 사내를 남편으로 얻었는데, 탈도 없고 명예도 없다,

[九五, 枯楊生華, 老婦得其士夫, 无咎无譽.8)]

우번虞飜은 말한다. '늙은 아내[老婦]'는 초6효인 손巽이고, 젊은 남편[士夫]은 95효를 말한다.

심해沈該(11세기, 남송南宋 역학자)는 말한다. 92효는 초6효와 친하니, 본本에 가까워서 움이 생겨나는 상이다. 95효가 상6효를 받드니, 말末에 가깝기에, 꽃을 생기게 하는 상이다.

유원劉沅은 말한다. 95효는 태兌인데, (음양이 정반대인) 착錯으로 보면 간艮은 막내아들[少男]이니 젊은 남편[士夫]의 상이어서, 아직 아내를 맞은 적이 없다. 대응 효爻가 손巽 장녀長女이기에, 늙은 아내의 상이니, 이미 시집가서 늙은 여자이다. 95효가 양강陽剛으로써 때가 지난 맏딸[長女]에 응했으니, 짝 지은 아름다움은 아니기에, (95효가) 어찌 명예를 얻을 수 있겠는가?

리스전李士鉁은 말한다. 나무에서 싹이 생기면 오래 갈 수 있으나, 꽃은 한 때이니 시들어 떨어지고 오래 갈 수는 없다. 잘못을 구하는 도道는 안에는 힘쓰나 밖은 힘쓰지 않고, 그 열매는 위하나 그 꽃을 위하지 않는다. 92효가 초6효를 올라타니, 양으로써 음에 올라탄 것이기에, 따라서 남편으로 아내를 얻은 것이다. 상6효가 95효를 올라타니, 음으로써 양에 올라탄 것이기에, 따라서 아내가 남편을 얻은 것이다. 양은 음을 초과할 수 있으나, 음은 양을 초과할 수 없으니, 남편이 늙고 아내가 젊으면 (아이를) 생산할 수 있으나, 아내가 늙고 남편이 젊으면 생산할 수 없다. (95효

---

8) 화華는 옛날의 花(꽃)이다. 부婦는 시집간 적이 있는 여자이다. 士는 아내를 취하지 않은 남자이다. 高亨, 271頁.

에서) 때[時]가 지났어도 서로 합할 수 있으나, 생육의 공과는 이룰 수 없기에, (95효는) 진실로 얻었다고 말할 수가 없다.

상에서 말한다. "마른 버드나무에 꽃이 피었으니", 얼마나 갈 것인가? 늙은 여자가 젊은 남자를 얻었으니", 또한 부끄러운 일이다!

[象曰: "枯楊生華," 何可久也. "老婦士夫," 亦可醜也.]

왕필王弼은 말한다. (95효는) 처함에 존위尊位를 얻겠으나, 위험을 구제할 수는 없다. 대들보가 휘어진 세상에는, 허물도 없고 명예도 없지만, (95효가) 얼마나 오래 갈 것인가?

왕종전王宗傳(12세기, 남송南宋 역학자)은 말한다. 95효는 순양純陽인데, 상6효 아래에 처했으니, 교만이 왕성한 임금 같고, 쇠약하고 용렬한 신하가 그를 보좌하니, 비록 허물은 다행히 없더라도, 명예가 있기에는 부족하다.

유원劉沅은 말한다. (95효는) 시간도 지나서 장차 쇠약할 것이니, 따라서 오래지 않아 보기 싫게 될 것이다. 대과大過괘의 때를 맞아서, 크고 넘치는[大過] 공을 이루려면, 악인들과 어울리니 모두 이런 부류이다.

마치창馬其昶은 말한다. 양陽은 적은데 지나치게 왕성하면, 음이 쇠락하고 양에 공급할 수 없으니, 따라서 (95효가) 얼마나 오래 가겠는가? 곤坤의 64효는 주머니를 닫을 때이니, 탈도 없고 명예도 없는 것이 가능하다. 대과大過괘의 때를 맞이하여, (95효는) 떠나가면 이로우니, 주머니를 닫는 도道로써 처한다면, 또한 보기 싫을 것이다. (95효는) 보기 싫을 수 있으니, 곧 명예 없음도 버려야할 것이다.

● **나의 견해**: 나라에 도道가 있으면 곡식이 있다. 나라에 도道도 곡식도 없다면, 수치이다. 또한 (95효는) 보기 싫음의 뜻이다.

상육효: 잘못하여 물을 건넜는데, 정수리까지 물에 빠졌으니, 흉하다.

[上六, 過涉滅頂, 凶. 无咎.[9]]

상에서 말한다. "물 건너기를 잘못하여" "흉함"은, "문책"할 수도 없다.

[象曰: "過涉"之"凶," 不可"咎"也.[10]]

---

9) 過는 오誤(잘못)이니, 과실이다. 멸정滅頂은 물이 정수리를 뒤덮음이다. 无咎는 연문衍文인 것 같다. 高亨, 271頁.

조온趙溫(137-208)은 말한다. 『역易』(대과大過괘)에서, 첫째는 지나침[過]이요, 둘째는 건넘[涉], 셋째는 '고치지 않음[不改]'이니, (상6효에서) 그 정수리를 물에 빠짐은 흉이다.

왕필王弼은 말한다. (상6효는) 비록 흉하나 허물이 없기에, 의義를 해치지 않은 것이다.

공영달孔穎達은 말한다. (상6효는) 대과大過괘의 정점에 처하여, 관룡봉關龍逢, 비간比干이 무도한 임금을 거슬린 것 같으니, 마침내 멸망에 이르렀다. 그 의도는 선하였으나, 공이 이루어지지 않았으니, (상6효는) 다시 누구의 허물을 책망하겠는가?

곽충효郭忠孝(?-1128)는 말한다. 바야흐로 대과大過의 때에, (상6효는) 위험을 우려하는 것도 아님이 아니니, 험난한 데를 건너서 구제를 찾는데, 어디에까지 미칠 수가 있는가? (대과大過괘의) 상象전傳에서, '독립하여 두려워하지 말고, 세상에 숨으면 고민은 없다.'라고 말한다.

(주희의) 『주역본의周易本義』에서 말한다. (상6효는) 내 몸을 죽여서 인仁을 이루는 일이다.

양간楊簡(1141-1226)은 말한다. (상6효에서) 명령은 주었으나 공은 이루어지지 않고, 마침내 그러므로 그것이 그릇됨을 논하니, 따라서 성인은 그것을 바로 잡으면서, '허물도 없고, 허물할 수도 없다.'라고 말한다. (상6효에서) 잘못하여 물을 건넜으나 정수리가 물에 빠졌으니 또 그것을 허물한다면, 위선자의 도道가 행해지니, 이利를 보고 의義를 잊은 자가 뜻을 얻을 것이다.

심기원沈起元(1685-1763)은 말한다. 대과大過괘는 비록 과분함에 불만이나, 실은 큰 것이 잘못이다. 큰 것은 양陽이고, 군자이고, 정기正氣이다. 상6효는 대과大過괘의 끝에 있으니, 스스로 온전한 도道를 찾지 않는다. 흉 아래에 '무구无咎'를 달았으니, 공자는 이것을 '허물할 수 없음'으로 해석한 것이기에, 깊이 평가한 것인데, 이렇게 (『역易』은) 성인의 책이 되는 것이다.

유원劉沅은 말한다. (상괘인) 태兌에는 은택[澤]이 정점에 이르면, 잘못[過]하여 물을 건넘[涉]의 상이다. 건乾은 머리[首]이고, 은택[澤]은 머리 위에 있다. 태兌는 훼손하고 부러뜨림[毁折]이니, 정수리가 물에 빠짐의 상이다. (상6효는) 반드시 구제하는데 용기가 있어야 하니, '국난國難에 목숨을 바침[死難]'의 절제節制는 있으나, 겨우 면하려는 (하찮은) '수치심[羞]'은 없는 것이다. (상6효에서) 마음[心]을 논하나 공功은 말하지 않고, 시비是非를 논하나 이해利害는 말하지 않았으니, 따라서 (상6효는) '허물없음[无咎]'이다.

또 (유원은) 말한다. '허물없음[无咎]'은 상6효가 본래 '허물없음'이다. '허물할 수도 없음[不可咎]'은 사람들이 허물할 수 없음이다. 마음[心]을 논하나 공功은 말하지 않고, 시비是非를 논하나 이해利害는 말하지 않았으니, 사람들이 어떻게 (상6효를) 허물할 수 있겠는가?

---

10) 구咎는 견책이다. 高亨, 272頁.

왕덕월汪德鉞(1748-1808)은 말한다. 중부中孚괘☲는 큰 내를 건넘이 이로우나, 나무[배舟]가 못 위에 있다. 대과大過괘는 잘못하여 물을 건넘이니 정수리가 물에 빠졌는데, 나무[배舟]가 못 아래에 있으니, 배가 물에 가라앉은 상이다.

리스전李士鉁은 말한다. (상6효에서) 때[時]에 '할 수가 없으니[不可爲],' 화禍는 피할 수 없고, 단맛[甘]은 흉을 당했으니, 이는 몸을 죽여 인仁을 이루는 일이어서, (상6효는) 허물할 수가 없다.

마치창馬其昶은 말한다. 『설문해자說文解字』(許愼撰)에 의하면, 과過는 한도[度]이다. 『이아爾雅』에 의하면, '무릎 이상의 물을 건넘이 섭涉이다.'라고[11] 했다. 처음에는 건넘이고, 물이 깊으면 섭涉이고, 오히려 나아가면 반드시 정수리가 물에 빠지니, 이는 흉함을 분명히 알고도 따라서 감행한 것을 말한다. 오吳선생[吳澄]은, '경經은 4말씀[言]인데, 중첩되는 수數를 얻었음'을 말한다. 왕준王駿(1세기, 동한東漢의 학자)은 '과過를 기쁨[說]으로 고쳤으니,' 한인漢人들이 경經에 마음을 다했다는 말뜻을 보이고 있다.

또 (마치창은) 말한다. 초6효는 '허물없음[无咎]'인데, '유柔가 아래에 있음'을 말하니, 이는, 유柔는 상6효에는 합당하지 않음이다. 과분한 양陽을 두려워함은 초6효의 변하지 않음을 지킨 것이니, 초6효는 지극한 신중함이고; '양陽이 극심함[陽亢]'의 재난을 피하지 않는 것은, (상6효가) 활동하여 양陽을 변화시켰으며, (자기) 자리를 잃었으나 정수리를 물에 처박음에 이르렀으니, 상6효는 지극한 강장强壯이다. (대과大過괘에서) 모두 '허물없음[无咎]'이다.

• **나의 견해(1)**: 상6효와 93효는 응한다, 93효가 보좌할 수 없음, 이것은 밖이 강중强中한 (호체互體인) 건乾이니, 성격이 까다롭고 고집이 세서 자기 멋대로 하기에, 교만한 기운이 남보다 지나친 것이다, 상6효의 '허물할 수 없음', 이것은 위험을 보고 명령을 준 것이고, 삶을 구하고자 인仁을 해쳐서는 안 되는 것이니, 성품이 남보다 과분한 자에게 이른 것이다. 예부터 권력을 농락하는 간신奸臣들이 일을 망친 것이니, (상6효는) 실패를 불러온 교훈으로 마땅히 93효를 거울삼아야 된다. 충신과 열사烈士라면, 상6효를 본심本心[原心]을 논한 것으로 여겨야 한다.

• **나의 견해(2)**: (대과大過괘) 상전象傳의 뜻은 건乾괘의 초9효와 같다. 세상을 피하며 고민이 없어야 하니, 옳음을 보이지 말고 고민이 없어야 하며, 확실히 뽑힐 수는 없어야 하니, 모두 사람을 '크게 넘어서는[大過]' 정신과 '크게 넘어서는[大過]' 학식이 있어야, 고민이 없을 수 있다. 천성天性의 심회心懷에서 나와서 흉금이 열리고 마음이 순결하니, 어디 간들 안 되겠는가? 진실로 중심

---

11) '䐑膝以上爲涉.', 『爾雅』, 「釋水」第十二, 管錫華譯注, 北京: 中華書局, 2018, 464頁.

에서 움직임이 없다. 또한『중용中庸』에서, '중용中庸의 도리를 지키며 치우치지 않으니, 이것이 정말 강强이다!'라고[12] 했으니, 같은 뜻이다. 세상에 숨었으니 고민이 없고, 지식을 보이지도 않고 모욕을 받지도 않았으니, 성인만이 이렇게 할 수 있으며, 더욱 밖에 의해서 유혹 받지도 않는다. 천년이상 독립하고 두려움 없는 자는 백이伯夷와 숙제叔齊이고, 세상에 숨어서 고민 없는 자는 공자와 맹자뿐이다. 그들은 크게 사람들을 넘어선 것이니, 각각 최고의 조예造詣에 이르렀는데, 천추千秋 만세萬世에 진실로 다른 말[異辭]이 없도다! 불행에 이르러 정수리가 물에 빠지는 흉을 점치니, 궤적은 보통을 넘는 것 같으나, 뜻은 해와 달처럼 빛난다. 성론聖論을 얻어서 형량衡量하니, 죄를 귀결시킴이 옳지 않음을 알고서, 지사志士와 인인仁人의 마음으로 하여금 천하 후세에 명백히 드러나게 한다. 조상들이 조용히 의義로 나갔음을 생각하고, 마치 깊은 못[澤]에 임하는 것 같이, 정수리가 물에 빠지는 것을 분명히 알지만 건너지 않을 수 없는 것과 같으니, 경의經義의 해석[經訓]을 공손히 지키며 몸소 실행할 것이다. 이것은 포윤抱潤(馬其昶)선생이 말하는, 스스로 도道를 아는 자가 보면, 그는 명백히 자기의 지의志意를 속이지 않는데, 이것은 이른바 (『역易』)경에 깊은 자이다. 또 (그는) 차라리 그 원元을 상실하였으니, 저 겁쟁이들을 충격을 주는 일이라고 말한다. 대과大過의 시기[時]는 (이처럼) 위대하도다!

---

12) '中立而不倚, 强哉矯!',『中庸今註今譯』10章, 宋天正註譯, 상동, 15頁.

29. 감坎괘 ䷜

감坎괘: (사람이) 감坎 위험을 대면하고, 성신誠信을 가질 수 있으며, 그 마음이 형미亨美하다면, 출행出行하여 상賞을 받을 것이다.
[習坎, 有孚, 維心亨, 行有尙.1)]

유표劉表(142-208)는 말한다. 물 흐름이 쉬지 않는 것이 습習이다.

우번虞翻(164-233)은 말한다. 건乾의 92, 95효는 옆으로 가니 곤坤으로 흐르고, 음양이 회합하니, 따라서 (감坎괘는) 형통하다.

(장재의)『횡거역설橫渠易說』에서 말한다. 감坎괘와 이離괘는 천지의 가운데[中]이니, 2기氣가 올바르게 접촉한다.

소식蘇軾(1037-1101)은 말한다. 감坎은 험險이다. 물이 다니는 바이지, 물은 아니다. 물만이 험난함[險]에 습관이 될 수 있다. 그것이 곧지 않음이 '감坎'이라 말하고, '험난함에 습관 됨[習坎]'은 물에서 취한 것이라 말한다.

(주희의)『주역본의周易本義』에서 말한다. (감坎괘는) 가운데가 실하니, 믿음이 있어서 마음이 형통하는 상이다.

이순신李舜臣(12세기, 남송南宋 역학자)은 말한다. 감坎은 정북正北이고, 시時로는 자子시時이고, 밤의 가운데[中]가 되며, 일양一陽이 생긴다. 이離는 정남正南이고, 시時로는 오시午時이니, 낮[日]의 가운데이며, 일음一陰이 생긴다. 천지天地의 음양 가운데, 조화造化는 땅에서 개시한다. 감坎은 사물에서는 물[水]이고, 사람에게는 알맹이[精]이고, 획畫으로 보면, 가운데가 실하니 곧 알맹이가 가운데 감추어 있음이기에, 물이 못[澤]에 쌓인 상이다. 이離는 불이고 신神이 되며, 가운데가 허虛하니, 곧 마음이 깃드는데, 불이 허공에서 밝음의 상이다. 가운데가 실實한 것이 감坎의 쓰임이니, 이것이 정성[誠]이다. 가운데가 허虛한 것이 이離의 쓰임이니, 이것이 밝음[明]이다. 『역

---

1) 習은 단상전의 '습감習坎'에 연루된 연자衍字이다. 감坎은 괘명卦名이다. 부孚는 믿음[信]이다. 유維는 유惟(다만)'로 읽는다. 형亨은 미美이다. 상尙은 상賞으로 읽는다. 高亨, 273頁.

『易』을 만든 이가 감坎과 이離의 중中 때문에 정성[誠]과 밝음[明]의 쓰임[用]을 기탁했으니, 옛 성인의 심학心學이다. (나의 견해: 이 설명은『중용中庸』의 도리로 역리易理를 통하게 한 것이다.)

이광지李光地(1642-1718)는 말한다. 숙습熟習은 연습하기가 끝나지 않은 것이니, 편리한 익숙함에 이르게 된다. 8괘는 모두 인심人心의 덕이니, 홀로 험한 것이 선도善道도 아니며, (그것을) 심덕心德으로 말할 수 없으니, 따라서 '익힘[習]' 글자를 보태어 밝힌 것이다. 험난함에도 더욱 배울 수 있으면 곧 인심人心의 덕이다.

유원劉沅(1767-1855)은 말한다. 건곤乾坤은 늙은 부모인데, 건乾이 곤坤과 교섭하여, 곤坤이 가운데에서 건乾을 잉태하면 감坎이 된다. 감坎은 물이니, 물은 땅 가운데를 다니고, 실제로 하늘 위에로 오르는 것이다. 감坎은 본래 선천先天으로 곤체坤體이니, 가운데[中] 진양眞陽을 잉태하여, 천기天氣가 땅에서 행해진다. 사람이 하늘의 이기理氣를 잡으니, 양을 얻으면 '본성[性]'이 되고, 음을 잡으면 '명命'이 된다. 양이 음에 교섭하여, 음 가운데 양을 함양하면, 명命 가운데 '본성[性]'이 있게 되니, (감坎괘에는) 의리義理의 마음이 깃들게 된다. (감坎괘에서) 성性이 바뀌어 정情이 되니, 마음이 부정不正하게 되고, 일이 험난하게 된다. 「서괘序卦」전에서, '사물은 과실[過]로 끝날 수 없기에, 따라서 감坎괘로 받았다.'라고[2] (했다.) 감坎은 과실過失이 극極해지면 함입陷入하게 되니, 따라서 대과大過괘 다음이다. 이 (감坎)괘는 감坎이 겹친 것이니, 이것은 천지가 교제하는 것이고, 기질이 양심을 함정에 깊이 빠지게 한다. 감坎에 익숙하게 되면 '본성[性]'을 회복할 수 없으니, 보통사람은 방탕해져서 (본성[性]으로) 돌아갈 줄을 잊게 된다. (그러나) 감坎에 '익숙해[習]지면' 양심을 보전할 수 있으니, 군자는 명命을 세워서 몸을 닦을 수 있게 된다. '믿음[孚]'이 있으니 바른 이理를 얻으면, 마음이 이에 '본성[性]'이 되기에, 형통함을 얻게 되고, (감坎괘에서) 일을 행함에 날로 새로워지고 달로 왕성해지는 아름다움이 있다.

왕인지王引之(1766-1834)는 말한다. 상尙은 돕는 것이니, 92, 95효는 동류同類로 서로 돕는다.

팽신보彭申甫(1807-1887)는 말한다. 험난함에 마음이 형통하지 않으면 먼저 스스로 혼란해지니, 가서 돕지 않으면, 곤란하게 될 뿐이다. 믿음이 있고 마음이 형통하면. 내괘(인 감坎)은 양陽의 상이니, 마음을 제어하는 배움[學]이다. 가서 도우니, 외괘(인 감坎)은 양陽의 상이기에, 일을 제압하는 쓰임[用]이다. 마음은 일을 처리하는 근본[체]이고, 신임이 있음은 또한 마음이 형통하는 근본이 된다.

리스전李士鉁(1851-1926)은 말한다. 물은 하늘에서 생겨나서 땅에서 다니니, 감坎은 건乾에서

---

2) '物不可以終過, 故受之以坎.',「序卦」傳, 高亨, 647頁.

생기어 곤坤과 교섭한다. 감坎은 건乾의 둘째 아들이고, 곤坤의 후천後天이다. 가운데가 실實한 것이 물[水]의 몸[體]이고, 밖이 허虛한 것이 물의 용用이다. 건乾괘의 가운데 양陽이 음중陰中에 함몰한 것이 감坎이 되었고; 곤坤괘 가운데의 음이 양陽 가운데 붙은 것이 이離가 되었다. 감리坎離는 천지의 사귐이다. 천지가 본래 사귐에 다만 물과 불에서 효과가 나타났고; 건곤乾坤이 본래 사귐에 다만 감리坎離에서 그 작용이 징험되었다. 여섯 아들이 병렬幷列하였으나, 감리坎離가 홀로 천지의 '지도리[樞]'가 된 것은, 그것이 중기中氣를 얻었기 때문이다.

마치창馬其昶(1855-1930)은 말한다. 감坎 가운데 일양一陽은 물의 내경內景을 상징하니, 따라서 북방北方에 기탁한 지知이다. 유독 감坎에서 마음을 말하는 것은, 마음은 본래 '밝음[明]'의 몸이기 (때문)이다. 불은 외경外景이니, 따라서 광명이고, 그 가운데 일음一陰은 붙어 있는 질質이다. 감坎을 취하여 이離에 보태니, 이에 순건純乾으로 복귀하여, 내외가 투명하다. 함咸괘와 간艮괘는 모두 마음을 말하는데, 함咸괘에서는, '아직 빛이 크지 않음[未光大]'을 말하고, 간艮괘에서는, '그 도道가 광명함[其道光明]'을 말하니, 이 때문에 마음의 작용에는 광명보다 큰 것은 없다.

단전에서 말한다. 감坎은 겹쳐있으니, 위험이 중첩된 것이다. 물은 흐르고 (구덩이는) 메워지지 않았다. 행동이 위험해도 믿음은 잃지 않는다. 마음을 즐김은, 이에 (92와 95효이니) 강건함이 중심이다. 행동에 상賞이 있다하니, 계속하면 공이 있게 된다. 천연의 험지는, (적군들이) 올라올 수 없다, 지상의 험지는, 산천이나 구릉丘陵이다. 왕과 제후들은 험지를 설정하여 나라를 지킨다. 험을 쓰는 시기의 용처가 크도다!

[象曰: 習坎, 重險也. 水流而不盈. 行險而不失其信. 維心亨, 乃以剛中也. 行有尙, 往有功也.[3] 天險, 不可升也. 地險, 山川丘陵也. 王公設險, 以守其國. 險之時, 用大矣哉!]

우번虞飜은 말한다. 물의 성질은 항상 같으니, '줄어들고 늘어남[消息]'이 해와 달에 응한다.

육적陸績(188-219)은 말한다. (감坎괘에서) 물이 아래로 쏟아져 내려도, 둑을 채우거나 넘치지 않는다. 달은 물의 정精이니, 달이 하늘에 있어, 차면 기우는데, (감坎괘는) 차거나 넘치지는 않는다는 뜻이다.

순상荀爽(128-190)은 말한다. (감坎괘는) 양이 음중陰中에서 활동하니, 따라서 흐른다. 양이 음중陰中에 함몰되니, 그러므로 (감坎괘는) 차지는 않는다.

공영달孔穎達(574-648)은 말한다. (감坎괘에서) 왕공王公들은 천지天地를 본받으니, 자기 성[城]

---

3) 習은 重(거듭)이고 坎괘는 험險이며, 또한 물이다. 亨은 美이고, 尙은 賞으로 읽는다. 高亨, 273頁.

과 못[池]을 굳게 하고, 법령을 엄하게 함으로써, 나라를 보호한다.

(정이의) 『이천역전伊川易傳』에서 말한다. (감坎은) 멈추고 가지 않으면, 늘 험난함 속에 있을 것이다. 감坎은 갈 수 있음을 공功으로 여긴다.

유원劉沅은 말한다. (감坎괘에서) 습習은 곧 겹침[重]의 뜻이니, (감坎은) '겹친 곤란함[重險]'을 탄식함이다. (감坎괘에서) 하늘은 땅과 사귀니, 곤坤 가운데 건乾을 잉태하였고, 만물의 정기精氣 [精]가 떠다녀서 물이 된다. 인심人心은 '사람의 양심[天良]'을 받으니, 그 기氣는 하늘과 합하기에, 그 이理는 하늘이 주관하는 것이다. 하늘은 양을 가지는데 음이 없을 수는 없으니, 인심人心에는 이理가 있는데 욕欲이 없을 수가 없다. 성인은 조화造化의 부족함을 보충함에, 본성의 선善을 회복하기를 바라니, 사람들이 강중剛中한 이理를 얻어서 순양純陽의 '본성[性]'으로 돌아오기를 바라므로, 따라서 (감坎괘에서) 물을 사람들에게 보인 것이다. 흐르나 차지 않음은, 흘러가니 각자가 충족하고, 넘침이 없음을 말한다. 이理는 곧 물物이니 각각은 그 나누어짐[分]이 같은 것이라 함은 이것을 본 것이다. (감坎은) 험난한데서 시행을 하나 자기 믿음을 잃지 않음은, '경과해도 심오하고 막히나, 마침내 천하[四海]에 도달함'을 말한다. (감坎괘에서) 기氣가 두루 충만하여 중간에 끝남이 없음은, 이것을 본 것이다. 하늘이 기氣로써 험난하고, 땅이 모양[形]으로 험난하니, 왕공王公들이 험난함[險]을 세워서 나라를 지킨다면, (이것은) 인위人爲이다. 천지의 도리[理]는 충만하여 유행하니, 어디에 일찍이 험난함이 있겠는가? 모양[形]에 기氣가 있다면 엄연한 험난함[險]이다! 왕공들이 하늘을 몸으로 하고 백성을 기르니, 왜 반드시 험난함에 의지해야 하나? 어찌할 수 없어서 그렇게 한다면, 험난함 때문에 바꾸어 평이平易함을 얻게 되니, 험난함이 (감坎괘에서) 어떻게 짐이 될 수 있겠는가! 성인은, 사람들이 형기形氣의 구애[拘]됨을 변화시켜, 강중剛中한 '본성[性]'을 (갖기를) 바라기에, 따라서 (감坎은) '험난한 때에 큰 것을 씀'이라 말한다. 험난함이 크지 않으니, 험난함을 쓰는 자는 때[時]의 뜻이 큼에 따른 것이니, 이것이 감坎을 학습하는 이유이다.

또한 (유원은) 말한다. 감이坎離는 건곤乾坤의 정체正體를 얻었으니, 감坎에는 또한 건궁乾宮의 진양眞陽이 깃든다. 물은 더욱 하늘의 핵심[精]이니, 사람은 정기精氣를 잡고서, 순양純陽의 진성眞性을 얻는다. 지극한 정성으로 '본성[性]'을 다하면, 기질의 사사로움을 변화시킬 수 있어, 그 '본성 [性]'을 회복한다. (감坎괘에서) 이른바 강중剛中은 가운데[中] 강정剛正을 보존하고, 강剛에 치우치는 것이 아니다. 감坎을 배움에 믿음[孚]이 있는 것은, 강중剛中의 '본성[性]'을 온전히 하고, 형기形氣에 구애 받지 않는 것이니, 이것은 바로 인심人心을 가리킨다. 장황章潢(1527-1608)이, '일양一陽이 두 음陰 내에 빠졌으니, 도심道心이 미미하다.'라고 말한 것은 옳다. (감坎괘의) 단象과 상象

에서 관건關鍵을 간략히 보였으니, 여섯 효爻가 단지 험險으로 상象을 삼았는데, 천지가 감추어놓은 것[藏]을 발설할 수는 없다. (감坎은) 오직 강중剛中의 덕을 유지하여, 두려워 경계하고 신독愼獨하면, 조심하여 환난을 염려하고, 험난함을 밟더라도 그 평이平易함을 얻었으니, 이것이 감坎을 배우는 뜻을 가르치는 것이다.

리스전李士鉁은 말한다. 물은 다니는 것[行]이 점차적이고, 성질이 일정하다. 때[時]로써 줄어들고 늘어나며[消息], 밀물과 썰물을 관찰하니, (감坎괘는) 그 믿음을 잃은 적이 없다.

짱홍즈張洪之(1881-1969)는 말한다. 사람은 반드시 항상 감坎을 배워야하고, 그런 후에 험난함도 평이하게 이행될 수 있다.

상전에서 말한다. 물이 거듭하여 오는 것이 감坎괘이다. 군자는 덕행을 존중하며, 배우고 가르친다.
[象曰: 水洊至, 習“坎.” 君子以常德行, 習敎事.4)]

유표劉表(142-208)는 말한다. 천洊은 잉仍(거듭)이다.

육적陸績은 말한다. 물은 통하여 흐르니, 밤과 낮으로 쉬지 않는다. 군자는 이것을 본받았으니, 늘 배우고 일을 가르쳐서, 물이 쉬지 않음과 같다. (이광지李光地는, '일을 가르침은 도예道藝[학문과 기능]를 말한다. 덕을 나아가게 하고, 업을 닦는데, 밤과 낮으로 쉬지 않는다.'라고 말한다.)

사마광司馬光(1019-1086)은 말한다. 물의 흐름은 익숙하나 끝이지 않으니, 큰 내를 이룬다. 사람의 배움도 연습이나 끝이지 않음으로써, (감坎괘에서) 큰 현인을 이루는 것이다.

(정이의)『이천역전伊川易傳』에서 말한다. 두 감坎이 서로 습관 되니 물 흐름이 거듭 되는 상이다. 물은 아주 작은 것에서부터 강해江海에 이르게 되니, (감坎괘는) 거듭 복습되고 급히 달려가지는 않는다.

왕응린王應麟(1223-1296)은 말한다. 이離괘는 밝음 둘에 의해 만들어진 것이라 말할 수 있고, 감坎은 물이 거듭 이르는 것이라 말할 수 있으니, 일어나서 위로 감도 만들어지고, 빨리 가서 이르는 것이니, 이것은 육농사陸農師(육전陸佃, 1044-1102)의 설說이다.

유원劉沅은 말한다. 천洊은 흐름이 서로 이어져 나옴이다. 시종始終이 하나 같으니 상常이라 말하고, 한 번 다시 하여 끝이지 않는 것은 습習이라 한다. 군자가 이것을 본받으니, 배우면서 싫증을 느끼지 않고, 남을 가르침에 피곤하지 않으니, 물이 거듭하여 이르는 것 같기에, 이것이 '감坎

---

4) 천洊은 재再니, 거듭 이다. 習은 衍字이고, 常은 尙으로 읽어야하니, 尊尙의 뜻이다. 高亨, 275頁.

을 연습함[習坎]'의 내용[實]이다. (나의 견해: 이것이 곧 배우고 때때로 익히는 공功이다. '배우고 때때로 익힘'은 또한 배움이 그치지 않음의 뜻을 취한 것이다.)

초육효: 구덩이에 (빠짐을) 거듭하여, 구덩이에 들어가서, (그곳에) 빠졌으니, 흉하다.

[初六, 習坎, 入于坎, 窞,5) 凶.]

상에서 말한다. "구덩이에 (빠짐을) 거듭하여 구덩이에 들어감"은, (바른) 길을 잃은 것이니 "흉사"이다.

[象曰: "習坎入坎," 失道"凶"也.]

『설문해자說文解字』(許愼撰)에서 『역易』(감坎괘)을 인용하여 말한다. '담窞은 구덩이 중에 작은 구덩이이다.'6)

장준張浚(1097-1164)은 말한다. (초6효는) 음이 거듭되는 감坎 아래에 있으니, 미혹되어 회복할 줄 모르고, 악惡에 습관 되었기에 따라서 (초6효는) 흉하다. 『중용中庸』에서, '소인小人은 험난한 행동으로 마땅히 얻을 수 없는 것을 요구한다.'라고7) 말한다.

(주희의) 『주역본의周易本義』에서 말한다. (초6효는) 음유陰柔로서 (감坎괘의) 거듭되는 험난함 아래에 있으니, 그 빠짐이 더욱 깊어진다.

이광지李光地는 말한다. (초6효에서) 소인小人들이 피하여 사사로운 데로 나아가서, 요행의 술術이 상승相勝하니, '험난함에 습관 될 수 있다.'라고 스스로 말한다. 습관이 거듭될수록, (초6효는) 빠짐이 깊어진다. 『중용中庸』에서, "사람들은 모두, '나는 안다.'고 말하나; 쫓기어서 그물, 덫, 함정에 걸려도 피할 줄 모른다."라고8) 하였으니, 구덩이가 거듭되니, (초6효는) 구덩이에 들어간 것을 말함이다.

요배중姚配中(1792-1844)은 말한다. 감坎 구덩이에 빠지면 다닐 수 없으니, 따라서 (초6효는) 길을 잃고, 바른 데로 갈 수가 없다. 군자는 상덕常德으로 가르치는 일을 거듭 행하니, 감坎을 거듭하여 감坎을 구제하는 것이다. 구덩이에 (빠지는 것을) 거듭하여 구덩이에 빠졌다면, 현명치 못

---

5) 習習은 習襲(중복)이니, 거듭됨[重]이다. 감坎은 구덩이[坑]이다. 담窞과 함陷(빠지다)은 같다. 高亨, 275頁.

6) '窞, 坎中小坎也.', 『說文解字』, 穴部, 東漢 許愼著, 中冊, 상동, 598頁.

7) '小人行險以徼幸.', 『中庸今註今譯』14章, 宋天正註譯, 상동, 22頁.

8) '子曰:「人皆曰『予知』; 驅而納諸罟擭陷穽之中, 而莫之知避也.」', 『中庸今註今譯』, 宋天正註譯, 上同, 12頁.

함[非賢]을 현명함[賢]으로, 비법非法을 법法으로 여긴 것이니, (초6효는) 빠짐이 깊을수록, 빠져나오기는 더욱 어렵다.

유원劉沅은 말한다. (초6효에는) 음유陰柔가 아래에 있으니, 거듭하여 험난한 일을 하고, 기지機智가 날로 심해지니, 험난함도 또한 날로 깊어지고, (마침내) 정도正道를 잃게 된다.

리스전李士鉁은 말한다. 음허陰虛는 구덩이[窞]를 상징한다. 초6효가 심연深淵 아래에 있으니, 아주 깊은 데로 들어가면, 다시 나올 수 없다. 감坎 물은 깊이 빠지면 인심人心의 욕망 같게 된다. 감坎은 천지天地의 험난함이고; 욕欲은 인심人心의 험난함이다. 초6효는 감坎괘 아래에 있으니, 욕欲에 빠져서 나올 수 없고; 상6효는 감坎괘의 끝에 있으니, 욕欲에 빠져서 돌아올 수 없는데, 모두 성인이 구제할 수는 없는 바이다.

마치창馬其昶은 말한다. (초6효는) 아래에서 자리를 잃었으니, 소인小人으로 아래에서 달통한 자가 된다. 감坎의 다님[行]은 위인데, 다니지 않았는데 (구덩이에) 들어갔다면, (초6효는) 물[水]의 도道를 잃은 것이다.

구이효: 감坎은 험난하여, 구해도 적게 얻는다.

[九二, 坎有險, 求小得.]

상에서 말한다. "작은 것이라도 얻기를 바라는 것"은, (92효가) 아직 정도正道에서 벗어난 것은 아니기 때문이다.

[象曰: "求小得," 未出中也.9)]

우번虞飜은 말한다. (92효는) 양이 음중陰中에 빠지니, 따라서 험난함이 있다. (92효는) 음에 열매[實]가 있음에 의거하니, 따라서 (92효는) 적은 것을 얻기를 구한다.

진인석陳仁錫(1581-1636)은 말한다. 작은 것을 구하고 큰 것을 구하지 않음은, (92효에서) 본원本原이 큼[大]에 있지 않음이다. 작은 물이 천천히 흘러 끊이지 않으니, 흘러서 강하江河가 된다.

(이광지의)『주역절중周易折中』에서 말한다. 무릇 사람이 배워서 일하는데, 반드시 작은 것을 얻음을 스스로 찾는데서 시작한다. (92효에서) 물이 비록 작은 물이 천천히 흐르나 샘[源]을 갖는 것이니, 이에 험난함을 이행하는 근본이다.

유원劉沅은 말한다. (92효에서) 강중剛中은 적합하게 커져서 할 바를 하게[有爲] 되니, 작은 것

---

9) 出은 떠남이고, 中은 正이다. 高亨, 276頁.

을 얻기를 구하는 것은 험중險中에서 아직 나온 것은 아니나, 의義는 마땅히 이와 같아야 한다. (92효는) 조용히 변화를 관찰하며, 대공大功을 이룰 것을 급히 구하지는 않는다.

리스전李士鉁은 말한다. 양陽은 실實하기에 따라서 얻게 되고, (나의 견해: 음허陰虛하니 잃게 되는데, 초6, 상6의 2효는 모두 음이니, 따라서 모두 도道를 잃었다고 말한다.) (92효는) 음위陰位로서 있기에, 따라서 적게 얻음이 있다. 큰물의 근원은 술잔이나 띄울 만큼 작을 수 있으나, 비록 작으나 커질 수 있는 형세는 이것(92효)에 기반 한다.

마치창馬其昶은 말한다. 92효는 샘의 근원이니, 그것이 아직 중中에서 나오지 못했기에, 따라서 작은 것 얻기를 구하고, 쌓여진 뒤에 흐르게 되니, 물이 구덩이를 채운 다음에 나아간다. (92효는) 아직 중中에서 나오지 못했으니, 구덩이를 채우지 못한 것이다. (92효에서) '작은 것 얻음을 구함' 은 작은 흐름이 쌓여서 큰 내를 이룸이다. 얻음은, 물이 거듭 오는 도道를 얻음이다. 상6효는 3년 간 도道를 잃을 수 없으니, 따라서 92효의 얻음을 알게 됨은 도道를 얻음을 말한다.

• **나의 견해**: 작은 흐름을 자랑할 것 없고, 끝에는 대덕大德으로 모이기에, 따라서 (92효에서) 큰일을 이룸에는 그 처음에 반드시 소심하고 근신함이 있다. (거대한) 하해河海는 작은 흐름을 버리지 않으니, 따라서 깊은 데로 나갈 수 있는데, (92효는) 또한 작음을 찾는 뜻이다.

육삼효: (사람이) 구덩이에 와보니 하나의 구덩이가 아닌데, 험난하고 또 깊으니, (함정에) 빠진 것인데, 행동해서는 안 된다.

[六三, 來之坎坎, 險且枕, 入于坎, 窞, 勿用.10]

상에서 말한다. "이렇게 다수의 곤경이 왔으니", 끝내 공을 이룰 수 없다.

[象曰: "來之坎坎," 終無功也.]

항안세項安世(1129-1208)는 말한다. 지之는 감[往]이다. (63효에서) 감감坎坎은 수고로움[勞]이다.

유원劉沅은 말한다. (63효에서) 가운데에 호체互體인 진震은 나무이고 간艮은 그침이니, 베개 [枕]의 상이다. 겹쳐진 험난함을 밟는 사이에, 왔다면 아래로 구덩이에 빠지고, 갔다면 위로 구덩 이에 빠지니, (63효는) 그 험난함이 심하도다! 감坎괘에 처함에는 험난함을 벗어남을 공功으로 여 기고, 망동하면 위험을 불러온다. 63효는 자리는 험난한데 성질은 유柔하여, 활동해도 빠져나올

---

10) 之는 此(이것)와 같다. 감감坎坎은 하나의 구덩이가 아님이다. 침枕은 심沈(가라앉다)의 가차이니, 깊이[深] 이다. 담窞과 함陷(빠지다)은 같다. 勿用은 勿動과 같다. 高亨, 276頁.

수 없고, 다만 험난함만을 더하니, 따라서 (63효는) 활동하지 말라고 경계한다.

왕인지王引之는 말한다. 용用은, 『설문해자說文解字』에 의하면, '시행할 수 있음'을 말한다. 겹쳐진 험난한 경우를 당하면, 진퇴進退가 모두 위험하니, 따라서 (63효에서는) 시행해서는 안 된다.

리스전李土鉁은 말한다. 위로 외괘인 감坎을 받드니, 따라서 (63효는) 험난하다. 아래로 내괘의 감坎을 올라탔으니, 따라서 (63효는) 베개[枕]이다. 불안을 의지한 상이니, (63효는) 시행할 수 없다.

마치창馬其昶은 말한다. 92효의 양은 물[水]이고, 64효 음은 모두 감坎이다. 가서 공功있는 것은 물이지, 감坎은 아니다. '이렇게 다수의 곤경이 옴[來之坎坎]'은 물이 범람하여 충돌함을 말한다. (63효는) 험난하고 또한 깊으니, ([육덕명陸德明의] 『경전석문經典釋文』에 의하면, 침枕은, 고문古文에서는 심沈[빠지다]이다.) 심沈은 물속에 빠짐이다. 물은 움직임[動]이 공功이 되고, 감坎은 고요함[靜]이 공이다. 구덩이[坎]가 자주 바뀌어 물이 반드시 터지게 되면, 구덩이가 아닌 것도 또한 구덩이에 들어오기에, 따라서 (63효는) '공功이 없다.'라고 말한다. 초6효가 구덩이에 들어오니, 그 함정은 깊고; 63효가 구덩이에 들어오니, 그 함정은 넓다. 물용勿用은 변하지 않음[不變]을 말한다. 92효의 물이 95효에 흘러서 돌아가고, 63, 64효는 비교를 당하게 되니, 따라서 모두 양陽을 변화시켜 (63효에서는) 그 행동을 막을 수 없다.

육사효: 술동이, 쌀밥은 질그릇을 썼고, (이것들을) 집어넣거나 꺼내는 데는 (감옥의) 창으로 하였으니, (죄인은) 마침내 허물이 없어졌다.

[六四, 樽酒簋貳用缶, 納約自牖,[11) 終无咎.]

상에서 말한다. (죄인들에게 제공되는) "술과 밥"은, 강剛[관리]과 유柔[죄수들]의 교류이다.

[象曰: "樽酒簋貳," 剛柔際也.[12)]

우번虞翻은 말한다. (호체互體인) 진震은 제기祭器를 주관하기에, 따라서 (64효에서) 술동이나 쌀밥을 갖는다. 감坎은 술[酒]이고, 궤簋는 기장[黍]과 피[稷]를 담는 그릇이다.

왕필王弼(226-249)은 말한다. 한 동이의 술, '두개의 쌀밥[二簋]', 질그릇은 이것을 통해 들어오

---

11) 준樽은 술 담는 그릇이니 지금의 주호酒壺이다. 궤簋는 밥 담는 그릇이다. 이貳는 마땅히 자資로 보아야 하고, 資는 자粢의 가차이니, 미반米飯(쌀밥)이다. 부缶는 질그릇인데, 준樽(동이)이나, 궤簋(쌀밥)으로 썼 였다. 납納은 송입送入(들여보냄)이다. 약約은 탁擢으로 읽어야하니, 擢은 뽑아냄이다. 유牖는 창이다. 高亨, 277頁.

12) 際는 교제이다. 64효는 음이니 柔이고 95효는 양이니 剛이다. 高亨, 상동.

고 (이것들을) 걷는 데는 스스로 창문으로 바쳤으니, 이에 왕공王公들에게 음식을 드릴 수 있었고, 종묘宗廟에도 (제물祭物을) 올렸으니, 따라서 (64효에서는) 마침내 허물이 없어졌다. 강유剛柔가 서로 돕고 서로 친하니, (64효에서는) 이를 교제라고 말한다.

임율林栗(12세기, 남송南宋시대 역학자)은 말한다. 하나의 술동이와 2개의 쌀밥은, 간단하고 비루鄙陋할 것이다. 군자는 이것을 예禮로 여기고, 귀신들은 이것으로 흠향歆饗하는데, (64효에서는) 그 정성됨을 귀하게 본다.

유원劉沅은 말한다. 64효는 변하고, 호체互體는 이離와 손巽인데, 손巽은 나무가 되며, 이離는 중간이 허虛하니, 술동이[樽]의 상이다. 감坎은 물이니, 술의 상象이다. (호체互體인) 진震은 대나무[竹]이고, 궤簋는 대나무그릇인데, 궤이簋貳는 거꾸로 된 구절[句]이다. '장군[缶]'은 질그릇인데, 술[酒]과 장醬을 담을 수 있다. 약約은 줄[繩]인데, 변화된 손巽도 줄이 된다. 담[牆]에 있으면 들창[유牖]이고, 벽에 있으니 창牕인데, 92효가 95효에 이르니 가운데가 허虛한 창[牖]의 상이다. 험난함에서 빠져나오는 길은 반드시 강유剛柔가 서로 도와야 하니, 95효는 강덕剛德으로 험난함에서 빠져나와서 아래에서 64효를 찾을 수 있다. 64효는 유柔로써 유柔(의 자리)에 있으니, 위로 임금과 친밀하고, 문채 많음[繁文]을 버리고 정성스러움[곤지悃摯]으로 나아간다. (64효는) 검박儉薄한 것이나 정情을 통할 수 있으니, 강유剛柔가 서로 돕기에, 마침내 험난함을 구제하여 허물이 없을 수 있다.

왕인지王引之는 말한다. (『예기禮記』의) 「예기禮器」편에서, '[옛날 자남子男은 향례鄕禮에 따라세] 술을 다섯 번 올리고, 큰 술동이[缶]는 문밖에 놓고, 큰 주전자[壺]는 문안에 놓는다.'라고[13] 했다. 이 큰 술동이가 동이[樽]가 될 수 있다. 또 '[제사 지낼 때] 주발(盆)에 반찬을 담고, 병瓶에 술을 담다.'라고[14] 했는데, 『예기정의禮記正義』에서, '분盆은 동이[缶]이다.'라고 말한다. '주발에 담는 것'은 기장[黍]을 동이에 담아서 보簠(그릇, 祭器)와 궤簋(그릇, 祭器)를 대신하였다. (그렇다면) 용부用缶는 동이[缶]로 술 단지를 삼고, 또한 동이[缶]로 궤簋를 삼은 것이다.

요배중姚配中(1792-1844)은 말한다. 『예기禮記』소疏에서, '밖의 신神에게는 기와[瓦]와 궤簋를 쓰고, 종묘宗廟에는 나무를 씀이 합당하다.'라고 말한다. 『시詩』소疏에서, (『주례周禮』의) 「고공기考工記」에, '옹기장이[방인㫃人]가 궤簋를 만든다.'라고[15] 말하니, 궤簋는 질그릇이니, 방안에서 제

---

13) '五獻之尊: 門外缶, 門內壺.', 『禮記今註今譯』, 「禮器」篇, 王夢鷗註譯, 上冊, 상동, 318頁.

14) '盛於盆, 尊於瓶.', 『禮記今註今譯』, 「禮器」篇, 王夢鷗註譯, 上冊, 상동, 321頁.

15) '㫃人爲簋.', 『周禮今註今譯』, 「冬官考工記」下, 林尹註譯, 상동, 463頁.

사를 지내고, 창 아래에 놓는다. 64효는 (음의) 자리를 얻었으니, 신神이 그것을 형통하게 하기에, 따라서 (64효는) 허물이 없다[无咎].

리스전李士鉁은 말한다. 64효에서 음이 겹치기에 따라서 둘이고, 궤簋로 동이[缶]를 대신하니, 그 바탕[質]을 드러낸 것이다. 꾸밈[文]이 아니라, 실實로써 하늘에 응하고, 꽃이 아니라, 정성[誠]으로 임금을 섬긴다. (64효에서는) 동이의 술이 비록 박하고, 궤簋가 둘이니 비록 적고, 동이를 씀이 비록 소박하나, 또한 정성과 공경을 달성하고, 잔치의 예禮를 행하기에는 충족하다. 창[牖]은 밝음을 통하게 하고, 끌어냄[約]은 자기의 성의誠意를 달성하였으니, 곧 임금의 밝음[明]에 통했고, 그의 영명함을 열었으니, 대도大道를 이끈 것이다. 이것은 군자의 선법善法에 맞는다. 맹자는, 제齊나라 왕이 좋아하는 것을 배척하지 않았고, 완곡하게 이끌어서, 미혹됨을 깨우치게 할 수 있었다.

마치창馬其昶은 말한다. 『한서漢書』, 「오행지五行志」에서, "물은 북방北方인데, 끝내 만물을 감추고 있다. 그것은 인도人道에 있어서, 명命이 끝나면 몸을 마무리 짓고, 정신은 흐트러지니, 성인은 종묘宗廟를 지어서 혼기魂氣를 수습하고, 춘추春秋로 제사 지내니, 효도孝道를 끝마친다. 왕이 즉위卽位하여, 반드시 교외에서 천지天地에게 제사 드리고, 신神과 토지 신[祇]에게 기도하며, 산천山川에 제사하며…, 신중히 재계齋戒를 하고, … 음기陰氣를 순종하여 받드는 것이다."라고[16] 말하였다. 감坎 가운데는 제사를 많이 말하니, 이것(64효)이 그 뜻을 잘 얻었다. 신도神道는 사람과는 멀고, (64효에서) 제사만이 음양이 교제하는 때[時]이다. 95효는 강중剛中인데, 64효는 유유柔로써 그와 교제하니, 귀신이 흠향歆饗하고, (64효에서) 믿음이 있으니 마음만이 형통한다. 준주樽酒 두 자字는 구句가 되며, 주酒, 부缶, 유牖는 운韻이다.

• **나의 견해**: 옛사람들의 제사의 품격은 풍성함만이 아니고 정성[誠]이며, 화려함만이 아니고 소박함이다. 밝은 믿음이 있다면, 비록 산과 계곡의 풀, 개구리밥[蘋]과 마름[藻]이라도 광주리와 가마솥에 담아서, 빗물이라도, 모두 먹을 수 있고 (제사에) 올릴 수 있다. 그러므로 『시詩』에서, '어디에도 제단이 없을까? 종실宗室의 창문 아래에.'라고[17] 읊었는데, 평시에 이와 같았으니, 하물며 매우 험난함을 당하여 교제하는 중이라면, '주고받음[約]'을 따르지 않을 수 있겠는가? '주고

16) '水, 北方, 終臧萬物者也. 其於人道, 命終而形臧, 精神放越, 聖人爲之宗廟以收魂氣, 春秋祭祀, 以終孝道. 王者卽位, 必郊祀天地, 禱祈神祇, 望秩山川. … 愼其齋戒, … 所以順事陰氣, 和神人也.', 『漢書』, 「五行志」, 五冊, 班固撰, 北京: 中華書局, 1975, 1342頁.
17) '于以奠之? 宗室牖下.', 『詩經譯注』, 「召南」, 「采蘋」, 袁梅著, 상동, 104頁.

받음'을 잃는 일은 드물었으니, 따라서 (64효는) 끝에는 허물이 없다.

구오효: 구덩이는 차지 않았는데, 작은 언덕은 이미 평평해졌으니, (이는 많은 것을 취해 적은 것을 보탠 것이니) 허물은 없다.

[九五, 坎不盈, 祇旣平,18) 无咎.]

상에서 말한다. (흙으로) "구덩이가 메워지지 않은 것"은, 정도正道가 아직 크지 않은 것이다.

[象曰: "坎不盈," 中未大也.19)]

소식蘇軾은 말한다. (95효에서) 중中은 감坎(구덩이)을 말한다. (95효에서) '미대未大'는 (물이 구덩이[坎]에) 차지 않음을 말한다. (물이 구덩이[坎]에) 차면 사람들이 제거하고, 차지 않았으면 사람들이 (더) 붓는다.

(주희의)『주자어류朱子語類』에서 말한다. (95효에서) 평평하면 이것은 중中을 얻음이다.

혜사기惠士奇(1671-1741)는 말한다.『노자老子』에서, '도道를 가진 이는 채우려하지[盈] 않는다.'라고20) 말하였다. (95효에서) '크게 참[大盈]'은 빈 것 같아도, 그것을 씀에는 끝이 없다.

유원劉沅은 말한다. 험난함은 자만自滿에서 생기나, 95효의 강중剛中은 험중險中에 있으나 스스로 만족하지 않으니, 감坎의 물이 채우지 않아도, 알맞게 평평함을 얻음과 같다. (95효는) 채우지 않음으로 처하니, 이에 험난함을 평정할 수 있다.

후왠쥔胡遠濬(1869-1931)은 말한다. 사람들은 다만 물의 성질은 아래로 흐름만을 보는데, 물의 흐름은 진실로 발원처[源]와 평평함을 모른다. (95효에서) 평평함으로 쏠려가지 않게 하면, 움푹한 곳으로 갈 것이니, 범람하지 않게 하는 걱정을 가질 수 있겠는가? 이미 그렇다면, 다한 것이고 끝이다. (95효에서) 끝내 평평해짐은 물이 (가득) 차지 않기 때문이 아닐까?

리스전李士鉁은 말한다. 물이 흐르면 이곳은 차고, 저곳은 모자라니, 평평해질 수가 없다. 95효의 발원처는 먼데서 길게 흘러온 것이니, 흘러감이 끝이지 않았기에, 따라서 (95효에서) 구덩이 가운데 (물이 가득) 참을 볼 수 없고, 높거나 아래거나, 얕거나 깊거나 또한 평평하지 않음이 없다. (95효에서) 오직 차지 않았기에 따라서 평평할 수 있고, 오직 평평하기에 따라서 찰 수가 없으니, 이렇게 되면 험난함을 변화시켜 평평하게 될 것이니, 무슨 허물이 있겠는가? 그러므로 지극한

---

18) 祇는 坻의 가차이니, 소구小丘(작은 언덕)이다. 高亨, 277頁.

19) 中은 正이다. 高亨, 278頁.

20) '保此道者不欲盈.',『老子譯讀』15章, 任繼愈著, 상동, 34頁.

학문은 그 정신은 반드시 평평함이 되고; 천하를 다스림에 백성의 정서가 반드시 평평해진다. 물이 평평함은 덕의 왕성함이다. 『장자莊子』에서, '평평한 것이 복福이고, 남는 것은 해害이다.'라고[21] 말하였다. 95효에서 평평하게 할 수 있는데, 무슨 험난함을 염려해야 하는가?

마치창馬其昶은 말한다. 92효는 물의 발원처이고, 95효는 빈 데로 돌아가는 곳이 된다. 92효는 적은 얼음을 구하여 중中에서 나오고, 95효에 이르니 중中이나 아직 크지 않은데, 소위 모든 하천이 귀결되었으니, 어느 때 그쳐서 차지 못한 것도 알지 못하는 것이다. (95효에서) 양이 중中에서 자리를 얻었기에, 따라서 (95효에서는 물이) 찼으나 차지 않았고, 크나 아직 크지 않다.

상육효: (죄인을) 검은 줄로 묶어서, 감옥에 처 밖아 두고, 3년이 되어도 석방하지 않으니, 흉이다.

[上六, 係用徽纆, 寘于叢棘, 三歲不得,[22] 凶.]

유표劉表는 말한다. (상6효에서) 줄이 세 가닥은 휘徽이고, 2가닥은 묵纆이니, 모두 동아줄[索]의 이름이다.

(순상荀爽 등의) 『구가역九家易』에서 말한다. "감坎은 감옥[叢棘]이 되고,"[23] 법률이니, 최고로 3년을 죄주고 석방한다.

유원劉沅은 말한다. 계係는 묶는 것이다. 감坎은 흑색이고, 바뀐 손巽은 동아줄이니, '죄인을 묶는 밧줄[徽纆]'의 상이다. 전寘은 치置이니, 죄인을 가둠의 뜻이다. 감坎은 딱딱하고 시기심이 많으니, 극棘(가시나무)이고, 겹쳐진 감坎은 감옥[叢棘]이다.

상에서 말한다. "상6효"[관리들]가 정도正道를 상실했기에, (죄인들의) "흉한 벌"이 "삼년"이나 되었다.

[象曰: "上六"失道, "凶""三歲"也.]

정현鄭玄(127-200)은 말한다. 이것(상6효)은 천자天子가 (조정의 일을 처리하는) 외조外朝에서 (관료들을) 아홉 등급으로 구분[九棘]하는 상이다. 외조外朝는 일을 따져 묻는 곳이다. 왼쪽의 '무

---

21) '平爲福, 有餘爲害者.', 『莊子淺注』, 「盜跖」第二十九, 曹礎基著, 北京: 中華書局, 1992, 460頁.
22) 係는 묶음이다. 휘묵徽纆은 검은 새끼줄인데, 죄인을 묶는데 쓴다. 전寘은 치置(두다)이다. 총극叢棘은 감옥이다. 득得은 置의 가차이다. 『說文解字』에 의하면, 置는 사赦(용서)이니, 석방釋放이다. 高亨, 278頁.
23) '坎篇: …爲叢棘.', 荀爽, 『九家易解』, #205, 中國哲學書電子化計劃, https://ctext.org 참조.

늬 진 돌[嘉石](에 세워진 사람)은 일률로 (죄를) 면한 백성들이다. 오른쪽의 '폐 같은 돌[肺石]'은 (원통함을 호소하는) 자리이니, 궁박한 백성들을 통하게 한다. 상6효는 양陽을 올라탔으나 죄가 있으니, 검은 줄[徽纆]로 묶어서, 감옥[叢棘]에 구금하였고, 공경公卿 이하를 시켜서 (그 죄를) 논의 케 하고, 사람을 해친 자는 감옥[圜土]에 가두고, 직무를 내리고, 엄명한 형벌로써 그를 부끄럽게 하였다. 복종한 자에게, 최고로 3년을 죄주고 사면하고, 중간은 2년을 죄주고 사면하며, 아래는 1 년을 죄주고 사면하였다. 복종하지 않는 자는, 스스로 생각하여 정도正道를 얻을 수 없으니, 끝내 스스로 개선할 수 없었기에, 감옥을 나와서는 죽였다. 그러므로 (상6효는) 흉이다.

심기원沈起元(1685-1763)은 말한다. 감坎이 겹쳐질 때, 아래면 옆으로 범람하고, 위로는 하늘까 지 물이 차오르니, 모두 물이 하해河海를 떠나서 땅에서 멋대로 가는 길이기에, 따라서 초6, 상6효 는 모두 '길을 잃었다[失道]'라고 말한다.

유원劉沅은 말한다. 상6효는 험난함의 정점에 있으니, 음유陰柔가 바르지 않고, '3년을 묶여있 으나 험난함을 벗어나지 못한 도道'이니, 과실過失이 날로 깊어지는 상象이다. 스스로 얻은 것을 탄식하고, 일찍이 험난함에서 벗어나기를 구한다. '3년이 (지났으나) 석방되지 않았으니, 주周나 라 관제官制에서 감옥[圜]을 관리함에, 개선되지 않고 감옥을 나온 자는 죽인다.'라고 말한다. '얻 지 못함[不得]'은 곧 '도道를 잃음[失道]'이다. 성인은 험난함의 초기에는 곧 '실도失道'를 경계하고; 험난함의 끝에는 그가 도道를 얻기를 바라니, 백성을 구제하려는 뜻이 (상6효에서는) 지극한 것 이다.

리스전李士鉁은 말한다. 호체互體인 간艮은 손[手]이니 묶임이고, 진震과 간艮 또한 나무이니, 따 라서 감옥[叢棘]이다. (상6효는) 옥獄 밖에 가시나무를 심고서, 감옥[촘촘한 가시나무叢棘]에 (죄인 을) 가두니, 감옥에 들어가는 상이다. 3년은 3효爻이니, 오랜 기간을 말한다. 초6효는 내괘에 있 으니, 그 험난함은 마음에 있고, 천리天理가 쇠망하여, 마음이 험난함에 빠져서 나오지 못함이니, 마음이 죽은 상이다. 상6효는 외괘에 있으니, 그 험난함이 몸에 있고, 궁흉窮凶이 매우 악惡하니, 몸이 험난함에 빠져서 나오지 못함이라, (상6효는) 몸이 죽는 상인데, 그의 죄는 공평하다.

• **나의 견해**: 천시天時나 인사人事는 평평하여 기울어짐이 없을 수 없다. 험지險地를 다니는 것 이 평지를 다님과 같이 할 수 있다면, 또한 보통 때와 같게 보는 것이니, 학습이란 무엇인가? 이 (감坎)괘는 어려움[坎]에 익숙함이니, 곧 사람에게 험난함에 대처하는 방법을 가르치는 것이다, 변 變을 만났으나 자기의 항상 됨을 잃지 않았으면, 마음의 형통을 높은 것으로 보는 것이니, 물은

흘러가도 마음은 다투지 않음과 같으니, 또한 (감坎괘는) 무슨 험난함에도 처하지 못할 것인가? 천지天地에는 자연스런 험난함이 있으니, 사람이 만든 것이 아니다. 나라를 가진 이는 험난함을 설치하여 자신을 지키니, 인위人爲에 묶인 것이나, 그러나 다만 나라를 지키기에 쓸 뿐, 남의 나라를 침입하지 않으니, 때[時]에 따라서 잘 사용할 뿐이다. (감坎괘) 상전象傳에서 '어려운 일을 연습함[習坎]'을 내걸었으니, 변變으로서가 아니라, 일상으로 본 것이고, 덕행德行을 그것의 기반으로 하였다. (감坎괘에서) 옛날 일을 가르친 것이 확실한 징험이다. (감坎괘에서는) 육덕六德, 육행六行, 육예六藝를 가르치고, 체體와 용用을 구비하였고, 본말本末이 모두 갖추었으니, 그 일들을 연습하지 않고서는 가르칠 수 없다. 험난함은 하나의 길이 아닌데, 험난한 경지[坎窞]가 유행하고, 빈 곳이 차야만 (앞으로) 나아가니, 어려움을 연습하지 않았으면, 구제 받을 수 없다. 구렁텅이[坎]에 들어가는 것은 흉하고, 구렁텅이에서 나오면 허물이 없다. 92효에서 '적게 얻고', 63효에서 '물용勿用'하고, 64효에서 '들여보냄과 걷어냄[納約]'을 말하고, 95효에서 '채우지 않음[不盈]'은 모두 험난할 때에 처하면서 소용되는 것이다. (감坎괘에는,) 위와 아래에서 음陰이 겹치고, 일양一陽이 (이에) 깊이 빠졌는데, 지성至誠하여 망령妄靈됨이 없고, 스스로 자만自滿자대自大하지 않는다. (감坎괘는) 있어도 없는 것 같고, 실實해도 빈 것[虛] 같고, 스스로를 부족한 것으로 보나, 남보다 과대한 것이 크도다! (감坎괘에서) 배우면서 때때로 그것을 익히고, 학문이 깊을 때 의기는 평온하니, 비록 세정世情이 험악해도, 또한 장차 변화하여 순탄하다. 군자는 평이함에 살면서 명命을 가다리는데, 위험한 일을 행하여 요행을 바라는 소인들과는 크게 다르니, 따라서 (감坎괘는) 천하의 불평함을 평탄하게 할 수 있다. 포윤抱潤(馬其昶)선생이 『한서漢書』, 「오행지五行志」에서 '강강剛, 유유柔, 제際' 3자字를 인용하여, 증명했으니, 달리 터득함을 가지나, (감坎괘는) 음양이 교제하는 도리로서, 사람[人]과 신神의 관계까지 미치게 되면, 설명이 가장 정확하게 된다.

30. 이離괘 ䷝

이離괘: (사람이) 이인利人의 올바름에 붙으면 형통한다. 암소를 기르니 길하다.
[離, 利貞, 亨. 畜牝牛吉.[1)]]

우번虞翻(164-233)은 말한다. (이離괘에서) 축畜은 기름(養)이다. 곤坤은 암소[牝牛]이다.

(정이의)『이천역전伊川易傳』에서 말한다. (이離괘는) 그것의 순덕順德을 기름을 말한다.

이순신李舜臣(12세기, 남송南宋의 역학자)은 말한다. 축畜은 방목하여 그침을 말한다. 이離(불, 火)의 성질은 올라가니, 만약 기르지 않는다면, (이離괘는) 위를 태우는 근심을 면할 수 없다.

유원劉沅(1767-1855)은 말한다. (이離괘에서) 암소는 건장하고 순하니, 실로 암소가 스스로 내놓은 것이며, (이離괘는) 유순함에 강건함을 가졌으니, 사람이 광채를 감추고 덕을 잉태함이 이와 같다. 이離괘 '가운데[中]' 음은 곤체坤體를 본으로 삼으니, 따라서 (이離괘는) 암말[牝牛]의 상이다.

리스전李士鉁(1851-1926)은 말한다. (이離괘에서) 강유剛柔가 서로 구제하고, 유柔가 중中을 얻고 62효가 바름[正]을 얻었기에, 따라서 (이離괘는) 바르니 이롭다[利貞]. (이離괘는) 음양이 통하니 따라서 형통하다. 곤坤은 소이고, 소는 순덕順德을 가졌으니, 암소는 더욱 순하며, 덕은 하늘에 제사지낼만하고, 공功은 사람에게 이로울 수 있다. (암소는) '주밀周密하고 세심細心함[精心]'으로 길러서 쓰임에 대비하기에, 따라서 (이離괘는) 길하다. 예禮는 이유 없이 소를 죽이지 않는다. 『주례周禮』에서, '우인牛人은 나라의 관우官牛를 기르는 것을 맡는다.'라고[2)] 말했다. 이離는 임금의 상이니, 따라서 이 소를 기른다. 암컷[牝]은 '낳고 낳아서[生生]' 끝이 없음의 뜻을 가지는데, (이離괘는) 이離가 겹치니 서로 이어지는 상이다. (이것은) 또한 '군도君道는 마땅히 중中의 유덕柔德을 양성하여, 하늘을 받들고 만사民事에 진심盡心진력盡力하여서, 항상 그 자리를 보전하니, (이離괘는) 길함'을 알린다.

마치창馬其昶(1855-1930)은 말한다. 곤坤은 일단 건乾을 통하여 이離괘를 이루었으니, (이離괘

---

1) 이離는 괘명이다. 이離는 부려附麗(붙음)이다. 貞은 정正이다. 축畜은 기름(養)이다. 高亨, 280頁.

2) '牛人掌養國之公牛.'『周禮今註今譯』,「地官司徒」第二, 林尹註譯, 臺北: 臺灣商務印書館, 1974, 128頁.

는) 불이 되고 태양(日)이 되니, 그 성질은 강열하다. 이 때문에 이離의 집에서 그 순덕順德을 가르면 (이離괘는) 길하다. 왕택王澤(2세기, 동한東漢시대 학자)은, 『상서尚書』에서, "화순하여 친할 사람들을 추숭推崇할 것"을[3] 말하였다.

단전에서 말한다. 이離괘는, 의지함이다. 해와 달이 하늘에 붙어있다. 모든 곡식들과 초목이 땅에 붙어있다. (이離괘는) 거듭된 밝음으로 정도正道에 의지하여, 이에 천하를 변화시켜 이루어주니, 부드러움(柔)이 중정中正한 (도리에) 붙어있어서, 따라서 "형통"하다. 이 때문에 "암소를 양육하니 길함"이다.

[彖曰:「離」, 麗也. 日月麗乎天. 百穀草木麗乎土. 重明以麗乎正, 乃化成天下, 柔麗乎中正, 故"亨," 是以"畜牝牛吉"也.[4]]

(장재의) 『횡거역설橫渠易說』에서 말한다. 양陽이 음에 빠지면 물(坎)이 되고, 음陰에 붙으면(의지하면) 불(離)이 된다.

주진朱震(1072-1138)은 말한다. 이離괘 가운데의 음은, 곧 곤坤 가운데(中)의 음이다. (이離괘는) 강정剛正함으로 음을 키우니, 중정中正함에 붙었기에, 따라서 (이離괘는) 형통하다.

유원劉沅은 말한다. 불은 일정한 모양이 없으니, 사물에 붙어서 밝다. 「서괘序卦」전에서, '감坎은 빠짐이다. 빠지면 반드시 붙게 되니, 따라서 이離괘로 이것을 받았다.'라고[5] 말한다. 이것은 순서의 뜻으로 말한 것이지, 본괘本卦의 바른 뜻은 아니다. 감坎은 안은 양인데 밖은 음으로 '본성[性]'을 함축하고; 이離는 안은 음인데 밖은 양이니, 정情을 드러낸다. 명암明暗이 서로 대신하고, 음양은 의존한다. 천지天地의 기氣는 음이 양을 품고 있고, 양은 뱉어놓는데, 그러나 그들의 체용體用은 서로 도우니, 곧 '꾸밈[文]'과 '바탕[質]'이 서로 돕고 있다. (이離괘에는) 일음一陰이 상하의 양 가운데 붙어있으니, 허명虛明의 상이다. 2유柔가 4양 가운데 붙어있어서, 그 중정中正을 얻었는데, 밝음을 스스로 쓰지 않으니, 그 밝음이 더욱 드러난다. 사람도 바른[正] 문채의 광명을 얻을 수 있으면, 천하를 변화하여 이룰 수 있다. 일월日月이하 4구句는 이離의 상을 극찬하였고, 유려柔麗 이하는 단사象詞를 해석한 것이다.

---

3) '高明柔克.', 『今古文尙書全譯』, 「洪範」篇, 江灝, 錢宗武譯注, 上同, 240頁.

4) 여麗는 附著(의지하다, 붙다)이다. 土는 地이다. 離괘의 62효와 65는 中位에 있으니, '柔麗乎中正'이다. 高亨, 281頁.

5) '坎者, 陷也. 陷必有所麗, 故受之以離.' 「序卦」傳, 高亨, 647頁.

리스전李士鉁은 말한다. 불은 밖은 실實하나 안은 허虛한 것이고, 실實은 불이 물건을 들어냄을 나타내고, 허한 것은 불이 유행함을 나타낸다. 비어야만 밝음[明]을 생기게 하니, 이離의 밝음은 중효中爻의 빈 것[虛] 때문이다. 이離는 곤坤에 뿌리박고 있으나 건乾과 사귀니, 곤坤의 둘째딸[中女]이고 건乾보다 늦게 행사後天한다. 건곤乾坤은 음양의 정체正體이고, 감리坎離는 건곤의 대용大用이니, 따라서 (『주역』의) 상경上經은 건곤乾坤에서 시작하여, 감리坎離로 끝난다. 감坎은 가운데가 실實하니 정성[誠]이다. 이離는 가운데가 비었으니, 밝음[明]이다. 감리坎離 가운데에 '지성至誠의 마음과 완미한 덕성德性[誠明]'의 도道가 깃들었으니, 이것은 성인의 심학心學이라 하겠다!

마치창馬其昶은 말한다. 밝음[明]이 겹친 것은 65효이다. '정도正道에 붙어있음[麗乎正]'은 이離괘가 왕공王公들의 정위正位임을 말하고, 곤坤의 65효는 정위正位가 몸[體]에 있음을 말한다. 진희이陳希夷(陳搏, 871-989)선생은, 「건乾이 감坎에게 '바른 본성[正性]'을 주었고, 곤坤은 이離에게 '바른 본성[正性]'을 주었다」라고 말했다. (이離괘는) 하나의 큰 광명이니, 만물과 함께 서로 볼 수 있기에, 따라서 (이離괘는) 변화하여 천하를 이룬다.

상전에서 말한다. 밝음이 겹쳐서 작동함이, 이離괘이다. 대인大人은 광명을 이어서 사방을 비춘다.

[象曰: 明兩作, "離." 大人以繼明照于四方.6)]

정현鄭玄(127-200)은 말한다. (이離괘에서) 작作은 일어남[起]이다.

왕필王弼(226-249)은 말한다. (이離괘에서) 계繼는 '그치지 않음'을 말한다. '밝게 비침이 서로 이어짐[明照相繼]'은 명량明亮함이 그치지 않음이다.

(정이의)『이천역전伊川易傳』에서 말한다. 무릇 밝음으로 서로 이음은, 모두 밝음을 잇는 것이다. (이離괘에서) 그 큰 것을 들자면, 세습世襲으로 '비춤[照]'을 이어감을 말한다.

(주희의)『주자어류朱子語類』에서 말한다. (이離괘 상象전의) '양작兩作'은 거듭 옴을 말하는 것과 같다. 오늘 밝고, 내일 또 밝음이다.

유원劉沅은 말한다. 불꽃이 위로 올라감이 작作이니, 두 개의 이離가 붙어서 문채의 광명을 이룬다. 대인大人은 대덕大德을 가진 사람이다. 아래에 있으면 성인이고, 위에 있으며 임금이다. 명덕明德은 하늘과 같기에, 따라서 하늘을 이어서 천하를 비출 수 있으니, 안으로 미질美質을 포함

---

6) 「易傳」에서 해[日]를 大明이라 칭하고, 또한 해를 明이라고 칭한다. 作은 올라옴이다. 아래의 明자는 사람의 광명을 가리킨다. 高亨, 281頁.

하고 밖으로 발육하니, (이離괘에서는) 사방으로 비추고 밝지 않은 땅이 없다.

　또 (유원은) 말한다. 물, 불은 천지의 핵심[精]이니, 금金목木은 곧 물, 불의 신神이며, 흙[土]이라면, 괘卦에 체현體現되어 소양少陽, 노양老陽, 소음少陰, 노음老陰의 네 효상爻象을 가리킨다. 사람은 물, 불을 잡고서 정신으로 삼고, 신神은 마음[心]에 감추었으니, 마음은 본래 불의 핵심[精]이다. 땅 둘[二]은 불을 생기게 하고, 하늘 일곱[七]은 그것을 이루는 것이다. 이離괘는 2양陽은 건체乾體이나, 그 가운데 일음一陰은 곤坤이다. 음이 주인이니 양은 도리어 밖에 있기에, 따라서 (이離괘에서) 인심人心은 쉽게 혼탁해지니 밝기가 어렵다. 이離 중에 음사陰私가 제거되지 않으면, 천리天理의 순전함은 회복되지 않기에, 따라서 (이離괘에서) '본성[性]'을 회복하는 공功이 천지天地의 제조制造[製造]를 체현하여 신명神明의 덕에 통하지 못하였으니, '본성[性]'을 온전히 함이 없었다. (이離괘에서) 마음이 이理에 붙어있으면 바르게 되어 밝은데, 밝으면 통하기에, 따라서 (이離괘는) 형통하다. 욕欲에 붙어있으면 사악해져서 혼탁해지고, 혼탁하면 막힌다. 곤坤은 아들[子]이 되고 어미 소[母牛]가 되니, 암말은 양陽을 잉태하는 것이다. 이離 가운데 일음一陰은 곤坤을 근본으로 하니, 기氣를 오로지하여 유柔를 만든 것이니, 이것이 성찰省察[靜存]하는 도리[理]이다. 62, 65효가 모두 유柔로써 중정中正에 붙어있다. 불의 쓰임은 서로 얻어서 더욱 빛나니, 계속하여 빛이 채워지기에, 따라서 '밝음이 두 번 일어나는 것이 이離괘이다.'라고 말한다.

　심선등沈善登(1830-1902)은 말한다. (『주역』의) 상경上經은 건乾을 머리로 해서 이離괘로 끝나니, 해[大明]를 종시終始로 한다. 전체 경전이 겹친 해가 바름[正]에 붙어서, 순일純一한 태초의 광명인 천도天道로 귀결된다. 그러므로 (이離괘의) 상전象傳에서, 홀로 대인大人이라 칭하였고, 충족하고 광휘光輝가 있으니 큼[大]이다.

　짱홍즈張洪之(1881-1969)는 말한다. 『상서尚書』에서, '제帝요堯 때에, 청명한 지혜와, … 그의 광휘光輝가 사방四方에 충만하고, 상하上下에 이르렀다.'라고[7] 하였고, '임금 순舜은 이름은 중화重華이고 성명聖明은 제요帝堯와 상합相合하고, (그의) 깊은 지혜와 문채 있는 광채'라고[8] 칭했으니, 이것은 두 세대에 광명을 이었음을 말한다. '해와 달은 밝게 빛나고, 날이 밝으면 다음날이 찾아온다.'라는[9] 노래로써 증명하니, 더욱 믿음직하다. (『상서尚書』의)「중회지고仲虺之誥」편에서, '덕은 날로 새로워지고, 만국萬國은 돌아온다.'라고[10] 했고; '(탕湯임금은) 영명한 천명天命을 중시

　7) '堯, 欽命…, 光被四表, 格于上下.', 『今古文尚書全譯』,「堯典」, 江灝, 錢宗武譯注, 상동, 14頁.

　8) '帝舜曰重華, 協于帝, 濬哲文明.', 『今古文尚書全譯』,「舜典」, 江灝, 錢宗武譯注, 상동, 23頁.

　9) '日月光華, 旦復旦兮!', 『尚書大傳』卷一,「虞夏傳」, 漢 伏勝撰, 상동, 17a頁.

함'이라고[11] 하니, "탕湯은 쟁반의 '새김[銘]'에서, 진실로 날로 새로워지니, 나날이 새롭고 또 날이 새롭다."라고[12] 했으니, 이것은 한 몸이 밝음을 이었음을 말한 것이다.

- **나의 견해**: 『시詩』에서, '문왕文王은 장중莊重하고 온화하고 또한 미선美善한데, 아아, 마음은 광명하고 신중하며 스스로 겸손하다!'라고[13] 하였으니, 주희朱熹주注에 의하면, '집緝은 계속이고; 희熙는 광명이다.' 또한 『시詩』에서, '배우고 분발해 나가니, 광명한 지경에 이른다.'라고[14] 말한다. 모두 '밝게 비침[明照]'이 계속됨의 뜻을 취한 것이다.

> **초구효**: (그 사람의) 신발이 금빛이니, 그를 공경하면 허물이 없다.
> [初九, 履錯然, 敬之无咎.[15]]
> **상에서 말한다.** "황금색의 신발을 신은 귀인貴人"을 "존경함"은 재앙을 피하려는 것이다.
> [象曰: "履錯"之"敬," 以辟咎也.[16]]

육희성陸希聲(801-895)은 말한다. (초9효에서) 착착錯着은 착잡錯雜한 모습이다.

왕소소王昭素(904-982)는 말한다, (초9효는) 만물이 상견하는 처음에 처해서는, 착잡한 때에 임하게 된다.

장준張浚(1097-1164)은 말한다. 이離괘의 초9효는 예禮에 따라 시행始行하는데, 초9효는 양강陽剛으로 이離 밝음의 앞[先]에 있으니, 작용은 이離괘에서 예禮를 행할 수 있는 것이다.

조언숙趙彦肅(12세기, 남송南宋 역학자)은 말한다. (초9효는) 활동하여 사물과 사귀니, 공경하지 않으면 사물에 부림을 당하기에, 허물이 생길 것이다. (초9효는) 해가 뜨니 활동하기에, 따라서 이 뜻을 발한 것이다.

이광지李光地(1642-1718)는 말한다. (초9효에서) 공경함[敬]은 인심人心의 아침기운이니, 언제

---

10) '德日新,萬邦惟懷.', 『今古文尚書全譯』, 「仲虺之誥」, 江灝, 錢宗武譯注, 상동, 120頁.

11) '先王顧諟天之明命.', 『今古文尚書全譯』, 「太甲上」, 江灝, 錢宗武譯注, 상동, 136頁.

12) '湯之盤銘曰:「苟日新, 日日新, 又日新.」', 『大學今註今譯』2章, 宋天正註譯, 상동, 11頁.

13) '穆穆文王, 於, 緝熙敬止!', 『詩經譯注』, 「大雅·文王之什·文王」, 袁梅著, 상동, 710頁.

14) '學有緝熙于光明.' 『詩經譯注』, 「周頌」, 「閔予小子之什」, 「敬之」, 袁梅著, 상동, 986頁.

15) 이履는 신발이다. 착착錯着은 황금색의 모양이다. 옛날의 貴人들은 처음에 金色의 신발을 신었다. 사람이 있는데, 그 신발이 금빛으로 누렇다면, 이는 貴人이니, 그를 공경하면 탈이 없다. 高亨, 282頁.

16) 벽辟은 피피避(피하다)의 가차이다. 高亨, 상동.

나 공경할 수 있으면, (초9효는) 어둡지는 않을 것이다.

유원劉沅은 말한다. (초9효는) 괘의 처음에 있으니, 해가 떠오르는 이離괘이다. 아침 해가 처음에 나오니, 여러 활동이 섞이어 일어나기에, 따라서 밟히게 된다[履]. 인심人心의 활동은 불이 처음에 타오르는 것 같으니, 아침 해가 막 올라오면 새벽 기운이 멀리 있지 않기에, (초9효는) 번잡한 일에 임하여 공경하며 그 일을 바로 하니, 허물을 피할 수 있는 것이다. 새벽 기운이 바야흐로 맑으니, (초9효는) 도심道心으로 그 밝음을 오래 보전하기에, 따라서 (초9효는) 허물이 없다. (초9효는) 잘 공경함을 아름답게 보는 상이다.

리스전李士鉁은 말한다. 불은 예禮를 주관하니, 예禮를 이행함이다. 불은 타는 상이다. (초9효에서) 착연錯然은 급히 움직여서 분잡하는 뜻이다. 예禮는 공경에서 시작하고, 공경하면 마음은 해이解弛해지지 않고, 일이 번잡해지는 것을 걱정하지 않으니, (초9효는) 허물을 피할 수 있다. 수需괘 상6효의 경敬은 사람을 공경함이니, 사람이 (잘못을) 범하지 않았으면, 처하기 어려운 사람과도 처할 수 있다. 이履괘 초9효의 공경[敬]은 일을 공경함이니, 일이 실패하지 않으면 대처하기 어려운 일도 대처할 수 있다.

마치창馬其昶은 말한다. 이履는 남방南方의 괘이니, 남방의 즐거운 '모임[聚會]'이 예禮와 합하기에, 따라서 이離괘의 효爻들은 예禮를 많이 말한다. 초9효는 선비[士]이고, 교차하는 공경을 행하니, 선비가 상견하는 예禮이기에, 따라서 '이離괘에서 상견함'을 말한다. (초9효에서) '허물을 피함[辟咎]'은 '바름[正]'을 얻고 변화 없음'을 말한 것이다.

육이효: (사물에) 노란색이 붙었으니, 크게 길하다.
[六二, 黃離, 元吉[17].]
상에서 말한다. "몸에 미덕美德이 붙어있음"은, 중정中正한 도道를 얻은 것이다.
[象曰: "黃離元吉," 得中道也.[18]]

정현鄭玄(127-200)은 말한다. 이離는 불이고, 흙[土]이 자리를 위탁했다. 흙의 색은 노랑이고, 불의 아들이니, 아들이 명덕明德을 가졌기에, (62효는) 그 아비의 도道에 붙을 수 있음을 알려주고 있다.

---

17) 離는 붙음[附麗]이다. 高亨, 282頁.
18) 黃離는 황색이 물건에 붙어있음이니, 黃離는 사람의 몸에 美德이 붙어있음에 비견된다. 상동.

후과侯果(侯行果, 8세기, 당唐 역학자)는 말한다. 이 (62)효는 곤坤의 효爻에 바탕을 두니, 따라서 '노랑이 붙어있음[黃離]'이라 말한다. (이 [62]효는) 와서 중도中道를 얻었으니, 크게 길한 것이다.

곽옹郭雍(1106-1187)은 말한다. 유柔가 중정中正함에 붙어있으니, 62효가 (제 힘을) 다하기에, 따라서 (62효는) 크게 길하니, 뜻은 곤坤괘 65효와 서로 같다.

호후胡煦(1655-1736)는 말한다. 곤坤괘로는 노랑[黃]이고 중中인데, 이離괘의 62효는 곤坤으로 쓰인 것이다. (62효에서) 노랑이 중中에 붙어있으니, 곧 유柔가 중정中正에 붙어있기에, 원元이 중中에서 나온 것이다.

유원劉沅은 말한다. 62효가 괘 가운데 있으니, 해가 중앙에 있는 이離괘이다. (62효는) 중정中正의 덕을 갖추고, 곤坤괘의 '바름[貞]'으로 건원乾元을 가지고 있다. 중도中道는 천지天地의 정도正道이다. (62효는) 그 아름다움이 가운데 있고, 끝없음에 쌓여있으니, 따라서 (62효는) 크게 길하다.

리스전李士鉁은 말한다. (62효는) 음의 '바른 자리[正位]'에서 곤坤의 중기中氣를 얻었으니, 천지의 중화中和한 기氣가 모여서 발한다, 땅의 '바른 색깔[正色]'은 이 (62)효에서 보이며; 곤坤은 건원乾元으로 응결되니, 이 (62)효에서 나타난다. 곤坤은 순전히 '땅의 도[地道]'이니, 따라서 (62효는) 반드시 65효에서 천위天位에 바르게 되어, 비로소 충분히 건원乾元에 응결되고; 이離괘는 곤坤의 중효中爻에 본本을 두며 건乾에 붙어있으니, 따라서 반드시 62효에서 '땅의 자리[地位]'가 바르게 되니, (62효는) 비로소 건원乾元에 응결되기에 충분하다.

야오융까이姚永概(1866-1923)는 말한다. (62효가) '(사물에) 노랑이 붙어있으니 크게 길함[黃離元吉]'은 곧 곤坤의 '노랑 치마이기에 크게 길함[黃裳元吉]'이다. 65효는 노랑치마로서 상괘에서 '바른 자리[正位]'이고, 62효는 또한, (오장五臟 가운데 중간인 심장, 즉) '마음[黃中]'의 도道로써 하괘에 붙어있으니, 의상衣裳을 늘어뜨리고 천하가 다스려지는 상이니, 조정의 예禮를 말하는 것이다.

● **나의 견해**: 의상衣裳의 제도는 건곤乾坤을 법 받은 것이다. 하늘은 검고[玄] 땅은 노라니[黃], 따라서 (62효는) 위는 현의玄衣이고 아래는 황상黃裳이니, 상하의 구분을 변별한 것이다.

구삼효: 해는 기울어 (서쪽하늘에) 붙어있는데, 장군(缶)을 치면서 노래 부르지 않으면, 큰 노인네들은 탄식할 것이니, 흉하도다.
[九三, 日昃之離, 不鼓缶而歌. 則大耋之嗟,[19] 凶.]

19) 일측日昃은 일측日側(해가 기울음)이니, 해가 서쪽에 있음이다. 之는 有와 같다. 고鼓는 침[擊]이다. 부缶

상에서 말한다. "해가 기울어서 (서쪽하늘에) 붙어있는데", 어찌 오래 버틸 수 있겠나!

[象曰: "日昃之離," 何可久也.]

『설문해자說文解字』(許愼撰)에서 『역易』을 인용하여 말한다. (93효에서) 측昃은, 해가 서쪽으로 기울어진 때이다.

정현鄭玄은 말한다. (93효에서) '장군缶'은 악기이다. 대질大耋은 나이가 70이 넘은 노인이다.

순상荀爽(128-190)은 말한다. 처음 나온 해는 출出이고, 다음은 중中이고, 세 번째는 측昃이다.

(정이의) 『이천역전伊川易傳』에서 말한다. 이離괘의 뜻은 인사人事에서 가장 크다. 93효는 하체下體의 끝인데, 이는 앞선 밝음이 다 되어가고, 나중의 밝음이 마땅히 이을 때이니, 사람으로서는 처음이 끝나고, 때로는 바뀌는 것이다. 그러므로 해는 기우는 이離괘이다. 해가 기울면 해는 장차 몰락한다,

유원劉沅은 말한다. 93효는 하괘의 위에 있으니, 해가 기우는 이離괘이다. 이離는 가운데가 비고, 곤坤 흙을 바탕으로 하니, 따라서 장군缶을 나타낸다. 80이 질耋이다. 사람은 항상 늙지만, 몸은 늙었어도 신명神明은 쇠하지 않는다. 93효는 해가 기우는 때이니, 평소에는 아직 명덕明德은 아니어서 사물에 부역하기에, (93효에서) 애락哀樂이 일정하지 않아서 흉함을 알 수 있다. 광명이 빛을 발하면, 늙음이 장차 올 것을 모르니, 예禮에 애락哀樂이 있을 수 있겠는가? 그러므로 '요절과 장수는 둘이 아니니, 몸을 닦아서 기다리는 것이 (93효에서) 명命을 확립하는 것이다.

리스전李士鉁은 말한다. 93효는 중정中正이 아니니, 뜻은 황량하고 때는 지났으니, 막 늦은 밤의 정경을 즐길까 생각하나, 홀연 또한 죽을 때가 닥침을 슬퍼하며, 흥이 다하고 비탄이 온 것이기에, 따라서 (93효는) 흉한 것이다. 사람이 중中이라도 얻은 바가 없고, 죽고 삶을 느끼게 되니, 이 때문에 하늘에서 받은 심회心懷가 어지럽다. 해의 출몰은 항상 있음을 모르고서, 자기 밝음이 하늘에서 받은 심회를 비춘다. 사람의 죽고 삶은 항상 있는 일인데, 그 도道 또한 고금古今에 스스로 있는 일이다. 군자는 자기에게서 도道를 가지고, 지난 것을 이으며, 올 것을 (맞으려) 열어놓았으니, 살 수도 있고 또한 죽을 수도 있는데, (93효에서) 달관하는 견식見識을 반드시 가질 필요가 없고, 때를 얻어서 즐김으로써 높게 되고, 또한 생사生死와 노고勞苦의 근심[憂愁]은 없을 것이다. 93효는 안으로 자기에게서 얻을 수 없고, 밖으로 남에게도 전할 수 없으니, 생존과 죽음의 비탄이 만년晩年에 이르러 더욱 절박하다. 조금 전 억지로 개괄하고 달통하여, 틈을 찾아서 즐거움을 찾

(질그릇, 장군)이다. 질耋(늙은이, 여든 살)이다. 차嗟는 탄식이다. 高亨, 283頁.

았더라도, 여기에 이르러 이미 어디로 갔는지를 모른다. 울음을 그쳤으니, 탄식이 어디에 미치든, 이것은 (93효에서) 그 일이 흉할 뿐이다!

　마치창馬其昶은 말한다. '장군을 치지 않음[不鼓缶]'의 2구句는 '절節과 약若이 아님[不節若]'과 함께 하니, 차嗟와 약若은 문법이 바로 같아서, 저것은 마땅히 절節을 말하고, 이것은 마땅히 노래함[歌]을 말한다. (『예기禮記』의)「악기樂記」편에서, '예악禮樂은 잠시라도 몸에서 떨어져서는 안 된다. 음악으로 마음을 다스리면, 쉽고 솔직하게 자애로운 생각이 생길 것이다. 쉽고 솔직한 마음이 생기면 즐겁고, 즐거우면 편안하고, 편안하면 오래 간다.'라고[20] 말했다. '지금 노래하지 않고 탄식함[今不歌而嗟]', 이것은 음악으로 마음을 다스릴 수 없는 것이니, 어두움으로 향하는 징험인데, 어찌 오래 갈 수 있겠는가? 『시詩』에서, '당신에게 종고鍾鼓가 있는데, 쳐서 울리지 않는다면, 아깝게 죽어갈 것이니, 다른 이가 와서 안거할 것이로다!'라고[21] 말하였으니, 이것을 말함이다.

　구사효: (먼 곳으로) 추방하였는데, 그가 돌아오면, 그를 태우거나, 죽이거나, 버렸다.
　[九四, 突如, 其來如, 焚如, 死如, 棄如.[22]]
　상에서 말한다. "쫓아내니, 돌아와도 쫓아냄"은, 수용하지 않음이다.
　[象曰: "突如其來如," 無所容也.]

　(환관桓寬의)『염철론鹽鐵論』에서 말한다. '『역易』(이離괘 94효)에서, 「태우거나[焚如], 버리거나[棄如]」라 말한 것은. 자기 자리가 아닌 데에 처한 것이고, 자기 도道가 아닌데 행한 것이다."[23]
　(허신許愼의)『설문해자說文解字』에서 말한다. '㐬은 이치에 안 맞게 돌연 나옴이니 거꾸로 된 子자字로 표시함이다. 『역易』(이離괘 94효)에서, '쫓아냈으나 돌아옴[突如其來如]'은, 불효자가 돌출하였으니 안에서 용납하지 않음이다.'[24]

<hr />

20) '禮樂不可斯須去身. 致樂以治心, 則易直子諒之心油然生矣. 易直子諒之心生則樂, 樂則安, 安則久.',『禮記今註今譯』,「樂記」篇, 下冊, 王夢鷗註譯, 상동, 520, 521頁.

21) '子有鍾鼓, 弗鼓弗考. 宛其死矣, 他人是保!',『詩經譯注』,「唐風」,「山有樞」, 袁梅著, 상동, 308, 309頁.

22) 돌突은 유㐬의 가차이다. 유㐬는 유방流放의 流이니, 원방遠方으로 쫓아냄이다. 如는 之와 같다. 옛날 사람들은 불효한 자식, 불충한 신하, 불순종하는 백성들을 유방했는데, 그들이 만약 돌아오면 혹 불태우거나, 죽이거나, 혹은 그들을 버렸다. 高亨, 283頁.

23) '易曰:「焚如棄如」, 處非其位, 行非其道.',『鹽鐵論』,「雜論」第六十, 漢 桓寬撰, 明 張之象註, 電子版文淵閣四庫全書, 上海人民出版社, 1999 참조.

24) '㐬, 不順忽出也. 从到子.『易』曰:「突如其來如.」不孝子突出, 不容於內也.'『說文解字』, 㐬部, 東漢 許愼

정현鄭玄은 말한다. 불효한 죄는, 오형五刑[野刑, 軍刑, 鄉刑, 官刑, 國刑]에서 이것보다 큰 것은 없다. 분여焚如는 자기 어버이를 죽인 형벌[刑]이다. 사여死如는 사람을 죽인 형벌이다. 기여棄如는 '유배하여 용서[流宥]'하는 형벌이다.

유목劉牧(1011-1064)은 말한다. 이離는 불의 상이고, 맹렬히 타올라 쉽게 사라지니, 94효이다.

조언숙趙彦肅(12세기, 남송南宋 역학자)은 말한다. 불꽃이 65효를 침입하니, 따라서 (94효에서) 그를 경계함이 깊다.

호병문胡炳文(1250-1333)은 말한다. 94효는 이미 위로 돌진하여 65효를 압박하고, 93효 또한 위로 돌진하여 94효를 압박하니, 따라서 94효의 불꽃이 더욱 더 심하다.

장황章潢(1527-1608)은 말한다. (94효에서) 불은 나무에 머무니 나무를 불태울 수 있다. 밝음은 사람에게 본本을 두지만, 사람을 해칠 수 있다.

유원劉沅은 말한다. (이離)괘는 덕을 기르고 밝음의 계승을 아름다움으로 여긴다. 94효는 2불[兩火]이 서로 이어지는 때를 맞아서, 억세나[剛] 중中은 아니니, 93효에 핍박함을 보이고, 65효에서 버려지니, 따라서 (94효는) 흉하다. 그 사람이 아니면 받아드려지지 않으니, 스스로 받아드려질 수 있는 길을 잃게 된 것이다. 세속에서 말하는 '성난 불[怒火]'이다. 무명无明은 밝지 않음[不明]이고; 업業은 죄罪이다. (번지樊遲가) '의혹의 변별을 물으니,' 공자께서, '하루아침의 분노 때문'이라고[25] 답한 것이 곧 이 뜻이다. 성인은 강포强暴한 부류를 깊이 경계하니, 그 화禍의 정점이 이와 같기 때문이다.

커샤오민柯劭忞(1850-1933)은 말한다. (94효는) 몸을 이은 임금으로는 초楚나라 (목왕穆王인) 상신商臣과 채蔡나라 세자世子인 반般은 불꽃같은 자者들이다. 포학暴虐하고 무도無道하여, 피살되었으니, 죽음과 같은 자[死如者]들이다. (94효는) 주周나라 양왕襄王이 자기 어머니를 모실 수 없어서 정鄭나라에 나가 있었는데, '버림받은 자[棄如者]'이다.

리스전李士鉁은 말한다. 94효는 중정中正하지 않은 땅에 있으니, 내괘의 밝음이 바야흐로 끝나고, 돌기하여 대신하려고 하기에, 왕위를 이을 모략이 있고, 위로 65효의 음을 속이니, 이것은 아버지가 죽고 (왕위를) 옹립하려 다투는 상인데, 또한 임금을 죽이는 상이니, 천지가 허용하지 않는다. 아래의 강剛은 그에 응하는 사람이 없으니, 위로라면 반드시 죽이려할 것이기에, 스스로 만

著, 下冊, 상동, 1,208頁.

25) '樊遲… 曰: "敢問… 辨惑?" 子曰: "… 一朝之忿, 忘其身, 以及其親, 非惑與?", 『論語譯注』, 「顔淵」篇 (12:21), 楊伯峻譯注, 상동, 130頁.

든 재화災禍이니, 반드시 살 수 없고, 따라서 (94효는) 타서 없어지거나[焚如], 죽거나[死如], 버려짐[棄如]이다.

마치창馬其昶은 말한다. 순상荀爽은 「대책對策」에서, '이離괘는 땅에서는 불이고, 하늘에서는 해이다. 하늘에 있는 것은 그 핵심[精]을 쓰고, 땅에서는 그 모양[形]을 쓴다. 여름이면 불이 왕王이 되니, 그 핵심[精]을 하늘에 두고, 온난한 기氣로 모든 나무를 양생하기에, 이것이 그 효孝이다. 겨울철이면 (양육을) 폐廢하나, 그 모양은 땅에 있고, 혹열酷烈한 기氣가 산림을 불태우니, 이것이 불효不孝이다. 순상荀爽은 대책對策에 의거하여, 불과 나무에 대하여, 효孝와 불효不孝의 2뜻이 있음(을 말했다.) 65효는 중덕中德을 가졌고, 눈물, 콧물을 쏟아내니, 이것이 그 효이다. 94효는 바름[正]을 일단 잃었으니, 또한 이離 불로써 (호체互體인) 손巽 나무를 태우는데, 이것이 불효이다. 몸을 이을[繼] 때에 변고가 여러 갈래이니, 법法도 되고 경계[戒]도 되니, 그 뜻은 크도다!

• **나의 견해**: 불은 나무로 말미암아 생기고, 그 기온은 다시 모든 나무들을 키우니, 하나 같이 자식이 어버이를 양육함과 같기에, 이것이 그 효이다. 겨울날에 추운데, 초목들을 죽이고 죽게 하니, 이것이 (94효의) 불효이다.

육오효: 눈물이 많이 흐르니, (길하지 않은 것 같으나, 화禍가 복이 되니) 길하다.
[六五, 出涕沱若,26) 吉.]
상에서 말한다. "65효[신하]"가 "길함"은, 왕공王公에게 붙어있음이다.
[象曰: "六五"之"吉," 離王公也.27)]

주진朱震(1072-1138)은 말한다. (65효에서) 이離는 눈[目]이고 태兌는 못[澤]이니, 눈물이 나옴이다. 정현鄭玄은, "자기 눈에서 나는 눈물이 체涕이기에, 태兌 입에 나온 감탄이 '이와 같구나[嗟若]'이다."라고 말한다.

항안세項安世(1129-1208)는 말한다. (65효에서는) 아버지를 잇는 것이 슬픔이 되고, 업業을 받드는 것이 근심이 되고, 자리를 얻는 것을 즐거움으로 여겨지지 않는다. 무릇 천하의 제후들이 처

---

26) 체涕는 눈물이다. 타沱는 눈물이 많은 모양이다. 척戚은 슬픔[悲]이다. 차嗟는 탄식[嘆]이다. 如는 然과 같다. 高亨, 284頁.

27) 이離 또한 附麗이다. 65효는 柔이고, 상9효는 剛이니, 65효는 上九효의 아래에 있으니, 신하가 王公에 붙어 있는 것 같다. 高亨, 상동.

음에 자리를 이으면, 모두 당연히 이와 같아야 하니, 따라서 '65효의 길吉함은 왕공王公들에게 붙어있음[離]'이라 말한다.

조여매趙汝楳(13세기, 남송南宋 역학자)는 말한다. (65효에서) 안색顔色의 슬픔, 우는 비애悲哀는 죽은 이를 제사하는 이들에게 큰 기쁨이 되니, 이것이 그들의 일이다.

이과李過(1600-1649)는 말한다. 93효는 해가 이미 기울었으니, 상체上體가 그것을 잇는다. 65효는 밝음을 이은 군주[主]로, 눈물을 흘리고 슬프다고 탄식을 해도, 선세先世를 이어서 (왕)위를 바꾼 일이다. 이 예禮는 천자天子로부터 제후들과 더불어 통달한 것이다.

왕부지王夫之(1619-1692)는 말한다. (65효에서) 후명後明은 전명前明을 이어서 일어나는데, 유도柔道로써 높은 데에 있다. (은殷나라) '고종高宗[武丁]은 아버지의 상喪일 때, 3년간 말을 안 했고; (주周나라) 성왕成王은 고독하여 의지할 데가 없고 근심하고 있었으니,' 상商나라와 주周나라가 광명을 되찾은 것이다.

심기원沈起元(1685-1763)은 말한다. (65효) 상전象傳의 '왕공王公들에 붙어있음[離王公]'은 『춘추春秋』책에서는 즉위卽位의 뜻이다. (리스전李士鉁은, '밝음이 그 바름[正]을 얻었고, 또한 94효가 그것을 뺏을 수 없음을 보인다. 천하의 임금이면 왕王이고 한 나라의 임금이면 공公'이라 말한다.) 『역易』의 상象은 물론 한 일에 구애되지는 않는다. 그러나 64괘卦는 또한 반드시 각각 주관하는 바가 있으니, 하나를 들면 만萬에 통하고, 더욱이 인사人事의 큰일에 있어서는 성인聖人은 대부분 1괘로써 그것을 보여준다. 예를 들면, 사師괘에서는 용병用兵을 말하고, 송訟괘에서는 송사를 듣는 것[聽訟]을 말하고, 정鼎괘에서는 제사[祭]의 주관을 말하고, 혁革괘에서는 혁명을 말한다. 그렇다면 이離괘는 밝음을 이은 것이니, '자리를 이은 자[嗣位者]'를 스스로 주관하여 말하는 것이다.

유원劉沅은 말한다. 타沱는 눈물이 아래로 떨어지는 모양이다. (이離괘를 반대로 보면) '거꾸로 된 감[錯坎]'이니 근심을 더한다. 6[음]이 다섯 째 효에 있으니, 밝음[明]에 의지하지 않고, 근심과 두려움[憂懼]을 품고 있는데, 왕공王公의 덕은 밝음을 잘 이용하는 것이기에, (65효는) 밝음을 이어서 사방을 비출 수 있는 것이다.

리스전李士鉁은 말한다. (65효에서) 내괘의 밝음은 이미 끝났고, 외괘의 밝음이 이어서 작동한다. 65효는 높은 데에 있으니, 왕을 이어서 즉위卽位하는 상象이다. '영구靈柩를 잠시하고 안치하여 장사를 치르는 곳[喪次]'에서는 슬퍼하지 않는데, 이보다 뒤에 반드시 끝내는 것이 아니니, 따라서 65효는 비애悲哀를 길吉한 것으로 여긴다. (나의 견해: 노魯나라 소昭공은 아직도 동심童心

을 가졌으니, 군자는 그가 끝나지 못할 것임을 안 것이다.)

마치창馬其昶은 말한다. (65효에서) 눈물 흘리고 슬퍼하고 탄식함이 상례喪禮이니, 길吉한 것은, 『상서尙書』에서, '(주周나라 강康)왕은 삼[麻]으로 짠 예모禮帽를 (쓰고) 호랑이무늬의 예복을 하였다.'라고[28] 하였는데, 잠시 길吉함을 잡고서, 임금을 잇는, 즉 즉위卽位하는 예禮이다. (반고班固의) 『백호통白虎通』에서, '아비가 죽으면 아들이 잇는 것은 무엇을 법 받은 것인가? 나무[木]를 법 받고 불[火]로 끝나는 것이 왕王이다.'라고[29] 말하였으니, 65효는 (호체인) 손巽 끊어짐과 이離의 왕성한 자리에 처하기에, 따라서 이런 상을 갖는다.

상구효: 왕이 출병하여, (전승한 것은,) 기쁜 일이고 적의 목을 베고, 적들을 잡았으니, 재난이 없다.
[上九, 王用出征, 有嘉折首, 獲匪其醜,[30] 无咎.]

상에서 말한다. "임금께서 출정함"은, 제후국들을 안정시킨 것이다. "저들 적들을 사로잡음"은 크게 공로가 있음이다.
[象曰: "王用出征," 以正邦也. "獲匪其丑," 大有功也.[31]]

유향劉向(전77-전6)은 말한다. (상9효에서) 수악首惡을 저지른 자를 잘 죽이면, 여러 불순한 자들이 모두 와서 복종함을 말한 것이다. (나의 견해: 한유韓愈(768-824)의 '회서淮西를 평정平定한 시가詩歌'에서 이것을 형용하였다.)

(장재의) 『횡거역설橫渠易說』에서 말한다. 이도離道가 (상9효에서) 이미 이루어지니, 그 다음에 출정出征함을 붙이지 않는다.

왕안석王安石(1021-1086)은 말한다. (상9효에서) 절수折首는 그 두목을 죽임을 말한다.

(주희의) 『주역본의周易本義』에서 말한다. (상9효에서) 강剛과 명明이 멀리까지 미치고, 위세를 떨쳐도 형벌은 넘치지 않는다.

채연蔡淵(1156-1236)은 말한다. 왕王은 65효이고, 이離괘는 갑주甲冑나 과병戈兵이다.

---

28) '王麻冕黼裳.', 『今古文尙書全譯』, 「顧命」篇, 江灝, 錢宗武譯注, 상동, 407頁.

29) '父死子繼何法? 法木火終王也.', 『白虎通疏證』上, 淸 陳立撰, 北京: 中華書局, 2019, 194頁.

30) 가嘉는 기쁜 일이다. 절수折首는 참수斬首(목을 벰)와 같다. 비匪는 피彼로 읽는다. 축丑은 적인敵人을 말한다. 高亨, 284頁.

31) "獲匪其丑."으 今本 『주역』에는 없으나, 『經典釋文』에는 王肅本을 인용하여 있으니, 지금 보충하였다. 正은 定과 같다. 高亨, 284-285頁.

이과李過는 말한다. (하夏나라 초기[기원전 2059년]에) 유호有扈의 싸움에서 하왕夏王인 계啟가 (유호씨有扈氏를) 격파하여 우禹임금을 받들었고; 회이淮夷의 정벌에서 (주周나라) 성왕成王이 무왕武王을 이었다. 이와 같지 않다면, 나라를 바로 잡기에 부족하다.

허계림許桂林(1779-1822)은 말한다. 제후가 높으나 비밀이 있다면, 왕王은 마땅히 그를 정벌한다.

유원劉沅은 말한다. 전쟁[兵]은 불과 같으니, 따라서 하관夏官[司馬]이 주관한다. 이離는 불이니 맹렬함을 경계하기에, 따라서 강剛을 쓰지 않고 유柔를 쓴다. (상9효에는) 포악을 금하고 난亂을 그치게 하니, 기쁘게 하는 도[嘉道]가 있다. 그 수령을 죽이니, 압박으로 상종하는 자가 다스려지지 않으면, 굳셈[剛]을 써야하는 허물은 없다. 정벌함은 그를 바르게 함을 말하니, 다만 파괴를 택하여 폭력을 정벌함은 나라를 바르게 함뿐이다. 성인은 무력을 남용할까 두려워서 그렇게 말한 것이다.

리스전李士鉁은 말한다. (상9효에서) 해가 위에 있으면 밝음이 멀리까지 미치고, 화세火勢가 높으면 사람이 두려워서 범접하지 못하니, 따라서 왕은 이 강효剛爻[상9효]를 써서 복종하지 않는 자들을 정벌하기에, 기쁘고 아름다운 공功이 있게 된다. 기쁜 모임[嘉會]은 예禮와 합하는 것이고, 불이 예禮를 주관하니, 예禮로써 군대를 이루며, 반드시 공이 있을 것이다. 적을 잡고 왕을 잡음은 포획한 자들이 동류는 아니나, 그들은 괴수들이다. 왕을 이어 즉위함은 천하에 변화를 미칠 수는 없으나, 군대를 쓰기에 이른 것은, 어찌할 수 없는 데서 압박을 받은 것이니, (상9효에서) 겨우 허물이 없기를 바랄 뿐이니, 경계를 내림이 깊도다!

야오융푸姚永樸(1861-1939)는 말한다. (상9효에서) 몸을 이은 임금은 대부분 안락에 빠지나, (주周나라) 문왕文王은 출정으로 기쁨이 드러나는 희열의 상象을 갖았다. 그러므로 강왕康王이 왕위를 이으니, 소공昭公을 곧바로 천거하여, '지금 왕께서는 근신謹愼하십시오! 왕조의 군대를 확장하시고, 우리 고조高祖의 대명大命을 파괴하지 말라!'라고[32] 경계함을 내렸다. 공영달孔穎達은, '높은 덕의 조상[祖]은 문왕文王'이라 말한다. 『좌전左傳』두예杜預의 주注에, '과寡는 특特'이다.

야오융까이姚永概(1866-1923)는 말한다. 『시詩』에서, '반궁泮宮에서 (죽은) 적의 왼쪽 귀를 바치고; … 반궁泮宮에서 포로들을 바친다.'라고[33] 말했으니, 출정하고 나서 또한 반드시 괴수들을 묶는 것은 (상9효에서) 군례軍禮를 말한 것이다.

마치창馬其昶은 말한다. 이離괘는 (임금이) 남면南面하면서 천하(의 말)을 듣는 괘이기에, 따라

---

32) '今王敬之哉! 張皇六師, 无壞我高祖寡命!', 『今古文尙書全譯』, 「康王之誥」, 江灝, 錢宗武譯注, 상동, 413頁.
33) '在泮獻馘, … 在泮獻囚.', 『詩經譯注』, 「魯頌」, 「泮水」, 袁梅著, 상동, 1012頁.

서 94효에서 형벌[刑]을 말했고, 상9효에서 군대[兵]를 말했고, 65효에서 임금을 잇고서 급히 억제하지 않고 밝음을 향하여 다스렸음(을 말했)다. '(은殷나라) 고종高宗이 상례喪禮를 치를 때에 쓰던 방양음亮陰]에 머물렀으니,'[34] (이것은) 옛날의 도道이다. 상9효는 활동이 바르니, 우레와 번개가 모두 이른 것이기에, 소송안건을 판결하여 형벌을 내린 것이고, 이에 천하를 변화하여 이룬 것이다. 상9효에서 계승의 맹렬함이 보이고, 65효에서 그 계승하는 마음이 보인다.

● **나의 견해**: 천지天地는 해와 달로 빛을 삼고, 태양[日]이 종시終始하니 만물이 유행한다. 『역易』에서는 감坎과 이離가 상象을 보인다. 감坎의 상하 괘에서, 2양陽이 모두 중中에 있기에, 이것은 물의 '흘러 다님[流行]'이다. 이離의 상하 괘에서는, 2음陰이 모두 중中에 있으니, (이것은) 불의 흘러 다님이 된다. 대인大人만이 천지와 그 덕을 합하고, 해와 달과 그 밝음을 합한다. 밝음이 합할 수 있는 것은 그 덕이 합하기 때문이기에, 이것이 대인大人이라 말한다. 향기에 접속하는데 감坎과 이離 2괘를 스승으로 삼고, 『중용中庸』의 '성명誠明'의 도리를 깨우쳐서 미치니, 이것이 생각을 바꾸면 지혜를 이룰 수 있음이다. 마음은 본래 스스로 성명誠明한데, 사사로운 물욕에 가려졌기 때문에 자기의 성명誠明한 본체를 잃기에 이른 것이다. 그러나 본체는 그대로 있으니, 결코 잃은 적이 없다. (이렇기에) (감리坎離) 2괘는 성인의 심학心學이며, 감坎은 가운데가 실實하고 허虛하지 않기에 따라서 정성[誠]이고, 이離는 가운데가 허虛하고 실實하지 않기에 따라서 밝으니[明], 이것은 물리이기에 자연히 쉽게 알 수 있으며, 달리 신기神奇해 할 것이 없다. 그러나 혜안慧眼만이 이것을 볼 수 있다. (이離괘는) 겹쳐진 이離의 상象이니, 일월日月의 빛이 아침에 다시 왕성하게 비춘다. 심기원沈起元(1685-1763)의 설명에 의거하면, '65효는 『춘추春秋』책에서 즉위卽位의 뜻이고; 이것을 94효에 미루어보면, 춘추(시대)의 난적亂賊을 죽이는 뜻이 되니,' 또한 (그렇게도) 통할 수 있을 것이다. 거기에 문덕文德이 미흡하면, 그것을 무공武功이 잇는다. (통일을 이루는) 왕王의 군대에게는 정벌은 있으나 싸움은 없으니, 사람들이 그것을 또한 열렬히 바라는 것이다. (이離괘의) 62효가 중도中道를 얻었으니, 나라를 바르게 함으로써 그것을 위[上]로 하니, 모두 유柔가 중정中正에 붙어있어서, (이離괘는) 천하를 변화시켜서 이룬 것이다.

---

34) '高宗諒陰.', 『論語譯注』, 「憲問」篇(14:40), 楊伯峻譯注, 상동, 158頁.

『周易學說』하경下經

31. 함咸괘 ䷞

함咸괘: (사람과 사람이) 상감相感하면 형통하고, 정도正道로서 상감하면 이롭다. 아내를 맞으면 길하다,

[咸, 亨, 利貞. 取女吉.[1]]

선우신鮮于侁(1018-1087)은 말한다. 함咸괘는 본래 건乾괘와 곤坤괘의 변괘이다. 건괘와 곤괘가 교감하니 부부의 상이 이루어졌다.

유원劉沅(1767-1855)은 말한다. 함咸은 '느낌[感]'이요, 개皆[함께](의 뜻)이니, 남녀가 모두 서로 감응하는 것이다. 함咸괘는 막내아들[小男, 艮]과 막내딸[小女, 兌]이 서로 감응하여 혼인함이 바르니 그러므로 아내를 취하는 것이 이롭다. 「서괘序卦」전에서, '천지가 있은 연후에 만물이 있고, 만물이 있은 연후에 남녀가 있고, 남녀가 있은 연후에 부부가 있고, 부부가 있은 연후에 부자가 있고, 부자가 있은 연후에 군신이 있고, 군신이 있은 연후에 상하가 있고, 상하가 있은 연후에 예의禮義를 둘 곳이 있다.'라고[2] 하였다. 이것이 함咸괘가 하경下經의 첫머리가 된 까닭이다. 천지 사이에는 감응이 있을 뿐이다. '본성[性]'으로써 서로 통하고, '사사로운 정[私情]'으로 하지 않으면 감응이 통하지 않는 데가 없으니, 모두 천리天理의 유행이다. 부부라는 것은 인륜의 시작이니 혼인의 예禮가 바른 이후에 만물이 그대로 이루어지고 천명天命이 온전해 진다. 그러므로『시詩』가「관저關雎」편으로 시작하였고, 예禮에는 혼인이 중대하니, 이 하경下經에서 함咸괘와 항恒괘로 건乾괘와 곤坤괘에 짝지은 것이다.

리스전李士鉁(1851-1926)은 말한다. 함咸은 옛날의 감感자인데, 못[澤]의 '몸[體]'이 텅 비고, 산의 '몸[體]'이 또한 텅 비어서 두 개의 허虛가 서로 받아들이고, 산과 연못의 기운이 통하므로, 따라

---

1) 함咸은 괘명卦名이다. 咸은 감感의 가차이니, 움직임이다. 형亨은 通이다. 貞은 正이다. 取 는 취娶(장가들다)의 가차이다. 高亨, 289頁.

2) '有天地然後有萬物, 有萬物然後有男女. 有男女然後有夫婦. 有夫婦然後有父子. 有父子然後有君臣, 有君臣然後有上下. 有上下然後禮義有所錯.',「序卦」傳, 高亨, 647-648頁.

서 감동[感]이다. 남녀에는 서로 감응하는 정情이 있으니, 소남少男[艮]과 소녀少女[兌]가 서로 감응하기는 더욱 쉽다. (함咸괘에서) 62, 95효가 (자기) '자리[位]'를 얻고 여섯 개의 효가 서로 응하니 그 감응이 또한 바름[正]에서 나오는 것이다.

● **나의 견해**: 남녀가 서로 감응함은 반드시 바름으로써 해야 이후에 길하다. 만약 부모의 명령[命], 중매쟁이의 말을 기다리지 않고 구멍을 뚫고 담을 넘는다면, 사람들이 모두 천시할 것이다. 그 도道에 따르지 않는 것이 곧 바르지 않은 것이니, 반드시 길하지 않고 또한 반드시 길고 오래 가지 못할 것이다. 그러므로 함咸괘를 잇는 것은 항恒괘이니, 모두 바르면 이로움[利貞]으로써 가르침을 삼았다.

단전에서 말한다. 함咸괘는, (서로) 느낌이다. (괘상에서) 부드러움[柔]이 위에 있고 강건함이 아래에 있어서, 두 기운이 감응하여 함께 기거起居하니, 머물러 살며 기뻐함이고, 남자가 여자에게 겸하하는 것이니, 이 때문에 "형통하고 정도正道에서 이로우니, 여자를 아내로 맞으면 길함"이다.
[彖曰:「咸」, 感也. 柔上而剛下, 二氣感應以相與, 止而說, 男下女, 是以"亨利貞, 取女吉"也.3)]

순자荀子(전313-전238)는 말한다. '『역易』의 함咸괘는 부부夫婦를 보이니, 부부의 도道가 바르지 않을 수 없으며, 군신君臣이나 부자父子의 근본이다. … 높음은 아래에게 자신을 낮추고, 남자는 여자에게 자신을 낮추며, 유柔는 위가 되고 강剛은 낮아지니, 선비를 초빙하는 뜻과 친히 영접하는 도道가 시작을 중하게 여긴다.'4)

정현鄭玄(127-200)은 말한다. (함咸괘 단象전의) '여與'는 친親함과 같다,

우번虞飜(164-233)은 말한다. 곤坤괘의 3(음)은 위에서 여자가 되고, 건乾괘 3(양)은 위에서 남자가 되니, 곤坤과 건乾의 기氣가 사귀면서 (함咸괘에서) 서로 함께한다.

왕숙王肅(195-256)은 말한다. (하괘인) 산艮과 (상괘인) 못[兌]은 기氣로써 통하고, 남녀는 예禮로써 감동하므로 남자가 되어 여자에게 자신을 낮추는 것이니, (함咸괘에서) '처음 혼인[初婚]'은 예禮가 되는 것이다.

....

3) 相與는 相處이고, 함咸은 감感이다. 兌는 상괘로 음이니 柔이고, 艮은 하괘로 양이니 剛이기에, '柔上而剛下'이다. 艮은 止이고, 兌는 說(悅)이다. 取는 취취(아내를 맞다)이다. 高亨, 289, 290頁.
4) '『易』之咸, 見夫婦. 夫婦之道, 不可不正也, 君臣父子之本也. …以高下下, 以男下女, 柔上而剛下. 聘士之義, 親迎之道, 重始也.', 『荀子集釋』, 「大略」第二十七, 李滌生著, 臺北: 臺灣學生書局, 1986, 611, 612頁.

왕필王弼(226-249)은 말한다. (함咸괘는) 감응하여 서로 함께 하니, 이 때문에 (음양이) 형통하다. 그치고 기뻐함이니 바르게 함이 이롭다. 남자가 여자에게 자기를 낮추어서 여자를 아내로 맞으면 길하다.

장준張浚(1097-1164)은 말한다. (함咸괘에서) 음양의 감응은 어리면[少] 전일專一하고, 전일하면 정성스럽고[誠], 정성스러우면 신속하다.

(주희의)『주역본의周易本義』에서 말한다. (하괘인) 간艮괘는 그침이니 감동함이 전일하고, (상괘인) 태兌괘는 기뻐함이니 응함이 지극하다.

왕응린王應麟(1223-1296)은 말한다. 함咸괘의 감동은 무심无心이니, 허虛로써 감동하는 것이다. (상괘인) 태兌 기쁨은 말이 없으니 정성[誠]으로써 기뻐하는 것이다.

이도평李道平(1788-1844)은 말한다. 선비가 혼례 할 때 무릇 납채納采[남가男家에서 청혼의 예물을 보냄], 문명問名[여자의 출생 연월일을 물음], 납길納吉[문명問名 후 길조를 얻으면 이것을 여가女家에 알림], 납징納徵[혼인을 정한 증명으로 예물을 여가女家에 보냄], 청기請期[남가男家에서 결혼날짜를 정하여 여가女家에 지장의 유무를 물음], 친영親迎[신랑이 신부 집에 가서 아내를 맞이함]하는 것 전부가 혼인하는 예禮이니, 모두 남자가 여자에게 자기를 낮추는 일이다. 『예기禮記』,「교특생郊特牲」편에서, '남자가 친히 아내를 맞이할 때, 남자가 여자보다 먼저인 것은, 강剛과 유柔의 (차례를 짓는) 뜻이다.'라고[5] 말하였다.

리스전李士鉁은 말한다. 감동하는 도道는 반드시 바름에 근본 하여 기뻐하고 그치는 것이니, 여자가 시집가는 상이다. 『노자老子』에서, "대국은 소국에 자신을 낮추어야, 소국(의 신뢰)를 취할 수 있다."라고[6] 말했다. 그러므로 큰 자는 마땅히 자신을 낮추어야 하는 것이니, 이 때문에 선비에게 자신을 낮추지 않으면 선비를 얻을 수 없고, 백성들에게 자신을 낮추지 않으면 백성을 얻을 수 없는 것이다. 천하의 도를 얻는 것은 아마도 이것에 있지 않겠는가?

● **나의 견해**: 서로 감동하는 도道는 기쁘나 그침을 알지 못한다면, 영원히 오랫동안 서로 감동할 수 없다. 그치고 기뻐함이 바로 영원히 서로 감동하는 까닭이다. 이것이 곧 (『논어論語』에서 말한) '즐거워하되 방탕하지 않는다.'라는[7] 뜻이다.

---

5) '男子親迎, 男先於女, 剛柔之義也.',『禮記今註今譯』,「郊特牲」篇, 上冊, 王夢鷗註譯, 상동, 349頁.

6) '大國以下小國, 則取小國.',『老子繹讀』61章, 任繼愈著, 상동, 134頁.

7) '樂而不淫.'『論語譯注』,「八佾」篇(3:20), 楊伯峻譯注, 상동, 30頁.

하늘과 땅이 감응하여 만물들이 변화되어 태어난다. 성인이 인심에 감응하여 천하 사람들이 화평하다. (천지와 만물), 그것들이 감응한 바를 관찰하면, 하늘과 땅, 만물들의 실정이 드러난다!

[天地感, 而萬物化生. 聖人感人心而天下和平. 觀其所感, 而天地萬物之情可見矣!]

정현鄭玄은 말한다. (함咸괘에서) 산의 기운은 아래에 있고, 연못의 기운은 위에 있어서 두 기운이 통하여 서로 감응함으로써 만물이 생겨나니 그러므로 함咸괘라고 말하였다.

우번虞飜은 말한다. 이것으로 (함咸괘는) 태화太和를 보존하고 합하여, 만물들은 유행流行하게 된다.

육적陸績(188-219)은 말한다. (함咸괘에서) 천지는 산과 연못의 빈 구멍을 따라서 그 기운을 통하게 하여, 만물을 화생化生하는 것이다.

유원劉沅은 말한다. (함咸괘에서) 화化라는 것은 기화氣化이고 생生이라는 것은 형체가 생겨남이며, 화和라는 것은 어긋남이 없는 것이고 평平이라는 것은 기울어짐이 없는 것이다. 무심의 감동은 곧 감동하지 않는 바가 없는 것이다. 천지天地는 기氣로써 만물을 감동시키니, 만물이 통하지 않음이 없다. 성인은 덕으로써 인심을 감동시키니, 천하가 통하지 않음이 없다. 멈춤은 이러한 일관된 정성이 통하는 곳이다. 함咸괘의 하괘인 간艮의 효상爻象은 때를 따라서 신체에서 취하였다. 함咸괘는 정情이 있는 감동으로써, 이에 '음양陰陽이 화化를 만듦[生化]'이 유래하나, 천지는 무심으로 감화 감동시키면서도 실제로는 감동시킨 적이 없다. 사람은 천지天地의 중中을 받아서 태어났으나, 성품이 정情의 변이를 좇아가고 이치가 욕심에 빠지게 되면, 이후에 하늘의 마음이 많이 감동시켜도, (함咸괘는) 중정中正을 어기게 될 것이니, 어찌 성품을 회복하는 공력이 없을 수 있겠는가? (함咸괘는) 성품을 다하고 명命을 세움으로써 만물의 정情과 통하고, 또한 (함咸괘는) 천지天地 무심無心의 감동과 하나가 된다.

심선등沈善登(1830-1902)은 말한다. 하경下經의 첫머리는 함咸괘이니 사람이 태어나서 고요한 이후에 말하였다. 함咸괘의 단전彖傳에서는, 사람의 마음을 감동시킴을 말하였고, 상전象傳에서는 또한 빈 마음으로써 다른 사람을 받아 드림을 취하였으니, 심체가 깊고 고요하며 텅 비어 밝게 되어, 천하의 감동을 받을 수 있는 것이다. (함咸괘의) 94효에서 자주 왕래하여서 빛나고 크지 못한다와 미제未濟괘 65효에서 군자의 광명이 믿음이 있기 때문에 길하다고 한 것은 또한 분명히 인심人心 전체로 (보면), 원시의 혼돈상태[太易]가 광명임을 말한 것이다.

- **나의 견해(1):** 성인은 정도正道로써 다른 사람을 감동시키고, 선한 기운으로써 다른 사람을 감동시킨다. 성인의 마음이 천하 사람들과 더불어 마음이 서로 맞으니, 그러므로 (함咸괘는) 화평하다.

- **나의 견해(2):** 무심无心의 감동은 마음이 없다는 것이 아니라, 넓게 텅 비고 크게 공변되어 사심이 없다는 것이다. (함咸괘에서) 그 마음의 너그러운 모습이 마치 포용함이 있는 듯하다. (『중용中庸』6장에서,) 순舜임금은 밝으신 눈으로 듣기를 통달하고 '순舜은 묻기를 좋아하며, 비근한 말을 잘 살피었다.'라고8) 하였으니, (이는) 빈 마음으로써 다른 사람을 받아드린 것이다. (『논어論語』, 「팔일八佾」편15장에서,) '공자께서 매사에 (예禮를) 물으신 것'도9) 또한 그러하다.

상전에서 말한다. (높은) 산 위에 연못[澤]이 있는 것이 함咸괘이다. 군자는 겸허謙虛하는 마음으로 사람들을 받아들인다.
[象曰: 山上有澤, "咸".10) 君子以虛受人.]

서간徐幹(171-218)은 말한다. 군자는 항상 그 마음과 뜻을 비우고 그 용모를 공경히 하니, 여러 사람 중에 뛰어난 재주로써 대중의 위에 처한 것이 아니다. 다른 사람 보기를 성현 보듯이 하고, 자신 보기를 부족한 듯이 하는 것이다. 그러므로 사람들이 원한다고 고告하여도 싫증내지 않는다. 『역易』(함咸괘 상象전)에서 말하였다. "군자는 마음을 비워서 다른 사람을 받아드린다."

(정이의) 『이천역전伊川易傳』에서 말한다. 사람이 속을 비우면 받아드릴 수 있고 꽉 차면 받아드리지 못한다. 마음을 비운다는 것은 사사로운 내[我]를 없애는 것이다. 마음에 사사로운 주장이 없으면, 감동함에 통하지 않음이 없다.

여대림呂大臨(1044-1091)은 말한다. (함咸괘에서) 못은 아래에 있고, 산은 높은 데에 있는데, 그러나 산은 구름을 내어서 비를 올 수 있게 하는 것은, 산은 안이 허虛하고 못은 기氣가 통하기 때문이다.

유원劉沅은 말한다. (함咸괘에서) 산은 가운데가 비어서, 이에 못을 받아드릴 수 있고; 마음은 가운데가 비어서 이에 사람을 받을 수 있다. 정성[誠]으로 상통하여, 만감萬感이 모두 통함은, 또한 산과 못이 기氣를 통함과 같다. 마음을 비우면, 도리[理]에 정성스럽다[誠].

---

8) '舜好問而好察邇言.', 『中庸』6章 참조.
9) '子入太廟, 每事問.', 『論語』, 「八佾」篇(3:15) 참조.
10) 함咸괘의 兌가 상괘인데 澤이요, 하괘인 艮은 山이다. 高亨, 290頁.

짱훙즈張洪之(1881-1968)는 말한다. 마음에 사사로운 주인이 없는 것을 허虛라고 한다. 군자는 넓어서 크게 공평하여, 사물이 오면 순응하고, 하나의 허虛일 뿐이다. (함咸괘에서) 사람에 대한 감흥도 무심無心에서 나오고, 사람이 감응을 받아도 또한 무심으로 그것에 응한다. (『맹자』에서,) 우禹임금이나 후직后稷은 (천하가) 굶고 도탄에 빠진 것을 같이 생각했으나,[11] 둘 다 대상[物]과 자아[我]를 잊어 버렸다. 나를 드러내려면, 마음은 사사로움[私]에 방해를 받기에, (마음을) 비울 수 없게 된 것이다.

초육효: 발가락을 움직임이다.

[初六, 咸其拇.[12]]

상에서 말한다. "발가락을 움직임"이니, 외출에 뜻이 있다.

[象曰: "咸其拇," 志在外也.]

마융馬融(79-166)은 말한다. (초6효에서) 무拇는 발의 큰 발가락이다.

우번虞飜은 말한다. (초6효에서) 뜻이 밖에 있다는 것은 94효를 말한다.

왕종전王宗傳(12세기, 남송南宋 역학자)은 말한다. (함咸괘에서) 여섯 효 모두 신체에서 취했다. 대개 몸 전체는[四肢百體]는 혈기맥락이 서로 통함인데, 천지만물이 감응하여 통하는 이치도 신체에서 볼 수 있다.

유원劉沅은 말한다. 성인은 천하를 통틀어 한 몸으로 삼으니, 몸을 감동시키는 까닭을 안다면 천지만물을 감동시키는 까닭을 알 것이다. 마음이 가고자 하면 엄지발가락이 먼저 펴지게 되니 이것이 움직임의 징후라, (초6효에서) 그 기미가 먼저 보이는 것이다. (초6효에서) 점괘를 말하지 않았다는 것은 미미하고 작기 때문이다.

방종성方宗誠(1818-1888)은 말한다. (초6효에서) 길흉을 말하지 않은 것은 대개 장차 활동하기 시작할 때에는 선과 악이 아직 정해지지 않았음이다. 이는 사람들로 하여금 신중하여 미미하고 작은 뜻을 갖게 하는 것이다.

리스전李士鉁은 말한다. (초6효에서) 길흉을 말하지 않았으니, 감동의 초기에는 길흉이 없는 것이다.

---

11) '禹思天下有溺者, 由己溺之也; 稷思天下有飢者, 有己飢之也.', 『孟子譯注』, 「離婁」下篇(8:29), 楊伯峻譯注, 상동, 199頁 참조.

12) 함咸은 감感으로 읽으니, 動이다. 『說文解字』(許愼撰)에 의하면, 感은 人心을 움직임이다. 『經典釋文』(陸德明撰)에 의하면, 무拇는 무踇이니, 무踇는 큰 발가락이다. 高亨, 291頁.

마치창馬其昶(1855-1930)은 말한다. 태泰괘의 (건곤乾坤) 두 체體는 서로 사귀고, 함咸괘의 (간태艮兌) 두 체는 서로 감동하니, 그러므로 태泰괘, 함咸괘의 초효는 모두 뜻이 밖에 있다고 말하였다. (함咸괘에서) 초효의 감동은 아직 깊지 않으니, 사람의 몸에서는 바로 엄지발가락의 상이다. 몸 전체에서 엄지발가락이 가장 낮고 가장 미미한 것으로 뜻이 밖에 있다면, 엄지발가락 또한 뜻을 따라 움직인 것이다. 뜻이 가는 곳에는 미미함이 미치지 않음이 없으니, 감동이 어찌 빠르지 않겠는가? 뜻을 삼가지 않을 수 있겠는가?

● **나의 견해**: 성인의 한 몸이 '지나가면 교화되고 머무르면 신묘해지니, 상上과 하늘이, 하下와 땅이 함께 흐르는데,'[13] 하물며 (초6효는) 천하의 비근한 곳에 이르러서, 어찌 감통의 응함이 없겠는가?

육이효: 정강이에 천을 감싸고 원행遠行을 하면 흉하고, (집에) 있으면 길하다.
[六二, 咸其腓, 凶,[14] 居吉.]
상에서 말한다. 비록 (멀리 가면) "흉하지만 집에 있으면 길함"은, 근신하면 해로움은 없는 것이다.
[象曰: 雖"凶居吉," 順不害也.[15]]

정현鄭玄은 말한다. 비腓는 장딴지이다.
(정이의)『이천역전伊川易傳』에서 말한다. (62효에서) 그대로 있으면 길하다는 것은 서로 감동시키지 못함을 경계한 것이 아니요, 오직 순리대로 하면 해롭지 않다는 것이니, (62효에서는) 도를 지키고 먼저 동動하지 않음을 말한 것이다.
최경崔憬(8세기, 당唐의 역학자)은 말한다. 비腓는 발목[脚膞]으로, 엄지발가락의 위에 있으니, 62효의 상이다.
왕이王廙(276-322)는 말한다. (62효가) 장딴지에서 활동하면 이렇게 해서 나아가는 것이다.
왕종전王宗傳은 말한다. (함咸괘에서) 호체互體인 손巽괘는 따름(順)이다.

---

13) '夫君子所過者化, 所存者神, 上下與天地同流.',『孟子譯注』,「盡心」上章(13:13), 楊伯峻譯注, 상동, 305頁.
14) 咸은 動이다. '咸其腓'는 곧 정강이 뒷부분을 움직임이니, 정강이에 넓적다리를 감싸는 포布를 감고서, 장차 원행遠行이 있을 것이다. 高亨, 291頁.
15) 順은 마땅히 신愼(삼가다)으로 읽어야하니, 근신이다. 高亨, 292頁.

화학천華學泉(19세기, 청淸의 역학자)은 말한다. 함咸괘의 62효는 곧 간艮괘의 62효이다. 함괘의 장딴지면 흉하나, 간艮의 장딴지면 길하다.

유원劉沅은 말한다. 비腓는 장딴지이다. 62효는 넓적다리와 발의 중간에 있으므로 장딴지이다. 장딴지는 스스로 움직일 수 없어서 발을 따라서 움직이며, 게다가 스스로 멈출 수도 없다. 장딴지를 멈추려면 마땅히 그 발을 멈추어야 하는데, 62효는 음으로써 아래에 있으면서 95효와 더불어 바르게 응하였으니, 만약 위의 도움을 기다리지 않고 망령되게 활동하면, (62효는) 흉하다. (62효는) 그대로 있으면서 나아가지 않으면 길하다. 이치에 순응하면 해가 없으니 그러므로 (62효에서는) 그 동動함을 경계하고 삼가는 것이다.

요배중姚配中(1792-1844)은 말한다. (62효가) 그대로 있으면 길하다는 것은, 변화하지 않음을 말한다.

마치창馬其昶은 말한다. 감동이 장딴지에 미쳤다는 것은 발이 이미 움직인 것이다. 62효는 장딴지의 자리에 있으니, 발이 움직이면 그것을 따르고 스스로 주동할 수는 없어서, 흉의 도道가 있다. 그러나 62효가 비록 흉하더라도 변할 수는 없다. (62효는) 불변하면 95효와 응하고 63효를 받드니, 또한 94효와 더불어 공효를 같이 한다. (호체互體인) 손巽괘가 되면 순하여서 양陽을 받아드리게 되니, (62효가) 양을 받아드리지 않으면 해롭다. 62효로서 자리를 얻고 중中에 있으므로 길흉 두 가지가 그 점사에 달려 있는 것이다. 사람의 몸에서 아래에 있는 것은 발이고 위에 있는 것은 입이니, (입은) 스스로 움직이는 힘은 있으나 주동하는 것은 아니다. 주동하는 것은 마음뿐이다. 그러므로 초6효와 상6효에서는 길흉을 말하지 않았으니, 그 길흉은 마음에 따른 것이다.

구삼효: 넓적다리를 움직여 출행出行하는데, (그 길이 옳든 그르든, 혹 이롭든 혹 해롭든) 남들을 따라가니, (이런 방식으로) 따라가면 (반드시) 위험을 만난다.
[九三, 咸其股, 執其隨,16) 往吝.]

상에서 말한다. "넓적다리를 움직임"은, 또한 안거安居하고 움직이지 않음이 아니다. 남의 의견을 "따름"에는 뜻이 있으니, 아래 자리에 있음이다.
[象曰:"咸其股," 亦不處也. 志在"隨"人, 所"執"下也.17)]

우번虞飜은 말한다. (호체互體인) 손巽괘는 넓적다리이고, (93효는) 따름이다.

---

16) 咸은 움직임이다. '咸其股'는 넓적다리를 움직여서 출행함이다. 수隨는 남의 주장을 따름이다. 高亨, 292頁.
17) 處는 安居不動이고, 執은 持이다. 下는 스스로를 낮추고 아래에 있음이다. 高亨, 상동.

왕필王弼(226-249)은 말한다. (93효에서) 넓적다리라는 것은 발을 따르는 것이다. 나아갈 때에 움직임을 제어할 수 없고 물러날 때에 처함을 고요하게 할 수 없어서, 뜻이 다른 사람을 따르는데 있으니, 집착하는 바도 (93효에서는) 역시 천시賤視를 받는 것이다.

유원劉沅은 말한다. 93효는 장딴지 위에 있고, 호체互體인 손巽괘는 넓적다리이다. (93효는) 또한 62효의 말[詞]을 받았다. (93효에서) 처處는 있음[居]이다. 하下는 초6, 62효를 말한다. (62효가) 음유陰柔로서 사람을 따르는 것은 기이奇異한 것은 아니나, 93효는 '굳셈[剛]'으로써 또한 (음유陰柔에) 처하지 않고 자립自立하여, 엄지발가락과 장딴지를 따라서 망령되이 움직인 것이기에, 따라서 (93효는) '나아가면 위험한 것[往吝]'이다.

리스전李士鉁은 말한다. 성인聖人은 응함으로 가운데[中]에 있으니 스스로 주관하며, 만물에 응하여도 외물外物을 추구하는 것이 아니다. 93효는 양강陽剛의 재질로서 스스로 주관하지 않고 따르게 되며, 멈출 수도 없으니, 나아가면 반드시 위험할 것이다.

마치창馬其昶은 말한다. 93효는 간艮괘 그침의 덕을 가지고 있으니, 넓적다리의 자리를 만났기에, 발이 움직이면 넓적다리 역시 그대로 있을 수가 없는 것이다. 초6효의 일음一陰이 아래에 있으니, 엄지발가락이다. 엄지발가락은 곧 발이다. 62, 93효, 두 효 모두 초6효를 따라서 활동하지만, 93효는 또한 양으로써 음을 따르고 위로써 아래를 따르게 되니, 더욱 가볍게 보이게[鄙視] 된다. (이들은) 대개 좌우로 임금 가까이에서 총애 받는[近嬖] 사람이다. 『시詩』에서, 이른바 '쩨쩨하고 얄팍한 여러 인척[瑣瑣姻亞]'이란[18] 모두 엄지발가락이다. 그 정情이 가장 친밀하여 그 말이 쉽게 들어가고, 이에 사람을 감동시킴이 가장 간절하게 이른 자들이다. 기氣를 엄격히 하고 '본성[性]'을 바르게 하는 공력[功]이 있지 않으면, 그 동동하게 하는 자가 되지 않음이 없다. (임금 주위에서 총애를 받는) 근습近習들이 가까이하면 바른 선비는 멀어지게 된다. 군자는 93효를 보고서, 그 행동이 따라다님을 책망하지 않고, 그 뜻이 집착하는 곳이 비천함을 책망하는 것이다.

구사효: (덕행이) 바르면 길하고, 후회가 없다. 왕래가 끊임없는 벗들이 자네를 따른다.

[九四, 貞吉, 悔亡. 憧憧往來, 朋從爾思.[19]]

---

18) '瑣瑣姻亞.', 『詩經譯注』, 「小雅」, 「節南山」, 袁梅著, 상동, 510頁.

19) 貞은 正이다. 동동憧憧은 왕래가 끊이지 않는 모양이다. 朋은 벗이다. 思는 어조사로 재哉와 같다. 高亨, 293頁.

(허신의)『설문해자說文解字』에서 말한다. (94효에서) "'우매하고 무지無知함[憧]'은 심의心意[意]가 아직 정해지지 않은 것이다."[20]

우번虞飜은 말한다. (94효는 양陽의) 자리를 잃었으니, 후회한다.

난정서蘭廷瑞(1528-1565)는 말한다.『역易』에서 말하는 '바르면 길吉해서, 후회함이 없음'은 93효인데, 함咸괘, 대장大壯괘, 미제未濟괘는 모두 94효이다.

유염兪琰(1253-1314)은 말한다. (94효에서) 붕朋은, 초6효의 사사롭게 응함을 가리킨다.

유원劉沅은 말한다. 94효는 넓적다리 위와 등살 아래에 있으니, 심장의 자리이다. 마음이 감동하는 바가 바르지 않으면 후회함이 있다. (94효는) 연계시켜 얽매이는 바가 없으면 바르고 길吉하다. 94효의 양陽은 음의 자리에 있어서 중정中正하지 않으니, 무심無心으로써 응하여 자신을 비우고 다른 사람을 감동시킬 수 없기에, 따라서 (94효는) 왕래가 끊이지 않는 벗만이 너의 생각을 따르는 상象이다. (94효에서) 왕래는 위아래의 모든 효를 통틀어 말함이다. 함咸괘의 엄지발가락, 장딴지, 넓적다리는 이미 간 것이다. 함咸괘의 등심[胸], 광대뼈, 뺨, 혀는 올 것이다. 이理를 해치는 일에는 감동하지 않으니, 따라서 (94효에서) 후회함이 없다. (94효는) 항상 바를[貞] 수 없어서, 왕래하는 일들에 감동하여 왕래가 끊이지 않기에, 따라서 (94효는) 아직 넓고 크지는 못하는 것이다.

오여륜吳汝綸(1840-1903)은 말한다. 사思는 생각하는 마음을 말한다. (94효에서) 2글자를 붙이면, '생각하는 마음[思心]'이 되고, 글자 하나면, '심心[마음]', 혹은 '생각함[思]'이라 말한다.

• **나의 견해**: (94효에서) 출입이 일정한 때가 없어서, 아무도 그 방향을 알지 못하니, (94효는) 바로 왕래가 끊임없는 상이다.

상에서 말한다. (뜻과 행동이) "바르면 길하고 후회가 없음"이니, 해침을 감수感受하지 않을 것이다. (친구들만) "오고감이 끊임없으니," 넓고 크지는 않다.
[象曰: "貞吉悔亡," 未感害也. "憧憧往來," 未光大也.[21]]

(주희가 편찬한)『이정유서二程遺書』에서 말한다. 천지의 '상법[常]'은 그 마음으로써 만물에 널

---

20) '憧, 意不定也.',『說文解字』心部, 東漢 許愼著, 下冊 상동, 857頁.
21) 光은 廣의 가차이다. 高亨, 상동.

『周易學說』하경下經 **527**

리 미치나 무심無心하다. 성인의 '상법[常]'은 그 정情으로써 만물에 순응하나 (사사로운) 정情은 없다. 그러므로 (94효에서) 군자의 학문은 넓게 텅 비어서 크게 공변된 것만은 못하니, 만물이 오면 순응할 뿐이다.

(주희의)『주역본의周易本義』에서 말한다. 94효는 넓적다리 위와 등심[胸]의 아래에 있으며, 또 3양의 가운데에 해당하니, 마음의 상象이요, 함咸괘의 주인이다.

육구연陸九淵(1139-1193)은 말한다. 성인이 마음을 깨끗이 씻음은 '자주 왕래'하는 사사로움을 제거함으로써, 그 본연의 바름을 온전하게 하는 것이다. (94효는) 은밀함에 물러가서 감추기 때문에 백성들과 같게 될 수 있고, 만물과 서로 사귈 수 있는 것이다.

이심전李心傳(1167-1244)은 말한다. 환渙괘의 64효에서, '무리[群]를 흩트리니 넓고 크다'라고 말한다. (그러나) 이 효[함咸괘 94효]에서, '벗들이 따름[朋從]'은 바로 그와 상반되니, 따라서 이 (94효의) 말씀이 그러하다.

심선등沈善登(1830-1902)은 말한다. 사람의 마음은 이미 지나간 것을 추억하고, 반대로 올 것을 맞이하며, 계획하며 현재에서 일어남을 좇아가 달려가므로, (94효에서) 한 생각[一念]이 3번 마주치니, 일어나고 멸함이 멈추지 않는다. 이는 모두 작은 자리에서 전체를 비추는 것으로, 하나에 국한되니, 따라서 (94효는) '넓고 크지 못하다.'라고 말한다.

유원劉沅은 말한다. 이는 마음의 감동이 있음을 말한 것으로, (94효는) 비록 '바르다[正]'할지라도 또한 복잡하고 어지러움을 면하지 못하는데, 하물며 (94효가) '바르지 못함[不正]이면 어떻겠는가! 사사로운 생각을 없애서 통하지 않음이 없고자 한다면, (94효는) 극기복례克己復禮하지 않으면, 깨달음이 있는 마음으로 하여금 모두 허명虛明한 성품이 되게 함이 쉽지 않다.

리스전李士鉁은 말한다. 마음은 전체의 주인으로, 적연부동한 가운데에 저절로 감이수통하는 묘함이 있다. 94효는 전체괘의 가운데에 있으면서, 상괘로 올라가고 하괘로 내려온다. 호체互體인 손巽괘는 진퇴이니 (94효는) 역시 왕래를 형상한다. 심체心體는 본래 저절로 넓고 커서, 94효는 초6효의 음과 감응하여 활동하는 바가 있다. 감동에는 반드시 감응이 있고, 감응은 다시 감동이 되니, 감동에 다시 감응이 있기에, 따라서 (94효에서) '벗들이 너를 따른다!'라고 생각한다. 그런 한 생각이 일어나면, 생각과 생각이 서로 뒤이어 계속되니, 이것이 일어나면 저것이 감응하게 되기에, 만약 벗의 따름이 있다면, (94효에서) 아무도 그가 어디로 갈 것인지를 알지 못하고, 아무도 어떻게 올 것인지를 알지 못할 것이다. 비록 그러하다 할지라도, 하늘에 떠다니는 구름의 변환은 높고 드넓은 하늘에 걸림이 되지 않으니, (94효에서) 거울[鏡] 속의 '모습[影]'은 왕래가 있지만 거울은 왕래가 없는 것이다. 마음속의 생각은 왕래가 있으나 마음은 왕래가 없다. 성인의 사욕이 깨끗하게 다함을 미루어 보면, (성인의 마음은) 넓게 텅 비고 크게 공변되어 허령불매한 가운데, 소유한 바가 없고 또한 소유하지 않은 바가 없으며, 감응하는 바가 없기 때문에, 감응하지 않음이 없다. 무엇이 간다고 말하는가? 무엇이 온다고 말하는가? 천리天理의 유행은 자연으로 인한 감응이 아님이 없으니, 무엇을 생각하고 무엇을 꾀하겠는가? (나의 견해: 이 말씀은 유독 신묘한 부분을 열어서 진실로 본심을 보였으니, 가장 깊은 제일의 참뜻[義諦]이라고 말할 만하다.)

마치창馬其昶은 말한다. 94효는 양이 음의 자리에 있는 것이니 마음이 몸속에 있음을 나타낸다. 마음은 '느낌[感]'의 주인이 되니, 그것을 잡으면 있게 된다. 그 길함은 마음이 누적됨으로 말미암아 이루어지니, '바르면 길하다[貞吉]'라고 말한다. 대개 94효의 양은 비록 자리를 잃은 후회함이 있지만, 변할 수 없는 것이다. (94효가) 음으로 변하면 해로운 데를 느끼는 것이다. 그러나 94효는 불변하더라도 또한 부정不正한 초6효와 서로 감응하면 음과 감응하여 또한 해로우니, 그러므로 (94효는) 또한 빛나고 큰 도로써 나아가야 한다. 무릇 마음의 본체는 빛나고 크지만, 음에 묶이기 때문에 어둡고 작아지게 된다. (94효가) 일단 음에 묶이면 잡된 생각이 서로 이어서 일어나니, 이른바 해롭다는 것이다. 음은 양을 해롭게 하고 사私는 공公을 해롭게 하고, 인욕은 천리天理를 해롭게 한다. 『맹자』에서, '사람의 마음에는 또한 모두 해가 됨이 있다.'라고[22] 말하였다.

● **나의 견해(1)**: 마음에 사사로움이 없으면 곧 무심無心이 되고, 정情에 사사로움이 없으면 곧 무정无情이 된다. 마음을 닦고 은밀한 데에 감추면 마음의 체體가 빛나고 넓어져서, 사사로운 번거로움을 받지 않으니 그러므로 백성들과 하나가 되고 만물과 사귈 수 있으니, (94효는) 멀리까지 밝힐 수 있다고 말할 만하지 않은가!

● **나의 견해(2)**: 마음은 몸속에 있으니 곧 양이 음속에 있음이기에, 귀하게 그 길러짐을 얻을 수 있다. 그러므로 (『명심보감明心寶鑑』에서,) '마음은 뱃속에 있어야 한다.'라고[23] 말하였다. 만약 마음의 출입이 수시隨時로 이루어지면, 아무도 그 향방을 알지 못할 것인데, 이것이 이른바 왕래하면 벗들이 따른다는 것이다. (향방을) 정定하지 않았는데 어찌 (94효가) 지혜롭겠는가? 어떻게 넓고 클 수 있겠는가?

---

22) '人心亦皆有害.', 『孟子譯注』, 「盡心」上章(13:27), 楊伯峻譯注, 상동, 313頁.

23) 『游定夫錄』云; "心要在腔子裏.", 『明心寶鑑』, 「存心」篇, 李朝全譯注, 北京: 華藝出版社, 2014, 43頁. 定夫는 유초游酢(1053-1123), 북송北宋학자의 자字이다.

구오효: 자기 등살[背肉]을 움직여서 물건을 짊어짐이니, (미미한 일이여서) 후회함이 없다.

[九五, 咸其脢,24) 无悔.]

상에서 말한다. "등의 살만을 움직였음"은, 생각이 미친 곳이 작은 것이다.

[象曰: "咸其脢," 志末也.]

마융馬融은 말한다. (95효에서) 매脢는 등[背]이다. (리스전李士鉁은 '등살[背肉]이다.'라고 말한다.)

(주희의) 『주역본의周易本義』에서 말한다. '뜻의 끝[志末]'은, (95효에서) 사물을 감동시키지 못함을 말한다.

항안세項安世(1129-1208)는 말한다. 오관五官의 다스림은 모두 심장에서 주관하니, 이는 94효가 감당한다. 오장五臟의 경락은 모두 등[脢]에 달려있으니, 이는 95효에 해당한다. 94효는 상하가 교류하는 자리에 있으니 왕래하는 상象이다. 마음은 생각하면 득실이 있으니, 따라서 (95효는) 반드시 정도正道라면 이후에 후회함이 없다. 등[脢]은 생각하는 것이 없기에, 따라서 (95효에는) '후회함이 없다[无悔].'

조선예祖善譽(1143-1189)는 말한다. 등[脢]은 욕심이 나는 것이 아니고, 활동하여 감동을 찾는 것도 아니니, (95효에서) 곧 간艮(그침)이 등[背]이라는 뜻이다.

유원劉沅은 말한다. 매脢는 여膂(등골뼈)이다. (나의 견해: 바른 자[正字]인 통通을 따른다.) 심장은 등골뼈에 매달려 있어서 한 몸이 모두 움직이나, 오직 등[脢]은 움직이지 않는다. '자기 등살을 움직여서 물건을 짊어짐[咸其脢]', 그것은 움직이지 않는 곳에서 느낌[感]이다. 그 뜻이 정해짐이 있어서, 느낌이 어지럽혀지기 부족하니, 따라서 (95효에서는) 후회함이 없다. 끝[末]은 본本에 대하여 말함이니, 한 몸의 형체인 엄지발가락[拇], 장딴지[비腓], 넓적다리[股], 광대뼈[輔], 뺨[협頰], 혀[舌]의 부류를 말한다. (95효가) 움직이지 않는 곳에서 느끼면 느낌의 근본을 얻는 것이다. 근본이 바르면 끝도 역시 바르며, 근본이 서면 끝도 저절로 일어선다. 성인은 느끼는 바가 없는 것으로써 느낌의 근본을 삼으니, 따라서 (95효는) 자연스러움이라 말한다.

리스전李士鉁은 말한다. 95효는 몸 위에 있으니 등[脢]을 나타낸다. 위로 입에는 이르지 않았으니 말이 없고, 아래로는 심장에 이르지 않았으니, (95효는) 생각이 없다. 생각이 없고, 말이 없으면 득실도 없다. (95효는) 비록 작위作爲하는 바가 있을 수 없을지라도, 또한 망동妄動하는 우환도 없으니, 따라서 후회함이 없다.

---

24) 咸은 動이다. '함기매咸其脢'는 자기 등살[背肉]을 움직여서 물건을 짊어짐이다. 高亨, 294頁.

마치창馬其昶은 말한다. 주자朱子는, '심리心理는 유행하여, 맥락脈絡을 관통하니, 이르지 않음이 없다.'라고 말하였다. 어떤 것이 아직 장성하여 형체를 이루지 못했다면, 그것은 마음이 밖에 있음이 된다. 밖에 있는 마음은 천심天心과 합하기에 부족하다. 뜻의 끝[志末]은 곧 이른바 밖[外]을 갖는 것이다. 세상을 잊는데 과감하나, 뜻을 갖는 것을 작은 일로 본다. 95효는 본래 중정中正하나 길吉한 점占이 없으니, 94효가 일단 마음[心]을 나타내면, 95효는 등[背]의 자리에 마침 해당되니, 만물이 서로 교감하는 때를 당해서, (95효는) 사람의 등과는 느낌이 없고, 느낌이 없으니 자신을 잃지 않게 되고, 잃지 않으면 스스로 후회함이 없다. (『논어論語』에서,) '공자는, "과감하구나, 그를 설득할 방법은 없겠구나!"라고[25] 말씀하셨다.' 성인은 인심人心에 감응하니 천하가 화평해진다. 마른나무와 같은 홀로 선한 부류[도가道家]라고 한다면, 군자는 그런 (도가道家의) 뜻을 취하지 않는 것이다.

상육효: 뺨과 혀를 움직이니, (길吉하지 않은 상)이다.

[上六, 咸其輔頰舌.[26]]

상에서 말한다. "뺨과 혀를 움직임"은, 말을 멋대로 늘어놓음이다.

[象曰: "咸其輔頰舌," 滕口說也.[27]]

마융馬融은 말한다. 광대뼈[輔]와 뺨[頰]과 혀[舌]는 말하는 도구이다. 광대뼈는 위턱[上頷]이다. (『설문해자說文解字』에 의하면, 뺨(頰)은 얼굴 옆이다. 우번虞翻은, '태兌괘는 입과 혀이다.'라고 말한다. 유원劉沅은, '광대뼈(輔)는 입 옆에 있고 뺨(頰)은 광대뼈 아래에 있고, 혀는 입안에 있다.'라고 말한다.)

(주희의) 『주역본의周易本義』에서 말한다. 등滕(말이 뛰어오름)은 등騰(오르다)자字와 통용된다. (유원劉沅은, '등滕은 입을 크게 벌리고 말을 떠벌리는 모양이다.'라고 말한다.)

항안세項安世(1129-1208)는 말한다. 일은 마땅히 입을 사용하여 말을 함이 있을 때부터 대개 가르치고[訓] 알리고[誥] 맹세하고[誓] 명령하는 것이 모두 그러한 것이다. (상6효에서) 등滕은 대개 전하여 베푸는[傳布] 뜻이니, 『상서尙書』에서, 이른바 '(선왕先王은) 정령政令을 포고한다.'라

---

25) '子曰: "果哉! 末之難矣.",' 『論語譯注』「憲問」篇(14:39), 楊伯峻譯注, 상동, 158頁.

26) 咸은 動이다. 보輔는 보䩉(뺨)의 가차이니, 보䩉는 협頰(뺨)과 같은 뜻이니, 모두 시䚡(뺨)이다. 高亨, 294頁.

27) 등滕은 물[水]의 번등翻騰(솟아오름)이니 등騰과 같다. '등구설滕口說'은 구담口談을 굴림이니, 구담을 거리낌 없이함이다. 高亨, 상동.

고[28] 말한 것이다.

유원劉沅은 말한다. 상6효는 태兌 입에 해당되고, 광대뼈는 입 옆에 있고, 뺨은 광대뼈 아래에 있고, 혀는 입안에 있다. 상6효는 음으로써 태兌 기쁨의 끝에 있어서, 말로써 사람을 감동시키나, 아직 전부는 아닌 것[非]이다. 다만 감동하는 바가 얕을 뿐이니, 그러므로 (상6효에서) 길흉을 말하지 않아도 점괘를 기다리는 자가 스스로 안다. 교화敎化를 선양하는 사람[木鐸]은 남과 변론辯論하기를 좋아하니, 군자 또한 말을 멋대로 늘어놓을 때가 있을지라도, 어찌 '아닌 것[非]'을 행할 수 있겠는가? 만약 소인으로써 그것을 당하면, 반드시 흉함과 허물을 말했을 것이다!

마치창馬其昶은 말한다. 함咸괘의 시작이 의도[志]에서 움직였다면, 함咸괘의 정점은 바로 입에서 발동한다. 말[言]은 마음의 소리이다. 마음의 감동은 진실과 허위가 있으니, 따라서 말[言]에서는 또한 그 길흉을 결정하기가 어렵다. (나의 견해: 오직 입은 맛있는 음식[羞]을 깨우쳐 주고, 오직 입에서 좋아함[好]과 전쟁[戎]이 나온다. 그러므로 길흉이 결정되기가 어렵다.)

• **나의 견해**: 함咸괘는 서로 감응하는 것으로써 뜻을 취했다. 감응이 선한 것은 멈추어서 기뻐하며, 기뻐하되 넘치지 않는 것이 바로 그 감응을 오래 가게 하는 것이다. 만 가지 부류가 정성[誠]으로써 서로 감응하고, 남녀는 바름으로써 서로 감응하니, 반드시 바름으로써 해야 나중에 길한 것이다. 만약 그런 원칙을 따르지 않음은 바르지 않음이니, 바르지 않으면 반드시 길고 오래 갈 수 없다. 그러므로 함咸괘 이후에 항恒괘로써 뒤를 이었으니, 모두 정도正道이면 이로움을 가르쳤다. 성인은 정도正道로써 사람을 감응시키고 선한 기운으로써 사람을 감응시키니, 이로써 그 성인의 마음이 천하 사람들과 더불어, 마음과 마음이 서로 맞는 것이다. 그러므로 천하가 화평하고, 성인이 지나가면 교화되고, 머무르면 신묘하게 되며, 상하가 천지와 함께 흐르게 된다. 사람의 마음은 지극히 가까워서 저절로 감응하여 통하는 응함이 있다. 감동시키는 것은 무심無心에서 나오는 것이니, 이는 마음이 없다는 것이 아니라, 사사로운 마음이 없다는 것이다. 넓고 크게 공변되어 만물이 오면 순응한다. 오직 텅 비었으므로 다른 사람을 받아드릴 수 있고, 이로써 군자가 된다. 효爻는 가까이 몸에서 취함을 나타내니, 사람들이 각각 몸이 있기에, 곧 이 마음은 같다. 군자는 실로 일심一心으로써 천만 사람들의 마음을 감동시키는데, 특히 한 몸에서 그것을 증험한다. 사향嗣香(李士鉁)선생은 94효를 해석하는데, 혼연 일체되어 뛰어 나서[渾化精透], 진수를 분명하게 보았으니, 이른바 (사공도司空圖[837-908]의 『이십사시품二十四詩品』중 웅혼(雄渾에서 말한) '물상

---

28) '播告之修', 『今古文尙書全譯』, 「盤庚」上篇, 江灝, 錢宗武譯注, 상동, 158頁.

物象 밖으로 초탈하여 그 정수精髓를 얻음'이라는[29] 것이다. 이것이 매우 깊은 제일의 뜻이다. 범준范浚(1102-1150)은 「심잠心箴」에서 간절하게 듣기에 감동을 느끼게 했으니, '일심一心은 위태로운데, 여럿이 그것을 공격하고자 하니, 그것을 보존하는 이여! 오호라 드물도다!'라고[30] 말하였다. (이것은) 대체로 94효의 뜻을 깊이 얻은 것이로다!

---

29) '超以象外, 得其環中.' 唐나라 司空圖의 『詩品·雄渾』에서 나온 말로서, '몸을 세상 밖[世外]'에 두고, 현실의 공상空想을 털어버림의 뜻이다. https://www.sohu.com 참조.
30) '一心之危, 衆欲攻之, 其與存者, 嗚乎幾希!', 『香溪集』卷五, 「心箴」, 宋 范浚撰, 電子版文淵閣四庫全書, 上海人民出版社 1999 참조.

32. 항恒괘 ䷟

항恒괘: (사람이) 오래 갈 수 있으면, 형통하여 허물이 없고, 바르면 이롭다. (또한) 나아가면 이롭다.

[恒, 亨, 无咎, 利貞. 利有攸往.[1)]]

곽옹郭雍(1106-1187)은 말한다. (항恒괘의) '나아가면 이로움[利有攸往]'은, 오직 상법常法을 가진 자만이 그렇게 할 수 있으니, 이른바 '끝이 없음[不已]'이다.

서기徐幾(13세기, 남송南宋 역학자)는 말한다. '바르면 이로움[利貞]'은 바뀌지 않는 항恒이다. '나아가면 이로움이 있음[利有攸往]'은 끊이지 않는 항恒이다.

유원劉沅(1767-1855)은 말한다. 남자는 밖에서 활동하고, 여자는 안에서 순종하는 것이 인도人道의 상법이다. 「서괘序卦」전에서, '부부夫婦의 도道는 오래 가지 않을 수 없으니, 따라서 이것을 항恒괘로 받았다.'라고[2)] 한다. 교감交感을 다지자면 젊은이는 친절하고, 존비尊卑를 다지자면 어른[長]은 항상 근신하고 단정하다. 남자는 높고 여자는 낮음이 부부 동거同居의 상법이니, 함咸괘의 다음 자리인 것이다. '열고 닫음[辟闔]'의 핵심은 바람과 우레에서 시작하고; 남녀의 바름[正]은 조화造化에 통한다. 인도人道의 영원한 규칙은 곧 천지天地의 상리常理이다. 정도正道에 오래 머물면, 형통하여 이롭지 않음이 없다.

리스전李士鉁(1851-1926)은 말한다. 항구恒久하면 통하지 않음이 없으니, 따라서 형통하다. 92, 65효가 비록 (자기) 자리를 잃었으나, 허물이 없을[无咎] 수 있다. 강유剛柔가 서로 도우니, 여섯 효爻들이 바르게 응하기에, 따라서 '정도正道에 있으니 이롭다[利貞].' (항恒괘에서) 우레가 가고, 바람이 일어나니, 모두 가는[往] 상이다.

단전에서 말한다. 항恒괘는 오래감이다. 강건함이 위에 있으며 부드러움이 아래에 있으며, 우레와

---

1) 항恒은 괘명이며, 항구恒久를 뜻한다. 亨은 通이다. 貞은 正이다. 高亨, 296頁.
2) '夫夫婦之道不可不久也, 故受之以恒.', 「序卦」傳, 高亨, 648頁.

바람이 서로 함께하며, 강건함과 부드러움이 모두 대응하는 것이, 항恒괘이다. "나아가면 이로움"은, 끝나면 또한 시작하는 것이다. 도리에 오래 머무르기 때문에, 항恒괘는 "형통하여 탈이 없고 정도正道에서 이롭다."

[彖曰: 「恆」, 久也. 剛上而柔下, 雷風相與 , 巽而動, 剛柔皆應, "恆."3) 「恆」"亨无咎利貞," 久於其道也. 天地之道恆久而不已也. "利有攸往," 終則有始也.4)]

정현鄭玄(127-200)은 말한다. 바람과 우레는 서로 필요로 하여 사물들을 기르니, 맏딸[巽]이 장남長男[震]을 받드는 것, 부부가 같은 마음으로 가정을 이루는 것과 같으니, (항恒괘는) 오래 가는 [久長] 도道이다.

왕필王弼(226-249)은 말한다. (항恒괘에서) 강剛은 높고 유柔는 낮으니, 그 순서를 얻음이다. '긴 양陽'과 '긴 음[長陰]'은 서로 이룰 수 있다. (항恒괘는) 활동에 어그러짐이 없으니, 외로운 짝 [配匹]이 아니어서, 모두 오래 갈 수 있는 도道이다.

완적阮籍(210-263)은 말한다. (항恒괘에서) 남자는 아래이고 여자는 위이니, 그들의 기氣를 통하게 한다. 유柔로써 강剛을 받드니, 그 부류는 오래 간다.

(정이의) 『이천역전伊川易傳』에서 말한다. 건乾의 초9효가 (항恒괘에서는) 위로 94효에 있고, 곤坤의 초6효는 아래로 (항恒괘의) 초6효에 있으니, (나의 견해: 이 초初자는 항恒괘의 초6효를 가리킨다.) 2효가 있는 곳을 바꾸었기에, (항恒괘에서 상체인) 진震과 (하체인) 손巽괘를 이룬다. 항恒괘는 '일정一定하지 않음[非一定]'을 말하니, (항恒괘에서) 수시로 변이變易하기에, 이에 상도常道가 된 것이다. (항恒괘에서) 자기 덕을 '항구하게 하지 않으니,' '부정不正에서 항구함[恒於不正]'과 함께 하는 것이기에, (항恒괘에서) 모두 형통할 수가 없고 허물이 있는 것이다.

장준張浚(1097-1164)은 말한다. 건乾은 활동하고 곤坤은 고요하니, 진震과 손巽이 이것[乾坤]들을 먼저 찾아서 얻은 것이다. 건곤乾坤은 무위無爲하니, 생물의 공효[功]를 진震과 손巽괘에 부쳤다. 우레[震]는 활동하고 바람[巽]은 흩어지니, 시종始終이 바뀌지 않고, 항구한 덕으로써 천지간에 만물들을 발생시키니, (항恒괘에서) 강유剛柔가 번갈아 응하여, 그 순서를 어기지 않기에, 상도常

---

3) 항恒은 오래감[久]이다. 상괘는 震이니 剛이고, 하괘는 巽이니 柔여서, 괘상이 '剛上而柔下'이다. 또 震은 雷이고 巽은 風이니 '雷風相與'이며, 震은 動이고 巽은 겸손이니, '巽而動'이다. 初六과 九四, 九二와 六五, 九三과 上六효가 상응하니, '剛柔皆應'이다. 高亨, 297頁.

4) '天地之道恆久而不已也.' 구절과 '利有攸往, 終則有始也.' 구절은 위치를 바꾸어야 한다. 이는 베껴 씀(轉寫)의 오류이다. '終則有始'의 有는 우又(亦)이다. 高亨, 상동.

道가 있음으로 형통한 것이다.

하해何楷(1594-1645)는 말한다. 진손震巽은 음양의 시작이고; 태간兌艮은 음양의 끝이다. 함咸괘와 항恒괘는 상반이니, (항恒괘에서) 종시終始가 보인다.

유원劉沅은 말한다. (항恒괘에는,) 건乾의 초효가 위로 94효에 있고, 곤坤의 초효가 아래로 초6효에 있다. (상괘인) 진震은 강剛이고 (하괘인) 손巽은 유柔하니, 천지天地의 상법常法이다. 우레와 바람은 서로 필요로 하니 이루어지며, (이것은) 공용功用과 기화氣化의 상법[常]이다. (항恒괘는) 활동하여 순順하니, 따라서 상법[常]일 수 있다. 강유剛柔가 응하니, 따라서 (항恒괘는) 오래 갈 수 있다.

리스전李士鉁은 말한다. 우레[震]가 발동하니 거두어들이고, 바람[巽]이 생기니 휴식하는데, 무엇으로 항恒괘가 되는가? (항恒괘에는,) 오직 발동함[發]이 있고 거두어들임[收]이 있으니, 오래 발동[長發]할 수 있고; 생겨남[生]이 있고 휴식[息]이 있으니, 오래 살 수 있다[長生]. 오직 변역變易할 수 있으니, 이 때문에 (항恒괘는) 바뀌지 않는다[不易]. 무릇 모양[形]을 일정하게 부여받고 옮기지 않는 것은, 반드시 때[時]가 있으니 끝난다[終]. 허령虛靈하여 변화하는 물건은 순환하며 '두루 흐르니[周流]', 만세萬世[萬古]에 쉬지 않는다. (항恒괘에서) 이런 우레와 바람이 항구[恒]하게 되는 것이다. 음양이 상응하니, 천도天道가 항상[恒]이기에, 곧 인도人道가 항恒이다. 함咸괘에서 보면 음양이 합하는 이유를 알게 되고; 항恒괘에서 보면 음양이 이루어지는 이유를 알게 된다. 배와 수레가 쉬지 않으니, 천하에 통하게 되고; 일월日月의 운행이 끊이지 않으니 빛이 천하에 두루 미친다. 하늘의 운행이 쉬지 않으니, 따라서 끝남이 없고; 물의 흐름이 멈추지 않으니, 따라서 고갈되지 않는다. 나아감[攸往]이 없으면 어떻게 항구[恒]할 수 있는가?

해와 달은 하늘을 얻어서 장구하게 (만물을) 비추며, 사계절의 변화 또한 영구하게 이루어지니, 성인은 자기 도道에 오래 (있어야) 천하가 변화하여 이루어진다. 이 항구적인 것들을 관찰하면, 천지만물의 실정을 볼 수 있도다!

[日月得天而能久照. 四時變化而能久成, 聖人久於其道而天下化成. 觀其所恆 , 而天地萬物之情可見矣!]

사징史徵(9세기, 당唐나라 역학자)은 말한다. 변통할 수 없으면 장구할 수 없다. 그러므로 『역易』(항恒괘)에서, 막히면 변하고, 변하면 통하고, 통하면 오래 간다.'라고[5] 말한다.

....

5) '『易』, 窮則變, 變則通, 通則久.', 「繫辭」下傳, 高亨, 562頁.

여조겸呂祖謙(1137-1181)은 말한다. 대저 천하의 만세萬世를 통하여, 늘 행해지나 폐해가 없는 것은 반드시 '바른 도리[正理]'이다. 한 때 우러러 보고, 한 사람이 행한 것은, 반드시 오래 가지 못한다.

이광지李光地(1642-1718)는 말한다. 무릇 천하 만물 가운데 우연하고 늘 있는 일이 아닌 것은, 자기 실정이 아니다. 그러므로 항구적인 것을 보면, 천하 만물의 실정을 볼 수 있다.

유원劉沅은 말한다. 하늘은 순일純一하고 끝이지 않는다. 일월日月은 음양의 핵심[精]이니, 하늘의 '건전健全한 운행[健行]'을 얻었고; 사계절[四時]은 하나의 천도天道의 '수습함[捲起]과 전개[卷舒]'이다. 만세萬世에 이것이 천지 만물이고, 만세는 이런 항구함[恒]이다.

리저밍李哲明(1857-?)은 말한다. 하늘의 운행은 쉬지 않으니, 일월日月이 하늘을 얻었는데, 또한 (일월日月은) 더불어 쉬지 않는다. 『설문해자說文解字』(許愼撰)에서, '득得이란, 다녀서 얻은 것이 있음[行有所得]'이라고[6] 한다.

상전에서 말한다. 우레와 바람이, 항恒괘이다. 군자는 (도道에) 서서, 쉽게 도道를 바꾸지 않는다.
[象曰: 雷風, "恒." 君子以立不易方.[7]]

송충宋衷(?-219)은 말한다. 우레와 바람은 서로 치고 받으나 만물을 위해 쓰이니, 그러므로 군자는 그들을 본받아서 몸을 지키고 절조節操를 세우며, 그들의 도道를 바꾸지 않는다.

곽옹郭雍은 말한다. 방方은 도道와 같다.

이중정李中正(12세기, 남송南宋 역학자)은 말한다. 우레[雷]가 잠에서 깨어나는 것은 봄과 가을 가운데에 응한 것이다. 바람이 파동 치는 것은 율려律呂의 순서를 따른 것이니, 지극한 변화 가운데에 그 항상[常]을 잃지 않기에, 항구[恒]인 것이다. '세우되 도道[方]를 바꾸지 않음[不易方]'은 도道에 집착하지 않고, 의리義理의 당연함을 바꾸지 않을 뿐이다.

호병문胡炳文(1250-1333)은 말한다. 우레와 바람의 변화를 몸으로 하여 내[我]가 불변不變함이 되니, (항恒괘는) 우레와 바람을 몸으로 잘한 것이다.

유원劉沅은 말한다. (항恒괘에서) 우레가 활동하고 바람의 흩어짐이, 무상無常한 것 같다. (항恒

---

6) '得: 行有所得也.', 『說文解字』, 彳部, 上冊, (東漢) 許愼著, 李翰文譯注, 상동, 158頁.
7) 공영달孔穎達에 의하면, 方은 道와 같다. 상괘인 震은 雷이니 형벌에, 하괘인 巽은 風이니 德教에 비견된다. 형벌을 위에서 가지고 있으나, 아래에 덕교를 시행함이 治國의 항구한 도리이다. 高亨, 298頁.

괘에서) 따듯함[溫]과 참[凉]을 거두고 발산함에 그 때를 잃지 않는데, 강강剛이 활동하고 손巽은 들어오며, 서로 효과[功]을 이루니, 무상無常해 보이나, (항恒괘에는) 실로 항상[常]이 있다. 무릇 일이 옴[來]은, 만변萬變하며 끝이 없다. 군자는 시중時中으로 처신하니, 정한 것[定]이 있으나 실은 무정無定하고, 무정無定하나 실은 정定함이 있으니, 이것이 (항恒괘에서) '세우되 도道를 바꾸지 않음[立不易方]'이다. (상괘인) 진震과 (하괘인) 손巽은 모두 나무이니, 서있음[立]의 상이다. 손巽은 안으로 들어오고, 진震은 밖에서 활동하니, 각자 그 자리에 있으니, (항恒괘는) '방方을 바꾸지 않음[不易方]'의 상이다.

초육효: (땅을) 오래 파면 깊어지니, (무너져서 사람들을 덮게 되어, 한 일은) 옳았으나 흉하게 되었기에, 이로울 바가 없다.

[初六, 浚恒, 貞凶,8) 无攸利.]

상에서 말한다. "깊게 팜을 오래 했으나" (결과가) "흉함"은, 위험은 깊이 판 데에 있다.

[象曰: "浚恆"之"凶," 始求深也.9)]

우번虞飜(164-233)은 말한다. (초6효에서) 준浚은 깊음[深]이다.

공영달孔穎達(574-648)은 말한다. (항恒)괘 초6효이기에 따라서 처음[始]이라 말했고, 아래에 있기에 따라서 깊음[深]으로 말한다. 흉凶은 '처음에 있으면서 깊음을 찾음'을 말한 것이다.

육희성陸希聲(801-895)은 말한다. 처음은 늘 시초[始]이니, (나의 견해: 초효初爻는 항상 시작[始]이 된다. 나가기를 급히 찾으면 물러나게 되고, 급急하려고 하면 통달하지 못하니, 이것은 항구恒久한 도道를 잃게 된다.) '점차로 함[漸]'을 상법으로 함이 적절하다. (초6효의) 몸은 (하괘인) 손巽인데 성질이 조급하면, 급히 '깊게 들어감[深入]'을 찾게 되니, 이것이 도道에 '오래됨[久]'을 잃게 되는 것이다.

호원胡瑗(993-1059)은 말한다. 천하의 일은 반드시 모두 점차로 하는 것이니, 날이 쌓이고 오래된 후에 성공한다. (초6효가) 빨리 하려하면 달성하지 못한다.

왕안석王安石(1021-1086)은 말한다. 손巽은 들어감[入]이다. 들어감에 점차로 하지 않고, (초6효가) 처음에 깊음을 찾으면, 따라서 흉하다.

---

8) 준浚은 파서 깊게 함이다. 恒은 오래됨[久]이다. 정貞은 正이니, 貞凶은, 그 일이 비록 바르더라도 또한 흉凶함이다. 高亨, 298, 299頁.

9) 始는 아마도 태殆(위험)의 가차이다. 高亨, 상동.

주진朱震(1072-1138)은 말한다. 초6효는 (하괘인) 손巽 아래에 있으니, 깊이 들어가서 항恒괘가 된다. 상6효는 진震의 끝에 있어서 진동振動으로 항恒괘가 된다. 처음(초6효)에서 깊이[深]을 찾고, 상6효에서 활동을 좋아하니, 모두 흉도凶道이다.

혜사기惠士奇(1671-1741)는 말한다. (하괘인) 손巽은 진퇴進退이니, 결과가 없고, 그 끝은 조급한 괘卦이다. 깊게 팜이 오래되는 것[浚恒]이 조급함의 상이다. 뿌리를 깊게 하여 안정하게 기다릴 수 없으면, 이에 조급하게 찾게 되니, 따라서 (초6효는) 흉하다. 군자가 임금을 섬김에, 신임이 있게 된 후에 간언諫言하게 되고; 백성을 다스림에는 (백성이) 신임하게 된 후에 그들을 수고롭게 한다. 아직 임금에게 신임이 없는데 (임금을) 범하게 되고, 백성에게 신임이 없는데 이들을 위해 危害한다면, (이것은) 모두 '시초에 깊음을 찾은 것'이다.

유원劉沅은 말한다. (하괘인) 손巽[바람]의 성질은 잘 들어감[善入]이니, 따라서 땅을 파는 일이 오래 되면, (초6효는) 억지로 깊이를 찾는 것이다. 깊이를 억지로 구하면, 비록 바르더라도 또한 (초6효는) 흉이다. 이런 방식으로 오래 하면, 파는 일이 잘못된다. 배워서 공명을 찾기에 급하면 쉽게 물러나게 되고, '나라를 다스리며[政]' 빨리 하고자 하면 통달하지 못하니, (초6효는) '이로울 배[无攸利]가 없다.'

리스전李士鉁은 말한다. (호체互體인) 건乾은 못[淵]인데 초효가 못 아래에 있기에, 따라서 파는 것[浚]이다. 손巽은 들어감[入]이니, 초6효가 또한 손巽 아래에 있으니, '깊이 들어감[深入]'의 상이다. 처음에 깊이를 찾음에 힘쓰면, 방금 일하며 성공을 급히 바라는 것과 같으니, 방금 배우면서 곧 품덕品德과 수양을 높이려는 것이고, 막 정치에 임하여 곧 백성을 교화하고 풍속을 바꾸려는 것이니, (초6효에서는) 흉하고 이로울 바가 없는 것이다. 모든 일에는 점차로 하면 오래 갈 수 있지만, 점차가 아니면 오래 갈 수 없다.

마치창馬其昶(1855-1930)은 말한다. 초6효가 (양陽의) 자리를 잃었고, 항恒의 집에서 변통을 알지 못하니, 따라서 (초6효는) 흉한 것이다. 항恒괘의 효爻들은 93효부터 위로는 외괘外卦이니, 모두 항구하고 불변하는 상을 갖고 있다.

• **나의 견해**: 제갈량諸葛亮(181-234)은 (유비劉備[161-223]가) 3번 찾아뵈었으니 비로소 천하의 큰 계책을 논의했는데, 이것은 믿음[信]을 받았기에 나중에 간언諫言한 것이다. (주周나라) 문왕文王은 민력民力으로써 누대[臺]와 못[沼]을 만들었으니, 이것은 (백성들의) 신임이 있은 뒤에 (그들을) 수고롭게 한 것이다. 가의賈誼(전200-전168)는 새롭게 임용되자 통치의 안책安策을 올리며,

말하면서 임금을 위해 갑자기 통곡하며 자기 신임을 구했는데, 이것은 깊은 것을 찾으려는 것이었으나 흉하였다.

구이효: 후회함은 (장차) 떠날 것이다.

[九二, 悔亡.]

상에서 말한다. "92효에서 후회가 떠남"은, 정중正中의 도에 오래 머무를 수 있기 때문이다.

[象曰: "九二悔亡," 能久中也.10)]

우번虞飜은 말한다. (92효는 양의) 자리를 잃었으니, 후회함이다. (그러나 92효는) 중中에 처하니 따라서 후회함은 떠날 것이다.

곽옹郭雍은 말한다. 오래 갈 수 있는 도道는 다른 것이 아니고, 중中일 뿐이다. (92효에서) 넘치거나 미치지 못함은 모두 오래 갈 수 없다.

왕쉔汪烜(1878-1959)은 말한다. (92효는) 항恒괘에 있기 때문에, 그러므로 (92효에서) 중中은 중中에 오래 있음이다.

유원劉沅은 말한다. (92효는) 양으로 음(자리)에 있으니, 얻은 것은 중中이고, 응하는 것[65효] 또한 중中이다. (92효는) 시時와 (음陰)자리[位]가 합당치 않으나, 현재의 자리에서 중中을 찾을 수 있으니, 때[時]에 따라서 중中에 처한 것이다. 중中은 오래 갈 수 있는 도道이니, 바르지 못한 후회는 (92효에서) 모두 떠나버린다. 이 (항恒괘의 92)효와 대장大壯괘 92효, 해解괘 초6효는 모두 그렇게 된 까닭[所以然]을 드러내지 않으니, 말도 생략한 것이다. (92효는) 태과太過[큰 잘못, 크게 넘침]를 강하게 경계하였으니, 94효가 양陽이고 92효만 중中을 얻었으며; 해解괘는 서남쪽이 이롭고, 뒤에 있음을 귀하게 여기니, 초6효가 가장 뒤이다.

리스전李士鉁은 말한다. 『중용中庸』에서, '중용中庸을 택했더라도 한 달을 지키지 못한다.'라고11) 말하였다. (92효가) 중용中庸에 오래 있으면, 무슨 후회가 있겠는가?

마치창馬其昶은 말한다. 92효를 분명히 말했으니, 그것이 반드시 변하지 않을 것을 보인 것이다. 변하지 않으면 92, 65효가 응함을 오로지하니, 이것은, 우레[震]와 바람[巽]이 서로 관여함이 '항구한 것[恒]'이다.

----

10) 中은 正이니, 久中은 正中의 道에 오래 있음이다. 高亨, 299頁.
11) '擇乎中庸而不能期月守也.', 『中庸』7章, 『中庸今註今譯』, 宋天正註譯, 12頁.

● **나의 견해**: (92효는) 중中으로 (65효의) 중中에 응했으니, 따라서 (92효에서는) 우레와 바람이 상여相與한 것이니, (92효는) 오로지하여 오래 갈 것이다.

구삼효: 자기 덕을 오래 갖지 못하면, 혹 치욕을 받을 것이니, (비록 행동이) 바르더라도 곤란할 것이다.

[九三, 不恒其德, 或承之羞,12) 貞吝.]

상에서 말한다. (사람이) "자기 덕을 오래 동안 지키지 못한다면," 받아줄 곳이 없다.

[象曰: "不恆其德," 無所容也.]

『예기禮記』에서 말한다. '공자는, "남쪽사람이, 「사람이 항상적인 것이 없으면, 복卜점이나 서筮점을 칠 수 없다.」라고 말하였다. (이것은) 옛날의 유언遺言인가? 거북점이나 서점筮占으로도 오히려 알 수 없는데, 하물며 사람이 알 수 있겠는가? …『역易』(항恒괘 93효)에서는, 「자기 덕을 항구히 갖지 않으면 혹 그것을 받더라도 치욕이다. 항구적으로 자기 덕이 바르면, 아내는 길하고, 남편은 흉하다.」라고 말하였다."13)'

정현鄭玄은 말한다. (93효에서 하괘인) 손巽은 진퇴進退이니, 이것은 '항구한 것이 아님[不恒]'이다.

소식蘇軾(1037-1101)은 말한다. (『논어論語』에서,) '사람이면서 항구함이 없으면 무巫나 의사[醫]가 될 수 없다.' 공자는. (항심恒心이 없으면) "점칠 수 없을 뿐이다!"라고 말하였다.'14) 항상 됨이 없는 사람은 그들과 더불어 무의巫醫가 되는 것 또한 안 되는데, 하물며 (93효에서) 함께 일할 수 있겠는가? 무상无常한 사람은 방금 잘 하다가도, 더불어 하려하면, 그가 변하기에 이르는 것이다. 얼음이 녹으면 고인 물도 없어지니, 나는 그 치욕을 받는 것이다. 선악善惡은 각각 무리[徒]가 있으나, 무상无常한 이들만은 무리가 없다.

풍의馮椅(1140-1232)는 말한다. (93효는) 지나치면 중中이 못되니, 끝에는 조급한 괘가 되기에, 이 때문에 (93효는) '항구한 것이 아님[不恒]'이다.

웅량보熊良輔(1310-1380)는 말한다. 항恒괘는 손巽이 하괘이고 진震이 상괘이며, 익益괘▤▤는

---

12) 승承은 받음(受)이다. 수羞는 치욕이다. 貞은 正이다. 貞吝은 행동이 비록 발랐으나, 또한 고난苦難을 당함이다. 高亨, 300頁.

13) '子曰: 南人有言曰: 「人而無恒, 不可以爲卜筮. 占之遺言與? 龜筮猶不能知也, 而況於人乎?」 …『易』曰: 「不恒其德, 或承之羞. 恒其德貞, 婦人吉, 夫子凶.」', 『禮記今註今譯』, 第三十二「緇衣」, 下冊, 王夢鷗註譯, 상동, 722頁.

14) '人而無恒, 不可以作巫醫. … 子曰: 「不占而已矣.」', 『論語譯注』, 「子路」篇(13:22), 楊伯峻譯注, 상동, 141頁.

진震이 하괘이고 손巽이 상괘이니, 항恒괘 93효가 곧 익益괘 상9효이다. 익益괘 상9효에서, '마음을 쓰는데 불변不變이면[立心非恒],' 누가 혹 칠 것이니 흉할 것이다. 항恒괘 93효는 자기 덕을 항상되게 하지 못하니, 따라서 혹 그것을 받으면 치욕일 것이다.

이광지李光地는 말한다. 행동에 상도常度가 없으면 자기가 불안하며; (93효에서) 일에 상법常法이 없으면, 사물은 순종하지 않는다.

유원劉沅은 말한다. (93효는 하괘인) 손巽의 정점에서, 진퇴進退가 마침내 실행되지 못한다. 내외內外가 서로 관계를 할 사이에, (93효는) 조급하지 않으면 곧 실행되지 못한다. (93효는) 나아가도 진震의 활동이 될 수 없고, 물러나도 편안하게 손巽의 순종일 수가 없으니, (93효는) 자기 몸을 포용할 수가 없다. 무릇 항구하지 않으면, 모두 자기 덕을 가질 수 없다.

리스전李士鉁은 말한다. 덕이 항구하지 않으면, 반드시 성취할 수 없다. (93효는) 이런 불변不變을 지키면, 망동妄動을 떳떳한 것[常]으로 여기고, 조급함을 바르다고 여기니, (93효는) '어려운 도[吝道]'이다. 「포용됨이 없으면,' '항구할 수 없음[不恒]'의 성질이 되며」, 있을 곳이 없게 되어, 상하가 모두 포용하지 않음이라고 (항괘 93효 상象)전傳에서 말하는 것이다.

• **나의 견해**: 기지機智와 권변權變에 기묘한 자는 부끄러울 바도 없게 되는데, (93효는) '항구함이 없으니[不恒]' 수치심을 느낀 일이 아직은 없다. 사람들이 불항不恒한 사람들을 '가볍게 보니[鄙視],' 혹 일을 하거나 혹 그만두어도, 일처리가 거친 격이다. 시대의 기운의 변이는 모두 기교를 잘 바꾸는 이들이 만든 것이기에, 하늘이 용납하지 않고, 사람이나 귀신이 함께 (그것에) 분노하니, 무슨 치욕이 이와 같을 수 있을까! 그러므로 성인은 항심恒心을 가진 자를 얻기를 바란다.

구사효: 사냥했으나 (잡힌) 새나 짐승은 없다.
[九四, 田无禽.15)]
상에서 말한다. 오래 동안 (사냥할 수 있는) 환경이 아니라면, 어찌 "짐승들"을 잡을 수 있을까?
[象曰: 久非其位, 安得"禽"也.16)]

왕필王弼은 말한다. 항恒괘는 (94효에서 양陽의) 아닌[음陰의] 자리에 있으니, 비록 고생은 했으나 수확한 것이 없다.

---

15) 田은 사냥이다. 금禽은 조수鳥獸이다. 高亨, 300頁.
16) 位는 환경이고, 安은 하하何(어찌, 무엇)이다. 高亨, 상동.

공영달孔穎達은 말한다. (94효에서) '사냥[田]'은 일이 있음을 비유한 것이다.

곽충효郭忠孝(?-1128)는 말한다. (94효는) 바르지 않은 굳셈[剛]으로서 중中도 아닌 곳에 있다. 항恒괘의 때[時]라면, (94효는) 오래 동안 자기 자리가 아님이다.

유염俞琰(1253-1314)은 말한다. 양은 실實이고 음은 허虛이다. 사師괘 65효에서 '사냥하여 (잡힌) 짐승들이 있는 것'은, 92효가 양으로 그것에 응한 것이고; 항恒괘 94효의 응은, 초6효의 음이기에, 따라서 '사냥하여 (잡힌) 짐승들이 없다.'라고 말한 것이다.

여남呂枏(1479-1542)은 말한다. 군자가 인의仁義의 정치에 오래 있으니, 아래에서 충분히 백성들을 교화하고; 인의仁義의 모려謀慮에 오래 있으니, 위로 임금을 바르게 할 수 있다. 이것을 버리고 항구하다면, 비록 정술政術이 그와 같이 사기詐欺이고, 행동이 그와 같이 오래되어도, 다만 난亂을 키울 뿐이니, (94효에서) 사냥해도 무슨 짐승들을 얻겠는가?

이광지李光地는 말한다. (94효에서) 강剛이 활동의 주인이나, 중中하지도 바르지도 않다. 하되 좋지 않으니, (94효는) 찾아도 얻지를 못한다. 이것을 뒤에 하고, '나라를 다스려서[政]', 다스려지기를 바라는데, (94효에서) 정술政術이 아닌 것을 조작하니, 이것이 이 (94효)효의 뜻이로다!

유원劉沅은 말한다. (상괘인) 진震은 말[馬]이 되고; 움직임은 사냥이 된다. (94효는) 또한 큰길[大塗]이니, 짐승들이 없는 곳이다. 94효는 (상괘인) 진震의 시초에 있으니, 중中하지 않고; (94효는) 양으로 음(자리)에 있으니, 바르지도 않다[不正]. (94효에서) 활동이 그치지 않으나, 이것은 항구할 때를 당하지 않았는데 항구하니, 사냥하여 짐승이 없는 처지와 같기에, (94효에서는) 오래나 끝내 소득이 없다. 93효는 덕을 가지나 항구하지 않고, 94효는 항구하나 덕이 없는 것인데, 이 때문에 (94효가) 항구하다면, 반드시 '바른 것에서 이롭다[利貞].'

리스전李士鉁은 말한다. 산에서 오래 사냥하면 반드시 짐승을 얻고; 물에서 오래 낚시하면 반드시 물고기를 얻는다. 만약 그 자리가 아니고, (흘러가는) 배에 표식을 하고서 물고기를 찾는 것과 같다면, 물론 얻지를 못할 것이다. 배움에 성인에게 충실하지 않고서 성취를 바라고, 다스림에 왕王에게 표준을 정하지 않고, 다스려짐을 찾는다면, 물을 건넘에 물길이 닿지 않는데, 흐름이 끊긴 작은 물에서 바다에 이르기를 바라는 것이니, (94효가) 어떻게 건널 수 있겠는가?

마치창馬其昶은 말한다. 94효는 (양陽의) 자리를 잃었으니, 마땅히 변해야 하나 변할 줄 모르니, (94효에서는) 수고는 적절했으나 수확이 없다.

• **나의 견해**: 음이 양의 응을 받으니, 실實이 있고 유有가 있는데; (94효처럼) 양이 음[초6효]의 응을 받으니, (94효는) 허虛이고 무无가 된다.

육오효: 자기 덕이 항구하고, 바르니, 아내는 길하고, 남편은 (가는 길이 여럿이니,) 흉하다.

[六五, 恒其德, 貞, 婦人吉, 夫子凶.17)]

상에서 말한다. "아내가 정숙하여 길했음"은, 한결같이 (남편을) 따르면서 끝낸 것이다. "남편"이 옳은 일을 하려고, 아내를 따른다면 "흉할 것"이다.

[象曰: "婦人貞吉," 從一而終也. "夫子"制義, 從婦"凶"也.]

왕필王弼은 말한다. (65효는) 있음에 존위尊位를 얻었으니, 항恒괘의 주인이다. (65효는) 의義를 제지하지는 못하고, 결정은 응당 92효에 있으니, (65효는) 마음을 씀이 순일純一하고 바르며, 선양宣揚을 따를 뿐이다.

석개石介(1005-1045)는 말한다. 일一은 양陽이다. (65효에서) 음은 마땅히 양을 따르고 끝난다.

조여매趙汝楳(13세기, 남송南宋 학자)는 말한다. (65효에서) 처음에 남자가 여자에게 자기를 낮추니, 그들의 감정을 불러오는 것이고, 아니면 정情은 어그러지며; 끝내는 남편은 강剛하고 아내는 유柔하여, 그들의 의義를 따를 수 있는 것인데, 아니면 도道가 어그러진다. 반드시 2괘가 합한 뒤에 부부夫婦의 도道는 비로소 온전해진다.

방공소方孔炤(1590-1655)는 말한다. 92효에서 '후회함이 떠나고,' 65효는 '항상 있는 덕[恒德]'이니, 모두 중中이기 때문이다. 65효는 상괘에 있으며 의義를 제정하는 권리[權]를 가졌으니, 변화하여 적합해지기에 바름[貞]이라 말하는데, 하나(一)를 따라서 끝냈으면 '바름[貞]'이라 말하지는 않는다. (65효가) 도道에 통했다는 것을, 천자天子[君父]는 알 것이다.

혜동惠棟(1697-1758)은 말한다. 『예기禮記』(「郊特牲」편)에서, '한 번 그 이와 술잔을 나눈 뒤에, 평생 변심變心하지 않으니, 따라서 남편이 죽어도 (다시) 시집가지 않는다.'라고18) 말했다. 이것이 하나一를 따라서 끝낸다는 뜻이니, 이른바 (65효의) 항恒이다.

유원劉沅은 말한다. (65효는) 유중柔中의 덕으로 92효의 강중剛中에 응하여, 상구常久하고 불변不變하니, 이것은 그 덕을 항구하게 하는 것이다. 아내는 오로지 제압[專制]하는 뜻이 없고, 마땅히 한 남편을 따라서 끝을 보니, 그녀가 길하고 이에 그녀가 바르게 된다. 그러나 (65효는) 유柔로서 강剛을 따르니, 오래도록 변하지 않는데, 이는 아내의 바름이고, 남편의 뜻은 아니니, 따라서 (부부는) 길흉이 다르다.

또 (유원은) 말한다. 도道는 중中에서 끝나니, (65효에서) 중中만이 그러므로 오래 갈 수 있다.

---

17) 夫子는 남편이다. 貞은 正이다. 高亨, 301頁.
18) '壹與之齊, 終身不改, 故夫死不嫁.', 『禮記今註今譯』, 第十一「郊特牲」, 上冊, 王夢鷗註譯, 상동, 349頁.

'자연의 도[天道]'에는 '계절[時]'보다 큰 것이 없으니, 성인은 '자연[天]'을 본받아서 '계절[時]'에 따라서 움직이니, 따라서 무정無定에도 이르고 유정有定에도 이르는데, 천변千變만화萬化해도 중中을 떠나지 않으니, 이것은 요堯, 순舜, 우禹, 탕湯, 문文, 무武왕들과 주공周公의 자취가 다르나, (이들의) 마음[心]은 같고 이리도 같다. 우레와 바람의 변동에도 불구하고, 그 괘를 이름 하여 항恒이라 한다. 92, 65효는 상하 체體의 중中을 얻었으니, 항恒의 뜻을 '아는 것[知]'이다. 65효가 의義를 제압할 수 없다면 아내의 길吉이 된다. 92효만이 강중剛中이나 유위柔位(자리)에 있으니, 이것은 자기 바름을 지킬 수 있고, 또한 수시로 변이變易하여 도道를 따르니, 따라서 '후회함이 없다[无悔].' 대개 중中을 지키는 것을 변하게 하지 않으니, 시중時中하는 것을 변하게 할 수 있다. 변화와 불변不變의 자취는 다르나, 그것이 중中인 점은 같다. 이것이 유정惟精하고 유일惟一한 것이니, 그 다음에 중中과 합작合作할 수 있다.

리스전李士鉁은 말한다. 바람이 일어나고 우레가 그에 따르며, 양이 일어나면 음이 이에 화답한다. 65효는 음이고 92효는 양이니, 따라서 65효는 부인婦人의 상이다. 진震은 남자이고 손巽은 여자이니, 따라서 65효 또한 남편의 상이다. 『역易』에서는 따라서 둘이 작위作爲하는 상이니, 각자가 도道를 보이고 있다.

마치창馬其昶은 말한다. 65효는 자기의 유순한 덕을 지키니, 음양이 상응하여, 항恒괘는 한 결 같고 불변이다. (호체互體인) 태兌에서 건乾을 따르니 부인婦人은 길하게 되고; 진震에서 손巽을 따르니, 남편은 흉하다. (나의 견해: 태兌가 건乾을 따름은 호체괘互體를 말한 것이니, 리스전李士鉁 설명의 미비점을 더욱 보충한 것이다.)

● **나의 견해**: 이것은 남편이 아내를 위해 강剛함을 말한 것이다. 93효가 따르는 의義는 부인에게는 적절하다. 만약 남편이 아내를 따르면, 이른바 순종을 바름[正]으로 여긴 것이니, 부녀婦女의 도道이기에, 따라서 (남편은) 불길하고 흉하다.

상육효: 주춧돌이 오래되면, (집이 무너지니) 흉하다.

[上六, 振恒,[19] 凶.]

....

[19] 惠士奇(1671-1741)에 의하면, 『說文解字』에서는 진항振恒을 지항榰恒으로 인용하였다. 지榰는 주춧돌인데, 옛날에는 그것을 나무로 하였고, 지금은 돌을 쓴다. 옛날에 주춧돌을 나무로 했으니, 오래되면 부식하니, 기둥이 자빠지고 집이 무너진다. 그러므로 '지항榰恒이면 흉'이다. 高亨, 301頁.

상에서 말한다. (임금이) "윗자리에서 오래 동안 (민중들을) 동원하면", 크게 공이 없다.

[象曰: "振恆"在上,[20] 大無功也.]

마융馬融(79-166)은 말한다. (상6효에서) 진振은 움직임(動)이다.

왕필王弼은 말한다. 고요함[靜]은 조급함의 임금이고, 편안함[安]은 움직임의 주인이니, 따라서 편안함은 임금이 계시는 곳이고, 고요함은 오래 갈 수 있는 도道이다. (상6효는, 항恆)괘의 상6효에 있으니, 움직임의 정점에 있고, 이것을 항恆으로 삼으니, 베푼 것 없이도 얻는 것이다.

(정이의) 『이천역전伊川易傳』에서 말한다. 항恆이 (상6효에서) 정점이면 불상不常하고, (상괘인) 진震이 끝나면 활동이 정점이다.

여조겸呂祖謙(1137-1181)은 말한다. 천하의 대공大功을 세우는 데는 반드시 유구하게 튼튼해야, 그 다음에 이룰 수 있다. 만약 진동이 조급하고 움직임을 좋아하면, 잠시 작동하나 쉽게 끊어지니, 어찌 (상6효에서) 성공할 수 있을까?

장이기張爾岐(1612-1678)는 말한다. '크게 넘치는 것[太過]'을 찾기에 항상 됨을 넘어섬[浚恒]은, (상6효가) 상리常理로서 깊이 찾음이다. '주춧돌이 오래 됨[振恒]'은 상도常道를 변동시킴이다.

장영張英(1637-1708)은 말한다. (상6효가 상괘인) 진震의 정점이 되면, 움직임이 실상失常한다. 공功은 거의 다 돼서 패하고, 뜻[志]은 위에 있음에 차게 되니, 따라서 (상6효에서) '크면 공이 없다.'라고 말한다.

유원劉沅은 말한다. 움직임[振]으로 항恒을 삼고, 위에 있으면 음은 유柔하여 망동妄動한다. 천하에는 본래 일이 없는데, 보통사람들은 스스로 번거롭게 생각하니, (상6효는) 공이 없을 뿐만 아니라, 또한 크면 공이 없으니 패하기에 충분하다.

리스전李士鉁은 말한다. (상6효에서) 움직임이 지극하고, 항恒이 지극하고, 움직일 수 있으나 고요할 수 없고, 상常을 알면서도 변變을 모르기에, 따라서 (상6효는) 흉하다. 우레는 발동하여 거두어들이고, 바람은 일어나기도 쉬기도 하니, 항구할 수 있고 1년 수확을 이룰 수 있다. 움직임이 항구적이면[振恒], 발동은 했으나 거둠이 없고, 일어남은 있으나 쉼이 없으니, 하나를 잡고서 변하지 않으니, (상6효에서) 공功이 있을 수 있겠는가?

• **나의 견해(1):** 진항振恒 2자는 또한 미복迷復(미실迷失하여 잘못을 고치지 않음)과 같다. 천하

---

20) 진振은 動이다. 在上은 통치자가 윗자리에 있음이다. 高亨, 상동.

에는 움직여서 끝나지 않고 늘 그대로인 것은 없으니, 또한 혼미하고 깨닫지 못하였는데, 회복한 일은 아직 없었다. 그러므로 항恒괘의 상6효와 복復괘의 상6효는 모두 흉으로 묶였다. 공功은 없고 '큰 것[大]'이라 말하면, 그 조급하게 움직임의 비非를 배척해야 하고, (이것은) 공이 없을뿐더러, 또한 큰 화禍가 있게 된다. 복復괘 상6효는 재난[災眚]이 있고, 군대를 출동하면 마침내 크게 패함으로써, 그 나라 임금이 흉하게 되니, 곧 크게 공이 없다는 뜻을 말한 것이다. 복復괘는 대패大敗이고, 미혹되어 회복할 줄 모르며; 항恒괘는 '크게 공이 없음[大无功]'이니, 마땅히 움직이지 말아야할 것을 움직였기 때문에, 모두 막힘의 정점에 처해 있다. 이 2효는 모두 멋대로 전쟁을 발동하는 것에 대한 경계이다.

• **나의 견해(2)**: 상6효는 (상괘인) 진震 움직임의 정점에 있으니, 움직이나 끊이지 않으니, 마땅히 항恒이 아닌데 항恒이고, 이른바 선善에 있지 않으니 모두 흉덕凶德에 있는 것이다. 비록 얻은 것이 있어도, 군자는 그것을 귀하게 여기지 않으니, (상6효는) '크게 공이 없음'인 것이다.

• **나의 견해(3)**: 빠른 우레도 귀를 막는 데에는 못 미치고, 폭풍도 아침(동안)을 불지 못한다. 진동은 그 항상 됨을 잃었으니, 결코 상구常久한 도리는 없다. 『도덕경道德經』에서, '누가 이런 짓을 했을까? 천지天地이다. 천지(의 광풍)도 오래 갈 수 없는데, 하물며 사람이겠는가?'라고[21] 말한다. 성인이 항도恒道를 말함에, 대개 유상有常한 바람과 우레에서 상象을 취한 것이다.

(유원의 『주역항해周易恒解』의) 「부해附解」에서 말한다. 우레와 바람은 변동을 따지지 않는 물건들이나, 그 괘는 '항恒'이라 이름 한다. 아마도 사람들은 상규常規에 얽매어서 변화를 모르며, 혹자는 변화를 좋아하여 상규를 잃어버린다. 그러므로 (항恒괘의) 효상爻象에서 분별하여 말한 것이다. 초6, 94효는 항恒에 못 미치고, 93, 상6효는 이미 항恒을 지나친 것이다. 92, 65효만이 상하 체體의 중中을 얻었으니, 항恒의 뜻을 아는데, 65효는 뜻을 제압할 수 없으니, 아내는 길吉하게 된다. 92효만은 강중剛中이나 유위柔位에 있으니, 수시로 도道를 따르기에, 따라서 보좌하는 것이다. 중中을 지키는 이유를 변화시킬 수 없고, 시중時中인 이유를 변화시킬 수 있다. 변變과 불변不變의 자취는 다르나 중中은 같으니, 이것이 유정惟精유일惟一한 근거인 것이기에, 이에 (항恒괘는) 중中에 협조하는 것이다.

• **나의 견해(4)**: 시냇물의 흐름은 밤낮으로 쉬지 않은 것이 그 항상[常]이다. 1년의 순서는 반드시 사계절을 갖추어야 하니, 그러면 오래 갈 수 있다. 상구常久는 '자연[天]의 도道'이니, 사람이 '자연[天]'을 본받을 수 있기에, 따라서 커질 수 있고 오래 갈 수도 있다. 상象에서 92효가 구중久中할

<hr>

21) '孰爲此? 天地. 天地尙不能久, 而況於人乎?', 『老子繹讀』23章, 任繼愈著, 상동, 50頁.

수 있음을 찬미했으니, 구도久道는 변화하여 이루어지는데, 반드시 중中과 합하고, 수시로 중中에 처하니 오래 갈 수 있었다. 이 (65)효는 항恒괘의 주인이다. 중中과 합하지 않으면 마땅히 변해야 하고, 변하면 통하고, 통하면 오래 간다. (만약) 중中과 합하여 변화될 수 없어서 중립中立하게 되면 기대지는 않는다. 나라에 도道가 있건 무도无道이건, 모두 막힌 것[塞]을 변화시키지 않았으니, 항恒의 뜻은 대저 '하늘이 강건剛健하게 감[天行健]'을 법 받는 것인데, (항恒괘는) 굳세[强]도다, 올바르게 할 것이로다!

33. 둔遯괘 ䷠

둔遯괘: (물러나 은퇴하니) 형통하고, 작은 이로움이 있더라도 정도正道여야 한다.

[遯,[1] 亨, 小利貞.]

    육덕명陸德明(약550-630)은 말한다. 둔遯괘는 조용히 물러나는 것이다. 자취를 감추고 피할 때를 말한다.

    유원劉沅(1769-1855)은 말한다. 산이 높아 위로 하늘까지 떨치니, 양기가 마치 피하듯 가버리기에, 따라서 둔遯괘가 된다. 인사人事에서는 소인小人의 도道가 자라니 군자는 물러나고 피한다. 「서괘序卦」전에서, "항恒은 오래함[久]이다. 사물은 오랫동안 자기 장소에 머물 수 없기에, 따라서 둔遯괘로 받았다"라고[2] 하였다. 이것은 6월六月의 괘이다. (6월에) 음이 성하니 양은 마땅히 물러나 피해야 하니, 자기 올바름을 지키며 변하지 않는 것이다. 성인은 사람들이 올바름을 버리고 숨는 것을 두려워하여, 따라서 이렇게 말한 것이다.

    리스전李士鉁(1851-1926)은 말한다. 산이 높은 것은 한계가 있지만 하늘은 끝없이 크니, 산이 하늘 아래 있으며, 은거隱居하며 드러나지 않는 것이 둔遯괘의 상象이다. (상괘인) 건乾은 또한 들[野]이 되고, (하괘인) 간艮은 멈춤이고, 호체互體인 손巽은 피함이 된다. 들로 피해 아래에 멈추니, 모두 둔遯괘의 상이다. (하괘인) 간艮은 멈추니 욕심이 없고, (상괘인) 건乾은 강건剛健하니 결연決然할 수 있다. 욕심이 없는 자가 아니면 은거隱居할 수 없고, 결연할 수 없으면 과감히 은거할 수 없다. 이것이 『역易』의 미묘[微]한 뜻이다. (둔遯괘에서) 2음이 아래에서 생기니 반드시 자라나는 기세가 있기에, 따라서 기미[幾]를 보고 움직인다. 만약 음이 소멸하고 양이 극진할 때까지 기다리면 은거하려 해도 은거할 수 없을 것이다. (둔遯괘에서) 나아감과 물러남을 알기 때문에 은거하는 것이 형통할 수 있다. (둔遯)괘가 음을 주로 하여, 올바름이 이로움을 보여주는 것은, 음이 나아가 양이 소진하는 것을 바라지 않는 것이니, 소인을 가르치는 까닭이다.

---

1) 둔遯은 괘명卦名인데, 물러나 은거하는 것이 둔遯이다. 형亨은 通이다. 貞은 正이다. 高亨, 303頁.
2) '恒者, 久也. 物不可以久居其所, 故受之以遯.', 「序卦」傳, 高亨, 648頁.

마치창馬其昶(1855-1930)은 말한다. (하괘인) 간艮과 (상괘인) 건乾은 북방에 묶인 괘이다. 양기가 가라앉아 감춰진 때이므로 둔遯이다. (둔遯괘에서) 형통함은 양을 위주로 말한 것이다. 작은 것[小]은 음이다. 땅의 덕은 이롭고 바르다. 음이 자라는 때이므로 올바르면 조금 이롭다[小利貞]. 두 개의 양이 서서히 자라나 임臨괘≡≡가 되니, 양이 음에 임하는 것을 이른다. 2음이 점차 자라나 둔遯괘가 되었기에, 양이 마땅히 음을 피해야 된다고 말하니, 모두 양을 위주로 말한 것이다.

단전에서 말한다. 둔遯괘는 "형통"하니, 은둔하여 형통한다. (구오九五효는) 강건하니 (자기) 자리에 합당하며 (육이六二효와) 대응하니, 이 시기에 적합하게 행동한다. "소인들의 이득은 (그들이) 바름에 있으니", (초6, 62효, 즉 소인들의 세력이) 점차 자라난다. (군자의) "은둔"의 시기는, 뜻이 큰 것이로다!

[象曰:「遯」"亨," 遯而亨也. 剛當位而應, 與時行也. "小利貞," 浸而長也. "遯"之時, 義大矣哉!3)]

우번虞飜(164-233)은 말한다. (둔遯괘는) 음으로써 양을 소거消去하였으니, 이에 (양陽이) 피하면 통하는 것이다.

왕필王弼(226-249)은 말한다. 둔遯괘는 비否괘≡≡만큼 강강剛强[亢]한 것은 아니니, 때를 따라서[與時] 행할 수 있다.

구양수歐陽修(1007-1072)는 말한다. 둔遯은 먼저 보는 것이다. 음이 나아가나 아직 왕성하지 않으니, 양이 먼저 보고 은거隱居할 수 있다.

(정이의) 『이천역전伊川易傳』에서 말한다. 음이 자라며 양이 사그라지니, 군자는 물러나 자취를 감추고 자기 도道를 펼친다. (둔遯괘에서 군자는) 도道를 굽히지 않으면 형통하게 되고, 일에서도 또한 은거하며 피하기 때문에, (둔遯괘는) 형통한 것이 있다.

(장재의) 『횡거역설橫渠易說』에서 말한다, 자리에 합당하면 응하나, 도리가 합당치 못하면 은거한다. 음이 자라나기 때문에 (양이) 은거하니, (둔遯괘는) '시기를 좇는다[與時].'라고 말한다.

양시楊時(1053-1135)는 말한다. (둔遯괘에서) 강剛이 자리[位]가 합당하여 응했으나, 아직 상하가 교류하지 못하는 지경까지는 이르지 않았다. '바르니 작은 이로움이 있음[小利貞]'은 '바른데 적음[小貞]'과 뜻이 같다.

....

3) 둔遯괘는 退이니, 은퇴하여 은거하는 것이 遯이다. 亨은 通이다. 침浸 위에 마땅히 柔가 있어야 하나, 베껴 쓰면서 빠졌다. 침浸은 차漸(점차)이다. 둔遯괘 외괘의 95효가 剛이니 君子가 조정 밖에 있음이다. 高亨, 303頁.

왕종전王宗傳(12세기, 남송南宋 역학자)은 말한다. 둔遯은 양이 물러나는 괘이다. 성쇠를 논하지 않고 '믿음을 굽힘[屈信]'을 논했다. 2음이 비록 미약하나 그 세력이 와서 믿게 되고; 4양이 비록 왕성하지만, (둔遯괘에서) 그 세력이 가버리고 움츠러든다.

유원劉沅은 말한다. '은둔하여 형통함[遯而亨]'은 오직 은거해야, 이에 형통하니, 은거하지 않을 수 없음을 보인 것이다. '강건剛健하여 자리[位]에 합당함[剛當位]'은 95효가 62효에 응해서 은거하는 것을 이른 것이다. (둔遯괘는) 미미微微한 데에서 기미[幾]를 알아채고, 시기를 좇아서 함께 행한다는 뜻이다. 그 올바름을 잘 쓰니 이에 그 은거함을 온전하게 잘 한다. 은거는 어렵지 않고 올바름이 어려우니, 명철한 지혜가 아니면 기미[幾]를 보는 용기를 어떻게 실천할 수 있겠는가? 따라서 (둔遯괘에서) 그 때[時]의 뜻이 크다고 찬탄한 것이고, 때에 맞게 멈추면, 또한 때에 맞게 행할 수 있으니, 이것 중에 허다許多한 나라를 다스리고 백성을 구제함이 있는 것이다.

마치창馬其昶은 말한다. (둔遯괘에서) '정도正道를 걸어도 조금 이로움[小利貞]'은 기화氣化로서 말한 것이니, 은거할 때[遯時]에 음이 작은데 점차 자라나서, 이롭고 또한 올바르게 된다. 인사人事로써 말하면 군자가 은거하는 때에 처하여, 작은 것에도 삼가고 신중히 물러나는 것 또한, 때에 순응하는 것이다. 음양이 서로 줄어들고 늘어나는 것은 자연의 추세이다. 그 '때의 뜻[時義]'을 얻으면 음이 비록 자라나도 양을 해치지는 않는다. 양이 비록 은거해도 형통할 수 있다. 둔遯의 때가 (갖는 뜻이) 지극히 크니, 군자가 소인을 피해 마땅히 물러나기에 이르러도, 그것은 하나의 뜻[一義]일 뿐이다.

짱훙즈張洪之(1881-1969)는 말한다. (둔遯괘에서) 위험한 행동에도 말을 공손히 하면서, 구제받기를 구한다. 구제받기를 구했는데 얻지 못하면 떠나니, 따라서 둔遯이라 이름 한다.

• **나의 견해:** 둔遯괘에는 둔遯의 도道가 있다. 알지 못하여 두려워하는 것이 아니다. 구양수歐陽修(1007-1072)가 '먼저 봄[見之先]'을 말했는데, 그(『역易』)의 뜻을 가장 잘 얻은 것이다. 음이 점차 자라나니 반드시 장차 양을 해치게 될 것이기에, 양이 먼저 그것을 볼 수 있어 은거한 것이니, 음의 해害를 받는 데에는 이르지 않는다. 이러한 둔遯은 곧 권도權道[權]를 행한 것이다.

상전에서 말한다. 하늘 아래에 산이 있음이 둔遯괘이다. 군자는 소인들을 멀리하니, (그들에게) 흉악한 수단을 쓰는 것이 아니고, (그들과) 엄격히 구분된다.

[象曰: 天下有山, "遯". 君子以遠小人, 不惡而嚴.[4]]

최경崔憬(7세기, 당唐대 역학자)은 말한다. (둔遯괘에서) 소인이 조금씩 자라나는 것이 마치 산이 하늘을 침범하는 것과 같다. 군자는 은거하여 피하니 마치 하늘이 산에서 먼 것과 같다.

(주희의)『주역본의周易本義』에서 말한다. 하늘의 형체는 무궁하지만 산이 높은 것은 한계가 있는 것이 둔遯괘의 상이다. 엄嚴은 군자가 스스로를 지키는 상법常法이니, 소인들은 스스로 가까이할 수 없다.

임계운任啓運(1670-1744)은 말한다. 군자가 소인을 멀리하지만 그것은 싫어하지 않는 것이니, 마치 하늘이 포용하지 않는 것이 없는 것과 같다. (둔遯괘에서) 그 위엄은 하늘을 끝내 오를 수 없는 것과 같다.

유원劉沅은 말한다. 산의 형세가 하늘을 올라타도 하늘은 이를 배척하지 않으나, 산은 당연히 하늘에 이를 수 없으니 이것이 둔遯괘의 상이다. 소인은 2음의 상이다. 미워함[惡]은 목소리와 안색이 모두 엄숙[嚴]하여, 이들을 끊어냄이 매우 심하다. 엄嚴은 예禮로써 스스로를 유지하는 것이니 늠름하여 범할 수 없다. (둔遯괘에서) 소인을 멀리하는 것은 간艮의 멈춤의 상이다. 싫어하지 않고 위엄이 있는 것은 건乾의 강건함의 상이다.

리스전李士鉁은 말한다. 『역易』에서는, 군자를 위해 점치고 소인을 위해 도모하지 않는데, 어느 때 소인을 위해 가르침이 되는 경우가 있으니, 군자의 도道로써 소인을 가르쳐서 소인이 변해 군자가 되게 하는 것이다. 그러므로 군자로써 군자에게 해를 끼치면, 군자 역시 소인이 되고; 소인이 군자를 따르면 소인 역시 군자이다. (둔遯괘에서) 반드시 소인됨을 다 버리고 그것을 통절하게 끊어내는 것은, 천지天地의 덕량德量이나 성인의 가르침은 아니다.

짱훙즈張洪之는 말한다. 공자가 양화陽貨를 만나고, 맹자가 (왕王)환驩과 함께 얘기하지 않은 것,[5] 곽분양郭汾陽(郭子儀, 697-781)이 소인에게 잘 처신한 것이 모두 이에 해당한다.

마치창馬其昶은 말한다. (둔遯괘에서) 하늘 아래 산이 있는 것은, 하늘의 몸[天體]이 비어서[虛] 산을 품을 수 있는 것이다. 군자가 소인을 멀리하나, 군자는 소인을 받아들일 수 있다.

---

4) 惡은 凶惡이고, 嚴은 엄려嚴厲(엄격함)이다. 상괘가 乾(하늘)이고 하괘가 艮(山)이다. 天은 조정에, 山은 현인들에 비견되되, 현인들이 조정의 소인들에 대하여 흉악한 수단을 쓰기보다는 엄중한 태도로, 스스로 은퇴를 감수하여, 그들과 함께 조정에 있지 않으려함이다. 高亨, 304頁.
5) '孟子爲卿於齊, 出弔於·, 王使蓋大夫王驩爲輔行. 王驩朝暮見, 反齊滕之路, 未嘗與之言行事也.', 孟子 譯注』, 「公孫丑」下章(4:6), 楊伯峻譯注, 상동, 97頁 참조.

초육효: 도망가서 숨어 있으니, (몸이) 위험해도, 떠나지 말아야 한다.

[初六, 遯尾, 厲,[6] 勿用有攸往.]

상에서 말한다. "도망가서 숨어 있으니, (몸이) 위험"해도, (밖으로) 나가지 않으니, 무슨 재앙이 있겠는가!

[象曰: "遯尾"之"厲," 不往何災也!]

육적陸績(188-219)은 말한다. 음기陰氣가 이미 62효에 이르렀는데, 초6효가 뒤에 있으니, 따라서 '도망가서 숨음[遯尾]'이라고 말한 것이다.

우번虞翻(164-233)은 말한다. (초6효가 하괘인) 간艮에 있으면 마땅히 고요해야 하니, (더) 가지 않으면 재앙이 없다.

양만리楊萬里(1127-1206)는 말한다. (둔遯)괘에서 2음을 소인이라 여기니, (양陽)효爻들은 모두 물러나 피하는 군자이다. (4양陽이) 모두 은거하는 효들이니, (둔遯괘에서) 은거함[遯]의 뜻을 발한 것이다.

왕쉔汪烜(1878-1959)은 말한다. (초6효는) 작의作爲를 '다시 하고자 하지 않음'을 이른 것이다.

유원劉沅은 말한다. (둔遯)괘는 상9효를 머리[首]로 삼고, 초6효를 꼬리를 삼는다. 둔遯괘의 초6효는 일음一陰이니 비록 미약하나 이미 점차 자라는 세력을 가졌다. 그 기미가 위험해서 유위有爲를 하면 안 되는 것이다.

리스전李士鉁은 말한다. 초6효는 음유陰柔하여, 겨우 그 꼬리만을 숨겼으니 잘 숨은 것이 아니다. (초6효는) 몸을 감추는 것이 은밀하지 않고, 조정에서 찾지는 않았어도, 곧 권귀權貴들이 속박하니, 위험함이 심하도다! (호체互體인) 손巽은 바람(風)이니 가버리고, 초6효가 그 아래 엎드려 있으니, 가면 안 되는 상이다. (초6효는) 가지 않으면 그래도 멈출 수 있어서, 스스로를 보전할 수 있다. 채옹蔡邕(133-192)이 동탁董卓의 법[辟]을 받아들이고, 양웅揚雄(전53-후18)이 왕망王莽의 대부大夫(자리)의 임명으로 더럽혀진 것은 '가지 말음[勿往]'의 뜻을 모른 것이다.

마치창馬其昶은 말한다. 서서히 자라는 것은 62효이다. 초6효는 그 아래에 있으니 꼬리가 된다. 62효가 이미 확고한 뜻이 있으니, 초6효가 다시 어디로 가겠는가? 세상이 소인들과 한 몸이니 전혀 은거隱居할 수가 없는데, (초6효는) 오직 은거하여 벼슬 살지 않고 자거自居하여 재앙을 면

6) 이정조李鼎祚撰의 『周易集解』에서 鄭玄을 인용하여, '둔遯은 도거逃去이고, 미尾는 미微로 읽었으니, 은익隱匿, 은장隱藏'이다. '둔미려遯微厲'는 '도망가서 숨어있으니, 몸이 위험 중에 있음'이다. 가면 사람들에게 발견되기 때문에, '가지 말아야 한다[勿用有攸往].' 高亨, 305頁.

할 뿐이다.

육이효: 포로를 황소의 가죽으로 만든 줄로 묶었는데, (이 강한 줄도) 포로들을 이길 수 없었으니, (이들은) 도망을 했다.

[六二, 執之用黃牛之革, 莫之勝, 說.7)]

상에서 말한다. "황소" (가죽 끈)으로 잡아맴"은, 단단히 묶는 것이다.

[象曰: "執用黃牛," 固志也.8)]

우번虞翻은 말한다. (62효에서 하체인) 간艮은 손이 되니 잡는 것을 가리킨다. 곤坤은 황소이다. 승勝은 '할 수 있음[能]'이고; 설說은 풀어줌[解]이다.

후과侯果(侯行果, 8세기 당唐나라 역학자)는 말한다. (62효는) 간艮을 몸으로 하고 올바름을 실천하니, 위로 주인을 귀하게 여김에 응하고, 뜻은 때[時]를 돕는 데에 있기에, 외물을 따라 은거하지 않는다. (62효는) 이 뜻을 지키는 것이 가죽 끈으로 묶는 것 같이 견고하여, 벗겨내지 못한다. 은殷나라 태사太師[箕子]가 이 효에 해당한다.

이광지李光地(1642-1718)는 말한다. (둔遯괘에서) 여러 효爻들이 은거하는 것을 말하는데, 이 (62)효에서는 (그것을) 말하지 않는다. 분명히 은거하는 것이 부당不當하다. 기자箕子는, '저는 도망칠 생각이 없습니다,'라고9) 말했다.

혜사기惠士奇(1671-1741)는 말한다. 둔遯괘가 아직 변하여 비否괘가 되지는 않았으니, 62효의 묶음은 견고하다. 비否괘의 63효는 소인小人이 되고, 둔遯괘의 62효는 군자가 된다. 양이 크고 음이 작은데, 큰 것이 모두 군자가 아니고, 작은 것이 다 소인이 아니다.

유원劉沅은 말한다. 황소는, 곤坤효가 중中에 있는 상이다. 호체互體인 손巽은 줄[繩]이 된다. 혁革은 가죽(으로 만든) 줄이다. (하괘인) 간艮은 손[手]이 되니, 잡는 상象이다. 62효의 음이 자라나니 양은 은거하게 된다. 현인賢人의 은거隱居가 어찌 소인의 이익이겠는가! 62효는 중中이고 순順하니 위로 95효에 응하기에, 군자와 친하여 마땅히 붙들어두고 머물게 하니, 이로써 현자賢者가

---

7) 집執은 집縶(매다)의 가차이다. 혁革은 짐승의 곁에서 털을 뽑은 것이다. '황우黃牛之革'은 누런 소의 껍질로 만든 줄[繩]이니, 질기고 끊기 어렵다. 之는 포로이다. '막지승莫之勝'은 그것을 제압할 수 없음이다. 說은 도망침[脫]이다. 高亨, 305頁.

8) 志는 아마도 作으로 보아야 한다. 高亨, 306頁.

9) '我不顧行遯.', 『今古文尚書全譯』, 「商書」, 「微子」, 江灝, 錢宗武譯注, 상동, 197頁.

떠나지 않는 뜻을 굳게 하는 것이다. 『시詩』에서, '이것을 매어두고 이것을 묶어놓았네. … 당신 소식을 금옥처럼 여기니, 나를 멀리하지 마소서!'라고10) 하였으니, 이 (62)효의 뜻이다. 음은 양에 방해되지 않고, 또한 양의 쓰임이 된다. 성인은 음을 억제하고 양을 도우니, 군자를 위해 도모하면서도 소인을 아끼지 않았던 적이 없다.

리스전李士鉁은 말한다. 62효는 본래 신하의 자리[位]로, 95효와 바르게 응하니, 군신의 의義가 도망갈 데가 없기에, 따라서 이 (62)효에서는 아직 은거隱居함을 말하지 않았다. 누런 색[黃]은 중정中正을 말하는 것이고, 쇠[牛]가 유순함을 말하는 것이고, 가죽[革]은 견고함을 말하는 것이다. 62효는 여러 양陽들을 받들고, 또한 95효에 바르게 응하니, 유순柔順한 중정中正의 덕으로 여러 현인을 받들고 따르기에, 이 (현인들)를 은거하게 하지 않고 그들의 뜻을 견고히 한다. (『시詩』의) 「백구白駒」의11) 시에는 현인賢人(을 기다리는) 간절함을 남겼다.

마치창馬其昶은 말한다. 62효는 중정中正이니, 또한 아직 변할 수 없다. (62효는) 불변하니 95효와 응한다. '견고한 뜻[固志]'은, 곧 '바르니 조금 이로움[小利貞]'이다. 조금씩 자라는 때에 당해서, (62효는) 자기의 겸손하고 순한 도道를 지키고 그것을 견고히 잡고 있으니, 음이 자처하는 것이 마땅히 이래야 한다.

> **구삼효: (남자노예나 여자노예가) 묶였는데 도망친 것이니, (그들이) 질병이 있거나 (도망칠) 위험이 있기에, 남자노예나 여자노예들을 기르는 것이 길하다.**
>
> [九三, 係遯, 有疾厲, 畜臣妾吉.12)]
>
> **상에서 말한다. "묶어놓았으나 도망친 것"은, "질병"과 같으니, 매우 피곤함 때문이다. "남녀노예를 키우는 것이 길함"은, (작은 일이나 하지,) 큰일은 할 수 없다.**
>
> [象曰: "係遯"之"厲," 有疾憊也. "畜臣妾吉," 不可大事也.13)]

우번虞翻은 말한다. (93효에서 호체互體인) 손巽은 줄(繩)이니 매어있음(係)이다.

---

10) '繫之維之. … 毋金玉爾音, 而有遐心.', 『詩經譯注』,「小雅」,「祈父之什」,「白駒」, 袁梅著, 상동, 492, 493頁.

11) 『詩經』,「小雅」,「祈父之什」「白駒」편을 말한다.

12) 계係는 묶음이다. 둔遯은 도주逃走이다. 계둔係遯은 구속되어 묶였는데 도망친 것이다. 여厲는 위험이다. 축畜은 기름(養)이다. 옛날에 남자노예는 신臣이고, 여자노예는 첩妾이라 불렀다. 高亨, 306頁.

13) 비憊와 비備는 같은 글자인데, '매우 피곤함'이 備이다. 係遯은 역병疫病을 가짐이니, 구속되어 있어 도망치려 해도 위험은 질병에 있으니, 아주 피곤하여 도망칠 수도 없다. '畜臣妾吉'은 남녀노예를 길러서 부축을 받으면 길하나, 노예는 질병을 부축하는 작은 일은 할 수 있으나, 큰일은 못한다. 高亨, 306頁.

왕숙王肅(195-256)은 말한다. (93효는) 62효에 가까우니, 남녀노예(臣妾)를 기르는[畜] 상이다.

공영달孔穎達(574-648)은 말한다. (93효는) 은거해야 하는 세태에 처하여, 뜻이 묶인 바가 있으니, 따라서 (93효는) '묶어놓았으나 도망친 것[係遯]'이라 말한 것이다. 이미 음에 묶여 있으니, 곧 병이 있어 고달픈 것이다. 사람에게 이것을 적용하면, 남녀노예[臣妾]를 기르는 것은 괜찮지만, 큰 일을 하면 흉하다.

풍의馮椅(1140-1232)는 말한다. (상괘인) 건乾의 3양陽이, (나의 견해: 이것은 외괘를 말하는 것이다.) 은거隱居하여서 2음이 자라는 것을 피한 것은, 93효가 있어 [음이 자라는 것을] 그치게 하기 때문이다. 지금 93효가 2음효에 속박되어 있으니 원기元氣가 위태롭다. 유순하게 복종하여 마치 남녀노예[臣妾]를 기르는 것처럼 2음효가 안에서 멈춰 나아가지 않게 하니, 이에 '길한 도[吉道]'가 된다. 『역易』을 만든 이가 음양이 줄어들고 자라나는[消長] 기회에 93효에 의탁하여, 우려하기도 하고 다스리기도 하였으니, 군자를 위해 사려한 것이 주밀(周)하다.

서기徐幾(13세기, 남송南宋 역학자)는 말한다. (93효가) 묶였음[係]은 내가 저 사람에게 의해 묶인 것이니 음陰이 주인이다. 기름(養)은 저 사람이 내 기름을 받는 것이니, (93효는) 양으로 주인이 된다.

장리상張履祥(1611-1674)은 말한다. 93효는 초6, 62효와 같은 몸[同體]이니, 따라서 묶여있는 상이다. (초6, 62효는) 94, 95효가 응이 되니, 따라서 좋고 즐거운[嘉] 아름다운 상을 갖는다.

팽신보彭申甫(1807-1887)는 말한다. 옛날에 대부大夫는 '집의 노예[家臣]'를 가졌다.

리스전李士鉁은 말한다. (93효가) 묶여있는데 은거[遯]했다면, 은거함은 반드시 선善한 것이 아니다. (호체互體인) 손巽은 바람[風]인데 질병이 되니, 음의 상이다. (93효에서) 양이 음에 묶여있으니 음에 의해 줄어들까 염려된다. (하괘인) 간艮은 혼시閽寺(내정內廷에서 문지기 노릇하는 환관)이고, (호체互體인) 손巽은 맏딸[長女]이니 남녀노예[臣妾]의 상이다. 93효는 일양一陽으로 2음효 위에 있으니, [음을] 멈추게 하여 기르는 것이다. 산과 하늘[天]이 [대축大畜괘이니,] 기름[畜]이 되고, 하늘과 산둔[遯괘] 역시 기름[畜]을 말할 수 있다. 93효는 음을 제거할 수 없으니, 마땅히 그것을 잘 다스려야 한다. 소인을 쓸 수 있어야 하고, 소인에게 쓰임이 되어서는 안 된다.

마치창馬其昶은 말한다. 93효의 위태로움은 음에 묶여있으나 반드시 은거할 필요는 없다. 남녀노예[臣妾]를 기르는 것이 길하니, (93효는) 처處함에 (있을) 자리[位]를 얻었다.

● **나의 견해:** 남녀노예[臣妾]를 기르는 것은 곧 소인의 뜻을 포용할 수 있으니, 이른바 (그들을) 미워하지[惡] 않아도 위엄이 있는 것이다. 이것은 그들을 기름[畜]에 귀貴함이 있는 도道이니 해害

가 되지 않는다.

> **구사효: 은퇴함을 기뻐하고 좋아하니, 군자들은 길하나, 소인들은 아니다.**
>
> [九四, 好遯, 君子吉, 小人否.14)]
>
> **상에서 말한다. "군자들은 은퇴를 좋아하나, 소인들은 아니다."**
>
> [象曰: "君子好遯, 小人否"也.]

정현鄭玄(127-200)은 말한다. (94효에서) 부否는 막힘(塞)이다.

(장재의)『횡거역설橫渠易說』에서 말한다. (94효는) 음에 응하니, 미워하지 않아도 위엄이 있기에, 따라서 '은퇴함을 좋아함[好遯]'이라고 한다.

유원劉沅은 말한다. (94효에서) 좋아함[好]은 미워함[惡]의 반대이다. (나의 견해: 호好를 본음本音에 의거하여 읽는다.) '예禮로써 은퇴하기를 좋아함'에서 은퇴하는 것이니, 은퇴하는 모양이 없다. 공자는 작은 죄로 (노魯나라를) 떠났고,15) 맹자가 '세 밤을 자고 주晝땅을 떠난 것'이16) 이에 해당한다. 군자가 은퇴함은, 일이 소인에게서 말미암지만, 아직 군자가 있으니 일은 여전히 할 만해도, 소인들은 화禍를 얻으나 (그 화는) 옅다. 군자는 조용히 떠나니, 도道를 안정시키고 몸을 보전하지만, 소인은 반드시 스스로를 보존하지 못하리라! 따라서 (94효는) 군자는 길하고 소인은 그렇지 못한 것이다. 94효는 양강陽剛이니, 건乾괘의 강건함이 시작하는 데에 있기에, 따라서 (94효는) 결연히 은퇴하여 매이는 바가 없다.

리스전李士鉁은 말한다. 94효는 내괘[艮]를 나와서 외괘[乾]에 이르니, (하괘인) 간艮의 멈춤이 변하여 건乾의 '행동함[行]'으로 되어 은퇴[遯]할 수 있는 것이다. 이것은 대신大臣이 벼슬을 그만두는 상이기에, 공功은 이루어지고 나이가 늙어서 은퇴하니, 따라서 (94효는) 길하다. 소인 같이 영화로움을 탐내고 지위에 연연하면, (94효는) 벼슬자리에서 내쳐지고 귀양보내지지 않은 적이 없이 떠나게 되니, 따라서 (94효는) 나쁜 것이다.

마치창馬其昶은 말한다. 94, 95효의 물러남은 아름답고 좋다고 하니, 모두 음양이 상응함을 말한다. 양은 변하여 은퇴[遯]가 된다. (94효는) 응함이 있어 은퇴하니, 오직 기미幾微와 때[時]를 아는 자만이 그렇게 할 수 있다. (94효는) 처음으로 완고함에 분노하고 증오하지 않고 응했는데, 이

---

14) 好는 기뻐서 사랑함(喜愛)이다. 遯遯은 은퇴이다. 부否는 불不(아님)이다. 高亨, 307頁.

15) '乃孔子則欲以微罪行, 不欲爲苟去.',『孟子譯注』,「告子」下章(12:6), 楊伯峻譯注, 284頁 참조.

16) '三宿而後出晝.',『孟子譯注』,「公孫丑」下章(4:12), 楊伯峻譯注, 107頁.

어진 은퇴[遯]는 스스로 절제[節]를 온전하게 할 수 있었으니, (94효는) 길하다. 94효의 양은 군자이고, 초6효의 음은 소인이다. 94효가 일단 변한다면, 초6효는 또한 응함이 없게 되니 막히게 될 것이다.

● **나의 견해**: 부모의 나라를 떠나는 도道는, 내 발걸음을 더디게 할 수밖에 없다. (맹자孟子는) 제齊나라 왕이 고치고 깨달아서, 이를 통해 도를 행할 것을 바랬으니, 비록 주畫땅을 떠나더라도 세 밤을 묶을 수밖에 없었다.17) 이것이 모두 퇴직함[遯]의 좋은 점이니, 이것이 군자가 길吉한 까닭이다. 소인의 떠남 같은 것은 원한과 실의失意한 모습이 얼굴에 보이니, 이 때문에 나쁘고 막히는 것이다.

구오효: (대신大臣이 조정에서 벼슬 살 때) 행운인데 퇴임하는 것은, 정도正道에서 나왔으니 길하다.
[九五, 嘉遯, 貞吉.18)]
상에서 말한다. "은퇴를 기뻐하고 바른 (마음)에서 나왔기에 길함"은, 올바른 뜻 때문이다.
[象曰: "嘉遯貞吉," 以正志也.]

이순신李舜臣(12세기, 남송南宋 역학자)은 말한다. (95효에서) 형통은 아름다움[嘉]이 [이루어지는] 기회[會]이고, 아름다움은 음양이 합하여 형통한 것이다.

공환龔煥(13세기, 원元나라 역학자)은 말한다. (둔遯괘의) 단전彖傳에서 은퇴[遯]하면 형통이라고 말했다.

이광지李光地(1642-1718)는 말한다. (95효는) 높은 데에 있으며 자리도 합당한데, 아래에는 (62효에) 응함이 있다. (95효에서) 공이 이루어지고 몸은 물러나니, 은퇴[遯]가 아름다운 것이다. 그러므로 이윤伊尹은 (태자太子 태갑太甲에게) 정권을 돌려주고 귀향했고, 주공周公은 제업帝業을 계승하기보다는 후인後人에게 양보하려고 했다.

유원劉沅은 말한다. 95효의 뜻이 바르니, 몸은 은퇴하지 않아도 마음이 완전히 초연해있다. 천명天命을 채우는 데는 인심人心에 의지하는 바이다. 자고로 나라에 소인이 있었으나, 아름답게 은퇴하는 군자 한 둘을 얻어서, 다시 창건한 일은 다 셀 수 없다.

---

17) 『孟子』,「公孫丑」下章4:12), 상동 참조.
18) 가嘉는 美이고, 善이고, 행운이다. 둔遯은 은퇴이다. 貞은 正이다. 高亨, 307頁.

리스전李土鈴은 말한다. 95효는 임금의 자리이니 아름답게 은퇴할 수 있다. 요堯와 순舜이 순舜과 우禹에게 임금 자리를 대신하게 했는데, 순과 우가 이 자리를 피하는 데까지 미쳤으니, 이것에 해당한다.

마치창馬其昶은 말한다. (『한서漢書』의)「개관요蓋寬饒」전에서, (한영韓嬰[전200-전130]이 찬한)『한씨역전韓氏易傳』을 인용하여, "오제五帝가 천하를 다스릴 때에 3왕가王家가 천하에 있었는데, 자식에게 가家를 전했고, 현명한 이에게 관官을 전했다."라고 말했다. 사계절의 운행과 같이 공을 이루면 떠나고, 마땅한 사람이 아니면, 그 자리에 있지 않는 것이다.'라고[19] 말했다. 『한씨역전韓氏易傳』에 지금 겨우 이렇게 남아있으니, 바로 이 (95)효의 뜻이다. 현자에게 물려주고 자식에게 물려주는 것은 모두 아름다운 은퇴이다. 요堯가 늙어 순舜에게 섭정하게 한 것이 이 (95)효[의 뜻]에 합당할 것이다. '바른 뜻[正志]'이라고 말하고, '바른 자리[正位]'라고 말하지 않은 것은, 그 뜻이 현자에게 양보함에 있음을 밝힌 것이다. 그 자리에 있지 않는다는 것은 95효가 장차 변하려는 것을 말한 것이다.

● **나의 견해:** '좋은 은퇴[好遯]'는 평범한 자리의 경지에도 모두 쓸 수 있다. 아름다운 은퇴는 대국大局과 관계되는 것으로, 한 사람의 길흉에 그치는 것이 아니다. 이윤伊尹의 뜻은 찬탈에 있지 않았고, 주공周公은 공이 이루어지자, 이에 머물지 않았다. 비록 조정에 있어도 또한 모두 아름다운 은퇴의 도道를 가지고 있었으니, 산림으로 멀리 피하는 걸 높게 여길 필요는 없다. 그 뜻이 모두 정대正大하고 광명하니, 따라서 '아름답다[嘉].'라고 말한다.

상구효: (새들이 나는 것처럼) 날듯이 은퇴하니, 이롭지 않음이 없다.
[上九, 肥遯,[20] 无不利.]
상에서 말한다. "은퇴를 (새가) 나는 것처럼 신속히 하면, 이롭지 않음이 없음"은, 의심할 바가 없다.
[象曰: "肥遯無不利," 無所疑也.]

----

19) '引『韓氏易傳』言: 「五帝官天下, 三王家天下, 家以傳子, 官以傳賢, 若四時之運, 功成者去, 不得其人則不居其位.」,'『漢書』,「蓋諸葛猶鄭孫毋將何」傳第四十七, 十冊 傳[四], 상동, 3,247頁.

20) 비肥는 비飛(날다)의 가차이다. 둔遯은 은퇴이다. 비둔飛遯은 은퇴가 새가 나는 것처럼 빠르니, 기회를 보면 떠나가니, 하루도 기다리지 않음이다. 高亨, 308頁.

(유안劉安의)『회남자淮南子』에서 말한다. (상9효에서) '은퇴를 날듯이 할 수 있으니, 무엇이 이보다 더 길하겠는가!'[21]

왕필王弼은 말한다. (상9효는) 외괘의 가장 끝에 처하고, 내괘(의 93효)에 응하지는 않는데, 초연히 뜻을 끊었기에 우환에 끌려 다니지도 않고, 주살[矰繳]이 미칠 수도 없다.

육희성陸希聲(801-895)은 말한다. (상9효에서) 비肥는 본래 비飛(날다)이다.

범중엄范仲淹(989-1052)은 말한다. (상9효에서) 부드러운 것[柔]은 아직 강한 것[剛]을 이길 수 없으니 군자는 모욕을 멀리 할 수 있다. 가장 안쪽에 있는 자는 도망가서 숨어야하는[遯尾] 위험이 있다. 가장 바깥에 있는 자는 '날쌔게 은퇴하는[肥遯]' 이로움이 있다. 공자께서, '기미[幾]를 아는 것이 신묘하다.'라고 하셨으니, 비로소 더불어 은퇴[遯]을 이야기할 수 있을 뿐이다!

요관姚寬(1105-1162)은 말한다. 예전에 비肥는 비[𩙥]로 썼으니 비蜚(메뚜기)와 비슷하다. 후대에 마침내 바뀌어 비肥가 된 것이다. 비蜚는 곧 비飛(날다)이다. 장형張衡(78-139)은, '날듯이 은퇴하여 이름을 보존하고자 함'이라고 말했다. 주注에서,『역易』의 비둔飛遯을 인용하여, '떠나서 멀리 감'을 말한 것이다.

조식曹植(192-232)은 말한다. (상9효에서) 날쌔게 은퇴하여 세속을 떠난다.

호병문胡炳文(1250-1333)은 말한다. (상9효에서) 물러나니[遯] 형통하다는 것은 아마도 건乾의 93효인가? (상괘인) 건乾은 하늘이 되니, 산과 완전히 멀다. 따라서 은퇴[遯]에서 뜻을 얻을 수 있다.

유원劉沅은 말한다. 하괘[艮]의 3효는 멈춤이니, 간艮의 뜻으로 나아가 상을 세운 것이다. 상괘의 3효는 건乾의 순전한 양陽이니, 따라서 길하지 않은 것이 없다. 좋은 은퇴(好遯), 아름다운 은퇴(嘉遯), 날랜 숨음(肥遯)은 행동은 같지 않으나, 아름다움은 같은 것이니, 순수한 건乾의 몸[體]이기 때문이다.

또 (유원은) 말한다. 상9효는 양강陽剛으로 외괘에 있으니, 도道가 안정되고 몸이 편안하다. 비肥는 광대하고 넓고 여유롭다는 뜻이다. 마음이 넓고 몸은 살찌니, 병이 들어 고달픈 것의 반대이다. 덕은 있으나 '자리[位]'가 없이 조용히 세상 밖에 있으니, 본래 관직을 지키고 간언해야할 책임이 없다. 그만두고 은퇴했으니, 어떤 의문이 있겠는가?

리스전李士鉁은 말한다. 건乾의 가득 참이 비肥가 된다. 비肥는 어디에는 비蜚(메뚜기)로도 돼 있다. (호체互體인) 손巽은 나는 새가 되니 하늘 위에 자리하여, 마치 새가 높이 날아 멀리 떠나가

---

21) '遯而能飛, 吉孰大焉?',『周易淮南九師道訓』, 漢 劉安撰,『周易上經』, 遯卦, Google 참조.『淮南子』에는 이 인용구가 없다.

는 것과 같으니, 그물에 걸리는 해가 없다. 하늘이 비어 새가 날 수 있으니 이 모양과 닮았다.

마치창馬其昶은 말한다. 큰 기러기가 아득히 날아가니, 주살 쏘는 이가 어찌 빼앗아갈 수 있겠는가? (상9효에서) '위(上)'를 말함이다. '주살이 미칠 수 없음[矰繳不能急]'에 대한 왕필王弼 주注에서, 이것은 또한 왕필본本에서도 본래 (비肥를) 비飛로 본 것이다.

● **나의 견해**: 군자가 난세를 당하여 혼란을 구할 힘이 없으면, 멀리에 은퇴하여 스스로 자신을 지키는 것이지, 알지 못해 두려워하는 것이 아니다. 구양수歐陽修(1007-1072)가 '먼저 봄[先見]'을 말했으니, (易역)경經(둔遯괘)의 뜻을 가장 잘 얻은 것이다. 정이程頤(1033-1107)가, '물러나 은거하여 그 도道를 편다는 것은 굴하지 않아 형통하다.'라고 말한 것이다. 둔遯의 핵심적인 뜻[精義]이 여기에 있다. 이 두 학설은 서로 통한다고 할 수 있다. 음이 점차 자라나서 장차 반드시 양에게 해가 될 텐데, 양은 음과 더불어 다투지 않고 스스로 간艮의 멈춤에 처하며 앞을 내다볼 수 있으니, 현자가 세속을 피하는 것이 된다. 이것이 바로 권도權道를 행하여 그 도를 펴는 것이니 음의 해를 받는 데에 이르지 않게 되며, 또한 산이 하늘을 침범하고자 하나 그럴 수 없는 것과 같다. 따라서 (둔遯괘에서) '물러남의 때가 갖는 뜻이 크다.'라고 말한다. 난세에 소인은 더욱 많지만, 세상이 혼란할수록 군자가 없을 수 없다. 군자가 있으면 하나의 선線이 늘어지게 되어, 큰 과실[碩果]은 먹지 않고 '거의 없는 것[幾希]'를 보존하며 다 없어지지 않게 한다. (이것은) '세상의 도리[世道]'에 인심이 관계되는 바가 커서, 훗날 혼란이 바뀌어 다스림이 되니, 바로 이 하나의 은퇴에 의지한 것이다! 어려운 데에 처한 자는 때로 소인들과 더불어 적敵이 되니, 병이 이미 심하다. 저(소인)들이 장차 군자를 엄히 볼 줄 모르고 제멋대로 꺼리는 것 없이, 붕당의 다툼을 한다. 심지어 (군자들이) 소인들에게 이기고자 하나 오히려 소인의 해를 받는다. 장차 군자가 일망타진되려 하니, 백성의 화禍가 대단하다! 오직 군자만이 하늘을 본받아 운신할 수 있으니, 스스로 산에서 멀어지고 산 또한 하늘과 더불어 가까울 길이 없다. (상괘인) 건乾의 강건함을 체득하고, (하괘인) 간艮의 멈춤을 두텁게 하여, (둔遯괘에서) 때에 맞춰 쓰임이 되니, 움직임과 멈춤이 마땅한 때를 잃지 않아서, 그 도道가 밝게 빛난다! (둔遯괘) 상전象傳에서 '미워하지 말고 위엄이 있다[不惡而嚴].'라고 말했으니, 군자가 일반사람을 넘어섬이 크도다! 하괘[艮]의 3효가 때에 막혀서 멈추어서니, 이로써 소인을 경계하고; 상괘[乾]의 삼효가 때에 맞추어 행해지니, 군자를 독려하는 것이다!

34. 대장大壯괘 ䷡

대장괘: (큰 것은 강장强壯이니,) 바르면 이롭다.
[大壯, 利貞.1)]

정현鄭玄(127-200)은 말한다. 장壯은 기력이 점차 강해짐을 이름 한다.

공영달孔穎達(574-648)은 말한다. 양陽은 대大를 말하며, 양陽의 자라남이 일단 많으니, 이 '대大'라는 것은 힘이 왕성함이다.

유원劉沅(1767-1855)은 말한다. 「서괘序卦」전에서, '둔遯은 물러남이다. 사물은 끝까지 물러날 수가 없기에, 따라서 대장大壯괘로 받았다.'라고2) 말했다. 이(대장大壯괘)는 2월의 괘이다. 정월正月은 태泰괘이니, 양이 비록 자라났으나 아직 왕성하지 못하고, 3월의 쾌夬괘는 양이 이미 왕성하여 장차 쇠할 것이니, 모두 장성壯盛함을 말할 수 없다. (대장大壯괘에서) 오직 4양陽이니 장성할 것이니, 군자의 도道가 자라나는 때이다.

리스전李士鉁(1851-1926)은 말한다. (대장大壯괘는) 양陽이 자라나는 괘로, 93효에 이르러서 음양이 고르게 되니, 따라서 크게[泰] 된다. 크게 되어 94효에 이르면 양이 왕성해질 것이기에, 따라서 대장大壯괘이다.

> 단전에서 말한다. 대장大壯괘는, 큰 것이 건장[壯]하다. 강건하므로 활동한다. 대장大壯괘에서 "바르면 이롭다함"은, 큰 것이 올바른 것이다. 큰 것을 바르게 함으로써, 천지의 실정을 볼 수 있도다!
> [象曰: 「大壯」, 大者壯也. 剛以動, 故壯.3) 「大壯」"利貞", 大者正也. 正大, 而天地之情可見矣!]

순상荀爽(128-190)은 말한다. (하괘인) 건乾괘는 강剛하고 (상괘인) 진震괘는 활동하니, (대장大

---

1) 대장大壯은 괘명이며, 대大는 강장强壯이다. 貞은 正이다. 高亨, 311頁.
2) '遯者, 退也. 物不可以終遯, 故受之以大壯.' 「序卦」傳, 高亨, 648頁.
3) 내괘가 乾이니 剛健하고 외괘가 震이니 움직임이다. 高亨, 311頁.

壯괘는) 양陽이 아래로부터 올라와서, 양陽의 기운이 크게 활동하므로 장대壯大하다.

장준張浚(1097-1164)은 말한다. (대장大壯괘에서) 천지天地가 장대하지 않으면 움직여 내는 공효를 이룰 수가 없고, 군자가 장대하지 않으면 조정의 다스림을 세울 수가 없고, 원기元氣가 장대하지 않으면 한 몸[一身]의 편안함을 보존할 수가 없다. 양이 음을 이기니, 군자가 소인을 이기고, 정기正氣가 사기邪氣를 이기니, (대장大壯괘에서는) 모두 큰 것은 장대함이다. (대장大壯괘에서는) 오직 바르지 않으면, 반드시 폭란暴亂이 있게 되고, 반드시 꺾이게 되고, 반드시 위배하게 되니, 항상 도리에 거슬리며, 그 '중함[中]'에도 어긋나게 된다. (이러므로) 대장大壯괘는 바름을 귀하게 여기는 것이다.

여조겸呂祖謙(1137-1181)은 말한다. (대장大壯괘에서) 바르지 않으면서 장대한 것은 혈기의 장대함일 뿐이다. (대장大壯괘에서) 굳셈[剛]으로써 활동함은, 천덕天德에 말미암아서 움직이는 것이다. (대장大壯괘에서) 정도正道로써 장대함이 되니, (대장大壯괘는) 곧 천지와 더불어 그 크기를 같이 하게 된다.

제몽용齊夢龍(13세기, 원元초기 역학자)은 말한다. (대장大壯괘에서) 큰 것이 장대하다는 것은 기氣로써 말한 것이요, 큰 것이 바르다는 것은 도리[理]로써 말한 것이다.

유염俞琰(1253-1314)은 말한다. 복復괘는, 우레가 땅속에 있는 것이니 천지가 만물을 낳는 공효가 아직 노출되지 않았기에, 따라서 성인이 그 마음을 볼 수가 있다. 대장大壯괘는, 우레[震]가 하늘 위에 있으니 천지가 만물을 낳는 마음이 이미 달성되었기에, 따라서 (대장大壯괘에서) 성인이 그 실정을 볼 수가 있다.

호병문胡炳文(1250-1333)은 말한다. 맹자의 양기養氣의 논의가 여기(대장大壯괘)로부터 나왔다. 큰 것이 장대함은 바로 그 기氣됨이 지극히 크고 지극히 강剛하다는 것이요, 큰 것이 바르다는 것은 곧 공정하게 기르면 해가 없다는 것이다.

하해何楷(1594-1645)는 말한다. 천지의 도道가 윤택해지면, 따라서 (대장大壯괘에서는) 양陽의 장성함이 차츰 장대해진다. 「잡괘雜卦」전에서, '대장大壯괘는 그치는 것이다.'라고[4] 말하였으니, 그치면서 그 시점에 이르기[至]를 기다리는 것이, 이른바 바름[正]이다.

방이지方以智(1611-1671)는 말한다. 만물이 천지의 뜻[情]을 표시한다고 말하지 않고, (나의 견해: 발發하여 모두 절도에 맞는 것을 화和라고 한다. 사람의 '뜻[情]'은 곧 천지의 '뜻'이다.) (대장大壯괘는) 만물을 조절[節制]하는 뜻[情]이다.

---

4) '大壯則止.' 「雜卦」傳, 高亨, 659頁.

유원劉沅은 말한다. (대장大壯괘에서) 4양陽이 융성하게 자라나서, 강강剛하면 인욕의 사사로움을 이길 수 있고, 활동하면 반드시 행해야하는 뜻을 분발시킬 수 있으니, 이는 (대장大壯괘가) 장대하기 때문이다. (대장大壯괘에서) 큼과 바름은 2이치[理]가 아니니, 바르지 못하면 클 수가 없는데, 천지의 '뜻[情]'은 하나의 바르고 큼일 뿐이다. 정情은 발육의 '뜻[情]'을 말한다. 사람이 천지의 '뜻[情]'으로써 '뜻[情]'을 삼을 수 있으면, 강강剛이 천덕天德과 합하고, 활동이 천행天行과 합하여, 그 (대장大壯괘의) 장대함은 도의道義와 짝하고 천지에 충만할 수 있다.

* **나의 견해**: (대장大壯괘의) 이치[理]가 곧으니 기氣가 장대하다. (대장大壯괘에서) 만약 이理가 곧지 못하면 기氣가 비록 장대할지라도 다만 '작은 용기[小勇]'일 뿐이다! 큰 장대함이 될 수 없다. 동중서董仲舒가, '도道를 따르지 않고서 이긴 것은, 도道를 따르고서 패배한 것만 같지 못하다.'라고5) 말하였다. 이기는 것이 도道에 말미암지 않으면 바르지 않은 것이요, 패敗했다 해도 도道에 말미암았다면, 이내 바르게 되는 까닭이다.

상전에서 말한다. 우레가 하늘 위에 있는 것이 대장大壯괘이다. (위력을 가진) 군자는 예禮가 아니면 행하지 않는다.
[象曰: 雷在天上, "大壯." 君子以非禮弗履.6)]

왕필王弼(226-249)은 말한다. (대장大壯괘는) 장대하지만 예禮를 어기면 흉하고, 흉하면 장대함을 잃게 된다.

(장재의) 『횡거역설橫渠易說』에서 말한다. 극기복례克己復禮는 장대함보다 큰 것은 없다.

(정이의) 『이천역전伊川易傳』에서 말한다. (대장大壯괘에서) 스스로 이기는 것을 강강强이라 말한다.

(주희의) 『주자어류朱子語類』에서 말한다, 사람이 자신을 이김이 마치 우레가 하늘 위에 있는 것과 같을 수 있으면, (대장大壯괘처럼) 위엄과 과감한 결단이 바야흐로 예禮가 아닌 것을 극복하여 제거할 수 있다.

항안세項安世(1121-1208)는 말한다. (대장大壯괘 상象전에서) 군자가 강대剛大함을 기르는 방

---

5) '不由其道而勝, 不如由其道而敗.'. 『春秋繁露今註今譯』, 「俞序」第十七, 賴炎元註譯, 臺北: 臺灣商務印書館, 1987, 150頁.

6) 이履는 실천이다. 우레가 하늘 위에 있음은 형벌이 조정 위에 있음이니, 이것으로 禮制를 지켜나가니, 禮가 아니면 실행하지 않는다. 高亨, 312頁.

법 역시 예禮가 아니면 행하지 않을 뿐이라고 말한다.

유원劉沅은 말한다. 진震괘는 다리[足]이니, 밟음[履]을 나타낸다. (상괘인) 진震이 바르고 큰 건乾 위에 있으므로, (대장大壯괘는) 예禮가 아니면 행하지 않는 상이다. 극기克己하여 인仁을 보존하니 천명天命이 나에게 있다. 스스로 이겨내는 것을 강强이라 한다는 것은 『중용中庸』에서 말한 "(이것이) 진강眞强이다!"이니,[7] 모두 이 뜻이다.

짱홍즈張洪之(1881-1969)는 말한다. 우레가 땅 속에 있음은 예豫괘이고, 우레가 하늘 위에 있음은 대장大壯괘라 이름 하니, 군자가 이에 정성[誠]을 드린다. 예禮에는 상하를 분별함보다 엄격한 것이 없으니, 공자가 '예禮를 지켜서 당堂 아래에서 (이마를 땅에 조아리며) 절하고 (연후에 당상에서) 절하였기에,'[8] 그 난이 점차 일어나는 것을 막았다. 문왕文王이 은殷나라를 따라 섬김을 지덕至德이라 여겼으니, (이것이) 실례實禮가 '지극히 정밀[至精]한' 곳[處]이다.

마치창馬其昶(1855-1930)은 말한다. 대장大壯괘는 2월의 괘이다. 『예기禮記』에서, 중춘仲春(음력 2월)에, '우레가 (천둥)소리를 낸다.'라고[9] 하였으니, 따라서 '우레가 하늘 위에 있다[雷在天上].'라고 말한다.

● **나의 견해**: 건乾은 하늘, 호체互體인 태兌는 못이다. 하늘은 위에 있고, 못은 아래에 있으니, 이履괘이다. 지금 (대장大壯괘에서) 호체인 못[兌]은 위에 있고 하늘은 아래에 있으니, 이것은 예禮가 아니다. 못과 하늘이 쾌夬☱, 결단]괘가 되니, 따라서 적절히 결단하여, 예禮가 아닌 것을 제거하여 실행[履]하지 않는다.

초구효: 다리가 튼튼하니 (병력兵力이 강强하나, 다른 나라를) 정벌하면 (반드시 패하니) 흉하다. (입으로 화평을 말하며 남을 속이지 않으면 오히려) 신임이 있다.

[初九, 壯于趾, 征凶. 有孚.[10]]

상에서 말한다. "발이 튼튼하면" (전쟁을 하나, 그러면), 자기 "신념"이 있더라도 곤궁해진다.

[象曰: "壯於趾," 其"孚"窮也.]

----

7) '强哉矯!', 『中庸今註今譯』10章, 宋天正註譯, 상동, 15頁.

8) '拜下, 禮也.', 『論語譯注』, 「子罕」篇(9:3), 상동, 87頁.

9) '雷乃發聲.', 『禮記今註今譯』, 第六「月令」, 上冊, 王夢鷗註譯, 상동, 208頁.

10) 장壯은 장戕(다치게 함)의 가차이니, 상傷(다치게 함)이다. 지趾는 다리[足]이다. 부孚는 신임이다. '다리가 튼튼함'은 강병强兵과 같은데, 다른 나라를 침략하면 반드시 패한다. 그러므로 '정벌하면 흉함征凶'이다. 高亨, 312頁.

공원龔原(1043-1110)은 말한다. 발이 튼튼하면, 강건剛健함으로써 아래에서 실행한다. (초9효는,) 정벌하면 흉함은 자리[位]가 실행하기에 부족하며 위로도 (94효이니) 응함이 없다는 것이다. 비록 가면 흉하지만 믿음이 있으니, 흉함이 믿음에 있는 것은 아니다. (유원劉沅은, '믿음이 있음은 94효를 말한다. 초9효가 조급히 나아가는 까닭은 94효의 강剛과 (초9효) 자신이 서로의 믿음을 믿기에 그러하다.'라고 말한다.)

이중정李中正(?-1634)은 말한다. 초9효는 양陽으로 양陽의 자리에 있으니, 큰 것의 바름[正]이다. 그 흉은 믿음이 부족한 것은 아니니, 발을 튼튼히 하라는 계戒에는 어긋났으나[犯], 자기 믿음에 의지하였는데 자기 믿음을 잃은 것이다.

전징지錢澄之(1612-1693)는 말한다. (초9효는) 아래에 거하며 '씩씩하게 간 것[往]'이니, 동한東漢의 (재덕이 있으나 은거하는) 처사處士들, 송宋나라 대학생이 그러했다. 자기 자리[位]가 아닌 데에 있으며, 자기 때[時]가 아닌 데에 간 것은, 이미 있던 믿음을 용납하지 않음으로써 반드시 면하지 못할 화禍를 취한 것이기에, 따라서 (초9효는,) '자기 믿음이 궁하다[其孚窮].'라고 말한 것이다.

주식朱軾(1665-1736)은 말한다. (초9효에서) '발이 튼튼한데[壯趾]' 흉함은, 흉을 튼튼함[壯]으로 여긴 것이다. 자기 흉이 자기 믿음인 것이다.

리스전李士鉁은 말한다. (초9효는) 호체互體인 태兌에 응하니, 태兌는 믿음이 있는 상이기에, (초9효는) 자리는 비천하고 말[言]은 높았으므로, 몸이 화禍에 걸린 것이다.

마치창馬其昶은 말한다. (초9효는) 활동하면 자리[位]를 잃게 되니 그러므로 정벌하면 흉하다. 초9효는 (물에) 잠겨있는 자리[位]이니, 자기 믿음을 스스로 보전하지 않는데, 『역易』의 작자作者는 이점을 깊이 애석하게 여긴 것이다.

구이효: (사람의 지행志行이) 바르면 길하다.

[九二, 貞吉.]

상에서 말한다. "92효가 정중正中을 지키니 길함"은, 정중正中을 지키고 있기 때문이다.

[象曰: "九二貞吉," 以中也.]

(정이의) 『이천역전伊川易傳』에서 말한다. (92효가) 양강陽剛으로 건장한 체體로써, 대장大壯의 때를 당하여, 처함이 중도中道를 얻었으니, 바르지 않음이 없다.

유원劉沅은 말한다. 92효는 음의 자리인데, 건乾의 양陽이 있으니, 강중剛中으로 유柔함(의 자리)이 있는데, (92효는) 장대壯大하여 중中을 얻은 것이기에, 따라서 (92효는) 바르고 길[貞吉]하다.

리스전李士鉁은 말한다. (92효는) 양陽이 중위中位를 얻었으니 장대함에 지나침이 없다. 위로는 65효의 음과 응하니, 자기 장대함을 의지하지 않는다. 『상서尚書』에서, '(임금은) 강강剛强하여 가까이 할 수 없는 자들을 억제하고, 화순和順하고 친할 수 있는 자들은 추숭해야 한다.'라고11) 말했다. 『좌전左傳』에서, '관대함으로써 사나움[猛]을 조절하고, 사나움으로써 관대함을 조절한다.'라고12) 말하였다. 그러므로 대장大壯괘 4양효陽爻는, 양陽의 자리에 있는 것은 흉하고, 음陰의 자리에 있으면 길하다.

마치창馬其昶은 말한다. 92효는 (하괘인) 건乾의 주효主爻이며, 94효는 (상괘인) 진震의 주효主爻이니, (대장大壯괘) 단전象傳에서 이른바 '강剛으로써 활동[剛以動]'하니. 따라서 장대한 것은 이 2효[초9, 92효]이니, 그러므로 모두 '바르고 길[貞吉]하다.'라고 말한다. 92효는 정正(의 자리)가 아닌데, '바르고 길하다.'라고 말한 것은 이른바 중中으로써 바름[正]을 행했기 때문이다. 행行은 곧 확충을 말한다. 채울 수 있으니 천지天地를 가득 채울 수 있으나, 채울 수 없으면 궁窮하다. 이 때문에 92효의 길함은 사람이지, 하늘이 아니다. 인력人力이 이긴 까닭에, 그러므로 (92효는) '바르고 길함[貞吉]'이라 말한 것이다.

구삼효: 소인들은 장대한 (힘)을 쓰고, 군자는 (그들을 지배하려고) 법망法网을 쓰니, (법망을 씀은) 옳은 것이나 위험하다. 숫양이 울타리를 건드리니, 그 뿔이 걸렸다.

[九三, 小人用壯, 君子用罔, 貞厲. 羝羊觸藩, 羸其角.]13)

(허신의) 『설문해자說文解字』에서 말한다. (93효에서) '저羝는 숫양이다.'14)

마융馬融(79-166)은 말한다. (93효에서) 망罔은 '없음[无]'이다. 번藩은 울타리이다.

순상荀爽은 말한다. 93효와 65효는 공효가 같으니 (호체互體인) 태兌가 되기에, 그러므로 양羊이라 말한다. 울타리[藩]는 94효를 말하는 것이다.

우번虞飜(164-233)은 말한다. 93효는 양陽이니 군자이요, 소인은 위[上]를 말한다.

공영달孔穎達(574-648)은 말한다. (93효에서) 이羸는 얽매이고 얽힌 것이다.

---

11) '沈潛剛克, 高明柔克.'『今古文尚書全譯』,「洪範」, 江灝, 錢宗武譯注, 상동, 240頁.

12) '寬以濟猛, 猛以濟寬.',『左傳全譯』, 昭公20年, 王守謙 等譯注, 상동, 1306頁.

13) 장壯은 강장强壯이다. 貞은 正이다. 망罔은 옛날의 망网이니, 법률의 은유이니, 法网이다. 여厲는 위험이다. 高亨, 313頁; 저양羝羊은 숫양이다. 번藩은 울타리이다. 이羸는 걸림이다. 周振甫, 123頁, 주注7 참조.

14) '羝, 牡羊也.',『說文解字』, 羊部, 東漢 許愼著, 上冊, 상동, 308頁.

후과侯果(侯行果, 8세기, 당唐대 역학자)는 말한다. 94효인 진震은 몸[體]이라, 대나무[竹]와 갈대[葦]가 되니, 그러므로 울타리라고 말한다.

(정이의) 『이천역전伊川易傳』에서 말한다. 양은 머리에서 힘이 세니, 울타리를 떠받기를 좋아하기에, 따라서 (93효는) 그것을 취하여 상을 삼았다.

유원劉沅은 말한다. 이 (93)효는 강剛이 지나쳐 바르지 못하니, 진실로 위태롭다. 만약 힘을 쓰면 반드시 사물보다 지나치게 되어, 도리어 사물을 제재할 것이니, 마치 숫양이 반대로 울타리에 (끼어 그 뿔이) 꼼짝 못하게 된 것과 같다.

상에서 말한다. "소인들은 건장健壯한 힘을 쓰지만, 군자들은 법망을 쓴다."
　[象曰: "小人用壯, 君子用罔"也.15)]

경방京房(전77-전37)은 말한다. (93효에서) 장壯은 하나[一]이다. 소인은 이것을 쓰고, 군자는 가지고는 있으나 쓰지 않는다.

반상潘相(1713-1790)은 말한다. 이 (대장大壯괘의) 93효와 둔遯괘 94효는 반대이다. (대장괘 93효에서) 은퇴하면(遯) 군자는 물러나고 소인은 '아니니[否],' 소인을 위하여 경계한 것이다. 대장大壯괘에서는 소인은 힘을 쓰나 군자는 쓰지 않는다는 것은, 군자를 위하여 도모한 것이다.

여세서黎世序(1772-1824)는 말한다. (93효에서) 소인이 힘을 쓰는 것은 혈기에 의해서 부림을 당한 것이다. 군자는 의리義理에 힘을 쓰니, 만약 자기의 힘씀이 그러하지[義理] 않다면, 쓰이는 바가 대체로 없을 것이다.

왕쑤난王樹枏(1851-1936)은 말한다. 『역위계람도易緯稽覽圖』에서, '땅 위에 음陰이 있고 하늘 위에 양陽이 있으니, "응應"이라 말하고; 모두 양陽이면 "망罔"이라고 한다.'라고16) 하였다. 정현鄭玄은, '2음과 2양이 서로 마주보는 뜻이 없으니, 망罔이라 한다.'라고 주注를 달았다. 이는 '93효가 힘을 쓸 때를 당해서 소인은 응해서 강장强壯함을 믿지만, 군자는 감히 망령된 행동은 안 함'을 말한다. 비록 응함이 있을지라도 응함이 없는 것과도 같아서, 따라서 (93효에서) '씀이 없음[用罔]'이라 말한다.

---

15) 망罔 위에 用자가 없으나, 古本에는 있어서 보충한 것이다. 高亨, 상동.
16) '地上有陰而天上有陽, 曰應: 俱陰曰罔. 地上有陽而天上有陰, 曰應; 俱陽曰罔.' 『易緯稽覽圖』卷上, 漢 鄭康成註, 電子版文淵閣四庫全書, 上海人文出版社, 1999 참조.

마치창馬其昶은 말한다. 93, 상6효는 둘 다 궁핍한 자리에 처했으니, 따라서 모두 울타리를 들이받는 상이 있다. 그러나 93효는 강강剛이고 상6효는 유유柔하니, 상6효는 장대壯大하지 않으나 93효의 응함을 믿고서 힘을 쓴다[壯]. 군자는 없음[罔]을 쓰고, 93효는 응하지 말 것을 경계하는데, 자기 힘을 과시하면서 소인의 쓰는 바가 됨을 말하였다.

구사효: (숫양이 울타리를 건드리니, 그 뿔이 걸렸는데, 사람이) 올바르니 길하여, 후회함은 없다. 울타리가 파열되었으니 (숫양들을) 묶어둘 수도 없고, 큰 수레의 바퀴살은 망가졌다.
[九四, 貞吉, 悔亡. 藩決不羸, 壯于大輿之輹.17)]

상에서 말한다. (숫양이 뿔로 받아서) "울타리가 파괴되었는데 (양의 뿔을) 묶어두지 않았다면," (숫양들은) 또 달려들 것이다.
[象曰: "藩決不羸," 尚往也.18)]

(장재의)『횡거역설橫渠易說』에서 말한다. 93효는 94효를 울타리로 삼았으나, 94효 위로는 양효陽爻가 없기에, 따라서 (94효에서) 울타리가 부서짐이다.

심해沈該(12세기, 남송南宋 역학자)는 말한다. (하괘에서) 3陽이 강건剛健하게 나아가고, 자기(94효) 자신이 우두머리[長]가 되어, 양陽의 무리를 거느려서 함께 나아가도 음이 길을 막지 않는다. 94효가 (65효의 자리에까지) 올라가면 곧 (택천澤天)쾌夬괘이다. 이 때문에 또 가는 것[往]이다.

조언숙趙彦肅(12세기, 남송南宋 역학자)은 말한다. (94효에서) 양陽은 장대해지고 음陰은 저절로 무너지는 것이다.

유염兪琰은 말한다. (94효는) 묶지 않으면 양羊들에게 못 미치니, 93효의 효사를 받든다.

장청자張清子(13세기, 원元대 역학자)는 말한다. (상괘인) 진震은 큰 길이니, (94효에서) 여러 양들이 함께 달려도 (울타리에) 걸려서 곤란해지는 근심이 없다.

굴대균屈大均(1630-1696)은 말한다. 대장大壯괘는 94효에 이른 이후에 움직일 수 있다. 94효는 움직이는 자리로, 건乾은 (상괘인) 진震이 아니면 운행되지 못하며, 진震이 있어서 곤坤 음陰의 울타리가 파괴되지 않음이 없는 것이다.

---

17) 93효의 '羝羊觸藩, 羸其角.'의 두 구句가 여기 94[九四] 2자 다음에 마땅히 있어야 한다. 저양羝羊은 숫양이다. 번藩은 울타리이다. 이羸는 누累의 가차이니 묶음[係]이다. 결決은 파열破裂이다. 장壯은 장戕의 가차이니, 상傷이다. 여輿는 수레이다. 복輹은 복복(바퀴살)의 가차이다. 高亨, 314頁.
18) 尚은 차且(또)이다. 高亨, 상동.

유원劉沅은 말한다. 복輹은 수레바퀴의 뼈대[幹]이다. 수레의 손상은 대부분 바퀴살이 부러지는 데 있으니, 바퀴살이 튼튼하면 수레도 튼튼하다. 건乾은 수레이고, 변화된 곤坤도 역시 수레이다. 94효는 유柔(의 자리)로서 강剛에 처했으니, 힘씀[壯]을 쓰지 않아도 더욱 장대壯大해지니, 이것이 대장大壯괘의 뜻이다.

마치창馬其昶은 말한다. (상괘인) 진震 나무가 건乾인 말[馬]에 더해지니, (94효는) 큰 수레의 바퀴살을 형상한다. 대유大有괘의 건乾의 92효는 역시 큰 수레를 형상한다. 진震은 건乾괘로부터 왔는데, 그 때문에 94효는 '바르기에 길함[貞吉]'이니, 곧 92효의 '바르고 길함[貞吉]'이다. (94효에서) 바르고 큰 기氣는 의義가 모여 생겨나는 것이다. 양陽이 쌓여서 94효에 이르렀으니, 호연浩然하여 막을 수 없도다! 그러므로 (94효에서는) 자리를 잃음을 후회함은 없는 것이다.

● **나의 견해**: 『노자老子』에서, '30바퀴살이 하나의 바퀴통에 모이니, 그 없음[無]을 당하여, 수레의 쓰임이 있다.'라고[19] 말한다. 바퀴살이 수레를 따라서 둥글게 구르고 순조롭게 움직이니, 이것이 강强을 쓰지 않고도 더욱 튼튼해지는[壯] 것이다.

육오효: (은殷나라 선왕인 왕해王亥가) 역易나라에서 양들을 잃어버렸으나, (손실이 크지 않아) 후회함이 없었다.

[六五, 喪羊于易,[20] 无悔.]

상에서 말한다. (은殷왕 해亥가) "역易나라에서 양을 잃은 것"은, (65효가 양위陽位에 있기에) 자리가 합당하지 않기 때문이다.

[象曰: "喪羊於易," 位不當也.]

육적陸績(188-219)은 말한다. 역易은 강역疆域[강역疆埸]을 말한다.

(주희의)『주역본의周易本義』에서 말한다. (대장大壯괘의) 괘체卦體가 (호체互體인) 태兌와 비슷하니, 양羊의 상象이다. (유원劉沅은, '호체인 태兌는 양羊이다.'라고 말한다.)『한서漢書』,「식화지食貨志」에서, 역場은 역易이다.[21]

---

19) '三十輻共一轂, 當其無, 有車之用.',『老子繹讀』11章, 任繼愈著, 상동, 23頁.

20) 상喪은 잃음[失]이다. 역易는 나라 이름이다. 은殷나라 先王인 해亥가 易國에 손님이 되어, 소와 양을 키웠는데, 중간에 그 양들을 잃어버렸다. 그는 역易나라 임금 금신錦臣에 의해 살해되었고, 또한 그 소들도 잃어버렸다. 이 효사는 이 고사故事를 빌린 것이다. 高亨, 314頁.

21) '飾於疆埸.',『漢書』,「食貨志」第四上, 四卷, 상동, 1,120頁.

마치창馬其昶은 말한다. 앞의 4양효陽爻는, (대장大壯괘 단象)전傳에서 이른바 '큰 것이 장대하다, 큰 것이 바르다大者壯也; 大者正也.' 라고 하였으나, 일효一爻는 장대[壯]하거나 바름[正]이 될 수 없으니, 곧 일효一爻의 마땅한 자리와 마땅하지 않은 자리를 논한 것이 아니다. (그러나) 65효에 이르면 큰 것[大]이 아니니, 자리[位]가 마땅하지 않으면, 그것이 마땅히 변해야함을 밝힌다고 말한다. 65효의 호체互體인 태兌이며, 태兌는 양羊이니, 65효가 변했으나 그대로 태兌의 몸[體]을 이루는 것이다. (65효의) 상전象傳에서 이러한 뜻으로 '역易나라에서 양을 잃음[喪羊于易]'을 해석한 것은, 밭두렁이란 목축하는 땅이 아닌데 양들이 농작물을 짓밟고 먹어버릴 것을 근심하여 (그 양들을) 몰아서 떠나가게 함뿐이니, 다른 우환은 없다.

• **나의 견해**: (65효에서) 자리를 얻는 자는 바르고, 자리를 얻지 못한 자는 장대하니, 이것이 통례이다.

상육효: 숫양이 울타리를 치어 받으니, (뿔이 끼어) 물러날 수도 없고, 나아갈 수도 없어, 이로울 바가 없으나, 이 어려움을 (누가 벗어나게 도와주면) 길하다.
[上六, 羝羊觸藩, 不能退, 不能遂, 无攸利, 艱則吉.[22]]
상에서 말한다. (숫양의 뿔이 울타리에 박혀서) "물러설 수도 없고, 나아갈 수도 없음"은, 상서롭지 못하다. "곤란하지만 길함"은, (누가 양을 구해주니) 재앙은 길지 않다.
[象曰: "不能退, 不能遂," 不詳也. "艱則吉," 咎不長也.[23]]

우번虞翻은 말한다. (상6효에서) 수遂는 나아감[進]이다.
항안세項安世(1129-1208)는 말한다. 93효와 상6효가 모두 건乾과 진震 본(대장大壯)괘 위에 있으니, 따라서 모두 울타리에 닿는 상이다. 상6효는 바탕이 유柔하고 활동하기를 좋아하니, 이 때문에 나아가고 물러남에 의거할 곳을 잃는다. 사람이 일을 처리함에 쉽게 여기면 상서롭지 못하고, 어렵게 여기면 상서로울 것이다. 잘 하지 못해서 잘못을 하게 되면 마땅히 잘하게 힘을 써서 허물을 면해야만 한다. (대장大壯괘가) 변하면 (火天)대유大有괘이니, 따라서 허물은 길게 가지 않는다.

---

22) 수遂는 진進(나아가다)이다. 양이 울타리를 들이받아, 뿔이 끼이니, 나아갈 수도, 물러날 수도 없는 어려운 상황인데, 어떤 사람이 뿔을 빼주면, 평안해지니 길함이다. 高亨, 315頁.
23) 상詳은 상祥(복)의 가차이다. 高亨, 상동.

역불易祓(1156-1240)은 말한다. 상9효는 앞에 장애물이 없는데도, 또한 울타리를 들이 받는다고 말한 것은, 일괘一卦의 끝에 자리했기 때문이다. 물러날 수 없다는 것은, 여러 효爻들의 맨 위에 있음이요; 나아갈 수 없다는 것은 지나치게 높아서 앞으로 나아갈 수 없음이다.

유원劉沅은 말한다. 상詳은 자세히 살핌[審]이다. 어려우면 그것의 어려움을 알아서 자세히 살펴서 삼갈 것이니, 허물이 저절로 오래가지 않을 것이며, 이것이 사람들에게 잘못을 잘 보상하기를 가르치는 일이다.

(유원劉沅, 『주역항해周易恒解』의)「부해 附解」에서 말한다. 강강剛해서 망동妄動하는 것은 여섯 효들이 경계할 바이다. 무릇 덕德은 강강剛하지 않으면 이루어질 수 없고, 일은 강강剛이 아니면 결단할 수 없다. 사람이 호연지기浩然之氣를 얻어서, 그것을 잘 길러서 지극히 크고 지극히 강한 본체를 이루고, 고요[靜]할 때는 존양存養하고 활동할 때는 성찰해서, 천지에 차게 되면, 대장大壯괘는 바름[正]으로 활동하니, 또한 천지와 더불어 (그 화육化育에) 참여할 것이다.

● **나의 견해:** 대장大壯과 대유大有 2괘는 모두 네 양陽이 위로 나아간다. 불[火]로 쓰임[用]을 삼아서, 유柔가 중中을 얻어 응應하면, 빛이 널리 사방에 비치고; 우레로 쓰임을 삼으니, 유柔가 중中을 얻어 응應하면, 위엄이 만방萬邦에 떨치는 것이다. 유원劉沅선생이, (대장大壯괘는) '힘을 쓰지[壯] 않아도 더욱 힘이 세니[壯], 군자는 큰 용기가 있는데, 진실로 의리義理로써 장대함을 삼아야지, 혈기로써 장대함을 삼지는 않음을 알 수 있다.'라고 말하였다. 장대함이란 '잘 쓰고, 잘 쓰지 못하는' 구분이 있다. 93효에서 '법망을 씀[用罔]'은 군자가 장壯을 가지나 그것을 가볍게 쓰지 않는 것을 보고 말한 것이요; (93효) 상전象傳에서 말한 '법망[罔]'은, 군자에게는 소인들이 '힘쓰는[用壯]' 화禍가 없음을 보인 것이다. 기氣의 장壯함은 바름[正]으로써 기준을 삼으니, 스스로 돌이켜보아 꿀릴 것이 있다면, 기氣가 비록 장대해도 바르지 않은 것이다. 필부匹夫의 용기는 '크게 장대함[大壯]'이라 말할 수는 없으나, 스스로 돌이켜보아도 꿀림이 없다면, (대장大壯괘는) 도리가 반듯하고[理直] 기氣가 장대[氣壯]한 것이기에, 이에 바르게 될 수 있다. 천지에는 바른 기氣가 있어 고금을 관통할 수 있고, 군자에게는 정기正氣가 있어 도의道義와 짝할 수 있다. 동중서董仲舒가, "도道에 말미암지 않고서 이긴 것보다는 도道에 말미암다가 패배한 것만 같지 못하다."라고[24] 말하였다. 도道에 말미암지 않고서 이긴다는 것은 소인이 힘을 쓰는[用壯] 것이니, 항룡九龍이 후회함이

---

24) 앞의 주 注5) 참조: '不由其道而勝, 不如由其道而敗.'. 『春秋繁露今註今譯』,「俞序」第十七, 賴炎元註譯, 상동, 150頁.

있는 것이다. 도道를 말미암다가 패배한다는 것은, 군자가 법망을 쓰되, (물속에) 잠긴 용[潛龍]이
니, 쓰지 않는 것이다. 『역易』의 뜻은 대부분 양陽을 북돋아주고 음을 억제하나 건乾괘와 대장大
壯괘에서는, 사람들이 양陽을 씀이 크게 지나침을 경계한 것이다. '법망을 씀[用罔]'의 뜻을 미루어
본다면, 아마 진퇴존망을 알고서 그 바름을 잃지 않은 것이다! 만약 법망을 써서 '힘을 씀[用壯]'에
오로지 할 수 없다면, 그 기세는 반드시 숫양이 울타리를 들이 받고 물러날 수도 없고 나아갈 수
도 없어서 곤궁하여 되돌아갈 곳이 없을 것이로다! 소인된 자들은 어째서 군자의 가르침을 받들
지 않는가? 일이 만 가지 다단함으로 변할지라도, 장대하지 않고 바르지 않으면 큰 것은 없으니,
이理와 기氣 또한 그러하다. (대장大壯괘) 단전彖傳에서, "큰 것이 장대한 것이다[大者壯也]."라고
말하였다. 다시 그것을 설명해서, "큰 것이 바른 것이다[大者正也]."라고 말하였다. 해석이 간략하
고 정밀하여 전체 괘의 뜻을 충분히 요약한 것이다.

35. 진晉괘 ䷢

진晉괘: (무왕武王의 동생) 강후康侯는 말들 여럿을 바쳤고, 하루에 3번 전승하였다.
[晉: 康侯用錫馬蕃庶, 晝日三接.[1)]

    마융馬融(79-166)은 말한다. 강康은 편안함[安]이다. (유원劉沅은, '강후康侯는 나라를 편안하게
하는 제후이다.'라고 말한다.)

    요소팽姚小彭(1072-1138)은 말한다. 말들을 바침은, 제후가 왕께 드리는 예禮이다. 석錫은 (천
자天子의 명령을 받고 올리는) 석공錫貢이나 석납錫納의 석錫[바침]과 같은 것이다. 형례亨禮에는
한 필의 말[匹馬]이 서있으면, 아홉 말들이 이것을 따르기에, 따라서 '여럿[蕃庶]'이라 말한다. '세
번 접견[三接]'은 왕이 제후를 접하는 예禮이다. 근예覲禮는 이끌려서 올라오니[延升], 첫 번[一]이
고; 알현을 마치고 연회를 베풀어주고, 명령을 내리니, 둘째 번이고; 잔치가 끝나고 왕이 위로하
니, (제후가) 올라가 절하는 것이 셋째 번이다.

    유원劉沅(1767-1855)은 말한다. (진晉괘의 상괘인) 이離는 해[日]이니, 임금의 상이다. (하괘인)
곤坤은 무리이니, 여럿[衆庶]의 상이다, 삼三은 이離의 수數이다.

    또 (유원은) 말한다. 해는 땅 위로 나오니, 나아가면 더욱 밝고, 광명의 뜻이 있기에, '나아감
[進]'이라 말하지 않고 '진晉(나아감)'이라 말한다. 「서괘序卦」전에서, '사물은 끝내 힘셀 수 없기에,
따라서 진晉괘로 받는다.'라고[2)] 말한 것이다.

    리스전李士鉁(1851-1926)은 말한다. 호체互體인 간艮은 산이고, 호체인 감坎은 물이다. 해[日,
離괘]가 산에서 나오면 먼저 산을 비추고, 천천히 올라와서 (땅[坤]을) 비추며, 그 다음에 위에 이
르니, 진晉(나아감)의 상이다. 음효가 65효에 있으니, (상괘인) 이離 아래의 3음[坤]이 높은 자리로

---

1) 진晉은 괘명卦名이다. 晉은 진進(나아감)이다. 강후康侯는 주周나라 무왕武王의 동생으로 이름은 봉封인
데, 처음에 강康땅에 봉해지니, 강후康侯, 또는 강숙康叔으로 불린다. 석錫은 사사賜(주다)의 주다(予), 바치
다(獻)이다. 번서蕃庶는 여럿이다. 접接은 첩첩捷(이기다)으로 읽으니, 전승戰勝이다. 高亨, 316頁.
2) '物不可以終壯, 故受之以晉.' 「序卦」傳, 高亨, 648頁.

나아가고, 아래로 3음[坤]을 접하고 순종하며 나아가니, 따라서 진晉괘이다.

또 (리스전은) 말한다. 65효는 임금의 자리[君位]인데, 음효가 거기에 있어서, 천자를 대신하여 백성을 다스리니, 제후의 상이다. 해[離]가 처음에 땅[坤]에서 나오면, 빛이 가까운 데는 미치나 멀리는 미치지 못하니, 제후가 한 나라를 다스리나 천하에 두루 임할 수 없는 것과 같다. (상괘인) 이離 또한 밝음을 향하여 다스리니, 임금의 상이다. (하괘인) 곤坤은 토지와 인민人民이 되니, 또한 편안하기에, 따라서 (무왕武王의 동생) 강후康侯라 칭한다. 호체互體인 감坎은 말[馬]이고, 곤坤 또한 암말[牝馬]이다. 이離 해가 위에서 낮[晝]이 되며, 3음이 아래에 있기에, 따라서 '세 번 접견[三接]'이라고 칭한다. 석錫은 바침[貢]이니, 천자天子에게 바침이다. 『시詩』에서, '(공정한) 마음으로 깊게 모려謀慮하는데, 큰 말[騋馬], 암말[牝馬]들이 3000마리이네.'라고[3] 하였다. 제후가 현덕賢德을 가지니, 말[馬]이 많아진다. 이에 조공朝貢의 예禮를 닦으니, 왕王께서 그것을 향수享受하는 것이다. 하루에 '세 번 접견[三接]'에 이르며, 은총이 이르고 예禮가 갖추어지니, 문채와 광명이 왕성하다. 준屯괘, 예豫괘는 왕王이 제후를 세우는 상이다. 진晉은 제후가 왕을 뵈옵는 상이다.

● **나의 견해**: 해가 하늘 위에 있으면 대유大有괘☲가 되니, 이것이 임금이 천하에 군림하는 상이며; 해가 땅 위에 있으면 진晉괘☷이니, 임금이 한 나라에 군림하는 상이다. 진晉의 문공文公이 성복城濮의 전투에서, 왕王[天子]에게 전리품을 바쳤는데, (진晉 문공文公이) 천자天子를 뵙고자 3번 출입했으니, 이른바 삼접三接이다.

단전에서 말한다. 진晉괘는, 나아감이다. 태양이 땅 위로 나아옴이다. (땅은) 순종하여 큰 태양에 붙어있으니, (초, 이, 삼, 오의 음효는) 부드러움[柔]이 위로 올라감이니, 이런 방식으로 (무왕武王의 동생) "강후康侯"가 많은 말[馬]들을 내려주니, 하루에 세 번 전승戰勝함"을 이룬 것이다.
[象曰:「晉」, 進也. 明出地上. 順而麗乎大明, 柔進而上行, 是以"康侯"用"錫馬蕃庶, 晝日三接"也.[4]]

순상荀爽(127-190)은 말한다. (진晉괘는,) 음이 나아가서 65효에 있으니, 일을 할 수 있는 자리에 처한 것인데, 양陽 가운데 음[65효]은 제후의 상이다.

---

3) '秉心塞淵, 騋牝三千.', 『詩經譯注』, 「鄘風」, 「定之方中」, 袁梅著, 상동, 184頁.

4) 進은 上進(위로 나아감)이다. 내괘가 坤이니 順이고, 외괘가 離이니 태양(日)이고 불이다. 康侯는 周나라 武王의 동생으로 康侯, 또는 康叔으로 칭해진다. 錫은 賜(주다)의 가차이고, 번서蕃庶는 많음이고, 接은 첩捷(승전)이다. 麗는 부려附麗(붙다)이다. 高亨, 316頁.

(정이의)『이천역전伊川易傳』에서 말한다. (진晉괘에는) 이離괘가 위에 있으니, 많은 이들이 '유
柔가 나아가서 위로 감'이라고 말한다.

곽옹郭雍(1106-1187)은 말한다. (진晉괘) 단전彖傳의 진晉은 나아감이다. 「잡괘雜卦」전에서, '진
晉은 낮[晝]이다.'라고5) 말한다. 이렇다면 진晉의 뜻은 나아감에 그치지 않음을 알 수 있고, 밝음
[明]으로써 나아감을 말한 것이다. 대유大有괘는 불이 하늘 위에 있으니 군도君道이고; 진晉괘는
밝음이 땅 위로 나오니 신도臣道이다.

항안세項安世(1129-1208)는 말한다. (진晉괘는) 음괘인데 이離는 홀로 상괘에 있으며 존위尊位
를 얻어서 크게 중中하기에, 상행上行이라 말한다. (호체인) 손巽은 64효에 있으니, 통례로 위로
상동上同과 합한다고 말한다. 태兌는 상6효에 있으니, 통례로 상궁上窮이라 말한다.

유염俞琰(1253-1314)은 말한다. 진晉괘는 해가 나아감이다. 승升괘, 점漸괘는 나무[木]의 나아감
이다. (진晉괘에서) 해가 땅 위로 나오니, 그 밝음은 나아가서 왕성해진다. 승升괘, 점漸괘는 나아
가나 밝음의 왕성함이 없는 상이다.

(이광지의)『주역절중周易折中』에서 말한다. 밝음[明]과 붙임[麗]은 모두 이離괘(의 성질)이니,
순덕順德으로 본本을 삼고서, '태양[大明]'이 붙어 있음을 말한다. (마치창馬其昶은, '순종함은 땅이
다. 대명大明은 해이다. 이것은 곧 지구가 해를 돌아서 감을 말한다.'라고 말했다. 리궈송李國松
(1877-1951)은, '순順은 지구가 자기 궤도를 따름을 말한다.'라고 말했다.)

상전에서 말한다. 태양이 땅 위로 나오는 것이, 진晉괘이다. 군자는 스스로 밝은 덕을 밝힌다.
[象曰: 明出地上, "晉." 君子以自昭明德.6)]

(허신의)『설문해자說文解字』에서『역易』을 인용하여 진晉괘를 지어서 말한다. '진晉괘는 나아
감[進]이다. 해가 나오면 만물도 나아간다.'7)

주굉정周宏正(496-574)은 말한다.『노자老子』에서, '자기를 아는 것이 밝음[明]이다.'라고8) 말한다.

호병문胡炳文(1250-1333)은 말한다. 지극히 강건한 것으로는 하늘만한 것이 없으니, 군자는 이것
으로써 스스로 노력하고; 지극히 밝은 것은 해 같은 것은 없기에, 군자는 이것으로 자신을 밝힌다.

---

5) '晉, 晝也.', 「雜卦」傳, 高亨, 657頁.
6) 孔穎達에 의하면, 소昭 또한 明(밝음)이다. 明德은 광명한 덕이다. 高亨, 317頁.
7) '晉, 進也. 日出萬物進.',『說文解字』, 日部, 東漢 許愼撰, 中冊, 상동, 535頁.
8) '自知者明.',『老子繹讀』33章, 任繼愈著, 상동, 74頁.

왕수인王守仁(1472-1529)은 말한다. 스스로를 밝히는 자는 스스로 자기 사욕의 폐단을 없앨 뿐이다.

유원劉沅은 말한다. 덕은 하늘에 본本을 둔다. 본本은 스스로 분명하여, 음이 사사롭게 가려지면 엄폐된다. 군자가 진晉괘의 상을 관찰하면, 스스로 자기 명덕明德을 이해하게 되며, 밝은 것은 더욱 밝아지니, 해가 나아가는 것과 같다. (나의 견해: 이것이 탕湯임금이 쟁반에 새겨 넣은 뜻이다. 날로 새롭고 또 새로워지니, 지명至明해야 이에 나아갈 수 있어 그치지 않으니, 또한 하늘이 지성至誠하여 쉼이 없는 것과 같다. 『중용中庸』에서는, '성誠은 스스로 이루어짐이다.'라고9) 말했고, 『대학大學』에서, '자신이 본유本有의 덕성德性을 창명彰明한다.'라고10) 말했다. 성誠과 명明이 모두 스스로에게 있음을 볼 수 있다. 그러므로 '스스로 밝음[自昭]'이라고 말한다.) '스스로를 밝힘[自昭]'의 공功은 동정動靜이 사귀면서 서로 길러주니, 본말本末이 관통하지 않음이 없는데, 바로 이것이다.

짱홍즈張洪之(1881-1969)는 말한다. 『대학大學』의 '명덕明德'은 『상서尙書』의 명덕明德, '제왕帝王의 명명[明命]'을 인용하여 해석한 것인데, 모두 '스스로 밝음[自明]'으로 종합된다. (진晉괘의) 상전象傳에서 말한 '스스로 밝음[自昭]'은 '스스로 명백함[自明]'이다. 그 결과[效]를 미루어보면 천하에 명덕明德을 밝힐 수 있다. 해는 하늘 복판에서 비추지 않음이 없으니, 사람은 덕이 왕성함으로써 새로워지지 않을 수 없다.

초육효: (적군을) 나아가 (공격하고) 꺾어서, 바름[正]을 (얻었으니) 길하다. (적군에 대한) 믿음이 없으니, 아직 허물은 없다.
[初六, 晉如摧如, 貞吉. 罔孚, 裕不咎.11)]

상에서 말한다. (적군을) "진격하고 쳐부숨"은, 독립적으로 행했으나 정당했다. "포용하니 탈도 없었음"은, (임금의) 명령을 받지 않고서 한 전쟁이다.
[象曰: "晉如摧如," 獨行正也. "裕無咎," 未受命也.]

우번虞飜(164-233)은 말한다. (초6효는) 활동하여 자리[位]를 얻으니, 따라서 '바르니 길하다[貞吉].'

9) '誠者, 自成也.', 『中庸今註今譯』25章, 宋天正註譯, 상동, 50頁.
10) '皆自明也.' 『大學今註今譯』1장, 宋天正註譯, 상동, 10頁.
11) 진晉은 진進(나아감)이니, 적을 진공進攻함이다. 如는 之와 같다. 최摧는 절折(꺾다)이다. 貞은 正이다. 망罔은 무无이다. 부孚는 믿음[信]이다. 유裕는 유猶로 읽으니 아직[尙]이다. 高亨, 317頁.

왕안석王安石(1021-1086)은 말한다. 보통사람이 믿음을 보이지 않으면, 혹자는 급히 나아가서 할 것을 찾고, 혹자는 급히 물러나서 임금이 알아주지 않음을 원망한다. "공자는 좋은 값을 기다리고, 믿음이 없으면 오히려 나아갔다. 맹자는 제齊나라에 오래 머물렀으나, 믿음이 없자 오히려 물러났다."12)

장준張浚(1097-1164)은 말한다. (호체互體인) 간艮은 산인데 꺾이고, (초6효에서) 소인들이 군자의 진출을 막으니, 그 형세가 산과 같다.

유원劉沅은 말한다. 초6효는 백성의 자리이니, 그저 나아갈 것이 아니라, 바름[正]을 얻어야 길하다. 유裕는 재부財富가 여유 있다는 뜻이다. 명命은 곧 말[馬]을 바치고 '세 번 접견[三接]'하는 명命이다.

증국번曾國藩(1811-1872)은 말한다. 유裕는 어려움이다. 『중용中庸』의 '선善을 밝히 이해함[明善]과 몸에 성실함[誠身]' 일절一節에서13) 말하는 것이 유裕인가?

리스전李士鉁은 말한다. (초6효는) 65효와 덕이 같은데, 응應이 94효에 있으니, 65효를 막을 수 있다. 호체互體인 간艮은 멈춤[止]이니, 따라서 (초6효는) 가볍게 나아갈 수 없다. 군자는 나가기가 어렵고 물러남은 쉬운데, 사람은 (이것을) 알아도 또한 시끄럽고, 몰라도 또한 시끄럽다. 맹자는, '나는 지킬 관직도 없고, 나는 진언進言할 책임도 없으니, 나는 진출하든 물러나든, 어찌 흔들림 없이 여유 있지 않겠는가!'라고14) 말했다. 초6효는 서민이니, 따라서 (관직에 나오라는) 명命을 아직 받지 않았다.

마치창馬其昶(1855-1930)은 말한다. 믿음[孚]에는 자기에게 있는 믿음이 있고, 교제하는 믿음이 있다. 초6효의 활동이 바르다면, 94효와 응하지 않는다. (초6효에서) '믿음 없음[罔孚]'이라 말하고, '홀로 행함[獨行]'을 말함은, 그가 관여함이 없음이 분명하다. 군자는 나아가기 어려운 시기가 있으나, 부정不正한 응應을 빌려서 구원救援으로 삼을 수는 없다. (나의 견해: 양으로써 음에 있으면 부정不正이다.) 길함은 쌓인 것이 오래되어서 스스로 길함을 이룬 것이다.

• **나의 견해**: 유裕란, (초6효는) 조용히 일 처리하여 긴박하지 않음을 말한다. (초6효는) 평소

---

12) '孔子曰: "我待價者也", 此「罔孚」而裕於進也. 孟子久於齊, 此「罔孚」而裕於退也.', 『周易折中』, 上卷, (淸) 李光地撰, 北京: 九州出版社, 2010, 191頁 참조.

13) '誠身有道, 不明乎善, 不誠乎身矣.' 『中庸今註今譯』, 宋天正註譯, 상동, 36頁.

14) '我無官守, 我無言責, 則吾進退, 豈不綽綽然有餘裕哉?', 『孟子譯注』,「公孫丑」下章(4:5), 楊伯峻譯注, 상동, 96頁.

에 함양하여, 때에 임하면 흔들림 없이 여유가 있을 수 있다. 무릇 일을 준비하면 세워지니, 준비의 효과는 바로 여유가 되는 것이다. 증국번曾國藩의 설명이 이에 내원來源을 얻게 된 것이다.

육이효: (적군을) 진격하고, 다그치니, 바름[正]을 (얻어서) 길한 것은, 할머니에게서 큰 복을 받은 것이다.

[六二, 晉如, 愁如, 貞吉. 受玆介福于其王母.15)]

상에서 말한다. "이 큰 복을 받음"은, 중정中正했기 때문이다.

[象曰: "受玆介福," 以中正也.]

마융馬融은 말한다. (62효에서) 개介는 큼[大]이다.

정현鄭玄(127-200)은 말한다. (62효에서) 수愁는 색이 변한 모양이다.

우번虞飜은 말한다. (62효에서) 자리를 얻고 중中에 처하니, 따라서 (62효는) '바르니 길[貞吉]'하다.

(정이의) 『이천역전伊川易傳』에서 말한다. (62효에서) 왕모王母는 음陰의 지존至尊이기에, 65효이다.

요배중姚配中(1792-1844)은 말한다. (62효에서) 수여愁如는 나아가서 스스로 자기의 관용과 존중을 찾음이다. 군자의 관용은 느린 것 같은데 존경할 사람을 보면 재빠르다. 예禮에는 제사보다 중한 것은 없다. (『예기禮記』의) 「제통祭統」편에서, '제사의례[祭]는 누가 시켜서 그렇게 하라는 것이 아니고, 사람의 속마음[內心]에서 나오는 것이다. 내심에 느낀 바가 있어서 행위로 표현된 것이 제례祭禮이다. 현자만이 제례의 뜻을 다 알 수 있다.'라고16) 말한다. 이런 제사가 수여愁如이다. 복福은 '큰 복[嘏福]'이다.

유원劉沅은 말한다. (62효에서) 할머니[王母]는 65효이다. 이離 해[日]는 왕王을 나타내니, 65효 역시 왕王의 상이다. 이離는 둘째딸이니, 따라서 할머니[王母]를 나타낸다. 무릇 62, 65효는 음으로써 양에 응하면, 군신君臣을 나타낸다. 음으로서 음에 응하면, 따라서 할머니[王母]를 나타낸다. 어머니와 자식은 일기一氣로 서로 친하니, 할머니면 친하면서 높다. 62, 65효는 유중柔中으로 바

---

15) 진晉은 진공進攻이다. 수愁는 주遒의 가차이니, 박迫(다그치다)이다. 개介는 大이다. 王母는 할머니(祖母)이다. 高亨, 318頁.

16) '夫祭者, 非物自外至者也, 自中出生於心也; 心怵而奉之以禮. 是故, 唯賢者能盡祭之義.', 『禮記今註今譯』, 第二十五「祭統」, 下冊, 王夢鷗註譯, 상동, 629頁.

로 같은데, 일기一氣로서 서로 친한 것이다, 할머니는 자기 손자들을 사랑하며 기르니, 자식들과 다르지 않고, 손자들은 할머니와 친하며, 더욱이 부모보다 친하다. 그러나 높임은 더욱 심하다. 이것으로 큰 복을 받는 뜻을 밝히니, 그 뜻은 진지하면 할수록, 음덕은 더욱 멀리까지 미친다.

리스전李士鉁은 말한다. 62효는 중정中正의 덕을 가지며, (앞으로) 나아감으로 두렵다. 묘당廟堂 위에 있으면 백성들을 걱정하고; 강호江湖에 멀리 나가 있으면 자기 임금을 걱정한다. 이것이 충성을 다해서 나라를 위하는 신하이니, 따라서 (그는) 바르고 확고해서 길吉하다. 할머니[王母]는 65효를 가리키니, 음으로써 높은데 있으나, 62효와는 응은 아니며, 체體를 같이하는 친밀함은 있다. 복福을 62효에게 주고, 62효는 친히 그것을 받으니, 외인外人들은 (끼일) 틈을 얻을 수 없는 것이다.

리저밍李哲明(1857-?)은 말한다. 수愁는 초愀(얼굴색이 변함, 근심하는 모양)의 가차이다. 초연愀然작색作色, 『소대예기小戴禮記』를[17) 보라.

마치창馬其昶은 말한다. 62효는 위에 응應이 없으나, 자기의 중정中正의 덕을 지키니, 마침내 복福을 받을 수 있었다. 이것은 정성스럽게 스스로 나아가서 귀신에게 도달한 것이니, 그 길함은 오래 동안 쌓아서 스스로 다복多福을 찾은 것이다.

육삼효: 여러 사람들이 믿고 (도와주니), 후회는 없어질 것이다.
[六三, 衆允,18) 悔亡.]
상에서 말한다. "많은 이가 믿어주니", 뜻을 오히려 펼칠 수 있다.
[象曰: "衆允之," 志上行也.19)]

우번虞飜은 말한다. (하괘인) 곤坤은 여럿[衆]이고; (63효에서) 윤允은 믿음[信]이다.

왕필王弼(226-249)은 말한다. (63효는) 자기 자리에 있지 않으니, 후회함이 있다. (63효에서) 뜻은 위로 감에 있으며 순종하면서 밝음에 붙어있기에, 따라서 (63효는,) 후회함이 없어짐을 얻는다.

주진朱震(1072-1138)은 말한다. 63효는 뜻이 위로 감에 있으니, 2[초6, 62효의]음들이 그것 때문에 해[大明]에 붙어있다.

---

17) '公子愀然作色', 『禮記今註今譯』, 第二十七「哀公問」, 下冊, 王夢鷗註譯, 상동, 653頁.
18) 윤允은 믿음[信]이다. 여러 사람들이 믿어주니, 그들의 도움을 얻게 되면, 후회함도 떠날 것이다. 高亨, 318頁.
19) 上은 尙으로 읽는다. 高亨, 상동.

오왈신吳日愼(17세기, 청淸대 역학자)은 말한다. 친구들에게 믿음이 없으면, 임금에게 (신임을) 얻지 못하니, 초6효는 신용이 없어, 아직 신임이 없다. 63효에서 여럿이 신임하게 된다.

유원劉沅은 말한다. 63효는 94효와 가까우나 서로 얻지를 못하고, 65효와는 멀어서 상응할 수 없으니, 후회 있음이 마땅하다. (63효는) 곤坤의 윗부분에 있으니, 그 순종함은 이미 정점이다. 2 음이 동심同心으로 나아가니, 위의 양陽이 상응하기에, 따라서 여럿이 모두 성신誠信하여, 65효 역시 믿게 되니, 후회함이 없어질 것이다. 친구들을 믿고서 임금에게 (신임을) 얻었으니, 그 상이 이와 같다. 상행上行은 63효 음의 뜻이 모두 위로 가서 해[大明]에 순조롭게 붙어있음을 말한다.

리스전李士鉁은 말한다. 63효의 몸은 곤坤이니 순한 성질이어서, 위로 65효와 공功도 같고 덕도 같으며, 아래로 초6, 62효와 같은 괘卦라 동심同心이니, 여러 음들이 믿고서 따르며, 위로 나아가면, (63효가) 비록 중정中正은 아니더라도, 그 후회 또한 없어진다.

마치창馬其昶은 말한다. 63효는 천지 사이에 처하니, 크게 밝아서 위로 가는 자는 65효이니, 큰 밝음에 붙은 것은 63효이다. 63효의 뜻은 위에 붙어있으니, 여러 효들이 모두 그것을 믿고서 따른다.

구사효: 진공進攻함이 들쥐와 같으나, (이번 싸움이) 정의로워도 위험하다.
[九四, 晉如鼫鼠, 貞厲.20)]
상에서 말한다. "날다람쥐 같이 (습격하면) 올바르나 위험함"은, (94효는 양효로 음 자리에 있으니) 자리가 합당치 않음이다.
[象曰: "鼫鼠貞厲," 位不當也.]

(순상 등의) 『구가역九家易』에서 말한다. "석鼫(마치창馬其昶은 『자하전子夏傳』에는 석碩(큼)으로 되었다.'라고 말한다.) 서鼠는 '큰 들쥐'라 탐욕이 있으니,"21) 94효를 말한다.

이강李綱(1083-1140)은 말한다. (94효에서 호체互體인) 간艮은 쥐이다.

적현翟玄)(翟元, 또는 翟子玄, 5세기, 남북조南北朝시기 역학자)은 말한다. 들쥐는 낮에는 숨고 밤에만 다니는데, 탐욕하고 비열함이 끝이 없다. (94효는) 비록 65효로 올라가 받들어도, 숨어서 아래의 음에 의거하니, 부정不正한 자리에 오래 거하기에, 따라서 (94효는) 위태로움이 있다.

장준張浚(1097-1164)은 말한다. (94효는) 이離가 몸인데 호체인 감坎과 호체인 간艮이 있으니,

---

20) 晉은 진공進攻이다. 如는 사似(닮다)이다. 석서鼫鼠는 들쥐인데, 늘 밭 가운데서 곡식을 먹으니, 사람을 놀라게 하며, 출몰이 무상하여, 때때로 때려죽임을 당한다. 여厲는 위험이다. 高亨, 319頁.

21) '鼫鼠踰貪.', 荀爽, 『九家易解』, #102, 中國哲學書電子化計劃, https://ctext.org 참조.

낮에는 멈추고, 밤에 활동한다.

(주희의) 『주역본의周易本義』에서 말한다. (94효는) 중中도 아니고 정正도 아닌데, (94효는) 높은 자리를 훔쳤으니, 위도危道이다.

조언숙趙彦肅(12세기, 남송南宋 역학자)은 말한다. (94효는) 진晉괘의 때에, 음이 군자가 되고, 양은 소인이 된다. 때[時]가 크도다! (나의 견해: 이 설은 혜사기惠士奇의 설과 합친다. 혜사기의 주注에서, 둔遯괘 62효에서, '비否괘63효는 소인이고, 둔遯괘 62효는 군자이다.'라고 말한다. 양은 크고 음은 작은데, 큰 것이 모두 군자는 아니고, 작은 것이 다 소인은 아니다. 조언숙趙彦肅은, '본효本爻[진晉괘 94효]는 양이나 소인이 되니, 곧 큰 것이 다 군자는 아님'이라는 설을 말한다. 또 (조언숙은) '음이 군자'이니, 곧 혜사기 주注에서 '둔遯 62효가 군자가 된다는 설'을 말한다. 때[時]와 자리[位]가 각각 다르니, 마땅히 그 변화를 관찰하고서 말해야 한다.)

왕쉔汪烜(1878-1959)은 말한다. 아래의 3음은 모두 65효에 가까이 붙으려고 하니, 94효가 강剛으로 이들을 격려한다. 아래에서 임금과 통하고자 하나, 나아갈 이유가 없다. (그것은) 또한 (호체인) 간艮 그침으로 말미암아 상象으로 된 것이니, (94효는) 권력을 끼고서 자리를 훔친 것이며, 탐욕으로 사람들을 두려워하게 하는 것이다.

유원劉沅은 말한다. (94효는) 가운데 효로 (보면) (호체인) 간艮이고, 변효變爻 또한 간艮이니, 쥐의 상이라, 낮에는 숨고 밤에 활동하여 사람들을 두렵게 한다. 94효가 자리를 훔쳐서 있는데, (94효는) 위의 65효 큰 임금[大君]의 밝음을 두려워하고, 아래로 뭇사람들의 핍박을 두려워하니, 그 자리에 오래 동안 편안할 수 없다.

리스전李士鉁은 말한다. 94효가 양으로 음(자리)에 처하니, 위로 65효를 가리려고 하나, 임금의 몸은 이離 밝음이기에 속일 수 없고; 아래로 여러 음들을 가리려고 하나, 아래는 모두 순종하며 나아가니, 쉽게 막을 수가 없다. (94효는) 탐욕스럽고 사람들을 돌아보고 꺼려하기에, 따라서 (94효는) 들쥐의 상이다.

마치창馬其昶은 말한다. (호체互體인) 간艮 쥐는 (상괘인) 이離와 (호체互體인) 감坎 가운데 있으니, 간艮은 그침[止]이고, 이離는 해[日]이니, 낮에 (활동을) 그친다. 감坎은 달[月]이고 다님[行]이며 숨음이니, 밤에 잠행한다. 소인들은 출세하기를 탐하고 녹祿을 훔치니, 들쥐의 상이 이와 같이 (94효에서) 절실하다! (94효의) 위험은, 그것이 쌓인 것이 오래 되어 스스로 그 위험을 이룬 것이다.

육오효: 후회함은 없어질 것이니, 잃은 것을 (다시) 얻게 되며, 근심은 없을 것이다. 나아가면 길하니, 이롭지 않음이 없다.

[六五, 悔亡, 失得, 勿恤.22) 往吉, 无不利.]

상에서 말한다. "잃은 것을 얻을 것이니 걱정하지 말라함"은, 앞으로 축하할 일이 있음이다.

[象曰: "失得勿恤," 往有慶也.]

석개石介(1005-1045)는 말한다. (65효는) 도道로써 자신[自]하고, 득실得失에 개의치 않는 것이다. 소인들은 얻는 것도 염려되고 잃는 것도 염려되니, (소인들은) 근심한다.

(주희의)『주역본의周易本義』에서 말한다. 일체 공功을 따져서 이득을 꾀하려는 마음을 버린다면, (65효는) 나아가면 길하고 이롭지 않음이 없다.

심기원沈起元(1685-1763)은 말한다. (65효에서) 경사[慶]는 곧 낮[晝]으로 '세 번 접견[三接]'하는 일을 말한다.

유원劉沅은 말한다. (상괘인) 이離 불[火]은 정해진 모양이 없으니, (65효는 불처럼) 갑자기 일어났다 갑자기 없어지니, 따라서 (65효는) '잃고 얻는 것[失得]'으로 다분히 상을 취하는 것이다. '근심하지 않음[勿恤]'은 허중虛中의 상이다. 65효 임금은 넓은 기량으로 처신하며, 무심하게 응한다. 왕往은 곧 나아감이다. '경사 있음[有慶]'은 남과 나를 겸한 말이다.

리스전李士鉁은 말한다. (65효에서) 음은 허虛하기에 잃고, 타고서 받드는 것은 모두 양이기에 (양은) 따라서 얻음이다. 65효는 유순柔順하고 문채 나고 밝으니, 현명한 제후의 상이다. (65효는) 나가서는 천자를 받들고, 나라 일을 보면 집을 잊고, 공정하여 사심이 없으며; 들어가서 한 나라를 다스리면 백성의 즐거움을 즐거워하고, 백성의 근심을 걱정한다. (65효는) 자사自私자리自利함을 보여줌이 없고, 자기의 득실은 근심하지도 않으며, 오직 이利를 추구하지 않기에, 이 때문에 (65효는) 가서 이롭지 않음이 없다.

마치창馬其昶은 말한다. 65효의 '후회함이 없어짐[悔亡]'은 그의 부드러움[柔]이 나아가서 위로 가서 중위中位에 있는 것이다. 이것으로 나아가면 길하여 (65효는) 이롭지 않음이 없다. 자리를 얻든 잃든, 응應함이 있든 없든, 모두 반드시 따질 필요가 없기에, 따라서 (65효는) '잃든 얻든, 근심이 없음[失得勿恤]'이라고 말한다.

---

22) 휼恤은 근심[慢]이다. 失得은 잃은 물건을 다시 얻음이니, 근심할 필요가 없다. 高亨, 319頁.

● **나의 견해**: 들쥐는 얻는 것도 걱정하고 잃는 것도 걱정하는 소인배들이다. 65효는 문채 나고 밝으며 크게 공평하여, 함 몸의 득실을 근심하지 않고 천하를 염려하니, '길하고 경사로운 것[吉慶]'이다.

> **상구효**: (짐승이 예리한) 뿔로 (물건들을) 쳐 받듯이, (왕후王侯들이 병력으로) 읍邑을 치는 것은, 위험하나 길하며, 탈이 없으며, (이 정벌이) 옳다고 해도 어려움은 있다.
> [上九, 晉其角, 維用伐邑, 厲吉, 无咎, 貞吝.23)]

우번虞飜은 말한다. (하괘인) 곤坤은 읍邑이 된다.

왕필王弼은 말한다. (상9효는) 과도한 밝음 가운데서, 밝음은 장차 쇠락할 것이다. (상9효는) 이미 뿔에 있는데, 오히려 더 나간다면, 어떻게 극심하지 않겠는가! 도道로 변화하는 무위無爲의 일을 잃으면, 반드시 공벌攻伐한 다음에 읍을 복속시켜야 하니, 위험이 있으나, 이에 길吉함을 얻는다.

공영달孔穎達(574-648)은 말한다. 상9효는 해가 중中을 지나서, 이미 뿔에 있는 것이다.

곽옹郭雍(1106-1187)은 말한다. (상9효는) 읍邑을 정벌하는 것이 옳다고 여기며, 명덕明德을 훼손함을 모른다. (나의 견해: 이것은 해가 기우는 이離괘를 가리키니, 상9효의 자리는, 해가 서쪽으로 기울음에 있으니, 명덕明德이 훼손됨과 같음을 말한다.) 어렵지 않으면 무엇이겠는가? 이 때문에 춘추春秋(시대)에는 의전義戰은 없었다. 저것이 이것보다 (조금) 선善한 것은, 성인은 취하지 않는다.

조언숙趙彦肅은 말한다. 고상한 도덕이나 정확한 주장이 발양되고 전송될 때[道光之時]에는, 음이 적거나 엎드려있으니, (상9효는) 무엇을 빌려서 정벌하겠는가!

왕쉔汪烜은 말한다. 무릇 『역易』중에서, 정벌, 제사, 사냥, 여자를 취함[取女]을 말함은, 모두 상象으로 점占을 드러낸 것이니, 실사實事를 쓰는 것이지, 비유한 말이 아니다.

유원劉沅은 말한다. (상9효는) 강剛이 위에 있으니, 뿔[角]의 상이다. (하괘인) 곤坤은 읍邑이 되고, (상괘인) 이離는 병기[戈兵]이니, 읍을 정벌하는 상이다. 옛날 천자나 제후의 경卿은 각기 사읍私邑을 가졌고, 대저 세습하는 경대부卿大夫들은 유중柔中의 덕이 결여缺如되었기에, 따라서 '고상

---

23) '晉其角'은 짐승이 자기 뿔로 사물을 건드림이다. 읍邑은 본국에 속한 성읍城邑을 말한다. 여厲는 위험이고; 인吝은 어려움[難]이다. '정인貞吝'은 읍의 정벌은 비록 옳지만, 또한 곤란함이 있음이다. 高亨, 320頁.

한 도덕이나 정확한 주장이 발양되거나 전송되지 않았다[道未光].'라고 말한다.

리스전李士鉁은 말한다. (상괘인) 이離는 소가 되니, 소의 위면 뿔이다. 읍邑은 내괘[坤]를 가리키니, 정벌은 천자로부터 나온다. 진晉괘는 제후諸侯의 상象이 되니, 비록 명덕明德이 현저顯著해도, 또한 자기의 사읍私邑을 정벌할 뿐이다.

마치창馬其昶은 말한다. (상9효에서) 유維는 묶음[維]의 유維와 같으니, 유지維持를 말함이다. 해가 구석에 이르면, 그 밝음은 쇠미해지고 땅으로 들어가니, 따라서 '도道가 미광未光'이며, 밝음[明]이 땅위로 나와서 명덕明德을 스스로 밝히는 것과는 다를 것이다. 나라를 유지하는데 읍을 정벌하기에 이르니, (이것은) 옛날 중신重臣들 사이에 회의懷疑의 여지(가 있으니), 무공武功을 세워서 자전自全하려는 자들은, 모두 '도가 아직 넓지 않음[道未光]'의 증험들이다. (상9효에서) '위험하나 길吉하고 허물이 없음[厲吉无咎]'은 강剛이 활동하여 응應이 있는 것이다. '옳았으나 어려움[貞吝]'은 (상9효의) 자리가 합당하지 않음이다. (상9효는) 오래 쌓여서 스스로 그 어려움이 이루어진 것이다. 천지가 바로 보이고, 일월日月이 바로 밝으며, 길흉이 바로 이기기에, 따라서 (진晉괘는) 밝음[태양]이 땅위로 나오는 괘이니, '바로 이김[貞勝]'의 뜻이 상세하게 드러난다.

(유원의『주역항해周易恒解』의)「부해附解」에서 말한다. 진晉괘, 승升괘, 점漸괘는 모두 '나아감[進]'의 뜻이니, 진晉괘는 해가 땅위로 나오는 상이기에, 따라서 뜻에서 더욱 아름답다. 임금은 중中을 비워서 아래에 군림하니, 밝음이 비치지 않는 데가 없고, 유덕柔德으로 감동시켜서, 위세를 가진 적이 없다. 신하들은 조심하여 임금을 받드니 순리로 움직인다. 아첨하는 것이 아니다. 이러면 임금의 덕은 나아가서 더욱 밝아지고, 신하들의 덕은 더욱 빛날 것이다! 명덕明德한 임금이 스스로 드러나니, 현자는 순종하고, 권자權者는 방비防備하니, 가운데로 광림하지 않는 이가 없을 것이다. 옛날에 94, 65효를 강후康侯의 자리로 여긴 것은 잘못이다.

• **나의 견해**: 해[日]가 하늘위에 있는 것이 대유大有괘▣이니, 이는 임금이 천하에 군림하는 상이고; 해가 땅위에 있는 것이 진晉괘▣이니, 이는 임금이 한 나라에 군림하는 상이다. 진晉 문공文公이 성복城濮에서 (승리하고) 포로와 전리품을 바치느라 3번 왕[天子]에게 출입한 것, 노魯나라 희공僖公이 말을 키워 번성한 것, 모두는 강후康侯가 많게는 3번 전승戰勝한 상(과 같은 것)이다. 내괘[坤]의 3효는 모두 음유陰柔이니 위[離]에 순종하고, 65효와 연접하여 한 몸이 되어, 명덕明德을 스스로 밝히고, 혹 평시에 함양하고, 조용히 압박함이 없이, 혹 일신一身의 득실을 우려하지 않

고, 천하 때문에 우려하니, 모두 문채가 밝게 빛나니, 대공大公의 상이다. 94효만 얻음을 걱정하고 잃음을 걱정하는 소인배이니, 자리를 훔치고 나아가기를 탐욕하며, (94효는) 위로 또한 중中을 지나서 높게 올라가서 물러날 줄 모르기에, 따라서 길吉한 점占이 없는 것이다.

36. 명이明夷괘 ䷣

명이明夷괘: (현인賢人이) '해가 사라짐[明夷]'에 처했으나, 어려운 데서도 바름[正]을 지킴이 이롭다.

[明夷, 利艱貞.[1)]]

우번虞飜(164-233)은 말한다. 이夷는 상傷하게 함이다.

선풍單渢(13세기, 원元나라 역학자)은 말한다. (명이明夷괘는) 어려움에 처했으니 자기의 밝음[明]을 숨길 수 있어야 한다. 올바름으로 그것을 지키면, 밝음[明]이 쉬지[息] 않을 수 있다.

오징吳澄(1249-1333)은 말한다. (명이明夷괘는) 밝음을 가려서 보이지 않게 되니, 밝음을 '손상시킨 것[傷]'과 같아서 "명이明夷"라고 한다.

유원劉沅(1767-1855)은 말한다. 태양이 땅속에 들어가는 것은 상傷하는 것이 아니라, 그 빛이 땅에 가리는 것이다. (명이明夷괘에서) 성인은, 덕德이 있는데 (그것이) 가려지고 해침을 당하는 상을 밝힌 것이다. (명이明夷괘는,) 곤坤이 위에 있고 이離가 아래에 있으니, 진晉괘䷢와 상반된다. 진晉괘에서는 현명한 군주가 위에 있고 여러 현인이 나란히 나아간다. 명이明夷괘에서는 우매한 군자가 위에 있어 밝은이[明者]가 상傷함을 받는 때이다. 아래로 다섯 효는 모두 '밝음[明]'인데, 상6효는 '밝음'을 깎아내는 사람이다. 크게는 군신부자, 작게는 일상의 언행이, 모두 밝은데 깎임을 당하는 일이 있게 되는 것이다. 이전 사람들이 다섯 번째 효를 군주의 자리로 고집했는데, '아닌 것[非]'이다. 「서괘序卦」전에서, '진晉은 나아감이다. 나아가면 반드시 상하게 되니 명이明夷괘로 받았다.'라고[2)] 했다.

리스전李士鉁(1851-1926)은 말한다. (명이明夷괘의) 어려움은 자기 밝음을 감추는 것이기에, 자기 뜻을 바르게 하여, '밝음'이 사라짐[明夷]에 처하는 도道를 바로 잡는 것이다. 자기 밝음이 엄폐

---

1) 명이明夷는 괘명卦名이다. 『역전易傳』에서, 명明은 해[日]를 칭한다. 이夷는 멸滅이니 몰沒(물에 잠김)이다. 明夷는 해가 땅속으로 들어 간 것이니, 현인賢人이 죄수로 갇히거나, 배척 받는 일이다. 高亨, 320頁.

2) '進必有所傷, 故受之以明夷.',「序卦」傳, 高亨, 648頁.

되지 않으면, 일신一身은 잃어버릴 것이다! 자기 뜻을 바르게 하지 않으면 도道를 잃을 것이다. '어려움을 만나서 올바름을 지키며 바뀌지 않을 수 있음[艱貞]'이, '밝음[明]'이고 (그것이) '깎이지 않음[不夷]'이다.

단전에서 말한다. 해가 (캄캄한) 땅속으로 들어간 것이 명이明夷괘이다. (이 괘는) 속은 '문채 나고 밝으나[離]', 밖으로는 유순柔順[坤]하기에, 큰 어려움을 만난 셈이니, (주周나라) 문왕文王이 이와 비슷하다. "어려운데 정도正道를 지킴에 이로움이 있음"은, 자기의 광명이 흐려져서, 안으로는 곤란을 당하고 있지만 그 뜻을 올바로 하니, 기자箕子(의 경우)가 이와 비슷하다.
[象曰: 明入地中,「明夷」. 內文明而外柔順, 以蒙大難, 文王以之. "利艱貞," 晦其明也. 內難而能正其志, 箕子以之.3)]

두업杜鄴(전?-전2)은 말한다. 일식日蝕은 양의 밝음에 음이 임臨하는 것이다. 곤坤이 이離를 타고 있는 것이, 명이明夷괘의 상이다.

정현鄭玄(127-200)은 말한다. 몽蒙은 만남[遭]과 같다.

우번虞翻(164-233)은 말한다. 기자箕子는 주紂왕의 숙부이다. 그래서 안의 어려움이라고 했다. 곤坤은 어두움[晦]이 된다.

왕숙王肅(195-256)은 말한다. 오직 (주周나라) 문왕文王만이 이것(명이明夷괘)을 쓸 수 있다.

(장재의)『횡거역설橫渠易說』에서 말한다. 문왕文王은 (명이明夷괘) 일괘一卦의 쓰임을 체득하였고, 기자箕子는 (명이明夷괘) 65효 하나의 덕(을 썼다.) 문왕文王의 어려움은 밖에 있었고 기자箕子의 어려움은 안에 있었다.

주진朱震(1072-1138)은 말한다. (명이明夷괘에서) 어려울 때 올바르다는 것은, 밝음이 있으나 이를 가린 것이다. (명이明夷괘) 65효는, (호체互體인) 감坎의 험난함이 안에 있으니, 안이 어렵다.

양만리楊萬里(1127-1206)는 말한다. (명이明夷괘에서) 큰 어려움은 천하로써 말한 것이고, 내란內亂은 한 집안으로써 말한 것이다. 주紂왕의 어려움은 크게 천하에 미칠 수 있었지만, 문왕文王에게는 미치지 못했다. 안으로는 한 집안에 미칠 수 있었으나, 기자箕子에게는 미칠 수 없었다. 이는 '(밝음이 상傷하는) 명이明夷괘의 힘을 쓴 것이다.

여조겸呂祖謙(1137-1181)은 말한다. 밝음이 땅으로 들어가지만, 밝음은 본래 없어지지 않는다.

---

3) 明은 해(太陽)이고, 夷는 滅, 또는 沒이다. 하괘가 離이니 文明(빛나고 밝음)이고, 상괘가 坤이니 땅, 또는 順이다. 以는 似의 가차이다. 高亨, 321頁.

잠시 땅으로 들어갈 뿐이다. 군자가 상傷함을 당하지만, 도道는 없어진 적이 없는 것과 같다.

이순신李舜臣(12세기, 남송南宋 역학자)은 말한다. 『역易』에서, 괘 전체가 "어려움에서 바르게 함이 이로움[利艱貞]"으로 뜻을 삼은 것은 아직 없었는데, 군자의 '밝음이 상하는 것[明傷]'은 두려워할 만함을 관찰하고, (이것을) '직접적인 말[危辭, 直言]'로 경계하였으니, (명이明夷의) 때를 알 수 있을 것이다.

호병문胡炳文(1250-1333)은 말한다. 이체二體로 말하면, (하괘인) 이離는 밝음이고, 상傷하게 하는 것은 (상괘인) 곤坤이다. 여섯 효爻로 말하면, (명이明夷괘에서) 초9효부터 65효까지는 모두 밝음이고, 상傷하게 하는 것은 상6효이다.

유원劉沅은 말한다. (명이明夷괘는) 빛을 가려 밝음이 상하는 것이다. 오직 가렸는데 상하지 않았다면, 어두운 때[明夷]를 잘 처리한 것이다. 밝음을 가렸으나 그 밝음이 그치지 않은 것은, 문왕文王이 유리羑里에서의 큰 어려움을 당했으나, (은殷나라) 주紂왕이 포학함을 쓰지 못하였고, 기자箕子가 종신宗臣의 내란에 처하여 비록 미친 척해도 도道는 몸과 함께 상하지 않았다. 두 성인[文王과 箕子]은 어두운 때[明夷]의 본보기가 될 수 있다. 호체인 감坎은 어려움[難]이 되니, 깊은 골짜기[幽谷]이다. 이離는 감옥이고, 곤坤은 닫힌 문이니, (명이明夷괘는) 모두 감금하는 상이다.

• **나의 견해:** 문왕文王과 기자箕子는 입장을 바꿔도 모두 그러했을 것이니, 그 도道는 같다. 밝음은 비록 상하더라도[明夷], 본래 상하게 할 수 없는 것이 존재한다. 문왕文王의 명이明夷는 유리羑里땅에서 보인 것이나 (문왕께서는) 64괘의 괘사를 저술하였고, 기자箕子의 명이明夷는 감금당한 데에서 나타나 홍범洪範구주九疇의 도道를 전하였다. 마치 하늘이 밝음을 상하게 하더라도, 그 밝음이 더욱 천고千古에 빛나는 것과 같으니, 이것이 '어려울 때에 올바름[艱貞]'이 이로운 까닭이다. 평소의 환란은, 환란에서 행동하는 것이니, 어찌 상하게 할 수 있겠는가?

상전에서 말한다. 해가 땅속으로 몰입한 것이, 명이明夷괘이다. 군자는 민중을 다스림에 (겉으로) 어두운 것 같으나 (속은) 밝히 알고 있다.
[象曰: 明入地中, "明夷." 君子以莅衆. 用晦而明.4)]

왕필王弼(226-249)은 말한다. (명이明夷괘는) 밝음을 속에 숨기니 이에 밝음을 얻는다. (명이明

---

4) 『孟子』趙岐注에, 이莅는 임臨이니, 이임莅臨은 다스림(治理)이나 사용의 뜻이다. 高亨, 상동.

夷괘는) 밝음을 밖으로 드러내면 교묘함도 피하게 되는가!

공영달孔穎達(574-648)은 말한다. (명이明夷괘에서) 면류관을 눈까지 드리우고, 귀는 솜으로 귀를 막으니 무위无爲청정淸靜하고, 백성이 교화되어 속이지 않는다. 만약 총명함을 사용하고 지혜를 드러내면, 백성이 조밀한 법망을 빠져나가, 불법적이고 거짓된 일이 더욱 생겨난다. (명이明夷괘에서) 밝음을 감추고 어두움[晦]을 쓰면, 도리어 밝음을 얻는다.

(주희의)『주자어류朱子語類』에서 말한다. 회晦는 세밀하게 살피지 못하는 것이다. (명이明夷괘에서) 밖으로는 어두워도, 안으로는 반드시 밝아야 한다.

여조겸呂祖謙은 말한다. 이것(명이明夷괘)은 군자가 밝음을 기르는 도道이다.

혜사기惠士奇(1671-1741)는 말한다. (명이明夷괘에서) 태양이 지평선 [위로] 나오니 밝음이 위에 있다. 해가 지평선 [아래로] 들어가니 밝음이 아래에 있다. 나왔다 들어갔다 해도, 밝음은 그치지 않는다. 따라서 '어두움을 씀으로도 밝아진다[用晦以明].'라고 했다. (후왠쥔胡遠濬[1869- 1931]은, '중中은 평平이다. (명이明夷괘에서) 밝음[明]이 땅 속으로 들어가는 것은, 해가 지평선 [아래로] 들어가는 것이다.'라고 말한다.)

유원劉沅은 말한다. (상괘인) 곤坤은 여럿[衆]이고, 어두움[晦]이다. (하괘인) 이離는 명明이다. (명이明夷괘에서) 땅속으로 들어가는 것은 자취가 마치 상傷하는 것 같으나, 밝음에는 실질적 해가 없다. 군자는 대중으로부터 멀어져 혼자 서있을 필요가 없고, 세상과 서로 임하여도, 그 빛을 감추었으니, 밝음이 절로 자라나며 존재한다. 지극한 덕이 아니면 할 수 없다. (나의 견해: "어두움을 쓰나 밝음[用晦而明]"은 [『중용中庸』의] "은은하게 날로 드러난다."는5) 뜻이다.)

짱홍즈張洪之(1881-1969)는 말한다. 밝음이 순종함에 깃드니, 사람들이 다만 그 따름만 보고 밝음은 보지 못한다. (명이明夷괘에서) 어두움을 쓰므로, 이에 밝음이 되는 것이다.

- **나의 견해**: (『시詩』의) "때에 순응하여 어둠을 기른다."는 것은6) 곧 "어두움을 씀[用晦]"이다. 『시詩』와 『역易』(명이明夷괘)의 뜻이 통한다.

  초구효: 해가 떨어져 (군자가) 도망가는데, 새가 나는 것처럼 하였고, (힘은 빠지고 정신은 피로하여,) 새가 왼 날개를 늘어뜨린 것 같다. 군자가 가는데, 3일간 먹지를 못했다. (남의) 집에 들어가니,

---

5) '君子之道, 闇然而日章, 小人之道, 的然而日亡.',『中庸今註今譯』33章, 宋天正註譯, 69頁 참조.
6) '遵養時晦.'『詩經譯注』,「周頌」,「閔予小子之什」,「酌」, 袁梅著, 상동, 999頁.

주인이 (비난하는) 말을 하였다.

[初九, 明夷于飛, 垂其翼. 君子于行, 三日不食. 有攸往, 主人有言.7)]

상에서 말한다. "군자가 (밖으로) 출행할 때", (욕을) "먹지 않는 것"이 예의이다.

[象曰: "君子於行," 義"不食"也.]

『좌전左傳』에서 말한다. "명이明夷는 태양[日]이다."8) 태양이 겸謙괘로 가니 새[鳥]에 해당하기에, 따라서 "두견새[明夷]가 난다[明夷于飛]."라고 했다. 밝으나 아직 크게 밝지 않기에, 따라서 "날개를 늘어트림[垂其翼]"이라고 말했다. (초9효는) 태양의 움직임을 상징하니, "군자가 감[君子于行]"이라고 했다. (하체인) 이離는 불이고, 간艮은 산이다. 불이 산을 태우니 산이 훼손된다. 사람에게 말하자면, 훼손된 말[敗言]이 헐뜯는 말[讒]이 된다. (마치창馬其昶은, '이離의 불[火]이 변해 간艮의 산이 되니 이것은 불을 겪은 산이다. (화火산山) 여旅괘는 불이 산을 지나감에, 지나가고 머물지 않으니, 나그네의 상이 있다. 불이 산을 태워 산이 훼손된다. 인사人事로써 말하면, 군자는 난難을 피해, 머물고 지나가는 곳을 따르는데, 그 주인은 반드시 참언 때문에 낭패를 당한다. 따라서 군자는 떠나면서 삼일 동안 먹지 않았으니, 뜻은 주인이 연좌連坐의 화를 당하지 않게 하려는 것이다. "주인이 (비난하는) 말이 있음[主人有言]"은 먹지 않는 까닭을 밝힌 것이다. 64효는 (호체互體인) 감坎을 만드니, 술과 음식이 된다. 초9효가 변해서 64효와 응하지 않으니, 따라서 "먹지 않음이 예의禮義[義不食]이다."라고 말했다.)

순상荀爽(128-190)은 말한다. (하괘인) 이離는 나는 새이다. (오여륜吳汝綸은, '새를 말하지 않고 나는 것을 말한다.'라고 말하였다. (양웅揚雄의)『태현太玄』경에서는, '주살로 저 3마리 새를 쏨[弋彼三飛]'을9) 말하였다.)

왕필王弼(226-249)은 말한다. 초9효는 (명이明夷)괘가 시작하는 데에 처하니, 멀리 숨어서 종적을 끊어버리고, 두려움을 품고 떠나니, 굶주려도 서둘러 먹지 않는다.

왕안석王安石(1021-1086)은 말한다. (초9효에서) "날개를 늘어뜨림[垂其翼]"은 날아서 아래로

---

7) 明夷는 해가 땅속으로 숨으니, 군자가 어려움을 만나서 은퇴함을 비유한 것이다. 우비于飛는 군자가 도망감을 말한다. '수기익垂其翼'은 군자가 행로行路에 매우 피로함이다. 한漢의 백서帛書『周易』에는 익翼자 위에 좌左자가 있으니, 左翼이어서, 그것을 따름이 옳다. 왼다리가 상했기에, 왼 날개를 내려뜨린 것이다. 高亨, 322頁.

8) '「明夷」, 日也.', 『左傳全譯』昭公5年, 王守謙 等譯注, 상동, 1149頁.

9) '次七, 弋彼三飛.', 『太玄校釋』, 唐괘, 楊雄原著, 鄭萬耕校釋, 상동, 151頁.

가는 것이다. 명이明夷괘의 어려움은 위에 있으니 아래로 가는 것이 마땅하다. (초9효에서) 먹지 않는다는 것은 응함을 저버리는 상이다.

소식蘇軾(1037-1101)은 말한다. 군자가 이 세상에 책임이 있을 때에는 힘이 (세상을) 구할 만하면 구하니, 62효에서 말하는 '수말[牡]을 씀[用拯]'이 이에 해당한다. 힘이 (세상을) 바로잡을 만하면 바로잡으니, 93효에서 말하는 '남방에서 사냥함[南狩]'이, 이에 해당한다. 초9효는 이 세상에 책임이 없어서, 날면서 날개를 들어 올리면 비로소 옭아매지게 된다. 따라서 (초9효에서) 그 날개를 늘어뜨려서 날지 않은 형상을 보여주는 것이다.

주진朱震(1072-1138)은 말한다. 진晉괘의 상9효는 거꾸로 명이明夷괘의 초9효가 된다. (하괘인) 이離 새는 위로부터 아래로 내려가니, 날면서 날개를 늘어뜨리는 것이다. 군자의 밝음은 미묘함[微]을 볼 수 있기에, 따라서 (초9효는) 자리[位]를 버리고 가는 것이다.

양석여梁錫璵(1697-1774)는 말한다. (초9)효爻는 모두 첫째로 괘명卦名을 나열하고, 그것을 위태롭게 하는 것이다. 모두 구句가 된다.

유원劉沅은 말한다. 이離는 꿩이니, 따라서 나는 것이다. 이離는 태양이 되고, 그 수數는 3이다. (이離는) 또한 배[腹]가 되어 가운데가 비었으니[中虛], 먹지 않음을 나타낸다. 군자가 떠날 때에 먹을 것이 없으면 안 되며; '해가 없는[明夷] 때'에는 이익을 중시하고 의義를 경시하는데, 군자라면 의義를 지키기에, 따라서 구차하게 먹지 않는 것이다.

리스전李士鉁은 말한다. 해[日]에 나는 새[飛鳥]가 있는 것이 이離괘의 상이니, 따라서 나는 것[飛]이다. 초9, 93효는 두 날개를 상징한다. 초9효가 아래에 있으니, 늘어뜨리는 상이다. 초9효는 자리 없는 땅에 있으니, 기미[幾]를 보는 밝음[明]을 지녔기에, 해로움이 드러나기 시작하면 곧 그것을 버리기에, 따라서 군자의 행동에는 악惡을 오물汚物처럼 피하고, 의義를 스스로 지킨다. "갈증이 나도 (산동山東성 사수泗水에 있는) 도천盜泉의 물을 마시지 않고, 더워도 나쁜 나무 그늘에서 쉬지 않으니,"[10] 이미 그 사람을 피하면 그 사람의 음식을 먹지 않는다. 백이伯夷는 주紂왕을 피해 고비를 캐먹었고, 사호四皓들은[11] 진秦을 피해 지초芝草를 먹었으니, 의義가 아닌 음식을 먹지 않는 것이다. 62효는 하괘의 주인이니, 따라서 초9효는 62효를 주인을 삼았다. 양으로 음을 받

---

10) '渴不飮盜泉水, 熱不憩惡樹蔭.'. 서진西晉의 육기陸機(261-303)가 지은 『猛虎行』에 나온다. 『文選』卷二十八, 「樂府」十七首, 「猛虎行」, 陸士衡[陸機], 梁 蕭統編, 唐 李善註, 電子版文淵閣四庫全書, 上海人民出版社 1999 참조.

11) 진말秦末에 南山에 은거한 동원공東園公, 녹리용里선생先生, 기리계綺里季, 하황공夏黃公. 네 사람의 수염과 눈썹이 모두 희어서 南山의 사호四皓라고 불린다.

드니, 따라서 '말이 있음[有言]'이다.

육이효: 군자가 어려움을 만나서 은퇴했는데, 왼쪽다리가 다쳐서, 거세한 말을 썼더니, (그 말이) 튼튼하여 길하다.

[六二, 明夷夷于左股, 用拯馬,12) 壯吉.]

상에서 말한다. "육이효"의 "길함"은, (거세한 말이) 규칙에 따라 순종함과 같다.

[象曰: "六二"之"吉," 順以則也.]

　양만리楊萬里(1127-1206)는 말한다. 62효는 문채 있고 밝은 덕을 가졌다. 우매한 군주에게 심한 미움을 받는데 대신大臣의 자리에 있으며, 또한 어두운 세상을 떠날 수도 없으니, 이것은 바로 문왕文王의 일이다. (문왕文王이) 구금되었으니 다친 것이다. (문왕이) '법도에 따라 순종함[順以則]'은 군신君臣의 천칙天則에 순종한 것이다. 『시詩』에서, '하늘의 법칙에 순응한다.'라고13) 했으니, 아마도 문왕文王의 마음을 보인 것인가?

　항안세項安世(1129-1208)는 말한다. 아래의[離괘] 3효에서는 오직 62효에게만 구제하는 정성이 있다. 위[坤괘] 3효에서는 오직 65효에게만 떠나지 않으려는 뜻이 있다.

　왕종전王宗傳(12세기, 남송南宋 역학자)은 말한다. 62효는 문채 있고 밝은 주인이고, 또한 유순함이 지극하니, 문왕文王이 아니면 누가 이에 해당하겠는가? '구조하는 것을 사용함[用拯]'은 위로 우리 임금을 구하고, 아래로 이 백성을 구하니, 그 힘을 사용하지 않을 수 없다. 따라서 (62효에서) '말이 튼튼하여 길하다[馬壯吉].'라고 했다.

　호병문胡炳文(1250-1333)은 말한다. 명이明夷괘는 손, 발, 심장[心], 배[腹]을 취한 상이다.

　여수구黎遂球(1602-1646)는 말한다. (호체互體인) 감坎은 말에서 등뼈가 아름다운 것이니 따라서 (62효는) 건장하다.

　혜사기惠士奇(1671-1741)는 말한다. 「곡량전穀梁傳」에서, '대부大夫는 (임금을 보좌하는 대신이라, 팔다리[股肱]와 같으니) 국체國體이다.'라고14) (말한다.) 상上은 임금이고, 따라서 머리를 나타낸다. 62, 64효는 모두 신하이니, 따라서 넓적다리[股]와 배[腹]를 나타낸다. 이것이 국체國體를 말

---

12) 明夷는 해가 땅속으로 숨었으니, 군자가 어려움을 만나서 은퇴한 것을 비유한 것이다. 아래의 夷는 다침[傷]이다. 중拯은 승騪(거세한 말)의 가차이니, 지금의 선마騸馬이다. 高亨, 323頁.

13) '順帝之則.', 『詩經譯注』, 「大雅」, 「文王之什」, 「皇矣」, 袁梅著, 상동, 749頁.

14) '大夫, 國體也.', 『春秋穀梁傳譯注』, 莊公24年; 昭公15年, 承載撰, 上海: 上海古籍出版社, 1999, 167頁; 642頁.

하는 것이다.

유원劉沅은 말한다. 62효는 하체의 가운데 있으니 넓적다리[股]라고 한다. 62효는 중정中正의 재능[才]으로 그 세勢를 따라서 도道를 써서 구조한다. 패한 것을 구조하고 기울어진 것을 부축하니 때에 맞게 구하는 형세여서, 자기 공功을 잘 온전하게 하고, 모두 이러한 부류이면 중정中正의 도道라고 말할 수 있다. 권도權道를 지키며 자기 올바름을 잃지 않았으니, 따라서 (62효는) 패함을 전환하여 공이 되는 것이다.

리스전李士鉁은 말한다. 말이 건장한 것은 93효를 가리킨다. 93효에서 호체互體인 진震은 말[馬]이 된다. (호체互體인) 감坎은 또한 등뼈가 아름다운 말이다. 93효는 양효이니, 따라서 건장하다. 말이 건장하면 사람을 대신할 수 있으니, 현인賢人이 자기[己]를 대신할 수 있다. 62효는 다침[傷]을 보이니 현인을 천거하여 임금의 실책을 구제하는 것이다. 이것이 탕湯왕이 이윤伊尹을 (하夏나라) 걸桀왕에게 천거하고, 문왕文王이 교격膠鬲을 (은殷나라) 주紂왕에게 천거한 이유이다.

마치창馬其昶은 말한다. (호체인) 감坎은 말인데 (호체인) 진震의 움직임이 앞에 있으니, 건장한 말을 구조함에 쓰는 상이다. 이것은 아마도 전투하는 일에 협력하는 말인가? 『이아爾雅』에서, "'내 임금의 말을 잘 선택했다(旣差我馬).' 차差는 선택이다. 종묘제사에는 털의 색 순일한 말을 선택해야 하며, 행군하고 전쟁하는 데는 튼튼하고 힘 있는 말을 선택해야 하며, 사냥하는 데는 다리 힘 있고 빠른 말을 선택해야 한다."라고[15] 말했다.

또한 (마치창은) 말한다. 명이明夷괘의 초9효에는, (하괘인) 이離가 (호체互體인) 감坎에 의해 다치게 되니, 62효로부터 본다면 왼쪽 넓적다리이다. (나의 견해: 역례易例로 보면, 내괘의 62효가 중中이면, 초9효는 왼쪽에, 93효는 오른쪽에 있다. 명이明夷괘에서 왼쪽 넓적다리는 초9효를 말하고, 풍豊괘에서 오른쪽 팔뚝은 93효이다. 외괘에서는 65효가 중中이니, 64효가 왼쪽에, 상6효가 오른쪽에 있다. 사師괘에서 왼쪽에 (군대의) 행열行列[次]이 있고, 명이明夷괘에서는 (밝음이 손상당하는) 왼쪽이 배[腹]이니, 모두 64효이다.) 62효는 내괘[離]의 임금이니, 그를 구조할 수 있기에, 따라서 (62효는) 길하다. 서백西伯[주周나라 문왕文王]이 낙서洛西의 땅을 헌납하며, (불로 굽고 지지는) 포락炮烙의 형벌을 없애기를 청했는데 이 (62)효의 뜻과 합한다. (62효에서) '법칙에 따라 순종[順以則]'하면, 음이 양을 받드는 것이 순順이고, 자리[位]에 합당한 것이 칙則이다.

또한 (마치창은) 말한다. 경방京房(전77-전37)은 이우夷于를 이제(말없이 물끄러미 바라봄)이

---

15) "旣差我馬", "差, 擇也". 宗廟齊毫, 戎事齊力, 田獵齊足.', 『爾雅』, 「釋畜」第十九, 管錫華譯注, 北京: 中華書局, 2018, 667頁.

라고 했다. 자하子夏와 정현鄭玄, 육가陸賈는 제睇(흘끗 봄)라고 했다. 정현鄭玄은 곁에서 보는 것을 제睇라고 했다.

- **나의 견해(1):** 어두움[晦]을 써야 하는 때에 처해서는, 구조하지 않을 수 없으니, 이른바 (62효는) 공경하는 마음으로 온힘을 다함(鞠躬盡瘁)이다.
- **나의 견해(2):** 문왕文王은 현인들을 천거하여 (62효에서) 나라를 구제했으니, 태전泰顚, 굉요閎夭, 산의생散宜生, 남궁적南宮適은, 모두 구제함에 말[馬]처럼 건장함[用拯馬壯]의 뜻을 갖고 있다.

구삼효: (군자가) 어려움을 만나서 은퇴하고 남쪽에서 사냥을 하는데, '큰 머리[大首]'를 얻었으니, 옳은 것을 미워해서는 안 된다,
[九三, 明夷于南狩, 得其大首,16) 不可疾貞.]
상에서 말한다. "남쪽에서 사냥함"의 뜻은, 이에 큰 뜻을 얻었다.
[象曰: "南狩"之志, 乃大得也.17)]

경방京房은 말한다. (93효가) 활동하면 뜻이 보이니, 따라서 '크게 얻는다[大得].'라고 했다.

(순상 등의) 『구가역九家易』에서 말한다. (93효가) "다시 밝아지는데, 마땅히 점차적으로 해야 한다. (93효는) 갑자기 바르게 할 수 없다."18)

(정이의) 『이천역전伊川易傳』에서 말한다. (93효에서) 수狩는 해로움을 제거하는 일이다. '큰 수령[大首]'은 상6효이다. 93효는 상6효와 올바르게 상응하니, 지극한 밝음이 지극한 어두움을 이겨내는 상이다.

여대림呂大臨(1044-1091)은 말한다. (하괘인) 이離가 남쪽에 이르러 더욱 밝으니, (93효에서) 자기 여지餘地를 얻은 것이다.

주진朱震(1072-1138)은 말한다. (93효에서 하괘인) 이離는 남쪽이 된다.

조언숙趙彦肅(12세기, 남송南宋 역학자)은 말한다. (93효가) 나아가서 상6효(의 신임)을 얻으니, 반드시 천시天時와 인사人事가 오기를 기다려야 하니, (그) 때보다 앞서면 (93효는) 올바름을

---

16) 明夷는 해가 땅속으로 숨은 것이니, 군자가 어려움을 만나서 은퇴함이다. 高亨은 '首는 道의 가차'로 보고 있다. 질疾은 미워함이다. 高亨, 324頁.

17) 大得은 위의 志자를 이어서 말한 것이다. 高亨, 상동.

18) '復明, 當以漸次, 不可卒正.', 荀爽, 『九家易解』, #105, 中國哲學書電子化計劃, https://ctext.org 참조.

잃게 된다.

호병문胡炳文(1250-1333)은 말한다. 62효는 어려움을 구제하는 것은 빠르게 할 수 있지만, 93효가 해로움을 제거하는 것은 빠르게 할 수 없다.

화학천華學泉(19세기, 청淸대 역학자)은 말한다. 명이明夷(의 때)에는 군주가 없으니, 93효가 장차 나아가서 군주가 되기에, 따라서 때[時]가 명이明夷에 이르면 군신君臣의 자리가 변할 것이다. '남쪽에서 사냥함[南狩]'은 잔학함을 제거하고 포악함을 금하는 것을 93효에게 허여한 것이지, 아래가 위를 치는 것이 아니다. '큰 머리[首]를 얻음[得其大首]'은 수령首領의 섬멸을 93효에게 허여한 것이지, 신하가 임금을 시해하는 것이 아니다.

유원劉沅은 말한다. (하괘인) 이離는 병기가 되고, (호체互體인) 진震은 말[馬], (호체互體인) 감坎은 수레이니, 수렵하는 상이다. '큰 머리[大首]'는 큰 악元惡이다. '남쪽에서 사냥함의 뜻[南狩之志]'은 정벌하려는 마음이 아니니, (93효는) 덕의 위엄에 오직 경외하며, 천하(의 사람들이) 와서 함께 하니, (93효는) 그렇게 크게 되는 것이다.

이도평李道平(1788-1844)은 말한다. 이離괘 상9효에서, '기쁜 일이니 (적의) 목을 벤다[有嘉折首].'라고 했다.

황응린黃應麟((1223-1296)은 말한다. (93효가) 빨리 올바르게 할 수 없다는 것은 더딤이 오래되는 것이니, 더디고 또한 오래되는 것이다. (나의 견해: (『예기禮記』의) 「악기樂記」편에서 공자가 빈모가賓牟賈의 질문에 답하여, "방패를 잡고 산처럼 서있는 것은, 제후가 도착하기를 기다리는 것이니, 무왕武王이 더디고 오래하는 것은 마땅하지 않겠는가?"라고[19) 하셨다. 이것은 '빨리 올바르게 할 수 없다.'는 것을 증명할 수 있다.) 『상서尙書』에서, '하느님은 (탕湯왕의) 자손들에게 5년 시간을 주어, 백성의 주인이 되도록 하고 기다렸는데, (그들은) 유념하고 들으려 하지 않았다,'라고[20) 했으니, 그런 후에 정벌한 것은 옳다. (나의 견해: 포윤선생(馬其昶)이 「다방多方」편의 주注에서 말했다. '문왕文王은 천명을 받고 7년 후 붕어하셨다. 무왕이 왕위를 이어서 9년간 군사를 보았는데, 제후들은 "주紂왕을 정벌할 수 있다."라고 말하였다. 무왕은, "당신들은 천명을 모른다. 아직 칠 수 없다."라고 했다. 이에 군사를 돌렸다. 11년째에 이르러 주紂를 쳤다. 이것이 5년의 시간을 준 것이다. 무왕의 뜻은 빨리 바로 잡으려는 데에 있지 않아서, 그 뜻을 크게 얻었음을 볼 수

---

19) '賓牟賈侍坐於孔子, 孔子與之言及樂. … 總干而山立, 武王之事也.', 『禮記今註今譯』, 第十九「樂記」, 下冊, 王夢鷗註譯, 상동, 516, 517頁.

20) '天惟五年須暇之子孫, 誕作民主, 罔可念聽.' 『今古文尙書全譯』, 「多方」, 江灝, 錢宗武譯注, 상동, 367頁.

있다. 주紂왕은 여전히 잘못을 고치지 않았기 때문에 자손에게 [왕위를] 전할 수 없었다.)

리스전李士鉁은 말한다. 62효에서 상6효까지 호체互體를 만들면 사師괘가 되니 수렵하는 상이다. 수狩는 겨울철의 수렵이다. 호체인 감坎은 겨울이 된다. 정벌을 말하지 않고 수렵을 말한 것은, 아래가 위를 칠 수 없기 때문에 수렵하여 얻는 것이 있다고 말한 것이다. 군사를 일으키는 것은 일상적인 일이 아니니, (93효는) 마땅히 진격을 늦추고 서행徐行해야 한다. 빨리 해서는 안 되며, 객관적 상황변화에 적응하여 때에 따라 적합한 것을 만들어내니, 상규常規를 지킬 수 없기에, 따라서 (93효는) 빨리는 올바르게 할 수 없다.

64효: (군자가) 왼쪽 산의 동굴로 들어가서, 살만한 곳에 도달했다. 작은 마음은 문 밖으로 나감에 (있다.)

[六四, 入于左腹, 獲明夷. 之心于出門庭.21)]

상에서 말한다. "왼쪽 산의 동굴에 들어감"은, (은거할) 마음의 뜻을 얻은 셈이다.

[象曰: "入于左腹," 獲心意也.]

순상荀爽은 말한다. (상괘인) 곤坤은 배[腹]이다.

양시楊時(1053-1135)는 말한다. '배[腹]'는 곤坤의 상이다. (64효는) 곤坤체의 아래 부분이니, 따라서 좌복左腹이라고 했다. (64효에서) 명이明夷괘의 마음을 얻었다는 것은, 이른바 인仁을 구해서 인仁을 얻은 것이니, 미자微子의22) '어려움을 만난 현인賢人지사志士[明夷]'이다.

(주희의)『주역본의周易本義』에서 말한다, 64효는 '유柔하고 바르니[正]', 암울한 위치에 거하였으나 아직 얕기 때문에, (64효는) 멀리 떠날 뜻을 얻을 수 있다. 아래의 다섯 효는 모두 군자이나, 홀로 위의 1효[상6효]만은 우매한 임금[暗君]이다.

유원劉沅은 말한다. (64효가) 명이明夷괘의 마음을 얻는다는 것에서 올바름을 싫어하는 뜻을 잘 알 수 있다. '정원 문을 나서는 것[于出門庭]'은 거취가 태연자약하여, 배회하며 떠나지 않은 적이 없으니, (64효는) 밝음[明]에 상처받음이 있다.

마치창馬其昶은 말한다. 65효는 기자箕子의 효爻이니, (64효는) 가운데 거하는 것으로 마음을

---

21) 漢帛書『周易』에, '明夷入于左腹'으로 되어있으니, 마땅히 그것을 따라야 한다. 복腹은 복覆으로 읽어야 하니, 山洞이다. 之는 마땅히 小로 보아야 한다. 古文의 모양이 비슷하여 잘못 쓰인 것이다. 획獲은 도달함이다. 高亨, 325頁.
22) 미자微子는 미자계微子啟인데, 상왕商王 제을帝乙의 맏아들이다.

삼는다. 64효는 심장[心] 아래에 있으니 왼쪽 배[腹]이다. (64효가) 들어간다는 것은 윗몸[上體]으로 들어가는 것이다. (64효가) 명이明夷괘의 마음을 얻는 것은, 기자箕子의 밝음이 그치지 않는 마음을 얻는 것이다. 『사기史記』에서, 미자微子가 떠나고자 하여 "나는 떠나가야 하는가?"라고[23] 말했다 하니, 이것이 '문밖으로 나감[于出門庭]'이다. 부사父師[즉 太師]는, '왕자[微子啓]께서 도망치지 않으면 우리 은상殷商은 멸망할 것이다! 각자 도모하여, 사람마다 각자 선왕에게 대하여 공헌을 해야 하니, 나는 도망갈 일을 고려할 수 없다.'라고[24] 말하였다. 이것이 바로 기자箕子의 마음의 의지이다. 이 (64)효는 곧 (『상서尙書』,)「미자微子」편의 큰 뜻을 개괄한 것이다.

육오효: 기자箕子가 어려움을 만나서 은퇴하였는데, (그의 행동이) 바르니 이롭다.
[六五, 箕子之明夷,[25] 利貞.]
상에서 말한다. "기자箕子"는 "올바르니", "밝은 지혜"는 없어질 수 없다.
[象曰: "箕子"之"貞," "明"不可息也.[26]]

공영달孔穎達(574-648)은 말한다. (65효는) 우매한 군주에 가장 가까우니, 기자箕子가 은殷의 주紂왕과 가까운 것과 비슷하다. '올바름이 이로움[利貞]'은, 뜻을 견지한 것이 올곧아서, (65효는) 우매한 이가 몰락시킬 수 없고, 바름[正]은 위태로움을 걱정하지 않는다.

진고陳皐(1736-?)는 말한다. 기자箕子는 성현이다. (기자箕子는) 주紂왕에게 쓰이지 않아서 스스로 그 밝음을 감추었으니, (그는) 큰 어려움을 당했으나 오래가지 않았다. (65효에서 기자箕子가) 수감되었기 때문에 어둠이진 것[明夷]은 아니다.

유원劉沅은 말한다. 65효는 더욱 군주와 가까우니, 동체同體로 지극히 절실한 종신宗臣이기에, 의리상 피할 수는 없다. 때와 자리[位]에서 '밝음이 상하는 것[明夷]'이 이미 심하니, 기자箕子의 '밝음이 상함[明夷]'은, 올바르고자 하는 이들이 기자箕子를 본보기로 삼아야 함을 말한 것이다. 올바름 밖에는 밝음이 없고, 밝지 않으면 어떻게 올바를 수 있겠는가? 따라서 (65효에서) '밝음은 그칠 수 없다[明不可息].'라고 했다.

---

23) '我其發出往?', 『史記』, 「世家」[一], 「宋微子世家」第八, 司馬遷撰, 第5冊, 北京: 中華書局, 1972, 1,607頁.
24) '王子不出, 我乃顚隮. 自靖! 人自獻于先王, 我不顧行遯.', 『今古文尙書全譯』, 「微子」篇, 江灝, 錢宗武譯注, 상동, 199頁.
25) 之는 有와 같으니, 得이다. 高亨, 325頁.
26) 공영달孔穎達에 의하면, 息은 滅(없어지다)이다. 高亨, 326頁.

리스전李士鉁은 말한다. 65효는 음으로 존귀함에 있으니, 따라서 기자箕子로 불린다. (기자는) 왕의 종친이 되어 군주를 도와 나라를 다스리게 했으면 은殷나라는 망하지 않을 수 있었다. 『역易』에는, 기자箕子가 65효에 있으니, '그가 다치는 것이다.'(라고 했다.) 주공周公이 섭정하니, 주周나라는 흥성했고, 기자는 미친 척했으니 은殷나라는 망했다. 기자箕子의 '밝음의 다침[明夷]'은 그저 한 몸을 바르게 하는 것이 아니다. (기자箕子는) 도道를 품고 때를 기다리니, 마침내 홍범洪範의 전수傳授를 펼쳐서 '임금의 도[君道]'를 세우는 중에, 천하만사가 올바르게 되었다. 기자箕子의 올바름은 위대하니 밝음 또한 원대하구나! 따라서 (65효에서) '밝음이 그칠 수 없다[明不可息].'라고 했다.

마치창馬其昶은 말한다. 『한비자韓非子』에서, "주紂왕이 상아로 젓가락을 만들자, 기자箕子는, 나는 그의 마지막을 두려워하기에, 따라서 그 시작을 두려워한다.'라고 두려워하였다. 5년이 지나 주紂왕은 고기[肉]를 쌓아 정원을 만들고, (사람을 불로 짓는) 포락炮烙을 제정하고, 술지게미로 쌓은 언덕을 오르며, 술로 채운 연못에 이르니, 주紂왕은 마침내 이로써 망하였다. 기자箕子가 상아 젓가락을 보고 천하의 화禍를 알았으니, 따라서 '작은 것을 꿰뚫어보는 것을 밝음[見小曰明]'이라고 말한다."[27] 또 (『한비자韓非子』에서), "주紂왕이 문과 창을 닫고, 촛불을 켜며, 120일을 한 밤으로 여기는 주연酒宴으로, 날짜를 잊어버려서 좌우 측근에게 물었으나, 모두 다 알지 못했다. 사람을 시켜 기자箕子에게 물었다. 기자箕子는, '천하의 주인이 되어 온 나라(사람)가 모두 날짜를 잊으면 천하가 위태롭게 될 것이다! 온 나라가 모르는데 나만 혼자 안다면 내가 위험해질 것이다'라고 했다. 취했다는 핑계로 (그도) 모른다고 했다."[28] 이것이 모두 기자箕子의 명이明夷에 관한 일이다. 밝음은 그칠 수 없으니, 마치 일식日蝕이 일어나면 사람들은 해[日]가 상傷함을 보나, 태양은 진실로 여전한 것과 같다.

● **나의 견해**: 핑계를 대고 모른다고 한 것은 곧 '어두움을 씀[用晦]'에 있는 것이니, 따라서 비록 밝음[明]은 손상을 당하더라도, ('밝음[明]'은) 끝내 멈출 수는 없는 것이다.

---

27) '昔者紂爲象箸而箕子怖, 以爲… 吾畏其卒, 故怖其始. 居五年, 紂爲肉脯, 設炮烙, 登糟丘, 臨酒池, 紂遂以亡. 故箕子見象箸以知天下之禍. 故曰: "見小曰明."'『韓非子全譯』, 「喩老」第二十一, 張覺譯注, 貴陽: 貴州人民出版社, 1995, 344, 355頁.

28) '紂爲長夜之飮, 懼以失日, 問其左右, 盡不知也. 乃使人問箕子. 箕子謂其徒曰: "爲天下主而一國皆失日, 天下其危矣. 一國皆不知而我獨知之, 吾其危矣." 辭以醉而不知.'『韓非子全譯』, 「說林」上第二十二, 張覺譯注, 상동, 382頁.

상육효: (해가 졌으니,) 밝지 않고 어두워졌다. (해는) 처음에 하늘로 올라가나, 나중에 땅속으로 들어간다.

[上六 : 不明, 晦.29) 初登于天, 後入于地.]

상에서 말한다. (태양이) "처음에 하늘로 올라옴"은, (왕후귀족들의 광명이) 사방의 나라들을 비추는 것이다. "나중에 땅으로 들어감"은, (왕후귀족들이) 법도를 잃어버린 것이다.

[象曰: "初登於天," 照四國也. "後入於地," 失則也.30)]

(환관桓寬의) 『염철론鹽鐵論』에서 말한다. 『역易』에서, '소인이 큰 자리(大官)[盛位]에 있으면 지위가 높아도 반드시 무너진다. 그 도를 채우지 않고 그 덕을 한 결 같이 하지 않으면서, 끝까지 잘 된 적은 일찍이 없었다. 이 때문에 처음에는 하늘에 오르나 나중에 땅으로 들어간다.'라고31) 말했다.

후과侯果(侯行果, 8세기, 당唐대 역학자)는 말한다. '처음에는 하늘에 오름[初登于天]'은 해가 지상地上으로 나오고, 아래로 땅[坤]을 비추는 걸 이른다. '나중에 땅으로 들어감[後入于地]'은 해가 땅속으로 들어가서, 낮이 변해 밤이 되는 것이다. 이것은 진晉괘와 명이明夷괘의 왕복이 그치지 않음을 말한다.

소식蘇軾은 말한다. (명이明夷괘의) 여섯 효는 모두 어두움이다. 65효 아래로는 밝으나 어두운 것이고, 상6효는 밝지 않아서 어두운 것이다.

여수구黎遂球(1602-1646)는 말한다. 처음과 나중은, 하늘의 운행이 항상 됨을 드러내서 경계하는 것이다.

유원劉沅은 말한다. (상6효에서) 처음에 오르고 나중에 들어가는 것은 해가 뜨고 지는 상象으로 말한 것이다. (상6효에서) 사방의 나라를 비춘다는 것은 자리[位]로 말한 것이다. 원칙을 잃음은 덕으로 말한 것이다.

리스전李士鉁은 말한다. 상6효는 천위天位이니, 상6효에 있으므로, 따라서 '처음으로 하늘에 오름[初登于天]'이라고 했다. 곤坤은 땅이 되니, (상6효는) 괘의 마지막에 있으므로, 따라서 (상6효는) '나중에 땅으로 들어감[後入于地]'이라고 했다.

---

29) '不明, 晦'는 해가 이미 져서, 빛이 없는 어두움을 말한다. '初登于天, 後入于地'는, 해가 처음에는 하늘에 오르나, 나중에는 땅속으로 들어가니, 왕후王侯나 귀족들이 창성했다가 몰락하는 것을 비유한 것이다. 高亨, 326頁.

30) 則은 법칙, 법도이다. 高亨, 상동.

31) 『易』曰: "小人處盛位, 雖高必崩. 不盈其道, 不恒其德, 而能以善終身, 未之有也. 是以初登于天, 后入于地.", 『鹽鐵論譯注』, 「遵道」第二十三, 王貞珉注譯, 長春: 吉林文史出版社, 1995, 216頁.

마치창馬其昶은 말한다. 65효 이하로는 모두 명이明夷를 말하니, 밝음이 상傷함을 당하기에, 두업杜鄴(전?-전2)이 말한 이른바 일식日食의 상이다. 상6효는 밝게 빛나지 않고 어두우니 태양이 지평선 아래로 들어가서 어두운 밤의 상이다. 천문가들의 말에 따르면, 달이 운행하다가 태양과 지구의 정중앙에 있으면 달이 해의 빛을 가려서 일식이 된다. 이 (명이明夷)괘에서 이離 태양은 안에 있고, 곤坤 땅은 밖을 둘러싸는데, 가운데에 호체互體인 감坎 달은 태양의 밝음을 가린다. (상괘인) 곤체坤體의 3효는 땅의 완전히 '동그란 것[球]'이다. 다섯 효들이 안에 있으니, 태양을 향하여 낮이 되며, (호체인) 감坎에게 다치니[傷] 명이明夷괘가 된다. 밖의 반구半球가 해를 등져서 빛이 없으니 밤이 되며, 상6의 일효一爻가 이것을 담당하니, 따라서 가장 어둡다. '법칙을 잃음[失則]'은 밝게 비추는 항상 됨을 잃는 것이다.

(유원의 『주역항해周易恒解』의) 「부해附解」에서 말한다. 옛 설명에서 이 (명이明夷)괘를 은殷나라 말기에 나아가서 설명하였다. 초9효는 백이伯夷와 숙제叔齊, 62효는 문왕文王, 93효는 무왕武王, 64효는 미자微子, 상6효는 주紂왕이 되니, 뜻이 또한 통한다. 그런데 성인이 상을 설정한 뜻은 원융圓融하지 못하다. 나는 오직 본문의 경經의 뜻에 나아가서 해석했고, 그 (구체적) 일을 지적하는데 오로지하지 않았는데, 남다른 것을 좋아해서 그런 것은 아니다.

● **나의 견해:** 문왕文王, 기자箕子는 입장이 바뀌어도 모두 그러했을 것인데, 명이明夷 때에 처해서 그 도道가 하나가 아닌 적이 없다. 밝음이 비록 손상당했지만, 본래 손상당할 수 없는 것이 있다. 문왕文王은 밝은 덕이 유리羑里에서 해를 입었는데도, 64괘의 괘사를 지었다. 기자箕子의 명철함이 노예로 수감되면서 상했으나, (그는) 홍범洪範구주九疇의 도道를 전했다. 마치 하늘이 그의 밝은 (지혜[明])를 손상시켰으나, 대경大經대법大法이 밝지 않은 때가 없어서, 이로 인해 천고千古에 밝음을 드리운 것과 같다. 이것이 어려울 때 올바름을 지키는 것이 이로운 이유이다. 평소 걱정하고, 환란에 행동하기 어려우나, 어찌 상하게 할 수 있겠는가? (명이明夷괘) 상전象傳에서 말한 '어두움을 쓰되 밝음[用晦而明]'은 환난의 가운데[中]에 처하여, 자기 밝음을 쓰지 않고 어두움을 쓰는 것이니, 이는 곧 '때를 따르며[遵時] 어두움[晦]을 길러야한다.'는 뜻이다. 『시詩』의 뜻이 『역易』과 통한다.[32] '어두움을 쓸[用晦]' 때에는 '구조함을 쓰지[用拯]' 않을 수 없으니, 이 또한 이른바 공경恭敬근신謹愼하여 심력心力을 다해야하는[鞠躬盡瘁] 것이다. (『상서尚書』의) 「미자지명微子

---

32) '遵養時晦.' 『詩經譯注』, 「周頌」, 「閔予小子之什」, 「酌」, 袁梅著, 상동, 999頁.

之命」편에서 기자箕子를 논의한 것에는 깊은 생각이 있다. 문왕文王은 태전泰顚, 굉요閎夭, 산의생散宜生, 남궁적南宮适 같은 여러 현인을 천거하여 나라를 구제했으니, 모두 '구조함을 씀[用拯]'의 뜻이다. 황응린黃應麟(1223-1296)은 『상서尙書』와 『예기禮記』를 인용해 93효의 뜻을 풀었다. 포윤抱潤선생[馬其昶]은 『사기史記』를 인용해 64효의 뜻을 풀고, 『한비자韓非子』를 인용해 65효의 뜻을 풀었으니, 모두 정밀한 풀이다. 기자箕子가 핑계를 대며 모른다고 말한 것은 '어두움을 씀[用晦]'이 더욱 절박한 것이다. 따라서 밝음이 비록 손상당했을지라도, 끝내 그칠 수는 없는 것이다!

37. 가인家人괘 ䷤

가인家人괘: (집사람들의) 이로움은 여인(의 지행志行)이 바름에 있다.
[家人,[1] 利女貞.]

마융馬融(79-166)은 말한다. 집사람들은 여자를 집주인으로 삼으니, 맏딸(巽)과 둘째딸(離)이 각각 그 바름을 얻었기에, 따라서 '여인(의 지행志行)이 옳다.'라고 말한다.

또한 (마융은) 말한다. 나무에서 불이 생기고, 불은 나무로 집을 삼으니, 따라서 '집사람[家人]'이라 말한다.

유원劉沅(1767-1855)은 말한다. 불은 나무에서 생기고, 바람을 얻으면 왕성해지니, 부부夫婦의 도道가 서로 의존하여 이루어짐과 같다. 내외가 일기一氣로 서로 구제하니, 95, 62효가 각각 음양의 바름[正]을 얻는다. 「서괘序卦」전에서, '이夷는 상傷하게 함이다. 밖에서 상하면 반드시 집으로 돌아오니, 따라서 이것을 가인家人괘가 받았다.'라고[2] 말한다. '여자(의 지행志行)이 바름[女貞]'은 이에 집사람들[家人]의 근본이니, 집을 바르게 하는데 먼저 힘쓸 일이다. '바름이 여자에게 있음[正在女]'은 바름이 남편[丈夫]에게 있는 이유이다.

단전에서 말한다. 가인家人괘는, 여자가 안에서 자리[位]가 바르고, 남자는 밖에서 자리가 바르다. 남자와 여자의 바름이, 하늘과 땅의 큰 뜻이다. 집사람들에게 엄한 임금은 부모를 말한다. 아버지는 아버지답고, 아들은 아들답고, 형은 형답고, 동생은 동생답고, 남편은 남편답고, 아내는 아내다우면, 집안의 도리가 바른 것이다. 집안이 바르면, 천하가 안정된다.
[彖曰: 「家人」, 女正位乎內, 男正位乎外. 男女正, 天地之大義也. 家人有嚴君焉, 父母之謂也. 父父, 子子, 兄兄, 弟弟, 夫夫, 婦婦, 而家道正. 正家, 而天下定矣.[3]]

---

1) 가인家人은 괘명이다.
2) '夷者, 傷也. 傷于外者必反于家, 故受之以家人.', 「序卦」傳, 高亨, 648, 649頁.
3) 62효가 음효로 음위陰位에 있고, 95효는 양효로 양위에 있다. 高亨, 329頁.

순열荀悅(148-209)은 말한다. 남녀가 내외에서 바르면, 집이 바르게 되고 천하가 안정될 것이다. 그러므로 (남녀의) 2예제禮制가 서면, 대업大業이 이루어진다.

잔잠棧潛(3세기, 삼국三國시대 역학자)은 말한다. 옛날 제왕帝王의 통치에는 밖의 도움[外輔]뿐만 아니라, 또한 내조內助에 말미암아서, 다스려짐과 혼란이 연유되었으니, 왕성함과 쇠약함이 그것을 따랐다. 『역易』(가인家人괘「단전彖傳」)에서, '집안의 도리가 바르면 천하가 안정[家道正而天下定]되고, 안[內]으로 말미암아 밖[外]으로 미치니, 선왕先王의 헌장憲章법령法令[令典]이다.'라고 말한다.

왕필王弼(226-249)은 말한다. 집사람들[家人]의 '뜻[義]'은 안을 본本으로 삼으니, 따라서 먼저 여자를 말한 것이다.

범중엄范仲淹(989-1052)은 말한다. 음양이 바르면 남녀가 (제) 자리를 얻으니, 군자가 집을 다스리는 때[時]이다. 그 안[內]을 밝게 하면 예禮는 드러나고; 밖에 순종하면 효도함[孝]과 형제애[悌]가 나타난다. 성인은 장차 나라를 이루려면 반드시 집을 똑 바로 한다. 한 사람의 집이 바르면, 그 다음에 천하의 집들이 바르게 된다. 천하의 집이 바르면, 그 다음에 효제孝悌가 크게 일어나니, 안정되지 못할 것이 어디에 있겠는가?

(정이의)『이천역전伊川易傳』에서 말한다. 한 집이 비록 작으나, 존엄尊嚴이 없으면 효경孝敬이 쇠약해지고; 임금[君]이나 어른[長]이 없으면 법도法度가 폐기된다. 엄한 임금이 있어야 그 다음에 가도家道가 바르게 된다. 집은 나라의 저울[衡量]이다.

양시楊時(1053-1135)는 말한다. 집안을 가지런히 하는 데는 부부夫婦로부터 시작되고, 순舜임금은 두 아내를 보고 법 받았으며, 문왕文王은 적처嫡妻를 본받아서 형제들에 이르렀다. '여자가 바르면 이로움[利女貞]'은 가도家道의 근본을 말한다.

조언숙趙彦肅(12세기, 남송南宋 역학자)은 말한다. 62효부터 95효에 이르기까지 음양이 자리를 얻고, 유柔는 모두 강剛을 따른다. 초9, 상9효가 왕성[盛]과 막힘[閑]을 포괄하니, 바른 집[正家]의 상이다.

유원劉沅은 말한다. (가인家人괘의) 단사彖辭는 (상괘인) 손巽과 (하괘인) 이離 2체體로 말했기에, 따라서 '여자는 바름[女貞]'으로 말했다. (가인家人괘의) 단전彖傳에서 62, 95의 2효로 말했으니, 따라서 남녀를 겸하여 말한 것이다. 여자의 바름은 남자의 바름에 말미암으니, 62효의 유柔는 바름을 얻고 내괘에 있으니, 이것은 여자가 순덕順德을 가지고 안[內]을 바르게 함이고; 95효의 강剛이 바름을 얻고 외괘에 있으니, 이는 남자가 '튼튼한 덕[健德]'을 가지고 밖을 바르게 함이다, 남녀는 천지天地를 바탕으로 하여, 각각 자기의 바름을 얻으면, 천지와 합하기에, 따라서 '천지의 대의大義'라고 말한다. 62, 95효가 바르게 응하니, 남녀가 높음[尊]이 된다. 남자가 바른 뒤에 여자가 바르게 되니, 순舜임금은 2아내를 보고 본을 떴고, 문왕文王은 적처嫡妻를 본받은 것이 이것이다. 무릇 괘 가운데 음양 효는 모두 낮춤을 변별하여서 명命을 듣는다. 부모는 한 집의 주인이기에, 따라서 존엄한 자리를 나누니, 엄한 임금과 같다.

또한 (유원은) 말한다. 괘의 획으로 미루어보면, 상9효는 아버지이고, 초9효는 아들이며, 95, 93효는 남편[夫]이고, 64, 62효는 아내[婦]이고, 95효는 형, 93효는 동생이다. 변變을 따라서 말하면, 건乾은 아버지가 되고, 간艮은 아들이 된다. 93효에서 바뀐[變] 진震은 형이 되고, 간艮은 동생이 되며, 진震은 남편[夫]이 되고. 손巽은 아내[婦]가 된다. 괘상卦象으로 말하면, 초9, 상9효는 양陽이 밖으로부터 가려지니, 집[家]이고; 그 안[內]이면 사람이다. 95효는 '밖이 바르니[正外]' 아버지가 되고, 62효는 '안이 바르니[正內]' 어머니가 되니, 순서대로 서로 받든다.

리스전李士鉁은 말한다. 맏딸[巽]이 상괘에 있고, 둘째딸[離]이 하괘에 있으니, 순서가 바르다. 62효 음과 95효는 양이니, 상응함이 바르다. 64효가 95효를 받드니 음양이 바르다.

마치창馬其昶은 말한다. 상9효는 일괘一卦의 맨 위에 있으니, 집의 엄군嚴君이다. 부모는 일가一家의 임금이니, 마땅히 존경尊敬을 받는다. (『예기禮記』의)「학기學記」편에서, '스승을 존경하는 것이 어렵다.'라고[4] (했다.) 주注에서 엄嚴은 존경이다.

• **나의 견해:** 『중용中庸』에서, '군자의 도道는 부부夫婦에서 시작하고, 그것이 극치에 이르면 천지를 관찰할 수 있다.'라고[5] 말한다. 『대학大學』에서, '나라를 다스리려면 반드시 먼저 집을 가지런히 해야 함'을 말했고, 또한 '천하를 평탄하게 함은 나라를 다스림에 있음'을[6] 말하였다. 집, 나라, 천하는, 사람들이 그것들을 바르게 하면 크게 안정될 것이다. 이것은 『대학大學』과 『중용中庸』에서 설명한 것이나, 『역易』의 가인家人괘의 표현과 합한다.

상전에서 말한다. 불[火]에서 바람이 나오니, (이것이) 가인家人괘이다. 군자는 말[言]에 내용이 있고, 행동에 항구성이 있어야 한다.

[象曰: 風自火出,「家人」, 君子以言有物, 而行有恆.[7]]

---

4) '凡學之道, 嚴師爲難.'『禮記今註今譯』, 第十八「學記」, 下冊, 王夢鷗註譯, 상동, 484頁.
5) '君子之道, 造端乎夫婦; 及其至也, 察乎天地.'『中庸今註今譯』12章, 宋天正註譯, 상동, 18頁.
6) '欲治其國者, 先齊其家, … 國治而后平天下.',『大學今註今譯』1章, 宋天正註譯, 상동, 2, 3頁.

(왕통王通[584-617]의) 『중설中說』에서 말한다. '바람이 불에서 나오는 가인家人괘는 무엇인지 묻고 싶습니다.' '밝음[明]이 내內이고 밖을 가지런히[齊] 하니, (나의 견해: [가인家人괘의 하괘인] 이離는 밝음[明]이고, (상괘인) 손巽은 가지런함[齊]이다.) 따라서 가도家道가 바르게 되고 천하가 안정된다.'라고[8] 말한다.

(정이의) 『이천역전伊川易傳』에서 말한다. 집을 바르게 하는 근본은 몸을 바르게 함에 있다. 군자는 바람이 불에서 나오는 상을 관찰하여, 일은 안에서 말미암아서 나오니, 따라서 말[言]에는 반드시 물物이 있어야 하고, 행동에는 반드시 항상 됨이 있어야 함을 안다. 물物은 사실이고, 항恒은 상도常度와 법칙이다. 말은 신중히 하고 행동을 수양하면, 몸이 바르게 되고 집안은 다스려질 것이다.

양시楊時(1053-1135)는 말한다. 말이 충후忠厚하고 믿음성 있으면 실증[物]이 있게 되고, 행동이 '돈후敦厚하고 경숙敬肅[篤敬]'하면 항상 됨이 있다.

장준張浚(1097-1164)은 말한다. 바람[巽]은 변화化를 나타내고, 불[離]은 예禮를 나타내니, 변화는 예禮에서 나온다. 군자는 예의禮儀법도法度가 아니면 언행言行을 하지 않는다. (나의 견해: 군자의 덕은 바람이기에 사람을 감동시킴을 주로 한다. 예禮의 문채가 밝게 드러나니, 불의 밝음과 같다.)

항안세項安世(1129-1208)는 말한다. 오행五行의 기氣에서 열이 정점[極]이면 바람이 되니, 인심人心이 움직여서 변화한 것이 바람이 되기에, 무릇 바람은 모두 불에서 나온 것이다. 만물은 불을 내內로 하고, 천하는 집[家]을 내內로 하며, 사람의 언행言行은 마음을 내內로 한다. 언행言行은 바람이고; 물物이 있으면 항恒이 있으니, 마음이 이를 주관한다. (황익증黃翼曾[19세기]은, '나무에서 불이 생김은 그 질質을 말한 것이다. 불에서 바람이 생김은 그 기氣를 말한 것이다.'라고 말한다.)

유원劉沅은 말한다. 가인家人괘가 가까운 데서 발생해서 멀리까지 봄은 언행言行뿐이다. 언행이 바른 뒤에 집안이 바르게 된다. '유물有物'은 불을 나타내고, 말[言]은 모두 실천되니 허虛하지 않음이고; '유항有恒'은 바람을 나타내니, 행동이 모두 오래 가고 멀리까지 변하지 않음이다.

짱홍즈張洪之(1881-1969)는 말한다. 남자는 실室이 있고, 여자는 가家가 있으니, '실室'이라 말

---

7) 家人괘는, 외괘가 巽이니 風이고, 내괘가 離이니 불이다. 바람은 德敎에, 불은 명철함에 비견된다. 高亨, 329頁.

8) '程元曰: "敢問風自火出, 家人, 何也?" 子曰: "明內而齊外, 故家道正而天下正.", 『文中子·中說譯注』, 「禮樂」第6卷, 鄭春穎譯注, 상동, 115頁.

하지 않고 가家를 말한 것은, 여자가 바름[正]에 무게가 있을 뿐이다. (나의 견해: [남녀가] 함께 중덕中德을 가진다.) '바람은 저절로 오며, 집을 가지런히 함은 몸을 닦음의 기본이 되고, 몸을 닦음은 언행言行에서 시작됨'을 군자는 안다. 말은 실새[物]이고 행동은 항구恒久함이 성신誠身의 도道이기에, 만화萬化는 이것에 기초할 것이다. 맹자는, '몸소 도道에 따라 행하지 않는데, (도가) 아내와 자식들에게 통할 수가 없다.'라고[9] 말한다. 그러므로 말에는 반드시 물증이 있어야 하니, 정성[誠]이 없으면 사물은 없는 것이요; 행동에는 반드시 항구恒久함이 있어야하니, 항구할 수 없으면 혹 그것을 받더라도 수치스러운 것이니, 힘써할 일이다!

● **나의 견해:**「계사繫辭」전에서, 공자가 말했다. "군자는 집에 있을 때, 좋은 말씀을 하면, 천리千里 밖에서도 호응이 있는데, 하물며 가까운 곳은 (말할 필요) 없구나! 집에서 하시는 말씀이 좋지 않으면, 천리의 밖에서도 (도리에) 어그러지니, 하물며 가까운 곳은 (말할 필요) 없구나! 말씀은 (군자의) 몸에서 나오나, 백성들에게 보태지고, 행동은 가까운 데에서 발동하며, 먼 데서도 보인다."[10] 언행言行은 군자의 중요부분[樞機]이다. 추기樞機의 발동은 영욕榮辱을 주관한다. 언행은 군자가 천지를 움직이게 하는 근거이다. 신중하지 않을 수 있는가?「계사繫辭」편의 말을 통해 관찰하면, 언행에 감응하는 것은 바르면 영광이요, 바르지 않으면 욕辱이다. 바름[正]은 천지의 대의大義이고; '유물有物유항有恒'은 천지의 대의大義와 합한다. 그러므로 군자의 바른 집[正家]은 반드시 언행에서 증험된다.

초구효: (담장을 쌓아 도둑을 대비하듯) 집을 방비하니, 후회함이 없다.
[初九, 閑有家,[11] 悔亡.]
상에서 말한다. "집을 예방豫防함"은, 아직 생겨나지 않은 변고들에 마음을 씀이다.
[象曰: "閑有家," 志未變也.[12]]

---

9) '孟子曰: "身不行道, 不行於妻子.', 『孟子譯注』, 「盡心」下章(14:9), 楊伯峻譯注, 상동, 327頁.
10) '子曰: "君子居其室, 出其言善, 則千里之外應之, 況其邇者乎! 居其室, 出其言不善, 則千里之外違之, 況其邇乎! 言出乎身, 加乎民. 行發乎彌, 見乎遠.'", 「繫辭」上傳8章, 高亨, 519頁.
11) 한閑은 방防(방비함)이다. 有는 于와 같다. '閑其家'는 담과 튼튼한 문을 만들어 도둑을 방비함과 같은 뜻이다. 高亨, 330頁.
12) 志는 마음 씀이고, 變은 變故이다. 高亨, 상동.

왕필王弼(226-249)은 말한다. 무릇 가르침[敎]은 처음[初]에 있고, 법法은 시작에 있다. 집이 혼란한 뒤에 그것을 다스리고, 뜻이 변한 뒤에 그것을 다스리면, (초9효는) 후회하게 될 것이다.

(정이의)『이천역전伊川易傳』에서 말한다. 집을 다스리는데, 법도로써 예방豫防하지 않으면, 인정이 방탕하게 흐르니, 반드시 후회함에 이른다. 장유長幼의 순서를 잃어버리고, 남녀의 구별이 혼란되고, 은의恩義가 다치며, 윤리倫理를 해치게 되니, 일어나지 않는 일이 없다. (초9효에서) 법도로써 처음에 방비하면 이런 일들은 없을 것이다!

조언숙趙彦肅(12세기, 남송南宋 역학자)은 말한다. 62효의 음이 안[內]에 붙고, 93효의 양이 그것을 예방하면, (여자들이) 내실을 나오지 않는다. (초9효에서) 처음에 방비하여 처음의 뜻이 변하지 않으면, 방비는 더욱 굳건해지게 된다.

오징吳澄(1249-1333)은 말한다. 초9와 상9효는 시종始終으로 뜻을 취했으니, 가운데 4효들은 2체體로 나뉘어 뜻을 취했다. 하체下體[離]에서 집[家]있는 신하로서 말하니, 93효는 남편[夫]이 되고, 62효는 아내[婦]가 되며; 상체上體[巽]에서 천하를 가진 임금으로 말하니, 95효는 왕王이 되고, 64효는 왕후[后]가 된다. 가까운 이를 취하여 배필로 하니, 가도家道가 오히려 친근하다.

왕쉔汪烜(1878-1959)은 말한다. 집을 가진 이는 후회함이 많게 되니, 반드시 처음에 방비하면, 그 다음에 후회가 없을 수 있다. (초9효에서) 시작에 신중하게 끝내야 하니, 처음의 말[初辭]에서 추측하여 단정해야 한다.

요배중姚配中(1792-1844)은 말한다. (초9효는) 변화하면 자리[位]를 잃으니, 따라서 예방하여, 변화를 방비해야 한다.

유원劉沅은 말한다. 안과 밖을 제한하고 떼어놓는 것이 한閑이다. (하괘인) 이離는 담[垣墉]이니, 한閑의 상이다. 또한 (그것은) 예악禮樂의제의제制[禮文]이고, 방비함의 뜻이 된다. 초9효의 때에 마땅히 방비한다. 안지추顔之推(531-591)는, '아내[婦]는 처음 오면 가르치며, 자식은 갓난아이[嬰孩]부터 가르친다.'라고[13] 말하였다.

리스전李士鉁은 말한다. 초9효는 집사람들[家人]이 처음으로 온 것이니, 가도家道가 비로소 세워지고, 뜻이 아직 변하지 않았고, 정情도 아직 혼란되지 않았으니, 강덕剛德으로 예방하는 것이다. (초9효가) 비록 음을 받으나, 후회함 또한 없다. 이른바 예禮는 부부夫婦에서 시작되니, 집을 짓고, 내외內外를 엄격히 한다. 안의 말이 문지방을 넘지 말고, 밖의 말은 문지방으로 들어오지 못하니, 이를 예방이라 말한다.

---

13) '俗諺曰: "敎婦初來, 敎兒嬰孩.",『顔氏家訓』,「敎子」, 顔之推撰, 中國哲學書電子化計劃, Internet 참조.

• **나의 견해**: 초9효에서 예방하면, 본심本心이 아직 변하지 않았기에, 오히려 힘쓰기 쉽다. 뜻이 변했다면 나중에 그것을 방지해도, 후회가 미치지 못할 것이다!

육이효: (부녀가 집에서 음식을 장만함에) 잃어버림이 없으니, 집에서 음식 장만하는데, 바르니 길하다.
[六二, 无攸遂, 在中饋,14) 貞吉.]

상에서 말한다. "육이효"의 "길함"은, (여자가 남자에게) 순종하여 엎디어 따름이다.
[象曰: "六二"之"吉," 順以巽也.15)]

(유향劉向의) 『열녀전列女傳』에서 말한다. 추鄒나라 맹자의 어머니[孟母]가, "『역易』(가인家人괘 62효)에서, 집에서 음식 장만함에 잃은 것이 없다."라고16) 한 것은, 부인들이 멋대로 만들지 않은 것이니, 삼종三從의 도道가 있음을 말한 것이다.

곡영谷永(전1세기-전8)은 말한다. (하夏, 은殷, 주周) 삼대三代에서 사직을 잃고 종묘를 망친 일은, 모두 부인婦人들과 여러 악인惡人들 때문이다. 『역易』(가인家人괘 62효)에서, '집에서 음식 장만에 잃어버림이 없음'은 부인들이 일에 관여하지 않음을 말한 것이다.

정현鄭玄(127-200)은 말한다. 62효는 바름을 얻었으니, 부인이 앤內에서 자수自修함이 바르며, 감히 스스로 나아가지 못한 것이다. (하괘인) 이離와17) 호체互體인 감坎이니, 불은 아래에, 물은 위에 있으니, (음식을) 익힘[飪]의 상이다. 궤饋는 술과 음식이다.

왕필王弼은 말한다. (62효는) 내괘에 있으며 중中에 처했으니, 자기 자리를 얻어서, 부인의 바른 뜻을 다했기에, 반드시 해야 할 일이 없는데, 집에서 음식 장만을 주관하였으니, 공손할 따름이다.

호원胡瑗(993-1059)은 말한다. (62효에서) 수遂는 독단으로 처리함[專]이다.

왕종전王宗傳(12세기, 남송南宋 역학자)은 말한다. 『시詩』에서, '머위[蘩]을 뜯어다 제사를 지내니,'18) 할 일을 잃지 않음이라 했다. 머월 뜯어서 제사에 바침은 법도를 따르는 것이니, 부인들이

---

14) 수遂는 추墜의 가차이니, 失(잃음)이다. 궤饋는 음식을 갖추어 남에게 줌이다. 中饋는 곧 內饋이니, 집에서 음식을 준비함이다. 貞은 正이다. 高亨, 330頁.

15) 巽은 伏從(엎디어 따름)이다. 高亨, 331頁.

16) '『易』曰: "在中饋, 无攸遂.",', 『列女傳』, 「母儀」, 「鄒孟軻母」, 西漢 劉向著, 中國哲學書電子化計畫, https://ctext.org 참조.

17) 家人괘에서 離는 互體가 아니고 下卦이다.

할 일을 지킴이 그러했다.

유원劉沅은 말한다. 62효가 95효에 응하니, 아내가 남편을 따르는 상이다. 호체互體인 감坎은 술과 음식이고, (하괘인) 이離는 (음식을) 삶고 익힘[烹飪]이다. 음식의 장만은 부인들이 하는 일이니, 무릇 내외內外의 일에 해당한다. 정貞은 곧 여자의 바름이니, 이른바 안[內]에서 바른 자리[正位]이다. 도리를 따라서 순종함은 사私적으로 친근함이 아니다. 『역易』에서, 겸손함을 따름은 (가인家人괘의) 93효이고, 몽蒙괘 █에서는 스승을 받드는 도道이며; (나의 견해: [스승은] 65효이다.) 점漸괘 █에서는 임금을 받드는 도道이고; (나의 견해: 64효) 이것은 남편을 받드는 도道이다.

리스전李士鉁은 말한다. (62효가) 음으로 양에 순종하며, 또한 (상괘인) 손巽의 명命을 받드는데, 겸손[巽]은 실행되지 않았기에, 지도地道가 이루어짐이 없으며, 부도婦道가 자행自行되지 않았다. 『대대예기大戴禮記』에서, '부인婦人은 (예禮에 따라) 남편[人]에게 엎드려야 한다. 이 때문에 독단으로 할 뜻이 없기에, 삼종三從의 도道가 있어, 집에서는 아버지를 따르고, 시집가면 남편을 따르고, 남편이 죽으면 자식을 따르니, 자기주장을 할 수 없다.'라고[19] 말한다. 이離는 둘째딸이 되고, 또한 내괘內卦의 중中에 있는데, 중中은 아내의 자리[婦位]이고, 음식 장만은 아내의 일이다. 『시詩』에서, '명命을 어기지 말고 품행은 단정하게 하고, 술과 안주를 전심專心해서 마련하라!'라고[20] 했으니, 아내의 미덕이다.

마치창馬其昶은 말한다. (62효에서) '재在'는 봄[視]이다.

또한 (마치창은) 말한다. '잃어버림이 없음[无攸遂]'은 그것[62효]이 양陽으로 변화됨을 경계한 것이다. 순욹[順]은 '잃어버림이 없음[无攸遂]'을 해석한 것이고; '중요한 일에 결정함에 엎디어 따름[順以制事]'은 '집에서 음식을 장만함[在中饋]'를 해석한 것이다.

구삼효: 집사람[家人]들이 엄한 가법家法으로 고생해도 (부지런하고 근신하니,) 비록 엄격함에 회한悔恨이 있겠으나 길하다. 아내와 자식들이 희희하며 웃으며 (거리낌이 없으나) 끝내는 회한이 있게 된다.
[九三, 家人嗃嗃, 悔厲, 吉. 婦子嘻嘻, 終吝.[21])]

18) '于以采蘩? … 于以用之? 公侯之事.', 『詩經譯注』, 「召南」, 「采蘩」, 袁梅著, 상동, 99, 100頁.

19) '婦人, 伏於人也. 是故无專制之義, 有三從之道, 在家從父, 適人從夫, 夫死從子, 无所敢自遂也.' 『大戴禮記今註今譯』, 「本命」第八十, 高明註譯, 臺北: 臺灣商務印書館, 1977, 467頁.

20) '無非無儀, 唯酒食是議.', 『詩經譯注』, 「小雅」, 「祈父之什」, 「斯干」, 袁梅著, 상동, 500頁.

상에서 말한다. "식구들이 (엄격한 가법家法에) 고생해도," (그들은) 아직 과실이 없다. "아녀자들이 희희낙락하면," 집안의 절도를 잃게 된다.

[象曰: "家人嗃嗃," 未失也.22) "婦子嘻嘻," 失家節也.]

경방京房(전77-전37)은 말한다. 가정을 다스리는 도道는 여기(93효)에 있음이 분명하다!

정현鄭玄(127-200)은 말한다. 학학嗃嗃은, (마치창馬其昶은, 『경전석문經典釋文』(陸德明撰)에서 유창종劉昌宗[4세기]은 학焅으로 보았고; 『설문해자說文解字』에는 학嗃자가 없다.'라고 말한다.) 아주 뜨겁다는 뜻이다. 희희嘻嘻는, ('장준張浚은 희嬉[즐기다]로 보았고, 『설문해자說文解字』에는 희嘻자가 없다.'고 마치창은 말한다.) (93효는) 교만驕慢 방종放縱하며 기뻐서 웃음의 뜻이다.

왕필王弼은 말한다. (93효는) 하체下體의 정점에 있으니, 일가一家의 어른[長]으로, 행동이 느리기보다는 차라리 지나치게 공손하다. 가정이 문란하기보다는 차라리 지나치게 엄嚴하다.

(정이程頤의) 『이천역전伊川易傳』에서 말한다. (93효에서) 지친至親은 애정이 넘치니, 엄격이 과하기에 따라서 후회함이 있다. 그러나 가도家道가 가지런하고 엄숙하면, 인심人心은 경외敬畏하니, 오히려 길吉이 된다. (93효에서) '아내와 애들[婦子]'이 만약 하하거리며 웃으면, 끝에는 수치스럽고 곤란해짐에 이른다.

왕쉔汪烜은 말한다. (93효에서) 후회함[悔]은 흉함으로부터 길吉로 되돌아가는 것이고, 인吝은 길에서 흉으로 달려가는 것이다.

유원劉沅은 말한다. 절節䷻괘는 관대하고 엄격하나 중中을 얻은 것이다. (가인家人괘 93효는) 엄격하게 법法을 세우고, 관대하여 정을 통하니, 치우쳐서 폐기될 수 없기에, 따라서 둘[절節괘와 가인家人괘 93효]이서 자기 상象을 보인 것이다.

리스전李士鉁은 말한다. (93효가) 2음 사이에 있고, 내외內外의 틈에 있기에, 따라서 집을 유지하는 도道가 이 (93)효에서 완비되었다. (상괘인) 손巽은 맏딸이고, (하괘인) 이離는 둘째딸이니, 아내[婦]가 되고, 93효는 간艮효爻이니 아들이 되며, 호체互體인 감坎은 또한 아들이다.

마치창馬其昶은 말한다. 학학焅焅은 이離를 몸으로 하고 이離를 잡고 있는 상이다. '회한이 있겠으나 길함[悔厲吉]'은, (93효가) 자리[位]를 얻은 것이다. 만약 활동함에 바름[正]을 잃어도 하하하고 즐거워하면, (93효는) 어려워질 것[吝]이다!

---

21) 학학嗃嗃은 학학焅焅의 가차이니, 아주 뜨거운 모습인데, 가법家法이 엄하여 고생함을 말한다. 희희嘻嘻는 기뻐 웃는 모습이다. 高亨, 331頁.

22) 未失은 아직 過失이 없음이다. 高亨, 상동.

육사효: 부유한 집은 (재물이 많으니), 크게 길하다.

[六四, 富家, 大吉.]

상에서 말한다. "부잣집이 크게 길함"은, (64 음효)가 제 자리에서 순종함이다.

[象曰: "富家大吉," 順在位也.23)]

우번虞翻(164-233)은 말한다. (64효는) 자리를 얻었고 초9효와 응하니, 95효에 순종하고 93효를 올라탔으니, 3양에 가깝게 의거하기에, 따라서 (64효는) '부잣집이 크게 길함富家大吉'이다.

공영달孔穎達(574-648)은 말한다. (64효는 상괘인) 손巽을 몸으로 하고 높은 데를 받드니, 녹위祿位를 오래 보유하기에, 길함이 큰 것이다,

곽옹郭雍(1091-1187)은 말한다. 군자는 몸을 닦고 집을 가지런히 하며, 안에서 밖으로 미치니, (상괘인) 손巽의 몸에 이르면, 가도家道는 이루어질 것이다! 부모, 형제, 부부가 도道를 얻으면 순順이라 말하고, 도를 잃으면 역逆이라 말한다. 『역易』에서 이른바 부유함富은, 예禮에서 말하는 풍만함肥과 같다. (유원劉沅은, '비肥는 곧 부富의 뜻이다.'라고 말한다.) (64효의) 상象전에서, '자리에서 순종[順在位]'하면, 예禮가 크게 순조로울 것을 말한 것이다. (나의 견해: 『예기禮記』, 「제통祭統」편에서, "복福(의 본의本意)는 준비[備]이다. '준비[備]'는 '모든 일이 순조로움[百順]'을 이름 한다. 따르지 않음이 없는 것이 '준비'이다. 속에서 자기에게 다하고, 밖으로 도道에 따름을 말한다. 충신은 이것으로 임금을 받들고, 효자는 이것으로 부모를 받드니, 그 근본은 한 가지이다, 위로는 귀신에게 순종하고, 밖으로는 임금[君]이나 어른[長]께 복종하고, 안으로는 어버이에게 효도하니, 이와 같음을 '준비'라고 말한다."라고24) 말한다. 부가富家의 도道를 미루어서, 곧 부국富國할 수 있으니, 또한 『예기禮記』에서, 「가정[家]이 풍요롭게 되면[肥], 나라가 풍요롭게 됨[國肥]을25) 말하였다. '풍요로움[肥]을 말하고 부富를 말함'은 모두 대순大順대비大備의 뜻에 다름 아니다.)

조언숙趙彦肅은 말한다. 아래에서 변화가 행해짐은 가정[家]이 풍요롭게 됨[肥]이다. 바른 가정 [正家]은 65효에 말미암고, 아름다움을 64효에 귀결시키니, 변화를 이루는 정점[首]이다.

---

23) 64효는 順이고, 95효는 양효이니, 64효가 95효 아래에 있음은, 신하가 임금에게 순종하는 象이다. 64효는 음효로 음위에 있으니 신하가 적당한 자리에 있음이다. 高亨, 331-332頁.

24) '福者, 備也. 備者, 百順之名也. 無所不順者, 謂之備. 言內盡於己, 而外順於道也. 忠臣以事其君, 孝子以事其親, 其本一也. 上則順於鬼神, 外則順於君長, 內則以孝於親. 如此之謂備.'『禮記今註今譯』, 第二十五「祭統」, 下冊, 王夢鷗註譯, 상동, 629頁.

25) '四體既正…, 人之肥也; … 夫婦和, 家之肥也. … 君臣相正, 國之肥也.'『禮記今註今譯』, 第九「禮運」, 上冊, 王夢鷗註譯, 상동, 309頁.

유염兪琰(1253-1314)은 말한다. (『예기禮記』의)「예운禮運」편에서, '부자父子가 돈독하고, 형제가 화목하고, 부부夫婦의 화합이 가정을 풍요롭게 함이다.'라고[26] 말하였다. 순종함으로 거하면, 가득하나 넘치지 않기에, 가정을 지킬 수 있다.

이광지李光地(1642-1718)는 말한다. 남자의 공功은 여자에게서 이루어지니, 하늘의 공이 땅에서 이루어짐과 같은데, 이것이 집사람들이 여자가 바름을 이롭게 보는 것이다. 그러므로 '대길大吉'이라는 말은 95효에 있지 않고, 64효를 두고 말한 것이다.

유원劉沅은 말한다. 64효는 손巽괘의 주인이니, (陽으로) 변해도 또한 호체인 손巽인데, 손巽은 장인[工]도 되고, 비단[帛]도 되며, 시장에 가깝기에 이익이 3배가 되니, 부유함[富]의 상象이다. 부富는 복록福祿이 흥성함이다. 64효가 다른 괘에서는 신도臣道인데, 본(가인家人)괘에서는 처도妻道이다. 남편은 한 집안에서 가르침을 주관하고, 아내는 한 집안을 기르는 것을 주관하니, 노자老子가 말하는 '가르치는 아버지[敎父]'와 '먹이는 어머니[食母]'가 이것이다. (나의 견해: 『도덕경道德經』하편下篇에서, '남들이 가르치는 것을, 나도 또한 가르친다. 강포强暴한 자는 제대로 죽지 못한다. 나는 이것을 교부敎父로 여긴다.'라고[27] 했고, 또한 상편上篇에서, '나는 유독 사람들과 다르니, 식모食母를 귀히 본다.'라고[28] 했다. 초굉焦竑[1540-1620]은, '어머니가 양육을 주관하니, 식모食母라 하고, 아버지가 가르침을 주관하니 교부敎父라고 한다.'라고 해석했다.) 62효의 '집에서 음식 장만함[在中饋]'부터 나아가서 64효의 '부유한 가정[富家]'에 이르기까지, 안에서의 직분[內職]이 열거된 것이다. 『예기禮記』에서, '집안의 부유함[家之肥]'을[29] 말하는데, 비肥는 곧 부유함[富]의 뜻이다.

리스전李士鉁은 말한다. 64효는 손巽괘의 주효主爻이고, 또한 양[95효]을 받들고 양[초9효]에 응하니, 따라서 (64효는) 부유하다. 음효가 대大로 불리니, 대유大有괘에서 음이 양을 얻음을 대大로 부른 것과 같다. (가인家人)괘 중의 음이 모두 바름을 얻어서 양을 받드니, 62효는 아래에 있기에, 따라서 사람을 모시는 것이고; 64효는 위에 있기에, 따라서 사람을 기름[養]이다.

구오효: 왕은 자기 집을 바로 잡고서, 걱정을 안 하면 길하다.

[九五, 王假有家, 勿恤,[30] 吉.]

---

26) '以篤父子, 以睦兄弟, …夫婦有所.', 『禮記今註今譯』, 第九「禮運」, 上冊, 王夢鷗註譯, 상동, 295頁.

27) "强梁者不得其死", 吾將以爲敎父', 『老子』42章 참조.

28) '我獨異於人, 而貴食母.' 『老子』20章 참조.

29) '夫婦和, 家之肥也.' 『禮記今註今譯』, 第九「禮運」, 上冊, 王夢鷗註譯, 상동, 309頁.

30) 가假는 格으로 읽으니, 格은 正이고, 有는 其와 같으니, 王을 가리킨다. 휼恤은 우憂[근심]이다. 高亨, 332頁.

상에서 말한다. "임금께서 자기 집을 바르게 함"이니, (가족들이) 서로 사랑함이다.

[象曰: 王假有家, 交相愛也.]

마융馬融은 말한다. 가假는 큼[大]이다. (유원劉沅은, '가假는 격格(바로잡다)'으로 말한다. 리스전李士鉁은, '가假는 이르다[至]'라고 말한다.)

육적陸績(188-219)은 말한다. 가假는 큼이다. 95효는 존위尊位를 얻었으니, 64효에 의거하며 62효에 응하니, 천하를 집으로 하기에, (95효에서) '왕王은 크시며 가정이 있다[王大有家].'라고 말한다.

왕필王弼은 말한다. (95효는) 존위尊位에 있고 가도家道에 밝기에, 아래에서 변화되지 않음이 없다. 아버지는 아버지답고, 자식은 자식답고, 형은 형답고, 동생은 동생답고, 남편은 남편답고, 아내는 아내다워서, 육친六親들이 화목하고, 서로 사랑하고 즐거워서, 가도家道는 바르게 된다. 가정이 바르면 천하는 안정될 것이다.

하해何楷(1594-1645)는 말한다. 중효中爻인 감坎은 근심을 보태는데, 이 (95)효는 감坎 밖으로 나오니, 따라서 '걱정을 안 한다[勿恤].'

소식蘇軾(1037-1101)은 말한다. 왕王은 천하를 가家로 여기니, 군신君臣은 부자父子와 같기를 바라고, 부자는 군신 같기를 바라는 것은 성인의 뜻이다.

조여매趙汝楳(13세기, 남송南宋 역학자)는 말한다. 요堯임금이 화목하니 시세時世가 태평함은 화목한 친족에서 비롯되었다. 그러므로 한 집안이 서로 사랑[交愛]하면 한 나라가 서로 사랑하고; 한 나라가 서로 사랑하면 천하에서 서로 사랑하지 않음이 없다.

양석여梁錫璵(1697-1774)는 말한다. (95효에서) 왕王으로 묶으니, 왕의 가정[家]은 크기에[大], 관계는 더욱 무겁고, 대리大利가 있는 곳이다. 우환이 모이면 무익無益한 근심에 있지 않고, 근심으로 골육骨肉의 화禍를 멋대로 만드는 것은 부당하다.

유원劉沅은 말한다. 95효는 양강陽剛으로 중정中正이니, 높아서 한 집안의 주인이 되기에, 따라서 (95효는) 왕王이 된다. 왕이 권위權威가 없지는 않은데, 덕으로 감화시키고 은덕으로 화합하면, 따라서 (95효는 백성들과) 사귀고 서로 사랑하게 된다.

리스전李士鉁은 말한다. 왕이 가정이 있으면, 군신君臣의 구분을 알게 되며, 집안사람들의 정에 돈독해지고, 그들과 은덕으로 맺어져서, 정으로 접촉하게 되니, 서로 사랑하게 되기에 길하다. 후세에 임금이 가정에 처하여, 골육들의 변화를 양성하니, 이것은 『역易』에서 경계하는 것이다. 왕이 정치를 하면, 왕왕 나라(의 일)에는 자상하나 가정은 소홀히 한다. 가인家人괘에서 홀로 남편

[夫]과 왕을 든 것은, '나라의 근본은 집[家]에 있고, 왕화王化의 근원은 이것에 있음'을 말한 것이다. 또한 왕은 사해四海를 집으로 여기니, 왕도王道가 융성하면 '집을 가지런히 함[齊家]의 효과가 먼데까지 갈 것이다!

천한장陳漢章(1864-1938)은 말한다. 95효가 홀로 왕王을 말한 것은 『예기禮記』에서 그 뜻을 분명하게 말하였다. 「내칙內則」편 첫머리에서, '후왕后王이 총재冢宰에게 명령하여, 백성들에게 은덕을 내렸다.'라고[31] 말하니, 아래는 곧 '예禮는 부부夫婦를 공경恭敬하고, 내외를 분별함에서 시작한다.'라고 말한 것이다. 이것은 충분히 (가인家人괘의) 내외內外괘의 뜻을 증명하고 있다.

상구효: (임금이) 신뢰가 있고 위엄도 있으니, 마침내 길하다.
[上九, 有孚威如,[32] 終吉.]
상에서 말한다. (임금이) "위엄도 있어" "길함"은, 자기 자신에서 (해답을) 찾는 것이다.
[象曰: "威如"之"吉," 反身之謂也.[33]]

육희성陸希聲(801-895)은 말한다. (상9효에서) 자신을 돌아보고 덕을 닦으며, 말과 행동을 서로 조응하니, 덕이 위세보다 성盛하다. (나의 견해: (『예기禮記』의)「곡례曲禮」편에서, '몸을 닦고 (자기가 한) 말을 실천함을 선행善行이라 한다. 품행을 닦아서 언행言行이 일치하면, 예禮의 실질實質이다.'라고[34] 말한다. 『중용中庸』에서, '선善을 분명히 알아야, (자기) 몸이 정성스럽게 된다.'고[35] 하였다. 맹자는, '자신을 돌이켜보아 성실[誠]하면, 즐거움이 이보다 큰 것은 없다.'라고[36] 말했다. 자신을 바르게 하는 도道는 반드시 때때로 반성해야하니, 따라서 자신이 바르면 가정[家]은 바르지 않을 수 없다.)

사마광司馬光(1019-1086)은 말한다. (상9효는) 양으로 상9효에 있으니, 집에서 지존자至尊者이기에, 집안사람들[家人]이 그를 바라보고 의표儀表로 여긴다. (상9효는) 자신이 옳다면 명령을 내리지 않아도 행해진다. 이 때문에 안[內]에서 지성至誠을 다하면, 아래에서 믿을 것이니, 그런 다

---

31) '后王命冢宰, 降德於衆兆民.' 『禮記今註今譯』, 第十二「內則」, 上冊, 王夢鷗註譯, 상동, 357頁.
32) 부孚는 신信이다. 如는 然과 같다. 高亨, 332頁.
33) 위威는 두려워할 만한 위엄이 있음이다. 反身은 자신에게서 찾음이다. 高亨, 상동.
34) '修身踐言, 謂之善行. 行修言道, 禮之質也.' 『禮記今註今譯』, 第一「曲禮」上, 王夢鷗註譯, 上冊, 상동, 3頁.
35) '不明乎善, 不誠乎身矣.', 『中庸今註今譯』20章, 宋天正註譯, 상동, 36頁.
36) '反身而誠, 樂莫大焉.', 『孟子譯注』「盡心」上章(13:4), 楊伯峻譯注, 상동, 302頁.

음에 위세가 두려울 수 있기에, 끝내 (상9효는) 길함을 얻는다.

(정이의)『이천역전伊川易傳』에서 말한다. (상9효는) 상괘의 끝이니, 가도家道가 이루어지기에, 따라서 집안을 다스리는[治家] 근본은 지성至誠이 아니면 안 됨을 힘을 다해서 말하였다. 가운데에 신임이 있으면 장구할 수 있고, 뭇사람들이 저절로 변화하여 선善하게 된다. 지성至誠스럽지 못하면, 자기 또한 (선을) 늘 지킬 수 없는데, 하물며 다른 사람들을 그렇게 하겠는가! 아내와 아이들의 애정사이에 자비함이 지나치고 엄하지 않으면, 은덕이 넘쳐서 의義는 가려지게 되기 때문에, 따라서 가정에 우환은 항상 예법禮法의 부족함에 있기에, 깔보고 경멸하는 일이 생긴다. 존엄을 오래 동안 잃고서, 공순함을 약간 잊어버렸는데, 가정이 혼란되지 않은 일은 아직 없었다.

증공曾鞏(1019-1083)은 말한다. 집안사람들[家人]의 의로움[義]은 자신을 돌아봄에 귀결되며; (『시경詩經』의) 이남二南[주남周南과 소남召南]의 감화感化는 (주周나라) 문왕文王에 본本한다.

여대림呂大臨(1044-1091)은 말한다. 상9효는 강강剛으로 끝에 있으니, 시작[始]도 있고 끝[卒]도 있는데, 도道는 계승할 수 있다. 그러므로 (상9효는) 믿음이 있고, 위엄이 있으니, 끝내는 길하다.

도혈都絜(12세기, 남송南宋 역학자)은 말한다. 이 가인家人괘는 기제既濟괘[䷾]로 간다. 기제既濟괘는 확정[定]이니, 집이 바르면 천하가 평정[定]된다. 천하의 본원[本]은 나라에 있고, 나라에 본本은 집[家]에 있으며, 집에 본은 몸[身]에 있으니, 따라서 (상9효의 상象전에서) '자신을 돌이켜 봄[反身]'을 말한다.

(주희의)『주역본의周易本義』에서 말한다. (상9효는) 위엄을 안 만들음을 말한다. 자신을 돌이켜보아 스스로를 다스릴 수 있으면, (그에게) 사람들은 외경畏敬하며 복종할 것이다.

유원劉沅은 말한다. '신뢰가 있고 위엄이 있음[有孚威如]'은 95효의 덕이니, 이것을 오래 가지고 있어서, 그 끝을 잘 할 뿐과 같다.

리스전李士鉁은 말한다. 손巽에는 믿음[孚]의 상이 있다. 양효는 위엄을 칭하니, 불[火] 또한 위엄의 상이 있다. 위엄은 있으나 맹렬하지 않기에, 따라서 (상9효는) 위엄이 있다. 지성至誠으로 거경居敬하여 일어난 것은 분노는 아니나 위엄이 있으니, 엄준嚴峻하지 않으나 위엄이 있기에, 이 때문에 (상9효는) 끝내는 길하다.

마치창馬其昶은 말한다. '몸을 돌이켜 봄[反身]'은 '임금[上]이 마땅히 스스로 변화[自化]하는 바름[正]'을 말한 것이다. (나의 견해: 이것은 도혈都絜[12세기]의 기제既濟괘의 뜻이다.) 사람을 두렵게 함은 양강陽剛으로 위엄을 삼은 것이니, 따라서 그것을 특히 밝힌다. (나의 견해: 상9효를 음으로 변화시키면 기제既濟괘가 된다. 이 효 하나가 변화하면 전체 괘가 하나도 정위正位가 아닌 것이 없다. 양이 음으로 변화하여 각각 자기 자리가 바르게 되니, 또한 집의 주인[家主]이 스스로 돌이켜서 바른 몸이 되는 것이다.)

● **나의 견해**: 『대학大學』과 『중용中庸』에서 표명한 것이 가인家人괘의 뜻과 합치하는 면이 있다. 『중용中庸』에서, '군자의 도道는 부부夫婦(의 일상생활)에서 시작하나, 그 극치에 이르면 천지를 살필 수 있다.'라고[37] 말했다. 곧 이것은 '천지의 대의大義는 반드시 남녀 각각 자기 자리를 바르게 함에서 연유함을' 말한 것이다. 『대학大學』에서, '나라를 다스리려면 먼저 집을 가지런하게 해야 함'을 말했다. 또 '천하를 평탄하게 함은 자기 나라를 다스림에 있다.'라고[38] 했다. 집, 나라, 천하는, 사람들이 자기 바름을 얻어야, 그렇게 되어서 크게 안정될 것이다. '바르게 함[正]'에는 반드시 도道가 있으니, 세상에는 '도道가 바르지 않은데, 천하가 안정된 일은' 아직 없었다. '천하를 안정함'은 곧 '천하를 따름[順天下]'이니, 지덕至德에는 도道가 필요하고, 순종은 '거꾸로 함[逆]'은 안 된다. 저들 거꾸로 행하여 역모를 실시하며 안정을 찾는 자들은 천하를 어지럽히는 것이니, 어찌 나라를 다스릴 수 있겠는가? 군자의 덕은 바람이니, 감화感化에 주력한다. 예악禮樂의제儀制가 밝히 드러남은 불이 밝히는 것과 같기에, 따라서 (가인家人괘는) 바람과 불의 상을 취했다. '집을 바로잡는[正家]' 도道는 언행言行에서 증명됨이 절실하다. 일언一言일동一動이 서로 인연을 맺기에, 거짓행위는 안 된다. 유원劉沅선생이 '엄하게 법을 정하고, 너그럽게 정을 통하며, 한 쪽으로 기울 수는 없다.'라고 말하였으니, 이렇게 해서 뜻을 얻은 것이다, 덕교德教가 스며들으니, 시종始終에 간격이 없기에, 따라서 내외內外로 서로 믿을 수 있다. 멀리 가는 데는 반드시 가까운 데부터 이고, 높은 데에 올라가는 것은 반드시 낮은 곳에서 부터이니, 따라서 군자는 집에서 떠나지 않고, 나라에서 가르침을 이룬다.

---

37) '君子之道, 造端乎夫婦; 及其至也, 察乎天地.' 『中庸今註今譯』12章, 宋天正註譯, 상동, 18頁.
38) '欲治其國者, 先齊其家. … 國治而治天下.' 『大學今註今譯』1장, 宋天正註譯, 상동, 2, 3頁.

38. 규睽괘 ䷥

규睽괘: (어그러짐이니) 작은 일에는 길하다.

[睽,[1) 小事吉.]

우번虞翻(164-233)은 말한다. 작음[小]은 65효를 말함이고, 음은 '작음'이라 칭한다. (하해何楷 [1594-1645]는, '유柔는 일[事]이라고 말함과 같다.'라고 말한다.)

조여매趙汝楳(13세기, 남송南宋 역학자)는 말한다. '작은 일에는 길함[小事吉]'은 어그러짐[睽異] 가운데로 나아가도, 선善으로 처하면 또한 길함이다. 어려움에서 '조금은 바름[小貞]'이, (『상서尙 書』의)「홍범」편에서 (말한), '나라 안의 일[內事]'을[2) 할 때[時]인가?

유원劉沅(1767-1855)은 말한다. (상괘인) 불은 위로 타고 (하괘인) 못[澤]은 아래를 적시니, 2몸 [體]은 서로 다르고, 그 성질이 본래 다르다. 『역易』의 「서괘序卦」전에서, '가도家道는 궁하면 반드 시 어그러지니, 따라서 규睽괘로 이것을 받았다.'라고[3) 했다. 작은 일 또한 길하니, 사람들은 어 그러짐[睽]도 잘 쓰려고 한다. 큰 일[大事]이라면, 반드시 뜻이 같고 도道가 같아야 그런 다음에 이 룰 수 있다.

리스전李士鉁(1851-1926)은 말한다. 가인家人괘 뒤에 규睽괘로 이어졌으니, 집안의 어그러짐 [睽]은 여인들 때문이다. 또한 (규睽)괘는 집과 반대되니, 가인家人괘는 2음이 바름을 얻었고, 규睽 괘에서는 2음이 바름을 잃고 있다. 여자가 바르지 않으면, 가도家道는 어그러짐이 이 (가인家人) 괘의 '숨은 뜻[微意]'이다. (睽괘에서) 이離는 눈[目]이 되고, 태兌는 위가 결여되었으니, '사팔눈[睽]' 을 나타낸다. 작은 일은 한 사람의 일과 같으니, 그 뜻을 실행할 수 있다.

---

1) 규睽는 괘명이다. 「序卦」전에서, '睽者, 乖也.'라고 했다. 高亨, 335頁.

2) '庶民逆, 作內吉, 作外凶.' 『今古文尙書全譯』, 「洪範」, 江灝, 錢宗武譯注, 상동, 241頁.

3) '家道窮必乖, 故受之以睽.' 「序卦」傳, 649頁.

단전에서 말한다. 규暌괘는, 화염이 움직이는 것이 위에 있고, 못[澤]의 움직임이 아래에 있어 (각각 떨어져) 있는데; (둘째딸[離]과 장녀[兌]) 두 여인네가 함께 사니, (서로 질투하여) 그들의 뜻이 함께 갈 수 없다. (태兌가) 기뻐하며 태양[離]에 붙어있으며, (63효가 65효로) 부드러움[柔]이 올라감이니, (65효는) 중中을 얻고 강건함[92효]에 대응하니, 따라서 "작은 일들은 길"하다. 하늘과 땅은 다르지만 하는 일은 같고, 남자와 여자는 다르지만 뜻은 (서로) 통한다. 만물들은 서로 다르지만 하는 일들은 연결되어 있다. 규暌괘에서는 (다른) 시기[時], 그것을 씀이 중요하다!

[彖曰:「暌」, 火動而上, 澤動而下; 二女同居, 其志不同行.[4] 說而麗乎明, 柔進而上行, 得中而應乎剛, 是以"小事吉."[5] 天地暌而其事同也. 男女暌而其志通也. 萬物暌而其事類也. "暌"之時, 用大矣哉!]

정현鄭玄(127-200)은 말한다. 규暌는 어그러짐이다. 불은 위를 원하고 못은 아래를 원하니, 사람이 같이 살면서 뜻이 다름과 같다. (마치창馬其昶[1855-1930]은, '『시詩』에서, "여자는 시집가서, 부모, 형제와 멀리 있네."라고 말하였네. 여자는 각자 가정이 있으니, 따라서 함께 갈 수 없다.'라고[6] 말한 것이다.)

(정이의)『이천역전伊川易傳』에서 말한다. 하늘은 높고 땅은 낮으나, 화육하는 일은 같다. 남녀는 질質은 다르나 서로 찾는 뜻은 통한다. 생물은 '만 가지로 다르나[萬殊]', 천지의 화和를 얻고, 음양의 기氣를 품은 것은 같은 부류이다. 규暌괘의 때[時]에 처하여, 규暌의 쓰임에 합하는 것은, 그 일이 지극히 큰 것이다. (리스전李士鉁은, '기뻐서 밝음[明]에 붙으니, 규暌에 처하는 도道이다.'라고 말한다.)

(주희의)『주자어류朱子語類』에서 말한다. 규暌는 '시작에는 다르나, 끝은 같은 도리[理]'를 말한다.

조언숙趙彦肅(12세기, 남송南宋 역학자)은 말한다. 92효에서 65효에 이르기까지, (나의 견해: 65효는 아마도 상9효이다.) 음양이 (자기) 자리를 잃었으니, 모두 어그러지고 다른 것이다. 음양이 서로 어울리면, 다름[異] 가운데 같음[同]을 보게 된다.

왕신자王申子(13세기, 원元나라 역학자)는 말한다. (규暌)괘 때의 일로 말하면, 작은 것은 할 수

---

4) 규暌는 어그러짐(乖)이니, 괴리乖離이다. 상괘가 離이니 中女이고, 하괘가 兌이니 長女이다. 규暌괘는 '二女同居'하여, 一夫를 서로 섬기니, 질투가 반드시 일어나므로, '其志不同行'이다. 高亨, 335頁.

5) 하괘인 兌는 說(悅, 기쁨)이고 離, 즉 태양日에 붙어있으니, 신하가 기쁨의 태도로 임금의 광명에 붙어있음에 비견된다. 63효와 65효가 음이기에, '柔進而上行'이다. 65효는 柔이나 92효는 剛이니, '柔應乎剛'이다. 그러나 규暌괘는 사람들 사이가 괴리가 있기에, 작은 일만이 잘 될 수 있다. 그러므로 '小事吉'이다. 高亨, 336頁.

6) '女子有行, 遠父母兄弟.'『詩經譯注』,「邶風」,「泉水」, 袁梅著, 상동, 160頁.

있으나 큰 것은 할 수 없고; (규睽)괘 때의 쓰임[用]으로 말하면, 아주 크고 작지는 않다.

유원劉沅은 말한다. 물과 불은 성질이 본래 다른데, 이것은 물리物理에서의 규睽[어긋남]이다. 여자는 어려서는 함께 거居하나, 크면 각자 시집을 갈 것이기에, 비록 같이 살더라도 뜻은 다르니, 이것이 인정의 어긋남[睽]이다. 기쁘면 정으로 합치고, 밝으면 도리[理]를 얻는다. 어긋남[睽]은 사세事勢의 일상[常]이고, 어긋나지 않음[不睽]은 정리情理를 따름[順]이다. 천지가 모양[形]은 다르나 건순健順하여 서로에게 공용功用이 되니, 남녀는 자취는 어긋나나 양교陽敎나 음교陰敎는 함께 가도家道를 이루며, 만물이 나타나니, 생기면 화기和氣를 얻어서 줄어들거나[消] 커지니[長], 그 일은 비슷하다. 그러나 어긋남[睽]이 아니면 합할 이유도 없다. 성인聖人은 어긋남으로 동류同類를 모으고 사물을 구분하며, 어긋나지 않음으로 덕을 통하고 정情을 비교하니, 이것은 같지 않으나 그 도리[理]는 같아서, 세상을 생각하고 백성을 염려하는 마음은 하나이다. 요지는 상응함으로써 처음에는 어긋나나 끝에는 합하게 된다.

상전에서 말한다. 위에 불이 있고, 아래에는 연못이 있음이 규睽괘이다. 군자는 같은 것을 종합하고 상이점을 분석한다.

[象曰: 上火下澤, "睽," 君子以同而異.7)]

순상荀爽(128-190)은 말한다. 백관百官은 직분이 구분되고, 사민四民[士, 農, 工, 商]이 직업이 다르나, 문무文武를 병용하니, 위세와 은덕은 상반되나, 함께 통치로 귀결되기에, 따라서 '같은 것을 종합하고 상이점을 분석함[以同而異]'이라 말한다.

(정이의) 『이천역전伊川易傳』에서 말한다. 대동大同할 수 없는 자들은 상법常法을 혼란시키고 도리에 어긋나는 사람들이다. 홀로 다를[異] 수 없는 자들은 세속을 따르고 나쁜 일들에 익숙한 사람들이다. 요컨대 같으면서 다를 수 있게 할 뿐이다.

이중정李中正(12세기, 남송南宋 역학자)은 말한다. 못[澤]과 불이 만나면 서로 멈춰서 개혁을 하고; 못 만나면 서로 틀려서 어긋남[睽]이 된다. (규睽괘의) 단象전에서는 '다르면서 같음'을 말하니, 어긋남[睽]의 공功을 이룬 셈이고; 상象전에서는 '같으면서 다름'을 말하니, '어긋남을 씀[用睽]'의 도리[理]를 밝힌 것이다.

유원劉沅은 말한다. '같으면서 다름'은 일이 정해져 있지 않고, 도리[理] 또한 정해진 것이 없다.

---

7) 同은 같은 사물을 종합하이고, 異는 상이한 것을 분석함이다. 高亨, 336頁.

정해진 것은 없는데 일정함이 있으니, 시중時中의 도리[理]로써 얽힌 일들에 처하게 되니, 그저 같음[同]이라 할 수 없으나, 부동不同한 적은 없다. 의義가 정확精確하고 인仁이 익지 않았다면, 이것을 쉽게 말할 수 없다. 같음[同]은 (하괘인) 태兌의 기쁨을 나타내고, 다름[異]은 (상괘인) 이離의 밝음[明]을 나타낸다.

마치창馬其昶(1855-1930)은 말한다. 한 학설을 가지고, 하나의 큰 가르침을 건립하는데, 반드시 사람들이 자기와 같기를 강요하니, 도당들은 분노하여 공격을 하며, 심지어 병화兵禍를 양성한다. 이것은 모두 군자의 같음으로써 다른 도리[理]를 모르는 것이다. '남곽혜자南郭惠子가 자공子貢에게, "(공자)선생님의 문하는, 왜 그리 복잡합니까?"라고 물었는데,'[8] 이것이 공자가 위대한 이유이다.

초구효: 후회는 없어질 것이다. 잃은 말을 좇아가지 말 것이니, 스스로 돌아옴이다. 흉악한 사람을 (우연히) 만나더라도 탈은 없을 것이다.

[初九, 悔亡. 喪馬勿逐自復.[9] 見惡人无咎.]

우번虞飜은 말한다. (호체互體인) 감坎은 말[馬]이고, (상괘인) 이離는 봄[見]이다. (유원劉沅은, '이離는 눈이니, 따라서 봄[見]을 나타낸다.'라고 말한다.)

공영달孔穎達(574-648)은 말한다. (초9효에서) 견見은 겸손하게 접견함이다.

(정이의)『이천역전伊川易傳』에서 말한다. (초9효에서) 어그러짐[睽]의 때를 당하니, 소인들이 어그러짐[乖異]이 지극히 많다. 이들을 끊어버리면 넓고 두텁게 포용함의 뜻을 잃게 된다. 옛날 성왕聖王들이 간흉姦凶을 변화시켜 선량하게 함과 구적仇敵을 혁파하여 신민臣民으로 만든 이유는 거절하지 않았기 때문이다.

호일계胡一桂(1247-1314)는 말한다. (호체互體인) 감坎의 성질은 아래로 가니, (초9효는) 따라서 '스스로 돌아온다[自復].'

곽옹郭雍(1106-1187)은 말한다. (초9효는) 어긋남[睽]에 있어도 '기쁨의 도[悅道]'는 있기에, 따라서 '후회함은 없어진다[悔亡].' (초9효에서) '말을 잃음[喪馬]'은 어긋남[睽]이다. (말[馬]을) 좇아가면 합칠 수 없다.

---

8) '南郭惠子問於子貢曰:「夫子之門, 何其雜也?」',『荀子集釋』,「法行」篇第三十, 李滌生著, 臺北: 臺灣學生書局, 1986, 660頁.

9) 복復은 반返(돌아옴)이다. 악惡은 흉악凶惡이다. 高亨, 337頁.

안사성晏斯盛(1689-1752)은 말한다. (초9효에서) 허물을 피함은 화禍를 면함을 말하니, 자기를 극복하여 관건關鍵을 알게 되는 한 단서이다.

혜동惠棟(1697-1758)은 말한다. (초9효에서) '말을 잃음[喪馬]'은 '쫓지는 않으나 저절로 돌아옴[勿逐自復]'이니, 이는 상商나라의 법法이다. 주周나라는 (하夏, 은殷) 2왕조를 보아서 그것을 따랐으니, 따라서 주례周禮에는 무릇 재물을 얻으면 인민들에게 증송贈送하는 것을 조정에 위탁하고, 선비들에게 알린다. 정현鄭玄주注에, '조정에 위탁함[委於朝]'은 오는 것을 기다려서 그것을 식별識別함이다. (『상서尙書』의) 「비서粊誓」(費誓)편에서, '말과 소를 잃었으나, … 대오隊伍를 떠나서 쫓아가지 말고, 삼가 그것들을 원주原主에게 돌려주었다.'라고[10] (했으니), 이것이 그 일이다.

유원劉沅은 말한다. 94효에서 호체互體인 감坎은 따라서 말[馬]이 되고; 초9효와 응하지 못하니, 따라서 잃음[喪]이다. 65효는 92효와 응하고, 63효는 상9효와 응하니, 94효와 초9효는 어긋남[睽]이다. (상괘인) 이離는 조급이고 (호체인) 감坎은 험준함[險]인데, 94효는 이것들을 겸유하니, 따라서 악인惡人으로 나타낸다. 초9효는 강정剛正으로 기뻐하니, 그 어긋남[睽]을 잊어버리고, 동이同異를 세우지 않으니, 어긋남에 잘 처하는 것이다. '잃어버린 말들을 쫓지 않았는데 스스로 돌아온 것'이니, 본래 같은 것을 홀연히 다른 것에게 맡겨버린 것이다. 악인惡人이 와서 그를 (우연하게) 본 것은 본래는 다르나 홀연히 같은 것으로 포용한 것이다. 이른바 가는 자는 쫓아가지 않고, 오는 자는 거절하지 않기에, 따라서 (초9효는) 탈이 없다.

마치창馬其昶은 말한다. '미운 사람[惡人]'은 63효를 가리키니, 이른바 '그 사람은 자빠져서 코를 다친 것[其人天且劓]'이다. 『장자莊子』에서, '위衛나라에 미운 사람[惡人]이 있는데, "애태타哀駘它"라고 한다.'라고[11] 말한다. 곽상郭象의 주注에, 오惡는 못생김[醜]이다. 중간의 호체互體인 감坎과 (상괘인) 이離는 어긋남[睽]을 합치는 쓰임이 있다. 94효가 감坎을 잡으니, 63효는 이離를 잡고, (이렇게) 물과 불이 사귀니, 기제旣濟괘를 이룬다. 94효가 초9효에 응함은 '대부大夫를 만나는 것'을 말하기에, 불이 움직여 위로 감을 밝히는데, 94효가 아래로 가기 때문이다. 63효가 상9효에 응함을 '강강剛을 만남[遇剛]'이라 하니, 못이 움직여서 아래로 감을 밝힌 것은 63효가 위로 가기 때문이다. 그러므로 초9효가 어긋남[睽]을 합치려면 반드시 63효의 불이 타오르는 성질을 빌려서 못의 기운으로 하여금 위로 튀어 오르게 해야 하니, 감坎 물이 저절로 내려온다. '미운 사람을 봄[見惡人]'은 63효를 봄을 말한다. 초9. 94효가 일단 어긋나니, 63효가 '사이에 낌[居間]'을 얻어서, 재난

---

10) '馬牛其風, …勿敢越逐, 祗復之.' 『今古文尚書全譯』, 「粊誓」(費誓), 江灝, 錢宗武譯注, 상동, 455頁.

11) '衛有惡人焉, 曰哀駘它.' 『莊子淺注』, 曹礎基著, 상동, 80頁.

[咎]을 피할 수 있으니, 이것이 어긋남[睽]의 시용時用이다. 94효는 감坎을 몸으로 하여 말[馬]이 되고, 초9효와 응하지 못하니, 따라서 '말을 잃음[喪馬]'이다. 초9효는 바름[正]을 지켜서 변하지 않았으니, 94효는 끝내는 초9효에 응할 수 있기에, '좇아가지 않아도 스스로 돌아옴[勿逐自復]'이 될 것이다.

● **나의 견해:** '말을 잃음[喪馬]'은 그 정情이 이미 어긋나서 같지 않은데; '좇아가지 않아도 저절로 돌아옴[勿逐自復]'이면, 비록 어긋났어도 끝내는 다를 수 없으니, 이것을 어긋남[睽]에 잘 처하는 도道이다. 혜동惠棟(1697-1758)의 주注에서『상서尙書』의 '대오隊伍를 떠나서 좇아가지 말고, 삼가 그것들을 원주原主에게 돌려주었다.'라고[12] 한 말을 인용하여 물증物證으로 삼았으니, '합규合睽의 쓰임[用]'을 깨달을 수 있다. 내我에게 같음을 강요하지 않으면, 저것[彼]은 스스로 다르지만 다르지 않다. '미운 사람[惡人]'은 본래 사람들과 다르나, 내가 그를 이류異類로 보지 않아서, 겸손하게 순종하여 접견하니, '다른 이[異者]들'이 또한 똑 같지 않을 수가 없다. 이것 또한 어긋남[睽]의 시용時用이다. 또한 (『예기禮記』의)「월령月令」편에서, '암말[牝馬]을 밖에 풀어놓고, 암수를 구분함'을 말했는데, 처음으로 암말들을 풀어놓음은 이들을 같게 본 것이다. 이어서 '그 무리를 구분함[別羣]'은 이들을 다르게 봄이다.[13] 옛날 마정馬政에서 같은 것[同]으로 달리 보았으니[異], 이것이 규睽의 시용時用이 위대한 점이다! 공자가 (위衛나라 영공靈公의 아내인) 남자南子(?-전400)를 만난 일과 호향互鄉땅에서 동자童子를 만난 일은 모두 미운 사람을 보았으나 '탈이 없음[无咎]'의 뜻을 보인 것이다.

구이효: (어떤 이가 타향에서 객客이 되었는데,) 골목에서 주인을 만나서 (숙식宿食을 제공받았으니), 탈이 없다[无咎].

[九二, 遇主于巷,[14] 无咎.]

상에서 말한다. "골목에서 (손님을 접대하려는) 주인을 만남"은, 길을 잃어버린 것이 아니다.

[象曰: "遇主于巷," 未失道也.]

---

12) '勿逐, 祇復之.',『今古文尙書全譯』,「牧誓」(費誓), 江灝, 錢宗武譯注, 상동, 주10 참조.

13) '游牝別羣.'『禮記今註今譯』, 第六「月令」, 上冊, 王夢鷗註譯, 상동, 218頁.

14) 타향他鄉에서 손님[客]이 되었는데, 거리 골목[巷]에서 주인을 만나서 숙식宿食을 제공받았으니, 자연히 무구无咎하다. 高亨, 338頁.

왕필王弼(226-249)은 말한다. (92효는) 어긋남[睽]에 처하여 자리를 잃었으니, 장차 편안할 곳이 없다. 65효 또한 자리를 잃은 것이니, 함께 자기 동아리를 찾으러, 문을 나선 취지가 같은데, 예기하지 않았는데 (그를) 만남이다.

공영달孔穎達(574-648)은 말한다. (92효의) 주인은 65효를 말한다.

혜사기惠士奇(1671-1741)는 말한다. 항巷은 집들 사이의 길이다. (장읍張揖[3세기, 三國시대]의) 『광아廣雅』에서, '항巷은 길[道]이다.'라고 말한다.

유원劉沅은 말한다. 무심하게 만나는 것이 우遇이다. (상괘인) 이離는 해[日]이니, 주인[主]의 상이다. 65효는 임금의 자리이니, 또한 주인의 상이다. 이離는 가운데가 허虛하며, 2양陽이 밖을 가로로 에워쌓으니, 골목의 상이다. 65효는 중中을 얻고 강강剛[92효]에 응했으니, 스스로 현신賢臣을 찾게 된다. 92효의 강중剛中하고 같을 수는 없으나, 뜻하지 않게 골목에서 주인을 만났으니, 따라서 '아직 길을 잃은 것은 아니다[未失道].' 그러나 골목[巷]은 대로大路는 아니기에, 따라서 '아직[未]'이라 말한 것이다. (한漢 광무光武제帝를 도와 동한東漢을 세운) 등우鄧禹(2-58)라면 이와 비슷하나, (상商나라 건립을 도운) 이윤伊尹이나 (주周나라 건국을 도운) 여망呂望이라면 골목에서 만난 것이라 할 수 없다.

리스전李士鉁은 말한다. 92효는 65효를 주인[主]으로 보는 사람이고, (92, 65효) 둘은 모두 중中을 얻었으니, 다행으로 서로 만났기에, 따라서 재앙은 없다. 춘추春秋(시기)의 글 쓰는 방식으로는 예禮가 준비되지 않으면 '우遇'이다. 임금[君]을 말하지 않고 주主라 한 것은 '어그러짐[睽]'의 세상에는 임금[君]이 신하를 선택하는 것과 신하 또한 임금[君]을 선택하는 것이 아직 구분이 확정되지 않음이다.

마치창馬其昶은 말한다. 92, 65효의 어긋남[睽]은 군신, 부자父子나, 부부夫婦 사이이니, 어긋날 수 없는 것이다, 자리를 잃은 것은 허물[咎]이고, 65효에 응한 연고로 허물을 얻음은 '아직 길을 잃음[未失道]은 아님'이다. 『이아爾雅』에서, '집들 사이에 길이 곤靈이다.'라고[15] 했다. (나의 견해: [곤靈은] 곤閫과 같다.) '골목에서 만남[遇于巷]'은 밖에서 찾지 않음이 분명하다. 92, 65효는 각각 상하 체體의 중中에 있으니, 불과 못으로 어긋남[睽]이고, 감坎과 이離로써 합치니, 따라서 92효는 '허물없음[无咎]'이고 65효는 '후회가 없어짐[悔亡]'이다.

---

15) '宮中衖謂之靈.', 『爾雅』「釋宮」第五, 管錫華譯注, 상동, 353頁.

육삼효: (마부가) 수레를 잡고서 뒤로 끌려하나, 그 소가 앞으로 가려해서, 그 (말 모는) 이가 자빠져서 코가 상했으니, 처음에는 (이렇게 좋은 일은) 없었으나 (결국 소를 제압했으니) 끝은 좋았다.

[六三, 見輿曳, 其牛掣, 其人天且劓,16) 无初有終.]

우번虞飜은 말한다. (호체인) 감坎은 수레가 되고, 끌음[예曳]이 된다.

항안세項安世(1129-1208)는 말한다. 63효는 위에서 의심을 받으니, 따라서 그 수레를 끌려하나 소가 끌림을 당하지 않으려함이 저절로 보인다.

호병문胡炳文(1250-1333)은 말한다. 63효와 상9효의 어긋남[睽]의 생김이 보인다.

요배중姚配中(1792-1844)은 말한다. 수레를 뒤로 끄는 데는 반드시 그 소가 좋으면 안 된다. 뿔은 바른 것[正]이 좋으나, 뿔이 꼿꼿이 서면[觢] 안 좋을 것이다. 쓰는 그릇들이 (그것들을) 감당할 수 없다.

마치창馬其昶은 말한다. 체掣는, 『설문해자說文解字』에서는 '서觢로 인용했으니, 2뿔이 솟은 것[仰]'을17) 말한다. 『이아爾雅』에서는, '뿔이 하나는 (아래로) 굽었고 하나는 (위로) 솟은 것은 기觭이다. 모두 위로 뻗은 것은 서觢이다.'18)

상에서 말한다. (63효는 음효인데 양위陽位에 있으니) "수레를 뒤로 끌음"이고, 자리가 합당하지 않다. "처음(의 곤란)은 없으니 끝에 (좋은 결과가 있음)"은, (94효인) 강건함을 만남이다.

[象曰: "見輿曳," 位不當也. "無初有終," 遇剛也.19)]

마융馬融(79-166)은 말한다. 이마[額]에 글자를 새겨 넣음이 요天이다.

장준張浚(1097-1164)은 말한다. (하괘인) 태兌는 훼손[毁]이니, (이마에) 글자를 새겨 넣고, 코를 다치게 한다. (왕쑤난王樹枏(1852-1936)은 '마융본馬融本에서 천天은 마땅히 요天자이다. 정현본鄭玄本의 왕제王制의 주注에 의하면, 요天는 단절斷絶이다. 단절이 요天이니, 이마에 글자 새김도 또한 요天이고; 단절斷絶은 발꿈치를 베는 월刖이니, 단족斷足 또한 월刖이라 말한다.'라고 하였다.)

---

16) 見은 마땅히 안按으로 읽어야 한다. 여輿는 수레이다. 예曳는 뒤로 끌다. 체掣는 강하게 끄나 사람을 따르지 않음이다. 天은 옛날의 전顚자이니, 쓰러져 자빠짐[跌倒]이다. 의劓는 코가 다침이다. 高亨, 338頁.

17) '觢, 二角仰也.', 『說文解字』角部, 東漢 許愼著, 中冊, 상동, 371頁.

18) '角一俯一仰, 觭. 皆踊, 觢.' 『爾雅』, 「釋畜」第十九, 管錫華譯注, 상동, 670頁.

19) 63효는 음효인데 陽位에 있으니 '位不當'이고, 94효는 剛이니, 약자가 강자를 만나 협조를 얻음이다. 高亨, 338頁.

유원劉沅은 말한다. (상괘인) 이離는 눈이니, 보는 상이다. (이離는) 또한 소[牛]가 되니, 변하면 건乾이며, 호체互體인 감坎은 수레[輿]의 상이고, 뒤로 끌음[曳]의 상이다. (하괘인) 태兌는 엎드림 [伏]이고 간艮은 손[手]이니, 체掣(끌다)의 상이다. 음이 2양 가운데에 있으니, 앞으로 끌고 뒤로 끌어서, 진퇴가 다 곤란해진다.

또 (유원은) 말한다. 태兌는 입이니, 위로는 코가 되며, 엎드린 간艮은 또한 코를 나타낸다. (상괘인) 이離는 무기[干戈]가 앞에 있음이며, (하괘인) 태兌는 (이것들의) 훼절毀折이다. 코 위에 무기[干戈]를 가하니, 코를 다치게 하는[劓] 상이다. (63효는) 자리가 합당하지 않고, 음이 양의 자리에 있으니, 92, 94의 2효가 또한 이것[63효]을 제한하고 있다. 강剛은 상9효를 말하고, 63효와 상9효는 바로 응하니[正應], 92, 94효가 끝내 틈[間]을 만들 수가 없다.

리스전李士鉁은 말한다. 의劓는 코를 벰이다. 63효는 중中도 아니고 정正도 아니니, 불[火]과 못 [澤]이 서로 어긋나는 틈에서, 가서 상9효와 응하나 뒤에서 92효를 훼손하려 함인데, 94효가 앞에서 막고 있다. 얼굴에 (글자를 새겨 넣는) 형刑을 내려서 위로 올려보게 못하니; 코를 베어서 기氣가 위로 통하게도 못하게 한다. 그러나 끝내는 (63효가) 상9효에 응하게 되니, 음이 양의 일을 끝내주기에, 따라서 (63효는) '처음에는 (좋은 일이) 없었으나 끝에는 있음[无初有終]'이다.

마치창馬其昶은 말한다. 63효는 감坎과 이離의 사귐에 처하여, 이離에서는 위로 가려하고 감坎에서는 아래로 내려가기를 바라니, 자기 자리를 안정할 수 없게 되는데, 앞으로 끌고[曳] 뒤로 끄는[掣] 상이다. 물이 불을 끄니, 다치고 코가 베이는 상이다. 상9효는 이離가 몸이니 소가 되고, 소가 수레를 끄니, 소가 (앞으로) 끌면 수레는 (뒤)로 끌려지니, 이는 상9효가 63효와 위배되는[睽] 것이다. 지금 (상괘인) 이離 불이 위를 불태우는 도움을 빌려서 아래의 못[澤]에서 상9효의 강건함 [剛]과 서로 만나게 함이니, 음양이 화합하여 비가 내리는 것이다, 이것은 63효와 상9효가 적절히 상응함을 말한다.

구사효: 집을 떠나 (밖에 있는) 고애孤子가 대부大夫를 만났으니, (둘은) 서로 믿고서, (협력하니,) 어려움이 있더라도, 재앙은 없다.
[九四, 睽孤遇元夫, 交孚,20) 厲, 无咎.]
상에서 말한다. "서로 믿었기에 재앙은 없음"은, 뜻대로 이루어진 것이다.
[象曰: "交孚無咎," 志行也.]

---

20) 고孤는 아비 없는 고아를 말함이다. 규睽는 떠남[離]이니, 규고睽孤는 집을 떠나서 밖에 있는 외아들[孤子]이다. 元夫는 대부大夫와 같다. 交는 서로이다. 孚는 믿음이다. 高亨, 339頁.

공영달孔穎達은 말한다. '좋은 선비[元夫]'는 초9효를 말하니, (초9효는) 괘의 시작에 처하기에, 따라서 '좋은 선비[元夫]'라고 말한다.

(정이의) 『이천역전伊川易傳』에서 말한다. (94효는) 강양剛陽의 덕으로써 이산離散의 때를 맞아서, 고립되고, 함께하는 이들이 없으면, 반드시 의기투합하는 자를 찾아서 서로 합하니. 이 때문에 '좋은 선비[元夫]'를 만난다.

장준張浚은 말한다. 초9효가 못 아래에 있으니, 94효는 호체互體가 감坎으로 돌아가기에, 물과 못의 기운은 본래 스스로 상통하니, '좋은 선비[元夫]'를 만나게 된다.

주식朱軾(1665-1736)은 말한다. (94효는) 믿을 수 없으면 의심하고, 의심하면 이렇게 어긋날 것이다. 어긋난 것을 합치는 도道에는, 서로 신임만한 것이 없다.

유원劉沅은 말한다. 원부元夫는 선사善士이다. 초9효가 양으로 아래에 있으니, 덕 있는 필부匹夫이며, 실로 천하의 선사善士이다. 94효는 양효이면서 2음 '가운데[中]'에 있으니, 자기와는 부류가 아니기에, 어긋나고 외로운데; (94효는) 아래의 초9효와 같은 덕으로 서로 믿으니, 대신大臣으로 아래로 현사賢士와 사귀기에, 따라서 외로움을 걱정하지 않고 어긋남을 구제하는 뜻이 덕행으로 유파流播되는 것이다.

리스전李士鉁은 말한다. 초9효는 (하괘인) 태兌의 초효이고, 94효는 (상괘인) 이離의 초효인데, 또한 모두 양강陽剛의 재질이 있으니, 음과 통하고 어긋남[睽]를 충분히 합할 수 있다. 태兌나 (호괘인) 감坎은 모두 신임[孚]이 있는 상이다.

마치창馬其昶은 말한다. 벗으로 사귀는 도道는 덕으로 서로 믿는데, '좋은 선비[元夫]'라 칭한다. 10년이나 나이 많으면, (94효는 그를) 형으로 받들고, 덕을 흠모하여 미루어 대표인물[거자鉅子]로 한다. 지향과 품행은 물 흐름이 못으로 가는 것이니, (94효는) 아래로 가면 초9효를 만난다.

육오효: 후회는 없어질 것이다. 조상의 묘廟에 올라가서 고기를 먹었는데, 앞으로 가면 무슨 재앙이 있겠는가?

[六五. 悔亡. 厥宗噬膚,21) 往何咎?]

상에서 말한다. "조묘朝廟에 올라가서 고기를 먹음"은, "앞으로" 좋은 일이 있음이다.

[象曰: "厥宗噬膚," "往"有慶也.]

---

21) 漢帛書『周易』에, 궐厥이 등登으로 되어있으니, 그것을 따른다. 종宗은 조묘祖廟이다. 서噬는 먹음이다. 부膚는 고기[肉]이다. 高亨, 339頁.

왕필王弼은 말한다. 궐종厥宗은 92효를 말한다. (리스전李士鈴은, '음은 양으로 근본[宗]을 삼는다. 65효는 92효의 양에 응하니, 92, 65효는 덕이 같다. 92효의 양은 65효의 근본[宗]이다.'라고 말한다.)

호병문胡炳文은 말한다. 65효는 92효를 근본[宗]으로 삼는데; '근본[宗]'이니 그것을 가까이 하기에, '윗사람[上]'은 마땅히 정情으로 '아랫사람[下]'과 친해진다. 92효는 65효를 주인[主]으로 여기고; 주인이니 그를 높게 보며, '아랫사람[下]'은 마땅히 직분[分]으로 '윗사람[上]'을 존중한다.

안사성晏斯盛은 말한다. '고기를 씹음[噬膚]'은 총화總和된 음식이니, 정情으로 서로 기뻐한다. (규睽괘의) 단전彖傳에서 말한 '가운데를 얻고 강剛에 응함[得中而應乎剛]'이다.

유원劉沅은 말한다. 궐종厥宗은 그 무리[黨]이다. 92효는 65효의 바른 응應이고, 또한 (그 위의) 호체互體인 이離가 65효의 '근본[宗]'이다. 92효가 (음으로) 변하면 서합噬嗑䷔괘를 이루고, 서합噬嗑괘 62효에는 '고기를 씹음[噬膚]'을 말하는데, 진실로 규睽괘 65효 또한 '고기를 씹음[噬膚]'을 말한다.

이도평李道平(1788-1844)은 말한다. '고기를 씹음[噬膚]'은 '제사용품[祭品]'을 먹는 예禮이다. 제사를 끝내고 남은 음식이 준餕이라 말한다. 『의례儀禮』에서, '사자死者를 대신하여 (제祭를 받는) 시동[尸]이 남은 돼지고기를 두 사람에게 주니, 각각 한 점씩 받았다.'라고[22] 했는데, 정현鄭玄주注에서, 「임금[上]이 맏아들[嗣子] 및 형제들에게 남은 제물을 은택으로 먹게 했는데, 족친族親들을 넘지 못했으니, 따라서 '그 종친들이 고기를 먹음[厥宗噬膚]'이라고 하였다.

요배중姚配中(1792-1844)은 말한다. 천자로부터 사士에 이르기까지, 제사가 끝나면 모두 고기를 먹는 일이 있다. (『예기禮記』의) 「방기坊記」편에서, '제사의 주육酒肉 때문에, 종족의 사람들이 종묘宗廟에 모여서 음연飮宴을 하였는데, 인민들이 화목하게 지내라고 가르쳤다.'라고[23] 말했다. '그 종친들이 고기를 먹음[厥宗噬膚]'은 소원한 이가 친해지고, 흩어진 자들이 모이게 되니, 이는 종법宗法이 성립되는 이유이다. 『시詩』에서, '너의 안주가 매우 좋으니, 똑같이 축복이요 원한은 없구나!'라고[24] 한다.

리스전李士鈴은 말한다. (호체인) 감坎은 돼지[豕]가 된다. 부膚는 맛있는 고기이다. (하체인) 태兌는 입이니, 씹는[噬] 상이다. 92효에서 69효에 이름[至]에는 서합䷔괘와 유사한 상이 있다. 92효

---

22) '佐食授擧, 各一膚.'『儀禮』,「特牲饋食禮」第十五, 彭林譯注, 北京: 中華書局, 2018, 511頁.

23) '因其酒肉, 聚其宗族, 以敎民睦也.'『禮記今註今譯』, 第三十「坊記」, 下冊, 王夢鷗註譯, 상동, 681頁.

24) '爾殽旣將, 莫怨其慶.'『詩經譯注』,「小雅」,「北山之什」,「楚茨」, 袁梅著, 상동, 622頁.

는, '주인을 만남[遇主]'이니, 주인을 높여야 함을 말한다. 여기(65효)서 궐종厥宗을 말하는데, 종宗[先祖]은 높여야 한다. 65효의 '바탕[質]'은 본래 무늬가 있고 밝음이니, 유유柔가 나아가서 위로 가며, 유중柔中의 덕을 가진다. (65효는) 아래로 92효의 강중剛中의 현명함에 응하니, 신하가 자기 임금을 높이는 것이며, 임금이 자기 신하들에 친함이기에, 천하의 어그러짐[睽]을 합하려는데, 무슨 어려움이 있겠는가? 현신賢臣을 얻어서 어그러짐을 구제한다면, 어그러짐이 그저 합하는 것은 아니고, 따라서 애써서 나아가는 것이니, (65효에서) '경사가 있음[有慶]'이라 말한다.

마치창馬其昶은 말한다. 정현鄭玄주注의 가인家人괘 62효의 주注에서, "62효는 이離와 호체인 감坎을 몸으로 하니, 삶고 익히는[飪] 상이다. 이 효(65효)에서 또한 이離와 호체인 감坎을 몸으로 하니, 따라서 '고기를 씹음[噬膚]'이라고" 말한다. 무릇 사람들이 어그러짐[睽]을 당할 때에는, 피하고 보지 않으려 하면 더욱 어그러지고, 나아가면 그 정이 서로 통할 수 있다. 규睽괘의 효爻에서 한 번 '미운 사람을 만남'을 말했고, '만남[遇]'을 3번 말했는데, (나의 견해: 92효가 주인을 만남, 63효가 원부元夫를 만남, 상9효가 비[雨]를 만남이다.) 다시 나아감을 말하는데, (나의 견해: 65효는 어떤 재앙으로 나아갈까? 이고, 상9효는 나아가서 비[雨]를 만남이다.) 이것 역시 어긋남을 합하는 시용[時用]이다.

• **나의 견해**: 서합噬嗑괘는, 62효에서 '고기를 씹었는데 (주인이) 코를 베었으나, 무구无咎함'은 자기의 기호嗜好를 구하려는 것이 아니니, 무구无咎한 것이다. 이렇다면 종족宗族의 화목을 돈독히 한 것이고, 자기의 사사로움[自私]을 감히 가질 수 없었으니, 따라서 (규睽괘 65효가) 나아가면 무슨 재앙이 있겠는가?

상구효: 집을 떠나서 밖에 있는 고아가, 돼지가 길에 엎드려있음을 본 것이니, 귀신들이 하나의 수레에 타고 있기에, 먼저 자기 (화살을 쏘려고) 활을 벌렸으나, 나중에 그 활을 내려놓았는데, (자세히 보니, 귀신들도 아니고) 도적도 아니며, 혼인하려는 것이었다. (이것은) 가서 비[雨]를 만난 셈이니 길하다.

[上九, 睽孤見豕負塗, 載鬼一車, 先張之弧, 後說之弧, 匪寇, 婚媾. 往遇雨則吉.25)]

상에서 말한다. (가뭄에) "비를 만나서" "길함"이니, 모든 의심이 없어졌음이다.

[象曰: "遇雨"之"吉," 群疑亡也.]

----

25) 규고睽孤는 집을 떠나 밖에 있는 고아이다. 부負는 아마도 복伏의 가차이다. 도塗는 도途로 읽으니, 길道路이다. 장張은 활을 벌림이다. 之는 其와 같다. 호弧는 활[弓]이다. 설說은 탈脫로 읽으니, 내려놓음이다. 비匪는 非로 읽는다. 혼구婚媾는 혼인婚姻이다. 高亨, 340頁.

우번虞飜은 말한다. (호체互體인) 감坎은 돼지가 되고, 활이 되고, 비[雨]가 되는데, (상괘인) 이離는 화살[矢]이 된다. (하괘인) 태兌는 입이 되고, (상괘인) 이離는 큰 배[腹]가 되며, 감坎은 가운데에 술[酒]이 있으니, 단지[壺]의 상이다. (육덕명陸德明은, '호弧는 활이다.'라고 말한다. 오여륜吳汝綸은, 『『경전석문經典釋文』에 의하면, 설說은 음音이 세[始銳의 反]이니, (『예기禮記』의)「단궁檀弓」에서 말한,「직무가 없는 이는 (부형父兄의) 재물로 '상가喪家에 예물禮物[賻儀]'을 보내지 않음」의[26] 세稅는, 정피鄭彼주注에서「남에게 줌[遺於人]」이라 말한다.)

왕필王弼은 말한다. (상9효가,) 자기는 '불꽃의 정점[炎極]'에 있는데, 63효는 못의 왕성함에 처했으니, (상9효는) 어긋남[睽]의 정점이다.

(정이의) 『이천역전伊川易傳』에서 말한다. 어긋남[睽]이 정점에 달하면 위배되어 합하기 어렵고, 굳셈[剛]이 정점이면 거칠어져서 완선完善할 수 없고, 밝음이 정점이면 살피는 것이 지나쳐서 의심이 많게 된다. (증국번曾國藩[1811-1872]은, '무릇 어긋남은 서로 의심함에서 일어나니, 서로 의심함은 명찰明察을 스스로 과시함에서 생긴다.'라고 말한다.) 상9효가 63효와 바르게 응하니, 실로 외롭지 않기에, 그 '자질과 성정性情[才性]'이 이와 같으니, 스스로 집을 떠나서 밖에 있는 고아이다. 만약 사람이 비록 친한 무리들이 있으나, 대부분 스스로 의심하여, 괴리乖離를 멋대로 만드니, (상9효는) 항상 고독하다.

곽옹郭雍(1106-1187)은 말한다. 천하의 어긋남[睽]은 의심에서 시작한다. 의심함은 소인小人의 도道이다. 규睽가 괘를 이룸에는 2여자[火, 中女와 澤, 小女]로부터이니, 따라서 상9효는 의심을 힘을 다해서 말한 것이다.

유원劉沅은 말한다. (상괘인) 이離와 호체인 감坎은 돼지[豕]가 되고, (하괘인) 태兌 못에 들어가기에, 따라서 (돼지가) 길에 엎드림이다[負塗]. 감坎은 수레가 되며, 또한 숨어서 엎드린 것이 되니, 따라서 귀신들을 (수레에) 실음이다[載鬼]. 이離는 활이 되고, 감坎은 화살이 된다. (활을) 먼저 당기는데 이離는 빔[虛]이고 둥글음[圓]이다. '나중에 내려놓음[後說]'은, 태兌가 훼방하여 (활을) 부러뜨림[毀折]이 된다. (호체인) 감坎은 도적[寇盜]이 된다. 63효와 상9효가 바르게 응하기에, 따라서 '혼인'이라 말한다. 감坎은 물이니 못을 이루고, 따라서 비가 된다. 94효의 고아[孤]는 사람으로 고아이니, 좌우가 모두 음효이기 때문이다. 상9효의 고아는 스스로 고아가 된 것이니, 의심하기 때문에 외로운 것이다. 보임[見]은 상9효가 스스로 보여 그러한 것인데, 그것을 의심함이다. 상9효는 강건함의 정점인데 밝음을 씀이 지나치니, 의심은 더욱 심해지고, 보이는 것은 더욱 기이하

---

26) '未司者, 不敢稅人.' 『禮記今註今譯』, 第三「檀弓」上, 上冊, 王夢鷗註譯, 상동, 117頁.

다. '돼지가 엎드린 것을 관찰'하고, 그것이 깨끗하지 않아서 자기를 더럽힐 것을 의심한다. 나중에 내려놓은 활은 자기를 잘못 알까하여 그것의 허무虛無함을 의심한 것이다. 모두 집을 떠나 밖에 있는 고아를 형용한 상이다. 그렇게 된 이유는, 상9효가 63효를 도적으로 의심했기 때문이다. 사실 63효와 상9효는 응應이 되니, 본래 도적이 아니고 혼인하려는 것이다. 의심이 해소되면 밝음이 생겨나고 기쁨이 응하니, (상9효는) 길하다. 송서승宋書升(1842-1915)은 말한다. 『좌전左傳』에서 '귀매歸妹䷵괘가 규睽䷥괘로 가는 것'을 말하였는데, 점사占辭에서, '적이 활을 당긴다,'라고[27] 말했다. '활을 당김[張弧]'은 적이 나를 쏠 것을 의심한 것이고; '단지를 내려놓음[說壺]'은 도적이 나를 유혹할까 의심함이다. 상9효는 규睽괘 끝에 있으니, 밖에서 방황함으로써, 현혹眩惑을 이룬다. 마음에 괴이怪異한 일이 생기니, 마침내 눈에 허망한 것이 보이는데, 이것은 모두 괴리乖離함이 불러온 것이다.

마치창馬其昶은 말한다. 감坎은 숨어서 엎드려 있으니 귀신이 되고, 수레 또한 감坎의 상이다. 소와 말이 무거운 것들을 지고 멀리에 가는데, 지금 길 사이에서 돼지가 짐들을 싣고, 귀신들이 수레에 탄 것이 보이니, 모두 의심의 정점에서 생긴 환상이다. (『한서漢書』의)「오행지五行志」에서, '불이 물을 해치는데,' '듣는데 똑똑히 안 들리는 것, 이것이 불합不合이니, …그 벌은 항상 추운 것이고, 때로는 돼지들의 화禍가 있다.'라고[28] 했다. 유흠劉歆(전50-후23)은, '큰 비나 눈 및 큰 비, 우박은 서리를 내리고 풀들을 죽이니, 모두 항상 추운 벌罰이다.'라고 여겼다. 상체上體 이離는 불이니, 아래로 63효에 응하고, 감坎 물을 잡고서, 불에 가까우며 물을 해치니, 따라서 돼지의 화禍가 있다. 가서 비를 만나면, 우박, 눈, 엄중한 서리가 없음을 알 수 있으니, 음기陰氣가 점차로 죽게 되기에, 따라서 (상9효는) 길하다. 63효가 위로 가니, 본래 비[雨]이기에 결혼인데, 이에 의심을 하니 돼지가 되고, 귀신이 되고, 도적이 된다. 그러므로 분명하게 일러주는데, '도둑이 아니고 혼인하는 것[匪寇婚媾]'이니, 의심하지 않음이 더욱 어긋남[睽]을 합하게 되는 요지要旨이다.

또한 (마치창은) 말한다. '나중에 활을 내려놓음[後說之弧]'에서 호弧를 경방京房, 마융馬融, 정현鄭玄, 적자현翟子玄은 모두 '단지[壺]'로 보았다.

• **나의 견해(1):** 『좌전左傳』에서, 제齊나라 양공襄公이 사냥을 하는데, 돼지를 보니, '돼지처럼 생긴 이가 일어나서 울었는데,' 종자從者가, '이는 공자公子팽생彭生이다.'라고 말하니, '양공襄公은

<hr/>

27) 「歸妹」,「睽」孤, 寇張之弧.' 『左傳全譯』僖公15年, 王守謙 等譯注, 상동, 258頁.

28) '聽之不聰, 是謂不謀, …厥罰恒寒, … 時則有豕禍. …惟火沴水.' 『漢書』,「五行志」第七中之下, 五冊, 상동, 1421頁.

(놀랍고) 두려워서 수레에서 떨어졌다.'²⁹⁾ 이 환상이 이 (상9)효와 합한다.

- **나의 견해(2)**: 불[火]과 못[澤]은 본래 상이相異하여 같을 수 없기에, 따라서 못과 불은 혁革괘 ䷰가 된다. 서로 이기는 자는 끝내 같을 수 없으니, 이 때[時] 일[事]이 변한다. 그러나 불과 못[澤] 은 규睽괘가 되니, 이에 의견이 갈리는데, 이離를 전환하여 합하지 않을 수가 없다. (규睽괘의) 상 전象傳에서, '같으면서 다르니[以同而異]', 사람들에게 다름 가운데 같음을 찾아서, 때[時]에 따라서 그것을 씀을 보이게 되기에, 그 뜻은 크다고 할 것이다! (상9효에서) 어긋남은 어긋남으로 끝나지 않으니, 사람들은 다름[異]이 됨을 보게 되고, 군자라면 다름을 같게 함이 있기에, (상9효는) 건곤 乾坤이 완미完美하지 않아서 유감스런 점을 보충하는 것이다.

29) '家人立而啼. 公懼, 墜于車.', 『左傳全譯』莊公8年, 王守謙 等譯注, 상동,120頁.

39. 건蹇괘 ䷦

건蹇괘: (어려움인데) 서남쪽은 이롭고, 동북쪽은 이롭지 않다. 대인大人을 봄이 이로우니, (지행志行이) 바르면 길하다.

[蹇, 利西南, 不利東北.[1] 利見大人, 貞吉.]

우번虞翻(164-233)은 말한다. (건蹇괘에서 호체互體인) 이離는 대인大人을 봄이 된다.

유주劉晝(약 515-567)는 말한다. 건蹇괘에서 서남쪽이 이롭다는 것은 땅으로 나아가 순조로운 것이고, 동북쪽이 불리하다는 것은 산을 올라가서 거스르기 때문이다.

유원劉沅(1767-1855)은 말한다. (건蹇괘에서) 험난함을 보고 멈추었으니, 앞으로 나갈 수 없기 때문에 어려움[蹇]이 된다. 「서괘序卦」전에서, '규睽는 어그러짐이다. 어그러지면 반드시 어려워지니 건蹇괘로 받았다.'라고[2] 했다. 준屯괘와 몽蒙괘로부터 건蹇괘와 해解괘는 가운데의 36개의 괘로 떨어져있다. 건蹇괘와 해解괘로부터 돌아서 준屯괘에 이르면, 중간에 24개의 괘로 떨어져 있다. 이것은 양 4x9(=36), 음 4x6(=24)의 수數이다. 노음老陰과 노양老陽의 책수策數는 변화를 주로 하여 서로 이어진다. 양陽 9와 음陰 6으로 한정짓기 어렵다. 후천後天의 감坎괘는 곧 선천先天의 곤坤괘이다. 건乾 양陽이 곤坤괘의 가운데 있으므로 감坎괘가 된다. 후천後天괘의 자리에서 곤坤은 서남에 있고, 간艮은 동북에 있고, 감坎은 북에 있다. 서남쪽으로 가면 양陽이 곤坤 가운데 의거하여 자리를 얻어 따르니 이롭다. 동북쪽으로 가면 험한 곳으로 더욱 들어가는 것이니 불리하다. 감坎괘는 (자기) 가운데 건乾의 양陽이 있으니 대인大人이라고 한다. 호체互體가 이離괘이므로 봄[見]이라 한다. '대인을 보면 이로움[利見大人]'은 서남쪽이 이롭다는 뜻일 뿐이다.

(유원劉沅, 『주역항해周易恒解』의) 「부해附解」에서 말한다. 여섯 효는 모두 어려움[蹇] 중에 있는 사람이다. 어려움에 처하여 구조 받는 때로 상象을 설정했으니, 단지 멈추는 것만으로 고매함이 되기에 충분하지 않다. 왕보사王輔嗣(王弼, 226-249)는 서남쪽을 땅으로 삼고, 동북쪽을 산으

---

1) 건蹇은 괘명卦名이다. 건蹇은 어려움[難]이다. 貞은 正이다. 高亨, 342頁.
2) '睽者, 乖也. 乖必有難, 故受之以蹇.' 「序卦」傳, 高亨, 649頁.

로 삼아서 평이함과 험조함으로 해석했으니, 매우 설득력이 있다. 우번虞翻(164-233)과 순상荀爽(128-190)의 두 설명이 좋은데, 순상荀爽이 특히 명쾌하고 적절하다.

리스전李士鉁(1851-1926)은 말한다. 물이 산위를 흐르는 것이 건蹇괘이니, 따라서 동북쪽이 불리하다. 동북쪽의 반대편인 서남쪽은 곤坤(땅)이니, 물이 땅 속을 흐르니 어렵지 않고, 따라서 서남쪽이 이롭다. 95효는 양으로 '존귀한 자리[尊位]'에 있으며 괘의 주인이 되어, 여러 힘을 모아 큰 어려움을 해결한다. 따라서 천하가 그를 보는 것이 이롭다. 62, 95효는 중정中正하면서 응하니 바르다. 속임수를 써서 어려움에서 빠져나가려 하지 않고 정대正大함으로 공功을 이루니, (건蹇괘는) 길한 도道이다.

● **나의 견해**: (건蹇)괘는 동북의 (하괘)간艮, (상괘)감坎으로 이루어졌다. 괘명卦名으로써 거꾸로 [反] 하면, 바뀌어서 서남이 되니, 따라서 (건蹇은) 이롭다. 어긋남[睽]의 때에 당해서는 규睽괘의 쓰임을 합하고, 건蹇의 때를 당해서는 건蹇괘의 쓰임을 합하니, 따라서 (이 2괘의) 단사彖辭가 같다.

단전에서 말한다. 건蹇괘는, 어려움이니, 험난함이 앞에 있으나, 험난함을 보고서 (그것을) 그치게 [艮]할 수 있으니, 지혜롭다하겠다! 건蹇괘에서 "서남쪽이 이로움"은, 가서 정도正道를 얻음이다. "동북쪽은 이롭지 못함"은 도리가 궁색한 것이다. "대인을 만나니 이로움"은, 가서 공이 있음이다. (62와 95효가) 자리가 합당하여 "바르니 길함"은, 나라를 반듯하게 함이다. 건蹇괘에서는 시기[時], 그 쓰임이 크도다!

[彖曰: 蹇, 難也, 險在前也. 見險而能止, 知矣哉![3] 蹇, '利西南,' 往得中也. '不利東北,' 其道窮也. '利見大人,' 往有功也. 當位'貞吉,' 以正邦也. 蹇之時, 用大矣哉!]

공영달孔穎達(574-648)은 말한다. (건蹇괘는) 때를 살펴 활동하니, 지혜가 아니면 할 수 없다.

순상荀爽(128-190)은 말한다. 95효가 존귀한 자리에 있어 여러 음이 순종하므로 나라를 바르게 할 수 있다.

설온기薛溫其(11세기, 송宋대 역학자)는 말한다. 모든 괘에서 내괘를 가리켜 온다고 하고, 외괘가 간다고 하니, 여기서 가서 중中을 얻음은 95효를 가리킨다. 해解괘▦와 건蹇괘▦는 서로 따르니 뒤집어서 보면, 건蹇괘는 곧 해解괘가 된다. (해解괘에서는) 92효가 중中을 얻어서 (그 「단전彖傳」에서) "돌아와서 길한 것은 중을 얻기 때문이다[其來復吉, 乃得中也]."라고 했다. (건蹇괘에서는)

3) 건蹇은 難이다. 하괘 艮은 山, 止, 後이고, 상괘 坎은 水, 險, 前이다. 知는 智(지혜)이다. 高亨, 342頁.

가서 중中을 얻었으니 중中이 밖에 있는 것이고; (해解괘에서는) 돌아와 다시 중中을 얻었으니 중中이 안에 있는 것이다.

유원劉沅은 말한다. 건蹇에는 어려움[艱難]의 뜻이 있다. 감坎의 험함이 앞에 있어 나아갈 수 없으니, 어려운 것이다. 험하고 어려운 것을 보고 멈출 수 있으니 지혜롭다. 험함을 해결하려면, 반드시 갈 수 있어야 공을 이룬다. 곤坤의 자리[位]는 서남쪽으로 만물을 양육한다. 건乾의 양이 곤坤의 바른 위치에 거하니 중도中道를 얻는다. 동북쪽은 닫히고 감춰지고 마른 곳으로 더욱 들어가는 것이어서 그 도가 반드시 궁해진다. 대인大人은 어려움을 해결할 사람이다. 올바름은 어려움을 해결하는 도道이다. 따라서 (건蹇괘는) 길하다. 천하의 어려움은 성인이 아니면 평정할 수 없다. 따라서 (건蹇괘에서) 때의 쓰임[時用]이 크다는 것이다.

마치창馬其昶(1855-1930)은 말한다. 서남西南과 동북東北은, 곤坤괘의 단사彖辭: '서남쪽에서 벗을 얻음[西南得朋], 동북쪽에서 벗을 잃음[東北喪朋]'을 받들어서 꾸민 것이다. 서남쪽이 이롭다는 것은 벗을 얻어 가는 것이 이롭다는 것이다. 동북쪽이 불리하다는 것은 '벗을 잃고 멈추는 것이' 불리하다는 것이다. 양기陽氣가 서남쪽으로 가서 음기陰氣와 교류하니 곤坤의 부림[役]이고, 감坎의 험씀은 모두 벗의 힘을 얻는 것에 의뢰하는 것이다. 벗을 얻으니 감坎 속으로 갈 수 있어서, 95효의 큰 어려움[大蹇]을 해결한다. 따라서 '가면 중中을 얻는다[往得中].'라고 했다. 동북쪽에 이르면 (하괘인) 간艮이 되니 벗을 잃고 멈추게 된다. 건蹇의 때에 멈추면 궁해지고, 가면서 멈출 수 있으면 궁해지지 않는다. 따라서 험하면 멈추니 [山水]몽蒙괘가 된다. 험함을 보고 멈출 수 있으니 지혜롭다. 멈출 수 있다는 것은 멈추는 곳을 얻었다는 것이지, 멈춰서 나아가지 않는 것을 가리키는 것이 아니다. 따라서 (건蹇괘에서는) 효가 모두 가고 오는 것으로 뜻을 삼았다. 가면 공이 있고 이로써 나라를 바르게 한다고 말하는 데에서, 건蹇괘의 때[時]와 쓰임[用]을 볼 수 있다.

상전에서 말한다. 산 위에 물이 있는 것이, 건蹇괘이다. 군자는 자신에게서 찾되 덕을 닦아야 한다.
[象曰: 山上有水, "蹇." 君子以反身修德.[4]]

육적陸績(188-219)은 말한다. 물이 산위에 있어서, 흐르고 통하는 성질을 잃었으니, 따라서 (건蹇괘는) 막힘[蹇]이라고 한다. (건蹇괘는) 마침내 응당 돌아서 아래로 내려가니, '자신을 돌아봄[反

---

4) 反身은 자기에게 구함이다. 山은 賢人에, 물은 사람의 美德에 비견된다. 현인의 몸에 미덕을 갖자면, 반드시 어려움을 극복해야 德을 이룰 수 있다. 高亨, 343-344頁.

身'이라 했다.

(정이의) 『이천역전伊川易傳』에서 말한다. 군자가 어려움을 만나면, 모두 돌이켜 자신에게서 구하여, 더욱 스스로를 닦아야 한다. 맹자는, '행하여 얻지 못하면, 반드시 돌이켜 자신에게서 구해야 한다.'라고[5] 말했다.

여대림呂大臨(1044-1091)은 말한다. 물이 흐르면서 마땅한 땅을 얻지 못하는 것은, 군자가 행하는데 다른 사람에게서 얻는 것이 없는 것과 비슷하다. 자신에게 돌이켜 구할 뿐이다.

(주희의) 『주자어류朱子語類』에서 말한다. 연못에 물이 없으면 곤란해지니, 멈추어서 명命을 수행하고 뜻을 이룬다. 만약 산위에 물이 있는데 어렵다면, 비록 곡절이 많아서 힘들더라도, 여전히 갈 수는 있다. 그래서 자신을 돌이켜 덕을 닦는 것으로 가르쳤다.

유원劉沅은 말한다. 자신을 돌이켜 덕을 닦는 것은 어려움을 해결하는 도이다. (하괘인) 간艮 멈춤은 자신을 돌아보는 상이다. (상괘인) 감坎의 수고로움은 덕을 닦는 상이다.

짱홍즈張洪之(1881-1969)는 말한다. 왕도의 근원은 성인의 학문을 여는 것이다. 성학聖學의 공은 [자신을] 돌아보고 [덕을] 닦는 데에서 이루어진다. 옛날 성현들은 부지런히 부족한 곳에 힘을 썼다. 순舜임금은 군대를 귀환시켜 덕을 펼쳤고, 탕湯임금은 자신을 점검하면서 미치지 못하는 것이 있는 것처럼 하였다. 공자는 네 가지 도道에 능하지 못하다고[6] 했고, 증자曾子는 하루 세 번 자신을 반성했다.[7] 모두 [자신을] 돌이켜 덕을 닦았을 뿐이다.

초육효: 가는 데는 험난했으나 오는 데는 편안했다.

[初六, 往蹇來譽.[8]]

상에서 말한다. "갈 때는 험난했으나 올 때는 편안했음"은, 시기가 적합했기 때문이다.

[象曰: "往蹇來譽," 宜待也.[9]]

왕필王弼(226-249)은 말한다. (초6효에서) 멈춤에 있는 초기에는 오직 선견지명으로 험險함을

---

5) '行有不得者, 皆反求諸己.', 『孟子譯注』, 「離婁上」(7:4), 楊伯峻譯注, 상동, 167頁.

6) '君子之道四, 丘未能一焉.', 『中庸』13章 참조.

7) '曾子曰: 吾日三省吾身, 爲人謀而不忠乎? 與朋友交而不信乎? 傳不習乎?', 『論語譯注』, 「學而」篇(1:4), 楊伯峻譯注, 상동, 3頁.

8) 건蹇은 어려움[難]이다. 원이둬聞一多(1899-1946)에 의하면, 예譽는 여趣로 읽었으니, 『說文解字』에 의하면 여趣는 安行이다. 安行은 편안하게 천천히 가는 것이다. 高亨, 344頁.

9) 待는 時의 가차이니, 宜待는 宜時이다. 高亨, 상동.

보고 멈추어, 마땅한 때를 기다리니 지혜롭구나!

조여매趙汝楳(13세기, 남송南宋 역학자)는 말한다. (초6효에서) 적절한 기다림[宜待]은 때를 기다려 가는 것이지, 끝까지 멈추어 가지 않는 것이 아니다.

귀유광歸有光(1507-1571)은 말한다. (초6효에서) 가고 오는 것으로 글을 지은 것은, 천하의 변화를 보고 처신하는 것을 신중히 하는 것이다.

장리상張履祥(1611-1674)은 말한다. (건蹇괘의) 여섯 효가 모두 한마음으로 어려움을 해결하는 뜻을 갖는다. 62, 95효는 어려움 속에 있는데, 위아래의 네 개의 효들이 가서 따르니 어려움이 풀릴 수 있다.

유원劉沅은 말한다. 어려움과 멈춤에 처한 초반에는 위로 나아가면 험함으로 들어가고, 나아가지 않으면 기미를 보고 영예롭게 된다. 가는 것은 (상괘인) 감坎으로 말한 것이고, 오는 것은 (하괘인) 간艮으로 말한 것이다. 그 때가 마땅히 기다려야 하고, 가서는 안 되는 것을 말한다.

마치창馬其昶은 말한다. 모든 효에서 말하는, '옴[來]'은, 모두 95효에 의거해 말하는 것이다. 건蹇의 때에 당해서는 가서 어렵지 않은 곳이 없다. 오직 95효로 오면 편안해지니, 이 때문에 험함을 보고 그칠 수 있어서, 지혜롭다고 말했다. 95효는 괘의 주인이 되니, 모든 효가 마땅히 그치는 곳이다. 『시詩』에서 "나라의 기내畿內 천리千里여, 백성들이 멈추어 사는 곳이로다!"라고[10] 했다. 초6효는 아래에 있으며 응함이 없으니, 멈추어서 때를 기다리며, 갑자기 오지 않는다면, 그 오는 것에 또한 더욱 명예로운 아름다움이 있다.

육이효: 왕의 신하들이 거듭 어려움을 겪으니, (자기) 몸의 일 때문이 아니고, (나라 때문)이다.
[六二, 王臣蹇蹇, 匪躬之故.[11]]
상에서 말한다. "신하가 (임금께) 직간直諫하여 그침이 없었으나", 끝내 (신하의) 잘못이 아니었다.
[象曰: "王臣蹇蹇," 終無尤也.[12]]

왕필王弼은 말한다. (62효는) 거함에 중中을 잃지 않고 95효와 응하니, 95효가 어려움 속에 있으나, 사사로이 자신을 생각하며 해로움을 멀리 하지 않기에, 마음을 잡은 것이 정직하며, 뜻은

---

10) '邦畿千里, 維民所止.' 『詩經譯注』,「商頌」,「玄鳥」, 袁梅著, 상동, 1041頁.

11) 건건蹇蹇은 자주 어려움을 치름이다. 匪는 非의 가차이다. 故는 事이다. 高亨, 344頁.

12) 우尤는 過이다. 高亨, 344-345頁.

왕실을 바로 잡는 것이다. 이런 식으로 어려움에 처하니, 그 허물은 보이지 않는다.

한유韓愈(768-824)는 말한다. 고蠱괘의 상9효에서 "왕후를 섬기지 않고 자신의 일만 고상히 지킨다."라고 했고, 건蹇괘의 62효에서는 "임금의 신하된 자리에 있으며 어려움이 많은데, 자신을 위한 것이 아니다."라고 했다. 이는 거하는 때가 같지 않아서, 행하는 덕도 같지 않기 때문이다. 만약 고蠱괘의 상9효가 아무 소용도 없는 처지에 있으면서 자신을 돌보지 않는 절개를 다하거나, 건蹇괘의 62효가 '왕의 신민臣民[王臣]'인 자리[位]에 있으면서 고고하여 [임금을] 섬기지 않는 마음이 있으면, 무모하게 나아가는 병통이 생기고, 관직을 태만히 한다는 헐뜯음이 일어나서, 뜻이 법칙이 될 만하지 못하니, (62효는) 허물이 끝내 없을 수 없다.[13]

호원胡瑗(993-1059)은 말한다. (62효에서) 위험을 무릅쓰고 나아가는 것은 일신의 일[故]이 아니다. (왕인지王引之는, '고故는 일[事]이다.'라고 말한다.) (62효에서) 천하의 어려움[蹇]을 구제하는 것이다.

소식蘇軾(1037-1101)은 말한다. 62, 95효는 군신의 뜻이 깊다. 이 때문에 원근을 따지지 않고, 가부可否를 생각하지 않고, 가고 오는 것이 없이, 어려울[蹇蹇] 뿐이다. 군자가 알지 못한다고 여기지 않고, (62효는) 자신의 일이 아닌 것으로 여기기 때문이다.

(주희의)『주역본의周易本義』에서 말한다. (62효는) 길흉을 말하지 않고, 몸을 삼가 굽혀 전력을 다할 뿐이다. 성패成敗와 승패勝敗에 이른다면, 논할 바가 아니다. 일이 비록 해결되지 않더라도 또한 (62효에서) 탓할 만한 것은 없다.

유원劉沅은 말한다. (62효에서) 예물을 바치고 신하가 되니, 뜻으로는 (임금을) 떠날 수 없다. 난리가 났으나 (그) 때[時]를 구제하니, 임금의 어려움을 어려워하여 "어렵고 어려움[蹇蹇]"이라고 말하는데, 임금을 위하는 것이지 자신을 위한 것은 아니다. 95효는 감坎의 가운데에 있으니, 큰 어려움의 때에, 62효가 95효에 응하여, 힘은 그 어려움을 감당하나 공은 아직 반드시 성취된 것은 아니다. (다만) 큰 뜻이 어그러지지 않았으니, 오히려 (62효에서) 무엇을 책망하겠는가?

리스전李士鉁은 말한다. 왕은 95효를 가리키며, 62효는 신하의 자리가 되니, 음으로 양에 응하고, 아랫사람이 윗사람을 섬기는 것이어서, 군신의 직분이 정해져 있다. 어려움[蹇]의 때를 당해서는, 어려움[蹇]을 맡는 책임이 있기에, 따라서 (62효에서) "어렵고 어려움[蹇蹇]"이 있다고 칭하는 것이다. 상괘는 감坎의 험난함이니, 어렵고 또 어려운 상이다. 거듭된 어려움을 피하지 못하고, 몸을 삼가 굽혀 전력을 다하면서, (62효는) 자신을 위해 도모하지 않는다.『시詩』에서, "당신 때문

---

13) 이것은, 韓愈의「爭臣論」에서 인용된 것이다. https://zh.wikisource.org

이 아니라면 어이하여 이슬을 맞고 있을까? … 당신 때문이 아니라면 어이하여 진흙탕에 빠져 있을까?"라고[14] 했다. 군주와 나라를 위하고 자신의 몸을 생각하지 않으니, "나를 위한 일이 아님[匪躬之故]"이라고 했다. 초6, 93, 64, 상6효는 모두 중中을 얻지 못했다. 따라서 건난蹇難의 때에 왕래가 정해지지 않았다. 62효는 중中을 얻어 95효와 응하니 군신의 직분이 이미 정해졌다. 그러므로 (62효에서는) 왕래를 말하지 않았다.

● **나의 견해**: 「귀거래혜사歸去來兮辭」의 첫머리에서 "해가 진 황혼, 황혼에 해가 졌네! 어찌 돌아가지 않겠는가?"라고[15] 했다. 도잠陶潛(陶淵明, 365-427)은 은밀히 (『시詩』의) 「식미式微」편의 뜻을 써서 진晉나라 왕실이 장차 망할 것을 개탄하였다. 오묘함은, 뚜렷이 말하지 않으려는 데에 있다. 단지 전원田園에 뜻을 기탁하니, 신묘한 맛이 오묘하여, 못[淵]의 영원함을 뛰어넘는다.

구삼효: 갈 때는 어려웠으나, 오니 기쁨이다.
[九三, 往蹇, 來反.[16]]
상에서 말한다. "갈 때는 어려웠으나 돌아오니 기쁨"은, 내심內心으로 기뻐한 것이다.
[象曰: "往蹇來反," 內喜之也.]

우번虞翻은 말한다. (93효에서) 안[內]은 (하괘인 간艮의) 두 음효를 가리킨다.

왕필王弼은 말한다. (93효는) 나아가면 험한 곳으로 들어가고, 오면 자리를 얻는다. (93효는) 하괘의 주인이 되니, 안[內]이 의지하는 바이다.

(정이의) 『이천역전伊川易傳』에서 말한다. (93효에서) 반反은 『춘추春秋』에서 말한 귀歸와 비슷하다.

왕종전王宗傳(12세기, 남송南宋 역학자)는 말한다. (건蹇괘의) 안[內, 艮]의 두 음효는 어려움[蹇難]의 세상에서 자립할 수 있는데, 93효는 이들(2음효)을 위해 막고 가려준다. 『춘추春秋』에서, "계자季子[季友]가 돌아왔다."라고[17] 했는데, 곡량자穀梁子는, "'계자季子라고 한 것'은 그[季友]를[18]

---

14) '微君之故, 胡爲乎中露! … 微君之躬, 胡爲乎泥中!'『詩經譯注』,「邶風」,「式微」篇, 袁梅著, 상동, 152頁.
15) '式微, 式微! 胡不歸?'『詩經譯注』,「邶風」,「式微」篇, 袁梅著, 상동, 152頁.
16) 反은 변昪의 가차이다. 변昪은 기쁨(喜樂)이다. 高亨, 345頁.
17) '季子來歸.',『左傳全譯』閔公元年, 王守謙 等譯注, 상동, 176頁.
18) 季子는 魯 莊公의 동생인 公子友를 가리킨다.

칭찬한 것이고; (그가) 돌아왔다고 한 것은 기뻐한 것이다."라고[19] 했다. 이것은 건蹇의 93효를 말한 것이다.

유원劉沅은 말한다. 앤[艮]은 내괘의 두 (음)효이다. 음이 즐거이 양을 따르니, 93효는 돌아와서, 이를 마음속으로 기뻐하는 것이다. 무릇 '성실[忠良]한' 이가 현사賢士의 내조를 얻는 것이 모두 이 것을 상징한다.

정고鄭杲(1851-1900)는 말한다. 곤坤괘의 단사象辭에서 '서남쪽에서 벗을 얻는다[西南得朋].'라고 했다. 지금 건蹇괘의 95효에서 '크게 어려우니 벗이 와서 [도와줌]'이라 말하고, 93효(의 상象)에서는 '내심으로 기뻐함[內喜之]'을 말하는데, 대개 또한 벗을 얻음의 뜻이다. 초6효는 마땅히 기다려야 하고, 62효는 자기 몸의 일이 아니고[匪躬], 64효는 93, 95효를 함께 연결해야 하고, 상6효의 뜻은 안에서 귀함을 따르는 것이니, 모두 양이 음을 얻는 바가 된다.

마치창馬其昶은 말한다. 어려움을 해결하는 방법 또한 많다. 93효가 와서 다시 돌아가는 것은, 먼저 그 안을 편안히 하고자 함이다.

64효: 갈 때는 어려웠으나, 올 때는 가마를 탔다.
[六四: 往蹇, 來連.[20]]
상에서 말한다. "어려움은 가고 올 때는 가마를 탐"은, (64효가) 자리가 맞아 부자가 된 것이다.
[象曰: "往蹇來連," 當位實也.[21]]

순상荀爽은 말한다. (64효는) 바름[正]에 처하여 양을 받드니, 따라서 (64효는) '자리[位]가 합당하여 부유함[當位實]'이라고 말한다.

(주희의)『주역본의周易本義』에서 말한다. (64효는) 93효와 연합하여 힘을 합해 해결한다.

귀유광歸有光은 말한다. 64효는 임금과 가까운 자리에 있다. 93, 95효의 두 양은 64효가 아니면, 누가 연결해주겠는가? 환공桓公과 중보仲父[管子]를 연결하여 교류하게 한 이는 포숙아鮑叔牙[鮑子]이고, 간공簡公과 자산子産(公孫僑, 전585-전522)을 연결하여 교류하게 한 이는 자피子皮(범려范蠡, 전536-전448)였다.

....

19) '季子來歸. [傳] 其曰"季子," 貴之也. 其曰"來歸," 喜之也.'『春秋穀梁傳譯注』閔公元年, 承載撰, 상동, 196頁.
20) 李鼎祚의『周易集解』에서 虞飜을 인용하여, '연連은 손수레[輦]이다.'라고 말한다. 내련來輦은 왔을 때 손수레를 탐이다. 여기서 연輦은 동사로 쓰였다. 高亨, 345頁.
21) 實은 富이다. 高亨, 상동.

주식朱軾(1665-1736)은 말한다. 64효는 인사로써 말하면 임금의 대신大臣이다. (64효에서) 연連은 93효를 95효에 연결하는 것이다.

유원劉沅은 말한다. 64효의 유柔함이 가서 상6효와 응할 수 있다면 (64효는) 더욱 유약해지니, 따라서 (64효는) 어려워진다. (64효는) 오면 95효를 받들고 93효를 타니, 모두 강하여 위로 현군의 신임을 얻고, 아래로 현명한 선비가 서로 돕는 상이 된다. (64효가) 실實이라고 말한 것은 모두 의지하여 힘을 얻음의 뜻이다.

마치창馬其昶은 말한다. (건蹇괘의) 단전彖傳에서, '(62와 95효가) 자리가 합당하여 "바르니 길함"은 나라를 반듯하게 함[當位"貞吉", 以正邦也.]'이니, 95효를 가리켜 말한 것이다. 64효가 와서 95효에 귀의하고, 또한 93효를 연결하여 나아가니, 어려움을 해결하는 대인大人에게 의지하는 것이 자리에 마땅하기 때문이다. 만약 위로 강하고 밝은 군주가 없으면, (나의 견해: 95효는 양이고 강하다. 호체인 이離는 밝음이다. 95효는 밝은 군주로 위에 있고, 93효는 감坎의 가운데 비스듬하게 있으니, 나와서 벼슬을 살 수 있다.) (64효는) 어려움은 구제할 수 없다.

● **나의 견해**: 64효는 93, 95효의 사이에 있으며, 호체인 이離괘의 상象을 이루니, 사방을 밝게 비추어, 상하의 교류를 연결할 수 있다.

구오효: 크게 어려우나, 벗이 와서 돕는다.
[九五: 大蹇, 朋來.22)]
상에서 말한다. "큰 어려움이 왔으나 벗들이 와서 도움"은, 바른 덕 때문이다.
[象曰: "大蹇朋來," 以中節也.23)]

왕필王弼은 말한다. (95효는) 홀로 험함 속에 있으니 어려움이 큰 것이다.

간보干寶(286-336)는 말한다. (95효는) 험함에 속에 있으며 다섯 번째 위치에 있으니, (95효는) 큰 어려움이라고 말한다.

소식蘇軾은 말한다. 험함 중에 있는 것은 사람들이 피하는 바이지만, (95효) 자신만은 홀로 편안하게 여긴다. 이것은 반드시 천하의 큰 어려움을 떠맡는 것이다. (95효는) 따라서 바른 자리[正

---

22) 朋來는 벗이 와서 도움이다. 高亨, 346頁.
23) 中은 正이다. 高亨, 상동.

位]에 있으며 움직이지 않고, 천하의 어려움을 구제할 자로 하여금 벗들이 와서 절개를 취하게 한다. (이런 95효를) 대인大人이라고 일컫는 것이 마땅하지 않은가!

(주희의)『주자어류朱子語類』에서 말한다. 95효는 존귀한 자리로 어려움 속에 있으니, 이른바 "(하느님은) 내 몸에게 어려운 일을 던져주었다."라는[24] 것이다. 군주가 이러한 일을 당하면, 모름지기 여러 책략을 수합하고 여러 힘을 써야 해결할 수 있다.

조여매趙汝楳(13세기, 남송南宋 역학자)는 말한다. 벗은 여러 효이다. 모두 와서 95효를 종주로 삼으니, 이른바 대인大人을 보는 것이 이로움이다.

유원劉沅은 말한다. 95효는 음 속에 빠졌으니, 바로 험한 자리에 해당하여, 큰 어려움이 된다. 하지만 (95효는) 재덕으로 험함을 해결할 수 있다. (95효에는) 양의 강함이 존귀함에 거하니 괘 가운데 가까이에서 응하는 효들이 우러러 믿지 않을 수 없다. 자신을 돌보지 않는 62효가 '바르게 읽[正應]'하면서 온다. 와서 돌아가는 93효는 다시 62효를 끼고 함께 (95효에로) 온다. 와서 연결하는 64효는 서로 나란히 (95효에로) 온다. 연결되는 93효는 64효를 받들며 함께 (95효에로) 온다. 따라서 (95효에) 벗들이 온다고 한다. 본(95)효를 가지고 말하면, 곧 단전象傳에서 말한 '자리가 합당하여 "바르니 길함"은, 나라를 반듯하게 함'이라는 것이다. 여러 효를 가지고 말하면, 곧 단전象傳에서 말한, 「대인大人을 만나니 이로움」은, 가서 공이 있음'이다. 단지 왕의 신하된 자만이 어려운 것이 아니라, 와서 영예롭고 와서 돌아가고, 와서 연결시키고, 와서 크게 되는 것들이, 모두 나와서 군주를 위해 도모하고자 하는 것이다. 이 때문에 여러 효가 가니, 95효에서 보면 오는 것이 되고; 여러 효가 신하가 되니, 95효에서 보면, 벗이 된다. 하나의 중절中節이 여러 재능을 제압하니, 과·불급이 없이, 어려움[蹇]이 구제되는 것을 알 수 있다!

리스전李士鉁은 말한다. 95효는 강중剛中의 덕이 있어서 큰 어려움을 해결하는 임무를 맡는다. 음을 받들고 음을 타고 음에 응하여, 벗이 오는 도움을 저절로 얻으니, 여러 음이 도와서 어려움이 구제된다.

마치창馬其昶은 말한다. 95효에서 벗이 온다고 말한 것은, 여러 효가 오는 것으로 95효를 가리키는 것을 알 수 있다. 여러 효가 동일하게 어려움을 해결할 것을 바라니, 95효는 이를 중절中節할 수 있어 영예롭고, 돌아오고 이어주고, 크게 하여, 각기 그 때와 자리에 합당하게 하니, 이로써 (95효는) 어려움을 구제하는 대인大人이 된다.

---

24) '遭大投艱于朕身.'『今古文尚書全譯』,「大誥」, 江灝, 錢宗武譯注, 상동, 262頁.

상육효: 어려운데 갔는데 (그가) 와서 뛰어오르니 (기뻐서) 길吉함이요, 대인大人을 보니 이롭다.

[上六: 往蹇來碩,25) 吉, 利見大人.]

상에서 말한다. "갈 때는 어려웠으나 올 때는 기뻐서 펄쩍 뜀"은, 뜻이 내심에 있음이다. "대인을 만남에 이로움"은, 귀인을 따랐기 때문이다.

[象曰: "往蹇來碩,"26) 志在內也. "利見大人," 以從貴也.]

(정이의) 『이천역전伊川易傳』에서 말한다. (상6효에서) 석석은 크다는 뜻이다. (상6효는) 관대하고 여유로운 것을 말한다.

왕종전王宗傳은 말한다. 만나면 이로운 것이 어찌 상6효뿐이겠는가? 그런데 오직 여기[상6효]에서만 말한 것은, (건蹇)괘의 바깥에 처해서, 따르는 바를 모르면, (상6효는) 더욱 안 되기 때문이다. 만약 비比괘의 상6효라면, 홀로 95효보다 뒤에 있으니, 흉이 없을 수 없다.

양인梁寅(1303-1389)은 말한다. 상6효는 세속을 초월한 선비이니, 95효로써 어려움에 있으니, 또한 (상6효는) 와서 도와준다.

유원劉沅은 말한다. 양陽은 크니 93효를 가리킨다. 상6효가 부드러움으로 홀로 가면 어려워지고, 와서 내괘의 93효와 응하면, 강함과 유함이 서로 도와줘서 (상6효는) 길하다. 귀함은 95효를 가리키니, 아래로 현사賢士의 힘에 의지하여, 함께 왕王을 좇아서 어려움을 해결하니, (상6효는) 길하다. 어려움[蹇]과 험난함[險]은 다르니[異], 험난함을 보고는 멈추는 것인데, 그저 멈춤을 고상하게 보는 것은 아니다. 성인이, 왕래의 마땅함에 대해서, 상象을 설정하여 알려주니, (상6효는) 때[時]를 구제하려는 마음이다.

리스전李士鉁은 말한다. 상6효에서 길함을 말하는 것은, 95효가 감坎의 가운데에 있으니, 상6효는 감坎 바깥쪽에 있기 때문이다.

마치창馬其昶은 말한다. 상6효는 숙연히 속세 밖에 있으니, 큰 미덕이 있다. (『시詩』에서,) "쟁반을 두드리며 개울가에서 노래하니, 미인美人은 온후하고 또한 학식이 높구나!"하니,27) 진실로 세속을 잊은 것이 아니다. '뜻이 내심에 있음[志在內]'은, 93효에 응해 변하지 않았음을 말한다. (상6효가) 귀함을 따르는 것은 95효에 친근함을 가리킨다. 상6효가 일단 왔으니, 천하는 다시 어려

---

25) 석석은 척蹠의 가차인데, 『說文解字』에 의하면, 척蹠은 뛰어오름(跳躍)이다. 내척來蹠은 그가 와서 뛰어오르며 감이니, 지극히 기쁜 일이다. 高亨, 346頁.

26) 건蹇은 어려움[難]이다. 석석은 척蹠의 가차이니, 蹠은 기뻐서 펄쩍뛰는 것이다. 高亨, 상동.

27) '考槃在澗, 碩人之寬.' 『詩經譯注』, 「衛風」, 「考槃」, 袁梅著, 상동, 200頁.

움이 없는 것이기에, 따라서 (상6효는) 홀로 길하다고 말한다. 상6효가 와서 95효를 따르게 되니, 모든 효가 오는 것도 또한 95효를 가리키는 것임을 또한 알 수 있다.

• **나의 견해**: 때가 어그러지고[睽] 어려움[蹇]을 당하는 것은, 바로 하늘이 장차 큰 임무를 내리려고 하여, (군자들의) 심지心志를 힘들게 하려는 때와 같다. 때가 같지 않으면, 쓰려는 바가 각기 다르다. 규睽괘의 상상象은 같으나, 다른 도道를 써서 어긋남[睽]을 합하려는 것이고, 건蹇괘의 상은 자신을 돌아보고 덕을 닦는 공효[功]로 어려움을 해결하는 것이니, 각기 자기 묘용妙用이 있기에, 따라서 (규睽괘와 건蹇괘의 단象전에서) '때[時]에 (맞게) 씀[用]'은 큰 것이다.'라고 말했다. 군자는, 한 몸으로 백성과 만물의 임무를 맡아서 어려움을 크게 구해내니, 혼란을 다스리고 올바름으로 돌아오게 하는 권력이 자신에게 있는 자이다. 규睽괘의 교류는 믿음이 있어 훌륭한 선비[元夫]를 만나고, 건蹇괘는 마침내 와서 크게 되니, 대인大人을 보면 이롭다. 모두 때의 (문제를) 해결할 수 있고, 때에 의해 곤란하게는 되지 않는다. 어긋나고 어려운 때에 영웅을 만날 수 있으니, 영웅으로 시세時勢의 쓰임을 만들 수 있다. 탕湯임금에게 이윤伊尹, 문文왕에게 여상呂尙, 광무光武제에게 자릉子陵, 선주先主인 유비劉備에게 (제갈諸葛)공명孔明은 모두 큰 어려운 때[大蹇之時]를 당해서, 벗이 오는 힘을 얻은 것이다. 여러 벗들이 모두 상6효의 처지에 있는데. 두 노인이[28] 와서 귀의하니, 모두 귀함을 따른 것이다. 천하의 훌륭한 노인이 귀의하니, 어려움은 해결될 수 있도다![29]

---

28) 두 노인은 伯夷와 姜太公을 가리킨다.
29) 孟子曰, "伯夷辟紂, 居北海之濱, 聞文王作, 興曰: '盍歸乎來! 吾聞西伯善養老者.' 太公辟紂, 居東海之濱, 聞文王作, 興曰: '盍歸乎來! 吾聞西伯善養老者.' 二老者, 天下之大老也, 而歸之, 是天下之父歸之也. 天下之父歸之, 其子焉往? 諸侯有行文王之政者, 七年之內, 必爲政於天下矣." 『孟子譯注』, 「離婁上」(7:13), 楊伯峻譯注, 상동, 174頁 참조.

40. 해解괘 ䷧

해解괘: 서남쪽이 이롭다. 가는 바가 없기에, 와서 회복함이 길하다. 갈 바가 있거든 일찍 하면 길하다.
[解, 利西南. 无所往, 其來復吉. 有攸往, 夙吉.[1]]

우번虞翻(164-233)은 말한다. (해解괘에서) 숙夙은 일찍(早)이다.

조선예趙善譽(1143-1189)는 말한다. (해解괘에서) 가는 바가 없는 것은 (하괘인) 감坎이고, 가는 바가 있는 것은 (상괘인) 진震이다.

유원劉沅(1767-1855)은 말한다. 해解괘는 풀어짐이다. 험난함으로부터 움직여 나오니 환난을 풀어헤치는 상象이다. 「서괘序卦」전傳에서는, '건蹇은 어려움이다. 사물은 어려움으로만 끝날 수 없기 때문에, 해解괘로 받았다.'라고[2] 하였다. (해解괘에서는, 상괘인 진震, 즉) 일양一陽이 움직여서 험난함에서 나오는데, 양陽이 미약하면 마땅히 곤坤으로 나아가서 양육되어야 한다. 곤坤은 서남쪽에 자리하여, 세찬 열기를 제어하여 서쪽의 쇠[金]를 잉태하고, 건양乾陽의 진기眞氣가 그것에 의지하여 다 없어지지 아니하니, 이것이 서남쪽이 이롭다는 뜻이다. 대개 환난은 초기에 해결되니, 안정됨을 길하다고 여긴다. 건蹇의 어려움은 동북쪽에 있기에, 따라서 '이롭지 않음'이라 말했고; 여기[해解괘]에서는 이미 해결되는 상象이 있기에, '동북쪽은 이롭지 않음'이라고는 말하지는 않는다.

리스전李士鉁(1851-1926)은 말한다. 우레(雷, 震)의 위엄은 꺾을 수 없는 바가 없고, 물(水, 坎)의 덕은 닦아내지 못하는 바가 없다. 천지사이의 꽉 막혀 답답한 기운을 깨뜨려 때[垢]를 닦아내는 것이 해解괘의 상象이다. '서남쪽이 이롭다'는 것은 건蹇괘의 단사彖辭와 똑같다. (해解괘에서) '동북쪽은 이롭지 않다'라고 말하지 않은 것은, 간艮[멈춤, 止]의 상象이 나타나지 않아서이다. 일단 해결되면, (어려운) 일은 없기에, (해解괘에서는) 가는 바 없어도 와서 회복하기를 기다리는 것이다.

---

1) 해解는 卦名이다. 復은 반返(돌아옴)이다. 숙夙은 일찍(早)이다. 高亨, 348頁.
2) '蹇者, 難也. 物不可以終難, 故受之以解.'「序卦」傳, 高亨, 649頁.

큰 어려움을 초기에 평정하면 마땅히 깨끗하고 고요하게 아무 일이 없어 원기元氣를 기르고 인심人心을 안정시키니, 다시 일을 만들어 어지럽히지 않으면, (해解괘에서) 기氣는 저절로 원元을 회복하고, 사람은 저절로 업業을 회복한다. 그러므로 (해解괘는) 길吉한 것이다. 만약 할 일이 있으면 반드시 빨리 마치려 하여, 날들을 허비하고, 거듭 백성들을 어지럽힐 것이다. (할) 일이 없으면 일을 만들지 않고, 일이 있으면 바로 그것을 마치니, (해解괘에서) 이것이 일을 항상 없는 듯이 하라는 것이다.

단전에서 말한다. 해解괘는, 험한데서 활동하나, 활동하지만 (밖의) 험난함을 벗어난다. 해解괘는 "서남쪽이 이로움"은, (가서) 많은 이들의 도움을 얻는 것이다.

[彖曰:「解」, 險以動, 動而免乎險, 解.「解」"利西南," 往得衆也.3)]

유원劉沅은 말한다. 험난함으로 인해 움직여, 험난함에 안주하지 않으니, 험난함으로부터 벗어날 수 있기 때문에 해解라고 이름 하였다. 만약 움직여도 벗어나지 못하면, 오히려 해解[풀림, 解脫]가 되지 못한다. 넓게 미루어 말하면, 천지天地의 해동解凍(解)을 사람이 그와 같이 하면, 때에 맞게 움직여서, 험난함이 다 평정될 것이니, 따라서 (해解괘에서) '때가 크다[時大].'라고 말한다.

마치창馬其昶(1855-1930)은 말한다. 서남쪽은 곤坤의 방향이므로, 여기에서는 건원乾元이 서남쪽으로 가서 곤坤과 사귀는 것이 이롭다고 말했다. 첫 번째가 그어지면[一索] (상괘인) 진震이고, 두 번째가 그어지면[再索] (하괘인) 감坎이니. 우레[震]가 되고 비[坎]가 되어, 해解괘를 이룬다. 곤坤은 여럿[衆]이니, (해解괘 단彖전에서) '가서 여럿[衆]을 얻음'은 곧 가서 곤坤을 얻는 것이다.

"와서 회복하니 길함"은 이에 바름[正]을 얻은 것이다. "가서 일찍 길함을 얻음"은, 갔으니 공이 있음이다.

["其來復吉," 乃得中也. "有攸往夙吉," 往有功也.4)]

저중도褚仲都(6세기, 남북조 시대 역학자)는 말한다. 세상에는 일하지도 않으면서 공功을 구하

---

3) 解에는 解脫의 뜻이 있다. 해解의 내괘는 감坎이고, 외괘는 진震이다. 坎은 험난함이고, 震은 動이다. 解괘의 괘상은 '險以動'이니, '險의 밖에서 움직임'이다. 험난함 밖에서 활동함은 '활동하여 험난함을 면함[動而免乎險]'이니, 곧 險을 해탈解脫함이다.「설괘說卦」傳에 의하면, 서남쪽은 곤방坤方이고, 坤은 여럿[衆]이기에, 서남쪽으로 가면 衆人들의 도움을 얻을 수 있다. 高亨, 348, 349頁.

4) 中은 正이다. 高亨, 349頁.

는 경우가 있기 때문에 어려움이 없으면 마땅히 고요해야 한다는 것을 훈계하였고; 또한 패망하기를 기다렸다가 구원해주는 경우가 있기 때문에, 어려움이 있으면 서둘러야 한다는 것을 훈계하였다.

(장재의)『횡거역설橫渠易說』에서 말한다. 갔는데 돌아오지 않으면, 다른 변화가 생기고; 갔는데 빨리 오지 않으면 때보다 늦을 것이다.

마치창馬其昶(1855-1930)은 말한다. (하괘인) 감坎은 중기中氣를 얻어서, 양陽이 음陰에서 양육되니, 해解의 근본이 된다. 감坎이 (상괘인) 진震을 얻어 양기陽氣가 분출하므로 가서 공공功이 있는 것이다. 감坎으로부터 진震에 이르러 이미 간艮[멈춤, 止]을 넘었으므로, 해解괘에서는 '동북쪽은 이롭지 않다'라고 말하지는 않는다.

천지가 풀리고 우레와 비가 온다. 우레와 비가 오니 열매들과 초목들이 모두 땅에서 나와 잎이 나온다. "해解괘"의 시기[時], 위대하구나!

[天地解而雷雨作. 雷雨作而百果草木皆甲坼. "解"之時, 大矣哉 ! 5)]

왕필王弼(226-249)는 말한다. 천지가 서로 소통하여 감응하고 풀어지면 우레와 비가 일어난다. 우레와 비가 일어나면 험난하고 불행한 것이 형통해지고 막히고 엉켜진 것도 풀어진다.

공영달孔穎達(574-648)은 말한다, (해解괘에서) 온갖 과일과 초목이 모두 싹이 터서 열어젖히는 것이다.

(정이程頤의)『이천역전伊川易傳』에서 말한다. 천지의 공공功은 풀어짐[解]으로부터 이루어진다. 왕王은 천도天道를 본받아 너그러움을 행하고 은혜를 베풀어, 모든 백성을 양육하고 (그 너그러움과 은혜가) 곤충과 초목에까지 이른다.

호병문胡炳文(1250-1333)은 말한다. 험난함 속에서 움직이는 것은 준屯괘이고, 움직여서 험난함 밖으로 나오는 것이 해解괘이다. 준屯괘의 상象은 풀이 땅을 뚫지만 터져 나오지는 못하는 것이고, 해解괘는 우레가 일어나 온갖 과일과 초목이 모두 껍질을 터트리는 것이다.

상전에서 말한다. 우레와 비가 작동하는 것이, 해解괘이다. 군자는 과오를 용서하고 죄에 너그럽다.

[象曰, 雷雨作, 解. 君子以赦過有罪.6)]

---

5) 解는 解開이니, 천지가 풀려서, 개통함이다. 作은 興起(일어남)이다. 甲은 초목이 땅에서 나옴이다. 王引之에 의하면, 坼(터지다), 宅은 모두 坼毛의 가차이니, 坼毛은 초목에서 잎이 나옴이다. 상괘 震은 雷이고, 하괘 坎은 雨이다. 高亨, 상동.

공영달孔穎達은 말한다. 사赦는 방면함이다. 유宥는 너그럽게 감면해 줌이다. (해解괘에서) 잘못이 가벼우면 사면해주고, 죄가 무거우면 너그럽게 감면하는 것은 모두 느슨하게 풀어준다는 뜻이다.

조여매趙汝楳(13세기, 남송南宋 역학자)는 말한다. (해解괘에서) 우레는 하늘의 위엄이고; 비는 하늘의 은택이니, 형옥刑獄의 용서와 관용과 같다.

유원劉沅은 말한다. (해解괘에서 하괘인) 감坎은 감옥監獄이기에, 죄와 잘못이 되며; (상괘인) 진震은 이것들을 발동함이다. (해解괘에서) 과過는 무심코 한 실수이고, 죄罪는 작정하고 한 악행惡行이다. 건蹇괘의 어려움 뒤에 너그러움과 인仁을 행하니, (해解괘에서) 천지의 만물과 더불어 새롭게 된다는 뜻을 체득하는 것이다.

짱홍즈張洪之(1881-1969)는 말한다. (『상서尚書』의,)「이훈伊訓」편에서는, '관대함으로 포악함을 대신함'을[7] 말했고;「무성武成」편에서는, '이에 상商나라 정치는 되돌리고, 정치는 옛날대로 씀을'[8] 말했으며, 한漢 고조高祖(劉邦)는 진秦나라의 가혹한 법을 없애 백성들이 다시 시작하게 하였고; 문제文帝(前漢, 몰沒은 전157)는 정치는 관대하고 형벌은 간소하여 원기元氣를 두터이 배양하였다. (해解괘에서) 번개와 우레의 위엄은 비와 이슬의 은혜로 구원하여 주고, 관대하면 무리를 얻는 것이다.

초육효: 탈이 없다[无咎].

[初六, 无咎.]

상에서 말한다. 강건함과 부드러움이 서로 접촉하니, "재앙이 없음"이 마땅하다.

[象曰: 剛柔之際, 義"無咎"也.[9]]

---

6) 『說文解字』(許愼撰)에 의하면, 유宥는 관寬[너그러움]이다. 解의 상괘는 震이고, 하괘는 坎이다. 震은 우뢰이고, 坎은 물이다. 解의 卦象은 '우뢰와 비가 작동함[雷雨作]'이니, 우레가 위에서 일어나면, 비가 아래로 내림이다. 천지가 해동解凍하여 풀어지면, 그 다음에 '우뢰와 비가 작동함[雷雨作]'이니, 그 때문에 卦名이 解이다. (해解괘의) 상전象傳에 따르면, 우레[雷]는 刑에, 雨는 덕택에 비견되는데, 위에서 우레가 울리고, 아래로 비가 내림은, 형벌이 내려져서 덕택이 있음에 비견된다. 군자는 이런 괘상과 괘명을 보고서, 형벌을 줄이고, 덕택을 많이 베풀어서, 잘못한 자를 용서하고, 죄진 자를 용서하니, 범인을 구금에서 풀어준다. 그러므로 '우뢰와 비가 일어남이 해解괘이다. 군자는 잘못을 용서하고 죄를 너그럽게 한다[雷雨作, 解. 君子以赦過宥罪.].'라고 말한다. 高亨, 349頁.

7) '代虐以寬.',『今古文尚書全譯』,「伊訓」, 江灝, 錢宗武譯注, 상동, 130頁.

8) '乃反商政, 政由舊.'『今古文尚書全譯』,「武成」, 江灝, 錢宗武譯注, 상동, 226頁.

9) 초6효는 음이고 92효는 양이니, 剛柔의 相接이다. 제際는 交接이고, 義는 宜(마땅함)으로 읽는다. 高亨,

설온기薛溫其(11세기, 북송北宋 역학자)는 말한다. 준屯괘는 강유剛柔가 처음 교제하지만 서로 화합하지는 못한 채 험난함 속에서 움직이기 때문에, 어려움이 있다. 해解괘의 강유剛柔는 이미 서로 교제하여 움직여서 험난함에서 벗어나므로, (초6효는) 의리[義]에 허물이 없다.

채연蔡淵(1156-1236)은 말한다. (초6효에서) 유柔(陰)가 해解괘의 초효初爻에 자리하여 강剛(92효)을 받들고, 강剛(94효)에 응하니, (초6효는) 강유剛柔 교제의 마땅함을 얻어 어려움이 반드시 해결된다.

유원劉沅은 말한다. 초효初爻가 곧 음효[六柔]이니, 94효의 강剛에 응應한다.

리스전李士鉁은 말한다. (초6효에서) 효사爻辭가 간이簡易한 것 중에 이보다 더한 것이 없다. (초6효는) 또한 어려움을 해결하는 처음에 일을 일삼는 바가 없으므로, 효사爻辭를 많이 달지 않았다.

마치창馬其昶은 말한다. 초6효는 (양陽의) 자리를 잃었으니, 마치 허물이 있을 것 같다. 그러나 해解괘는 92, 94효 2강剛이 괘를 이루는데, 비가 되는 것은 92효이니, (초6효는) 그것을 받들지 않으면 안 되기 때문이고; 우레가 되는 것이 94효이기에 (초6효는) 그것에 응하지 않으면 안 되기 때문이다. (초6효가) 92효를 받들고, 94효에 응하는 것은, 강剛유柔가 서로 교제하는 가장 마땅함을 얻은 것이니, (초6효는) 비록 변하지 않더라도 허물이 없다.

구이효: 사냥하여 3마리 여우를 얻었고, 구리로 된 화살촉도 얻었으니, 바르면 길하다.

[九二, 田獲三狐, 得黃矢,10) 貞吉.]

상에서 말한다. "92효"가 "반듯함을 얻어서 길함"은, 올바른 도를 얻은 것이다.

[象曰: "九二" "貞吉," 得中道也.11)]

우번虞翻은 말한다. (92효에서) 전田은 사냥이다. (하괘인) 감坎은 활이다.

왕필王弼은 말한다. (92효가) 험난함 속에 처하여, 험난한 실정을 알고, 이렇게 물자를 베푸니, 숨어 엎드려도 (짐승들을) 잡을 수 있다.

주진朱震(1072-1138)은 말한다. (92효에서 하괘인) 감坎은 여우이고, 황黃은 곤坤의 중심 색깔이다.

350頁.

10) 田은 사냥이다. 황시黃矢는 金矢이니, 활의 촉鏃이 靑銅이다. 高亨, 350頁.

11) 中은 正이다. 高亨, 상동.

왕쉔汪烜(1878-1959)은 말한다. (92효는) 감坎의 가운데[中]이니, 사냥을 말하는 경우가 많은데, 곤坤이 들에서 사냥함을 상징하니, (92효는) 중中하고 실實하기에 실정[情]이 있음을 취한 것이다.

유원劉沅은 말한다. (하괘인) 감坎은 여우이고, 또 활과 화살이다. 호체互體인 이離는 엎드림이고 이離는 숫자가 3이니; 세 마리 여우는 비比괘의 세 음陰을 가리킨다. (정고鄭杲[1851-1900]는, '(이離는) 하나의 음陰에; 비比괘는 2음陰(64, 상6효)에 응應한다.'라고 말한다.) 이離는 무기[戈兵]와 군대가 되며, 무기와 군대가 떨쳐 움직이니, 사냥의 상象이다. (92효는) 감坎의 중中이니, 곤坤의 중中에 근본하기에, 따라서 누렇다고 칭하였다. (92효, 즉) 일양一陽은 건乾의 금金이므로, 화살[矢]이라 칭하였다. 누런색은 알맞고 화살은 곧다. 92효는 강중剛中의 재질로써, 간사[邪]와 아첨[媚]을 제거할 수 있다. 소인은 마치 여우와 같으니, 여우가 제거되어도 누런 화살은 여전하다. 알맞고 곧은 도道는 어려움을 해결하니, 따라서 (92효는) 해결하는 데에 어려움이 없다.

소병국蘇秉國(1762-1829)은 말한다. 사냥은 해로움을 제거하기 위함이고, 세 마리 여우를 잡음은 악의 제거에 힘을 다함의 의미이다. (92효에서) 여우를 제어할 수 있는 누런 화살을 얻었기에, 따라서 이와 같을 수 있다.

리스전李士鉁은 말한다. 호체互體인 이離는 그물이고, 감坎은 활과 화살이므로 사냥이다. 호체互體인 이離는 누런색이고, 양陽을 실제로 얻게 된다. 여우의 본성은 아첨하기를 잘하니, 소인小人이 군자君子를 미혹시키는 것과 같다. 92효는 강중剛中의 덕을 갖고 있어, 65효가 의지하고 믿으니, 그(92효)의 힘이 소인들을 다스릴 수 있다. 사물이 셋이면 무리이니, 세 마리 여우를 얻은 것은 소인들을 다 다스린 것이다. (92효에서) 누런색은 중中을 얻음을 말한 것이고, 화살은 강직함을 말한 것이니, (92효는) 오로지 '알맞고 곧아서[中直]' 소인을 제거하여 큰 어려움이 평정될 수 있다. 그러므로 (92효는) 점치면 길한 것이다.

마치창馬其昶은 말한다. 92효는 (해解)괘를 이루는 효爻로써, 곤坤이 변하여 감坎이 되기 때문에 (92효에는) 누런 화살을 얻는 상象이 있다. 화살을 얻어야 여우를 잡을 수 있다. 92, 94효는 모두 (해解)괘卦를 이루는 효爻인데, 94효는 적절히 변하고, 92효는 적절하게 변하지 말아야 하기에, 따라서 (여기서) 92효를 분명하게 말하는 것이다.

육삼효: (등짐을) 지고서 수레를 탔으니, 도적들을 불러 모은 것이니, (덕행이) 바르나 어렵다.

[六三, 負且乘, 致寇至, 貞吝.12)]

----

12) 부負는 물건을 짐이다. 且는 而와 같다. 승乘은 승차乘車이다. 치致는 초치招致이다. 인吝은 어려움[難]이다.

상에서 말한다. "(등짐을) 지고서 (귀족이 타는) 수레에 오른 것"은, 또한 부끄러운 일이다. 내가 스스로 도적을 불러들였으니, 또한 누구를 탓하랴?

[象曰: "負且乘," 亦可醜也. 自我致戎, 又誰咎也?13)]

동중서董仲舒(전192-전104)는 말한다. '수레를 타는 것은 군자의 지위이고; 등에 짊어지는 것은 소인의 일이다. 이(63효)는 군자의 지위에 있으면서 보통 사람들의 행위를 하는 자는, 환란과 화禍가 반드시 오게 됨을 말하는 것이다.'14)

우번虞翻은 말한다. (하괘인) 감坎은 도적이다.

왕필王弼은 말한다. (63효는) 자기의 자리가 아닌 곳[陽位]에 처하고 바르지 않게 행동하며, 92효를 올라타고 94효를 짊어졌다면, 제 몸을 (도적들에게) 허용한 것이다. (63효에서) 외적들이 오는 것은 자기가 오게 한 것이다.

(정이程頤의)『이천역전伊川易傳』에서 말한다. (63효에서) 음유陰柔가 하괘下卦의 맨 위에 자리하였으니, 어려움이 해결될 때이나, 소인들이 자리를 훔쳤으니, (63효는) 다시 외적을 부른 것이다.

왕봉王逢(1319-1388)은 말한다. (63효에서) 다만 도적의 토벌을 빨리 하지 않으면, 또 천하의 싸움이 일어난다.

주신朱震은 말한다. (63효에서) 감坎은 바퀴이기 때문에, (63효에서) 올라탄다[乘]고 말하는 것이다.

양만리楊萬里(1127-1206)는 말한다. (63효에서) 시정市井에서 짊어지고 장사하는 소인이 공경대부公卿大夫의 수레에 탔으니, 이는 지위를 훔치고 지위를 넘어섬이 심한 것이다. (나의 견해: 동중서董仲舒는, '윗자리에 있는 사람을 위해 말한 것으로, 수레에 타고 다시 등에 짊어진 것을 보인 것은 불가하다.'라고 말했고, 양만리楊萬里는, '효상爻象에서 비교적 확실하게, 등에 짊어지고 다시 수레에 타는 것을 참람僭濫된 것이고 훔친 것으로 여겼으니,' 이 때문에 외적을 불러오는 화禍가 있는 것이다. (이것은)「계사繫辭」전傳의 '소인이 군자의 자리를 훔치니, 외적들이 그것을 빼앗는다.'는15) 뜻과 합치한다.)

高亨, 351頁.

13) 『經典釋文』(陸德明撰)에, 치융致戎은 치구致寇이다. 高亨, 상동.

14) '乘車者君子之位也, 負擔者小人之事也, 此言居君子之位而爲庶人之行者, 其患禍必至也.',『漢書』,「董仲舒」傳第二十八, 漢 班固撰, 唐 顔師古注, 八冊 傳[二], 상동, 2,521頁.

구부국邱富國(13세기, 남송南宋 역학자)은 말한다. 소인은 정情의 상태가 일정하지 않다. 여우는 미혹迷惑된 것을 말한 것이고, 송골매는 흉포凶暴잔인殘忍함을 말하고, (63효에서) 등에 지고 수레에 올라타는 것은 참람僭濫함과 훔침을 말한 것이다.

유원劉沅은 말한다. 감坎은 수레가 되고 도둑이 되니, (63효는) 타고 훔치는 상象을 겸하여 갖고 있다. 63효는 음유陰柔하여, 덕이 없는데, 높은 지위에 의지하여 영화롭게 되고자 하니, 자기의 것이 아닌 것을 취하고, 제 힘은 무게를 감당할 수 없기에, 등에 지는 것과 같다. (63효는) 자기의 자리가 아님에 의지하여, 높음으로써 남들을 능멸하니, 수레에 탄 것과 같다. 사람들이 장차 그것을 뺏으려하니, 따라서 (63효는) 도적들을 오게 하는 것이다.

리스전李士鉁은 말한다. 63효는 중정中正하지 않고, 음陰이 양위陽位에 있으니, 양을 받들고 짊어지는 것이기에, 양陽에 올라탐은 (수레에) 올라타는 것이다. 무릇 자기가 가질 바가 아닌 물건은 소유함이 반드시 오래 가지 못하고; 자기가 있을 곳이 아닌 자리[位]는 처해도 반드시 편안하지 않다. 큰 난리 뒤에는, 소인이 자리를 훔치는 때가 허용되는데, 그러나 망하기 쉽고 업신여김을 불러와 싸우려는 마음을 일으키니, (63효에서) 경계하지 않을 수 있겠는가!

마치창馬其昶은 말한다. (63효에서) 등에 짊어짐은, 많은 재물을 끼고 있음을 이른다. 『설문해자說文解字』(許愼撰)에 의하면, '부負는 의지[恃]하는 것이니, 인人, 수守, 패貝로 말미암아 뜻을 얻었으니, 의지하는 바를 나타낸다.'라고16) 하였다. 63효는 바름을 잃었고, (63효에서 하괘인) 감坎과 호체互體인 감坎을 몸으로 하니, 도적이 (곧) 올 것이다.

구사효: (통치자가) 너의 법망法网을 풀어놓아, (관서寬恕로 백성을 대하였기에,) 벗들이 여기에 이르러서 신임하게 되었다.

[九四, 解而拇, 朋至斯孚.17)]

상에서 말한다. "너의 법망을 풀어주었으니," (94효는) 자기 자리에 맞지 않음이다.

[象曰: "解而拇," 未當位也.18)]

---

15) '小人而乘君子之器, 盜思奪之矣, 上慢下暴, 盜思伐之矣.'「繫辭」上傳8章, 高亨, 523頁 참조.

16) '負: 恃也. 从人守貝, 有所恃也.', 『說文解字』, 東漢 許愼著, 中冊, 貝部. 상동, 508, 509頁.

17) 해解는 解開이니, 풀어놓음이다. 而는 너(汝)이다. 무拇는 매罿의 가차이니, 法网이다. 朋은 벗이다. 사斯는 此이다. 부孚는 信이다. 高亨, 352頁.

18) 94효는 양효인데, 음위에 있으니, 當位가 아니다. 高亨, 상동.

왕숙王肅(195-256)은 말한다. (94효에서) 무拇는 엄지손가락이다.

공영달孔穎達은 말한다. (94효에서) 이而는 '너(汝)'이다.

유원劉沅은 말한다. (94효는) 양陽으로서 음陰의 자리에 있고, 초6효에 응應하고 63효에 가까우니, 자리[位]가 아직 합당하지 않다.

리스전李士鉁은 말한다. 94효는 일양一陽으로, 험난함에서 나와서 활동하여 우레가 진동하니, 여러 음陰이 흩어진다. 그러므로 해解괘는 반드시 94효에 이르러 뒤집혀져서 '풀어짐[解]'을 말하는 것이다.

마치창馬其昶은 말한다. (『의례儀禮』의) 「향사례鄕射禮」에서는, 먼저 사정司正(심판)을 세워 게으르고 나태하여 실례失禮하는 자를 살피게 하고, 활쏘기를 마치면, "이긴 자에게 명하여 웃옷을 벗고 (오른손에) 반지抃指[決]을 끼게 하고 (왼쪽어깨에) 습拾(활팔찌)을 씌우게 하였으며, 진 자는 모두 옷을 껴입고(襲) 결決과 습拾을 벗게 하였다."라고[19] 말한다. 정현鄭玄의 주注에, '결決은 코끼리뼈로 만들며, 활 쏠 때 오른손 엄지에 끼는 상아로 된 덮개'인데, 오른쪽 어깨와 팔을 드러내게 한다. 수遂는 활 쏠 때 입는 어깨 옷으로, 가죽으로 만드는데, 활시위를 나아가게 하는 것이다. 활 쏠 때가 아니면 습拾이라고 이른다. 해解괘의 효는 활쏘기를 말한 것이 많은데, 62효는 여우를 잡고, 상6효는 송골매를 쏜 것이니, 모두 이긴 것이다. 94효는 자리가 맞지 않으므로 활 쏘아도 이기지 못한다. '너의 엄지손가락을 풂[解而拇]'은 바로 『의례儀禮』(「향사례鄕射禮」)에서 말한 결決과 습拾이다. 오른쪽 어깨와 팔뚝의 결決과 습拾을 풀어서, (그것들을) 사용하지 않음을 보임이다. 활쏘기로써 덕을 보이니, 반드시 이긴 자와 진 자를 분명하게 구분하여 모두 예禮를 어기지 않았으니 벗이 와서, 이렇게 신임하게 된 것이다. 벗은 여섯 사람[三耦] 및 손님과 주인, 대부大夫 등 서로 번갈아 활을 쏘는 여러 손님을 이른다. 이 때문에 상벌이 분명하지 않으면서 사람들을 쓰는 자는 아직 있지 않은 것이다.

육오효: 군자가 (어느 때에 신이臣吏들의) 관직을 해면解免하였으니, 길吉하며; (면직된 자들은 무재無才한 소인들이니) 소인들에게 신임이 있게 되었다.
[六五, 君子維有解,[20] 吉; 有孚于小人.]

상에서 말한다. "군자가 (소인들을) 해직함"이니, "소인들이" 물러남이다.
[象曰: "君子有解," "小人"退也.]

---

[19] "勝者皆袒, 決遂; …不勝者皆拾, 說決拾.", 『儀禮』, 「鄕射禮」第五, 彭林譯注, 北京: 中華書局, 154頁.

[20] 李鼎祚의 『周易集解』에서, 維를 惟으로 보았다. 解는 관직의 해면解免이다. 孚는 信이다. 高亨, 352頁.

왕필王弼은 말한다. (65효는) 존귀한 자리에 있으면서 중中을 행하며 강강剛(92효)에 응應하니, 풀음[解]를 가질 수 있어 길함을 얻을 수 있다. 소인은 비록 어둡지만 그것(65효)에 복종함을 알기에, 오히려 원망함이 없다.

양만리楊萬里는 말한다. 해解괘의 여섯 효에서, 소인을 제거하는 상象이 65효에 자리하니, 임금이 어떻게 '천하에 어려움이 많은 것을 이롭게 여기고, 소인들을 가까이 함을 즐기겠는가?'

(주희朱熹의) 『주역본의周易本義』에서 말한다. (해解)괘의 네 음효陰爻에서 65효가 마땅히 임금의 지위이니, 같은 부류[類]인 세 음陰을 반드시 풀어주고 그것들을 제거하면, (65효는) 길吉할 것이다.

정여해鄭汝諧(1126-1205)는 말한다. 세상의 소인들이 모두, 임금에게 등용되는 자는 반드시 군자이고, 풀리는(좌천되는) 자는 반드시 소인이라고 믿게 된다면, (소인들은) 틀림없이 마음을 고치고 생각을 바꾸어서, 요행을 바라는 마음이 없어 질 것이다.

유원劉沅은 말한다. 65효는 존귀한 자리에 있으니 군자의 자리이고, 중中으로써 강강剛(92효)에 응하니 군자의 덕이다. 유維와 유惟는 같다. 소인을 복종하게 하기는 쉬우나 그(소인)의 마음을 변화시키기는 어렵다. (소인에게) 오직 풀어줌[解]이 있으면 소인 또한 그 덕에 감화되어 스스로 새롭게 되니, 소인에게 믿음[孚]이 있게 된다. 물러남[退]은, 곧바로 『논어論語』(「안연顏淵편」)의 '인仁하지 못한 자는 있을 수 없다.'라는[21] 뜻이다. 여우를 잡음, 엄지손가락을 풀음, 송골매를 쏨은 모두 강강剛으로써 소인을 제거함이니, 충성과 현명함의 쓰임이다. 65효가 풀어서 길吉한 것이니, 관대함을 크게 행한 것이다. 요堯임금은 순舜과 고요皐陶를 등용하여, 사흉四凶을[22] 제거하고, 완고하고 참소하는 이들을 경계하였으니, 곧 그 일이다. (나의 견해: 순舜임금이 고요皐陶를 등용하고, 탕湯임금이 이윤伊尹을 등용하자, 불인不仁한 자들이 멀어졌다는 것은, 소인들이 스스로 물러나서, 군자의 행실을 하는 데에 힘쓴 것이다.)

리스전李士鉁은 말한다. 소인이 물러나지 않으면 큰 어려움이 풀리지 않고; 군자가 앞으로 나아가지 않으면 소인들은 물러나지 않는다. 65효는 유순柔順하면서 중中을 얻었고, 처함에 과분하지 않아서, 풀음 밖에서는 많은 것을 찾지도 않았으니, 이 마음이 천하에 크게 밝혀질 수 있어서, 소인들이 스스로 복종하여 명령을 들은 것이다. 감坎은 믿는 상象이 있는데, 65효는 임금의 자리에 있기 때문에 군자와 소인을 쓰는 것이다. 그러므로 이 (65)효爻에서 해解의 도道를 밝혔다.

---

21) '(湯有天下, …擧伊尹,) 不仁者遠矣.', 『論語譯注』, 「顏淵」篇第十二(12:22), 楊伯峻譯注, 상동, 131頁.

22) 순舜임금이 사방四方으로 유배시킨 4흉족凶族이니, 혼돈混沌, 궁기窮奇, 도올檮杌. 도철饕餮을 말한다.

마치창馬其昶은 말한다. 유維는 바로 『주례周禮』에서 (말하는), '아홉 목牧제도에서 얻어진 연계聯繫[維]이다.'[23] '대사마大司馬(의 직무)는 … 주州의 목牧과 제후를 세워서, 그들의 상하를 묶어주는 것이다.'라고[24] 했다. 『주례주소周禮注疏』(당唐나라 가공언賈公彦 等撰)에서, '210개 나라가 주州이고, 주에는 목牧을 두어 제후들을 유지하게 한다. 또 한 나라에는 일감一監[제후]을 두고, 한 나라를 감찰하며, 위와 아래가 서로 유지되게 한다.'라고[25] 하였다. 이는, 65효가 주목州牧을 두고 제후[監]을 세워서, 방국邦國들을 연결시키고자 하니, 반드시 소인들을 해면解免시키고 제거해야만 길하게 됨을 말한 것이다. 65효가 양陽으로 변화하면 군자가 되고, 소인은 63효를 가리키니, 63, 65효가 공功을 함께 하기에 감坎이 된다. 65효가 활동하여 바름으로 나아가면, 63효가 변화하여 감坎의 험함이 손巽의 복종함이 되므로, '소인은 물러남[小人退]'이라고 말한다.

● **나의 견해**: 방국邦國들을 묶자면 반드시 먼저 소인들을 해면解免시켜서 제거해야 하니, 바로 나라를 개국하고, 집을 받들고[承家], 소인을 쓰지 않는다는 뜻이다.

> **상육효: 공公이 높은 성벽의 담 위에서 송골매를 쏘아서, 그것을 얻었으니, 이롭지 않음이 없다.**
> [上六, 公用射隼于高墉之上,[26] 獲之, 无不利.]
> **상에서 말한다. "공[제후]이 (강포한) 송골매를 쏜 것"은, 패악을 제거한 것이다.**
> [象曰: "公用射隼," 以解悖也.[27]]

마융馬融(79-166)은 말한다. (상6효에서) 용墉은 성곽이다.

우번虞翻은 말한다. 상6효의 응應함은 63효에 있으며, 이離는 송골매가 된다.

왕필王弼은 말한다. 63효가 상6효에 응하지 않으니, (상6효는) 자리를 잃고 등에 지고 수레에 탄 것이기에, 하체下體에서 상6효로 간 것에 처했으니, (상6효는) 높은 담이라고 말한다. 상6효는 장차 거칠고 어긋난 것을 해소하고 더럽고 혼란한 것을 제거할 것이다. 지극해진 후에 움직이고

---

23) '九牧之維.', 『周禮今註今譯』, 「秋官司寇」第五, 林尹註譯, 상동, 417頁.
24) '大司馬…, 建牧立監, 以維邦國.' 『周禮注疏』卷第二十九, 「大司馬之職」第七, 漢 鄭玄注, 唐 賈公彦疏, (十三經注疏 整理本), 八冊, 상동, 892頁.
25) '二百一十國以爲州, 州有牧, 使維持諸侯. 又一國立一監, 以監察一國, 上下相維.' 『周禮注疏』卷第二十九, 「大司馬之職」第七, (十三經注疏 整理本), 八冊, 상동, 892頁.
26) 준隼은 송골매[鷹]이다. 용墉은 성城의 담이다. 획獲은 얻음[得]이다. 高亨, 353頁.
27) 解는 除去이다. 高亨, 상동.

이루어진 후에 천거하기에, 따라서 (상6효는) 반드시 획득하고 이롭지 않음이 없다.

(순상荀爽 등의) 『구가역九家易』에서 말한다. (상6효에서) "송골매[준隼]는 맹금류[지조鷙鳥]이다."[28]

왕종전王宗傳(12세기, 남송南宋 역학자)은 말한다. (상6효는) 진동震動의 정점에서 일괘一卦의 맨 위에 있으니, 자리[位]는 바르고 세력이 편안하며 기구[器]는 이롭고, 때[時]는 합당하다. 바름[正]으로써 바르지 않음[不正]을 제거하기에, 얻는 것이 대개 어렵지 않다. 담[墉]은 안과 밖의 경계이다.

장리상張履祥(1611-1674)은 말한다. (상6효에서) 여우를 잡음은 간사한 백성을 다스림이다. 송골매[隼]를 쏨은 임금 주변 인물들을 깨끗이 하는 것이다. (이것들은) 모두 감[往]을 적합하게 하고 신속하게 해야 하는 것이니, 사면赦免하는 일과는 관계가 없다.

유원劉沅은 말한다. 94효는 65효와 가까워 제후[公]의 자리이니, '공용公用'은, 수隨괘 상6효, 이離괘 상9효의 '왕용王用'과 같은 뜻이다. 맹금류[鷙鳥]는 해로운 동물이다. 94효가 떨쳐 움직이니, 해解괘의 주인이며, 높은 담에 올라 쏘아서 잡은 것은, 큰 간사함을 제거하여 험난함이 풀린 것이기에, 따라서 (상6효에서) 어긋나고 순종하지 않음이 없다. 여섯 효가 모두 임금과 나라의 일을 말하였으니, 자신과 집안이 마땅히 풀리는 것은 간략함을 따른 것이다.

요배중姚配中(1792-1844)은 말한다. (상괘인) 진震은 제후이므로 공公이라 말한다. (호체互體인) 이離는 화살이고 (하괘인) 감坎은 활이므로 쏘는 것이다. (상6효에서) 활과 화살을 말하지 않은 것은, 군자는 몸에 공구工具[器]를 감추고 있기 때문이다.

리스전李士鉁은 말한다. 이離는 나는 새이니 송골매이다. 송골매는, 63효가 중정中正하지 않고 자리[位]를 훔치고 백성에게 해를 끼쳐, 마치 송골매처럼 해로운 새와 같음을 가리킨다. 한 번 쏘면 얻으니, 화살을 발사하면 반드시 적중한다. 한 사람을 제거하면 천하가 안정되고, 하나의 관리를 해면解免하면, 천하가 이로우니, (상6효에서) 해로움이 제거되면 이로움은 그 안에 있다.

마치창馬其昶은 말한다. 공公은 94효를 말한다. 94효는 진震의 주인으로, 스스로는 쓰지 않고 위를 위하여 쓰니, 「계사繫辭」전傳에서 말한 '때를 기다려 움직임[待時而動][29]이다. 63효를 쏨에 상6효보다 편안함은 없다. 63효는 안과 밖의 경계이니 담이고, 호체互體인 이離는 송골매를 상징

---

28) '隼, 鷙鳥也.'는 『九家易解』에서 검색되지 않고, '公川射隼以解悖也.(公께서 냇가에서 새매를 쏨으로써 혼란[悖]을 해결했다.)'만 보인다. 荀爽, 『九家易解』, #109 , 中國哲學書電子化計劃, https://ctext.org 참조.

29) '君子藏器於身, 待時而動.',「繫辭」下傳, 高亨, 572頁.

한다. 담은 송골매가 모이기에 마땅한 곳이 아니므로, 그들을 쏘는 것이다.

(유원, 『주역항해周易恒解』의) 「부해附解」에서 말한다. 63효의 음陰은 92효 위에 자리하고, 상6효의 음陰은 65효 위에 자리하니, 모두 소인이다. 군자보다 위에 있는 소인(63효)은 반드시 외적을 만나고, 임금보다 위에 있는 소인(상6효)은 죽음에 이르니, 따라서 경계를 하였다. 어려움을 푸는 데는 반드시 소인을 제거해야 하니, 강유剛柔 변통의 쓰임이 있다. 여우를 잡음, 엄지손가락을 풀음, 송골매를 쏨은, 모두 강剛으로써 소인을 제거함이니, 충성과 현명함의 쓰임이다. 65효가 해면解免하여 길한 것은, 관대함을 크게 행해서이다. 요堯, 순舜, 고요皐陶는 살리길 좋아하고 백성들을 흡족하게 하였으니, 흉악하고 완고한 자들이 모두 제거된 것이 곧 그 일이다.

● **나의 견해**: 천지 창조 이전에 혼돈의 시대가 처음 열리는 때에는 우레와 비가 움직여 가득 채우니 곤란함[屯]을 깨뜨리는 상象이다. 잘 다스려 교화하고 기르는 때에는 우레와 비가 일어나 만물이 자기의 생명을 이루므로 풀어서 교화하는 상象이 된다. 잘못을 사면해주고 죄를 용서하여 용납하고 포용하니, 착하지 않은 자가 모두 교화되어 선善하게 된다. 순舜임금이 고요皐陶를 등용하고, 탕湯임금이 이윤伊尹을 등용하자 불인不仁한 자들이 멀어졌다는 것은, 해결할 수 없던 일이 스스로 풀린 것이다. 나라를 열고 집[家]을 받들음에, 소인은 쓰지 않는다. 소인 중에서 크게 사악한 자를 먼저 제거하고, 그 나머지는 관대하게 대하여 스스로 변화되길 기다리니, 이것이 해解괘의 뜻이며, 또한 (해解괘는,) 인仁이 지극하게 되고 의義를 다하는 도道이다.

41. 손損괘 ䷨

손損괘: 믿음이 있다. 크게 길하니 재앙이 없다. 바를 수 있으니, 가면 이롭다. 익은 음식을 2개의 둥근 밥그릇에 담았으니, 제사지낼 수 있다.
[損, 有孚. 元吉, 無咎. 可貞, 利有攸往. 曷之用二簋, 可用享.[1]]

유원劉沅(1767-1855)은 말한다. 손損은 줄여서 더는 것이다. 손損괘는, 하괘 상획의 양陽을 덜어서 상괘 상획의 음에 더하니, 손損의 뜻이다. 「서괘序卦」전에서, "해解는 느슨함이다. 느슨하면 반드시 잃는 것이 있으니 손損괘로 받았다."라고[2] 했다. 『상경上經』에서 건乾괘와 곤坤괘에서 10괘를 지나면 태泰괘와 비否괘가 된다. 『하경下經』의 함咸괘와 항恒괘 역시 10괘를 지나면 손損괘와 익益괘가 된다. 태泰괘와 비否괘는 건乾괘와 곤坤괘의 교류를 드러낸다. 손損괘와 익益괘는 젊은이[少]와 늙은이[長], 남녀의 교류이니 모두 음양의 '줄어들고[消] 늘어남[長]'이 드러나니, 인사人事가 된다. 따라서 「잡괘雜卦」전에서, '손損괘·익益괘는, 성쇠盛衰의 시작이다.'라고[3] 했다. (손損괘의 하괘는) 아래의 강함을 덜어서 위에 더하니, 건乾의 강함이 변하여 태兌의 즐거움이 되기에, 지극히 성실하고 믿음이 있는 사람의 상이다. 대개 허물은 억지로 남에게 자신을 따르게 하는 데에서 생겨난다. 지극히 성실하여 자신을 덜어서 남을 따르니, 무슨 허물이 있겠는가? '무엇에 쓸 것인가[曷之用]?'는 의문사를 설정한 것이다. 2궤簋는 덜어서 줄이는 것이 지극한 것이다. 믿음이 있다는 것은 손損괘의 근본이니, 이로써 신神에게 제사지낼 수 있다. 무릇 일을 덜어야할 때이면 이것[損괘]을 보라! 호체互體인 진震은 행行이므로 가는 것을 상징한다. (하괘인) 태兌괘는 즐거움이니 이롭다. (호체인) 진震은 궤簋(둥근 그릇)를 상징한다. 태兌의 수는 2이다. 태兌는 입이고

---

1) 손損은 괘명인데, 감손減損의 뜻이 있다. 부孚는 신임이다. 元은 大이다. 갈曷은 엽饁(들에서 일하는 사람에게 점심을 먹이다)의 가차이니, 궤식饋食(익은 음식)이다. 궤簋는 밥을 담는 둥근 그릇이다. 향享은 제사이다. 高亨, 355頁.
2) '解者, 緩也. 緩必有所失, 故受之以損.', 「序卦」傳, 高亨, 649頁.
3) '損益, 盛衰之時也.' 「雜卦」傳, 高亨, 655頁.

(호체互體인) 곤坤은 배[腹]이니, 따라서 제사[享]를 상징한다.

최경崔憬(7세기, 당唐대 역학자)는 말한다. 갈曷은 하何이다. (갈曷은,) 그 도道가 장차 '어디에 쓰일 것인가?'(의 의미이다.) 2궤簋를 사용하여 제사지낼 수 있다는 것을 말한다.

리스전李士鉁(1851-1926)은 말한다. (손損괘의 하괘[兌]는) 건乾괘에서 한 효를 덜어서 곤坤괘에 한 효를 더하니, (태兌는) 이른바 하괘에서 덜어서 상괘에 보태는 것이다. 아래에서 덜어낼수록 위는 더 위험해지니, 따라서 손損이라 이름 하였다. 그러나 상하가 서로 믿어서 마땅히 덜어야할 곳을 덜어낸 것이다. 제후는 자신의 재물을 덜어서 천자에게 제공하고, 백성은 재력을 덜어서 공물과 세금을 내고 공적인 일을 행하니, 길한 것이 이보다 더 클 수 있겠는가? 그러므로 (손損괘의 하괘[兌]는) 허물이 없다. 군자의 의무는 스스로 줄이고 덜어서 마음을 맑게 하고 과실을 적게 하니, '사치하기보다는 차라리 검소하다.'[4] 공자께서, "단속하면 실패하는 일이 적다."라고[5] 하셨으니, 손損은 덕德의 문이고 복福의 기반이다. (호체互體인) 진震은 나무이고, 대나무[竹]이고, 우盂 그릇이고, 제사를 주관하는 것이다. (상괘인) 간艮은 궁묘宮廟이다. 향례享禮는 풍부함을 중시하나, 진실로 성심으로 공경하는 뜻이 있으면 산골에 흐르는 물이나 못가에 난 풀로도 "귀신에게 바쳐 제사지낼 수 있고, 왕공에게 올릴 수 있다."라고[6] 하였다. 따라서 2궤簋는 비록 매우 박하지만, 또한 제사지낼 수 있다. 『노자老子』에서, "검약하여야 넓게 할 수 있다."라고[7] 말하였고, 또한 "사람을 다스리고 하늘을 섬기는 것은 '농사짓기[嗇=穡]'만 한 것이 없다."라고[8] 했으니 2궤簋를 사용해 제사지내는 것을 이른다.

단전에서 말한다. 손損괘는 아래에서 덜어서 위를 보태주니, 길이 위쪽으로 가는 것이다. (임금이 자기) 재물을 덜어냄으로써 "(제도를) 믿음으로 지켜내니, 크게 길하고, 재앙이 없으며, 정도[貞]를 지켜서, 앞으로 나가면 이로움이 있다."

[曰:「損」, 損下益上, 其道上行.[9] 損而"有孚, 元吉, 無咎, 可貞, 利有攸往,"]

---

4) '禮, 與其奢也, 寧儉.' 『論語譯注』, 「八佾」第三篇(3:4), 楊伯峻譯注, 상동, 24頁.

5) '子曰: "以約失之者鮮矣."', 『論語譯注』, 「里仁」第四篇(4:23), 楊伯峻譯注, 상동, 40頁.

6) '苟有明信, 澗溪沼沚之毛. …. 可薦於鬼神, 可羞於王公.' 『左傳全譯』隱公3年, 王守謙 等譯注, 상동, 14, 15頁.

7) '儉, 故能廣.' 『老子繹讀』67章, 任繼愈著, 상동, 150頁.

8) '治人, 事天, 莫若嗇.' 『老子繹讀』59章, 상동, 129頁.

9) 상괘는 艮이니 山으로 剛이기에 귀족의 象이고, 하괘는 兌이니 못[澤]이기에 柔이니 백성의 상이다. 귀족은 아래의 백성들에게 세금을 걷고 부역시켜서 자기 재물을 늘리고, 백성들은 납세하고 복역하며 자기 재물에

왕필王弼(226-249)은 말한다. (손損괘는) 덜어내었는데 길함을 얻을 수 있으니, 아마도 믿음이 있을 것이다.

촉재蜀才(成漢范, 219-318)는 말한다. 이것[손損괘]은 본래 태泰괘인데 건乾의 93효가 위로 곤坤의 상6효로 올라가니, 아래에서 덜어 위에 보탠 것이니, (손損괘는) 양의 덕이 위로 간 것이다.

공영달孔穎達(574-648)은 말한다. (손損괘에서) 원길元吉 이하의 여러 일들은, 믿음이 있는 데서 말미암는다.

경남중耿南仲(11세기-1128)은 말한다. (손損괘에서) 아래를 이롭게 하면 아래와 위 모두 이롭다. 아래를 손해 보게 하면, 아래와 위 모두 손해 본다.

웅량보熊良輔(1310-1380)는 말한다. 태泰괘보다 길한 것은 없으니, 위에 보태면 (아래가) 줄어든다. 비否괘보다 흉한 것은 없으니, 위를 덜어내면 (아래가) 이익[益]이 된다.

심기원沈起元(1685-1763)은 말한다. 비否괘와 태泰괘는 건乾괘와 곤坤괘의 합체이다. [진震, 손巽, 감坎, 이離, 간艮, 태兌괘의] 여섯 자식이 건괘와 곤괘로부터 생겼으니, 이 여섯 자식이 한 몸이 되었는데, 자연히 건乾괘와 곤坤괘의 합체合體가 변한 상들을 갖는 것이다.

유원劉沅은 말한다. 손損괘에서는 63효 위의 2효가 괘를 이루는 주체이니, 하괘에서 덜어서 상괘에 보탠다. 신하가 몸을 바치고 백성이 복역하는 것과 같아서, 따라서 '그 길이 위쪽으로 간다[其道上行].'라고 했다. (손損괘는) 믿음으로 행하니, 크게 길하다.

마치창馬其昶(1855-1930)은 말한다. 믿음이 있다는 것은, 음양의 뜻이 서로 감응하여 믿음이 있는 것이다. 따라서 초9효가 64효와 응하니 '뜻의 합함을 높이 봄[尚合志]'이라고 하고, 92효가 65효와 응하니 '중中을 뜻[志]으로 여김[中以爲志]'이라고 하는데, 상9효와 63효와 응하니 '크게 얻음[大得之]'이라고 한다.

(귀신들에게 바치는) 궤식饋食에는 두 개의 둥근 그릇의 밥[二簋]을 쓰되, 제사지낼 만함이니, 두 그릇의 밥을 때[時]에 따라 쓰는 것이다. (흉년에는) 강剛[귀족들]에서 덜어서 유柔[서민들]을 보태주는 시기가 있고, 넘치는 것을 덜어내고 빈 곳을 채워주는 일도, 시기와 함께 일어난다.

[曷之用二簋, 可用享, 二簋應有時.10) 損剛益柔有時, 損益盈虛, 與時偕行.11)]

손해를 입는다. 高亨, 355頁.

10) 孚는 信이고, 貞은 正이고, 엽饁(들에서 일하는 사람의 점심식사)의 假借이니, 궤식饋食이다. 궤簋는 밥 담는 圓器이다. 高亨, 상동.

11) 귀족이 剛이고 백성들은 柔이다. 高亨, 356頁.

우번虞飜(164-233)은 말한다. 건乾은 채움[盈]이 되고, 곤坤은 비움[虛]이 된다.

(주희의)『주역본의周易本義』에서 말한다. 덜어내는 때를 당해서는 지극히 박薄하여도 해害가 없음을 말한 것이다.

여대림呂大臨(1044-1091)은 말한다. 덜어내는[損] 도道는 바를 수 없다. 덜어내는 때를 당했으므로, (손損괘에서는) '바를 수 있음[可貞]'을 말했다. 때가 덜어야 할 때면 덜어내야 하고, 때가 더해야 할 때면 더해야 한다. 진실로 그 때를 당해서는 가지 않으면 안 되니, 손損괘와 익益괘에서는 모두 가는 곳이 있으면 이롭다.

채청蔡淸(1453-1508)은 말한다. 백성에게서 빼앗아 임금을 섬기는 뜻은 단지 괘명에서 사용할 수 있다. 그(손損괘의) 괘사는 마땅히 덜어야 할 곳을 던다는 것을 말하는 것이지, 위가 아래에서 덜어내는 것만을 가리키는 것이 아니다.

귀유광歸有光(1507-1571)은 말한다. 손익을 모두 때[時]를 가지고 말했으니, 때에는 중中을 쓰는 것이다.

여남呂枏(1479-1542)은 말한다. (손損괘에서) 2궤簋로 제사지내는 것은 덜어내었어도 믿음이 있는 것이다. 신神을 섬기는 정성은 백성의 믿음을 취하는 것이다. 신神을 봉양하는 데 박한 것은, 백성의 절약을 덜어주는 것이다. 덜지만 믿음이 있으니 법을 어기지 않고, 예禮를 어그러뜨리지 않는다. 이렇기 때문에 2궤簋만으로도 제사지낼 수 있다. 때[時]에 응한다는 것은, 증자曾子의 이른바 '나라가 사치하면 검소함을 보인다는 뜻이 아니겠는가?'[12]

왕우박王又樸(1681-1760)은 말한다. 부孚는 실實이다. 실實을 허虛에 더하면, 허虛는 모두 채워진다. 이것이 덜지 않으면 그 허虛를 채울 수 없다는 것이다. 따라서 (손損괘에서) '덜어내어도 믿음이 있다[損而有孚].'라고 말한다.

유원劉沅은 말한다. (손損괘에서) 그 때가 마땅히 덜어내야 할 때인데, 반드시 예禮를 갖출 수는 없어서 나중에 덜어서 두 궤簋에 이르렀기에, (손損괘는) 그 때[時]에 응하였다. 너무 지나친 것을 강剛이라 하고, 미치지 못한 것을 유柔라고 한다. (손損괘에서) 덜어야 할 때를 당해서 덜어내니, 그 중中을 마침 얻었기에, (손損괘는) 때[時]와 함께 행할 뿐이다.

장혜언張惠言(1761-1802)은 말한다. 욕欲은 족함을 모르는 데에서 생긴다. 족함을 모르는 것은 예禮를 모르는 것에서 생긴다. (손損괘에서) 두 궤簋로 제사지내면 예禮가 이와 같이 함부로 지나치지 않는다. 과하면서 욕심을 막을 수 없는 이는, 적도다!

---

12) '國奢, 則示之以儉; 國儉, 則示之以禮.'『禮記今註今譯』, 第四「檀弓下」, 王夢鷗註譯, 상동, 130頁.

• **나의 견해(1)**: 『도덕경道德經』에서, "심함을 제거하고, 사치함을 제거하고, 지나침을 제거한다." "덜어내고 또 덜어내어 무위無爲에 이른다."라고[13] 하였다. 이것이 이른바 마땅한 덜어냄이다. 때와 함께 행하니 보탬[益]이 있을 수 있다. 그 때가 아니라면 무익한 덜어냄을 해야 한다. 『시詩』, 「위풍魏風」, 「갈구葛屨」의 '얼음처럼 찬데, 칡으로 짠 짚신으로, 서리를 밟음'을[14] 경계함이니, 검소함이 예禮에 맞지 않다면, 또한 어찌 귀할 수 있겠는가? 군자는 세 가지를 경계하니,[15] 이것 역시 덜어내야 할 것을 덜어내는 것이다. 따라서 (손損괘의) 상전象傳에서 '분노를 누르고 욕심을 막는다[以懲忿窒欲].'라고 했다.

• **나의 견해(2)**: 감坎괘의 64효에서는 "궤簋 두 개를 장군[缶]으로 사용하니, 끝내 허물이 없다."라고 했다. 검약함을 받아들이는 뜻이 예禮가 될 만하니, 이 또한 마땅히 덜어야 할 곳을 더는 것이다.

상전에서 말한다. 산 아래에 못이 있는 것이, 손損괘이다. 군자는 분노를 제지하고 탐욕을 막는다.
[象曰: 山下有澤, "損." 君子以懲忿窒欲.[16]]

(정이의) 『이천역전伊川易傳』에서 말한다. 자신을 닦는 도에서 마땅히 덜어야 하는 것은 오직 분노와 욕심이다.

유염兪琰(1253-1314)은 말한다. (손損괘는) 산[艮] 아래 연못[兌]이 있으니 연못이 산을 침범하고, 산이 연못을 막으니 손損의 상이다. 양자운揚子雲(揚雄, 약 전53-후18)은, '산이 깎이고 수척해지고 연못이 비대해지고 살찌는 것,'[17] 이것일 뿐이라고 말했다.

유원劉沅은 말한다. 화나는 마음이 일어나는 것은 산이 높은 것과 같고, 욕심에 빠지는 것은 연못이 깊은 것과 같다. 군자는 (손損의) 상을 보고 자신을 돌아봄으로써 (분노와 욕심을) 덜어낸다. 손損괘는, 때[時]를 아는 것을 귀하게 여긴다. 때를 알고자 한다면 덕을 닦지 않으면 할 수 없

---

13) '(聖人)去甚, 去奢, 去泰.', 『老子繹讀』29章, 任繼愈著, 상동, 66頁; '損之又損, 以至於無爲.', 『老子繹讀』 48章, 任繼愈著, 상동, 105頁.

14) '糾糾葛屨, 可以履霜?', 『詩經譯注』, 「魏風」, 「葛屨」, 袁梅著, 상동, 290頁.

15) '孔子曰: "君子有三戒: 少之時, 血氣未定, 戒之在色; 及其壯也, 血氣方剛, 戒之在鬪; 及其老也, 血氣旣衰, 戒之在得."'『論語譯注』, 「季氏」篇第十六(16:7), 楊伯峻譯注, 상동, 176頁 참조.

16) 懲懲은 制止이다. 『廣雅·釋詁』(張揖 227전후에 편찬[撰])에, 분忿은 노怒이다. 질窒은 색塞(막다)이고, 欲은 탐욕이다. 못의 물이 매일 山根을 침식하여 산에 손해를 끼치는 것이 損괘이다. 高亨, 356頁.

17) '山殺瘦, 澤增肥.', 『太玄校釋』, 「太玄文」, 揚雄原著, 鄭萬耕校釋, 상동, 332頁.

다. 이것이 손損의 도道가 자신에게 긴밀한 요체가 되는 것이다. 우번虞飜(164-233)이, "태兌는 즐거움이니 분노를 누르고, 간艮은 멈춤이니 욕심을 막는다."라고 했는데 옳다. '막내아들[少男, 艮]'과 '막내딸[少女, 兌]'에게 분노와 욕심은 더욱 심하다. 억누르고 막아서, 안으로는 의리가 마음을 즐겁게 하고, 밖으로는 예법禮法에 이른다. 그러므로 손損괘는 덕을 닦는 것이라고 했다.

후왠쥔胡遠濬(1869-1931)은 말한다. (손損괘에서) 산이 매일 연못에 부딪혀서, 산이 점차 무너지고, 연못이 점차 막히니, 손損의 상이다. 군자는 분노와 욕심을 마땅히 누르고 막아야 한다. (손損괘에서) 한편으로는 산의 무너짐을 체득하고 한편으로는 연못의 막힘을 체득한다.

쨩홍즈張洪之(1881-1969)는 말한다. (손損괘는) 이미 가버린 것을 징계하고, 장차 올 것을 막는다. 반드시 조화와 기쁨을 찾으니 분노가 없다. 그침을 알아서 욕심이 없어진 후에 그친다. 아홉 가지 생각은, "분하면 어려움을 생각하고, 얻음이 있으면 의를 생각한다."로서[18] 끝난다. 분노와 욕심을 덜어낼 것을 생각하지 않으면, 끝내 대덕大德에 누累가 된다. 주자朱子께서 학문을 가르치심에 먼저 기질을 변화시켰고, 여백공呂伯恭(呂祖謙, 1137-1181)은, 『논어論語』의 '궁자후躬自厚'장章을[19] 읽어서, 평상시의 화나고 급한 마음이 다시 일어나지 않았다. 증문정曾文正(曾國藩, 1811-1872)은 분忿을 양악陽惡으로, 욕欲을 음악陰惡으로 해석하며, "나는 항상 이 두 병통이 생긴다."라고 말했다. (그는) "분노를 억누르는 것은 서恕 한 자字에 있다. 욕심을 막는 것은 담淡 한 자字에 있다,"라고 개탄하며 말했다. 또 말하기를 "누르고 막는 어려움은, 밥솥을 부수고 배를 침몰시키는 기세를 품지 않으면, 어찌 해결할 수 있겠는가!"라고도[20] 했다. 진실로 용감하고 덕을 닦은 군자이다.

● **나의 견해**: 하늘까지 닿는 화는 모두 분노와 욕심에서 일어난다. 어찌 누르고 막지 않을 수 있겠는가!

초구효: 제사지내는 일은 빨리 해나가야, 탈이 없고, (제품祭品을) 적게 하도록 가늠해야 한다.
[初九: 已事遄往,[21] 無咎, 酌損之.]

---

18) '孔子曰, "君子有九思, 視思明, 聽思聰, 色思溫, 貌思恭, 言思忠, 事思敬, 疑思問, 忿思難, 見得思義", 『論語譯注』, 「季氏」篇第十六(16:10), 楊伯峻譯注, 상동, 177頁 참조.

19) '躬自厚而薄責於人, 則遠怨矣.', 『論語譯注』, 「衛靈公」篇第十五(15:15), 楊伯峻譯注, 상동, 165頁.

20) '項羽乃悉引兵渡河, 皆沈船, 破釜甑, 燒廬舍, 持三日糧, 以示士卒必死, 無一還心.', 『史記』, 「項羽本紀」第七, 一冊, 北京: 中華書局, 1972, 307頁 참조.

21) 『經典釋文』(陸德明撰)에 의하면, '已는, 우번虞飜에 의하면, 사祀'이다. 『周易集解』本에 祀로 되었다. 已는

상에서 말한다. "제사지내는 일이 빨리 진행되더라도", 오직 지향에 부합한다.

[象曰: "巳事遄往," 合志也.]

우번虞飜(164-233)은 말한다. (초9효에서) 천遄은 빠름[速]이다.

호원胡瑗(993-1059)은 말한다. 초初는 백성을 상징한다. 백성의 직분은 의복과 음식을 공급하고 나랏일을 받드는 것이다.

왕안석王安石(1021-1086)은 말한다. 64효가 자기[초9효]를 받아들일 수 있는 자이기에, 따라서, '지향에 부합한다[合志].'라고 말한다.

조열지晁說之(1059-1129)는 말한다. 『설문해자說文解字』에는 (己가) 이믬로22) 되어있다. 빨리 가고 오는 방술方術[數]을 말한다. 『역易』(손損괘 초9효)에서는 일[事] 때문에 빨리 감이다.

(주희의)『주역본의周易本義』에서 말한다. (초9효에서는) '상上과 통함을 중시한다.'23)

왕종전王宗傳(12세기, 남송南宋 역학자)은 말한다. 초9효는 곡식, 쌀, 마麻, 실[絲]을 생산하여 윗사람을 섬기는 자이니, 마땅히 빨리 가야 재앙[咎]을 면한다.

심몽란沈夢蘭(19세기, 청淸대 역학자)은 말한다. 노역으로써 말하면, 『맹자』에서, '공적인 일이 끝난 후에 사적인 일을 다스릴 수 있다.'라고24) 하였으니, 빨리 간다[遄往]는 뜻이다. 이와 같으면 허물이 없다. 잘 헤아려 덜어낸다는 것은, 공전公田에서는 아홉 중에 하나의 일이니, 공전公田(의 일)은 사흘[三日]인 것이 모두 이에 해당한다.

유원劉沅은 말한다. 공公을 급선무로 하여 윗사람을 섬기는 것은, 자신이 손해 보며 남을 이롭게 하는 일 중에 큰 것이다.

요배중姚配中(1792-1844)은 말한다. 사事는 직무[職]이다. 일을 끝내는 것은, 초9효가 맡은 일이다.

리스전李士鉁은 말한다, 초9효는 서민이니 자신을 윗사람에게 바치는 것을 오직 일로 삼을 뿐이다. 『시詩』에서, "우리 공전公田에 비가 내리고, 마침내 내 사전私田에도 미친다."라고25) 했으니, 이는 밭 갈고 심는 일에 마땅히 빨리 가야 하는 것이다. "뭇 백성이 자식처럼 오니 하루가 안

祀의 가차이다. 천遄은 빠름[速]이다. 高亨, 356頁.

22) '巳, 用也.', 『說文解字』 巳部, 東漢 許愼著, 상동, 1,211頁.

23) '尙上通.',『周易本義通釋』卷四, 象下傳, 元 胡炳文撰. 電子版文淵閣四庫全書, 上海人民出版社, 1999 참조.

24) '公事畢, 然後敢治私事.'『孟子譯注』,「滕文公」章句上, 楊伯峻譯注(5:3), 상동, 119頁.

25) '雨我公田, 遂及我私.'『詩經譯注』,「小雅」,「北山之什」「大田」, 袁梅著, 상동, 640頁.

걸려 완성"이라고[26] 하니, 이는 노역하는 일에 마땅히 빨리 가야 하는 것이다. "왕이 군사를 일으킴에, 나의 병기兵器[戈矛]를 고치시네."라고[27] 하니, 이는 군대의 일에 마땅히 빨리 가야 하는 것이다. 백성은 마땅히 부지런함으로써 윗사람을 섬기고, 군주는 마땅히 관대함으로써 백성을 길러야 하니, 이 때문에 잘 헤아려 덜어내는 것이다. 작酌은 떠냄[읍挹]과 비슷하니, 손으로 뜨는 것이어서 과도할 수 없다.

마치창馬其昶은 말한다. 『맹자』에서, "가서 부역하는 것은 의義이고, 가서 보는 것은 의가 아니다."라고[28] 했다. 초9효는 선비와 서인이니, 뜻이 마땅히 가서 부역을 해야 한다. 따라서 일이 있으면 빨리 가야 허물이 없다. 또한 잘 헤아려 던다고 했으니, 손損의 도道는 반드시 먼저 짐작해야 그 마땅함을 얻을 수 있다. 무엇을 덜어낼 만한 것인가? 무엇을 덜어낼 수 없는 것인가? (손損괘 단전象傳에서) '(귀신들에게 바치는) 궤식饋食에는 두 개의 둥근 그릇의 밥[二簋]을 쓰되, 제사 지낼 만함[曷之用二簋, 可用享]'은, 곧 덜어냄[損]을 잘 짐작할 수 있다는 뜻이다. (초9효의) 상전象傳에서, "윗사람이 '뜻을 합하면[合志],' 아랫사람은 빨리 가는 뜻을 갖게 되어, 공公을 급선무로 하는 효과가 드러난다. 윗사람이 잘 헤아려 더는 뜻을 가지고 있으면, 못[澤]이 마르게 되는 환란이 없다.'라고 하였다. 초9효는 일의 시작이므로 이러한 뜻을 내세웠다. 윗사람이 뜻을 합하지 않으면서, 빨리 오기를 바라면, 어찌 이룰 수 있겠는가?

구이효: (행사의) 이로움은 바름[正]에 있다. (다른 나라를) 정벌하면 흉하니, (그 나라의 국력을) 덜어내는 것이 아니고, 그것을 보태게 된다.
[九二, 利貞. 征凶. 弗損, 益之.]

상에서 말한다. "92효"가 "바르니 이로움"은, 정도正道로 뜻을 삼은 것이다.
[象曰: "九二""利貞," 中以爲志也.[29]]

공영달孔穎達은 말한다. 92효가 거하면서 올바름을 지킬 수 있는 것은, 중中으로 뜻을 삼는 것에서 말미암는다. 따라서 (92효에서) 손익이 적절함을 얻은 것이다.

26) '經始靈臺, 經之營之. 庶民攻之, 不日成之. 經始勿亟, 庶民子來.' 『詩經譯注』, 「大雅」, 「文王之什」, 「靈臺」, 袁梅著, 상동, 760頁.
27) '王于興師, 修我戈矛.', 『詩經譯注』, 「秦風」, 「無衣」, 袁梅著, 상동, 343頁.
28) '往役, 義也;, 往見, 不義也.' 『孟子譯注』, 「萬章」章句下(10:7), 楊伯峻譯注, 상동, 247頁.
29) 中은 正이다. 高亨, 357頁.

(정이의)『이천역전伊川易傳』에서 말한다. (92효는) 강함과 올바름[剛貞]을 스스로 손상시키지 않으니, 윗사람을 이롭게 할 수 있다. 비록 사악한 마음은 없으나, 오직 힘을 다해 윗사람을 따르는 것이 충忠이라는 것은 알지만, '덜어내고 보태지 않아도 되는[弗損益之]' 뜻을 알지 못하는 이들도 세상에는 있다.

(주희의)『주역본의周易本義』에서 말한다. (92효는) 그 지키는 바를 바꾸지 않았는데, 윗사람을 이롭게 한 것임을 말한다.

소식蘇軾(1037-1101)은 말한다. 손損괘에는 올바를 수 있는 도가 있으니, 92효가 이것이다.

항안세項安世(1129-1208)는 말한다. 손損에는 과/불급이 있다. 따라서 하나를 덜고 하나를 더하여 중中을 찾는다. 92, 65효라면, 이미 중中이어서, 65효는 부족하지 않고, 92효는 여분이 있지 않으니, 한 번 더하거나 덜어냄이 있으면, 도리어 중中을 잃는다.

이광지李光地(1642-1718)는 말한다. 초9효에서 '빨리 가는 것[遄往]'을 말하지 않으면, 일을 맡지 않은 이들이 혹 윗사람을 이롭게 하는 것이 당연함을 모를 수 있다. 92효에서 정벌이 흉함을 말하지 않으면, 일을 맡은 이가 '혹 자신에게서 덜어내는 것은 마땅히 신중히 해야 함'을 모를 수 있다.

유원劉沅은 말한다. 충정으로 윗사람을 섬기고 아첨하지 않는 것이 곧 중도中道이다. 자신을 손상시키지 않은 것이, (92효에서) 바로 윗사람을 더하게 하는 것이다.

리스전李士鉁은 말한다. 신하가 임금에게 더하는 것은, 도道로써 하는 것이지 물건으로써 하는 것이 아니다. 그 도道를 다하여 임금에게 더하는 것이지, 그 도를 어그러뜨리며 임금을 이롭게 하는 것이 아니다. 따라서 (92효에서) "덜어내지 않아도 보탬이 됨[弗損益之]"은 손상시키는 것이 없이, 이롭게 한다는 것을 이른다. 손損괘와 익益괘 두 괘에서, 가운데 효[中爻]는 모두 덜 수 없으니, 손損의 도道가 과도함을 덜어내고 중中으로 나아감을 알 수 있다. 치우치면 덜어내고 중中이면 덜어낼 수 없다.

마치창馬其昶은 말한다. 92, 65효는 본래 중中인데, 다시 "중中으로 뜻을 삼는다."라고 했으니, 천하를 위해 법을 세우고, 크게 지나침을 제지하여, 모두 중中으로 나아가게 하니, (92효에서) 이른바 덕을 닦는 것이다. 그 뜻이 크니 이롭고 또한 올바르다. 또한 (92효에서) 정벌하면 흉하다고 한 것은 그 변함을 경계한 것이다. 92효가 변하면 65효에게 믿음이 없다. (92효에서) 강중剛中은 변하지 않으니, 이것은 덜지 않는 것이다. (손損)괘의 뜻은 하체에서 덜어내어 상체에 더하는 것이다. 92, 상9효는 모두 "덜어내지 않아도 보탬이 됨[弗損益之]"을 말하지만, 뜻은 각자 다르다. 92효는 하체에 있으므로 손損은 자신이 손해 보는 것을 가리키고, 익益은 윗사람을 이롭게 함을 가리킨다. 상9효는 상체에 있으므로 손損은 아랫사람이 손해 보는 것을 가리키고, 익益은 자신을 이롭게 함을 가리킨다.

• **나의 견해**: 92효의 양이 음을 변화시키지 않으니, 이것이 자신을 손상시키지 않는 것이다. 즉, 65효의 음에 응하여 (92효는) 그것에 도움을 주는 것이다.

육삼효: 세 사람이 가면 한 명이 줄고, 한 사람이 가면 그의 친구를 얻는다.
[六三, 三人行則損一人. 一人行, 則得其友.]
상에서 말한다. "한 사람이면 자기주장이 실행됨"이고, "세 사람"이면 (의견이) 갈라짐(이니, 실행될 수 없다.)
[象曰: "一人行," "三"則疑也.30)]

양시楊時(1053-1135)는 말한다. (63효에서) 양이 베풀고 음이 받는다. 받으면 더해지고, 베풀면 덜어진다. 건乾괘의 세 효에 곤坤의 효를 그으니, 세 사람이 가서 한 사람이 줄어드는 것이다. (곤坤의 효를) 그으니 남녀가 이루어진다. 이것이 벗을 얻는 것이다. 건乾과 곤坤이 합해져서 손익의 도道가 드러난다.

왕신자王申子(13세기, 원元대 역학자)는 말한다. 건乾괘의 세 번째 효가 혼자 덜어져서[損] (하괘인) 태兌괘가 되니, (63효는) 세 사람에서 한 사람이 주는 것이다. (하괘인) 태兌괘의 세 번째 효(63효)는 하나의 음으로 홀로 가서 상9효와 응하니, 한 사람이 벗을 얻는 것이다. 하나의 효가 교류하여 간艮태兌 남녀男女의 몸[體]이 이루어지며, 천지天地가 낳고 화육하는 도道가 드러난다. 대전大傳[「彖」, 「象」, 「文言」, 「繫辭」, 「說卦」, 「序卦」와 「雜卦」]에서는, 이것에 인하여 하나에 이르는 이치를 밝혔다.

유원劉沅은 말한다. 63효는 사람의 자리이다. 건乾은 본래 세 개의 양인데, 하나를 위에 주니, 이는 세 사람이 한 사람을 잃은 것이다. 양이 위로 가고 음이 아래로 와서, 마침 응하는 자리에 있으니, 이는 한 사람이 벗을 얻은 것이다. 호체互體인 진震괘는 큰 길이니, 이것은 가고 저것은 오니, 따라서 행行이라고 했다. 한번 음하고 한번 양하는 것을 도道라고 하니, (63효는) 둘이어서 변화한다. 세 개에서 하나를 잃고 둘을 얻었으니, 하나이면서 벗을 얻은 것인데, 이 또한 둘이 된다.

---

30) 行자 위에 志자가 탈락한 것이다. 志行은 자기주장이 실행되는 것이다. 疑는 주장이 갈라짐이니, 실행될 수 없음이다. 高亨, 358頁.

남는 것에서 덜어내어 부족한 것을 보충하니, 자연스러운 이치를 따라서 두 개가 변화하는 것은 '하나의 신비로움[一神]'이니, 이 (63)효는 괘의 주체가 되기에, 따라서 여기에서 덜지 않으면 안 되는 것을 밝혔는데, 하늘[天], 땅[地], 사람[人]의 뜻이 통괄되어 존재한다.

리스전李士鉁은 말한다. (63효에서) 하나로써 하나를 구하면 둘이 된다. 둘이 있으면 부르고 답하는 즐거움이 있다. 하나로 둘을 구하면 셋이 된다. 셋이 있으면 쟁탈하는 환란이 있다. 둘이란 것은 다른 것이 아니라, 하나로 하나에 짝하는 것이다. 따라서 눈은 둘인데 하나로 보고, 발은 둘인데 한 방향으로 걷고, 날개는 둘인데 한 방향으로 난다. 그 형태가 둘이나 그 쓰임이 하나가 된다. 하나의 남자와 하나의 여자, 하나의 양과 하나의 음이 있어서 생겨나는 것이 무궁하다.

후왠쥔胡遠濬은 말한다. 세 사람에서 한 사람을 덜고, 건乾·곤坤이 교류하여 태兌괘를 이룬다. 따라서 (63효에서) '천지의 기운이 얽힌다.'라고[31] 한다. 한 사람이 벗을 얻으니, 태兌괘의 세 번째 효가 간艮괘의 상9효와 응하여, 손損괘를 이루는 것이다. 따라서 (손損괘에서) "남녀가 정을 맺는대[男女搆精]."라고 했다. (손損괘에서) 음양이 서로 만나니, 서로 끌어당긴다. '의疑'는 어그러짐[戾]이다.

마치창馬其昶은 말한다. [水天]수需괘의 상6효에서 '세 사람이 옴[三人來]'은 건乾의 세 양을 가리키는 것이니, 이 또한 건乾을 말한 것이다. 여섯 자식 괘에서, 모두 하나의 음과 하나의 양을 주인[主]으로 삼으니, 따라서 한 사람이 간다고 했다. 세 사람이 가는 것은 괘를 이루는 상이니, 건乾이 변하면 태兌가 된다. 한 사람이 가는 것은 본(63)효의 상象으로, 63효가 상9효에 응하니, 모두 하나를 불러오는 것이다. 셋이면 어그러진다는 것은, 태兌가 다시 건乾이 될 수 없음을 말한다. (태兌가) 변화하여 건乾이 되면, 간艮과 두 양이 서로 의심하게 되니, 음양이 하나를 불러오는 뜻이 아니다.

• **나의 견해**: 하나를 불러오는 도道는, 둘이 아니면 변화될 수 없다. 둘을 변화시키는 것은 같게 하여 하나로 돌아가게 하는 것이니, 곧 하나로써 꿰뚫는 도道이다. '하나로 불러옴[致一]' 두 글자는 384효를 전부 포괄한다.

육사효: 질병을 감손減損시켜서, 빨리 낫게끔 하는 것은 기쁜 일이니, 탈이 없다.

[六四, 損其疾, 使遄有喜,[32] 無咎.]

------

31) '天地絪縕, 萬物化醇, 男女搆精, 萬物化生. 易曰, "三人行, 則損一人, 一人行, 則得其友." 言致一也.', 「繫辭」下傳, 高亨, 577頁.

상에서 말한다. "자기 병이 적어짐"이니, 또한 "기쁜 일"이다.

[象曰: "損其疾." 亦可"喜"也.]

왕필王弼은 말한다. (64효는) 행동으로 그 자리를 얻었으니, 유柔로써 강剛함을 받아들이니, 그 질병을 덜 수 있다.

양시楊時는 말한다. 음양이 균형을 잃으면 질병이 된다. (64효가) 덜어내면서 그 질병을 덜어내는 데 이른다면, 또한 기쁜 일이다.

유원劉沅은 말한다. 음양의 치우침이 질병이다. 64효는 음이 중복되었으니, 받들고 타는 것이 모두 음이어서, 유柔함에 치우친 질병이 있다. 자신을 비우고 초9효에게 더함을 구한다. 이것이 유柔함의 질병을 덜어낼 수 있어서 다른 사람에게 더함을 받으니, 질병이 단번에 제거되는 것이다. (64효는) 유柔함을 잘 써서 스스로 덜어낼 수 있음을 깊이 기뻐한다.

리스전李士鉁은 말한다. '짐새[鴆]의 깃에 있는 강열한 독[鴆毒]'은 하루라도 있으면 안 되니, 모름지기 신속히 제거해야 한다. (64효는) 그 병을 덜어내고 빨리 나으니, 기쁨이 된다. 이것이 덜어내는 중에 이익이 있는 것이다.

마치창馬其昶은 말한다. 손損괘는 강剛함을 더는 이름이다. 64효의 유柔함으로는 (질병을) 덜어낼 수 없는데, (64효는) 스스로 그 질병을 덜어내니, 분노를 누르고 욕심을 막는 것이, 이 일에 해당한다. (64효에서) 덜어내어 해로움을 멀리하는데, 해로움은 분노와 욕심보다 큰 것이 없으니, 그것들을 누르고 막고서; 덜어냄은 처음에는 어려우나 나중에는 쉽기에, 따라서 빠르게 하면, 기쁨이 있다. 초9효가 직분을 다하고, 64효가 해로움을 멀리하니, 모두 빠름을 귀하게 여긴다. 각자 상괘와 하괘 두 체體의 처음에 있으니, 모두 빠르다고 말한다. 64효의 덜어냄은 자기 하나에 나아가 말한 것이고; 65효는 천하의 큰 것에 나아가서 말한 것이다.

육오효: 혹자가 100패貝로 거북을 팔려고 하였으나, (그 거래를) 막을 수는 없었는데 (사지 않은 것은,) 크게 길하였다.

[六五, 或益之十朋之龜, 弗克違, 元吉.33)]

상에서 말한다. "65효"가 "크게 길함"은, 위의 하늘이 도운 것이다.

[象曰: "六五" "元吉," 自上祐也.34)]

---

32) 천遄은 빠름[速]이다. 옛사람들은 병이 낫는 것을 기쁨[喜]으로 여겼다. 高亨, 358頁.

33) 익益은 加이니, 매도賣倒이다. 西周시대에는 패貝를 화폐로 썼으니, 10貝를 붕朋이라 했다. 극克은 能이다. 위違는 거拒(막다)와 같다. 원元은 大이다. 高亨, 358, 359頁.

우번虞飜은 말한다. 이離는 거북이 되고, 곤坤의 수는 10이다. (유원劉沅은, '곤坤은 여럿[衆]이고 그 수는 10으로 벗들을 상징한다. 대략의 형상은 이離괘와 비슷하니 거북을 상징한다. 열 거북[十龜]은 『이아爾雅』의 신구神龜, 영구靈龜, 섭구攝龜, 보구寶龜, 문구文龜, 서구筮龜, 산구山龜, 택구澤龜, 수구水龜, 화구火龜이다.'라고[35] 말한다.)

최경崔憬(7세기, 당唐대 역학자)은 말한다. 원구元龜는 바로 20개의 큰 조가비[大貝]이다. 쌍패雙貝를 붕朋이라 한다. (리스전李士鉁은, '간艮은 패貝가 된다. 패貝는 보화寶貨다. 10은 음양의 합이니 숫자 중에 정점이다.'라고 말한다.)

양시楊時는 말한다. 유柔가 존귀한 자리[尊位]를 얻어, 자신을 비우고 다른 사람에게 낮추어, 겸손히 더함[益]을 받는다. 때는 곧 천도이니 하늘도 어긋나지 않는데, 하물며 사람에게서야? 하물며 귀신에게서야? 그 더해주는 것이 지극함이 마땅하다.

곽옹郭雍(1106-1187)은 말한다. 더해줌[益]의 지극함이 어찌 유독 인사人事뿐이겠는가? 비록 '큰 거북[元龜]'의 신령함이라도 어긋날 수 없으니, 이것이 크게 길한 까닭이다. (『상서尙書』의)「홍범洪範」편에서, "그대가 따르고, 거북점이 따르고, 시초점이 따르고, 경사卿士가 따르고, 서민이 따르면, 이를 대동大同이라 한다."라고[36] 했다. 65효의 '크게 길함[元吉]'은 (『상서尙書』의)「홍범」편의 대동大同과 비슷하다.

임계운任啓運(1670-1744)은 말한다. (65효에서) 원길元吉의 더함[益]은 강剛이 오는 것이니, 위로부터 돕는 것이다.

유원劉沅은 말한다. 상上은 상9효이다. 상上은 본래 곤체坤體인데 세 번째에 양을 더하여 간艮이 됐다. 64, 65효는 모두 상9효 양陽의 더함을 받는데, 65효가 더욱 가까우니, 따라서 '위로부터 돕는다[自上祐].'라고 했다.

마치창馬其昶은 말한다. 손損괘는 그 도道가 위로 가는데, 65효는 상체의 가운데 있다. 익益괘는 위로부터 아래로 가니 62효가 하체의 가운데 있다. 따라서 익益괘의 62효와 손損괘의 65효에서 각자 손익이 중中을 얻는 뜻을 논했다. 그 효사에서 모두 "누가 보탰음[或益之]"을 말한 것이다. '더해주는 것[益]'에서는 더함이 이익이 되고, '덜어내는 것[損]'에서는 마땅히 덜어내야 할 것을 덜

---

34) 上은 上天이다. 高亨, 359頁.

35) '一曰神龜, 二曰靈龜, 三曰攝龜, 四曰寶龜, 五曰文龜, 六曰筮龜, 七曰山龜, 八曰澤龜, 九曰水龜, 十曰火龜.', 『爾雅』, 「釋魚」第十六, 管錫華譯注, 상동, 606頁.

36) '汝則從, 龜從, 筮從, 卿士從, 庶民從, 是之謂大同.' 『今古文尙書全譯』, 「洪範」, 江灝, 錢宗武譯注, 상동, 241頁.

어내는 것이 이익이 된다. 손익이 같지 않으나 그것이 이익이 되는 것은 같다. 손익은 백왕百王의 대법大法이니, 중中에서 화합하는 이가 아니면, 할 수 없다. 손익이 각자 때를 따르니, 항상[常]을 고집하면 안 되니, 따라서 모두 "혹或"이라고 말한다. 십붕十朋[100貝]의 거북이는 『상서尚書』에서 말하는 '큰 보배 거북이[大寶龜]'와[37] 같다.

상구효: (사람들에게) 손해를 입히지 말고 돕고 보태주면, 탈이 없다. 정도正道를 행하면 길하고, 나아가면 이롭다. 노예를 얻을 것이나 (그는 외롭고) 집도 없다.
[上九, 弗損益之. 無咎. 貞吉, 利有攸往. 得臣無家.[38]]
상에서 말한다. "(누가) 손해를 안 입히고 보태준 것"은, 크게 뜻을 얻은 것이다.
[象曰: "弗損益之," 大得志也.]

유초游酢(1053-1123)는 말한다. (상9효에서) 집이 없는 노예를 얻는 것은, 63효가 하나를 불러온 것이다.

곽옹郭雍은 말한다. (상9효에서) 허물이 없으니 바르면 길하고, 가는 곳이 있으면 이로우니, 이는 아래에서 덜어서 위에 더하여, 그 도道가 위로 가서 생긴 결과이다.

항안세項安世는 말한다. (상9효가) 63효 신하를 얻었으니, 그 집안을 덜어내어 나라를 도운 것이기에, 이것은 윗사람이 편히 앉아서 뜻을 크게 얻는 것이다. 63효는 상9효를 얻어서 벗으로 삼고, 상9효는 63효를 얻어서 신하로 삼는 것이다.

오징吳澄(1249-1333)은 말한다. 63효는 홀로 음으로 하체에 있으며, '오로지하는 뜻[專意]'으로 윗사람을 받든다. 나라를 위해 자신의 집을 잊었으니, (상9효에서) '집이 없는 신하를 얻는다[得臣無家],'라고 말한 것이다.

하종란夏宗瀾(1699-1764)은 말한다. 이 [상9]효와 92효의 '지志'자는, 모두 '덜어서 더하지 않음[不損益之]'을 가리킨다. 군자가 아래에 있으면서, 진실로 천하를 자신의 임무로 삼고, 끝내 자신을 굽혀 남을 따르고자 하지 않는데; (상9효는) 위에 있으면서 천하를 한 집안 같이 보고, 백성을 박탈하여 나라를 부유하게 하는 것을 결코 참지 못하니, 뜻(志)이 그렇게 시킨 것이다.

주조웅朱兆熊(18세기, 청淸대 역학자)은 말한다. 아래의 더함을 받는 이는 윗사람이다. (상9효는 상괘인) 간艮의 끝에 있어 그치고 지나치지 않는다. (상9효는) 십분의 일만 세금 걷고 백성의

---

37) '用寧王遺我大寶龜, 紹天命.' 『今古文尚書全譯』, 「大誥」, 江灝, 錢宗武譯注, 상동, 260頁.
38) 臣은 노예를 말한다. 高亨, 359頁.

재산을 손실시키지 않는다. '무상無償노역[公旬]'은 3일을 두어, 백성의 힘을 손상시키지 않는다. (상9효는) 오직 아랫사람을 손상시키지 않고 이익을 받으니, 더함이 더 좋을 수 없다. 따라서 (상9효는) 모두 괘사가 좋고 신하를 얻는데 (자기, 즉 임금은 자기) 집이 없는 데에 이르렀다. (호체인) 곤坤은 신臣이니, (임금이) 신하를 얻는 상象이다.

유원劉沅은 말한다. 92효에서 '덜어내는 것이 아님[弗損]'은 자신이 손해 보는 것을 가리키고; '그것을 보탬[益之]'은 남을 이롭게 하는 것을 가리킨다. 여기(상9효)에서 '덜어내는 것이 아님[弗損]'은 남이 손해 보는 것을 가리키고, '그것을 보탬[益之]'은 자신을 이롭게 하는 것을 가리킨다. (損)괘는 93효를 덜어서 상9효에 더하는 것으로 뜻을 이루는데, 하괘[兌]에서 자신을 덜어내고, 상괘[艮]에서는 더함을 받는다. 신臣은 63효를 말하고, 간艮은 농막[廬]을 나타내니 집이 되는데, 변화된 곤坤은 집이 없다. 상9효는 63효를 얻어서 스스로를 이롭게 하니, 현신賢臣을 얻어 스스로를 도와 나라를 이롭게 하는 것과 같기에, 스스로 사가私家를 이롭게 하지는 않는다. 상9효는 신하의 존귀한 자리가 되어, 하괘의 더함을 받으니, 그 상象이 이와 같다. 혹 임금으로 이것을 합당하게 하면 잘못이다. 양은 크고 음은 작다. 지志는 여러 현인賢人들을 합하여 나라를 돕는다는 뜻이다.

리스전李士鉁은 말한다. 상9효는 손損괘의 끝에 있어서 손損의 도가 이루어진다. 『노자老子』에서, "덜고 또 덜어서 무위無爲에 이른다. 무위하면서 하지 않음이 없다."라고39) 했다. 상9효는 (음의) 자리에 있지 않고 (괘의) 밖에 머물기에, 따라서 집이 없으니, 민심을 얻어 나라를 다스릴 수 있어야지, 집을 다스려서는 안 됨을 말하였다. 요堯가 순舜을 얻고, 순이 우禹를 얻은 것처럼, 천하를 위해 사람을 얻어서 늙어서 선양하니, 현인에게 전하고 자식에게 전하지 않았다. 한 사람으로 천하를 다스리게 하고 천하로써 한 사람을 받들게 하지 않았으니, "(자기)집이 없고, 신하를 얻음[得臣無家]"의 상象과 합한다.

마치창馬其昶은 말한다. 손損의 때를 당해서 상9효는 더함을 받는 군주이니, 이른바 덜어서 믿음이 있는 자이다. 믿음이 있어 신하를 얻을 수 있고, (자기)집이 없는데 신하를 얻었으니, 어떤 이익이 이와 같은가? 어찌 반드시 아래를 덜어 이익을 보려는가? 이 때문에 (상9효는) 허물이 없고 곧으면 길하다. (상9효에서) "아래에서 덜지 않고 가는 곳에는 이롭다."라고 한 것은, 마땅히 가서 63효와 응하여 (다시) 변할 수 없음을 말한 것이다. 초9효는 빨리 가고, 63효는 한 사람이 가고, 상9효는 가면 이로우니, 모두 가서 효와 합하여 응함을 말한 것이다. 92효의 정벌하면 흉하다

---

39) '損之又損, 以至於無爲, 無爲而無不爲.' 『老子繹讀』48章, 任繼愈著, 상동, 105, 106頁.

는 것은 변하여 다른 괘로 감을 말한 것이다.

- **나의 견해(1):** 벗은 그 덕을 벗으로 삼는 것이다. 맹헌자孟獻子가 다섯 사람과 벗이 되었을 때, 이 다섯 사람 중에 맹헌자의 집안사람이 하나도 없었다. 맹헌자의 집안사람이면 벗으로 삼지 않았다. 엄릉嚴陵과 광무光武가 벗이 되었을 때, 광무는 엄릉을 신하로 삼은 것은, 이른바 '크게 뜻을 얻은 것'이다.
- **나의 견해(2):** 상9효는 덜어내는 것의 정점을 당하여, 초楚나라 투자문鬪子文은 집안을 훼손하여 어려움을 없앴으니, 이른바 (자기)집이 없는데 신하를 얻었음[得臣無家]이다.
- **나의 견해(3):** 손損의 도道는 아래에서 덜어내어 위에 더하는 것을 중요하게 여긴다. 이 뜻을 미루어 말하면, 배움에서 자신의 사욕을 덜어내고 공리公理에 이익이 되게 하고; 처세에서는 스스로 자신과 집안을 손해 보게 하여, 천하를 이롭게 하는 것이다. 이것이 모두 손損의 도道가 올바름을 얻고, 때의 적절함에 합치하는 것이다. 작은 일에 신중하지 못하면 끝내 어렵게 된다. 종래의 하늘까지 닿는 화禍는, 대개 분노와 욕심을 초기에 누르고 막지 못해서 생긴 것이다. 군자가 자신을 돌이켜 덕을 닦을 때, 자신을 돌보지 않는 충직한 뜻이 있어야 한다. (손損괘의) 상전象傳에서 깊고 간절하게 말했으니, 학문하는 데에 기초가 된다. 나아가 세상과 응할 때에도 또한 반드시 크게 공평하여 사사로움이 없어야[大公無私]하는 뜻이 있어야 한다. 맹헌자孟獻子가 다섯 명과 벗이 되었는데, 모두 헌자獻子의 집안사람이 아닌 것과 같다. 초楚나라 문자文子가 집안을 훼손해 어려움을 해결했으니 (자기)집이 없는데 신하를 얻었다고 말할 만하다. 광무光武가 엄릉嚴陵을 벗으로 삼은 것 같은 경우는, 뜻을 크게 얻었다고 할 만하다. 『역易』(손損괘)의 뜻이 그 이치를 총괄했으니, 뒤에 있으면 그 사람을 받들어 존중하는 것, 모두는 이른바 강剛함을 덜고 유柔함을 더하는 데에는 때가 있는 것이다. 천지天地의 도道는 곧 인사人事의 마땅함이다. 여유가 있는 것에서 덜어내어 부족함을 보충하니, 손損의 도가 이루어질 것이다.

| 저자 소개 |

마전뱌오馬振彪

마전뱌오馬振彪(생년은 19세기 말쯤이고, 20세기 60년대에 서거)는 마치창馬其昶(1855-1930)의 친조카이기에, 그의 유명한 주역 연구, 즉『비씨역학費氏易學』을 통하여, 가학家學의 전통을 이었다. 그 외에도 유원劉沅(1767-1855)과 리스전李士鉁(1851-1926) 등의 역학사상도,『주역의 학습과 해설, 周易學說』에서 상당히 많이 나타나고 있다. 그의 생애는 어려서부터 동성파桐城派의 가학家學 전통을 받은 것에서 시작하여, 정자程子나 주자朱子학을 학습하였다. 그는 일찍이 북평北平(지금의 北京) '중국대학中國大學'의 국문학과[中國學科]에서 상빙허尙秉和(1870-1950), 까오부잉高步瀛(1873-1940), 우청스吳承仕(1884-1939) 등과 함께 가르친 적이 있다. 또한 북경의 '홍자불학원弘慈佛學院'에서도 강의를 하였다. 마전뱌오馬振彪는 평생 학문에 종사한 유가儒家의 전형적 지식인으로 일생을 마쳤다.

| 역자 소개 |

송영배宋榮培

1944년 수원 출생
한신대학교 철학과 교수(1982.9-1988.6), 서울대학교 철학과 교수(1988.7-2009.2)
현재 서울대학교 명예교수
서울대학교 학사(1967), 서울대학교 석사(1969), 중국 대만대학교 석사(1972)
독일 프랑크푸르트대학교 철학박사(1982)

주요논문

『노자』의 철학적 패러다임에 대한 연구(2008), 문화대혁명에 대한 사회사상사적 이해(2007), 동양의 상관적 사유와 유기체적 생명이해(2004), 세계화시대의 유교적 윤리관의 의미(2003), 다산철학과 천주실의의 패러다임 비교연구(2000), 「제자백가의 다양한 전쟁론과 그 철학적 문제의식(I, 1992. II, 1999), 고대 중국 상앙학파의 법치주의: 그 진보성과 반동성(1989), 동중서의 역사철학(1985) 등

저서 및 역서

『중국사회사상사』(한길사, 1986. ㈜사회평론, 1998)
『제자백가의 사상』(현음사, 1994)
『한국유학과 이기철학』(예문서원, 공저, 2000)
『공자의 철학』(H. Fingarette, *Confucius: Secular as Sacred*, 역서1, 서광사, 1993)
『불안한 현대사회』(Charles Taylor, *The Malaise of Modernity*, 역서, 이학사, 2000)
『天主實義』(利瑪竇, 1603), 공역, 서울대학교출판부, 1999)
『交友論』(利瑪竇, 1595)/『二十五言』(利瑪竇 1595)/『畸人十編』(利瑪竇 1608)의 역주, 서울대학교출판부, 2000)
『中國社會思想史』(北京: 中國社會科學出版社, 2003; 鄭州: 大象出版社, 2016)
『東西哲學的交匯與思惟方式的差異』(石家莊市: 河北人民出版社, 2006)

『동서철학의 충돌과 융합』(사회평론, 2012)
『고대중국 철학사상』(성균관대학교출판부, 2014)
『장자』, 송영배 역주, 비봉출판사, 2022
『제자백가의 철학사상』(1, 2), 송영배 지음, 비봉출판사, 2022
『관자管子』, 송영배 역주, 서울대학교출판문화원, 2024

『주역周易』의 학습과 해설 上

초판 인쇄 2024년 12월 20일
초판 발행 2025년 1월 10일

저   자 | 마전뱌오馬振彪
역   자 | 송영배宋榮培
펴 낸 이 | 하운근
펴 낸 곳 | 學古房

주   소 | 경기도 고양시 덕양구 통일로 140 삼송테크노밸리 A동 B224
전   화 | (02)353-9908 편집부(02)356-9903
팩   스 | (02)6959-8234
홈페이지 | http://hakgobang.co.kr
전자우편 | hakgobang@naver.com
등록번호 | 제311-1994-000001호

ISBN   979-11-6995-564-5 94140
        979-11-6995-563-8 (세트)

값 : 75,000원